사회심리학의 이해

| 한규석 지음 |

Social Psychology

학지사

4판 머리말

3판 개정 후에 만 7년이 흘러갔다. 정년 퇴임도 이제 두 해만을 앞두게 된 나이가 되었다. 마지막이 될지 모르겠지만 재작년 12월부터 4판 개정 작업에 매달렸다. 세 가지를 염두에 두고 작업하였다. 첫째는 한국사회의 현실을 좀 더 반영하려고 하였다. 특히 1980년대 이후로 3배 이상 증가한 국내의 자살률 추세 등은 개인의 문제로만 치부할 수 없는 것이어서 사회심리학적 이해를 돕는 글을 11장에 추가하였다. 갑질문화와 2014년 세월호 참사 등을 다루었으며, 보다 많은 국내 연구들의 결과를 반영하고자 하였다. 이를 위해서, 전판들을 쓸 때보다는 더 체계적인 노력을 하였다. 즉, 2000년 이후에 국내에서 발간된 사회심리학 관련 분야의 학술지들(한국심리학회지; 사회 및 성격, 문화 및 사회문제, 일반)을 일별하면서 관련 논문들을 추려 그 내용을 반영하려 하였다. 사회학 분야에서는 한국사회학회가 발간하는 『한국사회학회지』를 일별하여 포함시켰다. 둘째는 한국인의 심성에 뿌리 깊게 작용하는 우리성과 어울림성, 서열성을 이해하는 데 도움이 되는 국내외의 연구들을 관심 있게 보고 반영하고자 하였다. 이 점에서 본서는 다른 사회심리학 교재들과는 다른 색깔을 띠고 있고, 한국인의 사회심리를 이해하는 틀과 개념들을 이전 판본에 비해서 더 많이 싣고 있다. 바라기는 이런 개념과 틀이 본격적으로 연구되어 그 타당성과 가치가 검토되는 것이다. 셋째는 지구가 맞고 있는 생태계의 위기에 대한 문제의식이 필요하다고 여겨 이런 문제를 생각해 보는 연구들과 이론적 개념을 여러 곳에서 다루고자 하였지만 충분하지 못하여, 추후 이런 작업을 보완할 생각을 갖고 있다.

책의 구성과 체제는 전판을 그대로 유지하면서, 내용을 보충하고 정리하고 빼내는 작업을 하였다. 그러다 보니 분량이 전판에 비해 상당히 늘어났고, 각 장마다의 분량 편차도 많이 났다. 전체적으로는 약 30～40% 정도의 내용이 바뀐 것 같다. 특히 2장 자기(self), 6장 교류, 8장의 갈등과 친사회적 행위, 10장 고정관념, 11장 한국인의 사회심리, 12장 응용과 전망 부분이 전판에 비해서 30% 이상 늘어났다. 아울러 12장 말미에는 사회심리학의 교훈과 새로운 관점을 다루는 내용을 추가하였다. 본서의 각 장마다 13편 안팎의 '곁글'이 실렸다. 모두 162편의 곁글 중에서 53편(32%)이 새로운 것들이다. 아울러 교재에 기술된 내용과 관련된 짧은 유튜브 동영상 정보를 난외에 제공하여 강의에서 이용할 수 있도록 하였다.

이번 개정 작업에 외국 교재로는 Gilovich, Keltner, Nisbett 등이 펴낸 수정판(2011년 간행)을 참고하였다. 그리고 3인 이상의 저작 연구물을 본문에 표기할 때는 혼란스럽지 않는 한, 첫 저자 이름과 출판 연도만을 표기하였다[예: "(홍길동 등, 2009)"]. 또한 교재에 나오는 표와 그림을 비롯한 강의자료는 출판사 누리집(www.hakjisa.co.kr)에 파워포인트로 작성한 것을 올려서 가르치는 분들이 이용할 수 있도록 하고자 하니, 좋은 자료들을 공유할 수 있도록 동학들의 많은 참여를 기대한다.

여러 가지로 부족한 부분이 많은 교재이지만 많은 분들이 다양한 강의에서 사용해 주신 것에 감사드린다. 특히 이 책으로 강의를 하면서 첨삭할 내용을 알려주신 문정순 박사와 배재창 박사, 부분적으로 내용을 검토해 주신 경남대 고재홍 교수, 전남대의 오치옥, 이경숙 두 분 교수, 참고문헌을 찾는 데 도움을 많이 준 김서홍 석사, 강혜미, 허석영 학생들, 전남대학교 도서관에 근무하시며 논문 확보에 큰 도움을 준 하은희, 김정은 두 분 사서 선생, 문헌을 정리하는 데 도움을 준 송수진, 고형곤, 김민우 학생에게 고마움을 전한다. 연구자료를 기꺼이 제공해 주신 연세대 심리학과의 정찬섭, 서은국 교수, 고려대 사회학과의 윤인진 교수, 서울대 사회학과의 이재열 교수 그리고 출판과정에서 편집과 교정에 힘써 주신 학지사 백소현 차장, 변함없는 격려를 해 주신 김진환 사장께도 감사의 말씀을 전한다.

마지막으로, 우리에게 적합한 사회심리학을 연구하도록 일깨워 주신 故 최상진 교수, 우리말의 중요성을 일깨워 주신 항공대학의 최봉영 교수께 큰 고마움과 학문의 빚을 전하며, 김미진 선생과 딸 지민에게 같이 못한 시간들에 대한 미안함을 전한다.

무등산이 보이는 연구실에서
저자 한규석

사회심리학 관련 유용한 사이트

한국사회 및 성격심리학회 https://ksppa.jams.or.kr
고려대학교 문화심리연구회 http://psychology.or.kr
사회심리학(영) http://www.socialpsychology.org
김혜숙 교수 http://madang.ajou.ac.kr/~hsk
한국심리학회 http://www.koreanpsychology.or.kr
국제비교문화심리학회(영) http://www.iaccp.org
아시아사회심리학회 http://asiansocialpsych.org
서은국 교수 http://web.yonsei.ac.kr/suh/

• 1판 머리말 •

내세울 만한 업적이 없고 식견도 짧은 몸으로 본서 『사회심리학의 이해』를 집필하게 된 데는 몇 가지 절실한 이유가 있다. 무엇보다도 그동안 국내에 소개된 사회심리학 관련 서적들이 모두 하나같이 미국인, 넓게는 서양인들을 다루고 있다는 사실을 뒤늦게나마 깨달은 데 있다. 미국에서 심리학을 공부하면서, 사회심리학의 내용이 한국인들의 이해를 위해서는 부적절할 수 있다는 생각을 하였지만 막상 국내에서 교편을 잡고 연구활동을 시작하면서 이 인식은 보다 절실하게 부각되었다. 우리에게 적절한 사회심리학의 이론은 무엇인가? 사회심리학 교재들에서 보편적인 원리인 것처럼 제시되고 있는 이론들이 과연 우리 한국인들이 보이는 사회적 행위를 이해하는 데 얼마나 도움이 되는가? 이 문제는 필자뿐 아니라 한국의 사회심리학자들 모두를 괴롭혀 온 난제라고 생각된다.

필자는 이 난제를 푸는 중요한 단서를 한 학회에서 얻게 되었다. 1990년 서울에서 개최된 '집단주의－개인주의: 동서양의 심리문학적 관점' 이라는 국제학술대회에 참여하고 나서 문화 차이에 대한 연구가 상당히 진척되고 있음을 알게 되었다. 비교문화적 연구들이 한국인의 사회심리학을 정립시켜 주지는 못하지만, 최소한 서구의 사회심리학이 지닌 문화적 한계성을 밝히고 있음을 인식한 것이다. 이러한 인식을 갖고 기존 사회심리학 교재들을 다시 검토해 보니 어느 교재도 문화를 심도 있게 다루고 있지 않다는 사실에 놀랐고, 더 이상 이러한 교재를 사용하는 것에 회의를 느끼게 되었다.

1980년대에 이미 비교문화 심리학 분야의 연구가 상당히 진행되고 있었지만 이러한 연구 결과들은 미국의 교재들에서 흥미 위주로 몇 군데에서 거론되고 있을 뿐이다. 비교문화연구의 성과가 누적됨에 따라서 최근에 발간된 교재(예: Myers, 1994)에서 비로소 한 장(章)이 문화를 다루고 있지만 이것도 '사회적 영향' 이라는 영역에서만 국한되어 다루어지고 있는 정도다. 그러나 최근에 발간된 몇몇 비교문화 심리학 분야의 저서들이 사회심리학과 문화의 불가분성을 잘 보여 주고 있어 한국인의 사회심리를 과학적으로 검토해 보기 위해 기존의 사회심리학의 이론을 제시하되 이를 문화와 연결시켜 생각해 볼 수 있는 교재가 필요하다고 여겼다.

둘째 이유는, 그동안 국내 사회심리학계의 연구가 꾸준히 이루어져 어느 정도 자료를 축적하였으므로 국내 자료를 부분적으로나마 다룬 집필이 가능하다는 것이다. 1994년 10월 현재 한국심리학회 산하의 사회심리학회 회원수가 87명에 이르고 이들이 발간하는 전문연구지가 매년 2권씩 간행되고 있다. 지금까지 총 15권이 발간되었고 실린 논문의 수도 144편이 된다. 이러한 양이 결코 많은 것은 아니지만 그 성과가 적지는 않다. 그러나 이들 문헌이 연구자들을 위하여 쓰인 것이기 때문에 일반인들이 접하기가 쉽지 않다. 이들 문헌의 일부라도 일반인들에게 소개될 필요가 있다는 인식에서 본서의 집필이 필요하다고 여겨졌다.

마지막 이유는, 우리나라에 사회심리학이라는 학문이 일반인들에게 거의 소개가 되어 있지 않았다는 판단 때문이다. 일반인들이 사회심리라는 말을 들먹이는 경우는 많지만 그 경우가 애매하고 사회과학으로서의 사회심리학과 거리가 멀다. 관심 있는 일반인들이 읽고 이해할 수 있는 소개서가 필요하다는 생각이 들었다.

책의 구성

욕심 같아서는 기존의 교재들에서 주로 다루어지고 있는 주제와 이론들에 구속받지 않고 한국인의 사회심리 이해를 위해 필요한 주제를 중심으로 책을 꾸미고 싶었다. 그러나 필자의 역량이 그에 미치지 못하며, 아직은 그 정도까지 연구 업적이 축적되어 있지 못하다는 생각에서 그 욕심을 뒤로 미루고 여러 양서 교재를 참조하여 다룰 주제를 선정하였다. 전체의 구성은 첫 장의 소개 부분을 제외한다면 제1부 사회인지(2, 3, 4, 5장), 제2부 대인교류(6, 7, 8, 9장), 제3부 집단(10, 11장), 제4부 문화와 사회심리(12, 13장)로 구분하였다. 기존 교재에서 거의 빠짐없이 다루어지고 있는 주제들은 대부분을 다루었지만 그 취급의 정도는 다소 차이가 있다. 이를테면 친사회적 행위와 집단역학은 별도의 장으로 다루지 않았다. 반면에, 의사소통, 갈등들을 독립적으로 다루었다. 마지막으로, 한국인의 사회심리를 비교문화적으로 조명해 보기 위한 장을 두었고, 한국인의 고유 심리를 실증 연구 중심으로 점검해 보는 장을 마련하였다.

각 장의 집필은 그동안 필자가 보아 온 수종의 사회심리학 교재(Hewstone et al., 1988; Myers, 1985, 1994; Sears et al., 1991; Tedeschi et al., 1985)를 참고하여 골격을 잡았고 문화비교 연구결과를 곳곳에 제시하였으며 최근의 연구들을 보충함으로써 중요한 분야에서의 연구의 진행상황을 소개하였다.

본서의 특징

한국인의 사회심리에 대하여 사회심리학자들보다는 국문학자, 수필가, 언론인들이 나름대로 해답을 제시하고 있다. 그러나 그것을 말하는 사람은 많아도 이것이라고 과학적 자료를 보여 주는 사람은 적은 것이 현실이다. 한국인의 사회심리를 구명하기 위하여 여러 가지 접근법을 취할 수 있지만 대부분의 기존접근이 연구자들의 생활 경험, 나름의 관찰, 통찰에 의지하고 있다. 이에 비해서 사회심리학을 과학으로써 연구하는 사람들은 일상의 관찰에서 가설을 구성하고 이의 적합성을 체계적이며 객관적인 방법을 써서 구한 실증적 자료에 의해 검증한다. 이론개발과 검증의 순환적 과정을 거쳐서 한국인의 사회심리의 중요한 측면들을 밝히고자 한다. 본서는 이러한 과학적 접근을 옹호하는 입장에서 그동안 있었던 연구 성과를 부분적이나마 제시하고 이 분야의 관심을 고취시키고자 하는 의도에서 집필되었다.

본서는 기존의 사회심리학 개론서들과 비교하면 두 가지 특성을 지니고 있다. 가장 큰 특징은 전권에 걸쳐서 문화 차이에 많은 부분을 할애하였다는 점이다. 그 이유는 기존 사회심리학 이론들이 지닌 문화적 한계성을 인식시키고 한국인에의 적용 가능성을 생각하도록 촉구하는 목적에서다. 또한, 지식은 비교를 통해서 보다 정확해지기 때문이다. 사실, 알게 된다는 그 자체가 본질적으로 비교의 과정인 것이다. 알기 전 상태와 비교되는 것이고, 현상의 파악은 그것이 지닌 독특성을 비교적으로 파악함으로써 비로소 이루어지는 것이다. 미국의 연구를 중심으로 우리의 것을 파악하는 것은 불가능하지만, 우리 것만을 연구함으로써 우리 것의 파악이 완전할 수도 없다. 즉, 비교될 때 비로소 정확한 파악이 가능한 것이다. 이러한 취지에서 비교문화의 연구들을 많이 취급하였다. 가장 좋은 자료들은 물론 연구의 대상으로 한국이 들어가 있는 자료들이겠지만 그러한 자료는 드물고, 우리와 상당부분 문화적 유사성을 지니고 있는 일본과 중국을 서양과 비교하는 연구들이 제법 있음을 발견하고 그러한 연구들을 많이 참고하였다. 독자들은 이들 비교문화 연구의 결과들을 통해 우리 한국인들의 특성을 미루어 짐작할 수 있을 것이다. 그러나 우리는 또 일본이나 중국과 많은 차이가 있는 것도 사실이다. 그러한 차이가 어떻게 나타날 것인지는 추후 연구들에서 밝혀야 할 것이다. 물론 비교문화의 외국문헌에만 의존하지 않고 관련된 국내문헌들을 되도록 많이 참고하고자 노력했으나, 국내문헌의 경우 사회심리학 분야의 발표 논문들을 주로 참고하는 데 그친 점이 아쉽기도 하다.

본서가 지닌 두 번째 특징은, 곁글을 많이 활용하여 독자의 이해와 흥미를 유지하려고 했다는 점이다. 사회심리학이 일반인들에게 소개되지 않은 중요한 이유의

하나가 기존 교재들이 강의 없이는 이해하기가 어렵게 쓰였으며, 딱딱한 문체와 편집형태를 사용했기 때문이라고 판단한다. 그래서 필자는 가급적 친숙한 표현을 본문에서 쓰고자 노력하였고, 독자의 흥미를 위해 곁글을 많이 사용하였다. 곁글에서 다루어지고 있는 것들은 대체로 세 가지로 구분된다. 하나는 본문의 내용과 관련되어 독자들이 흥미를 느낄 수 있는 내용들이다. 둘째는 본문에서 다루기에는 전체의 흐름상 적절하지 않다고 여겨지는 것으로 너무 산만해져서 흐름을 놓치게 할 가능성이 있는 것들이다. 셋째는 이론적이고 전문적이지만 관심 있는 이들의 호기심을 충족시키기 위한 것들이다.

독자의 이해를 돕기 위해

필자의 집필 의도는 사회적 행위의 다양한 측면을 다루는 사회심리학을 풀어서 제시하는 데 있기 때문에 많은 교재들이 취하고 있는 이론 중심적인 서술을 가급적 피하고 사회적 행위 현상을 중심으로 다루어 서술을 하였다. 아울러 주요 독자층을 사회심리학에 관심 있는 대학생 및 식자층으로 삼았다. 따라서 가급적 평이하게 쓰고자 했으며, 전문용어가 나오는 경우는 여백에 간단한 해설을 제시하였다.

비록 본서의 각 장들은 몇 개씩 묶여질 수 있지만, 이 같은 묶임과 관계없이 각기 별개로 읽혀질 수 있도록 집필하였다. 따라서 독자의 흥미에 따라 주제를 취사선택하여 읽어도 무방할 것이다. 그러나 제1장의 소개부분은 다른 장들을 이해하는 데 도움이 될 것이고, 제12장의 비교문화 부분은 전권에 걸쳐서 다루어지고 있는 문화차이에 대하여 포괄적인 이해를 도모한다는 점에서 다른 장들에 앞서 읽으면 도움이 되리라 생각한다.

생각하며 읽는 독자들은 본서에서 해답과 함께 보다 많은 의문을 지니게 될 것이다. 그러한 독자의 지적 욕구를 위해 본문에는 많은 문헌들을 인용하였고 그 원전을 참고문헌에 밝혔다. 본문에는 원저자 이름을 한글 또는 영문으로 표기하였다. 연구자가 세 명 이상인 경우는 본문에서는(책임연구자 이름 등, 발표년도)의 방식으로 표기하였다. 그러나 참고문헌란에서는 모든 연구자 이름을 한국심리학회의 표기 권장 방식에 따라 제시하였다.

용어번역은 그 뜻이 명백한 경우에는 원문을 표기하지 않았으나, 몇 가지 번역이 가능하다고 여기는 경우에는 원문을 옆에 표기하였다. 용어번역을 위해서는 한국사회심리학회가 마련한 번역준거집을 참조하였으나 여기에 나와 있지 않는 용어들에 대하여는 필자가 판단하여 번역을 했다. 중요한 용어에 대하여는 한글과 영문의 대역을 권말에 모아서 제시하였으므로 본문에 표기되지 않은 영문에 대하여는 이를 참조하기 바란다. 영문용어를 이미 알고 있는 독자를 위해서 해당 영문에 대한 한글 번역을 권말에 아울러 제시하였다. 오역이 적었기를 바라며 독자들의 조언이 있기를 빈다.

이 책이 독자들에게 유익한 읽을거리가 되고 나아가서 한국인의 사회심리를 과학적으로 밝히는 데 기여할 수 있기를 바랄 뿐이다. 그래서 추후 개정을 할 때 많은 국내 참고문헌들이 존재하게 되기를 바라며, 한국인을 위한 사회심리학의 보다 충실한 소개서가 될 수 있기를 빈다. 동학과 학생들의 비판과 조언을 기대하며 밑에 저자의 연락처를 남긴다.

1995년 1월
무등산 자락에서 한규석

연락처
전남대학교 사회과학부 심리학과
Tel: 062-530-2654(Fax: 2659)
E-mail: ghan@chonnam.ac.kr

• 차 례 •

제 1 장

사회심리학의 소개: 특징, 역사와 연구방법

일반사람들이 궁금해하는 사회심리와 학문으로서 연구되는 그것 사이에는 제법 괴리가 있다. 일반인들 및 언론기자들은 사회에서 일어난 특이할 만한 사건, 이를테면, 세월호 사건, 헬조선 현상, 인기스타들의 자살, 엽기적인 범죄, 엄지족의 출현, 학벌사회의 문제 등에 대해 이러한 현상이 어떠한 사회심리를 반영하는 것인지, 우리 사회의 사회심리가 어떻게 변할 것인지를 궁금해한다. 그들이 듣고 싶어 하는 설명은 부패, 안전불감증, 고도의 산업화, 경제적 분배구조의 불평등 심화, 핵가족화, 정치의 민주화, 생활터전의 변화 등에 의해 초래되는 전통적 윤리와 규범의 붕괴 및 이러한 변화가 초래하는 인간 행동의 변화에 대한 설명인 것 같다. 이러한 설명, 즉 거시적인 사회체제의 광범위한 변화가 그 성원의 행위와 사고에 미치는 영향은 매우 중요한 주제이지만 불행히도 사회심리학자들이 일반적으로 다루고 있는 주제와는 거리가 있다. 물론 그러한 주제가 탐구의 대상이 될 수 없다는 것이 아니라 적어도 현재 연구되고 있는 사회심리학은 그 같은 주제와는 거리가 있어 온 것이 사실이다.

학벌폐지와 대학평준화를 요구하는 시위
출처: 한겨레21(2014.7.21.).

올포트(Floyd Henry Allport, 1890~1978)
동생인 고든 올포트와 함께 사회심리학의 발전에 공헌한 미국의 심리학자다. 실험사회심리학의 아버지라고도 여겨진다. 특히 그는 집단심리는 개개인의 구성원을 이해함으로써 파악될 수 있다고 믿었고 태도의 측정에 관심을 기울였다(Corsini, 1994).

콩트(Auguste Comte, 1798~1857)
프랑스 대혁명 이후의 혼란기에 삶을 산 콩트는 수학과 자연과학을 전공하였으며, 사회현상에 대한 분석에 자연과학의 방법을 적용시킬 것을 적극 옹호하여, 사회물리학과 같은 과학적이고 법칙적인 분석이 가능하다고 보았다. 그는 심리학을 생리학의 한 분야로 보았으며, 사회를 집합적 유기체로 보아 구성원인 개인과 구분되는 대상으로 보았다. 그는 사회물리학을 대체하는 사회학이란 용어를 만들었다고 여겨진다(Jahoda, 2007, pp. 77-78).

사회심리학은 어떠한 학문인가

사회심리학자들은 사람들이 사회 속에서 생활하면서 보이는 행동의 양상과 그 작용원리를 연구한다. 가장 널리 받아들여지고 있는 정의는 사회심리학의 토대를 마련했다고 여겨지는 하버드 대학교의 F. Allport 교수에 의한 정의다. 그는 사회심리학을 "개인들의 행위가 실제적이건 가상적이건, 타인의 존재에 의하여 영향 받는 과정, 그리고 이에 관계된 사고, 행위, 상호작용에 대한 과학적 연구"라고 규정했다(1924; G. Allport, 1968에서 인용). 즉, 사회심리학은 사회생활 속의 개인이 무엇을 하며, 무엇에 의해 영향을 받는지에 의문을 품고 사회의 제도와 가치의 작용방식에 대한 답을 희구한다.

인간이 보이는 사회적 행위를 연구하는 학문은 다양하며 사회과학의 모든 분야가 이에 해당된다(곁글 1-1). 사회학자와 인류학자는 물론 경제학자는 경제적 행위를(혼자서는 경제활동이 성립할 수 없으므로 모든 경제 활동은 사회적 행위라고 볼 수 있다), 정치학자는 정치적 행위를(투표, 정당활동 등), 경영학자는 조직 내의 행위나 소비자 대중의 행위를 다룬다는 면에서 이들이 다루는 관심사는 모두 사회과학의 적절한 영역들이다. 그렇다면 사회심리학의 영역과 관심의 독특한 점은 무엇인가? 이를 이해하기 위해서는 인접학문과 비교하는 것이 도움이 된다.

사회심리학의 모태라고 볼 수 있는 것은 사회학과 심리학이다. 이 두 가지 상이한 학문의 줄다림 속에서 사회심리학은 각 학문의 특성을 아우르면서 나름의 독특한 영역을 구축하게 되었다. 우선 사회학적 영향은 Comte(1798~1857)와 Durkheim(1858~1917)으로부터 발견된다. 이들은 사회 현상이 개인의 연구로 모두 파악될 수는 없다고 보았다. 즉, 집단적인 실체는 성원 개개인의 의식으로부터 기원한 것일 수도 있지만, 개개인의 의식을 규제하는 독립된 실체로서 개인적 접근으로 환원될 수 없는 특성을 지니고 있다는 것이다(Graumann, 1988). 사회학은 이러한 관점에서 인간 개개인보다는 사회단위, 조직, 계층, 집단, 국가 등과 같은 단위를 연구 대상으로 삼는다. 관찰되는 규범, 양상, 집합적 행위(자살률, 출산율, 분규발생률 등)와 같은 사회적 행위는 역사, 정치, 경제, 문화적 요인들로 설명된다. 이를테면, 사회의 변혁과 운동을 연구하는 사회학자들은 시위건수의 증감, 시위의 과격성, 참가인원수 등에 대한 특정 집단의 통계치들을 구하여 정치의 민주화 정도, 분배구조의 왜곡 정도, 권력의 특정 계급에 의한 점유도 등으로써 설명을 한다.

심리학은 사회학과 달리 분석의 궁극적 단위를 통상 사회구성원 각자에게 둔다.

결글 1-1

인간은 왜 유독 과분수 형태의 뇌를 가졌나?: 사회적 뇌-사회성의 생물학

'인간은 사회적 동물'이라는 명제는 너무 자명해서 별 흥미를 끌지 못한다. 사람들이 모여 살면서 사회를 구성하는 가시적 현상으로 볼 때 그러하다. 그렇지만 인간의 생물학적 구조에도 이 사회성이 작용하고 있다면 이는 새로움을 더해 준다. 인류학자 Dunbar는 인간에게서 기형적으로 큰 크기의 뇌가 난산을 초래하여 산모를 위태롭게 하고, 활동을 어렵게 하여 민첩성을 떨어뜨리는 등 적자생존의 논리에서 여러 불리함을 초래하면서도 진화되어 온 사실에 관심을 갖고 여러 가지 가설을 검증하였다. 그가 다양한 종류의 원숭이들의 식생활, 먹이획득 활동, 무리의 크기들을 비교하면서 발견한 것은 군집생활의 무리가 클수록 그에 비례해서 뇌의 크기가 크다는 것이다([그림 1-1], Dunbar, 1993). 관찰된 자료에 근거하여 그는 뇌와 군집의 크기의 관계를 설명하는 일차방정식을 도출하여, 인간의 현재 뇌 크기로 예측되는 군집의 크기를 150으로 제시하였다. 즉, 인간의 뇌의 크기를 갖고 효율적으로 영위할 수 있는 사회군집(관계망)의 크기는 약 150명 안팎이라는 것이고, 이를 넘어서면 너무 커서 인간의 뇌로 다룰 수 있는 적절한 한계를 넘어선다는 것이다. 이를 발견자의 이름을 따서 Dunbar 지수라고 한다. 물론 사람들이 유지하는 친밀한 사람들의 숫자는 150명보다 훨씬 적다(McPherson et al., 2006).

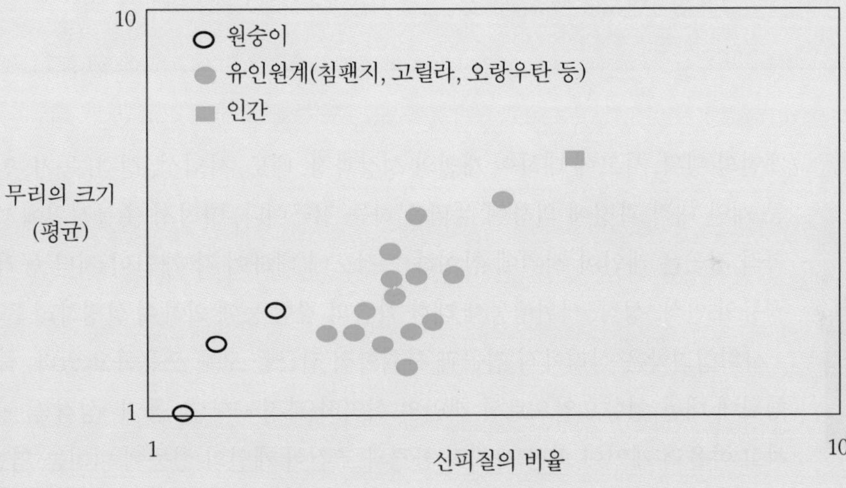

[그림 1-1] 신피질의 크기와 군집의 크기의 관계

한편, 심리학자들의 연구(Hermann et al., 2007)는 침팬지, 오랑우탄, 2.5세의 유아들을 대상으로 다양한 과제를 주어 비교한 결과 유아의 지능은 물리적 문제해결 영역(먹이를 숨겼을 때 찾아내는 것, 먹이의 양의 다소를 구분하는 것, 손이 닿지 않는 곳에 도구를 이용하는 것 등)에서 유인원과 차이가 없으나, 사회적 영역(상대의 의중을 읽는 것, 상대의 눈을 따라 표적을 보는 것, 숨겨진 먹이가 있는 곳을 가리키는 동작)을 이해하는 행위 등에서는 유아가 월등히 뛰어남을 발견하였다([그림 1-2]). 두 연구가 모두 인간의 지능이 사회생활의 필요성에 근거하고 있음을 보이고 있으며, 뒤 연구는 지능이 높다는 것이 모든 영역에서 뛰어나다는 것이 아니라 교류에 필요한 영역에서 특수하게 나타남을 보여 주고 있다.

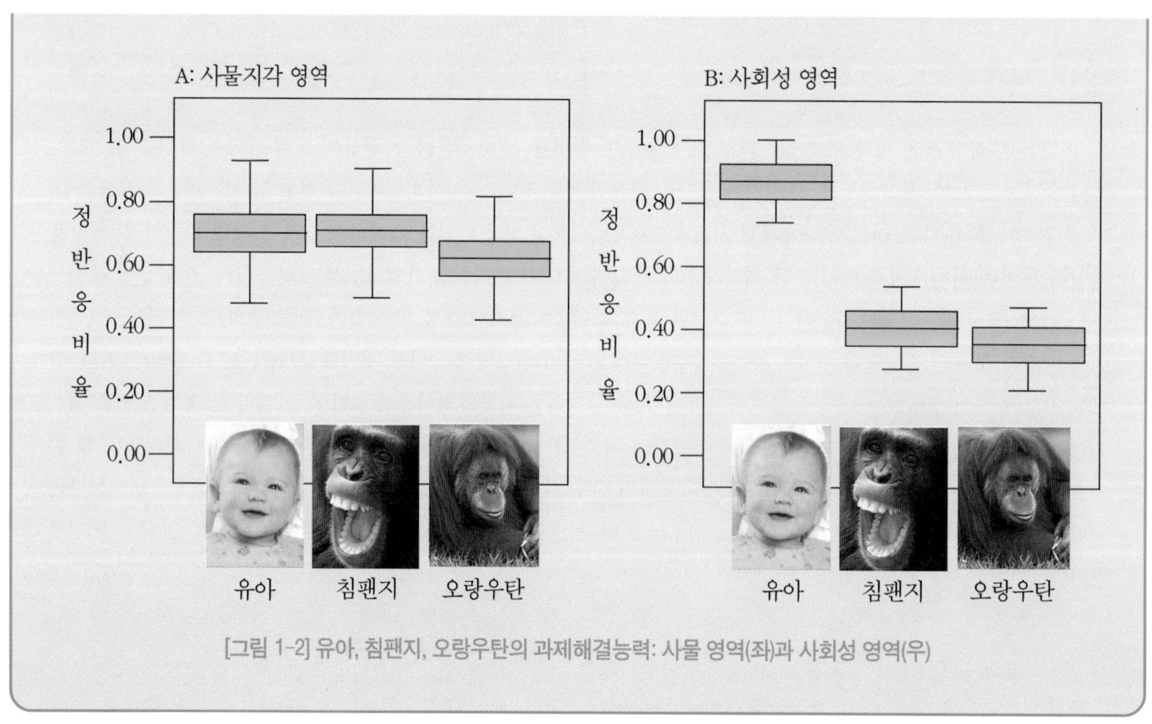

[그림 1-2] 유아, 침팬지, 오랑우탄의 과제해결능력: 사물 영역(좌)과 사회성 영역(우)

뒤르켐(Émil Durkheim, 1858~1917)
프랑스의 사회학자. 경험적 조사와 사회학적 이론을 결합하는 시도를 하여 경험적 사회학의 기초자로 알려지게 되었다. 아노미 이론과 자살론으로 대표되는 업적을 남겼다.

개인의 행위, 사고에 대하여 개인의 성장과정, 태도, 사회성, 성격, 동기, 인식, 신념 등 개인 내적 과정에 의하여 설명을 하는 접근이다. 따라서 촛불시위에 대한 심리학적 접근은 개인이 시위에 참여하는 정도에 대하여 각 개인이 지닌 동기, 사회불평등의 인식, 성격, 시위행동에 대한 학습의 경험 등에 의하여 설명하려 든다.

사회심리학은 심리학적 접근과 사회학적 접근을 모두 포용하고 있다. 즉, 인간의 행위에 대한 영향요인으로서 개인의 심리적 과정—학습, 동기, 성격 등—을 인정하고 아울러 개인이 처한 사회적 환경과 조건이 개인의 행동에 미치는 영향을 인정한다. 이들 두 가지 영향력과 그 과정에 대한 탐구가 사회심리학의 연구과제다. 여기서 사회적 환경의 특성을 더욱 명확히 할 필요가 있겠다.

개인을 둘러싸고 있는 사회적 환경은 실로 다양하다. 좁게는 개인의 일차적인 가족 상황, 어울리는 사람들의 특성에서부터 넓게는 개인이 속한 사회 계층, 계급 및 문화가 모두 개인의 행위에 영향을 미치는 힘을 지니고 있다. 이 중에서 특히 사회심리학자들의 관심을 끌고 있는 것은 개인을 둘러싼 즉각적인(immediate) 상황조건이 미치는 영향력에 있다. 이 같은 관심은 사회심리학자들이 사회구조나 제도와 같은 체제의 골간을 이루는 요인들이 중요하지 않다고 여겨서가 아니라 주요 분석단위인 개인의 행위와 그 같은 거시적인 요인 간에는 너무나 많은 과정이 개재하여 직접적인 영향과정을 규명하기가 어렵다고 보기 때문이다. 또한 일반심리학자들처럼 실험실에서 조작할 수 있고 그 조작효과를 관찰할 수 있는 실험적 연구방법(후에 상술함)을 사회심리학자들도 선호하다 보니, 실험적 조작이 불가능한 거시적 요인보다는 실험적 접근이 가능한 즉각적 상황요인에 관심을 지니게 되었다. 그래서 시위 참여 행동에 대한 설명변수로서 즉각적인 상황자극이라고 볼 상황 인식, 참여 행동의 기대효과, 타인 및 준거집단의 행동, 상황규범, 개인의 역할 등을 관심 있게 본다.

사실 사회현상에 대한 각기 다른 접근법이 때로는 상반된 설명을 제시하기도 하지만, 대부분의 경우에 전체를 이해하는 데 상보적인 관계에 있다. 오늘날 학문 간의 경쟁보다는 총체적 이해를 위해 학제 간 연구와 융합연구의 필요성이 증대되는 데서 이러한 인식이 확산되는 것을 볼 수 있다.

❖ 사회심리학의 관심 주제들

좀 더 구체적으로 사회심리학자들의 관심사를 들여다보자. 사회심리학자들은 사회생활에서 나타나는 개인의 행동과 생각, 정서의 양상을 정리하고 이들을 이해하는 데 필요한 다양한 요인과 조건들을 밝히는 작업을 한다. 사람들의 행위와 생각을 조성하고, 이에 영향을 주는 수많은 요인 중에서 사회심리학자들이 관심을 지닌 대표적인 요인을 다음의 네 가지 영역으로 구분할 수 있다.

사회적 상황 요인 사회적 상황이란 개인이 처한 생활 장면에서 작용하는 개인 외적인 요인이다. 대표적인 것은 타인의 존재, 그의 행위 및 타인과의 교류양상이다. 타인의 존재 여부, 타인의 숫자, 타인의 집단성(내집단/외집단), 타인에 대한 호감, 인상, 친숙도 등등의 상황적 요인들은 그 상황에 처한 사람들에게 많은 영향을 준다. 이러한 상황적 요인들이 어떻게 사람에게 영향을 주는지를 밝히려 든다. 대표적인 예로 동조 행동을 들 수 있다. 사람들은 혼자서 판단을 하는 경우에는 자기 생각대로 판단하겠지만, 다른 사람들과 같이 있는 상황에서는 자기 생각과 전혀 다른 사람들의 숫자가 많아질수록 그들의 판단에 따라가는 양상을 강하게 보인다(Asch, 1955; 본서 9장 참조).

사회적 상황에서 작용하는 영향은 상황에서 접하는 정보들이 어떠한 인지과정을 통해서 처리되느냐에 따라 다르게 나타난다. 한가한 버스에서 휴대폰을 오래도록 사용하는 사람을 보면서 상식 없는 짓거리라고 여긴다면, 이를 연인 간의 애틋한 대화의 연속이라고 여기는 경우와는 전혀 다른 행동이나 감정을 촉발시킬 것이다.

즉, 동일한 물리적 자극(휴대폰 통화)이라도 이에 대한 인식은 다를 수 있으며, 이 인식이 상대방에 대하여 보이는 우리의 태도와 행동에 큰 영향을 미친다.

환경적 요인 사람들은 늘 환경의 영향을 받는다. 문제는 어떠한 환경 요인이 어떻게 사람들의 사회적 행위에 영향을 주는가 하는 점이다. 환경 요인은 다시 물리적, 구조적, 문화적 환경 요인으로 구분할 수 있다.

'물리적 환경' 요인으로는 기온, 기후, 주거환경, 시간대 등을 들 수 있다. 기온이 높아지면 짜증이 잦고, 이러한 짜증은 사소한 좌절을 분노로 연결시켜 폭력성이 높아질 수 있다(7장 참조).

21세기 들어서 사람들은 정보통신의 기술 발달에 힘입어 전혀 새로운 방식의 소통환경에 처해 살아가고 있다. 원하든 원하지 않든 간에 통신혁명으로 가능해진 새로운 매체(미디어) 환경에 노출되어 있다. 이메일과 누리집을 통한 통신은 물론, 개인 블로그, 메일링리스트, 페이스북, 트위터, 웹하드 등을 사용하면서 특정인과 사적인 소통을 하고 불특정 다수와 의도했던 혹은 의도하지 않았던 소통 및 정보 자원의 공유를 통해 전혀 새로운 방식의 관계와 사회변화가 가능하게 되었다. 백만 명이 넘는 시민들이 자발적으로 참여한 탄핵 촛불집회가 한 사례라 보겠다. 이 분야의 전개가 불과 10여 년밖에 되지 않았지만 그 중요성 탓에 많은 연구들이 이루어지고 있다(곁글 1-2).

곁글 1-2

새로운 매체 환경에서 전개되는 비주도적 사회운동

2016년 말 박근혜-최순실 국정농단에 대한 탄핵재판의 변론을 맡은 한 변호사는 재판정에서 촛불시위가 민의가 아니라 민주노총이 주도한 시위라며 탄핵사유가 될 수 없다고 변론하였다. 새로운 매체 환경에서는 매우 느슨하게 연계된 단체들과 그들과는 전혀 무관하지만 사안별로 관심을 갖게 되는 시민 개개인의 자발적 참여에 의해서 대규모로 진행되는 것이 세계적 현상임을 모르는 것이다. 이 새로운 시위 형태의 대표적인 사례는 2011년 9월 중순 미국에서 시작된 "월가를 점령하라(Occupy Wall Street)!"이다. 금융자본주의 체제에서 혜택 받는 1%를 대상으로 99%의 일반 시민들의 분노가 표출된 이 시위는 미국의 여러 도시로 확산되었고, 10월 15일 시위는 서울을 포함하여 전 세계 1500여 개 도시에서 동시다발적으로 진행되기도 하였다(국민일보, 2011. 10. 16.). 주도하는 단체가 없이 사람들이 공감하는 이슈에 동참하여 진행된 이 시위는 비록 제도의 변혁을 가져오지 못했지만, 스페인에서는 '분노하는 사람들'이라는 시위로 이어져, 참여자들의 요구에 부응한 정치세력화에 성공하기도 하였다(이진순, 2016).

어떻게 이런 사회운동이 가능하게 되었는지를 이해하기 위해서는 새로운 매체 환경이 제공하는 사회적 특징을 보아야 한다. 우선, 사람들이 인터넷 환경에서 관심을 갖고 공유하는 정보와 지식들은 공공재의 성격을 지닌다(Fulk et al.,

1996). 이 공공재의 혜택은 다수가 누리며, 다수가 그 정보의 수집, 고급화 활동에 참여함으로써 정보가 고급의 것으로 진화할 가능성이 있다. 몇몇 특정인의 관심으로 그가 지닌 능력에 힘입어 일반인들은 꿈도 꾸지 못했을 정보들이 대중 앞에 무상으로 나타난다. 한 사례가 세월호의 침몰원인이 외부충돌에 의함이란 의혹을 풀기 위하여 깊이 있는 자료를 수집하여 '세월X' 라는 제목의 동영상을 제시한(http://zarodream.tistory.com/) 네티즌 수사대를 자처하는 '자로' 를 들 수 있다. 사람들은 전문적인 내용이나 실제 경험에 해당되는 것을 마치 자신이 체험이라도 하듯이 접할 수 있게 되었다. 둘째, 새 매체 환경에서 사람들은 개인적인 관심과 참여 동기를 갖고 있지만, 이를 표출하는 언행을 보임으로써 개인의 것이 공공의 것으로 전환되는 특징을 지닌다. 즉, 공과 사의 경계를 넘어가는 것이다. 즉, 새로운 매체 환경에서는 개인의 사적인 행위가 공적인 것으로 전환되어 데이터베이스 역할을 하게 되는 **2차 공공재**가 된다. 이를테면 누군가가 올려놓은 글에 댓글을 달거나 찬반 의사표시를 하거나, 퍼나르는 것을 들 수 있다. 이들 행위는 그 자체가 공공재적 정보의 가치를 지니게 된다는 점에서 2차 공공재라고 할 수 있다(Bimber et al., 2005). 예를 들면, 민박을 중개하는 누리집(airbnb.com)에 민박경험을 올린 사적인 글들을 보고 사람들은 해당 숙소가 어떤 곳인지를 알게 된다. 이렇게 전혀 조율되지 않고, 순수히 개별적인 행동이고, 때로는 전혀 의도되지 않은 것들이 가치 있는 공공재가 된다. 셋째, 새 매체 환경에서 개인들은 다양한 정보를 취사선택하면서 개인적 판단을 할 가능성이 높다. 잘 알려진 신뢰할 만한 조직의 결정에 맹목적으로 따르기보다는 사안별로 판단하여 참여의 정도를 결정하는 것이다. 그렇기에 신뢰롭지 못한 출처의 것, 편집되지 않은 날것의 정보라 할지라도 관심을 촉발시켜 공공성을 획득하게 된다. 신상털기 활동이 그 사례가 될 것이다. 아울러 조직이 아닌 개인이 운영하는 영향력 있는 블로거의 등장을 볼 수 있다. 넷째, 새 매체 환경에서는 집합적 행동을 조직하는 데 필수적으로 여겨졌던 요건들을 갖추는 것이 매우 용이해진 것이다. 즉, 공통의 관심사를 가진 사람들을 파악하는 것, 전하고 싶은 내용을 사람들에게 알리는 것 등은 모두 사람들의 활동을 조율하고, 통제하는 조직이 요구되는데 이런 여건들이 새로운 매체 환경에서는 저렴하고 용이하게 갖추어질 수 있다(Bimber et al., 2005). 2016년 11월 29일 박근혜 대통령의 3차 담화로 새누리당 의원들이 친박 : 비박으로 나뉘어 탄핵이 불분명해지자, 12월 1일 국회의원들에게 탄핵을 요구하는 청원을 간단히 보낼 수 있도록 개설된 **박근핵닷컴**이 개설 사흘 만에 14만 명이 참여한 것을 들 수 있다(경향신문, 2016. 12. 3.).

요약하면, 새로운 매체 환경에서는 사적으로 여겨 왔던 개인의 행적이 사안에 따라 공공재의 가치를 지니게 되면서 공사의 영역 구분이 불가능하게 되었으며, 가능해진 다양한 형태의 정보공유 방식과 정보의 진화기제가 느슨하게 연결된 조직과 개인들 간의 집합적 행위를 자발적이고 창발적으로 만들어 가고 있다(Flanagin et al., 2006). 이전 시대에서 정보 소통과 생산의 문지기 노릇을 하던 언론이나 단체가 미치는 영향이 줄어들면서, 필요에 따라 손쉽게 구성되는 네트워크의 활용, 새로운 연결방식의 시도가 추구되면서 시민들의 활동은 매체환경과 더불어 공진화하고 있다(Trere, 2012).

'월가를 점령하라' 시위에 참여한 군중들
출처: 위키피디아-한국.

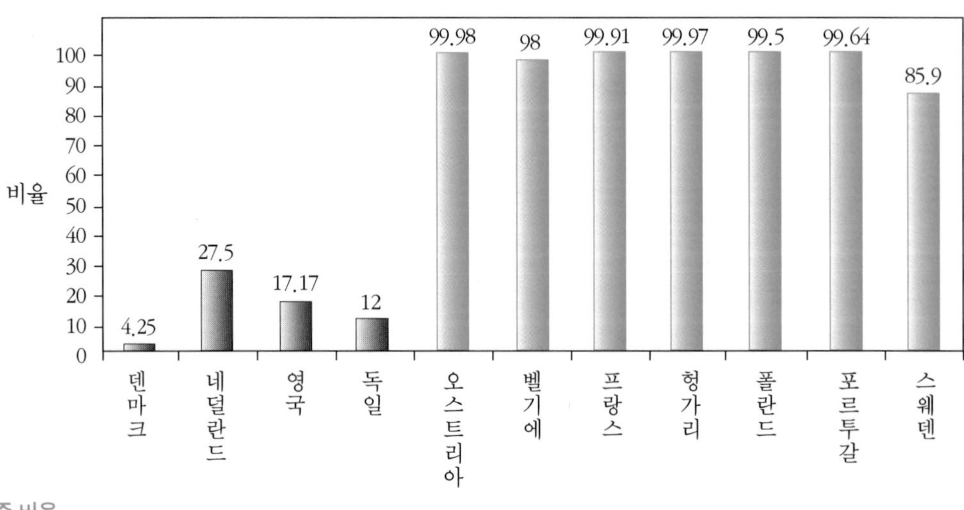

[그림 1-3]
유럽 각국의 장기기증 비율

물리적인 환경은 아니지만 사회의 체제나 제도와 같은 '구조적 환경'도 중요하다. 이를 보여 주는 예로 장기기증에 대한 유럽 국가들 간의 차이를 들 수 있다. [그림 1-3]에서 보듯이 오스트리아, 벨기에, 프랑스, 헝가리, 폴란드, 포르투갈, 스웨덴의 장기기증 비율은 90%대에 있지만, 덴마크, 네덜란드, 영국, 독일은 20% 안팎으로 60~70% 이상 차이가 난다. 비교적 유사한 경제, 문화, 교육수준을 지닌 나라들 간에 이렇게 큰 차이가 나는 이유에 대하여 흔히 국민의식을 문제 삼지만, 장기기증이 높은 나라는 장기기증을 안 하겠다는 것을 선택하여 알려야 하는 제도를, 장기기증이 낮은 나라는 기증을 하겠다는 것을 선택하여 알려야 하는 제도를 지닌 차이가 있다. 1993년 갤럽의 조사에 따르면 미국인들의 경우에 장기기증을 하겠다는 의향을 지닌 사람은 85%이지만, 장기기증서에 서약한 사람은 28%에 불과하였다(Johnson & Goldstein, 2003). 이런 제도의 차이 때문에 장기기증에서 국가 간의 차이가 현저하게 나타난다. 장기기증을 할 의향이 있어도 실제로 행동에 옮기기까지 번거로움이 있다면 그 실행률은 현저히 떨어지는 것이다. 행동이 취하기에 얼마나 용이하냐에 따라 사회적 행위는 큰 영향을 받는다는 평범한 사실이 너무 자명해서 우리는 상황의 중요성을 간과하는 경우가 많다.

'문화적 환경' 요인으로는 사람들이 생활하는 지역, 국가의 지배적인 문화, 규범, 가치관, 인간관 등을 들 수 있다. 사람들의 행동이 이러한 문화의 영향을 받는다는 것은 전혀 새로울 것이 없다. 예를 들어, 1970년대만 하더라도 이혼은 매우 드물었다. 그러나 40년이 지난 오늘날 한국사회에서는 신혼 부부 세 쌍 중에서 한 쌍이 이혼하는 것으로 집계되고 있다. 이 같은 사회변화는 더 이상 이혼을 크게 문제 삼지 않는 문화로 정착할 수 있다. 이같이 연령대, 주거지역, 사용언어, 부족, 국가 등으로 구분될 수 있는 특정 집단의 사람들이 공유하고 있는 규범이나 사고방식, 인간 및 사회에 대한 관점 등을 이해하는 것은 개인의 행동을 이해함에 불가결한 내용이다. 1990년대 이후에 사고방식, 정서, 동기에 있어서 문화권에 따라 큰 차이가 있다는 이론이 제시되고, 관련 연구들이 누적되면서 이 분야의 연구가 큰 활기를 띠고 있다(Markus & Kitayama, 1991).

생물학적 요인 진화심리학 연구가 흥미로운 결과를 보여 주면서 인간의 사회적 행동도 유전과 진화의 영향이 작용한다는 것이 널리 수용되고 있다(Buss, 1999). 이 접근은 사람들이 지닌 행동적 · 심리적 특징도 신체적 특징과 마찬가지로 오랜 세월에 걸친 진화의 결과로 나타날 수 있다고 본다. 즉, 다양한 행동들이 환경에 적응하기 위해서 시도되지만, 이들 중 뚜렷한 적응적 가치를 지닌 행동들만이 다수의 개체에 의해서 채택되고 유전되는 진화의 과정에 들어온다. 예를 들어, 군거 생활을 하는 종들에서 나타나는 협동 등의 친사회적 행위(본서 8장 참조), 배우자 선택의 양상에서 나타나는 남녀의 차이(Schmitt, 2003) 등은 문화권과는 무관하게 공통적으로 나타나는 진화된 행동의 양상이라고 볼 수 있다(곁글 1-3).

성격적 요인 사람들이 사회생활에서 보이는 행동을 이해하기 위하여 사회적 상황 요인을 이해하는 것 못지않게 개인 내적인 요인을 이해하는 것도 중요하다. 똑같은 상황에 처해서도 사람의 성격적 요인이나 가치관에 따라서 상황 인식이 달리 나타나기 때문이다. 이렇게 개인이 타고난 기질, 피부색, 성은 물론 사회화 과정을 통해 갖추게 되는 동기, 가치관, 태도 등이 내적 요인으로 작용하면서 행동에 영향을 주고 있다. 예를 들면, 보수적 성향자들은 진보 성향자에 비해서 도형의 전형에서 벗어난 찌그러진 도형을 해당 도형의 범주에서 많이 벗어나 있어서 수용하지 않으려 하며([그림 1-4]), 사회적 약자(노숙인, 실직자 등)에 대한 도덕적 분노를 크게 느끼며, 이들에 대한 지원정책을 반대하는 양상이 높은 것으로 나타난다(Okimoto & Gromet, 2015; 곁글 12-12 참고).

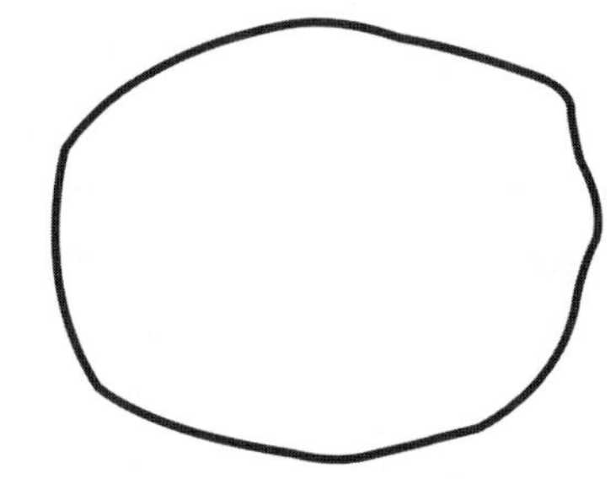
[그림 1-4] 찌그러진 원: 당신은 이 그림이 동그라미라고 생각합니까?

사람들은 누구나 저마다의 성격 특징을 지니고 있다. 어떠한 특

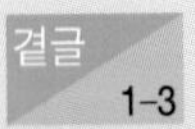

사회적 행위에 대한 진화심리학적 설명과 주의점

윌슨(E. O. Wilson, 1929~)
하버드 대학교 생물학과 교수로 개미의 생태계를 연구하여 1975년 『사회생물학: 새로운 통합』을 저술하여, 진화생물학적 관점에서 사회적 행동과 생태계의 진화를 설명하는 학문분야를 개척하였다. 이 관점은 심리학자들에 의해 진화심리학 연구의 바탕이 되어 확산되고 있다. 그는 어렸을 때 사고로 오른쪽 눈을 실명하여 작은 곤충에 관심을 가지게 되었으며, 다양한 분야의 학자들과 협업을 수행하며, 종 다양성과 사회성에 대한 새로운 통찰을 제시하며 가장 영향력 있는 생물학자로 자리매김하고 있다. 1978년 『인간의 본성에 대하여』, 1998년 『융합: 지식의 통합』, 2012년 『지구의 정복자』를 저술하였다(Wikipedia, 2016. 6. 20).

개미를 연구하는 생물학자 Wilson(1975) 교수가 제시한 사회생물학적 접근을 사람들의 심리현상 이해를 위해 적용하고 연구하는 **진화심리학**은 여러 분야에서 흥미로운 연구결과들을 제시하고 있다. 그중 하나가 종의 번식을 위해 가장 중요한 행위인 배우자 선택 행위에 대한 분석이다. 여러 나라들에서 남성은 여성보다 많은 수의 상대방과 성행위를 하려는 양상들이 이야기되고 있다. 진화심리학자들은 이 양상에 진화의 원리가 작용한다고 본다. 즉, 남성은 여성보다 많은 씨를 뿌릴 수 있기에, 많은 수의 후손을 갖기 위하여 많은 수의 여성과 성관계를 맺고자 하지만 여성은 그렇지 못하기 때문에 소수의 상대방을 엄선해서 건강한 아이를 갖는 것이 자신의 유전자를 확산시키는 데 유리하다. 이런 가설을 검증하기 위하여 Schmitt(2003)는 세계 각지 52개 나라의 16,000명 이상의 사람들에게 배우자 선택과 관련된 여러 항의 질문을 하였다. 그중에서 향후 한 달간 성행위 상대방으로 삼고 싶은 사람의 숫자를 조사한 결과가 [그림 1-5]에 제시되어 있다. 나타난 결과는 진화심리학적 가설이 타당함을 보이고 있다.

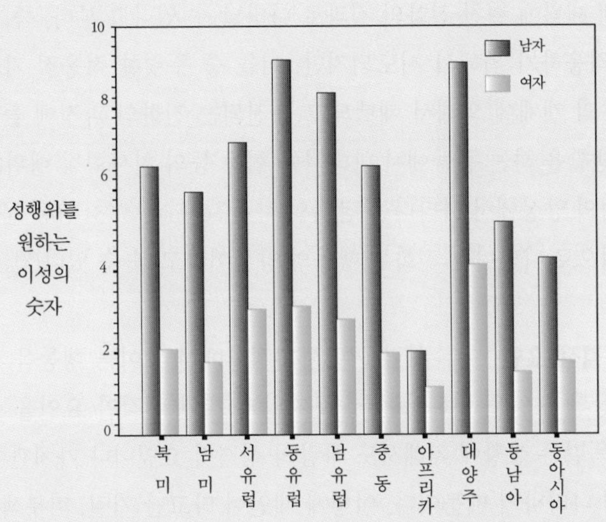

[그림 1-5] 원하는 성행위 대상자의 수에서 남녀 차이

진화심리학은 이타적 행위, 배우자 선택, 살인 등과 같이 서로 아무 관계없는 현상으로 여겨져 독립적으로 연구되어 왔던 주제들이 밀접한 관련성을 지닌 현상으로 이해될 수 있다는 점에서 사회과학자들이 모색하고 있는 검증가능한 대이론으로서 기능할 수 있음을 보여, 큰 흥미를 유발하고 있다. 이러한 탓에 진화심리학에 대한 정확한 이해가 필요하다. 우선, 진화심리학은 특정의 행동이 유전된다고 보는 것이 아니라 행동양상, 경향성이 유전된다고 본다는 점이다. 이 경향성은 개체가 처한 환경의 조건에 따라서 현실적 행동으로 나타날 수도 있고, 그렇지 못할 수도 있다(본서 11장 참조). 둘째, 진화심리학은 인간의 행동이 유전자에 의해서 특정한 형태로 결정된다고 보지는 않는다. 유전자의 발현양상은 절대적인 것이 아니라 후천적 경험, 환경적 필요성에 따라 달리 나타날 수 있다. 예를 들어, 남자들이 여성에게서 선호하는 외모의 양상이 경제상황이 변함에 따라서 변할 수 있음이 최근 연구에서 나타났다(Pettijohn & Jungeberg, 2004). 즉, 경제가 어려울 때, 남자들에게 선호되는 여성상은 보다 성숙해 보이는 모습(눈이 작고, 턱이 크며, 완숙한 몸매를 갖춘)으로, 경제가 좋을 때와는 다른 것으로 나타났다. 즉, 진화론자들이라고 해서, 생물학적 유전요소가 결정적인 것이라고 보는 것은 아니다(Baron et al., 2006, pp. 13–14 참조).

징들이 있으며, 이런 특징이 어떻게 형성되는지는 심리학의 핵심주제로 성격심리학이라는 분야를 형성하고 있다. 지난 세기 동안 다양한 이론들이 나왔지만, 성격을 다음과 같은 핵심 요인 다섯 가지로 파악하는 5요인 성격 이론이 큰 호응을 얻고 있다(Goldberg, 1993; McCrae & Costa, 1999).

- 신경증(Neuroticism): 정서적으로 안정적인지 불안정한지의 요인으로, 불안정한 사람들은 심리적으로 고통을 겪고, 충동적이며, 불안하고, 부적응적 대처 양상을 잘 보인다. 안정된 사람들은 차분하며, 편안하고, 자족적인 특징을 보인다.
- 외향성(Extraversion): 사회생활에서 사람들과의 상호작용의 양상을 보여 주는 요인이다. 외향적인 사람은 대인관계가 활동적이며, 활발하고, 자극을 추구하고, 즐거움을 잘 느낀다. 반대로 내향적인 사람은 과묵하고, 활기가 없고, 남과 잘 어울리지 못하는 특징을 보인다.
- 개방성(Openness): 새로운 경험을 추구하는지를 보는 요인으로, 개방성이 높은 사람은 새로운 경험을 찾고 즐기며, 낯선 것들에 호기심과 관용을 보이고, 창의적이며, 상상력이 풍부한 특징을 보인다. 이 요인이 낮은 사람들은 전통적이며, 현실적이고, 관심사가 좁은 양상을 보인다.
- 우호성(Agreeableness): 대인관계 지향성의 특징을 보여 주는 요인으로, 우호성이 높은 사람은 친밀감을 잘 보이고 느끼며, 온화하고, 친절하며, 신뢰를 잘하고, 신뢰받는 특징을 보인다. 이 요인이 낮은 사람들은 남을 잘 신뢰하지 않고, 비협조적이며, 냉소적이고, 무자비하며, 교활한 특징을 보인다.
- 성실성(Conscientiousness): 개인이 체계적으로 생활하는지, 이와 관련된 동기 수준을 보여 주는 요인으로, 성실성이 높은 사람은 노력하며, 목표지향적이고, 꼼꼼하고, 정돈된 행동 특징을 보인다. 반면, 낮은 사람은 목표의식이 약하고, 해이하며, 의지가 약하고, 신뢰롭지 못한 특징을 보인다(Cervone & Pervin, 2013. 번역본 p. 331).

5요인 성격 이론은 기존의 성격 이론에서 다루는 중요한 성격 차원들과 요인을 잘 반영하고 있다는 평가를 받으며, 각 요인에서 개인의 성격 특징을 측정하는 척도가 개발되어 다양하게 활용되고 있다(나 알기 1).

나 알기 1: 나의 성격특징 파악하기 (5요인 성격)

자신은 일상에서 어떤 특징의 성격을 보이는지 각 항목에서 답하시오.

내향성 대 외향성										
	매우		조금	어느 쪽도 아니다			조금		매우	
조용한	1	2	3	4	5	6	7	8	9	수다스러운
주장이 없는	1	2	3	4	5	6	7	8	9	주장적인
모험적이지 않은	1	2	3	4	5	6	7	8	9	모험적인
힘이 없는	1	2	3	4	5	6	7	8	9	힘이 넘치는
소심한	1	2	3	4	5	6	7	8	9	대담한
적대성 대 우호성										
불친절한	1	2	3	4	5	6	7	8	9	친절한
비협조적인	1	2	3	4	5	6	7	8	9	협조적인
이기적인	1	2	3	4	5	6	7	8	9	이타적인
사람을 믿지 않는	1	2	3	4	5	6	7	8	9	사람을 믿는
인색한	1	2	3	4	5	6	7	8	9	관대한
방향 상실 대 성실성										
정돈되지 않은	1	2	3	4	5	6	7	8	9	정돈된
무책임한	1	2	3	4	5	6	7	8	9	책임감 있는
실천적이지 않은	1	2	3	4	5	6	7	8	9	실천적인
부주의한	1	2	3	4	5	6	7	8	9	빈틈없는
게으른	1	2	3	4	5	6	7	8	9	근면한
정서적 안정성 대 신경증 성향										
이완된	1	2	3	4	5	6	7	8	9	긴장한
편안한	1	2	3	4	5	6	7	8	9	불안한
안정된	1	2	3	4	5	6	7	8	9	불안정한
만족한	1	2	3	4	5	6	7	8	9	불만족한
정서적이지 않은	1	2	3	4	5	6	7	8	9	정서적인
폐쇄성 대 새로운 경험에 대한 개방성										
상상력 빈곤한	1	2	3	4	5	6	7	8	9	상상력 풍부한
창의적이지 않은	1	2	3	4	5	6	7	8	9	창의적인
호기심 없는	1	2	3	4	5	6	7	8	9	호기심 많은
사색적이지 않은	1	2	3	4	5	6	7	8	9	사색적인
세련되지 못한	1	2	3	4	5	6	7	8	9	세련된
	매우		조금	어느 쪽도 아니다			조금		매우	

출처: Cervone & Pevin, 2013.

사회심리학은 어떻게 성립되었나

고든 올포트(Gordon W. Allport, 1897~1967)
친형인 플로이드 올포트의 권유로 진학한 하버드 대학교에서 맥두걸의 지도로 박사학위를 취득하였으며 성격심리학자로 명성을 지녔으나 '루머와 편견, 태도'와 같은 사회심리학의 주제도 관심 있게 탐구하였다. 1954년에 출판한 『편견의 본질』은 오늘날도 인용되는 고전으로 인정된다(Jahoda, 2007, pp.188-190).

사회심리학의 역사를 처음으로 정리한 G. Allport(1954)는 사회심리학이 제1차 세계대전과 뒤이은 대공황, 그리고 제2차 세계대전이라는 사회의 격변 속에서 사회현상들을 이해하려는 심리학자들의 노력으로 모습을 갖추었다고 본다. 현대 사회심리학의 토대를 제공한 선구적 사상은 유럽과 미국사회에서 이미 19세기에 제시된 사상과 이론들이다. 유럽의 지성사에서 Comte의 실증주의적 접근, Darwin의 진화론적 접근을 사회현상의 이해에 적용하는 시각, 프랑스의 Le Bon, Durkheim 같은 이들이 집단, 군집현상에 대하여 내놓은 이론, 그리고 독일의 Wundt 같은 이가 언어와 문화에 대하여 구상하던 생각들이 한데 어울리며, 사회심리학 형성에 영향을 주었다(G. Allport, 1968; Jahoda, 2007). 미국에서는 W. James가 1890년에 내놓은 저서 『심리학의 원리』에서 사회적 자아(social self)를 다양한 사람들과의 관계에서 나타나는 복수의 현상(selves)으로 제시하였고, 비슷한 시기에 Baldwin(1897; Valsiner & Van der Veer, 2000, 4장)은 개인 심리마저도 사회와의 관계 속에서만 이해될 수 있다는 주장을 하였다. 그는 개인 자체가 사회적 산물이라고 보았던 것이다. 이 같은 이론적 주장이 제기되던 시점에 최초의 사회심리학적 실증 연구가 Triplett(1897)에 의해 행해졌다. 그는 자전거 선수들이 혼자 연습할 때보다 경주시합에 임해서 훨씬 향상된 기록을 보인다는 사실을 주목하고 타인의 존재가 개인의 수행에 미치는 영향력을 조사하기 위하여 간단한 실험을 수행하였다. 아이들에게 낚시 릴을 주고서 낚싯줄을 최대한 빨리 감는 일을 시켰다. 어떤 아이는 이 일을 혼자서 하였고 다른 아이들은 두 명씩 짝 지은 다음에 각자가 수행하도록 하였다. 두 가지 조건의 결과를 비교하니 짝 지은 조건에서 훨씬 빨리 감아올리는 것으로 나타났다(사회촉진 현상, 본서 9장 참조). 이 연구는 뚜렷한 이론적인 틀 속에서 행해진 것은 아니지만, 사회심리학적 변인을 최초로 조작적으로 다루었다는 점에서 이후의 사회심리학 연구의 최초모형을 제공하였다. 즉, 즉각적인 사회상황이 인간의 행위에 미치는 영향력을 실험적으로 분석한 최초의 연구라는 역사적 의의를 지니고 있다(Farr, 1996).

제임스(William James, 1842~1910)
의학과 철학을 전공하고 실용주의적 접근을 포용하고 제시하며 심리학을 경험과학으로 정립하는 데 크게 기여한 하버드 대학교의 심리학과 교수다. 1890년에 출간한 두 권짜리 『심리학의 원리』는 현대 심리학의 방향을 설정하는 데 중요한 영향을 주었으며, 심리학의 고전으로 간주되고 있다. 국내에서도 고인이 되신 정양은 교수에 의해 늦게나마 번역이 이루어져 출간되었다(2005년 아카넷 간행).

볼드윈(James Mark Baldwin, 1861~1934)
미국에서 태어나 대학생 때 독일로 가 Wundt에게서 수학하였고, 프린스턴 대학교에서 교수를 역임했다. 당대의 대표적인 사회심리학자로 불리기도 하였다. 그는 개인과 사회를 별개로 취급하는 입장에 반대하고, 인간을 사회적 활동의 주체적인 존재라기보다는 사회적 활동의 결과라고 보는 입장을 취하여(Jahoda, 2007, pp. 143-144), 아동의 발달단계를 구분하는 이론을 제시하면서 인간성의 발생에 사회의 근원적 영향을 강조하는 사회발생론적(socio-genetic) 입장을 제시하였다. 그러나 볼드윈의 사상은 행동주의 사조와 개인 심리학의 풍토에서 잊혀졌으며, 최근에 새롭게 조명을 받고 있다(Valsiner & Van der Veer, 2000).

분트(Wilhelm Wundt, 1832~1920)
생리학을 공부하여 헬름홀츠(1821~1894)의 조수 생활을 한 후에 취리히 대학교에서 철학을 가르치면서 민족심리학을 강의하기 시작하였다. 라이프치히 대학

❖ Wundt와 사회심리학

독일의 W. Wundt는 1879년에 라이프치히 대학에서 최초로 심리학 실험실을 만들어서 심리의 작용을 과학적으로 연구하기 시작한 업적으로 현대 심리학의 시조라고 인정받고 있다. 그러나 Wundt는 실험적 접근만으로 인간정신을 이해하는 한계를 인식하였다. 왜냐하면 인간의 사고가 언어, 관습, 신화 등에 의해 큰 영향을 받음을 인정하지 않을 수 없었기 때문이다. 그는 1900년부터 20년에 걸쳐서 오늘날의 문화인류학 영역의 연구에 해당된다고 볼 수 있는 『민족심리학(Volkerpsychologie)』 10권을 저술해 내었다. 이 분야는 실험적인 성격을 지닌 것이 아니라 역사적 · 국가적 · 문화적 특성을 기술하는 심리학이다. 이 분야에의 관심은 Wundt 생존 시대에 독일의 철학자들이 사회를 대중의 문화, 국가 공동체로서 취급하고, 그 공동체의 정신 혹은 얼(Volk)이 성원들을 결속하는 이데아로 보았던 사조를 반영한다(Graumann, 1988). 민족심리학은 "민족정신의 과학, 즉 제 민족들의 정신적인 삶의 요소들과 법칙에 대한 학문"(김정운, 한성열, 1998)으로서, 민족이라는 집합적 현상을 대상으로 언어, 종교, 관습, 미신 등 민족이 보이는 현상에 대한 연구이며, 개인의 의식으로서는 설명할 수 없었다. Wundt에게 개인심리학은 마음의 연구이었고, 민족심리학은 마음의 외현적 발현(즉, 문화) 양태를 연구하는 학문이었다. Wundt는 인간과 공동체의 이해가 인간심리를 이해하는 중요한 부분이며, 이러한 이해가 결여된 실험심리학은 반쪽 심리학이라고 보았다(Farr, 1996).

Wundt는 인간의 사회성을 이해하기 위하여 인간의 사회적 교류의 객관적 산물인 언어, 신화, 관습을 비교 역사적으로 연구해야 한다고 보았다. 이는 오늘날 문화인류학적 접근과 유사하다고 볼 수 있다. Wundt는 심리학 연구를 위해 실험적 접근법을 제시했지만, 민족심리학을 위한 적절한 방법론을 제시하지는 못했다. Wundt가 민족심리의 연구에는 적절치 못하다고 본 실험법을 사회심리학자들이 주된 방법론으로 채택하면서 Wundt의 접근은 오늘날의 사회심리학 연구경향과는 많은 차이를 지니게 되었다. 이러한 이유로 사회심리학의 역사에서 Wundt는 도외시되고 있다(Farr, 1996). 그러나 최근에 문화가 사회심리학의 중요한 변수로 부각되자 Wundt에 대한 관심이 새롭게 기울어지고 있다(Cole, 1996). 흥미 있는 사실은 Wundt의 민족심리학이 심리학에서 도외시되었지만 다른 학문의 모태적 역할을 하였다는 것이다. 그 밑에서 수학한 Malinowski(영국 사회인류학의 시조), G. H. Mead(상징적 상호작용), Thomas(사회학자), Durkheim, Saussure 등이 각기 오늘날의 문화인류학과 사회학, 언어학의 전개에 중요한 족적을 남겼다.

❖ 사회학과의 분리

이러한 배경에서 1908년 두 권의 서적이 『사회심리학』이란 제호로 미국에서 출판되었다. 그 하나는 심리학자인 McDougall이 저술한 것으로 진화론을 받아들여 사회적 행위를 본능론적 관점에서 설명함으로써 개인 심리학적인 접근을 취한 것이다. 그는 나중에 『집단정신(Group mind)』을 저술하여(1920), 마치 Wundt가 그러했듯이 개개인의 차원을 넘어선 사회의 실체를 인정하는 사회학적 접근을 포용하는 입장을 취했다. 다른 하나는 사회학자인 Ross에 의하여 쓰였는데 타인의 영향력이 초래하는 행위의 동질성을 강조하였다.

초기 사회심리학의 연구가 진전되는 데 큰 영향을 준 것은 1920년대를 전후하여 심리학계에 정착하게 된 행동주의다. 즉, 사회심리학이 과학으로서 뿌리를 내리기 위해서는 행동을 측정하는 정확한 방법을 개발하고 그 행동의 변화를 야기하는 사회적 상황의 영향력에 대한 가설을 세우고 이를 실험적으로 조작해 연구하는 실험적 방법론의 채택이 절실한 것으로 여겨졌다. 행동주의의 영향은 특히 미국에서 강했으며 1924년에 F. Allport가 저술한 사회심리학 교재는 탐구대상을 개인에게 맞추고, 실험적 접근을 주된 방법으로 채택하였으며, 태도를 측정하는 척도의 개발에 중점을 둠으로써 사회학적 접근과의 결별을 보이고 있다. 특히 태도와 같은 무형의 것을 측정할 수 있다는 Thurstone의 연구가 제시된 1928년 이후, 태도의 연구는 사회심리학의 핵심 주제가 되었다. 제2차 세계대전 동안 군인들의 사기 진작, 심리전, 홍보전쟁을 치열하게 치르는 현실적인 관심사와 맞물려 사회심리학의 발전에 중요한 기여를 하였으며, 이후로도 가장 중요한 주제의 하나로 다루어지게 되었다(Danziger, 1997, 8장).

심리학자들이 전개하고 있는 사회심리학과는 별개로 Wundt에게서 배운 경험이 있는 시카고 대학교의 철학과 교수 G. H. Mead가 사회심리학 강좌를 운영한 것이 그의 사후 사회학자들에 의해 전개된 사회심리학에 큰 영향을 끼쳤다. 그는 인간을 탐구함에 있어서 마음과 몸의 이분법적인 사고를 탈피하고(이 점에서 그는 Wundt와 다름), 인간의 행동에서 내적인 생리현상과 외적인 발현을 구분할 수 없다고 보았다. Mead는 인간의 대화에 주목하여, 사람들이 생각한다는 것은 언어라는 상징 체계를 이용하며, 이 생각은 개인 안에서 혼자 이루어지는 것이 아니라 본질적으로 사회적인 과정이라고 보았다. 사람들은 생각을 하기 위해서 말을 이용할 뿐 아니라, 말은 상대방과 동시에 스스로에게 들리기 때문에(자기반추적) 말을 하면서 상대방의 관점을 취하고, 이를 자의식에 의해서 분석하고 조정해 가는 사회적 교류에

교의 철학과로 옮겨서는 철학과 심리학을 가르쳤으며, 1879년 심리학실험실을 운영하기 시작하였다. 초기에는 심리학을 자연과학적으로 접근하였으나, 후기에는 인문학적으로 접근하며, 『민족심리학』이라는 제목으로 10권의 책을 집필하였다. 독일에서는 민족심리학이 스탕달과 라자루스에 의해서 민족의 정신, 얼을 연구하는 인문학적인 색채가 강했으나, Wundt는 이러한 초기의 접근과 달리 민족의 심리에 대한 작용양상, 개인들의 의식 양상을 연구하는 방향을 취했다. Wundt는 집단정신이 개인과는 별개로 존재함을 인정하며, 이를 연구하기 위하여 언어, 신화, 관습을 탐구대상으로 삼았다(Farr, 1996).

맥두걸
(William McDougall, 1871~1938)
영국에서 태어나 옥스퍼드 대학교에서 철학 분야의 교수생활을 하였으며, 제임스의 『심리학의 원리』를 읽고 심리학에 관심을 지니게 되었다. 중년기에 미국으로 건너가 하버드 대학에서 교편을 잡기도 하였다. 그는 진화론을 수용하여, 본능이 진화의 결과로 갖추어지며, 유기체의 활동의 동력이 된다고 보았다. 아울러 그는 정신이 발현되며(emergent), 행동은 목적을 지니고 취해진다는 주장을 하며, 심령현상의 연구에도 관심을 지녀 왓슨의 행동주의와는 반대되는 입장을 취했다(Jahoda, 2007, pp. 1570–1630). 저서

인 『사회심리학』은 인간의 행동을 본능으로 설명함으로써 사회심리학적이기보다는 동기론적인 저서로 간주될 수 있으며, 맥두걸은 1920년에 『집단정신』이라는 사회심리학 저서를 출판하였다.

로스(Edward A. Ross, 1866~1951)
미국 스탠퍼드 대학교에서 경제학과 교수를 하다가 위스콘신 대학교로 옮겨 사회학 교수가 되었다. 로스는 프랑스 사회학의 영향을 받아 집단이 개인과 어떻게 상호작용하는지에 관심을 지니고 사회통제, 사회적 영향의 주제가 개인에게 어떻게 작용하는지를 사회심리학의 관심사로 제시하였다. 로스가 제기한 사회성(sociality)의 개념이 모호하다는 미드의 비판에 대한 반론에서, 로스는 개인들의 상호작용을 다루는 사회심리학과 사회체제를 다루는 사회심리학을 구분하여 두 진영의 각축에서 이기는 쪽이 사회심리학의 이름을 갖게 될 것이라고 하였다(Jahoda, 2007, pp. 166-167).

결글 1-4 상징적 상호작용 학파

James, Dewey, Peirce 등과 같은 반열에서 실용주의 철학을 하던 G. H. Mead는 인간과 사회의 관계를 설명하는 상징적 상호작용 이론을 제시하였다. 이 이론은 1940~1950년대 미국 사회학계에서 중심적인 위치를 차지하였으나, 1960~1970년대 와서는 Parsons의 기능론적 사회학과 Marx 이론의 영향을 받은 거시사회학에 밀려 사회학의 변방으로 밀렸다. 그러나 1980년대 들어서 사회와 개인의 관계에 대한 이슈가 새롭게 조명받으며 다시 관심의 대상이 되고 있다(손장권 등, 1994, pp. 1-2). Hewitt(1991; 손장권 등, 1994에서 인용)는 이 이론의 핵심적 주장으로 다음을 정리하여 제시하고 있다.

1. 사회심리학은 인간행동의 형성과 다양성을 설명하는 것이다: 인간의 행동이란 본질적으로 사회적이며, 개인의 특성만으로는 설명될 수 없다.
2. 인간의 행동은 의미의 창조와 유지과정에 의존한다: 인간은 의도와 목적에 따라 행동하며, 주어진 의미체계를 벗어나 새로운 의미의 대상을 만들어 가며 사회생활을 한다. 이 의미는 개인적이기보다는 사회적인 것이다.
3. 사람들은 다른 사람과 상호작용함에 따라서 행동을 형성한다: 행동은 개인적일 수 있지만, 그 행동이 지속성을 지니고 의미를 지니기 위해서는 사회적 상호작용의 과정과 결과가 중요하다.
4. 사회와 문화는 행동을 규정하고 구속하는 동시에 행동의 산물이기도 하다: 사회와 문화는 성원들에게 영향을 주지만, 아울러 성원들의 행동에 의해 변화할 수밖에 없다.

들어가는 것이다(Farr, 1996, 4장과 6장). 마음이란 생각을 떠날 수 없고 생각은 언어적 상징과 이의 교류 없이 이루어질 수 없다는 그의 사상은 사회학자인 Blumer 등에 의하여 계승되어 상징적 상호작용 학파를 형성하게 되었다(결글 1-4).

❖ Lewin의 역할

집단역학
집단 내 구성원들의 상호작용 과정에 관심을 갖는 사회심리학의 한 분야다. 리더십, 조직 내 의사소통, 과제의 종류에 따른 수행의 비교, 대인 간 친소관계 형성 등의 문제를 탐구한다.

사회심리학의 형성에서 가장 중요한 영향을 남긴 사람은 독일 출신으로 유태인 탄압을 피해 미국으로 망명한 Kurt Lewin이다(Festinger, 1980). 그는 개인의 삶의 공간에서 작용하는 여러 요소들의 존재를 인정하고, 이들 간의 상호관계 및 역동을 강조하는 장(場, field) 이론의 입장을 제시하였다. 인간의 이해를 위해서 개인적인 요소뿐 아니라 사회적 영향요인을 연구해야 한다고 주장하며, 개인이 사회생활에서 보이는 다양한 행위들이 서로 연결되어 있기 때문에 이들을 하나씩 따로 분리하여 보는 것을 꺼렸다. 아울러 Lewin(1951)은 "방법론에 관한 한 심리학에서의 법칙의 발견은 실험법을 통해서만 가능하다"(p. 204)는 입장을 취했다. 이 같은 입장은 그가 배출한 많은 제자들에—후에 상당수가 사회심리학에 나름의 발자취를 남김(Festinger, Kelley, Cartwright, Deutsch, Schachter, French, Thibaut 등)—의하여 자연스럽게 채택되고 사회심리학의 모습을 오늘날과 같이 만드는 역할을 하였다. Lewin은 사람들의 삶에 직접적인 영향을 주는 것은 대면접촉이 이루어지는 소집단 상황임을 강조하며, 소집단이야말로 사회구조의 영향력이 개인에게 행사되는 실체라고 주위를 설득하였다(Festinger, 1980). 그에 의해서 MIT 대학에 집단역학연구소(Research Center for Group Dynamics)가 창설되었고, 이 연구소는 그의 사후에 미시간 대학교로 옮겨가(Institute for Social Research로 개명함) 사회심리학 분야 연구의 중추 역할을 수행하여 왔다. 방법론에 있어서 심리학적 실험을 택하였지만 주제의 선정에 있어서 사회학적인 입장을 취함으로써 Lewin은 Ross와 McDougall 이후로 맥을 달리하여 연구되고 있던 두 가지 사회심리학(곁글 1-5)의 다리를 놓기도 하였다.

그러나 Lewin이 1947년에 심장마비로 사망하고 나서 그가 관심을 보였던 사회체제 등의 사회학적 요인들은 연구주제에서 밀려나게 되었다. 이는 이러한 주제들에 대한 실험적 접근이 불가능했기 때문으로 여겨진다. 사회심리학자들은 인과관계를 볼 수 있는 실험적 방법을 선호하였으며, 이 같은 선호는 개인과 그를 둘러싼 직접적인 환경으로 사회심리학의 소재를 제한시키는 변화를 가져왔지만, 이 변화는 수용할 만한 것으로 여겨졌다(Smith & Bond, 1998, p. 11).

Lewin의 사후, 그의 제자들에 의해 사회심리학의 초점이 사회 상황 속의 개인들이 지닌 일반적 경향성에 맞추어지면서 사회심리학은 개인 내적 요소인 인지, 태도, 성격이 대인 간 교류과정에서 형성되고 발현되는 과정, 그리고 그 요소들이 상황특성과 결합하여 행동에 미치는 영향과정에 대한 연구의 성격을 띠게 되었다. 이 점에서 사회심리학은 사회현상의 집합적 실체를 개인 심리 위주로 접근한다는 심리학적 환원주의 성격을 지니게 되었다(Pepitone, 1981).

1950년대 이후로 사회심리학의 주된 방법론으로 실험실 실험이 굳은 뿌리를 내리게 되었다. 내용면에서는 사람들의 가장 기본적인 사회관계라고 볼 수 있는 2자 관계의 분석과 개인이 타인을 파악하는 양상이 주된 연구주제로 다루어졌으며, 심리학적 환원론적으로 설명하는 경향은 심화되었다. 이 현상에 대한 비판이 1970년대 중반부터 강하게 제기되어(Gergen, 1973; Rosnow, 1981) 다루는 영역이 확대되었으며, 사회구조, 문화 등의 영역이 사회생활에 미치는 영향력에 대한 탐구가 본격적

미드(George Herbert Mead, 1863~1931)
헤겔의 관념철학을 연구하던 그는 독일 유학에서 Wundt를 만나, 영향을 받았고(Farr, 1996), 미국으로 돌아와서 듀이와 쿨리를 만나 실용주의 철학의 터를 닦았다. 그는 마음의 기원에 대한 문제를 천착하였으며, 시카고 대학교에서 타계할 때까지 이 문제를 다루었다. 그의 사후에 그의 강연내용을 제자들이 정리하여 나온 책(1934)이 『Mind, self, & society』이다. 미드가 사회학에 미친 영향은 지대하지만, 그는 사회과학적 이론을 정립하여 제시한 사회과학자라기보다는 사회와 개인의 관계를 천착하면서 이 문제를 보는 시각을 제시한 철학자라고 볼 수 있다.

레빈(Kurt Lewin, 1890~1947)
베를린 대학교에서 심리학과 철학을 전공하고 제1차 세계대전에 참전하여 부상을 당한 후 대학교로 돌아와 게슈탈트 학자들과 교류하였다. 지각의 영역에서 작용하는 심리를 구명하기 위하여 물리학과 생물학의

개념을 사용하여 심리학의 과학화에 노력하였다. 나치 정권에서 미국으로 망명하고서는 아동과 사회적 행위에 관심을 가지며, 장이론적 접근을 체계화하여 제시하였으나, 그의 장이론적 접근은 후학들에 의해서 계승되지 못하였다. 그는 올포트에 의해서 부정되었던 집단/사회성을 리더십에 대한 실험적 연구를 통해서 사회심리학의 영역으로 복원시키며, 사회심리학의 영역을 확대시키는 역할과 더불어, 기라성 같은 제자들을 길러 내 현대 사회심리학의 아버지로 일컬어진다(Jahoda, 2007, pp. 213-215).

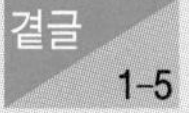

두 가지 사회심리학

1908년 사회과학의 여명기에 두 권의 사회심리학 개론서가 전혀 다른 입장을 취한 두 학자에 의해서 출판되었다. 심리학자인 McDougall(1908, p. 15)에게 있어서 사회심리학은 "개인의 자연적 경향과 능력이 어떻게 사회의 복잡한 심리 상태를 창출해 내는지를 보이는" 학문이었다. 한편, 사회학자인 Ross(1908, p. 1)는 사회심리학을 "인간들이 사회를 구성함으로써 존재하게 된 경향, 조류, 현상"들의 연구로 보았다. 이러한 관점의 차이는 오늘날까지도 지속되고 있어서 **심리학적 사회심리학**에서는 사회 성원 개인들의 인지, 동기, 성격, 경험에 초점을 맞추어, 개인들이 서로 영향을 주고받는 양상을 밝히려 든다. 한편, **사회학적 사회심리학**에서는 집단, 조직, 사회규범, 역할 등에 초점을 맞추어 사회라는 조직체가 형성, 유지, 변화되는 양상을 밝히려는 노력을 보이고 있다. 그러나 각 분야에서 현재 많이 쓰이는 주요 교재의 목차를 비교한다면 이러한 차이는 상대적이며 상당부분이 서로 중복되고 있음을 발견할 수 있다.

다루는 주제보다 더 현격한 차이를 보이는 것은 선호하는 연구방법상의 차이일 것이다. 심리학적 사회심리학자들은 실험방법을 주로 사용하고 있으며, 사회학적 사회심리학자들은 조사방법을 주로 사용한다(〈표 1-1〉).

〈표 1-1〉 두 가지 사회심리학에서 쓰는 연구방법

심리학적 사회심리학		사회학적 사회심리학	
실험실실험	46%	조사연구	38%
조 사	13	문헌연구	19
현장연구	13	현장연구	13
현장실습	13	실험실실험	13
자연실험	8	현장실습	5
문헌연구	6	자연실험	5
기 타	3	기 타	1

출처: Wilson & Schafer, 1978.

연구주제의 유사성과 방법론상의 차이는 복잡한 주제에 대한 상보적인 접근으로 조화가 잘 이루어질 수 있을 것 같다. 그러나 두 진영의 연구자들은 서로 교류가 거의 없으며, 참고문헌도 자기 진영의 학자들에 의한 것만을 사용하는 등 전혀 별개의 학문인 것처럼 여기는 바람직하지 못한 실정에 있다(Wilson & Schafer, 1978). 학문 분야의 연구성과를 집약하여 편집, 출판하는 편람(handbook)의 출판작업도 이제는 각 분야에서 별도로 진행시키는 정도로 분리되었다.

으로 다루어졌다. 또한 최근에는 통계방법론의 발달에 힘입어 실험법에 밀려나 있던 관찰, 현장실험, 조사 등 다양한 연구방법들이 실험법과 더불어 적절한 연구 수단으로 간주되게 되었다.

❖ 사회심리학이 지닌 문화

현재 사회심리학의 주요 발견들은 주로 미국에서 이루어졌으며 미국에서 가장 활발히 연구되고 있다. 문화차이가 심리학에서 중요한 관심사로 대두된 21세기에도, 가장 권위있다고 여겨지는 사회심리학 학술지들에 5년간 출판된 논문의 주 저자는 90%가 영어권의 학자들이고, 아시아권의 학자는 1%에 불과한 것으로 나타난다(미국 국적이 78%를 차지함: Arnett, 2008). 근자에 들어서 비서구인들에 의한 논문이 증가하는 추이를 보이고 있지만, 사회심리학의 주 무대가 미국이라는 것은 부인할 수 없는 사실이다. 사실 미국에서 수학하고 자국으로 돌아가 활동하고 있는 대부분의 사회심리학자들이 미국의 학풍을 지니고 있다면 사회심리학은 전적으로 미국의 학문이라고 해도 과언이 아닐 지경이다. 사람들이 잘 의식하지 못하고 있는 심리학의 미국적 특성은 무엇인가? 이는 지식사회학의 흥미 있는 주제가 되겠지만, 그 연구주제의 설정, 인기 있는 주제들을 예의 관찰하면 중요한 통찰을 얻을 수 있을 것이다. 여기에서 한 가지 분명하게 지적할 수 있는 것은 개인들이 개인으로서 상호 교류하는 과정과 개인적인 삶에 관한 것을 이해하는 데 필요한 이슈들이 사회심리학에서 주로 다루어졌다는 것이다.

사회심리학이 지닌 문화적 특성은 미국사회에서의 지배적인 인간관을 반영하는데 그것은 개인주의, 이성주의, 자유주의로 요약될 수 있다(Hogan & Emler, 1978). 이 인간관을 요약한다면 사회란 개인들의 집합체이며, 이들 개인이 사회생활의 기본 단위이며, 개인은 사회화 과정을 통해 형성된 나름의 가치와 성격적 특징을 갖고 자신의 자유의지에 의해 나름의 합리적인 사고 과정을 통해 자신의 이익을 추구하는 방향으로 사회생활을 영위해 간다. 미국식 사회심리학이 지닌 이 같은 인간관의 특징은 연구주제의 선정과 이론의 전개에 큰 영향을 미치고 있다. 1970년대에 이르러 유럽의 학자들에 의해서 심각한 정체성 의식이 제기되었고 유럽의 토양에서 발생하는 사회문제를 중점적으로 취급해야 한다는 당위성에서 미국식 사회심리학과 차이를 두고자 하는 노력이 눈에 띄게 증가하는 양상을 보였다(이를테면 Hewstone et al., 1988, 1996이 편집한 유럽 사회심리학 교재가 비교됨).

그러나 사회심리학자들은 어떠한 주제에서건 발견된 법칙, 현상은 연구무대가 미국이건, 독일이건, 심지어 일본이건 관계없이 보편적으로 나타나는 것으로 여겼다. 이러한 가정은 특히 기존의 사회심리학 교재 대부분에서 나타나고 있다. 즉, 대부분의 발견이 미국에서 이루어졌음에도 불구하고 대부분의 저자들은 문화 차이에 대하여 거론치 않고, 이 연구무대를 문제시 삼을 필요는 없다는 암묵적인 입장을 취하고 있었던 것이다(Arnett, 2008). 사회심리학 교재의 저술에 참고되고 있는 연구 문헌들의 출처를 분석한 결과도 자국에서 이루어진 연구가 차지하는 비중이 매우 적은 것을 보이고 있다(Smith & Bond, 1998).

이러한 자세에 대한 비판이 최근 강하게 일고 있으며 사회심리학과 문화가 지니는 관계를 이해하고, 해당 문화권에 적합한 사회심리학의 주제를 선정하고 이를 경험적으로 연구해야 한다는 주장이 당위성을 띠게 되었다(한규석, 1991, 2002; Moghaddam et al., 1993; Smith & Bond, 1993; 본서 11장 참조). 1995년에 대만, 일본, 홍콩, 한국의 사회심리학자들이 주축이 되어 아시아사회심리학회(초대회장 최상진 교수)가 발족되어 아시아인들의 가치와 삶의 모습을 반영하는 사회심리학 탐구가 본격적으로 진행되었다.

이러한 관찰들은 사회심리학의 명칭을 다시 생각하게 만든다. 즉, 기존의 사회심

곁글 1-6

마음의 이름 짓기

각 문화는 그 사회 성원들이 세상을 보고 파악하는 분류체계 혹은 판이라고 볼 수 있다. 이 분류체계는 시공간적 제약을 받는 문화적 구성물이다. 심리학의 주요 개념들이 부침하는 역사를 탐구하는 캐나다의 K. Danziger(1997)는 『마음의 이름 짓기(Naming the mind)』란 저술에서 심리학의 용어들이 자연류(natural kinds)로 여겨지는 착각을 예리하게 지적하고 있다. 즉, **자연류**란 연구자가 대상을 어떻게 이름 짓는가와 무관하게 존재하는 실체적 대상을 말한다. 예를 들어, 폭포는 이를 폭포라 하건, 물벽이라 하건, 워터폴이라 하건 그 속성이 변하지 않는다. 그러나 심리학의 용어들은 모두가 인간류(human kinds)의 용어들이다. **인간류**의 개념들은 이름을 어떻게 짓느냐에 따라 속성이 변한다. 예를 들어, 50대 장년의 남자를 노인이라 부른다면 이 남자는 화를 내거나 노인처럼 굼뜬 행동을 보일 수 있다. 인간류의 용어는 대상을 어떻게 보겠다는 실행성(practice)을 지닌 정치적 용어라는 것이다. 이 점에서 심리학의 이론과 용어는 우리들이 잘 의식하지 못하는 정치적 힘을 지니고 있다. 일례로, 지능(intelligence)을 이야기한다면 아동의 서열화(정량적 분석)는 당연한 것으로 된다. 그러나 지성(intellect)을 이야기한다면 인간성과 야만성의 차이가 문제가 된다는 것이다. 심리학의 용어(지능, 내외 귀인, 성취동기, 우울증 등)는 범주화를 수반하고 이 범주는 가치를 내포하고 있어, 사람에 대한 판단을 불가피하게 만든다. 서구에서 개발된 이론과 용어를 그들의 문화적 배경과 분리되어 존재하는 보편적인 것으로 여기고 다루게 되면 그러한 잣대와 판에 의해 우리 한국인을 보게 되며, 그러한 연구의 누적은 한국인의 이해와는 필연적으로 괴리를 지닐 수밖에 없다(한규석, 1999에서 발췌).

리학은 엄밀히 말해서 미국인의 토착 심리학(Berry, 2000)이기 때문에 한국사람들을 이해하기 위해 그 원리들을 아무 생각 없이 적용하는 것은 삼가야 할 일이다. 어느 사회에서나 사람들이 사귀고, 결혼하고, 자식을 양육하고, 다투고, 돕는 등 비슷한 생활 양상이 공통적으로 나타난다고 해서 그 심리가 같다고 볼 수는 없다. 어느 사회에서나 성인 남녀가 결혼하는 것을 볼 수 있지만, 결혼을 성인 남녀의 개인적 문제라고 보는 사회가 있는가 하면, 가족의 문제라고 보는 사회가 있는 것이다. 동일한 사회적 관행이 상이한 심리를 바탕으로 나타날 수 있으므로 해당 문화권의 사회심리학자는 미국의 판에서 벌어지고 있는 사회심리가 보여 주는 원리의 문화적 특수성을 인지하고, 이들이 자신의 문화판에서 적합하게 적용될 수 있는지 여부를 검토해야 한다(최상진, 한규석, 1998; 한규석, 최봉영, 2015).

❖ 국내의 사회심리학

한국심리학회가 1946년에 창설된 이후에 미국의 사회심리학이 수입되기 전까지 소수의 심리학자들은 한국사회의 현실과 관련된 사회심리학적 주제를 다루었다. 최초의 논문은 서울대학교 이진숙 교수(1959)가 쓴 「팔도인의 성격에 대한 선입관념」으로 여겨진다. 이는 1980년대에 활발히 이루어진 지역감정에 대한 연구의 효시적 연구였다. 이듬해에 고려대학교의 김성태 교수에 의해 『4 · 19 학생봉기의 사회심리학적 분석』이 출판되었으며, 1965년에 윤태림 교수가 「한국인의 성격」을 박사학위 논문으로 출판하였다. 그러나 본격적인 사회심리학의 전개는 정양은 교수가 스탠퍼드 대학교에 체류하고(1963년) 와서 Festinger의 이론을 소개하고, 동조현상의 연구를 위해 실험실 접근을 도입한 이후로 여길 수 있다. 정양은 교수의 제자들, 그리고 그를 이어 서울대학교의 사회심리학 교실을 이끈 차재호 교수에 의해 1970년대 당시에 나타나고 있던 미국의 사회심리학이 직수입되면서 한국의 사회심리학 연구도 착근을 하게 되었다. 1975년에 사회심리학회가 한국심리학회의 분과학회로 결성되었고, 1982년에 최초의 사회심리학 전문학술지가 창간되었다. 이 당시의 연구자들은 가치관, 대인지각, 공격행위, 귀인과 같은 당시 미국 학자들이 보이던 사회심리학 주제들에 관심을 보이며, 활발하게 연구활동을 전개하였다(한규석, 1996). 1991년에 한국심리학회가 국제비교문화심리학회와 공동으로 대규모의 국제적인 학술모임을 가진 이후에 사회심리학의 한국적인 현상에 대한 관심이 크게 증가하였다(최상진, 2000; 한규석, 2002; 한성열 등, 2015).

정양은(1923~2004)
서울대학교 심리학 박사. 서울대학교 교수로 1970년대 중반까지 초기의 사회심리학 교실을 운영하였고, 나중에는 산업심리학 교실을 이끌면서 많은 제자를 배출하였다. 심리철학과 심리학의 탐구와 응용에 많은 관심을 기울였으며, 말년에는 현대심리학 형성에 큰 영향을 미친 윌리엄 제임스의 저서(1890년) 『심리학의 원리』를 번역 발간하였다. 국내 사회심리학회의 초대 회장(1975년)을 역임하였다.

결글 1-7 심리학과 근대정신 - 모더니즘(modernism)

사회심리학을 인간행위의 보편적 원리를 구명하는 과학이기보다는 시대적 역사성을 지닌 행동을 연구하는 역사학의 한 분야라며 사회심리학의 과학성 논쟁에 큰 불을 지폈던 Gergen은 '자기성'의 모습의 변화와 시대정신의 관계를 분석한 통찰력 있는 글에서 심리학의 역사성을 잘 보여 주고 있다.

낭만적 계몽주의에서 산업혁명이라는 구체적 현상을 거치면서 근대정신이 출현한다. **근대정신**의 요체는 합리주의, 과학주의, 진보, 객관성이다. 근대정신의 과학적 방법론은 모든 현상의 분석에 쓰일 수 있다고 믿어져, 이 믿음은 사회과학을 배태시켜 정착시켰다. 철학에서는 과학철학이 중요한 부분으로 각광받고 윤리학, 신학은 거의 골동품적 존재로 전락한다.

근대정신은 예술에도 영향을 미쳐 미학적 디자인이 탐구되고, 문학에서는 작가의 의도보다는 작품 속의 구조를 분석하는 비판운동이 나타났으며, 춤에는 모던발레라는 양식이 출현한다. 심리학에서 근대정신은 인간을 기계로 봄과 동시에 분석적, 실험적 연구에 의해서 인간의 완전한 이해가 가능하다는 사조로 나타났다. 따라서 인간의 이해는 하등동물의 이해를 통해서 가능하다고 보아, 쥐, 비둘기, 개의 연구를 통해 매우 야심적인 제목의 저서들이 출현되었다(Skinner의 『유기체의 행동』, Hull의 『행동의 원리』, Tolman의 『동물과 인간의 의도적 행동』 등). 이러한 근대정신에 부합하지 않은 신비주의적인 정신분석은 심리학의 영역에서 밀려나고, 철저한 분석이 가능한 자기심리학(Kohut), 의식적 선택(Adler), 인지 발달(Sullivan), 정체감 발달(Erickson)을 강조하는 학자들이 각광을 받게 되었다(Gergen, 1991, pp. 28-41).

차재호(1934~)
UCLA 사회심리학 박사. 1974년에 서울대학교 교수로 취임하여 사회심리학 교실을 운영하였다. 한국사회의 가치관, 귀인이론의 연구에 업적을 남겼으며, 국내 사회심리학회의 2대 및 4대 회장을 역임하였다. 행동주의적 관점에서 『문화설계의 심리학』을 저술하였다(1994년).

한편, 국내의 사회학계에서도 개별적으로 사회심리학적 관심을 보이는 연구자들이 나타났고, 최초의 사회심리학 교재가 고영복 교수에 의해서 1962년에 출판되었다. 사회적 일탈, 가치관 등을 다루는 사회심리학 논문들이 한국사회학 학회지 창립 이후부터 간간히 발간되고 있다(김두섭, 은기수, 2002 참고). 그러나 1970~1980년대의 군사정권 시대에 사회학도들의 주된 관심사는 사회체제, 마르크시즘, 계층론, 사회변화 등에 모아져 있었고, 개인에 관심을 두는 사회심리학은 별다른 주목을 받지 못하였다. 공산주의 국가 소련이 해체되고, 21세기로 넘어오면서 국내의 사회학계에서도 사회심리학적 연구를 하는 학자들이 눈에 띄게 증가하였으며, 이들에 의해 학술모임이 운영되고 있다. 이들은 사회적 연결망과 공동체의 작동, 다문화사회의 출현, 사회계층과 서열 경쟁의 영향 등 다양한 주제를 분석하는 연구들을 내놓고 있다.

요 약

1. 사회심리학은 개인과 개인, 개인과 사회의 상호영향 과정을 개인에 맞추어 이해하기 위한 학문으로 사회학과 심리학의 복합적 성격을 지니고 있다. 사회심리학은 분석의 단위를 개인의 행위와 사고에 두고 있으며, 이에 영향을 미치는 다양한 사회적 요인들—타인의 존재, 인지과정, 상황의 특성, 집단의 문화—을 분석한다.
2. 사회심리학은 초기부터 심리학적 전통과 사회학적 전통에서 각기 독립적으로 출발하였다. 사회학적 전통은 상징적 상호작용론으로 발전하였으며, 심리학적 전통은 실험사회심리학으로 발전하였다.
3. 현대 심리학의 시조라는 Wundt에 의해서 사회심리학은 구상되었지만, 그 착근과 개화는 Wundt는 무관하게 미국에서 이루어졌다. 따라서 미국문화의 특성을 담지하고 있는 개인주의적 인간관을 바탕으로 하고 있다. 모든 사회과학이 그러하듯이 사회심리학의 개념과 이론도 그 태생문화의 성격을 담고 있음을 유념할 필요가 있다. 국내에서도 사회심리학은 매우 활발한 연구가 이루어지고 있는 학문분야이며, 최근에 문화에 대한 관심이 활발히 나타나고 있다.

사회심리학자들이 취하는 연구방법

❖ 과학적 연구방법의 특징

물리현상을 탐구하든지 사회현상을 탐구하든지, 과학자들은 과학적 연구방법을 적용한다. 비록 탐구의 대상은 달라도 과학적 방법은 몇 가지 공통된 특징을 지닌다. 우선 과학적 연구는 신뢰할 수 있는 관찰대상을 대상으로 한다. 과학자들이 초능력 현상에 대한 연구를 꺼리는 것은 초능력의 발현이 신뢰롭지 못하기 때문이다. 둘째, 검증하고자 하는 이론의 적용영역과 한계를 명시함으로써, 이론이 적용되지 못하는 경우를 분명히 한다. 정신분석 이론을 과학적 이론으로 여기지 않는 것은 그 이론이 적용되지 않는 선이 그어지지 않기 때문이다. 즉, 과학적 연구는 절대 진리를 인정하지 않는다. 셋째, 연구 절차의 객관성이다. 이는 연구 절차를 명시하여 다른 연구자들이 연구를 복제할 수 있도록 하고, 이렇게 나온 결과들에 의해 이론의 수정 가능성을 항상 열어놓는다는 것이다(곁글 1-8).

사회심리학자들이 탐구하는 주제 중에는 친구의 우정, 연인 간의 사랑, 인간의 폭력성, 대인갈등 등이 포함된다. 사람들은 이러한 주제를 누구나 경험하고 있고, 경우에 따라서는 현상을 설명하는 나름의 이론을 지니고 있을 수도 있다. 사회에는 이들 현상을 이해하는 데 도움이 되는 격언이나 속담, 경구 같은 것들이 있어 지혜의 빛을 던져주기도 한다. 사실 어느 사회에나 인간사를 이해하는 데 필수적인 상

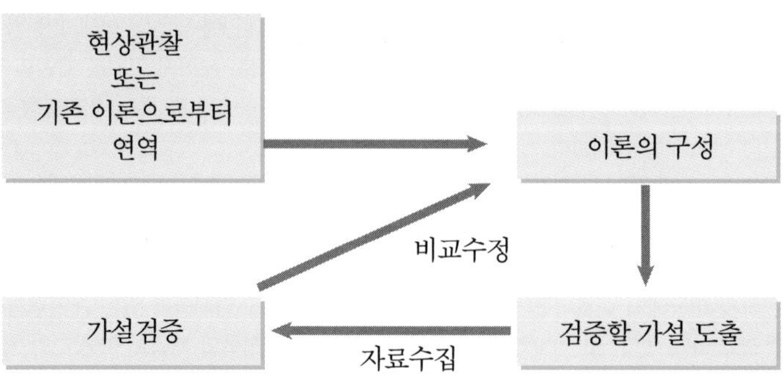

[그림 1-6]
과학적 연구방법

식이 있으며 이들을 활용하여 사회생활이 유지된다. 이러한 측면에서 사회심리학은 사회생활의 상식을 다루는 학문이라고 정의될 수도 있다. 주제가 친숙한 만큼 연구자들의 관심은 자신의 사적인 관심이나 연구자가 처한 사회가 던져주는 현실적 문제에서 출발하는 경우가 많다. 그러나 출발점이 어떠하건 그 연구가 사회심리학적이기 위해서는 과학적인 방법으로서 추구되어야 한다.

과학적인 방법은 첫 단계에서 현상의 관찰이나 기존의 이론으로부터 논리적 도출에 의해서 잠정적인 이론을 성립시킨다. 둘째 단계에서는 이 이론으로부터 그 타

곁글 1-8

과학적 이론의 요건-반증 가능성이 중요한 이유

『열린사회와 그 적들』이란 저술로 유명한 Popper는 탁월한 인식론 철학자이기도 하다. 그는 과학적 이론과 비과학적 이론을 구분하는 준거를 이론의 **반증 가능성**에 두었다. 즉, 이론이 부정될 수 있게끔 기술되어 있느냐 하는 것이다. 그는 정신분석학 이론이 '모든' 인간사를 설명할 수 있는 가능성을 갖고 있기 때문에 비과학적이라 보았다. 그 한 예로 뚜렛 증후군의 치료사를 들 수 있다. 이 증후군은 안면의 경련을 보이고, 타인의 말과 외설스러운 표현을 반복하며, 돼지처럼 꿀꿀거리는 특징을 지닌다. 이 증후군은 오늘날 중추신경계의 기질성 질환으로 알려졌으며, 할로페리돌이라는 약물을 사용하여 성공적으로 치료된다. 그러나 1921년부터 1955년 기간 중에 이 증후군은 정신분석학적으로 설명되고 치료가 시도되었다. 이들 환자가 "안면경련을 멈추지 않는 이유는 안면경련이 성적 쾌감의 원천이 되며 무의식적인 성적 추구의 표현이기 때문"이라는 식으로 생각한 것이다. 그러나 이러한 식의 설명은 그럴듯하게 들릴 수 있지만 병을 다스리는 데 아무 도움이 되지 못하였다. 정신분석 이론은 모든 사건을 설명할 수 있어 유혹적이긴 하지만, 이 설명은 사건발생 후의 설명일 뿐 예측효과가 있는 설명이 아니다. 과학적 이론의 특성은 모든 것을 설명하는 것이 아니라 이론의 적용한계를 명백히 지니고 있는 것이다(Stanovich, 1994, pp. 57-60).

당성을 검증해 볼 수 있는 구체적 가설을 도출하고 이를 검증하는 자료를 편파성 없이 체계적으로 수집한다. 마지막 단계에서 수집된 자료가 이론을 지지한다면 새로운 가설을 도출해서 다시 그 이론을 새로운 영역에서 검증할 것이고, 수집된 자료가 이론을 지지하지 못한다면 이론에 수정을 가하게 된다([그림 1-6]).

❖ 상식과 사회심리학의 차이

사회심리학자들은 종종 일상의 상식적인 것들을 과학적 탐구의 결과라고 제시한다는 비판을 받고 있다. 즉, 그렇게 어렵게 연구하지 않아도 다 알고 있는 뻔한 것들이라는 것이다. 과학적 관찰에 의한 설명과 일상적인 설명은 어떠한 차이가 있는가? 가장 큰 차이는 그 성립과정의 차이다. 사회심리학과 달리 상식은 비체계적인 관찰을 바탕으로 성립된다. 즉, 관찰자 개인의 경험을 바탕으로, 또는 관찰자 주위 사람들의 행동을 바탕으로 상식을 만들어 낸다. 이 경우에 관찰자는 편파적인 표본을 대상으로 얻어진 이론을 일반현상으로 여긴다는 문제점을 지닌다. 그 결과 상식이나 격언에는 서로 모순되는 것들이 늘 함께 존재한다. 이를테면 "아는 것이 힘이다." "모르는 것이 약이다." "안 보면 정이 멀어진다." "안 보면 애틋한 마음이 더욱 강해진다." "작은 고추가 맵다." "생강은 묵어야 제맛이다." 등이다. 이에 반해서 사회심리학자들은 연구결과를 신뢰롭고 타당하게 갖추어 가는 절차를 지니고 있다. 따라서 상식이 보이는 모순은 공존할 수가 없다. 있다면 이는 해결되어야 할 좋은 연구과제가 될 것이다. 상식이 맞는 경우가 많지만, 특히 사후분석에서 잘 들어맞는다. 그래서 우리는 우리가 실제로 알고 있는 것보다 훨씬 더 많이 알고 있다고 여기는 것이다(Myers, 1993, p. 29).

두 번째로, 상식의 경우는 관찰자의 동기, 바람, 정서상태 등이 관찰된 자료를 해석하는 데 영향을 미치는 것을 막는 장치가 없다. 그래서 '이현령비현령' 식의 해석이 나온다. 사람들은 이런 식의 자료해석을 하면서 이를 인식하지 못하는 경우가 허다하다. 사회심리학자의 자료수집과 해석이 항상 객관성을 띠고 있다고는 볼 수 없다. 이를테면, 자료수집의 대상이 주로 백인 중류층 대학생이었다는 비판을 강하게 받고 있다. 이는 정당한 비판이며 연구결과의 일반화에서 늘 고려되어야 할 것이다. 이러한 비판의 존재가 바로 과학적 연구의 특징이고, 과학적 연구들은 편파성이 개입될 조그마한 가능성까지 따져서 이를 배제하도록 노력하는 것이다.

우리는 상식을 동원하여 사건의 발생을 예측하는 것이 아니라 사건이 발생한 후에 설명을 한다. 사건이 발생한 후에 보면, 마치 발생할 수밖에 없었던 것으로 생각하기 쉽다. 이는 특히 그 사건이 우연적 사건이 아닌 경우에 더욱 그러하다(Hawkins & Hastie, 1990). 2002년 대선에서 노무현-이회창 두 후보가 접전을 벌이는 중에는 누가 대통령으로 당선될 것인지 아무도 몰랐으며, 노무현 후보의 가능성을 보았던 사람은 많지 않았지만, 당선이 되자 많은 정치분석가들은 그가 당선될 수밖에 없었던 다양한 설명들을 제기하며 당선될 줄 알았다는 식의 설명을 제시하였다.

여러분은 이 책에서 소개되는 많은 연구결과를 보면서 그 결과를 설명하는 데 아무 문제를 못 느끼고, 이미 알고 있던 것이라고 여길 수 있다. 그러나 나중에 선다형 시험문제를 받는다면 이것도 저것도 모두 정답일 것 같은 혼란에 빠지기 쉽다. '진작 알았었어(I-knew-it-all-along)' 혹은 '되돌아보기 편향(hindsight bias)' 현상은 사회심리학의 발견들을 상식으로 여기게끔 만들며, 아울러 사람들로 하여금 스스로의 예견력을 과대평가하는 자부심을 갖게 할 수 있다(Fischhoff & Beyth, 1975). 또한 남이 실책을 저질렀을 경우에는 그 실책을 미리 예견하지 못한 우매함을 책망하게 만든다. 2003년 이라크를 침공하면서 벌인 두 번째 걸프 전쟁에서 미국은 막강한 화력으로 기선을 제압하고 전쟁에 승리한 듯싶었다. 그러나 이라크 국민들의 반발과 극단주의 무슬림 단체의 테러에 시달리며 많은 희생자를 내게 되면서 제2의 월남전의 악몽에 시달리고 있다. 사후에는 명명백백한 것으로 보이는 것도 사전에는 전혀 예측하기 어려웠음을 생각하지 못한다. 한국인들이 특히 이 양상을 잘 보인다는 것이 실험연구로 드러났다(Choi & Nisbett, 2000; 곁글 1-9).

❖ 어떻게 연구를 수행하는가(실험과 조사)

연구자가 알아보고자 하는 주제를 정했다면 그 다음 단계로 이를 어떻게 알아볼 것인지의 방법을 결정해야 한다. 가장 많이 쓰이는 연구방법으로는 실험법과 조사법의 두 가지 유형이 있다. 실험연구는 연구자가 실험상황을 정교하게 설정하고 의도적인 상황조작(조건들의 설정)을 통해 참가자들의 행동이 조건마다 다르게 나타나는지를 비교 관찰한다. 반면, 조사연구에서는 연구자가 여러 변수를 설정하여 측정하고, 이들 간의 관계를 기록하고 통계학적으로 분석한다. 두 연구 방법의 차이를 좀 더 구체적으로 알아보자(곁글 1-10).

실험연구 이론을 검증하고자 하는 경우에 사회심리학자들이 선호하는 방법은 실험이다. 실험이 조사와 다른 가장 큰 차이점은 변인 간의 인과관계를 보여 줄 수 있다는 점이다. 실험은 이것을 달성하기 위해서 세밀한 절차를 요구하는 데 크

결글 1-9

놀랄 일이 별로 없는 한국 사람들

지수는 신앙심이 깊고 자비로우며 관대한 사람으로, 신학원에 등록하여 목회자가 되는 과정을 밟고 있다. 하루는 수업이 늦게 끝나, 설교 연습을 하게 되어 있는 다음 수업 시간에 늦지 않도록 인근 건물로 서둘러 가는 중에 쓰러져 있는 사람을 보게 되었다. 그를 돕게 되면 설교 연습 수업에 제대로 갈 수 없는 상황이다. 이런 상황에서 당신은 지수가 곤경에 처해 있는 사람을 도우리라 여기는가?

그렇다 ( )　　　　아니다 ( )

성경에 나오는 착한 사마리아 사람의 우화에 착안하여 실제 미국의 신학원에서 위와 같은 상황을 꾸며 두 가지 조건에서 비교하였다. 일부의 사람들은 바쁜 상황이어서 돕게 되면 다음 수업에 늦는 상황이고, 다른 조건의 사람들은 여유가 있던 상황이었다. 연구 결과, 바쁜 조건의 사람들은 10%만이 도왔으나, 바쁘지 않은 조건에서는 63%가 도움을 준 것으로 나타났다(Darley & Batson, 1973).

최인철은 그의 박사학위 연구(Choi & Nisbett, 2000)에서 미국과 한국의 대학생들에게 세 가지 조건을 변화시켜 위 상황을 기술문으로 제시하고서, 사람들로 하여금 도울 가능성과 주인공이 실제 취한 행동에 대한 놀라운 정도를 평가하게 하였다. 한 조건에서는 지수가 도움을 주었다고 하였고, 다른 조건에서는 지수가 도움을 주지 않았다고 알려주었다. 세 번째 조건에서는 도움을 주었는지 여부를 알려주지 않았다. 한국과 미국의 대학생들에게 지수가 도움을 주었는지 여부를 모르는 상황이었다고 가정하도록 하고, 지수가 도움을 줄 가능성이 얼마나 되는지를 평가하도록 한 결과 도움 여부를 안 알려준 상황에서는 양국 모두 도움을 줄 가능성이 매우 높다고 예측하였다. 실제 도움을 주었지만 이를 모르는 상황이라 가정했을 때도 양국 모두 도움을 줄 가능성이 높은 것으로 나타났으며, 도왔다는 것에 대하여 놀랄 일이 전혀 아니라고 답하였다. 그러나 돕지 않았다는 것을 알려주었지만 이를 모르는 것처럼 가정한 조건에서 미국인들은 여전히 도움을 줄 가능성이 높은 것으로 나타났지만, 한국인은 도움을 줄 가능성을 훨씬 낮게 보았다. 아울러 미국인은 지수가 돕지 않았다는 것을 놀라워하는 경향이 한국인에 비해 월등히 높게 나타났다. 이 같은 양상은 한국인이 벌어진 상황이 무엇인지를 아는 경우에 사태에 작용할 수 있는 맥락적 원인 요소들을 가져와서 설명해 버리는 양상이 높다는 것을 잘 보여 주고 있다(본서 3장 참조).

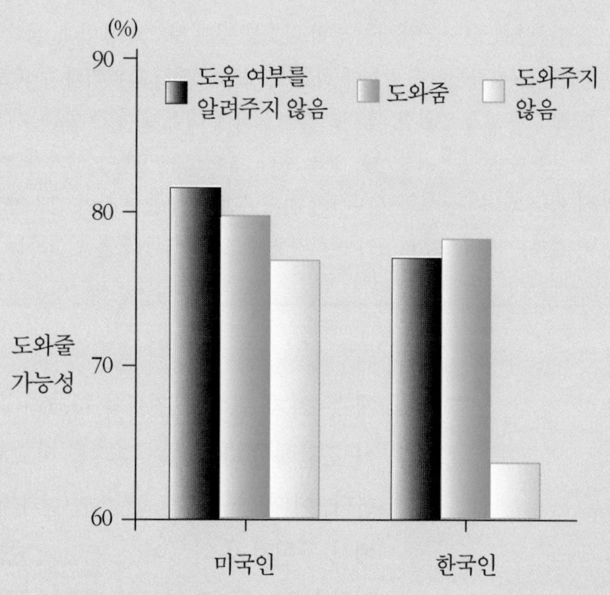

[그림 1-7] 세 실험 조건에서 도움을 줄 가능성에 대한 평가

출처: Choi & Nisbett, 2000.

곁글 1-10

조사연구와 실험연구의 차이: 대선에 미치는 TV 앵커의 영향력

손석희 앵커. 인기있는 앵커가 어느 후보를 지지하는지가 시청자에게 영향을 미치나?

미국의 1984년 대통령 선거 당시에 주요 TV 방송국의 앵커들이 뉴스 보도 시 각 정당 후보인 레이건(공화당 후보로 당시 현직 대통령)과 먼데일(민주당 후보)에 대한 언급을 할 때 특정 후보를 지지하는 발언이나 편향적 보도가 이루어지지는 않았다. 그러나 피터 제닝스라는 ABC 방송의 앵커는 레이건을 언급할 때면 미소를 짓는 것이 관찰되었다. 사회심리학자들이(Mullen et al., 1986) 전국에서 유권자들을 대상으로 선거가 끝난 후에 어느 방송을 주로 보았으며, 누구를 지지했는지를 조사하였더니, ABC 청취자 중에서 레이건을 지지한 사람들의 비율이 CBS나 NBC 청취자들에 비해서 높게 나타났다. 제닝스의 미소가 레이건을 대통령으로 만드는 데 기여했다는 주장이 나오게 되었고, 이러한 주장에 대해 제닝스는 터무니없는 소리라고 펄펄 뛰었다. 사실 제닝스의 말이 맞다고도 할 수 있는데 그 이유는 원래 레이건 지지자들이 ABC의 제닝스 방송을 많이 청취하였다고 볼 수도 있기 때문이다.

한 연구(Cooper et al., 1991: Smith & Mackie, 1995에서 재인용)는 레이건 지지자가 제닝스 뉴스를 많이 시청한 것인지, 아니면 제닝스의 미소가 레이건을 지지하게끔 영향을 준 것인지를 밝혀 보고자 실험을 하였다. 가상적인 정치인을 양당 후보로 내세우고, 앵커가 두 후보에 대한 보도를 하면서 특정 후보를 언급할 때만 미소를 짓도록 하여 두 조건을 설정하였고, 한 조건에서는 전혀 미소를 짓지 않도록 하였다. 실험에 참가한 사람들은 자신이 민주당을 지지하는지 공화당을 지지하는지를 밝히게 하였다. 보도를 접하고 앵커와 두 후보에 대한 평가를 하게 한 결과, 우선 자신이 지지하는 정당 후보를 언급할 때 미소짓는 앵커에 대하여 더 큰 호감을 갖는 것으로 나타났다. 이는 레이건 지지자들이 제닝스 보도를 보았을 가능성을 알려 준다. 흥미로운 결과는 앵커가 자신이 반대하는 후보를 언급할 때 미소를 짓는 조건에 있던 참가자들에게서 자신의 지지 후보에 대한 호감이 감소하고, 반대 후보에 대한 호감이 증진되었다는 것이다. 이 결과는 제닝스의 미소가 레이건에게 도움이 되었음을 의미하는 것이기도 하다.

게 두 가지 면에서 조사와 다르다. 우선 연구자는 관심있는 실험조건을 설정하고, 이 조건에서 나타나는 결과를 비교해 볼 수 있는 통제 조건을 설정하여 실험을 진행한다. 이때 연구자는 독립변인(인과적 영향력을 행사하는 변인)을 갖고서, 이를 실험실에서 구현하기 위하여 조작적 정의를 수행하여 독립변수를 구성해 낸다. 하나의 독립변수에는 두 개 이상의 수준이 포함되어 있는데, 이 수준별 상황조작에서 나타난 차이는 참가자의 반응행위에 반영되어 나타난다. 이 반응행위가 보여 주는 이론적 변인을 종속변인이라 한다. 연구자의 목적은 독립변수의 조작효과가 종속변수에 반영되는 정도를 보고자 하는 것이다.

변인과 변수
변인은 이론적 구성 개념을 말하며, 변수는 변인을 측정하기 위하여 구체적으로 조작한 수준의 것이다. 예를 들어, 빈곤은 변인이며, 월소득은 빈곤을 변수화한 것이다.

독립변인의 선정은 연구자가 다루는 이론 혹은 개념을 잘 반영하도록 해야 한다. 예를 들어, 시청물의 폭력성이 시청자의 폭력행위를 조장할 수 있다는 가설을 검증한다면 시청물의 폭력성이 독립변인이 될 것이다. 왜냐하면 그것이 독립적인 원인적 변인으로 취급되기 때문이다. 연구자는 폭력의 정도를 달리 하는 두 가지 이상의 영화를 선정하여 독립변인의 조작효과를 비교할 수 있다. 이렇게 이론적 개념(폭력성이란 변인)을 실험에서 검증하기 위해 변수로 구체화시키는 과정을 조작적 정의 과정이라 한다(Bridgman, 1927/1961). 항상 실험에서는 독립변수의 조작이 시간적으로 종속변수의 측정에 선행하기 때문에 독립변수가 종속변수에 영향을 미친다는 인과관계를 이야기할 수 있다. 그러나 이 인과관계는 실험의 조건들에서 나타난 종속변수(폭력행위)상의 차이가 조건들 간의 다른 차이가 아니라 독립변수(폭력 정도가 다른 시청물)상의 변화에 기인한 것임을 보여야 한다. 그러기 위해서 참가자들을 실험의 조건들에 배정함에 있어서 무선배정을 하는 것이 두 번째 특징이다. 이는 독립변인 조작 전에는 조건들 간에 차이가 없음을 확률적으로 담보하기 위함이다. 조작 전에 이미 조건들 간에 차이가 존재한다면 종속변수상의 변화를 독립변수의 차이(조건이 다른) 탓으로 돌리기 어려울 것이기 때문이다. 이 무선배정은 조사연구에서 나오는 무선표집과는 구별되어야 한다. 무선배정은 배정과정에서 조건 간 차이를 없애기 위함이고, 무선표집은 표본이 모집단을 대표할 수 있도록 하기 위함이며, 연구결과를 모집단에게 일반화하기 위한 목적에서 취해진다([그림 1-8]).

실험에서 조건들은 두 가지로 구분이 된다. 실험 조건과 통제 조건이 그것이다. 실험 조건은 연구자의 관심이 직접 반영되게끔 상황설정을 하는 조건이며, 통제 조건은 실험 조건의 결과를 비교하기 위해 설정하는 조건이다. 통제 조건의 참가자들은

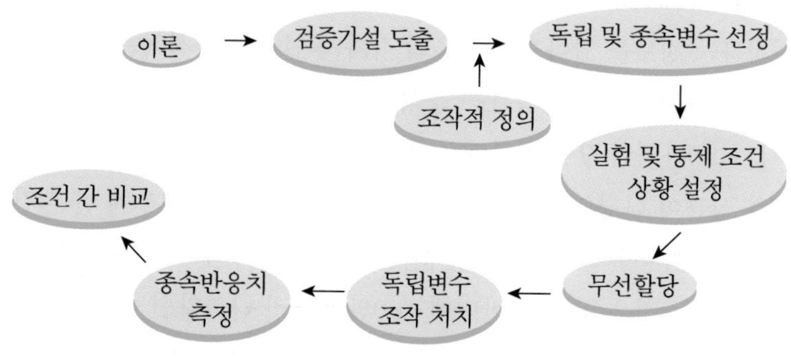

[그림 1-8]
실험의 절차

〈표 1-2〉 조사연구와 실험연구의 비교

	조사연구	실험연구
독립변인의 통제	없음	있음
무선할당	불가	가능
인과관계의 애매성	높음	낮음
이론검증의 목적	가끔	항상
경제성 및 효율성	높음	낮음
다양한 변수 간 관계 파악	자주	거의 안 됨

실험조건의 참가자들과 동일한 과정을 모두 거치지만 한 가지—처치의 여부—에서만 차이가 난다. 그럼으로써 두 조건 간 반응치(종속변수)에서 차이가 나타나면 이를 독립변수의 처치 탓으로 여길 수 있는 것이다. 종종 변인조작이 치밀하지 못한 경우에 가외변인(오염변인이라고도 함)의 효과로 인해 종속변수상의 변화가 초래되며, 이러한 경우에 실험의 내적 타당도가 낮다는 치명적인 비판을 받는다(곁글 1-11).

실험이 지닌 무선배정과 엄격한 조건 간 통제는 독립변수가 종속변수의 변화를 초래한다는 인과관계를 보고자 하는 것이다. 이는 실험의 핵심이다. 따라서 연구자는 내적 타당도를 높이기 위해 우선적인 노력을 기울여야 한다. 조사연구와 실험연구는 그 방법상에 있어서 대조적이지만 연구목적의 달성 면에서 본다면 서로 상보적인 관계에 있다. 따라서 많은 경우에 두 방법이 모두 유용할 수 있다. 두 방법상의 차이를 〈표 1-2〉에 정리하였다.

조사연구 조사연구는 연구자가 관심을 가지고 있는 두 가지 이상의 요인 또는 변수들의 발현 양상을 기록하여 그 변수들 간의 관계를 통계적으로 파악하는 방법이다. 조사연구는 현상의 드러내기 연구라고 볼 수 있다. 즉 변인들 간의 관계가 있는지 여부를 드러내는 것이다. 예를 들어, 여러 아동들에게서 그들이 매일 폭력물을 시청하는 정도를 알아보고 아울러 각자가 얼마나 공격적인 행위를 보이는지를 파악하여 두 변수 간의 상관을 분석해 볼 수 있다. 통계학적으로 상관계수는 -1.0에서 +1.0까지의 값을 취한다. +1.0은 완벽한 정 상관관계로, 만약 앞의 예에서 이러한 상관이 나왔다면 이는 연구에 참여한 아동들의 경우에 한 시간 더 폭력물을 시청하는 아동은 그만큼 더 폭력적인 행위를 내보이며 이 양상에 개인차가 존재하지 않는다는 것을 뜻한다. 반면에 -1.0의 지수가 나왔다면 이는 완벽한 역 상관관계로써 한 변수에서 측정치의 증가는 대응 변수에서의 측정치의 감소와 정확히

잘된 연구는?: 타당도의 종류

수행된 실험 연구가 잘된 연구인가를 평가함에 있어서 몇 가지 준거가 있다.

- 내적 타당도: 종속변인에 있어서 조건 간의 차이가 통제되지 않은 가외변인의 영향 때문이 아니라 독립변인의 처치에 의한 차이라고 확신할 수 있을 때 연구결과의 내적 타당도가 높다고 한다. 즉, 내적 타당도가 높다는 것은 실험이 잘 수행되어 인과관계의 해석이 명확함을 의미한다.
- 외적 타당도: 연구결과가 유사한 실험상황에서 다른 사람들을 대상으로 해서 비슷하게 나온다면 외적 타당도가 높다고 한다(Campbell & Stanley, 1963). 이는 연구결과의 일반화가 가능하다는 것을 의미한다.

연구자들은 실험을 계획할 때 우선 내적 타당도에 관심을 가져야 한다. 높은 내적 타당도는 외적 타당도를 높일 수 있다. 외적 타당도는 참가자의 특성에 주로 관계되므로 연구목적에 따라서 그 비중이 달라질 수 있으며 내적 타당도가 높다면 낮은 외적 타당도는 새로운 연구의 주제를 제공할 수도 있다. 연구자가 참가자를 다양한 사람들로 구성한다면 외적 타당도는 높아질 가능성이 크나, 이 경우 실험처치 효과가 매우 강력해야만 원하는 결과가 나타난다는 점에서 내외적 타당도는 서로 상쇄적인 관계에 있다고 보겠다. 그러나 두 가지가 늘 모순적인 관계에 있는 것은 아니므로 연구자는 둘 모두를 높이는 방안을 모색할 수 있다.

대응하여 나타남을 의미한다. 한편 0.0의 상관은 두 변수 간에 아무런 관계가 없음을 뜻한다. 앞의 예의 경우, 0.0의 상관이 나왔다면, 이는 아동이 폭력물을 시청하는 정도는 그 아동의 공격적 행위의 표출 정도와 아무 관련이 없음을 말한다. 사회과학 연구에서는 극단의 값은 잘 나오지 않고 중간값들이 나타나게 마련이다([그림 1-9]).

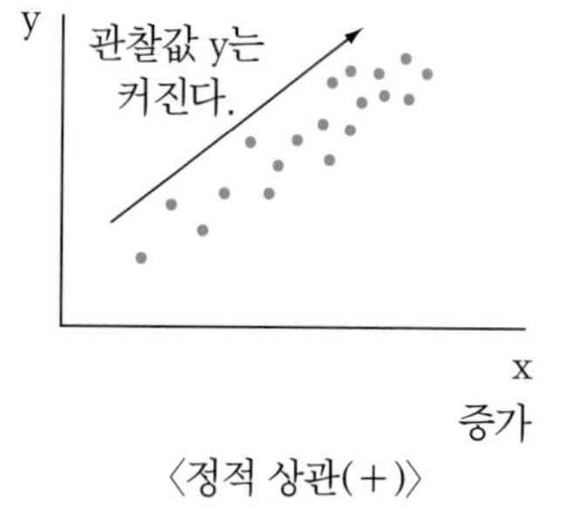

〈정적 상관(+)〉

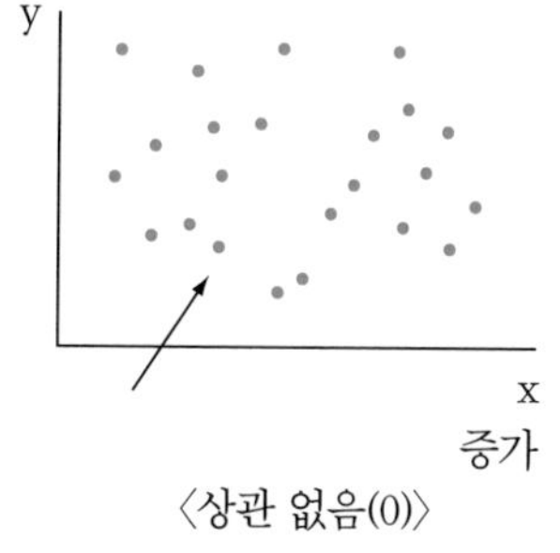

〈상관 없음(0)〉

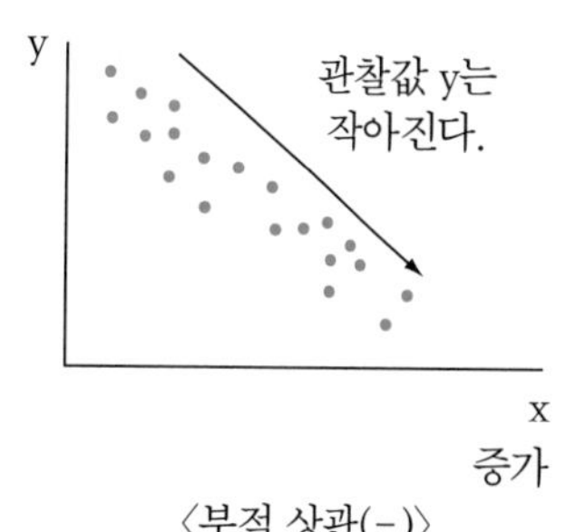

〈부적 상관(-)〉

[그림 1-9] 두 변인 간의 대표적 상관 유형

조사연구는 두 가지 큰 장점이 있다. 우선 연구의 경제성이다. 연구자가 여러 개의, 심지어 수십 가지 변수들 간의 관계를 한꺼번에 파악하고자 한다면 조사연구는 이를 위한 비교적 비용이 저렴한 연구방법이다. 공격행위와 연관이 있으리라고 생각하는 변수가 폭력물의 시청뿐 아니라 지능, 성격, 가정환경, 성적 등 다양하다고 생각된다면 조사할 때 이들 항목을 알아보는 문항을 연구자가 추가함으로써 소기의 목적을 달성할 수 있다.

두 번째로 연구주제에 따라서는 조사연구가 유일한 방법일 수 있다. 즉, 조사연구는 연구자의 조작이 불가능한 변인들 간의 관계를 알아보는 유일한 연구방법이다. 이를테면, 사회경제적 지위, 남녀의 성, 결혼 여부 등과 같은 연구참여자가 지니고 있는 변인(속성 변인)과 공격성이란 행위의 인과적 관계를 알아보는 연구를 하고자 하는 경우에 실험연구는 불가능하다.

조사연구의 약점은 연구결과의 해석에 있다. 우선 상관관계는 인과관계가 아니라는 것이다. 변수 X와 Y가 상관이 있는 것으로 나왔다면 이는 세 가지 인과관계로 해석될 수 있다. 하나는 'X가 Y를 초래한다.' 둘은 'Y가 X를 초래한다.' 셋은 'X와 Y는 인과적으로 아무런 관계가 없다.'이다. 이 중 하나와 둘은 소위 역(逆)의 인과관계의 가능성이 존재한다는 문제다. 예로, 폭력물의 시청량과 공격적 행위에 대한 연구결과로 정적인 상관관계가 나왔다면, '폭력물을 많이 시청하니까 아이가 공격적으로 된다.'는 해석과 함께 '아이가 공격적이니까 폭력물을 많이 시청한다.'라는 두 가지 해석이 모두 정당하다. 어떠한 해석이 적절한가는 통계가 보여 주는 것이 아니다. 연구자가 설득력 있는 이론을 제시하고 이를 정당화시키는 자료를 제시함으로써 어느 하나의 해석을 정당화시킬 수 있지만 이러한 해석은 다른 연구자에 의해서 뒤집어질 가능성도 있다. 하지만 경우에 따라서는 역의 인과관계 가능성을 걱정할 필요가 없다. 예로써, 남녀 간에 폭력행위의 차이가 나타난다면 그 인과의 방향은 하나일 것이다. 아무리 폭력적 행위를 많이 한다고 해도 여자가 남자가 될 수는 없으니까. 그렇지만 이 경우에 남자가 되면 폭력적이 된다는 해석은 틀릴 수도 있다. 그 이유는 바로 인과적 무관계의 가능성 때문이다([그림 1-10]).

인과적 무관계의 가능성이란 두 변인 간에는 아무런 인과적 관련성이 없지만 제3의 변인에 의한 매개에 의해서 관계성이 있는 것으로 나타날 수 있음을 말한다. 예를 들어, 모기의 숫자와 아이스크림의 판매량은 정상관의 양상을 보인다. 그렇다고 모기가 증가하는 것이 아이스크림 판매를 증가시키는 원인으로 작용하는 것은 아니다. 이 경우는 여름철이 되어 기온이 올라가면 모기가 증가하고, 아울러 아이스크림을 많이 먹는 현상 탓으로 알 수 있다. 즉, 기온이 서로 무관한 두 변인의 관계를

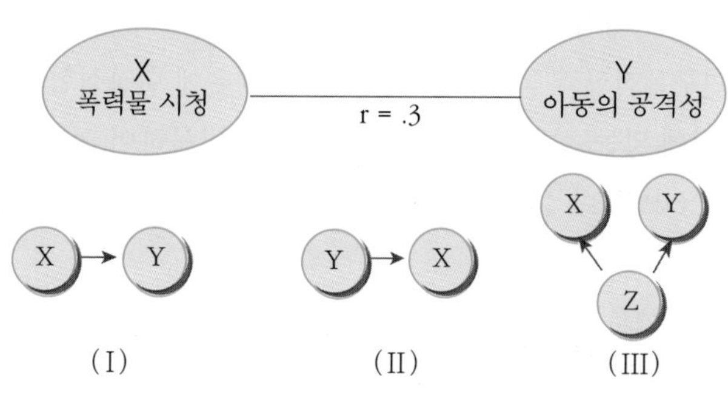

[그림 1-10]
두 변인의 상관계수가 지닐 수 있는 세 가지 관계의 양상

매개하여 관계가 깊은 것처럼 나타나는 것이다. 또 하나의 예를 든다면, 폭력과 사회계층의 문제를 들 수 있다. 폭력은 하층계급의 가정에서 많이 발생한다. 이 계층의 사람들은 생활에서 좌절을 상대적으로 많이 경험하고 불만이 높다. 이들은 폭력물 드라마가 자신들의 생활모습과 유사한 환경을 묘사하므로 친숙감을 느껴서 시청을 많이 할 수 있다. 따라서 이러한 가정에서 성장하는 아동들은 폭력물을 많이 보게 된다. 반면, 중산층 이상의 가정에서는 폭력물 드라마가 자신들의 생활과 너무 동떨어져 흥미를 못 느껴 아동들의 시청률이 떨어질 수 있다. 이 경우 폭력물 시청과 아동의 공격적 행위 간에는 상관관계가 나타나지만 두 변인 간의 직접적인 인과관계는 없고 연구자가 조사에 포함하지 않은 변인, 즉 생활에서 경험하는 좌절의 정도에 의해서 두 변인 간의 관계가 나타날 수 있다는 것이다. '제3의 변인' 문제는 항상 조사연구의 결과를 해석하는 데 작용할 수 있으므로 그 가능성이 검토되어야 할 것이다.

❖ 어디서 연구를 수행하는가(실험실과 현장)

연구의 목적에 따라 연구자는 연구를 실험실 혹은 현장에서 수행한다. 대부분의 실험연구는 실험통제가 용이한 실험실에서 행해지고, 조사연구는 현장이나 학교 교실에서 이루어진다. 그러나 현장에서 행해지는 실험도 가능하며, 이론의 현실적용을 알아보기 위하여 매우 필요하기도 하다.

현장실험 이론을 검증하는 연구라면 실험연구는 철저한 통제가 가능한 실험실 상황에서 하는 것이 가장 적합하다. 그러나 통제성을 희생당하더라도 사회현장에서 실험을 하는 것이 유용한 경우도 있다. 실험실 실험이 지닌 작위성, 실험에 참가하고 있다는 것을 의식한 참가자들이 보이는 실험상황의 반응특성(reactivity) 혹은 부자연성이 연구목적상 부적합하다고 판단되는 경우에 현장실험이 좋은 대안이다. 이는 연구목적에 맞는 실제 사회현장을 실험자가 방문하여 의도했던 실험조작을 한 뒤 사회인들(자신들이 실험에 참가하고 있다는 것을 모르는 상태임)의 반응을 비교하는 것이다.

좋은 현장 실험의 예로, 서울시민들이 위급상황을 목격한 경우 보이는 도움 행동의 신속성이 목격자 집단의 크기에 따라 차이가 있는지를 알아본 연구를 들 수 있다(오세철, 조영기, 1982). 승객을 가장한 실험자가 지하철 객차 안에서 졸도하며 쓰러지는 상황을 연출했을 때 차내의 승객 중에서 누군가가 도움행위를 보일 때까지의 경과시간을 측정하여 이를 승객수의 많고 적음에 따라 어떻게 다른지를 비교한 것이다. 분석 결과, 남자들만이 최초의 도움을 제공한 것으로 나타나 승객 중에 남자의 수만을 집단 크기 산정에서 고려하였다. [그림 1-11]에서 보듯이 목격자 집단이 클수록 도움행위는 더욱 지체되어 나타났다. 이는 흥미 있는 결과로서 책임감 분산 이론(본서 9장)으로 잘 설명이 된다. 그러나 현장실험은 실험실 실험보다 유리한 점이 있는 반면에, 결과 해석에 대한 내적 타당도의 문제가 늘 제기된다. 비록 연구자는 목격자 집단의 크기를 중요한 것으로 삼았지만 무선배정이 불가능한 절차이므로 이 세 집단은 승객 수에 있어서만이 아니라 승객의 유형(직업, 나이 등)에 있어서도 연구자가 파악하지 못한 차이가 있을 수 있으며 이러한 가능성이 내적 타당도를 낮춘다. 조사에 따르면, 유명 학술지에 발표된 연구 중 13%가 현장실험의 연구

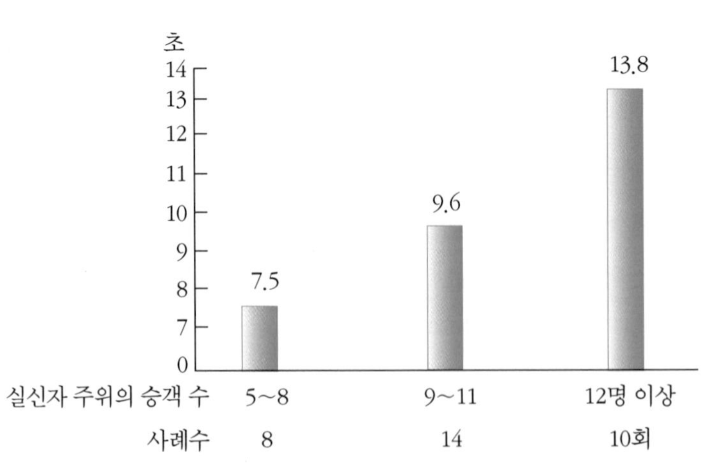

[그림 1-11]
목격자의 수와 도움행위의 신속성
출처: 오세철, 조영기, 1982.

결과로 나타나고 있다(Adair et al., 1985).

기록물과 온라인 매체 연구 사회심리학에서 가장 많이 쓰이는 실험연구와 조사연구는 연구자가 상황(실험상황 또는 설문지)을 제시하고 여기에서 나타나는 응답자의 반응을 얻어내어 분석하는 것이다. 이와 달리 역사학자, 인류학자, 언어학자들은 현실생활에 묻혀 있는 다양한 기록물(archives)들을 발굴·분석하여 자신의 가설을 검증하는 식의 연구를 많이 수행한다. 이러한 자료로는 속담, 격언, 낙서, 기존 문헌, 편지, 노래, 유행가, 영화, 교과서, 동화, 대자보, 블로그, 페이스북 등이 있다. 이들은 모두 특정 시대나 장소에서 생활하던 사람들의 관심사가 무엇인지를 보여 주는 자료이고 그런 점에서 사회심리학적으로 중요한 의미를 지닐 수 있다. 이 유형의 연구의 한 예로 차재호 교수(1986)의 연구를 들 수 있다. 그는 구한말 시대의 가치관을 알아보기 위하여 그 당시 조선을 방문한 외국인 선교사의 기행문에서 조선에 대하여 언급된 기록을 조사하였다. 이러한 기록물들을 수집하고 분석하는 연구방법이 그동안 지나치게 도외시되어 왔다. 과학이 현상의 반복적 관찰에서 규칙성을 발견하고 이론을 만드는 과정이란 점에서, 기록물들의 연구나 복잡한 현상에 대한 면밀한 관찰로 숨겨진 관계성을 드러내는 것은 연구 진행의 첫 단계에서 매우 중요한 부분이다.

다양한 형태의 사회관계망(SNS) 서비스가 사람들 간의 교류 수단으로 등장하였다. 이들이 페이스북이나 각종 인터넷 홈페이지에서 보이는 활동들이 누적되면서

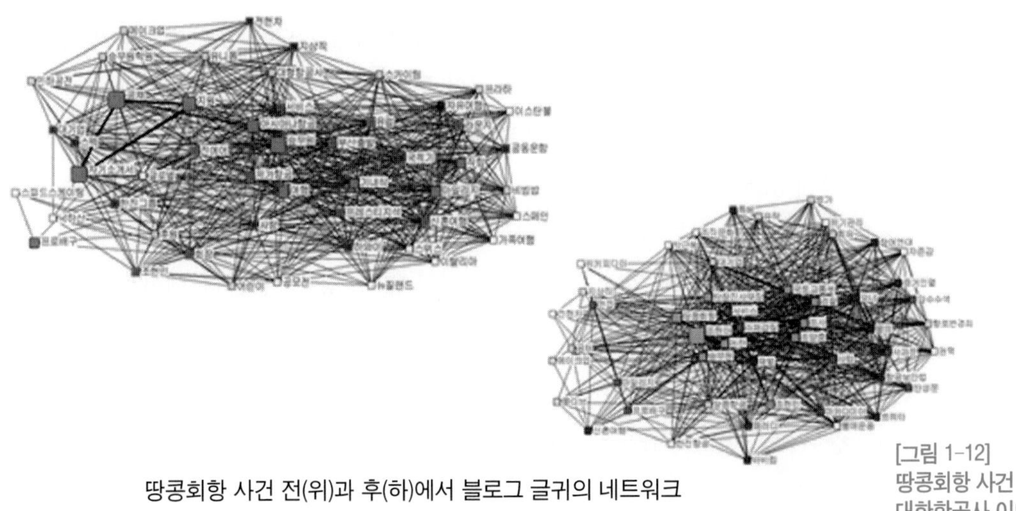
땅콩회항 사건 전(위)과 후(하)에서 블로그 글귀의 네트워크

[그림 1-12]
땅콩회항 사건 전후
대한항공사 이미지의 변화

땅콩회항 사건으로 사과하는 조현아 부사장

엄청난 양의 실제적인 자료들이 온라인에 올라와 있어 사회과학적 분석의 대상이 되고 있다(함유근, 채성범, 2012; Lazer et al., 2009). 이런 자료들은 사회과학 분야에 이론의 검증과 구성에 혁명적인 변화를 가져오고 있다. 기존에 사회과학자들이 사람들의 생각과 행동 양상을 파악하기 위하여 실험이나 조사를 하는 경우에는 소수의 사람들을 대상으로 얻은 결과를 가지고 일반인들에게 유추할 수밖에 없었지만, 온라인상의 빅데이터들은 유추가 아니라 실제가 어떤지를 보여 주고 있다. 한 가지 국내 사례로서 2014년 말에 불거져 나온 대한항공의 '땅콩회항' 사건을 전후하여 사람들의 항공사에 대한 태도변화를 분석한 것을 보자. 연구자들은 사건이 발생하기 전과 후 각 1년 동안에 해당 항공사에 대한 글들을 한 포탈에서 검색하여 약 60만 건에 이르는 글귀들을 분석하였다. 핵심어로 나오는 것이 사건 전에는 '승무원, 여행, 서비스' 등이었지만 사건 후에는 '조부사장, 땅콩회항, 사무장' 등으로 나타나면서, 회사에 대한 이미지가 중립 긍정적인 것들에서 부정적인 것들로 변화하였음을 발견하였다(홍지숙, 2015; [그림 1-12]). 표본을 추출한 조사와는 목적이 다를 수 있지만 사건이 미치는 항공사에 대한 태도와 그 내용이 무엇인지를 이 같은 대용량 자료로 파악할 수 있다는 것은 기존의 연구방법이 지닌 문제점에서 볼 때 매우 획기적인 것이라 하겠다.

이 밖에도 사회관계망의 자료뿐만 아니라 여행, 통화, 영화관람, 음악감상 등의 다양한 활동 양상을 기록으로 유지하는 빅데이터를 이용한 연구들이 크게 관심을 끌 수 있다. 르완다의 한 지역에서 재산이 어떻게 분포되어 있는지를 알기 위해 지역민들이 휴대전화를 사용한 150만 건의 통화 발생 자료를 갖고 추산한 결과는 이 지역민들의 상당수에게 면대면으로 재산의 소유 정도를 파악한 결과와 상당히 높은 관계성(r=.92)을 지닌 것으로 나타나고 있다(Blumenstock et al., 2015). 이는 실제로 대면조사를 하는 고비용의 센서스 자료의 결과에 필적하는 자료를 저비용으로 짧은 시간에 얻을 수 있다는 이점을 보이고 있어, 향후 사회과학에서 그 유용성이 크게 증가할 것으로 보인다.

❖ 사회심리학 연구 해보기

사회심리학은 우리의 생활에서 친숙한 주제들을 다루기 때문에 책을 읽고 배우기보다는 관심 있는 주제에 대하여 문제의식을 갖고 알아보고자 하는 적극적인 활동을 통해서 훨씬 많은 것을 배우게 된다. 필자는 본 과목을 수강하는 학생들에게 2~4명의 조를 이루게 해서 생활에서 접하는 현상에 대하여 문제의식을 갖고 한 가지 주제를 잡아내어 이 주제를 연구하는 프로젝트를 수행하도록 한다. 대부분의 학생들이 이러한 프로젝트 수행에 흥미를 느끼며, 이 수행과정을 통해서 사회심리학의 맛을 느낄 수 있었다고 말한다.

탐구의 주제 정하기(가설 설정) 어떤 주제가 사회심리학적인가를 판단하기가 어려울 수 있다. 여기서는 사회적 행위에 영향을 미치거나 관계성을 지닌 사회학적(사회 계층, 지역 등), 심리학적(성격, 능력, 태도 등), 혹은 상황적(정서, 보상의 유무 등) 요인들을 아우르는 것으로 생각해도 좋을 것이다. 대부분의 사회적 행위는 사회심리학적으로 분석해 볼 수 있다. 예를 들어, 친사회적 행위나 환경보호 행위에 영향을 주는 사회적 혹은 심리적 변인이 무엇인지 궁금할 수 있다. 상식적인 수준에서 친사회적 행위에 영향을 주는 요인들을 생각해 본다. 사회학적 요인의 예로 사회계층 간 차이가 있는지, 심리학적 요인의 예로 자신감의 차이가 있는지, 상황적 요인의 예로 느끼는 기분에 따라 차이가 있는지 등을 생각해 볼 수 있다(8장 참조). 가장 관심이 가는 요인과 친사회적 행위의 관계성을 연구주제로 삼고, 관계성을 진술하는 연구가설을 도출한다. 예를 들어, "기분이 좋을 때 남을 돕는 행위가 쉽게 나타난다."라는 가설을 설정할 수 있다. 가설은 기존 이론에서 도출할 수도 있고, 언론에 보도되는 현상에 대한 설명방식을 가져올 수도 있으며, 속담에서 단서를 얻거나, 자신이나 주위 사람들의 행태를 관찰하면서 상식에 바탕한 추론을 통해서 얻어낼 수 있다. 가설을 설정하는 것은 연구의 초점을 맞추는 작업이다. 가설을 지녔을 때, 현상의 어떤 부분에 초점을 맞출 것인지가 정해지고, 연구결과를 해석할 때도 명료함을 더할 수 있다. 흔히, 많은 사람들이 관심 갖는 현상은 있어도 이 현상을 설명하는 가설이 없어서 많은 노력을 기울이고서도 현상을 의미 있게 파악하거나 정리하지 못하는 실수를 저지른다.

현상 드러내기와 설명하기 보고자 하는 현상에 대하여 변인 간의 관련성 혹은 특정 집단들 간의 차이에 대한 가설을 갖추게 되면 이를 검증하기 위한 자료를 수집하는 단계로 들어간다. 드러내기는 복잡하게 얽혀 있는 사회현상에서 특정 변인들의 관계성이나 변화의 양상을 파악하기 위하여 중구난방으로 흩어져 있는 자료를 정리해서 관계성을 드러내 보여 주는 작업이다. 학계의 연구자들처럼 실험이

결글 1-12

모차르트 효과의 신빙성: 복제연구의 중요성

모차르트를 들으면 머리가 좋아진다! 미국 조지아의 주지사는 영아들의 교육을 위해 모차르트 음악을 들려주는 예산을 배정하였으며, 국내에서도 모차르트 음반이 불티나게 팔린 적이 있다. 그 이유는 주요 학술지에 모차르트 음악을 들은 조건의 사람들에게서 공간지능 점수가 일시적이나마 높아졌다는 연구결과(Rauscher et al., 1993)가 나왔고, 이것이 언론에 부풀려져 보도되어 사람들의 관심을 끌었기 때문이다. 이 효과가 사실이라면 비행사의 조종능력 향상에 음악을 쓸 수 있으며, 인간의 지능은 서로 독립적인 여러 능력의 복합이라는 현대 지능이론가들의 주장에 대한 만만치 않은 반론이 제기될 수 있다. 이 효과가 지닌 의미의 심각성 때문에, 많은 연구자들이 원래의 연구절차를 좇아서 복제를 시도하였으나 이 효과를 검출해 내는 데 실패하였다(Steele et al., 1999). 이런 결과는 모차르트 효과에 대한 원연구의 내적 타당도를 의심하게 만든다.

한편 다른 연구자(Nantais & Schellenberg, 1999)들은 모차르트뿐만 아니라 슈베르트를 10분간 들려준 경우에도 아무것도 안 들려 준 경우에 비해서 공간능력이 향상되었음을 보고하고 있다. 이 연구는 더 나아가서 음악 대신에 흥미 있는 이야기를 들려준 경우에도 모차르트를 들려준 것 못지않게 능력이 향상됨을 보여 주어 모차르트 효과가 모차르트에 국한되는 것이 아닌 것임을 보여 주었다. 이같이 상반되는 결과가 어떻게 정리될 수 있는지 흥미로우나, 분명한 것은 과학적 연구는 객관적이고 구체적으로 기술되어 복제 가능하도록 해야 한다는 것이다.

흥미 있는 많은 연구들에서 종종 결함이 발견되며, 이러한 결함은 **복제연구**가 시행되면서 드러나는 경우가 많다. 특히 참가자의 사회문화적 특성이 다른 사회과학의 연구들에서는 한 연구의 결과가 다른 연구에서 나타나지 않는 경우가 종종 발생한다. 원연구의 내적 타당도가 높다면 유사한 결과가 복제연구에서 나타나리라 기대된다. 복제연구 결과가 원연구를 지지한다면 원연구의 외적 타당도가 또한 높다고 볼 수 있다. 가끔은 이런 결함이 연구자가 의도적으로 자료를 변조했기 때문에 발견되는 경우가 있다. 국내에서 가장 유명한 사례는 황우석 사태이었지만, 유럽에서는 네덜란드의 사회심리학자로 꽤 알려졌던 Stapel 교수가 있다. 그가 수행한 여러 연구에서 자료를 변조하였지만 심사자들이 이를 포착하지 못하여 연구물이 공신력 높은 학술지에 출판될 수 있었다. 그는 이런 변조행위가 밝혀진 이후 자신의 행적을 드러내는 자서전을 집필하여 화제가 되었다. "**출판 아니면 퇴출**(publish or perish)"의 학계의 압력과 학자들에 대한 무조건적인 신뢰, 그리고 검증기능을 수행하지 못하는 학계의 구조적 취약점을 드러내고 있다(Borsboon & Wagenmakers, 2013).

중요한 이론이나 시사성이 강한 이론을 다루는 경우에 많은 연구자들이 개념적으로 유사한 연구들을 수행하여 발표하는 경우가 많다. 이들의 결과가 항상 일관성 있는 것은 아니다. 이렇게 서로 결과가 다르지만 동일한 이론을 다루는 연구들의 결과를 종합적으로 평가하는 통계적 기법이 최근에 개발되어 통합분석 혹은 메타분석(meta-analysis) 이란 이름으로 쓰이고 있다(나은영, 1993). 복제연구 및 통합분석은 모두 사회과학의 이론 발달에 매우 중요한 도구들이며, 단일연구 보다는 여러 연구가 같은 결론을 제시하는지가 중요함을 강조한다.

나 조사를 할 수도 있겠지만, 양상을 파악하여 드러내기 위해서는 기록물이나 신문기사, 페이스북, 트위터, 광고 선전물, 유행가 가사 등도 좋은 분석자료가 될 수 있다. 빅데이터나 트위터를 이용한 연결망(네트워크) 분석 연구(장덕진, 김기훈, 2011 등)는 이런 드러내기 연구의 전형적인 유형이다. 특히 오늘날에는 걸러지지 않은 많은 글들을 인터넷 게시판에서 볼 수 있기에, 관심 있는 현상에 관해 올려진 의견과 댓글의 양상을 분석하는 것도 흥미롭게 해 볼 수 있다. 2007년 미국의 버지니아 공대에서 조승희가 총기를 난사하여 32명이라는 최대의 학내 희생자를 낸 참사가 발생하였을 때, 한국에서는 미국에서 반한 감정이 얼어날 것을 크게 우려하여 주미대사가 사과를 해야 한다는 등의 이야기까지 나왔었다. 실제로 한국과 미국의 주요 언론 사이트에 사건 직후에 오른 독자들의 글을 분석 정리해 본 결과, 사건에 대한 인식에서 한국인들은 집단의 문제로 지각하는 양상이 컸으나, 미국인들은 개인의 문제로 지각하는 양상이 컸음을 볼 수 있었다(양준성 등, 2007). 이런 분석을 할 때는 자료 취득 및 그 해석에 편향이 작용하는 것을 막기 위한 조치를 취하는 것이 필요하다. 이를 위해 앞의 연구에서는 두 사람이 개별적으로 글들에 대한 범주화를 진행한 결과를 서로 대조함으로써 개인적 편향이 작용하는 것을 줄여 나가도록 하였다. 또 하나의 사례로는 유행가를 분석한 것을 들 수 있다. 한국인의 정서가 유행가에 어떻게 나타나는지를 파악하기 위하여, 해방 이후 유행했던 749곡의 유행가 1절을 분석한 연구(최상진, 조윤동, 박정열, 2001)는 남녀 사랑과 이별이 가장 많이 다루어진 것을 확인하였다. 나아가서, 이별과 같은 부정적 사건에 대한 경험 정서와 대처 행위를 파악한 결과 자책과 체념이 지배적이었으나, 1990년대 이후로 오면서 능동적이고 적극적인 대응 행동이 증가하면서 개인주의적 변화가 나타남을 보여 주었다.

변인 간의 관계성을 드러내는 연구에서 더 나아가, 관계성을 설명하는 연구로 진행할 수 있다. 두 변인 간의 관계성에서 어떤 인과관계가 성립하는지를 밝히고자 하는 연구다. 이를 위해서는 실험적 방법을 이용하거나, 여러 변인들을 측정하여 변인 간의 인과모형이 지닌 타당성을 고급 추리 통계학의 기법을 이용하여 검증할 수 있다.

책이나 강의를 통해서 배우는 지식은 학기가 끝나면 대부분 잊혀지게 된다. 사회심리학의 지식을 알고 이해하기를 넘어서 사회심리학 해보기를 통해 학생들은 사회심리학에서 다루는 지식의 획득과정을 맛보며, 사회심리학을 포함한 사회과학적 연구의 이점과 한계점에 대한 깨우침을 얻을 수 있을 것이다.

요 약

1. 사회심리학에서는 일상의 현상을 다루면서 과학적 방법을 사용하는데, 그 이유는 일상의 상식이 많은 인지적 편향(되돌아보기 편향 등)에 의해서 영향을 받기 때문이다.
2. 과학은 현상을 설명하는 이론을 개발하는 목적을 지닌 활동이다. 과학적 이론은 적용한계가 뚜렷하며, 신뢰할 수 있는 현상을 객관적이고 체계적으로 다룬다.
3. 사회심리학에서는 실험과 조사를 대표적인 방법으로 사용한다. 실험은 변인의 실험적 처치와 연구참여자의 실험조건 간 무선배정이라는 절차를 지니고 있다. 실험은 내적 타당도가 높게 수행되어야 한다. 실험은 실험실과 현장에서 수행될 수 있다.
4. 조사연구는 다양한 변인들 간의 상호관계를 파악하기 위해 수행된다. 조사연구에서는 인과관계의 해석에 주의를 기울여야 한다. 즉, 제3의 변인이 작용하는 문제, 역의 인과적 가능성에 대한 검토가 필요하다.
5. 사회심리학은 생활현장을 다루기 때문에 실제 연구를 수행해 보는 것이 가장 좋은 배움을 제공한다. 이를 위해서 관심이 가는 사회 현상을 붙잡고, 변인 간의 관계성 혹은 집단 간의 차이에 대한 가설을 세우고, 이 관계성을 드러내 보이는 드러내기 연구와 변인 간의 관계성을 설명하는 설명하기 연구를 수행할 수 있다.

실험실의 사회심리와 연구윤리

사회심리학 연구에서 실험실 연구가 차지하는 비중은 매우 크다. 동물이나 무생물을 대상으로 한 자연과학의 실험과는 달리 사회심리학의 실험은 참가자가 실험자와 교류를 하는 상황이라는 점에서 주의를 해야 할 점이 여러 가지 있다. 이러한 점들을 주의하지 않으면 연구의 내적 타당도 및 윤리성 문제가 제기될 수 있다.

❖ 실험실에서의 사회심리학

연구 참가자의 선발 미국의 경우 사회심리학 연구의 75%가 백인 중류계층의 대학생을 참가자로 삼은 것으로 조사된 바 있으며(Sears, 1986) 이는 국내의 연구에서도 마찬가지다. 일반인을 대상으로 하는 경우는 드물고 누구를 대상으로 하든지 대부분의 연구는 이들에게 지원의 기회를 제공하여(대개는 보너스 점수나 약간의 참가비를 제공) 자원자들을 대상으로 연구가 행해진다. 이들을 대상으로 한 연구결과를 일반사람들(인종은 차치하고라도)에게도 적용할 수 있는가 하는 점이 많은 비판으로 제기되었다.

원칙적으로 말한다면, 연구의 참가자는 연구목적에 따라서 그 대상이 결정되어야 한다. 목적이 전체 인구의 동향을 파악하는 것이라면 전체 인구를 대상으로 한 무선표본을 취해 연구대상으로 삼아야 한다. 연구목적이 취학 전 아동의 친교양상에 대한 것이라면 취학 전 아동들을 대상으로 해야 할 것이다. 그러나 대표적 표본을 취하는 것은 시간적 · 경제적으로 엄청난 요구를 하는 것이기 때문에 꼭 필요한 경우가 아니라면 낭비이기도 하다. 이를테면, 앞에서 거론한 책임감 분산 이론을 검증하는 연구의 경우 그 가설은 대학생뿐만 아니라 어린이, 직장인, 노인 등 어느 집단에서도 공통된 현상을 예측할 것이다. 그렇다면, 대상선발이 편리한 대학생들을 대상으로 해도 잘못이라 볼 수 없다. 실험연구의 상당수가 이같이 이론을 검증하는 것들이기 때문에 대학생이라는 특수집단을 참가자로 쓰고 있는 것이 정당화되기도 하지만 연구결과를 해석하고 일반화시키는 경우에 있어서 항상 표본의 특수성이 지닐 수 있는 한계점을 고려해야 한다.

실험자 편향 비록 실험을 하는 연구자는 최대한으로 객관적인 자료를 얻고자 노력하지만 알게 모르게 참가자에게 영향을 주어 결과의 타당도를 위협하는 예가 많다. 이는 참가자가 실험상황에서 실험자의 다양한 면모에 상당히 민감히 반응하는 경향이 있기 때문이다(곁글 1-13). 실험자가 보이는 행동, 친절, 어투, 외모, 성 등은 모두 참가자에게 예기치 못한 반응을 조장시킬 수 있다. 예를 들어, 매우 폭력

곁글 1-13

눈치와 영리한 한스(Clever Hans): 실험자 편향

20세기 초에 독일에서는 산수를 할 줄 아는 말이 있어서 비상한 관심을 끌었다. 주인이나 조련사가 산수 문제를 내면 이 한스(Hans)라는 말은 그 답을 발굽을 들어 바닥을 두드리는 숫자로 제시하였다. 이에 신비를 느낀 사람들이 조사위원회를 만들었는데 그중 한 위원회에서는 조사 결과 한스가 산수와 언어(알아듣지 못하면 답을 할 수 없으므로)능력을 겸비했다고 결론을 내렸다. 이에 만족하지 못한 Pfunst라는 심리학자는 세밀한 관찰 결과 한스가 답을 맞히는 경우는 질문자가 이미 답을 알고 있는 경우에 국한됨을 포착했다. 사실 한스가 질문을 이해했던 것이 아니고 계속 발굽을 두드리다가 질문자가 보여 주는 무의식적인 단서를 포착하여 두드리는 것을 그치는 것이었다. 물론 한스의 주인이 사기를 치려고 말에게 신호를 보낸 것은 아니지만, 여전히 미묘한 신체언어를 포착하는 능력을 한스는 지니고 있었다(Ellis & Beattie, 1986, p. 11).

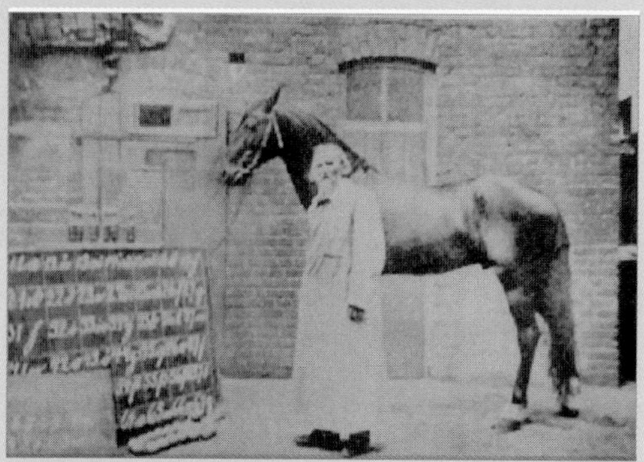

영리한 한스와 주인
주인은 말 한스가 머리가 좋아 산수문제를 푼다고 확신하였다.

적인 영화를 보여 준 조건에서 실험자는 자신의 참가자들이 폭력적인 언행을 보이리라 기대하고, 그들의 그러한 언행을 부지불식간에 조장하는 표정이나 몸짓을 보일 수 있다. 실험자가 자신도 모르게 미치는 이러한 영향은 실험결과의 해석에 내적 타당도의 문제를 야기하므로 이에 대한 대책이 모색되어야 한다.

우선, 참가자들이 실험을 마치기 전까지는 실험 조건에 대하여 모르도록 하며(차폐 절차), 더욱이 실험을 시행하는 실험자 자신도 연구가설과 자신이 시행하는 조건이 다른 조건과 어떻게 다른지에 대하여 모르거나 최소한의 지식만을 지니고 있도록(이중차폐 절차) 연구를 계획 시행하는 것이 도움이 된다. 이를 위해서 연구자와 실험자를 분리하고 실험의 여러 단계에 각기 다른 실험자를 고용하는 등의 절차를 채택하는 것이 바람직하다.

두 번째로, 실험절차를 가능한 한 미세한 부분까지 표준화시키는 것이다. 이를테면, 실험에 참가한 사람들에게 지시문을 모두 인쇄물 또는 녹음으로 제시해서 독립변인의 처치를 제외하면 실험절차가 누구에게나 일률적이게끔 구성하는 것이다. 이렇게 하면 참가자가 실험자와 만날 필요가 없으므로 실험자 편향은 걱정하지 않아도 될 것이다.

참가자 편향 사람들이 실험에 참가할 때 이들은 스스로가 관찰의 대상이 됨을 잘 알고 있다. 이러한 의식이 그들의 행위를 변화시킬 가능성이 있다. 이들은 연구가 무엇에 관한 것인지 호기심을 가지며, 어떻게 행동하는 것이 적당한지, 심리학자에게 자신의 흉허물을 노출시키게 될지 모른다는 두려움 따위를 지니게 된다. 이러한 관찰의 대상이 된다는 의식이 참가자의 행위에 주는 영향력을 가리켜 요구특성이라고 한다(Aronson et al., 1985, p. 454).

실험에 참여한 사람들의 행위의 특성을 분석해 보면 대개 네 가지 유형의 사람들이 나타난다(Weber & Cook, 1972). 협조적인 참가자들은 연구가설을 짐작해 내어 연구자가 의도하는 바를 얻을 수 있도록 자신의 행위를 조정한다. 냉소적인 참가자들은 연구 자체를 회의적으로 보고 연구에 어쩔 수 없이 참여한다는 태도를 취하며 연구결과가 연구자의 의도와는 반대로 나타나게 하려고 한다. 평가불안적인 참가자들은 심리학자가 자신들의 정신상태를 평가하려 든다는 생각에 불안해하며 가능한 한 부정적인 평가를 받지 않으려고 노력한다. 마지막 유형인 충실한 참가자들은 실험자의 지시에 따라서 실험자의 의도 등을 생각하지 않고 충실히 지시를 따라 행동하는 참가자들로 실험자의 입장에서는 가장 바람직한 유형이다.

실험의 요구특성과 참가자의 반응 유형을 완전히 배제하는 것은 매우 어렵지만 방안을 강구하여 최소화해야 한다. 그 방안 중의 하나는 종속변수가 되는 반응의 측정을 참가자가 모르게 취하는 것이다. 현장실험이나 조사에서는 소위 비간섭적(unobtrusive) 측정법을 사용하는 것이 한 방법이다. 이는 관심 행위가 사회적으로 바람직하지 못한 경우에 특히 효과적이다. 한 예로, 사람들에게 그들이 마시는 맥주의 양이 일주일에 얼마나 되는지를 물어본 결과 15%만이 마신다고 답했고 이들은 일주일에 많이 마셔야 8캔 정도라고 응답하였다. 그러나 이들 집에서 나오는 쓰레기를 일주일 동안 수거하여 빈 맥주 캔을 세어 보는 비간섭적 측정을 한 결과 77%의 응답자 집에서 맥주 캔이 발견되었고, 이들 중 반 이상에서 8캔 이상이 발견되었다(Webb et al., 1981).

또는 진짜 종속변인을 다른 허위변인들의 측정에 묻혀서 측정해 내거나 실험과 무관하게 여겨지는 상황에서 측정하는 방법이다. Festinger의 유명한 인지부조화 실험에서, 본 실험이 완전히 끝났다고 알린 다음 전혀 별개의 상황에서 종속변인의 측정을 구해낸 것이 좋은 예다(5장 참조). 이러한 방법이 모두 곤란한 경우에 가장 많이 쓰이는 방법은 참가자들에게 그들의 반응이 익명적으로 처리됨을 알리고, 누구도(실험자를 포함) 그들의 개인적 반응을 알 수 없도록 상황을 구성하며 꾸밈없는 반응을 요구하는 것이다.

❖ 연구의 윤리

제2차 세계대전 당시 전쟁포로나 민간인을 대상으로 수용소에서 참가자의 생사를 좌우할 수 있는 의학연구를 다수 수행한 것이 알려졌다. 이는 뉴렌버그 재판에서 의학연구의 윤리강령을 채택하게 만들었다. 사회심리학의 연구에서는 참가자에게 연구의 참 목적을 알리지 않고 연구를 수행하는 경우가 대부분이다. 의학연구와는 달리 사회심리학의 연구가 참가자에게 신체적인 손상을 가져오지는 않지만 경우에 따라서는 불유쾌한 정서나, 피하고 싶은 경험을 하게 만드는 일이 없지 않다. 과학적 연구를 한다는 미명하에 참가자를 속이는 것이 어쩔 수 없다고 할지라도 그 한계가 있을 것이다. 연구자는 어떠한 점을 윤리상 지켜야 하는가? 다음의 두 가지가 그 핵심이다(Sears et al., 1991, pp. 31-33).

사전동의 연구자는 참가자들에게 연구에 참여하는 것이 참가자 자신에게 무슨 결과를 가져올 수 있는지에 대하여 알려 주고, 이러한 정보를 알고서도 자발적으로 연구에 참여하는 사람만을 대상으로 연구를 수행한다. 참가자는 사전에 연구절차나 참여 결과로 나타날 수 있는 위험 및 혜택에 대하여 알고 있어야 하며, 그들이 연구에 참여하기를 거부할 권한이 있음을 설명 받아야 한다. 연구자들은 가능한 한 진실을 이야기하고, 위장을 하는 경우는 그것이 초래할 위험에 대하여 충분한 고려를 하고 이를 최소화할 것이며, 신뢰를 바탕으로 참가에 동의한 사람을 대상으로 연구를 수행하도록 해야 한다.

연구가 종료된 시점에서 연구자들은 항상 참가자에게 연구의 참 목적에 대하여 납득이 가도록 설명하고 그들이 지닌 의문을 풀어 주어야 할 의무를 지닌다. 이 과정을 사후설명(debriefing)이라 하는데 이는 인간을 대상으로 하는 연구의 필수적인 부분이다. 성공적인 사후설명은 참가자가 느꼈을 수 있는 불쾌감이나 흥분, 분노를 가라앉힐 수 있고 그들에게 새로운 경험, 지식을 갖게 되었다는 긍정적인 기분을 조성할 수 있다. 이 과정에서 실험자도 참가자의 경험을 들음으로 해서 연구절차에 대하여 새로운 사실을 깨달을 수 있고 추후 연구에 반영하게 될 수 있다. 연구가 참가자들의 관심을 불러일으킨 경우에는 보충적인 참고자료를 제시하고, 연구결과에 대하여 추후에 알려 주는 것도 사후설명 과정에서 필요하다.

최소한의 위험부담 이는 연구에 참여함으로써 참가자가 겪는 부담이 일상생활에서 통상 겪는 위험부담에 비해 심한 것이 아니어야 한다는 것이다. 사회심리학의 연구참여가 줄 수 있는 위험부담은 통상 사생활의 침해문제와 참여 스트레스다. 사생활 침해와 관련해서 참가자가 밝히고 싶지 않은 것이지만 실험에 참여함으로써 노출되는 일신상의 정보는 비밀이 보장되도록 조치해야 한다. 참가자가 겪는 스트레스는 여러 가지이며 그 정도는 개인마다 차이가 많이 난다. 대부분의 참가자가 별스럽지 않게 여기는 연구일지라도 몇몇 사람들은 상당한 스트레스를 호소하는 경우가 있다. 이러한 개인차를 연구자가 사전에 모두 예측할 수는 없지만, 그러한 스트레스를 최소화하여 참가자가 참여를 마치고 돌아갈 때에 참여 전과 비슷한 심리상태가 되도록 배려해야 할 것이다.

상기한 모든 과정을 연구자가 홀로 계획하고, 참가자의 반응을 판단하고, 위험부담을 최소화하는 것은 일이 많을 뿐만 아니라 그 객관성에 문제가 있다. 따라서 이러한 연구윤리를 다루는 윤리위원회(Instituitional Review Board: IRB)를 두어 이의 평가를 받는 것이 도움이 될 것이다. 연구라는 미명하에 인권을 무시해서는 안 될 것이며, 사회심리학의 실험들이 아무리 그 충격이 적은 것이라고 여겨지더라도 이 같은 연구윤리를 준수하는 것이 연구자의 사회적 책임을 수행하는 데 도움이 된다.

요 약

1. 사회심리학의 관찰과 실험의 대상이 인간이기 때문에 참가자들은 실험자와 교류하며 늘 주변 상황을 파악한다. 이런 교류가 미치는 영향을 최소화하기 위해, 연구자는 실험자 편향과 참가자 편향에 주의해야 한다.
2. 실험자는 부지불식간에 참가자에게 영향을 주는 것을 막기 위하여 차폐 혹은 이중차폐 절차를 취해야 하고, 절차를 표준화하는 것이 바람직하다.
3. 사회심리학의 연구에서는 연구목적을 속이는 경우가 있으며, 참가자에게 불쾌한 경험을 부과할 수 있다. 이 경우에 윤리에 저촉이 되어서는 안 되며, 위험부담이 최소가 되도록 하고, 가능하다면 사전동의를 얻는 것이 바람직하다.

제 2 장 사회생활과 자기

사회심리학은 인간의 행위가 사회적 상황에 의해서 영향받는 것을 파악하려는 학문으로서 출발하였다. 그러나 오래지 않아서 똑같은 상황에 처한 사람들에게서도 개인차가 나타난다는 것을 인식하게 되었고, 이러한 개인의 특성을 연구하는 성격 연구가 사회심리학에서 중요한 주제로 다루어지게 되었다. 성격이론가들은 사람들이 갖는 행동, 사고양식의 특성을 추려서 많은 사람들에게 공유된 특성들을 분류하고 그 형성과 변화를 다룬다. 성격은 개인 내적인 것이지만 여러 사람들에게 공유된 내면적 특성으로서 비교적 지속성을 지닌 심리적 실체로 취급된다. 이에 비해 자기(Self)란 개인들이 갖고 있는 내면적, 외현적 특성 그 자체와 그에 대한 관념을 포함한 것으로 지속성과 일시성을 모두 지니고 있는 보다 역동적인 개념이다(Markus & Wurf, 1987). 우리들은 누구나 "나는 어떠한 사람인가?"의 의문을 가지며 만족할 만한 답을 구하려고 노력한다. 자기에 대한 연구의 역사는 오래되었지만 1980년대에 특히 많은 연구가 이루어졌다. 자기 혹은 자아(Self, Ego)는 일반인들에게 가장 많이 거론되는 심리학적 개념이며 성격, 상담, 임상 등 심리학의 제반 영역은 물론 정신의학 분야의 이론 구성에서도 가장 빈번하게 사용되는 심리학적 개념이다. 이 장에서는 자기의 본질, 그 형성과정, 자기의 기능과 변화 및 평가, 자기상의 변화, 행위와 자기의 관계, 문화의 역할 등을 알아보겠다(곁글 2-1).

로뎅의 〈생각하는 사람〉

곁글 2-1 **'나'란 무엇인가?: 바탕말에 터한 이해**

자기에 해당하는 순수한 우리말은 '나'이다. 바탕말을 탐구하여 사람과 사회를 이해하는 인식의 지평을 넓히고 있는 최봉영 교수(2016)는 '나, 나이, 나다, 낳다' 등이 같은 말뿌리인 '나'를 지니고 있으며, 나는 (태어)난 존재이고, 살아가는 존재이며, 나이(연령)라는 역사성 때문에 존재하는 현상적 실체라고 설명한다. 이 '나'는 숨을 쉬면서 생명현상을 이어가는 저(혼자)만의 존재성('저' 나)을 지님과 아울러 우리로써 주위의 모든 것들과 연결되어 영향을 주고받는 사회성의 나('우리' 나)를 아우르고 있다. 저나와 우리나를 아우르고 있는 나는 주위의 사람, 동식물 그리고 자연의 것(바위, 산, 흙, 강, 물, 공기 등)들과 어울리며 살아가는 존재다. 나란 존재는 그 모습을 유지하기 위하여 어느 한시라도 이 주위의 것들과 어울리지 않을 수 없는 어울림의 존재다. 한국사람들이 생활장면에서 "내가~"를 쓰기보다 "우리가~"를 더 쓰기 좋아하는 것에는 이런 바탕말의 사상이 무의식적으로 깔려 있는 탓이라고 볼 수 있다.

우리말에 터한 이런 설명은 지금까지 심리학에서 자기(self, ego)에 대한 논의가 어울림이 전제되지 않은 독자적인 존재성의 모습을 바탕으로 하고 있다는 깨침을 던져준다. 어울림을 존재의 바탕으로 보는 관점은 최근에 뇌과학자들이 인간 및 침팬지의 뇌에서 발견한 거울뉴런의 존재와 그 작용기제에 의해 힘을 받고 있다(곁글 8-10 참고 바람).

최봉영(1952~)
한국정신문화연구원 한국학 박사로 항공대학교에 재직 중이다. 학술모임 단체인 '우리말로 학문하기'의 3대 회장이며, 『한국인의 사회적 성격』 『주체와 욕망』 『한국 사회의 차별과 억압』 등의 많은 저술과 논문작업을 보이고 있다. 그는 한국인이 유례가 없이 치밀한 우리말을 갖고 있으면서도 그 독특성을 학문적 이론화 과정에서는 전혀 살려내지 못하는 현실을 말하며, 왜 우리말로 학문해야 하는지에 대하여 통찰력 있는 분석을 통한 실천적 전범을 보이고 있다. 그에 의

자기란?

사람들은 사회생활을 하는 자신을 움직이는 내부의 '진짜 나(眞我)'가 있다는 생각을 한다. 비록 내가 보이는 행위가 상황마다 다르고 감정이 시시각각 바뀌어도 그런 것들에 의해 영향을 받지 않으면서 지속적으로 나의 행위에 영향을 미치는 참 나가 있으리라는 것이다. 이것을 발견하면 나 자신에 대한 수수께끼를 풀 수 있다고 여긴다. 그러나 '참 나'를 움직이는 것은 또 무엇인가의 의문이 꼬리를 물기 때문에 이러한 생각은 사회심리학자들에게 수용되고 있지 못하다. 이보다는 자기를 다양한 것들로 구성된 복합체로 여기는 관점이 널리 받아들여지고 있는데 이러한 관점을 최초로 체계적으로 제시한 사람은 미국의 James라고 볼 수 있다.

James(1890)는 저서인 『심리학의 원리』에서 객관적 탐구의 대상이 되는 자기를 세 가지 구성요소로 분석하였다(pp. 291-330). **물적 자기**(material self)는 개인이 지니고 있는 것으로 자기의 신체, 의상, 가족, 집 그리고 소유물들로 구성되어 있다. 우리는 귀중한 것을 잃게 되면 스스로의 한 부분을 잃은 듯 비탄에 잠긴다. 한 연구(Dittmar, 1992)는 노인들이 소중하게 여기는 소지품을 지니고 양로원에 들어와 생활

하는 경우에 적응을 더 잘함을 보여 주어, 물적 자기의 중요성을 드러내고 있다.

사회적 자기(social self)는 우리와 접촉하는 타인들로부터 받게 되는 자기에 대한 인상, 평가들이다. James에 의하면 우리는 남과 단순히 어울리는 것이 아니라 남들에게 나를 내 보이고 싶어하고, 좋게 인정받으려는 욕구가 있다.

영적 자기(spiritual self)는 개인이 지닌 내면의 주관적인 것으로 성격, 취향, 정서 등의 심리적 속성들이다. 아울러 영적 자기는 생의 의미를 생각하고 만물의 원리를 모색하는 등 사색적인 면모를 지니고 있으며 자기관조의 능력을 지니고 있다.

James에 의하면 세 구성 요소 중에 가장 중요한 부분은 영적 자기다. 왜냐하면 "우리는 자기의 어느 다른 면모보다도 스스로의 도덕성과 양심, 고고한 의지로 사유하는 자기 모습을 볼 때 보다 순수한 자기만족감을 느끼기" (p. 296) 때문이다. 사람들은 자기에 대하여 확실한 무엇을 말하고 싶어하고, 그런 이야기를 갖게 되기를 바란다. 사람들이 귀중하게 여기는 것은 값비싼 귀중품이기보다는 자기의 이야기를 가능하게 하는 경험들이다(곁글 2-2).

하면 퇴계가 주자를 넘어설 수 있었던 것은 우리말에 정통하였기 때문이다(최봉영, 2013). 아름다움, 맛, 멋, 어울림, 가르침, 배움 등의 바탕말을 분석하고 이를 근거로 한국인의 덕, 교육, 정치에 대한 깨우침을 제시하는 책 『말과 바탕공부』(2013)는 다음의 곳(http://cafe.naver.com/batanggongbu/38)에서 무료로 내려 받아 볼 수 있다.

❖ 복합적 자기

현대인들은 과거에 비하여 다양한 생활 장면에서 사회적 역할을 수행하며 살아간다. 학교에서 나의 모습은 집에서의 자기 모습과 다를 수 있으며, 인터넷 동아리 방에서는 전혀 다른 성격의 인물로 활동하기도 한다. 상이한 생활공간에서 지속적으로 주위 사람 혹은 사건들과 상호작용하면서 자신의 특징적 성격을 갖추게 된 사람들은 서로 차별화된 복합적 자기를 지니게 된다. 그러나 생활하면서 자기에 대한 능력이나 소질을 파악할 수 있는 과제를 접하지 못하고 경험을 충분히 하지 못하면, 자기의 능력이나 특징에 대한 자각이 불확실하며, 이들의 자기상은 불안정하고, 상황맥락에 의한 영향을 많이 받게 될 것이다. 사실 많은 경우에 자신의 모습은 모순적이고, 비합리적이며, 종잡을 수 없다는 느낌을 주기도 한다. 사회에서 다양한 역할을 갖고 상이한 규범이 작용하는 상황들에서 활동하는 현대인들이 이같이 복잡한 자신의 모습을 경험하는 것은 피할 수 없다.

사람들은 저마다 개성이 있고, 자기에 대하여 그런 생각을 하고 산다. 그러면 어떻게 개성이란 구조가 자리잡게 되는가? 이들이 스스로 조직하는 체계라고 보는 시각을 제시한 Vallacher와 Nowak(2000)은 각 자기의 요소를 가상적인 자기구성체상의 하나의 조각으로 표시하되 이를 긍정적인 것과 부정적인 것(흑백의 색깔로 구분됨)으로 표시하고, 이들이 초기에는 거의 무작위적인 형태로 나타나 아무런 구조가

결글 2-2

돈의 현명한 소비: 이야기 만들기가 문제!

사람들은 소비하는 주체다. 일상에서 필요한 다양한 물품(휴대폰, 옷, 가방, 장신구 등)을 사기도 하고, 영화를 보거나, 음악회를 가거나, 여행을 가기 위해 돈을 쓴다. 전자처럼 소유하는 것의 의미가 큰 구매를 **재화구매**라 하며, 후자처럼 경험하는 것의 의미가 큰 구매를 **경험구매**라 한다. 다음의 문제에 대하여 어떻게 생각하는지 여백에 적어보자.

- 〈문제 1〉 당신이 적금 만기가 되어 받은 현금 100만 원이 있다고 하자. 갖고 싶었던 명품 가방이나 시계를 살 것인가, 아니면 가고 싶었던 유럽여행을 갈 것인가?
- 〈문제 2〉 지금까지 살면서 구매한 중요한 것들 여섯 가지를 써 보라. 소유하기 위하여 구매했던 것 세 가지와 경험을 위해 구매했던 것 세 가지를 생각해 보라. 그중에 하나 이상의 구매를 포함시켜서 당신은 어떤 사람인지 이야기해 보라.
- 〈문제 3〉 당신이 살면서 구매했던 중요한 재화구매 혹은 경험구매를 생각해 보고, 그 구매가 얼마나 만족스러웠는지 생각해 보라. 만약에 당신이 그 구매를 취소하고, 선택하지 않았던 다른 것을 선택할 수 있다면 (그 구매를 취소/변경하는 것이 현재의 당신의 생활양태에 변화를 가져오는 것은 아니지만) 당신은 다른 선택을 하였겠는가? 그런 선택을 변경하였다면 당신의 현재 모습은 얼마나 달라졌겠는가?

〈문제 1〉에 대하여 행해진 한 연구는 미국에서 무작위 표집한 소비자 천여 명을 대상으로 경험구매와 재화구매를 생각하게 하고 어느 것이 자신을 더 행복하게 하였는지 물어보았다. 그 결과, 소득수준이 높을수록 경험구매를 하는 경우에 더 큰 행복을 느낀다는 것으로 나왔다(Van Boven & Gilovich, 2003; [그림 2-1]).

〈문제 2〉에 대한 응답에서 포함된 재화구매와 경험구매의 일화를 분석해 보니 대학생들은 재화구매보다 경험구매의 내용을 자기에 대한 이야기에 포함시킬 가능성이 두 배 정도 높은 것으로 나타났다(Carter & Gilovich, 2012 연구 2).

〈문제 3〉에 대한 응답을 분석하니, 대학생들은 경험구매보다는 재화구매의 선택을 취소하고자 하는 양상이 높게 나타났으며, 경험구매가 자신의 현재 모습을 형성하는 데 더 큰 역할을 하였음을 보고하였다(앞 연구의 연구 5).

사람들은 남들이 자신의 진정한 모습을 알기 위해서는 자신이 행한 재화구매의 내역보다는 자신이 행한 경험구매의 내역을 알아야 된다고 생각하며, 모르는 사람이 행한 경험구매의 내역을 안다면 그의 재화구매의 내역을 아는 경우보다 상대에 대하여 더 잘 알 수 있다고 믿는다(앞 연구의 연구 3). 모든 경험구매가 만족스러운 것은 아니겠지만 경험구매는 아픈 것이든 좋은 것이든 자신의 정체성과 관련이 깊은 까닭에 의미있는 경험으로 각색해 낼 수 있다(Zauberman et al., 2009). 사람들은 끊임없이 자기를 만들고 변화시키며 그런 느낌을 주는 활동에 큰 애착을 느낀다. **이야기**를 만드는 것은 '나'를 '나'이게끔 하는 활동이고, 재화구매보다는 경험구매를 통해서 이야기가 만들어질 가능성이 높다.

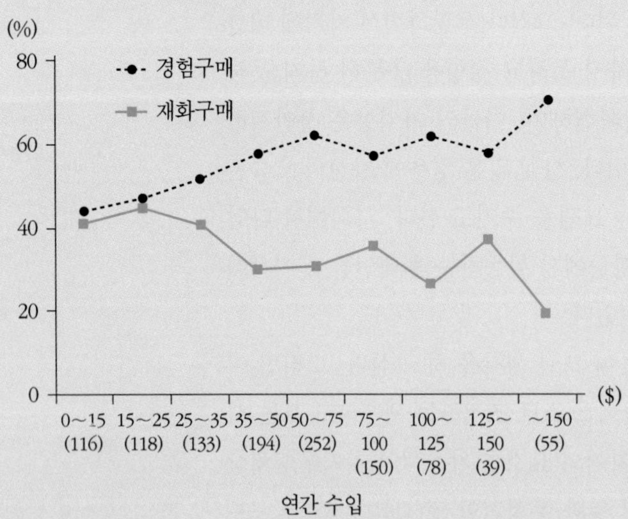

[그림 2-1] 각 소득 수준에서 재화/경험 구매의 회상과 행복감

(a)

(b)

[그림 2-2] 복합적 자기의 구조에 대한 컴퓨터 시뮬레이션
각 조각은 자기의 한 요소들이며, 각 요소의 중요성은 높이로 나타난다. 각 요소의 값은 인접요소의 값(+/-)들에 의해 영향을 받는다. 중요한 요소는 주변의 영향력에 저항하고, 쉽게 바뀌지 않는다. 중요하지 않은 요소는 주위의 영향에 의해 쉽게 바뀐다.
(a): 각 요소의 값이 무작위로 주어진다(구조가 없는 자기의 모습을 표상함). 단 60%의 요소는 긍정적인 것으로 구성하여, 대부분의 사람들이 자기를 긍정적으로 평가하고 있음을 표현한다.
(b): 무작위로 6곳에 중요성을 부여하여 평형상태가 이르도록 시뮬레이션을 한 결과 안정적인 형태를 갖추게 된다.
출처: Vallacher & Nowak, 2000.

없지만([그림 2-2]의 a), 시간이 경과하면서 서로 관련 있는 것들이 영향을 주고받으며, 중요성이 큰 부분들이 뚜렷이 부각되면서 자아의 구조가 형성된다는 것([그림 2-2]의 b)을 컴퓨터 시뮬레이션을 통해 보여 주었다.

사람들은 자기복합성(self-complexity)에 있어서 개인차를 보이고 있다. 어떤 이는 비교적 단순한 구조의 자기를 지니고 있고, 다른 이는 매우 복잡한 자기모습을 지니고 있다. 한 실험연구에서(Linville, 1985), 이들 두 부류로 사람들을 구분하여 과제를 수행하게 하고서 한 조건에서는 잘하였다고 알려 주고, 다른 조건에서는 잘못하였다고 알려 주었다. 이 같은 과제수행 평가에 의해서 자긍심이 영향을 받는 정도가 자기복합성이 낮은 사람들에게서 크게 나타났다. 이러한 결과는 복합성이 높은 사람들에게서 복합자기를 구성하는 하위 요소들 간의 상호완충 역할이 나타나고 있음을 시사한다. 즉, 한 생활영역에서 실패하여도(직무수행에서의 실패), 다른 생활영역에서 잘하는 자신의 모습(좋은 아빠)을 지니고 있다면, 실패의 경험에 의한 충격을 덜 받는다는 것이다. 사회의 생활영역이 복잡해져 가고, 그에 따라 수행하는 역할, 활동도 다양화되어 가는 현실에서 이를 단순히 수행하는 것을 넘어 자신의 각기 다른 모습으로 이들 활동을 받아들인다면, 자기의 복합성이 증가하며, 아울러

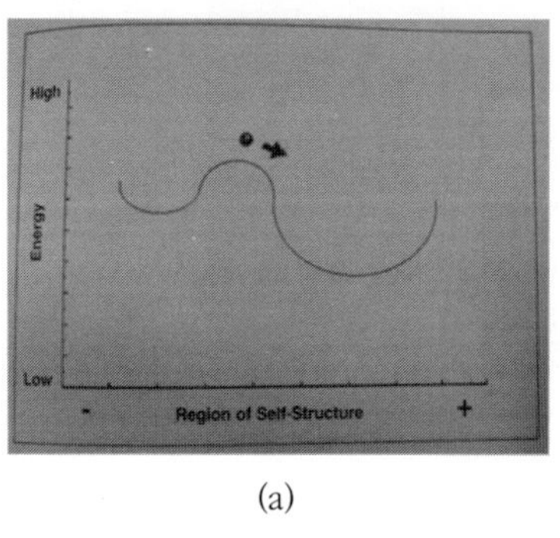

(a)

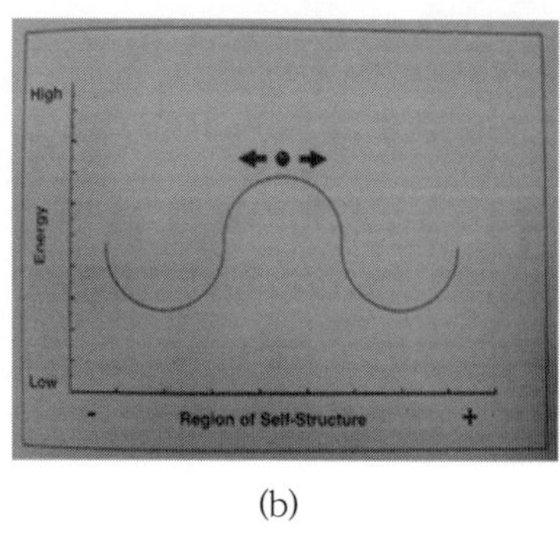

(b)

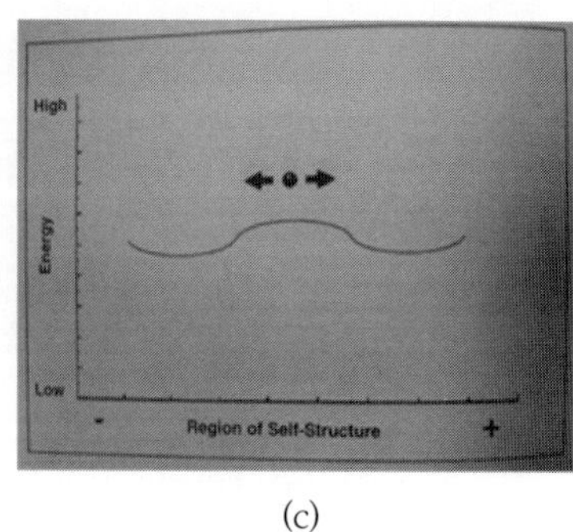

(c)

[그림 2-3] 새로운 경험과 자기구조의 동학
(a): 새로운 경험이 뚜렷한 자기구조로 편입되어 안정된다.
(b): 새로운 경험이 복합적 자기구조로 편입되어 안정된다.
(c): 새로운 경험이 불명확한 자기구조에서 유동적으로 편입된다.

비교적 안정된 자기의 모습을 견지할 가능성이 증대된다고 볼 수 있다.

자기의 복합성이 높음에도 불구하고 통합된 자기관을 지니고 있는 사람들은 자기에 대한 확신감이 높고 생활에 적응을 잘한다. 그러나 통합성이 낮은 사람들은 자신의 특징에 대하여 불확실하게 느끼며, 자긍심도 낮아 상황에 크게 휘둘리는 부적응 양상을 보인다(Campbell et al., 2000). Vallacher와 Nowak(2000)은 자기의 불안정성을 분석하여 자기의 복합적 구조가 뚜렷한 개인들의 경우에([그림 2-3]의 a와 b) 새로운 경험이 기존의 자기구조에 편입되면서 자기구조가 큰 영향을 받지 않으나, 자기구조가 불분명한 경우([그림 2-3]의 c)에는 그 경험을 수용하는 뚜렷한 자기구조가 없어서 상황에 의해 크게 영향받으며, 일관성도 결여되는 모습을 도식화하여 제시하였다.

❖ 자기의 구성과정

20세기 초 여러 선각적 학자들은(James, Cooley, Mead, Baldwin 등) 자기를 개인이 지닌 내적인 특성이 발현되어 나타난 것이 아니라, 본질적으로 사회적 구성체라고 보았다. 즉, 자기는 사회적 상호작용 속에서 이루어지는 다양한 역할 수행과정에서 자기 자신에 대한 반성적 성찰을 통해 파악되고 구성되는 것이다(곁글 2-3). 자기 속에는 그 사회의 구조와 체제, 가치 및 성원들의 생각 등이 반영될 수밖에 없다. 따라서 자기는 개인의 내면과 사회를 연결해 주는 가장 중요한 매개체인 것이다(손장권 등, 1994; Mead, 1934).

일찍이 사회학자인 Cooley(1902)는 나의 파악에 있어서 가장 핵이 되는 것은 주위 사람들임을 간파했다. 즉, 우리는 주위 사람들을 거울로 삼고 그 거울에 자신을 비춤으로써 나를 파악한다는 것이다(거울 속 자기, Looking glass self). 그에 의하면 "인간의 본성은 집단 속에서 발현된다. 타인과의 교류 없이 개인이 개성을 지닐 수 없으며, 고립이 장기화되면 자기성도 마모된다" (Cooley, 1909, p. 30).

이 같은 생각은 Festinger(1954)가 제안한 사회비교 이론으로 보다 구체화되었다. 그는 자기가 객관적으로 존재하는 물리적 실체라기보다는 사람들과의 교류와 비교과정에서 구성되는 것임을 지적한다. 물리적 실체로서의 몸을 지니고 있지만 몸이 크다거나 작다거나 하는 인식은 남들과의 비교를 통해서 지니게 되는 것이다. 자신의 성격이 내향적이라는 것은 타인에 비해서 얼마나 더 내향적 행동을 보이는가에 대한 비교과정을 통한 결과다. 이 과정에서 사람들은 자신과 유사한 사람들을 준거로 삼고 그들에 비교하여 자신의 특징을 파악하게 된다. 이 파악과정은 세 가지로 구분된다.

페스팅거(Leon Festinger, 1919~1989)
미국 스탠퍼드 대학교 사회심리학 교수로 있으면서 인지부조화 이론, 사회비교 이론 등을 제시하여 가장 영향력 큰 사회심리학자의 하나로 자리매김하였다. 레빈에게서 수학하였으며 인간과 사회의 진화과정에 대한 답과 물음을 위해 은퇴 후에는 고고학과 생물학 분야에 관심을 보였으나, 암으로 죽음을 맞았다. 그는 인지부조화 이론을 제시하여 당시에 심리학계의 지배적인 행동주의의 퇴조를 가져오는 영향을 끼쳤다.

남들과의 비교를 통해서(사회비교) 자신의 테니스 실력을 알고자 하는 사람은 자신과 비슷한 연령, 구력을 지닌 사람들과 비교할 것이다. 다섯 살짜리와 비교한다거나, 프로테니스 선수와 비교하지 않는다. 즉, 비교대상이 적절히 정해져야 바른 답을 내릴 수 있다. 이 비교대상이 되는 것은 우리 자신과 유사한 사람들이기 쉽다(Festinger, 1954). 특히 남자는 남자를, 여자는 여자를 비교집단으로 삼는 경향이 크고 연령이나 능력 따위에서 자신과 유사한 사람들이 비교집단이 된다.

잘하고자 하는 욕구가 강한 사람들은 자신에게 도움이 될 수 있는 정보를 제공해 줄 수 있는 약간 더 잘하는 사람들을 비교대상으로 선택하는 상향적 사회비교 양상을 보인다(Feldman & Ruble, 1981). 그러나 상향적 사회비교는 그다지 편한 기분을 주지는 못한다. 생활을 하면서 좋은 기분을 느끼고 싶어하는 강한 동기가 작용하는 경우에 사람들은 자신보다 못한 사람들과 비교를 하는 하향적 사회비교 양상을 보인다. 데이트 중인 남녀에게 다른 데이트 쌍에 비해 자신의 파트너가 나은 파트너라는 이유를 가능한 한 많이 쓰게 하거나(하향비교 조건), 자신의 파트너들이 만족스러운 파트너라는 이유를 최대한 많이 쓰게 하였다(좋은 이유 조건). 이유를 쓰고서 자신들의 관계만족에 대한 평가를 해 보도록 하였더니, 좋은 이유 조건보다 하향비교조건에 있었던 사람들이 관계만족도가 더 높은 것으로 나타났다(Buunk et al.,

결글 2-3

인간이 아닌 인격체: 동물의 자기인식 능력

고양이나 개의 면전에 큰 거울을 놓으면 이들은 짖거나 탐색하는 행동을 취한다. 거울에 비친 동물이 자기라는 인식을 하지는 못하기 때문이다. 아마도 자기 몸을 보고 자기 것으로 파악해 내는 능력은 자기 개념의 형성에 필수적인 단계일 것이다.

자기상의 인식은 자신을 주위 환경 또는 다른 개체와 구별해 낸다는 것이며 자신의 독특성을 인식하는 고등의 정신 작용을 필요로 한다. 인간이라고 누구나가 자기상을 지각해 내는 것은 아니다. 갓 태어난 아이들은 분명히 자기를 식별 못하며 자기 몸을 자기 것으로 여기는 것은 생후 2~3개월이 지나면서다. 어린아이들의 코에 연지를 칠하고 거울을 보여 주면 생후 9~12개월 된 아이 중 1/4만이 자기 코를 이상하다는 듯이 만져 보지만 21~25개월 된 아이들은 3/4이 그 같은 행동을 보이는 것으로 보아(Lewis & Brooks, 1978), 인간이 환경으로부터 자신을 구분해 내는 능력은 성숙을 필요로 함을 알 수 있다.

자기상의 인식 능력이 인간에게만 국한된 것은 아니다. 원숭이 종류에서도 지능이 특히 높은 침팬지의 우리에 큰 거울을 비치해 두면 투영된 자기상을 보고 마치 다른 놈인 것처럼 행동을 한다. 그러나 수일이 지나면 거울 앞에서 여기저기를 만지기도 하고 치장 행위를 보이기 시작한다. 이때 침팬지를 꺼내서 마취를 시켜 무취의 빨간색을 눈가에 칠해서 다시 우리에 놓아두면 거울이 없는 경우는 칠한 부분에 손을 대지 않지만 거울을 다시 보여 주면 그 칠한 부분을 문지르거나 자주 손을 대는 행위를 보인다(Gallup, 1977).

최근의 연구들은 자기를 인식하는 능력이 돌고래, 코끼리(Plotnik et al., 2006)에게서도 나타나는 것을 보인다. 그래서, **비인간인격체**(nonhuman personality)라는 개념이 쓰여야 한다는 주장이 나오고 있다. 이는 인간(human)은 아니지만 개개의 인격(person)처럼 개체로서의 개성을 가진 동물이라는 것이다(Schwartz, 1982). 사실 인간도 동물의 범주에 속하기 때문에 인간-동물의 구분은 인격체-비인격체로 대체되어야 한다는 주장이 힘을 받고 있다. 동물은 움직이는 기계와 차이가 없다는 시각은 오래전에 폐기되었다. 거울인식과 같은 능력을 인격체의 잣대로 삼는 것은 동물생태계에 인간중심주의적인 준거를 갖다 대는 잘못이라는 비판이 제기되면서 이제는 어떤 동물들까지 비인간인격체로 간주될 수 있는지의 연구들이 활발히 나오고 있다(Morel, 2013 참고). 2013년 인도 정부는 돌고래 수족관 설치를 금하였다. 그 이유는 돌고래가 비인간인격체라고 보았기 때문이라고 한다[동물의 자기인식 능력 등을 보여 주는 유튜브 동영상 https://www.youtube.com/watch?v=vJFo3trMuD8 (5′ 26″)].

롯데월드 수족관에서 폐사한 다섯 살 흰고래 벨로(돌고래는 자기를 인식하는 능력을 지닌 비인간 인격체다)

2001). 사람들은 절대적으로 좋은 관계라서 만족하기보다는 남들에 비해서 상대적으로 나은 관계라서 만족하는 양상을 보이는 것이다. 최근에 전 세계적으로 많이 쓰이고 있는 페이스북이 사람들의 정서에 미치는 영향을 분석한 연구들은 페북 사

곁글 2-4 페이스북 사용의 부작용: 무의식적 상향비교

전 세계적으로 8억 명의 사용자들이 페이스북(페북)에 가입하여 자신들의 일상을 알리고 타인의 일상을 파악하기도 한다. 페북의 사용이 일반화되고 페북 중독의 현상이 나타나면서 페북 사용에 대한 심리학자들의 관심이 증대하고 있다(Wilson et al., 2012). 페북에 올리는 사진이나 정보들이 진정한 자기의 모습인지 아니면 바람직하게 꾸며진 것인지를 알아보기 위하여, 미국과 독일에서 20대 초반 남녀로 페북을 하는 230여 명의 표적인물을 대상으로 성격검사를 하고, 그들의 지인 네 사람으로부터 얻은 성격평가를 얻어 이들을 평균하여 표적 인물의 실제 성격특징으로 간주하였다. 아울러 자신이 각 성격특징에서 이상적으로 여기는 모습을 평가하도록 하여 이상적 성격의 모습을 파악하고, 표적인물을 전혀 모르는 아홉 사람들로 하여금 이들의 페북 프로파일을 보고 이들의 성격을 평가하게 하여 이들 평가치들을 실제 성격특징과 비교하였다(Back et al., 2010). 그 결과 페북 프로파일은 자신이 여기는 이상적인 성격보다는 실제의 성격을 많이 반영하는 것으로 나타났다. 개인의 외향성, 성실성, 개방성의 성격특징은 페북 프로파일로서 충분히 예측할 수 있었고, 신경질적 경향성도 어느 정도 예측 가능한 것으로 분석되었다. 페북에 올라오는 사진들은 행복한 사진들이 많지만 자신을 이상적으로 꾸며 제시하는 것은 아니었다.

한편, 페북 사용과 사람들의 정신건강과의 관계를 알아보기 위하여 뉴질랜드 전국의 페북 사용자 10,000여 명에게 설문조사를 한 연구(Stronge et al., 2015)는 페북 사용자는 자신의 신체에 대한 만족도가 낮은 것을 보고하고 있다. 그 이유는 페북에 올려진 사진들과 자신을 의식 혹은 무의식적으로 비교하는 결과로 보여진다. 이는 남녀와 연령을 불문하고 공통으로 나타나지만, 특히 중년여성의 경우가 가장 심했다. 여성들이 남성보다 페북을 사용하는 사람들이 많은 양상이 확인되고 있으며(McAndrew & Jeong, 2012), 남들과의 사회비교가 본능적으로 이루어지는 양상이라는 점에서 페북을 자주 사용하는 것은 정신건강에 해로울 수 있다. 네덜란드에서 다국적 출신의 20대 남녀 200여 명을 대상으로 조사한 연구(De Vries & Kuhne, 2015)는 페북에 대한 애착을 느끼는 사람들에게서 상향적인 사회비교 양상이 높게 나타나며, 이런 경향은 특히 생활만족도가 낮은 사람들에게 매우 강하게 나타남을 보였다([그림 2-4]). 상향비교의 양상이 심할수록 사람들이 느끼는 사회적 유능감(친구가 많다 등)과 신체적 매력은 낮은 것으로 나타났다. 국내의 대학생 페북 사용자들도 상향비교를 하는 양상이 높을수록 우울감을 경험하는 양상을 보이는데, 이런 경향은 특히 자기개념이 불명확한 사람들에서 강하게 나타났다(정소라, 현명호, 2015). 페북 사용자들은 타인이 올린 글과 그림을 보면서 자연스럽게 남들과 비교되는 자기평가를 하며, 그럴수록 부정적인 정서를 더 느끼고 이것이 페북 피로감으로 이어져 이를 중단하는 마음을 먹게 되기도 한다(차경진, 이은목, 2015).

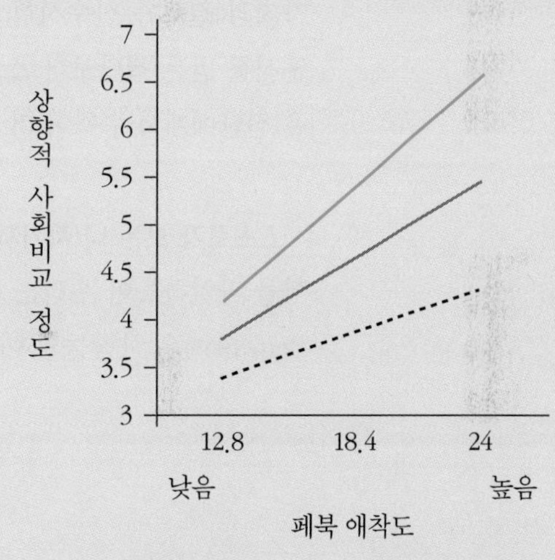

[그림 2-4] 페이스북 애착정도, 생활만족도, 상향적 사회비교 양상

출처: De Vries & Kuhne, 2015, 그림 2.

실제로 페북의 사용 정도(적극적 혹은 수동적)와 안녕감을 분석한 연구는 6일 동안에 걸쳐서 매일 사람들에게 다섯 번 무선적으로 신호를 주어 당시에 느끼던 정서를 기록하도록 하였다. 페북에 적극적으로 사진이나 자료를 올리는 경우에 비해서 수동적으로 남들 것을 보기만 하는 경우에는 정서적인 안녕감이 더욱 떨어지는 것으로 관찰되었다(Verduyn et al., 2015). 수동적으로 페북을 사용할 때 사람들은 질투와 선망의 감정을 느끼며 이는 안녕감에 나쁜 영향을 미치는 것이었다.

용자들이 무의식적으로 상향적 비교를 함으로써 우울함을 느끼는 양상을 보고하고 있다(결글 2-4).

남이 보는 나(반영평가) 사회생활에서 만나는 다른 사람들이 나를 어떻게 생각하는가 하는 점도 자기의 구성에 중요한 영향을 미친다. 특히 자신과 깊은 교류관계에 있는 남들이 자기를 어떻게 여기는지의 모습이 중요하다. 아동들의 자기상은 자기 부모들이 스스로를 어떻게 여기고 있다고 생각하는지와 매우 유사한 것으로 나타났다(Hamachek, 1971).

아동들에게 주위를 어지럽히는 행동을 하지 말라고 이야기를 해 주는 것보다, 너희는 착한 학생들이라고(따라서 주위를 어지럽히는 행위를 하지 않으리라는) 말을 해 주는 것이 훨씬 더 효과적이라는 연구결과([그림 2-5])는 중요한 사람들이 아동에 대해 갖고 있는 생각이 아동의 자기관 및 행위에 미치는 영향력을 잘 보여 준다. 마찬가지의 결과가 산수시험 성적에서도 나타났다. 즉, 산수를 잘해야 한다는 교육적 훈시를 받은 집단보다 스스로가 산수를 잘할 수 있는 능력을 갖고 있다는 말을 들은 집단에게서 수행이 더 높게 나왔다(Miller et al., 1975).

스스로가 보는 나(자기지각) 사람들이 타인의 행동을 보고 그의 성격이나 취향을 파악하듯이 우리는 스스로의 행위에 대한 관찰을 통해서도 자기를 파악한다. Bem(1967)은 사람들의 이러한 자기 관찰과정이 자신의 기호, 태도, 성격을 파악하

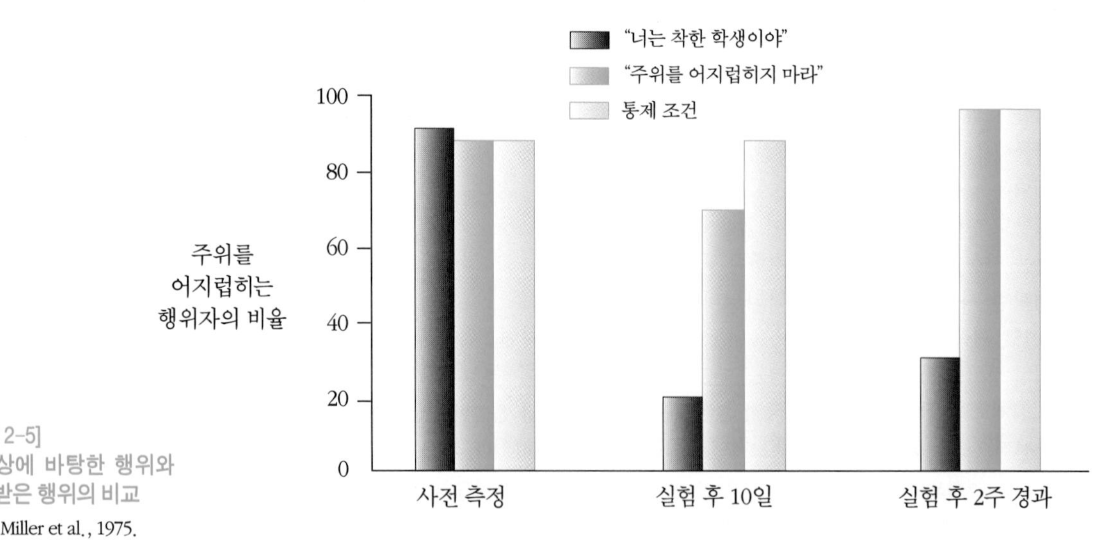

[그림 2-5]
자기상에 바탕한 행위와 훈육받은 행위의 비교
출처: Miller et al., 1975.

결글 2-5

나의 특징이 어떤지를 나는 남들보다 잘 알까?

사람들은 자신을 긍정적으로 보는 편향을 갖고 있기 때문에 자신에 대한 파악이 왜곡될 가능성이 늘 있다. 한 연구에서는 여러 가지 특징에 있어서 자신에 대한 파악을 친구가 하는 파악 및 낯선 이가 하는 파악과 비교하였다(Vazire, 2010). 이를 위해서 미국의 남녀 대학생에게 잘 아는 친구 5명이 팀을 이루어 연구에 참여하도록 하여, 서로에 대한 성격특징을 평가하게 하였다. 아울러 처음 만난 3~5명 크기의 집단 사람들에게 10분간 서로 소개를 하도록 한 뒤 서로에 대한 성격특징을 평가하게 하였다. 이들 평가를 바탕으로 전체의 평가치를 얻어 이것을 성격의 정확한 측정치로 간주하고, 자신의 평가, 친구의 평가, 낯선 사람의 평가가 전체의 평가와 얼마나 관계성이 높은지를 분석하였다. 평가하도록 한 성격특징은 세 가지 유형의 것으로 사람들이 잘 관찰할 수 있는 특징과 그렇지 못한 특징, 그리고 평가적인 가치가 높은 특징과 그렇지 않은 특징들이었다. 이 평가 결과를 보면 관찰하기 어렵고, 평가성이 낮은 특징(자기존중감, 불안경향)에 대하여 본인이 가장 정확하게 지각하는 양상이 나타났으나, 관찰하기 쉽고 평가성이 낮은 특징(말많은, 지배적인, 리더십)에서는 차이가 없었으며, 관찰이 어렵지만 평가성이 높은 특징(창의성, 지능)에 대하여는 자신보다 친구들의 평가가 진실에 가까운 것으로 나타났다([그림 2-6]). 이 같은 양상이 나타나는 이유는 자신에 대한 긍정적 평가 편향이 평가성이 강한 특징에서는 강하게 작용하여 자신에 대한 평가가 왜곡되는 탓이다. 따라서 사회적으로 중요한 평가를 받는 특징(바람직하건 바람직하지 않건)에 대하여는 스스로의 생각에 의존하지 말고, 친구들에게 묻는 것이 자신을 더 정확히 알 수 있는 지혜로운 방식이다.

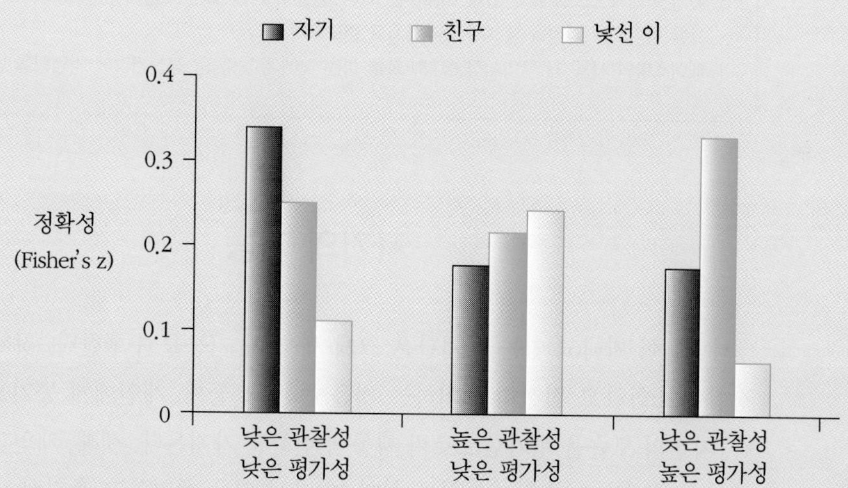

[그림 2-6] 자신의 성격에 대한 자신의 평가, 친구들의 평가, 낯선 이의 평가 비교

관찰이 어렵고 평가성이 낮은 특징(자기존중감, 불안)은 자신의 평가가 가장 정확하나, 관찰이 쉽고 평가성이 낮은 특징(말많은, 지배적인, 리더십)에서는 평가주체 간 차이가 없고, 관찰하기 어렵고 평가성이 높은 특징(창의성, 지능)에서는 친구들의 평가가 가장 정확하다.

출처: Vazire, 2010, 그림 1에서 가져옴.

는 중요한 과정임에 착안하고 자기지각 이론을 제시하였다. 이 이론에 따르면 내적인 취향이나 태도가 약하거나 일관되지 못한 경우에, 행위자는 최근의 행위를 바탕으로 자기의 내적 취향을 추리해 낸다(Chaiken & Baldwin, 1981; 본서 5장 참고). 어느 희극배우가 중국인들은 성경을 끄덕이면서 읽고 서구인들은 좌우로 고개를 흔들면서 읽으므로 중국인들이 더 진실한 기독교인이라고 사람을 웃긴 일이 있는데, 실제로 자기의 머리를 상하로 흔들도록 유도되었을 때는 좌우로 흔들도록 유도된 경우보다 타인의 주장에 더욱 동의를 잘하는 경향이 나타났다(Wells & Petty, 1980). 이런 사례들은 자신의 행위 지각이 자신을 파악하는 데 중요함을 보여 주는 것들이다.

요 약

1. 자기는 사람들이 스스로의 모습이라고 여기는 구성체이며, 타인과의 교류라는 사회생활의 산물이다. 자기는 다양한 측면을 지니고 있는 복합적 구성체이며, 생활 속에서 변화한다.
2. 복합적 자기 현상은 현대사회에서 적응적인 양상을 보이고 있다. 자기복합성이 높아도 통합된 자기관과 자기통제감을 지니면 삶의 만족도는 높다.
3. 자기는 내가 스스로를 남들과 비교하는 과정, 남들이 나를 보는 모습의 반영, 스스로의 행동과 사고를 평가하는 과정을 통해서 갖추어지고 변모되어 간다.
4. 페이스북의 사용 시 무의식적 상향비교를 하는 탓에 우울증 등 정신건강에 악영향을 받는다.

자기의 기능

사람들이 지니고 있는 자기관은 크게 세 가지 기능을 수행한다. 첫째는 정보 및 경험을 소화하고 적절히 대처하는 것을 돕는다. 둘째, 개인에게 동기를 부여한다. 즉, 자신의 모습을 평가함으로써 행동에 변화를 가져온다. 셋째, 개인의 행위에 일관성을 부여하고 예측 가능하게 한다. 따라서 일을 계획하고 추진해 나갈 수 있는 근거가 된다.

❖ 정보처리자로서의 자기

인간이 보이는 정보처리의 특징을 설명하기 위해서 영국의 심리학자 Bartlett(1932)은 도식(Schema)이라는 용어를 사용했다. 그는 영국학생들에게 상당히 특이한 북미 인디언들의 이야기를 들려주고 회상토록 하였다. 학생들은 그 이야기를 들은 그대로 회상하는 것이 아니라 자신이 이해할 수 있도록 내용을 변조시키는 행동을 보였다. Bartlett은 이를 사람들이 들어오는 정보를 이해하기 위해 기존에 갖고 있는 일반적인 분류체계에 따라 분류시키는 탓이라고 보았다. 기억 속에서 정보들을 저장하면서 쓰이는 개념, 생각, 믿음으로 이루어진 추상적 체계들을 도식(圖式)이라 말한다. 도식을 이용한 정보처리는 많은 양의 정보를 순간적으로 처리할 수 있도록 해 주기도 하며 적은 양의 정보로부터 많은 양의 관련 정보를 이끌어 낼 수 있도록 해 준다. 이 과정에서 정보의 왜곡된 저장이나 회상의 왜곡이 발생할 수 있다(사건의 목격자 증언과 관련된 흥미 있는 논의를 위해 Loftus & Ketcham, 1996[정준영 역, 『우리 기억은 진짜 기억일까?』를 볼 것).

바틀렛(Frederick Charles Bartlett, 1886~1979)
영국의 케임브리지 대학교 심리학과 교수로서 실험심리학과 응용분야의 접목에 힘을 기울였다. 일상생활에서의 기억과정 연구에 업적을 남겼다.

자기란 과거의 경험을 통해 획득된 스스로에 대한 일반화된 특성의 복합체로서 자신과 관련된 정보를 효율적으로 처리하는 도식의 특성을 지닌다. 자기도식(Self schema)은 "어떤 정보에 대하여 주의를 할 것인지, 그 정보를 어떻게 파악할 것인지, 그것이 얼마나 중요한지, 그리고 정보처리로 무엇이 나타날 것인지를 결정하는 선택적 기제로서 기능한다"(Markus, 1977, p. 64). 대부분의 자기도식은 성격특성을 기술하는 영역별로 존재할 수 있다. 어떤 이는 수다스럽고, 외향적이고, 인자한 자기도식을 갖고 있고 다른 이는 영리하고, 과묵하고, 인정 많은 자기도식을 갖고 있다.

자기도식이 갖는 정보처리상의 특징은 세 가지로 요약된다. 첫째, 주어진 특성의 자기도식을 가진 사람은 그러한 특성 도식이 없는 사람에 비해 관련 정보를 훨씬 빠르게 처리한다. Markus(1977)는 독립심이라는 영역에서 참가자들 스스로에 대한 평가를 근거로 독립심이 강한 사람, 의존심이 강한 사람(도식인: Schematics), 그리고 이 영역에서 특성이 불분명한 사람(무도식인: Aschematics)으로 구분하였다. 이들 세 집단의 참가자들에게 자막에 여러 가지 특성 단어를 하나씩 제시하면서 각 단어가 자신을 잘 묘사하면 응답단추를 누르게 해서 반응시간을 측정하였다. 무도식인은 도식인보다 독립심과 관련된 단어에 대한 반응 횟수가 적고 반응시간도 느리게 반응하였다.

자기도식의 두 번째 특징은 여과기능이다. 즉, 새로운 정보가 자기도식과 부합하면 쉽게 처리되고 모순되면 처리에 저항이 걸린다. 실험의 참가자들에게 그들의 자기도식과 모순되는 정보를 주는 경우(즉, 감수성이 예민한 사람에게 둔감한 편이라고 알려 줌) 참가자들이 강한 의혹을 나타내고 정보의 조작효과가 거의 나타나지 않는다(Sweeney & Moreland, 1980).

세 번째로 자기도식과 관련된 정보는 쉽고 빠르게 배울 수 있다. 의대생 증후 현상

〈표 2-1〉 자기참조효과

실험조건	질 문	회 상	과제의 난이도	판단의 확신감
단어형태	"단어가 짧은지 긴지 평가하시오."	.18	3.08	3.83
단어의미	"단어가 특별한 의미를 지니고 있는지 판단하시오."	.15	4.25	3.83
타인참조	"단어가 실험자를 묘사하는 정도를 평가하시오."	.18	5.00	2.75
자기참조	"단어가 당신 스스로를 묘사하는 정도를 평가하시오."	.31	2.00	6.00

* 회상점수는 0~1 사이임. 모두 회상하는 경우 1.0임.
* 과제의 난이도와 판단의 확신감은 7점 척도에 평가됨.
('매우 어렵다' 또는 '틀림없다' 는 7.0의 값을 지님)

출처: Kuiper & Rogers, 1979.

은 의대생들이 자기가 학습하는 질병의 발병양상을 몸으로 자주 경험하는 것을 말한다. 이 현상은 의대생들이 질병을 잘 파악하기 위해 자기도식과 관련을 지으며, 그럴 경우 훨씬 기억을 잘하기 때문일 수 있다. 즉, 자기를 판단의 준거로 삼을 때 정보처리가 잘 되는데 이를 자기참조효과라고 한다. Kuiper와 Rogers(1979)는 사람들에게 '수줍은' '활동적인' 등의 일련의 특성 형용사를 제시하였다. '자기참조' 조건에서는 그 단어가 자기를 묘사하는지를 판단케 하고, '타인참조' 조건에서는 그 단어가 실험자를 묘사하는지를 판단케 하였다. 또 '단어형태' 조건에서는 단어가 긴지, 짧은지를 평가하게 했고 '단어의미' 조건에서는 각 단어가 구체적인지, 일반적인지를 평가하게 했다. 나중에 각 조건의 사람들에게 제시된 단어를 기억하게 했을 때 '자기참조' 조건에서 가장 회상이 좋았고, 그 과제에 대해 쉽게 여겼으며 자신의 판단에 확신을 가진 것으로 나타났다(〈표 2-1〉).

❖ 행위의 평가자로서 자기: 자기관련 동기와 자긍심

사람들이 생활하면서 보이는 동기들을 자기와 관련시켜 보면 크게 세 가지 기본적인 동기가 정리될 수 있다(Banaji & Prentice, 1994). 첫째는 자기평가 동기다. 사람들은 자신의 특성, 능력에 대하여 알고 싶어 하고 이에 대한 자신의 인식을 확인해 주는 증거를 모색한다. 둘째는 자기향상 동기다. 스스로를 자신의 이상적인 모습으로 끌어올리려는 동기이며, 자신의 부정적인 모습에서 탈피하려 들고 바람직한 모습을 지향하는 행위를 보인다. 셋째는 자기고양 동기인데, 이는 자존심을 보호하고 스스로에 대한 긍정적인 자아상을 가지려는 활동으로 나타난다.

한 연구는 한국 대학생 350명과 미국 대학생 205명을 대상으로 자기를 남과 비교하는 세 가지 동기의 수준을 파악하고, 이런 동기가 사회비교를 통해 충족되는 정도를 파악하여 사람들이 느끼는 주관적 안녕감과의 관계를 파악하였다(장은영, 2009). 한국 학생들이 미국 학생들에 비해서 자기평가 동기, 자기향상 동기, 자기고양 동기 세 가지가 모두 높으며, 특히 자기향상 동기에서 차이가 큰 것을 보이고 있다. 이런 동기가 사회비교를 통해 충족되는 정도에 있어서도 한국 학생들은 향상동기와 평가동기의 충족수준이 높은 것으로 나타났다. 한편, 주관적 안녕감(본서 12장 참고)에 있어서는 미국 학생들이 한국 학생에 비해서 훨씬 높은 것을 보여 주는데, 흥미로운 것은 한국 학생들은 자기향상 동기와 그 충족도가, 미국 학생들은 자기평가 동기와 그 충족도가 정서적 안녕감에 긍정적인 영향을 크게 주는 것으로 나타났다. 대표적인 표집이 아니고 한국과 미국의 조사 시점도 2년여의 시차가 나는 등의 이유로 반복 검증이 필요하지만, 한국 대학생이 느끼는 안녕감이 자기향상 동기와 깊은 관련이 있다는 것은 흥미로운 발견이다.

자기평가와 자기고양 스스로에 대하여 긍정적으로 평가하려는 자기고양 욕구는 자신을 지나치게 긍정적인 모습으로 파악하게 만들 가능성이 있다. 그러한 자기 모습은 주위사람들의 인식과 상충하게 될 것이며, 사회생활에서 부작용을 초래할 가능성이 크다. 그렇기 때문에 사람들은 자신에 대한 사실적 정보를 파악하는 것에도 큰 관심을 보인다. 심지어 그 정보가 좋지 않은 자기 모습을 보여 주는 경우라도 그렇다. 이를 **자기검증 동기**(Swann et al., 1997)라 한다. Swann 등(1997)은 부정적인 자기상을 지닌 사람과 긍정적인 자기상을 지닌 두 부류의 사람들에게 자기상을 확인시켜 주는 정보를 제시하고서, 그 정보에 대한 정확성과 사실성을 평가하게 하였다. 그 결과 긍정적 자기상을 지닌 사람은 긍정적 정보를, 부정적 자기상을 지닌 사람은 부정적 정보를 사실적이고 맞는 정보라고 여기는 것으로 나타났다. 그러나 두 부류 모두 자기에게 긍정적인 정보를 좋아하고, 부정적인 정보를 싫어하는 것으로 나타났다. 자기에 대한 사실적 파악을 하고자 하는 자기검증 동기 탓에 사람들은 자기에 대한 사실적 평가를 할 수 있으며, 자기를 긍정적으로 평가하고픈 경향 탓에 하향적 비교(자기보다 못한 사람을 비교대상으로 삼음)를 하지만 자기향상을 위해서 상향적 비교를 한다.

자기 모습 간의 차이와 동기 사람들이 자기에 대하여 성찰을 하는 경우에 세 가지 자기의 모습을 구분할 수 있다. 이를 설명하는 자기차이 이론(Higgins, 1998)에 따르면, 현실자기는 자기의 모습이라고 여기는 자기로서, 우리는 이 현실자기를 이상자기와 의무자기에 비교하면서 각기 다른 정서와 동기를 경험한다. 이상자기란 스스로가 되고 싶은 이상적 자기의 모습이다. 이상자기가 촉발되거나 부각되는 경우에 사람들은 그 모습에 다가서려 하고, 긍정적인 수행과 결과를 거두는 것에 민감해지며, 긍정적인 정서를 경험하면서 의식의 초점도 향상(promotion)과 변화에 맞추어지면서, 잘 해내려 하고, 성취해 내는 활동에 관심을 갖게 된다. 의무자기란 자신 및 주위사람들이 부과하는 의무, 책임처럼 자신이 맞추어가겠다고 여기는 자기모습이다. 이 의무자기가 환기되는 경우에 사람들은 부정적인 결과가 나타날 것에 민감하며, 의무자기에 부응하지 못하는 불안감이나 죄책감을 경험하면서 의식의 초점도 금지(prevention)와 안전(security)에 맞추어진다.

자기중심적 편향 숨을 쉬며 삶을 영위해 가는 주체로서 사람들은 누구나 자신 및 자기 주위에서 벌어지는 일들에 관심을 크게 가질 수밖에 없다. 시끄러운 술집에서도 누가 자기 이름을 부르면 곧 알아듣게 되고, 친구가 자기를 비난하면 매우 아프게 느끼는 등 우리들이 보이는 많은 생각과 행위는 자기중심적 편향을 보인다. 이 편향 탓에 사람들은 자기를 중심으로 가까운 영역에서 발생한 사건에 민감하게 반응하며, 가장 가까운 것은 물론 자기이고, 자기가 겪는 아픔은 가장 심하게 경험하며, 이런 아픔을 몰라주는 남을 야속하게 여긴다. 이 기제는 진화론적으로 유기체의 생존에 불가피한 역할을 하였다.

사람들은 외출할 때 늘 차림새를 점검하는데, 마치 관객들이 늘 무대 위에서 조명을 받는 사람에게 주목하듯이 사람들은 자신을 주목하고 있다고 여기는 것 같다. 이를 잘 보여 준 연구에서 학생들에게 유명인사(간디, 마틴 루터 킹 목사 등) 얼굴이 크게 프린트된 티셔츠를 입고 대여섯 명의 사람들이 대기하고 있는 방에 들어가 잠시 있다가 나오도록 하였다. 이들에게 얼마나 많은 사람들이 자기가 입었던 티셔츠의 얼굴을 기억하리라고 여기는지 묻고서, 실제 대기실에 있던 사람들에게 티셔츠의 인물을 기억하는지를 물었을 때, 사람들은 실제 기억하는 사람의 숫자보다 6배(위인의 얼굴)나 많은 사람들이 자신이 입은 티셔츠의 얼굴을 기억하리라 여기는 현상이 관찰되었다(Gilovich et al., 2000; [그림 2-7]의 b). 각광효과라고 불리는 이 현상은 좋은 일이나 치장을 했을 때 남들이 이를 알아주지 못하는 것에 안타까워하고, 나쁜 일을 저질렀을 때 남들이 알아챌까 봐 두근거리는 심리를 초래한다. 사람들은

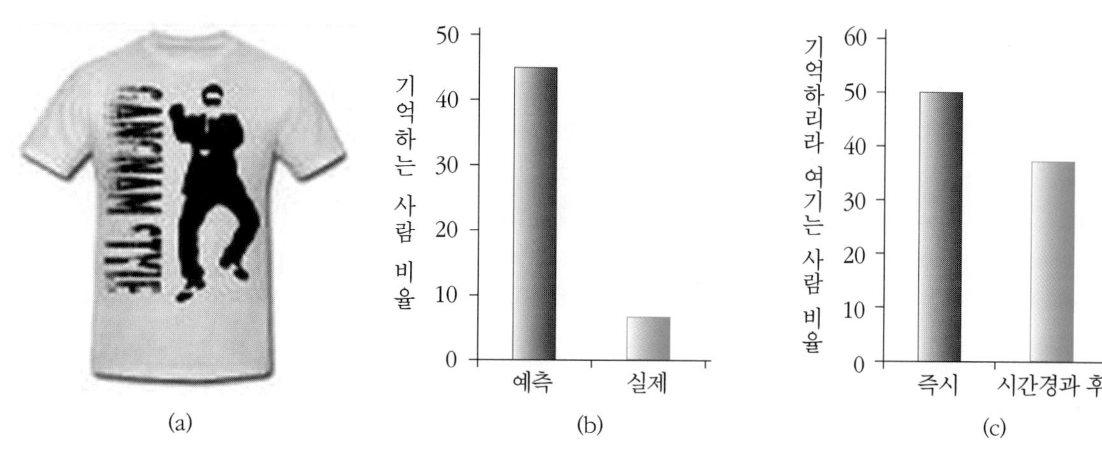

[그림 2-7] 각광효과를 보이는 실험의 결과
(a): 당신은 이 티셔츠를 입고 대기실에 들어 간다면 얼마나 많은 사람들이 당신의 셔츠를 기억하리라 생각하는가? (실제 실험에서 쓰인 프린트는 'Manilow'라는 가수의 것임)
(b): 괴팍한 가수 얼굴이 그려진 셔츠를 입은 것을 본 사람들이 사진을 기억하리라는 예측의 비율과 실제 기억한 사람의 비율
(c): 셔츠를 입고 바로 대기실에 들어간 경우와 입고서 15분 동안 혼자 있다가 대기실에 들어간 경우에 기억하리라 여기는 사람의 비율 차이

다른 사람들이 자신에게 갖는 관심을 일반적으로 확대 평가하는 양상을 보인다. 미장원에서 머리가 원하는 대로 나오지 않았을 때 하루 종일 찜찜해 하지만 그 머리를 이상하게 여기는 사람은 거의 없을 것이다. 맛있거나 맛이 형편없는 음료수를 마시면서 아무런 표정을 짓지 않도록 요구받았을 때 사람들은 자신의 어색한 얼굴표정이 남들에게 쉽게 포착되리라고 여기며, 협상장면에서 자신이 양보하는 것을 상대방도 잘 알 것으로 여기는 투명성 과장오류 현상(Gilovich et al., 1998; 본서 8장 참조)도 이런 각광효과의 일종으로 모두 사태를 인식함에 있어서 보이는 자기중심적 편향에서 비롯된다고 할 수 있다. 이 편향성은 변화의 상태가 오래 지속되면서 둔감하게 되고 약화된다([그림 2-7]의 c). 물론 사람들은 이를 어느 정도 인식하고, 상대방의 입장을 취하려고 하지만 늘 충분한 것은 아니다. 이 현상은 일상에서 늘 나타나는 것이 아니라 자기의 모습에 대하여 관심을 지닌 자의식적인 상황에서 특히 잘 나타난다. 우리의 모습이 우리가 생각하는 만큼 남에게 주의를 끌지 못한다는 것을 안다면 자신이 저지르는 실수를 훨씬 더 수용하고, 후회하게 되는 경우도 적어질 것이다.

사람들이 공동으로 성취한 일에 대해 스스로의 공을 많이 내세우는 현상이 자기

결글 2-6 잘된 일은 내 탓, 못된 일도 내 탓

남과 합동으로 한 작업 결과가 잘 되었을 때는 내 탓, 잘못 되었을 때는 남의 탓으로 돌리는 자기고양적 행위를 흔히 보는데 이를 동기론자들은 자존심을 고양, 유지시키기 위함이라고 설명한다. 그러나 많은 경우에 있어서는 판단에 쓰이는 정보가 자기의 것이 상대방의 것보다 많기 때문에 나타나는 정보처리의 관점에서 해석될 수도 있다. 이 가능성을 검증하기 위해 Ross와 Sicoly(1979)는 37쌍의 학생 부부를 대상으로 내외 각각에게 집 안 청소, 설거지, 장보기, 부부싸움 등의 일상사에 대해 각자가 생각하는 대로 자신의 책임을 평가하게 하였다. 30개 항목 중 16개의 항목에서 자기책임이 더 크다고 하는 응답이 나온 것은 부부 모두 자기중심적 정보처리를 하는 까닭이라고 볼 수 있다. 이 같은 경향은 부부싸움 등의 나쁜 일에서도 나타나 동기론적 설명이 부적절함을 보인다.

판단을 하는 사람의 주의가 자신에게 쏠리는지 타인에게 쏠리는지도 역시 정보의 가용성을 변화시키므로 판단에 영향을 준다. Ross와 Sicoly(1979)는 대학원 석사논문을 끝마친 학생들을 대상으로 자신의 논문에 대한 자신의 기여도와 지도교수의 기여도를 평가토록 했다. 학생들이 그러한 평가를 자기가 한 일에 초점을 맞출 경우 지도교수의 공헌도는 16.5%로 나타났으나 지도교수가 한 일에 초점을 맞출 경우는 33.3%로 나타나고 있어 역시 가용한 정보의 특성에 의해 큰 영향을 받음이 나타났다.

의 욕심 때문만이 아니라 정보처리 과정의 특성이 그 원인이 될 수 있음을 깨닫는다면 갈등이 적어질 수 있다. 사실 친구나 동료와의 미묘한 갈등(공 다툼)의 바탕에는 욕심과 무관한 정보처리상의 자기중심적 편향이 깔려 있다(Ross & Sicoly, 1979; 결글 2-6).

자기존중감(자긍심) 자기존중감(self-esteem) 혹은 자긍심은 자신의 자질, 특성, 해온 일의 성패 등에 대하여 스스로가 느끼는 가치로움에 대한 전반적인 평가다. 자신이 지닌 내적 준거를 기준으로 못 미치면 낮고, 미친다면 높다. 이 점에서 한국 사람들이 일상에서 자주 사용하는 자존심과는 의미가 사뭇 다르다. 한국인의 자존심은 다른 사람의 관점에서 자신의 가치에 대한 평가를 한 결과로 나타나는 현상적 경험이다(한민, 서신화, 이수현, 한성열, 2013; 결글 2-14). 그래서 일상에서 자존심은 스스로의 내적 준거에 의한 평가라기보다는 다른 사람들과 비교되어 느끼는 우열감을 뜻하는 경우가 많다. '나 알기 1'에 심리학자들이 많이 쓰는 자기존중감 척도가 제시되어 있다(Rosenberg, 1965). 자기존중감 척도는 자긍심과 자존심을 모두 담고 있지만 자긍심에 좀 더 가깝다.

사람들이 일반적으로 높은 자긍심을 유지하는 심리적 기제는 무엇일까? 자기평가 유지 모형은 두 가지를 제시한다(Tesser, 1988). 첫째, 사람들은 자신에 대한 긍정적인

곁글 2-7 나는 좋고 독특해! –허위독특성 현상과 문화

당신은 대학이나 교회, 지역사회 등의 또래 사람 중에서 다음의 성격 및 행동 특징에 스스로가 상위 몇 번째 서열에 있을 것이라 생각하는지 1(최상)~100(최하)의 숫자로 평가해 보기 바랍니다.

영역 1: 리더쉽(　　), 독창성(　　), 개성적(　　) / 평균은? (　　)

영역 2: 공손함(　　), 성실함(　　), 희생적(　　) / 평균은? (　　)

사람들이 지닌 자기고양 동기는 이러한 특질의 자기평가에서 평균보다 낮은 숫자(즉, 높은 평가)로 나타나기도 한다. 즉, 자신이 지닌 미덕이 일반인의 수준을 훨씬 웃도는 정도로 여기며, 자신을 그런 면에서 좋고 독특한 사람으로 여기는 것이다. 이 허위독특성 편향은 개인주의 문화권에서 두드러지게 나타난다. 미국대학위원회(1976~1977)가 학업적성검사를 치른 100만의 고 3생들에게 물어본 결과 70%가 자신의 지도력을 평균 이상으로 평했고, 단 20%만이 평균 이하라고 생각하며, 60%가 운동력에 있어서 평균 이상(6%가 평균 이하), 남들과 잘 지내는 능력에 있어서는 25%가 상위 1%, 60%가 상위 10%에 속한다고 답한 반면 평균 이하라고 답한 사람은 없었다(Myers, 2007에서 재인용). 이 현상은 사람들이 자신을 추상적인 대상과 비교하는 경우에 두드러지며, 구체적인 타인과 비교하는 경우에는 약하게 나타난다(Alicke et al., 1995).

이 현상은 정도는 낮지만 집단주의 국가에서도 나타난다. 이누미야(2009)는 한국과 일본의 대학생을 비교하면서, 여러 특질에 대한 평가들을 평균했을 때 일본인은 50등으로 나타났지만 한국인은 35등으로 나타나 한국인이 허위독특성 경향을 보다 강하게 보이는 것을 발견하였다. 박혜경(2011a)은 미국과 한국의 대학생 비교에서 평균적으로 미국인은 32등, 한국인은 48등으로 나타남을 보고하였다. 한국인의 응답은 이누미야의 연구에서 나타난 일본인 응답과 유사한 정도로 허위독특성을 보이지 않는 것으로 나타났지만, 특질을 **주체성**(영역1)과 **어울림성**(영역2)을 구분하여 분석하면, 한국인들도 어울림성의 특질에서는 허위독특성 양상을 보이는 것으로 나타났다(43등, 주체성 특질에서는 52등). 개인주의 성향이 강한 사람들이나 집단주의자들이나 어울림성의 특질에서는 독특성 지각 현상이 나타났으나, 주체성 특질에서는 개인주의자들만이 허위독특성 효과를 보였다([그림 2-8]). 조긍호(2002)도 한국사회에서 개인주의자들은 주체성의 영역에서, 집단주의자들은 어울림성의 영역에서 이 편향성을 지니고 있음을 보였다. 다른 연구는 국내 대학생을 대상으로 한 학기 동안 조편성을 하여 수업을 진행시켰는데, 남들이 보는 자기보다 자신을 더 긍정적으로 평가하는 사람들이 삶의 만족과 자긍심이 높은 것을 보였다(노연희, 손영우, 2011). 또 다른 연구에서 대학생의 경우에 자기고양성이 높은 사람들이 심리적 적응도 높은 것으로 나타났다(한성열, 2003).

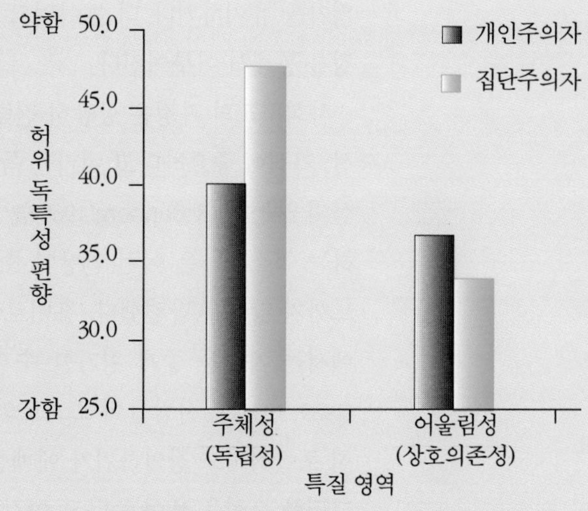

[그림 2-8] 한국 대학생이 보이는 허위독특성 효과

출처: 박혜경, 2011a. 그림 1.

나 알기 1: 나의 자기존중감

다음의 항목들을 보면서 자신에 해당하는 정도를 평가해 보시오.

(0: 전적으로 동의하지 않음, 1: 동의하지 않음, 2: 동의함, 3: 전적으로 동의함)

1. 나는 내가 적어도 다른 사람과 같은 수준으로 가치 있는 사람이라고 느낀다.
2. 나는 내가 장점을 많이 가지고 있다고 느낀다.
3. 대체적으로 나는 내가 실패자라고 느끼는 경향이 있다.(역)
4. 나는 대부분의 사람만큼 일할 수 있다.
5. 나는 나 자신이 자랑스럽게 여길 만한 것들이 그다지 없다.(역)
6. 나는 내 자신에 대하여 긍정적인 태도를 가진다.
7. 전체적으로 나는 나 자신에 만족한다.
8. 나에 대해서 더 많은 존경심을 가질 수 있기를 바란다.(역)
9. 나는 때때로 무용지물임에 틀림없다고 느낀다.(역)
10. 때때로 능숙하지 않다고 생각한다.(역)

* (역)이라고 표시된 것은 역채점하고, (역)이 없는 문항들은 그냥 점수를 더하십시오.

Rosenberg(1965)가 개발한 검사를 조성호, 남종호, 이영호, 이희경(2008)이 번역한 척도임. Rosenberg 척도의 전형적인 점수는 대략 22점이며, 대부분의 점수는 15~25점 사이임.

평가를 유지하거나 더 높이려고 함을 전제한다. 둘째, 이러한 평가는 사회비교 과정을 통해서 이루어진다.

사회비교의 과정은 상당히 전략적인 양상으로 나타나며, 세 가지로 작용한다. 우선, 자신이 중요하다고 여기는 특성에서가 아니라면 나쁜 평가를 받아도 크게 문제 삼지 않는다. Rosenberg(1965)는 자신이 호감을 주는 인상의 사람이 아니라고 생각하는 청소년들은 이런 인상이 중요한 것이 아니라고 생각하며 아무런 열등의식도 느끼지 않음을 발견했다. 흥미로운 것은 사람들이 자신이 중요하다고 여기는 영역에서는 자신을 좋게 평가할 수 있는 소지가 다분히 있다는 것이다. Dunning 등(1989, 1991)은 사람들이 스스로의 평가에 중요하다고 보는 창의성, 지능 등은 상당히 포괄적이고 정의하기가 애매한 특성이란 점에서, 누구나 스스로가 지닌 면모를 그러한 특성을 보여 준다고 여길 수 있다는 점을 잘 보이고 있다. 학생들에게 창의성의 다양한 면을 보여 주는 목록을 제공하고서 각 면모가 창의성을 얼마나 잘 나타내는지를 평가하게 한 후 일주일이 경과되어 각 면모에서 자신에 대한 평가를 시켜 보니 두 가지 평가 간의 상관이 높게 나타났다. 이는 자기가 가진 특성이 창의성을 잘 보여 주는 것이고, 자기가 지니지 않은 특성은 창의성과 별 관계가 없다고 생각하므로 스스로가 창의성이 높은 사람으로 여기는 경향이 있음을 뜻한다. 마찬가지로 멍청함이라는 부정적인 특성에 대해서 자신이 지닌 부정적인 면이 멍청한 것과는 다르다고 여김으로써 스스로를 멍청하지 않다고 여기는 것이다. 따라서 사람들은 자신이 중요시하는 면에서 자신에 대한 평가를 보통사람 이상으로 높게 본다고 할 수 있다. 이러한 부풀린 평가는 기준이 비교적 뚜렷한 지능이나 학업의 영역보다는 상대적으로 모호한 도덕성의 영역에서 더 강하게 나타나고 있다(Allison et al., 1989).

둘째, 사람들은 어떤 일에 실패한 경우에는 그것을 상황 탓으로 여기고, 성공한 경우에는 자신의 능력, 노력 탓으로 돌림으로써 자긍심을 유지할 수 있다. 이러한 경향이 그 같은 판단을 하기 위한 정보의 수집과정에 관여하면서 얻게 된 정보의 편중성으로 인해 나타날 수 있다는 점이 흥미롭다. 한 실험(Pyszczynski et al., 1985)에서 참가자들에게 그들의 대인관계 능력을 평가한 결과를 높은 편 또는 낮은 편이라고 알려 주었다. 이와 함께 다른 참여자의 점수가 적힌 카드를 6매를 보여 주면서 더 많이 보고 싶으면 요청을 하라고 하였다. 이 6명의 점수는 대체로 본인의 점수보다 낮거나, 비슷하거나, 높은 것들로 구성되었다. 결과([그림 2-9])를 보면 자신의 점수가 낮을 경우에 다른 사람들의 점수가 더 낮을 수 있다면 더욱 많은 정보를 요구하지만 타인의 점수가 높다고 여겨지면 스스로의 점수가 낮음을 확인시켜 주는 정

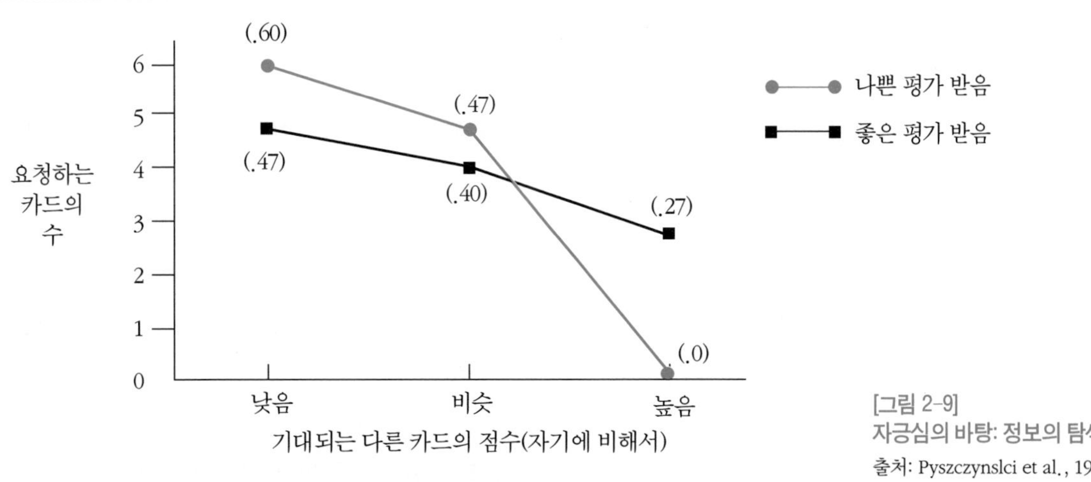

[그림 2-9]
자긍심의 바탕: 정보의 탐색
출처: Pyszczynslci et al., 1985.

( ) 안의 수치는 각 조건에서 추가 요청하는 사람들의 비율임.

대학 졸업식
출처: 한겨레21.

보탐색은 나타나지 않았다. 사람들은 하향적 비교를 통해서 자신의 현재 처지에 상대적으로 만족할 수 있다.

셋째, 자긍심이 위협을 받는 상황에서 사람들은 그 상황을 직면하기를 피함으로써 자긍심을 보호하기도 한다. Steele(1993)는 미국의 중등학교에서 흑인 학생들의 자퇴가 높게 나타나는 이유는 이들이 학교 장면에서 학업부진으로 인한 자긍심의 손상을 막기 위해서 정규 교육제도의 가치 자체를 전면 부정하고 그 장면을 떠나기 때문이라 주장한다. 학교 밖에서는 학업부진에 의해서 지속적으로 자긍심을 상하는 상황을 면할 수 있는 것이다.

자기평가유지 모형은 사람들이 맺는 친구관계의 흥미로운 특징을 설명한다. 자신이 중요하게 여기는 영역에서 자기를 앞서는 상대를 피함으로써 자존심을 느끼되, 자신이 중요하지 않게 여기는 영역에서는 자기보다 잘하는 사람을 친구로 함으로써 그가 잘할 때 동반적으로 자긍심을 느끼고 싶어한다. 미국의 초등학교 고학년 아동을 대상으로 한 연구에서 아동들은 자신이 중요하다고 여기는 영역에서는 자신이 친구보다 잘한다고 여기지만, 중요하지 않다고 여기는 영역에서는 친구가 자신만큼 혹은 더 잘한다고 여기는 양상이 나타났다. 아울러 중요한 영역에서 아동들의 자신에 대한 평가와, 중요하지 않은 영역에서 자기 친구에 대한 평가는 모두 교사가 하는 평가보다 부풀려져 있는 것으로 나타났다(Tesser et al., 1988).

자긍심의 기능 자긍심은 단순히 심리적 만족감을 주는 것 외에도 개인이 환경에서 오는 불안에 잘 대처하도록 해 준다는 사실이 밝혀지고 있다. 한 연구(Greenberg et al., 1992)에서 참가자들에게 성격검사를 치르게 한 다음 그 결과를 조작하여 자긍심을 높이거나, 그저 그런(neutral) 상태로 만들었다. 그리고 죽음에 관련된 장면을 여럿 담은 비디오를 보여 주면서 이들이 느끼는 불안의 강도를 측정하였다. 그 결과 죽음 비디오가 불안을 증가시키는 현상은 자긍심이 고양된 사람들에게서는 나타나지 않았다. 또한 후속 연구에서도 자긍심을 고양시키는 것이 장차 닥칠 전기쇼크에 대한 불안을 상쇄시키는 역할을 하는 것으로 나타났다. 연구자들은 이러한 결과로 자긍심은 사람들이 불안한 환경에 처할 때 경험하는 공포에 잘 대처하게 해 준다는 공포영위 가설을 제시하였다(Greenberg et al., 1997). 즉, 사람들은 죽

곁글 2-8

치매 환자의 자긍심

사람들의 심리를 개인의 소유로서가 아니라 주위사람들과의 교류과정의 산물로 파악하는 담화심리학적 접근을 취한 Sabat 등(1999)은 치매 환자들의 자긍심을 분석하였다. 연구자들은 치매 환자들이 기존에 보이던 다양한 사회활동을 못하고, 사람들과 관계가 단절되면서 자긍심도 저하되는 현상을 주시하였다. 사람들은 치매 환자를 사람으로 보기보다는 환자로서 대하는데, 이러한 대우가 일반 사람들을 상대로 나타나면 그들을 매우 당황하게 하거나, 기분 나쁘게 할 것이다. 그러나 환자의 사고능력이 저하되면서, 주위사람들은 부당한 대우를 보이며, 이를 접하는 환자의 행동을 그의 병 탓으로 여기고, 그가 받은 부당한 대우 탓으로 여기지 않는다. 이래서 환자들은 더욱 정서적으로 불안해지고, 상대방에게 쓸데없이 화를 잘 내는 사람으로 여겨지며, 쌍방 관계가 더욱 부정적으로 진행되면서 자긍심을 상실하게 된다.

한 사례: M 박사는 4년 전에 치매진단을 받은 75세 여자로, 운전도 못하게 되었고, 단어를 대는 어려움을 겪으며, 서명도 할 수 없고, 산수도 못하고, 날짜를 기억하지 못하며, 옷을 입거나 화장하는 것도 못하게 된 증상을 보였다. 강단에서 강의하고 집필하던 것을 하지 못하게 되면서 센터의 집단모임에도 참가하기를 꺼렸다.—그 이유는 자신이 그 집단에 기여도 못하고, 얻지도 못하며(말을 못한다고 생각하므로), 자신에게서 무엇이 잘못되었는지를 발견하려고 애쓰는 치료사들과도 관계 맺기를 꺼리게 되었다. 즉, 자신의 저하된 언어능력 탓으로, 자긍심이 저하되었고, 이 능력을 확인시켜 주는 집단모임에도 참석을 꺼리게 된 것이다. 이에 연구자들이 그녀에게 치료집단 모임에서 그녀가 말할 충분한 시간을 주고, 그녀의 표현을 도와주기로 하면서, 그녀도 모임에 참석할 의향을 다시 가지게 되었다. M 박사는 '그렇다면 나도 모임에 생산적으로 참여하며, 모임이 잘 되어 나가도록 기여할 수 있다.' 고 여기게 된 것이다.

몇몇 사례들이 보여 주는 것은 자긍심이 타인이 자기에 대하여 보이는 평가의 인식이라기보다는 자신의 특성에 대한 개인적 태도와 생각, 그러한 특징을 남에게 보이게 되는 상황, 교류에서 경험하는 황당함 등의 복합적 작용에 의하여 유지됨을 보인다. 즉, 치매 환자들은 ① 과거의 자신이 보인 능력, 활동으로부터 얻게 된 자긍심을 지니고 있으며, 그러한 능력은 여전히 자신의 것으로 여기고(self 1), ② 치매에 걸리면서 지니게 된 증상들이 있으며(self 2), 이들 때문에 황당하기도 하고, 문제가 있다는 것을 인식한다. ③ 나의 self 2만을 인정하고, self 1의 내 모습을 인정하지 않으려고 하는 사람들과 관계하기를 싫어한다. 수용할 수 있는 self 3의 유지는 다른 사람들의 협력이 필요한데 여기에 문제가 있다. 즉, 새로 관계를 맺는 사람들이 self 2에만 관심이 있고 이를 노출시키려 하므로, 환자들은 고통과 불안을 겪는다. 따라서 치매 환자의 주위에 있는 사람들은 환자의 현재 증상(self 2)에만 바탕한 교류를 할 것이 아니라 이전의 그의 장점(self 1+self 2)이 환기되고 유지될 수 있도록 기회를 제공하여 self 3의 모습을 지닐 수 있도록 함으로써 긍정적인 자기관을 유지하도록 돕고 치유 효과를 도모할 수 있다.

으면 모든 것이 사라진다는 것에 무의식적인 공포와 불안을 느낀다. 이 공포를 달래기 위해서 영속적인 가치나 신념 혹은 종교를 믿으며, 그런 가치관을 구현하는 생활, 행동을 하려고 한다. 자식이나 집단에 대한 헌신도 이런 공포를 영위하는 기능을 수행한다(Greenberg et al., 1997).

곁글 2-9 자존심을 위한 숨은 경쟁

한 연구(Tesser & Smith, 1980)에서 대학생 참여자들을 친구와 같이 실험에 참여하게 하였다. 매 실험마다 두 쌍의 참여자 4명이 함께 하는데 이들은 각기 독방에 들어가서 단어를 맞히는 퀴즈 푸는 일을 받았다. 다른 참여자 3명이 제공하는 힌트를 바탕으로 단어를 맞히는 것인데, 참여자들은 도움이 되는 정도가 숫자로 표기된 힌트들의 목록 중에서 골라 상대방에게 힌트를 제공할 수 있는 상황이었다. 자기가 누구에게 힌트를 제공하는지는 알 수 있지만, 누구에게서 힌트가 오는지는 모르는 상황에서, 한 조건에서는 이 과제가 그냥 게임으로 묘사되었고(중요성 낮음), 다른 조건에서는 이 과제가 언어능력을 보여 주는 것으로 묘사되었다(중요성 높음). 참여자들은 중요성이 낮은 상황에서는 낯선 이보다 친구에게 난이도가 낮아서 도움이 되는 힌트를 주는 양상이 높았으나, 중요성이 높은 상황에서는 친구와 낯선 이 모두에게 난이도가 높아서 별 도움이 되지 않는 힌트를 제공하는 양상을 보였다([그림 2-10]). 이런 결과는 자기평가유지 모형의 예측을 잘 지지하는 것으로 개인주의 문화권에서 친구관계도 숨겨진 경쟁의 구도를 지니고 있음을 시사한다.

사람들은 잘 나가는 주위사람들이 실수를 하여 망치는 사건을 접하면 안타까워하기도 하지만 경우에 따라서는 고소해 하기도 한다. 이런 상반된 반응에 영향을 주는 것이 자긍심일 수 있다. 탁월한 학생의 이력서에서 그의 잘못을 알게 되었을 때, 자긍심이 낮은 사람들이 고소한 감(Schadenfreude: 남의 불행을 접해서 갖게 되는 쾌감)을 많이 느끼지만, 이들도 자기의 긍정적인 모습을 확인받는 기회를 가졌을 경우에 이런 감정을 훨씬 덜 느끼는 것으로 나타났다(van Dijk et al., 2006).

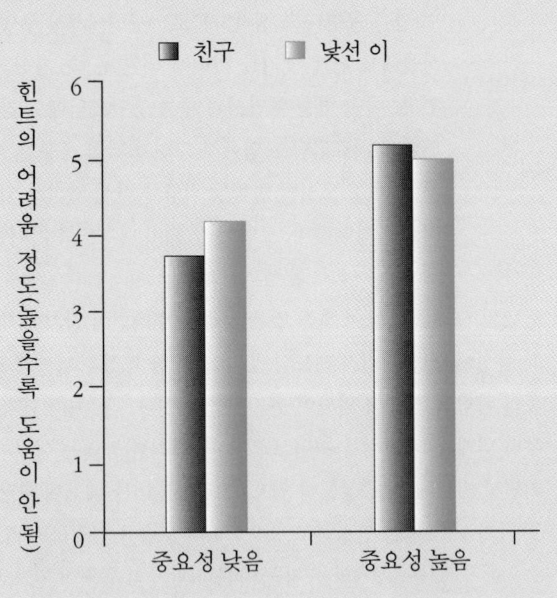

[그림 2-10] 자존심의 숨겨진 동학

자존심
자존심은 남과 비교되어서 느끼는 우열감이며, 자긍심은 자신의 내적 준거에 비교해서 느끼는 자기존중감을 뜻한다. 대부분의 심리학 연구는 자긍심을 다루어 왔으므로 본문에서는 그 맥락에 따라서 자존심과 자긍심을 구분해서 표기하고 있다.

자기애 성향 모든 사람들이 자신에 대한 자긍심을 느끼고 싶어 하지만 자신의 부정적인 모습을 수용하는 면에서는 개인차가 크다. 대인관계를 활용한다면 개인의 자긍심을 부양시키는 것은 어려운 일이 아니다. 자신에게 긍정적인 말만 해주는 사람들만 대하고, 부정적인 모습을 들추려는 사람들과 어울리는 것을 피한다면 사람들은 부풀려진 자기상과 함께 높은 자긍심을 느끼게 될 수 있다. 이들은 자신이 대단하다고 여기고, 이런 자기상에 대한 위협이나 모욕 같은 것에 매우 극렬하게 반응하는 양상을 보인다. 무의식적으로 자기를 보호하려는 욕구가 작용하는 탓에 자기의 부정적인 면에 눈을 가리고, 남의 비판을 수용하지 못한다. 주위의 비판에 대하여 강한 분노와 적개심을 보이고 공격적으로 반응한다(서수균, 권석만, 2002; 임지영, 2011; Baumeister et al., 2000; Twenge & Campbell, 2003). 타인과의 공감능력이 약한 탓에 남으로부터 신뢰를 얻지 못하며, 신뢰로운 대인관계를 만들어 가지 못하고, 맺어진 관계에 집착하며, 대인관계가 불안정하다(Park et al., 2013).

살인범, 강간범, 폭력범들을 보면, 이들이 우울하거나, 불안감을 보이거나, 열등감에 시달리기보다는, 오히려 자신에 대하여 과다할 정도로 긍정적인 생각을 갖고 있고, 이러한 자기상에 대한 위협을 느낄 때 매우 폭력적인 행동을 저지르는 것으로 나타난다(Gilovich et al., 2006, p. 201). 그래서 사회심리학자들은 노예제, 테러리즘, 인종 학살 같은 역사적인 범죄행위의 배경에는 자기부족에 대한 지나친 자부심과 자기상에 대한 위협이 작용하고 있다고 본다(Baumeister et al., 1996). 국내의 대학생을 대상으로 한 연구도 자긍심에서 차이가 없다면 자기애 성향이 높은 사람들이 공격성이 높음을 보인 바 있으며(서수균, 권석만, 2002), 자기애 성향이 높은 사람들이 상대에 대한 공감수준이 낮다면 성폭행을 저지를 가능성도 높은 것으로 나타났다(박다원, 이인혜, 2015; 곁글 2-10). 국내 대학생의 연구에서도 자기애 성향이 높은 것은 심리적 안녕감에 부정적인 관계에 있는 것으로 나타났다(양선미, 박경, 2011).

1999~2014년 기간에 국내에서 이루어진 자기애 성향을 다룬 연구논문들 28개(참여 대학생 수 총 13,450명)를 분석한 결과 뚜렷한 자기애 성향의 증가 추이가 나타났다(이선경 등, 2014). 1999년 평균을 100점 만점에서 50점이라고 했을 때 2014년의 점수는 60점으로 증가하였다([그림 2-11]). 자기애 성향을 재는 40개 문항 중에서 1999년의 학생들은 평균 15.8개에 그렇다는 답을 했는데, 2014년에서는 17.6개에 그

2016년 11월, 매주 대통령 탄핵의 백만 촛불 시위가 진행되던 때 발생한 대구 서문시장의 대형화재 현장을 10분간 방문하고 돌아간 박근혜 대통령

곁글 2-10

자기애 성격장애의 부상

나 알기 2: 자기애 성향 척도

다음의 항목들을 보면서 자신에 해당하는 정도를 평가해 보시오. (전혀 아니다 1 2 3 4 매우 그렇다)

1. 나는 개인적인 일들, 내 건강, 내게 소중한 것들에 완전히 정신을 빼앗기곤 한다.
2. 다른 사람들이 나를 비난하거나 우스개로 삼는 경우에 감정이 아주 상한다.
3. 사무실에 들어갈 때 모든 사람들이 나를 바라보고 있다는 생각을 한다.
4. 내가 한 일에 대한 칭찬을 다른 사람과 같이 나누는 것은 싫다.
5. 나만의 일도 신경 쓸 게 많아서 다른 사람들의 곤경을 걱정할 여유가 없다.
6. 나는 아무도 나를 알아주지 않는 집단의 사람들과 자리하는 것이 매우 싫다.

이 척도는 Raskin & Terry(1988)에 나타난 자기애 성격척도의 일부임.

서구적 개인주의가 도입되어 확산되고, 신자유주의의 경제체제에서 무한경쟁의 사회가 도래하면서 많은 사람들을 불안하게 만든다. 이런 불안에 대한 무의식적 대응책으로 스스로를 보호하려는 동기가 작동하여, 자기애 성향이 확산되고 있는 양상이 나타나고 있다(Lasch, 1979). 인기가수 2NE1이 2011년에 유행시킨 〈내가 제일 잘나가〉의 가사 "내가 봐도 내가 좀 끝내 주잖아 …… 내가 제일 잘나가!"는 자기애 성향이 한국사회의 젊은이들에게 거부감 없이 수용되고 있음을 시사한다. 현대사회에서 자기애 성향을 모두 잘못이라고 하기는 어렵다. 자기애는 자존감의 상승을 동반하지만 바람직하지 못한 측면을 많이 지니고 있다. 특히 지나친 사람들은 자기애 성격장애자로 분류될 수 있다. 이들의 특징을 보면, 우선, 무의식적으로 자기를 보호하려는 욕구가 강하게 작용하는 탓에 자기를 과대망상적으로 높게 평가하고, 자신이 지닌 약점이나 나쁜 점에 눈을 가리고, 비판을 수용하지 못한다. 이들이 지닌 웅대한 자기상은 근거가 매우 취약하며, 실은 무의식적 열등감을 깔고 있다. 그러나 이것이 드러나지 않도록 자기를 보호하려는 경향이 강하다. 이들은 오만하고 타인에게서 칭송을 추구하며, 우월감을 즐긴다. 둘째, 이들은 타인의 평가에 민감하며, 그런 평가에 쉽게 상처 입고, 나쁜 평가를 접하는 경우에 이를 수용하지 못하고, 화를 내며 공격적인 행위를 보인다. 이런 탓에 이들은 자기를 비판하는 사람과는 어울리지 않는다. 셋째, 이들은 자기 위주로 세상사를 접하기 때문에 타인에 대한 공감능력이 떨어진다. 이 탓에 남과 신뢰로운 관계를 발전시키기 어렵다. 따라서 새로운 관계를 맺기 어렵고, 기존의 관계에 집착하는 양상을 보인다. 타인에 대한 공감력이 적은 데서 느끼는 인간관계의 공허감을 채우기 위해 약물을 하거나, 과도하게 일에 몰입하는 양상을 보이기도 한다(Hotchkiss, 2002). 이런 **자기애 성격장애**를 지닌 사람들이 미국사회에서 10%로 추정되고 있다(Twenge, 2009).

또래 집단 관계에서 불량한 또래나 선배와 어울리며 폭력적인 집단을 형성하여 활동하는 청소년들의 경우나(Wink, 1991: Gilovich et al., 2006, p. 201에서 재인용), 흉악한 범죄의 50%를 저지른다고 추정되는 정신병질자(psychopaths; Hare, 1993)의 경우에 강한 자기애 성격장애를 보이는 것으로 나타난다. 대부분의 사람이 지닌 다소 간의 자기애 성향은 큰 문제가 되지 않는다. 이를 알기 위해서, 당신이 스스로의 약점과 나쁜 점을 인정하고, 이를 주위사람들에게 알릴 수 있는지, 주위사람들이 자기에게 하는 비판을 화내지 않고 수용할 수 있는지를 자문하기 바란다. 예라고 답한다면 문제는 없는 것이다.

현대사회에서 전통사회와 달리 연예계에 종사하는 사람들이 고소득을 올리고, 선망의 대상이 되고 있다. 미국에서 스타 초대석에 초대된 전문연예인 남녀 300여 명을 대상으로 자기애 성향을 측정하여 분석한 결과, 이들은 자기애 성향이 일반인에 비해 매우 높게 나타났으나, 연예계의 경력과 자기애 성향은 관계가 없는 것으로 나왔다(Young & Pinsky, 2006). 이는 연예계의 경험이 자기애적 성격을 만드는 것이 아니라 자기애적 성격이 연예계에 종사하려는 욕구로 나타남을 의미한다.

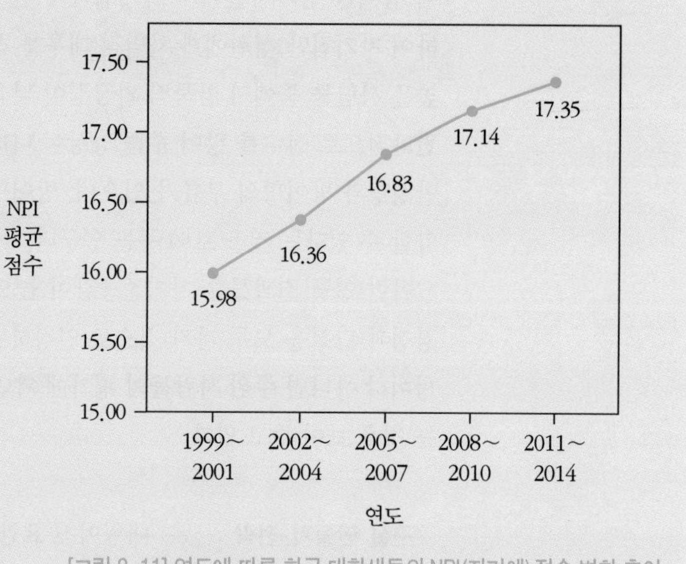

[그림 2-11] 연도에 따른 한국 대학생들의 NPI(자기애) 점수 변화 추이

출처: 이선경 등, 2014.

렇다는 응답이 나온 것이다. 이런 양상은 미국에서 1982~2006년 사이에 나타난 자기애 성향의 증가추세와 버금가는 것이다(Twenge et al., 2008).

자존감의 안정성 자존감이 높다는 것이 자기애 성향을 반영하는 것일 수 있다는 최근의 주장은 암묵적 측정법을 이용한 연구에 의해 검토되면서 자존감의 높낮이보다는 안정성이 중요한 문제로 제기되고 있다. 암묵적 측정방법(Greenwald & Banaji, 1995; 본서 5장 참조)을 이용하여 무의식적으로 느끼는 자긍심을 측정해서, 이를 설문을 사용하여 명시적으로 측정된 자긍심과의 차이를 분석한 연구(Jordan et al., 2003)는 명시적 자긍심이 높은 사람에게서는 암묵적 자긍심이 낮을수록 자기애 양상이 높게 나타났으나, 명시적 자긍심이 낮은 사람에게서는 두 가지의 상관이 없는 것으로 나타났다. 이러한 양상은 명시적 자긍심이 높은 사람들에게서 자기애 성향이 높다면 오히려 건강하지 못한 특성의 사람으로 의심할 소지가 있음을 보인다. 이 연구

2014년 소치 동계올림픽에서 은메달을 받은 김연아
판정의 편파성 시비가 나오면서 많은 한국민들이 분개하였으나, 김연아 선수는 최선을 다했고 자신의 수행에 만족한다며 의연한 모습을 보였다.

에 참여한 참가자들에게 자기집단과 다른 집단성원을 대상으로 점수를 배분하게 하여 자기집단 성원에게 차별적 대우를 하는 정도를 살펴본 결과 명시적 자긍심이 높은 사람들 중에서 암묵적 자긍심이 낮은 사람들이 눈에 띄게 자기집단 성원에게 편파적으로 점수를 많이 주는 양상이 나타났다. 명시적 자긍심이 높은 사람들에는 안정형과 방어형의 부류가 있으며, 방어형 부류의 사람들에게서 자긍심은 매우 취약할 수 있다는 것을 보여 주는 연구다.

이런 연구 결과들은 자기존중감이 높으냐 낮으냐가 중요한 것이 아니라 자신의 장점과 단점을 모두 자기 것으로 인정하면서 긍정적인 자기상을 지니고 있는 안정형이냐 아니면 주위 사람들의 평가에 과민하게 반응하는 불안정형이냐가 중요하다는 것을 보여 주고 있다.

구실 만들기 전략 "내일이 중요한 기말 시험인데 왠지 자신이 없다. 공부를 한다고 해 보았지만 중간고사도 망쳤다. 그래도 공부를 안 할 수 없어서 도서관에서 책과 씨름을 하고 있는데 오랫동안 적적했던 친구를 만나 저녁을 같이 하다 보니 술을 곁들이고 결국 시험 준비를 반도 채 못했다." 이런 경우가 누구나 있었을 것이다. 중요한 일을 앞두고 있지만 자신이 없는 경우에 실패를 정당화할 수 있는 구실(이 경우에는 술, 친구와의 만남)을 만들어 실패를 하더라도 스스로의 능력에 대한 자책보다 구실 탓을 할 수 있고, 그런 구실에도 불구하고 성공한 경우 자신의 자긍심을 더욱 부추길 수 있다. 이 같은 자긍심 보호 행위를 구실만들기 전략(Self-handicapping strategy; Berglas & Jones, 1978)이라 한다.

고전이 된 한 연구에서 대학생 참가자들은 '약물과 정신과제의 수행'에 관한 연구에 참여하여 어려운 시험을 치렀는데 놀랍게도 그 시험결과가 우수하다는 평가를 받았다. 이러한 평가를 받고서 같은 유형의 이차시험을 치르기 전에 학생들은 두 가지 약물 중 하나를 선택할 수 있었다. 하나는 복용하면 시험수행을 저해할 수 있는 효과가 있고, 다른 하나는 오히려 수행을 향상시키는 효과가 있다는 것이다. 이 상황에서 대부분의 학생들은 수행을 저해하는 효과를 가진 약물을 선택하였다(Berglas & Jones, 1978).

구실 만들기는 다양한 형태로 취해지는 것으로 나타났다. 사람들은 완전한 실패를 모면하기 위해서 중요한 수행평가를 앞두고 스트레스성 질환을 앓거나, 연습량을 줄이기도 하며(Rhodewalt et al., 1984), 최선을 다하지 않으며(Hormuth, 1986), 상대 경쟁자에게 유리한 위치를 양보하거나(Shepperd & Arkin, 1989), 최상의 몸 상태가 아님을 주위 사람들에게 알리기도 한다(Baumgardner, 1991). 이 전략은 자신이 중요하다고 생각하는 측면(능력, 성격)을 보여 주는 수행이 평가의 도마 위에서 난도질 당할 위기에 처해 있고, 그 수행이 가시적 보상과 관계없으며, 구실을 적당히 만들 수 있는 상황에서 나타난다(Self, 1990). 구실 만들기는 자긍심이 낮은 사람들에게 많이 보이는데(Rhodewalt, 1990), 자긍심이 높은 사람들도 그것이 자신을 탁월하게 부각시킬 수 있는 경우에 이 전략을 잘 취하는 것으로 나타났다. 자긍심의 고하와 이 전략의 관계를 보면 자긍심이 높은 사람들은 성공을 부추기기 위해서, 자긍심이 낮은 사람들은 실패를 무마하기 위해서 구실 만들기를 하는 것으로 나타났다(Tice, 1991). 종단연구를 수행한 결과, 구실 만들기 경향이 높은 사람들은 과제수행력이 떨어지고 자긍심도 결국 낮아지는 양상이 나타났다(Zuckerman et al., 1998). 실제 수행보다 잘했다고 부풀려진 자기평가를 하는 사람은 물론, 잘못했다고 위축된 자기평가를 하는 사람들은 정확하게 자기를 평가하는 사람보다 과제를 불리한 조건에서 하려는 구실 만들기 전략을 취하고, 과제에 대한 준비도 덜 하며, 과제를 제대로 수행하지 못하는 양상을 보였다(Kim, Chiu, & Zou, 2010).

나 알기 3: 나의 구실 만들기 경향성

다음의 각 진술문에 대하여 당신이 동의 또는 반대하는 정도를 적절히 표기하시오.

(전혀 아니다 0 1 2 3 4 5 매우 그렇다)

1. 나는 매사를 미리미리 처리하기보다는 마감 날이 임박할 때까지 미루는 편이다.
2. 나는 시험이 임박하거나, 발표가 다가오면 매우 불안해진다.
3. 나는 시합이나 게임 등 무언가를 겨룰 때 유난히 운이 나쁜 적이 많았다고 생각한다.
4. 중요한 시험이나 발표, 면접이 다가오면 나는 전날 되도록 충분히 잠을 자려고 한다.
5. 무언가 잘못되어 망쳤을 때 나는 우선 상황을 탓하는 경향이 있다.

4번과 5번은 거꾸로 채점함. 이 진술문은 Breckler et al. (2006), p. 153에 나온 것의 일부이며, 원 척도에 대해서는 Jones & Rhodewalt(1982)가 판권을 보유하고 있음.

❖ 통제감, 자기효능감, 자기결정성

사람들이 지니는 자긍심의 기저에는 자신의 역량에 대한 신념 및 상황에 대처하는 통제력과 더불어 자기의 내재적 동기를 충족시키는 정도가 작용한다. 이들에 대하여 알아보도록 하자.

통제감 생활하면서 자신에게 벌어지는 상황들에서 통제력을 행사할 수 있느냐 못 하느냐는 일의 성패뿐만 아니라 안녕감과 자신에 대한 평가에도 중요한 영향을 미친다. 사람들은 통제감을 갖고자 하고, 이를 느끼는 경우에 정신건강도 크게 증진된다. 노인 요양병원에서 환자들은 100% 보호를 받아야 하는 것으로 여겨지고 있어, 사소한 일도 모두 간호사들이 해 주는 식으로 생활이 관리되곤 한다. 한 요양시설에서 환자들이 스스로 볼 영화 프로그램을 선택하고, 화분을 어디에 놓아 둘 것인지 등등의 작은 일들에 대해서 결정하며 생활하도록 하였다. 18개월이 지났을 때 일반 요양시설의 환자들과 이 시설의 환자들의 심신 건강 상태는 큰 차이를 가져왔다([그림 2-12]). 관찰기간 동안 통제감이 높아진 시설의 환자는 15%가 사망하였지만, 이는 일반 시설에서의 사망률 30%의 절반 수준이었다. 이 시설의 환자들의 활력은 비교집단보다 높았으며, 건강상태도 크게 개선되었다(Langer, 2009).

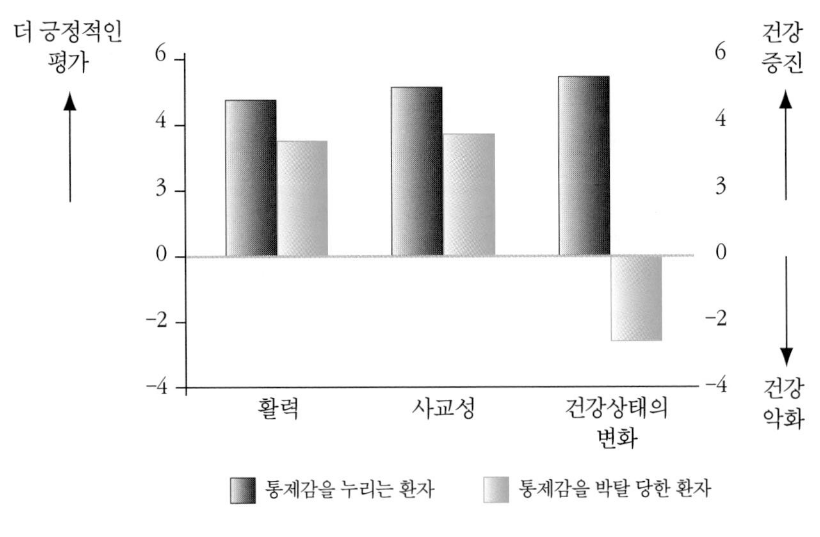

[그림 2-12]
통제감의 증가가 미치는 안녕감
출처: Rodin & Langer, 1977.

자기효능감 스탠퍼드 대학의 Bandura(1986, 1997; 2008) 교수는 사람들이 생활의 중요한 영역들에서 하려고 든다면 바람직한 결과를 가져올 수 있다는 자신의 능력과 기술에 대한 믿음을 자기효능감이라고 제시하였다. 영역별로 다를 수 있는 이 자기효능감을 지닌 사람들은 어려운 과제에 봉착했을 때 좌절하거나 포기하기보다는 차분히 해결책을 모색하고, 끈기있게 시도하며, 많은 경우에 성공한다. 국내의 농촌 아동의 경우에 초·중등학교 시절을 거치면서 자기효능감이 전반적으로 낮아지는 양상이 나타났다(박영신, 김의철, 2013, pp. 298-300; [그림 2-13]). 이는 중학교로 진학하면서 어려워진 교과목의 내용들이 자기효능감을 낮추는 것으로 여겨진다. 전국의 13개 중학교를 대상으로 한 조사는 농어촌 지역의 학생이라도 도시지역 학생과 자기효능감은 차이가 없으며, 자기효능감이 높을수록 실제의 학업성적이 높으며, 아울러 삶의 질도 높은 것으로 나타났다(박영신 등, 2011).

자기효능감을 증진시키는 방법은 무엇일까? 대학 신입생을 두 집단으로 나누어, 실험 집단에게는 초년생의 어려움을 겪겠지만 그 어려움은 자신이 무능력한 탓에 적응을 못해서 겪는 것이 아니라 대학이라는 낯선 환경에서 생활하게 된 모든 사람들이 초기에 겪게 되는 어려움일 뿐이니 스스로의 무능함을 탓할 필요가 없다고 알려주었고, 통제 집단에게는 이런 설명을 하지 않음으로써 대부분의 미국 학생들이 그러듯이 겪게 되는 어려움을 자기 탓으로 여기게끔 놓아 두었다. 학년 말이 되었을 때 실험 집단의 학생들은 통제 집단의 학생들에 비해서 좋은 성적을 보였으며, 자퇴율도 낮게 나타났다(Wilson & Linville, 1982). 초등학생들에게 자신의 실패를 노력의 부족이나 잘못된 접근 방식 탓으로 여기도록 교육받은 집단의 경우에 끈기있게 학업에 달려들고, 성적도 높게 나타났다(Dweck, 1999).

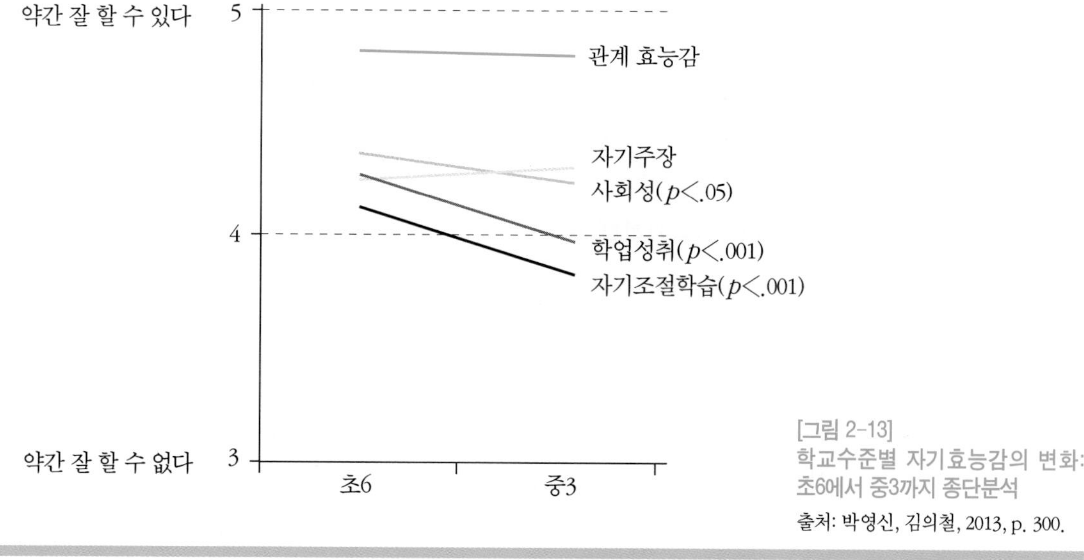

[그림 2-13]
학교수준별 자기효능감의 변화: 초6에서 중3까지 종단분석
출처: 박영신, 김의철, 2013, p. 300.

자기결정성 제도나 선생에 의해 부과된 통제와 구속은 학생들에게 통제감을 빼앗겼다는 느낌과 더불어 학습에 대한 무관심과 통제감을 회복하겠다는 욕구로 나타날 수 있다. Deci와 Ryan(1987; Ryan & Deci, 2000)은 여러 연구들을 바탕으로 자기결정성 이론을 제시하였다. 이 이론은 인간을 자기실현과 성장을 위해 새로운 경험을 추구하고, 도전하는 것을 즐기며 그런 욕구를 지니고 있는 적극적인 존재라고 본다. 이 욕구가 개인들에게 내발적 동기로 자리잡기 위해서는 주위사람들과의 교류에서 얻게 되는 긍정적 지지가 꼭 필요하다. 이런 요인이 작동하지 않는다면 동기의 발달은 정체되고, 개인으로서의 성장 활동이 제대로 이루어질 수 없다. 이런 경우에 사람들은 정서적으로 불안정하고, 부적응 상태를 보일 수 있으며, 삶에 만족감을 못 느낀다. 자기결정성 이론에서는 건강한 발달과 성숙한 자기를 구현하는 과정에서 인간의 활동은 유능성(잘하고자 하는 욕구), 자율성(외적인 필요에 의해서가 아니라 스스로가 하고자 하는 욕구), 관계성(다른 사람들과 좋은 관계를 맺고자 하는 욕구)의 세 가지 기본적인 욕구를 충족시키고자 한다고 본다. 이들을 기본적인 욕구로 보는 까닭은 이들의 충족이 만족감을 주고, 건강한 삶을 유도하며, 이들이 충족되지 못할 경우에 심리적 불안, 정서적 불행감을 느끼기 때문이다. 이들 욕구의 충족에는 개인차가 작용하지만, 이들 욕구가 골고루 충족되거나, 어느 하나라도 충분히 충족되는 한에 있어서 사람들은 자기의 가치를 느끼고 만족스러운 삶을 살고 있다는 느낌을 갖는다. 그래서 사람들은 이 세 욕구를 충족시키는 상황적 환경을 의도적으로 추구하고 그 활동에 적극적으로 관여하는 모습을 보인다.

좋은 직장을 얻고자 하는 목적에서 공부를 한다면 이는 외발적 동기에 의한 것이므로 목적을 달성하면 그친다. 그러나 새로운 것을 알아가는 자체가 좋아서 공부를 한다면 이는 내발적 동기의 작용으로 지속된다. 서울에 있는 한 중산층 고등학교의 남녀 142명을 대상으로 이들이 학교에서 공부하면서 가장 만족스러웠던 경험을 회상시키며, 그를 경험할 때 작용했던 여러 가지 심리적 욕구의 충족 정도를 파악한 결과, 유능성과 자율성 그리고 관계성을 충분히 느끼던 상황으로 나타났다. 특히 유능성이 강하게 나왔다. 한편, 가장 불만족스러웠던 공부 경험을 회상시켜 당시에 작용하던 욕구의 충족도를 파악한 결과는 자율성, 유능성의 욕구가 가장 아쉽게 느껴지던 상황으로 나타났다(Jang et al., 2009 연구 1). 고교 교사들이 학생들로 하여금 수업시간에 자율성을 느끼게끔 수업을 영위할수록 학생들의 자율성과 유능성 욕구가 충족되면서 수업에 몰입도가 높아지고, 성적도 향상되는 효과가 큰 것으로 나타났다(앞 연구 2).

나 알기 4: 내가 하는 활동은 얼마나 내발적 동기를 충족시키나?

수업시간 혹은 자주 하는 활동들이 얼마나 세 가지 내발적 동기에서 나오는지를 알아보자. 1점(전혀 아님)~5점(매우 그러함) 척도를 이용하여, 다음 각 항목에 대한 자기의 상태를 평가해 보자(Reeve & Sickenius, 1994).

수업시간에 나는:

1. 구속받지 않는다고 느낀다.
2. 내가 하고 싶어 하는 것을 한다고 느낀다.
3. 무엇을 할 것인지 내가 결정할 수 있다.
4. 스스로 공부할 수 있다고 느낀다.
5. 공부하는 것에 자신 있다.
6. 내 실력이 나아지는 것을 느낀다.
7. 공부할 때 주위 친구들과 도움을 주고받는다.
8. 공부하면서 친한 친구들과 무언가를 할 수 있다.
9. 공부하면서 친구들과 가까워지는 느낌이다.

* 1~3번은 자율성 욕구, 4~6번은 유능성 욕구, 7~9번은 관계성 욕구 항목

❖ 소박한 자아

지금까지 제시된 자기본위적 편향, 자기중심주의, 자기고양성 등은 사람들이 자기에 대한 긍정적인 평가를 위해서 정보를 탐색하고, 인지하고, 해석하는 양상에서 편향과 왜곡을 일삼는 전제군주적(totalitarian) 성격을 지닌 것을 알려준다(Greenwald, 1980). 심리학자들은 건강한 자기의 징표를 자기존중감으로 보았으며, 이를 느끼지 못하는 경우에 부적응과 우울 등의 정신건강 문제를 겪는 것으로 보았다. 그래서 자기존중감을 향상시키는 각종 프로그램을 개발하여 적응의 문제를 겪는 우울증 환자, 청소년 비행자, 섭식장애를 보이는 사람들 등의 다양한 집단들에 적용시키고 있다. 그러나 몇몇 심리학자들은 고양된 자기존중감을 지닌 사람들이 지닌 이기주의, 자기애적 성향, 방어적 행동 등의 문제점을 인식하면서, 고양적 자기의 모습과 대조되는 소박한 자아의 모습에 대한 관심을 보이기 시작하였다(Wayment & Bauer, 2008).

소박한 자아
연구자들은 이를 Quiet Ego로 이름 짓고 이전의 자기고양 및 자기중심 경향성에 의해 부풀려진 고양적 자아의 모습을 떠드는 자아(Loud Ego)로 대비시키고 있다(Wayment et al., 2014).

지나치게 자기에게 지향된 관심을 줄이고, 아울러 타인에 대한 관심도 지나치지 않도록 하는 균형을 지향하는 것이 소박한 자아의 모습이다. 즉, "자기를 잃지 않고 타인을 품어 안는 자기" (Wayment & Bauer, 2008, p. 8)의 모습이다. 소박한 자아는 자기-타인에 대한 관심의 균형뿐만 아니라 자기와 타인에 대한 긍정적인 평가와 부정적인 평가를 모두 수용하며 균형을 지향한다. 따라서 소박한 자아는 자신을 향한 비판에 대하여 덜 방어적이며, 수용적이며, 타인의 삶에 기여하는 행동을 가치롭게 여긴다. 연구자들은 이런 생각을 바탕으로 소박한 자아의 면모라고 여길 수 있는 네 가지 특징(마음챙김성, 자아의 확산성, 관점 취하기, 개인적 성장)을 반영하는 척도를 만들어 대학생 집단을 대상으로 분석하였다(Wayment et al., 2014). 소박한 자아 성향은 공격성, 분노, 모험 추구성, 정서조절과는 부적인 상관관계가 나타났으나, 자기존중감, 겸허성, 개방적 및 협동적 사고, 자기연민, 주관적 안녕감 및 자기결정 성향, 삶의 의미 발견과는 정적인 관계가 나타났다. 자신을 생태계의 일원으로 범주화시키며, 친환경적 태도를 보이는 경향 및 자기초월(성숙)과도 높은 관계가 있는 것으로 나타났다.

나 알기 5: 나의 소박한 자아 성향

다음의 항목에 대하여 각기 얼마나 자신을 잘 묘사하는지 응답하시오.

(전혀 그렇지 않다 1 2 3 4 5 매우 그렇다)

1. 나는 무슨 일을 하건 그다지 깊은 주의를 기울이지 않는다.
2. 무슨 일을 할 때 무엇을 하고 있는지 생각하지 않고 거의 자동적으로 일들을 처리한다.
3. 나는 모든 생명체와 연결되어 있음을 느낀다.
4. 나는 전혀 모르는, 낯선 이와도 연결되어 있음을 느낀다.
5. 나는 다른 인종의 사람들과도 연결되어 있다고 느낀다.
6. 누군가를 비판하기 전에 나는 그 사람의 입장이라면 어떨 것인지 생각해 보려 든다.
7. 나는 다른 사람의 입장에서 사건을 보는 것이 어렵다.
8. 나는 살아오면서 많이 성장했다는 느낌을 갖는다.
9. 내게 삶이란 늘 새로운 것을 배우고, 변하고, 성장하는 연속적인 과정이다.
10. 자신과 세상에 대하여 지닌 생각에 도전적인 새로운 경험을 하는 것은 중요하다.

이 척도는 Wayment 등(2014)이 개발한 '소박한 자아 척도' 14문항 중 일부임.

겸허함(humility)의 가치 긍정심리학의 연구가 활발히 진행되면서 겸허함이 강점 덕성으로 기능함이 나타나고 있다(12장 참조 바람; Peterson & Seligman, 2004; Tangney, 2000). 겸허함은 단순히 대인교류에서 겸손한 행동을 보이는 것이 아니라, 자기 존재의 미약함과 한계를 인정하는 덕성이며, 자신을 과장됨이 없이 진솔하게 평가하도록 하고, 자신을 초월한 생태계의 한 부분으로서 자신의 위치를 인정하며, 자기중심적 관점에서 벗어난 마음 자세다(Kesebir, 2014). 겸허함은 소박한 자아의 중요한 특징으로 자아의 결점도 인정하므로, 비판에 과민하지 않고 수용적이며, 자신의 삶이 타인과 자연계에 의존할 수밖에 없다는 깨달음에서 오는 진솔한 마음이다. 이들은 자신을 자연 생태계의 부분으로 보기 때문에 죽음을 두려워하는 마음이 크지 않다. 한 연구에서 대학생을 대상으로 이들의 겸허성을 포함한 여러 덕성을 지닌 상태를 파악하고, 두 집단으로 나누어 죽음의 위협조건에 있는 사람들에게는 '무덤' 관련 인터넷 사이트를 3개 파악하도록 하고, 통제조건에 있는 사람들에게는 '학용품' 관련 사이트를 3개 찾으라고 하였다. 그러고 나서 이들에게 죽음에 대한 공포감을 얼마나 느끼는지를 평가하였다. 죽음을 상기시키는 것은 겸허함이 낮은 사람들에게 죽음에 대한 공포감을 상승시키는 양상이 나타났으나, 겸허함이 높은 사람들에게서는 죽음에 대한 공포감을 감소시키는 양상이 나타났다(연구 2). 이어지는 연구에서는 참여자들을 세 조건으로 구분하여, 겸허 조건에서는 과거의 경험 중에서 자신을 겸허하게 느끼게 만든 경험을 회상하여 쓰도록 하고, 자부심 조건에서는 자신이 자부심을 느꼈던 경험을 회상하여 쓰도록 하였다. 통제 조건에서는 아무런 처치가 취해지지 않았다. 이런 처치 후에 사람들이 느끼는 죽음에의 공포 정도를 측정한 결과, 겸허한 처치를 받은 경우에 자부심이나 통제 조건에 비해서 죽음에의 공포를 느끼는 정도가 가장 작게 나타났다([그림 2-14]의 a와 b). 사람들은 겸허함을 느끼는 경험을 통해서 자신이 얼마나 작은 존재이며("태양이 뜨는 것을 보거나 밤하늘을 볼 때 자신이 정말 작게 느껴진다."), 부족한지를 깨닫게 되며, 죽음에 대하여 보다 수용적으로 된다. 삶은 불확실하고, 어찌할 수 없는 일들로 가득 차 있으며, 자기 힘으로 해낼 수 있는 것들이 많지 않음을 인정하게 되면 겸허할 수밖에 없을 것이다.

소박한 자아에 대한 관심은 자기의 의지와 욕망을 실현하기 위하여 통제력을 극대화시키는 삶의 가치를 추구하는 것이 당연하다는 서구적 가치관의 문제점을 드러낸다. 생태계의 한 부분으로 자신을 인정하고, 주위의 것들과 어울리면서 삶의 즐거움을 모색하는 안빈낙도의 동양적 가치관이 사회심리학적 관심사로 부상한 것이다.

신영복(1941~2016)
젊은 시절 빨갱이로 몰려 20년을 옥살이를 하며, 추운 독방에 쪼이는 두 시간의 햇빛이 고마웠다는 고 신영복 교수는 『감옥으로부터의 사색』 『담론』 『강의』의 책을 통해서 많은 사람에게 겸허한 삶의 자세와 깨침을 보여 주었다.

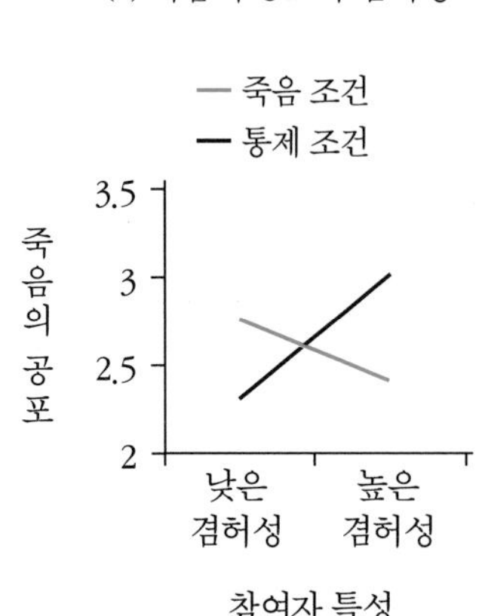

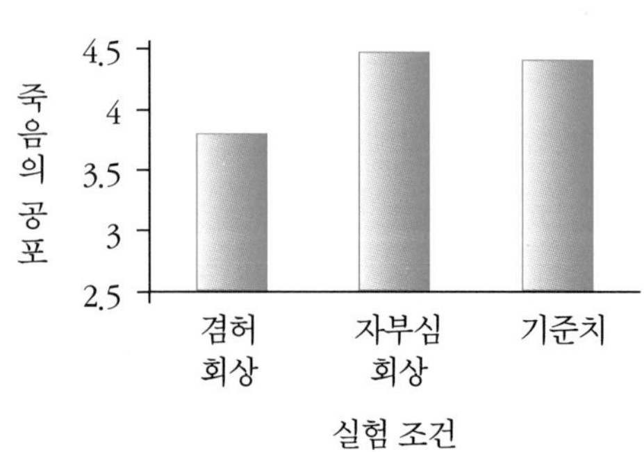

[그림 2-14]
죽음에 대한 공포와 겸허성과의 관련성 연구
출처: Kesebir, 2014.

자기의 일관성과 변화

자기의 또 다른 주요 기능은 사회생활을 함에 있어서 다양한 생각과 행위를 하면서도 이들을 관철하는 자기의 일관성을 부여해 주는 것이다. 우리는 사람들이 보이는 행위를 근거로 행위자의 내면적 특성을 추론한다(3장 참조). 행위자의 특성을 알면, 그가 어떠한 행위를 보일 것인지 예측할 수 있다고 여긴다. 그러나 다양한 상황에서 보이는 행위는 행위자의 내적 특성과는 무관하게 나타나기도 한다(5장 참조). 사실 우리가 행동할 때는 상황을 분석하고 상황이 요구하는 행위를 생각없이 하는 경우가 많다. 나중에 생각해 보면 자기가 그런 행위를 했다는 것이 믿기지 않을 정도로, 예를 들면 야구 구경 갔다가 분위기에 휩쓸려 고래고래 고함을 지르고, 모르는 사람과 부둥켜안고, 대수롭지 않은 도발에 과격하게 반응하는 등, 아들을 대학에 합격시키려고 부정한 방법을 쓰는 학부모의 경우도 부모가 수단방법을 가리지 않는 지독한, 파렴치한 성격의 소유자라기보다는 나름의 절박한 상황인식에서 저지른 행위인 경우가 많다. 사람들이 행동을 취할 때 스스로의 생각, 취향, 기준을 뒤돌아본다면 그때에 보이는 행동은 자기 내면의 기준에 보다 부합할 것이다.

❖ 자의식의 초점: 자의식 이론

Wicklund(1975)는 개인의 주의(注意)가 자신에게 맞추어졌느냐 또는 상황에 맞추어졌느냐에 따라 나타나는 행위가 다르다는 점에 주목했다. 그는 전자의 경우 행위는 행위자의 내면 특성을 반영하고 후자의 경우 행위는 상황적 힘에 의해서 결정된다는 자의식 이론을 주장하였다. 이 이론에 따르면 자의식 상태에서 사람들은 자신의 능력, 가치관, 태도, 취향을 근거로 이미 취했거나 또는 취하고자 하는 행위들을 평가하게 되며, 취하는 행위와 그 내적 기준과의 괴리가 클 때 불편감을 느끼며, 그 강도가 심하다면 그 국면을 모면하거나 둘 사이의 괴리를 좁히려는 시도를 하게 된다.

어떠한 상황에서 의식의 초점이 자기에게 쏠리는가? 연구에 의하면 거울을 볼 때, 사진이나 비디오로 자신을 찍을 때, 자신의 모습이나 목소리를 테이프로 보거나 들을 때 우리는 자의식 상태에 빠진다. Duval과 Wicklund(1972)는 참가자들에게 심리검사를 치르게 한 후 그들의 실제 수행과 무관하게 두 집단으로 나누어 한 집단에게는 그들이 창의적이고 지성적인 사람들이라는 평가결과가 나왔다고 알려 주었다. 다른 집단에게는 창의력이 부족하고 그저 평범한 평가결과가 나왔다고 알려 주었다. 모든 참가자들은 대기실에 들어가 다음 실험진행자가 올 때까지 기다려 달라는 부탁을 받았고, 만약 진행자가 5분이 넘도록 오지 않으면 실험실을 떠나도 좋다는 언질을 받았다. 참가자들 중 반은 방에 거울과 비디오카메라가 설치되어 있는 대기실에서 기다렸고 나머지 반은 아무것도 없는 방에서 기다렸다. 5분이 경과 후 기다린 시간을 종속변수로 측정한 결과 나쁜 평가를 받고 거울이 설치된 방에서 기다리던 참가자가 가장 빨리 대기실을 빠져나온 것으로 나타났다. 즉, 이들은 자기들의 보잘것없는 수행결과에 불만족스러웠고 거울과 비디오카메라에 의해 자신에게 주의가 쏠린 상황에서 자신의 내적 기준과 수행 간의 괴리 때문에 불편했으며 괴리를 좁히는 행동적 대안이 없는 상태에서 그 상황을 회피하고자 하는 동기가 강했으리라 본다([그림 2-15]).

거울을 대하고 있는 상황에서 사람들은 사회의 규범에 부합하는 행동을 보인다. 한 현장실험 연구(Beaman et al., 1979)에서 아이들이 가면을 쓰고 집집마다 다니며 과자, 사탕을 얻어먹는 할로윈날을 택했다. 애들이 집에 들어오면 연구자는 집 현관 앞 탁자 위에 사탕 바구니를 갖다 놓고 하나씩만 가져가라고 표찰을 붙여 놓고 볼일 보러 가버렸다. 이 경우 9~12세 정도의 아이들은 약 1/2이 하나 이상을, 12세 넘은 아이들은 약 3/4이 하나 이상을 취하였다. 그러나 사탕 바구니 바로 뒤에 거울

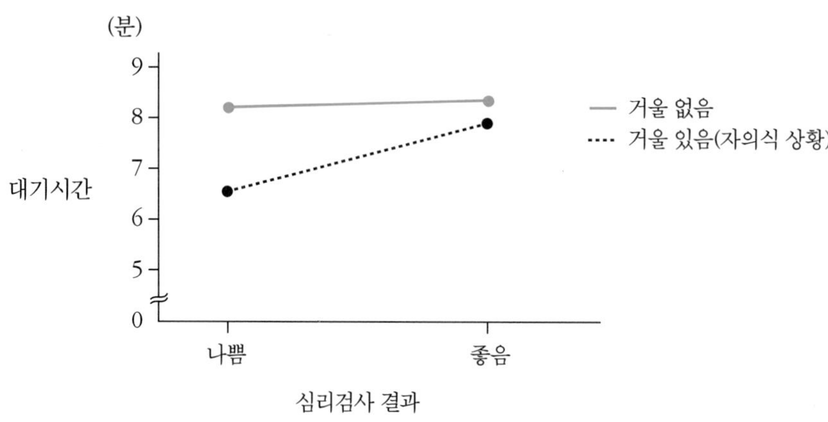

[그림 2-15]
자의식이 가져오는 불편함
근거: Duval & Wicklund, 1972를 바탕으로 그림.

을 놓아둔 경우에는 9~12세 아동의 10%만이 한 개 이상을 취했고, 12세 이상의 경우는 아무도 한 개 이상을 가진 사람이 없는 것으로 나타났다. 거울이 아동들이 준수해야 할 정직성 기준을 촉발시켜 사회규범을 어기는 행동에 제재를 가한 결과로 해석된다. 마찬가지로 승강기 안에 거울을 설치하는 것과 안 하는 것은 승강기의 청결상태 및 탑승자들의 행위에도 영향을 미치는 것으로 보인다.

자의식의 개인차 자기 내면을 살펴보는 정도에 있어서는 사람마다 큰 차이가 있다. 어떤 이는 내성을 습관적으로 하며, 어떤 이는 항상 주위나 상황에 신경 쓰고 지내는 경향이 있다. 이같이 자의식 성향에 있어서 개인차가 있을 뿐만 아니라, 자기에게 의식의 초점이 맞추어졌을 때 어떤 사람은 자신이 남에게 보이는 면모(**공적 자기**)에 특히 신경 쓰는가 하면, 다른 이는 자신의 내밀한 면모(**사적 자기**)에 신경을 쓴다. 공적 자의식이 강한 사람은 자신에 대한 타인의 평가, 자신들의 외모, 유행 등에 관심을 갖고 있고 주위사람들의 견해에 신경 쓰고 동조를 하는 경향이 강하다(Froming & Carver, 1981). 사적 자의식이 높은 사람들은 혼자만의 시간을 즐기고 자기 내면의 감정, 의견에 매우 민감하고 보다 충실하려는 경향이 있으며(Scheier & Carver, 1977), 태도와 행위 간의 일관성이 비교적 높은 것으로 나타난다(Gibbons, 1978). 그러나 공적 자아에 대한 관심이 높다고 해서 사적 자아에 대한 관심이 꼭 낮은 것은 아니다. 즉, 두 가지는 서로 독립적인 것으로 나타나 이론적으로는 개인의 유형을 네 가지로 구분할 수도 있다(上-上, 上-下, 下-上, 下-下).

결글 2-11 자의식 탈출구로서의 술

한국인들은 주위사람과 어울리기 위해서 못하는 술이나마 자주 마신다. 권커니 잣거니 하는 우리의 수작문화와 달리 서구인들은 자신이 마시고 싶은 만큼을 마시는 독작문화다. 한 연구(Hull & Young, 1983)는 미국인들이 술을 마시는 동기에는 자의식을 탈피하려는 동기가 작용함을 보여 주고 있다. 학생들의 자의식 성향을 검사하여 높은 유형과 낮은 유형의 학생들을 뽑아서 이들로 하여금 똑같은 논리적 문제를 풀게 하였다. 성공 조건의 학생들에게는 그들이 과제에 좋은 점수를 받았다고 알려 주고, 실패 조건의 학생들에게는 점수가 나빴다고 알려 주었다. 그런 다음 포도주 시음을 하는 과제를 제시하고서 이들이 시음한답시고 몇 잔이나 마시는지를 관찰하였다. 그 결과 실패 조건에 배정된 자의식 성향이 강한 사람들이 가장 많이 마시고, 성공 조건에 배정된 자의식 높은 사람들이 가장 적게 마신 것으로 나타났다. 왜? 자의식은 내적인 기준에 자신의 모습을 비추며, 실패한 사람은 술을 마심으로써 자의식 상태로부터 탈출하는 것이다. 다른 연구는 미국의 고등학생들에서 자의식이 높으면서 학업성적이 뒤떨어진 학생들이 술을 가장 많이 마시는 것을 보여 주고 있다(Hull et al., 1986).

술은 부정적 자의식으로부터 탈출구를 제시하면서 아울러 자존심을 올리는 경향이 있다. 이렇게 상향된 자존심에 도전이 들어오면 쉽게 폭력적인 행동이 나타날 수 있다(Banaji & Steele, 1989).

❖ 자기상의 변화와 역동

자기의 통합기제 사람들의 자기는 모순된 행위들의 저장고에서 일관된 행위만을 골라 과거사를 재편집함으로써 통합되고 일관성 있는 자기를 유지한다(Totalitarian ego; Greenwald, 1980). 어른들이 자식을 꾸짖으면서 자신은 과거에 비난받을 행동을 하지 않았다고 생각하는 것은 현재의 책임 있는 어른 입장에서 과거의 기억을 재편집하여 마치 과거에도 자기는 지금과 같았다고 여기기 때문이다. 우리가 비교적 일관된 자기상을 견지하는 것은 실제로 지니고 있는 일관성 못지않게 일관성을 희구하는 욕망이 작용하는 인지적 편향이 작용하기 때문이다. 이를테면, 자기도식과 자기참조효과의 심리는 사람들이 다양하게 변하는 상황과 성장발달의 과정에서도 놀라울 정도로 자신의 특징을 일관성 있게 지각하는 현상에 작용한다. 어려서 수줍고 얌전하다는 자기상을 지닌 아이들이 학교생활에서 소극적인 양상을 보이고, 대인관계에 어려움을 느끼고, 결혼도 늦게 하는 양상(Caspi et al., 1988)을 볼 수 있는데 자기상이 자기도식의 기능을 하여 자기도식에 부합하는 행동, 사건들이 기억에 오래 저장되고, 과거를 되돌아볼 때도 그러한 것들이 쉽게 떠오르기 때문에 남들이 보는 자기보다 스스로가 보는 자기가 더욱 안정된 모습으로 지각된다.

후고구려의 황제인 궁예의 죽음이 역사책에서와 드라마에서 다르게 나타나 논란이 일었다. TV 드라마는 물론 우리가 알고 있는 역사(신대륙의 발견은 페니키아인이 하였지만 콜럼버스가 한 것으로 믿고 있는 것이 한 예)와 마찬가지로 우리의 자아도 사실과 각색이 뒤섞인 구성체다.

자기상의 변화 자기는 발달단계에 따라 그 내용과 특징이 바뀌며 개인의 중요한 관심사, 개인이 속한 문화 및 시대의 특징을 반영하기도 한다. 어린 아동들은 자신을 기술할 때 '키가 크다' '말랐다' 등의 신체적 특징과 자기 가족의 구성원이라는 점을 주로 든다. 나이를 먹음에 따라 자기의 행위, 능력, 태도, 사상, 성격 등과 같은 점을 대며 용어도 구체적인 용어를 탈피하고 추상적인 용어를 사용하는 경향을 보인다(Rosenberg, 1979). 이같이 생활장면에서의 경험으로 자기의 특징은 변하지만, 자기에 대한 변화를 의도적으로 추구하는 경우에 자기의 모습도 변할 수 있다. 보다 지속적인 자기관의 변화를 야기하는 조건으로 자신의 자기관과 어긋나는 행동이 공개적으로 이루어진 경우(Tice, 1992), 그 행동을 본 사람의 사회적 지위가 높은 경우(Kowalski & Leary, 1990), 그리고 자신에 대한 불만족(자긍심이 낮거나, 자기에 대한 불확실성이 높은 등)으로 의도적인 변화를 추구하는 경우(Kowalsky et al., 1990)를 들 수 있다.

사람들이 보이는 다양한 행동들을 구체적인 낮은 수준에서 식별하는 경우에("욕을 하기에 한두 대 때렸다."), 그 행동은 자기상에 미치는 영향이 적다. 이러한 행동이 바람직하지 못한 행위라면 그는 죄책감을 느끼고, 그 행동을 삼가려는 노력을 보일 것이다. 그러나 행동을 추상적인 높은 수준에서 식별하는 경우에("화가 나면 앞 뒤 안 가리는 성격이다."), 행동은 자기상에 미치는 영향이 크며, 사람들은 수치감을 느끼고, 자신을 변모시키려는 노력을 보일 것이다. 행위식별 이론은 추상적 수준에서 사태를 인식하고 사고하는 것이 자기의 특성에 영향을 주며, 자기와 모순된 행동을 많이 보이더라도 이를 구체적 수준에서 식별하는 경우에는 자기관에 별 영향을 주지 못함을 설명하고 있다(Vallacher & Wegner, 1987).

행위식별(action identification) 이론 교실에서 강의를 수강하는 행위를 인식하는 수준은 행동 수준의 구체성을 지닐 수 있지만, 목적 수준의 추상성을 지닐 수도 있다. 강의를 듣고 노트를 하는 수준에서는 세부적인 것에 관심을 지니게 되지만, 전공 지식의 습득을 통해 분야의 전문가가 되기 위한 행위 수준에서 인식한다면 행위의 의미를 구현하는 것에 더 관심을 가질 수 있다(Vallacher & Wegner, 1987). 행위식별 수준에 따라 행동에 대한 가치와 의미가 변한다.

자기의 변화가 안정적인 것으로 되기 위해서는 두 가지가 필요하다(Swann, 1984). 첫째는 스스로의 자기관에 변화가 있어야 한다. 이런 자기관의 변화는 인성이 변할 수 있다고 여기는 인성관에 바탕한다. 인성이 노력에 의해서 변한다고 여기는 믿음(성장론적 인성관)이 모든 사람에게 공유되어 있지는 않다(곁글 3-11 참조). Dweck (2006)은 다양한 연구를 통해서 고정론적 인성관을 지니고 있는 사람들은 자기를 변화시키려는 노력을 하기보다는 자신의 재능을 발휘하기에 적합한 일자리와 조건들을 찾아다니는 양상을 보이며, 자기에 대하여 지닌 평가가 과장되게 왜곡되어 있음을 보였다. 이들에게서 자기의 변화는 기대하기 어렵다. 성장론적 인성관을 지니게 된 사람들은 자신의 성장을 도모하기에 필요한 정보를 탐색하고 변화를 가져올 수 있는 활동을 한다(Wood & Bandura, 1989). 둘째는 이 변화가 그를 둘러싸고 있는 중요한 인물들에 의해서 인정되어야 한다. 즉, 남들과 교류를 통해서 계속 확인되어야만 비로소 변화가 안정화된다. 흥미 있는 실험에서 Swann과 Hill(1982)은 지배적 · 복종적 성향으로 참가자 집단을 구분해서 실험협조자와 교류를 하게 한 후 협조자로부터 자신의 성향과 일치하거나 모순되는 피드백을 받게 했다(즉, 지배적인 사람을 지배적이라고 하거나 복종적이라고 함). 이 피드백에 대해서 참가자의 절반은 응수를 할 기회를 주었고 나머지 반은 그런 기회를 갖지 못했다. 그 결과, 모순된 피드백을 받고 응수할 기회를 가진 사람들에게서는 자기관의 변화가 없었으나, 응수할 기회를 갖지 못한 사람들은 피드백에 가까운 방향으로 자아관이 변화하는 것으로 나타났다. 이 실험 결과는 자기검증 이론을 지지하는 데 사람들은 자신의 자기관에 모순된 정보를 접하면 기존의 자기를 견지하려는 행위를 보이며, 그러한 행위가 불가능하다면 새 정보를 수용하는 쪽으로 변화가 일어난다는 것이다. 자신을 바꾸려는 사람들은 자신이 도모하는 모습을 사람들에게 공개적으로 천명하고 행동함으로써 이 두 가지를 모두 충족시킬 수 있다.

❖ 움직이는 자기: 인상관리

사람들은 남들이 자신에 대하여 갖는 평가와 인상에 큰 관심을 갖는다. 삶을 끊임없는 연극의 무대로 본 사회학자 Goffman(1959)은 사람들 간의 교류를 무대에 선 배우들이 상황, 역할에 따라 표정, 몸짓, 말투, 동작을 바꾸는 것에 비유한다. 상황에 따라서 사람들이 일반적으로 보이는 자기상은 다를 수 있으나, 사람들은 긍정적인 자기상을 보이려 하며, 교류 목적을 달성하는 데 도움이 되게끔 인상관리를 한다. 인상관리의 과정이 꼭 의도성을 띠고 있는 것은 아니다. 인상관리를 하고 있는 당사자가 자신의 행위를 의식하지 못할 수 있다. 종종 무의식적으로 상황단서에 의해 자동적으로 촉발되어 나타날 수 있다(Schlenker, 1990). 이를테면 아들이 아버지에게 화를 내는 것은 자신의 불만스러움을 드러내 아버지의 양보를 얻어내려는 자기 제시이지만 아들이 이것을 의도적으로 한다고는 볼 수 없다.

최순실의 국정농단이 드러나자 박근혜 대통령은 최대한 공손한 태도로 2차 대국민 사과를 하며, 자신의 잘못을 인정하는 인상을 주려 하였다.

자기제시의 개인차 영화나 연극의 배우들은 맡은 역에 맞추어 자신의 모습을 변화시키는 재주가 탁월하다. 상황에 맞추어 자기를 제시하는 능력에 있어서 개인차에 주목한 Snyder(1979)는 자기조정(self-monitoring) 이론을 제시하였다. 자기조

결글 2-12

인상관리에 성공하려면!

상대방에게 좋은 인상을 심어야 할 때가 있다. 말을 듣기 좋게 하기는 쉽지만, 표정관리를 그에 맞추기는 쉽지 않은데 그 이유는 얼굴의 근육들이 자율신경계통의 지배를 받기 때문이다. 이 표정을 의식적으로 관리하는 노력들은 실패하기 마련이다. 그렇다면 자동적이고 무의식적으로 언행이 나오도록 연습을 해야 할 것이다. 마치 배우들이 자기의 역할에 파묻혀서 표정연기가 일상의 생활을 반영하여 자연스럽게 나타나듯이 말이다. 한 실험(Ritts & Patterson, 1996)에서 대학생들에게 서로 처음 만나는 이성과 대화를 하면서 상대에게 좋은 인상을 주도록 하라면서, 어려운 조건에서는 좋은 인상을 주기 위해 여러 가지(얼굴표정, 몸짓, 어투 등)를 신경 써야 한다고 했고, 쉬운 조건에서는 한 가지, 즉 미소를 짓도록 하라고 하였다. 교류가 끝난 후에 자신의 행위에 대한 평가와 상대방에 대한 평가를 받아 비교한 결과, 교류불안이 높은 사람들은 낮은 사람에 비해서 좋지 않은 평가를 받았으며, 쉬운 과제를 받은 사람들이 어려운 과제를 받은 사람에 비해서 좋은 평가를 받았고, 스스로의 행동에도 만족한 것으로 나타났다. 이 연구 결과는 인상관리를 하고자 할 때 한 가지를 자동적으로 할 수 있도록 연습하는 것이 모든 것을 잘하도록 신경 쓰는 것보다 효과적임을 제시한다. 지나치게 특정의 부분을 가리려고 의식하다 보면 오히려 부자연스러운 표정이 나타나는 상황이 전개될 수 있으며, 표정마비가 초래될 수도 있다(Greene et al., 1985: Wegner & Bargh, 1998에서 재인용).

정 능력이 뛰어난 사람은 상황에서 적절한 행위가 무엇인지에 신경 쓰고, 상대방의 행위, 반응에 주의를 기울이며, 자기의 인상관리에 능하고, 이러한 능력을 여러 상황에서 구사하며, 인상관리에 필요한 다양한 행동의 구색을 잘 갖추고 있다(Gabrenya & Arkin, 1980). 반면에, 자기조정 능력이 낮은 사람들은 상황의 요구나 상대방의 반응에 관심을 덜 갖고, 인상관리 능력도 떨어진다. 이들은 자신의 태도, 의견에 중심을 두기 때문에 드러난 행동과 태도 간에 일관성이 높은 경향을 보인다(Snyder & Swann, 1976).

자기조정 이론은 그 내용에 있어서 『고독한 군중』의 저자 D. Riesman(1950)의 내적 지향인간(자기조정력이 낮은 사람)과 외부 지향인간의 구별과 유사하다. Riesman이 내적 지향인간을 보다 바람직한 유형으로 여기고 있는 반면에 Snyder는 자기조정력이 높은 사람들이 여러 면에서 남에게 수용적이며, 활동적이며, 타인에 대한 기억이 우월하며, 표현력이 다채롭고, 영향력도 크다는 것을 보이고 있어 Riesman과는 대조적인 견해를 엿볼 수 있다(Gergen, 1991, pp. 151-152). Gergen(1991) 역시 포스트모던 사회에서 요구되고 잘 적응할 수 있는 것은 다양한 자기상을 보이며 융통성 있게 살아가는 사람들임을 주장하고 있다(곁글 2-13). 아마도 일관된 모습의 자기상은 20세기 시대정신이던 근대성과 그 바탕에 놓인 절대이성이 추구해 왔던 이상적인 자기 모습을 반영하는 것이라고 볼 수 있다.

결글 2-13

포스트모던 시대의 서구의 자아상

합리주의와 과학정신 진보의 이상에 의해 표상되는 근대정신이 쇠퇴하고 고도의 통신수단에 의해 급격히 생활양태가 변하고 있는 소위 포스트모던 시대에 살고 있는 서구인들의 자아에는 어떤 변화가 나타날 것인가? Gergen(1991)은 다음의 〈표 2-2〉와 같은 변화를 예견했다.

〈표 2-2〉 자아상과 시대변화

	모던 시대	포스트모던 시대
생활특성	단조로움	복잡 다양함
만나는 사람	소수/비슷한 배경 대인관계 반경이 좁음	다수/다양한 배경 대인관계 반경이 넓음
통신 수단	편지, 왕래 유선전화	E-mail, Network, UCC 휴대전화, 인터넷전화, 팩스
자아의 특성	개성 일관성, 안정성 개인이 중요	융통성, 친화력 적응성, 창조성 관계가 중요

요 약

1. 자기는 생활에서 중요한 기능을 수행한다. 첫째는 정보 및 경험을 소화하고 적절히 대처하는 효율적인 정보처리자로서 기능한다. 사람들은 자기도식을 이용하여 자기와 관련된 정보를 효율적으로 처리한다. 이 과정에서 정보처리 편파가 나타나기도 한다.
2. 자기는 행위의 평가자로서 기능한다. 자신의 모습을 자기의 기준에 비추어 평가함으로써 행동을 조절해 간다. 이러한 평가과정에서 자기고양적 편파가 작용하여, 사람들은 일반적으로 높은 자긍심을 견지하며, 자긍심을 보호하기 위한 다양한 책략을 취하기도 한다. 자긍심은 적응의 가치를 지닌다.
3. 자긍심은 스스로에 대한 자신의 긍정적인 평가이며, 자존심은 타인의 관점에서 보는 자기의 가치에 대한 평가다. 현대사회에서 사람들은 자신을 보호하려는 동기에서 자기애 경향을 보이는 양상이 증가하고 있으며, 자기애 경향성은 자긍심의 고양을 가져올 수 있으나, 자긍심의 안정성을 낮추는 영향을 준다.
4. 소박한 자아는 자기와 더불어 타인을 품어 안는 자기의 모습이며, 비판에 수용적이며, 타인의 삶에 기여하는 행동을 가치있게 여기는 심리특성이다. 겸허함은 소박한 자아의 중요한 특징이며, 자신을 생태계의 미약한 존재로 인정하는 마음가짐에서 나타나는 심리다.
5. 자신의 모습에 만족하지 못하는 사람들은 자기의 변모를 시도하며, 이러한 변모는 스스로의 변화와 더불어 주위 사람들로부터 그러한 변화를 인정받는 사회적 타당화 과정을 필요로 한다.
6. 대화성 자기 이론은 자기에 대한 실체성을 부정하는 현상학적 접근이라 볼 수 있으며, 자기의 변화와 적응과정에 관심을 두고, 자기를 다양한 자기입지로 이루어진 사회라는 시각을 제시한다.

문화권에 따른 자기성의 차이

브루너(Jerome Bruner, 1915~2016)
하버드 대학교 심리학 교수로 1950년대 시작된 인지혁명을 주도한 학자 중의 한 사람. 영향력 큰 연구와 저작 활동을 통해 인지/생각의 사회적 구성과정을 강조하였으며, 아동의 학습과 발달에 새로운 관점을 제시하여, 암기 위주의 교육제도에 과정의 이해를 중시하는 쪽으로의 변화를 가져오는 영향을 미쳤다. 임종 말년까지 연구와 저작을 놓지 않았다.

자기는 개인 및 집단이 속한 사회-문화적 맥락 속에서 형성되고 기능하는 사회문화적 산물이다(Bruner, 1990; Harré, 1980). 나는 누구이며, 무엇을 행하고, 가치 있게 여기는지, 어떤 삶을 지향하는지에 대한 의문을 추구하고 답을 제공하는 자기는 사회 속에서 형성되므로 그가 생활하는 문화의 특성이 반영될 수밖에 없다. 문화권에 따라 요구되는 바람직한 인간관이 다르고, 자기관이 다르며, 이 같은 차이가 사회적 사건의 인식, 경험하는 정서, 삶의 추구동기 등에 포괄적인 차이를 가져올 수 있다는 이론(Markus & Kitayama, 1991)이 제기되고, 공감대가 폭넓게 형성되면서 자기와 문화에 관한 연구가 1990년대 이후로 활발히 전개되고 있다(최상진, 김기범, 2000; 곁글 2-14).

❖ 자기성 구성에서 문화차

이 분야의 연구를 선도한 Markus와 Kitayama(1991)는 자기성에 초점을 맞추어 사회 성원들 간의 관계를 개인과 개인의 독립적인 관계로 보는 문화와 상호의존적으로 보는 문화를 구분하여 집단적 자기구성 이론을 제시하며 각 문화권 성원의 심리적 특징을 대조시키고 있다.

독립적 자기문화권(서유럽, 북미)에서 생활의 기본 단위는 개인이며, 개인은 개성을 갖추고 주위사람들과는 독립적으로 판단하고, 자율적으로 자신의 삶을 일구어 가며, 자기를 실현하는 것이 삶의 궁극적인 목표라고 본다. 이를 위해서 독립적이고, 안정된 자아상을 확립하는 것이 바람직하며, 자신의 내면의 능력, 욕구, 특성에 귀를 기울이고, 자신의 의견을 솔직하게 표출하고, 역경을 의연히 헤쳐 나가는 생활을 권장한다. [그림 2-16]에서 보듯이 독립적 자기는 주위사람들과 교류하지만 경계가 확연히 구분(실선)되는 모습으로 형상화할 수 있다. 한편, 상호의존적 자기문화권에서 생활의 기본 단위는 가족 혹은 공동체이며, 개인은 내집단 성원들과 어울리는 관계 속에서 독립된 성원이라기보다는 부분 혹은 쪽으로서 공동체의 목표를 위해 부과된 역할과 의무를 수행하며, 끊임없이 자신의 사적인 욕망을 다스리고 초월하는 삶에서 의미를 발견하는 것을 추구한다. [그림 2-16]에서 보듯이 상호의존적 자기는 교류하는 주위사람들과 경계가 확연하지 않으며(점선) 끊임없이 영향을 주고받는다.

롬 하레
(Rom Harré, 1927~)
옥스퍼드 대학교 철학교수로 퇴임하였다. 사회심리학에서 행위의 민족발생적 접근을 제시하였으며(민경환, 1986), 『철학백과사전』 『Physical being』 『Social Being』 등의 저술을 갖고 있으며, 담화심리학을 제시했다.

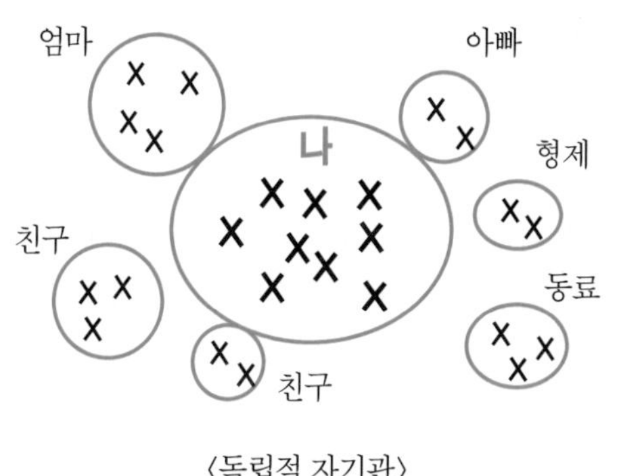

〈독립적 자기관〉

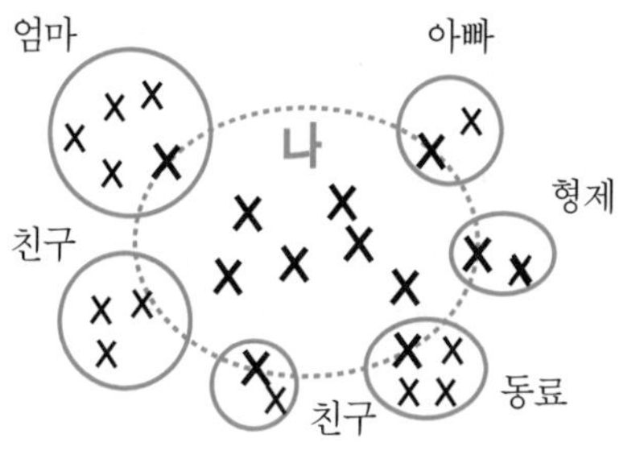

〈상호의존적 자기관〉

[그림 2-16]
독립적-상호의존적 자기관의 특징
출처: Markus & Kitayama, 1991.

몸을 경계로 구분했을 때 독립적 자기관 사회에서의 자기는 몸 안의 개인적 자기(personal self)가 핵심이며, 상호의존적 자기관의 사회에서 자기는 몸 밖의 사회적 자기(social self)가 핵심이라 하겠다. 전자를 '작은 자기', 후자를 '큰 자기'라고도 할 수 있다. 흥미로운 비교 연구에서 미국과 한국의 대학생들에게 다양한 빙산의 모양을 제시하고서 어느 빙산이 자신을 나타내느냐고 물었을 때([그림 2-17]), 미국인들은 수면 아래로 숨겨진 부분이 드러난 부분보다 많은 빙산들을 택한 반면(평균 5.0), 한국인들은 수면 위로 드러난 부분이 수면 아래의 부분보다 많은 빙산들을 선택하는 양상을 보였다(평균 6.5; 서은국, 2007).

마커스
(Hazel Rose Markus)
미시간 대학교에서 심리학 박사학위를 취득한(1975) 후 미시간 대학교를 거쳐 현재는 스탠퍼드 대학교에서 교수로 재직 중이다. 자기(self)에 대한 연구업적을 많이 보였으며, 제자이었던 기타야마와 1991년에 공동으로 발표한 논문 「culture and self」로 문화에 따른 자기성의 특징에 대한 많은 연구를 촉발시켰다(http://psychology.stanford.edu/~hmarkus/).

자신이 아닌 타인이 자기의 구성에 관여하는 정도의 문화차이는 뇌영상장치를 이용한 연구(Zhu et al., 2007)에서도 흥미롭게 나타났다. 뇌에는 자기관련 정보를 처리할 때 활성화되는 영역으로 복내측전전두엽(medial prefrontal cortex: MPFC)이 있는데 사람들에게 성격형용사를 제시하고 자신에 대한 것인지, 엄마에 대한 것인지, 타인(빌 클린턴 혹은 주룽지)에 대한 것인지를 판단하도록 하고 fMRI로 촬영하였다.

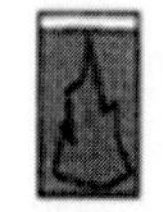

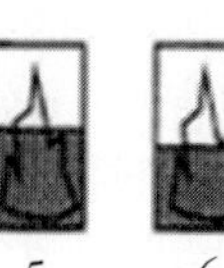

[그림 2-17] 어느 빙산의 모습이 나를 잘 보여 준다고 여기는가?
출처: 서은국, 2007.

키타야마
(Shinobu Kitayama)
미시간 대학교에서 박사학위를 취득한 후 교토대학교를 거쳐 현재 미시간 대학교 교수로 재직 중이다. Nisbett 교수를 이어 '문화와 인지' 연구실을 운영하고 있으며, 동서양의 사고 및 정서의 특징에 대한 연구에 여러 업적을 보이고 있다.

[그림 2-18]에서 보듯이 서양인에게 MPFC 영역의 활성화는 자기관련 판단을 하는 경우에만 나타났지만, 중국인의 경우에 자기는 물론, 엄마에 대한 판단을 하는 경우에도 활성화되는 것으로 나타났다. 이는 엄마가 중국인에게는 자기의 부분으로 간주될 수 있음을 생체 시각적으로 보여 주고 있는 것이다.

독립적 자기성과 상호의존적 자기성은 문화의 대표적 양상으로 구분할 수 있지만, 개개인에서 복합적인 자기성의 두 가지 특징으로 간주할 수도 있다. 독립적 자기성이 환기되는 상황에서 사람들은 자율적 · 독립적 · 개성적인 자기성을 추구하며, 그에 바탕을 두고 있는 정서와 동기적 행동을 취할 가능성이 높다. 그러나 상호의존적 자기성이 환기되는 상황에서는 주위 상황에 어울림을 추구하며, 그에 바탕을 두는 정서와 동기적 행동을 취할 가능성이 높다(〈표 2-3〉). 같은 문화권에서 생활하더라도 사회화의 과정에서 독립적 자기성이 강하거나, 상호의존적 자기성이 강한 개성을 지니게 될 수 있다. 일본인과 미국백인을 대상으로 자기구성성 검사를 통해 집단주의자와 개인주의자를 구분하여 fMRI 촬영대에 눕혀서 성격진술문('나는 진실하다' 등)을 제시하고 자기의 일반적 특징에 해당하는지 혹은 어머니를 대하는 자기(즉, 맥락적 자기)에 해당하는지를 판단하게 하였다. 흥미롭게도 국가 간의 차이는 나타나지 않았으나, 자기성의 차이는 나타났다(Chiao et al., 2009). [그림 2-19]에서 보

(a) 자기 빼기 타인 | (b) 자기 빼기 엄마

중국인

미국인

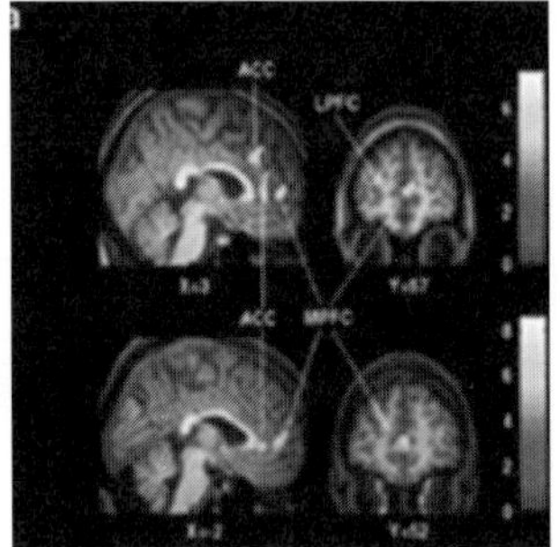

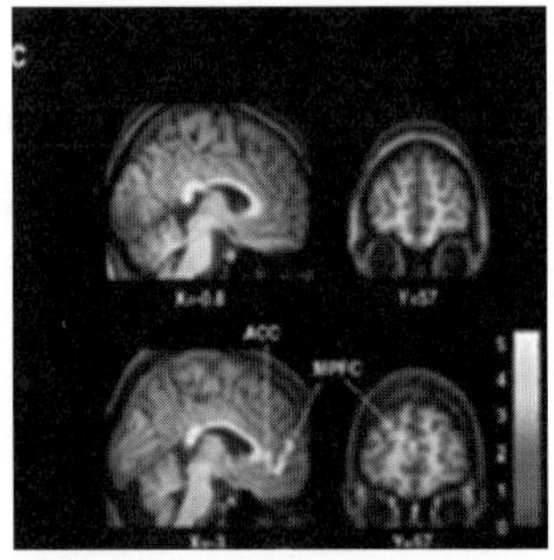

[그림 2-18] 뇌의 MPFC 영역이 활성화되는 양상의 문화차이

(a): 자기판단 시 활성화되는 영역에서 타인판단 시 활성화되는 정도를 빼준 그림. 중국인과 미국인 모두 자기판단 시 활성화되는 영역이 뚜렷하다.

(b): 자기판단 시 활성화되는 영역에서 엄마판단 시 활성화되는 정도를 빼준 그림. 중국인에게서는 자기관련 활성화되는 영역이 공유되어 없어졌지만, 미국인의 경우에는 자기영역 활성화가 뚜렷이 드러나, 엄마와 자기는 별개라는 것을 보여 준다.

출처: Zhu et al., 2007.

〈표 2-3〉 두 가지 자기성과 관련된 주요 특징들

	독립적 자기성	상호의존적 자기성
삶의 목표 및 과제	자기실현, 개성추구, 자기표현, 자기만족/즐거움, 권리 향유	집단에의 이바지, 어울림의 구현 어울림, 적응함, 자족함, 역할과 의무 수행
자기의 핵심	개인적, 사적 역량 및 사고 감정	사회적, 관계적 자기
통제력의 행사	일차적 통제(상황/환경을 통제함)	이차적 통제(주어진 상황에 자신을 맞추어 감)
주요 정서	자기초점적 정서: 자부심, 분노, 좌절 등 자기의 관점을 취하면서 경험하는 정서	관계초점적 정서: 동정심, 부끄러움, 연민 등 타인의 관점을 취하면서 느끼게 되는 정서
주요 동기	자기만족, 성취, 역량발휘, 수월성 추구, 자기평가, 자기실현 ⇨자기고양적 동기	친화, 양육, 비난회피, 겸허, 자기수양, 사회적 평가의식 ⇨자기규제적 동기

출처: Markus & Kitayama, 1991 논의를 바탕으로 구성함.

듯이 개인주의자는 자신의 일반적 특징을 판단할 때, 집단주의자는 맥락적 자기에 대한 판단을 할 때 복내측전전두엽(MPFC) 피질이 활성화되는 것으로 나타났다.

비교문화 심리학자들은 실체성을 지닌 자기를 상정하고, 이를 상호의존적 특징과 독립적 특징의 문화권으로 구분하면서 연구를 전개하고 있다. 이와는 달리 문화심리학적 접근을 취하는 최상진과 김기범(1999)은 동아시아의 자기성을 관계적 현상으로 설명하는 이론을 제시한 바 있다(곁글 2-14).

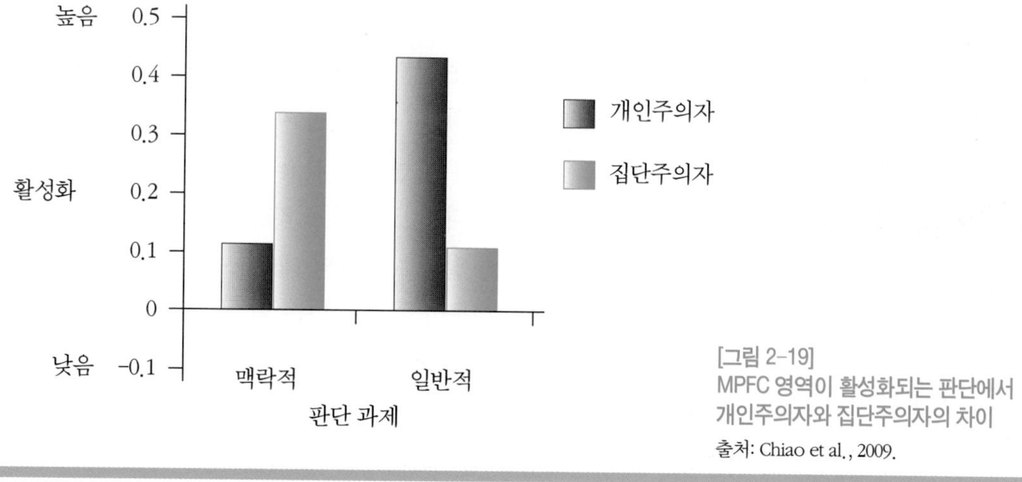

[그림 2-19]
MPFC 영역이 활성화되는 판단에서 개인주의자와 집단주의자의 차이
출처: Chiao et al., 2009.

결글 2-14 ◉ **문화에 따른 자기성의 특징: 집단적 자기구성 이론(Markus & Kitayama, 1991)을 넘어**

한국인이 보이는 사회심리의 특징을 평생 연구해 온 최상진 교수는 한국인의 자기성(최상진, 김기범, 1999; Choi & Kim, 2003)을 **유추적-마음-자기**라고 이름 짓고, 이를 서구인의 **참고적-실체-자기**와 대조시키고 있다. 그에 따르면, 서구인의 자기성은 사회적 맥락에 구속받지 않는 초월성과 일반성을 지니며, 추상적이고, 몸 안에 담겨 있어 타인의 자기와 섞이지 않으며, 고정적이고, 안정적이며, 자율적이며, 존재론적 실체성을 지니고 있다. 이와 대조적으로 한국인의 자기성은 사회적 맥락에 구속받아 구체적이며, 관계지향적이며, 유동적이며, 일관성이 약한 현상학적 특징을 지니고 있다. 최상진은 자기성의 이 같은 문화심리적 규정에서 참고성을 유추성에, 그리고 실체성을 마음성에 대조시키고 있다. 참고성과 유추성의 차이 탓에 서구 사람들은 선택을 하거나 의사결정을 해야 하는 상황에서 마치 단어의 의미를 알기 위해서 갖고 다니는 전자사전을 뒤적이듯이, 늘 몸 안에 갖고 다니는 자기에게 묻고, 자기를 참고하여 의사결정을 한다. 그러나 자기를 실체적 존재라기보다는 현상학적으로 느끼는 한국인들은 "나는 누구인가?"라는 질문에 답하는 것을 어렵게 여기고, 관계상황의 맥락에 따라 매우 가변적인 자기의 모습을 자연스럽게 보인다. 이렇게 자기일관성이 낮은 것을 잘못이라고 여기는 것은 서구적 자기관에 세뇌되었기 때문이다. 자기일관성은 한국인의 삶에서 크게 중요하지 않다는 것이 여러 연구들에서 나타났다(육근영 등, 2006; Suh, 2002).

사회생활에서 이렇게 상황에 따라 가변적으로 드러나는 자기 모습을 대하기 때문에 상황에 휘둘리지 않는 내면의 마음상태를 알고자 한다. 이 내면의 마음상태는 자기의 실체적 특성(성격, 지능, 동기, 취향 등)이기보다는 대상 혹은 타인지향적 의지의 상태이며, 이를 드러난 행동단서들에 의해서 유추하는 것에 관심을 지닌다. 즉, 상대방이 리더십이 강한지, 내향적인지에 대한 관심보다는 대상이 되는 사람에 대하여 지니고 있는 마음의 지향성에 대하여 관심을 갖는 것이다(한규석, 최상진, 2008). 대인관계에서 나 및 상대방의 행동에 대한 궁극적 책임을 물을 수 있는 주인성 마음(최상진, 2007; Malle, 2004, 2008)이 관심거리이며, 이것이 자기 삶을 주관해 가는 임자로서 '나'이다(최봉영, 2008), 따라서 한국인의 나는 이런 마음의 소지자인 것이다.

최상진(1942~2012)
하와이 대학교에서 심리학 박사학위를 취득하고 귀국하여 중앙대학교에서 심리학과 교수로 재직하였다. 한국심리학회 회장, 아시아 사회심리학회 초대회장을 역임하였고, 한국인의 심리

자기일관성과 문화 다양한 상황에서 일관되게 표출되는 자기일관성은 자기의 중요한 특징으로 전제되어 있다. 그런데 이 자기일관성이 동아시아 사람들은 서구사람에 비해서 낮다는 것이 관찰되면서, 아시아 사람들은 자기정체성의 발달에 문제가 있는 것으로 간주되어 왔다. 왜냐하면 자기일관성은 당연히 높아야 한다고 여겼기 때문이다. 그러나 여러 비교문화적 연구들은 이것이 우열의 문제가 아니라 문화의 특성 탓임을 보이고 있다. 비교문화 심리학자인 Cousins(1989)는 20개 자기진술문("Who am I?") 검사를 일본과 미국의 대학생을 대상으로 실시하여 응답을 분석한 결과 미국인들은 자신들이 지니고 있는 일반적인 성격특성을 기술하는 경향이 강한 반면, 일본인들은 사회적 역할을 상대적으로 많이 기술하였으며, 아울러 자신의 성격특성을 기술하는 경우는 일반적인 특성으로보다는 상황 특수적인 것으로 기술하는 경향이 많음을 발견했다. 즉, '도박을 즐긴다.'라기보다는 '주말이면

포커를 한다.'라는 식이다. 이 차이를 일본에서는 특정한 역할이나 상황과 결부되었을 때 개인의 특성이 명확하게 규정되는 반면에, 미국에서는 개인의 특성이 상황이나 역할에 따라 구애받지 않고 독립적으로 규정되기 때문이라 보았다. 즉, 일본인의 자기는 상황에 따라 가변적인데 미국인의 자기는 고정된 불변체의 성격이 강하다. 서은국(Suh, 2002)은 이러한 양상을 한국과 미국 대학생을 대상으로 색다른 방법으로 보여 주었다. 20개의 성격특성 형용사를 제시하고서 자신에 대한 평가(A)를 하도록 하고, 아울러 친구와 있을 때, 부모와 있을 때, 교수와 있을 때, 혹은 낯선 사람과 있을 때의 자기 모습을 각기 생각하면서 평가(B)하도록 하여 평가 A와 평가 B가 어떤 관계를 보이는지 상관을 구하였다(〈표 2-4〉, 〈표 2-5〉). [그림 2-20]에서 보듯이 미국 학생들의 평가는 일관성이 높은 것으로 나타났지만, 한국 학생들의 평가는 일관성이 낮게 나타났다.

를 이해하는 관건은 우리말의 쓰임새에 있다는 것을 여러 가지 경험적인 연구와 이론적 연구로 보여 주었다. 한국인의 이해를 위해 그동안의 논문을 편집하여 2000년 『한국인 심리학』을 펴냈고, 2011년에는 일반인들에게 쉽게 풀어쓴 『한국인의 심리학』을 저술하였다. 매우 열정적이고, 활동적이었으나 대장암으로 타계하였다.

비교문화심리학(Cross-cultural psychology) 심리현상의 보편성을 발견하기 위하여 문화에 공통적으로 나타나는 개념이나 현상을 여러 나라에서 연구하여 비교하는 심리학의 한 분야.

문화심리학(Cultural psychology) 심리현상이 문화권 내에서 어떻게 생성되며, 구성 및 전개되고 있는지를 문화의 특징과 관련시켜 연구하는 심리학의 분야.

〈표 2-4〉 다양한 관계맥락에서 미국 대학생의 자기에 대한 특성평가의 일관성

미국 대학생	관계맥락						M
특성	자기	친구	부모	교수	낯선 이	아동	
솔직한	1	2	4	6	8	4	4.2
친절한	2	5	1	4	1	2	2.5
합리적인	3	10	5	2	2	9	5.2
협동적	4	6	6	1	5	7	4.8
우호적	5	1	2	5	3	1	2.8
⋮		⋮	⋮	⋮	⋮	⋮	⋮
자기평가와의 Spearman 상관계수		.85	.94	.80	.73	.85	.83

출처: Suh, 2002.

〈표 2-5〉 다양한 관계맥락에서 한국 대학생의 자기에 대한 특성평가의 일관성

한국 대학생	관계맥락						M
특성	자기	친구	부모	교수	낯선 이	아동	
정서적	1	9	7	16	16	11	10.0
명랑한	2	1	4	9	13	5	5.7
친절한	3	6	6	3	2	1	3.5
협동적	4	3	2	1	6	2	3.0
우호적	5	2	1	7	14	4	5.5
⋮		⋮	⋮	⋮	⋮	⋮	⋮
자기평가와의 Spearman 상관계수		.72	.80	.36	.08	.62	.52

출처: Suh, 2002.

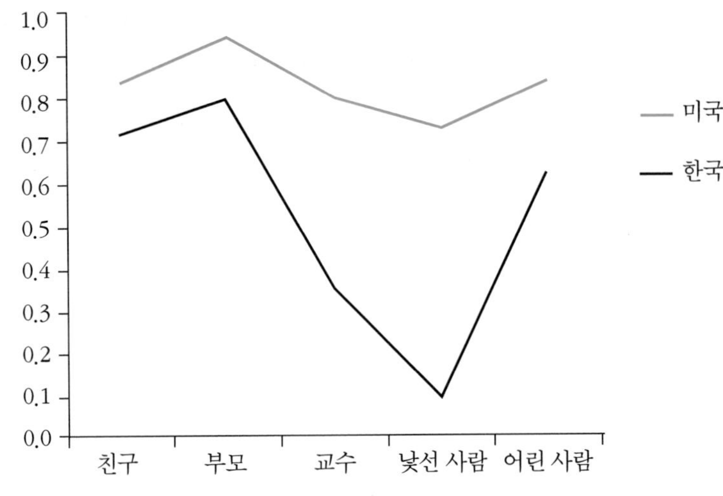

[그림 2-20]
자기 혼자 있을 때와 다른 사람들과 있을 때 자기의 특징에 대한 평가의 상관관계에서 문화 차이
출처: Suh, 2002 자료에 근거하여 그림.

이런 결과를 이해하려면 세계관의 특징을 이해하여야 할 것이다. 동아시아에서는 음양 변증법적 세계관을 수용하고 있다. 이에 따르면 변하지 않는 것은 없으며 음양의 반대적인 속성은 서로 배척하는 것이 아니라 공존하는 것이다. 따라서 모순의 논리는 잘못이므로 배척될 것이 아니라 당연히 수용될 논리다. 이에 반해서 서구의 세계관은 아리스토텔레스적 세계관이어서 모순은 병존이 아니라 통합되어야 할 것이며, 변화보다는 항상성을, 순환론적이기보다는 일방향적 선형성을 그 특징으로 한다. 자기진술문 검사에서 중국인들은 하나의 문장에 서로 반대되는 어구를 사용하는 양상(예: "나는 젊어, 그런데 나이도 먹었어.")과, 상호 반대되는 기술문들을("나는 게으르지만 매사에 열심히 하는 편이야.") 모두 제시하는 양상을 미국인들에 비해서 많이 보인다(Spencer-Rodgers et al., 2005). 미국과 일본 대학생을 대상으로 다양한 성격형용사를 제시하고서 자기의 특징인지 여부를 판단하는 데 걸리는 반응시간을 분석한 결과, 일본 사람들은 상반되는 형용사(예: 내향성-외향성 등)를 모두 자기의 특징으로 판단하는 양상이 미국인에 비해서 높게 나타났다(Spencer-Rodgers et al., 2009). 단일 성격특징에 대한 반응시간의 길이(자기 확신성을 뜻함)에서 미국인과 일본인은 차이를 보이지 않았다. 즉, 자기성격의 파악에 있어서 차이는 없었다는 것이다. 그러나 미국인의 경우에 이 확신성이 높을수록 그 특징과 반대되는 특징을 자기 것으로 동시에 수용하는 양상이 낮게 나타났지만, 일본인의 경우에 이런 상관관계는 나타나지 않았다. 서구인들도 모순적인 자기 모습을 보이는 경우가 많지만 이는 어쩔 수 없는 상황이 작용하는 탓이라 여기고, 그런 상황의 제약이 없다면 일관된 자기 모습을 보인다. 그러나 동아시아인들이 보이는 비일관성은 상황의 압력 탓 못지않게 음양론적 세계관이 깔려 있는 탓에 상호 모순적인 자기의 모습을 당연한 것으로 수용하게끔 만드는 양상이 크다는 것을 보여 준다. 이런 모순적인 모습, 즉 낮은 일관성에도 불구하고, 자기의 내면적 특성에 대한 뚜렷한 생각이 있다면, 상황에 따라 다른 자기의 모습을 보이면서도 자기통제감을 가질 수 있다. 국내 대학생들에게서 자기통제감은 자기일관성보다 삶의 만족도와 긍정적인 정서의 경험에 큰 영향을 미치는 것으로 나타났다(육근영 등, 2006).

자기통제감
자기가 보이는 다양한 모습을 조정하고 통제할 수 있다는 느낌을 말한다. 이는 상황에 영향을 미치고 통제할 수 있다는 통제감과는 구분된다.

상대가 누구인지에 따라 가변적인 자기의 특징은 자기를 고정적이며 안정된 실체로 보는 시각에 익숙한 사람들에게는 어딘가 잘못된 것이라는 느낌을 줄 수 있다. 이를 반영하듯이 미국 대학생들에게서는 자기의 일관성이 낮은 사람은 자긍심이 낮고, 적응에 어려움을 보고하며(Donahue et al., 1993), 삶의 만족도도 낮은 양상이 강하게 나타났다(Suh, 2002). 그러나 한국 대학생들에게서 자기일관성이 삶의 만족도에 미치는 영향은 미국 학생들의 1/4 정도로 훨씬 낮게 나타났다. 한국 대학생들의 삶의 만족도에 더 큰 영향요인은 주위사람들이 자기를 얼마나 수용하고 있는지에 대한 자신의 인식(사회적 수용)으로 나타났다(Suh, 2002). 그러나 교류 상대가 다른 경우에 자기일관성이 낮게 나타나는 동양인도 상대방이 동일인인 경우에는 서양인과 마찬가지로 자기일관성이 높게 나타난다(English & Chen, 2007).

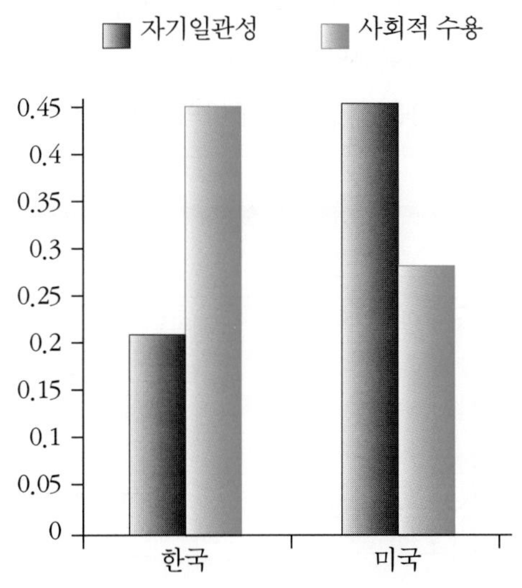

[그림 2-21]
생활만족도에 미치는 자기일관성과 사회적 수용의 영향력-한미 비교
출처: Suh, 2002에 근거하여 그림.

❖ 자긍심과 문화

자기에 대한 평가결과로 느끼는 자기존중감은 문화보편적 현상으로 간주되어 왔다. 우리는 정상적인 사람이라면 누구나 긍정적인 자기상을 지니려 하고, 높은 자긍심을 유지하려 든다고 생각한다. James, Maslow, Rogers 같은 서구의 저명한 심리학자들이 그러한 주장을 바탕으로 자신들의 이론을 펼쳤다(Brown, 1998; James, 1890; Maslow, 1954; Rogers, 1951). 그러나 최근의 연구들은 이 같은 현상이 개인주의 문화권에서 더욱 두드러지게 나타나는 현상임을 보이고 있다. 널리 쓰이는 자긍심 척도(Rosenberg, 1965; 나 알기 3)로 캐나다인 1,500여 명과 일본인 1,600여 명을 대상으로 조사한 결과 캐나다인의 자긍심 점수 분포는 아주 높은 쪽으로 치우쳐서 나타나 자긍심이 낮다고 분류되는 사람들마저도 이론적 중간점수를 넘는 것으로 나왔다. 오직 7%만의 사람들이 중간점수보다 낮게 나왔다. 그러나 일본인들의 경우에는 중간점수를 중심으로 좌우로 비교적 균형 있게 퍼져 있는 것으로 나왔다(Heine & Lehman, 1999; [그림 2-22]).

여러 가지 분석을 한 결과 이런 차이를 일본인들이 겸손하게 보이려는 속성을 지니고 있다거나, 척도가 지니고 있는 편향성 탓으로만 보기는 어렵다고 나타났다. 이 차이는 일본인들에게 있어서 자긍심이란 것이 서구문화에서처럼 높은 가치를 지니고 있는 것이 아님을 의미한다. 사람들은 변화하는 환경에 처해서 적응을 해간다. 그 증거로, 한 연구(Heine, 1996: Heine et al., 1999에서 재인용)에서 20개의 성격 특성 단어를 제시하고 중요한 순서에 따라 순위를 매기게 하였을 때 캐나다인은 자신감을 두 번째로, 일본인들은 18번째의 순위를 매기는 것으로 나타났다. 원적이 일본인인 사람들 2,500여 명을 대상으로 구미의 생활경험이 있는 정도에 따라 구분

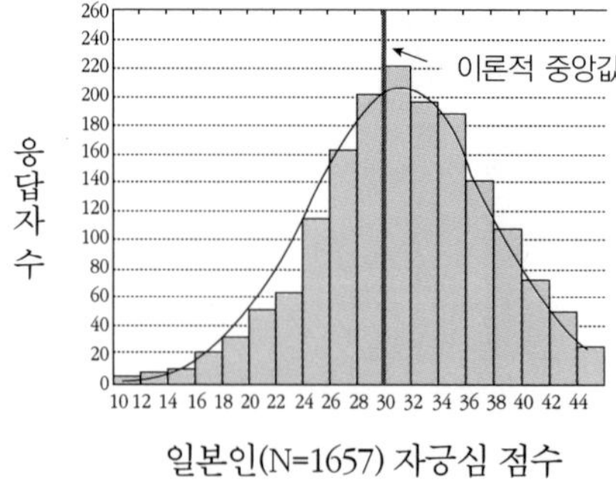

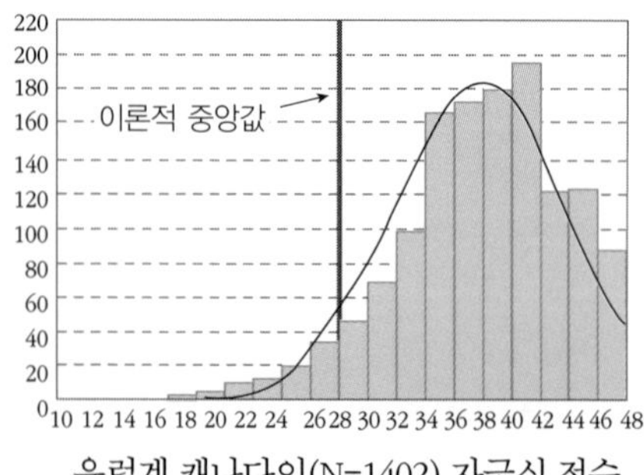

[그림 2-22]
외국 방문경험이 없는 일본인과 백인의 자긍심 점수 비교
출처: Heine et al., 1999.

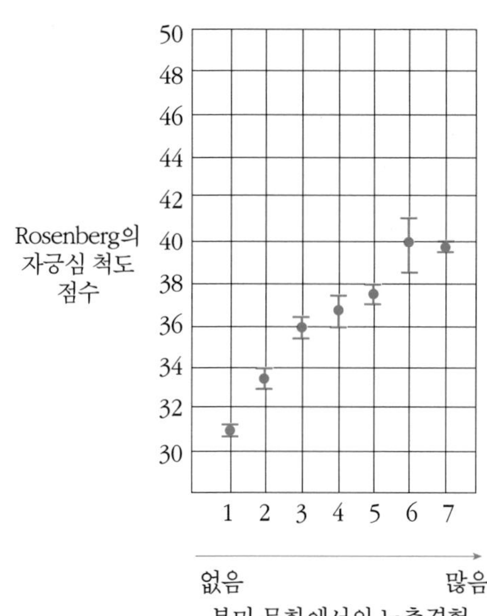

[그림 2-23]
북미 문화에의 노출경험 정도에 따른 자긍심
출처: Heine et al., 1999.

(즉, 본국을 떠난 적이 없는 사람, 캐나다에 최근에 이민 온 사람, 이민 온 지 꽤 된 사람, 캐나다 거주 일본인 2세대, 3세대 등)하여 이들의 자긍심을 측정한 결과는 구미생활 경험이 많을수록 자긍심이 선형적으로 증가하는 추세를 보이고 있어, 자긍심이 구미 문화에서 특히 가치 있는 특성임을 확인해 주고 있다(Heine et al., 1999; [그림 2-23]).

서구사회에서 자율성과 독립성은 개인의 자긍심 및 행복감(주관적 안녕감)과 높은 상관을 지니는 것으로 나타난다(Diener, Diener, & Diener, 1995; Heine & Lehman, 1999). 이러한 경향은 일본에서도 나타나고 있다. 그러나 상호의존성은 서구사회에서 개인의 자긍심과 역상관의 관계에 있는 것으로 나타났다(〈표 2-6〉). 이러한 결과가 나온 것은 자긍심의 척도문항들이 주로 개인적 특성에 대한 평가를 하기 때문이기도 하다. 자긍심의 기저를 호감(self-liking)과 자신감(self-competence)의 두 가지로

〈표 2-6〉 개인들이 지닌 독립성과 상호의존성이 그들의 자긍심과 지닌 관계

	캐나다 백인(615명)	아시아계 캐나다인(330명)	일본인(597명)
독립성	.42**	.43**	.33**
상호의존성	-.18**	-.14*	-.08

* $p<.01$ ** $p<.001$
출처: Heine et al., 1999, 표 1에서 인용.

구분하여 측정한 결과 중국인들의 경우에 전자가 높았고, 미국인의 경우에 후자가 높은 것으로 나타났다(Tafarodi & Swann, 1996). 다른 연구(Sedikides et al., 2003)에서, 미국과 일본 대학생을 대상으로 다양한 특성형용사를 제시하면서 일상적으로 어울리는 집단의 전형적인 사람에 비해 자신을 평가하도록 하였다. 이들 형용사들은 개인주의적 특성(개성적, 창의적 등)과 집단주의적 특성(경청하는, 협동적인 등)이었다. 결과를 보면, 미국 학생들은 개인주의적 특성에서 자기고양 효과를 뚜렷이 보였으며, 일본인들은 집단주의적 특성에서 고양적 양상을 보였다([그림 2-24]). 이러한 결과는 자기고양적 양상이 두 문화에서 나타나지만 각 문화에서 가치 있게 여겨지는 특성들에서만 나타남을 시사하고 있다.

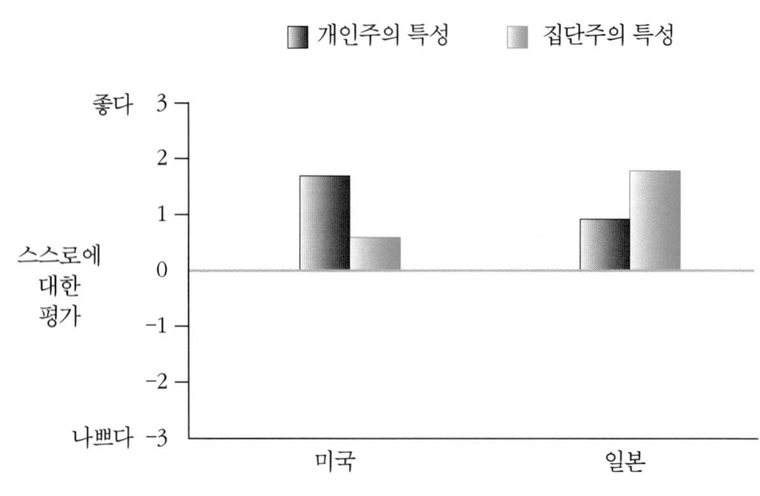

[그림 2-24]
바람직한 성격특성의 유형에서의 자기평가
출처: Sedikides et al., 2003, 표 3.

한국인의 자존심: 토착심리학적 분석 일상의 대화에서 한국인은 '자존심 상했다' 느니, '너는 자존심도 없느냐?' 라는 표현을 자주 한다. 이 장에서 다루는 자긍심이나 자존감이라는 용어는 이런 면에서 이식된 용어라고 할 수 있다. 일상의 언론매체에 등장하는 다양한 사람들이 쓴 수필, 기사, 칼럼, 수기 등의 자료 24건과 평생교육원의 성인 수강생들에게 '자존심' 을 넣어 짧은 글짓기를 하도록 한 자료 30건을 분석한 결과, 자존심은 인간의 존엄성으로 누구나 가져야 하는 필요조건이지만, 없어도 문제이고 너무 세어도 문제인 것으로 나타났다(한민 등, 2013). 없는 경우에 문제가 되는 자존심은 스스로에 대한 인정과 존중감으로 어떤 경우라도 꺾여서

는 안 되어야 할 것이며, 너무 세서 문제가 되는 자존심은 남과 비교되는 허세적인 것으로 자만심, 교만으로 버려야 할 성질의 것이다. 이런 자존심이 손상되는 경우는 남에게 무시당하거나, 능력이 의심받거나, 자신의 허점이 드러난 상황으로 자존심이 '짓밟히거나, 상하거나, 구겨지거나, 꺾인다' 는 표현이 나타나고, 결과적으로 분노하거나 상대와 관계가 나빠진다든지 정상적인 활동에 지장을 느낀다. 자존심은 때로는 포기하는 상황도 있는데 사람들은 '버린다, 포기한다, 내려놓다' 의 표현을 하며, 더 중요한 것을 얻거나 지키기 위해서('목구멍이 포도청' 같은 경우) 부득이하게 포기하기도 한다.

자존심의 경험을 구체적으로 분석하기 위하여 성인 남녀 26명(여자 22명)에게 자존심 관련 행동과 생각에 대한 여러 질문을 하며 이루어진 면담자료를 근거 이론이라는 질적연구방법으로 분석한 결과(한민 등, 2013), 자존심이 상한 경우에 대처하는 세 가지 유형이 드러났다. 이들은 모두 상대방과의 교류 상황에서 상대방에게서 자신의 가치를 무시당하는 경험을 한다는 인과적 맥락 조건은 같으나, 이 불쾌한 경험에 대처하는 방식에서 달랐다(〈표 2-7〉).

이런 분석을 통해서 서구인의 자기존중감이 자신의 가치에 대한 자신의 평가이고, 평가를 위한 사회적 비교(Festinger, 1954)의 대상을 자신이 선택하는 것에 반해서, 한국인의 자존심은 자신의 가치에 대한 타인의 평가이며, 비교의 대상이 타인에 의해서 정해진다는 차이를 보인다. 따라서 자존감이 안정적일 수 있다면, 자존심은 유동적일 수밖에 없다. 자기가치에 대한 긍정적 인정은 동서의 문화에 관계없이 필

〈표 2-7〉 자존심 상함에 대한 대처 유형

	적대적 회복형	회피형	타협적 회복형
중재 조건	자기가치 회복 동기	상황 및 관계 고려	상황 및 관계 고려, 자기가치 회복 동기
작용/ 상호작용 전략	감정의 표현(공격적)	간접적 표현(대치) 삭임, 사회적 표현	감정의 표현(타협적)
결과	자존심의 회복, 관계단절 혹은 유지, 복합적 감정	자존심 미회복, 명목상의 관계유지, 개인적 노력, 미해결된 감정	자존심의 회복, 관례를 유지함, 개인적 노력, 자기향상적 감정
특징	상황이나 상대방과의 관계보다 자존심 회복 동기가 더 강함	상황이나 상대방과의 관계 때문에 자존심 회복이 불가능	상황이나 상대방과의 관계를 유지하는 전제에서 자존심 회복

출처: 한민 등, 2013, 표 2-8의 일부를 재구성함.

요한 것이지만 그것이 유지되고, 상하는 경험은 문화적으로 다름을 인식할 필요가 있다. 사회생활에서 상대방의 자존심을 내가 죽이고 살릴 수 있다는 점에서 자존심을 상하게 하는 말을 조심해야 할 것이다.

요 약

1. 자기는 사회생활의 교류적 산물이란 점에서 개인이 처한 문화적 특성이 녹아 있다. 구미사회는 독립적 자기문화권이며, 동양사회는 상호의존적 자기문화권으로 특징 지을 수 있다.
2. 독립적 자기문화권에서는 개인의 가치실현을 중시하고 자기일관성을 강조하며, 상호의존적 자기문화권에서는 관계맥락에 따라 자기의 모습도 상당히 차이를 보이는 것으로 나타난다. 구미에서는 자기일관성이 높으면 생활만족도가 높지만, 한국에서 그 관계는 약하게 나타난다.
3. 상호의존적 자기 문화권인 동아시아의 자기성에는 가까운 사람과의 관계가 융합되어 있으며, 모순적인 자기의 모습이 갈등없이 공존하는 양상을 보인다.
4. 각기의 문화에 따라 자긍심의 바탕이 다르며 그 기능도 다르므로, 자긍심의 높낮이를 숫자로 비교하여 문화의 우열을 말하는 것은 잘못이다.
5. 서구인들의 자긍심(자기존중감)은 자신이 정한 스스로의 준거에 비춘 자신의 평가에 의해서 영향을 받지만, 한국인들의 자존심은 다른 사람의 관점에서 자신의 가치에 대한 평가결과로 영향 받는 특징을 보인다.

제 3 장

사회적 지각: 인상형성과 귀인

사회생활은 다른 사람들과의 만남으로 이루어진다. 이런 만남에서 상대가 어떤 사람인가를 파악하는 것은 매우 중요한 일이다. 물리현상을 이해하기 위해서 물체가 지닌 특징을 이해해야 하듯이 사회생활에서 상대방이 어떤 사람인지의 파악이 어떻게 이루어지는지는 사회심리학의 핵심주제인 것이다. 사람들이 타인들을 파악하는 양상에 대하여 체계적인 탐구를 최초로 시도한 F. Heider(1958)에 따르면 인간은 세상에 대한 조리 있는 이해를 하려는 기본적인 욕구가 있으며 이 같은 이해는 사건을 예측하고 준비할 수 있다는 통제감을 심어준다. 이러한 파악을 위하여 우리는 상대방의 생김새, 행동, 평판 등 수많은 정보를 처리한다. 이 과정에서 우리가 접하는 정보들은 정확하지 않을 수 있으며 많은 경우에는 서로 모순되기도 한다. 따라서 상대방이 어떤 사람인지를 파악하는 것은 논리적으로 본다면 쉬운 일이 아니다. 더욱이 일단 형성된 인상은 상대방과의 교류 시 다각적인 영향을 주며, 상대방의 추후 행위를 해석하는 데 영향을 주므로 어떠한 인상을 지니는가 하는 것은 중요한 의미를 지니고 있다. 그래서 사람에 대한 인상형성과 사람이 보인 행동 혹은 접하게 된 사건 및 사태를 어떻게 파악하는지(귀인이라 함)를 다루는 사회적 지각의 주제는 사회심리학에서 핵심적인 관심거리로 여겨져 왔다.

하이더(Fritz Heider, 1896~1988)
오스트리아 출신으로 그라즈 대학교에서 24세에 박사학위를 받고 게슈탈트 학풍의 영향을 받아 Koffka의 조수로 일하였으며, 미국 캔자스 대학교에서 교수로 재직하였다. 1958년 『대인관계의 심리학』 저서로 사회심리학에서 대인지각, 사회인지 영역의 중요성을 제시하였다.
그의 이론의 요체를 이해하기 위해서는 최상진(1985)을 참고 바란다.

인상형성 과정의 원리들

서로 만나서 상대방을 파악하고 인상을 형성하는 과정에서 나타나는 심리현상은 크게 두 가지로 구분하여 살펴볼 수 있다. 사람들은 상대를 만나면 외모로부터 그가 어떠할 것인지에 대한 인상을 형성하지만, 이런 인상형성에는 외모뿐만 아니라 다양한 요소들이 작용한다. 이들을 살펴보자.

❖ 외모로 판단하는 인상

우리는 누군가를 처음 만날 때 얼마나 빨리 상대에 대한 인상을 형성하는가? 흥미로운 실험에서 연구자들은 66장의 얼굴사진을 보여 주는 시간의 길이를 변화시키면서 표적 인물의 성격이 어떤지를 평가하도록 하고 이들 평가 간에 어떤 관계가 있는지를 분석하였다(Willis & Todorov, 2006). 이들 사진을 세 가지 짧은 시간 동안(1초간, 1/2초간 혹은 1/10초간) 섞어서 보여 주었고, 얼마나 매력적인지, 공격적인지, 호감이 가는지, 믿을 만한지, 유능해 보이는지를 평가하도록 하여 이를 비교하였다. [그림 3-1]에서 보듯이 노출시간이 길어진다고 무제한 노출 시의 판단과 상관이 증가하는 것은 아니었다. 매우 짧은 시간 동안 보여 준 사진에서 얻은 인상은 제약없이 볼 수 있었던 사진에서 얻은 인상과도 높은 상관을 보여 주었다. 노출시간이 길

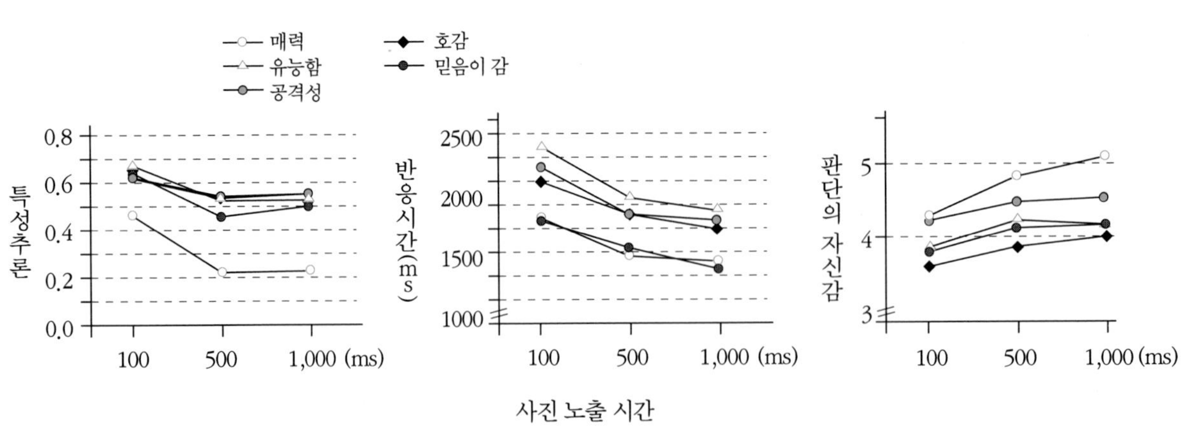

[그림 3-1] 사진 노출 시간에 따른 성향판단(왼쪽), 반응시간(가운데), 판단에 대한 확신도(오른쪽)

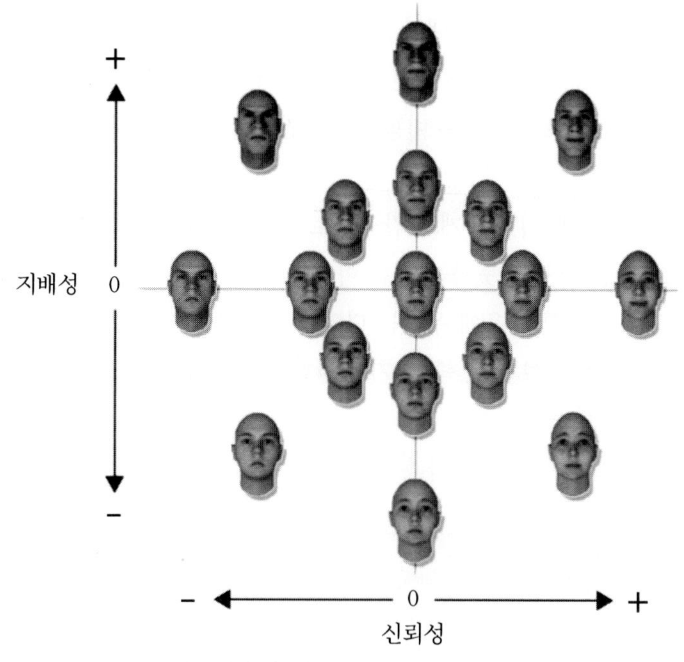

[그림 3-2]
표정의 판단에서 나타나는 2차원의 성격특성(신뢰성과 지배성)
출처: Oosterhof & Todorov, 2008.

어지면서 성격 평가는 부정적인 쪽으로 나타났고, 평가까지 걸리는 반응시간이 짧아졌으며, 평가에 대한 확신감도 강해지는 것으로 나타났다. 노출시간과 무관하게 신뢰감에 대한 평가는 변하지 않았다.

사람들이 얼굴을 보고 내리는 성격특징의 판단 차원을 연구하기 위하여 한 연구에서는 [그림 3-2]의 정중앙에 있는 무표정한 얼굴을 사람들에게 제시하고 인상에 대하여 이야기하도록 하여, 이를 분석해서 두 가지 중요한 차원이 이야기되는 것을 발견하였다. 그림에서 보는 것처럼 중앙의 사진을 기본으로 얼굴의 모습을 컴퓨터 기술로 다양한 형태로 변화시킨 사진을 제시하였을 때 사람들이 판단하는 인상은 신뢰성과 지배성에서 차이가 나타났다. 좌우의 얼굴모습 변화는 신뢰성의 증감과, 상하의 변화는 지배성의 증감과 관련되는 것으로 나타났다(Oosterhof & Todorov, 2008). 이들 사진은 모두 무표정한 사진들인데 이를 사람들에게 제시하고서 어떤 정서를 보이는지를 물었을 때, 사람들은 신뢰로운 얼굴은 행복감을, 신뢰롭지 않은 얼굴은 분노를, 지배적인 얼굴은 남성적이고, 복종적인 얼굴은 여성적인 표정이라고 답하는 양상을 보였다. 얼굴생김만으로 이러한 특징을 유추해 내는 이유는 아마도 사람들이 진화의 역사를 통해서 만나는 상대가 위험한지 여부를 빨리 판단해야 하였기 때문으로 보인다. 위험성에 대한 판단은 접근할 것인지 혹은 피할 것인지의 결정이며, 이를 결정하기 위해서는 상대가 자기를 해칠 의도를 가졌는지(신뢰성의 판단)와 그럴 능력을 지녔는지(지배성의 판단)의 판단이 필요한 탓에 아무 정보가 없는 상대를 볼 때도 얼굴만으로 사람들은 비록 과잉일반화가 될 수 있지만 특징 판단을 하는 것이다.

사람에 대한 우리의 판단이 이렇게 순간적으로 무의식적으로 이루어진다는 것이 대인지각이 어쩔 수 없는 것을 뜻하는 것은 아니다. 자기 구역의 의원 선거처럼 상대방에 대한 판단이 중요한 경우에 우리는 다양한 정보를 얻어서 이들을 바탕으로 신중하게 판단하는 양상을 보인다. 즉, 동기가 강한 경우에 우리는 첫인상을 벗어난 판단을 한다(Riggio & Riggio, 2010).

곁글 3-1 얼굴 첫인상의 정확성

최근의 연구들은 사람들이 상대방의 얼굴만 보고서 내리는 판단이 상당히 정확할 수 있음을 보인다. 상대방이 지닌 명확한 집단범주(남녀, 나이, 인종 등)에 대하여 0.05초 동안 주어진 얼굴을 보고서 놀라울 정도로 알아맞힐 뿐만 아니라, 상대가 지닌 성적 취향(이성애, 동성애)과 같이 외관상 뚜렷한 범주로 구분되지 않는 내용에 대하여도 그 얼굴을 0.05초 동안 제시받고서도 우연보다는 높은 확률로 맞힐 수 있음을 보였다(Rule, MaCrae, & Ambady, 2009). 또 한 연구는 포춘 500대 기업의 상위그룹과 하위그룹의 최고경영자들 얼굴 사진 50개를 하나씩 보여 주면서 그의 리더십, 호감, 유능감 등을 평가하도록 하고, 이 평가치를 회사의 매출액과 비교하였다. 사람들이 리더십이 높으리라 여긴 사람들은 경영실적도 높은 회사로 나타났다(Rule & Ambady, 2008). 경영자들이 모두 비슷한 연배이고, 대부분이 백인이며, 생김새에 있어서도 크게 차이가 나지 않음에도 불구하고 이 같은 차이가 짧은 만남에서 얻어진 첫인상으로부터 나타날 수 있다는 것은 흥미롭고 놀랍다. 또 한 연구는 미국의 국회의원 지역구에서 당선된 사람과 낙선된 사람을 짝지어 보여 주고 누가 더 유능해 보이는지를 판단하게 하였을 때, 더 유능한 사람들로 판단된 사람들의 당선율이 69%로 나타나, 무작위 선정의 정확성 50%를 훨씬 웃도는 것으로 나타났다(Todorov et al., 2005). 유능하다는 인상을 준 사람이 실제로 더 유능한지는 모르지만, 유능하다고 여겨지는 사람에게 표를 던질 가능성이 높은 까닭에 이런 현상이 나타난 것이다. 최근에 이 절차를 적용하여 미국과 한국에서 연구를 수행한 결과 미국 학생이나 한국 학생이나 후보의 얼굴을 보고 유능성을 파악하는 양상은 차이가 없었으나, 이 판단이 미국의 선거 결과를 예측하는 것으로 나타났지만, 한국 학생의 유능성 평가는 국내의 선거결과를 예측하지 못하는 것으로 나타났다(Na et al., 2015). 이는 후보자의 인상에서 얻는 유능성보다 후보의 정당, 행적, 소문 등이 국내에서는 유능감 인상보다 더 중요하게 작용하는 탓으로 보인다. 그러나 미국의 경우에는 후보자의 인상이 더 큰 영향을 미치는 것으로 나타났다.

이러한 기제들에 더해서 **자성예언**(본서 4장)이라는 사회심리적 기제가 작용하여 첫인상이 매우 정확한 것으로 여겨질 가능성은 높다. 첫인상이 정확하다고 여겨지는 이유에 대하여 Zebrowitz와 Collins(1997)는 두 가지로 분석하고 있다. 우선, 사람들의 외모(현저한 정보)와 심리적 특성에 대한 사회적 통념(고정관념 등)은 전혀 근거 없는 것이 아니기 때문이다. 이에는 몇 가지 기제가 작용할 수 있다. 동일한 유전자가 심리적 특성과 외모의 특성 발현에 작용하여 둘 사이에 관계가 깊게 나타날 수 있다. 또한 심리적 특성이 신체적 특성에 영향을 미칠 수 있다. 예를 들어, 게으른 사람은 운동을 싫어해서 비만해질 가능성이 높다. 반면에, 신체적 특성이 심리적 특성을 키울 수도 있다. 예를 들어, 매력적인 외모의 소유자는 다른 사람들에게 환대를 받으면서 대인관계에서 자신감을 지니게 될 것이다. 이들에 더하여, 우리가 상대방에 대하여 지니게 된 인상이 상대에게 전달되어 상대로 하여금 우리의 기대에 부응하는 행위를 보이게 만드는 **자성예언적 현상**이 작용하여 상대방에 대한 인상이 맞는 것으로 확인될 수 있다.

❖ 인상형성에서 나타나는 기제들

다음의 인물에 대하여 당신은 어떠한 인상을 갖겠는가?

> "그는 스스로에 대하여 과대망상적이어서 천상천하에 유아독존격인 생각을 갖고 있으며 자기만큼 대단한 인물은 없다고 생각한다. 다른 사람들이 자기와 다른 생각을 갖고 있는 것을 용납하지 못하며 자기를 비판하는 사람을 사정없이 공격하며 남들이 방해했다고 생각되면 자제력을 잃고 흥분한다. 책임감도 약하며 남에게서 빌린 돈을 제대로 갚는 일이 드물고 자기의 열렬한 팬의 부인을 침대로 끌어들였다."(Taylor, 1966)

바로 독일이 낳은 위대한 작곡가 리처드 바그너에 대한 이야기다. 음악가로서 바그너의 명성은 너무 탁월하기 때문에 일반 사람들이 그에 대하여 품고 있는 생각은 매우 호의적이다. 그러나 이 인물이 바그너라는 것을 알고 들었을 때와 모르고 들었을 때, 우리의 인상은 크게 다를 것이다.

애쉬(Solomon Asch, 1907~1996)
폴란드에서 태어나 미국으로 건너가 컬럼비아 대학교에서 심리학 박사학위를 취득한 유태계 교수다. 게슈탈트적 관점을 취해서 대인지각 연구를 하여 초두효과 등의 현상을 정리 · 발표하고, 동조실험으로 명성을 날리고, Milgram을 제자로 키웠다.

초두효과 그 이유는 틀이 다르게 작용하기 때문이다. 바그너라고 알았을 때 위대한 예술가란 틀에서 그에 대한 정보들이 처리되지만, 모르고 들었을 때는 못된 사람이라는 틀에서 그에 대한 정보들이 처리되는 것이다. 이러한 틀이 작용하기 때문에 첫인상이 중요하다는 것이다. 고전적 연구에서 Asch(1946)는 학생들에게 가상적인 인물에 대한 성격을 묘사하는 형용사들을 나열하여 제시하고, 학생들이 그 인물에 대하여 느끼는 인상이 무엇인지를 쓰게 하였다. 한 조건에서는 형용사의 순서가 "똑똑하고, 근면하고, 충동적이며, 비판적이고, 고집이 세며, 질투심이 강함"이었고 다른 조건에서는 똑같은 형용사들을 제시순서를 뒤바꿨을 뿐이다(즉, 질투심이 강하고, 고집이 세며……). 참가자들은 긍정적인 형용사들이 먼저 제시되었을 때 상대방 인물에 대하여 보다 호의적인 인상을 느끼는 것으로 나타났다. 이같이 먼저 제시된 정보가 나중에 제시된 정보보다 더 큰 영향력을 행사하는 것을 초두효과라고 한다.

즉, 처음에 제시된 정보가 틀(맥락)을 형성하고 이 맥락 속에서 우리는 나중에 제시된 정보를 해석하기 때문에 나중 정보가 지니는 의미가 달라지는 것이다. 어떤 사람이 '똑똑하다'고 들었는데 그가 이미 성실하고 정직하다는 것을 알았을 때와 그가 성실하지 못하다는 것을 알았을 때는 '똑똑하다'는 정보가 달리 해석되어 앞의 경우는 유능하고 믿음직하다는 인상이 형성되고, 뒤의 경우는 요령꾼, 사기꾼이란 인상이 형성되기 쉽다. 초두효과는 인상형성뿐만 아니라 과제의 성패에도 영향을 미칠 수 있다(곁글 3-2).

곁글 3-2 초두효과는 사회적 영향에도 작용한다!

같은 능력과 배경, 자원을 지닌 사람들이라 해도 하는 일의 성패를 예측하기 어렵다. 관찰자가 보기 어려운 개인의 특성 때문에 차이가 나타날 수도 있지만, 한 연구는 초기의 우연적 성공경험이 성패를 가를 수도 있다는 가능성을 실험적으로 검증하였다. 연구자들은 소규모(1,000~5,000달러)의 크라우드 펀딩(crowd funding)을 하지만 아직 지원자가 없는 293개를 선정하여 무작위로 실험집단과 통제집단으로 나누어 실험집단에는 모금액의 1%를 보냈고, 통제집단에는 보내지 않았다. 연구자들은 펀딩 마감 기일까지 모금이 되는 양상을 관찰하였다. 아울러 연구자들은 매우 인기 높은 소비자보고/평가/고발 누리집에 올려진 평가글 중에서 답글이 달리지 않은 글들의 내용을 보고 잘 쓴 정도를 판단하여, 잘 쓴 것들을 골라 이들의 절반은 실험조건에 배정하여 글에 대한 평가를 '매우 도움이 됨'이라고 표시하였고, 통제조건에 배정된 글들은 아무 응답 없이 놓아두었다. 이들 글에 대하여 댓글 및 응답이 달리는 양상을 두 주간 기록하였다. 유사한 절차를 적용하여 각종 청원 내용을 올리고 지지자를 모으고 있는 누리집에서 지난 24시간 동안 아무런 응답이 없는 청원들을 실험집단과 통제집단으로 구분하여, 실험집단에는 12명이 신규 지지하도록 하여, 아무도 지지를 보이지 않은 통제집단과 비교해서 2주간 일반인의 서명이 이루어지는 양상을 비교 · 분석하였다. [그림 3-3]에서 보듯이 초기에 거둔 성공의 효과는 말미까지 활동의 내용(펀딩, 평가, 청원 등)과 무관하게 지속되는 것을 볼 수 있다. 연구자들은 초기 성공의 양(반응 빈도)을 4배로 증가시킨 조건을 추가하여 비교하는 실험도 하였는데, 그 효과가 약간 증가하지만 큰 차이가 없는 것을 보았다. 이 연구는 초기에 우연적일 수 있는 성공의 경험 여부가 성패에 영향을 미치는 효과를 흥미롭게 보이고 있다.

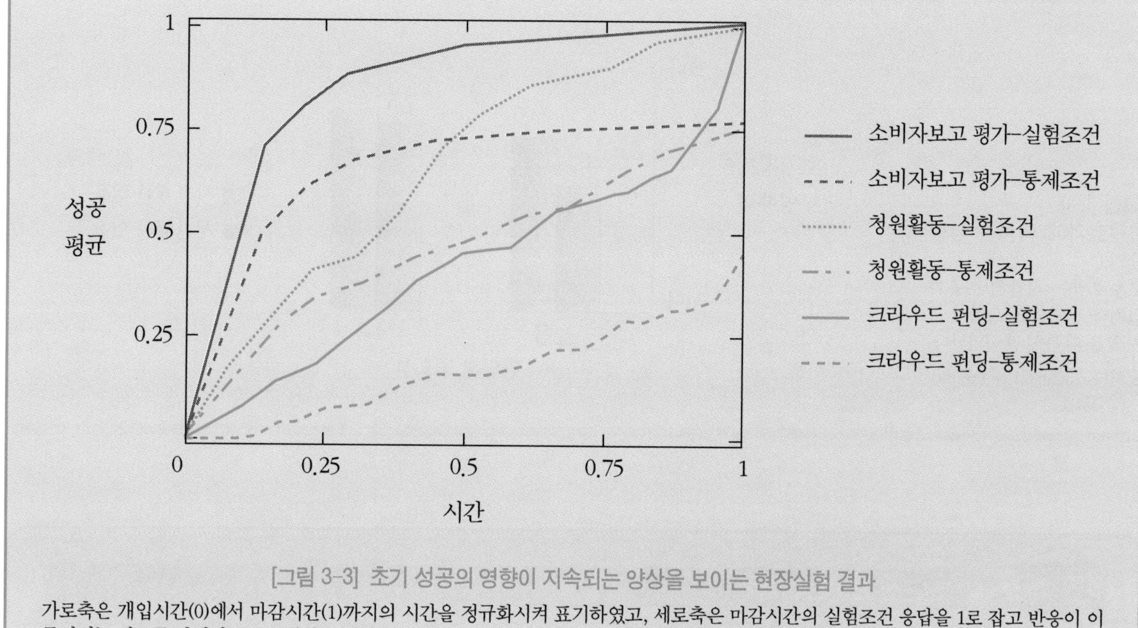

[그림 3-3] 초기 성공의 영향이 지속되는 양상을 보이는 현장실험 결과

가로축은 개입시간(0)에서 마감시간(1)까지의 시간을 정규화시켜 표기하였고, 세로축은 마감시간의 실험조건 응답을 1로 잡고 반응이 이루어지는 빈도를 상대적으로 표기하고 있다.

출처: van de Rijt et al., 2014, 그림 2의 일부.

한편, 일단 정보가 접수되면 그 후에 접수되는 정보들에는 주의가 소홀해질 수 있다. 주의감소 가설에 따르면, 사람들이 제시된 모든 정보에 주의를 기울일 수 있게 되면 초두효과는 안 나타날 것이다. 한 연구에서 참가자들에게 인물에 대한 특징을 기술하는 형용사들을 제시하면서 이들을 회상할 필요가 있다고 했을 경우에는 초두효과가 나타나지 않았다(Anderson & Hubert, 1963).

일단 형성된 첫인상을 바꾸는 것은 가능한가? 참가자들에게 면담하면서 상당히 불안 초조해하는 여인의 면담 비디오를 보여 주면서, 연구 참여자들이 볼 수 있게끔 자막으로 그녀가 질문을 받은 내용을 제시하여 주었다. 한 집단에서는 여자가 '나의 성적 환상' 혹은 '내가 가장 당황했던 경우'를 답하고 있다고 알려 주었고(민감한 주제), 다른 집단에게는 '내가 즐겼던 여행'을 답하고 있다고 알려 주었다(Gilbert et al., 1988). 참여자들은 면담 비디오를 보고서 그 여자가 얼마나 불안 초조해 하는지 등을 평가하였다. 그 결과 민감한 질문을 답하고 있다고 여긴 집단은 여행에 대한 답을 하고 있다고 여기는 집단보다 여자의 초조함을 첫인상 느낀 대로 평가하기보다는 상황 탓을 감안하여 평가하는 것으로 나타났다. 또 다른 두 집단에게는 같은 비디오를 보여 주면서 그 여자가 이야기하는 내용을 기억하라고 지시하

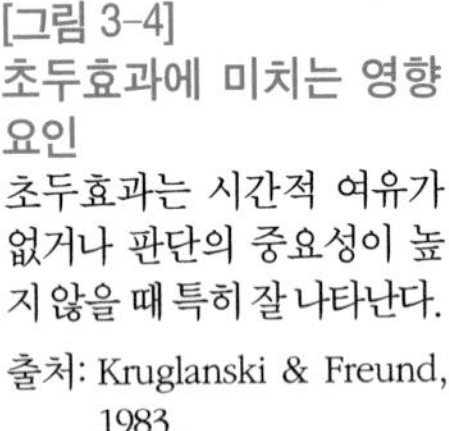

[그림 3-4]
초두효과에 미치는 영향 요인
초두효과는 시간적 여유가 없거나 판단의 중요성이 높지 않을 때 특히 잘 나타난다.
출처: Kruglanski & Freund, 1983.

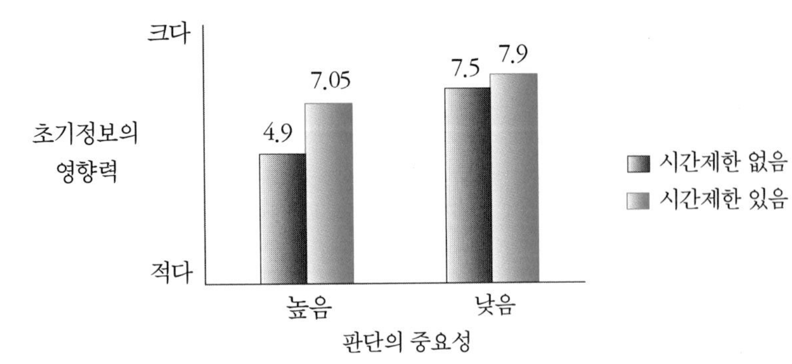

결글 3-3

신근성 효과는 언제?

초두효과와는 정반대로 시간적으로 나중에 제시된 정보가 잘 기억되고 따라서 인상형성에 큰 영향을 미칠 수 있는데 이를 **신근성 효과**라고 한다. 이 효과는 제한적으로 나타나는데 초기 정보가 너무 일찍 제시되어 망각되거나, 최근의 정보가 상대자의 변화된 모습을 잘 보여 준다고 여겨질 때, 그리고 최근의 정보가 아주 현저하게 지각되는 경우들에서 나타난다. 한 연구(Kruglanski & Freund, 1983)는 참가자들이 그들이 내리는 판단이 자신의 능력 판단에 중요하며 지니고 있는 모든 정보(초기에 제시된 정보와 모순되는 정보를 포함한)를 충분히 고려할 시간적 여유가 있을 때도 초두효과를 상당히 감소시킬 수 있음을 보이고 있다([그림 3-4]). 이 같은 몇 가지 예외적인 경우를 제외한다면 초두효과가 인상형성의 일반적인 현상이다.

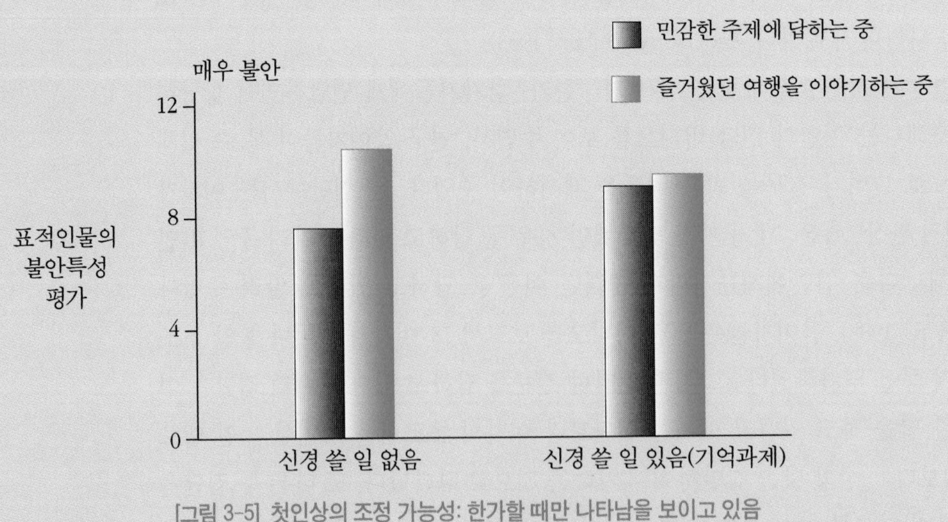

[그림 3-5] 첫인상의 조정 가능성: 한가할 때만 나타남을 보이고 있음

였는데, 이 경우에는 두 조건 간에 아무런 차이가 나타나지 않았다. 즉, 첫인상에 대한 조정효과는 바쁘거나, 다른 할 일이 있을 경우에는 나타나지 않는다([그림 3-5]). 사람들은 특별한 이유가 없는 한 자신이 접하는 정보를 참인 것으로 자동적으로 받아들이고, 여유가 있을 때 그 진위 여부를 고려하여 판단에 미치는 영향력을 조정하는 양상을 보인다(Gilbert et al., 1993).

현저성 효과 사람들은 상대방이 제시하는 여러 정보들에 공평하게 주의를 기울이기보다는 현저하게 부각되는 면에 의지해서 인상을 형성하게 된다. 심리학에서 가장 잘 알려진 지각상의 원리는 도형-배경 원리라고 할 수 있는데 이것이 대인지각에서도 적용된다. 즉, 상대와의 만남에서 유난스럽게 주의를 끄는 상대의 모습을 중심으로 그에 대한 인상을 갖추게 된다는 것이다. 미팅에서 만난 상대방이 다른 여자들에 비해서 화장을 두드러지게 진하게 했을 때 사람들은 사치스럽다거나 야하다라는 인상을 받기 쉽고 그러한 사람들이 지니고 있다고 여겨지는 여러 특성들을 상대방이 지니고 있다고 생각하기 쉽다.

대인관계에서 우리들은 상대방으로부터 긍정적인 정보를 많이 접하기 쉽다. 어쩌다 눈에 뜨이는 부정적인 정보는 비록 그 수가 적을지라도, 주목을 끄는 현저성 효과 탓으로 상대방의 파악에 큰 영향을 준다. 사람들은 긍정적인 정보를 바탕으로 내린 판단보다는 부정적인 정보를 바탕으로 내린 판단에 보다 큰 확신을 가지고 있으며(Hamilton & Zanna, 1972), 좋은 인상을 바꾸기는 쉽지만 나쁜 인상을 바꾸기는 어려운데 그 이유는 나쁜 정보가 희소한 탓에 현저해지기 때문이다(Hodges, 1974). 이를 악성효과라고 한다. 특히 아주 부정적인 정보가 얻어졌을 경우 다른 정보의 긍정적인 가치가 거의 반영되지 않는 양상이 나타난다. Lau(1982)는 1968~1980년 기간에 미국에서 행해진 각종 선거에서 투표자 행위를 분석하였는데 후보자에 대한 유권자들의 평가는 후보자들에 관한 악성정보에 의해 크게 영향 받음을 보였다. 이 탓에 선거철이면 상대 후보에 대한 흑색선전과 루머가 난무하며, 투표의 양상에 미치는 효과가 적지 않다.

그러나 좋은 정보와 나쁜 정보가 같은 수로 나타나고 있는 경우에도 유독 나쁜 정보가 현저하게 부각되는 양상이 있는데, 이는 지각의 현저성 탓만으로는 설명이 되지 않는다. 이에는 진화론적 설명이 가능하다. 상대방의 나쁜 면과 좋은 면에 대하여 나쁜 면(칼을 든 상대방)을 놓쳤을 경우에 지각자에게 오는 손실은 좋은 면(빵을 든 상대방)을 놓쳤을 경우에 오는 손실에 비해서 매우 클 수가 있다. 그래서 우리들은 나쁜 정보에 더 민감하게 반응하며 진화의 적응력을 키워왔을 것이다(Pratto &

John, 1991; Rozin & Royzman, 2001; Vaish et al., 2008).

대인지각의 내용

❖ 무의식적으로 처리되는 정보들

소개팅을 나가 만난 상대방이 우리에게 보여 주는 수많은 정보(생김새, 말투, 했던 일, 취미, 만난 장소 등등)들 중에서 우리는 어떠한 정보를 처리하는가? 우리는 상대방이 지적인지 여부를 알아보겠다는 의도를 갖고 정보탐색에 나서기도 하지만, 많은 정보들을 별 의식 없이 자동적으로 처리한다. 이렇게 무의식적으로 처리되는 정보들도 우리들의 판단에 지속적인 영향을 미친다. 나에 대한 정보, 자주 경험하는 정보, 나쁜 행위에 대한 정보, 집단범주에 대한 정보의 네 가지가 무의식적으로 처리되는 정보들이다(Wegner & Bargh, 1998). 그 증거로 우리는 잔칫집에서 떠들썩하지만 자신의 이름이 불리는 것을 놓치지 않으며(칵테일파티 현상), 스트룹 과제를 수행할 때, 쓰인 단어가 자신이 자주 접하는 단어(자신의 성격, 가치, 태도 등)일 경우에 과제수행이 더디어지는 현상을 보이며(Bargh & Pratto, 1986), 상대방에 대한 나쁜 행위, 특징의 기술에 대하여 민감하고, 이를 중시하여 상대방에 대한 판단을 한다(Fiske, 1980). 상대방이 지닌 집단관련 정보, 특히 성, 인종, 연령은 무의식적으로 처리가 이루어진다. 이 밖에도 생김새, 출신 등에 대한 정보들이 자동적으로 처리된다. 집단에 대한 고정관념은 정보처리의 효율성을 도와주어, 한정된 주의자원을 다른 것에 돌릴 수 있도록 도와준다(MaCrae & Bodenhausen, 2000 본서 10장 참조). 고정관념이 활성화되면, 고정관념과 불일치하는 정보들의 처리에 제동이 걸려 우리의 주의 밖으로 밀려나는 현상이 나타난다(Dijksterhuis & Van Knippenberg, 1996). 상대방에 대하여 정확하게 파악하려는 것은 상당한 노력을 요하는데, 우리가 그러한 동기를 강하게 가지고 있지 않은 한 많은 정보들이 우리의 의식 밖에서 자동적으로 처리가 이루어지며 상대에 대한 인상형성에 영향을 미친다.

스트룹(stroop) 과제
카드의 가운데에 색깔을 지칭하는 글자(예: 노랑)를 쓰고 카드 색깔을 글자와는 다른 색으로 만들어 제시하면서, 카드 색깔 혹은 글자를 말하게 하는 과제다. 하나의 정보를 처리하면서 주위의 정보가 무의식적으로 같이 처리되는 양상을 보이는 데 많이 쓰이는 실험과제다.

❖ 대인지각의 두 가지 기본적 차원

사람들은 남을 판단하는 경우에 여러 자료가 없어도 한두 가지 정보를 바탕으로 다양한 영역에서 상대에 대한 추측을 한다. 사회의 통념에다가 개개인들이 사회생활을 하면서 나름대로 터득한 성격이론을 갖고 있기 때문에 이를 적용시키는 것이다. 이를테면, 입술이 얇은 사람은 신의가 없으며, 달변인 사람은 신중하지 못하다는 등 자신의 대인 경험을 통해 터득했거나 민간속설, 관상학, 독서 등을 통해서 믿게 된 것들인데 이러한 믿음 혹은 이론들을 내현성격 이론(Schneider, 1973)이라고 한다. 이 이론은 개개인마다 생활경험을 통해서 나름대로 지니게 될 수 있지만, 많은 사회에서 공통적으로 나타나는 것들도 있다. 대표적인 것이 어린아이의 얼굴 모습(눈이 동그랗고, 볼이 앞으로 나오고, 이마가 나오거나, 머리통이 크며, 턱이 둥그렇고 작은 모습 등)을 가진 사람들을 어린 아이와 비슷한 성격(순진하고, 잘 속고, 약하고, 순종적인)을 지녔다고 여기고, 이와는 대조적으로 작은 눈, 좁은 이마, 각진 턱을 지닌 얼굴의 사람을 강하고, 지배적인 성격을 지닌 것으로 여기는 양상을 들 수 있다(Zebrowitz & Montepare, 2005). 이런 내현성격 이론의 적용 탓에, 같은 범죄를 저지른 사람일지라도 어린 아이의 얼굴 모습을 지닌 피의자들이 받는 양형이 적은 것으로 나타난다(Zebrowitz & McDonald, 1991).

1928년에 처음 나온 미키마우스 모습이 그동안 바뀌면서, 더욱 아동의 얼굴 모습을 띠는 형태로 진화되어 왔다.

사람들이 타인을 만나면서 상대에 대하여 파악하고자 하는 중요한 특징은 무엇일까? 그동안 이루어진 이 분야의 많은 연구들을 정리할 수 있는 모형으로 제시된 이중관점 모형(Dual-perspective model)에 따르면, 다양한 특징들은 주체성과 어울림성이라는 두 가지 차원에서 정리될 수 있다(Abele & Wojciszke, 2007; Wojciszke et al., 2011). 주체성(agentic)이란 상대방이 주체적으로 일을 도모하고 수행할 수 있는 역량을 알려주는 특징들이다. 이런 특징에는 활동성, 주장성, 창의성, 똑똑함, 지혜, 논리성, 자신감, 자율성 등이 포함된다. 어울림성(communion)이란 상대방이 타인을 배려하고, 포용하며 좋은 관계를 맺어갈 수 있는지를 알려주는 특징들로, 돌봄, 자기희생, 겸양, 공감, 충성심, 신뢰감, 포용력, 감수성 등이 포함된다. 사람들은 두 가지

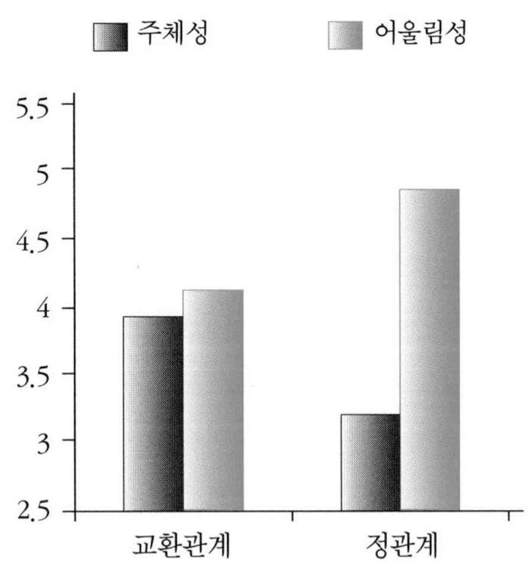

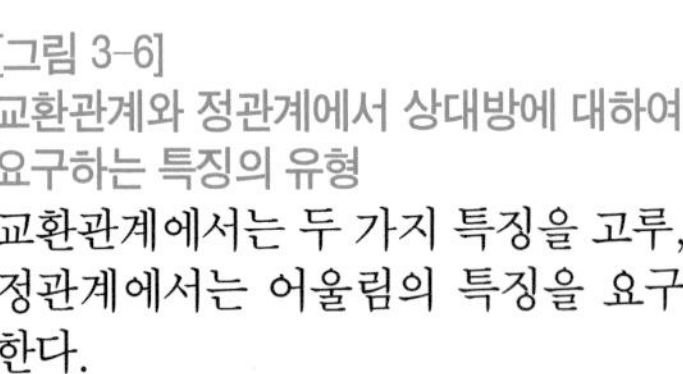
[그림 3-6]
교환관계와 정관계에서 상대방에 대하여 요구하는 특징의 유형
교환관계에서는 두 가지 특징을 고루, 정관계에서는 어울림의 특징을 요구한다.
출처: Abele et al., 2013 연구 2의 결과.

중에서 주체성보다는 어울림성의 판단에 일반적으로 더 큰 중요성을 부여하는 것으로 나타난다. 상대방을 만날 때 알고 싶어하는 정보 열 가지를 적으라 하였을 때 여덟 가지는 어울림성에 대한 특징으로 나타났으며(Wojciszke et al., 1998), 인상형성에 있어서 어울림성의 정보는 주체성의 정보보다 더 큰 영향을 미치며, 더 빨리 처리되는 것으로 나타난다(Abele & Bruckmüller, 2011; Ybarra, Chan, & Park, 2001). 한 연구에서는 자신이 알고 있는 사람 20명에 대하여 전반적인 호감도를 표시하고, 주체성 및 어울림성에 관한 특성 20개에 평가하게 하였다. 상대방에 대한 호감도에 영향을 미치는 것은 주체성보다는 어울림성 특징인 것으로 나타났다(Wojciszke et al., 1998, 연구 3).

우리가 타인의 특성을 파악하려는 이유는 상대방과 어떠한 행위—동업, 비밀 토로 등—를 해도 되는지 여부를 판단하고자 하기 때문이다. 상대방과 어떤 관계를 지향하는가에 따라 중요하게 여기는 특징은 다르게 나타나기도 한다. 상대와 동업을 하거나, 성과를 목표로 일을 하는 경우에는 상대방의 주체성 정보를 중시하지만, 상대와 우정이나 친분을 맺으려는 경우에는 상대방이 얼마나 믿을 만한지, 자신을 수용할 것인지의 어울림성 정보를 중시한다(조긍호, 1990; Abele & Wojciszke, 2013; [그림 3-6]).

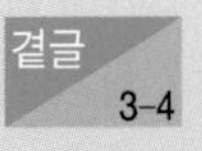

한국인의 사람평가: 된 사람, 난 사람

된 사람인가 난 사람인가는 한국사회에서 누군가를 평가할 때 흔히 쓰는 표현이다. 전자는 사람의 도덕성을 포괄하는 어울림성의 의미를 지니고 있고, 후자는 능력과 성취를 위주로 하는 주체성에 대한 판단이다. 도덕성의 내용을 분석해 보면 삶의 자세 부분과 대인관계의 관계성에 대한 부분으로 구분이 가능하다. 대학생을 대상으로 여러 표적인물을 제시하면서, 그에 대한 정보를 삶의 자세와 능력 면에서 긍정적인 것과 부정적인 것을 조합(예: 맡은 일에 책임을 다한다 + 창의적이다, 정직하게 살려한다+아둔한 편이다 등)하여 제시하고, 표적인물에 대한 호오도를 평가하게 한 결과, [그림 3-7-1]에서 보듯이 능력보다는 삶의 자세가 더 큰 영향을 미치는 것으로 나타났다(한규석 등, 2004b). 즉, 능력이 긍정적일지라도 삶의 자세가 좋지 않다면 평가는 나쁘게 이루어진다. 두 관점 모형에 비춘다면 한국인들도 주체성의 정보보다는 어울림성의 정보를 더 크게 본다고 하겠다. 다른 일군의 학생들에게 이번에는 삶의 자세와 대인관계의 정보를 긍정적인 것과 부정적인 것을 조합(예: 성실한 삶의 자세를 지니고 있다+대인관계가 원만하다, 맡은 일에 최선을 다한다 + 자기중심적이다 등)하여 제시하고, 호오도를 평가하게 한 결과 삶의 자세 못지않게 대인관계에 대한 정보도 중요한 영향을 미치는 것으로 나타났다([그림 3-7-2]). 삶의 자세가 불량해도 어울림성이 좋다면 용서가 된다는 이 결과는 관계주의적 경향이 강한 한국사회의 특징을 반영하고 있는 것으로 해석될 수 있다.

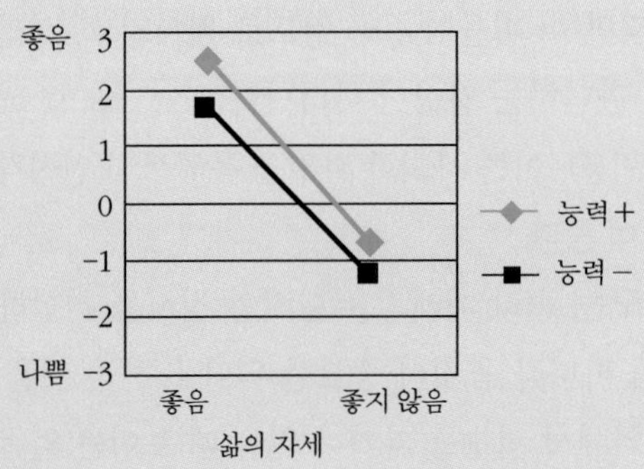

[그림 3-7-1] 자세 * 능력에 따른 호오평가

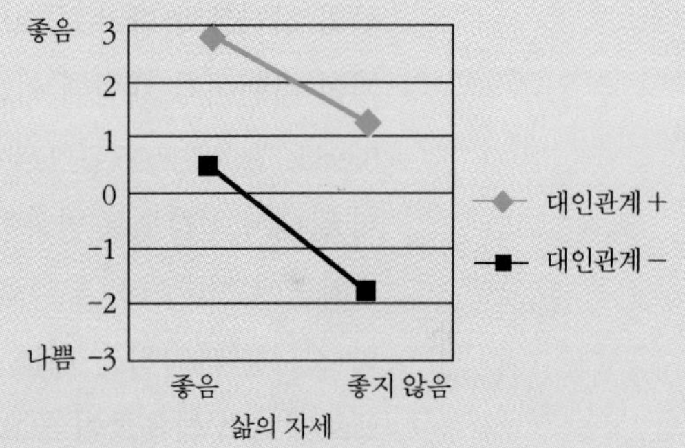

[그림 3-7-2] 자세 * 대인관계에 따른 호오평가

❖ 비언어적 정보의 중요성

많은 내용의 정보가 언어적 채널을 통해 전달되지만, 비언어적 채널도 대인지각에서 중요한 역할을 담당하고 있다. 많은 경우에 비언어적 채널(몸짓, 손짓, 표정 등과 목소리의 높낮이, 떨림, 세기와 같은 부언어적인 것을 포함)은 언어적 채널의 내용에 맞추어 자연스럽게 이루어진다. 이 경우에도 비언어적 채널은 없어서는 안 될 중요한 정보를 제공해 준다. 이를 잘 보여 준 연구(Archer & Akert, 1977)에서 참여자들에게 두세 사람이 대화를 나누는 비디오를 보여 준 후 비디오의 내용에서 유추해 낼 수 있는 것에 대한 질문을 하였다. 비디오는 사회현장에서 두세 사람이 실제 대화를 나누는 1분 안팎의 짧은 내용이었는데, 한 장면에서는 두 여성이 일곱 달된 아기를 데리고 놀고 있는 상황이었고, 참여자들은 어느 여자가 아기의 엄마인지를 질문받았다. 이 장면에서 오고 간 대화의 기술문만을 본 참여자의 경우에는 엄마를 맞히는 확률이 반반이었으나, 비디오를 본 참여자의 경우에 정답률은 훨씬 높았다. 이는 비언어적 채널에 담긴 내용이 그만큼 추가적인 정보를 제공하며, 사람들이 그러한 단서를 능란히 활용한다는 것을 보여 준다(곁글 3-5 및 6-1 참고).

그러나 언어적 내용이 애매하거나, 내용이 상황에 맞지 않는 경우, 말하는 사람이 거짓말을 하는지 등의 의중이나 정서를 알고자 하는 경우에 사람들은 언어보다 비언어적 채널에 중심을 둔다. 비언어적 채널은 자율신경계의 지배하에 있어 사람들이 의식적으로 완전히 통제할 수 없기 때문이다. 흥미롭게도 언어적 내용과 그 내용이 전달되는 부언어적 내용이 일치하지 않는 경우에(기쁜 일을 침울한 투로 이야기하는 따위) 5세 이하의 아이들은 80%의 경우에 언어적 표현에 의존해서 말하는 사람의 정서를 판단하고, 10세가 되면 이 비율이 40% 정도로 떨어지고, 성인이 되면 거의 비언어적 채널에 의존해서 판단하는 양상이 나타난다(Morton & Trehub, 2001: Breckler et al., 2006, p. 124에서 재인용). 이는 사회화 과정을 통해서 대인지각의 채널이 말에서 직감으로 변화됨을 보여 준다.

최근에 이루어진 흥미로운 연구는 승리/패배의 극단적인 정서를 경험하는 상대의 정서를 파악하는 데는 표정이 아니라 몸짓이 중요한 역할을 하는 것을 보였다. 프로테니스 선수들이 중요한 경기에서 점수를 따거나 잃을 때 보이는 얼굴 표정과 몸짓을 분리하여 느끼는 정서를 맞추도록 하였을 때, 얼굴표정은 별 도움이 안 되지만 몸짓으로는 상당히 정확하게 정서를 맞추는 것으로 나타났다(Aviezer et al., 2012). 얼굴과 몸짓을 분리 조합한 사진을 사람들에게 제시하고([그림 3-8]의 a), 어떤 정서를 경험하는지를 맞추게 했을 때 사람들은 상대의 얼굴표정보다는 몸짓에 의존해서 정서를 예측하는 것으로 나타났다([그림 3-8]의 b). 그렇지만 흥미롭게도 사람들은 얼굴표정에 의지해서 정서를 판단하고 있다고 말한다. 감정이 극단적으로 경험될 때 우리의 얼굴표정은 이를 적합하게 표현해 내지 못하며, 몸짓으로 표현하지만 이 몸짓을 사람들은 의식적으로는 잘 인식하지 못한다.

(a) 1은 실점 상황, 2는 승점 상황의 실제 상반신 사진임. 3과 4는 얼굴표정과 몸짓을 분리하여 맞지 않게 조합한 사진임

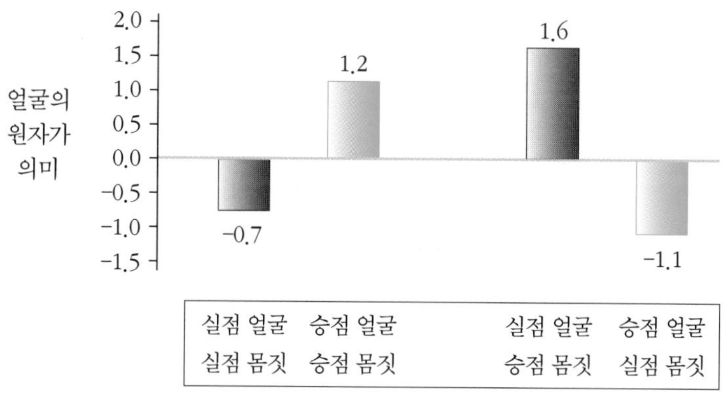

(b) 사람들의 정서판단은 얼굴보다 몸짓에 맞추어 나타남을 보임

[그림 3-8] 표정인가, 몸짓인가?: 정서판단의 통로

출처: Aviezer et al., 2012.

❖ 외모의 후광효과

월스트리트 지는 한국사회에서 광적으로 성형수술이 행해지고 있다는 보도를 하였다(조선일보, 2001. 2. 23.). 신체의 여러 부위에 수술이 행해지고 있으며, 서구의 미인을 닮으려는 얼굴 성형수술이 많이 행해진다는 내용이다. 실제로 보건복지통계연보에 따르면 지난 수년간 전공의가 가장 많이 늘어난 분야가 성형외과 부분으로 조사되고 있다(임인숙, 2001). "아름다운 것은 좋은 것이다."라는 고정관념은 서양에서 많은 연구들이 확인해 주었다. 많은 경험적 연구의 결과를 통합한 메타 분석은 매력적인 사람이 못생긴 사람에 비해 거의 모든 영역(대인관계 자신감, 적극성, 지적

메타(통합) 분석
특정주제에 관련하여 이루어진 많은 경험적 연구결과가 일치하지 않는 증거를 보여주는 경우에 각 개별 연구들의 결과를 마치 하나의 사례처럼 간주하여 분석함으로써 그 주제에 대한 혼란을 정리하고, 통합하는 새로운 틀이나 모형을 제시하는 연구.

결글 3-5 수행평가에서 시각정보의 독점적 영향-음악평가에서도!

음악은 청각에 의존한 활동이라고 사람들은 생각한다. 연주를 잘하고 못하고는 청각으로 하는 판단이라고 보지만 최근의 연구는 소리를 죽인 연주 모습을 보여 주는 것만으로도 사람들의 평가가 실제 경연에서의 수상을 더 잘 예측할 수 있다는 것을 보이고 있다. 10개의 국제적인 피아노 경연대회의 최종 결선에 오른 응시자 세 사람들의 연주 실황에서 6초 동안의 연주를 뽑아서 실험자극으로 삼았다. 실험자극은 음원 자극만 보여 준 경우, 음원은 빼고 연주 모습만 보여 준 경우, 음원과 연주 모습을 모두 보여 준 경우의 세 가지로 편집해서 일반인과 10여 년 이상 음악을 해온 전문가들에게 주고 누가 일등을 했으리라 보는지 평가하게 하였다. [그림 3-9]의 (a)에서 보듯이 모든 사람들이 평가에서 가장 중요한 것은 소리라고 하였지만, [그림 3-9]의 (b)에서 나타난 결과는 소리만 들었을 경우에 적중률이 가장 떨어지고, 소리없이 연주 모습만 보여 주었을 때 적중률이 가장 높게 나타났다. 실제 연주 모습과 음원을 같이 제공한 경우보다 모습만 보여 준 경우가 적중률이 높았다. 이런 양상에서 전문가나 일반인이나 차이가 나지 않았다. 여러 가지 평가를 했을 때(누가 가장 매력적인가, 누가 가장 열정적인가, 자신감 있나, 몰입되어 있나, 창의성이 높은가, 독특한가) 열정, 몰입, 창의성, 독특성의 평가는 실제 수상자를 더 잘 맞추는 것으로 나타났으며, 매력이나 자신감에 대한 평가와는 별 관계가 없는 것으로 나타났다. 열정이나 몰입 등의 특징들은 소리로서 표현되기보다는 모습으로서 표현되기가 쉽다는 점에서 청각에 호소하는 연주의 평가도 우리는 무의식적인 수준에서 상대의 모습에 의해 영향을 많이 받는다는 것을 알 수 있다(Tsay, 2013).

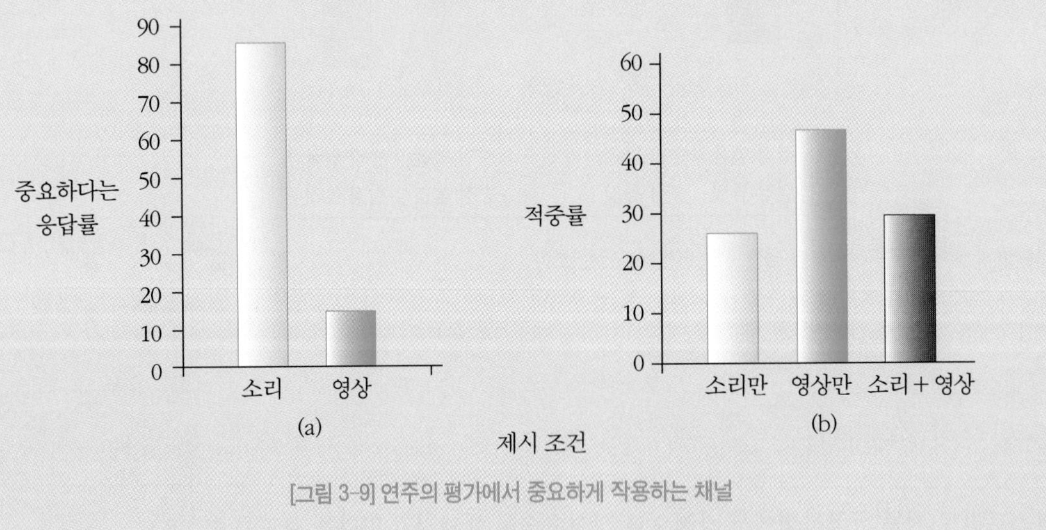

[그림 3-9] 연주의 평가에서 중요하게 작용하는 채널

능력, 성실성)에서 유리한 평가를 받는다고 결론지었다. 다만 타인에 대한 배려성에 있어서는 차이가 없으나, 덜 겸손하며, 더 사치스러운 등 부정적으로 여겨짐을 발견했다. 외모의 후광효과는 매력적인 여자뿐 아니라 남자를 대상으로도 나타나고 있다(Eagly et al., 1991; Feingold, 1992).

아름다움의 평가에 미치는 얼굴의 물리적 특징과 유추된 심리적 특징 다양한 얼굴의 특징들—작은 눈, 큰 코, 얇은 입술, 주걱턱, 호랑이 눈썹 등—이 어우러져 얼굴에 대한 인상을 형성한다. 한 연구는 얼굴의 특징이 어떤 인상을 주는 역할을 하며, 이들이 최종적으로 아름답다는 평가에 어떻게 영향을 미치는지를 연구하여 흥미롭다. 박은아와 서현숙(2009)은 인터넷에 올려진 취업증명사진첩에서 수집한 다양한 사람들의 사진(남녀 각 46장)을 남녀 대학생 평가자 460여 명에게 주고 얼굴의 물리적 특징과 심리적 인상을 평가하도록 하였다. 여성 얼굴의 매력을 평가하는 물리적 특징으로는 눈 크기와 모양, 얼굴선, 코높이, 피부결, 입의 크기, 눈썹 등으로 나타났다. 심리적 특성으로는 단아하고 단정함, 당당한 자신감, 깜찍스러움, 편하고 따뜻함, 섹시함 등이 나타났다.

여성 얼굴의 아름다움 평가에 가장 큰 영향을 미치는 것은 단아하고 단정함이었으며, 섹시함도 긍정적으로 나타났지만, 당당한 자신감은 부정적인 영향을 미치는 것으로 나타났다. 당당한 자신감은 아름다움 평가에서 커리어 여성에게 긍정적으

곁글 3-6 **정치인의 외모는 득표에 영향을 미치나?**

한 연구는 정치 후보자의 성이 미치는 영향을 파악하기 위하여 2006년의 미국의회 상하원 선거에 나섰던 잘 알려지지 않은 정치인 얼굴(남자 60명, 여자 46명)의 사진을 하나씩 남녀가 반 정도씩 섞인 유권자 73명에게 보여 주고 매력성, 유능성, 지배성, 접근성을 평가하게 하고, 당선 가능성을 예측하게 하였다(Chiao et al., 2008). 남녀 응답자 모두 유능하게 보이는 후보가 당선될 가능성도 높다고 여겼다. 흥미로운 것은 남성의 경우에는 남성 후보에 대해서는 유능성만을 중요하게 여기지만, 여성 후보에 대해서는 유능성과 매력성을 동시에 중요하게 여겼다. 한편, 여성 응답자의 경우에는 남성 후보에 대하여는 유능함과 접근성을 중요하게 여겼지만, 여성 후보에 대하여는 유능함과 매력성을 중요하게 여기는 것으로 나타났다. 이 같은 결과는 여성의 예쁜 얼굴이 지닌 후광효과(예쁘면 성품도 능력도 좋을 것)가 특히 여성 유권자에게 강하게 작용하리라는 것이다.

한국에도 박근혜 대통령을 포함하여 여성 정치인의 수가 갈수록 늘고 있다. 2016년의 총선에서 국회의원으로 입성한 여성의 수는 51명으로 집계되며, 지역구에서 당선된 사람만 26명으로 2008년의 5명에 비해서 많이 증가하였다. 이들 여성 정치인이 남녀 유권자에게 얻는 득표율이 앞의 미국 연구와 비슷한지는 알 수 없지만, 당선된 이들의 매력도는 낮지 않은 것 같다.

20대 국회의원 선거에 당선된 추미애, 박영선, 나경원

로 작용했으나 일반 여성에게는 부정적인 영향을 주었다.

한편, 남성 얼굴의 물리적 특징으로 부각된 것은 여성과 비슷하였다. 심리적 특성으로는 단정하고 훤칠함, 앳되고 여림, 강한 개성, 편하고 선해 보임이 나타났다. 이들 심리특성 중에서 단정하고 훤칠함이 전반적인 잘생김 평가에 가장 큰 영향을 주며, 앳되고 귀여움도 긍정적인 평가를 주는 것으로 나타났지만, 강한 개성(남성적)은 별 영향을 주지 못하였고, 편하고 선해 보임은 오히려 부정적인 영향을 주는 것으로 나타났다.

이처럼 남성과 여성 얼굴의 아름다움 판단에 미치는 얼굴의 물리적 특성 요인은 유사하지만, 심리적 특성은 차이가 나며 여성들은 남성보다 좀 더 복잡한 것으로 나타났다. 남녀 모두 아름다움의 가장 큰 결정요인은 단정하고 훤칠함(남), 단아함(여)의 깔끔하고 세련된 모습에, 남성은 자신감 있는 당당함이 더해지고, 여성은 우아하고 청순함이 작용되는 것으로 나타났다.

얼굴의 매력과 사회적 판단 얼굴 매력에 대한 판단은 순간적으로 이루어지며, 유발된 정서는 상대방에 대한 판단은 물론 무관한 일에도 영향을 미친다. 한 연구는 인식하지 못할 정도로 짧게(약 1/100초) 제시된 매력적인 얼굴이 뒤이어 제시된 다양한 단어의 의미가 좋은 것인지 나쁜 것인지를 판단하는 데 걸리는 시간에 영향을 주는 것을 보였다(Olson & Marshuetz, 2005). 매력적인 얼굴이 제시된 경우에는 긍정적인 단어가 좋은 것인지 나쁜 것인지를 판단하는 시간이 더 빨리 이루어졌다. 얼굴사진을 뒤집어서 제시하거나, 아름다운 집 사진을 제시한 경우에는 이런 촉진 현상이 나타나지 않았다는 점에서 얼굴의 매력성은 의식의 수준 이하에서 빨리 포착되며 포착되는 경우에 본능적으로 긍정적인 정서를 유발하는 것으로 보인다. 이런 증거는 첫인상에 대한 처리는 판단과 같이 고도의 정신활동을 관장하는 신피질 영역이 관여하기보다는 원시적인 뇌 영역의 소관이며, 통제할 수 없는 자동적인 처리기제로 작용함을 의미한다. 사람들은 매력적인 얼굴을 쉽게 포착하고, 기억하며, 긍정적인 것들과 연상시켜서 처리하는 진화적 기제를 발전시켜왔다고 하겠다.

연쇄살인범 강호순

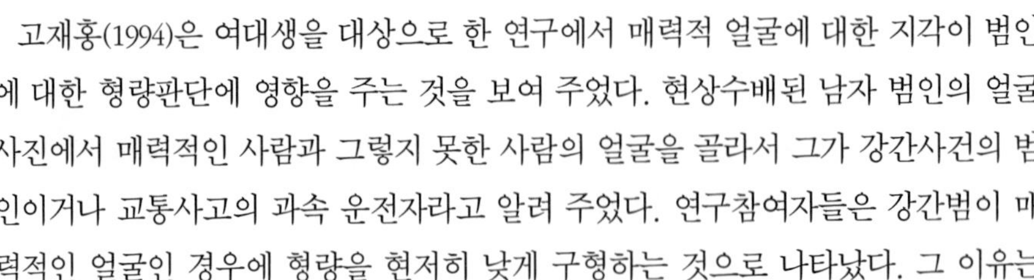

고재홍(1994)은 여대생을 대상으로 한 연구에서 매력적 얼굴에 대한 지각이 범인에 대한 형량판단에 영향을 주는 것을 보여 주었다. 현상수배된 남자 범인의 얼굴사진에서 매력적인 사람과 그렇지 못한 사람의 얼굴을 골라서 그가 강간사건의 범인이거나 교통사고의 과속 운전자라고 알려 주었다. 연구참여자들은 강간범이 매력적인 얼굴인 경우에 형량을 현저히 낮게 구형하는 것으로 나타났다. 그 이유는

매력적인 얼굴의 소지자가 재범을 저지를 가능성을 낮게 보기 때문으로 나타났다. 2009년 초에 우리 사회에서는 강호순이라는 정신병질자(사이코패스)가 경기도의 여러 지역에서 여성들을 살해한 범인으로 잡혀 화제를 불러일으켰다. 고급차를 몰던 그의 말끔한 외모 탓에 여성들이 그의 탑승제의를 의심하지 않았다가 변을 당한 것이다.

❖ 고정관념의 작용

사람들이 세상을 파악하는 양상의 중요한 특징 하나는 범주화다. 사람을 파악하는 데 있어서도 그 사람이 갖고 있는 어투, 생김새, 종교, 인종, 국적, 성들에 의해서 사람들을 분류하고, 같은 범주에 속해 있는 사람들은 비슷한 특성들을 공유하고 있는 것으로 여긴다. 따라서 표적인물이 가진 특성에 의해서 분류가 되면 그는 그 범주의 사람들이 가졌다고 여겨지는 특성을 으레 갖고 있는 것으로 여긴다. 이러한 식으로 범주의 특성을 그 성원들의 특성으로 일반화시킬 때 고정관념(stereotypes)을 적용시킨다고 한다. 이러한 범주화는 끼리끼리 잘 어울리는 사람들이 공유하고 있는 눈에 띄게 현저한 속성들에 의해 이루어진다(본서 10장 참조).

국내에서는 지역민에 대한 고정관념이 많이 연구되었다(김진국, 1987; 김혜숙, 1989 등; 정리를 위해서 고홍화, 1989를 볼 것). 경상도 사람은 무뚝뚝하고, 충청도 사람은 느리며 순하고, 전라도 사람은 약고, 서울 사람은 깍쟁이라는 등의 고정관념을 우리는 자주 듣는다. 이러한 고정관념은 표적인물에 대하여 매우 피상적인 정보만을 갖고 있을 때 활발히 쓰이며 그 사람에 대한 개인적인 정보가 구체적으로 알려지면 그 영향력이 적어진다.

고정관념의 영향 고정관념들은 표적 상대방에 대한 평가에 다소의 영향을 주게 된다. 고정관념이 적용되면, 객관적 사실의 왜곡현상이 나타날 수 있어 문제가 심각하다는 것을 한 실험이 잘 보여 주고 있다. 한 연구(Darley & Gross, 1983)는 미국 대학생들을 대상으로 한 집단의 학생들에게는 도시 빈민지역의 놀이터에서 놀고 있는 어린 여학생을 찍은 비디오(A)를 보여 주고, 다른 집단의 학생들에게는 교외의 부자동네에 있는 놀이터에서 똑같은 소녀가 놀고 있는 비디오(A′)를 보여 주었다. 대학생들은 그 소녀의 부모직업이 무엇인지를 알려주는 정보도 받았는데 전자(A)의 경우는 부모 모두 고졸 학력을 가졌고 아빠는 푸줏간에서 일하고 엄마는 재봉사이며, 후자(A′)의 경우는 부모 모두 대학을 나왔고 아빠는 변호사이고 엄마는 자유기고가로 활동을 한다고 알려 주었다. 그러고 나서 모든 참가자들은 그 소녀가 시험을 치르는 비디오(B)를 보았다. 이때 어느 조건에서나 대학생들은 똑같은 비디오를 보았는데 이 비디오에는 감독관, 문제, 그 소녀의 응답 및 정답이 나타났고 그 소녀의 점수는 평범한 수준으로 제시되었다. 이 비디오를 보여 주고 소녀에 대한 평가를 하게 했을 때 소녀를 가난한 집 출신으로 여긴 대학생들은 그 아이의 능력이 수준 이하라고 평했고 부잣집 출신으로 여긴 학생들은 그 아이의 능력을 평균 이상이라고 평했다. 이 같은 평가를 뒷받침하기 위해서 상류계층 조건의 대학생들은 시험 문제가 어려웠으며, 아이가 맞게 대답한 개수를 더 많았던 것으로 여김이 나타났다. 즉, 고정관념이 촉발되면 '객관적인' 정보들마저도 그 고정관념을 지지해 주는 쪽으로 각색되어 처리되는 경향이 있음을 보여 주고 있다. 이 실험에서 일군의 다른 대학생들에게는 비디오를 보여 주지 않고서 소녀를 평가하게 하였다. 이 경우에는 소녀가 부잣집 아이이건, 가난한 집 아이이건 아이의 성적이나 지능 평가에 아무 차이가 없는 것으로 나타났다. 그렇지만 비디오를 본 경우에 차이가 많이 나타나는 것은 사람들이 고정관념만을 바탕으로 대상을 판단하는 경우에는 조심스럽지만, 자료(비디오)를 보면서는 그러한 고정관념을 확인시켜 주는 방향으로 자료를 각색하여 고정관념을 정당화시키는 경향이 강하다는 것을 보여 준다([그림 3-10]).

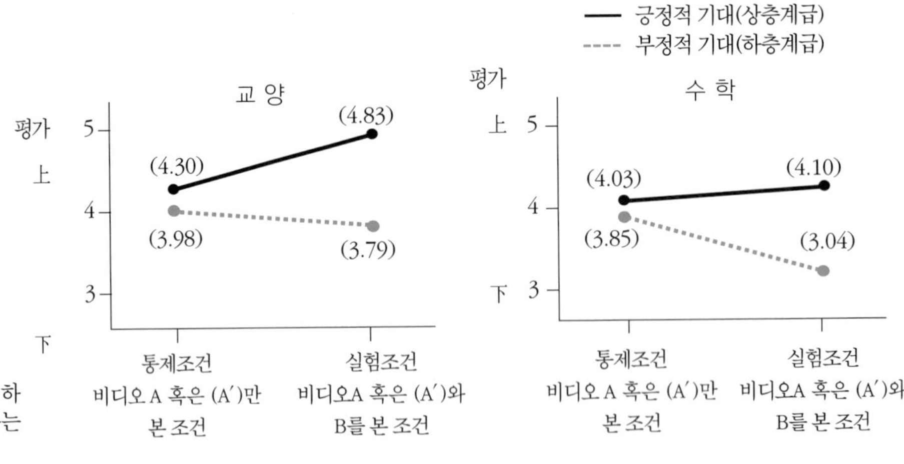

[그림 3-10]
고정관념의 활성화
고정관념은 자료를 각색하여, 고정관념을 지지해 주는 것으로 해석하게 한다.
출처: Darley & Gross, 1983.

요 약

1. 대인지각과정에서 나타나는 특징들로 초두효과, 현저성 효과, 후광효과 및 핵심특질의 작용을 들 수 있다. 사람들의 인상은 눈에 현저하게 부각되는 것에 의해 영향을 받으며, 악성효과도 그 예다.
2. 인상형성 시 다양한 상대방의 정보를 취합하여 종합적인 평가를 하며, 이는 가산모형보다 평균모형으로 잘 설명된다.
3. 대인지각의 내용에 있어서 사람들은 상대방이 지닌 집단관련 정보(성, 인종, 연령 등)를 무의식적으로 자동처리하며, 생김새, 출신 등에 대한 정보들이 자동적으로 처리된다. 집단에 대한 고정관념은 정보처리의 효율성을 도와주어, 한정된 주의자원을 다른 것에 돌릴 수 있도록 도와준다.
4. 외모가 지닌 후광효과는 광범위하게 나타난다. 매력적인 사람은 대인관계 자신감, 적극성, 지적 능력, 성실성에서 유리한 평가를 받는다. 후광효과는 특히 해당 문화권에서 중요하게 여기는 덕목에서 잘 나타난다.
5. 인상형성 시에 사람들은 자신이 지니고 있는 내현성격 이론과 고정관념을 활용한다. 인상형성은 교류 초기에는 상대방이 보여 주는 행동들의 보기에 의해서 영향을 받지만, 교류가 진행되면 보기에서 유추된 특성들에 의해서 영향을 크게 받는다.
6. 사람들은 대인지각 시 상대방의 주체성과 어울림성 두 가지 차원에 대하여 파악하려 든다. 상대방에 대한 호감도에는 어울림성이 더 큰 영향을 미친다.
7. 사람들은 자신이 지닌 고정관념을 확인시켜 주는 방향으로 자료를 각색하기 때문에 고정관념은 늘 지지적인 증거를 얻을 수 있어 유지된다.

사건의 파악 : 귀인

2014년 4월 16일 아침, 수학여행 길에 들떠 있는 고등학생과 일반인 470여 명을 태우고 제주로 가던 대형여객선 세월호가 진도 앞바다에서 전복되며 구조를 기다렸으나 구조활동이 제대로 전개되지 못하여 295명이 수장되고 9명이 실종되는 참사가 벌어졌다. 우왕좌왕하는 해경의 구조활동, 학생들에게 움직이지 말고 기다리라고 하고서 저들만 빠져 나온 선장과 선원들, 청해진 해운의 과다선적 및 허위보고, 안전점검에 소홀한 정부감독청 및 종사자들, 배의 결함 등등 다양한 요인들이 종합적으로 사고를 초래한 것으로 분석되고 있다(곁글 9-13 참조). 이 같은 대형사건뿐만 아니라 사람들이 생활하면서 겪는 많은 일들에 대해서도 사람들은 무엇 때문에 이런 일들이 발생하였는지 궁금해하며 나름대로 분석을 한다. 이 분석이 사회적 사건에 대한 대처행위와 전개양상에 큰 영향을 미친다. 세월호 참사 때 박근혜 대통령이 해경에게 무능하게 대응했다는 책임을 묻고, 61년간 해양안전을 맡아 왔던 해양경찰청을 해체하고 다른 정부조직으로 편입시켜 버린 예에서 이를 잘 볼 수 있다. 이렇게 행동이나 사건의 원인을 귀속시키는 과정인 귀인(歸因)은 세상사를 파

2014년 4월 16일 진도 앞바다에서 전복되어 가라앉고 있는 세월호와 구조선박들

를 파악하고 대처하려는 욕망에 기인한다. 사람들은 예기치 못했던 나쁜 일을 접하였을 때 더욱 귀인을 탐색하는 경향이 강한데, 이는 추후에 유사한 일의 발생을 예측하거나 예방하려는 동기 때문이다(Pyszczynski & Greenberg, 1981). 이 분야 연구의 중요성을 최초로 제시한 사람은 독일에서 미국으로 건너 간 Heider (1958)이다.

셀리그먼(Martin Seligman, 1942~)
미국 뉴욕 주 태생. 펜실베이니아 대학교 심리학과 교수

귀인의 차원 사람들이 사건을 파악하는 귀인의 가장 중요한 차원은 내외 귀인 차원이다. 내귀인은 사건을 행위자의 성격, 의도, 동기, 건강 상태 등 내적 요인 탓으로 설명하는 것이고, 외귀인은 상황, 과제, 운, 역할 등 행위자가 처한 상황에서 작용하는 요인 탓으로 설명하는 것이다. 대표적인 요인을 지목하여 전자를 성향귀인, 후자를 상황귀인이라고도 한다. 또 하나의 귀인 차원은 안정성-가변성이다. 성격으로 내귀인을 한다면 이는 안정적 요인이지만, 기분으로 한다면 이는 가변적인 요인이다. 세 번째 귀인의 차원은 일반성-특수성이다. 유사한 상황에 일반적으로 적용되는 것인지 해당 상황에만 적용되는 특수성을 지닌 것인지를 보는 것이다.

곁글 3-7

사건에 대한 당신의 설명양상은?

당신이 살아오면서 경험한 좋았던 일 세 가지와 나빴던 일 세 가지를 생각하면서 각 사건이 왜 일어났는지를 간단히 설명해 보라. 그 설명을 보고 사건의 원인이 ① 자신 탓이었나 아니면 다른 사람이나 상황 탓이었나, ② 안정적인 요인 탓이었나 아니면 변동적인 요인 탓이었나, ③ 그 상황에서만 작용한 것인가 아니면 유사한 다른 상황에도 일반적으로 작용하는 것인지를 따져보라. 나쁜 경험에 대하여 나의 안정적이며 일반적인 특성 탓이라고 여기는 것은 비관적 설명유형이고, 일시적이며 당시의 상황 탓으로 여기는 것은 낙관적 설명유형이라 할 수 있다(〈표 3-1〉).

Seligman 등은 하버드 대학교의 학생이었던 사람들이 제2차 세계대전이 끝난 1946년에 전쟁 중에 가장 어려웠던 경험을 어떻게 설명하는지에 대한 기록을 얻어 각 개인의 설명양식을 파악한 다음, 이들이 졸업 후 60세까지 정기적으로 신체검사를 받으면서 남긴 건강기록과 대조하며, 설명양식과의 관계를 종단적으로 검토하였다. 그 결과 40세까지는 아무런 관계가 나타나지 않았다. 이는 아마도 이들이 대체로 40세까지는 건강했기 때문으로 여겨진다. 그러나 45세 이후 상관이 뚜렷이 나타나고 있어, 젊었을 때의 낙관적인 설명양상의 정도가 노인이 되어 누리는 건강상태에 긍정적인 영향을 미치는 것을 볼 수 있었다(Peterson et al., 1988; [그림 3-11]).

〈표 3-1〉 사건에 대한 귀인의 분석 차원

차원	사건	비관적	낙관적
일시적-영속적	좋은 일	오늘은 운이 좋군. 상대가 지친 모양이군.	나는 언제나 운이 좋아. 상대가 형편없군.
	나쁜 일	이제 끝장이군. 사장은 나쁜 놈이야.	지금은 너무 지쳤어. 사장이 기분이 안 좋군.
보편적-특수적	좋은 일	내가 그 재주는 있거든. 사장에게 오늘 잘 보였거든.	내가 하려고 하면 다 돼! 사람들에게 늘 인정받아.
	나쁜 일	선생님들은 모두 다 그래. 책은 아무 쓸모없어.	한 교수는 형편없어. 이 책은 전혀 도움이 안 돼.
내부-외부	좋은 일	오늘 운이 좋군. 동료들 덕분에 잘 되었지.	행운이 아무한테나 오나? 내가 포기하지 않았거든.
	나쁜 일	내가 어리석은 탓이야. 내가 돈에는 약해.	네가 할 일을 못한 탓이야. 내가 가난하게 자란 탓이야.

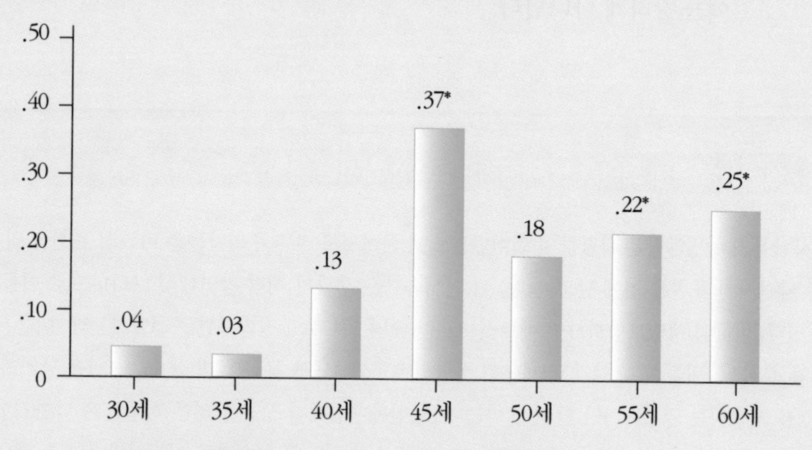

[그림 3-11] 20대 때의 설명방식과 다양한 나이에서의 건강상태의 상관관계

출처: Peterson et al., 1988.

❖ 행위에 대응하는 성향 추론: 한 번의 관찰

교통경찰에게 뇌물을 주려다 고발된 사람, 시합하다가 싸움으로 번져 상대를 살해한 사람, 소개팅에 나와 멋있게 자기를 표현한 사람 등을 보면서 과연 그들이 보인 행동이 그의 내면 모습을 반영하는 것인지 우리들은 궁금해한다. 이 과정에서 사람들은 드러난 행위를 설명할 수 있는 심리적 속성을 행위자에게 일단 부여한다. 이를 대응추리 과정(Jones & Davis, 1965)이라 한다. 사람들의 행위는 그의 내적

수로 재직하고 있으며, 1975년 우울증에 대한 학습된 무기력 모형을 발견하였다. 미국심리학회장으로 취임하면서 긍정심리학 연구의 기치를 내걸었고, 많은 동조자를 얻어 긍정심리학의 아버지로 불리고 있다. 1990년에 『학습된 낙관주의』를 저술하는 등 심리학의 대중화를 위한 작업도 많이 하고 있다.

성향 탓에서 나타나기도 하지만, 다양한 상황적 요인에 의해서도 나타날 수 있기에 사람들의 대응추리 양상에는 간단하지만 분석의 논리가 작용한다. 첫 번째는 절감의 원리(Cha, 1971; Kelley, 1973)로 행위를 야기할 만한 이유가 여럿 있을 경우에 내적 성향 탓을 하는 강도는 줄어든다. 서비스 센터에 들어가서 친절한 점원을 대한다면, 그 점원은 역할 때문에 친절함을 보일 수 있으므로 그 사람이 친절한 성품을 지닌 사람이라는 생각에 대한 확신은 줄게 되는 것과 마찬가지다. 두 번째는 증가의 원리로 행위를 가로막는 요인이 있었음에도 불구하고 행위가 나타났다면 내적 성향 탓을 더 확신한다. 예를 들어, 교수가 학생들에 의한 교수평가를 해야 한다는 주장을 한다면, 교수의 권익에 대한 제한을 감수하겠다는 발언이므로 그의 소신이 매우 강하다는 귀인을 받을 것이다. 두 가지 원리가 작용하기 때문에 관찰자들이 행위자의 내적 속성으로 귀인하는 대응추리적 귀인양상은 그 행동이 역할에 걸맞은 행동일 경우에는 약하며, 역할에 반하거나 부합하지 않는 행동일 경우에는 강하게 나타난다.

결글 3-8

성공을 부르는 언어습관: 메트라이프의 신입사원 선발 도박

사건에 대한 사람들의 설명양상은 사람들의 언어습관으로 굳어져서, 비관주의자들은 비관적 표현을 입에 달고 살며, 낙관주의자들은 낙관적인 표현을 입에 달고 산다. 이 언어습관은 생활의 여러 장면에서 나타나므로 이를 분석하여 성향을 파악할 수 있다. 미국의 생명보험회사인 메트라이프는 매년 5천 명의 신입사원을 선발하는데, 이들은 6만 명의 지원자 가운데서 엄선되는 사람들이다. 그래도 채용된 사람의 50%가 1년을 못 견디며, 80%는 4년을 넘기지 못하고 퇴사한다. 직원 한 명을 채용하는 경비가 3만 달러가 넘는다. 보험판매업에서 성공을 하는 사람들은 낙관적인 언어습관을 보이는 사람들이라는 가설을 갖게 된 중역진은 Seligman 박사의 자문을 받아 대담한 인사선발 실험을 했다(Seligman & Schulman, 1986).

이들은 1985년 초 회사에 지원한 15,000명을 대상으로 설명양식 질문지와 경력분석표를 작성하도록 하였다. 이들은 이전의 채용방식에 따라 경력분석표를 분석하여 공채로 1,000명을 선발하였다. 아울러 경력분석표 기준을 아깝게 통과하지 못한 지원자들 가운데 설명양식 질문지에서 낙관성 점수가 높은 사람들 129명을 특채로 추가하였다. 이들 두 팀에 속한 사원들의 활동을 2년간 조사한 결과, 입사 첫 해에 공채된 낙관주의자들은 비관주의자들보다 8% 높은 실적을 올렸고, 입사 2년차에는 31% 더 높은 실적을 보였다. 특채된 사람(모두 낙관주의자임)의 경우에 공채된 비관주의자들보다 첫해에 21% 판매실적이 높았고, 2년차에는 57% 높았다. 메트라이프는 이 실험을 계기로 경력분석표에 통과하였더라도 비관적인 설명을 하는 사람들을 불합격시키고 있다(Seligman, 1990, pp. 183-184).

대응추리의 편향성은 왜? 행동에 대응하는 심적 속성을 행위자가 지닌 특성으로 여기는 대응추리 과정은 매우 집요하게 나타나 근본귀인오류라는 편향(Ross, 1977)으로도 불린다. 사람들의 행동이 상황 탓으로 나타날 가능성이 많음에도 불구하고 행위자의 성향을 반영하고 있다는 믿음은 많은 경우에 논리적으로 부적합하다. 그럼에도 이 편향이 강하게 나타나는 이유는 그 편향이 지닌 적응적 효과가 인류의 진화에서 크게 작용하였기 때문이라고 본다(Gilbert & Malone, 1995). 즉, 논리적으로는 매 상황을 분석해서 상황귀인을 하거나 성향귀인을 해야 하지만, 사회생활에서 성향과 상황은 독립적으로 무관하게 관찰되는 것이 아니라 많은 경우에 관련성을 갖고 있다. 예로써, 은행원을 본다면, 은행원의 역할과 그의 성격은 무관할 수 있지만, 많은 경우에 그의 성격(꼼꼼하다, 보수적이다 등)이 은행원이라는 직업과 역할을 선택하는 중요한 요인으로 작용하며, 두 가지가 맞을 때 은행원으로 오랫동안 근무할 것이다. 따라서 처음 만난 상대방이 은행에 근무한다는 것을 들었을 때 우리는 그의 성격이 보수적이라거나 철저할 것이라는 대응추리의 편향성을 보이며, 이는 괜한 억측은 아니라는 것이다.

❖ 반복된 관찰이 가능할 때 귀인: 공변모형

행위자의 행위에 대한 여러 번의 관찰이 가능한 경우에 사람들의 귀인과정을 합리적인 상황분석의 과정으로 이론화한 것이 Kelley(1973)가 제시한 공변(共變)모형이다. 공변이란 여러 상황에 걸쳐서 발생하는 사건 혹은 요소들이 같이 변화하는 정도를 의미한다. 즉, 비는 항상 구름이라는 원인적 요소에 후행하며 구름이 없이는 비가 오지 않는다면 두 가지 사건 '구름-비'는 공변의 관계에 있다. 공변모형은 내·외귀인 과정을 모두 다루며 복수의 관찰을 전제로 하는 귀인과정을 다루며, 대응추리보다는 좀 더 형식논리에 의존하는 합리적인 인간상을 전제하고 있다.

Kelley에 따르면 사람들은 귀인을 함에 있어서 세 가지 정보를 사용한다. 자극 대상, 행위자, 상황이 그들이다. 자극 대상과 관련되어 관찰자는 행위자의 행위가 특정의 자극에 대해서만 독특한 것인지 아니면 일반적인 반응인지를 분석한다(특이성, distinctiveness). 즉, 동수가 다른 TV 프로는 안 보면서 유독 〈동물의 왕국〉만을 본다면 그 프로가 시청행위의 원인이 된다. 그러나 동수가 다른 자연 다큐멘터리도 시청한다면 시청행위는 동수의 취향으로 귀인이 될 것이다. 행위자와 관련되어 관찰자는 같은 상황하에 있는 다른 사람들의 반응은 어떠할지를 생각한다. 즉, 동수만 〈동물의 왕국〉을 좋아하는지 아니면 많은 사람들이 시청하는지를 따진다(합의성,

consensus). 동수만이 본다면 시청행위는 동수의 취향 탓으로 여겨지고 많은 사람들이 본다면 그 프로의 특성 탓으로 여겨질 것이다. 상황과 관련되어서 관찰자는 유사한 상황에서 행위자가 같은 행위를 지속적으로 보일 것인지 아니면 이번에만 보이는지를 판단한다(일관성, consistency). 동수가 〈동물의 왕국〉을 항상 시청한다면 드라마의 특성이나 동수의 취향 탓으로 귀인이 이루어질 것이나 이번 주에만 보았다면 그러한 내귀인이 부적절할 것이다. 이를 표로 정리한 것이 〈표 3-2〉다. 개인의

〈표 3-2〉 공변적 귀인과정의 차원

특이성 (자극)	고: 동수는 〈동물의 왕국〉만 시청 저: 동수는 거의 모든 다큐를 시청	자연 다큐 탓(자주) 동수의 취향
합의성 (타인들)	고: 다른 사람들도 시청 저: 다른 사람들은 안 보고 동수만 시청	해당 프로 탓(자주) 동수의 취향
일관성 (상황)	고: 동수는 〈동물의 왕국〉을 항상 시청 저: 동수는 이번 주에만 시청	취향 또는 자연 다큐 상황

* TV 프로그램 〈동물의 왕국〉의 시청행위에 대한 귀인과정의 분석.

곁글 3-9

합의성 정보가 쓰임에 있어서 문화적 차이

공변모형이 들고 있는 세 차원 중에서 합의성 정보는 그 중요성과는 달리 잘 활용되지 않고 있다(McArthur, 1972). Miller(1986)는 참가자들에게 『권위에의 복종』(Milgram, 1963, 9장에 상세히 기술되어 있음)의 연구 절차를 설명해 주고 그 실험에서 '학생'에게 점점 더 강한 전기쇼크를 준 '선생'을 평가하게 하였다. 한 조건(고 합의성)에서는 참가자들은 모든 '선생'의 65%가 복종했다는 것으로 들었고, 다른 조건의 참가자들은 다른 '선생'이 어떻게 했는지에 대한 정보를 듣지 못했다. 합의성 정보의 유무에 관계없이 참가자들은 '선생'들의 행동을 내귀인하는 것으로 나타났다.

합의성 정보는 뚜렷한 상황규범이 없을 때(Hilton et al., 1988), 상대방에 대하여 다른 아무런 정보가 없을 경우(Read, 1983), 관찰자의 사전기대가 무산되었을 경우, 합의성이 무작위 표본에서 얻어진 정보인 경우(Wells & Harvey, 1977)에만 쓰이는 것으로 나타난다. 그 이유로서, Kassin(1979)은 합의성 정보를 두 가지로 구분하여 설명한다. 명시적(explicit) 합의성은 다른 사람들이 실제 어떻게 행동하는가의 정보이고, 함축적(implicit) 합의성은 다른 사람들이 어떻게 하리라고 생각하는 지각자의 생각이다. 이 후자는 많은 경우에 지각자 자신의 행위와 같다고 여겨지는 경우가 많다(허위합의성 효과; 4장을 참조 바람). 이 두 가지가 일치하지 않을 경우 명시적 합의성 정보가 잘 쓰이지 않기 때문에 합의성 정보가 무시되는 것으로 나타난다.

그러나 국내에서 이루어진 한 복제연구(Cha & Nam, 1985)는 합의성 정보가 일관성과 특이성 정보에 못지않게 쓰임을 보이고 있다. 한국 대학생의 경우에 성향귀인이 나타나고 있지만 합의성 정보가 쓰이는 것은 상황의 영향력에 대한 민감성이 한국인에게서 상대적으로 높음을 시사하는 것이며, 이러한 증거는 점차 누적되고 있다.

행동이 특정의 상황에서만 나타나는 것이 아니고, 유사한 대상에 대해서 일관되게 나타나며, 다른 사람들과는 달리 나타나면 우리는 그 행동이 행위자의 내적 속성 탓이라 여기지만, 그 상황에 국한된 것이고, 다른 사람들도 비슷한 반응을 보인다면 상황귀인이 나타난다.

대응추리 이론과 공변모형은 행위자의 행동을 목격한 제3자의 관점에서 나타나는 귀인양상을 보여 주지만, 행동에 의해 영향을 받게 된 당사자의 관점에서 나타나는 귀인양상과는 거리가 있다는 지적이 제기되었다(Malle, 2004, 2008). 대인지각 분야를 개척한 Heider의 관심은 당사자의 관점에서 나타나는 귀인에 있었다. 이 경우에 사람들은 성향추론적 귀인보다는 상대방의 행동이 의도성을 지녔는지의 여부를 먼저 판단한다. 비의도적인 행위라면 크게 문제삼지 않지만, 의도적인 행위로 여겨지는 경우에 그 이유를 탐색하며, 행위자의 마음과 정신상태(믿음, 바람, 동기, 각성 상태 등)를 알아보려 한다. 이런 탐색과정에서 사람들은 사회에 공유된 가치, 신념 또는 규범, 상대방과의 관계역동에 의해서 영향을 받게 된다(최상진, 1985; 최순영, 최상진, 1989; Malle, 2004, 2008; Moscovici & Hewstone, 1993).

요 약

1. 사람들은 사건을 접했을 때, 그 행위자에 대한 파악을 하는 귀인양상을 보인다. 이런 파악을 통해 행위자와 환경에 대한 예측력과 통제감을 얻을 수 있기 때문이다.
2. 귀인의 가장 중요한 차원은 원인의 소재(내-성향/외-상황)이다.
3. 귀인의 세 차원으로 사람들이 하는 사건에 대한 설명양식을 분석할 수 있고, 낙관주의자와 비관주의자를 구분할 수 있다.
4. 관찰이 한 번일 경우에는 행위에 대응하는 내적 속성 탓을 하는 대응추리 양상이 나타나며, 이에는 절감원리와 증가원리가 작용한다.
5. 관찰이 여러 번 이루어진 경우에는 논리적인 분석과정을 거쳐 귀인이 이루어진다. 공변모형은 자극대상의 특이성, 행위자와 다른 사람과의 합의성, 상황의 일관성 정보를 따져서 귀인이 이루어짐을 제시한다.
4. 공변모형은 인간을 지나치게 합리적인 존재로 상정하고 있으나, 실제의 귀인과정과는 괴리가 있음이 지적되고 있다. 사회적 귀인론자들은 사회 성원들이 공유하는 신념, 사회적 맥락이 귀인에 미치는 영향이 간과시되고 있음을 지적한다.

귀인의 편향성과 문화

귀인과정을 설명하는 여러 이론들은 관찰자가 합리적으로 정보처리를 한다고 가정하고 있다. 그러나 사람들은 합리성보다는 효율성을 더욱 추구하는 정보처리를 하는 경향이 강하다(4장 참조). 또한 주어진 자료의 해석에 영향을 미치는 선입견, 기대, 자기 관여의 정도 등으로 귀인이 영향을 받으면서, 몇 가지 독특한 편향성을 보인다. 아울러 최근의 연구들은 귀인의 양상과 편향성이 문화에 따라 차이가 있음을 보이고 있다.

❖ 귀인의 주요 편향들

근본귀인오류 사람들은 매일매일 신문지상이나 남의 이야기를 통해서 많은 사람들의 행적에 대하여 알게 된다. 보고 듣는 사실을 통해서 그 행위자가 어떠어떠한 특징을 가진 사람이라고 자연스럽게 생각한다. 이때 우리는 행위자가 처한 상황이 어떠했는지를 간과하기 쉽다. 이를테면 동사무소에 인감증명을 발급 받으러 간 사람이 매우 사무적이고 불친절한 직원을 접한 경우에 그 직원이 자기직무에 성실하지 못한 형편없는 사람일 것이라고 생각하기 쉽다. 그가 하루에도 수십 명이 넘는 민원인들과 접하며 사무를 처리한다는 사실을 간과하는 것이다. 이같이 행위의 원인을 행위자의 내적 특성 탓으로 여기고 상황의 힘을 무시하는 경향을 근본귀인오류라고 한다(Ross, 1977). 이 성향귀인 양상이 항상 잘못된 것이라서 오류라고 하는 것이 아니라 상황의 힘을 당연히 고려해야 함에도 간과시된다는 점에서 오류라고 하는 것이다.

이 편향성은 많은 연구들에서 잘 나타났으나, 행위자가 처한 상황의 힘이 무시되는 현상을 적나라하게 보여 준 실험이 있었다(Ross et al., 1977). 대학생들이 퀴즈게임 상황에 참가자로 참여했는데 짝을 지어서 한 사람은 질문자, 다른 사람은 답변자의 역할을 하게 했다. 질문자는 질문을 자기 마음대로 지어낼 수 있는데 대답이 어렵지만 불가능하지는 않은 질문들을 하도록 요구받았다. 질의응답이 끝난 후에 두 사람 모두 스스로와 상대방의 상식에 대하여 평가하게 한 결과 [그림 3-12]와 같이 나왔다.

이 현상은 상황보다는 행위자가 현저하게 부각되며, 현저한 것이 원인적인 요소로 여겨지는 경향을 잘 보여 주고 있다. 그러나 행위자의 행위를 보여 주는 대신에

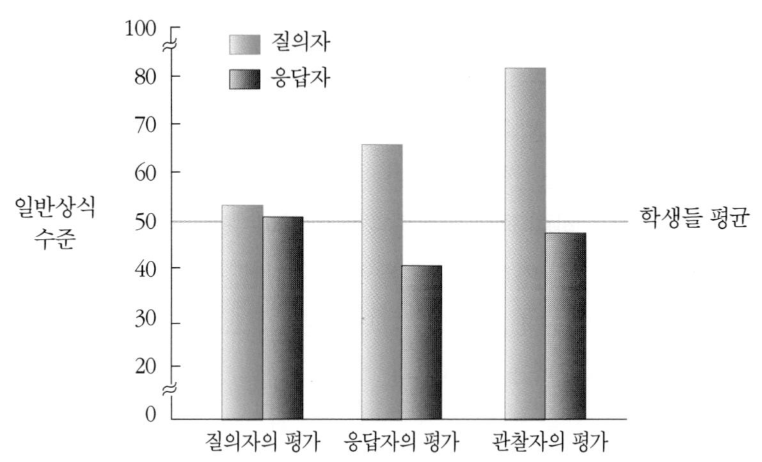

[그림 3-12]
질의자와 응답자의 상식에 대한 질의자, 응답자, 관찰자의 판단
출처: Ross et al., 1977.

글로 써서 제공하는 경우에도 역시 나타나고 있어 지각의 현저성만으로 설명할 수는 없다(Winter & Uleman, 1984). 여러 연구결과들을 종합하여 제시된 대인지각의 이단계 모형(Gilbert & Malone, 1995)은 상대방이 무슨 행위를 했다는 것을 아는 순간 일단계의 성향추론이 자동적으로 나타난다고 본다. 이단계에서 상황적 제약 조건에 대한 고려를 하게 되면 성향추론이 조정을 받게 된다. 그러나 조정작업은 사람들이 여유가 있을 때 나타나며, 다른 과제를 수행하거나 관심을 쓰는 일이 있다면 생략되어 성향귀인이 그대로 나타난다.

이전에는 근본귀인오류가 불합리한 것이라 경계해야 할 것으로 여겨져 왔다. 그러나 그 현상이 지닌 순기능이 조명되고 있다(Gilbert & Malone, 1995). 누구누구는 어떻더라 하는 것을 남들에게 이야기할 때 그 사람의 행적을 일일이 열거하면서 설명하기보다 그 사람의 특성, 성격을 한두 마디로 말하는 경우 다양한 정보들이 효과적으로 전달될 수 있다(Hoffman et al., 1984). 사실 심리학자들이 이야기하는 특성, 성격은 개인의 행동을 다양한 상황에서 예측 가능하게 하는 의미를 지니고 있다. 그러나 일반인들이 말하는 성격이란 그 행위자의 행위를 축약해서 설명하고 주어진 상황이 반복된다면 똑같은 행위를 취할 것이라고 말할 수 있는 제한된 범위에서 적용되기 때문에 근본귀인오류는 적응적 가치를 지니고 있다고 볼 수 있다.

행위자-관찰자 편향 미국의 역대 대통령 중 가장 훌륭한 사람으로 평가를 받고 있는 링컨 대통령은 1864년에 쓴 편지에서 '내가 많은 사건들을 잘 관리하며 운영해 왔다고 할 수는 없다. 오히려 많은 사건들에 어쩔 수 없이 끌려다녔다고 고백할 수밖에 없다.'고 적고 있다(Duchacek, 1971, p. 214). 링컨의 관찰자들은 그의 업적으로부터 그의 성향을 추론하는 근본귀인오류를 보이고 있으나 링컨 자신은 자신의 행위를 처한 상황의 탓으로 돌리는 경향이 나타났는데 바로 이러한 차이가 행위자-관찰자 귀인이 보이는 전형적인 차이 양상이다. 미국에서 워터게이트 사건이 터졌을 때 도청행위에 대하여 닉슨 대통령과 범행 참여자들은 어쩔 수 없었다는 외귀인('국가안보를 위해서')을 했으나, 언론은 부패한 정권, 권력욕 등의 내귀인을 하였다(Wegner & Vallacher, 1977). 달리 말한다면 근본귀인오류가 행위자 자신의 행위에 대해서는 나타나지 않는다는 것이다.

행위자-관찰자 편향을 처음 보여 준 연구(Nisbett et al., 1973)에서 남학생들에게 여자친구와 사귀는 이유 및 자신의 전공을 선택한 이유를 기술하게 했으며 아울러 자신이 가장 좋아하는 친구의 입장에서 그 친구의 여자친구와 전공선택 이유를 기술하게 하여 이를 비교하였다. 여러 이유들을 내귀인('같이 지내고 싶은 사람이 필요해서' '돈을 많이 벌고 싶어서' 등)과 외귀인('그녀가 멋있으므로' '내 전공이 전망이 좋아서' 등)으로 분류하여 그 숫자를 평균한 결과, 친구가 한 선택에 대하여는 내귀인적 요소를, 자기의 선택은 외귀인적 요소를 더욱 많이 드는 것으로 나타났다.

왜 이 같은 차이가 나타나는가? 몇 가지 설명이 가능하다. 하나는 관찰자와 행위자는 지각적 초점이 다르기 때문이라는 설명이다(Jones & Nisbett, 1972). 외부 지각의 가장 중요한 감각기관인 시각은 바깥을 향해 있다. 즉, 관찰자의 입장에서는 초점이 행위자에 맞추어지고 행위자가 처한 상황은 배경이 되므로 행위자가 장면을 압도한다. 그러나 행위자의 초점은 외부 상황에 맞추어지므로 상황적 정보가 중요하게 부각된다. Storms(1973)는 기발한 연구에서 행위자가 관찰자의 입장을 취해서 자기의 행위를 보게 될 때는 내귀인을 하는 성향이 나타남을 보이고 있어 이 같은 설명의 타당성을 뒷받침하고 있다. 그는 두 사람의 참가자를 마주 보고 앉아 토의하도록 하고서 이들 각자를 비디오 촬영하였다([그림 3-13]). 행위자들은 자신들의 행위를 상대방의 행위에 반응하여 나타나는 것(외귀인)으로 여겼다. 그러나 자기의 모습을 비디오로 보면서 스스로의 행위를 설명하게 했을 때는 내귀인하는 경향이 뚜렷이 증가하였다.

또 다른 설명은 행위자와 관찰자는 가지고 있는 정보에 차이가 있기 때문이라는 설명이다(Jones & Nisbett, 1972). 행위자는 스스로에 대하여 다양한 상황에서 어떠한 행위를 취했는지를 잘 알고 있다. 자신이 처했던 상황들에서 상황적 압력이 어떠했으며 자신이 취한 행동이 각 상황에서 허용되는 범위 내에서 취해진 것임을 잘 알고

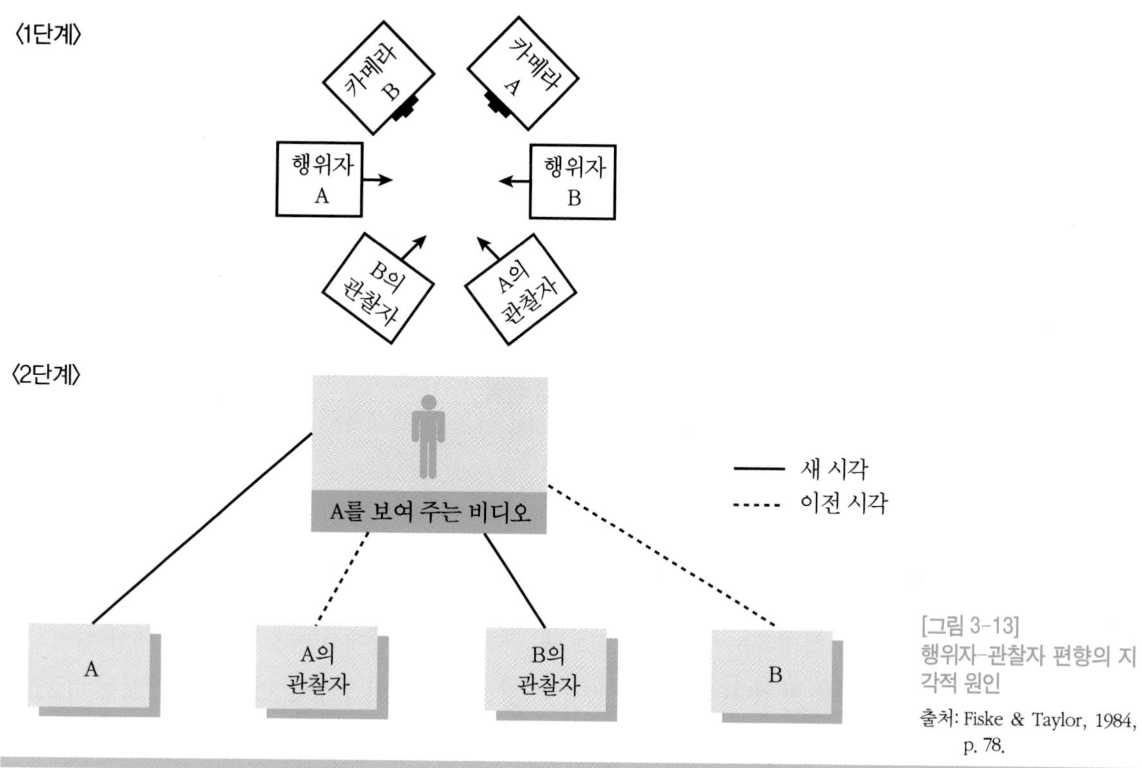

[그림 3-13] 행위자-관찰자 편향의 지각적 원인

출처: Fiske & Taylor, 1984, p. 78.

있으므로 행위자는 자신의 행위를 설명할 때 외귀인을 많이 하게 된다는 설명이다.

동기의 차이에 의한 설명도 제기될 수 있다. 관찰자들은 행위자와 교류가 예상될 때 상대방에 대하여 알고 싶어하므로 성향귀인을 하는 경향이 나타난다. 한 연구(Miller, Norman, & Wright, 1978)는 관찰자들이 상대방과 교류를 기대하는 경우 그런 기대를 하지 않을 때보다 상대방의 행위를 내귀인하는 경향이 강하게 나타남을 발견했다.

행위자-관찰자 편향의 또 다른 측면이 제시되면서 사회갈등의 이해에 도움을 주고 있다. 당신이 친구 을의 수학 시험공부를 도와주었다고 하자. 당신이 수학을 잘하기 때문일 수도 있고, 친구가 어려워하니까 도와줄 수도 있다. 전자라면 당신의 능력이 주 원인이고, 후자라면 당신의 인성(도덕성) 탓이다. 당신은 어떤 쪽으로 귀인하겠는가? 이번에는 도와주는 행위의 주체를 친구 을이라고 해 보자. 을의 행위에 대한 당신의 귀인이 달리 나타날까? 행동 의도와 결과를 좋거나 나쁜 것으로 조합하여(위로하려다 오히려 화를 내게 만듦, 그럴듯한 말로 부당이득을 챙김 등) 다양한 행위를 제시하고서 연구참여자에게 행위자 혹은 관찰자의 입장에서 이를 어떻게

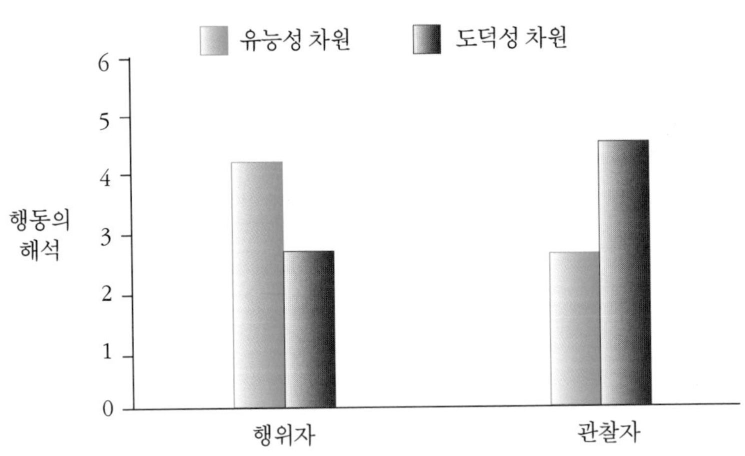

[그림 3-14]
행위자-관찰자의 귀인양상의 차이
출처: Wojciszke, 1994.

평가하는지를 분석하였다. 사람들은 행위자의 입장에서는 자기 행위를 능력 차원에서 설명하는 양상을 보였으나, 관찰자의 입장에서는 도덕성 차원에서 설명하는 양상을 보였다(Wojciszke, 1994; [그림 3-14]). 이런 양상을 바탕으로 제시된 이중관점 모형(Abele & Wojciszke, 2007)은 행위자와 관찰자 각자에게 이득이 되는 방향에서 사건을 해석하는 탓에 이런 양상이 나타난다고 본다. 즉, 행위자는 자신에게 득이 되는 것에 관심이 있으므로 능력, 활동, 수행 등 임자성(주체성) 차원에서 보게 되고, 관찰자는 상대방이 자신에게 해를 끼치거나 자신을 이용할지에 대한 정보에 민감하여 돌봄, 도덕성, 충직성 등 어울림성(혹은 도덕성) 차원을 중시하게 된다는 것이다.

경찰의 폭력진압
2015년 11월 14일 광화문에서 열린 민중궐기대회에서 대치한 경찰이 시위대를 향해 물대포를 쏘았고, 이를 직격으로 맞은 농민 백남기 씨가 혼수상태에 빠졌다가 2016년 9월에 사망하였다. 시위대를 진압하는 경찰은 항상 도덕성 차원에서 과잉진압의 비난을 받는다.

행위자는 행동의 의도보다는 목표가 달성되었는지를 중시하지만, 관찰자는 수행보다는 의도를 더욱 중시하므로, 시위대를 진압하려는 경찰은 목표를 달성하려는 것에 관심을 갖고 방법을 강구하며, 이들을 보는 시위대나 기자들은 결과로 나타나는 과잉진압의 비도덕성에 관심을 갖게 된다. 이같이 타인의 행위를 도덕성의 관점에서 보는 양상에서 남녀 차이는 없으나, 자신의 행위를 보는 경우에 남자는 여자보다 더욱 주체성 차원에서 설명하는 양상이 나타났다(Wojciszke, 1994).

자기본위적 편향 이는 자기가 한 일에 대하여 잘된 경우는 스스로의 책임을, 못된 경우에는 남이나 상황 탓으로 귀인하는 경향성을 말한다. 학생이 공부를 잘하면 학생은 자신의 노력이나 능력 탓으로 선생은 자신이 잘 가르친 탓으로 여기고, 공부를 못하면 학생은 선생 탓을, 선생은 학생 탓을 하는 경향은 실험적으로도 잘 증명된 바 있다(Johnson et al., 1964). 이 편향은 자신의 행위에 대해서만이 아니라 자신이 속한 집단이나 가깝게 여기고 있는 집단(자기 고장의 야구 팀 따위)의 성패에 대해서도 나타난다(Lau & Russell, 1980; Winkler & Taylor, 1979). 집단을 대상으로 나타날 때 이를 내집단중심주의 또는 집단본위적 편향이라고 한다.

왜 자기본위적 편향이 나타나는가? 동기론적인 설명과 정보처리적 설명이 모두 가능하다. 먼저, 동기론적인 설명은 사람들이 자긍심을 유지하려는 욕구에서 이 편향이 나온다고 본다(Greenwald, 1980). 성공과 실패는 개인의 스스로에 대한 평가에 중요한 영향을 미친다. 실패 시 상황 탓을 함으로써 자긍심의 손상을 막을 수 있고, 성공 시 그 책임을 자신에게 돌림으로써 자긍심을 고양시킨다(곁글 3-10 참조). 이러

곁글 3-10

못 말리는 낙관주의

사람들은 일반적으로 바람직하다고 여겨지는 특성에 있어서 자신들을 적어도 평균 이상으로 높게 여기는 경향이 강하다. 이를테면 대부분의 기업가는 자신들이 다른 기업가보다 윤리의식이 강하다고 여기며(Brenner & Molander, 1977), 미국인들은 자신들이 남들보다는 편견이 없으며(Messick et al., 1985), 운전자들은—심지어 사고를 냈던 사람들까지도—자신을 다른 운전자들보다 운전기술이 좋고 안전운전을 하는 편이라고 여기며(Svenson, 1981), 대부분의 미국인들은 자신들의 연로하신 부모를 다른 형제들보다 자기가 잘 모신다고 여기고(Lerner et al., 1991), 대학생들은 자기의 수명을 평균수명보다 10년 더 잡고 있다(Larwood, 1978). 거의 모든 비교영역에서 나타나는 이 양상을 사회심리학자들은 **비현실적 낙관론**이라 이름 지었다(곁글 2-7 참고 바람).

한 예로,샌프란시스코에서 지진이 발생한 직후에 자신이 자연재해로 다칠 가능성을 보는 눈이 현실적으로 바뀌어 남들과 마찬가지로 높아졌지만, 3개월 후에 물었을 때 그 확률은 다시 낮아졌다(Burger & Palmer, 1991). 이러한 낙관론이 생활에서의 안전을 소홀히 하는 원인이기도 하다. 대부분의 미국인이 결혼부부의 반이 이혼하는 것을 알지만, 스스로가 이혼할 가능성은 매우 낮게 보고 있으며(Lehman & Nisbett, 1988), 성적으로 활발하면서 피임을 하지 않는 여대생들은 스스로가 원치 않는 임신을 할 가능성을 낮게 보는 것으로 나타났다(Burger & Burns, 1988). 국가 간 비교연구의 결과를 보면 미국인이 아시아권역인보다 비현실적 낙관론이 높고, 한국은 일본보다 높은 양상을 보인다.

위험한 일을 하면서 자기는 다치지 않을 것이라 여기면, 방심을 하기 쉽고 다치기 쉽다. 우리 사회에서 수많은 사람들이 부주의로 목숨을 잃는다. 거리에서 자전거나 보드를 타면서 헬멧을 쓰는 사람이 드물고, 공사 현장, 헬스클럽에서 안전교육을 안 하고, 안전장구를 구비하지 않는 것 등, 우리 사회에서는 안전사고가 매우 잦다. 이러한 사태에 대한 심리적 원인으로 한국인이 지닌 비현실적 낙관론이 작용하고 있다(이누미야, 2009).

한 설명은 어려운 문제를 제기하는데 그것은 사람들이 모두 그러한 편향성을 보인다면 어떻게 그리도 잘 적응하며 과학적 발전이 가능할 수 있는가 하는 문제다. 자기본위 편향의 두 가지 요소 '성공은 내 탓' '실패는 남 탓' 중에서도 더욱 확실히 나타나는 것은 '성공은 내 탓'의 경향이며 실패 시에도 그 원인에 대하여 스스로가 어떻게 해볼 수 있는 경우에는 (노력의 부족 따위) 스스로의 책임을 인정하는 경향이 나타나고 있다(Miller & Ross, 1975).

정보처리적 설명은 사람들이 성공하려고 노력을 해서 성공할 경우 노력과 성공

결글 3-11

우울한 사람은 현실을 정확하게 본다: 비관주의의 기능

우울한 사람과 정상인은 현실지각에 차이가 있을까? 한 실험에서 참가자들에게 불빛의 밝기를 조절하는 정도를 달리 구분하여 집단을 편성하였다(Alloy & Abramson, 1979). 완전히 통제할 수 있는 조건의 사람들은 단추를 누르면 불이 켜졌고, 누르지 않을 때는 한 번도 켜지지 않았다. 통제할 수 없는 조건의 경우에 불빛은 참가자가 단추를 누르는 것과는 무관하게 들어오곤 나갔다. 우울한 사람과 정상인을 두 조건에 배정하여 불빛에 대한 자신의 통제력을 정확히 평가하도록 했다. 그 결과 우울한 사람들은 어느 집단에서건 자신의 통제력을 정확하게 평가했다. 그러나 정상인의 경우에 통제할 수 있었던 경우에는 정확하게 평가를 하였으나, 통제할 수 없었던 경우에도 자신들이 상당한 통제력을 지니고 있다고 평가하는 양상이 나타났다.

불빛 누르기의 과제에 신중을 기하지 않을 수 있기에 불빛 누르기에 금전적 보상을 결부시켜 불빛이 켜지면 돈을 따고, 켜지지 않으면 돈을 잃도록 하였고, 한 집단에서는 참가자들이 불빛을 어느 정도 통제할 수 있었으나 결과적으로는 돈을 모두 잃게 과제를 만들었고, 다른 집단에서는 돈을 모두 따게 되도록 과제를 만들었다. 정상인들은 돈을 잃게 된 조건에서는 통제력을 실제보다 적게 느낀 것으로 보고하였으나, 돈을 따게 된 조건에서는 통제력을 실제보다 크게 느낀 것으로 보고하였다. 우울한 사람들은 돈을 잃건 따건 통제력을 정확하게 평가하는 것으로 나타났다.

대인관계에서의 지각은 어떨까? 우울증 환자와 일반 환자를 공개토론회에 참석하여 자신의 토론능력을 알아보도록 하였다(Lewinsohn et al., 1980: Seligman, 1990, p. 190에서 재인용). 이들은 모두 자신이 얼마나 설득력 있게, 호감이 가게 행동했는지를 판단하도록 했다. 토론을 관찰한 사람들의 평가에 따르면 우울증 환자들은 설득력도 별로였고 호감이 가지도 않았다. 우울한 환자들의 자기평가는 이러한 외부 평가자의 평가와 일치하는 것으로 나타났다. 그런데 우울하지 않은 환자들의 경우에 관찰자의 평가에 비해서 자신을 훨씬 더 설득력 있고 호감이 가게 행동했다고 과대평가하였다.

여러 증거를 볼 때 일단 사람들은 현실을 자신에게 이로운 방향으로 왜곡하여 보는 반면에, 우울한 사람들은 현실을 정확하게 보는 경향이 뚜렷이 나타난다. 그렇다면 어떻게 비현실적인 정상인들이 진화과정에서 생존하며 문명의 발달을 가져왔을까? 현실을 정확하게 보는 상황에서는 무모해 보이는 꿈을 가질 수 없을 것이고, 모험을 시도하기 힘들며, 현실에 안주하기 쉬울 것이다. 불가능한 것을 생각하고, 먹구름 속에서도 햇살을 보며 희망을 갖는 정신이 냉정한 현실관을 지닌 사람들의 비판과 제제를 받으면서, 역동적 긴장관계를 형성하여 진화의 바퀴를 굴려온 것이다.

을 연결시키는 것은 공변원리의 적용에 의함이라고 보는 것이다. 즉, 성공하려고 많은 노력을 해서 성공했을 때는 내귀인을, 실패했을 경우에는 자신들의 기대, 삶의 경험과 부합하지 않으므로 상황 탓을 하게 된다는 것이다(Miller & Ross, 1975). 위 두 가지 설명은 경합하기보다는 같이 작용한다고 보겠다(Hewstone & Antaki, 1988; Sears et al., 1991, p. 125).

자기본위적 편향은 매우 보편적인 현상이므로 그 현상의 순기능적인 측면이 탐색되고 있다. 성취하게 된 이유를 자신의 노력, 능력 탓으로 여기는 경우 사람들은 장래에 관련된 일에서 성취를 기대하고 성취 지향행위를 보이며(Taylor & Brown, 1988), 실직자들이 해고사유를 경기불황 등으로 외귀인하는 경우에 재취업을 위해 애쓰며 새 직업을 빨리 발견하게 된다(Schaufeli, 1988; 곁글 3-11).

❖ 귀인의 편향성에서 문화차

관찰된 행동에 대한 이유를 파악하는 귀인현상 그 자체는 어느 문화에서나 보편적으로 나타난다. 그러나 전통적 귀인이론이 보여 주는 귀인양상은 개인주의 문화의 귀인양상 분석에서 나온 것이므로, 문화가 다른 사회성원들의 귀인에는 적용이 안 될 수 있다. 즉, 귀인양상은 생득적인 것이 아니라 사회화 과정에 의해서 습득되는 것이다. 따라서 인간관과 세계관이 다른 문화권에서 귀인양상은 다르게 나타난다. 귀인의 문화 차이를 극명하게 보여 준 연구(Morris & Peng, 1994)에서는 미국과

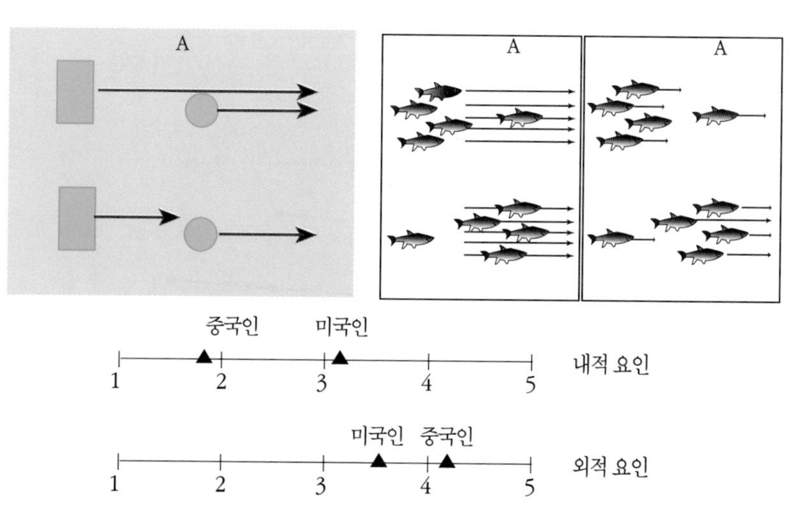

[그림 3-15]
A의 움직임은
무엇 때문일까요?
도형의 경우, 설명에서 나타나는 문화 차이가 없었으나 물고기의 경우, 중국인은 외적인(다른 물고기 무리) 원인을, 미국인은 내적인 요인을 많이 들었다.
출처: Hong et al., 2000; Morris & Peng, 1994에 바탕함.

중국의 학생들이 도형의 움직임에 대한 귀인에 있어서는 차이가 없지만, 생물체의 움직임을 귀인함에 있어서는 문화 차이가 나타남을 보였다. 즉, 중국인들은 미국인에 비해서 무리의 앞에서 헤엄치는 물고기의 움직임이 뒤에 있는 물고기 무리에 의해서 영향을 받았기 때문이라는 설명을 많이 하는 것으로 나타났다([그림 3-15]).

내 · 외귀인의 문화차 내 · 외귀인의 판단은 행위자 개인의 책임에 대한 규명 과정이다. 이는 사회적 행위의 궁극적 책임을 개인 중심으로 보는 개인주의 문화권에서 중요한 부분이며, 그 중요성이 근본귀인오류라는 양상으로 나타나고 있다. 몇몇 연구는 아시아인의 귀인은 미국인에 비해서 상대적으로 외귀인 경향이 많이 나타남을 보이고 있다.

Miller(1984)는 다양한 연령층의 청소년과 성인을 대상으로 잘 아는 사람들의 최근 행위 중에 친사회적 행위와 반사회적 행위를 기억하여 기술하게 한 후 왜 그 사람이 그렇게 했는지를 설명하게 하여 문화 차이를 비교하였다. 한 예로, 미국인에게 이웃사람이 세금을 성실히 신고하지 않은 이유를 대라면 '그는 원래 그런 사람이다.' 식으로 내귀인을 하는데, 인도인들에게 공금을 받아 착복한 사람이 왜 그랬겠는가를 설명하게 하면, '그는 무직이므로 돈을 돌려줄 형편이 아니다.'라는 식의 상황귀인이 많이 나타났다. 이러한 양상의 차이는 아동들에게는 나타나지 않으나 커가면서 강하게 나타났다([그림 3-16]; 곁글 3-12). 즉, 사회화의 영향이 크게 작용하는 것으로, 인도인 중에서도 유럽식 교육을 받은 사람들은 내귀인을 하는 경향이

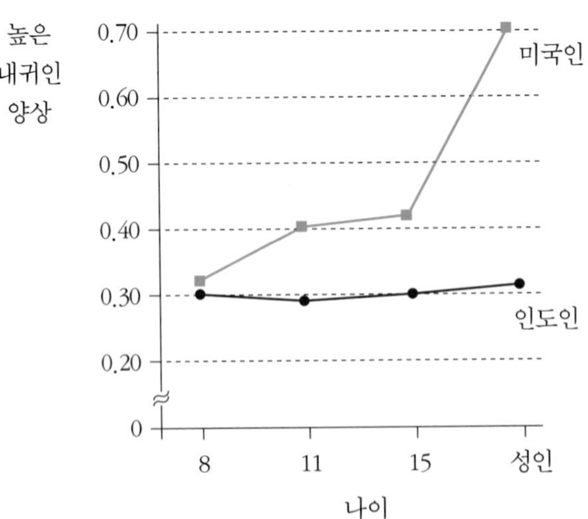

[그림 3-16]
내귀인 양상에서 나타나는 연령차와 문화 차이
출처: Miller, 1984.

결글 3-12

성향론의 두 유형과 문화 차이

다음의 항목에 동의하는지 여부를 답해 보시오.

1. 나의 지능은 매우 근본적인 자질이어서 결코 바뀔 수 없다.
2. 나는 일들을 달리 처리할 수 있다. 그러나 나라는 존재의 중요한 부분은 변하지 않는다.
3. 나의 지능이 아무리 높더라도, 나는 언제나 그 지능을 바꿀 수 있다.
4. 나는 내 자신의 존재에 대한 기본적인 것까지도 노력하면 바꿀 수 있다.

(이 항목은 Dweck, 2006, pp. 34-35의 일부임)

첫 두 항목은 고정론적 인성관을, 나중 두 항목은 성장론적 인성관을 보는 항목이다. 사태에 대한 설명에서 나타나는 행위자-상황의 이분법적 구분이 보편적이기보다는 미국적 특징이라는 주장이 나타난다. 다시 말해, 행위자의 성향탓을 하는 내용을 분석해 보면 두 가지 인성론이 구별된다(Dweck, 2000, 2006). 즉, **고정론**은 서구인의 인성관을 반영하는 것으로 성격, 지능, 적성 등의 속성은 일반적이며, 추상적이고, 안정적인 것으로 타고 나는 것이며 변하지 않는다고 본다. 한편, **성장론**은 이런 내적 속성이 구체적이고, 노력하면 변할 수 있는 것으로 보며, 동양의 인간관을 반영하는 것으로 볼 수 있다(Dweck et al., 1993, 2006).

한 연구(Choi & Markus, 1998)에서 한국과 미국의 학생에게 살인사건을 들려주고 왜 그 사건이 일어났는지를 설명하게 한 결과, 양국인 모두 범인의 성향론을 드는 경향은 차이가 없었으나, 범인의 성향이 그렇게 형성된 이유를 대는 경향이 한국에서 높게 나타나 성장론적 인성론을 보여 주고 있다.

성향론의 두 가지 종류는 한 문화권 내에서도 두 가지 인성관으로 나타날 수 있다. 즉, 같은 문화권에서도 고정론자와 성장론자가 섞여 있을 수 있다. 고정론자들은 성격특성 정보에 의존하여 행위자의 미래행위를 강하게 예측하고, 행동을 보면 행위자의 특성을 알 수 있다는 강한 믿음을 지니고 있는 것으로 나타났다(Chiu, Hong, & Dweck, 1997). 최근에 Dweck(2006)은 이 두 가지 유형에서 성장론적 인성관의 믿음이 개인의 성장은 물론 기업의 성공과 성공적인 교육을 가져올 수 있음을 설명하고 있다.

강한 것으로 나타났다. 이같이 연령과 교육의 차이가 나타남은 사건에 대한 관심의 초점을 행위자와 상황 어디에 두는 것이 적절한지를 사회화과정을 통해 아동이 내재화시켜 가기 때문이다.

또 다른 연구에서 Morris와 Peng(1994, 연구 2)은 미국에서 비슷한 시기에 벌어진 두 살인사건에 대한 언론보도의 양상을 분석하였다. 한 사건은 중국인 대학원생이 지도교수를 살해한 사건이고, 다른 사건은 백인 우체국 직원이 자신의 상사를 살해한 사건이었다. 연구자들은 『뉴욕타임스』와 중국어로 미국에서 출간되는 신문의 기사를 분석대상으로 삼았다. 미국신문은 두 사건 모두에서 범행을 내귀인하는 경향이 중국신문에 비해서 강하게 나타났다. 연구자들은 아울러 살인사건의 정황 정보를 변화시켜 변화된 상황에서 살인사건이 저질러졌을 가능성을 미국인과 중국인에게 물어보았다(연구 3). 중국인의 응답은 상황이 바뀐 경우(범인이 직업을 갖게 되거나, 결혼해서 아이가 있다거나, 중국에서 박사과정을 함 등)에 살인을 저지르지 않을 것으로 보는 양상이 미국인의 응답보다 강하게 나타났다.

이 같은 결과들은 근본귀인오류 현상이 개인에게 책임을 묻는 독립적 자기문화권의 인간관에 보다 부합한다는 가설을 성립시키고, 문화차를 검토하는 연구관심사를 불러왔다. 이들 연구는 근본귀인오류(즉, 성향귀인)가 동서문화권에 공통적으로 나타나지만 문화 차이도 있음을 보이고 있다. 한 연구(Norenzayan et al., 1999 연구 1)는 미국과 중국에서, 표적인물에 대한 정보를 주고서 유사한 상황에서 그의 미래행동을 예측하게 하였다. 한 조건에서는 표적인물이 보인 행위의 보기를 구체적으로('헌혈을 했음') 제시하고, 다른 조건에서는 성향('남을 잘 도움')을 제시하였다. 보기 조건이나 성향 조건이나 상대방의 미래 행위가 매우 유사하게 나타날 것으로 보는 경향이 두 나라에서 공통으로 나타났다. 행위자에 대한 성향정보(낯선 이에게 도움을 주었다)가 있고 상황정보(여윳돈이 있거나 없는 상황)가 현저히 부각되지 않을 때, 행위자의 미래 행위에 대한 예측에서 문화 차이는 없이 성향정보에 따라 예측을 하였다. 그러나 성향정보가 있어도, 상황정보가 현저하게 부각된 상황에서나, 표적인물에 대한 성향정보가 없을 경우에, 한국인들은 상황정보에 따라 행위예측을 달리하는 경향이 미국인보다 강하게 나타남을 보였다. 즉, 상황이 다른 경우에(여윳돈이 있을 때와 없을 때) 낯선 이에게 차비를 도와줄 사람의 비율을 예측하게 했을 때 미국인의 예측은 별 차이가 없었으나, 한국인들은 미국인보다 상황정보에 따라 예측을 달리하는 경향이 더 크게 나타났다(Norenzayan et al., 1999, 연구 3).

니스벳(Richard E. Nisbett)
미국 태생으로 컬럼비아 대학교에서 Stanley Schachter의 지도로 사회심리학 박사학위를 취득하였고, 현재 미시간 대학교의 교수로 재직 중이며 영향력 있는 저술을 여럿 남겼다. 귀인과 사회적 추론의 분야에 많은 연구업적을 지니고 있으며, 문화에 따라 사람들의 사고방식이 차이나는 것에 최근의 관심을 두고 있다. 그가 1980년에 스탠퍼드 대학교의 Ross와 같이 저술한 『인간의 추론』이 국내에 번역되어 있다(성원사 간). 1991년에 저술한 『Person and situation』은 사회심리학의 주요 성과와 교훈을 정리한 서적으로 호평받고 있다.

사람들은 게시판에 자신의 의견을 올리고 의견이 다른 사람과 논쟁을 벌인다. 일반적으로 남이 쓴 글을 보면 글쓴이의 생각을 알 수 있다. 그러나 그 글이 본인의 의사로 쓴 것이 아니라 실험자의 요구에 의해서 쓰인 것을 알았을 때는 어떠할까? 여러 연구(Jones & Harris, 1967 등)는 그러한 상황에서도 독자들은 그 글이 쓴 사람의 태도를 반영한다고 여김을 보여 주었다. 한 연구(Choi & Nisbett, 1998)는 이 같은 경향이 미국과 한국 모두 공통으로 나타남을 발견하였다. 그러나 일반적으로 사람들은 상황 제약에 둔감하다는 점을 고려하여, 자유의사가 없었음을 부각시키는 경험(즉, 참가자에게 사형제도에 대한 찬반주장을 제시하고 자기 생각과 반대되는 글을 써 보게 함)을 하게 하였더니, 한국인들에게서만 성향귀인이 덜 나타났다([그림 3-17]).

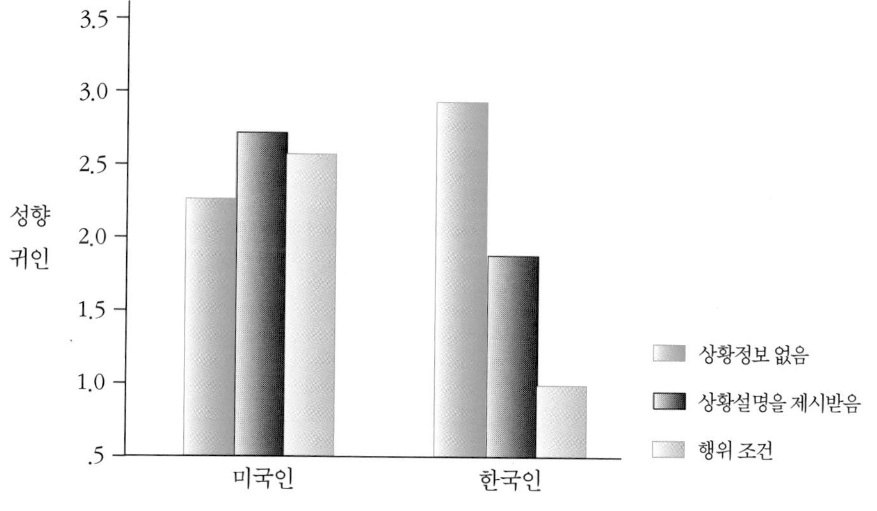

[그림 3-17]
대응추리 양상의 실험 조건별 문화 차이
상대방에 대한 상황정보가 부각되지 않았을 때 성향귀인이 한 · 미 공통으로 나타났으나, 상대방의 처지를 설명받았거나(상황설명 조건), 스스로 경험했을 때(행위 조건) 한국인은 성향귀인을 하지 않았다.
출처: Choi & Nisbett, 1998.

이같이 비록 성향론은 보편적으로 나타난다고 해도, 상황론의 수용은 문화 차이가 크게 나오고 있다. 성향론에 의지하지 않는다면 우리는 타인에 대하여 이야기할 수가 없으며, 상대를 대할 때 아무런 심적 준비를 할 수도 없다. 비록 틀릴지언정 상대에 대한 성향론을 지니고 있을 때, 우리는 상황에 대한 통제력을 즐길 수 있다. 상황에 따라 사람들이 보이는 행동의 비일관성에 대하여 서양인은 행위자의 못 믿을 성향, 미숙함 탓으로 여기고, 동양인은 이를 상황의 차이로 여겨 행위자를 탓하지 않는다면, 두 문화권의 사람들이 교류할 때 서구인은 동양인에 대한 오해를 할 가능성이 높다. 이 점에서는 동양인이 마음을 보는 시각이 상황의 영향력을 고려하므로 보다 합리적이라고 할 수 있다.

대응추리적 성향론의 양상이 동서양 모두에서 나타나는 것은 이들 연구들에서 행위자의 특성을 파악하라는 요구가 암묵적으로 작용했기 때문이라는 비판이 제기되었다(Na & Kitayama, 2011). 즉, 사람의 행위를 보고 거의 즉각적인 성향추론을 하는 양상이 특히 개인주의 문화권에 국한된 특징이며, 집단주의 문화에서는 행위에 미치는 상황의 영향력을 당연히 인정하므로 성향추론이 나타날 가능성이 적을 수 있다. 이를 검토하기 위해서 미국에서 백인계와 아시아계를 대상으로 20장의 자기 인종 사람의 얼굴사진을 화면에 하나씩 1.5초간 제시하고, 그 사람의 성향을 함축하는 행동을 제시하며, 이들 얼굴과 행동을 기억하도록 하였다. 연후에 얼굴사진을 하나씩 제시하고, 이전에 제시된 행동이 함축하는 성향단어와 성향 무관단어를 뒤

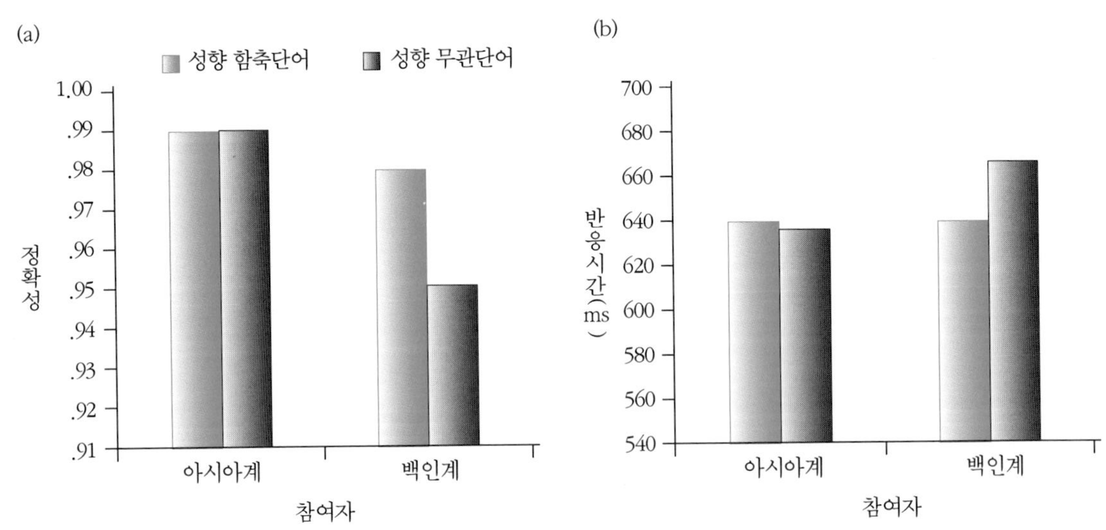

[그림 3-18] 얼굴사진과 두 유형의 단어 판단에 대한 정확성(a)과 반응속도(b)에서 나타나는 문화 차이
출처: Na & Kitayama, 2011, 그림 1.

섞어 제시하면서 얼굴과의 관련성을 판단하도록 하였다. [그림 3-18]에서 보듯이, 아시아계는 사진-단어 판단과제에서 성향 함축단어와 성향 무관단어에 아무런 차이를 보이지 않았으나, 백인계는 성향 함축단어에 빨리 반응하고, 정확성도 높게 나타나, 행동을 갖고 자동적으로 특성을 추론하는 양상을 보였다. 그러나 아시아계 참여자들에게 사진 인물의 성격적 특징을 파악하라는 지시를 하고서 동일한 과제를 시행하면, 백인계와 똑같은 양상을 보였다. 이 연구는 일상에서 개인의 성향을 파악하고자 하는 양상이 대응추리 귀인을 가져오고 이는 개인주의 문화권에서 늘 이루어지는 것이지만 집단주의 문화권에서는 개인의 성향 파악이 항상 이루어지는 것은 아님을 보여 주고 있다.

트리안디스(Harry Triandis, 1926~)
그리스 출신으로 미국 코넬 대학교에서 사회심리학을 전공하였고, 일리노이 대학교 교수로 재직하였다. 비교문화심리학 분야를 개척한 학자로 개인주의-집단주의 이론을 정리하였다.

자기본위적 편향의 문화차 서구의 독립적 자기문화권에서 행동의 주체인 개인이 자부심을 느끼는 것은 적응에 필수적이며, 자기본위적 편향은 이 자부심을 느끼도록 한다. 그렇다면 상호의존적 자기문화권에서는 어떠할 것인가? 우리 옛 속담에도 "잘되면 제 탓, 못되면 조상 탓" 한다는 말이 자기본위적 편향을 반영하는 것이다. 그러나 우리가 많이 쓰는 '덕분에'는 이 편향성과 반대되는 표현이기도 하다. 이 표현이 때로는 진심이겠고, 때로는 인상관리 차원에서 나온다.

Kashima와 Triandis(1986)는 일본인과 미국인에게 자신들이 성공한 일과 실패한 일에 대하여 어떻게 생각하는지를 기술하도록 하여 분류한 결과, 미국인들은 실패한 경우보다 성공한 경우에 이를 능력 탓으로 여기는 경향이 나타났다. 그러나 일본인들에게는 그 반대로 나타났다. 한 연구는 귀인의 차원을 구분하여 자기본위적 편향에서 나타나는 문화 간 차이를 보였다(Lee & Seligman, 1997). 유럽계 미국인, 중국계 미국인, 중국 본토인을 대상으로 스스로에게 있었던 좋은 사건(만족스러운 데이트 따위)과 좋지 않았던 사건(일자리를 구하려다 실패함 따위)에 대하여 내-외 요소, 안정성-가변성 요소, 일반성-특수성의 세 차원에 귀인을 하도록 하여 분석하였다. [그림 3-19]에서 볼 수 있듯이, 백인들은 좋은 사건을 내적, 안정적, 일반적 요소로 귀인하는 경향이 다른 두 중국인 집단보다 강한 것으로 나타났다.

아시아 문화권에 주로 나타나는 이 현상을 겸양적 귀인편향이라고 부를 수 있다(Smith & Bond, 1998). 그러나 문화적 차이(집단주의 문화-겸양적, 개인주의 문화-자기본위적 편향)가 항상 일관성 있게 나타나는 것은 아니다. 유학의 인간관은 인심과 도심을 구분하여 인심(人心)은 인욕의 근본이어서 위태로운 만큼 이를 항상 다스리는 수양을 통해서 도심(道心)을 갖추어야 하는 것이 인간의 도리라고 본다. 한덕웅(1994, pp. 263-267)은 유학의 4단(四端) 정서가 중시되는 문화권에서 인의, 사랑, 자애, 측은, 예의, 사양, 겸양 등의 가치가 존중되며, 이 가치와 조화되는 귀인양상이 바로 겸양적 귀인이라고 주장한다. 문제는 이 같은 겸양적 귀인이 인상관리 전략인지 아니면 실제로 내재화된 것인지를 밝히는 것이다(곁글 3-13).

동양권에서 겸양적 귀인이 나오는 것은 주위사람들에게 자신을 겸손하고 자만하

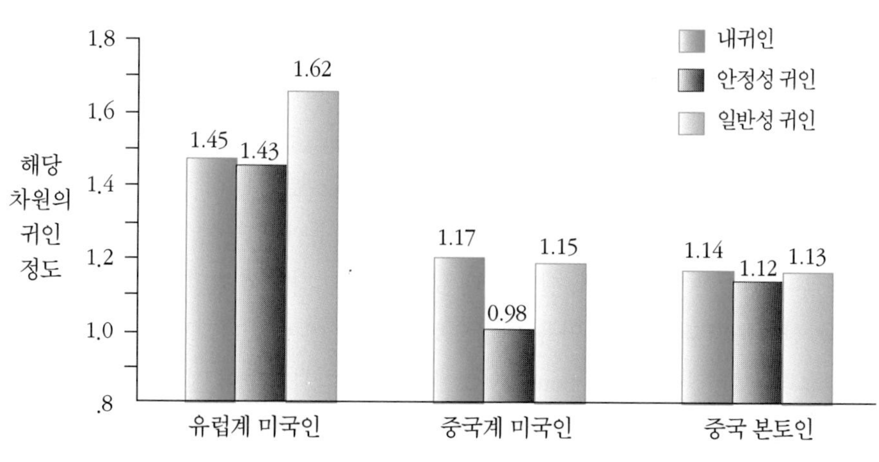

[그림 3-19] 자기본위적 편향의 문화화
유럽계 미국인은 자기에게 생긴 좋은 일을 안정적이고 일반적인 내적 요소로 귀인하는 경향이 높다.
출처: Lee & Seligman, 1997.

결글 3-13

일본인의 겸양은 꾸며진 것이 아니다!

동아시아의 유교문화권에서 사람들은 뽐내기보다는 겸양을 덕으로 여긴다. 이 겸양이 겸허한 진실된 마음을 반영할 수 있으나(2장 참조), 실제 마음이 아니라 인상관리 차원에서 나오는 것이라는 반론도 만만치 않다. 일본인을 대상으로 이루어진 여러 연구들을 검토하면서 일군의 연구자들(Heine et al., 1999)은 이 겸양이 꾸며진 것이 아니라는 주장을 다음의 증거들을 바탕으로 제시하고 있다.

겸양을 보이는 이유가 남들에게 잘 보이기 위함이라면 첫째, 개인의 사회적 바람직성을 측정하는 척도점수에서 일본인들의 점수가 미국인에 비해 높게 나와야 하지만 그렇지 못하다. 둘째, 겸양적 답을 분명히 요구하는 문항들(자신과 남을 직접 비교하는 등)에서는 그러한 답을 요구하지 않는 문항들(자신이 별 책임 없는 성과에 대한 질문 등)에서보다 겸양적 답이 미국인에 비해 강하게 나와야 하지만 그렇지 못하다. 셋째, 남을 평가할 때보다 자신을 평가할 때 더 자기비판이 강해야 할 것이다. 그러나 이러한 차이는 나타나지 않는다. 넷째, 겸양을 보일 필요가 전혀 없는 익명의 상황, 아무도 안 보는 상황에서도 자기비판적이며, 겸양적인 행위가 나타난다. 아울러, 일본인들은 미래에 나쁜 일이 자신에게 발생할 가능성을 남에게 발생할 가능성보다 높게 보는데, 미국인들은 좋은 일이 자신에게 발생할 가능성을 더 높게 보는 양상을 보인다(Chang & Asakawa, 2003; 결글 3-10).

이러한 증거들에 더해서 Heine 등(1999)은 흥미로운 실험결과들을 바탕으로 일본인들은 자기고양적 귀인을 보이지 않으며, 자긍심을 고양시키려는 행위보다는 자기비판을 통해서 사회문화적으로 인정받는 자신의 모습을 갖추려는 행위와 동기를 내발적으로 지니고 있음을 주장한다. 한 예로, 일본과 캐나다 대학생들로 하여금 실험과제를 수행하게 한 후 성공/실패의 성적을 알려 주었을 때 일본인들은 자신이 남들보다 잘했다는 사실을 인정하기 꺼려했으나, 캐나다인들은 남보다 못했다는 사실을 인정하기 꺼리는 것으로 나타났다(Heine, Takata, & Lehman, 2000).

지 않는 사람으로 인식시켜 대인관계에서 긍정적인 효과를 거두기 위함일 수 있다. 김진국(1986)은 다양한 과제(탁구시합, 학교성적 등)에서 성공(또는 실패)한 사람이 자신의 성공(실패)을 자기본위적 또는 겸양적으로 귀인하는 것을 접한 관찰자들의 평가를 실험적인 방법으로 알아보았다. 자기본위적(즉, 성공은 내 탓, 실패는 상황 탓)으로 귀인하는 사람들에 대한 대학생들의 평가는 부정적인 것으로 나타났다(김혜숙, 유주란, 1995; 이지은, 1996). 호감도와 겸손성의 평가는 높은 정적 상관을 지니고 있는 것으로 나타나($r=.61$) 겸손이라는 덕목이 대인교류에서 높이 여겨지는 것임을 알 수 있다. 성공은 상황 탓에, 실패는 내 탓으로 하는 겸양적 귀인은 관찰자로부터 호감을 산다는 결과가 중국인을 대상으로 한 연구에서도 나타났다(Bond et al., 1982). 그러나 한 연구(Wan & Bond, 1982)에서, 중국 참가자들이 성공실패의 귀인을 익명적인 응답지에 할 경우 미국인들과 비슷하게 자기본위적 편향이 나타났다. 하지만 실험자에게 귀인이 알려지는 상황에서는 겸양적 편향이 나타났다. 즉, 겸양적 귀인은 인상관리인 것이고 내면의 귀인은 다를 수 있다는 것이다.

실제로 여러 연구들이 한국 대학생들에서 자기고양적 귀인이 나타남을 보이고 있다. 오세철과 김주엽(1982)은 상황각본을 작성해서 수행한 연구에서, 김혜숙(1995)은 실험상황을 구성해서 수행한 연구에서, 한국 대학생이 자기고양적 귀인을 하는 것을 보였다. 이런 현상은 한국의 대학생들이 개인주의적 성향을 강하게 띠고 있다는 점을 반영할 수 있다(한규석, 신수진, 1999; 한성열, 안창일, 1990). 그러나 일본인에게서 나타나는 겸양적 귀인이 인상관리가 아니라 내재화된 가치관을 반영하는 것임을 보이는 증거도 여럿 있다(곁글 3-13, 곁글 3-14). 최근에 이누미야와 김윤주(2006)는 한국인의 경우에 자신을 사회적 영향력을 행사하는 주체로 보는 경향이 강하고, 일본인의 경우에 영향력을 수용하는 대상으로 보는 경향이 강한 차이를 보인다는 이론을 전개하며 한일 양국민의 차이를 조명하는 틀을 제시하고 있다.

보다 최근의 한 연구는 이런 자기본위적 편향이 아시아인들에게는 상황에 따라 크게 달라짐을 보이고 있다. 미국 대학생들에게 긍정적인 특성 형용사 13개를 제시하고서 자신에 해당하는 것을 택하게 했을 때 아시아계나 백인계나 8개 정도를 선택하는 것에서 차이를 보이지 않았다. 그러나 부모가 자신을 어떻게 생각하는지의 관점을 취하여 선택하게 했을 때, 백인계는 차이를 보이지 않았으나, 아시아계는

곁글 3-14 집단주의 문화권에서 집단자긍심

사람들의 자긍심은 자신이 지닌 실력, 남들로부터 받는 인정은 물론 자신이 속한 집단이 받는 평가에 의해서도 영향을 받는다(10장 참조). 동양권에서 사람들이 겸양편향을 보이는 경향이 있지만 자신의 집단에 대하여는 고양적 편향을 보일 수 있다는 가설이 여러 연구에 의해서 검증을 받았다. 이들 결과는 일관되게 나오지 않고 있다. 집단자긍심 척도(김혜숙, 1994; Luhtanen & Crocker, 1992)로 조사한 연구결과는 북미인들이 일본인보다 자신들의 집단(가족과 대학-Heine & Lehman, 1997a; 국가-Lipset, 1996, Liu et al., 1997)을 보다 긍정적으로 평가하고 있는 것으로 나타나고 있어, 개인 차원의 자기고양적 양상에서 문화 차이가 집단에서도 나타남을 알 수 있다. 집단에 대한 애착이나 자긍심은 북미인들에게서도 일본인 못지않게 자신들의 자긍심을 높이는 데 기여하는 것만은 확실하다.

김혜숙(1995; 연구 2 & 3)은 실험실에서, 자신이 속한 집단의 수행이 성공적인 경우에 내귀인을 하고 실패한 경우에 운 탓의 외귀인을 하는 것을 보여 자기고양적 귀인이 나타남을 보였다. 이 같은 양상은 체육관에서 자신이 응원하는 팀의 승리와 패배에 대한 귀인에서도 나타남을 보여 자기집단 고양적 귀인이 한국에서는 일반적인 현상임을 시사한다. 유사한 양상의 자기대학 고양적 귀인이 홍콩 대학생을 대상으로도 관찰되었다(Hewstone et al., 1983). 그러나 일본인에게서는 자기집단 고양적 귀인이 나타나지 않는다는 증거도 있다(Heine & Lehman, 1997a).

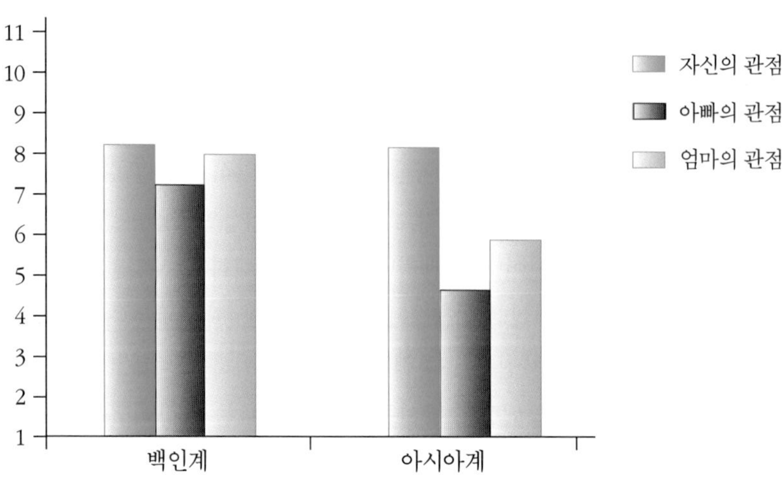

[그림 3-20]
취하는 관점에 따라 나타나는 자기평가의 긍정성에서의 문화 차이
출처: Kim et al., 2014.

그 숫자가 떨어지는 양상을 보였다(Kim et al., 2014; [그림 3-20]). 이런 결과는 아시아인들이 다른 사람의 입장에서 자신을 평가하는 것에 익숙하며, 그런 평가를 하는 경우에 서양인과 달리 자기편향성을 덜 보이며, 맥락적으로 변하는 자기의 유동성을 반영하고 있다(2장 참고). 이런 탓에 타인의 눈을 의식하는 경향성이 높은 아시아인(Chiu et al., 2010; Cohen & Gunz, 2002)이 자기겸양적 귀인을 보일 가능성은 상대적으로 높다고 보겠다(곁글 3-13). 즉, 기존의 연구들이 보이는 혼란스러운 귀인양상은 자신의 행위에 대한 제3자적 관점이 부각되는 경우와 그렇지 않은 경우를 구별하지 않았기에 나타날 수 있으며, 이를 정리하는 연구가 필요하다.

능력 · 노력의 귀인 귀인요소의 통제성 차원에서 능력은 통제가 불가능하고, 노력은 통제가 가능한 것이다. 과제에 성공한 아이들에게 성공을 머리가 좋은 탓, 또는 열심히 노력한 탓으로 칭찬해 주고서, 어려워지는 과제를 제시하고 아이들의 행위를 관찰해 보면(Mueller & Dweck, 1998), 머리 탓으로 칭찬 받은 아이들은 과제가 어려울 것을 걱정하였고, 과제에 대한 관심을 덜 보이고, 해내고자 하는 의지도 약했다. 머리 탓으로 돌리는 교육은 아이들로 하여금 지능을 고정된 특질로 생각하게 만들고 실패하는 것은 능력 부족으로 여기게 하는 것이다. 반면, 과제성공을 열심히 노력한 탓으로 여기는 아이들은 자신의 능력에 대하여 보다 안정적인 생각을 지니고, 수행 성적보다는 무언가 새 것을 배우고, 새로운 접근을 배우는 것을 더욱 중시하는 것으로 나타났다. 실패하는 경우 이를 그대로 수용하기보다는 더 잘 해 보려 노력한다.

내 · 외귀인 성향에서 나타나는 문화 차이와 더불어 내귀인 요소 중에서도 통제성의 차원에서 문화 간 귀인 차이가 나타나고 있다. 즉, 아동이 낙제한 것을 중국의 학부모는 노력의 부족 탓으로 돌리나 미국의 학부모는 아동의 능력, 지능 탓으로 여기는 경향이 있으며, 산수를 잘하면 중국인들은 목표를 상향 조정하지만, 미국인은 보상과 격려를 해 주는 등, 중국에서는 개인 평가 시 안정적인 요소인 능력, 성격보다 가변적인 요소인 노력에 더 비중을 주고 있다(Hess et al., 1987).

한 연구(Mizokawa & Ryckman, 1990)는 미국 내에서 아시아계(한국 포함) 아동들 2,500여 명에게 각본을 제시하고 각본 주인공이 학과목에서 성공 혹은 실패한 경우 그 이유를 표시하게 하였다. 아시아계 모두 노력귀인을 상대적으로 많이 하는 것으로 나타났다. 특히 한국과 일본, 중국계 아동들이 노력귀인을 가장 강하게 하는 것으로 나타났다. 아시아계 미국인들이 학습된 무기력증에 빠지는 경향이 덜한 것으로 보고되고 있는데, 이는 이러한 노력귀인과 무관하지 않은 것으로 보인다.

즉, 한 연구는 초등학생을 대상으로 일본과 미국에서 난이도가 어려워지는 퍼즐을 주면서 얼마나 오랫동안 풀려고 노력하는지를 비교한 결과, 일본아이들이 미국아이보다 오랫동안 매달리는 것으로 나타났다(13.9분 대 9.5분; Blinco, 1993). 이는 노력귀인을 강조하는 문화 차이로 여겨질 수 있다. 또 다른 연구가 과제 수행에서 작용하는 동기의 문화 차이를 잘 보여 주었다. 이 연구에서는 대학생을 대상으로 세 가지 단어들이 지닌 공통점을 연상해 내는 과제(RAT)를 일본인과 캐나다인에게 제시하였다. 이들의 과제 수행 성적을 조작하여 잘하였다고 혹은 좋지 않은 편이라고 알려 주었다. 같은 과제를 다시 수행하는 기회를 제공하고서 과제를 수행하는 시간을 암암리에 측정한 결과 흥미로운 문화 차이가 나타났다. 즉, 과제에 성공했을 경우에 캐나다인들은 실패했을 경우에 비해 더 오래 과제를 잡고 있었지만, 일본인의 경우에는 과제에 실패했을 때 오히려 더 오랫동안 과제를 수행하는 것으로 나타났다([그림 3-21]). 이는 캐나다인의 경우에 능력으로 귀인하는 양상 탓에 잘하는 과제를 즐기고, 못하는 과제를 기피하는 것을 보인 것이다. 그러나 일본인의 경우에 실패를 노력으로 귀인하는 탓에 못하는 과제에 대하여 더욱 노력을 기울이는 양상을 보이는 것이다. 같은 방식으로 한국 대학생을 대상으로 행한 실험은 놀랍게도 캐나다인의 양상과 동일한 양상을 보였다(정욱, 한규석, 2005; [그림 3-21]).

Remote Association Test (RAT)
상호 관련성이 높거나 낮은 세 개의 단어를 제시하고, 이들과 공통으로 연상이 될 수 있는 단어를 맞추도록 하는 실험과제.
(예) 유엔-전쟁-비둘기→평화
한약-글씨-모자→쓰다
(정욱, 한규석, 2005에서 발췌).

이 맥락에서 볼 때 교육제도에 대한 문화 차이를 주목할 수 있다. 미국이나 유럽의 국가들, 특히 독일의 경우 대학을 진학할 것인가 직업전선으로 나갈 것인가 하는 것은 초등학교와 중학교 때의 학교 성적으로 결정되는 제도다. 즉, 학업 능력에

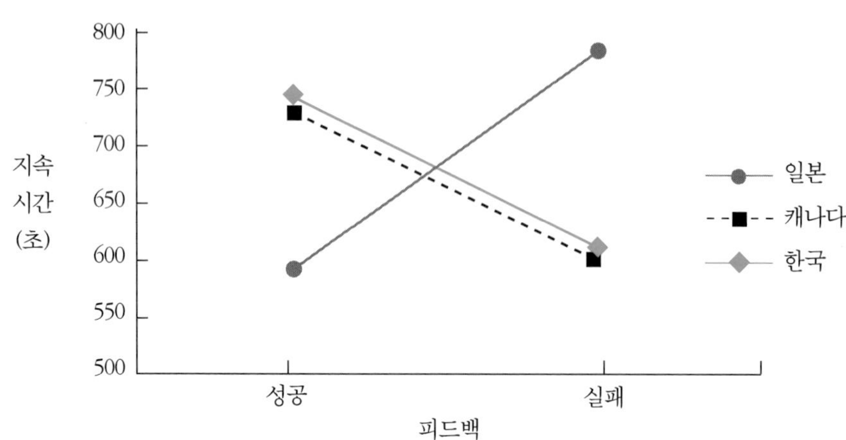

[그림 3-21]
K-RAT 과제 수행 시간의 삼국 비교
일본과 캐나다 결과는 Heine 등(2001)에서 가져온 것임.

대한 판단을 일찍 내린다는 것이다. 반면, 한국의 경우 대부분의 학생들에 대한 학업능력의 판단은 고교에 가서나 내려진다. 그때까지 학업에 관한 귀인은 노력 탓으로 돌려진다. 공부 못하는 사람에게는 노력 부족, 공부 잘하는 사람은 재능 탓보다 노력 탓으로 보상을 해 주는 것이다. 초등학생 자녀가 나쁜 성적을 보이는 이유에 대하여 일본 어머니와 교사들은, 미국 어머니와 교사들보다 노력 부족이라고 여기는 경향이 강하였으며, 아동들은 능력보다는 노력 부족의 탓이라고 여기는 경향이 북경에서 훨씬 강하게 나타났다(Stevenson & Stigler, 1992; [그림 3-22]). Dweck(1975)

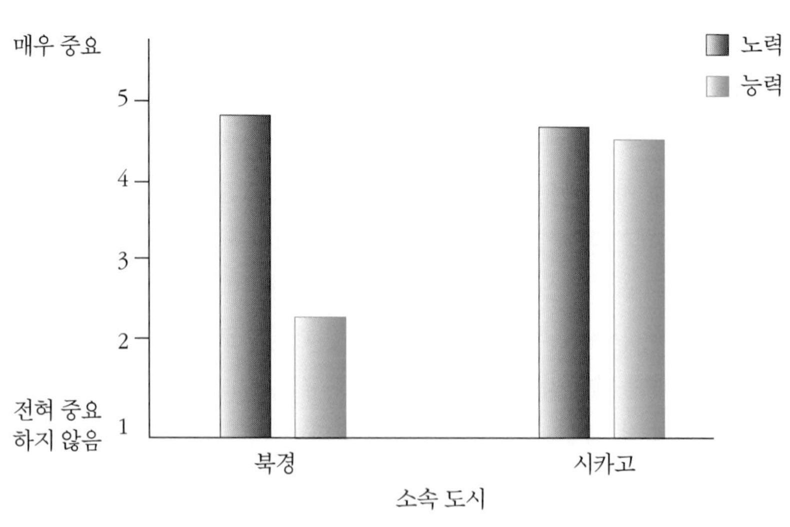

[그림 3-22]
학교에서 성공하기 위해 필요한 능력과 노력의 중요성에 대한 아동들의 평가
출처: Stevenson & Stigler, 1992.

은 실패할 수밖에 없는 어려운 과제를 학생들에게 수행하게 하고서 실패의 귀인을 노력 부족으로 여기게끔 타이르고 훈육을 한 결과 아동들이 더욱 과제에 매달리는 현상을 보인 바 있다. 이 같은 문화의 특징을 반영하는 듯 중국과 한국에서는 학생들에게 많은 숙제를 부과하고 있고, 동일 과제를 할 때 중국과 일본 학생들의 학업성취는 미국 학생들보다 전반적으로 높다고 보고되고 있다(Stevenson & Stigler, 1992: 조긍호, 1996에서 재인용).

요 약

1. 사람들은 합리성을 최대화하는 정보처리를 하기보다는 효율성을 추구한다. 귀인에서도 이 경향이 여러 가지 편향성으로 나타난다.
2. 관찰자는 현저하게 지각되는 것이 사건을 야기한 책임이 있다고 여기는 현저성 편향을 보인다. 이는 행위자–관찰자 편향을 가져온다.
3. 행위자–관찰자 편향은 행위자는 상황 탓, 관찰자는 성향 탓을 하는 차이로 현저하게 부각되는 지각적 초점이 달라서 나타나기도 하며, 각자가 지닌 정보의 차이 때문에 나타날 수 있다. 아울러 잘한 일은 내 탓, 못한 일은 남의 탓을 하는 자기본위적 편향이 강하게 관찰되고 있다.
4. 사람들은 상황의 힘을 무시하고 행위자 행위를 행위자의 내적 특성 탓으로 여기는 근본귀인오류 양상을 보인다. 이 양상은 인지적으로 바쁠 경우에 특히 잘 나타난다.
5. 귀인의 편향성은 특히 독립적 자기문화권의 가치와 맞물려 있음이 인식되면서, 귀인의 문화 차이에 대한 조명이 활발히 이루어지고 있다. 그 결과, 성향귀인은 보편성을 지니나 상황귀인의 수용에 있어서 문화 차이가 나타나며, 자기본위적 편향에서도 문화 차이가 확인되고 있다.
6. 귀인의 문화 차이로서 성취에 대한 귀인을 동양은 노력 탓으로, 서양은 능력 탓으로 돌리며, 동양은 겸양적 귀인을 서양은 자기본위적 귀인을 하는 경향이 나타난다. 특히 일본인에게서 나타나는 겸양적 귀인이 인상관리 차원에서가 아니라는 증거들이 나타나고 있다.
7. 동양인이 보이는 겸양적 귀인은 이들이 제3자적 관점을 서구인들보다 더 잘 취하는 경향성 탓에 나타날 수 있다.

귀인의 적용

대인관계에서 상대방의 특성을 파악하는 과정에 초점을 맞추었던 귀인 이론은 오늘날 세상사에 대한 전반적인 파악에 적용되고 있다. 언제 사람들이 귀인적 설명을 추구하는가? 항상 원인 분석을 하는 것이 아니라 기대 밖의 일, 범상치 않은 일이 발생했을 때다. 또한 좋지 않거나 고통스러운 일이 자신에게 발생했을 때 더욱 그러하다. 한 예로, 95%의 암환자들이 암의 원인에 대한 귀인을 하고 있으며, 환자의 가족 중 70%가 귀인을 하고 있는 것으로 나타났다(Taylor, Lichtman, & Wood, 1984). 귀인은 사건을 이해하는 과정에서 필수적으로 거치는 과정이며, 이 귀인이 정서의 판단은 물론 과제수행 및 정신질환의 증상 경험과 치료에도 중요한 영향을 미친다.

❖ 정서의 판단과 귀인

섁터(Stanley Schachter, 1922~1997)
미시간 대학교에서 Lewin과 Festinger의 지도로 사회심리학 박사학위를 취득했으며, 컬럼비아 대학교에서 교수로 재직하였다. 정서의 2요인설을 제시하였으며, Nisbett을 제자로 가르쳤다.

인간은 다양한 정서를 경험한다. 기본적인 정서가 몇 가지인가는 상당한 논의의 대상이 되고 있다(Izard, 1977; McClelland, 1985). 최근에 들어서 정서마다 독특한 신경회로를 지니고 있다는 가설이 주장되고 있지만, 많은 정서가 사실 명확하게 구별이 안 되고 있는데 이를테면 질투와 사랑 같은 것이 그 한 예다. 자신이 경험하는 정서를 어떻게 아는가에 대하여 Schachter(1964)는 정서 2요인설을 주장하였다. 즉, 정서를 경험하기 위해서는 생리적 흥분을 느껴야 하며 그에 대한 인지적 해석 및 판단이 내려져야 한다는 것이다. 그에 따르면 생리적 흥분은 다양한 방법으로 해석될 수 있고 그 해석에 따라 경험하는 정서가 규정된다는 것이다.

심리학에서 가장 잘 알려진 실험 중의 하나인 Schachter와 Singer(1962)의 연구는 바로 이 점을 검증한 것이다. 두 집단의 대학생들에게 에피네프린(일종의 각성호르몬으로 호흡을 촉진하고 맥을 빨리 뛰게 함)을 주사하고 한 집단에게는 그 진짜 약효를 알려 주었고 다른 집단에게는 곧 어지럽고 약간의 두통을 느낄 것이라고 약효를 가짜로 알려 주었다. 통제 집단의 학생들에게는 약을 주사하지 않았다. 참가자들은 이내 실험실에 들어가 다른 참가자 한 명(사실은 실험협조자)과 옆에 앉아서 실험자가 준 질문지에 응답을 하였다. 잠시 후에 옆에 있던 참가자가 매우 기분이 좋아진 듯한 (다른 조건에서는 화가 많이 난) 행동을 하기 시작하였다. 약효를 잘못 알고 있는 참가자들은 진짜 약효가 나타나면서 자신들이 왜 이렇게 흥분하게 되었는가를 의아하게 생각할 것이고 똑같은 입장의 옆 사람이 즐거워하거나 화를 내면 그 사람에게서 상황 단서를 얻어 스스로도 옆 사람이 경험하고 있는 정서를 경험할 것이다. 그러나 흥분하게 될 것이라고 알고 있는 참가자들은 자신의 흥분을 약탓으로 돌리며, 옆 사람의 행위를 보고 덩달아 하지는 않을 것이다. 애초에 약을 주사 받지 않은 사람들(통제 집단)은 흥분을 느낄 까닭이 없고, 따라서 아무런 정서를 경험하지 않을 것이다. 이러한 가설을 지지하는 연구결과가 나타났다(〈표 3-3〉).

〈표 3-3〉 정서의 2요인설 검증실험

실험 절차 순서					
조건	1 흥분제 복용	2 약효 설명	3 옆 사람의 행위	4 자신의 신체 흥분에 대한 귀인	5 경험정서
약효 설명 애매함	함	애매함	즐겁거나 화를 냄	상황	즐겁거나 화냄
약효 설명해 줌	함	제대로 들음		약	없음
통제 집단	안 함	없음		없음	없음

* 본 표는 Sears 등(1991, p. 115)이 Schachter와 Singer(1962)의 연구를 바탕으로 작성함.

위 연구는 정서의 판단에 귀인이 중요하게 작용함을 잘 보여 준 연구다. 여러 후속적인 연구가 이 귀인과정의 중요성을 보여 주었다. Vallins(1966)는 남학생들에게 자신의 심장소리를 확대시켜 들려준다는 이어폰을 끼게 하고서 여자의 나체사진을 여러 장 보여 주었다. 학생들이 어떤 사진을 보았을 때는 그들은 자신의 심장이 빨리 뛰는 것을 느꼈고, 다른 사진을 보았을 때는 차분해지는 것을 느낄 수 있었다. 사실 이 맥박소리는 연구자가 임의로 조작하여 들려준 것이다. 학생들은 자기의 맥이 '빨라진' 것이 그 사진 때문이었다고 느끼고 맥을 빨리 뛰게 한 사진의 주인공을 가장 매력적인 여자로 평가했다. 실험이 끝나고 마음에 드는 사진을 가져가라고 했을 때 대부분의 학생들은 바로 자신의 맥을 '빨리 만든' 사진을 가져갔다. 이 연구는 사람들이 자신의 생리적 흥분(실제로 조작된 것이지만)을 설명할 만한 이유를 찾으며 적절한 상황 단서가 있는 경우, 이것으로 모호한 흥분의 원인을 설명해 버린다는 것을 잘 보여 준다.

정서의 경험에서 인지적 상황평가의 중요성은 정서의 평가이론(Ellsworth & Scherer, 2003)으로 발전하여 정서 경험의 문화 차이에 대한 흥미로운 발견들을 제시하고 있다. 이를테면, 일본인들은 오른쪽 그림의 중심인물(2)의 얼굴 표정이 드러내는 정서를 판단할 때 그의 주위사람들이 어떤 표정을 짓고 있는지에 따라 미국인들보다 더욱 민감하게 반응하는 것으로 나타났다(Masuda et al., 2008). 이는 2장에서 논의한 상호의존적인 자기문화의 특징을 보여 준다. 문화권마다 같은 사건(성공 혹은 실패)을 경험하여도 정서에는 차이가 나타나는데, 미국인들은 성공 시 자부심을 크게 느끼지만, 일본인들은 운이 좋았다라는 생각에 자부심을 느끼는 정도가 크지 않다. 그러나 이런 문화 차이는

중심인물(2)의 정서판단에 주위사람들의 표정이 영향을 미치는가?

주어진 성공 혹은 실패 상황에 대한 귀인을 갖게 하게 된 경우에는 사라진다(Imada & Ellsworth, 2011). 정서는 느낌에 대한 상황인식(귀인)의 결과인 것이다.

❖ 사후가정사고

시가지 매복을 나간 이스라엘 병사
출처: Gilovich et al., 2011, p. 127.

사람들이 벌어진 사건을 파악하여 경험하는 정서는 벌어지지 않았던 사건을 어떻게 생각하느냐에 의해 큰 영향을 받는다. 예를 들어, 기말시험을 준비할 때 친구가 알려 준 예상문제를 미처 공부하지 못하고 시험 치를 때 느끼는 좌절감은 그런 예상문제를 전혀 접하지 못했을 때와는 다를 것이다. '아무리 시간이 없었어도 그것만 보고 왔더라면……' 하는 사후가정사고는 사건에 대하여 경험하는 정서는 물론, 미래의 행위에도 큰 영향을 미친다. 이스라엘 군에서는 어떤 일이 있어도 병사 자신들에게 떨어진 임무를 다른 사람과 바꾸는 일은 허용되지 않는다고 한다. 바뀐 임무를 수행하다가 불행을 당하면 유가족들은 피할 수 있던 죽음에 분노하고, 임무가 바뀌어 살아남은 병사는 죄책감으로 괴로움을 겪기 때문이다(Gilovich et al., 2011, p. 127). 이런 일들은 사후가정사고에 대한 이해의 필요성을 보여 준다.

사후가정사고는 두 가지 양상으로 나타난다. 상향적 사후가정사고를 하게 되면 우리는 실제 일어난 일보다 잘되었을 상황에다가 벌어진 상황을 비교함으로써 자괴감, 자책감, 실망을 느끼게 된다. 그럼에도 상향적 사고는 기대했던 일이 잘못되었을 때 나타나면서(Roese & Olson, 1995), 유사한 사건이 미래에 발생할 때, 보다 잘 대처할 수 있도록 해 줄 수 있다. 시험을 잘 못 본 사람들에게 시험을 잘 볼 수 있었을 방법을 생각하게 한 경우에 나중 시험에 보다 잘 대비하고 성적도 좋아지는 현상이 확인된 바 있다(Roese, 1994). 한편, 하향적 사후가정사고를 하게 되면 실제 일어난 일보다 더 나쁜 상황을 생각하게 됨으로써, 발생한 상황에 대하여 안도감과 즐거움을 더 느끼게 된다. 교통사고를 당하여 차를 폐차 처분하게 된 사람이 "다쳤을 수 있는데, 안 다치고 이만하길 다행이야." 하면서 스스로를 위로하는 것이 대표적인 사례다.

1992년 바르셀로나 올림픽 시상대의 한 장면
행복한 얼굴은 색깔순은 아니다.
출처: Gilovich et al., 2011, p. 126.

1992년 바르셀로나 올림픽 메달 수상자들이 시합에서 자기의 메달이 확정되는 순간과 시상식에서 보인 얼굴표정들을 분석한 연구(Medvec et al., 1995)는 기쁨의 크기가 금 · 은 · 동의 순서가 아니라 금 · 동 · 은의 순서로 뒤바뀐 것을 보여 주고 있다. 사후가정사고가 은메달(상향적)과 동메달(하향적)에서 어떻게 작용하는지를 흥미롭게 보여 준 것이다. 기쁨이 성적 자체에 좌우되는 것이 아니라 누구와 비교되느냐에 의해 좌우된다는 것은 매우 흥미로운 현상이다.

하향적 비교는 무의식적으로 진행되는 탓에 관찰자의 눈에 띄지 않지만 상향적 비교는 의식적으로 이루어지며, 이를 관찰자들이 어렵지 않게 알 수 있다(Roese, 2005, p. 51). 시간의 차원에서 미래의 일에 대하여는 상향적 사고가, 과거의 일에 대해서는 하향적 사고가 많이 나타나고 있다. 이는 미래에 더욱 잘 준비하게 만들고, 과거 일에 대해 너무 연연하지 않도록 하는 기능을 함으로써, 잘못된 현실을 위로받고, 미래에 대비하도록 해 준다(곁글 3-15).

곁글 3-15

사람들은 무엇을 후회하는가?

지금까지의 삶을 다시 살 수 있다면 당신은 어떻게 할 것인가? 서구에서 지난 20여 년간 다양한 연령대의 성인들을 대상으로 이 같은 질문에 대한 응답을 집계한 결과 32%의 사람이 학업, 22%가 직업경력, 15%가 사랑과 인간관계를 말하였고, 자녀양육, 자기계발, 여가생활의 순으로 나타났다. 전자의 네 가지는 여러 연구에서 공통적으로 상위권에 순서대로 나타났다(Roese, 2005, p. 60). 한 응답자는 "가장 큰 후회는 학교에 진학하지 않고, 내 인생의 꿈을 이루지 못한 것이다. 나는 친구들을 따라서 멋져 보이는 것을 좇으며 살았지만…… 더 좋은 교육을 받았다면…… 삶이 달라졌을 것이다."라고 하였다(Roese, 2005, pp. 61-62). 다른 연구에서는 거리에서 일반인들을 대상으로 분석한 결과, 지난 일주일에 대한 응답에서는 자신이 한 행동에 대한 후회(53%)가 안 한 행동에 대한 후회(47%)보다 높게 나타났다. 허나 지금까지의 삶 전체를 본 경우에는 안 한 행동에 대한 후회가 84%로 행동에 대한 후회(16%)보다 압도적으로 높았다(Gilovich & Medvec, 1994). 국내의 대학생을 대상으로 조사한 결과, 저지른 행동에 대한 후회는 37%로 나왔으나, 하지 않은 행동에 대한 후회는 63%로 나타났다(남궁재은, 허태균, 2009). 후회의 영역도 미국인들은 애정, 친구, 교육, 여가의 순이었고, 한국인들은 교육, 애정, 자기, 친구의 순으로 차이가 있었다. 독거노인 380명을 대상으로 한 연구는 사회생활에서의 성취에 대한 후회보다 가족과 이웃관계에 대한 후회가 이들이 느끼는 안녕감에 큰 영향을 미치는 것을 보였다(서경현, 2014).

왜 이런 차이가 나타날까? 저질러진 행동에 대하여 취소할 수 없다면 정당화와 합리화를 통해 자기를 보호하는 양상을 보인다. 이를 **심리적 면역기제**(Gilbert, 2006)라고 할 수 있다. 이 면역기제는 사소한 일보다는 중요한 일에서 작동한다. 그래서 사람들은 잘못된 선택을 두고두고 후회하기보다는 뼈아픈 교훈을 얻었다며 의미를 둘 수 있다. 사람들은 **후회 혐오증**을 지니고 있기 때문이다. 그러나 흥미로운 것은 국내 대학생이 애정, 친구와 같은 인간관계 영역에서는 저지르지 않은 행동보다 저지른 행동에 대하여 후회하는 양상이 높게 나타났다. 미국에서도 여성들은 성생활과 관련해서는 저지른 행동에 대해 후회하는 양상이 높게 나타났다. 이는 중요한 대인 관계에서 저지른 잘못의 여파는 지속적으로 삶에 영향을 미치는 탓이라 보인다.

❖ 사회현상 분석에의 적용

자살이나 재해사고 희생자 등에 있어서 지역 격차가 나타나는 것을 귀인으로 설명할 수도 있다. 예를 들어, 미국에서 남부와 북부의 지역이 각종 자연재해로 인한 사망률에 있어서 차이가 현저한데, 두 지역이 지리적 · 경제적 여건 등 여러 면에서 차이가 있지만 그러한 것을 같다고 통계학적인 조정을 한 후에도 지역 간 사망률에 있어서 차이가 나타난다. 즉, 남부에서 사망률이 몇 배나 높은 것은 남부 지역인들이 재해에 대한 대비가 소홀하기 때문으로 조사되고 있다. 지역민들의 귀인성향을 알아보기 위해 문장완성형의 질문을 해보니, 같은 중간계층이지만 북부인과 남부인 간에 상당한 차이가 나타났다(Sims & Baumann, 1972). 즉, "내 삶에 있어서, 신은 ___________ "의 빈칸에 남부인들은 '내 삶을 좌우한다'라는 식의 응답을, 북부인들은 '나를 보호하신다' 식의 답을 많이 주었다. 또한 "나는 행운이 ___________ 라고 믿는다"에 대해서 남부인들은 '잘살고 못사는 것을 결정한다' 식이며, 북부인은 '존재하지 않는다' 식으로 답을 주었다. 전자의 응답은 외통제 성향이고 후자는 내통제 성향이라고 볼 수 있다. 즉, 남부인들은 운명, 신이 자신의 삶을 결정짓는다고 보기 때문에 일기예보에 주의를 기울이지 않고, 경보가 발령되어도 대비를 덜하며, 따라서 재해 시 사망률도 높은 것으로 나타나고 있다. 이러한 부정적인 특성에도 불구하고, 역설적인 것은 외통제 성향의 종교적 지향이 강한 사람들이 가족의 불행(아기의 돌연한 죽음, 교통사고 등)에 처해서 내통제 성향의 사람보다 정상적인 생활로 빨리 복귀한다는 것이다(Ross & Nisbett, 1991, p. 189에서 재인용).

내 · 외통제 성향(locus of control)
발생한 사건에 대하여 책임소재를 성격, 능력, 동기 등과 같은 자신의 내부에 두는 것을 내통제 성향이라 하며, 운이나 일의 어려움, 상황의 탓 등 외부적인 요인에 두는 것을 외통제 성향이라 한다(Rotter, 1966).

학업과 남녀의 귀인양상 차이 유치원 아동들에게 실험과제를 수행하도록 하여 한 조건의 아이들에게는 잘했다는 평가를, 다른 조건의 아이들에게는 못했다는 평가를 주었을 때, 남아들은 자기고양적 귀인을 한 반면에 여아들은 자기비하적 귀인을 하는 양상이 영국에서 관찰되었다. 흔히들 여자는 자신의 실패를 능력부족으로 여기고, 한 번 실패하면 곧 무기력 증상을 보여 유사한 과제에 열의도 보이지 않고 성적도 떨어지는 현상을 보인다고 한다. 그렇지만 초등학교에서 보면 여아들이 남아보다 성적이 높은 편이고 칭찬도 많이 받는 것으로 관찰되고 있어 모순성을 보이고 있다(Dweck & Goetz, 1978). 이를 이해하기 위한 목적으로 Dweck 등(1978)은 초등학교 4~5학년 교실을 방문하여 아동과 선생님 사이의 교류양상을 면밀히 관찰하였다. 분명히 교실 안에서 선생님의 칭찬이 대부분의 여아들을 상대로 한 것이지만 칭찬의 많은 것이 학업과는 관계없는 품행에 대한 것이 많았다(여자 21%, 남자

7%). 여아들이 받는 꾸지람의 88%가 학업과 관련된 것인데, 남아들의 경우는 54%가 학업관련이고 46%는 품행과 관련된 것들이었다. Dweck의 결과는 아동이 받는 학업 관련 칭찬이 남아에서 훨씬 강함을 보여 주어 여자가 칭찬을 많이 받음에도 학업에는 약한 현상을 어느 정도 설명해 주고 있다.

요 약

1. 사람들은 자신의 내면의 태도 혹은 정서, 성격 등을 알기 위하여 귀인원리를 스스로에게 적용시킨다. 정서 2요인설은 사람들이 경험한 신체의 흥분을 적당한 상황 탓으로 귀인시켜서 정서를 경험한다는 이론이다.
2. 귀인의 분석을 통해 사회현상에 대한 설명도 가능하다. 미국의 남부에서 발생하는 높은 재해사망률의 이유를 분석한 결과, 남부인들은 외통제 경향을, 북부인들은 내통제 경향을 강하게 보이는 것으로 나타났다.
3. 귀인경향에 있어서 내통제와 외통제 성향의 개인 차이가 나타난다. 내통제 성향의 사람들은 자신의 행위에 대하여 스스로의 책임 탓을 많이 하지만, 외통제 성향의 사람들은 상황, 운 탓을 많이 한다.
4. 귀인양상은 아동의 학업성취에 영향을 주며, 여아는 남아보다 공부를 잘하고 칭찬을 많이 받지만, 칭찬이 학업과 관련 없는 품행에 대한 것이어서 학업에 대한 끈기를 덜 보인다.

제 4 장
사회생활 속의 추론과 판단

큰 논란을 일으켰던 한 연구(Rosenhan, 1973)에서 연구자를 포함한 7명의 정상인이 정신과 병원을 찾아가 환청이 들리는 증상을 호소하도록 하였다. 그 외에는 정상적으로 행동하였다. 의사들은 이 환자들의 과거 병력과 생활상을 검토하고, 조현병(정신분열증)으로 진단하여 입원을 시켰다. 한 환자는 의사와의 면담에서 "어렸을 때 엄마와는 친했지만, 아빠와는 멀었다. 사춘기 이후는 아빠와도 친한 친구 사이가 되었고, 대신 엄마와 좀 멀어졌다. 지금 아내와의 관계는 가깝고 좋다. 가끔씩 다투기도 하지만, 갈등은 별로 없다. 아이들도 때리는 일은 거의 없다."라고 말했다. 이 내용은 의사에 의해서 다음과 같이 해석되었다. "이 39세 백인남자는 …… 가까운 사람과 양가감정을 느끼는 역사가 오래되었다. 엄마와의 따듯한 관계가 사춘기에는 식어졌고, 아빠와의 소원한 관계가 매우 가까워졌다고 한다. 정서가 매우 불안정하다. 아이와 아내에 대하여 느끼는 감정을 통제하려고 하나 가끔씩 분노를 터뜨리며 아이를 때리기도 한다……." 이들은 입원하자마자 정상인으로서의 생활모습을 보였다. 그러나 이들이 퇴원하기까지에는 평균 19일이 걸렸다. 이 연구의 연구자는 연구내용을 알려주고 보스턴 지역의 정신과 의사들에게 3개월 이내에 한 명 이상의 가짜 환자가 입원을 시도할 것이라고 이야기했다. 3개월이 지난 후에 의사들에게 그동안 입원한 193명의

2015년 중동호흡기증후군(메르스) 방역실패로 마스크를 하고 통학하는 아동들
이 사건은 낯선 사태에 접해서 사람들이 내리는 판단과 의사결정의 취약점을 잘 보여 준다.

환자 중 누가 가짜였다고 보는지를 물었더니 41명의 환자에 대하여 적어도 한 명 이상의 의사가 가짜 환자로 판단했다고 한다. 그러나 가짜 환자는 투입되지 않았다. 이 연구는 윤리적 논란을 빚었으나, 사람(전문가 포함)들이 판단을 하는 방식에 대하여 증언을 하고 있다. 사람들이 어떤 정보에 귀를 기울이고, 어떻게 취합 · 정리하여 판단을 내리는가 하는 과정을 다루는 것이 사회적 추론의 분야다.

사회적 판단의 연구가 갖고 있는 전통은 사람들이 실제로 판단을 하는 과정을 합리적인 추론 방략과 비교하는 것이다. 합리적 혹은 규범적 모형이란 논리적이며 수학적이며 오류나 편파 가능성을 배제한 것인 데 비해 사람들이 실제 따르는 서술적(descriptive) 방략은 비논리적인 요소를 포함하고 있으며, 오류와 편향을 지니고 있다(Einhorn & Hogarth, 1981). 규범 모형과 서술 모형을 비교하는 것은 인간의 정보처리 과정을 이해하는 데 적지 않은 통찰을 제시해 주었다.

정보의 수집

우리가 접하는 대상이 실재하는 것인지, 그의 실재성을 어떻게 알 수 있는가를 논의하는 과학철학의 논쟁에서 비교적 새롭게 제시된 비판적 실재론(Bhaskar, 1975: 이에 대한 논의는 이영철, 2010 참고 바람)은 사회과학자들이 취하고 있는 구성주의적 관점에 반대하여 탐구의 대상이 되는 것이 우리의 인식과는 무관하게 존재하는 것을 인정한다. 다만 우리는 그것이 무엇인지를 직접적으로 알 수 없고 이성적 사유과정의 비판적 작업을 통해서만 유추할 수 있다고 본다. 과학철학자들은 모든 사람들의 관찰이 이론의존적(theory-laden)임을 지적한다. 우리가 지닌 신념, 이론, 가치라는 렌즈를 통해서 그 현상을 파악할 수밖에 없다는 것이다. 이론이 다를 경우에 우리는 전혀 다른 현실을 경험한다. 똑같은 우주를 관찰하면서, 천동설과 대치되는 지동설을 주장한 코페르니쿠스의 우주는 당시 받아들여지고 있던 프톨레미의 우주와는 전혀 다른 것이었다(김영식, 2001 참조). 현상을 대하는 사람들이 지닌 믿음이 현상의 파악에 어떠한 영향을 주는가를 살펴보자.

❖ 신념과 선입견의 영향

쿨레쇼프 효과 구소련의 영화감독이자 이론가였던 Lev Kuleshov는 사람들의 사전기대에 의해 같은 장면에 대한 해석이 크게 달라지는 현상을 적극적으로 이

[그림 4-1]
가역성 도형의 예
'당신은 이 그림에서 천사를 봅니까, 악마를 봅니까?'
이 Escher의 목공예에서 가역성 도형과 배경은 보기에 따라서 검은 악마 또는 흰 천사를 보여 주고 있다(네덜란드의 Haags Gemeete 박물관 소장).

용해서 영화를 제작하였다고 한다(Myers, 1993에서 재인용). 이를 클레쇼프 효과라고 하는데, 이를테면, 그는 무표정한 남자의 얼굴을 보여 주기 전에 죽은 여인을 보여 주거나, 여자아이가 노는 것을 보여 주거나, 스프 한 그릇을 보여 주면, 그 남자의 얼굴이 각기 이전에 무엇을 관객이 보았느냐에 따라 슬프게, 행복한 혹은 사색에 빠진 것으로 지각되는 것을 촬영에 이용한 것이다. 사람들이 낯선 대상을 접하는 경우에 자신이 가지고 있는 선입견이나 도식들을 적용시킨다는 것은 잘 알려진 심리학의 원리다. 똑같은 대상도 어떠한 선입견을 가졌는가에 따라 다르게 파악된다. 대부분의 심리학개론 책에서 지각현상을 설명할 때에 가역성 도형의 예가 제시되고 있는데, 이 예들은 어떠한 관점을 취하는가에 따라 같은 대상이라도 그 인식이 달라지는 것을 잘 보여 준다.

더 친근한 예를 들 수 있다. 오른쪽 사진의 인물을 보자(Myers, 1995, p. 111). 이 사람은 나치 게슈타포의 일원으로 집단수용소에서 수용자들을 대상으로 온갖 생의학 실험을 저지른 사람이었다. 그의 얼굴에서 차디찬 냉기와 사람들을 비웃는 듯한 눈초리를 읽을 수 있을 것이다. 이제 그 사람이 제2차 세계대전 당시 나치에 대항한 저항운동가로 수천 명의 유태인을 구해낸 용기 있는 사람이라고 생각하면 어떨까? 아마도 그의 인간애가 넘치는 눈과 여유 있는 듯한 입가의 미소를 느낄 수 있을 것이다.

Rothbart와 Birrell의 연구에서 사용된 쿨트 월덴의 사진
이 사람은 잔인할까요? 인간적일까요?

Lord 등(1979)은 우리가 가진 신념이 제시된 증거를 왜곡시키는 현상을 흥미 있게 보여 주었다. 대학생들에게 사형판결에 대한 의견을 물어서 찬성자와 반대자를 구분하였고 이들에게 최근에 나타난 사형판결의 효과에 관한 두 가지 연구결과를 설명해 주었다. 한 연구는 사형판결이 범죄의 억제효과가 있음을 보여 주는 것이고 다른 연구는 그러한 효과가 없음을 보여 주는 것이었다. 찬성하는 사람이나 반대하는 사람이나 자신의 생각을 지지하는 결과를 보여 준 연구에서는 '역시, 그렇겠지.'라는 식으로 받아들였다. 그러나 연구결과가 자신의 생각과 반대되었을 경우에는 비판적이며, 여러 가지 이유로 그 연구가 잘못되었을 가능성을 제시했다. 결과적으로는 두 가지 모순되는 증거를 제시받았음에도 불구하고 입장에 따라 자신들이 기존에 지니고 있던 생각을 더욱 강화시켜 준 것으로 나타났다.

신념의 집요성 우리가 지닌 신념이 잘못된 것임을 알게 되었을 때 쉽사리 그 신념을 털어버릴 수 있다면 문제는 덜 심각하다. 그러나 일단 받아들인 신념은 놀라울 정도로 오래 지속된다. Anderson, Lepper와 Ross(1980)는 대학생들을 대상으로 한 실험에서 소방관에 대한 사례를 보여 주었다. 한 집단에게는 모험심이 많은 사람이 소방관으로서 적합함을 보여 주는 사례를 제시하고, 다른 집단에게는 오히려 조심스러운 사람이 적격임을 보여 주는 사례를 제시하였다. 사례제시가 끝나고 참가자들로 하여금 왜 모험심이 강한(또는 조심스러운) 사람이 소방관으로 더욱 적합한지를 나름대로 설명하는 글을 쓰게 하였다. 이는 원래 제시된 정보를 바탕으로 하나의 이론(신념)을 형성, 갖추게 하기 위함이었다. 이들에게 처음에 제시해 준 사례가 극히 예외적인 사례에 불과하다는 것을 알려 주었지만 사람들이 믿게 된 신념은 이러한 정보에 의해 별로 영향을 받지 않는 것으로 나타났다. 이 연구 결과는 우리가 지니게 된 신념, 이론을 검토하여 나름의 논리를 갖추게 되면 그 신념에 반대되는 정보를 많이 접해도 신념의 변화는 잘 나타나지 않음을 보여 준다.

사람들은 복잡한 현상을 설명함에 있어서 과잉단순화시키는 경향이 강하다. 그리고 일단 사건들을 이해하는 데 도움이 되는 설명을 하나 갖게 되면 다른 설명의 타당성을 깎아내리는 경향이 있다. 따라서 우리들은 새로운 사실에 접해서 우리가 갖고 있는 이론을 변경시키기보다는 우리가 이미 갖고 있는 신념에 맞추어서 새로운 사실을 소화해 내는 경향이 강하며(Tversky & Kahneman, 1981), 우리의 기존 생각에 걸맞은 정보들을 회상해 내기가 쉽다. 인간이 지닌 정보처리의 중요한 특징은 매우 보수적이라는 것이다.

❖ 정보 수집에서의 오류와 편향

사람들은 판단을 요하는 경우에 관련된 정보를 수집하게 되는데, 이러한 정보는 어느 쪽으로도 치우치지 않아야 한다고 논리학에서는 가르친다. 그러나 많은 경우에 우리는 치우친 정보를 모색하는 경향이 있는데 특히 기대를 갖고 있을 때 그러하다.

확증적 정보 탐색 기대 또는 가설이 있다면 사람들은 그에 부응하는 정보를 수집하려 든다. 이를 확증검증 방략이라고 하며 다양한 상황에서 나타남이 밝혀졌다. 이 현상을 가장 잘 보여 준 연구(Snyder & Swann, 1978)에서 대학생들에게 처음 만나는 상대방과 대화를 하면서 상대방이 내향적(혹은 외향적) 성격의 사람인지를 알아보게 하였다. 면접이 행해지기 전에 모든 대학생들에게 26개의 질문을 보여 주면서 그중에서 면담 시 물어보고 싶은 질문 12개를 선택하도록 하였다. 내향적인지를 알아보고자 하는 사람들은 내향적임을 확인하는 질문(예: 당신은 파티를 '좋아하지 않죠?')들을 외향적임을 확인하는 질문(예: 당신은 파티를 '좋아하죠?')보다 많이 택하는 경향이 나타났다. 이렇게 확증적 정보를 수집하려는 경향은 그 사전 가설이 얼마나 신뢰할 만한 것인가와 무관하게 나타나며, 사전 가설이 맞을 가능성의 고저와도 무관했고, 심지어 정확한 판단을 하는 경우 보상이 주어진다고 해도 여전히 나타났다. 상대를 파악하고자 하는 사람은 자신의 생각이 맞는지를 확인하는 질문을 하고, 이 질문을 받는 사람은 상대방의 질문에 '그렇다'라는 답을 주기가 쉽다. 즉, 상대가 '파티를 좋아하죠?'라고 물을 때, 비록 좋아하지 않는다고 해도 '아니요'라고 답하기보다는 '글쎄…… 가끔은…….'이라고 답하기가 쉽다(Davies, 1997). 이런 교류를 통해 자성예언 현상이 나타난다(곁글 4-1).

사전 기대가 잘못된 판단을 유도하는 경우는 세 가지로 정리할 수 있다(Nisbett & Ross, 1980). 첫째는 그 기대가 날조된 경우다. 많은 악성의 편견이 여기에 속한다. 한국 사회에서 호남인들에 대한 근거 없는 편견들(김진국, 1987; 김혜숙, 1989; 민경환, 1989; 이진환, 1989)은 사람들에게 그릇된 기대에 걸맞는 듯한 자료를 통해서 끈질기게 유지된다. 둘째로 사전기대가 정보수집에 미치는 이러한 영향력을 인식하지 못하는 경우가 문제시된다. 흔히 사람들은 호남인에 대한 고정관념이 호남인들에 관한 자료의 판독결과라고 믿는다. 그렇지만 그러한 판독은 사전기대, 선입견의 무의식적 영향력에 의한 산물이란 것을 인식하지 못하고 있다. 사람들이 자료의 판독은 선입견의 작용 없이 이루어진 것이라고 믿으면서 실제로 선입견을 적용시키는 관행은 분명 위험스러운 일이다. 셋째로 사전기대, 선입견에 의해서 그러한 기대를 뒤집을 수 있는 정보들을 접할 기회를 원천적으로 갖지 못하게 되는 것이 문제다. 채용면접 대상자를 최종 선발하는 과정에서 경영자가 갖고 있는 지역 편견 때문에 자질이 우수한 응시자가 면접기회를 가져보지도 못한다면 그 경영자는 스스로가

자성예언 현상
타당한 근거 없이 상대방의 모습이나 사건에 대하여 지니고 있는 생각, 가설, 이론이 사회적 상호작용을 통해 맞는 것으로 나타나는 현상. 학생이 공부를 못할 것으로 기대하던 선생은 그 학생을 공부 못하는 학생으로 만들어, 학생에 대한 기대가 현실로 나타날 수 있다. 교육현장에서는 이를 피그말리온 효과 혹은 로젠탈 효과라고도 부른다.

곁글 4-1 예언하면 이루어지는 자성예언: 교사와 학생

아무런 생각 없이 만나서 상대를 파악해 가는 경우도 있지만 상대방이 어떤 사람이라는 기대를 갖고서 만나는 경우도 많다. 학년 초에 새로운 학생들을 만나는 교사들은 몇몇 학생에게는 좋은 성적을 기대하게 되며, 대개 이런 기대는 학생들에게 의식, 무의식적으로 전달되어 충족되는 경우가 많다. 교사의 평가는 학생들의 수행에 바탕하는 결과이지만, 좋은 수행을 초래하는 원인으로 작용할 수도 있다. 이를 처음 발견한 연구는(Rosenthal & Jacobson, 1968), 미국의 초등학교 저학년 교실에서 학년 초에 교사가 담임을 맡게 된 교실의 학생 몇 명을 무선적으로 뽑아서 이들이 전에 치른 지능검사에서 우수한 점수를 얻었다고 알려주었다. 이 점수는 날조된 것이었다. 한 학기가 지날 때 다시 치른 지능검사에서 이들 아동은 다른 아동보다 우수한 점수를 얻는 것으로 나타났다. 사실이 아닌 날조된 지능검사 성적이었지만 교사가 이들에게 갖게 된 긍정적인 기대와 행동이 이들 학생에게 전달되어 이런 결과가 나온 것이다. 즉, 높은 잠재성을 지닌 학생들을 대할 때 교사들은 관심과 미소를 보이고, 더 자주 만나며, 자상하게 지도한다(Harris & Rosenthal, 1985). 사람들은 높은 기대를 받는 학생과 낮은 기대를 받는 학생을 대하는 교사의 목소리와 표정을 10초간 보고서 그 교사가 상대 학생을 얼마나 좋아하는지를 충분히 알 수 있는 것으로 나타났다(Babad et al., 1991). 일반적으로 교사의 기대가 좋을수록 학생들의 수행과 성취도 좋아서, 상관계수가 .75 정도로 높게 나타난다(Jussim et al., 2009).

학생이 교사에게 거는 기대(지루한 선생, 잘 가르치는 선생...)도 역시 그에 상응하는 결과를 가져온다. 잘 가르치는 교사에게 배울 것을 기대한 학생들은 그렇지 않은 학생들에 비해서, 자신의 학생들이 어떤 기대를 하고 있는지 모르는 교사를 더욱 유능하고 재미있다고 여길 뿐만 아니라 더 많은 것을 배우는 것이 실험장면에서(Feldman & Prohaska, 1979) 나타났고, 실제 교실에서도 관찰되었다(Jamieson, 1987). 캐나다의 한 고등학교에서 4개의 교실을 선정하여 2개의 교실에는 학생들이 교사에게 높은 기대를 하도록 정보를 제공하고, 다른 두 교실을 통제 조건으로 비교하였다. 통제 교실에 비해서 높은 기대를 하는 교실에서 학생들이 수업에 더 집중하고, 기말고사에서도 높은 성적을 올렸으며, 교사에 대한 평가도 높게 나타났다. 교사가 학생에게 갖는 기대 못지않게 학급이 교사에게 갖는 기대도 중요하다.

남에게 거는 기대를 하려면 좋은 기대를 하고, 나쁜 기대를 갖게 되는 경우에 **자성예언**이란 용어를 상기할 필요가 있다.

쳐놓은 편견 보호막에 갇힌 희생자가 된 것이다. 요즈음 대기업에서 무자료 면접을 하는 것이 확산되고 있다는 보도를 접한 바 있다. 이는 바로 그러한 편견의 올가미를 벗어나는 방책으로 권장되어야 할 것이다.

표본의 편파성 판단을 위해 정보를 수집할 때 이 같은 편파적인 자료가 수집된다는 점을 사람들은 잘 인식하지 못할 뿐 아니라 자료가 편파적이며 타당성이 낮다고 하는 것을 알려 주어도 이를 무시하는 경향이 강하다. Hamill 등(1980)은 교도관이 자기 직무에 대하여 이야기하는 인터뷰 장면을 대학생들에게 보여 주었다. 한 집단에게는 교도관이 갱생에 큰 관심을 갖고 죄인들을 인간적으로 대하는 것으로, 다른 집단에게는 갱생을 비웃고 죄인들을 짐승 다루듯 하는 사람으로 제시되었

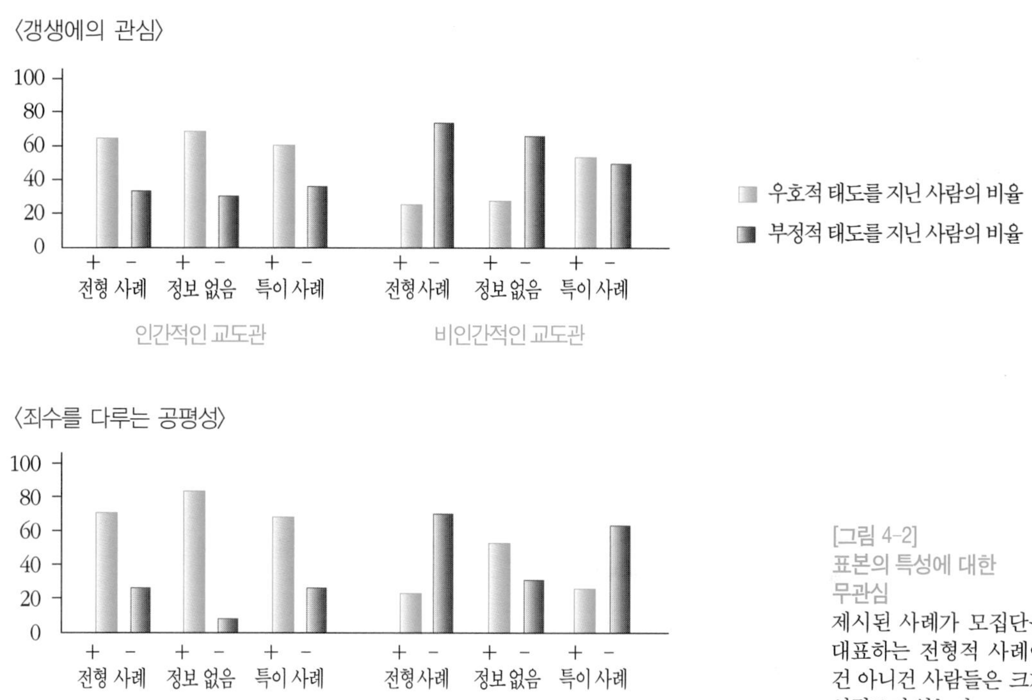

[그림 4-2]
표본의 특성에 대한 무관심
제시된 사례가 모집단을 대표하는 전형적 사례이건 아니건 사람들은 크게 신경쓰지 않는다.
출처: Hamill et al., 1980.

다. 아울러 인터뷰에 나타난 교도관이 교도관 일반을 얼마나 잘 대표하는지를 조작하여 제시하였다. 한 조건에서는 대부분의 교도관이 그렇다고 알려주고, 다른 조건에서는 그런 교도관은 매우 드물다고 알려주고, 또 다른 조건에서는 그러한 정보를 전혀 말해 주지 않았다. 영화를 보여 준 후 미국의 교도관들 일반에 대한 평가를 하게 했을 때 제시된 사례의 대표성 조작은 거의 영향을 주지 않은 것으로 나타났다([그림 4-2]). 즉, 접한 표본이 지닌 대표성과 무관하게 인간적인 교도관을 본 사람은 비인간적인 교도관을 본 사람들보다 모든 교도관들이 훨씬 갱생에 관심을 갖고 인간적인 대우를 해 주는 것으로 여겼다.

표본의 크기 수집된 자료의 편파성만큼이나 중요한 의미를 갖는 것은 그 표본의 크기다. 통계학에서 큰 수의 법칙(Law of Large Numbers)은 큰 표본일수록 모집단의 특성을 더 잘 반영함을 알려 준다. 역으로 말하면 표본이 작으면 무선표본일지라도 모집단의 특징을 잘 반영하지 못한다. 그러나 사람들은 마치 작은 수의 법칙(Tversky & Kahneman, 1971)도 존재하는 것으로 여긴다. 이를테면, 승용차의 평균 엔진 수명이 15만km라고 했을 때 이는 수천 대 이상의 표본자료를 근거로 했기 때문에 정확한 예측치가 된다. 그러나 자기 차를 15년 이상 사고없이 몰고 다닌 사람은 25만km는 된다고 주장할 것이다(곁글 4-2).

곁글 4-2

작은 수의 법칙과 큰 수의 법칙

다음의 물음에 답해 보시오.

1. 어떤 도시의 두 병원에서 태어나는 아이들 중 남아의 비율이 60%가 넘는 날은, 하루에 평균 15명이 태어나는 병원과 45명이 태어나는 병원 중 어느 곳에서 더 많이 나타나겠는가?

2. 미국의 남녀 평균 신장은 각각 5피트 10인치, 5피트 4인치다. 둘 다 정규분포이며 표준편차는 약 2피트 5인치다. 어느 조사자가 한 모집단을 선정해서 무작위 표본을 추출했다. 다음의 두 가지 표본 중 어느 경우에 모집단을 남성으로 선정했을 가능성이 더 큰가?
   ① 표본이 5피트 10인치 신장을 가진 한 사람임.
   ② 표본이 6명이며 평균 신장이 5피트 8인치임.

3. 당신보다 테니스 실력이 뛰어난 친구와 테니스로 내기를 해야 할 상황이다. 당신을 얕보는 상대가 단판으로 할 것인지 3판 양승제로 할 것인지를 당신보고 정하라고 하였다. 어떻게 하겠는가?
   단판승부　　삼판양승제　　상관없다.

* 답은 곁글 4-3에 나와 있음.

사례 대 통계 정보 우리가 선택하는 정보는 통계적 정보라기보다는 사례 정보들이다. 논리적으로 본다면 사례는 다양한 것들 중의 하나일 뿐이고, 통계 정보는 여러 사례를 묶어 경향성을 제시하는 것들이다. 따라서 정보의 가치는 통계 정보가 더 크다고 하겠다. 그럼에도 불구하고 두 가지 정보가 모두 있다면 사례 정보가 미치는 영향이 더 큰 것으로 나타난다(Bar-Hillel & Fischhoff, 1981; Taylor & Thompson, 1982).

Borgida와 Nisbett(1977)은 심리학을 전공하려는 심리학개론 수강생들에게 10개의 심리학 전공과목에 관한 정보를 두 가지 유형으로 제시하였다. '통계 정보' 조건의 학생들은 이전 학기에 각 과목을 택한 수십 명의 학생들이 내린 평가(5점 척도상)의 수치를 제시받았고, '사례 정보' 조건의 경우에는 3~4학년 심리학 전공자

10명으로 구성된 패널을 접했는데 각 과목에 대해서 그 패널 중 그 과목을 수강했다는 2~3명이 5점 척도로 과목을 평가하고 자신들의 평가에 해당하는 몇 가지 촌평을 주었다. 물론 각 과목 평가의 평균치는 양 조건 간에 아무 차이가 없이 주어졌다. 이 같은 정보를 접한 후에 학생들은 어느 과목을 택할 것인지를 결정하고 그 결정에 대한 자신감을 피력하였다. 사례 정보를 접한 학생들은 통계 정보를 접한 학생보다 높이 평가된 과목을 더 수강하려고 하였고 나쁘게 평가된 과목을 회피하려는 경향을 강하게 보였다. 아울러 자신들의 그러한 선택에 대한 확신감도 사례 정보의 조건에서 더욱 높게 나타났다. 더욱이 통계자료 조건의 참가자들에게 사례 조건에서 나온 촌평을 글로 덧붙여 제시함으로써 통계자료의 정보를 사례적 자료로 보충한 경우보다도 여전히 높게 나타났다.

이 연구에 참여한 사람들은 연구가 이루어진 학기 초에 자신들이 장차 심리학을 전공하겠다고 밝힌 사람들이었다. 연구가 이루어질 때 상당 시간이 경과되어 마음을 바꾼 학생들도 많이 나타났는데 이들 바꾼 사람과 바꾸지 않은 사람들을 비교해 본 결과, 사례 정보의 효과를 더 보이고 통계 정보의 효과가 덜 나타난 집단은 바로 심리학을 전공하겠다고 초지일관한 사람들이었다. 이 연구는 중요한 판단을 할 때에는 통계자료를 더욱 선호할 것이라는 생각이 희망일 뿐임을 잘 보여 주고 있다.

요약

1. 사람들이 정보를 판단할 때는 신념과 선입견이 작용한다. 선입견을 지니고 있는 경우에 모순된 증거를 제시받았을 때, 신념을 지지하는 증거는 쉽게 수용하고, 반대적인 증거는 비판적으로 판단하고 배척한다.
2. 사람들은 사전기대를 지니고 정보를 탐색할 때 확증검증 방략을 사용하여, 기대를 지지하고 확인해 주는 정보를 탐색한다. 따라서 사전기대는 지지적인 증거를 접하여 자성예언 현상을 보여 준다. 사전기대는 많은 정보를 효율적으로 처리하도록 하지만, 잘못된 판단을 유도하기도 한다.
3. 정보의 가치를 판단하는 경우에 사람들은 표본의 편파성과 크기 정보에 주의를 기울이지 않는다. 사람들은 작은 수의 법칙을 믿으며, 통계 정보보다 사례 정보의 영향을 많이 받는다.

정보의 취합과정

2016년 3월 구글이 개발한 인공지능 알파고는 천재바둑기사 이세돌을 4승 1패로 이기는 기염을 토해 세계를 놀라게 했다. 수많은 기보를 바탕으로 스스로 학습하는 컴퓨터 프로그램은 인간의 취약한 정보처리 양상을 보이지 않는다. 알파고는 세계바둑 1위의 자리에 올랐다.

자료가 모이면 이들을 취합해서 어떤 판단을 내리게 되는데, 사람들은 이 판단에서 일관성이 없고 규범적 원리를 따르지 않는다. 이를테면 누구를 채용할 것인가를 결정하는 문제를 생각해 보자. 응시자의 학교 성적, 채용시험 성적, 면접 성적, 교수의 추천서 등 판단의 근거가 될 여러 가지 자료를 갖고 합불을 판정하는 경우 사람들은 일관성을 보이지 않아서, 컴퓨터나 단순한 취합공식에 의한 판단방식에 의존하는 경우보다 오판을 하는 일이 많다(곁글 4-3).

왜 이러한 현상이 나타나는가? 채용의 의사결정 상황을 예로 들면, 면접관들은 자신들의 경험에 의해 인물관, 직무관이 각각 다르며, 이에 따라 면접 시에는 응시자가 보인 행동의 다른 측면에 관심을 두고 볼 수 있다. 즉, 사장은 영업사원의 경우 우선 배짱이 좋아야 한다고 믿고, 전무는 관리능력을 중요시하며, 상무는 인화력을 중요시한다면 이들이 응시자에게서 보고자 하는 면모는 각기 다를 것이고 같은 장소에서 잠시 동안 행해진 면접이라지만 각 면접관에게 부각되는 면은 다를 것이다. 심지어 한 면접관에게 있어서도 응시자로서 당신이 제시하는 자료는 당신 이전의 응시자가 제시한 모습에 의해 영향을 받아 당신과는 전혀 관계없이 변할 수 있다. 즉, 이전 응시자가 우연히도 면접관의 인물관에 잘 부합하는 사람이었다면 당신은 불리한 판정을 받을 가능성이 높으며, 당신과 앞 사람이 한 가지씩 상대방이 안 가진 장단점을 갖고 있다면 면접관은 일관성 있는 판단을 하기가 매우 어려울 것이다. 이에 반해서 채용면접에서 경영층이 컴퓨터를 이용한다고 하자. 경영층들은 어떠한 속성을 가장 중시할 것인지의 순서를 정하고 각 속성에서 응시자를 판단한 점수를 컴퓨터에 입력시켜 응시자의 적합성을 판단할 수 있을 것이다. 이 경우 판단의 비일관성은 문제가 될 수 없을 것이다. 오늘날 환자 진료에 컴퓨터를 이용하는 전문가 시스템이 등장하는 것은 바로 이 같은 인간의 판단에서 보이는 비일관성과 상황맥락의 영향을 줄이자는 것이다(Gawande, 2002, pp. 55-68 참고 바람).

전문가 시스템
인간 의사 결정자에게 중요한 정보를 제공하기 위한 목적에서 인공지능의 연구가 탄생시킨 특정의 판단을 전문으로 하는 컴퓨터 프로그램이다. 다양한 것들이 나와 있는데, MYCIN이라는 것은 전염병을 진단하도록 설계된 것으로 전문가의 진단에 필적할 만한 것으로 정평이 나 있다. 심장발작을 진단하기 위한 심전도 측정도표 2240건을 갖고 심장발작을 예측하게 했을 때 전문의는 620건을 정확하게 맞추었으나 전문가 시스템은 738건을 맞추어 더 우월한 것으로 나타났다.

결글 4-3

판단방략의 타당성 비교: 적용의 일관성이 문제!

Dawes(1979)는 의사결정을 하는 사람들의 판단이 얼마나 타당한가 하는 것에 깊은 관심을 갖고, 인간의 판단과 다른 여러 방략에 의한 판단을 비교하는 연구를 하였다. 〈표 4-1〉에는 5가지 연구결과가 요약되어 있다. 우선 첫째 연구에서는 29명의 임상심리학자에게 861명의 환자에게서 얻은 MMPI 프로파일 11개 점수를 제시하고서, 각 환자가 정신병이냐 신경증 환자이냐를 판단하게 한 결과를 갖고 그 후에 더 많은 정보를 갖고 판단한 최종 분류와 비교한 것이다. 둘째 연구는 일리노이 대학교 심리학과 대학원 신입생 90명의 학업에 관한 여러 정보—대학 성적, 적성시험, 추천서 및 자기의 평가 등—를 갖고 1학년 성적을 예측하는 과제를 다른 대학원생이 수행한 연구다. 셋째 연구는 같은 과제를 오리건 대학원생이 수행한 것이고, 넷째 연구는 오리건 대학교 심리학과에서 잘 적응하고 있는 대학원생(1964~1967 입학생)을 이들을 잘 아는 교수들이 1969년에 5점 척도상에 평가한 것을 종속변수로 삼고, 이들의 입학사정 시 쓰였던 정보—GRE 점수, 학부 성적, 졸업한 대학의 저명도—를 독립변수로 삼아 회귀분석을 한 결과다.

MMPI 프로파일 (Minnesota Multiphasic Personality Inventory Profiles)
정신질환의 양상을 판단하기 위하여 가장 널리 사용되는 성격검사로, 10개의 하위 임상척도와 3개의 타당도 척도로 구성되어 있다. 응답자들의 정신건강을 하위척도들의 양상이 보여주는 프로파일로 파악한다.

표의 첫째 열은 판단자들의 평균 타당성을 보여 주고 있다. 둘째 열은 한 판단자의 판단형태를 분석해 하나의 모형을 도출하여 이 방식을 다른 판단자들의 판단방식 대신에 적용시킨 경우의 타당도다. 셋째 열은 가중치를 무선적으로 정한(부호는 제외) 모형이다. 넷째 열은 변수에 대해 똑같은 가중치를 준 모형이다. 마지막 열은 표준회귀분석으로 구한 최적회귀식에 의해 나타난 타당도다.

공통적으로 나타나는 것은 어떠한 모형이건 선형모형을 적용시키면 사람이 내리는 판단보다 주어진 과제들에서 타당성이 더 높다는 것이다. 각기 다른 선형모형들이 큰 차이가 없는 것으로 나타나 가중치의 변경은(부호가 변하지 않는다면) 결과에 큰 차이를 가져오지 않음을 보이고 있다(X+2Y와 2X+Y의 상관은 X, Y가 독립적이라고 할 때 .80으로 나타난다.). 결국 우리가 해야 할 일은 어떤 변수들을 고려할 것인가와 그것을 어떻게 취합할 것인가를 결정하고 이를 일관성 있게 적용시키는 것이다.

〈표 4-1〉 판단방략 간의 타당성 연구

	① 판단자의 타당성	② 한 판단자의 모형적용	③ 무선모형 적용	④ 같은 가중치 적용	⑤ 회귀분석 모형
정신병/신경증의 판단	.28	.31	.30	.34	.46
일리노이 대학원생의 성적 예측	.33	.50	.51	.60	.69
오리건 대학원생의 성적 예측	.37	.43	.51	.60	.69
교수들의 1969년 평가	.19	.25	.39	.48	.54

* 결글 4-2의 답: ① 15명 병원, ② 6명 표본, ③ 단판 승부

❖ 사상 간의 관계 파악

"몸이 건강하면 마음도 건강하다." "환경오염이 인간성을 파괴한다." 등의 지식은 두 가지 사상 간의 관계를 서술하고 있다. 즉, 몸건강과 마음건강, 환경오염과 인간성이다. 이같이 모든 지식이란 두 가지 이상의 사상 간의 관계에 대한 진술이다. 즉, 어느 한 사상이 변하면 다른 사상에서 어떤 변화가 나타나는가에 대한 공변(共變) 관계의 진술이다. 사건 간의 공변성을 인식하는 능력이 인간의 사회생활과 환경에의 적응에 필수적이라는 것은 두말할 것이 없다.

사람들이 재테크로 주식에 관심을 많이 보이는 것을 생각해 보자. 주식투자를 하고자 하는 사람이 친구가 추천해 준 주식분석가 갑을 찾아가 그의 조언을 듣기 전에 그의 실적을 판단하고자 하는 경우를 보자. 많은 주식분석가 중 갑의 실적이 좋다고 판단될 때 그의 조언을 들을 것이다. 이때 논리적인 평가를 하기 위해서는 [그림 4-3]에 나타난 A, B, C, D의 네 가지 정보가 모두 필요하다. 그러나 일반적으로 사람들은 방안 A의 자료만을 갖고서 판단하기 쉽다.

예를 들어, 증권시장에 100개의 회사주식이 상장되어 있다고 하자. 이 중 갑이 10개를 택해서 사기를 권유하길래 샀다고 하고 일주일이 지나서 그중 6개의 시세가 올라갔다면 60%의 적중률을 지니고 있으니 괜찮다고 본다(I). 그러나 그가 구매를 막은 종목에서 시세가 올라가고 있는 것이 80%라면 여전히 갑을 대단하다고 볼 수 있는가?(II) 마찬가지로 다른 분석가들의 경우 구매종목의 적중률이 80%라면 역시 갑을 대단하게 여길 수 없을 것이다. 즉, 갑의 증권분석 능력을 제대로 알기 위해서

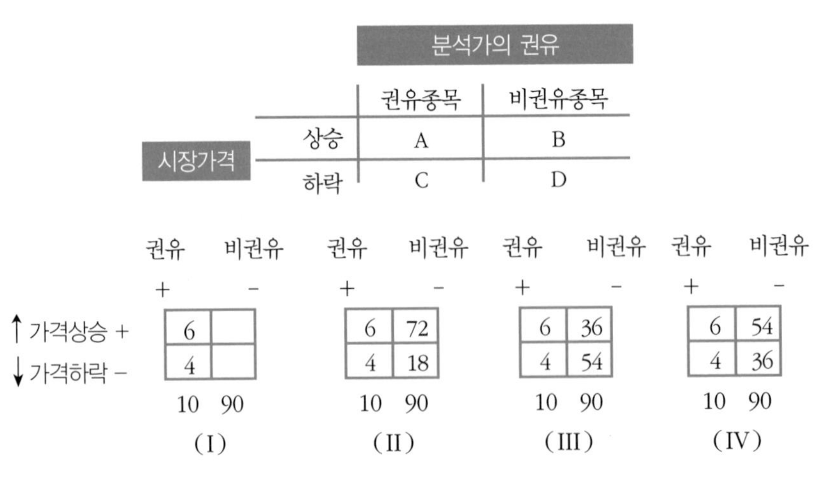

[그림 4-3]
증권분석가에 대한 판단에 필요한 정보

는 B, C, D의 방안에 들어 있는 정보도 필요하다. (III)과 (IV)를 비교하면 (III)의 경우 갑은 구매종목의 예측과 비구매종목의 예측 모두에서 성적이 좋으나 (IV)의 경우라면 갑의 전문성은 의심스럽다고 볼 수 있다. 방안 D의 정보는 여기의 예에서는 중복되는 정보이지만(즉, B의 숫자에 의해서 결정됨), 둘 이상의 대안이 있을 경우에 별도의 정보가 된다.

자료를 수집하여 [그림 4-3]의 분할표로 분류하는 과정에서도 사람들은 사전기대에 의해 영향을 받는다. 만약 어떤 사람이 영남인은 성실하다는 기대를 갖고 있다면, 그 기대에 부응하는 사례를 보면 지체 없이 분류하고(Klayman & Ha, 1987), 신임 직원이 아침에 지각을 했는데 영남인이라면 성실한 것과 무관한 것으로 여기고 판단을 보류할 수 있다. 또한 영남인이 말없이 일하는 것을 보면 성실한 것으로 여기는 편향성을 보일 수 있다.

더욱이 사람들은 자기 기대에 부응하는 정보들을 잘 기억하고 부합하지 않는 자료—특히 모순정도가 높지 않은 것—는 잘 망각하는 경향이 있다(Crocker et al., 1983). 따라서 두 사상 간의 관계에 대한 사전 가설을 갖고 있다면 그 관계를 지나치게 강한 것으로 파악하게 된다. 사람들은 농구선수들에게 '달아오른 손(hot hand)'이 작용한다고 여긴다. 즉, 손이 달아오르면 슛을 쏘는 족족 들어간다는 것이다. 과연 이전 슛의 성공이 다음 슛의 성공으로 이어질까? 이를 보기 위하여 미국농구연맹의 기록을 분석한 연구가 있다. [그림 4-4]에서 보듯이, 경기에서 슛은 뛰며 쏘든, 서서 쏘든 이전 슛이 들어간 여부와는 무관하게 성공률이 비슷한 정도로 나타나고 있다.

농구황제로 불리는 마이클 조던의 연속 성공률은 .56, 앞에 놓쳤을 경우 성공률은 .53이며, 매직 존슨은 .29, .45, 데니스 로드맨 .55, .63이라고 한다(Gilovich et al., 2006, p. 420).

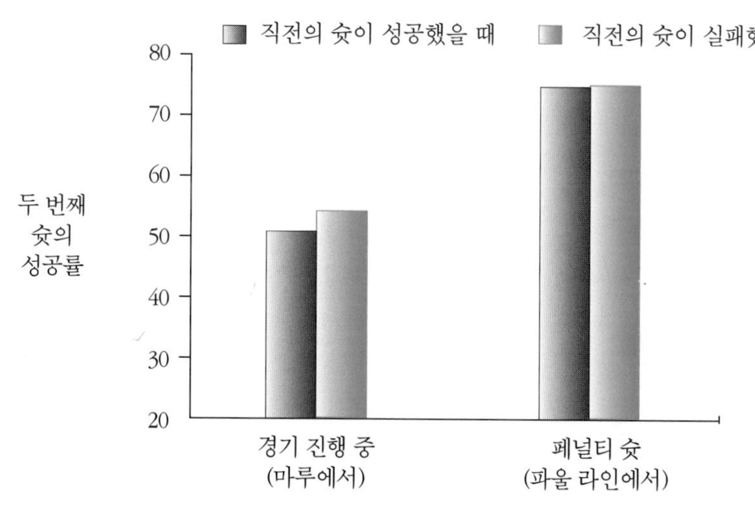

[그림 4-4]
농구선수에게서 직전 슛이 성공했거나 실패한 후에 이어지는 슛의 성공률: '달아오른 손'은 신화일 뿐이다.

출처: Gilovich et al., 2006, p. 420.

즉, 달아오른 손에 대한 기대는 기대일 뿐이지 실제 객관적인 증거로 나타나지 않는 것이다. 그렇다면 왜 이런 믿음을 사람들이 지니고 있을까? 아마도 이미 추측할 수 있듯이 사람들은 선수가 연속으로 슛을 성공시키거나 실패하는 경우를 보다 잘 기억하기 때문이라 볼 수 있다(Gilovich, 1991).

상관의 착각 사람들에게는 관계가 없는 두 사상 간의 관계를 피상적인 이유 탓으로 마치 관계가 있는 것처럼 파악하는 경향이 있다. 이를 상관의 착각 또는 착각적 상관(illusory correlation)이라고 부르는데, 여기에는 두 가지 요소가 크게 작용한다. 첫째는, 지금까지의 논의에서처럼 두 사건이 관계가 있으리라는 사전기대가 작용하기 때문이다. 둘째로, 두 사상이 서로 피상적이나마 독특한 특성을 공유하고 있다고 여겨지는 경우다. 이 현상을 잘 보여 준 실험에서, Hamilton과 Gifford(1976)는 참가자들에게 집단 A의 성원들이 취한 행동 26가지를, 집단 B의 성원들이 취한 행동 13가지를 보여 주면서, 각 집단의 성원들의 행동에서 2/3는 바람직한 것이었고, 나머지 1/3은 바람직하지 못한 행동으로 제시하였다. 시간 경과 후에 각 행동을 뒤섞어 다시 보여 주면서 각 행동이 어느 집단성원에 의해 행해졌는지를 알아맞히게 하였다. 집단 B(적은 수 집단)는 바람직하지 못한 행위(적은 빈도행위)와 더욱 관련이 있는 것으로 파악됐다. 즉, 소수의 집단(집단 B)은 소수의 행위유형(바람직하지 못한 행위)과 관련되는 것으로 착각적 상관이 지각된 것이다(유사한 결과가 국내에서도 나타남-송관재, 이훈구, 1993; 곁글 10-4 참조). 국내에서 외국인들이 저지르는 범죄가 자주 보도되면서 외국인을 불량시하는 양상이 나타난다. 그러나 통계는 이런 지각이 왜곡된 현상임을 보인다. 외국인이라는 소수집단과 범죄라는 소수 현상이 착각적 상관에 의해 부풀려지는 것을 볼 수 있다.

착각적 상관은 관찰자가 가설이나 선입견을 지니고 있을 때 특히 잘 나타난다.

〈표 4-2〉 2011년 국내 거주 외국인 및 내국인 범죄율

구 분	외국인 체류자	내국인
전체 인구	139만 5,077명	5,073만 4,284명
피의자 수	2만 6,915명	187만 9,748명
비 율	1.9%	3.7%

출처: 경찰청.

즉, "아는 만큼 보이는 현상이 나타난다." 한 연구(Chapman & Chapman, 1969, 1971)에서 대학생과 임상심리학자들에게 환자의 진단명과 환자가 그린 인물그림을 보여주고 어떤 관계가 있는지를 파악하라고 하였다. 두 집단 모두 의심이 많은 환자들은 눈 모양을 특이하게 그리는 것을 알 수 있다고 하였으나, 실제 의심이 많은 환자들이 그린 눈 모양은 특이한 것보다는 그렇지 않은 것이 더 많았다. 둘 사이의 관계가 있다고 믿는 눈에게는 이 관계를 확인시켜 주는 자료가 눈에 잘 뜨이고, 기억에 남기 때문인 것이다.

결글 4-4

관계의 파악 경향성: 자료의존 대 이론의존 비교

Jennings 등(1982)은 스탠퍼드 대학생을 대상으로 두 가지 변수 간의 관계를 파악하도록 하는 과제들을 제시하였다. 그 하나는 10개의 숫자쌍을 제시하여 두 숫자 간의 상관을 추측토록 하는 것이었다. 다른 또 하나의 과제는 지팡이를 짚고 있는 사람들의 사진 10장을 제시하고 사람 키와 지팡이 길이의 상관을 파악하는 것이었다. 이러한 과제에서 연구자의 관심사는 두 변수 간의 관계에 대해 아무런 이론이 없을 때 자료를 바탕으로 한 상관의 파악이 얼마나 잘 되는가 하는 것이었다. 한편, 이론을 바탕으로 두 사상 간의 상관을 파악하는 정도를 알아보기 위해 16개의 사건쌍(키와 몸무게, 수줍음-여행정도, 체력검사에서 부정한 아이가 시험에서 부정행위하는 가능성 등)을 제시하고 각 쌍의 상관 정도를 추측케 하였다. 결과를 보면 자료로써 관계를 파악하는 경우에 매우 인색한 것이 나타났다. 실제 상관이 .6이나 되어야 상관이 약간 있는 정도로 파악할 뿐, 상관이 .4 정도 되는 사상들은 서로 무관한 것으로 파악했다. 반면에, 두 사상 간의 관계가 있으리라고 여겨지는 경우(아래 그림에서의 삼각형 표시)에는 실제의 상관보다 훨씬 상관이 높은 것으로 파악하는 것이다(Ward & Jenkins, 1965; [그림 4-5]). 사람들은 흔히 "아는 만큼 보인다."고 하지만 이런 연구는 "아는 것 이상으로 보인다."를 알려준다.

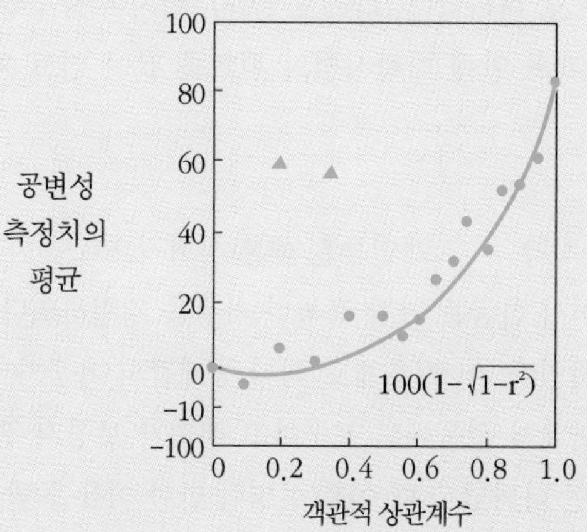

[그림 4-5] '자료의존적' 대 '이론의존적' 공변성 추정

출처: Jennings, Amabile, & Ross, 1982.

❖ 통제감의 작용

사람들은 흔히 두 변수의 상관관계를 인과관계로 오인하는 경우가 많다(본서 1장 참조). 구름과 비는 인과관계에 있으며 상관이 높은 편이나, 성행위와 임신은 인과관계에 있지만 상관은 낮다. 흥미로운 것은 전혀 무관한 두 사건이 우연히 발생하였을 뿐이지만, 자신이 취한 행위가 다른 것을 선행했을 때 마치 인과관계에 있는 것으로 파악하는 양상이다. 가장 잘 알려진 것은 Skinner의 비둘기 경우다.

스키너(Burrhus F. Skinner, 1904~1990)
하버드 대학교에서 심리학 박사학위 취득(1931년) 후 하버드 대학교에서 교수로 재직하였다. 행동주의의 원리를 체계화하여 심리학의 뿌리를 세우는 데 큰 기여를 하였으며, 행동의 원리를 밝히고 구명하는 데 널리 쓰이는 스키너 상자를 만들었고, 조작적 조건화의 원리를 발견하였다. 행동주의 원리를 적용한 유토피아적 세계의 건설이 가능함을 주장하였다. 『월덴 2』『자유와 존엄을 넘어서』 등의 저술을 남겼다.

Skinner(1948)는 배고픈 비둘기들을 '스키너 상자' 안에 넣고 수분 동안 15초 간격으로 먹이를 주는 일을(고정간격 강화) 수일 계속하였다. 비둘기들은 일정한 양상의 행동을 보이기 시작했는데, 한 마리는 먹이가 나오는 간격 동안 시계 반대방향으로 우리 안을 도는 행위를 2~3회씩 보였고, 다른 두 마리는 머리를 시계추처럼 흔드는 동작을 보였으며, 또 한 마리는 바닥을 쪼는 듯한 행위를 보였다. 이러한 행위는 먹이가 나타나기 직전에 했던 행위들로 먹이에 의해 강화가 된 것이다. 먹이가 제시되는 간격을 1분으로 늘렸을 때 새들의 행위도 더욱 복잡해져 갔다. 한 새는 먹이가 나오기 전까지 약 40초 동안 계속 제자리 뛰기를 하기도 했다. 이 새는 먹이가 끊어졌을 때도 뛰는 것을 1만 번이나 계속하고야 그만 두었다. 비둘기들은 자기의 행위가 먹이를 가져왔다고 믿는 것 같다. 화투치는 사람들이 화투를 돌릴 때 나름대로 취하는 의식은 그러한 것이 몇 번 좋은 패에 의해서 보상을 받으면 보상 받지 못하는 많은 경우에도 불구하고 지속되는 것과 같다. 또한 야구선수 중에서도 외야수보다는 투수에게서, 그리고 타석에 서기 전에 선수들이 미신적 의식을 많이 취하는 것으로 나타났다(Gmelch, 1978). 심지어 농구황제 마이클 조던은 프로선수 시절 운동 팬츠 안에 대학시절의 팬츠를 같이 입고 뛰었다고 한다(Breckler et al., 2006, p. 91).

통제감의 착각 개인들은 물론 사회적으로도 미신적인 행사를 많이 한다. 21세기에 들어서 한국은 가장 혹독한 가뭄을 경험하였다. 사회 일각에서는 기우제를 지내기도 하였다. 이 기우제도 역시 통제감의 욕구가 발현된 현상이다. 행위와 보상의 인과관계가 없음에도 불구하고 행위가 보상적 결과를 초래한다고 여기는 것은 보상이 안 나타났을 때 이를 설명할 만한 이유를 댈 수 있으면 특히 끈질기게 지속된다. 기우제를 지냈지만 '부정을 탔기' 때문에, '정성이 모자랐기' 때문에 비가 오지 않았다는 식의 설명은 오히려 인과관계를 계속 강화시키는 역할을 한다. 사람들은 통제 불가능한 일에도 영향력을 행사할 수 있다는 믿음을 갖고 있다.

Langer(1975)는 다양한 관찰과 실험연구를 통해 통제감의 욕구(need for control)를 설득력 있게 제시하고 있다. 1973년 대학 미식축구 결승전의 복권을(상금 50달러) 1달러씩 사람들에게 팔았다. 이때 사람들로 하여금 번호를 선택케 하거나 판매자가 갖고 있던 복권 중 하나를 골라서 나누어 주었다(로또를 생각해 보라!). 번호배정 방법이 어떻게 되었느냐에 따라 사람들은 당첨 가능성을 다르게 여기는 것으로 나타났다. 추첨 직전에 구매자들에게 복권을 원하는 다른 사람에게 얼마 주면 팔겠느냐고 했을 때 번호를 스스로가 선택한 사람은 평균 8.67달러를, 그냥 배정받은 사람들은 1.96달러를 원하였다.

사람들은 이 통제감의 욕구로 환경을 지각하며, 이 욕구는 통제를 할 수 없는 상황에서도 자신의 행위와 결과를 연결시키려는 통제감의 착각현상으로 나타난다. 한 연구(Langer & Rodin, 1976)는 통제감을 지니는 것이 건강유지에 미치는 효과를 노인들을 대상으로 잘 보여 주었다. 요양시설에 있는 노인들을 두 집단으로 구분하여, 한 집단에게는 "운영진들이 시설을 깨끗하고, 모범적인 상태로 관리 유지하겠다."라고 말하고, 노인들을 마치 환자처럼 관리 대상의 상태로 그곳에 있는 것처럼 다루었다. 다른 집단의 노인에게는 그들에게 시설운영에 관여하고, 선택과 결정의 기회를 갖도록 하였다. 3주가 지나갈 때, 이미 두 집단의 노인들의 건강상태는 눈에 띄게 차이가 났다. 시설운영에 관여하며 통제력을 지닌 노인들은 대부분 정신이 맑아졌고, 활동도 늘었으며, 만족감도 높은 것으로 나타났다.

특히 사람들은 순전히 우연적인 사건일지라도 초기에 통제할 수 있다는 생각을 갖게 되면 나중에 통제가 안 될지라도 통제감의 착각을 버리기 어렵다. Langer와 Roth(1975)는 대학생을 대상으로 동전 던지기를 30번 시키면서 그 결과를 예측케 했다. 이 결과를 조작하여 일군에게는 초기에 많이 맞힌 것으로, 다른 군에게는 초기에 많이 틀린 것으로, 마지막 군에게는 무선적으로 맞힌 것으로 결과를 알려 주었다. 어느 조건에서나 30회 동안에 맞춘 횟수는 15회가 되도록 하였다. 30회가 끝난 후 다시 100번을 던지는 경우에 맞힐 횟수를 예견하라고 했을 때, 초기에 많이 맞힌 조건의 학생들은 다른 집단보다 많이 맞힐 것으로 예견하였다.

통제감의 상실 주어진 환경에 대하여 통제감을 잃게 되는 경우 사람들은 고통스러워하고 수행력이 떨어지며(Glass & Singer, 1972), 분노를 느끼고, 무력감과 우울증에 빠진다(Abramson et al., 1978). 그러나 많은 사람들에게서 초기에 나타나는 것은 통제력을 회복하려는 노력이다. 사람들이 암에 걸렸을 때 죽을 수밖에 없으므로 체념하는 것이 아니라 자기 삶의 통제력을 회복하고 유지 강화하려는 시도로 나

결글 4-5

통제감의 착각: 평균으로의 회귀 현상

한 학기에도 여러 번 치르는 시험에서 별 노력 없이도 성적을 거두는 경우가 있지만, 노력이 뒤따르지 않으면 그 다음에는 평균작을 하기가 쉽다. 즉, 극단적인 값이 나온 다음에는 평균값에 접근하는 현상이 발생한다는 것은 통계학의 가장 기본적인 원리이지만 이를 생활현상의 이해에 의식적으로 적용하는 사람은 적은 것 같다. 군에서 사단사격대회에서 우승한 소대장이 감격해서 소대회식을 거나하게 차렸지만 다음 번 사격대회에서는 등외로 밀려났다. 소대장 왈, "역시 군인은 계속 짜야 돼! 풀어준 것이 잘못이야." 반면, 사격대회에서 바닥을 친 소대장은 열심히 단체기합과 연습을 시켜 다음 번 대회에서 바닥권을 벗어났다. 그 소대장 왈, "역시 짜면 돼!"

고민하다가 최악의 상태에서 정신과의사를 찾은 우울증 환자는 상담이 진행되면서 증세가 호전될 가능성이 높다. 치료가 효과적이라기보다는 **평균으로 회귀**라는 통계현상 때문일 수 있다(Tversky & Kahneman, 1974).

루게릭병으로 삶의 통제력을 잃고 사는 대신에 존엄사를 택한 베치 데이비스라는 미국 여성이 생의 마지막 날 친지들을 초청한 파티에서 누워 친구와 담소하고 있다.

출처: 한겨레 21, 2016. 9. 5.

타난다. 이런 통제감 회복의 욕구는 점성술과 음모론에 대한 믿음을 증가시키는 양상으로 나타난다.

주식시장이 요동치는 경우에는 점(占)산업이 호황을 누린다. 9 · 11 테러 이후에 이 사건의 배후로 미국 CIA가 지목되는 것이라든가 천안함 침몰을 두고 벌어지는 음모론 등은 어지럽게 벌어지는 사태에 대하여 무기력해지는 것을 벗어나기 위한 통제감의 회복 노력일 수 있다. 이를 보여 주는 연구에서 사람들은 자신이 통제감을 느꼈던 상황을 회상하는 경우보다 통제감을 상실했던 상황을 회상하는 경우에 음모론을 좀 더 그럴듯하게 여기는 양상을 보인다. 이들은 다음의 사진처럼 애매한 것이 화면에 나타날 때 사진에서 어떤 모양이 보인다는 보고를 하는 양상이 높게 나타나며, 자신의 제안이 부서회의에서 거부된 사건에 대해 전혀 무관한 사건(회의 시작 전에 바닥을

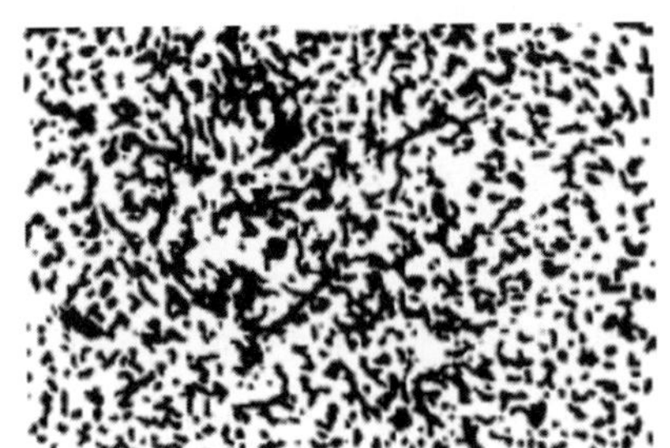

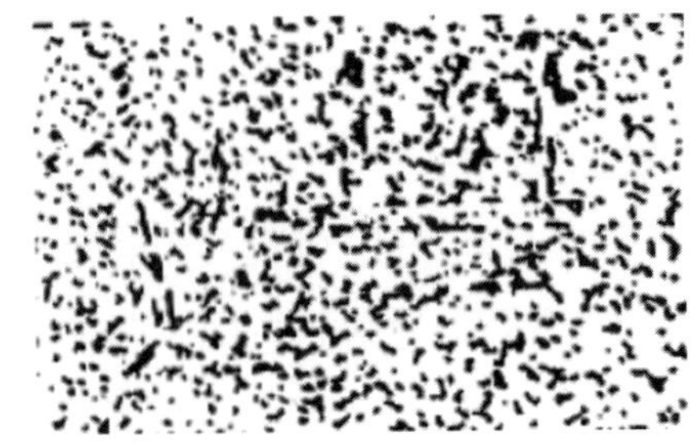

Q. 각 사진에서 어떤 모양이 보입니까?

발로 세 번 딛는 버릇 따위)의 영향이 있었던 것으로 여기는 경향을 보여 주었다(Whitson & Galinsky, 2008).

이러한 노력이 무위로 드러날 때 우리는 절망하고 무력감에 빠지며 우울증에 걸린다. 즉, 학습된 무기력을 보이는데 특정 과제에 반복적으로 실패한 경험이 있는 사람들은 그러한 과제에 처음 접한 사람들보다 쉽게 그 과제를 포기하는 경향이 강하다(Seligman, 1975). Hiroto와 Seligman(1975)은 듣기 싫은 소리에 아무런 효과적인 반응을 보일 수 없었던 참가자들이 새로운 상황에서 그러한 소리를 없앨 수 있는 반응을 습득하는 데 더욱 어려움을(이런 경험이 없는 참가자들보다) 겪음을 잘 보여 주었다.

통제감의 착각은 논리적으로는 불합리한 것이지만 개인의 적응과 동기에 필수적인 기능을 하는 것으로 여겨진다(Taylor, 1983; Taylor & Brown, 1988). 통제감의 착각은 집단적으로 작용하여, 세상사에는 공평한 원리가 지배한다는 심리학적 이데올로기의 바탕을 제공한다.

공평한 세상 가설 자신이 통제할 수 없는 사건들에 대해서도 통제감을 지니고 있다고 믿는 사람들은 결국 세상사 모든 일이 순전히 우연한 것은 없고 당사자들에게 책임이 어느 정도는 있다고 본다. 그래서 교통사고를 당한 행인은 어딘가 부주의한 데가 있었으며, 성추행을 당한 여자는 당할 만한 소지가 있었다고 여기며, 가난한 사람들은 게으르다거나 머리가 나쁜 탓이라고 여긴다. 사람들은 '때는 때대로' 돌아가는 공평한 세상이라는 믿음을 깊숙이 지니고 있다. 한 연구에서는 이러한 믿음이 도전을 받는 상황(즉, 강도를 당한 피해자의 비디오를 보았으나, 범인이 해외로 도망가서 못잡는 상황이란 설명을 들음)에서 사람들은 피해자와 스스로의 사이에 심리적으로 더 거리를 두고, 피해자를 경멸하는 행동을 보임으로써 공평한 세상의 믿음을 견지하려는 현상을 보인다(Hafer, 2000). 이 믿음이 강한 사람들은 성추행을 당한 피해자에게 금전적인 보상을 해 줌으로써 세상의 불공평한 현상을 개선하려는 행동을 보인다(Foley & Pigott, 2000). 많은 사람들이 이승에서 불공평한 대접을 받았으면(착한 사람이 계속 당하면서 사는 등) 저승에 가서 복을 받을 것이라는 생각을 한다. 이 믿음 역시 통제감의 환상을 반영한다. 그 믿음이 사회를 지탱하는 순기능적인 면을 지니고 있지만, 반면에 사회의 불우한 사람들의 처지를 사회의 불리한 구조보다는 당사자들의 탓으로 여김으로써 현상을 정당화시키는 체제정당화 심리를 제공하는 역기능적인 면도 있다.

결글 4-6

학습된 무기력: 학습된 행동인가, 증후군인가?

하는 일마다 뜻대로 되는 것이 없는 사람들은 무력감을 느끼고, 이것이 장기화되면 성격 자체가 우울해지고, 수동적이며, 소심해지며, 자신감을 상실하게 된다. 행동주의자들이 설명하듯이, 이런 사람들은 수동적인 행위가 보상받는 것을 학습했기 때문에 그런 행동을 보이는 것일까? 무기력에 대한 동물 모형을 발견한 Seligman과 Myer는 개를 대상으로 세 집단으로 나누어 실험을 하였다. 첫째 집단(통제력 집단)에게는 실험상자에 넣고 바닥에 고통을 주는 전기가 흐를 때 단추를 누르면 전기가 꺼지도록 하였다. 둘째 집단(무기력 집단)에게는 첫째 집단과 똑같은 상자에서 단추까지 장치했지만 개의 반응은 아무런 효과가 없었다. 다만 첫째 집단의 개가 맞은편에서 단추를 누르면 둘째 집단의 개가 있는 상자 바닥에 흐르는 전기도 멈추게 하였다. 셋째 집단은 상자 속에서 아무런 전기자극을 받지 않도록 했다. 이렇게 실험을 진행한 뒤에 모든 조건의 개들을 칸이 구분된 왕복상자에 넣어서 한쪽 칸의 바닥에 전기충격이 흐를 때 다른 칸으로 가면 충격을 피할 수 있도록 하였다. 왕복상자에서 첫째 집단과 셋째 집단의 처치를 받았던 개들은 전기가 흐르자마자 모두 건너 다른 칸으로 옮겨갔지만, 둘째 집단, 즉 무기력 집단의 처치를 받았던 개들 8마리 중 6마리는 그냥 주저앉아 전기충격이 그칠 때까지 기다리고 있었다.

과연 무기력 집단의 개들은 주저앉는 행동이 전기충격을 멈추게 한다는 것을 학습했기에 그런 것일까? 다른 두 집단의 경우 자신들의 행위가 전기충격을 피하게 해 준다는 것을 학습했지만, 무기력 집단의 경우에 주저앉는 행동이 보상되는 것을 학습한 것이 아니라 아무런 행동을 해 보아도 안 된다는 포기가 무기력한 행동으로 나타난 것이다. 무기력은 보상을 통해 학습된 특정의 행위가 아니라 아무것도 할 수 없다는 것을 알게 된 결과적 행위증후인 것이다. 이 연구 결과는 행동주의 관점에 갇혀 있던 심리학의 관심사를 정신현상으로 확대 전환시키는 데 큰 역할을 하였다(Seligman, 1990, p. 56).

요 약

1. 분할표를 사용하여 사건들의 공변관계를 파악하는 과정에서 사람들은 필요한 모든 정보를 활용하기보다는 방안 A의 자료만을 사용하는 경향이 강하다.
2. 사전기대를 갖고 있을 때 공변관계의 파악은 매우 지나친 편이고, 아무 기대가 없이 자료로 파악하는 경우에는 매우 보수적인 경향을 보인다.
3. 상관의 착각현상은 피상적인 특성을 공유하고 있는 것들이 마치 상관이 있는 것처럼 파악되는 인지현상이며, 소수집단에 대한 차별현상에 작용할 수 있는 인지라 할 수 있다.
4. 사람들은 통제감을 추구하며, 이는 통제감의 착각과 공평한 세상에의 믿음 현상을 가져오기도 한다. 통제감의 착각은 순전히 우연적인 사건과 확률적인 사건에 자신이 영향력을 행사할 수 있다는 믿음으로 나타나 비록 착각적이지만 적응적 가치를 지닌다.

도식의 활용과 결과

❖ 사회도식의 활용

사회도식이란 대상에 대한 지식, 지식들 간의 관계 및 구체적인 사례들을 포함한 생각들의 구조화된 조직체다(Fiske & Taylor, 1991). 사회도식에는 특정인(박정희, 오바마, 히틀러, 홍부, 놀부, 심청이 등), 사회의 역할(경영자, 선생, 경찰 등), 자신의 파악(2장 참조), 고정관념, 잘 알려진 사건(세월호, 5 · 18 광주민주화운동, 9 · 11 테러 등), 지식에 관한 것 등 여러 가지가 있다. 사회도식은 사람들이 상황을 파악함에 있어서 매우 중요한 기능을 담당한다.

선택적 주의 사람들이 사태를 파악할 때는 주의를 기울인다. 이 주의라는 인지적 자원은 제한되어 있기에 파악하고자 하는 것에 집중되고 이 경우에 감각기관에 들어오는 것도 인식이 안 되는 경우가 많다. 처한 상황에서 도식이 촉발되어 주의가 집중될 때 사람들의 상황인식이 어떻게 영향받을 수 있는지를 보여 준 흥미로운 실험이 보고되었다. 이 연구에 참여한 사람들은 짧은 동영상을 보게 되었는데, 동영상은 흑색 셔츠와 백색 셔츠를 입은 3명씩의 사람들이 뒤섞여서 농구공을 주고받는 영상으로, 연구 참여자들은 흑팀 혹은 백팀의 사람이 던지는 공의 개수를 세어야 하는 상황이었다. 45초가 지날 쯤 이들이 공을 주고받는 한 가운데로 고릴라 복장의 사람이 들어와서 잠시 있다가 걸어 나갔다. 영상이 끝난 후 참여자들에게 고릴라를 보았냐고 물어보면, 고릴라를 보지 못한 사람들이 반 정도 나타난다. 공 패스를 세는 것에만 주목하던 사람들의 반 정도는 이 고릴라를 보지 못하는 것이 많은 상황에서 나타났다(Habris & Simons, 2010). 무언가에 몰입되어 있는 경우에 우리의 시지각장에 들어온 뚜렷한 대상물마저 우리는 인식하지 못함을 보여 준 것이다.

보이지 않는 고릴라
보이지 않는 고릴라의 동영상을 보면서 "하얀 셔츠를 입은 사람들이 공을 몇 개 주고받는지 세어 보라!" https://www.youtube.com/watch?v=IGQmdoK_ZfY(1′42″)

점화 사람들의 기억체계는 유관된 정보들의 연결망이다. 각 사회도식마다 각기의 연결망이 있다고 볼 수 있으며, 이들 망 내의 정보들은 관련성의 정도에 따라서 강하게, 혹은 약하게 연결되어 있다. 하나의 도식망의 한쪽이 활성화되면 그

망 전체가 활성화될 수 있으며, 경우에 따라서는 다른 도식망으로 활성화가 번질 수 있다. 사회도식은 매우 추상적이고 일반적인 요소뿐만 아니라 매우 구체적이고 단편적인 요소까지 포함한 구조로 조직화되어 있기 때문에, 전혀 무관한 사건들에 의해서도 촉발되면서 사건과 대상의 인식에 큰 영향을 줄 수 있다. 예를 들어, 당신은 다음의 사람을 어떻게 생각하는가?

> 그는 자극과 모험을 추구하여 극한 스포츠를 즐기며, 여러 번 다치기도 하였고, 목숨을 잃을 뻔한 적도 있었다. 그는 스카이다이빙을 하거나 대서양을 보트로 횡단할 생각을 하고 있다. 그는 상당한 재능을 보유하였지만, 생계를 위하여 필요한 만큼만 사람들을 만나며, 이마저도 줄이려 한다. 그에게는 하고자 마음먹는 것이 중요하지, 하는 데 얼마나 세월이 필요하며 얼마나 어려운가는 문제가 아니다. 일단 결정한 것을 도중에 변경하는 일은 거의 없다(Higgins et al., 1977).

당신의 평가는 당신에게 어떤 도식이 촉발되었는지에 따라 현저히 달라진다. 연구자들은 이 사람에 대한 대인지각 실험을 하기 전에 연구참여자들을 전혀 무관한 실험에 참가하게 하여, 이들 중 반에게는 '모험적인, 확신에 찬, 독립적인, 인내심 강한' 등의 긍정적 성격 형용사를 다른 특질형용사에 묻혀 제시했고, 나머지 반에게는 '고집 센, 겁 없는, 맹꽁이, 제멋대로인' 등의 부정적인 특성 형용사를 묻혀서 제시했다. 두 번째 실험에서 앞의 소개글로 제시된 사람에 대하여 평가를 하게 한 결과, 첫 번째 실험에서 어떤 단어를 접했는가 하는 점이 평가에 작용하여, 긍정적인 특성을 접한 집단에서의 평가는 부정적인 특성을 접한 집단에서의 평가보다 좋게 나타났다. 이처럼 서로 무관한 사건들이 도식의 촉발로 영향을 받아 처리되는 현상을 점화효과라고 한다.

점화효과
(Priming Effect)
시간적으로 선행한 자극이나 사건에 의해서 이와는 무관하지만 이어서 발생한 자극이나 사건이 처리되는 과정에 무의식적으로 영향을 주는 현상. 사회심리학에서 점화효과는 정보들이 도식의 구조로 파악되고 있어서 도식의 한 부분이 선행사건에 의해 연상되면서 처리가 촉진되는 양상을 보여 준다.

점화는 평가뿐만 아니라 의식하지 못하는 행동에도 영향을 미친다. Bargh 등(1996)은 실험 조건에 있는 사람들에게 노인에 대한 고정관념과 관련있는 단어들(나이든, 고집 센, 현명한, 주름, 은퇴한, 잘 잊어버리는, 신중한, 회색 등)을 5개씩 제시하고, 이중 4개의 단어를 골라서 문장을 만드는 과제를 30개 수행하도록 하고, 통제 조건에서는 같은 과제를 하되 단어들이 노인과는 무관한 단어(목마른, 사적, 깨끗한 등)였다. 실험은 사람들이 단어를 얼마나 융통성 있게 사용하는지를 알아보기 위한 것이라고 알려주었을 뿐이었다. 과제가 종료되면 실험이 모두 끝난 것으로 알려주었다. 연구자들은 참여자들이 실험실을 나가 복도를 걸어서 승강기로 걸어가는 속도를 측정한 결과, 통제 조건에 있던 참여자들에 비해서 실험 조건에서의 참여자들이 걸음속도가 훨씬 느린 것을 볼 수 있었다. 놀라운 것은 이 사람들은 자신들이 수행한 문장완성 과제가 노인과 관련된 단어들이었음을 알지 못하였다는 것이다. 즉 이들은 노인이라는 점화자극에 대한 인식이 없었지만 행동은 그 영향을 받은 것이다(관련된 더 많은 현상은 전우영, 2014 참고 바람).

도식적 처리의 기능 사회도식은 다양한 기능을 제공한다. 첫째로, 도식은 회상이 용이하도록 돕는다. 도식과 부합하는 정보뿐만 아니라 도식과 모순되는 정보까지도 회상을 용이하게 한다(Brewer et al., 1981). 이는 도식과 무관한 정보는 기억하기가 어렵다는 반증이기도 하다. 김 교수가 국문학을 하면서 시, 소설을 좋아한다면 도식과 부합할 것이다. 정 교수는 국문학을 하면서 여가시간에는 디스코 클럽을 많이 다닌다면(교수도식과 모순) 정 교수의 행위도 김 교수 이상으로 잘 기억될 것이다. 그러나 정 교수가 우표수집을 즐겨한다면 이 정보는 도식과 무관하므로 별 주목을 받지 못하였을 것이다.

둘째, 도식은 정보처리 시간을 단축시킨다. 도식에 부합하는 정보는 처리가 빠른 반면, 도식에 부합하지 않는 정보는 느리다(Markus, 1977; 2장 참조). 그러나 경우에 따라서는 도식적 처리는 도식에 포함된 많은 정보의 처리를 요하기 때문에 정보처리를 더디게 할 수 있다(Fiske & Taylor, 1991). 따라서 고고학자가 발굴된 토기의 연대를 판단하는 데는 일반인보다 훨씬 많은 시간이 걸릴 것이다.

셋째, 도식과 관련된 정보의 처리는 거의 자동적으로 의식적인 노력 없이 이루어진다. 행위자가 촉발시킨 인물도식이나 내현성격 이론에 근거하여 보이지 않은 면에 대하여도 자동처리가 나타난다. 내현성격 이론 또는 인물도식이 작용하는 경우 상대방에 대한 다양한 효과가 나타난다. 이 점에서 도식은 부족한 정보를 보충해 주는 기능을 한다. 10분 동안 만났던 사람이 대학교수였다면 그 사람의 학력, 성격, 생활 정도 등 전혀 제공받지 못한 정보에 대해서도 어느 정도는 파악이 가능하다.

넷째, 도식은 새로운 정보를 듣고 그 의미를 파악하는 데 도움을 준다. 환경전문가는 수질 오염상태가 8ppm(물속에 녹아 있는 용존산소량의 측정단위. 5ppm이면 물고기가 못 산다)으로 나타났다는 말을 들으면 얼마나 오염이 심한지, 어떻게 조치를 취해야 할 것인지 등을 생각할 수 있다. 마찬가지로 자동차 정비공은 엔진의 소리만 듣고서도 문제점을 지적해 낼 수 있다. 이는 도식이 얼마나 잘 정리되어 있는가에 따른 결과다(Fiske & Neuberg, 1990). 이 점에서 전문가가 된다는 것은 그 특정 분야의 정보처리에 대한 도식을 획득해 가는 과정이라고 할 수 있다.

마지막으로, 도식은 소유자가 느끼는 정서를 포함하고 있어 대상자극들의 처리

시 정서적 느낌도 수반한다. '정상배'라는 도식은 모든 사람에게서 부정적인 느낌을 수반하는데 내일 만나게 될 국회의원을 누가 정상배라고 알려 주면 그 의원에 대한 감정이 부정적으로 나타날 것이다(Westen, 1988).

정보처리의 양상에서 나타나는 도식의 역할과 후에 설명될 어림법의 사용에서 드러나는 인간의 특징을 한마디로 표현한 것이 인지적 구두쇠(cognitive miser)다. 사람은 정보처리의 효율성을 지향하며, 꼭 필요한 경우에만 수학적 논리에 합당한 방식으로 정보처리를 하려는 노력을 보인다는 것이다(Kunda, 1999).

도식적 처리의 문제점 앞에서 열거한 도식적 처리가 갖는 장점, 기능들은 모두 단점을 수반한다고도 할 수 있다. 즉, 양날의 칼과 같다. 도식과 부합한다고 판단되면 도식적 처리가 자동적으로 나타나 실제 자료를 왜곡하거나, 복잡한 현상을 과잉 단순화시켜 처리하게 될 수 있다. 그 결과, 잘못된 고정관념이나 편견을 촉발시켜 상대방을 잘못 파악할 수도 있다. 필자의 연구실을 노크하는 소리가 나서 들어오라 했더니 어떤 초로의 신사가 눈을 열고 들어와 멈칫거렸다. 세일즈맨 도식을 촉발시킨 필자는 세일즈맨 대하듯이 하다가 곧 몇 주 뒤에 치러질 총장선거에 후보로 나온 교수라는 것을 알게 되어 당황했던 적이 있다. 정책결정자가 잘못된 도식을 적용시킬 경우 초래될 수 있는 경우가 '곁글 4-7'에 나와 있다. 판단의 중요성이 클 경우에는 도식과 불일치하는 정보에 신경을 씀으로써 도식적 처리에 제동이 걸릴 수 있다.

사회생활은 수많은 도식의 활용에 의해 가능하다고 볼 수 있다. 그러나 그 많은 도식 중 어떠한 도식이 촉발되는가? 그 결정요인에 대한 최근의 연구는 우선 처한 상황에서 현저하게 부각되는 특성과 관련된 도식이 촉발됨을 보인다. 인종, 성, 나이, 미모 등의 도식이 상대방을 대함과 동시에 거의 자동적으로 촉발된다. Devine (1989)은 편견이 심한 사람이건 거의 없는 사람이건 흑인을 접했을 때 흑인에 대한 도식(고정관념 및 그와 관련된 반응)이 자동적으로 촉발되지만 충분한 시간을 갖고 상대에 대한 정보를 검토할 수 있는 경우 편견이 없는 사람은 도식적 반응(즉, 편견적 반응)을 비편견적인 반응으로 대치시킴을 발견했다. 이는 도식 및 그에 따르는 부정적 감정마저도 대상을 보면 자동적으로 촉발되는 경향이 있지만 그 영향력을 감소시키는 것은 여유와 동기가 있을 경우에만 가능하다는 것을 시사한다.

상대방이 지닌 성격특성보다는 역할과 관련된 도식이 촉발되기 쉽다. 상대방이 내성적이라는 것을 알게 되었을 때보다 의사라는 것을 알게 되었을 때 그에 대한 훨씬 풍부한 정보를 얻게 된다. 그의 학력, 지능, 교제하는 사람, 하는 일 등등 많은 정보가 파악된다. 역할도식은 성격도식보다도 회상을 쉽게 한다(Bond & Brockett,

1987). 우리는 고교 동창생들의 얼굴을 대부분 기억하지만 그중에서 명랑한 사람을 기억하는 것보다 반장을 기억하기가 용이하다. 인물에 대한 파악은 그들이 가진 역할로써 먼저 파악되고 나서야 성격특성으로 파악되는 것으로 보인다. 이 탓에 선생 이름을 친구 이름으로 혼동하는 식의 전혀 다른 관계에 있는 사람들 간의 이름을 혼동하는 일은 거의 나타나지 않는다. 이는 사회생활에서 만나는 상대방에 대한 정보들을 묶어서 상대별로 정보를 조직하고 있을 뿐 아니라, 비슷한 관계유형의 사람들의 정보를 또한 묶어서 저장하고 있음을 시사한다. 그래서 사람들은 특정인에 대

결글 4-7 **역사의 교훈**

역사는 우리에게 무엇을 가르치는가? 많은 정치가와 정책입안자들에게 역사공부는 필수적인 것으로 여겨진다. 케네디 대통령이 1960년대 초에 동남아시아의 내전에 개입하는 정책을 내렸을 때 그는 '뮌헨회담의 도식'을 적용시킨 것으로 여겨진다. 즉, 도미노처럼 동남아시아의 국가들이 공산치하로 떨어지는 것을 막기 위해서 미국은 소련의 지원을 받는 월맹에 대하여 강한 군사력으로 맞서야 한다는 결정을 내렸다.

뮌헨회담은 히틀러가 1938년에 독일 영토를 확장하고자 했을 때 이탈리아, 영국, 프랑스, 독일의 수상들이 뮌헨에 모여 체코의 한 지방을 독일에 할양하고 전쟁을 방지하는 조약을 체결한 회담이다. 그러나 히틀러는 이를 무시하고 폴란드, 벨기에를 침공하였다.

케네디는 뮌헨사건과 동아시아 정세가 갖는 피상적인 유사성으로 인하여 뮌헨사건 도식을 촉발시켰고, 이것이 그의 월남전 개입이라는 결정을 낳는 데 일조를 한 것이다(Nisbett & Ross, 1980). 이 개입은 미국 외교사상 최악의 결정이었다는 평가를 받으며 베트남이 통일될 때까지 엄청난 희생을 미국에게 강요했다. 그 결과로 '베트남전 도식'이 생기게 되었다(Gilovich, 1981).

Gilovich(1981)는 두 집단의 참가자들에게 한 약소국가가 이웃해 있는 침략적인 독재국가의 위협을 받고 있는 상황을 제시하였다. 두 집단에 있어서 다른 것은 각기 뮌헨도식과 베트남도식을 촉발시키기 위해 '뮌헨도식' 조건에서는 처칠, 루스벨트를 언급했고 '베트남도식' 조건에서는 딘 러스크(월남전 개입 시 미국무장관), 치누크 헬기, 린든 존슨(케네디 후임 대통령) 등을 언급했다. 이외에는 상황은 똑같이 기술되었다. '뮌헨도식' 조건에서 참가자들은 '베트남도식' 조건의 참가자들 보다 상황개입을 더욱 지원하는 것으로 나타났다.

2014년 4월 16일, 반쯤 가라앉은 세월호

2014년 4월 16일 진도 앞바다에서 침몰하며 300여 명의 희생자를 낸 세월호 사건은 무능한 정치인, 책임모면식의 구조활동, 부패를 조장한 해피아와 관료문화, 부당 이득을 추구하는 회사와, 안전에 대한 무관심, 사태 이후에 분열된 한국사회 등으로 한국사회에서 중요한 사건도식으로 자리잡을 것이다(결글 9-13 참고).

한 정보를 유사한 관계의 다른 사람들과 같은 범주로 저장하고 있으므로 정보 인출에서 유사한 관계의 사람들 간에 혼동을 하는 양상이 발생하는 것이다(Fiske, 1993).

❖ 틀 효과

담배를 좋아하는 한 신도가 신부에게 "기도하면서 담배를 펴도 되느냐?" 고 물었더니 단호히 안 된다는 답을 들었다. 이를 지켜본 친구가 "담배를 피면서 기도를 해도 되느냐?" 고 물어보라고 권해서 그리했더니 물론 된다는 답을 들었다고 한다(Gilovich et al., 2006, p. 399). 이 우화는 똑같은 행동을 단어의 순서를 바꾸어 제시하는 경우에 전혀 다른 효과를 가져올 수 있음을 보인다. 이런 효과가 나타나는 것은 틀이 달리 형성되기 때문이다(3장 초두효과를 상기할 것). 즉, 기도 틀에서 흡연하는 것은 흡연 틀에서 기도하는 것과 다르다는 것이다. 두 가지 별개의 틀이 판단대상을 전혀 다른 문제로 바꾸기 때문이다. 정육점의 진열대에 놓인 쇠고기가 85% 무지방육이라고 표기했을 때와 15% 시방육이라고 표기 했을 때 사람들의 구매의욕은 현저히 달라진다. 전자의 경우에 무지방육이라는 건강의 틀이 작동하고, 후자의 경우에 지방육이란 비만의 틀이 작동하는 탓이다. 수술의 생존율이 90%라면 사망율은 10%이다. 그러나 생존율을 제시하는 것이 사망률을 제시하는 것보다 수술을 받겠다는 생각을 더 하게 하는 것으로 나타난다(Edwards et al., 2001; Gigerenzer, 2007, p. 130). 논리적으로는 같은 의미의 표현이라도 지각되는 틀에 따라 다르게 인식되는 현상을 틀 효과라고 한다(곁글 4-7).

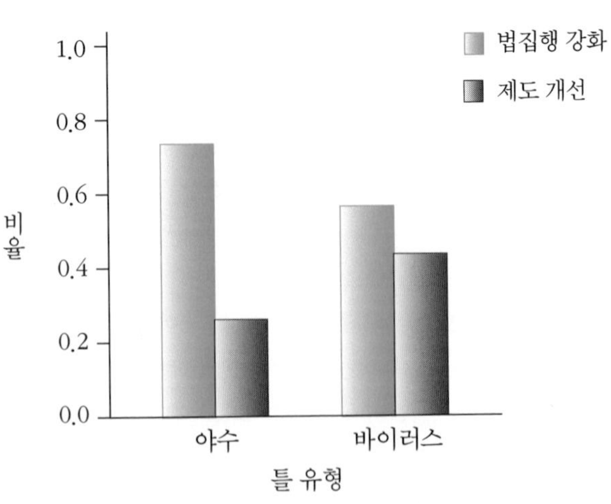

[그림 4-6]
틀의 유형에 따른 대책의 차이

어느 도시나 범죄가 증가하고 있다. 이 대책을 논의하는 마당의 문제제기에서 범죄증가를 "야수가 먹이감을 노리듯이" 혹은 "바이러스가 퍼져 전염시키듯이"로 제시하였을 때 사람들이 생각하는 대책은 전자에서 법집행의 강화와 관련된 내용이 대부분이었지만, 후자에서는 제도를 수정하거나 개혁하는 내용도 많이 나타났다(Thibodeau & Boroditsky, 2011; [그림 4-6]). 단순히 연상효과의 차이가 아니라 여러 가지 대책을 제시하고 적합한 것을 선택하라고 하는 상황에서도 같은 차이가 나타났다(Thibodeau & Boroditsky, 2013).

틀 돌리기 사회적 이슈는 늘 다양한 측면을 건드리기 마련이다. 예를 들어, 2015년 하반기에 박근혜 정부는 현행 검인정 제도로 발간되는 역사교과서를 국정화해야 한다며 많은 반대에도 불구하고 이를 추진하였다. 그 이유는 현 교과서들이 대한민국의 정통성을 부정하고, 친북 좌편향적이어서, 학생들에게 올바른 국가관을 심어 주지 못한다는 것이다. 이에 반대하는 움직임이 전국적으로 나타났으며, 국정화는 역사교육을 봉건시대로 되돌리는 발상이라며, 친일과 유신을 미화하려는 목적에서 추진되는 국정화 사업을 절대로 좌시할 수 없다는 주장을 펼쳤다. 찬성 진영은 마치 미래를 지향한 시책인 것처럼 틀을 제시하려 들고, 반대 진영은 과거 독재정치의 유산을 재현하려는 틀로 공방을 벌였다. 찬성 진영은 반대 진영의 틀에 밀리자 '국정화 교과서'를 '올바른 교과서'로 바꾸어 반대여론을 무력화시키는 틀 돌리기를 한다. 이처럼 이슈와 관련된 다양한 측면 중에서 선택적으로 부각시키는 측면은 전체를 조망하는 틀로 작용하면서 사람들의 사태인식에 큰 영향을 미친다. 하나의 틀에서 어느 주장이 정당한지를 따지는 논쟁은 일찍 종결될 것이나, 각기 다른 틀이기에 판단 준거가 달라지므로 어느 손을 들어야 할지가 어려운 것이다. 이처럼 틀 효과를 의도적으로 가져오기 위해 연상되는 내용을 바꾸거나, 유리한 틀로 변형시키는 것을 틀 돌리기라 한다(Gilovich et al., 2011, pp. 165-166). 동성애 허용론자들은 인권의 틀을, 동성애 반대론자들은 도덕 윤리의 틀을 제시하는 것들에서 볼 수 있듯이 좌파와 우파의 이념 논쟁은 물론, 여당과 야당의 정책 경쟁, 상품 마케팅에서도 자기에게 유리한 틀을 대중에게 부각시키려 노력한다. 이 점에서 정치판은 틀 돌리기의 싸움터라고 할 수 있다(틀의 작용에 대한 논의는 최인철, 2007을 참고 바람).

역사교과서 국정화 시책에 반대하는 시민단체의 집회

카네만(Daniel Kahneman, 1934~)
이스라엘 태생으로 UC Berkeley에서 심리학 박사 학위를 취득하고 현재 프린스턴 대학교에 재직 중이다. 작고한 동료 A. Tversky 교수와 공동으로 불확실한 일상의 판단과 의사결정 과정을 연구하였다. 그의 연구는 인간의 경제행위 분석에서 고전경제학이 전제로 삼는 합리적 의사결정 보형으로 다룰 수 없는 **행동경제학**이란 분야를 개척하게 만들었고, 경제행위에 대한 새로운 이해의 지평을 제시한 공로로 2002년에 노벨경제학상을 수상하였다. 최근에는 긍정심리학의 분야에 관심을 갖고 행복의 조건에 대한 연구를 하고 있다.

전망 이론 우리의 판단에 영향을 주는 다양한 틀 중에서 광범위한 적용대상이 되는 것이 손익의 틀이다. 약을 먹는 행위를 건강을 증진시키는 틀에서 생각할 것인지 아니면 질병 감염을 막는 틀에서 생각할지가 다르다. 다음에 답해 보라.

정부 보건당국은 600명을 죽일 수 있는 희귀병이 확산될 것을 대비하는 프로그램 두 개를 놓고 저울 중이다. 다음 A와 B 중 어느 프로그램을 택할 것인가?

- A 프로그램을 채택하면 200명의 목숨을 구할 것이다.
- B 프로그램을 채택하면 600명이 모두 살 수 있는 가능성이 1/3이고, 모두 죽을 가능성이 2/3이다.

똑같은 상황이다. 다음 C와 D 중에서는 어느 프로그램을 택할 것인가?

- C 프로그램이 채택되면 400명이 죽을 것이다.
- D 프로그램이 채택되면 아무도 죽지 않을 확률이 1/3이고, 600명 모두 죽을 확률이 2/3이다.

A와 B를 선택지로 제시하였을 경우에 북미지역의 학생들은 72%가 A를 선택하였다. 그러나 C와 D를 제시하였을 때는 78%가 D를 선택하였다(Tversky & Kahneman, 1981). A와 B, C와 D는 모두 살릴 수 있는 목숨이 200이라는 점에서 차이가 없다. 고전경제학의 관점에서 본다면 기대효용이 같다면 네 프로그램들의 경제적 가치

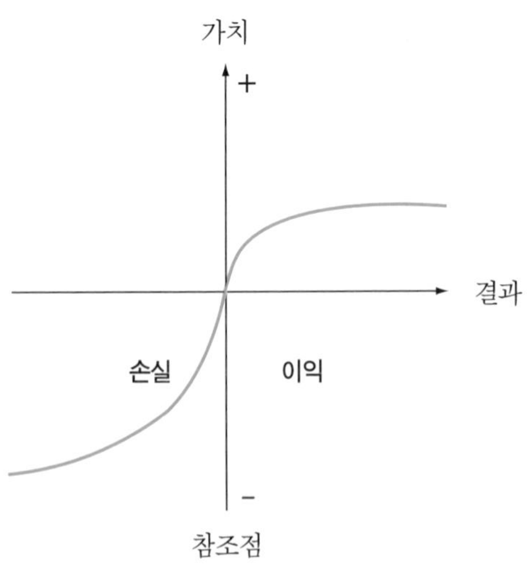

[그림 4-7]
전망 이론의 가치곡선

는 동일하므로, 선택은 고르게 나타나야 한다. 그러나 분명히 사람들의 선택은 뚜렷한 선호양상을 보인다. 이를 설명하기 위해 제시된 것이 전망 이론이다(Kahneman & Tversky, 1979). 이에 따르면, 사람들은 최종의 결과에 가치를 두기보다는 현재의 위치에서 이익이냐 손해냐에 가치를 둔다. 이익의 틀(A와 B)에서 사람들은 확보된 이익을 중시하며 더 많은 이익을 위한 모험을 회피하고, 손해의 틀(C와 D)에서는 확정된 손실을 기피하고 더 큰 손해를 볼지도 모르는 모험을 추구하는 양상을 보인다. [그림 4-7]에서 보듯이 손해의 틀에서는 기울기가 더 가파르기 때문에 사람들은 이익을 보는 것에 비해 손해에 매우 민감하다. 수중에 있는 1만 원을 털어서 2만 원을 만들 수 있는 기회가 있을 때 사람들은 손을 대기보다는 기회를 날린다. 최근에 뇌영상장치를 이용하여 이런 결정을 할 때 뇌의 활동을 살펴보니, 사람들이 이익의 틀에서 생각할 때는 후두부에 위치한 뇌의 한 부위(Intraparietal Sulcus: 행동의 결과를 예상할 때 활성화되는 부위)가 별다른 활동을 보이지 않지만, 손해의 틀에서 확실한 손해나 큰 손해의 가능성을 생각할 때는 이 부위의 활동이 심해지는 것으로 나타났다(Gilovich et al., 2011, p. 586). 손해의 틀일 경우에 행동의 결과에 대하여 더 신중하게 저울질함을 의미한다.

전망 이론이 설명하는 이익과 손해의 틀에 따른 행동의 비대칭성은 공공정책 및 마케팅의 전략을 수립하는 데 중요한 고려요소로 작용된다. 이를테면, 빈곤층에 대한 복지비의 직접적인 지출에 대하여 납세자들은 재정의 손실로 인식하기에 그다지 반가워하지 않는다. 그러나 이를 성실 납세자의 감면 혜택을 지출하는 것으로 제시하면, 이익을 포기하는 것으로 여기므로 쉽게 받아들일 수 있을 것이다.

전망이론은 부패 및 비윤리적 행위에도 적용될 수 있다. 이 이론을 적용하여 비윤리적인 행위를 점검한 연구들은 사람들이 손해의 틀에서 접근할 때 더 모험적인(즉, 비윤리적인) 결정을 선호하는 양상이 나타남을 보인다(Kellaris, Boyle, & Dahlstrom, 1994; Kern & Chugh, 2009). 당신이 사업가라면 다음의 상황에서 어떤 결정을 내리겠는가? "사고픈 마음이 있는 회사가 있는데 이 회사는 경쟁자가 소유하고 있다. 상대방은 이 회사를 팔고자 하는 아무 의향을 내보인 적이 없다. 당신은 이 회사의 약점이 무엇인지 알기 위해 회사 내부 사정에 정통한 사람을 컨설턴트로 고용하려 한다. 당신 회사 전문가의 분석에 의하면 당신이 상대 회사를 획득할 성공 가능성은 25%(손해의 틀 조건에서는 75% 실패할 가능성으로 제시됨)로 나타나고 있다." 당신은 컨설턴트를 고용하겠는가? (절대 아니다 1~7 확실히 그렇다; Kern & Chugh, 2009, 연구 1). 손해의 틀에서 사람들의 응답평균은 4.66이나 이익의 틀에서는 3.77로 나타났다. 사소하지만 비윤리적인 거짓말(쓰던 물건을 팔려고 내놓았는데 원매자가 나타나

"혹 다른 사람이 구매의향을 보였느냐?" 고 질문했을 때 실제는 없었지만 "그렇다" 고 답하는 것)을 하는 가능성도 손해(못 팔 가능성이 높다)의 틀로 제시되었을 때 이익의 틀(팔 가능성이 낮다)로 제시되었을 때보다 높은 것으로 나타났다. 그러나 이런 양상의 차이는 충분히 생각할 시간을 가졌을 때에는 사라졌다(연구 3; [그림 4-8]).

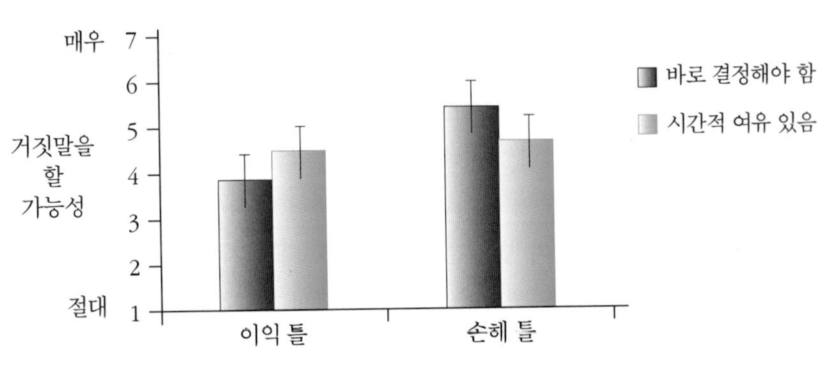

[그림 4-8]
손익 틀에 따라 영향받는 거짓말의 가능성
출처: Miller et al., 1975.

❖ 판단에 대한 자신감

사람들의 사회적 추론은 부정확할 수 있는 많은 요소를 그 과정에 함유하고 있다. 그렇지만 이러한 과정에 대하여 이해를 못하거나 대수롭지 않은 것으로 여기는 경향이 크다. 따라서 자신들이 지니게 된 판단에 대하여 그 정확성을 의심하지 않으며, 지나칠 정도로 과신을 보이는 경향이 있다.

스스로에 대한 판단의 정확성 사람들이 지닌 대상에 대한 태도는 여건에 따라 언제든지 변할 수 있지만 이 같은 변화를 사람들이 늘 자각하는 것은 아니다. Bem과 McConnell(1970)은 대학생들을 대상으로 의견조사를 하면서 학생들이 교과과정의 편성에 관여하는 것을 어떻게 생각하는지에 대한 질문을 끼워 넣었다. 그 후 일주일이 지나서 학생들에게 자신들의 교과과정 개입은 월권이라는 내용의 글을 쓰도록 했다. 이 글을 쓰고서 교과과정 개입에 대한 태도를 알아보니 이전보다 강하게 반대하는 것으로 나타났다. 그러나 일주일 전에 자신들의 태도를 기억해 보라 했더니 대부분은 현재의 태도 그대로라고 응답함으로써 그러한 변화를 눈치 채지 못했다(곁글 4-8).

결글 4-8

과거 기억을 변형시킬 수 있나?

사람들은 흔히 기억이 과거의 일에 대한 사진과 같은 영상을 머릿속에 갖고 있는 것이라 여긴다. 그러나 이는 사실이 아니다. 자신이 알고 있는 자신의 과거 기억은 얼마나 정확한가? 있지도 않았던 일을 자서전적 기억 속에 집어넣는 것이 가능한가? 흥미로운 연구(Hyman et al., 1995)에서, 연구자들은 대학생 연구 참여자들의 부모에게 서신을 보내 참여자들의 아동기 때 일어났던 일에 대하여 알아두었다. 연구자들은 학생들을 불러서 이들 과거경험에 대해서 기억하는지를 물어보면서 실제로는 없었지만 있었을 법한 내용(5세 때의 특별한 생일파티 혹은 5세 때 응급실에 실려 간 일)도 추가로 물어 기억하는지를 보았다. 첫 면담에서 아무도 이 거짓 사건에 대하여 기억하고 있는 사람은 없었다. 그러나 일주일 이내 벌어질 다음 면담 때까지 어렸을 때 경험을 잘 생각해 오라고 했을 때 20%의 사람들이 허위기억을 자기가 경험했던 것으로 이야기하였다. 세 번째 면담(연구 2)에서는 약간 더 증가하는 것으로 나타났다(25%). 이런 증거가 사람의 기억이 전부 조작될 수 있음을 보여 주는 것으로 지나치게 확대 해석되어서는 안 될 것이나, 불분명한 어린 시절의 기억의 경우에, 여건에 따라서 얼마든지 구성될 수 있음을 알아야 한다. 이 점에서 전생의 기억이니, 몰랐던 어렸을 때의 성적 피학대 경험을 최면의 도움으로 회복해 낸 기억을 물증없이 신뢰하는 것은 위험한 짓이다(Kunda, 1999).

사람들은 남들보다 스스로가 자신의 정서, 행위의 이유를 잘 안다고 생각한다. 과연 그럴까? Nisbett과 Wilson(1977)은 대학생들에게 다큐멘터리 영화를 보여 주었다. 한 조건에서는 영화 시청 동안 관람실 밖에서 전기톱 돌아가는 소리가 요란하게 나고 있었고, 다른 조건에서는 일반 영화관처럼 조용했다. 영화가 끝난 후 영화의 내용에 대한 평가를 하면서 전기톱 소리가 관람 및 영화의 평가에 어떤 영향을 주었는가 하고 물었다. 전기톱이 없었다면 영화가 더 잘 이해되었을 것이라고 그 조건의 참석자들은 답하였지만 영화에 대한 이해나 평가에 있어서 두 조건 간에 아무런 차이도 나타나지 않았다. 사람들은 자신이 판단 대상에 대하여 어떠한 생각을 지니고 있는지(좋아하는지 싫어하는지 등)를 잘 알지만, 어떻게 그러한 생각을 지니게 되었는지, 무엇이 영향을 미쳤는지의 과정을 잘 아는 것은 아니다. 행위의 원인이 뚜렷하거나 우리가 느끼는 직관과 맥을 같이 하는 설명일 경우에는 우리의 자각적 설명은 잘 맞는다. 그러나 행위의 원인이 불분명할 때 우리의 설명은 틀릴 가능성이 높아진다. 그렇다면 두 가지 유의할 점이 있다. 첫째는 사람들이 이야기하는 주관적 경험에 대한 설명은 틀릴 수 있으

프로그램을 체험한 사람들의 구체적 사례로 설득력을 높이는 광고

며, 문제해결(상담, 치료 등)에 도움이 전혀 안 될 수 있다는 것이다(Erickson & Simon, 1980; Fiske, 1980). 둘째로 사람들이 자신의 경험에 대해 느끼는 확실성이 높다고 해서 타당성이 높은 것은 아니라는 것이다(곁글 4-9). 개인들의 고백, 증언들은 경우에 따라서 상당한 설득력을 갖고 있지만 그렇다고 늘 신뢰할 만한 것은 아니다.

과신현상 일상생활에서 사람들이 내리는 많은 결정은 성공/실패의 가능성을 지니고 있다. 그런데 스스로가 내린 결정에 대해서 사람들은 지나치게 낙관적이다. 1986년에 미국 스페이스 셔틀 챌린저호가 25번째 임무를 띠고 발사되자마자 공중에서 폭파되어 버린 사건이 있었다. 이때 NASA의 관계자들은 이 같은 사고의 가능성을 10만분의 1로 보았다고 한다(Feynman, 1988). 이는 매일 그 셔틀을 발사하는 경우 300년에 한 번 사고가 일어날 수 있다는 정도로 안전에 자신만만했던 것이다(Plous, 1993, p. 217에서 재인용). 의사결정에서 과신현상만큼 위험한 것도 드물다(곁글 4-9).

많은 실험 연구들에서 과신현상은 잘 나타나고 있다(Fischhoff et al., 1977). 고전이 된 연구에서 Goldberg(1959)는 전문가들이 Bender-Gestalt 검사(뇌손상을 진단하기 위해 널리 쓰임) 결과를 바탕으로 뇌손상을 진단하는 정확성을 연구하였다. 그는 4명의 현역 임상심리 전문가, 10명의 수련 중인 전문가, 8명의 비전문가(비서)들에게 30개의 검사결과를 제시하였다. 이 중 15개는 실제 뇌손상 환자에게서 얻은 것이고, 나머지 반은 조직 손상이 없는 정신질환자에게서 얻은 것이다. 각 환자가 조직손상 환자인지 아닌지를 판단케 하고, 각 판단에 대한 자신감을 5점 척도상에 표기하게 하였다. 두 가지 놀라운 결과가 나타났는데, 첫째는 세 집단 간에 정확성의 차이가 없이 공히 65~70% 환자를 정확하게 분류했다. 10년의 임상경험을 가진 전문가나 전혀 문외한인 비서가 아무 차이를 보이지 않았다. 둘째는 정확성과 신념 간에 상관이 없는 것으로 나타났다. 자신들이 잘못 판단한 경우나 바르게 판단한 경우나 판단에 대한 확신은 차이가 없었다.

챌린저호 폭발 사건

왜 이러한 현상이 나타나는가? 여러 가지 이유가 있을 수 있는데 한 가지 분명한 것은 사람들이 정보처리 시 확증검증 방략을 사용하는 것에 기인한다. 즉, 사람들은 자신의 가설을 부정하는 정보가 아닌 지지해 주는 정보를 찾고, 그러한 증거가 누적되면 비록 정보의 새로운 가치가 전혀 없더라도 더 많은 지지적인 증거를 확보했다고 여김으로써 그에 대한 자신감을 더하게 된다.

정당화할 수 없는 자신감 일상생활에서 우리는 자신들의 생각을 지지해 주는 많은 증거를 접할 수 있다. 이를테면, 대부분의 인사권자들은 자신들이 사람을 쓰는 능력이 탁월하다고 생각하기 쉽다. 왜냐하면 대부분의 사람은 어느 부서에서 일하건 열심히 하기 마련이기 때문에 그들을 보는 인사권자는 자신의 결정이 잘못된 증거를 보기 힘들다. 실제로 자기가 채용하지 않은 사람이 얼마나 일을 잘하는지에 대한 정보가 전혀 없으므로 저들의 능력을 제대로 파악하기도 어렵다. 마찬가지로, 주식전문가들도 자신의 실적을 과신하기 쉬운데, 경제학자인 Malkiel(1975)이 분석한 바에 따르면 가장 실적이 좋다는 분석가들이 선택한 회사의 주식(mutual fund portfolios)들이 주는 수익성은 장기간에 걸쳐서 판단하면 주식시장에서 무선적으로 선택된 주식들의 수익성을 능가하지 못한다고 한다.

자신감과 정확성이 정적 상관이 높다면 문제는 덜 심각하다. 그러나 많은 연구들

결글 4-9

목격자 증언의 정확성 문제

교통사고가 유달리 많은 우리 사회에서는 웬만한 교차로를 지나다 보면 사고현장을 목격한 목격자를 찾는 현수막들을 흔히 볼 수 있다. 사건 당사자들의 진술이 상충되는 경우에 제3의 목격자를 찾으면 해결된다고 여기기 때문에 이 같은 현수막들이 내걸리고 있다. 목격자가 나타나면 수사관들은 그의 진술에 의존해서 대부분 사건을 종결시키는 쪽으로 방향을 잡아간다. 수사현장에서 목격자의 증언에 의해 범인으로 지목되어 형을 살게 된 사람이 DNA 감식에 의해서 혐의가 벗겨져 풀려나는 사례가 늘어가고 있다. 미국에서는 애버리라는 남자가 17년간 강간죄로 옥살이를 하고서 혐의가 풀려져 2003년 9월 11일에 교도소를 나왔다. 그는 DNA 감식에 의해 풀려난 137번째 사람이 되었다(Breckler et al., 2006, p. 84). 범죄현장에서 목격자의 기억을 연구하기 위해 많은 사회심리학적 연구들이 행해졌는데 이들은 다양한 실험실 상황에서 벌어진 사건을 우연히 목격하게 된 사람들의 경우에 기억의 정확성이 10~90%에 달하는 정도로 차이가 크다는 것을 보이고 있다(Wells, 1993). 흥미로운 문제는 물증이 없을 때 증언의 정확성을 어떻게 알 수 있느냐 하는 점이다. 흔히 목격자가 목격했음을 자신 있게 이야기하는 경우에 잘못 보았을 가능성은 낮으리라 여긴다. 그러나 이 확신감과 정확성의 상관은 35개의 연구에서 평균이 .25로 약하게 나타난다(Bothwell et al., 1987; Sporer et al., 1995). 정확하게 증언하는 사람의 경우에 그 확신도는 그렇지 않은 사람에 비해서 높았지만, 틀린 증언을 하면서 높은 확신감을 보고하는 사람들도 매우 많기에 확신감을 가진 증언이 정확하다고 볼 수는 없다.

확신감보다 정확성을 더 잘 보여 주는 지표는 판단의 속도로 나타난다. 즉, 상대를 보고서 10초 이내에 피의자인지 여부를 판단해 내는 목격자는 90%의 정확성을 보였지만, 답을 하는 데 10초 이상 걸리는 사람들은 50%의 정확성을 보이는 것으로 나타났다(Dunning & Perretta, 2002). 그 이유는 신속한 판단을 내리는 사람들은 피의자의 얼굴을 보면서 현장의 피의자와 얼굴이 부합하는 감에 의존한 무의식적 자동적 처리를 하는 데 반해서, 더딘 판단을 내리는 사람들은 그럴듯한 정황들에 의해서 의식적으로 정보들을 조합하고 구성하여 판단을 내리는 탓으로 여겨진다(기억과 관련된 흥미로운 저술로 Loftus & Ketcham, 1996 참고).

이 양자 간에 상관이 적음을 보이고 있다(Paese & Sniezek, 1991; Sniezek et al., 1990; 곁글 4-9). 이러한 발견은 법정에서의 증언이 갖는 신빙성에 대한 여러 연구를 촉진시켰다. 이 연구들은 증인들이 아무리 확신을 갖고 하는 증언일지라도 그들이 갖는 확신도는 증언의 정확성과 별 관계가 없음을 보인다. 형사재판의 배심원으로서 사건에 대한 자신의 견해를 자신할수록 변호인들이 공방하면서 제시하는 증거들을 왜곡하는 현상이 크게 나타나고 있기에(Carlson & Russo, 2001), 이러한 연구결과는 사실 경악할 만한 것이다. 이 같은 왜곡현상은 대학생에게서보다 배심원들에서 더욱 강하게 나타나지만, 사람들이 거의 인식하지 못하고 있다.

과신현상의 수정 그렇다면 과신현상을 어떻게 고칠 수 있는가? 첫 번째 방법은 사람들에게 그들의 판단에 대하여 즉각적인 피드백을 주는 것이다(Lichtenstein & Fischhoff, 1980). 일기예보가 그 경우에 해당되는데 예보자들은 자신들의 예측이 맞을 것인지의 판단을 비교적 정확하게 하는 것으로 나타났다(Fischhoff et al., 1977; Plous, 1993, p. 223; [그림 4-9]). 일기예보 전문가와 같이 자신의 판단에 대하여 항상 옳고 그름의 피드백을 받는 사람들은 과신현상을 덜 보인다(Keren, 1987). 두 번째 방법은 사람들로 하여금 왜 자신들의 판단이 틀릴 수 있는지를 생각하게끔 하는 것이다(Hoch, 1985; Koriat et al., 1980). 회사의 관리자들은 계획을 상정할 때 제대로 되

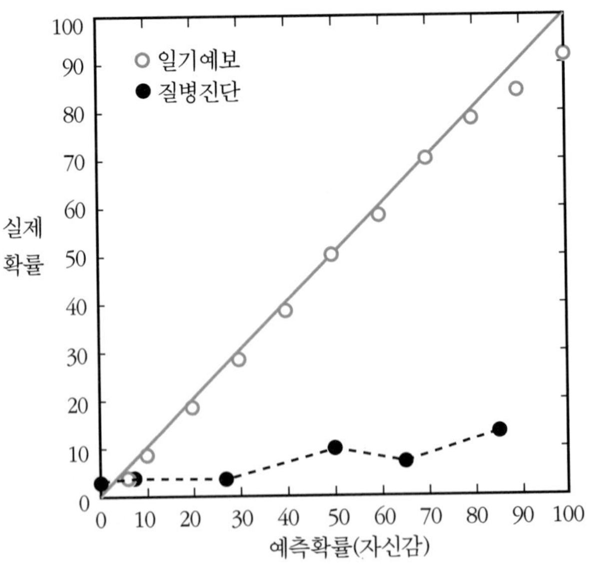

[그림 4-9]
질병의 진단과 일기예보의 정확성과 자신감
출처: Plous, 1993, p. 223, 그림 19-2.

어가지 않을 가능성을 함께 고려해야 할 것이다. 세 번째는 상황의 구성(Construals)을 새롭게 해 보는 것이다. 사람들은 친구 생일에 초대를 받아 선물을 생각할 때 2만 원 범위에서 하겠다고 다짐하더라도 실제로 구입을 하는 상황에서는 3만 원을 초과지출하기도 한다. 막연히 생각만 할 때와 막상 구입할 때 예기치 못했던 요인의 변화가 있기 때문이다. 행동을 할 때 상황의 변화를 예견해 보도록 한 경우에는 자신의 애초 판단에 대한 확신이 줄어드는 것으로 나타났다(Griffin et al., 1990).

요 약

1. 일상적 추론에서 사람들은 사회도식을 많이 활용한다. 도식적 처리는 회상 촉진, 정보처리 시간의 단축, 노력 없는 처리, 새로운 정보의 해석을 돕는 순기능을 지니고 있다. 그러나 아울러 실제 자료의 왜곡, 과잉단순화, 편견과 고정관념의 촉발 등 역기능을 지니기도 한다.
2. 사람에 대한 정보는 개개인의 성격보다는 역할과 자신과의 관계를 중심으로 조직된 도식으로 파악된다. 도식의 촉발은 점화효과의 영향을 받는다.
3. 일상에서의 사람들의 자각은 행위의 원인이 불분명할 때 종종 부정확한데, 이는 사람들의 파악이 자료를 그대로 읽기보다는 그럴듯한 이론에 의지하기 때문이다.
4. 틀 효과는 사건의 자극이 촉발한 인식 틀이 사건의 해석에 미치는 효과를 지칭한다. 전망 이론은 틀 효과를 설명하는 이론으로서 이익의 틀에서 사람들은 모험 회피적인 판단을 하지만, 손실의 틀에서는 모험 추구적 판단을 한다고 본다.
5. 자신들의 판단이 지닌 정확성보다 그에 대한 자신감이 통상 높게 나타난다. 이 과신현상은 부분적으로는 확인적 가설검증 방략을 사용하기 때문에 나타난다. 자신감과 정확성이 지닌 상관이 낮기 때문에 과신현상의 수정 가능성에 관심을 지녀야 한다.

일상의 판단은 효율성 추구: 어림법의 활용

사람들은 아침에 일어나 밥을 먹을 것인지, 외출 시 어떻게 입을 것인지, 무엇을 타고 출근할 것인지, 기다리던 버스를 포기하고 택시를 탈 것인지, 강의실에서 질문을 할 것인지 하는 일견 사소한 선택에서부터 어느 학과를 지망할 것인지, 무슨 아르바이트를 할 것인지, 배낭여행을 할 것인지 등 중요한 판단에 이르기까지 많은 선택과 판단을 한다. 한 조사에 따르면 사람들은 매일 150개의 선택을 하며, 이 중 30개의 선택에서는 신중을 기한다고 한다(Schwartz, 2003). 선택과 판단 및 의사결정의 연구는 매우 흥미로운 양상을 보여 주는데, 많은 경우에서 사람들은 복잡한 형식논리에 의존하지 않고 문제를 단순화시켜 도식적 처리를 하거나 지름길적인 해결방략을 사용한다. 이 지름길적인 해결방략은 문제를 쉽게 처리해 주기는 하지만 그 해답이 왕왕 틀릴 수 있는 문제점을 갖고 있다. 이들을 어림법(heuristics; Tversky & Kahneman, 1974)이라 할 수 있다. 사람들이 일상의 판단에서 대부분 어림법에 의존한다는 것은 사람들의 의사결정 과정이 지닐 수 있는 취약성을 인식시키게 되었고 많은 연구를 촉발시켰다.

어림법으로 번역된 Heuristic이란 그리스어에서 온 단어이며, 찾거나 발견하는 것을 돕는다는 의미를 지니고 있다(Gigerenzer, 2007). 어림법을 사용하면 효율적으로, 거의 무의식적으로, 자동적으로 답을 찾을 수 있으나, 정답이 보장되지는 않는다. 이와 반대되는 개념은 해법(algorithms)이다. 해법을 제대로 쓰면 항상 맞는 답을 얻을 수 있으나, 해법을 알고 있어야 하고, 이를 사용하여 계산할 수 있어야 한다.

❖ 대표성 어림법

김미숙은 31세이고, 독신이며, 활달하고, 똑똑한 처녀다. 대학에서는 철학을 선공했고, 학창시절에 사회정의와 여권을 세우기 위한 학생운동에 참여했었다. 그녀의 현재를 잘 묘사하는 것은 어느 것인가?

A: 김미숙은 은행원이다.
B: 김미숙은 은행원이자 여권 운동에 나서고 있다.

Tversky와 Kahneman(1982)이 86명에게 이 같은 문제를 제시했을 때 10중 9명은 B로 답을 했다. 이 답이 틀렸다는 것은 [그림 4-10]에서 명확하다. 사람들은 이 같은

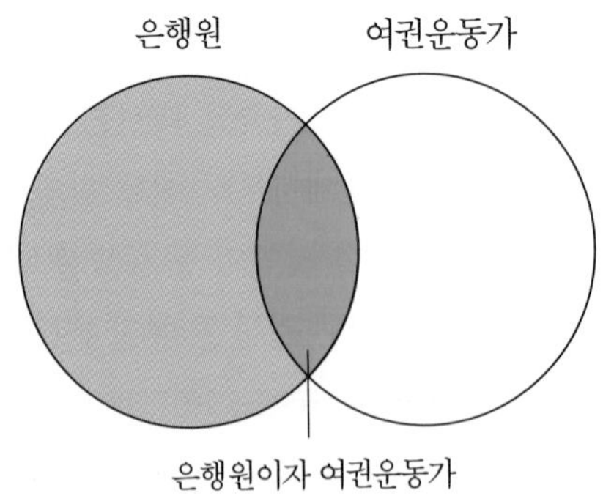

[그림 4-10]
교집합의 오류
은행원이며 여권운동가의 발생확률은 은행원이라는 단순사상의 발생확률을 넘을 수 없다는 확률원리가 무시된다.

문제를 받았을 때 주어진 사람의 특성과 고려대상이 되고 있는 두 범주(은행원과 여권운동하는 은행원)에 대한 고정관념과 비교해서 어느 것과 더욱 유사한가에 의하여 판단을 내린다(Tversky & Kahneman, 1974). 이를 대표성 어림법이라 한다. 대표성 어림법에 의한 판단 방식은 손쉬운 판단을 가져다주지만 논리적인 것은 아니다. 앞의 질문을 바꾸어 "은행원(또는 여권운동하는 은행원)의 전형적인 유형이 김미숙의 특성과 유사할 확률은 얼마나 되는가?"를 보자. 두 질문이 똑같아 보이는 사람은 확률이론을 생각해 보자. 원 질문의 경우 김미숙의 특성이 주어진 조건에서 은행원(혹은 여권운동하는 은행원)이 발생할 확률을 따지는 조건확률 P(은행원/김미숙의 특성)를 생각하는 문제이고, 후자의 경우는 반대로 은행원(혹은 여권운동 은행원)의 특성이 주어진 조건에서 김미숙의 특성이 발생할 가능성 P(김미숙 특성/은행원)를 따지는 문제다. 이렇게 놓고 보면 두 질문이 분명히 차이가 난다. 그러나 많은 사람들은 이 차이를 생각하지 않고 첫째 질문에 답하는 식으로 둘째 질문에 답한다. 이 사례에서 대표성 어림법의 적용이 잘못이라는 것은 교집합의 오류에서 확연하다([그림 4-11]). 즉, 두 개의 복합사상이 동시에 발생할 확률은 어느 한 사상의 단순 발생확률보다 클 수가 없다는 원리다. 각본이 세부적으로 작성되면 그 모든 사건들이 동시에 발생할 확률은 줄어들지만, 대표성 어림법의 사용으로 상황이 발생할 가능성이 높은 것으로 여겨지기 때문에 나타나는 오류인 것이다(Tversky & Kahneman, 1982, p. 98). 이를테면, "피고가 살인누명을 쓸지 모른다는 두려움 때문에 범죄현장을 떠났다."라는 것이 "피고가 범죄현장을 떠났다."라는 단순진술보다 더 사실적 가능성이 크다고 여기는 것이다. 보다 구체적인 사건이 일반적인 사건보다 발생할 가능성이 높다고 느끼는 까닭은 사람들이 지닌 사건도식이 매우 구체적이어서 구체적 상황의 묘사가 도식과 더욱 유사성(즉, 대표성)을 띠고 있기 때문이다.

왜 대표성 어림법인가 대표성 어림법의 빈번한 사용에 대한 이유를 분석해 보면, 첫째로 사람들은 사례표본의 특성이 모집단의 특성과 유사하다는 믿음을 매우 강하게 지니고 있음을 알 수 있다(곁글 4-10). 자연현상에 대하여는 이 같은 믿음이 크게 문제가 안 될 수 있다. 이를테면, 국화 한 송이를 보면 다른 국화꽃이 어떻게 생겼는지도 알 수 있다(일반화가 가능함). 그러나 인간의 직업, 성격 등이 판단대상이 되는 경우는 문제가 다르다. 심리학 전공학생에 대한 고정관념이 있더라도 그 고정관념에 의지해서 심리학 전공생은 누구나 그러한 특성을 가졌다고 볼 수는 없으며 한 심리학도의 성격을 보고서 모든 심리학도의 특성을 유추한다는 것은 잘못일 게다. 그렇지만 사람들은 전체의 특성을 보고서 그 사례의 특성을 끌어내기보다

결글 4-10

엑스레이 진단율 90%란?

당신이 의사라고 하자. 방금 여환자에 대해서 유방암 여부를 파악하는 진단을 했다. 그 여자는 젖가슴에 멍울이 있는 것으로 확인되어 유방암 가능성이 있어 보였다(멍울이 그냥 멍울일 가능성도 있다). 그래서 엑스레이에 의한 마모그램(mammogram)을 받도록 했다. 이 마모그램은 악성종양의 80%를, 정상인의 90%를 정확히 가려내는 것으로 알려졌다. 마모그램 결과는 양성으로 나타났다. 당신은 그녀가 유방암에 걸렸을 가능성을 얼마로 보겠는가?

Eddy(1982)가 여러 의사들에게 똑같은 상황을 부여하니 95%의 의사가 유방암 확률이 75%라고 답했으나 정답은 7.5%이다. 이러한 오판은 두 가지 확률을 구별하지 못해서 생긴다. 즉, 사람들은 양성반응이 나온 경우 암일 가능성 P(암/양성)을 암일 경우 양성 반응이 나올 가능성 P(양성/암)과 혼동하는 것이다. 이 문제를 푸는 것은 Bayes의 정리를 따르면 된다.

$$P(\text{암}/\text{양성}) = \frac{P(\text{양성}/\text{암})P(\text{암})}{P(\text{양성}/\text{암})P(\text{암}) + P(\text{양성}/\text{정상})P(\text{정상})}$$

위와 같은 공식에 대입하는 것이다.

P(암/양성)은 양성으로 나타난 경우 암의 조건 확률이고,

P(양성/암)은 암일 경우 양성 반응으로 나타날 조건 확률로서 암환자들에게 검사해 본 결과 구할 수 있는 것이다. 여기서는 80%다.

P(암)은 암환자의 발생비율인 기저율로 여기서는 1%이다.

P(양성/정상)은 정상인의 경우 양성으로 나타나는 조건 확률이다. 여기서는 100−90=10%이다.

$$P(\text{암}/\text{양성}) = \frac{(.80)(.01)}{(.80)(.01) + (.10)(.98)} = \frac{.008}{.107} = .075 = 7.5\%$$

Bayes 정리를 따라 계산하기가 성가시면 기저율(암 발생률)에 신경을 쓰라. 기저율과 계산 결과의 차이는 크게 나지 않으니까(Plous, 1993, pp. 133–134).

는, 하나의 표본 사례를 접하고 전체에의 일반화를 자주 행한다.

둘째로, 대표성 어림법은 기저율을 무시하는 인간의 추론 경향에서 비롯된다(결글 4-10). 앞의 예에서 기저율이란 우리 사회에서 은행원의 비율과 여권운동 하는 사람의 비율이 된다. 기저율은 확률을 따지는 경우 매우 중요한 요소이지만, 일상의 판단에서는 무시될 때가 많다. 그렇더라도 별 문제가 안 되는 경우도 많다. 즉, 김미숙의 특성이 그의 직업, 역할을 결정적으로 알려 주는 경우가 그렇다. 김미숙

이 여권운동에 깊이 관여하였다면, 그가 직장인이면서도 여권운동에 열심히 나서리라 예상할 수 있다. 그러나 제시된 김미숙의 특성이 결정적이지 못하다면, 즉 진단력이 별로 없다면 두 범주의 기저율을 따져야 한다. 두 범주의 상대적 비율이 비슷하다면 기저율이 문제가 안 된다. 이 경우 각 범주가 지니는 고정관념과 김미숙이 유사한 정도에 따라 판단하는 것은 괜찮을 것이다. 사람들은 판단의 준거로 삼을 만한 그럴듯한 정보나 도식이 있다면 기저율을 무시하고 그런 준거가 없을 때만 기저율을 판단에 이용하는 경향이 크다(Kahneman & Tversky, 1972). 그러나 기저율을 사용한 경우보다 자신이 지닌 도식을 판단의 준거로써 사용한 경우에 판단에 대하여 더 높은 확신감을 지닌다(고재홍, 1989). 이는 사람들이 통계적 정보라는 추상적인 정보보다 자신의 경험이라는 구체적 정보를 더욱 신뢰하는 탓이다.

사람들은 사건의 인과적 관계에도 이런 대표성 어림법을 잘 적용한다. 겉으로 나타난 유사성에 의해 인과적 관계를 상정하는 것이다. 작은 원인은 작은 결과를, 큰 원인은 큰 결과를, 원숭이 해에 태어났으면 원숭이의 특징을, 육식을 하면 힘이 생기고, 뱀탕을 먹으면 정력이 좋아진다는 등등의 믿음과 생각이다. 많은 민간 처방이 대표성 어림법에 바탕한다. 이를테면, 서양에서는 뇌전증환자에게 경련을 겪는 것처럼 뛰어다니는 붉은숲 원숭이의 뼈를 갈아서 처방하였다고 한다. 동서양의 민방은 약효를 지닌 모든 자연물들은 그 모양에서 약효가 작용하는 질환의 특징을 담고 있다는 믿음을 공통적으로 갖고 있다. 기가 허한 사람에게 지칠줄 모르고 뛰어다니는 보신탕을 처방하거나, 정력을 강화시키는 데는 교미시간이 길다고 여겨진 물개, 뱀을 고아서 먹는 것들에서 볼 수 있다. 사이비과학 영역의 믿음에도 대표성 어림법이 작용한다. 말띠 여성은 말괄량이 성격을 갖는다거나, 양띠 사람들은 양처럼 순한 성격을 지닌다는 생각이 그 예다.

❖ 가용성 어림법

우리 대학에 남자가 많은가 아니면 여자가 많은가? 해운대로 여행을 가는데 비행기와 기차, 고속버스 등 어느 것을 타는 것이 가장 안전할까? 우리는 답을 하기 위해 학교에서 보이는 남녀의 머릿수를 그려 보거나, 각 교통수단에 의한 시간, 사고 발생 따위를 생각할 것이다. 이런 판단을 할 때에 그 사건, 대상물이 갖는 상대적인 가용성, 즉 지각, 기억, 상상의 과정에서 얼마나 쉽게 처리되는가에 의해 판단하는 것을 가용성 어림법에 의한 판단이라 한다(Tversky & Kahneman, 1973).

사건의 발생 빈도가 높을수록 회상이 용이하다면 가용성 어림법을 사용하는 것

결글 4-11

흥미로운 생활의 어림법들

어림법들은 사람들이 진화의 과정에서 획득하게 된 **직관적 사고**이며, 나름의 적응적인 문제해결 전략이라고 볼 수 있다(Gigerenzer, 2007). 몇 가지 흥미로운 어림법을 살펴보자.

- 재인(recognition) 어림법: 퀴즈쇼에 나간 당신에게 던져진 문제가 "밀워키와 디트로이트 중 인구가 더 많은 도시는?"이라면 당신은 어떻게 답을 하겠는가? 이 문제에 대한 답에서 미국 학생들은 40%만이 정답을 맞혔으나, 독일 학생들은 대부분이 맞혔다. 독일 학생들이 미국 도시에 대하여 더 많이 알기 때문일까? 미국인들이 물론 미국 도시에 대해 잘 알지만, 인구에 대한 것을 모르는 상황에서 자신들의 경험, 지식을 동원하여 답을 한 반면에, 독일 학생들은 거의 들어본 적이 없는 밀워키보다 자동차 산업으로 유명한 디트로이트를 기억하며, 재인 어림법을 사용한 것이다(Gigerenzer, 2007, pp. 18-20). 불확실한 상황에서 사람들은 자기에게 친숙한 것을 선택하는 양상을 보이는 것도 재인 어림법이 작용하는 것이라 보겠다. 이 어림법은 사람들이 갖고 있는 정보들이 많은 경우(미국인)보다 오히려 적은 경우(독일인)가 판단에 유리하게 작용할 수 있음을 시사하고 있어 흥미롭다(Gigerenzer, 2007, pp. 153-158).
- 시선(gaze) 어림법: 날아가는 공을 따라가 잡는 것은 어떻게 하나? 논리적으로는 공의 궤적을 계산하고, 나의 달리는 속도를 그에 맞추어 조절하는 복잡한 수학적 계산에 의해서야 비로소 가능하다. 그러나 누구도 이런 계산을 하는 사람은 없다. 사람들은 공에다 시선을 맞추고 달려가면서 그 시선의 각도가 유지되게끔 달리기를 조정하는 것이다. 각도가 유지되지 못하고 떨어지거나(못 미침) 높아지면(지나침) 공을 놓치게 된다. 이 시선 어림법을 사용하여 공을 잡는 것은 달릴 줄 아는 아이라면 누구나 가능하다.
- 모사(simulation) 어림법: 당신이 "캘리포니아에 사는 사람과 오하이오에 사는 사람들 중 누가 더 행복할 것인가?"라는 질문을 받았다면, 당신은 양쪽 지방의 기후, 편의시설 등을 떠올리며 각 지역에서 마치 생활하는 경우를 모사적으로 느껴 보며 답을 할 것이다. 그래서 대부분의 사람들은 캘리포니아를 선택하지만, 실제 양 지역민의 행복도는 차이가 없다(Gilbert, 2006, pp. 153-154; 국내에서 유사한 연구는 서울과 춘천을 비교함. 12장 참고 바람). 이 어림법은 해당 사건을 경험하는 경우에 느낄 정서를 미리 느껴봄으로써 모사 경험을 한다(Taylor et al., 1994, p. 89). 모사 어림법을 사용하는 경우에 사람들은 그 상황이 벌어질 가능성이 높다고 여기는 경향을 보인다. 케이블 TV 시청권을 판매함에 있어서 케이블 TV 회사에 대한 정보만을 제공한 경우에 비해 케이블 서비스를 받는 것을 상상하도록 한 경우에 사람들이 서비스 무료 사용 기회의 신청이 높고, 궁극적으로 구매를 많이 하는 것으로 나타났다(Gregory et al., 1982; Taylor et al., 1994, p. 90).

이 가장 손쉽고 정확한 답을 가져다줄 것이다. 그러나 실제 빈도 이외에도 얼마나 자주 접하는지, 중요한지, 끔찍한지 등의 요인들이 기억의 가용성에 영향을 미치므로 그릇된 답을 가져오기도 한다. 이를테면, 실업률 추정을 실업자들이 하는 경우와 직장인들이 하는 경우, 지역구에서 여야 당직자들이 자기가 소속한 당 지지도를 추정하는 경우 가용성 어림법에 의존하면 과다한 추정을 하기 쉽다.

〈표 4-3〉 사망의 원인으로 과다/과소하게 추정되는 것들

가장 많이 과다 추정되는 원인들	가장 적게 추정되는 원인들
모든 사고	천연두
교통사고	당뇨
열대 회오리 바람	벼락
홍수	심장발작
모든 암	천식
화재	폐기종
살인	결핵

출처: Gilovich et al., 2011, p. 182(원전은 Slovic et al., 1982).

잊을만 하면 발생하는 비행기 추락 사고 탓에 비행기 여행을 꺼리는 사람이 꽤 많다. 한국교통안전진흥공단의 자료에 의하면 1억 마일 주행당 승객 사망자 수는 승용차 16.16명, 비행기 0.08명으로 비행기 사고를 경험할 가능성은 "네 살 난 아기가 환갑 때까지 계속 비행기를 타고 있을 경우 한 번 사고를 당하는 셈" 에 해당된다고 한다. 따라서 통계상으로는 항공기의 안전도가 가장 높은 것으로 나타났다. 그러나 이러한 통계는 사람들이 느끼는 안전도와는 다르다. Slovic 등(1982)은 사건이 지닌 파국성이 클 경우 그 사건의 발생 가능성도 매우 높게 인식됨을 밝혔다. 자동차 사고는 많이 발생하지만 그 파국성은 비행기 사고에 비해 훨씬 덜하며, 뉴스에서도 경미하게 취급된다. 비행기 사고는 대형사고이고 여러 날 집중적으로 다루어지므로 회상이 쉽기에 더 위험하게 여겨진다. 〈표 4-3〉에는 죽음의 원인으로 과다하게 여겨지는 것들과 과소하게 여겨지는 것들을 보여준다.

생생한 정보의 효과 국내에서도 사법개혁의 일환으로 2008년부터 배심원 제도를 시범적으로 도입하고 있다. 이는 변호사와 검사가 자신들의 주장과 증거를 설득력 있게 제시하고 법에는 문외한인 일반 시민 중에서 선정된 배심원들이 협의를 하여 유죄인지 무죄인지를 판결하는 제도다. 배심원들은 특별한 훈련을 받은 사람이 아니라 평범한 사회인들이므로 판단 시에 어림법을 사용하기가 쉽다. 한 연구(Reyes et al., 1980)에서 참가자들은 음주운전 혐의 사건의 배심원 역할을 맡았다. 기소장에 의하면 피고는 크리스마스 파티가 끝나고 음주운전을 하다가 쓰레기 수거 차량을 들이 받았다는 것이고 사건 발생 당시 알코올 농도 측정이 이루어지지 않아 정황증거로 음주운전 혐의를 받고 있다. 피고 측은 술에 취하지 않았다고 주장했다. 배심원들은 사건개요를 듣고서 검사와 변호사가 자기 주장이 왜 올바른지를 설

자신의 백인 아내를 살해한 혐의로 재판을 받은 미식축구스타 출신의 배우 O. J. 심슨. 재판관은 배심원들이 이 사건과 관련된 방송·언론 보도를 접하지 못하도록 명령을 내렸다(한겨레 21, 1994. 11. 24.). 이는 보도 매체의 생생함에 의해 판단이 영향받는 것을 막기 위함이다.

명하는 아홉 개의 진술문을 받았다. 이들 진술문들은 생생하게 묘사되었거나 아니면 평이한 진술문의 형태로 제시되었다. 이를테면 검사가 제시한 평이한 진술문은 "밖으로 나가는 길에 피고는 상에 걸려 비틀거렸으며 그릇을 하나 바닥에 떨어뜨렸다." 이를 생생하게 제시한 경우는 "바깥으로 나가는 길에, 피고는 상다리에 걸려 비틀거렸으며, 구아카몰(녹색) 소스가 담긴 그릇을 바닥에 떨어뜨려 하얀 카펫이 온통 엉망이 되었다." 변호사가 제시한 평이한 진술문 하나는 "쓰레기 차량의 주인은 자기 차의 색깔이 회색이기 때문에 밤에는 식별하기가 어려움을 인정한다." 이를 생생하게 제시한 진술문은 "쓰레기 차량 주인은 자기 차가 회색빛인데 그 이유는 지저분한 것들을 싣고 다니기 때문이다."라고 말하고 덧붙이기를 "차를 분홍색으로 칠해야 시원하겠소?"라고 했다. 배심원들의 반은 생생한 변호인 측 진술문과 평이한 검사 측 진술문을 받았고, 나머지 반은 생생한 검사 측 진술과 평이한 변호인 측의 진술을 받아 보았다. 18개의 진술문을 모두 읽고 각 배심원들은 피고의 유무죄를 개인적으로 판단(1차)했다. 배심원들은 이틀 후에 다시 소환되었고, 이때 기억나는 대로 진술문들을 쓰도록 하고 다시 한 번 유무죄의 판단(2차)을 하도록 요청받았다. 이때 참가자들은 이전에 자신들이 내린 결정에 좌우되지 않고 판단해도 된다는 지시를 받았다. 일차 판단에는 진술문의 생생함 조작 효과가 나타나지 않았다. 그러나 2차 판단에서는 생생한 진술문 효과가 나타났다. 즉, 어느 쪽 주장이건 생생한 진술문의 형태로 제시된 것이 평이한 형태보다 더 큰 영향력을 보였다. 그 이유는 생생한 정보가 시간이 경과함에 따라 더욱 기억에 남아 있기 쉽고, 인출이 용이하기 때문이다.

❖ 닻 내리기 효과

판단을 할 때 사람들은 자기도 의식하지 못하지만 당시에 가용한 근거를 사용한다. 이 근거가 터무니없다고 해도 판단에 영향을 미친다. 이를테면, 사람들에게 한강의 길이를 짐작해 보라면서 질문을 "한강의 길이가 500리보다 길까요, 짧을까요?"로 하는 것과 "5,000리 보다 길까요, 짧을까요?"로 묻는 것은 상당히 다른 결과를 가져온다. 응답치의 평균이 전자의 질문보다 후자의 질문에서 2배 이상으로 나타났다(Tversky & Kahneman, 1974). 이같이 판단의 출발점을 어디로 잡느냐 하는 것이 큰 영향을 미치는데 이 출발점이 아무런 근거 없이 황당하게 주어진 경우일지라도 그것은 완전히 무시되지 못하고 최종 판단에 영향을 준다. 이처럼 어떤 사항에 대한 판단을 내릴 때 초기에 제시된 기준에 영향을 받아 판단을 내리는 현상을 닻 내리기 효과라고 한다.

이 효과는 우리에게 잘 인식되지 않지만 많은 영역에서 나타난다(곁글 4-12). 자신의 능력에 대하여 갖게 된 첫 단정("나는 수학은 못해!")은 세월이 가면서 바뀔 수 있지만 닻 내리기 효과의 영향을 받고 있으며, 마찬가지로 타인에 대한 인상도 첫 인상에서 완전히 탈피하기는 어렵다. 사회생활에서 많이 쓰이는 닻의 역할을 하는 것이 '자기'이다. 친구가 운동을 잘하느냐의 판단은 일차적으로 판단자 자신에 비추어서 내려지기 쉽다(Markus et al., 1985).

곁글 4-12

닻 내리기 효과의 예와 응용

학생들에게 1×2×3×4×5×6×7×8은 대략 얼마인가라고 물었더니 중간(median) 답이 512로 나왔다. 다른 학생들에게는 8×7×6×5×4×3×2×1이 얼마이냐고 물었더니 중간 답이 2250으로 나왔다. 닻 내리기 효과의 작용이다. 그러나 실제 답은 40,320이다. 어느 답이건 닻의 끄는 힘(낮은 숫자들의 곱셈이 불러오는)에서 벗어나지 못하였다.

판단을 함에 있어서 단서로 제시된 기준(닻)에서 출발하여 조정을 하지만, 닻의 효과는 아무 가치도 없는 값을 닻으로 주어도 나타나고(대학교재들의 평균값이 7천 달러보다 높나 낮나?), 사람들에게 제대로 된 답을 생각하도록 주의를 주거나, 보상을 해 주어도 나타난다. 닻의 값과 닻 없이 하는 일반인의 추측 간의 차이가 클수록 이 효과는 커지는 것으로 나타난다(Quattrone & Tversky, 1984; Plous, 1993, p. 146). 협상가, 정치가, 광고가들은 이 효과를 이용하여 애초에 터무니 없는 주장을 하여 협상에서 유리한 결과를 거둘 수 있게 한다.

요 약

1. 사람들은 일상의 판단과 의사결정 상황에서 효율성을 추구하며, 정보의 과부하를 피하기 위하여 비공식적인 판단방략인 어림법을 사용한다. 어림법의 사용은 인간이 인지적 구두쇠의 특징을 지니고 있음을 보여 준다.
2. 대표성 어림법은 개인 또는 사안의 특성이 집단의 전형적인 특성과 유사한 정도에 의해서 개인의 소속 집단 혹은 사안의 발생 가능성을 판단하는 방략이다.
3. 가용성 어림법은 사안의 판단을 할 때 머릿속에 잘 떠오르는 정보에 의해서 판단을 하는 방략으로, 효율적이나 적절하지 못한 경우가 있다. 외집단에 대한 판단에서는 회상의 용이성이, 내집단에 대한 판단에서는 회상량의 정도가 중요한 영향을 미친다.
4. 닻 내리기 효과는 판단을 하는 경우에 생활의 경험 혹은 주위에 존재하는 근거를 사용하며, 이 근거가 터무니없는 것이라도 판단에 영향을 미치는 현상이다.

일상의 판단에서 작용하는 두 유형의 사고

지금까지 사람들이 생활 속의 판단을 하기 위해 자료를 수집하고 해석하고 결정하는 데서 보이는 여러 가지 현상을 살펴보았다. 이러한 현상들은 비규범적이긴 하지만 잘못된 것이라 볼 수는 없다. 다만 그 사용이 부적합한 상황에서도 자동적으로 쓰이는 탓에 문제가 될 수 있는 것이다. [그림 4-11]은 사회적 추론의 과정과 각 단계에서 잘못이 나타날 수 있는 가능성에 대하여 정리를 해 본 것이다.

Kahneman 교수(2012)는 판단과 의사결정 분야의 연구를 정리하며 두 가지 사고체계 이론을 제시하였다. 사고체계 I은 촉발되는 순간 빠르게, 자동적으로 나타나며, 노력 없이 가동되며, 연상의 원리에 의존하여 작동한다. 이것이 획득되는 데는 오랜 진화의 시간이 걸려 정서가 담겨 있고, 탈학습이나 망각이 어렵다. 반면에, 사고체계 II는 느리게 가동되며, 의식적으로 주의를 기울여 사고 과정을 통제하며, 법칙

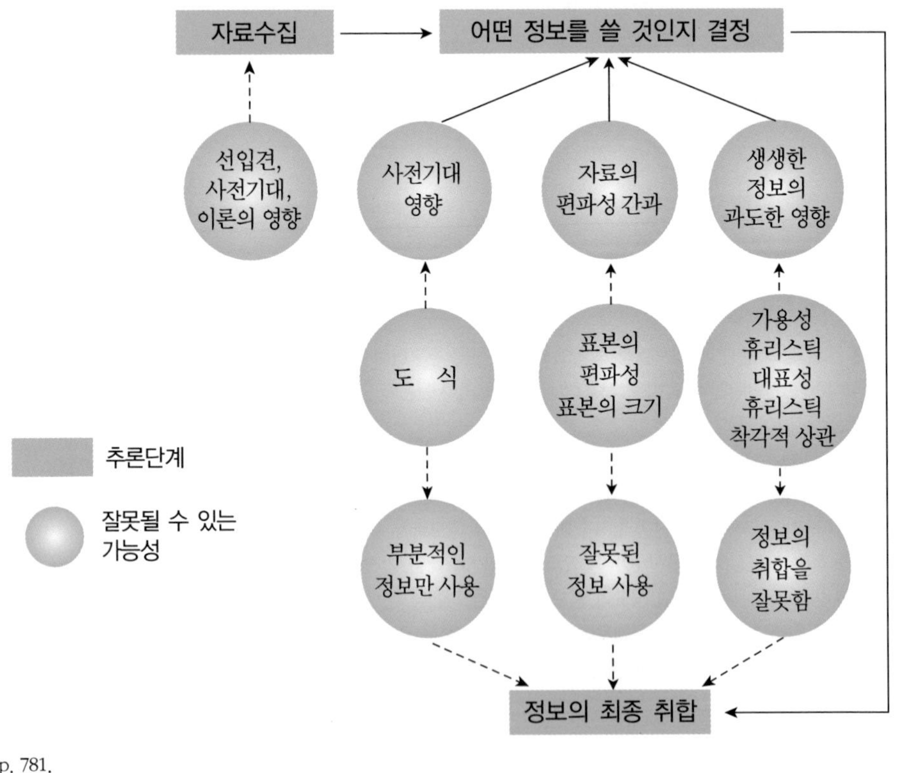

[그림 4-11]
사회적 추론과정
출처: Sears et al., 1991, p. 781.

〈표 4-4〉 판단 시 작용하는 두 가지 사고체계의 특징

체계 I (직관적)	체계 II (논리적)
빠름	느림
자동적	통제됨
노력이 불필요	노력이 필요
연상적	규칙지배적
배우기 더딤	융통성 높음
정서가 실림	중립적

출처: Kahneman, 2004.

에 따라 작동시키는 노력이 필요하다. 일상에서 학습의 과정을 통해 빨리 배울 수 있지만 망각도 용이하며, 변화의 융통성이 많고, 정서가 실리지 않는 중립적인 사고과정이다. 체계 I은 직관적 사고라고 요약될 수 있고, 마치 지각과정처럼 그 실행되는 과정에 대한 의식이 별로 없고, 효율성이 높다. 도식이나 어림법들은 모두 체계 I에서 작동하는 것들이다. 이 체계는 효율성이 높지만 특정의 편파성을 지니고 있어 이의 작용을 체계적으로 예측할 수 있다. 앞에서 다룬 가용성 및 대표성 어림법 등의 사용이 이를 잘 보여 준다. 체계 II는 논리적이며 수학적인 사고라고 요약될 수 있다. 사람들은 일상에서 체계 I에 의존하여 판단하며 살고, 필요한 경우에만 체계 II를 가동시키며 살아간다.

❖ 일상적 추론(체계 I)의 놀랄 만한 적응력

지금까지 논의한 추론의 편향성과 어림법 그리고 일상적 사고양상을 되새기다 보면 당연히 몇 가지 의문이 제기될 수 있다. 첫째는 과연 체계 I의 특징을 비규범적 · 비합리적이라 할 수 있느냐 하는 것이고, 둘째는 일상에서 체계 I을 가동하며 사는 사람들이 어떻게 오늘날과 같은 과학문명의 발달을 달성할 수 있었는가 하는 문제일 것이다(Nisbett & Ross, 1980).

합리성의 문제 이 문제의 답은 쉽지 않다. 사실 규범적 또는 합리적이란 것이 정의하기에 쉬운 문제가 아니기 때문이다. 논리학에서의 합리성은 논리의 구조를 따지기 때문에 서로 모순되지 않으면 합리적이라고 볼 수 있다. 그러나 사회현실을 다루는 사회과학에서 합리적이란 것은 구조에 못지않게 내용이 문제가 되므로 똑같은 구조의 명제라도 적용 상황에 따라 모순이 발생할 수 있다. 예를 들면,

'만약 A 라면, B이다.'라는 명제는 '만약 A가 아니라면, B가 아니다.'라는 명제를 포함하지 못하고 있는 구조다. 그러나 사회생활에서는 '내게 절하면, 천원을 받는다.'라는 명제는 '절을 안 하면, 천 원을 받지 못한다.'라는 명제를 내포하고 있다. 즉, 이행성 법칙(transivity law)이 위배되는데, 이는 내용이 구조를 가리기 때문에 발생할 수 있다(Einhorn & Hogarth, 1981).

또한 합리성의 판단 기준이 무엇이 되어야 하는가도 어려운 문제다. 목적이 주어졌을 때 그 목적을 달성하기 위한 행동의 과정이 합리적인가—즉, 목적을 달성하기에 적합한가?—를 문제 삼자는 주장이 있으며, 목표 그 자체에 의해서 판단되어야 한다는 주장이 있다. 이를테면, 채권자를 죽이는 목적에서 주도면밀하게 완전범죄를 계획한다면 계획이 합리적으로 잘 되었는가를 따질 것이냐, 아니면 살인행위 자체를 불합리한 것으로 볼 것이냐가 논란의 문제가 된다. 이 같은 논의는 사회생활에서의 합리성의 판단은 절대적인 것이 아니라 도구적인 합리성과 목표 설정의 합리성을 모두 고려해야 하며 과제에 대한 행위자의 인식이 중요한 고려대상이 되어야 함을 의미한다(Einhorn & Hogarth, 1981).

사이먼(Herbert Simon, 1916~2001)
미국에서 태어나 시카고 대학교에서 행정학으로 박사학위를 취득(1943)하였으며 카네기멜론 대학교에서 심리학과 인공지능학 및 경제학과 교수로 재직하였다. 불확실한 상황에서 합리적 의사결정은 제한된 합리성으로 정의되어야 하며, 인간은 최대의 행복을 추구하는 최선책을 추구하기보다는 충분히 행복하게 만드는 적당한 방안을 추구한다는 satisficing(satisfy와 sacrifice의 합성어)의 개념을 제시하며, 오늘날의 행동경제학의 형성에 큰 영향을 미쳤고, 인공지능학의 대부로도 여겨진다. 1978년 노벨경제학상을 수상한 첫 심리학자가 되었다.

사회생활에서 접하는 정보들이 논리학에서의 정보들과 달리 불확실하고, 편파적이며, 불완전하므로 규범적 모형의 적용은 애초부터 무리가 될 수 있다. 논리학에서의 합리성이란 판단을 위한 비용이 고려되지 않는다. 정보들을 합리적으로 처리하기 위해서는 많은 시간과 자원을 요하는데 일상의 판단은 주어진 정보, 시간 등 자원이 제한된 상태에서 이루어질 수밖에 없는 제한된 합리성(bounded rationality; Simon, 1972)을 지닌다. 아울러 사회적 판단과제가 그렇게 결정적이거나 돌이킬 수 없는 것이기보다는 판단 후 수정이 가능하기 때문에 결정을 내리기 전에 규범적 모형이 요구하는 대로 철저한 정보수집 및 합리적인 판단을 할 필요가 없는 경우도 많이 있다. 즉, 테니스장에 나가서 새로운 사람을 알게 되었는데 좋은 사람이라는 판단을 내렸다고 하자. 몇 번 더 만나면서 그에 대한 여러 면모를 접하게 됨에 따라 그 판단을 변경할 수 있다. 처음에 내린 판단이 잘못된 것이었다고 했을 때 따르는 손실은 별로 크지 않을 수 있다.

마지막으로, 합리적 모형(체계 II)은 그 주안점을 판단의 정확성에 두고 있는 데 비해 일반인들은 주안점을 효율성에 두고 있다. 자동차 운전을 하면서 거리의 온갖 정보를 논리적으로 분석하여 가속기나 감속기를 밟는 동작을 결정해야 한다면 운전이 불가능할 것이다. 오히려 보행자 도식, 운전자 도식, 거리의 신호도식 등에 의존하여 판단상황을 최소화시킴으로써 가끔씩 돌발적인 사고를 경험하기도 하지만 수많은 차들이 메우고 있는 거리를 매일 운전하며 다니는 것이 가능하다.

과학문명의 전개 문제 체계 I의 사고를 하면서 어떻게 사람들이 오늘날과 같은 과학문명의 꽃을 피워낼 수 있었는가를 생각해 보자. 문명의 발달에 획을 긋는 학문적 발견이나 발명은 그 발단이 어떠했든 간에 그 과정 자체가 직관적인 추론과정에 근거한 것은 아니었다. 과학자들과 철학자들은 논리와 합리성의 추구에 대한 훈련을 받은 사람들이며 이들도 일상의 판단에서는 체계 I에 의존한 오류나 편향성을 보이지만 학문적 업적은 체계 II에 의해 추구하도록 훈련받았고, 많은 동학들에 의해서 오류가 수정되는 절차를 확보하고 있다. 학술지의 심사제도, 선도적인 발견에 대하여 후속되는 연구 및 복제연구들이 그런 역할을 한다.

사람들이 비규범적이며 직관적인 추론을 하는 경우에 그 답은 보다 규범적인 방법을 사용해서 얻어지는 것과 유사할 수도 있다. 이를테면, 탁월한 성적을 보인 선수가 교만해질까 봐 대우를 깎아내리는 감독은 실제로 평균에의 회귀 현상을 이해해서 대우를 덜 해 주는 경우와 같은 행동을 보이는 것이다. 경우에 따라서는 과장된 인식이 오히려 좋을 수도 있다. 이를테면, 타석에 나서는 타수가 자기의 타율이 2할이 못 된다는 것을 알고 나서는 것이 바람직하다고 할 수는 없다. 과학자들이 자기 분야에서 탁월해지는 사람은 1,000명 중 하나라는 것을 알고 연구를 하였다면 아마도 과학의 진보는 더욱 더디었을지 모른다. 또한 체계 II와 비교했을 때 체계 I의 사용이 치르는 대가가 사소한 경우가 많기 때문에 체계 I의 습관적인 사용이 주는 장기간에 걸친 이익은 그 사용이 주는 손실을 충분히 보상할 수도 있다(Nisbett & Ross, 1980).

평균에의 회귀
극단적인 사례나 점수는 전체의 평균치로 돌아가는 경향이 있음을 지칭하는 현상. 매우 큰 키의 부모에게서 나온 아이는 부모만큼 키가 크지 않을 가능성이 높다.

사고체계 I의 진화 이같이 체계 I의 사용이 일상의 사고양상이라는 사실에 주목하여 최근에는 진화심리학적 조명이 활발히 이루어지고 있다(Buss, 1999; Gigerenzer, 2007). 체계 I의 사고는 인지능력의 한계상, 생존에 중요한 것에 주목하고 그렇지 않은 것은 무시하면서 생활하게 된 인류의 적응적 진화 결과라고 보는 것이다. 사람들이 겪고 학습한 모든 것을 기억하고(곁글 4-13), 기억한 것을 합리적으로 계산하여 최선의 판단을 하며 살기에는 환경과 상황이 너무 각박할 수 있다. 우리의 지각체계는 생존의 가능성을 높여 주는 방향으로 프로그램된 탓에 우리에게 익숙한 착시현상을 볼 수 있으며, 말로는 설명할 수 없는 직관 혹은 육감을 갖고 생활한다. 즉, 직관과 어림법으로 특징지을 수 있는 체계 I 사고는 인류가 생활하여 온 환경적 구조와 두뇌의 진화된 능력의 결과라는 것이다(Gigerenza, 2007, p. 69). 한 연구는 사람들이 사회에서 접하는 사건들의 통계와 확률이 진화의 역사에서는 매우 새로운 정보이기에 사람들이 이를 활용하는 사고 II(형식논리, 수학논리)에 매우

진화심리학
어느 사회에서건 관찰되는 보편적인 인간의 행동양상과 심리특성은 자연선택의 진화원리에 따라서 환경에 적응하면서 갖추게 된 것이라는 관점이다. 인간과 동물의 행동이 빈서판에서 출발하여 학습된 것이라는 행동주의, 환경론적 견해와는 대립하는 시각으로 1990년대 부상한 영역이다. 사회심리학에서 서로 무관하게 다루어지던 여러 현상들을 통합적으로 이해하는 관점을 제공하는 측면 때문에 사회심리학자들도 이 관점을 취한 연구에 관여하고 있다. 예를 들어, 배우자 선택의 남녀 취향, 질투의 대상, 성행위의 차이와 같이 관련되어 있는 현상들은 물론, 이타적 행위, 살인의 분석, 협동 행위의 분석에 진화심리학의 시각이 공통적으로 적용될 수 있다. 이 분야의 발전을 흥미롭게 맛볼 수 있는 대중서가 많이 나와 있으며, 대표적인 저술로 번역된 것은 텍사스 대학교의 D. Buss가 쓴 『욕망의 진화』 『이웃집 살인자』 『마음의 기원: 진화심리학』을 들 수 있다.

결글 4-13 **망각을 못하는 남자: 축복인가 저주인가?**

인간은 망각의 동물이다. 중요한 일이나 약속을 망각하는 일이 없도록 메모를 하지만 때로는 그 메모장을 못 찾아 실수를 한다. 그래서 기억을 돕기 위한 기억술이나 도구들이 연구되고 있다. 아주 희귀한 사례지만 러시아의 세레세프스키는 자신에게 벌어진 일을 모두 세밀하게 기억하고, 망각할 수 없었다. 인지신경심리학 분야를 개척한 러시아의 Luria(1968)는 그의 사례연구를 통해서 기억의 중요한 특성을 밝히고 있다. 보통 사람들이 단어와 숫자로 구성된 문장을 제시하고 외우도록 하면 5~9개를 암기해 내지만, 세레세프스키는 30, 50, 70개의 단어와 숫자를 기억해 내며, 루리아와 처음 만났을 때 받은 질문들을 10여 년이 지나서도 그대로 기억해 냈다. 그는 어린 시절에 겪은 일 때문에 이를 회상할 때마다 극심한 불안과 분노를 보였다. 그는 "사람의 얼굴은 계속 변하게 마련이다. 얼굴의 미묘한 차이가 나를 혼란스럽게 해서 얼굴을 기억하는 데 애를 먹는다"라고 말했다. 그는 이야기를 읽으면서 단어 하나하나를 정확히 암기할 수 있지만 읽은 이야기를 요약하는 것을 힘들어했으며, 은유나 시, 동의어, 동음이의어 같은 것들을 이해하지 못했다. 보통 사람들이 망각하는 세밀한 정보로 머리를 가득 채우는 탓에 요점, 의미의 파악, 추상화하는 것을 어려워했다. 완벽한 기억이 필요한 사회는 불확실성이 없어 융통성이 필요 없는 사회일 것이다(Gigerenzer, 2007). 그러나 불확실성이 크며, 추상화와 적용이 필요한 사회에서 망각은 장애가 아니라 축복일 가능성이 크다.

서툴 것이라는 가설을 갖고, 같은 문제를 확률로 제시한 경우와 빈도로 제시한 경우(〈표 4-5〉)에 정답률을 비교하였다. 빈도로 제시한 경우에 훨씬 높은 정답률을 보였다(Cosmides & Tooby, 1996: Buss, 1999에서 재인용).

생존 혹은 승패 여부가 달려 있는 긴박한 상황에서는 직관에 의존하지 않는 체계 II의 합리적 사고가 개입하면 오히려 방해가 될 수 있다. 이를 보여 준 한 연구(Beilock et al., 2004)에서, 프로골퍼와 초보골퍼를 대상으로 퍼팅하는 시간을 3초 이내 혹은 원하는 만큼 사용하도록 하였다. 초보자는 시간이 촉박할 때 성공률이 낮았지만, 프로골퍼의 경우에는 반대로 시간이 많을 경우에 성공률이 낮았다. 골프 스윙에 신경을 집중하는 조건과 주위를 분산시키는 산만한 조건에서 스윙을 하도록 하였을 때, 프로골퍼의 경우에 산만한 조건에서, 초보자의 경우에 집중하는 조건에서 스윙이 잘 되었다. 이런 결과는 숙련된 활동의 경우에 무의식 수준에서 자동적으로 이루어지며, 이를 의식수준에서 수행하면 오히려 지장이 초래됨을 보인다.

이러한 논리가 직관적 추론(체계 I)이 지닌 현실 적응력을 옹호하지만, 부적절한 상황에서 나타나는 직관적 추론의 오류 가능성을 이해하고, 판단상황에서 이들이 작용하지 않도록 하거나, 체계 II의 방식을 보다 능숙하게 활용할 수 있도록 하는 것이 바람직하다고 보겠다(곁글 4-14). 체계 II의 방식은 다양한 해결책의 가능성을 조망하게 해 주는 이점을 지니고 있기 때문이다(Mata et al., 2013).

〈표 4-5〉 문제의 제시 형태에 따른 정답률의 차이

확률문제: 발병률이 1/1000인 질병에 대한 진단검사를 하면 해당 질병이 없는 사람도 5% 양성으로 나타난다. 질병에 걸린 사람은 그 검사에서 100% 양성으로 나타난다. 갑에 대하여 아는 바가 전혀 없을 때 갑의 검사결과가 양성으로 나타났다면, 갑이 그 질병에 감염되었을 가능성은 얼마인가?	빈도문제: 1,000명에 1명꼴로 발생하는 질병이 있다. 질병에 걸린 사람은 그 검사에서 누구나 양성으로 나타나지만, 안 걸린 사람도 1,000명에 50명꼴로는 양성반응이 나타난다. 1,000명의 무작위로 뽑은 사람들 집단에서 그 검사에 양성반응을 보인 사람들이 질병에 감염되어 있을 사람의 수는 몇 명인가?	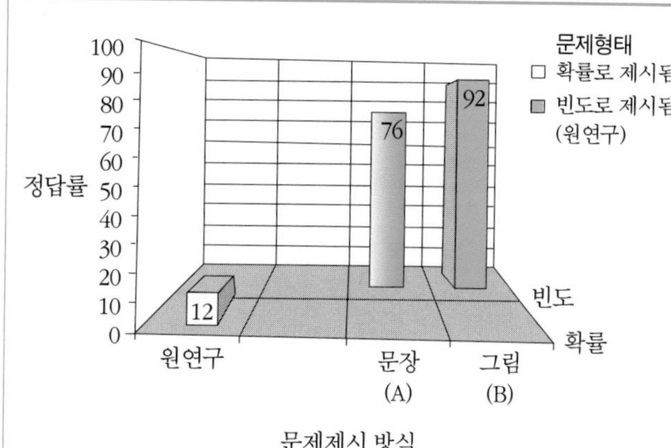 문제제시 형태(확률/빈도/숫자/문장/그림)에 따라 차이나는 정답률: 숫자·확률 형태에서 정답률이 가장 낮고, 확률을 빈도로 바꾸어 문장으로 제시한 경우(A)와 그림으로 제시한 경우(B), B에서 가장 정답률이 높았다(Cosmides & Tooby, 1996).
12%의 하버드 의대 전문가들이 정답 맞힘	76%의 스탠퍼드 대학생들이 정답 맞힘	정답은 2%

❖ 추론능력의 향상: 체계 I의 오류 줄이기

『뉴욕타임스』는 고등학교에서 라틴어와 그리스어를 배운 학생들의 어학 수능고사 점수가 100점 이상 높게 나오자, 모든 고등학교에서 학생들의 지능향상을 위해서 라틴어와 그리스어를 가르쳐야 한다고 하였다(Lehman et al., 1988). 논리학과 미적분의 고등수학을 배우면 사람들이 생활에서 봉착하는 여러 가지 판단과제를 제대로 수행할 수 있을까?

사람들은 논리학이 제시하는 추상적인 문제에 대한 답을 매우 어려워하지만, 그 문제가 일상의 맥락에서 나타나면 손쉽게 해결한다(Cosmides & Tooby, 1997). 예를 들어, 앞면에 알파벳이, 뒷면에 숫자가 쓰인 카드가 오른쪽처럼 4장 놓여 있다고 하자(WASON 과제). '앞면에 모음이 있으면 뒷면에 짝수가 쓰여 있다.'는 법칙을 확인하기 위하여 '두 개의 카드를 들춘다면 어느 것을 들출 것인가?' 이 문제는 사람들이 어려워하지만, '액면가 10만 원이 넘는 수표에는 이서가 되어 있다.'는 규칙을 확인하기 위하여 '사람들은 10만 원 이상 수표를 점검하는 것을 당연하게 여긴다.' 두 문제는 형식논리상으로는 똑같은 구조의 문제다. 이러한 차이를 보이는 이유는

WASON 과제

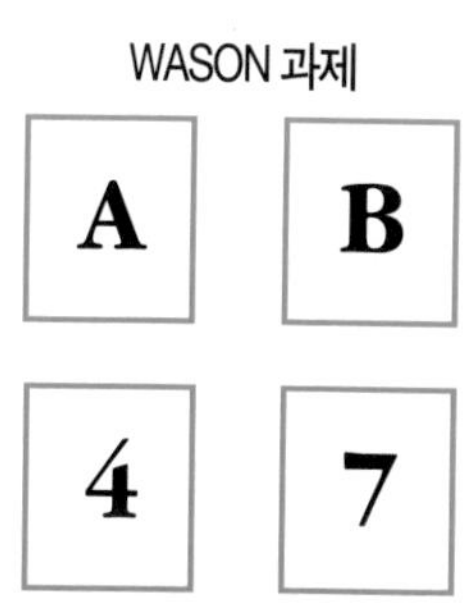

〈답은 뒷면에〉

사람들이 논리적으로 문제를 접근하는 것이 아니라, 실용적인 추론도식을 써서 접근하기 때문이다(Nisbett & Ross, 1980). 미시간 대학교(연구 1 & 2)와 UCLA(연구 3)의 대학원에 다니는 의대생, 심리학과생, 법대생 등을 대상으로 생활에서 접할 수 있는 문제들을 제시하고 답을 받아 전공별로 비교하고, 2년 후에 유사한 과제(예: 메이저리그 시작 두 주가 지나서 타자의 타율이 보도되었는데, 가장 잘 치는 사람은 4할 5푼 대로 나왔다. 메이저리그 사상 그 누구도 4할 5푼의 타율을 넘지 못하였다. 이 현상을 설명해 보시오)를 제시한 연구(Lehman et al., 1988)는 흥미로운 결과를 보여 준다. 확률과 통계를 중시하는 의학과 심리학(특히 사회과학적 분야) 전공생들의 성적이 2년 동안 눈에 띄게 증가한 반면, 화학이나 법학 전공생 및 자연과학적 심리학 분야의 경우에는 2년 사이에 별 변화가 없는 것으로 나타났다. 이러한 차이는 확률적 사고가 그 분야에서 얼마나 필요하며 관련된 교과목을 듣느냐 하는 것이 추론의 능력 향상에 도움이 됨을 보인 것이다. 실제로 형식논리학을 배우더라도 실생활에서 통계적 사고를 하는 능력이 향상된다는 증거는 적다. 인간의 추론능력 향상을 위한 교육의 효과가 가능하지만, 그 접근은 형식논리적으로 할 것이 아니라 생활에서 활용되는 도식이나 빈도(확률이 아닌; Sedlmeier & Gigerenzer, 2001)를 위주로 해야 할 필요성을 제시하고 있다.

WASON 과제의 답
정답은 A와 7이다. 많은 사람들은 A와 4를 답이라 여긴다. 그러나 4의 뒷면에 자음이 나온다고 해서 법칙인 '앞면에 모음이 있으면 뒷면에 짝수가 쓰여 있다.'를 위배한 것은 아니다(Wason & Johnson-Laird, 1972).

곁글 4-14

빠르고 간단한 어림법: 심장질환의 예측력 향상

마라톤 돌연사는 대부분 순환기 계통의 문제이며, 이런 급성질환의 치료는 분초를 다투는 일이다. 한국인의 사망원인 3위는 심장질환으로 나타나고 있으며, 전 세계적으로도 심장질환은 주요 사망원인이다. 심장부위의 통증으로 병원에 오는 사람들을 접하는 미국 의사들은 환자의 90%를 집중치료실로 보낸다. 일반 병실로 보냈다가 죽는 경우에 의료사고로 고소를 당할 가능성 때문이다. 그러나 집중치료실(중환자실) 입원은 다른 병원균의 감염 가능성을 높이며 해마다 미국에서 병원감염으로 죽는 사람이 2만 명이 넘는 것으로 알려졌다(Gigerenzer, 2007, p. 213). 문제를 해결하기 위해 연구 팀은 진단에 영향을 주는 요인 50가지를 파악하여 심장질환 진단 차트를 만들었다. 이 차트를 갖고 각 환자의 병력과 증상 상태를 파악하여 수식에 대입하여 계산한 결과로 집중치료실 입실 여부를 판단하는 것이다. 이 방식을 이용해 보니 진단의 정확성이 크게 향상되었지만 실제 임상현장에서 의사들은 이 차트를 거의 사용하지 않았다. 의사들은 진단 차트를 사용하기에는 수식을 이해하지도 못했고, 대입하고, 계산하는 것도 서툴렀기에 자신의 직관에 많이 의존하지만 이를 드러내지 않을 뿐이었다.

연구자(Green & Mehr, 1997)는 의사들의 직관을 이용하여 [그림 4-12]에서 볼 수 있듯이 세 가지 내용을 순차적으로 파악하여 집중치료실 입실 여부를 진단하는 빠르고 간단한 결정공식을 만들었다. 이 방식을 이용하여 미시간 주의 병원에서 그 정확도를 파악하여 다른 방식과 비교한 결과가 [그림 4-13]에 나와 있다. Y축은 정확한 진단을 한 비율이고, X축은 오진을 할 비율이다. 대각선에서 좌삼각 영역에 표시되면 확률보다 높은 성과를 의미한다. 이 공식이 나오기 전

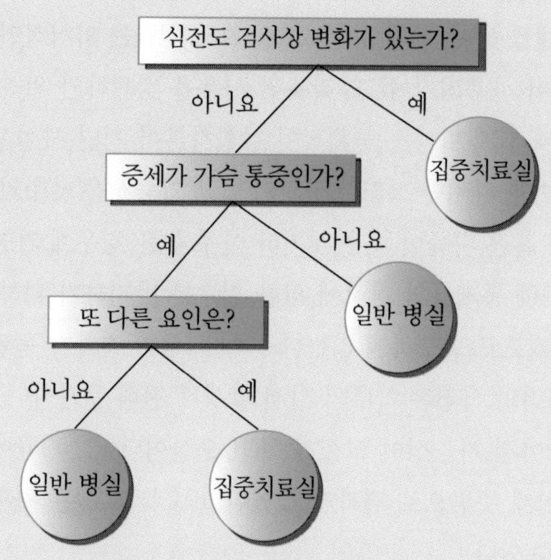

[그림 4-12] 집중치료실 배정을 위한 빠르고 간단한 의사 결정 나무 방식

출처: Green & Mehr, 1997.

에 의사들은 90%의 환자를 집중치료실로 보냈다. 심장질환 진단 차트의 성과는 사각형으로 표시되었으며, 여러 개의 사각형이 나타나는 이유는 차트를 이용하면서도 다른 여러 가지 방책이 사용되었기 때문이다. 그럼에도 차트를 사용하면 성과는 높은 것으로 나타났다. 가장 좋은 성과는 **빠르고 간단한 어림법**으로 나타났다(Gigerenzer, 2007, pp. 212-223). 진단 차트를 이용한 방식이 의사들에게 제대로 쓰인다면 성과가 더 좋아질 가능성을 완전히 부인하기는 어렵다. 그러나 불확실한 상황에서 수많은 정보를 구하고 이를 오류 없이 이용하여 계산을 뽑아내는 것은 인간의 방식과는 거리가 멀다. 직관에 부합하는 간단한 규칙으로도 그에 버금가는 성과를 거둘 수 있다는 것은 매우 의미 있는 발견이다.

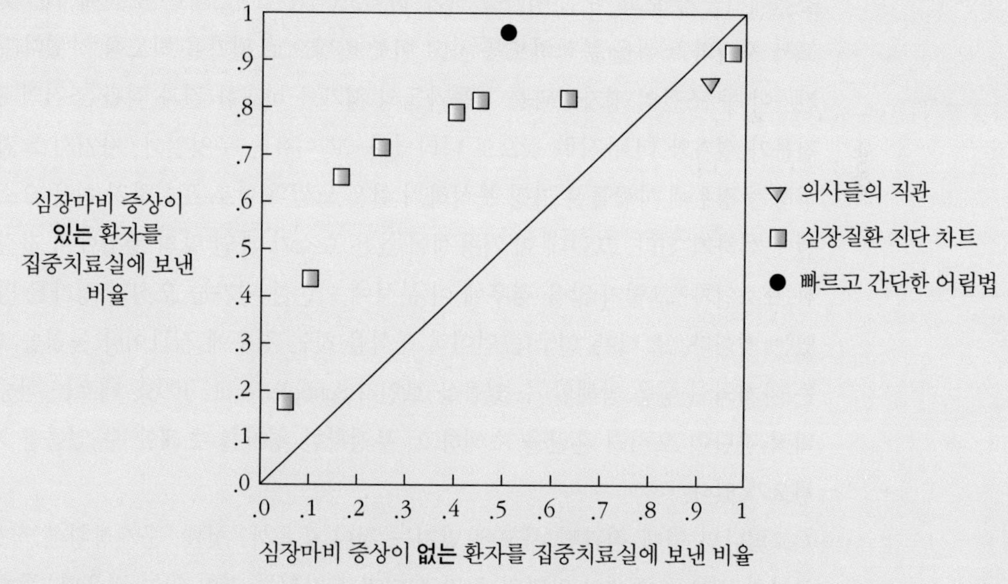

[그림 4-13] 심장질환을 가장 잘 예측한 방법은?

출처: Gigerenze, 2007, p. 219.

두 사고체계의 균형 잡기 체계 I에 의한 판단이 오류를 유도할 가능성이 있는 상황의 특성을 파악하고 경계를 하며, 체계 II의 사고를 하고자 하는 의식적인 노력이 필요하다. 대표성 어림법이 사용되기 쉽고, 잘못된 사용을 경계하기 위하여, ① 매우 구체적 상황각본에 현혹되지 말자—구체적인 상황각본이 지닌 사실성이 그 상황을 대표하는 것처럼 느끼게 하지만 그러한 상황의 발생 가능성을 낮추기 때문이다. ② 사건의 발생 가능성 혹은 확률이 매우 낮거나 아주 높은 경우에 가능하다면 기저율을 생각해 보자. 또한 통제감의 착각에 의한 실수를 방지하기 위하여, ① 우연적인 사건이 서로 상쇄적으로 발생하지 않는다—매 시행의 결과가 독립적이라면(아이의 성별, 복권 등) 이전의 사건은 차후의 사건 발생과 전혀 무관하다. 지금까지 운이 나빴으니 운이 좋아질 가능성이 크겠지 하면 오산이다. ② 평균에의 회귀 가능성을 염두에 두자. 어제 뜻밖으로 결과가 좋았다고 오늘도 좋은 결과가 나오리라 여기는 것은 잘못일 수 있다.

한편, 체계 II의 합리적인 방식에 의존하는 것이 늘 바람직한 결과를 가져오는 것도 아니다. 한 연구(Wilson & Schooler, 1991)는 논리적 사고의 맹점을 잘 보여 주고 있다. 대학생들에게 여러 회사의 딸기잼을 맛보게 하고서 평가를 하게 하였다. 한 조건에서는 맛보고 바로 평가를 하게 하였고(직관 조건), 다른 조건에서는 맛을 보고서 자기의 느낌을 분석하도록 하고 이를 바탕으로 평가를 하도록 하였다(논리 조건). 이 두 조건의 평가결과를 전문가들의 평가와 비교한 결과 직관 조건의 평가가 전문가 평가와 더 유사한 것으로 나타났다. 그 이유는 무엇일까? 자기의 느낌을 분석하는 경우에 사람들은 가장 분석하기 쉬운 느낌과 말로 표현하기 쉬운 요소를 우선 분석하게 된다. 그런데 이 가용성이 높은 요소가 과연 맛의 결정에서 가장 중요한 요소인가? 그렇지 않을 경우에 이 분석에 의존한 평가는 오히려 평가를 망칠 수 있는 것이다. 또 다른 연구는 언어적 분석을 하는 경우에 직관이나 통찰을 요구하는 과제의 수행을 방해할 수 있음을 보인다(Schooler et al., 1993). 때로는 신중한 논리적 판단이 오히려 혼란을 초래하고, 부정확한 평가를 초래할 수 있음을 기억할 필요가 있다.

그렇다면 언제 직관적 사고에 맡기는 것이 좋을까? 첫째, 문제상황에 작용하는 복잡한 정보들 중에서 판단의 준거로 먼저 부각되는 것이 있는 경우다. 특히 설명하기는 어렵지만 어떤 감이 느껴지거나 재인 어림법을 사용할 수 있는 경우들이다. 둘째, 문제에 대한 기본 규칙이 정의되어 있는 경우다. 비록 왜 그 규칙인지를 충분히 설명하지 못하는 경우라도 그 규칙의 논리성을 따지기보다는 규칙을 수용하는 것이 좋다. 셋째, 행동을 유발하기에 충분한 정서와 동기를 수반하는 경우다. 자신의 선호가 분명히 느껴진다면 느낌을 설명하기보다는 직관에 의한 판단을 해 보는 것도 진화과정의 지혜를 이용하는 것일 수 있다(Gigerenzer, 2007).

요 약

1. Kahneman 교수는 일상의 판단을 하는 사고과정을 체계 I과 체계 II로 정리한다. 체계 I은 직관적 사고로 자동적이며, 빠르고, 노력이 필요 없는, 연상의 원리를 따르는 사고양상이며, 체계 II는 의도적으로 통제되며, 느리고, 융통성이 크며, 법칙을 따르는 합리적인 사고다. 사람들은 일상에서 체계 I을 구동시키며 판단을 하고, 간혹 체계 II의 양상을 작동시킨다.
2. 어림법과 직관적 사고가 비합리적이라고 해도 많이 쓰이는 것은 그들이 지닌 적응력이 있기 때문이다. 생활에서의 합리성은 순수 합리성과는 다른 차원을 지니고 있다. 판단의 구조보다 내용이 중요하게 작용하며, 도구적인 합리성과 목표설정의 합리성을 모두 포함하므로, 판단자의 과제 인식이 합리성 판단에 중요하다.
3. 일상생활에서 어림법 등을 이용한 사고가 유용하기는 하여도 과학의 발전은 순수논리적 사고에 의해서 가능하며, 집합적인 활동으로 합리적 사고를 권장해 주는 사회체제를 갖추고 있어 개인들의 어림법과 직관적 사고에 의한 폐단은 제한적으로 유지된다.
4. 추론능력의 향상을 위해서 논리적 사고의 훈련을 공식적으로 받는 것이 별 도움이 안 된다. 실용도식을 위주로, 즉 사람들의 일상적 판단이 이루어지는 틀 속에서 접근하는 것이 중요하다.

제 5 장 태도와 태도변화

태도는 사회심리학에서 일찍부터 중요한 관심주제로 다루어져 왔다. 그 이유는 태도가 행동에 영향을 미치는 중요한 심리 변인이며, 행동을 예측하거나 변화시키려고 할 때 가장 많이 거론되는 것이기 때문이다. 예를 들어, 당신이 사귀는 이성친구와 결혼을 하려고 부모의 허락을 얻으려 할 때 이성친구에 대한 부모의 태도를 호의적인 것으로 만들려고 노력할 것이다. 상품개발을 하는 사람들은 신상품이 소비자들에게 호의적인 태도를 불러일으키려고 디자인에 많은 신경을 쓴다. 태도는 어떻게 형성되며 행동과는 어떠한 관련성이 있는지, 그리고 어떻게 변화되는지에 대한 이해를 도모해 보자.

태도란 무엇인가

고든 올포트(Gordon W. Allport, 1897~1967) 친형인 플로이드 올포트의 권유로 진학한 하버드 대학교에서 맥두걸의 지도로 박사학위를 취득하였으며 성격심리학자로 명성을 지녔으나, 루머와 편견, 태도와 같은 사회심리학의 주제도 관심 있게 탐구하였다. 1954년에 출판한 『편견의 본질』은 오늘날도 인용되는 고전으로 인정된다(Jahoda, 2007, pp. 188-190).

태도는 사람들이 대상에 대하여 지니고 있는 마음의 지향이라고 볼 수 있다. 태도는 대상이 매우 구체적이란 점에서 추상적인 가치와는 구별된다(곁글 5-1). 태도의 정의는 다양하지만 사회심리학자들에 의해 가장 널리 수용되는 정의는 사회심리학 편람 초판(Murchison, 1935)에서 G. Allport가 제시한 것이다. 그에 따르면 "태도란 태도대상과 상황에 관련된 소지자의 반응에 직접적이거나 역동적인 영향력을 주는 심적이고 생리적인 준비상태로서 경험을 통해 형성된 것이다"(p. 810).

고대 그리스 시대부터 인간의 마음을 지(知) · 정(情) · 의(意)의 3요소로 분석해

서울주재 일본대사관 정문 건너편에 놓인 소녀상

오던 전통에 맞추어, 태도는 인지요소, 평가요소, 행동요소의 세 가지로 구성되어 있다고 보는 견해가 지배적이다(Olson & Zanna, 1993). 2015년이 저물어가던 때 종군 위안부 문제로 껄끄럽던 한일 외교관계에 변화가 올만한 사건이 발생했다. 일본 대사관 앞에 설치된 소녀상을 철거하는 조건으로 일본 정부가 종군 위안부 문제를 사과하며 10억 엔을 이들 여성을 위한 기금으로 내놓기로 불가역적인 합의가 양국 외교부 장관 사이에 이루어졌다는 발표가 나왔다. 양국민의 이 협의에 대한 반응에서 일본인은 만족해 하지만, 한국인은 잘못된 합의라는 태도가 지배적이라고 보도되고 있다. 이웃해 있으면서 호오의 감정이 복합적으로 뒤섞인 일본에 대한 태도를 예로 들어 태도의 3요소를 살펴보도록 하자.

샬롬 슈와르츠(Shalom Schwartz, 1940~)
미국 미시간 대학교에서 사회심리학 박사학위를 취득(1967)하고 이스라엘 헤브류 대학교에서 활동하였다. 국제문화비교심리학회 회장을 역임하였으며 가치이론을 구축하고, 문화비교적 연구를 활발히 진행시켜 왔다.

인지요소(知에 해당)는 태도대상에 대하여 소지자가 갖고 있는 모든 상념과 지식 등을 말한다. 일본은 이웃한 나라로서 중요한 교역의 상대이고, 강대국인지라 우리가 알고 있는 정보는 많다. 인구, 면적, 지진과 화산, 임진왜란, 일제강점기, 종군 위안부, 경제대국, 국민성, 2002 월드컵 공동개최, 후쿠시마 핵발전소 사건 등등. 태도의 인지요소가 갖는 특징은 그 복잡성과 수시로 변하는 변화성에 있다([그림 5-1]).

평가요소 또는 정서요소(情에 해당)는 태도대상에 대하여 지닌 좋냐 나쁘냐의 정서적 평가를 말한다. 이것은 태도대상에 대한 인지요소 각기의 평가([그림 5-1]에 +, -로 표시됨)의 종합적인 면이기도 하다. 인지요소가 복잡성을 특성으로 한다면, 그에 반해서 평가요소는 단순성을 특징으로 한다. 태도대상에 대하여 알고 있는 인지요소는 좋은 면과 나쁜 면을 모두 포함하고 있지만 그 복잡성에도 불구하고 사람들이 느끼는 호오의 감정은 한마디로 표현될 수 있다. 아울러 평가요소는 오래 간다는

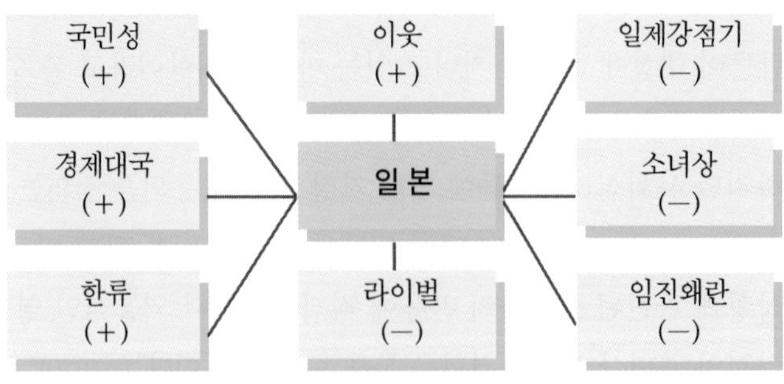

[그림 5-1]
일본에 대한 태도의 요소들

곁글 5-1 가치, 태도와 행동

사람들이 지닌 태도는 대상이 구체적인 반면에 가치는 보다 추상적이다. 대상을 구체적으로 그려볼 수 있다면 태도로, 구체적으로 형상화가 어려운 추상적인 것이라면 가치의 영역으로 구분할 수 있겠다. 즉, 가치는 무형의 추상적인 덕목(자유, 민주, 평등, 자율 등)에 대하여 자신이 옹호하거나 믿거나 혹은 배척하는 것으로, 삶의 과정에서 선택과 판단의 지침을 제공하는 기능을 한다. 오랫동안 사람들이 지닌 가치의 체계를 연구한 이스라엘의 Schwartz(1992, 1996)는 20개국의 초·중등 교사를 대상으로 56가지의 다양한 가치를 제시하고 각 가치를 자신의 삶에서 얼마나 중요한 지침으로 여기는지를 물어 분석하였다. 이들 56가지 가치를 분류하여 10개의 가치범주로 묶고, 이들 범주 간의 유사성을 분석하여 가치의 구조와 체계를 설명한 **가치의 바퀴론**을 제시하였다. [그림 5-2]에서 보듯이 서로 인접한 가치는 유사성이 높은 것이어서 한 사람이 인접하는 가치들을 같이 포용할 수 있으나, 서로 마주보고 있는 가치는 반대적인 것이어서 같이 포용하기는 어렵다. 예를 들어, 자기지향은 보편주의 및 자극(추구)과 인접해 있어 같이 포용될 수 있지만, 반대편에 있는 안전, 권력, 동조와는 대조되는 가치로 같이 가기는 어렵다. Schwartz는 이런 가치구조가 모든 나라에서 공통적으로 나타나기 때문에 보편적인 가치체계라고 주장한다. 이들 10개의 가치범주는 2개의 축을 이용하여 4개의 가치군으로 구분할 수 있다. 한 축은 자기만족-자기초월이며, 다른 축은 보수(전통 유지)-개방(변화 수용)이다.

비록 이런 가치구조가 많은 나라에서 공통적으로 나타난다고 해서 모든 나라가 똑같은 가치구조와 중요성을 지니고 있다고 볼 수는 없다. 문화권마다 각 가치의 의미와 근거가 다를 수 있기 때문이다(김연신, 최한나, 2009; 김철민, 1999; 조남국, 1994). 예를 든다면, 남을 돕는 행위는 집단주의 문화권에서는 사회적 책임 및 전통에 터하지만, 개인주의 문화권에서는 자신의 자유, 선택에 터하는 것을 들 수 있다.

가치는 추상적이고 일반적이어서 구체적인 행동이나 태도와는 괴리가 있겠지만 행동에 대한 포괄적인 지침을 제공하므로 가치에 바탕한 행동의 경향성을 예측할 수도 있다. 가치연구의 선구자였던 Rokeach(1968)는 평등가치를 중요하게 여기는 백인 대학생들이 흑인과 대화할 때 눈을 자주 마주쳤으며, 소수자 권리를 촉구하는 시민운동에 자주 참여하는 것을 발견하여, 가치와 사회적 행동의 관련성을 보였다. 보다 최근의 한 연구는 권력(타인 지배)에 대한 가치를 낮게 두는 사람들은 똑같은 맛의 소시지라고 해도 콩고기로 만든 소시지를 고기로 만든 소시지보다 맛있다고 여기는 양상을 보였다. 그러나 쾌락에 대한 가치를 높게 두는 사람들은 같은 맛의 콜라라고 하더라도 잘 알려진 상표의 것을 더 맛있다고 여기는 양상을 보였다(Allen et al., 2008; [그림 5-3]). 이런 양상은 자신이 지닌 가치와 부합하는 음식을 사람들은 선호하는 것을 보이지만 사람들이 이런 가치의 영향을 인식하는 것 같지는 않다.

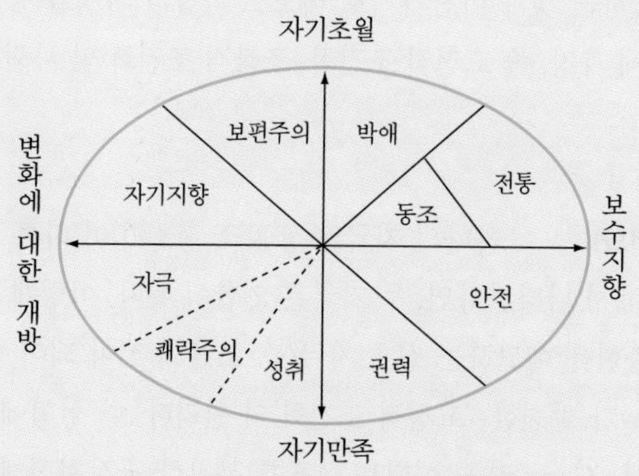

[그림 5-2] Schwartz의 이론에서 제시된 가치영역의 구조

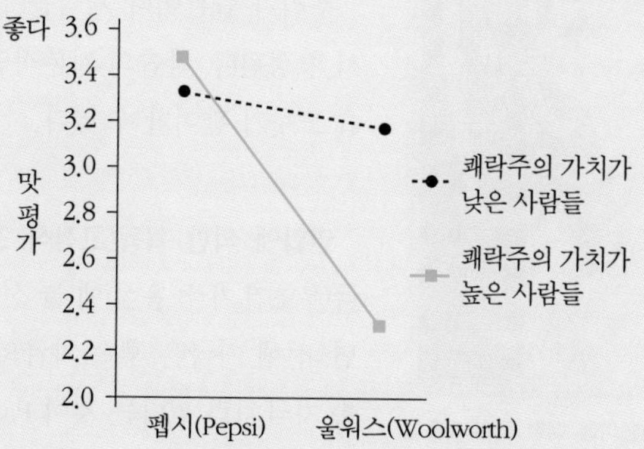

[그림 5-3] 쾌락가치 추구 경향에 따른 콜라 맛의 평가 차이

출처: Allen et al., 2008.

특징을 갖는다. 인지요소가 망각된 후에도 평가요소는 지속되며(Anderson & Hubert, 1963), 행동에 지속적인 영향력을 발휘한다. 평가요소는 틀로서 작용하여 태도대상에 대한 정보의 인식과 해석에 전반적인 영향을 준다.

마지막으로 행동요소(意에 해당)는 태도대상과 관련하여 호의적 또는 혐오적으로 취하는 행동, 의향의 면을 말한다. 일본을 방문한다거나, 친일 혹은 반일 시위에 동참하는 등의 행동적인 측면이다. 흔히 태도가 행동을 결정하는 것으로 여기는데 행동을 결정하는 요인은 여럿이며 태도는 그중의 하나일 뿐이다. 따라서 종종 우리는 태도가 행동에 대한 예측력이 적거나 없음을 경험한다. 흡연이 좋은 예다. 누구나 흡연에 대하여 건강을 해치는 행위라는 것을 인정한다. 그런데도 많은 사람들이 담배를 피우며 흡연을 합리화한다. 태도와 행동의 관계에 대해서는 후에 좀 더 상세히 다룰 것이다.

태도의 형성과 측정

당신은 일본에 대하여 어떠한 태도를 지니고 있는가? 왜 그러한 태도를 지니게 되었는가? 1970년대 한국의 대학생들이 일본에 대하여 지니고 있던 태도가 부정적이었던 것에 비하여 2000년대의 대학생들은 어떠한가? 태도가 획득되고 변화되는 심리적 과정은 다양하다. 태도는 주로 학습경험과 심리적인 동학 그리고 손익계산에 의해서 획득되고 변화된다.

❖ 학습에 의한 태도 형성

김연아에 대한 국민적 호감이 에어컨과 연상되기를 노리는 광고

우리가 습관이나 지식을 습득하는 것과 마찬가지로 태도도 학습의 과정을 통해서 형성된다. 학습의 기본적인 세 과정, 즉 고전적 조건화, 조작적 조건화 및 사회학습 모두가 관여할 수 있다.

연합에 의한 획득(고전적 조건화) 하나의 자극(중성 자극: 종소리)이 다른 자극(무조건 자극: 음식)에 늘 선행해서 나타난다면, 두 자극은 연합이 된다. 이렇게 되면, 선행 자극은 후속 자극의 출현을 예고하는 신호 자극(즉, 조건 자극)이 되어, 후속 자극처럼 된다는 것이 Pavlov가 발견한 '고전적 조건화'의 원리다. 한 실험에서는 대학생들에게 교실 장면에서 'Garra'라는 실험용 상표를 부착한 구강청정제를 사람들이 좋아하는 사진(자연풍경-설산, 열대바다, 판다곰)과 같이 연합시켜 4초씩 여섯 번을 제시하고, 이 상품에 대하여 갖게 된 태도를 실험 직후, 1주 후 및 3주 후에 측정하여, 통제 조건(같은 제품의 사진이 중성적인 사진들과 연합되어 제시됨)의 사람들이 해당 제품에 대하여 갖게 된 태도와 비교한 결과, 호의적인 태도는 3주 후까지 지속되어 나타났다(Grossman & Till, 1998). 화장품 광고에 미녀를 등장시키고, 음료수 광고에 인기연예인을 내세우는 것은 이 학습원리에 의해 자사의 상품과 인기인을 연상시켜 상품에 대한 태도를 좋게 형성하려는 것이다.

강화에 의한 획득(조작적 조건화) 비싼 고기를 먹을 때마다 좋은 맛을 느낀 사람들은 같은 고기라 해도 비싼 고기에 대하여 호의적인 태도를 지니게 된다. 마찬가지로 굴을 먹을 때마다 역겨움을 느낀다면 굴에 대하여 부정적인 태도를 지니기 쉽다. 이는 행동에 대한 강화와 처벌의 '조작적 조건화'의 원리가 태도 형성에 작용하는 탓이다.

모방에 의한 획득(사회학습) 사람들이 힘이 있거나, 영향력이 있거나, 존경하는 사람을 모방하는 것처럼 태도도 모방으로 습득될 수 있다. 이를 '사회학습'의 원리라고도 한다. 아동들은 부모의 행동을 관찰하고, 부모가 지닌 태도를 자기 것으로 내재화하며, 좋아하는 선생님이 지닌 친환경적 태도를 자기 것으로 취하기 쉽다. 영화나 TV에서 방영되고 멋스럽게 그려지는 흡연행위를 보고 이를 대리학습하기도 한다. 마찬가지로, 부모가 취한 사회봉사 행위가 부모에게 주는 내적 보상을 관찰할 수 있었던 아동들은 사회봉사에 대하여 긍정적인 태도를 가지게 된다(Petty & Cacioppo, 1981). 아울러 사람들은 보고 접하여 친숙해진 것에 대해서 호의적인 태도를 형성하게 되는 현상도 보인다(곁글 5-2).

❖ 심리적인 동학(일관성)에 의한 태도 형성

사람들은 심리내적으로 관련된 인지요소 및 대인관계에 있어서도 일관성을 유지하려는 경향이 강하다. 태도도 이 일관성을 유지하는 과정에서 형성 또는 변화된다.

균형 이론 Heider(1946)는 사람들이 대상에 대하여 지닌 태도와 다른 사람과의 관계 사이에 조화로운 균형을 유지하려는 동기가 있다고 제안했다. 이를테면, 환경보호(X)에 대한 P교수와 O선생의 태도를 보자. +는 긍정적인 정서를 -는 부

결글 5-2

노출에 의한 태도 형성

사람들은 친숙한 대상에 대하여 긍정적인 태도를 갖는다. Zajonc(1968)는 낯선 자극에 반복해서 노출되는 경우에 아무런 강화나 보상이 없어도 긍정적인 태도를 지니게 되는 현상을 **단순노출효과**라고 이름 지었다. 사람의 얼굴에 대하여 이 효과를 잘 보여 준 연구가 대학의 강의실 장면에서 이루어졌다(Moreland & Beach, 1992). 200명 정도가 수강하는 부채꼴 모양의 강의실에서 열리는 강의에 매력도가 비슷한 4명의 여학생을 실험협조자로 투입한 연구다. 이들은 강의에 들어가서는 많은 학생들의 눈에 뜨일 수 있게 늘 맨 앞에 앉았으나 질문이나 대화를 나누지 않고 수강하였다. 노출빈도를 조정하기 위해 강의 참석빈도를 각기 15번, 10번, 5번으로 제한하였으며, 한 명은 전혀 들어가지 않았다. 학기가 끝날 무렵에 수강생들에게 이들의 얼굴을 제시하고 매력도와 호감도를 평가하게 한 결과가 [그림 5-4]에 나타났다. 수업에 참여한 정도에 따라 해당 사람에 대한 평가가 긍정적으로 나타났다. 흥미로운 것은 수강생들에게 각 얼굴을 보았는지를 물었을 때 10% 정도의 사람들은 각 얼굴을 본 적이 있다고 응답했지만 대부분 어느 얼굴도 기억을 못한다는 것이었다. 이는 노출효과의 작용이 의식적인 수준에서 이루어지는 것이 아님을 시사한다.

한편, 국내의 대학생을 대상으로 노트북과 여행용 티슈의 가공적 상표를 슬라이드로 만들어 노출시간 3초로 빈도를 달리하여 제시한 연구에서는 제품에 관계없이 노출이 많을수록(1, 2, 4, 8, 16회) 호감도가 증가하는 단순노출효과가 나타났다. 단순한 호감도의 증가와 더불어 각 제품이 제공하는 가치(휴대성, 메모리 용량, 위생, 부드러움 등)에 대한 기대도 높아지는 양상이 나타났다(양윤, 김혜영, 2001).

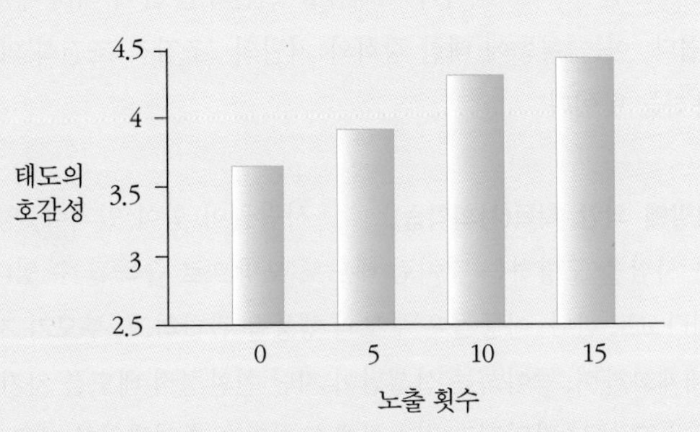

[그림 5-4] 노출효과에 의한 태도 형성

출처: Moreland & Beach, 1992.

정적인 정서를 의미한다([그림 5-5]). 균형 이론은 인지체계를 균형이 잡힌 것과 불균형적인 것으로 구분한다. 균형이 잡힌 것은 세 가지 부호(+ −)들의 곱셈이 +를 이루는 상태이며(Ⅰ, Ⅱ), 곱셈이 −라면 불균형 상태라고 본다(Ⅲ, Ⅳ). 불균형 상태의 것은 균형적인 것으로 변화를 도모한다. 균형 이론을 검증한 연구들은 사람들이 불균형을 시정하려 하며 그러한 시정은 노력을 적게 하면서 가능한 방향으로 나타남을 보이고 있다(Abelson et al., 1968). 그러나 자기가 싫어하는 사람과 겪는 인지 불균형 상태(Ⅳ의 경우)는 균형을 맞추려는 노력이 적게 나타나 이 경우를 '불균형(imbalanced)'이라기보다는 '무균형(nonbalanced)' 상태라고 보는 것이 적절하다는 주장이 제기되었다(Newcomb, 1968). 즉, 무균형 상태에서는 상대방이 무슨 생각을 갖고 있든 상관하지 않는다(홍대식, 1985).

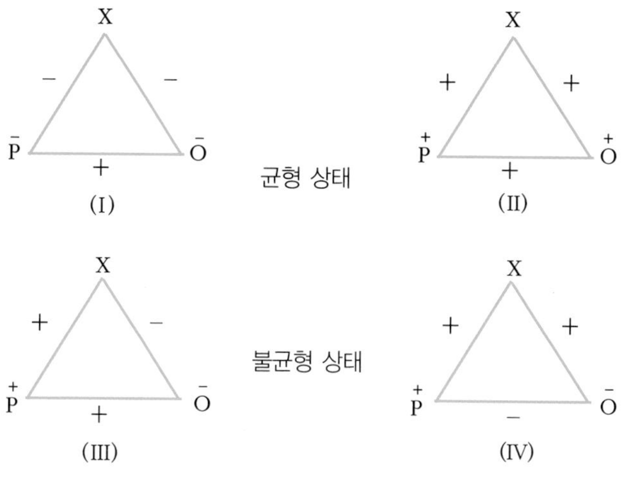

[그림 5-5]
심리의 균형 및 불균형 상태

인지-정서 일관성 이론 사람들은 태도대상에 대하여 자신이 갖고 있는 정서적 평가와 인지적 요소들 간의 일관성을 유지하려고 한다. 즉, 대상에 대하여 부정적인 정서를 지니고 있으면 인지요소도 부정적인 것을 많이 지니게 되며, 인지요소가 긍정적인 것이 많다면 정서적 평가도 긍정적이 된다. Rosenberg(1960)는 백인 학생들을 대상으로 흑인 및 인종문제 등에 관한 태도를 조사한 다음 이들에게 최면을 시술한 상태에서 그들이 지니고 있는 태도와는 정반대되는 정서를 유도하였다. 즉, 흑인에게 혐오적인 사람에게는 흑인을 긍정적으로 느끼게끔 최면을 걸었다. 최면을 푼 상태에서 이들에게 현재 느끼는 인종문제에 대한 태도를 질문한 결과 많은 참가자들이 최면상태의 정서와 합치하는 인지요소들을 지니게 된 것이 나타났다. 최면 중에 아무런 새로운 지식을 알려준 것이 없음에도 불구하고 이 같은 변화가 나타난 것은 최면에 의해 야기된 정서와 기존의 인지와의 불일치가 정서에 일치되는 방향으로 변하였음을 뜻한다. 우리가 갖게 되는 많은 태도가 충분한 인지적 근거 없이 이데올로기적으로, 또는 소속 집단이 갖고 있기 때문에 지니게 되며 그러한 태도에 걸맞은 인지요소들이 추후에 지원적으로 생기게 된다는 것을 이 연구는 잘 시사해 주고 있다.

❖ 손익계산에 의한 태도의 획득: 기대-가치 이론

지구는 병들어 가고 있다. 대기오염, 지구온난화, 난개발, 자원남용 등으로 생물

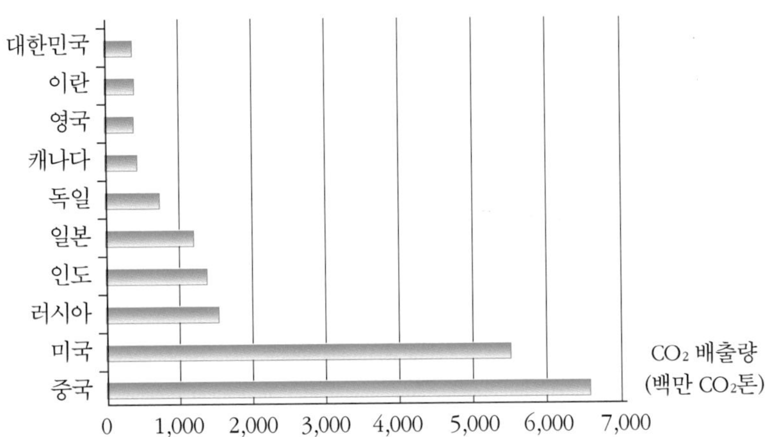

[그림 5-6] 2008년 CO_2 배출량 순위
OECD 회원국 총 배출량에서는 우리나라가 4%의 비중을 차지하나 국민 1인당 CO_2 배출량의 경우 10.31 CO_2톤/년 (세계23위)으로 아시아 평균 배출량(1.38 CO_2톤/년) 및 세계 평균 배출량(4.37 CO_2톤/년)보다 훨씬 높다.

출처: IEA(2010).

다양성이 급속히 나빠졌으며, 환경의 지속 가능성이 심각한 문제로 대두하고 있다([그림 5-6]).

친환경적 생활방식으로의 변모가 모든 사람들에게 요구되어야 한다는 인식은 공감대를 얻고 있지만, 나라마다 개인마다 이를 수용하는 태도에서는 상당한 차이를 갖고 있다. 이런 차이는 친환경적 생활이 가져다주는 손익의 저울질 결과라고 볼 수 있다. 이를 설명하는 가장 대표적인 이론인 기대-가치 이론(Edwards, 1954)에 따르면 친환경 활동이 자신에게 미치는 결과(가치)와 그 결과가 발생할 확률(주관적으로 인식된 기대감)의 득실을 따져서 자신의 태도를 결정한다(〈표 5-1〉).

〈표 5-1〉 기대-가치 이론의 적용으로 본 친환경적 태도의 강도(사례)

		가치	기대	효용/합
수용	자연보호	5	.5	2.5
	오염 감소	3	.5	1.5
	건강보호	7	.8	5.6 / 9.6
반대	고비용	-5	.8	-4.0
	성가심	-5	.4	-2
	소득감소	-10	.5	-5 / -11.0
	친환경활동의 효용이 9.6, 반대 효용이 -11이므로 반대적 태도를 취함			

❖ 태도의 측정

아주 오래전에는 보이지 않는 내면의 심리를 측정한다는 것은 불가능하다고 여겼다. 그러나 Thurstone이 1928년에 태도를 측정하는 방법을 개념화하여 제시한 이후 많은 시도가 나타났으며, 오늘날에는 당연히 측정할 수 있는 것으로 여겨지게 되었다. 태도를 측정하기 위해서는 일반적으로 척도를 제작하여 사용하거나, 생리적 반응을 측정하거나, 행동을 관찰한다.

서스톤(Louis L. Thurstone, 1887~1955)
미국 태생으로 1917년 시카고 대학교에서 심리학 박사학위를 취득하였고, 교수로 재직하였다. 오늘날 쓰이는 편차 IQ 점수의 창안자이며, 대쌍비교 원리에 의한 심리측정이론을 제시하였고, 요인분석의 논리를 제시하는 등 현대 심리측정학의 발전에 큰 공헌을 하였다.

명시적 측정 태도대상에 대한 척도를 구성하여 측정하는 명시적 측정법에는 문항의 구성 방식에 따라 다양한 방법이 있으며(Thurstone 방식, Likert 방식 등), 측정하고자 하는 태도 대상에 따라 문항들이 다르게 구성된다(다양한 태도 척도의 모음집으로 고려대학교 부설 행동과학연구소 편, 1998과 Robinson et al., 1991을 참고 바람).

태도 척도 중에서 가장 흔히 쓰이는 유형은 리커트 방식(〈표 5-2〉)이다. 이 척도는 태도대상에 대한 진술문을 여럿 제공하고 각 진술문들에 대하여 응답자가 동의 또는 반대하는 정도를 통상 5~11개의 배열된 점수들 중에서 하나를 택하게 하는 것이다. 이 방법을 쓰는 경우 유사한 진술문에 대한 응답을 종합하여 응답자의 태도 값으로 삼는다.

이와 비슷한 유형으로 어떠한 대상에 대해서건 적용할 수 있는 의미차별척도(Osgood et al., 1957)도 있다. 이 척도는 뜻이 상반되는 형용사를 양극에 놓고, 대상에 대하여 느끼는 감정의 정도를 문항별로 표시하는 것이다. Osgood 등은 다양한 대상에 대한 평가를 여러 나라에서 실시한 결과 사람들의 태도는 크게 평가(좋다-나쁘다 등), 힘(강하다-약하다 등)과 활동성(능동적-수동적 등)의 세 가지 차원으로 구별됨을 알았다. 국내에서 한덕웅(1993)은 우리말의 성격을 기술하는 단어들이 함축하고 있는 차원을 분석하여, Osgood의 차원과 유사한 삼차원 구조를 밝혀냈다. 이 세 차원 중 특히 평가차원의 것이 태도를 가장 잘 보여 주는 것으로 여겨진다.

리커트(Rensis Likert, 1903~1981)
사회학석사를 하고 1932년에 컬럼비아 대학교에서 심리학 박사학위를 취득하였으며, 미시간 대학교에서 1946년에 사회조사연구소를 창립하였다. 오늘날 가장 많이 쓰이는 심리척도법인 리커트 방식을 제시하였다. 경영심리학에 관심을 갖고 일본에서 회사를 대상으로 많은 연구를 수행하였다.

태도 척도에 의한 측정은 응답자가 자신의 심적 상태를 알며, 이를 솔직하게 꾸밈없이 응답한다는 것을 전제로 하고 있다. 그러나 대상에 대하여 자신이 지닌 태도를 모를 수 있으며(암묵적 태도-뒤에 설명됨), 남의 평가를 의식하는 마음에서 스스로를 바람직한 사람으로 제시하려는 경향을 배제하기 어렵다는 점에서 명시적인 측정치를 순수한 태도로 볼 수 없다는 취약점을 갖고 있다. 어떠한 태도 척도이건 저울이나 자와 같은 물리적 척도가 지닌 정교성을 가질 수 없고, 태도는 측정 때마다 변할 수 있다는 점에서 명시적 방법으로 측정한 태도의 해석은 제작 과정과 결부되어 조심스

〈표 5-2〉 리커트 척도와 의미차별척도 사례

리커트 척도

'나는 핵무기 개발을 ____________

매우 반대한다	반대한다	모르겠다	지지한다	매우 지지한다
-2	-1	0	+1	+2

의미차별척도

'핵무기 개발' 에 대하여 각 항목마다에서 느낌을 평하라.

나 쁨	-3	-2	-1	0	1	2	3	좋 음
불쾌함	-3	-2	-1	0	1	2	3	유쾌함
수동적	-3	-2	-1	0	1	2	3	능동적
소극적	-3	-2	-1	0	1	2	3	적극적

김경동
안동 출신으로 미국 코넬 대학교에서 사회학 박사학위를 취득한 후 서울대학교 사회학과 교수로 재직한 원로 사회학자다. 한국사회학회 회장을 역임하였고, 『한국인의 가치관 변동』 등 여러 저술을 남겼다.

럽게 이루어져야 한다(척도 제작에 대한 상세한 논의는 김경동, 이온죽, 1989. 태도 조사의 흥미로운 국내 사례들은 이성용, 2003을 보기 바람). 이러한 취약점에도 불구하고 명시적 척도는 구성하기가 용이한 탓에 태도연구에서 가장 많이 쓰이는 측정방법이다.

생리적 측정 응답자가 자신의 태도를 의도적으로 꾸며낼 수 있다는 명시적 측정법의 문제를 해결하기 위해 꾸미기 어려운 자율신경계의 반응치를 얻어서 태도의 강도를 측정할 수 있다. 대표적인 것이 GSR(Galvanic Skin Resistance)이다. 이는 피부에 흩어져 있는 정서반응용 땀샘에서 분비되는 땀의 변화량을 측정하여 반응자가 지닌 정서의 변화와 강도를 보는 것이다(Cacioppo & Sandman, 1981). GSR과 마찬가지로 자율신경계의 지배하에 있는 동공의 크기, 미세 안면 근육의 수축(EMG: electromyography) 등도 측정지표로 사용될 수 있으나 모두 태도의 방향성(긍정적인지 부정적인지)을 알려주지 못하며, 태도의 강도라고만 여길 수 없는 해석의 문제를 갖고 있어 태도 측정의 보충자료로 활용되고 있다. 더욱이 이런 생리지표의 측정을 위해서는 비싼 장비가 있어야 하고, 판독기술의 훈련이 필요하다는 점이 이들의 일반적인 사용을 어렵게 하고 있다.

암묵적 측정 명시적 측정법에 대한 새로운 대안으로 제시된 것이 무의식적 수준에서 태도를 측정하는 암묵적 측정법이다(Greenwald & Banaji, 1995; Greenwald et al., 1998). 이 방법의 논리는 서로 관련성이 높을수록 두 가지를 연상시키는 반응시간은 빨라진다는 것에 바탕한다. 예를 들어, 자신에 대한 암묵적인 태도를 알아보기 위해서는 우선 자신과 관련된 단어들(성, 이름, 고향, 출신교 등)을 '좋은' 범주의 평가단어(아름다운, 착한, 성실한 등)와 연결시키는 반응시간을 재고, 다음 단계에서는 이들을 '나쁜' 범주의 평가단어(못생긴, 나쁜, 게으른 등)와 연결시키는 반응시간을 측정하여 반응시간을 비교한다. 첫 단계의 반응시간이 둘째 단계의 반응시간보다 빠를수록 자신에 대하여 긍정적인 태도를 지니고 있는 것으로 여길 수 있다. 컴퓨터를 이용한 암묵적 연합검사(IAT)가 개발되어 널리 활용되고 있다. 특히 대상에 대한 명시적 태도와 암묵적 태도에서 차이가 있는지를 보는 흥미로운 연구들이 진행되고 있다(곁글 5-3).

암묵적 연합검사(Implicit Association Test: IAT) 미국의 사회심리학자인 Greenwald가 제안한 태도 측정법이다. 친숙한 연상관계의 두 자극을 연관시키는 반응은 빠르게 이루어진다는 논리를 이용하여, 무의식적으로 작용하는 태도대상에 대한 암묵적 태도를 측정한다. 독자들은 여러 가지 대상에 대한 이 측정(IAT)을 인터넷 사이트(https://implicit.harvard.edu/implicit/korea)에서 한글판으로도 경험해 볼 수 있다.

곁글 5-3

암묵적 태도로 본 새터민의 한국생활

북한사회를 탈출하여 남한에서 생활하고 있는 새터민의 누계가 2010년 말 2만여 명에 달하였고, 이 숫자는 더욱 늘어날 전망이다. 이들은 남한사회에 들어가기 전에 '하나원'이라는 통일부 운영기관에서 석 달 동안 숙식을 하며 문화적응 관련 교육과 상담을 받고서 전국 지역으로 흩어져 생계를 꾸려간다. 2001년에 이들 40여 명을 대상으로 남한사회에 유입되기 전과 유입 후 15개월이 지나서 남한사회에 대한 태도를 명시적인 방법과 암묵적 방법으로 측정한 연구(김도영, 2002)는 놀랄 만한 차이를 보여 이들에 대한 정책을 재고하게 만든다. 남한과 북한에 대하여 명시적 태도를 측정하여 그 차이를 표시한 결과([그림 5-7]의 a), 유입 전과 후에 모두 남한에 대하여 일방적으로 호의적인 태도를 갖고 있는 것으로 나타났다. 그러나 암묵적인 측정을 하여 차이를 본 결과는 사뭇 다르다. [그림 5-7]의 (b)에서 보듯이, 유입 전에는 남북한 어느 쪽으로도 편향성이 없었으나, 유입 후는 북한에 대하여 훨씬 호의적인 태도가 나타났다. 이같이 명시적 태도와 암묵적 태도 간의 차이가 크게 나타난다면 그 차이에 대한 신중한 해석이 필요하다. 명시적 태도에서 호의적으로 나타난 것은 이들이 솔직한 태도(남한에 대한 부정적 태도)를 드러내는 것을 꺼렸기 때문이라 볼 수 있다. 암묵적 측정에서 나타난 결과로 유추할 때 이들이 남한 사회에서 겪는 고통과 어려움을 짐작할 수 있다.

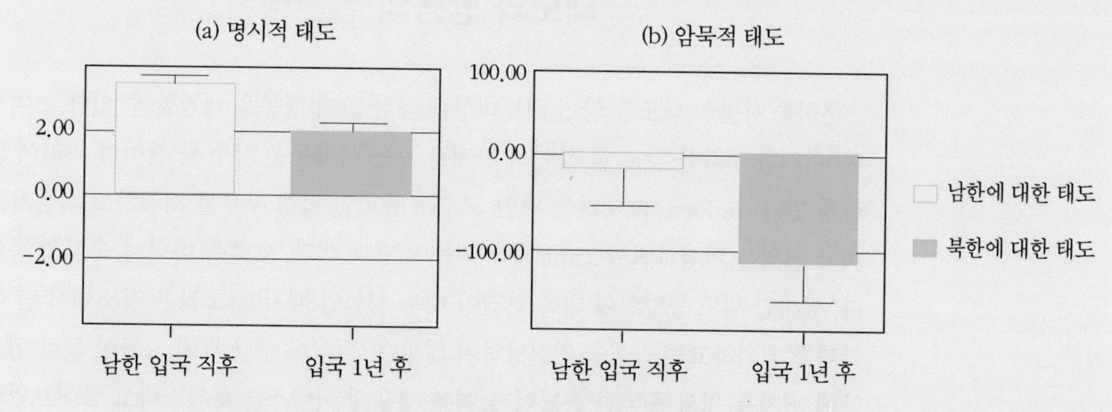

[그림 5-7] 남한 체류기간에 따른 남북한에 대한 명시적 태도와 암묵적 태도
y축 위로 갈수록 남한에 호의적이며, 아래로 갈수록 북한에 호의적이다.

행동의 관찰 보이지 않는 태도를 유추하는 데 가장 널리 쓰이는 것은 행동을 관찰하는 것이다. 어느 날부터인가 거리를 두는 행동을 보이는 연인을 보았을 때 그의 태도가 이전 같지 않음을 알게 된다. 행동관찰에 의한 태도측정은 상대가 의식하지 못하는 상태에서 이루어질 수 있다는 이점이 있으나 행동은 태도 이외의 다른 요인에 의해서도 나타날 수 있다는 문제점을 지니고 있다.

요 약

1. 태도는 구체적인 사회대상(사람, 신념, 사물 등)에 대하여 경험을 통해서 획득하게 된 심적 지향성이다. 태도는 복잡한 인지요소, 단순한 평가요소, 그리고 행동요소로 구성되어 있다.
2. 태도는 학습원리, 심리의 역동적 과정 그리고 손익계산에 의하여 형성된다.
3. 학습론자들은 태도획득의 원리로는 연합, 강화, 모방의 학습과정을 제시한다. 이들은 인간을 주어진 자극에 반응하는 수동적인 모습으로 보고 있다.
4. 사람들을 균형을 추구하는 존재로 보는 입장에서는 태도의 각 요소 간의 균형을 이루려는 심적 동학(인지-정서 일관성 이론), 중요한 타인과의 관계에서 균형을 희구하는 동기가 작용하여(균형 이론) 태도가 형성되고 변화한다고 본다.
5. 자신의 이해가 걸린 문제에 대하여는 손익계산에 의해 자신에게 이득이 되는 태도를 취하게 된다(기대-가치 이론).
6. 태도는 태도 척도를 사용하거나, 생리적 반응을 측정하거나, 반응시간을 이용한 암묵적 측정 및 행위자의 행동을 관찰함으로써 측정할 수 있다. 각 방식은 나름의 장단점을 지니고 있음에 유의할 필요가 있다.

태도와 행동의 일관성

흔히들 사람의 태도를 알면 태도대상에 대한 그의 행동을 예견할 수 있다고 여긴다. 이러한 생각을 갖고 둘 사이의 관계를 보는 사람들은 자주 둘 사이의 괴리에 놀라게 된다. La Piere(1934)라는 백인 교수는 중국인 학생 부부를 대동하고 자동차로 미국 전역을 여행하면서 250군데나 되는 식당과 여관, 호텔을 다니며 숙식을 하였다. 당시만 해도 동양인에 대한 편견이 매우 심했던 때지만 그 많은 장소에서 단 한 군데를 제외하고는 숙식을 거절당하지 않았다. 여행이 끝난 후에 그들이 들린 업소들에 편지를 써서 중국인 손님이 들어올 경우에 서비스를 하겠느냐고 물어보았더니 128개 업소에서 답신이 왔는데 그중 92%는 거부하겠다는 대답이었다. 이 연구

결과는 서신에 응답한 사람들이 중국인 부부를 접대한 사람들인지를 확인하지 않았다는 비판을 받았지만(Dillehay, 1973), 태도와 행동의 괴리가 클 수 있음을 보여주어 둘 사이의 관계를 탐구하는 중요한 과제를 던져주었다.

❖ 태도와 행동 간의 괴리에 관여하는 요인

태도의 강도 태도가 관련 행동을 예측하기 위해서는 태도의 강도가 강해야 한다. 강한 태도는 극단적이거나, 중요하며, 쉽게 접근 가능하다. 태도를 강하게 하는 요인들로 나타난 것은 지식, 직접 경험, 자기관여도 등이다(Petty & Krosnick, 1995; Visser & Mirabile, 2004).

일반적으로 태도대상에 대하여 많은 지식을 갖게 되면 태도가 강해진다. 그 역도 성립하는데 태도가 강하면 대상에 대하여 태도를 정당화시키기에 충분한 지식을 갖고자 할 것이다. 학생들의 환경보존행위(자원 재활용 강좌를 듣거나, 참여하거나 하는 등)는 태도와 깊은 관련을 갖고 있는데 특히 환경보존에 대하여 다양한 지식을 갖고 있는 사람들에게 그런 것으로 나타났다(Kallgren & Wood, 1986).

직접경험의 유무도 태도 강도에 영향을 준다. 대학 신입생 중에서 바로 기숙사를 배정받은 사람과 방을 배정받을 때까지 기다리며 고생을 해 본 사람들 모두가 학교의 기숙사를 확장하는 것에 동의하는 것으로 나타났다. 그러나 확장을 위한 서명운동에 참여하는 행동은 고생한 사람들에게 높게 나타났고(r = .42), 고생을 하지 않은 사람들에게는 나타나지 않았다(r = .04; Regan & Fazio, 1977).

자신의 손익이 관여된 것에 대하여 우리는 강한 태도를 지닌다. Sivacek과 Crano(1982)는 1978년도 미시간 주에서 음주연령을 18세에서 21세로 상향조정하는 입법 예고가 있었을 때 대학생들의 태도와 행동을 조사하였는데, 다른 연령층보다 해당 연령층에서 입법에 대한 태도와 항의 행동 간의 상관이 높게 나타남을 보였다. 태도의 강도가 강하고 확실하다면 태도로 행동을 예측하는 것은 가능하다는 결론을 내릴 수 있다.

태도와 행동의 부합성 태도-행동의 괴리현상이 나타나는 중요한 원인 하나는 흔히들 행동은 매우 구체적으로 측정하는데 태도는 훨씬 추상적인 수준에서 측정하는 오류에서 온다. 구체적인 행동은 구체적인 태도의 측정과 연결시켜 그 부합도를 보아야 한다(Ajzen & Fishbein, 1977). 이를 잘 보여 준 연구에서 44명의 읍 소재지 거주자들의 환경보호에 대한 태도를 측정하고, 이들에게 8개월간 환경보호 활동

〈표 5-3〉 환경보호 행위와 태도

개별행동	r^a	행동유형	r^b	행동종합	r^b
해변가 기름 제거	.41**	환경보존 서명활동 (0~4)	.50**	환경보호 종합 행동	.62***
핵발전소 반대	.36*				
배기가스 규제	.39**				
전단지 배포	.27				
쓰레기 줍기 참여	.34*	쓰레기 줍기 (0~2)	.36*		
친구 동원	.22				
첫 주	.34*	자원 재활용 (0~8)	.39**		
둘째 주	.57***				
셋째 주	.34*				
넷째 주	.33*				
다섯째 주	.12				
여섯째 주	.20				
일곱째 주	.20				
여덟째 주	.34*				

N: 44, r^a: 양분척도상관, r^b: 피어슨 적률상관, * $p<.05$ ** $p<.01$ *** $p<.001$

에 관여하는 정도를 관찰하였다(Weigel & Newman, 1976). 개별적인 환경보호 활동과 태도의 관계는 그다지 높게 나타나지 않았으나(평균 r=.29), 그 행동들을 유형별로 묶은 유형군과는 상관이 높으며(평균 r=.42), 환경보호 행동의 종합적인 행동지표에 대하여 태도는 훌륭한 예측치(r=.62)가 될 수 있는 것으로 나타났다(〈표 5-3〉).

태도의 현저성 앞의 La Piere(1934)의 연구에서 식당주인들이 중국인 부부를 보았을 때 촉발되는 태도는 동양인에 대한 태도뿐만 아니라 손님에 대한 태도, 직업에 대한 태도 등 여러 가지일 수 있다. 중국인에 대한 서비스는 동양인에 대한 태도로 보아서는 생각할 수 없지만 손님에 대한 일반적 태도와는 잘 부합할 것이다. Snyder와 Swann(1976)은 피고가 성차별로 고발된 모의재판 상황에서 배심원들이 평결을 하기 전에 그들에게 차별금지법에 대한 주의를 환기시켰을 때 차별금지법에 대한 태도와 평결 간의 상관이 매우 높게 나타남을 보여, 현저하게 부각된 태도는 행동을 예측할 수 있음을 보여 주었다.

태도의 현저성이 미치는 태도-행동의 일치 효과는 특히 태도가 약한 사람들에게 강하게 나타난다. 그것은 태도가 강한 사람들에게는 굳이 현저하게 만들지 않아도 태도에 부응하는 행동이 나타나기 때문이다. Borgida와 Campbell(1982)은 학교에

차를 몰고 통학하는 학생들은 교내 주차공간 부족으로 큰 불편을 느끼므로 주차공간 확장에 대하여 강한 태도를 가질 것으로 보았다. 통학생과 기숙사생을 대상으로 한 집단에는 주차공간 부족에 관한 주의를 환기시키는 내용을 듣게 하고, 다른 집단에게는 주차공간과 관계없는 내용을 듣게 한 뒤 주차공간 확보를 위한 서명에 참여하는 행동과 그들이 원래 갖고 있던 태도와의 상관을 조사하였다. 연구결과, 태도의 현저성 조작은 태도-행동의 일치도를 높이는 효과를 가져 왔는데 그 같은 효과는 통학생에게는 나타나지 않았고 기숙사 거주 학생들에게만 나타났다. 즉, 주차공간 부족으로 불편을 많이 겪는 통학생에게는 현저성 조작의 효과가 없지만, 강도가 낮은 기숙사생들에게는 큰 효과를 가져온 것이다.

❖ 이성적 행위 모형

태도와 행위의 부합성을 설명하려고 이성적 행위 모형(Ajzen & Fishbein, 1980; Fishbein & Ajzen, 1975)이 제시되었다. 이 이론은 사람들이 합리적으로 행동한다는 가정하에 사람들은 의식적인 행동의도에 따라 행위를 취하며, 이 행동의도는 행동에 대한 자신의 태도(개인태도)와 주위의 중요한 사람들이 그 행위를 어떻게 여길 것인지(주관적 사회규범)를 검토하여 결정된다고 본다([그림 5-8]). 예로, 귀를 뚫을 것인지 말 것인지의 의도는 귀 뚫는 것에 대한 태도(행동이 초래할 여러 가지 결과의 가치와 그들의 발생 가능성을 따져서 결정됨)와 주위의 중요한 사람(부모, 친구, 애인 등)들이 귀 뚫는 것을 어떻게 생각하는지, 그리고 그러한 주위 사람들의 생각과 기대에 부응하려는 동기의 크기에 의해 결정되는 주관적 사회규범 등을 종합적으로 고려하여 나타나는 의도에 따라 좌우된다.

[그림 5-8]의 모형을 이용하여, 출산 전에 수유행동 의도(산후 모유를 먹일 것인가), 수유에 대한 태도(모유가 모자관계의 애착에 도움이 된다고 보는가), 주관적인 사회규범(남편이 원하는 것은 무엇이며, 그 소망에 따를 마음은 얼마나 되는가)을 측정하여 산후 수유행위와 관련성을 조사한 결과 r=.77이라는 매우 높은 상관을 얻을 수 있었다(Manstead et al., 1983). 다른 여러 연구들에서 대학생의 체력단련, 연애, 학습행위들이 이 모형을 적용하여 잘 설명되었으며(Pagel & Davidson, 1984), 체중감소, 소비자 선택, 투표행위 및 여성의 직업 선택 등(Ajzen & Fishbein, 1980)에 잘 적용될 수 있는 것으로 나타났다.

태도-행동의 괴리 현상을 포괄적으로 이해할 수 있는 틀을 제시한다는 점에서 단순화된 이성적 행위 모형의 유용성이 돋보인다. 이 모형은 특히 사람들이 충분한

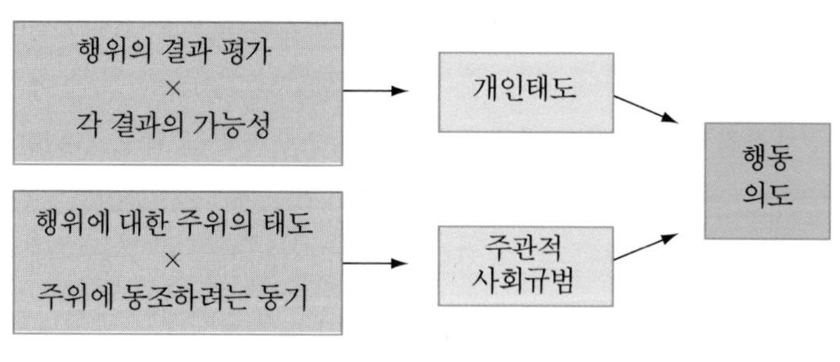

[그림 5-8]
이성적 행위 모형

시간을 갖고 관련요소들을 고려하여 행동하는 경우에 적용된다.

행동을 보다 더 잘 예측하기 위하여 이성적 행위 모형에 추가적인 요인으로서 태도대상과 관련된 행동을 취할 수 있는 여건, 역량, 통제력을 추가하는 것이 모형의 간결성을 유지하면서 설명력을 높여주는 것으로 나타났다. 이렇게 통제감을 추가한 수정 모형을 계획된 행위 모형이라 한다(Ajen, 1985; 곁글 5-4). 예를 들어, 비만인 체중에 불만을 갖고 있고(태도), 주위사람들도 비만을 싫어한다고 해도 체중조절 방법에 대한 지식이나 행동 통제력이 없다면 체중감소 행위를 취하기 어렵다.

행동 및 행동의도에 대한 예측력을 검증하는 185편의 연구를 통합분석한 결과 이

곁글 5-4

소프트웨어 불법복제 할까?: 계획된 행위 모형의 적용

소프트웨어 불법복제 행위의도에 대하여 복제행위에 대한 태도, 주위사람들이 이를 허용하는 정도, 복제능력의 영향을 분석한 연구 결과 [그림 5-9]처럼 태도와 통제력(복제능력)이 의도에 큰 영향을 보이지만, 주관적 규범은 태도에 영향을 미치는 과정을 통해서 의도에 간접적인 영향을 미치는 것으로 나타났다. 아울러 태도보다도 행동 통제력이 더 큰 영향을 미치는 것으로 나타났다(Chang, 1998). 이런 영향력의 작용양상은 보고자 하는 행동에 따라서 달리 나타날 수 있다. 아울러 이 연구에서는 불법복제가 가져오는 이익이라는 변인을 고려하지 않았다. 복제가 주는 이점이 큰 고가의 프로그램의 경우에 복제능력이 있다면 불법복제를 하는 사람들이 많다는 것은 이 모형에서 나타나는 영향력의 작용 양상이 행위의 유형에 따라, 고려하는 변인에 따라 달라질 수 있음을 말해 준다.

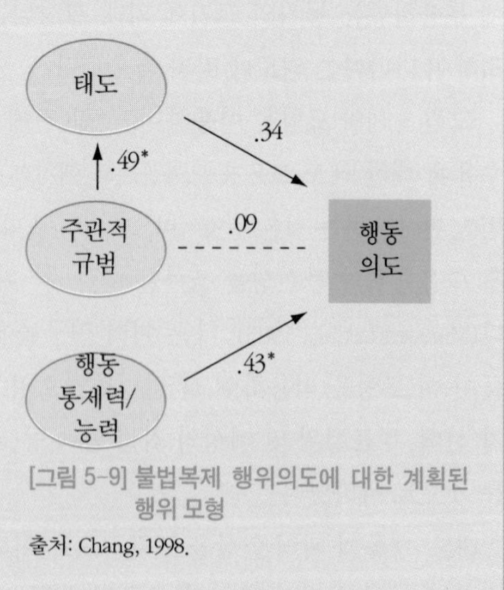

[그림 5-9] 불법복제 행위의도에 대한 계획된 행위 모형

출처: Chang, 1998.

성적 행위 모형에 비해서 통제력 변인을 추가한 계획된 행위 모형이 평균 11%의 설명력을 더 갖게 되는 것으로 나타났다(Armitage & Conner, 2001).

한국에서의 이성적 행위 모형 검증 이성적 행위 모형에서 행동의도를 결정짓는 두 가지 요인(개인태도, 주관적 사회규범)의 상대적인 영향력의 크기를 문화 차이와 관련시켜 논의할 수 있다. 즉, 개인주의 문화권에서는 두 가지 요인 중 자신의 태도가 주관적 사회규범보다 더 중요한 요인으로 작용할 수 있다. 결국 행동은 개인이 취하는 것이고 가장 중요한 것은 개인이 지닌 가치판단, 태도가 되기 때문이다(Triandis, 1990). 그러나 사회적 규범, 특히 내집단 성원들과의 어울림이 개인의 취향 못지않게 중요한 집단주의 문화권에서는 이성적 행위 모형의 두 요소 중 주관적 사회규범이 더 중요하다고 상정할 수 있다(오세철, 윤덕현, 1982; Lee, 1988; [그림 5-10]의 모형 II).

이철(Lee, 1990)은 유교문화권의 특징을 고려하여 이성적 행위 모형을 변용시킨 모형 III을 제시하였다. 이 모형의 특징은 주관적 사회규범을 체면유지와 집단동조의 압력으로 대치한 것이다. 체면유지 압력은 자신의 사회적 지위에 비추어 체면이 손상될지 모르기 때문에 느끼는 압력이며, 집단동조 압력은 주위사람들이 하는 행동을 하지 않으면 불안해짐으로써 느끼는 압력이다. 나은영(1994)은 이 모형을 이용하여, 우리 사회에서 호화 혼수가 성행하는 관행에는 체면유지의 동기가, 촌지를 주고받는 관행에는 남들 다 하는데 안 하면 내 자식이 피해를 당할지 모른다는 집단동조의 동기가 크게 작용함을 보였다.

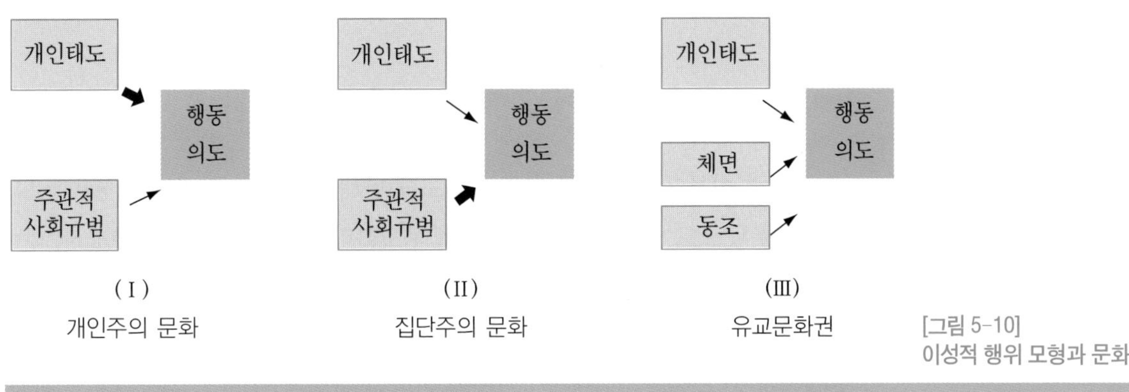

[그림 5-10]
이성적 행위 모형과 문화

요 약

1. 태도와 행동 사이에는 괴리가 있게 마련이다. 태도의 강도가 강하거나, 태도와 행동의 부합성이 높거나, 태도가 현저하게 부각되거나, 태도와 부합하지 않는 상황적 압력이 적을 경우에 태도-행동의 괴리는 좁혀진다.
2. 이성적 행위 모형은 태도와 행동의 관계를 설명하기 위하여 개인태도와 주위사람들의 생각에 순응하려는 동기, 즉 주관적 사회규범의 두 가지 요소를 제시한다. 이 두 가지 요소의 결합에 의해서 태도 대상에 대한 행동의도가 결정되고 이것이 행동으로 이어진다.
3. 이성적 행위 모형의 두 요소의 상대적 비중에서 문화 차이가 관찰되고 있어, 동아시아에서는 주관적 사회규범이, 구미권에서는 개인태도가 상대적으로 더 중요한 역할을 하는 것으로 나타난다.
4. 계획된 행위 모형은 행동에 대한 개인의 수행능력, 통제력을 추가하여 행동과 태도의 부합성을 더욱 높인 모형이다. IMB 모형은 이를 AIDS 예방관련 행위의 분석에 적용한 것으로 의도적으로 행동을 변화시키는 전략수립 시 좋은 참고가 된다.

행동에 따른 태도변화

지금까지의 논의는 태도가 행동을 예측하는 내용에 초점을 맞추었다. 그러나 사회심리학의 흥미 있는 발견 중 하나가 행동이 태도를 변화시킨다는 것이다. 사람들은 자신의 행동과 태도의 일관성을 지니려고 하는 동기가 있기 때문에 행동에 걸맞게 태도를 갖추어 간다. 이러한 행동과 태도의 일치성에 대하여 연구를 주도한 이론이 인지부조화 이론(Festinger, 1957)이다. 사회심리학에서 그 어느 이론보다도 많은 연구를 유도한 이 이론은 다양한 사회행위와 그 심적 기제를 조명하는 데 적용되었다(Tavris & Aronson, 2008; Petty & Cacioppo, 1981).

❖ 태도가 분명할 때: 인지부조화에 의한 합리화

인지부조화 이론은 사람들이 기존의 태도에 반대되는 행동을 취하는 경우에, 이 행동을 상황 탓으로 돌릴 수 없게 된다면, 부조화라는 불편감을 경험하며, 이에서 벗어나고자 태도를 행동에 맞추어 변화시키는 가능성을 제시한다. 이 이론은 인지요소 간의 균형, 정서-인지의 균형 등에도 적용될 수 있지만 행동-태도의 균형을 이해하는 데 주로 적용되었다. 이 이론에 의하면 태도의 각 요소들은 상호 조화로운 관계, 상호 부조화 상태, 그리고 무관한 상태로 있을 수 있다. 신념들이나, 신념과 행동들이 부조화 상태에 있으면 불편하며, 이 경우 사람들은 조화로운 상태를 회복하려 든다. 이 불편감의 크기는 신념의 중요성이 클수록 커지며, 이에 따라 부조화 감소 동기가 커진다.

부조화를 경험하면 이를 줄이려 드는데 그 방법은 여러 가지다. 골초가 담배의 해독을 알리는 내용을 접한 경우에 그 내용을 믿는다면 흡연행위와 부조화를 느낄 것이다. 이때 그는 담배를 끊거나 아니면 끽연의 해독을 부정할 수 있다. 1964년에 미국 의무국장이 담배의 해독을 경고하기 시작했으나 골초들의 40%가 흡연이 폐암을 유발한다는 사실 자체를 인정하려 들지 않았다(Kassarjian & Cohen, 1965). 또 다른 방법으로는 부조화의 의미를 감소시키는 것이다. 끽연의 해독은 금연 시 겪는 스트레스에 비해 오히려 사소한 것이라고 믿거나(Simon et al., 1995), 그 모순의 중요성을 저하시키려고 건강에 대한 보완책을 마련하여 헬스클럽에 나가는 행동을 취할 수 있다. 가장 흔히 나타나는 방법이 취한 행동에 걸맞게 기존 신념을 변화시키는 것이다. 흡연을 혐오하던 사람이 흡연을 하게 되면서 담배를 예찬하거나, 골초가 금연에 성공하면서 흡연을 세상에서 가장 어리석은 행동으로 여기게 되는 것이다.

이러한 방법들이 모두 부조화를 줄이기 위해서 태도와 행동의 괴리를 감소시키는 직접적인 방법이라면, 이 괴리를 놓아두고 부조화를 감소시키는 간접적인 방법도 있다. Steele(1988; 1993)가 제시한 자기가치확인 이론에 의하면 태도-행동의 괴리가 중요한 태도나 신념을 건드리고 있다면, 사람들은 괴리를 줄이기보다는 자신의 가치를 확인하는 행동을 통해서 부조화의 의미를 경감시키려 든다. 쓰레기 분리수거를 지키지 못하여 불편한 심기를 최근에 환경보호운동에 자원 참여했던 경험을 회상하며 씻어 버릴 수 있는 것이 그 예다. 이 밖에도 불편한 마음을 덜기 위해서 술을 마시거나(Steele et al., 1981), 마음을 가볍게 하는 운동을 하는 것도 부조화의 불편을 더는 데 효과가 있는 것으로 알려졌다(Zanna & Aziza, 1976).

인지부조화 현상은 흥미로운 심리 현상들을 보여 주고 설명한다. 이들 현상을 크게 세 가지로 묶어 논의하고, 인지부조화 원리를 적용한 행동변화의 가능성과 문화와의 관련성에 대하여 살펴보자.

불충분한 정당화 사람들은 종종 자신의 태도와 반대되는 행동을 취한다. 보신탕을 꺼리는 사람이 보신탕을 먹게 되었다든가, 수학을 싫어하는 학생이 수학공부를 한다든가, 같이 있기 싫은 사람과 영화를 본다든가 등등 이러한 경우에 우리는 불편함을 느끼지만 대상에 대한 태도가 항상 변하지는 않는다. 태도가 행동에 부합하도록 변하기 위해서는 우리가 취하는 행동을 상황 탓으로 돌리기 어려워야 한다.

Festinger가 수행한 인지부조화 실험장면
https://www.youtube.com/watch?v=korGK0yGIDo
(4′54″)

인지부조화 이론의 성립에 기여한 가장 유명한 실험(Festinger & Carlsmith, 1959)에서 참가자들은 매우 지루한 과제를 30분 동안 하였다. 실험이 끝난 것으로 안 참가자들은 실험자로부터 밖에서 기다리고 있는 다음 참가자에게 가서 이 실험과제가 재미있고 중요한 과제라고 말해 달라는 요청을 받았다. 그 이유로서 실험의 목적은 과제에 임하는 사람들이 지닌 과제에 대한 선입견(재미있다, 재미없다 등)이 과제수행에 어떠한 영향을 미치는지를 알아보는 연구이기 때문이라고 설명을 받았다. 원래 이 역할을 수행하는 실험보조자가 있는데 그가 사정이 생겨 못 나오게 되었으니 그 역할을 대신해 달라는 설명이 덧붙었다. 이 설명과 함께 그 같은 일을 하는 대가로 일 군의 참가자들에게는 1달러를, 다른 군에게는 20달러를 주겠다고 하였다. 요청을 받은 모든 참가자들이 기꺼이 수락하여 밖의 참가자에게 과제가 즐거웠다고 자신들의 실제 태도와 반대되는 이야기를 하였다. 나중에 이들에게서 실험과 무관한 상황에서 실험과제에 대한 흥미도를 측정하여 분석한 결과 불충분한 정당화 조건(1달러)에서 사람들은 과제를 더욱 흥미 있게 여기는 것으로 나타났다(〈표 5-4〉).

강화의 원리
강화(보상)를 받은 행동은 학습되어 출현 가능성이 높으며, 강화물의 크기가 클수록 학습효과는 크다는 행동주의의 행동원리.

불충분한 정당화는 유도된 응종(induced compliance)이라고도 불린다.

이 실험결과는 여러 상황에서 반복적으로 나타났으며(Freedman, 1963) 강화의 원리(즉, 받은 보상의 크기에 따라 태도가 결정되리라 봄)가 예측하는 것과는 반대로 효과가 나타났다는 점에서 그 파장이 매우 컸다. 여러 연구결과 부조화에 의한 태도변화가 나타나기 위해서는 ① 태도와 상반된 행위를 취한 책임을 스스로가 느끼고, ② 그 행위가 스스로나 남에게 좋지 않은 영향을 가져오고, ③ 자신의 행동을 남들이 알아야 한다는 조건 등이 필요한 것으로 정리되었다(Collins & Hoyt, 1972; Cooper & Fazio, 1984). 후속 연구들에서는 이 같은 조건이 충족되는 경우에 인지부조화 효과는 강하게 나타나며 이들 조건이 모두 충족되지 않아도 부조화 효과는 나타나는 양상을 보인다(Eagly & Chaiken, 1993), 인지부조화 현상은 사회생활에서 매우 폭넓게 적용되는 것이라는 주장이 호응을 받으면서, 동물에게의 적용 가능성과 그 진화적 가치도 탐색되고 있다(곁글 5-7).

〈표 5-4〉 인지부조화 실험결과

조건	종속변수	
	과제의 흥미	비슷한 실험에 참가할 용의
1달러	+1.35	+1.20
20달러	-.05	-.25

출처: Festinger & Carlsmith, 1959.

결글 5-5

마라토너들에게 42.195km는 얼마나 길까?

발표된 지 50년이 지난 인지부조화 이론(Festinger, 1957)에 대한 연구는 한동안 소강상태이더니 지난 10여 년간 다시 활발해지는 느낌을 준다. 최근의 연구는 인지부조화가 실물의 지각에도 적용될 수 있음을 보이고 있다. 국내에서도 마라톤 붐이 일어 42.195km를 완주한 사람들이 매우 많아졌다. 이들에게 마라톤은 얼마나 힘든 경기일까? 마라톤을 대상으로 한 것은 아니지만 한 연구(Balcetis & Dunning, 2007)는 이에 대한 실증적인 답을 던져주고 있다.

당신이라면 아래 사진에 나타난 차림(코코넛 브래지어, 꽃목걸이, 풀치마)을 하고 대학교정을 걸어 다닐 수 있겠는가? '안 할 수 있었지만 걸어다닌 사람(자신이 선택한 조건)' 과 '어쩔 수 없이 걸어다닌 사람(선택 없는 조건)' 은 실제 자신이 걸어야 하는 거리를 산정하는 데 차이가 있을 것인가? 학생들에게 이 차림을 하고서 교정 한복판에 있는 두 표지석 사이 365피트(110m)의 거리를 걸어오도록 하고서 그 거리를 추산하도록 하였다. 모든 사람들이 거리를 실제보다 짧게 추산하였지만, 흥미로운 조건 간의 차이가 나타났다. 자신이 선택한 사람들은 표지석 사이의 거리가 평균 111피트(표준편차 62피트)로, 선택의 여지가 없던 사람들은 182피트(표준편차 90피트)로 여기는 결과가 나타났다. 평상복을 입고 걸은 사람들(통제 조건)은 그 거리를 161피트(표준편차 113피트)로 여기는 결과가 나왔다. 이 결과는 불편함/어려움을 선택한 사람들은 실물지각에 있어서도 부조화 효과에 의해 해당 과제를 용이한 것으로 여기는 양상을 보이고 있어, 마라토너들의 거리지각이 어떨지에 대한 답을 주고 있다.

처벌의 효과와 부조화 인지부조화의 논리를 처벌에 적용하면 어떻게 될까? 부모들은 흔히 나쁜 것(부모가 원치 않는 것)에 대한 아동의 관심을 단절시키기 위해서는 호된 처벌이 바람직하다는 생각을 많이 한다. 과연 그럴까? 5세 미만의 아동들이 매우 갖고 싶어 하는 장난감에 손을 못 대도록 하는데 '심한 처벌' 조건에서는 그 장난감을 갖고 놀다가 걸리면 다른 장난감도 갖고 놀 수 없게 되는 벌을 받을 거라고 알려 주고, '약한 처벌' 조건에서는 갖고 노는 것은 잘못이라고만 알려 주었다. 잠시 금지된 장난감을 못 갖고 놀게 한 다음 그 장난감과 다른 장난감들 간의 선호도를 물어본 결과, 심한 처벌 조건에서 아동들은 해당 장난감에 대한 선호가 증가하였으나, 약한 처벌 조건에서는 오히려 감소하는 양상이 나타났다(Aronson & Carlsmith, 1963). 이런 결과는 호된 처벌이 대상 행동을 못하게끔 막을 수 있지만 그 행동에 대한 관심을 막을 수 없으며, 오히려 약한 처벌이 금지된 행동에 대한 아동의 흥미를 감소시키는 효과가 있음을 보여 주었다.

곁글 5-6 광신집단의 인지부조화

휴거소동 시의 다미선교회 기도 장면
공공연한 휴거의 믿음 행위가 휴거로 연결되지 않을 때 사람들의 믿음은 어떻게 변하는가?

사람들이 여러 갈 길이 있지만 한 길을 고집하는 경우, 그 길이 나중에 잘못된 것으로 드러날 때 후회하거나 큰 부조화를 느낄 수 있다. 1992년 10월, 휴거설로 인해 한국 사회가 들썩거렸다. 세상에 종말이 오며 진정한 신도들은 하늘로 들리움(휴거)을 받아 올라간다는 믿음을 지닌 기독교의 일부 교파에 속하는 교도들은 휴거에 대비해 가재도구 청산, 선교활동에 들어갔고 휴거일이 다가오자 스스로가 휴거론자임을 떳떳이 표방하고 철야기도를 하며 그날을 맞았다. 전 국민의 관심 속에 휴거일은 무사히(?) 지나갔다. 당연히 이들은 큰 허탈(부조화)을 느꼈고 부조화를 감소시키는 행위를 취했다. 한 부류는 자신이 속았다는 것을 인정하고 후회하기 시작했으나 다른 부류는 휴거일 산정에 오류가 있었음을 발견하고 정말로 오게 될 휴거에 대비하기 시작했다. 이들은 휴거날 믿음의 진실이 판명된다는 믿음에 더욱더 신앙생활을 돈독히 하리라 예측할 수 있다(미국에서 벌어졌던 유사한 소동과 관련된 심리학자의 연구를 참조함. Festinger, Riecken, & Schachter, 1956). 그러나 일본의 경우에는 최후를 예언한 교주가 자살을 시도하였고, 실패하자 나중에 그 교단을 해체하였다(Sanada & Norbeck, 1975; Heine & Lehman, 1997b).

노력의 정당화 인지부조화 이론에 따르면 무언가 열심히 했는데 얻은 것이 적다면 큰 부조화를 경험하게 될 것을 예측할 수 있다. 이 경우 부조화를 감소시키기 위해서 노력을 들여 달성코자 했던 목표를 더욱 긍정적으로 여기게 된다.

한국에서 남자들은 국방의 의무로 군복무를 하는데 가장 훈련이 힘들고 군기가 엄한 곳이 해병대라고 평이 나 있다. 이들은 "한번 해병은 영원한 해병"이라는 표어처럼 그 긍지나 자부심이 타군 출신에 비해 높고 응집력도 높다고 여겨진다. 그 이유는 인지부조화로 설명할 수 있다.

Aronson과 Mills(1959)는 여대생들로 하여금 성생활에 대한 논의를 해야 하는 실험에 참가하게 하였다. 여대생들은 자신들이 그러한 껄끄러운 주제의 논의를 할 수 있다는 것을 보이기 위해 테스트를 받아야 했다. 이 테스트의 난이도를 조작해서 '쉬운 조건'에서는 남자 실험자 앞에서 성행위와 관련된 단어들을 읽게 했고, '어려운 조건'에서는 도색잡지에 나온 낯 뜨거운 장면의 묘사문을 읽게 하였다. 통제 조건에서는 아무런 테스트가 필요 없었다. 이 참가 절차가 끝난 후 동물의 성행위에 대한 책을 놓고 논의를 하게 되었는데 모든 개별 참가자들은 각기 독방에 들어가서 이어폰으로 논의가 진행되는 것을 듣고 나중에 토의에 참가하는 것으로 알게 했다. 어느 참가자 할 것 없이 모두 재미없는 토의(사전에 준비된 녹음)를 듣게 되었고 논의가 끝난 후 토의의 유익성, 재미 등을 평가하게 되었다. '어려운' 테스트를 거친 사람들이 토의 집단에 대해서 가장 긍정적인 태도를 보였고, 토의도 유익했던 것으로 여겼다. 지루한 논의가 가장 큰 부조화를 초래한 것은 '어려운 조건'이었을 것이다. 이와 유사한 결과가 센 전기쇼크를 받아야 집단토의에 참여할 수 있었던 참가자들의 경우에도 나타났다(Gerard & Mathewson, 1966).

자유선택의 부조화 이 점퍼를 살까 아니면 저 코트를 살까 망설이다가 점퍼를 사기로 결정하고 돈을 지불하려 들면 코트가 더 나을 듯한 생각이 들어 결정을 미루는 경우가 많다. 이 경우 스스로의 선택을 바꿀 수 없다면 그 결정을 합리화시키기 위해 취한 것을 더욱 좋게 보고 취하지 않은 것을 평가절하시키는 심리가 작용한다('그림의 떡', '손안의 한 마리 새가 숲속의 여러 마리 새보다 낫다').

이 같은 부조화의 심리는 특히 선택한 것과 안 한 것과의 차이가 적어서 일장일단이 있는 경우에 더욱 크다. Brehm(1956)의 연구는 이 선택의 부조화 심리를 잘 보여 주고 있다. 그는 여대생들에게 토스터, 스톱워치, 라디오 등 여덟 가지 물건을 보여 주고 이들을 얼마나 갖고 싶은지 알아보았다. 이들 중 두 가지를 짝지어 제시하고서 갖고 싶은 것을 갖도록 하였는데, 작은 부조화 조건에서는 선호도가 확실히 차이가 나는 두 개를 짝지어 제시하였고, 큰 부조화 조건에서는 선호도가 비슷한 두 개를 짝지어 제시하였다. 통제 조건에서는 짝지어 보여 주고서는 선택권을 주지 않고 실험자가 하나를 골라서 주었다. 이렇게 물건을 하나씩 주고서 취한 물건과 다른 물건에 대하여 선호도를 다시 평가하게 한 결과(〈표 5-5〉) 애초에 내렸던 평가와 가장 큰 차이를 보인 것은 '큰 부조화' 조건이었다. 이들은 취한 물건을 더욱 좋게, 취하지 않은 물건은 애초보다 훨씬 못한 것으로 평가하였다.

〈표 5-5〉 의사결정 후의 부조화 감소

조건	취한 물건	남은 물건	전체 부조화 감소
큰 부조화	+.32	-.53	+8.5
작은 부조화	+.25	-.12	+3.7
선택 없는 조건	.00	-	.00

출처: Brehm, 1956.

곁글 5-7

동물도 인지부조화를?!

다양한 형태로 나타나는 인지부조화 현상이 동물에게도 관찰될 수 있는가? 비둘기를 대상으로 한 연구는 힘들여 얻게 된 먹이를 쉽게 얻은 먹이보다 더 좋아하는 것으로 나타났다(Egan et al., 2007). **노력의 정당화**에 해당될 수 있는 현상이 관찰된 것이긴 하지만 다른 해석의 여지가 있다. 즉, 많은 운동을 하였기에 입맛이 돌아 더 맛있게 여길 수 있다는 것이다. 이와는 달리 **선택의 부조화** 방식을 사용하여 원숭이를 대상으로 한 연구가 아동을 대상으로 한 연구와 비교되어 흥미롭다.

여섯 마리의 원숭이를 대상으로 M&M 초콜릿의 선호하는 색깔을 파악하기 위하여 연구자들(Egan et al., 2007)은 해당 색의 초콜릿에 얼마나 신속히 반응하는가를 측정하여 세 가지 비슷한 선호를 보이는 색깔을 알아내었다(A, B, C; C는 셋 중에서 그나마 선호가 약하게 나타났고, A와 B는 동등함). 실험단계에서 원숭이에게 A와 B를 제시하는데 선택 조건에서는 둘 모두 접근이 가능해서 원하는 것 하나를 선택해 먹을 수 있게 했으나(하나를 선택하면 다른 것은 없어짐), 무선택 조건에서는 하나만 접근이 가능했고, 다른 것은 볼 수 있어도 먹을 수는 없었다. 첫 실험 시행에서 A와 B를 제시하여 선택이 이루어지면 이어지는 후속시행에서는 첫 실험 시행에서 선택되지 않은 것(A 혹은 B)과 새로운 색깔인 C를 제시하고서 어느 것을 선택하는지를 관찰하였다. 이를 열 번하면서 선택하는 색깔이 무엇인지를 분석한 것이다. 즉, 앞 시행에서 선택하지 않은 A나 B에 비해서 C에 대한 선호가 증가한다면 선택의 부조화 현상이라 볼 수 있다. 모든 원숭이가 두 달 간격으로 선택 조건과 무선택 조건에서 실험을 치렀다. 한편, 연구자들은 네 살짜리 남녀 아동 30명을 대상으로 아이들이 좋아하는 다양한 모양의 스티커를 대상으로 같은 절차의 실험을 시행하였다. 아동과 원숭이가 대상 C를 선택한 비율이 [그림 5-11]에 나타나 있다. 원숭이와 아동의 경우 모두 선택 조건에서는 무선택 조건에서보다 C에 대한 선호가 커진 것을 볼 수 있어 인지부조화 현상을 보였다. 그러나 무선택 조건의 경우 아동은 예상대로 C에 대한 선호가 무작위 수준과 차이를 보이지 못했으나, 원숭이의 경우에는 예상 밖으로 무선택 조건에서 C에 대한 선호가 감소한 것으로 나타났다. 이는 무선택 조건에서 실험자가 보여 주기만 한 것에 대하여 더 애착을 느낀 것으로 해석될 수 있다.

어린 아동과 원숭이에게서 나타나는 선택의 부조화 현상은 인지부조화 및 그 해소 현상이 고도의 인지적 현상인 자기개념이 전제되고, 그에 바탕한 부조화의 경험들을 학습하여 이루어진 것이라기보다는 언어의 획득이나 울부짖음과 마찬가지로 인간과 동물의 생존본능에 기인한 진화적 토대를 지닌 것이라는 가설을 제시한다.

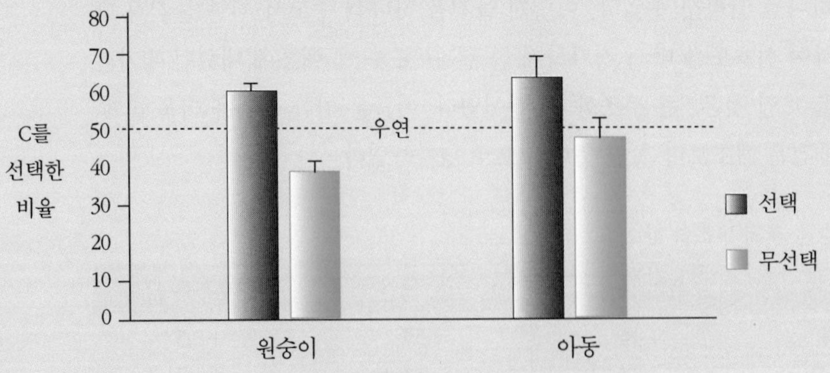

[그림 5-11] 원숭이와 아동들이 실험 조건에 따라 보이는 선택

부조화 줄이기 인지부조화 현상에 의한 태도변화의 기제가 불충분한 정당화, 선택의 부조화, 노력의 정당화 등의 다양한 연구 틀로 연구되고 현상의 적용 영역이 확대되고 있다. 이와 더불어 부조화의 결과 및 부조화를 줄이는 방책에 대한 연구도 정리되고 있다. 부조화를 줄이는 방책은 직접적인 방책과 간접적인 방책으로 구분된다(Stone et al., 1997). 직접적인 방책은 부조화를 줄이기 위한 인지요소나 태도의 변화를 통한 것, 부조화의 의미를 축소시키거나, 사소한 것으로 간주하는 것, 반태도적 행동을 초래한 상황에 대한 책임을 회피하는 것이다. 예를 들어, 북유럽 4개국의 십대 청소년을 대상으로 한 연구는 음주를 하는 청소년들이 자기 또래들은 더 많이 음주한다고 여김으로써 자신의 규범이탈적인 음주행위로 겪는 부조화를 감소시키는 양상이 있음을 보였다. 이 같은 양상은 특히 음주에 대한 규제가 심한 지역에 거주하는 청소년, 음주에 대하여 좋지 않게 여기는 태도를 지닌 청소년들에서 더 강하게 나타났다(Makela, 1997).

간접적인 방책은 불편함을 태도-행동의 괴리로 돌리는 대신 다른 상황적 이유 탓으로 돌리는 것, 자신의 긍정적인 가치를 확인하는 것, 부조화를 잊기 위해서 술을 마시거나 다른 활동에 빠져드는 것 등이다. 이 같은 직간접의 다양한 양태가 부조화의 불편감을 줄일 수 있음이 여러 연구들에서 나타났다. 이 양상을 잘 보여 준 한 연구에서(Stone et al., 1997), 최근 3개월간 이성을 대상으로 성행위를 가진 남녀 대학생을 대상으로 AIDS 예방을 위하여 피임기구 사용의 필요성을 홍보하는 비디오를 개인별로 제작하도록 요청하며, 이 비디오의 내용 일부가 실제 홍보활동에 사용된다고 알려 주었다. 참가자들은 개인적으로 스튜디오에 와서 비디오 촬영을 하도록 하였다. 이때 첫째 집단(위선적 자기 조건: 심한 부조화 조건)의 사람들은 자신이 최근에 콘돔을 사용하지 않은 경우를 회상하면서 이유목록에서 그 이유를 표시하도록 하였다. 둘째 집단의 사람들은 타인들이 콘돔을 사용하지 않는 일반적인 이유를 표시하도록 하였다. 셋째 집단의 사람들은 이유를 표기하였으나 비디오카메라의 고장으로 촬영을 못하게 되었다. 넷째 집단의 사람들은 안전한 성행위 홍보용 비디오 제작을 위해 연설할 내용을 준비하도록 하였다. 이런 절차가 끝나고서 모든 참여자들은 5달러의 사례비를 받았다. 어떤 부조화 해소방책이 취해지는지를 알기 위하여 일부의 사람(간접방식 조건)들에게는 집 없는 사람들을 위한 모금활동에 참여하겠느냐를 제안했다. 다른 참여자(직접+간접방식 조건)들에게는 집 없는 이에 대한 모금활동의 참여(간접방식)와 더불어, 콘돔을 할인가로 구매할 수 있는(직접방식) 기회를 제공하였다. 연구자들은 부조화를 느끼는 조건에서 그 해소를 위해 모금활동에의 참여나 콘돔의 구매가 나타날 수 있다고 보았다. 연구결과, 심한 부조화의

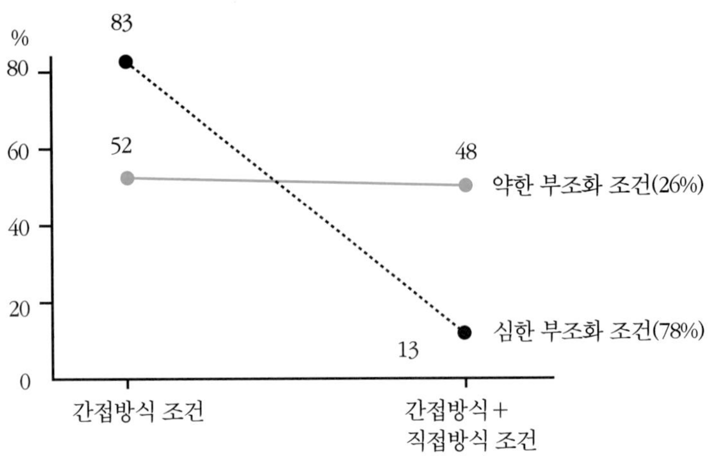

[그림 5-12]
부조화의 강도에 따른 부조화 해소책으로 간접수단을 택한 사람의 비율

출처: Stone et al. 1997, 표 1의 일부를 그림화.

( ) 안의 숫자는 두 가지 방식이 모두 가능할 때 직접방식(콘돔 구매)을 택한 사람의 비율임.
아무것도 택하지 않은 사람이 있기 때문에 합이 100%가 안 됨.

조건에서 간접적인 방책(모금활동)만 제공된 경우에는 이 모금활동에 참여하는 사람들이 많이 나타났다. 즉, 자기가치를 확인함으로써 부조화를 씻어내는 간접적인 방책이 취해지는 것이다. 그러나 직접적인 방책(콘돔 구매)도 제공된 경우에는 직접적인 방책이 많이 취해지는 것으로 나타났다. 사람들이 콘돔을 사용하지 않는 이유를 생각하게 한 조건의 응답자들은 직간접 방책 중에서 간접방책(모금활동)을 택하는 비율이 높게 나타났다. 즉, 사람들은 자신이 위선적인 모습으로 비추어질 수 있는 경우에 행동에 맞추어 태도를 바꾸거나, 원래의 태도에 따르는 행동을 보이는 부조화 현상을 보인다. 그러나 타인의 행동이 잘못된 것을 환기하게 되는 경우에는 간접적인 경로를 취하면서 자신의 태도-행동의 괴리에 별 신경을 쓰지 않는 양상을 보인다.

인지부조화 이론의 발전 Steele(1988)는 자기의 개념을 인지부조화 이론에 도입하여, 자기가치확인 이론을 제시하였다. 이에 따르면 자기의 통합적인 모습을 긍정적인 것으로 갖고자 하는 동기가 인지부조화 효과를 가져온다. 즉, 사람들은 자신의 통합성에 부응하지 못하는 정보(스스로가 모순을 보이거나, 태도와 부합하지 못하는 행동을 보이는 등)를 접하는 경우에 잘못되었거나 불편한 느낌을 갖게 된다. 이때 자신의 긍정적 가치를 다른 면에서 재확인할 수 있다면 인지부조화에 의한 불편감을 크게 감소시킬 수 있다고 본다. 사람들은 다양한 장면에서 생활하므로, 매 상황마다 일관되게 자신의 바람직한 모습대로 살기 어렵다. 학교에서 치른 시험에서 실패를 경험하였을 때, 가족이나 혹은 친구들과의 관계에서 자신의 가치를 재확인할 수 있다면 통합적인 자기의 긍정적인 모습을 견지할 수 있는 것이다. 실제로, Steele 등(1993)은 Brehm의 자유선택에 의한 부조화 연구방식을 사용하여 참가자들에게 자신의 긍정적인 성격특성을 재확인시킨 조건에서는 부조화에 의한 선호도 변화가 나타나지 않음을 보였다. 아울러 과학 전공생들에게 실험실 가운을 입게 하여 자신들의 정체성을 확인시켜 준 상황에서도 부조화에 의한 선호도 변화가 나타나지 않았다(Heine & Lehman, 1997b; Stone et al., 1997).

인지부조화 현상은 보편적인가? 인지부조화 현상이 제시하는 인간의 모습은 합리적인 존재라기보다는 합리화하는 존재이다(Tavris & Aronson, 2007). 행동에 걸맞은 내면의 모습을 안정성 있게 지니고 그에 맞는 일관성 있는 행동을 보여야 정상이다. 인지부조화 현상 자체가 어쩌면 이 같은 인간관(2장 참고)을 문화적 토양으로 하는 서구의 개인주의 사회에 국한될 수 있다는 인식이 이 현상의 비교문화적 연구들에서 제시되었다. 행동의 책임을 개인에게 묻는 서구의 문화와 달리 한국이나 일본에서는 개인의 행동이 개인의 내적 특성보다는 그가 맡은 사회적 역할, 의무에 의해서 나타날 가능성이 높다고 본다(최상진, 김기범, 1999; Shweder & Bourne, 1982). 즉, 개인의 행위에 대한 상황론적 이해가 서구사회보다는 잘 이루어진다. 따라서 인지부조화 실험틀에서 참여학생들이 자신의 태도와 반대되는 행위를 교수가 요구했으니까 거절할 수 없어서 했다는 식으로 여긴다면 부조화를 느끼지 않을 것이며, 부조화 감소를 도모하는 동기도 나타나지 않을 것이다. 한국에서 행해진 불충분한 정당화의 재검 연구는 인지부조화 현상이 나타나지 않았음을 보고하고 있다(Choi & Nisbett, 1998). 그러나 태도와 반대되는 행동을 남들 앞에서(공적 상황) 취한 경우에는 행동에 맞추는 태도변화가 일본 학생들에게서 관찰되었고(Sakai, 1981; Hoshino-Browne et al., 2005), 국내에서 교통법규 준수 태도를 측정한 8주 후에 법규 위반 행동을 정당화하는 논리를 펴게 한 결과, 그런 논리를 많이 폈을수록 법규 준수 태도가 떨어지는 인지부조화 현상이 관찰되었다(허태균, 황재원, 김재신, 2005).

인지부조화에 대한 비교문화적 연구에서는 일본인과 캐나다인을 대상으로 비슷한 정도로 좋아하는 중국음식 메뉴 중에서 하나를 취하였을 때 취한 것이 더 좋아지고 안 취한 것은 덜 좋아지는 선택의 부조화 효과를 검토하였다(Hoshino-Browne et al., 2005). 이때 선택한 메뉴를 자신이 먹게 되는 상황과 친구에게 주는 상황에서

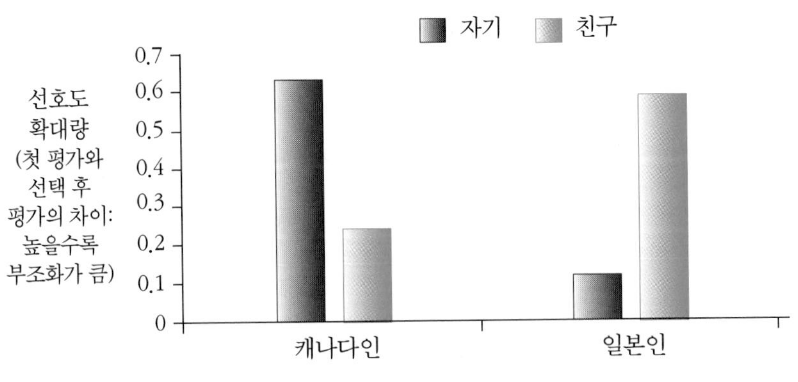

[그림 5-13]
선택 후 부조화 감소의 문화 차이 (캐나다와 일본): 나와 친구 조건
출처: Hoshino-Browne et al., 2005.

인지부조화 효과가 두 문화에서 상이하게 나타났다. [그림 5-13]에서 보듯이 캐나다인에게서는 자신이 갖는 경우에, 일본인의 경우에는 친구에게 주는 상황에서 인지부조화 현상에 의한 태도변화가 관찰되었다.

이 같은 문화비교 연구들은 인지부조화 현상이 각 문화의 인간관에 의해서 영향받음을 보여 주고 있다. 한국인은 자신들의 행위가 상황에 따라 달리 나타날 수 있음을 쉽게 인정하므로 자신이 취한 행동이 내면의 태도와 모순된다고 해도 굳이 내적인 태도의 변화가 수반되지 않는다는 주장이 제기된다(Choi & Nisbett, 1998). 그러나 한국인이 상황론적인 행위설명을 많이 하지만, 주체적 임자로서 개인주의적 행동 양식도 발달해 있음에 주목할 필요가 있다(김동직, 한성열, 1998; 이누미야, 김윤주, 2006). 최근에 선택의 부조화 방식을 이용하여 이 현상의 발현을 연구한 결과, 한국 대학생들이 인지부조화를 뚜렷이 보이는 것으로 나타났다(윤상연 등, 2013). Hoshino-Browne 등(2005)의 연구방법을 변형하여 음료수를 연구참가자 자신이 마시기 위해 혹은 친구에게 주기 위해 선택하는 상황에서 10개의 음료수 순위를 평가하게 하였다. 그런 후에, 5위와 6위 평가를 받은 음료수 2개를 제시하고 자신 혹은 친구를 위해 하나를 선택하도록 하고서, 다시 음료수의 순위 평가를 하게 하여 선택 후 부조화 현상이 나타나는지를 보았다. 아울러 향후 한 달 동안 실시할 교통법규 위반 집중단속 기간에 시행할 법규의 우선 순위를 평가하게 하고서, 중간 순위의 것 2개를 제시하고, 캠페인에 적용할 것 하나를 선택하게 하고서 다시 법규들의 중요성 순위에 대한 평가를 하도록 하였다. 세 가지 상황 모두에서 자유선택의 부조화 현상이 나타났는데, 자기 조건(개인적 행위)과 교통법규의 조건(공공적 행위)에서 가장 크게 나타났다. 부조화 크기는 참여자의 집단주의적 성향과는 역상관이 나

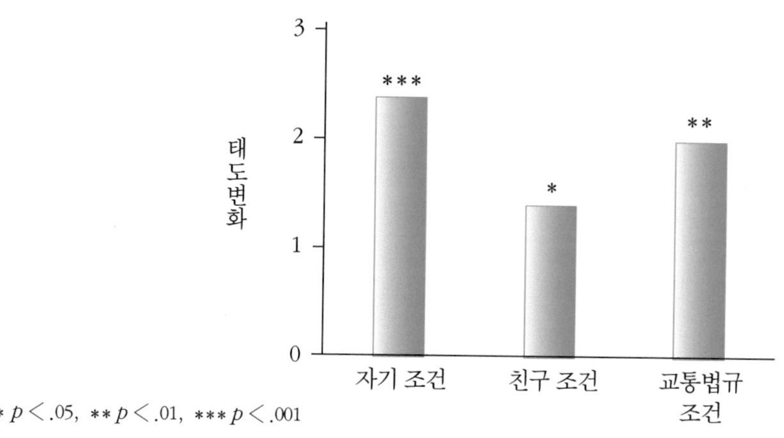

[그림 5-14]
조건별 인지부조화 발생 확인
세 조건 모두 부조화에 의한 태도변화는 나타났으며, 자기 조건과 교통법규 조건에서 특히 강하게 나타났다.
출처: 윤상연 등, 2013.

왔으며(r = -.28), 자신이 했던 선택(자기가 마실 음료수를 선택하는 것과 교통법규의 순위를 정하는 것)이 중요하다고 여길수록 부조화 현상을 강하게 보였다(r = .41). 이런 연구결과로 볼 때 인지부조화 현상에 대한 연구는 한국인이 그를 보이는지 여부에 맞출 것이 아니라 어떤 상황적 특성에 의해 강하게 나타나는지를 구명하는 방향으로 진행되어야 할 것이다.

❖ 태도가 분명하지 않을 때: 자기지각 이론의 적용

Bem(1967)은 인지부조화 현상을 내적인 부조화라는 보이지 않는 심적 기제를 빼고 행동주의적 입장을 취해서 재해석한 자기지각 이론을 제시하였다. 즉, 태도와 상반된 행동을 취하고 1달러를 받은 사람들은 스스로 '나는 분명히 과제가 재미있다고 이야기했다. 그 대가로 1달러를 받았다. 1달러 때문에 내가 거짓말을 한다는 것은 믿기 어렵다. 틀림없이 과제가 재미있는 면이 있었다.'라고 생각할 것이고, 20달러를 받은 사람들은 '과제가 재미있다고 한 것은 20달러라는 큰 돈 때문이야. 과제가 재미는 없었지.'라고 생각할 수 있다. 이 경우 부조화 이론이 전제로 하는 불편감 및 그 해소 동기도 필요가 없어지고, 스스로 취한 행동에 대한 상황분석을 통해서 자신의 태도를 취한다는 것이다.

자기지각 이론은 태도가 어떤지를 분명히 알고 있다면 상황분석이 필요 없을 것임을 주장하며, 따라서 원래의 태도를 확실히 부각시키면 태도변화는 나타나지 않으리라는 예측을 한다. 반면에, 인지부조화 이론은 원래의 태도를 현저하게 만들면

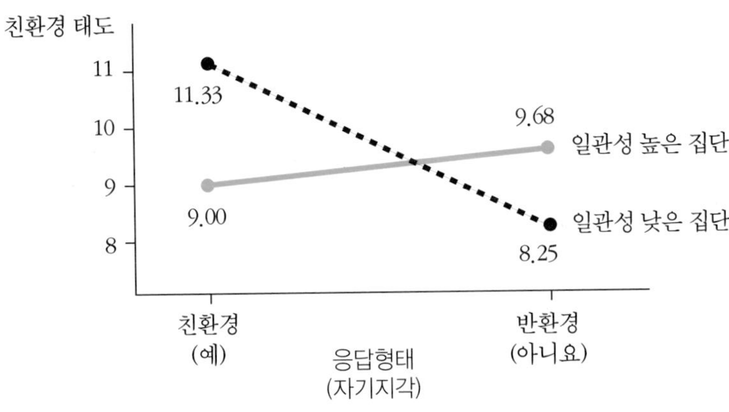

[그림 5-15]
태도의 일관성과 자기지각 처치에 따른 친환경적 태도 양상

결글 5-8

자선기금 모으는 방책: 문간에 발 들이기 기법

사람들로 하여금 자선기금에 출연하도록 하는 데 자기지각 이론을 응용할 수 있다. 원리는 사람들로 하여금 스스로가 자선활동에 관심 있는 사람이라는 인식이 들도록 하는 것이다. 이를 위해서는 우선 사람들에게 자선활동과 관련된 어렵지 않은 행동을 요구하여, 거절하기 힘들게 만든다. Freedman과 Fraser(1966)는 캘리포니아의 가정집을 백여 곳 방문하여 작은 요구(안전운전 혹은 환경보호 캠페인 서명을 요구하거나, 캠페인 참여 스티커를 붙이고 다니는 것)를 하였고, 접근한 거의 모든 집의 주부들에게 수락을 받아 냈다. 2주 후에 이들을 다시 방문하여, 그들의 집 마당에 '안전하게 차를 몹시다'라는 입간판을 설치한 집의 사진을 보여 주면서 일주일간 설치해 줄 것을 요구하였다. 일군의 주부들에게는 한 번만 방문하였으며, 이 첫 방문 때 입간판 설치를 요구하였다. 이들 중 17%만이 동의한 것으로 나타났다. 그러나 두 번째 방문을 받은 사람들 중에서 첫 방문 시에 안전운행 스티커 붙이기나 다른 환경보호 캠페인에 서명하였다면 입간판 설치에 동의하는 사람이 47%로 나타났다. 이렇게 높은 참여율은 작은 참여가 자기지각 효과를 가져와 큰 참여를 끌어냈기에 가능하였다고 본다. 이를 '**문간에 발 들이기** 기법'이라 하는데, 이는 작은 부탁을 들어준 후에 더 큰 부탁을 쉽게 들어주는 경향을 말한다. 이 효과가 나타나기 위해서는 첫 번째 요구를 수락하는 것이 자기지각 효과('공익활동에 관심 있는 나')를 지니고 있어야 한다. 지나치게 사소한 요구의 경우에 이러한 자기지각 효과가 덜 나타나며, 이 경우에는 상대방이 요구를 수락하였을 때 상대방에게 자기상을 분명히 확인시켜 주는 것이 효과가 있다(당신은 자선활동에 관심이 많은 훌륭하신 분이군요!). 이 효과가 나타나기 위해서는 선행 요구에 대한 수락이 자발적으로 이루어진다는 인식이 꼭 필요하다. 뚜렷한 상황적 이유 탓으로 요구를 수락한 것으로 여길 수 있다면 자기지각 효과가 나타나지 않을 것이다.

또 하나의 사례로, 미국 인디애나 주에서 주민들을 대상으로 미국암협회의 활동에 3시간의 자원봉사를 할 수 있는지를 물었다(실제 한 것은 아님). 3일 후에 다른 사람이 이들에게 전화를 걸어 암협회에 실제 도움을 줄 것을 부탁하였다. 이전에 할 수 있다고 답을 한 사람들에게서 31%가 이 요구를 수락하였는데, 이 수락률은 이전에 전화를 받지 않은 사람들의 수락률 4%에 비해 8배에 달하는 것이다(Sherman, 1980).

더욱 불편해져 더 큰 부조화 효과를 가져온다는 상반된 주장을 한다. 이 점을 비교하는 실험연구(Synder & Ebbesen, 1972)에서 한 조건에서는 참가자들로 하여금 태도와 반대되는 행동을 취하기 전에 자신의 태도가 무엇인지를 생각하게 요청했고, 다른 조건에서는 그런 요청을 하지 않았다. 자기지각 이론이 예측하듯이 원래의 태도를 생각하게 한 조건에서는 부조화 효과가 나타나지 않았다. Chaiken과 Baldwin (1981)은 환경보존에 대하여 일관된 신념을 지닌 사람과 그렇지 않은 사람들을 분리하여 이들에게 환경보존 활동에 대하여 질문을 하였다. 질문형식을 조작하여 한 조건에서는 대답이 '예'가 많이 나오도록 질문을 구성하였고(즉, 콜라병을 수집소에 가져가 **본 적**이 있습니까?)하고 다른 조건에서는 대답이 '아니요'가 많이 나오도록 했다(즉, 콜라병을 **항상** 수집소에 가져갑니까?). 그 후 자신의 환경보존에 대한 태도를 측정하였더니 [그림 5-15]에서 보듯이 환경보존에 대한 태도의 일관성이 낮았던 사람들에게만 처치효과가 크게 나타났다. 다른 연구들도 자기지각 과정에 의한 태도의 결정은 대상에 대한 태도가 불분명한 경우임을 밝히고 있다(Tybout & Scott, 1983; Wood, 1982; 곁글 5-8).

요 약

1. 행동이 태도를 결정짓거나 태도에 변화를 초래하는 과정은 인지부조화 이론과 자기지각 이론이 설명하고 있다.
2. 인지부조화 이론은 대상에 대한 확고한 태도를 지니고 있을 때, 이와 반대되는 행동을 취한 이유가 충분하지 못할 경우에 부조화를 경험한다고 본다. 사람들은 이 부조화를 벗어나려는 동기를 지니고 있어, 태도를 행동에 걸맞게 변화시킨다. 인지부조화 이론의 틀을 적용하여 불충분한 정당화, 노력을 정당화하려는 행위, 의사결정 후의 부조화를 설명할 수 있다.
3. 자기가치확인 이론은 인지부조화 이론에 자아의 이론을 접목시켜, 인지부조화는 자아의 가치를 확인할 수 있는 상황에서는 나타나지 않음을 보인다.
4. 인지부조화 이론은 안정적이고 일관된 개인의 모습을 추구하는 서구사회의 인간관을 반영하고 있으나, 그 현상의 발현이 인간에게 국한되지 않는다는 연구들이 나타나면서 진화적 가치도 추론되고 있다. 동아시아에서도 부조화 현상을 관찰할 수 있으며, 어떤 상황에서 나타나는지에 대한 연구들이 이루어지고 있다.
5. 자기지각 이론은 자신이 지닌 태도가 애초에 불확실한 경우에 사람들은 자신이 취한 행동으로부터 자신의 태도를 유추한다고 설명한다.

설득에 의한 태도변화

지금까지는 스스로의 행위에 따른 태도변화의 심적 기제에 대하여 다루었다. 이제 태도변화를 도모하는 설득, 광고, 홍보 등에 접해서 태도변화가 이루어지는 과정과 그 영향요인들에 대해서 살펴보자.

설득은 전달자가 전달내용을 수용자에게 보내어 소기의 목적을 달성하려는 의사소통 행위다. 제2차 세계대전 때 각국에서는 적대국을 대상으로 한 선전활동은 물론, 자국민을 대상으로 모병활동과 전쟁지원을 도모하기 위한 홍보 및 설득활동을 활발하게 전개하였다. 이 과정에 사회심리학자들이 관여하게 되었고, 전쟁이 끝나고서 설득과정과 설득효과에 미치는 요인들의 연구가 사회심리학의 주된 관심사로 떠올랐다(곁글 5-9). 설득의 과정에 대한 이해를 위해서 통상 전달자, 수용자, 전달내용의 3요소를 구분하여 각 요소의 영향이 어떻게 작용하는지를 살필 수 있다. 여기서는 이들 3요소를 간략히 짚어 보고 이 분야의 연구결과들을 통합적으로 이해하는 틀로써 정교화 가능성 이론을 살펴보겠다.

영화 〈판도라〉는 후쿠시마급의 재앙적 원전사고가 국내 고리원전에서 터질 가능성과 그 파국성을 다룬 것으로, 2016년 개봉되었다.

전달자 요소 설득을 하려는 사람이 매력적이거나, 호감을 주거나(Wood & Kallgren, 1988), 전문성을 인정받거나, 신뢰롭게 여겨질 경우에(Hovland & Weiss, 1952) 그렇지 못한 설득자보다 설득효과를 더 지니고 있다. 매력적인 배우 혹은 신뢰감을 주는 배우나 저명인사를 광고의 모델로 많이 기용하는 것은 이 때문이다. 신뢰성은 통상 권위와 동일시 될 수 있는데 이것은 전문성과 믿음으로 구분될 수 있다(Hovland & Weiss, 1952). 전문성이 인정되는 사람은 그렇지 않은 사람보다 더 큰 설득력을 발휘한다(Wood & Kallgren, 1988). 신뢰감은 전달자가 편파적이지 않음을 인정받을 때 느껴진다. 핵발전 기술자가 핵발전의 안전성을 강변한다면 그의 전문성에도 불구하고 우리는 미심쩍어 하며 신뢰감을 느끼지 못한다. 왜냐하면 그는 자기이익에 영합하는 입장을 취하고 있기 때문이다. 따라서 신뢰성을 인정받는 방법 하나는 전달자가 자기에게 오는 불이익을 감수하면서 주장을 펴는 것이다.

전달내용 요소 전달내용이 자신이 지니고 있는 태도와 괴리가 작을 때는 수

결글 5-9 **설득과정에 대한 연구의 진화**

미국의 사회심리학자들은 제2차 세계대전 당시 독일을 상대로 한 심리전에 참가하면서 설득과정과 설득효과에 미치는 요인들의 이해에 깊은 관심을 가져왔다. 태도변화에 대한 1세대 연구자(예일 대학교의 Hovland가 주도)들은 태도변화의 3요소에 작용할 수 있는 다양한 변인들이 설득효과에 어떠한 영향을 미치는지를 분석하였다. 초기에는 전달자의 신뢰감, 보상의 크기, 위협의 크기 등을 달리하여 메시지를 전달하였을 때 이를 수용하는 쪽으로의 태도변화가 어떻게 나타나는지를 연구하였다. 이들 변인이 일관된 영향을 지니고 있다고 여겼다. 즉, 신뢰로운 전달자의 설득이 태도변화를 촉진한다 등의 가설을 세우고, 이를 검증하였다. 이들이 취한 이론적 입장은 학습론적 입장으로, 전달내용의 학습이 잘 될수록 효과는 크다고 보았으며, 이 학습을 도와주거나 방해하는 변인들을 상정하고 이를 연구하였다. 그러나 인지심리학의 접근이 부상하면서 2세대 연구자들은 전달내용의 효과에 영향을 미치는 요인이 무엇인지를 보는 것에서 나아가, 전달내용이 어떻게 처리되는지가 중요함을 인식하여, 수용자의 인지반응을 매개로 하여 효과가 나타나는 과정에 관심을 기울이게 되었다(Greenwald, 1968). 한 예로, 사람들이 긍정적인 정서상태라면, 다양한 생각들이 떠오르며, 메시지의 처리에 상대적으로 소홀하게 되는지를 보기 위해, 학생들에게 경품을 타게 한 조건과 그렇지 않은 중립 조건에서, 산성비 통제에 대한 강한(논리적 구조가 탄탄한) 메시지나 약한 메시지를 접하도록 하였다(Worth & Mackie, 1987; Petty, 1997). 약한 메시지에 접했을 경우에 긍정적 정서 조건에서 사람들은 훨씬 설득이 되었지만, 강한 메시지에 접한 경우에 사람들은 오히려 부정적 정서 조건에서 설득이 잘되는 것으로 나왔다(양정애, 2010). 이같이 2세대 연구자들의 연구가 **인지반응 이론**을 중심으로 이루어졌으나, 여러 연구들의 결과가 일관되지 않는 경우가 많아졌다. 즉, 기분이 좋은 상태에서도 메시지 처리가 잘 이루어지는 것이 관찰되었다. 오늘날의 3세대 연구자들은 이같이 상반되는 효과를 인정하고, 이 결과를 통합하려는 시도를 한다. 즉, 모순현상을 통합하는 제3의 변인들을 발견하려는 노력을 보이고 있다. 예를 들면, 3세대 연구자들은 긍정적인 정서가 메시지 처리에 좋을 수도 나쁠 수도 있을 가능성을 인정하며, 메시지가 긍정적인 것으로 기대되는 경우에는 메시지 처리가 잘 이루어지고, 메시지가 부정적인 것으로 기대되는 경우에만 처리가 잘 이루어지지 않음을 발견하였다. 즉, 처리과정의 결과는 긍정적인 기분을 유지하려는 동기에 의해서 좌우됨을 밝힌 것이다(Petty, 1997).

용 가능성이 높으나, 괴리가 클 경우에 태도변화 이외의 다른 반응이 나타난다(Hovland et al., 1957). 내용이 수용자가 지닌 태도와 반대되는 것일 때, 일방적인 내용보다는 쌍방향(담배가 해로운 이유와 유익한 점)의 내용을 모두 제시하는 것이 더 효과적이다(McGuire, 1964).

수용자 요소 같은 내용이라도 듣는 사람의 특성에 따라 그 설득효과는 달라진다. 예를 들면, 수용자의 연령을 들 수 있다. 인지능력의 발달과 사회화에 따라 메시지를 이해하는 능력 및 메시지에 양보(저항의 반대)하는 경향이 서로 반대의 힘으로 작용하여 청소년들이 메시지의 수용력이 다른 연령층에 비해서 높을 수 있다(나

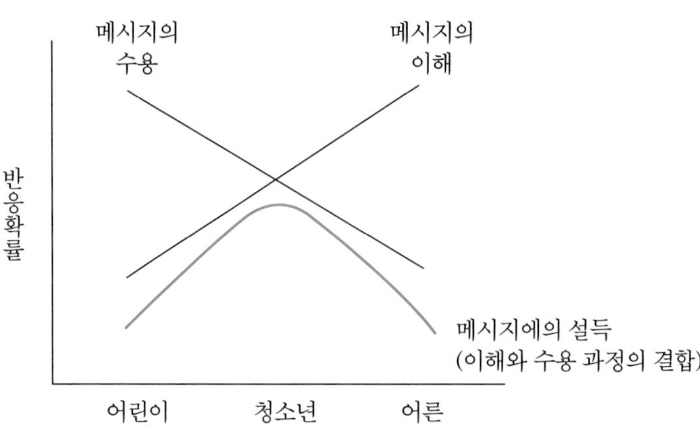

[그림 5-16]
메시지의 이해와 수용 과정의 결합으로 결정되는 메시지의 설득력
출처: 나은영, 2006.

은영, 2006; [그림 5-16]). 아울러 청소년들은 자기 정체감이 정립되지 않았기에 동경하는 연예인, 운동선수와의 동일시 양상이 높고, 또래 집단에의 동조 경향을 많이 보이는 등이 설득 메시지의 수용에 큰 영향을 미친다(김재현, 이준희, 2000; 안동근, 2005; 양병화, 2005 등).

설득효과에 대한 인지적 접근: 정교화 가능성 이론

일상에서 접하는 수많은 광고나 설득내용을 보고 들으면서 사람들은 때로는 논점을 세세히 파악하여 자신의 태도를 결정짓지만 다른 경우에는 논점을 따지기보다는 누가 말하는 것인지, 얼마나 호감이 가는지 등의 피상적인 면에 의해 자신의 태도를 결정하기도 한다. 어떠한 상황에서 이같이 다른 과정이 작용하는지가 태도변화 연구의 주요 관심사가 되어 왔다. 수많은 연구들은 태도변화가 두 가지 별개의 과정을 통해서 이루어질 수 있음을 보인다. Petty와 Cacioppo(1986)는 정교화 가능성 이론(Elaboratio Likelihood Model: ELM)을 제시하여 중심경로 처리를 할 때와 지엽경로 처리를 구분하여 설명하고 있으며, Chaiken(1980, 1987) 역시 체계적 처리와 어림법 처리를 구분하여 설명하고 있다([그림 5-17]). 두 이론이 유사하기 때문에 여기서는 정교화 가능성 이론을 중심으로 다루겠다.

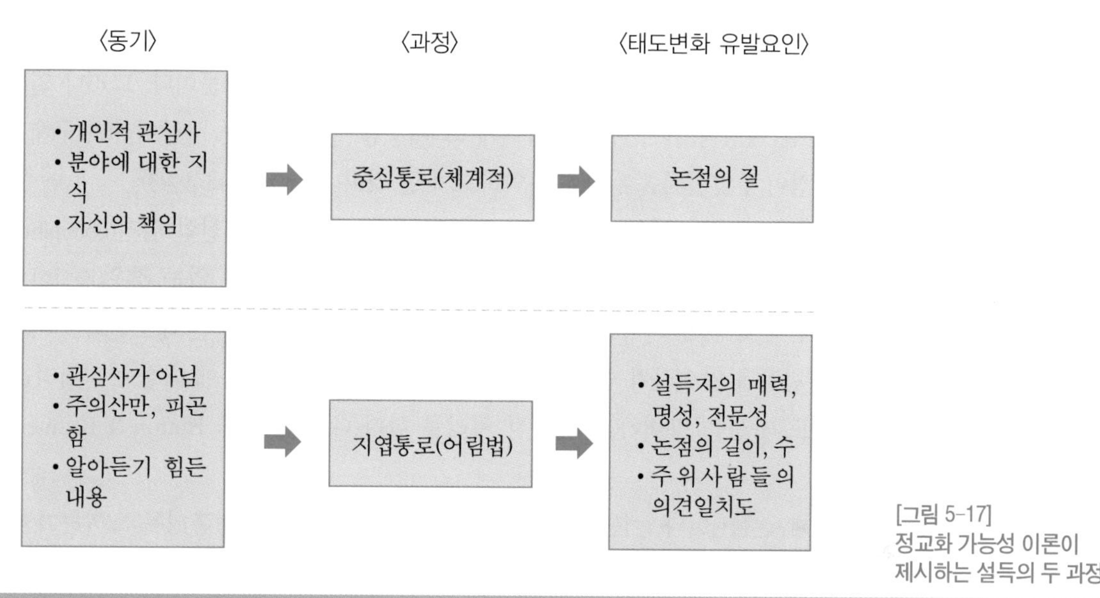

[그림 5-17]
정교화 가능성 이론이 제시하는 설득의 두 과정

❖ 중심경로(체계적 처리)를 통한 태도변화

작금의 한일관계는 독도 문제와 역사교과서 문제로 매우 악화되어 있다. 일본의 우익사학자들이 주동이 되어 편찬한 중등학교 역사교과서에서 제2차 세계대전을 미화시키고, 한일 관계를 왜곡시킨 부분이 많아 우리 정부는 이의 시정을 요구했으나 거의 묵살이 되어 한국 정부가 강경한 자세를 취하게 되었다. 이러한 사태의 진전을 보면서, 과연 일본(혹은 한국) 정부의 입장을 내세우는 논지가 어느 정도 설득력이 있는지를 면밀히 검토하여 이 사태에 대한 태도를 결정하는 것은 중심경로를 이용한 처리다. 중심경로에 의한 태도변화가 나타나기 위해서는 우선 전달내용이 주의를 끌고 이해되어야 한다. 내용을 이해하면서 나타나는 인지적 반응은 단순히 내용에 동의하거나 반대를 하는 것에서 더 나아가 동의하거나 반대하는 생각 및 논리가 전개되는 인지적 정교화가 진행된다. 이 내용에 대한 인지적 정교화의 양상이 태도변화의 방향과 강도를 결정짓는다. 중심경로에 의한 정보처리로 나타나는 태도의 변화는 지속성을 지니며, 새로운 설득에 대응하는 저항력을 지닌다(Haugtvedt & Petty, 1992). 이러한 처리는 다음과 같은 경우에 주로 이루어진다.

수용자의 자기관여와 능력 일본의 교과서 왜곡에 대하여 많은 사람들은 잘못된 일이라고 여기지만, 구체적으로 무슨 내용이 어떻게 왜곡, 기술되어 있는지에 별 관심을 기울이지 않는다. 자신의 삶에 별 관련이 없기 때문이다. 그러나 일본인을 만날 예정이거나, 다른 사람에게 그 내용을 알려야 하는 사람이라면 구체적인 문제점이 무엇인지를 정확히 파악하고자 할 것이다(Kruglanski, 1988).

자기관여는 두 가지로 구분되어 논의될 수 있다. 첫째, 자신의 입지(commitment)다. 이는 자신이 취하게 된 태도나 의견이 확고하며 변할 수 없는 경우(흑인이 흑인에 대한 태도 등)를 의미한다. 이 경우에 태도와 반대되는 설득은 태도변화보다는 방어적 반응을 일으키기 쉽다(곁글 5-9). 이 경우 메시지와 내용에 대한 논점처리를 하면서도 자신을 방어하는 편파적 처리를 한다(나은영, 1994; Hutton & Baumeister, 1992).

둘째, 논점관여다. 이는 수용자가 제기된 논점에 얼마만큼 흥미를 느끼는가와 같은 문제다. 자신의 이해가 관련되어 있는 정도가 강할수록 논점관여가 심해지며, 정보의 내용에 깊은 관심을 보이는 처리가 나타난다. 그러나 논점이 복잡한 문제를 다루고 있으면(한미 FTA 같은) 수용자의 이해능력(교육, 지능 등)에 따라 논점보다는 전달자 효과가 나타나기 쉽다. 이를 잘 보여 준 연구(Petty et al., 1981)에서 대학생들에게 졸업을 위한 종합시험을 도입해야 한다는 주장을 듣게 하였다. 이 주

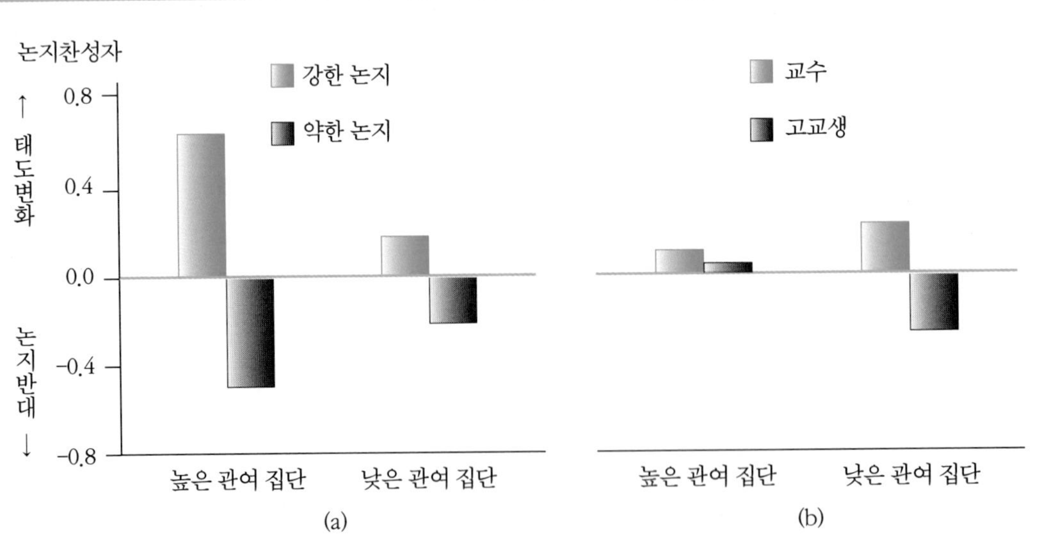

[그림 5-18] 논점처리에 미치는 동기의 영향

출처: Petty et al., 1981.

장은 탄탄한 논리를 바탕으로 구성되었거나, 엉성한 논리에 바탕한 것이었다. 또 하나의 변인으로 이 주장을 교육학 전공교수가 작성한 것으로 알려주거나, 고교생이 작성한 것으로 알려주었다. 아울러 한 집단(높은 관여)에게는 종합시험의 도입이 자신들의 대학에서 채택될 가능성이 있다고 알려주었고, 다른 집단(낮은 관여)에는 다른 대학에서 검토하고 있는 것이라고 알려주었다. [그림 5-18]의 (a)에서 보듯이 낮은 관여집단의 사람들은 논점에 대한 찬반태도가, 높은 관여집단의 사람에 비해 적게 나타났다. 높은 관여집단의 사람들은 논지가 탄탄한지 엉성한지에 큰 영향을 받고 강한 찬성 혹은 강한 반대쪽으로 태도변화가 크게 나타났다. 이들은 (b) 그림에서 보듯이 누구의 주장(교수/고교생)이냐에는 별 영향을 받지 않는 것을 볼 수 있다.

논점에 흥미를 갖게 되는 상황에서라면 사람들은 환경오염에 대한 홍보물이 손해의 틀('물고기가 죽으면 강도 죽습니다.')로 제시된 경우에 이익의 틀('물고기가 살아야 강도 삽니다.')로 제시되는 경우보다 더 논점처리를 하는 양상을 보인다(김재휘, 박유진, 2000; 본서 4장 참조).

주제에 대한 관여도가 높더라도 수용자의 능력이 체계적 처리에 변수로 작용한다. 복잡한 쟁점을 이해할 수 있는 지적 능력이 있고, 논지의 취약점을 평가할 수 있는 능력이 있어야 중심경로적 처리가 가능하다(Wood et al., 1985). [그림 5-19]는 중심경로적 처리가 벌어지는 조건과 과정을 정리하여 보여 주고 있다.

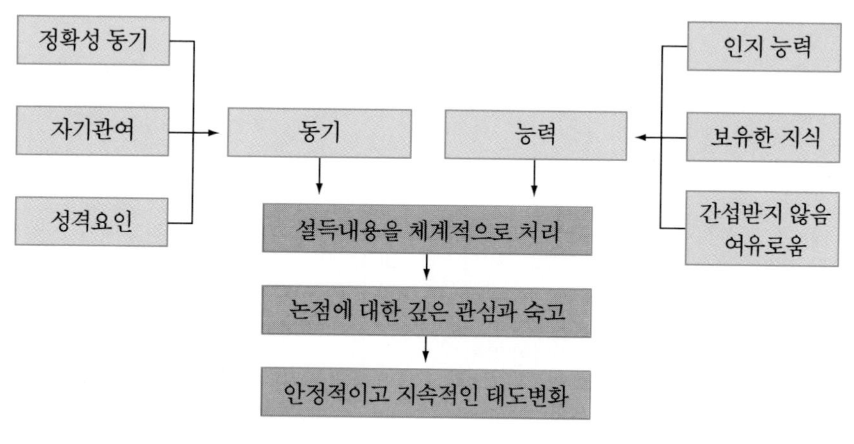

[그림 5-19]
중심경로적 처리의 조건과 과정

출처: Smith & Mackie, 1995, p. 289.

❖ 지엽경로(어림법 처리)를 통한 태도변화

내용을 파악하는 중심경로적 처리는 많은 인지적 노력을 요구한다. 사람들은 꼭 필요한 경우가 아니라면 많은 노력을 들이기보다는 손쉬운 처리를 선호한다. 일본 교과서 문제에 대하여 그 내용을 이해하여 나름의 견해를 지니기보다는 모든 한국인들이 한결같이 일본을 성토하고 있으니 잘못되었을 리 없다고 생각하며 덩달아 그러한 태도를 지니는 것이다. 이를 지엽경로에 의한 처리라고 한다. 이 같은 처리를 할 때 사람들이 전달내용을 거부하거나 수용하게 만드는 데 작용하는 몇 가지 판단 방략들이 있다. 이들을 설득 어림법이라고 한다(Smith & Mackie, 1995, p. 275).

우리편 어림법 전달내용이 듣는 이가 속한 집단의 다수의견(따라서 집단의 의견이 되기 쉬운)의 경우에는 소수의견인 경우보다 더욱 설득력을 지닌다. Mackie (1987)는 대학생 참가자들에게 82%의 그 대학 학생들이 "미국이 서반구에서 군사적 균형을 유지하도록 가능한 조치를 취해야 한다."는 의견에 동조한다(또는 반대한다)고 알려 주었다. 그 다음에 그 논점에 대하여 찬반의견을 똑같은 강도가 되도록 조정하여 들려주었다. 연구결과, 참가자들은 다수의 의견을 좇아가는 것으로 나타났다. 자신이 동일시하는 집단이 무엇이건—동교생, 학과생, 남자, 청년, 20대, 한국인 등—처해 있는 상황에서 제시되는 논점과 관련되어 동일시하는 집단은 준거집단으로 작용하여 소속 성원의 태도결정에 큰 영향을 미친다. 이는 동조압력과 유사성 및 호감에 의한 일관성 원리(Holtz & Miller, 1985)가 함께 작용하기 때문이다. 물론 우리 편이라고 항상 따르는 것은 아니다. Wood와 Kallgren(1988)의 연구에서

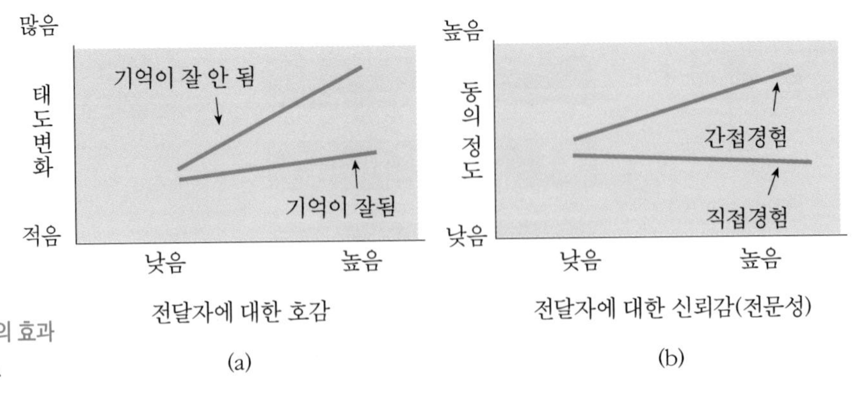

[그림 5-20]
전달자에 대한 호감과 신뢰감의 효과

출처: (a) Wood & Kallgren, 1988.
(b) Wu & Shaffer, 1987.

는 환경보존을 역설하는 내용을 듣는 이가 전달자에게 느끼는 호감이 문제되는 것은 논점에 대해서 기억을 잘 못하는 경우이며 기억을 잘할 수 있는 경우는 문제가 되지 않음을 보였다([그림 5-20]의 a).

전문가 어림법 사람들은 자신이 잘 모르는 영역이나 경험이 없는 영역의 내용에 대하여는 전달자가 전문가인지 아닌지에 따라 영향을 많이 받는다([그림 5-20]의 b). 말하는 이가 전문가의 특징을 보이는 경우에 역시 이러한 어림법이 작동한다. 그래서 말을 잘하거나, 실력이 있어 보이는 사람, 자신감 있는 어투, 전문가로서의 차림새나 외모를 지니고 있는 사람이 더 설득력 있다고 여겨진다. 일방적인 내용보다 양방적인 내용을 모두 제시하는 것이 설득에서 효과를 거두는 것도 전달자가 주제에 대하여 잘 알고 있다는 느낌을 전해 주기 때문이기도 하다. 전문가 어림법은 수용자의 주의가 논점에 모아지지 않는 상황에서 효과가 있으며, 전문가로서의 특징을 쉽게 파악할 수 있는 상황(비디오로 제시되는 경우)에서 잘 작용한다. 그러나 논점처리가 이루어지거나, 논점이 부각되는 방향으로 논쟁이 전개될 때(이를테면, 다수가 가진 의견이 나의 의견과 상반될 때)는, 논점처리가 유발되어 전문가 어림법이 통하지 않게 된다(Mackie, 1987).

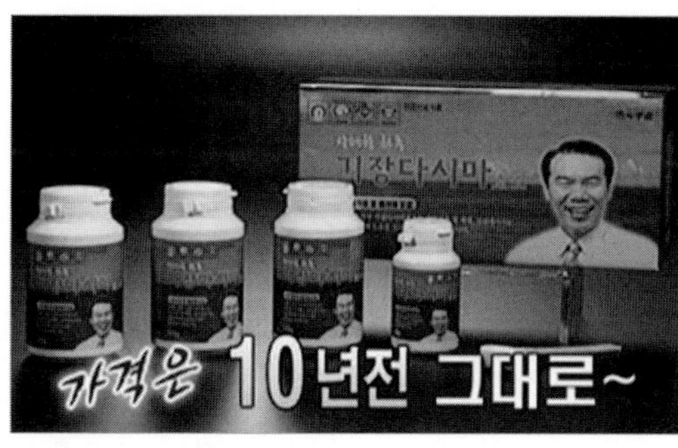

건강전문가로 잘 알려진 황수관 교수의 건강식품 광고: 전문가 어림법의 사례

메시지 어림법 수용자가 메시지를 접했으나 논점을 이해할 만한 능력이 부족하거나 이해하려는 관심이 없을 때, 또는 다른 일 때문에 주의를 충분히 기울일 수 없는 상황이라면 논지의 강약은 문제가 안 되고 피상적인 틀이 태도변화의 영향요인으로 작용한다. 이를테면 메시지에 담긴 주장의 길이, 조목조목 배열의 길이 등이 영향을 미칠 수 있다. Petty와 Cacioppo(1984)는 논점이 듣는 이의 관심사가 아닐 경우는 메시지를 길게 하고 많은 내용을 제시하는 것이 태도변화를 크게 유발하는데 이 경우에는 논점의 강약이 문제가 되지 않아 실제로 정보처리가 체계적으로 이루어지지 않음을 보였다. 예를 들면, 당신이 복사를 하기 위해서 도서관 복사기 앞에 줄을 서 있는데, 다른 학생이 와서 "다섯 장만 먼저 복사할 수 없을까요?"라고 요청했을 때와 "다섯 장만 먼저 복사할 수 없을까요? 바빠서 그러는데……."라고 요청했을 때 당신의 답이 달라지겠는가? 미국 뉴욕 시립대학교에서 이러한 실험을 했을 때 앞의 요청을 받은 학생의 60%가, 뒤의 요청을 받은 학생의 94%가 요구에

응했다(Langer et al., 1978). 이유 같지 않은 이유이지만 첨부됨으로써 그럴듯하게 여겨진 것이다. 이 메시지 어림법은 상대의 요구가 50장을 먼저 복사하는 경우라면 나타나지 않을 것이다. 아울러 메시지 어림법은 논점에 대해서 모르고 있는 경우에 나타나지만 잘 알고 있는 경우에는 나타나지 않는다(Wood et al., 1985).

요 약

1. 태도변화를 위한 설득은 전달자, 전달내용, 수용자의 3요소로 구분하여 논의할 수 있으며, 변화가 이루어지는 여부는 내용의 파악, 정서의 전이, 일관성 기제의 작용, 반론의 제시 가능성 기제에 의해서 설명할 수 있다.
2. 전달자가 호감을 주거나, 전문성을 지니고 있거나, 신뢰롭다고 여겨질 때 설득효과가 높다. 전달내용이 수용자의 태도와 괴리가 클 경우에는 태도변화 이외의 다른 반응이 나타날 가능성이 높다.
3. 태도변화를 설명하는 인지적 접근은 전달내용이 수용자에 의해서 파악되는지 여부를 중시한다. 정교화 가능성 이론은 내용의 파악에 의한 중심경로 처리과정에 따른 태도변화와 전달자의 특징, 메시지의 형태, 정서상태에 의해 태도변화가 나타나는 지엽경로 처리과정을 구분한다.
4. 중심경로(체계적) 처리 시에 전달내용에 대한 이해를 통해 찬반의 정교한 인지반응이 나타난다. 수신자의 자기 관여가 높아 내용을 이해하려는 동기가 높을 때 중심경로 처리가 나타나며, 이 경우에 태도변화는 지속성을 지닌다.
5. 전달내용에 큰 관심이 없는 경우에 사람들은 그럴 듯한 단서를 활용하여 설득을 받아들이거나 거부하는 지엽경로 처리를 한다. 이때 사람들은 우리편 어림법, 전문가 어림법, 메시지 어림법 등을 사용한다.

태도변화와 관련된 흥미로운 주제들

❖ 정서의 공략을 통한 설득

신념이나 논리가 우리의 태도에 영향을 미치듯이 우리가 지니고 있는 정서, 유발된 감정 같은 것도 우리의 태도에 영향을 미치고, 설득에 영향을 미친다.

좋은 정서를 이용한 설득 많은 광고(특히 식음료 광고)들이 보기만 해도 즐겁거나 동경의 대상이 되는 장면들을 배경으로 제품의 이미지를 홍보하고 있다. 사람들은 기분이 좋은 상태에서는 현상파악에 치밀함을 보이지 않고, 설득내용에 대한 체계적인 처리를 하지 않는 경향이 있다(Smith & Mackie, 1995, p. 284). 학생들에게 졸업을 위해서 종합시험을 치러야 한다는 주장(설득력이 강하게 혹은 설득력이 약하게 작성됨)을 전화로 전하면서 일부의 학생들에게는 날씨가 화창한 날을 택하였고, 다른 학생들에게는 날씨가 좋지 않은 날을 택하여 전화하였다. 날씨가 나쁜 날에 전화를 받은 경우에는 주장의 설득력에 따라 동의율이 달리 나타났다. 그러나 날씨가 좋은 날 전화를 받은 학생들은 주장의 설득력이 있건 없건 종합시험의 필요성에 동의를 하는 경향이 높았다. 더욱 흥미로운 것은 전화를 하면서 날씨가 좋은지 나쁜지를 언급하였을 때는 날씨의 영향은 나타나지 않고 단지 주장의 설득력이 강한 영향력을 행사하는 것으로 나타났다(Sinclair et al., 1994). 국내의 연구에서도(양정애, 2010), 기분이 좋은 경우에는 메시지의 내용이 잘 짜여있건 그렇지 못하건 설득 효과에 차이가 나타나지 않음이 확인되었다. 이러한 연구결과는 기분이 좋은 경우에 사람들이 정보에 대한 철저한 검토나 신경 쓰기를 꺼리며, 대신 어림법 처리를 할 가능성이 높음을 보여 준다.

공포감을 이용한 설득 사람들에게 금연을 결심하도록 하기 위해 시꺼멓게 된 폐암사망자의 폐를 보여 주는 등 혐오스러운 정서를 이용하는 홍보나 광고는 오래전부터 있어 왔다. 초기에 이루어진 연구(Dabbs & Leventhal, 1966)에서, 파상풍 예방접종을 맞도록 하기 위해서 파상풍의 위험을 설명하는 세 가지 조건을 설정하였다. 한 조건에서는 심한 공포감을 야기하도록 질병에 걸린 환자의 처참한 모습을 보여 주고 얼마나 무서운 병인지를 알려 주었다. 둘째 조건에서는 공포감을 야기시켰으나 그리 심하지는 않았다. 통제 조건에서는 공포감을 야기하지 않았다. 모든 조건에서 예방주사가 매우 효과적인 보호책임을 알려 주었다. 학생들이 주사를 맞을 의향과 보건소에 가서 주사를 맞은 비율은 공포가 심할수록 높게 나타났다.

그러나 공포의 크기와 태도변화는 이처럼 단순하지 않다는 것이 후속연구들에서 나타났다. 지나친 공포는 방어기제를 촉발시키며 태도변화 이외의 반응을 야기시키기 때문이다(곁글 5-10). 심한 공포가 태도변화를 유발하는 경우는 질병이 심각하며, 걸릴 가능성이 높고, 예방행동이 어렵지 않은 경우이며, 그렇지 못할 경우 심한 공포는 자기보호동기(Rogers, 1983) 같은 방어기제를 촉발시킨다고 본다. 이 경우에 사람들은 위협을 느껴서 방어적 주장을 하거나('반대되는 연구결과도 보았다!'), 자신에게는 해당 없다는 궤변이나 논리('그렇게 되기 전에 끊을 거야!')를 전개한다(Taylor & Shepperd, 1998). 그래서 폐암공포를 유발시키는 금연운동의 경우, 그 효과는 골초들에게는 방어기제를 촉발시키고(끊을 가능성이 없으므로), 흡연경력이 짧은 사람에게는 금연결심으로 나타난다. 한편, 좋은 기분상태에서 사람들의 정보처리가 어림법 처리를 보이는 것처럼, 불안이 심한 경우에도 상황에 대한 정보처리가 피상적으로 나타남이 알려졌다(Jepson & Chaiken 1990).

호신용 전기충격기의 동영상 광고를 공포 유발을 많이 하는 것(구급전화에 녹음된 성폭행 피해자의 공포에 떠는 목소리가 포함됨)과 그렇지 않은 것 두 가지로 제작하여 종합쇼핑상가에 온 여성 참가자들에게 무작위로 배정하여 한 가지를 보여 준 후 충격기 구매의사를 파악한 연구에서, 여성들은 높은 공포조건에서 더 높은 구매의사를 보였다(LaTour et al., 1996). 음식물 쓰레기를 줄이는 환경 캠페인에 동참하려는 의향에도 위협이 낮은 메시지보다 높은 메시지가 효과적이라는 국내의 연구(이두희 등, 2001) 등 여러 연구의 결과로 미루어, 공포감, 혐오감 등의 정서를 이용한 설득이

금연을 권장하는 방안들: 어느 것이 효과 있나?

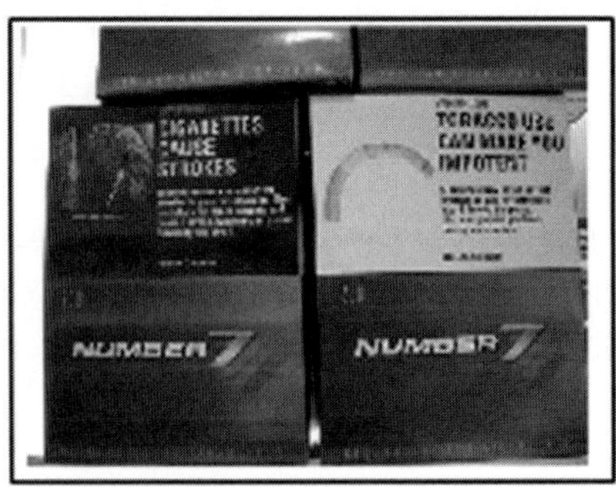

캐나다의 담배 포장(폐암과 성기능 장애의 위험성 경고)

국내에서 쓰인 금연 포스터

국내의 시판용 담배에도 금연을 위한 사진이 올라갈 예정이다. 어느 것이 효과적일까?

결글 5-10

건강 행위를 촉구하기 위해 어떤 정서와 틀을 이용할 것인가?

의료보험공단에서는 정기적인 건강검진이 국민의 건강을 증진시키는 데 효과적이기 때문에 정기검진을 받도록 다양한 홍보를 한다. "건강검진을 정기적으로 받지 않으면 각종 암과 질환에 걸립니다."라는 부정적인 틀을 이용할 수도 있고 "건강검진을 정기적으로 받아 활기찬 생활을 합시다."라는 긍정적인 틀을 이용할 수도 있다. 독일에서 남학생을 대상으로 심장질환의 증상을 알려주며 증상을 겪는 상상을 해 보라고 했다(Broemer, 2004, 연구 1). 한 조건에서는 상상하기 쉬운 증상(가슴통증, 어깨의 통증 등)을 알려주었고, 다른 조건에서는 상상하기 어려운 증상(호흡곤란, 심박부조 등)을 제시하였다. 상상행위가 끝나고서 참여자들에게 심장질환을 예방하는 행위들을 제시하고, 자신이 그런 예방행동을 할 가능성을 평가하게 하였다. 집단을 다시 나누어 한 집단의 사람들에게는 행위들을 긍정적인 틀로 제시하였고(규칙적인 운동이 심장질환 가능성을 낮춘다), 다른 집단의 사람들에게는 부정적인 틀로 제시하였다(규칙적으로 운동을 하지 않으면 심장질환에 걸릴 가능성이 높아진다). 결과를 보면, 증상을 상상하기가 쉬운 경우에는 예방행위가 부정적인 틀로 제시된 경우에 예방행동을 취할 가능성이 높았으나, 증상을 상상하기가 어려운 경우에는 예방행위가 긍정적인 틀로 제시된 경우에 예방행동을 취할 가능성이 높게 나타났다([그림 5-21]). 여대생을 대상으로 유방암을 주제로 행한 연구에서도 같은 결과가 나왔다(연구 2). 특히 이 같은 틀의 차이 효과는 질병의 증상이 심각하지 않은 경우에 확연히 나타났고, 심각한 경우에는 부정적 틀보다 긍정적 틀로 예방행위가 제시되는 것이 더 효과적으로 나왔다(연구 3).

이 같은 결과는 질병의 증세가 쉽게 경험할 수 있는 경우에는 공포와 같은 부정적 정서를 촉발시키는 것이 효과적이지만, 증세가 심각하거나 쉽게 경험하기 어려운 경우에는 긍정적인 정서를 촉발시키는 것이 효과적임을 보이고 있어, 질환에 무관하게 환자를 겁주는 것이 바람직한 것이 아님을 보여 준다.

한 연구(Sherman et al., 2000)는 사람들이 발암 가능성을 위협하는 정보를 접하였을 때, 긍정적인 자기상을 확인받은 상황에서는 정보를 수용하면서 암 예방행동을 취하는 자세를 보이는 것으로 나타났다. 이는 자신의 가치를 인정받는 경우에 사람들은 훨씬 전달내용에 수용적이며, 덜 방어적인 태도를 취함을 시사한다(자기가치확인 이론).

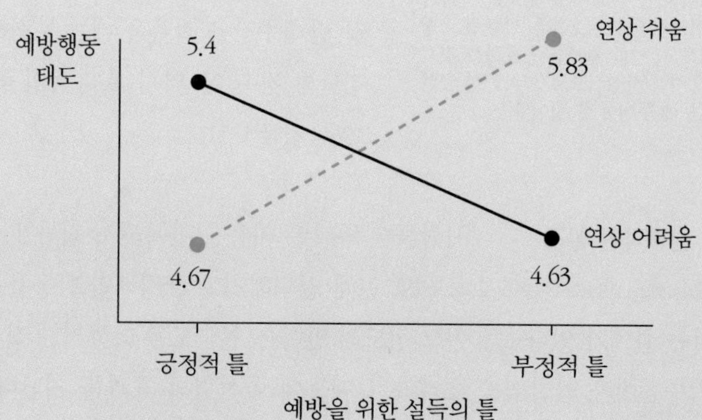

[그림 5-21] 예방을 위한 설득의 틀과 증상의 연상성에 따른 태도변화
출처: Broemer, 2004, 표 1의 결과를 바탕으로 그림.

효과를 거두려면, 유발되는 공포나 혐오정서가 지나쳐서 심리적 방어기제를 작동시켜서는 안 되며, 나쁜 상태를 벗어날 수 있는 대안을 실천할 수 있다고 여겨지는 경우에 효과가 큰 것을 알 수 있다(곁글 5-10).

❖ 면역효과와 설득의 반복

현재 지닌 태도와 반대되는 설득 메시지를 접했을 때 그것들에 저항하고자 한다면 현재 지닌 태도의 근거를 확고히 하거나, 아니면 반대되는 태도의 근거를 알고 이에 대비하는 논리를 지니고 있는 것이 효과적이다(McGuire, 1964). 후자는 마치 전염병에 면역효과를 얻기 위해서 약한 병균을 체내에 집어넣어 면역력을 배양시키는 것과 같다. McGuire와 Papageorgis(1961)는 세 집단으로 참가자를 구분하여 첫째 집단은 자신들의 입장을 지지하는 내용을 듣고, 둘째 집단은 자기 입장을 약하게나마 공격하는 내용과 그 공격을 받아넘기는 내용을 들었고, 셋째 집단은 아무런 공방메시지를 듣지 않게 했다. 이러한 처치 후에 모든 조건에서 참가자들은 자신들의 입장을 공격하고 반대하는 내용을 들었다. 세 조건에서 가장 저항을 잘한 조건은 둘째 조건(면역 조건)이었고, 그다음이 첫째 조건이었다. 추후의 연구는 입장을 지지하는 방법이 관점을 보충한다는 면에서는 효과적이지만 전혀 새로운 반대주장을 접했을 때는 무력하며 면역요법(둘째 집단의 경우)이 역시 효과적임을 보였다(McGuire, 1964; 곁글 5-11).

역사교과서 국정화 방침에 반대하는 시민단체의 시위
2015년 12월에 박근혜 대통령은 역사교과서를 검인정 체제에서 국정화로 바꾸고 이의 발간을 서두르고 있다. 국정화의 필요성으로 현재 중고생이 배우는 역사교과서가 한 종을 빼고는 전부 좌편향이어서, 북한을 우호적으로 다루고 있어, 이를 갖고 배운 학생들이 국가의 정통성을 의심하고, 애국심이 취약해진다는 것이다. 발간될 국정교과서의 내용이 면역효과를 무시하고, 남한 체제를 옹호하는 것으로만 채워지는 경우에 학생들이 오히려 사상적으로 편식하여 공산주의 설득에 취약해질 가능성을 염두에 두어야 할 것이다.

반복적인 설득 사람들이 똑같은 내용을 반복해서 접하게 되면 소위 노출효과(Zajonc, 1968; 곁글 5-2 참조)로 인해 친숙해지고 긍정적인 반응을 얻게 되지만 이 효과는 한계가 있다. 즉, 어느 정도의 반복은 친숙도를 더하지만 적정수준을 넘어서면 지루함이나 반발심을 초래하기 때문에 곡선형의 효과를 지닌다(Cacioppo & Petty, 1979). 내용이 복잡하지만 잘 짜여 있다면 여러 번 반복되어도 지루함이 덜하며, 반복이 논점과 관련된 생각을 촉발시키는 한에 있어서 긍정적인 효과를 지닐 것이나, 내용이 약하고 짜임새가 없다면 반복은 부정적인 효과를 가져온다. Cacioppo와

곁글 5-11

청소년의 흡연에 대한 면역요법과 틀 효과

한국인의 담배소비는 세계적이다. 최근 들어서 남자 기성세대의 흡연율은 떨어지고 있지만, 여성과 청소년의 흡연은 매우 증가하였다. 생활하다 보면 사람들이 기존에 지니고 있던 태도와 반대되는 설득 내용(혹은 유혹)을 접하는 경우가 많다. 미국에서 증가하고 있는 청소년의 흡연문제에 대처하기 위하여 면역법을 사용한 연구자들(McAlister et al., 1980)은 또래 아동들의 압력으로 아이들이 담배를 시작한다는 것을 알고, 아동들에게 어떻게 또래 아동의 압력이 작용하며 흡연의 유혹을 이겨낼 수 있는지를 알려 주었다. 흡연에 대하여 유익한 점과 해로운 점을 모두 알려 주고, 확실하게 반대하는 논지를 갖추게 한 것이다. 중등학교 1학년과 2학년생에게 이러한 교육을 행한 학교와 행하지 않은 학교에서 흡연을 시작하는 아동들의 비율은 뚜렷이 차이 났다([그림 5-22]).

국내에서 남자 고교생을 대상으로 금연에 대한 홍보물을 네 가지 유형으로 만들어 학생들에게 제시하고 흡연태도를 측정하였다. 건강에의 긍정적 효과는 '담배 안 피니까 세 게임을 뛰어도 끄떡 없어요.', 부정적 효과는 '담배 많이 피니까 10분만 뛰어도 숨이 차요.'였으며, 대인관계에서의 긍정적 효과는 '담배 안 피니까 여자 친구가 너무 좋아한다.'로, 부정적 효과는 '담배냄새 미치겠어! 계속 피면 안 만나!'의 문구가 적힌 광고물을 제작하여 보여 주고 학생들이 보이는 태도를 측정하였다. 그 결과, 긍정적 틀로 제시된 광고물이 부정적 틀로 제시된 광고보다 금연태도에 더 긍정적인 영향을 주는 것으로 나타났다(조형오, 2000).

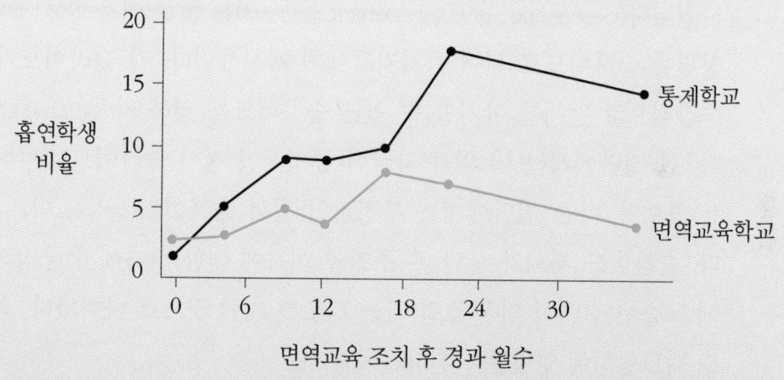

[그림 5-22] 흡연에 대한 면역조치가 흡연율에 미치는 효과

출처: McAlister et al., 1980; Smith & Mackie, 1995에서 전재.

Petty(1985)의 연구에서는 졸업시험을 도입해야 한다는 주장을 짜임새 있게 반복제시하면 그 효과가 증대하지만, 짜임새가 없을 경우에 반복이 거듭될수록 효과는 감소함을 보였다. 이들은 같은 내용의 단순 반복보다 내용을 변화시켜 제시하는 것이 더욱 효과적임을 아울러 제시하고 있다. 사람들이 반복해서 접하게 된 대상에 대하여 친숙함을 느끼고 호감을 느낀다는 노출효과는 다음에서 설명될 '역하 자극'에 대하여도 나타날 수 있음이 보고되었다(Bornstein, 1989; Uleman & Bargh, 1989).

❖ 역하 설득(광고)의 가능성과 오해

전설이 된 가수 서태지의 노랫말에는 그냥 들어서는 알 수 없는 주술이 들어가 듣는 이에게 영향을 준다는 소문이 한때 돌아다닌 적이 있다. 우리가 의식할 수 없는 자극이 인간행동에 영향을 줄 수 있는가? 사람들이 전혀 의식하지 못하는 '식역 이하(역하)자극'의 내용을 반복적으로 제시함으로써 태도대상에 대한 태도를 바꿀 수 있다는 주장은 상당히 오래된 주장이다. 즉, 역하 자극은 자극은 있으나 그 크기가 너무 작아서 의식하지 못하는 자극을 말하는데, 이는 그 현상이 지니고 있는 함축이 크다는 면에서 그동안 많은 관심거리가 되어 왔다(Wegner & Bargh, 1998 참조). 1957년에 극장에서 영화를 보여 주면서 '팝콘을 먹자' '코카콜라를 마시자'라는 자막을 식역 이하로 수십 차례 제시하였더니 영화가 끝난 후에 팝콘 소비가 50%, 콜라 소비가 18%나 늘었다는 주장이 제기된 바 있다(Smith & Mackie, 1995, p. 300).

역하 설득이 가능한가? 사람들의 감각기관이 인식할 수 없는 약한 자극일지라도 반복적으로 노출되면 그 자극의 영향이 나타난다는 것은 심리학자들도 인정하는 사실이다(Greenwald, 1992). Krosnick 등(1992)은 젊은 여자 한 사람이 일상생활하는 장면을 슬라이드로 찍어 참가자들에게 제시하였다. 각 슬라이드가 제시되기 전에 순간적으로 정서를 야기할 수 있는 슬라이드를 역하 자극(9/1000초)으로 제시하였다. 한 집단에게는 이 역하 자극이 긍정적인 정서 슬라이드(고양이, 인형을 든 유아 등)였으며, 다른 집단에게는 부정적인 정서 슬라이드(화상을 입은 얼굴, 뱀 등)이었다. 슬라이드 제시가 끝난 후 주인공 여자에 대한 평가에서 긍정적 정서 슬라이드에 노출된 집단이 더욱 호감 가는 태도를 지닌 것으로 나타났다. 식역 이하의 자극도 태도형성에 영향을 미친다는 증거다.

이렇게 역하 자극이 미치는 영향이 드러났다고, 역하 자극으로 사람들을 조정하는 것이 가능하다는 것은 아니다. 역하 자극의 영향은 매우 제한적인 상황에서 나타난다. 우선 실험실의 경우, 사람들이 주어진 하나의 과제만을 제시할 때, 즉 주의가 매우 집중된 상황에서 역하 자극이 주어진다는 것이다. 일상에서 다양한 정보를 동시에 처리하는 경우에 역하 자극이 영향을 미친다는 증거는 보고되지 못하였다. 둘째, 역하 자극과 관심행동이 짧은 간격을 두고 벌어지지만, 일상에서 이렇게 짧은 간격으로 두 가지가 발생할 가능성은 매우 적다. 셋째, 역하 자극은 행위자의 무심한 행동에 영향을 미치지 의지와 반하여 작용하지 않는다는 것이다.

역하 자극을 이용한 학습효과를 분석한 한 연구(Merikle & Skane, 1992)에서 살을 빼고자 하는 캐나다 성인 여성들을 세 집단으로 나누어 실험집단에게는 시중에서 파는 역하 살빼기 테이프를 주었다. 위약집단에게는 테이프 모양은 같으나 내용이 치통을 완화시키는 효과가 있다는 역하 테이프를 주었다. 통제 집단의 사람들은 역하 테이프 치료를 받기 위한 대기자로 편성하고 매주 체중을 측정하도록 하였다. 5주간의 처치가 진행되자 세 집단 모두에서 체중이 줄었다. 실험집단이나 위약집단 간에 아무 차이가 나타나지 않았다. 이는 역하 학습효과가 작용하지 않으며, 사람들이 체중감량 실험에 참여하고 있다는 의식 자체가 이들로 하여금 체중조절 행위를 취하게 만들어 체중이 줄어든 것임을 보여 준다. 기억력을 증진시키는 역하 프로그램의 효과를 분석한 연구에서도 기억력 증진은 테이프의 내용 때문이 아니라 테이프에 대한 기대효과임이 나타났다(Greenwald et al., 1991).

사람들이 아무런 기대를 하지 않고 있을 때 반복적인 역하 자극이 노출효과와 같은 영향을 미치는 것은 무엇 때문인가? 그것은 자극이 식역 이하로 제시되더라도 계속 반복된다면 자극에 대한 식역 수준이 자동적으로 더 낮아지는 현상 때문이다(Wegner & Bargh, 1998). 즉, 역하 자극이 영향을 주기 위해서는 기대에 의해서건, 반복에 의해서건 그 자극이 우선 인지되어야 한다는 것이다. 그런데 실제 복잡한 생활에서 사람들은 그렇게 미미한 자극을 인지하기가 어려우며, 서태지의 예에서처럼 말이 어순이나 음순이 뒤바뀌는 경우에 실제 인식조차 되기 어려운 것이다. 더욱이 역하 자극의 효과가 있더라도 이러한 효과는 미미하고 모호하기 때문에, 사람들이 의식적으로 확실히 알고 있는 것에 의해서 묵살되기 쉽다. 즉, 의식적인 처리가 역하 과정을 덮어 버리는 것이다. 따라서 역하 자극으로 사람들이 의식적으로 원하지 않는 것을 하게 만들 수는 없는 것이다.

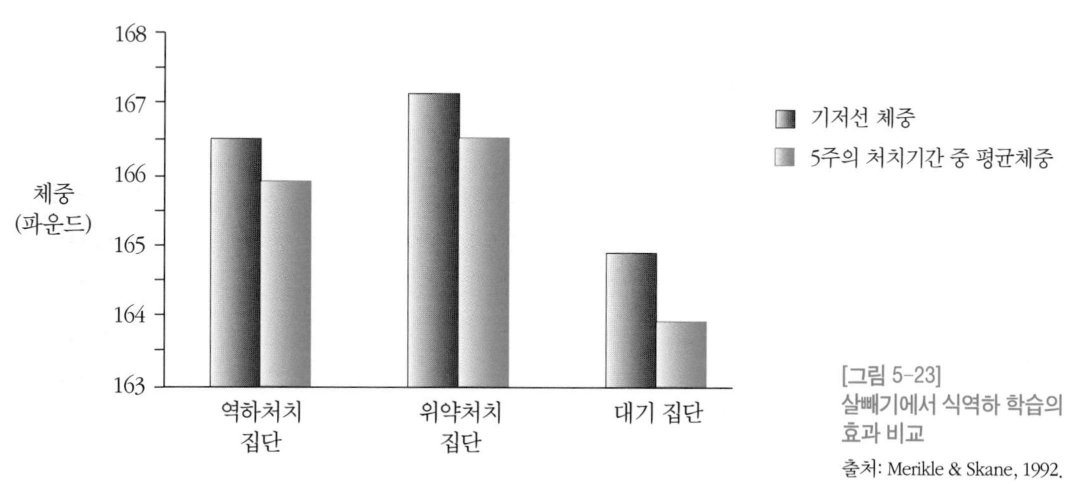

[그림 5-23]
살빼기에서 식역하 학습의 효과 비교

출처: Merikle & Skane, 1992.

❖ 설득에 대한 반응에서의 개인차: 인지욕구

인지적 노력이 필요한 활동에 참여하고 즐기는 경향에 있어서 개인차가 존재함이 밝혀졌다(Cacioppo & Petty, 1982). 이것이 높은 사람은 낮은 사람에 비해 설득메시지를 논점 위주로 처리하려는 경향이 강해서 적극적으로 논지를 생각하며, 설득주제와 관련된 내용도 잘 기억한다는 연구결과에서 잘 보여 주고 있다(Cacioppo et al., 1983). 국내에서 김완석(1994, 2007)은 인지욕구를 측정하는 척도를 개발하였다. 이 척도상에서 인지욕구가 강하게 나타난 사람들은 물건 구입하기 전에 사전 탐색을 많이 하고, 상품선택에 걸리는 시간이 길며, 상품선택 시 고려하는 점도 많은 것으로 나타났다. 양윤(1996)은 작업용으로 입을 용도와 멋을 내기 위한 용도로 청바지를 고를 때 제품에 대한 정보를 탐색함에 있어서 인지욕구가 낮은 사람은 두 가지 상황에서 탐색 정보량이 차이가 없지만, 인지욕구가 높은 사람은 멋을 내는 목적의 청바지를 고를 때 더 많은 정보를 탐색하는 것을 보였다. 다른 연구는 인지욕구가 높은 사람은 낮은 사람에 비해 광고에 노출되었을 때 더 많은 생각을 하며, 메시지 주장이 객관적일 때 그 광고를 호의적으로 보며, 형성된 태도가 시간이 흘러도 덜 변하는 비교적 안정적인 특성을 지니고 있음을 보였다. 또한 인지욕구가 높은 사람이 낮은 사람보다 태도변화에 대한 저항이 크지만, 일단 형성된 태도의 지속성은 높은 것으로 나타났다(Haugtvedt & Petty, 1992).

나 알기 1: 인지욕구 척도

일상생활에서의 자신의 모습을 생각하며 다음 항목들에 대하여 답을 해 보시오(1~7점).

(전혀 아니다 1 2 3 4 5 6 7 매우 그렇다)

1. 나는 토론하기를 좋아한다.
2. 나는 어떤 일에 궁금증이 생기면 해결하려 한다.
3. 나는 복잡한 문제를 보면 왠지 그것을 분석해 보고 싶은 생각이 든다.
4. 나는 상대와 정신적으로 겨루는 게임을 좋아한다.
5. 나는 어려운 문제를 푸는 동안이 더 즐겁다.

위 문항은 김완석(2007)이 개발한 인지욕구 측정용 단축 척도 15문항 중 일부임.

요 약

1. 좋은 정서상태에 있을 때 사람들은 제시된 정보를 철저히 검토하기를 꺼리며, 어림법 처리를 할 가능성이 높다. 그러나 긍정적인 정서를 기대하는 상황에서는 체계적 처리를 한다.
2. 공포를 이용한 태도변화는 방어기제를 촉발하지 않는다면 효과적이다. 자아확인이론은 사람들이 긍정적인 자기상을 확인하는 경우에 태도변화에 더 수용적임을 보여 준다.
3. 자신이 지닌 태도를 변화시키려는 설득에 저항하기 위해서는 상대방의 설득 논지를 미리 파악하여 면역효과를 얻는 것이 좋다.
4. 반복적인 메시지를 접하게 되면 노출효과로 친숙해진다. 그러나 단순반복보다는 내용을 변화시켜 제시하는 것이 더욱 친숙도를 높인다.
5. 식역하 설득은 가능하지만 단일과제 수행 시, 시각 자극의 경우 등에만 매우 제한적으로 나타나며, 자극의 내용보다는 사람들의 기대치에 의해서 작용한다.
6. 설득의 잠복효과는 설득에서 논점처리가 중요함을 보여 주고 있으며, 정보전달자의 정보가 전달내용 정보보다 빨리 기억에서 망각되기 때문에 나타난다.
7. 설득에 접한 사람의 개인적 특성이 설득내용의 효과에 영향을 미친다. 인지욕구가 강한 사람들이 논점처리를 선호하는 것으로 나타난다.

제 6 장 사람들 간의 교류와 사랑

누구도 혼자서 세상을 살 수 없다. 부모의 보호에서 자라다가 학령기가 되면 학교를 가서 처음 만나는 선생님과 아이들을 만나 본격적인 사회생활을 시작한다. 어떤 이와는 친밀해지고 다른 이와는 불편해지거나, 미워하게 된다. 또 사랑에 빠져 결혼하여 황홀한 시간들을 맛보는가 하면 언제 그랬냐는 듯 철천지 원수가 되어 이혼을 경험하기도 한다. 대인관계의 전개에 대한 사회심리학자들의 관심은 오래되었으며, 최근에 들어서는 친밀한 관계로까지 확대되고 있다. 이 장에서는 대인교류를 매개하는 의사소통의 현상을 먼저 살피고, 교류행위를 촉진하고 규제하는 사회의 규범과 요인, 대인교류가 지닌 기능을 알아보며, 마지막으로 사랑에 대하여 사회심리학적인 이해를 도모하기로 한다.

사람은 어울리는 존재로서, 자신을 살리는 힘을 주위에서 받으며 사는 힘을 내어 살아간다.

의사소통의 기능

사람들의 관계는 의사소통을 매개로 전개된다. 의사소통은 그 자체가 목적이라기보다는 어떤 목적을 위한 기능적 수단으로 취해진다. 환자는 자신의 증상을 잘 설명하여 의사가 적절한 처방을 내리기 원하며 연인들은 자신의 진정한 마음을 전달하고자 소통을 한다. 의사소통 행위는 다양한 기능을 갖고 있다. 여기서 기능이란 의사소통 행위가 초래하는 불가피한 결과를 의미한다(Argyle, 1988). 이러한 결과가 꼭 의도되는 것은 아니지만 행위에 담겨 있기에 초래되는 것이다. 인류학자 G. Bateson은 행위자가 의식 · 무의식적으로 내면의 심리를 대화에 실어서 내보냄으로써, 내용을 강화시키거나 혹은 의심스럽게 만드는 모든 비언어적 소통의 내용을 일컬어 메타콤(meta-com)이라 하였다(Hartwell-Walker, 2016). 이러한 메타콤은 표현된 내용을 해석할 때 중요한 상황 단서를 제시하고 있다. 아버지가 아들에게 화가 나서 "네 마음대로 해!"라고 했다면 이 내용을 곧이곧대로 해석해서는 안 될 것이다.

결글 6-1

메라비안 공식: 비언어적 표현이 지닌 영향력

냉랭해진 부부 사이에 안부 전화를 끊으면서 남편이 "사랑해요"라고 말하면 부인이 믿을까? 남편은 정말임을 강조하지만 느낌이 안 온다. 많은 경우에 우리는 마음에 없는 말을 내뱉고 상대가 이 말을 믿어주기를 바란다. 여기서 보듯이 상호 소통은 언어적인 채널은 물론 비언어적 채널이 동원되어 종합적으로 이루어진다. 이들 채널의 내용이 일치하지 않을 때 사람들은 말을 믿기보다는 말과 더불어 전달되는 비언어적 특징(말의 높낮이, 진정성 혹은 몸짓 등)에 더 무게를 둔다. 메라비안(Mehrabian & Wiener, 1967)은 두 사람 사이에 일상에서 자주 쓰이는 짤막한 단어들을—긍정적인 것(*Dear, Great, Honey, Thanks* 등), 중성적인 것(*Maybe, Really, So* 등), 부정적인 것(*Don't, Brute, Terrible* 등)—세 가지 다른 정서적 표현방식(긍정적, 중성적, 부정적)으로 녹음한 것을 사람들에게 들려주면서 말하는 사람이 듣는 사람에게 지니고 있는 정서가 긍정적인지, 부정적인지를 판단하게 하였다. 판단자를 세 집단으로 구분하여 한 집단에게는 모든 정보를 활용하여 판단하게 하고, 둘째 집단에게는 목소리는 무시하고 담긴 내용만 갖고 판단하라고 했으며, 셋째 집단에게는 말에 담긴 내용은 무시하고 목소리만 갖고 판단하라고 하였다. 얼굴표정을 같이 제시하면서 유사한 방법으로 무시할 채널을 제시하며 판단을 하게 한 연구들의 결과로부터 다음과 같은 도식을 구성할 수 있었다.

소통에서 느끼는 정서=7% 단어의 내용 + 38% 목소리의 정서 + 55% 얼굴표정의 정서

이것이 의사소통 분야에서 널리 알려진 **메라비안 공식**이다. 핵심은 말의 내용보다 그것이 전달되는 비언어적 특징이 중요하다는 것이다. 예를 들어, 각 채널(단어, 목소리, 표정)만을 보고서 말하는 사람이 상대에 대하여 느끼는 정서를 -3부터 +3의 7점 척도로 평가하게 하였을 때, 당신의 평가가 단어 +2, 목소리 -2, 얼굴표정 -2로 나왔다면, 이 수식에 적용시킬 때 당신이 상대에게 느끼는 정서는 -1.72가 될 것이다. 비록 말로는 상대가 당신을 '좋아한다'가 들렸지만 당신이 느끼는 정서는 '싫어해'가 된다. 이 수치의 정확성보다는 각 채널이 지닌 상대적 비중의 크기에 유념해야 할 것이다(Mehrabian, 1971, pp. 44-45).

❖ 내용과 관계

남편이 "냉장고에서 맥주 하나 갖다 주시오."라고 했다면 그 상황에서 자신이 목마르고 귀찮으니 잔심부름을 해달라는 부탁이다. 그러나 이러한 부탁의 이면에는 자신은 그러한 대접을 당연히 받을 자격이 있다는 두 사람 사이의 상황보편적인 관계 규정이 담겨 있는 것이다(Watzlawick et al., 1967). 이 예는 대화가 지닌 두 가지 근본적인 기능을 보여 주고 있다. 그 하나는 내용의 전달이며 다른 하나는 두 사람 간의 관계에 대한 규정이다. 언어학자들이 내용에 주로 관심을 지니고 있는 반면, 사회심리학자들의 관심을 불러일으키는 것은 내용보다는 관계의 차원이다. 이러한 관계의 규정은 자연스럽게 이루어지며 별다른 의식적 통제를 받지 않는다. 두 사람 사이의 관계가 원만하고 친숙할수록 관계의 정보는 배경에서 머물러 있다. 이 관계의 규정이 관심의 초점이 되는 경우는 두 사람의 관계가 순조롭지 않은 경우다. 이 경우 내용의 중요성, 의미는 별문제가 되지 않는다(Watzlawick et al, 1967, pp. 51-52). 의사소통의 내용은 주로 디지털의 형태로 다루어지고, 관계의 측면은 아날로그의 형태로 표현된다. 내용과 관계의 두 요소가 명확히 구분되지 않을 때 두 사람 간의 갈등은 묘하게 진행된다. 부부상담소에 온 부부의 예를 들면(Watzlawick et al., 1967, pp. 80-81), 먼 곳에서 친구가 오랜만에 전화를 하며 이곳으로 2~3일 출장을 오게 되었다고 했을 때 친한 친구관계인 남편은 즉석에서 여관으로 가지 말고 자기 집으로 와서 머물라고 초대를 했다. 그는 자기 아내도 당연히 그렇게 하리라고 생각했다. 저녁에 집에서 아내와 마주 앉아 친구 이야기를 하자 아내가 은근히 언짢은 말을 하던 것이 다툼으로 번졌다. 치료 면담시간에 이 화제를 놓고 이야기하면서 두 부부는 친구를 초대한 것은 당연한 일이라는 데 동의했고 아내도 전혀 이의가 없다고 말했다. 그럼에도 그들이 언쟁을 벌인 것에 대하여 둘 다 이해가 안 되는 표정이었다. 문제는 바로 내용이 아니라 관계의 수용에 있어서 차이가 있었던 것이다. 즉, 남편이 아내에게 아무런 상의 없이 결정을 내렸다는 데서 아내는 남편에게 무시당했다고 느꼈고, 둘 사이의 관계에서 아내는 열등한 위치에 있다는 면을 수용하기 싫어서 사소한 일을 트집 잡아 언쟁을 한 것이다. 관계에서의 갈등을 내용적인 면에서 해결하려고 하니까 혼란스러워지는 것이다.

❖ 관계의 두 측면

사람들 간의 관계의 심리적 측면은 상하, 친소의 차원에서 분석될 수 있다. 상하

관계란 의사소통상의 통제력의 행사관계를 의미하며, 친소관계란 두 사람 간의 친분이나 거리감을 말한다.

사회적 통제 의사소통에서 통제력이란 갑이 을의 행위와 대화의 내용을 규제하면서도 이러한 규제가 적절하고, 논리적이며, 저항 없이 이루어지고 있는 경우일 때 갑이 행사하고 있는 힘이다. 이는 서로가 서로에게 어떠한 것이 전달되고 이야기되어야 하는지를 규정하고 안내하는 역할을 하며, 쌍방 간에 나누어 가질 수도 있고 어느 한쪽이 많이 지닐 수도 있다. 통제에 대한 분담이 피차에게 받아들여지면 두 사람은 관계에서 큰 문제를 느끼지 않는다. 통제에 대한 소재는 두 사람 사이의 메타콤에 의한 협상을 통해 상호 간에 배분이 이루어진다(Wiemann, 1985). 이 협상은 둘 사이의 관계가 지속적이고, 친밀하며, 상호의존도가 높은 경우에 더 중요성을 띠게 된다. 길 가던 행인이 경찰에게 길을 물어보는 상황이라면 이 둘 사이에서 통제를 누가 하는가는 별문제가 되지 않는다. 의사소통상의 통제는 협상을 통해서 서로가 받아들일 수 있는 배분의 상태를 선호하지, 일방적인 독점상태를 추구하지는 않는다.

의사소통에서 무언의 메타콤을 통해 통제력이 적절히 배분되었을 때 대화는 원만하게 진행된다. 통제력은 다양한 형태로 시도되고 양보되기도 하는데 의사와 환자 간의 대화를 생각해 보자. 화제의 선택(어디가 아프다, 무엇을 먹었다, 이전의 병력, 가족의 건강상태, 직업 등), 대화 중의 차단(환자가 이야기하는 중에 가로막고 다른 질문을 하거나, 더 캐묻는 행위) 행위는 통제력의 구사행위다. 반면에, 강조성 부사의 사용(아주, 대단히, 정말, 그래요? 등), 모호한 부사, 형용사의 사용(같은, 그런 것, 있잖아요, 그런 거죠 등) 등은 통제력을 양보하는 또는 지니고 있지 않은 사람에게서 많이 보이는 표현으로 나타난다.

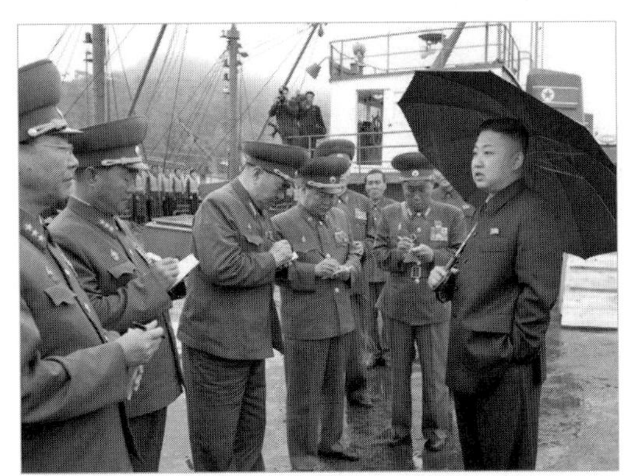

김정은과 북한 수뇌부
통제력이 누구에게 있는지를 자세에서 알아볼 수 있다.

사람들은 언어의 구사 형태가 인상형성에 미치는 영향을 인식하고 있으며 어떠한 형태가 어떠한 인상을 주는가에 대하여도 상당히 구체적인 지식을 지니고 있다. 그래서 공식석상에서는 고상한 표현, 정확한 문법을 구사하려고 애를 쓴다. 여러 언어가 공통으로 쓰이는 나라에서도 언어는 상대적인 힘이 다른데, 학교나 신문, 방송 등의 공식적인 용도에서는 공식어나 표준어를 사용하고 집이나 동네에서는 사투리나 지역어를 사용하는 것으로 조사되고 있다(Fishman, 1972). 사람들은 특정

곁글 6-2 거짓말의 탐지에 대한 두 이론

노련한 수사관은 피의자의 표정변화나 몸동작의 무의식적 단서를 갖고 피의자가 거짓말을 하고 있는지 여부를 포착하는 데 능숙하다고 한다. 그러나 많은 연구자들은 이러한 능력이 우연의 확률 수준을 넘지 못한다고 비판한다. 사람들이 대화를 함에 있어서 때로는 거짓말을 하기도 하는데 과연 우리는 이런 경우에 어느 것이 거짓인지 아닌지를 어느 정도나 알 수 있을까? 2014년에 국제학술지 『언어와 사회심리학』에서 이 문제를 다룬 일련의 논문이 게재되었다. 두 가지 입장이 대립하고 있는데, 먼저 **진실바탕 이론**(Truth Default Theory: TDT)은 사람들이 대화를 할 때 진실된 대화를 주고받고 있다고 본다. 사람들의 대화는 본질적으로 진실성을 지니고 있다는 것이다(**진실편향**; Levine, 2014). 진실된 이야기는 자연스럽게 나오지만, 거짓말을 하게 되는 경우에는 자연스럽지 못하므로 인지적 부하가 많이 걸린다. 따라서 자연스럽지 못한 표정의 변화나 생리적 긴장을 포착하여 거짓말하는지를 알 수 있다고 본다. 그러나 **정보조작 이론**(Information Manipulation Theory: IMT)은 사람들이 모든 사회행동에서 효율성을 극대화하려는 경향성을 지니고 있다는 것을 전제로 깔고, 소통에서도 마찬가지로 이를 추구하므로 종종 거짓말을 하게 된다고 본다. 따라서 거짓말은 효율적인 상황에서 나타나며, 진실만큼이나 자연스럽게 나올 수 있다고 본다(McCornack et al., 2014).

진실바탕 이론에 대한 지지적인 증거들은 인지심리학적 연구에서 많이 나오고 있다(Verschuere & Shalv, 2014 참고). 사실을 말하는 경우는 자연스럽지만, 거짓을 말할 때 사람들은 꾸며야 하는 탓에 긴장하고, 생각을 통제하는 뇌의 영역이 더욱 활성화되는 양상을 보인다. 한편, 정보조작 이론에 대한 지지적인 증거는 사회심리학 연구에서 제공되고 있다. 이들 연구는 거짓말을 하도록 요구하는 것이 아니라, 거짓과 참을 선택할 수 있는 상황에서 사람들의 행동을 관찰한다. 사람들이 선택의 기로에 놓이는 경우에 자기의 이익을 추구하는 것이 자연스럽지만, 여러 가지 상황 제약(남의 평가 등) 탓에 꾸미거나 사회적으로 바람직한 행동을 보인다는 점에서, 이런 것들이 약하게 작용하는 상황들에서는, (즉, 시간의 제약을 받을 때, 일과로 지친 오후에, 수면부족 상태 등에서) 거짓말을 자연스럽게 하는 것으로 나타났다. 사람들은 누구나 비밀을 지니고 있고, 비밀을 숨기려 거짓 행동을 자연스럽게 취할 가능성이 높다. 그 비밀을 드러내는 것이 심각한 문제점을 가져올 수 있는 상황에서 비밀을 숨기려는 정보가 쉽게(자연스럽게) 떠오르는 경우에 의도와는 별 무관하게 거짓말을 하게 될 수 있다. 아울러 상습적인 거짓말쟁이는 거짓말이 매우 자연스러운 행위라서 거짓말 탐지기를 능히 속이기도 한다. 사람들의 진실편향은 처한 상황에서 뚜렷한 동기가 작용하지 않는 경우에 나타나며, 자기 이익을 추구하는 것이 자연스럽게 나타날 수 있는 상황에서는 진실편향은 나타나지 않을 가능성이 높다. 정보조작 이론은 거짓말이 거짓말하고자 하는 의도의 문제라기보다는 인지체계에서 거짓정보들에 대한 가용성이 높은 것이 문제라고 보는 것이다(McCornack et al., 2014).

박근혜-최순실 관련 국회청문회에서 증인으로 출석한 김기춘 전 청와대 비서실장이 최순실을 모른다고 주장하다가, 주갤이 제공한 동영상을 들이댄 박영선 의원의 추궁에 비로소 최순실을 안다고 자백한다.

의 목적을 위해서 거짓말을 하거나 스스로의 의사소통 양상에 변화를 도모하기도 한다(Baumeister, 1982; Giles & Street, 1985; Weary & Arkin, 1981; 곁글 6-2). 한 예로써 간호사들이 환자에 대한 통제력을 얻기 위해 환자에 따라 변화시키는 말투를 볼 수 있다. 많은 간호사들이 노인 환자에 대하여 어린이를 상대하는 말투를 쓰는 경우가 많다. 노인 환자들이 이러한 취급에 불쾌해 하지만, 그럼에도 간호사는 환자의 실제 상태(어린이 같은 돌봄을 받아야 하는지 아닌지)와는 관계없이 노인 환자들이 어떨 것이라는 고정관념에 바탕을 두고, 그들에 대한 통제력을 얻으려는 무의식적인 의도에서 이러한 언어행동을 보인다(DePaulo & Coleman, 1986; Ryan et al., 1986). 간호사뿐만 아니라 주위의 많은 사람들이 노인들에 대하여 이러한 식의 언어 행위를 취하게 되면 결국 노인들이 그렇게 투영된 현실을 사실로 받아들이게 되는 것은 시간 문제일 뿐이다(2장 참조).

친소(親疎): 거리감 의사소통에서 나타나는 관계의 또 다른 측면은 둘 사이의 친소, 즉 거리이다. 관계의 통제력과 친소는 별개의 문제이긴 하지만 많은 경우에 통제력에 도움이 되는 대화양상(공식적 용어, 표준말의 사용 등)은 친소의 면에서는 거리가 멀게 느껴지게 만드는 경향이 있다(Giles & Powesland, 1975). 동향 선배가 표준말을 사용하여 어떤 요구를 한다면 거부하기 곤란함을 느낌과 동시에 인간적으로 거리감을 느낄 수 있다.

관계의 친밀성을 서로 간에 명확히 규정짓는 일은 일반적으로 회피된다. 관계규정의 문제가 발생하는 경우는 일반적으로 관계가 악화되는 경우이기 때문이다. 친밀감의 협상은 시간을 두고 메타콤을 통해 점진적으로 이루어지며 문화(첫 데이트에서 입맞춤 등)나 만남의 특성 등에 의하여 영향을 받는다.

Argyle과 Dean(1965)은 두 사람의 만남에서 이루어지는 눈접촉은 서로가 지니고 있는 접근 및 회피 동기의 균형을 이루는 수준에서 나타난다는 균형가설을 제시하였다. 눈접촉은 상대방의 반응을 구하기 위한 목적이나 친밀감 또는 위압감을 주기 위한 목적으로도 취해질 수 있다. 반면에, 상대방에게 속내를 드러내지 않기 위해서, 상대의 반응을 무시하기 위해서 등의 목적에서는 눈접촉을 피할 수도 있다. 균형가설을 검토한 실험연구에서는 참가자들로 하여금 실험 협조자와 마주 앉아서 협조자가 보여 준 애매모호한 사진을 보고 이야기를 만들어 가는 상황을 꾸몄다. 참가자와 협조자가 앉아 있는 거리를 책상의 크기로 조정하여 2, 6, 10피트로 조건을 변화시켰다. 실험자는 계속 참가자를 주시함으로써 참가자가 눈을 맞추기만 하면 눈접촉이 유지되게끔 하였고 3분 동안의 이야기 상황에서 얼마나 오래 참가자가

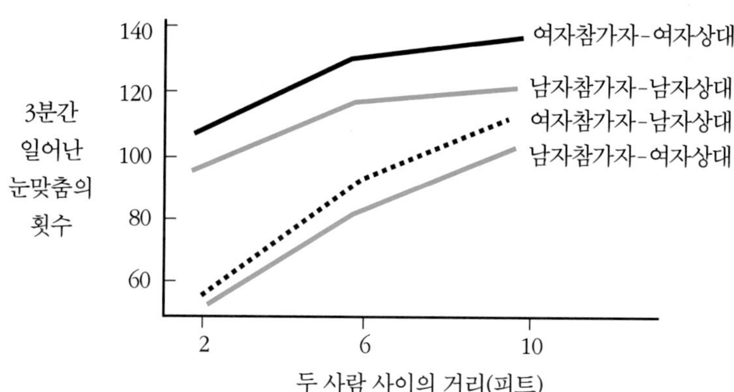

[그림 6-1]
참가자와 실험 협조자의 성과 거리에 따른 눈맞춤

눈접촉을 해 오는가를 측정하였다. 몇 가지 흥미 있는 결과가 나타났다. 우선 눈접촉은 거리가 가까울수록 덜 나타났으며, 거리가 멀수록 자주 또 길게 나타났다. 둘째, 참가자와 실험자가 동성인 경우보다 이성인 경우에 눈접촉 시간이 서로의 거리에 관계없이 짧게 나타났다. 셋째, 2피트 떨어진 참가자들이 다른 조건에서보다 눈접촉을 가장 짧게 하면서 더욱 긴장한 것으로 나타났다([그림 6-1]). 이는 아마도 전혀 낯선 사람과 같이 있어야 하는 상황에서 상대에 대한 예우 때문에 아주 안 볼 수도 없는 난처한 상황에 있었기 때문인 것으로 여겨진다.

요 약

1. 대화는 소통의 내용과 두 사람 사이의 관계에 대한 정보를 담고 있다. 내용은 디지털의 형태로 표현되고, 관계는 아날로그 형태로 표현된다. 사람들은 내용과 관계의 수용에서 차이가 날 때 갈등을 경험한다.
2. 메라비안 공식은 언어와 몸짓 소통의 내용이 갈등적인 상황에서 몸짓이 중요함을 보인다.
3. 대화에서 표현되는 관계는 사회적 통제와 친소관계의 두 가지 심리적 요소를 반영한다. 사회적 통제는 상호 간의 영향력의 행사방향에 대한 정보이며, 친소관계는 둘 사이의 친밀감에 대한 정보다.
4. 균형가설은 두 사람의 눈맞춤을 포함한 비언어적 자세가 상대와의 관계에 따라 적절한 균형을 유지하는 쪽으로 조절되고 있음을 보인다.

교류의 진전

낯선 사람 둘이 만나게 되어 교류를 해 나가면서 깊은 관계를 발전시키는 과정은 둘 사이에 존재하는 상호의존도의 변화과정으로 분석할 수 있다. 애초에는 상호의존도가 약하지만 서로가 영향력을 주고받는 교류를 진행시킴에 따라 관계에서 희비를 경험하는 빈도와 강도가 증가한다. 이렇게 되면 관계에 대한 상호의존도가 깊어진다. 상호의존도가 깊은 관계가 지닌 몇 가지 특징이 있다(Sears et al., 1991, p. 210). 우선 둘 사이의 교류가 장기성을 지닌다. 그러나 교류가 길어야만 상호의존도가 높아지는 것은 아니다. 교분의 시간은 짧지만 급속히 친해지는 경우는 많이 있다. 둘째, 밀접한 관계에 있는 사람들은 다양한 활동을 같이 한다. 관계의 시작은 특정의 동아리 활동을 하면서 시작될지라도 나중에는 종교활동, 공부, 취미생활 등으로 같이 하는 활동영역을 넓혀 나간다. 셋째, 밀접한 관계에서는 상호 간의 영향력이 크다. 백화점의 점원과 실랑이를 벌여 기분이 나빠진 경우에 우리는 이를 대수롭지 않게 여기고 기분을 돌릴 수 있지만 친구와 다툰 일은 여러 날 우리의 기분을 언짢게 하고 어떤 행동을 취하게끔 만든다. 넷째, 서로 긴밀한 사이에서는 상호 간에 강한 감정을 촉발시킨다. 상대방에 대한 표현하기 힘든 흐뭇함, 따스함과 함께 증오, 질투, 실망의 감정도 함께 지니게 된다.

❖ 누구에게 매력을 느끼나

매력적인 사람은 호감을 주는 사람들이다. 호감을 주는 바람직한 특성들로 나타나는 것을 보면 두 가지로 대별되는데, 그것은 인간적 따뜻함과 유능성이다(3장 참조). 우리는 따뜻한 느낌을 주는 사람을 냉정한 사람보다 좋아한다. 어떠한 사람이 따뜻하다고 여겨지는가? 사람들은 상대방이 지닌 학식, 지능의 고저나 자신과의 유사성과는 무관하게 상대방이 사물과 사람들에 대하여 일반적으로 수용적이며 긍정적인 태도를 지녔을 때 따뜻한 사람으로 여기는 경향이 있다. 반면에, 태도가 비판적이거나 부정적인 사람은 냉정하거나 차가운 사람으로 여긴다(Folkes & Sears, 1977).

호감의 보편성과 문화 차이 호감을 주는 특성에는 보편성과 문화적 특수성이 같이 작용한다. 따뜻하고, 유능하고, 적응을 잘하며, 명석한 사람이 호감을 받는 현상은 보편적으로 나타나는 현상이다. 그러나 각 사회마다 중요시하는 가치가 있고 이러한 가치관은 사람을 평가하는 데에도 적용되어 그러한 가치에 부합하는 사람을 좋게 평가하게 된다. 우리 사회에서 사람의 특징을 표현하는 단어 785개를 취합하여 대학생에게 제시하고서 각 단어가 기술하는 특성을 지닌 사람이 얼마나 바람직한지를 평가하게 한 연구(한덕웅, 1992)의 결과, 가장 바람직한 특성은 겸허, 끈기, 몰두, 믿음직스러운, 부지런한, 의리 등의 성실성을 나타내는 단어들로 나타났다. 한편, 가장 나쁜 특성으로는 배신하는, 교활한, 위선적인 등의 대인관계적 특성이 개인의 내적 특성들(나태, 극악, 더러운 등)보다 자주 나타나는 경향이 보였다. 비교문화연구도 한국인들은 인격을 갖춘(integrity) 사람과 타인에 대한 배려를 보이는 사람을 매력적인 사람으로 여김을 보이고 있다(Wheeler & Kim, 1997).

외모 문화 및 시대에 따라서 매력 있는 용모의 판단준거가 변하기도 하지만 보편적인 특성도 있다(Langlois et al., 2000; 곁글 6-3). 대부분의 문화에서 용모가 매력적이라고 여겨지는 사람에 대하여 호감을 지니는 것으로 나타난다. 심지어 한 돌밖에 안 된 아이들도 예쁜 얼굴의 상대와 놀기를 선호한다. 실험실에 12개월 된 아이들을 엄마와 같이 데려다 놓고 여자 조교가 매력적인 얼굴의 가면이나 못생긴 얼굴 가면을 쓰고(자기가 어느 것을 썼는지 모르는 채) 다가가서 장난감을 갖고 같이 놀도록 하면서 아이의 행동을 관찰하였다(Langlois et al., 1990). 이 조교는 모든 아이에게 똑같이 행동하였지만 아이들은 매력적인 얼굴의 조교를 대하면 더 잘 노는 것으로 나타났다.

아름다운 사람은 건강하고, 성격도 좋고, 똑똑하고, 인기있다고 여겨지므로 사회생활에서도 도움을 받는다. 그래서 아름다움은 매력으로 여겨진다. 외모의 영향이 가장 두드러지게 나타나는 경우는 이성의 짝을 고르는 때다. 미팅을 할 때 짝에 대한 만족감과 호감은 짝의 용모에 대한 평가와 높은 상관을 지니고 있다. 이 경향은 남녀 모두에게서 나타난다. 데이트 알선 회사에 신청을 한 남녀에게 여러 상대를 제시(사진 및 신상정보, 자기소개 내용 등을 포함)하면서 그중에서 5명의 가장 만나고 싶은 사람과 5명의 가장 만나고 싶지 않은 사람들을 고르게 하여 이 응답을 사람들의 외모에 대한 제삼자의 평가와 관련시켜 분석하였다. 신체적 외모가 지닌 매력성이 단연 중요한 요인이

어린이는 외모가 추해 보이는 사람을 신뢰하지 않는다.
출처: Newsweek.

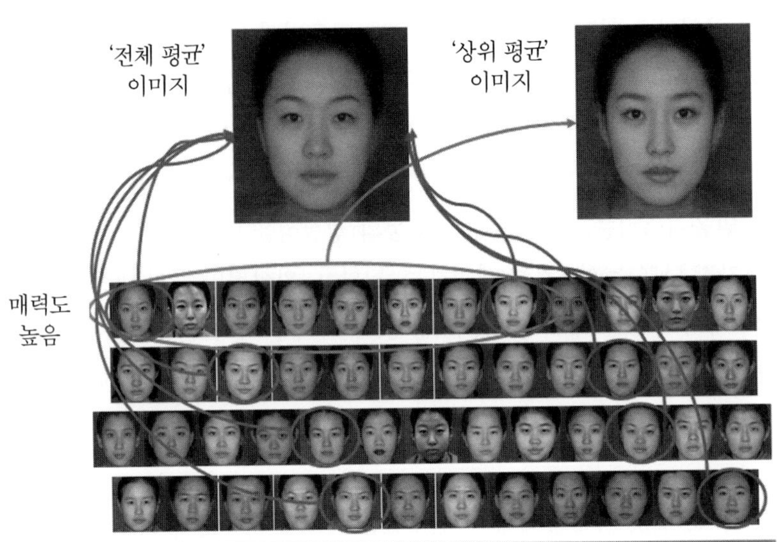

[그림 6-2]
여대생들의 대표적인 얼굴 표집을 매력순위로 배열한 사진자료로부터 합성해 낸 두 사진
왼쪽 사진은 전체의 합성이며, 오른쪽 사진은 매력 상위 9명의 사진 합성이다. 왼쪽 사진은 부드러운 느낌을, 오른쪽 사진은 뚜렷한 느낌을 준다.
출처: 정찬섭(2012) 제공.
원 논문: 김한경, 박수진, 정찬섭(2004).

곁글 6-3

신체의 매력과 문화: 보편성의 이해

아름다운 여성의 용모는 문화에 따른 차이와 더불어 공통적인 면모가 있다. 이를 보여 주는 연구(Cunningham et al., 1995)에서, 다양한 인종의 여성 상체 사진을 여러 인종의 사람들에게 제시하고서 그 매력성을 평가하게 하였다. 누가 매력적이며 누구는 매력이 없는지에 대하여 인종에 관계없이 공통적인 합의가 존재하는 결과가 나타났다. 즉, 아시아, 멕시코, 흑인, 백인 남자들은 어느 여자가 매력적인지를 판단하는 데 상대방의 인종과는 무관하게 상당히 일치하는 의견을 보였다. 다만 아시아계 참여자들은 여성 얼굴의 성적 성숙과 표현적 성격을 나타낸다고 여겨지는 큰 입술, 굵은 눈썹의 얼굴에 대한 평가는 낮은 것으로 나타났다.

컴퓨터 그래픽을 이용하여 4명, 8명, 16명, 32명의 개인들의 사진을 각기 합성하여 만든 사진(4개)을 각 개인들의 실제 얼굴 사진과 함께 제시하고서 매력성을 판단하게 한 결과(Langlois & Roggman, 1990), 합성 사진의 얼굴이 개별 사진 얼굴보다 더욱 매력적인 것으로 평가되었다. 더욱이 합성의 수가 많을수록 더욱 매력적인 것으로 나타났다. 이 결과는 합성 사진은 개인들의 독특한 특성과 비대칭성들을 상쇄시키는 효과를 갖고 있으며 합성의 수가 늘수록 그러한 효과가 크기 때문에 나타난다(Rhodes & Tremewan, 1996).

어느 문화에서나 사람들이 신체 및 얼굴이 지닌 비대칭성, 불규칙성을 싫어한다는 증거가 제시되고 있다. 한 연구(Buss, 1994, p. 55)에서는 손, 발, 귀의 크기를 측정하여 사람들에게 제시하고 호감과 매력성을 평가한 결과 이들의 비대칭성이 클수록 부정적인 평가가 나타나는 것을 보고하고 있다. 다른 연구(Mealey et al., 1999)는 얼굴의 매력성을 일관되게 하고, 대칭성과 매력의 관계를 조사하기 위하여 일란성 쌍둥이의 얼굴 사진을 사람들에게 평가하게 하였다. 좌우 얼굴의 비대칭성(환경적 영향)이 커질수록 쌍둥이일지라도 덜 매력적인 것으로 여겨지고 있어, 대칭성-건강-매력의 연결관계를 보여 주었다. 신체매력의 중요성은 주거 및 관계의 이동성이 높은 개인주의 사회에서 특히 중요하게 작용한다. 외모가 매력적인 사람들이 행복감이 높은 양상은 지방 거주자보다 도시 거주자에, 동양 문화권보다 서구권에서 더욱 두드러지게 나타나는 특징이다. 그러나 아프리카 가나의 경우에 매력적인 얼굴의 소유자는 그렇지 않은 사람보다 삶의 만족도가 떨어지는 것으로 나타나 얼굴매력이 지닌 긍정적 효과에도 문화 차이가 나타남을 볼 수 있다(Anderson et al., 2008).

었다. 상대방의 연령도 중요한 요인으로 작용하는데 남자는 자기보다 아래인 여성을, 여자는 연상의 남성을 선호하는 것으로 나타났다(Schmitt, 2003).

매력적인 용모를 지닌 사람은 똑똑하며, 실력 있고, 친절하고, 흥미로우며, 강하고, 사교적이며, 이타적인 성격을 지니고 있는 것으로 여겨지는 경향이 있다(Dion et al., 1972; Eagly et al., 1991). 과연 매력적인 외모를 지닌 사람이 그러한 특성을 지니고 있을까? 이 답을 구한 실험(Snyder et al., 1977)에서 남학생에게 자신이 전화로 대화를 나눌 상대여성의 얼굴사진을 보여 주었다. 이 사진은 예쁜 얼굴이거나 평범한 얼굴이었다. 이들의 대화내용을 녹음하여 다른 사람들로 하여금 이 남자의 행동을 평가하게 한 결과, 여자가 예쁘다고 여겼던 남자들은 훨씬 사교적이고, 따듯하고, 적극적으로 행동한 것으로 나타났다. 여자에 대한 평가도 이루어졌는데, 상대 남성의 행동에 부응하는 행동을 보였다. 남자들이 본 사진은 실제 상대한 여성의 사진이 아니었기 때문에, 상대가 매력적이라고 여긴 남자가 지닌 선입견에 의해서 여성의 특징이 매력적으로 확인되는 자성예언현상이 나타난 것이다.

자성예언
자신이 대상에 대하여 지니고 있는 예상, 기대가 작용하여 상대방이 그 예상에 맞는 행동을 보임으로써 마치 맞는 예언인 것처럼 드러나는 현상. 상대가 믿을 수 없는 사기꾼이라고 여기며 관계를 맺으면 그 상대는 이를 눈치 채고 기분이 나빠서 그러한 행동을 보일 가능성이 있는 경우를 들 수 있다.

국내에서 중 · 고 · 대학생을 대상으로 외모와 자긍심의 관계를 조사한 결과, 스스로가 매력적이라고 느끼는 사람일수록 자긍심이 높은 것으로 나타났으며(r=.40; 양계민, 정진경, 1993), 삶의 주관적 안녕감도 높은 것으로 나타났다(김진주 등, 2007). 국내의 한 대학에서 재학생 100여 명의 사진을 찍어 이를 다른 사람들에게 보여 주며 매력의 정도를 평가했을 때, 매력적인 평가를 받은 사람이 이성관계를 하고 있을 가능성이 높게 나왔는데 이는 여성에게서만 그러했다. 여성의 경우에 얼굴의 매력성이 높게 평가되는 사람들은 긍정적인 정서를 많이 경험하는 것으로 나타났으나 삶의 만족감이나 부정적인 정서 경험에서는 차이가 없었다. 얼굴 매력도에 대한 객관적인 평가가 미치는 영향력은 이렇듯 미미하였으나, 여성들이 스스로를 매력적이라고 여기는 정도가 높을수록 삶의 만족감이 높고, 느끼는 정서의 경험도 긍정적인 것으로 나타났다(김진주 등, 2006).

정진경(1954~)
미국 일리노이 대학교에서 사회심리학 박사학위를 취득하고 충북대학교에 재직했다. 21대 사회 및 성격심리학회 회장을 역임하였고, 성역할 고정관념, 새터민의 적응에 대한 연구업적을 보이고 있다.

네덜란드에서 행해진 117쌍의 부부 연구(Barelds & Dijkstra, 2009)에서는, 자신보다는 상대의 외모를 더 매력적으로 여기며, 상대를 매력적으로 느끼는 쌍들이 관계 만족도가 높음을 보이고 있다. 얼굴의 매력은 아니지만, 스스로에 대한 평가보다 배우자에 대한 평가가 좋은 사람들이 행복감이 높은 양상은 국내의 부부를 대상으로 한 연구에서도 나타났다(김영남, 고재홍, 2011).

왜 매력적인 인물을 좋아할까? 매력적인 사람과 어울리는 것은 기분을 즐겁게 한다. 그 이유는 진화심리학적 측면에서 찾을 수 있다. 외모는 건강의 드러난

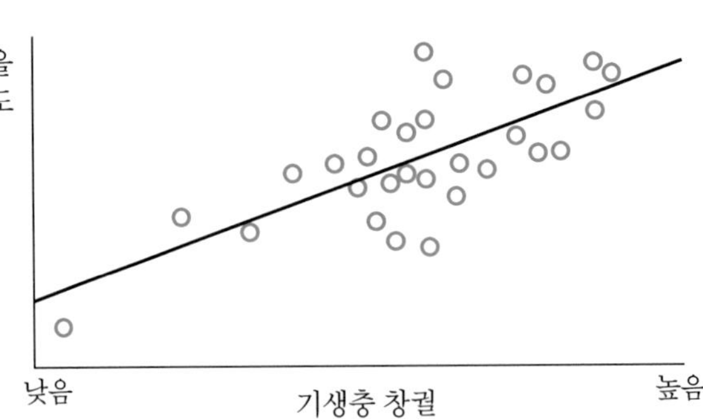

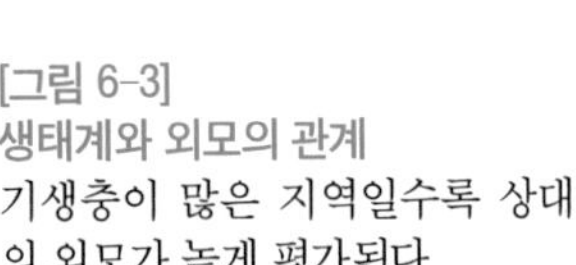

[그림 6-3]
생태계와 외모의 관계
기생충이 많은 지역일수록 상대의 외모가 높게 평가된다.
출처: Gangestad & Buss, 1993: Buss, 1999에서 재인용.

징표로 여겨지기 때문이다. 29개 문화권에서 생태계에 기생충이 얼마나 창궐하는지의 정도와 각 문화에서 외모의 매력을 얼마나 중시하는지를 파악하여 분석한 결과가 [그림 6-3]에 나와 있다(Gangestad & Buss, 1993). 열악한 환경에서 생활하는 경우에, 위험한 상황을 많이 겪어 다치거나 기생충의 감염 등에 의하여 신체의 비대칭성이 발생하거나 심해질 수 있다. 연령이 증가하면서 비대칭성도 두드러지게 나타나는데 이러한 비대칭성은 결국 그 사람의 건강상태를 보여 주는 것이며, 상대방이 건강하지 못하다는 모든 징표는 상대방에 대한 배우자로서의 매력을 감소시킨다.

수십만 년의 진화 기간 동안 남성은 자신의 후예를 성공적으로 퍼뜨리는 방향으로 진화해 왔다. 이를 위해서 상대 여성의 출산능력 징표를 중시하였는데, 그 중요한 징표가 젊음과 몸매이다(Johnston & Franklin, 1993). 몸매에 대한 선호도에서도 남녀의 차이가 나타난다. 남성은 여성의 허리비율이 엉덩이에 비해 작은 것을 선호하며(0.7~.8), 여성은 남성의 경우에 그 비율이 .9~1.0에 근접한 것을 선호하는 양상이 나타났다(Singh, 1993, 1995). 여성의 경우에 이런 체형을 유지하는 것이 임신 및 건강에 유리한 것으로 알려졌다. 이런 몸매의 선호 양상은 시각장애인에게도 나타나고 있음이 확인되었다(Karremans et al., 2010). 비록 여성의 얼굴 매력을 판단하는 준거가 문화마다 다른 부분이 있지만, 대칭성과 매끄러운 피부 같은 보편적인 준거를

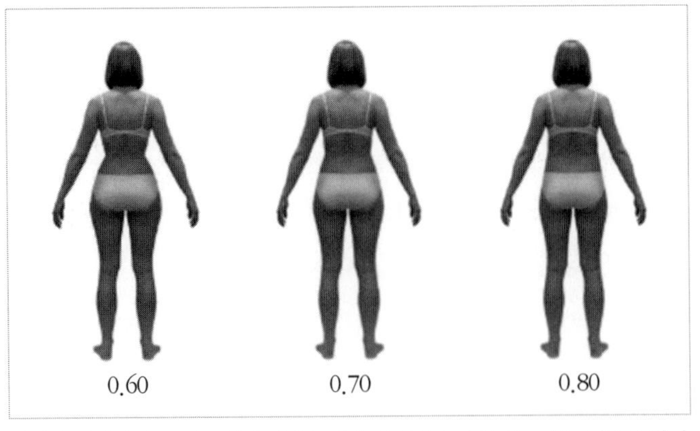

여성의 체형에 대한 선호에서 남성은 가운데 체형을 가장 선호하는 것으로 나타난다.

지니고 있는 것은 이 같은 진화심리학적 주장을 뒷받침한다(박은아, 서현숙, 2009; Langlois et al., 2000).

매력 있는 사람을 좋아하는 또 다른 이유는 그런 사람과 같이 있음으로 해서 스스로의 주가가 올라가는 것을 인식하기 때문이다. 이는 미모가 지닌 방사효과라고 할 수 있다. 같이 어울리는 사람이 매력적인 경우 매력 없는 사람과 어울리는 경우보다 제삼자들에게 더욱 호감을 사는 것으로 나타났다(Geiselman et al., 1984; Kernis & Wheeler, 1981). 그러나 매력 있는 사람이 낯선 이로서 함께 우연히 같이 있을 경우에는 매력적이지 못한 사람은 대조효과 때문에 더욱 불리한 평가를 받는다.

끌림과 자아 국내의 한 결혼정보회사에서 미혼남녀 350여 명을 대상으로 첫 만남에서 가장 호감이 가는 상대방을 물어 집계한 결과, 1위가 자신을 칭찬해 주는 사람으로 나왔고, 2위는 대화를 재미있게 끌어가는 사람으로 나타났다고 한다(iMBC, 2008. 3. 29.). 그 이유는 무엇일까? 앞서 2장에서 자아의 동기로써 자기 지식 욕구와 자긍심 욕구가 있음을 설명하였다. 사람들은 애인으로부터 두 가지 욕구 모두가 충족되기를 원한다는 것이 한 연구(Katz & Beach, 2000)에서 드러났다. 남녀 대학생을 대상으로 실험실에서 자신에 대한 소개문을 작성하도록 하여 자신의 이성 짝이 될 수 있는 상대방 4명에게 제시하였다. 열흘 후에 참가자들에게 자신이 쓴 소개문을 보고서 상대가 쓴 촌평(이 촌평은 참가자 자신의 중요한 특성이라는 것에 대한 의견임)을 네 가지로 조작하여 제시해 주었다. 네 가지는 자신의 자기상을 확인해 주면서 칭찬하는 것, 자기상을 칭찬해 주는 평가, 자기상을 확인해 주는 평가, 확인도 칭찬도 없는 평가로 구성되었다. 참가자들은 촌평을 보고 나서 네 사람의 촌평 제공자에 대하여 느끼는 매력을 평가하도록 하였다. [그림 6-4]는 사람들이 자신을 칭찬해 주는 상대방과 자기상을 확인해 주는 상대에 대하여 매력을 느끼며, 두 가지를 모두 제공하는 상대에게 가장 끌린다는 것을 보여 준다.

공개구혼 광고

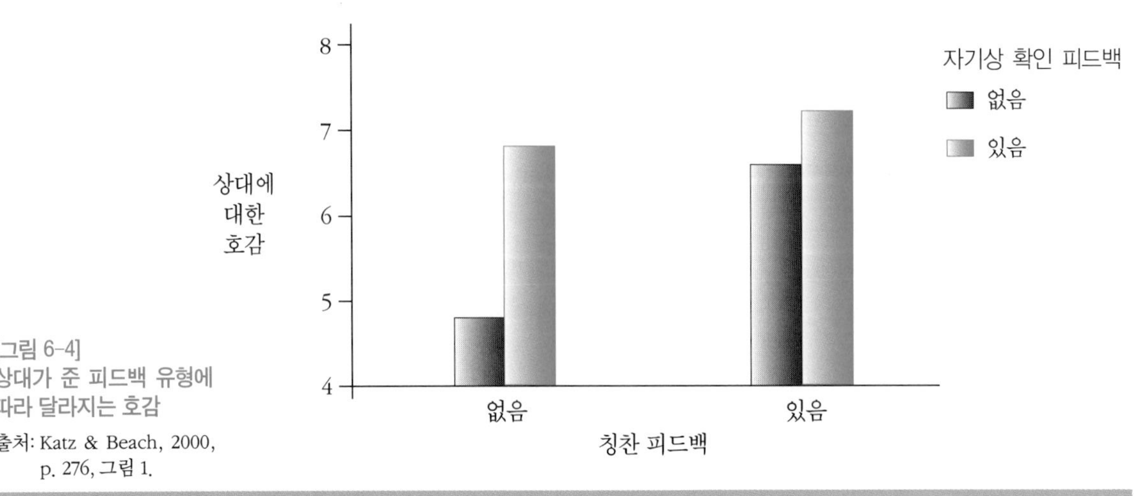

[그림 6-4]
상대가 준 피드백 유형에 따라 달라지는 호감
출처: Katz & Beach, 2000, p. 276, 그림 1.

❖ 상황특성

개인에게 내재하는 특성이 아니라 서로 교류를 함으로써 발견되고 작용하는 특성이 교류에 영향을 끼친다. 이와 관련해서는 유사성과 친숙성의 두 가지 특성이 밝혀졌다.

유사성 원리 유유상종이란 비슷한 사람들이 어울린다는 말이다. 서로 자주 어울리는 사람들에게는 외모, 성격, 태도, 생활환경, 계층, 의견, 버릇, 기호, 취미 등 다양한 것에서 서로 공통점을 발견할 수 있다. 유사성을 지닌 사람들에게 호감을 느끼고 관계가 진전된다.

상대방에의 끌림에 큰 영향을 주는 것은 상대가 자신과 얼마나 유사한 생활태도를 지니고 있는가 하는 점이다. 사람들에게 다양한 생활 모습(신을 믿는지, 서부 영화를 좋아하는지 등)을 물어 답을 얻은 다음, 이들 답에서 자신과 일치하는 상대, 전혀 일치하지 않는 상대를 제시하고 상대방에 대해 느끼는 매력을 물었더니 완전 일치하는 상대에게는 14점 만점에 13점이 나왔지만, 전혀 일치하지 않는 상대에게는 4.4밖에 나오지 않았다(Byrne, 1997). 그렇다면 다양한 영역들에서 어떤 유사성이 중요할까? 즉, 포괄적인 인생관이나 중요한 삶의 가치, 정치적 태도에서의 유사성과 구체적인 일상에서의 취향(좋아하는 음식, 음악, 관심사 등)의 유사성 중에서 어느 것이 중요한지를 분석한 연구(Davis, 1981)가 있었다. 그 결과, 사람들은 생활

오바마 대통령의 친부와 친모 사진

의 중요한 태도에서 자기와 유사한 사람에 대하여 더욱 호감을 느끼는 것으로 나타났다. 그러나 우정관계의 발전을 예측함에 있어서는 두 사람의 태도나 신념의 유사성보다는 취미, 활동분야의 유사성이 더욱 중요한 것으로 나타났다(Werner & Parmelee, 1979).

한 연구(Haidt, 2004)는 다양한 면모에서 사람들이 다양한 상대를 얼마나 선호하는지를 파악한 결과, 인구학적 다양성을 환영하지만 정치적-도덕적 다양성, 좋아하는 활동의 다양성, 친구나 성적 상대에 대한 관점의 다양성 선호도는 떨어지는 것을 보인다. 더욱이 대학 내 구성원의 다양성이나 세미나 수업에서의 다양성은 환영하지만, 자신과 같이 방을 쓸 상대방이 자신과 다른 것에 대하여는 꺼리는 것으로 나타났다([그림 6-5]).

실제 연인관계에 있는 사람들에게도 중요하다고 여기는 관심사의 유사성이 높다고 여기는 쌍의 관계만족도가 높은 것으로 나타났다(Lutz-Zois et al., 2006). 국내 대학생들의 연인관계에서 상대방과 자신이 대인교류에서 보이는 특징의 유사성이 높을수록 관계만족도가 높은 것으로 나타났다(주현덕, 장근영, 2006). 사람들에게 취미

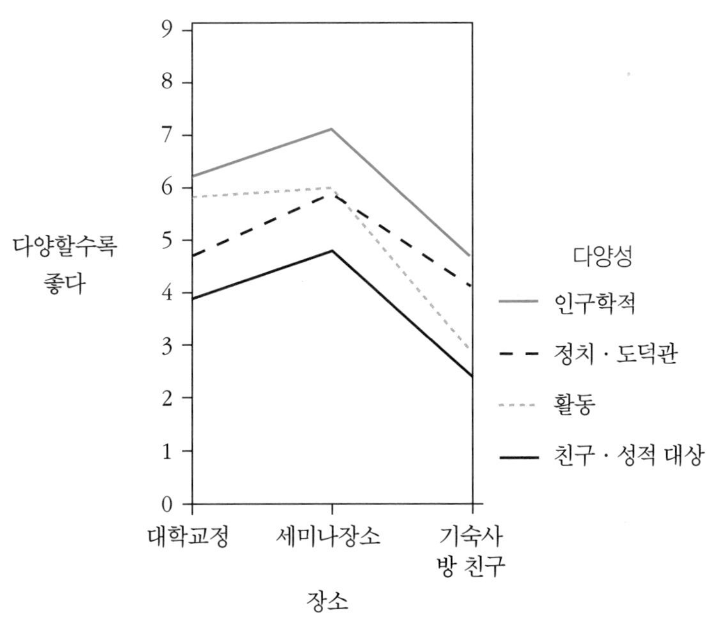

[그림 6-5]
상대방의 다양성에 대한 수용의도에 미치는 장소와 다양성의 측면들
출처: Haidt, 2003.

및 관심사(캠핑, 음악감상, 파티, 음주 등)의 유사성은 상호 간의 호감을 불러일으키며, 사회문제(사형폐지, 임신중절, 핵개발, 이민정책 등)에 있어서 태도의 유사성은 존중하는 감정을 불러일으키는 것으로 보인다(Lydon et al., 1988). 한 현장연구에서 사람들은 스스로가 중요하다고 생각하지만 일반적이지 않은 특성 및 가치관에 있어서 유사한 사람들과 특히 잘 어울림을 발견했다(Lea & Duck, 1982). 즉, 중요하다고 여기지만 예사롭지 않은 활동을 즐기는 동호인이나 사회운동가들이 서로에게 강하게 끌리는 현상을 보인다.

유사성 원리에 대한 이유는 여러 가지가 가능하다. 우선 사회비교 이론(Festinger, 1954)을 들 수 있다. 이에 따르면, 사람들은 자기 생각이 맞는지를 알기 위해 다른 사람과의 비교를 하는데, 유사한 사람들은 서로 간의 비교를 통해 각자가 지니고 있는 생각, 믿음, 태도가 정당하다는 것을 확인해 주며 서로를 지원하는 것이다. 자신의 생각에 반대하는 사람을 본다는 것은 흥미로울 수 있지만 유쾌한 경험은 아니다. 왜냐하면 자신의 견해가 잘못된 것일 수 있다는 증거가 되기 때문이다. 또한 균형 이론(본서 3장 참조)도 설명의 한 축을 제시한다. 좋아하는 사람과 중요한 면에서 비슷하다는 것은 심리적 균형상태를 제공해 주기도 한다. 좋아하는 두 사람이 중요한 이슈에 대하여 생각하는 바가 다르면 관계는 불균형적이 되어, 균형을 회복하려는 노력이 나온다. 견해를 바꾸어 서로 이슈에 동의하거나, 서로를 싫어하게 될 수 있다(Monsour et al., 1993). 한 연구(Walster & Walster, 1963)에서 대학생들에게 같이 토의를 하게 될 사람들이 두 부류가 있는데 어느 부류와 토의를 하고 싶은지 선택하게 하였다. 한 부류는 그들과 같은 학생이고 다른 부류는 그들과는 달리 심리학자(또는 노동자)라고 알려 주었다. 선택을 하기 전에 참가자들은 두 부류의 상대방 사람들이 모두 학생 자신들을 긍정적(또는 부정적)으로 생각하고 있다고 알려 주었다. 참여자 학생들은 상대가 자신을 부정적으로 여기고 있다면 자기와 비슷한 부류의 사람과 토의하기를 원했고, 상대가 자신을 긍정적으로 여기고 있다면 자신과 다른 부류의 사람과 토의를 원했다. 이 같은 결과는 자신과 다른 사람과 지내려고 하는 경우는 상대방으로부터 거부되지 않는다는 느낌을 지니고 있을 때라는 것을 보여 준다.

유사성 원리와 대조되는 상보성(complementarity) 원리의 가능성도 많이 제기되었다. 즉, 서로 대조되는 태도나 취향 및 성격의 사람들도 서로 잘 어울린다는 생각이다. 이를테면, 지배적 성격의 남자와 순종적인 여자의 경우 서로 잘 어울린다고 생각될 수 있다. 최근 연구들이 이 현상이 나타날 수 있음을 보이고 있으나, 실험실의 상황에서 제한된 성격특징에 국한됨을 보인다(Sadler & Woody, 2003). 한 연구(Hill et al., 1976)에서 연애 중인 202쌍을 대상으로 수년간 어떤 쌍이 지속되고 또는 중단되는

곁글 6-4 늘어나는 인종 간 결혼: 유사성 원리는 어디에?

한국에서도 다문화가정이 많이 늘고 있다. 동남아 여성이 국내 남성과 결혼하여 정착하고, 외국인 근로자들이 들어와서 한국 여성과 결혼하는 등 외국인과의 결혼이 전체 결혼의 10%를 상회하고 있다. 피부색과 외모라는 가장 뚜렷한 집단구분의 경계를 뛰어넘는 이 현상은 분명 비슷한 사람들이 서로 매력을 느낀다는 교류의 원리와 차이가 난다. 이를 분석해 보기 위해 한 심리학자(Fujino, 1997)는 UCLA에 다니는 학생들을 대상으로 조사를 수행하였다. 그 결과 동양계 학생들은 남녀 모두 70~80% 다른 인종의 학생들과 데이트하는 것으로 나타났다. 그러나 LA의 동양계에서는 다른 인종과의 결혼은 27~55%로 나타났다. 미국문화에 동화가 많이 된 사람들에게 인종 간 결혼이 많이 이루어지리라 예상할 수 있지만, 실상은 근접성과 매력이 인종 간 결혼을 결정짓는 가장 큰 요인으로 나타났다. 즉, 어떠한 연유이든 같이 자주 만나게 되어 상대방에게 매력을 느끼게 되는 경우에 결혼으로 이어지는 것이다. 이 경향은 어느 인종에게서나 공통적인 것으로 나타나고 있다.

미국과 일본의 대학생을 대상으로 조사한 결과 자신과 유사한 사람을 친구로 삼고자 하는 욕구, 친구들과 자신이 비슷하다고 여기는 정도에 있어서 미국 학생들이 일본보다 높은 것으로 나타났다(Shug et al., 2009). 즉, 낯선 사람의 성격이나 배경이 자신과 유사한 경우에 미국인들은 더 매력적이라 느끼는 경향이 일본인에 비해서 높은 것이다(Heine et al., 2009). 이는 이동성이 높은 미국사회에서는 주위사람과 친구가 되기보다는 친구를 주도적으로 만드는 양상이 높은데, 이때 자신과 유사한 사람에게 접근하고 대화를 진행시키기가 용이한 탓이다(Shug et al., 2010).

지를 관찰하였다. 수년 후 관계가 깨진 103쌍의 경우는 계속 관계를 유지하는 쌍들보다 성역할, 성에 대한 견해, 종교관 등에 있어서 차이가 많은 것으로 나타나고 있어 서로 유사한 쌍에서 오랫동안 관계가 유지되는 양상이 강함을 보였다. 사람들은 상대방이 자신과 차이가 나는 점이 흥미로워서 가깝게 지낼 수 있지만, 그 차이가 주는 매력은 시간이 가면서 마모되며, 유사한 점들을 공유하는 많은 영역들이 있어야 관계가 지속되는 것이다. 유사성의 영역이 많을수록 사람들은 서로에게 끌리고, 서로를 지원하는 현상이 서구사회에서는 일관되게 관찰되고 있다(Baron et al., 2006, p. 282).

남자는 남자끼리, 여자는 여자끼리 어울리는 한국인들은 부부가 오래 산다고 유사해지는 것은 아니다. 한국의 부부는 서로 이해하는 힘으로 지내왔다.

배우자들은 여러 면에서 유사한 까닭에 만나지만, 살면서 더 비슷해지는 현상도 보인다. 169쌍의 미국인 부부를 대상으로 1956년부터 7년 간격으로 1984년까지 다양한 검사를 시행한 결과, 단어를 쓰는 양상이나 지적 능력, 태도 등에 있어서 유사성이 높아지는 현상이 관찰되었다(Gruber-Baldini et al., 1995). 한 연구는 20년 이상

같은 상대와 결혼생활을 유지하고 있는 60대의 부부 12쌍에게서 결혼 초기 독사진을 구해서 사람들에게 주어 얼굴의 유사성을 평가하게 했는데, 부부끼리는 부부가 아닌 사람들의 얼굴보다 훨씬 유사한 평가를 받음을 보였다(Zajonc et al., 1987). 그러나 한국사회에서 부부를 대상으로 연구한 결과는 결혼기간이 길어진다고 해서 부부의 유사성이 높아지는 것은 아님을 보인다(고재홍, 전명진, 2003; 곁글 6-5).

곁글 6-5

한국인 부부의 유사성과 결혼 만족: 서로 이해하는 힘으로 산다!

한국인 부부는 유사하기보다는 서로를 받아주는 마음으로 생활한다는 점에서 서구의 부부관계와 차이를 보이는 것으로 나타난다. 도시는 물론 농어촌 거주 부부를 대상으로 행한 여러 연구들에서 한국인 부부는 서로 유사한 면들을 많이 공유하고 있지만, 서양의 연구와는 달리 서로를 잘 안다거나, 살면서 서로 닮아가는 현상을 보이지는 않고 있다(고재홍, 전명진, 2003). 이들은 서로를 이해하고 받아들이려는 마음을 갖고서 생활한다. 한국인 부부의 결혼만족도에 미치는 다양한 심리적 요인에 대한 실증적 연구들을 많이 진행해 온 경남대의 고재홍 교수의 발견을 중심으로 살펴보자.

농어촌 부부 150쌍을 대상으로 가치관, 결혼관, 취미, 성격의 네 영역에서 부부의 특징을 파악하여 유사성을 파악한 결과, 모든 영역에서 유사성이 나타났으며, 특히 가치관과 결혼관의 유사성이 취미와 성격의 유사성보다 큰 것으로 나타났다. 네 가지 중에서 결혼관의 유사성이 높을수록 결혼만족도가 높은 것을 볼 수 있으나 성격이나 취미 영역에서의 유사성은 만족도와 무관하였다. 그러나 가치관의 유사성은 부인의 결혼만족도에 영향을 주는 것으로 나타났다. 다양한 연령층의 부부 223쌍을 대상으로 부부 각자의 심리적 욕구(관계성, 자율성, 유능성; 본서 2장 94쪽 참조 바람)를 조사하고 상대방에 대한 인식을 비교한 결과, 자율성 욕구에서는 유사한 점이 없으나 관계성 욕구와 유능성 욕구에서 유사성이 나타났다. 서로의 욕구차이—특히 관계성에서—가 클수록 부부갈등도 크게 나타났다(허진자, 고재홍, 2008). 다양한 지역에서 살고 있는 133쌍의 부부를 대상으로 성격, 결혼가치관, 성역할 태도를 개인별로 평가하여 부부간의 유사성을 분석한 연구는 부부가 상당히 유사함을 보이고 있다(김미경, 고재홍, 2008). 부부는 상대방의 성격, 가치관, 성역할 태도에 대하여 대체로 잘 알고 있었으나, 결혼기간이 늘어난다고 해서 이런 이해가 높아지는 것은 아니었다. 부부가 느끼는 주관적 안녕감은 상호 유사성의 정도와는 무관하였으나, 상대 배우자에 대한 이해가 높을수록 안녕감이 높은 것으로 나타났다. 창원 지역의 결혼 부부 150여 쌍을 대상으로 한 연구는 부부간의 성격이 서로 유사한 정도가 결혼만족도에 미치는 영향은 미미하고, 상대방에 대하여 얼마나 잘 이해하고 있느냐가 중요한 요인임을 드러내고 있다(김향련, 고재홍, 2007).

고재홍(1958~)
서울대학교에서 차재호 교수 지도로 사회심리학 박사를 하였다. 현재 경남대학교에 재직 중이다. 한국사회 및 성격심리학회 25대 회장을 맡았으며, 사회적 판단, 이성관계 등의 분야에 연구업적을 보이고 있다.

결혼 초기(10년 미만)의 부부를 대상으로 생활분야에서(돈벌이, 처가와의 관계, 자녀 지도 문제) 겪는 부부 사이의 갈등 정도, 결혼가치관(애정표현, 성적 만족, 취미활동, 상호 믿음 등), 상호 의사소통(건설적, 손상적, 회피적 등)의 양태를 파악하여 분석한 결과, 배우자의 결혼생활에 대한 가치관에 대해 잘못 오해하고 있을수록 부부갈등은 큰 것으로 나타났다. 그러나 이 경우도 부부간에 건설적 대화가 이루어지고 있는 부부에게서는 큰 문제가 없었다. 즉, 부부간 건설적 대화는 배우자에 대한 오해로 인한 갈등을 막아주는 역할을 하는 것으로 나타났다. 특히 남편이 건설적 의사소통을 하는 것이 중요한 것으로 나타났다(황민혜, 고재홍, 2012; [그림 6-6]).

부부를 대상으로 자료를 구하기가 어렵다는 점에서 이런 연구들의 가치는 매우 크다. 이런 연구로부터, 한국에서의 부부관계에서 서로 유사하다는 인식은 중요하지만, 이런 인식이나 이해의 정도가 사는 시간이 증가한다고 해서 높아지는 것이 아님을 알 수 있다. 이는 서구인들의 결혼생활에서 상대방에 대한 친밀감의 심화가 중요한 현상인 것에 비해서 한국인에게는 친밀감보다는 상대를 수용하는 마음의 크기가 만족도에 큰 영향을 미침을 보인다는 것이다.

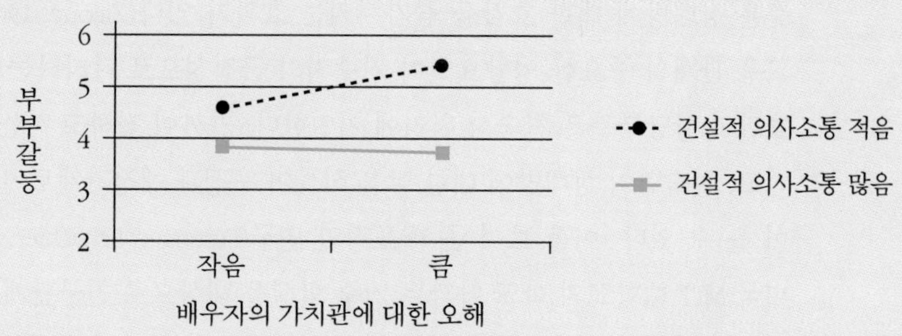

[그림 6-6] 부부의 결혼가치관 오해와 건설적 의사소통의 상호작용 효과
출처: 황민혜, 고재홍, 2012.

실제 유사성 대 지각된 유사성 유사성이 상대에 대해 느끼는 매력에 미치는 영향을 검토하는 수많은 연구들을 통합분석한 결과는 상대와의 실제 유사성은 상대와 만나기 전과 단기간의 교류 혹은 실험실 교류에서 강한 영향을 주는 것으로 나타났다. 그러나 사회생활에서 실제 교류를 맺고 있는 사람들에게는 실제 유

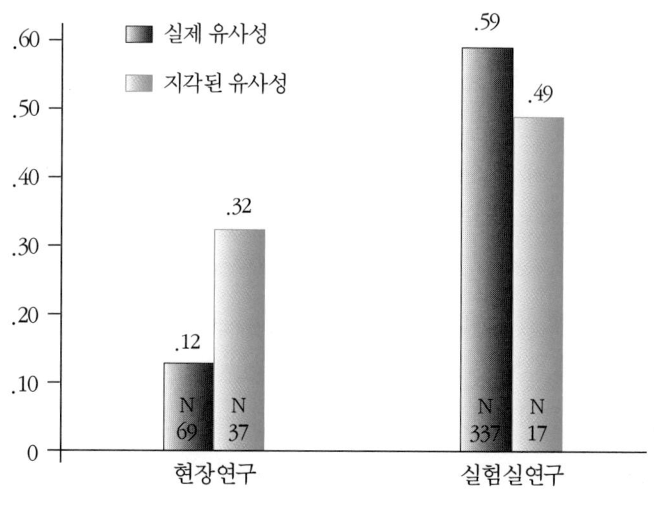

[그림 6-7]
현장연구와 실험실연구에서 상대에게 느끼는 끌림에 미치는 실제 유사성과 지각된 유사성의 효과 크기
출처: Montoya et al., 2008, 표를 바탕으로 그림.

사성의 효과는 미미하였으며, 중요한 것은 지각된 유사성이었다([그림 6-7]). 지속적인 관계를 위해서는 서로 간에 차이를 강조하기보다는 유사하다고 여기며 생활하는 것이 도움이 된다.

친숙성 원리 자주 접하게 되는 얼굴은 낯이 익게 된다. 이렇게 반복되는 노출은 상대방에 대한 호감을 증가시키는 효과가 있다(Zajonc, 1968; 곁글 5-2 참조). 교우 관계의 중요한 영향요인이 거주지의 근접성으로 나타나는데, 이러한 근접성 효과의 상당부분은 친숙성 원리에 기인한다. 가까이 접하고 사는 이웃에게 친숙해지고, 친숙함이 상대방에 대한 담을 허물어 우정과 애정관계로 발전하는 사례를 많이 볼 수 있다. 이를 보여 준 대표적인 연구(Festinger, Schachter, & Back, 1950)에서 미국 MIT 대학교의 학교 아파트 거주 학생을 대상으로 친구관계 형성에 미치는 공간적 근접성을 조사하였다. 서로 모르는 사람들이 이전에 군대 막사로 쓰이던 건물을 개조한 아파트에 희망과는 무관하게 배치된 상태에서 지내게 된 것이다. 수개월이 경과하여 이들에게 가장 친하게 지내는 사람을 대라 하니까 공간적으로 가까운 이웃집과 계단의 사용으로 실제 가깝게 된 사람들, 즉 자주 보게 되는 사람들과 친하게 지내는 것으로 나타났다(Breckler et al., 2006, p. 526). 미국의 벨연구소에서 1990년대 수행된 연구는 인접 부서에서 근무한 연구원들이 공동연구를 수행할 가능성은 층이 다른 곳에서 근무하는 연구원들이 수행할 가능성보다 25배나 높은 것으로 나타났다(Kraut et al., 1998).

물론 반복된 노출로 인한 친숙성 증가가 항상 나타나는 것은 아니다. 애초에 제시된 자극에 대하여 중성적이거나 수용적인 태도 정서를 지니고 있는 경우에는 나타나지만 그것이 부정적인 경우에는 노출효과가 나타나지 않는다. 한 연구(Perlman & Oskamp, 1971)에서 자극인물을 과학자, 편의복을 입은 사람, 형사사건의 피의자로 선정을 해서 열 번을 보여 주는 과정에서 그에 대한 평가를 하게 하였다. 그 결과는 [그림 6-8]에서 보는 바와 같이 부정적인 자극에 대해서는 노출효과가 나타나지 않음을 볼 수 있다. 사람들의 정서도 중요한 역할을 한다. 자주 접하는 것에 대한 반가움은 사람들이 편안한 정서 상태에 있을 때보다는 불안한 정서 상태(낯선 곳에 있거나, 우울한 상황 등)에 있을 때 크게 나타났다(de Vries et al., 2010). 이 연구에서는 의미가 없는 기하학적 도형을 자극으로 사용하여 반복적으로 제시해서 친숙하게 만들고, 행복한 경험을 연상하거나 슬픈 경험을 연상시킨 조건에서 친숙한 도형과 유사성이 다른 자극을 제시하여, 얼굴의 웃음 근육의 반응양상(EMG)을 측정하였다. 행복한 정서 조건에서는 친숙한 도형에 대한 반응에서 차이가 나지 않았지만, 불행

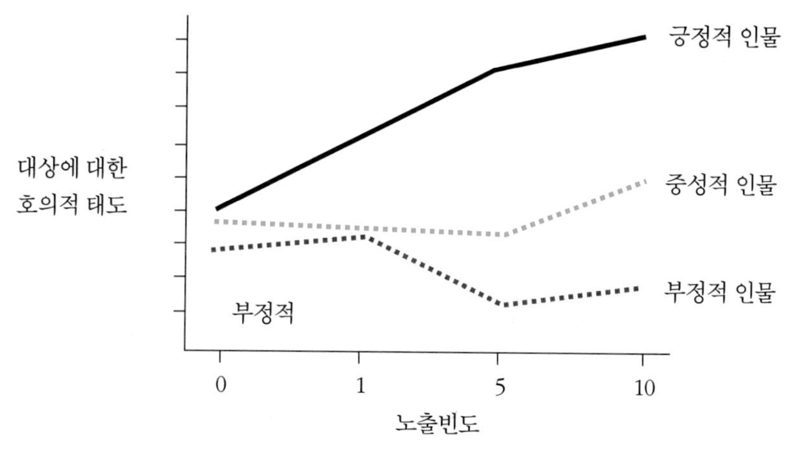

[그림 6-8]
노출빈도의 효과
출처: Perlman & Oskamp, 1971, p. 509.

한 정서 조건에서는 친숙한 도형에 대한 반응이 크게 나타나 아무런 사회적 의미가 없는 도형자극일지라도 친숙한 것은 정서를 편안하게 만드는 효과를 지니고 있음을 보여 주고 있다.

사회생활에서 친숙성 원리가 작용하는 이유는 우선, 불확실한 사회상황에서 면식 있는 사람이 있다는 것은 자신의 견해에 대한 타당성을 점검해 주기 때문이다. 대학에 갓 입학하여 모든 것이 낯설 때, 자주 접하는 학생과 교류하면서 대학생활을 파악하고, 자신의 위치를 알아가던 때를 상기해 보라. 이는 서로 간에 마찬가지로 작용하면서 자주 볼수록 상대를 좋아하게 된다. 둘째, 상대방과 교류하면서 서로 귀속감을 느끼는 탓이다. 서로를 수용하고, 인정하고, 따뜻하게 대하는 것은 그 자체가 큰 보상이다. 이러한 귀속감은 심리적 안정을 제공해 주며, 관계를 진전시키는 역할을 한다.

결글 6-6

친구는 많을수록 좋은가?: 친구의 문화 차이

고 최상진 교수는 마닐라에서 열린 아시아사회심리학회에 초청되어 한국인의 심리를 설명하면서 학회에서 만나는 외국 사람들이 자신을 '친구(friend)' 라고 부르는데 "자신은 그들을 친구라고 생각하지 않는다(they are not my friends)" 고 말하여 사람들을 놀라게 한 적이 있다. 서구식 분위기의 국제학회에서 한두 번 만나면 친구라고 하는 것이 관행이지만 한국인인 자기에게 친구는 믿고 의지할 만한 사람이라는 것을 설명하고자 한 것이었다(본서 8장 참조). 친구관계의 문화 차이에 관심을 지닌 연구자들(Adams & Plaut, 2003)이 아프리카 가나 사람들의 친구관계의 특징을 미국인과 비교한 것을 〈표 6-1〉처럼 정리할 수 있다. 가나인의 인식이 상당부분 한국의 전통적 인식과 유사하다고 본다.

한편, '미워하는 원수가 있느냐?'에 대한 응답에서도 흥미로운 문화 차이가 나타난다(Adams, 2005). 가나인들은 미국인보다 '그렇다'고 답하는 사람이 많았다. 아울러 미국인들은 원수가 없어야 한다고 여기므로 원수가 없는 사람을 좋게 여기지만, 집단주의 문화의 성격을 지닌 가나인들은 원수가 생기는 것을 불가피한 것으로 받아들여서 원수를 가진 사람에 대한 평가가 그다지 나쁘지 않다. 이러한 차이는 국내의 직장에서 교류대상의 선택이 임의롭지 않은 탓에 지속적으로 만나야만 하면서 원수관계로 발전하는 많은 사례들을 떠올리게 한다.

〈표 6-1〉 아프리카 가나와 미국 사회에서 친구의 의미

	가나	미국
친구란?	실제적인 도움, 지원, 충고, 비밀을 공유하고 믿음이 가는 사람	정서적인 지원을 해주고, 서로를 잘 알며, 자주 어울리는 믿을 수 있는 사람
친구 유형의 다양성	적음	많음
친구가 많은 것이 좋은가?	아니다(친구가 많은 것은 바보짓!)	그렇다
친구가 없는 사람을 어떻게 보느냐?	이기적인 사람이다	불쌍한 사람이다(마음이 아픈 탓이다)
바람직한 친구의 숫자는?	적음	많음
친구 만드는 데 주의할 사항이 있나?	물론!(친구는 가려서 만들어야 한다. 때로는 좋은 친구도 골치 아플 수 있으니까!)	없다

출처: Adams, 2005 연구를 바탕으로 구성함.

요 약

1. 사람들은 교류를 진행하면서 상호의존도가 높은 관계로 발전한다. 다양한 활동을 같이 하며, 정서적 영향을 많이 주고받는 관계로의 발전은 계단적인 변화과정으로 여겨진다.
2. 사람들은 사회적 특성과 능력이 있는 사람에게 호감을 느끼며, 호감의 판단에는 그 사회의 변화하는 문화적 가치가 영향을 미친다.
3. 매력적인 용모를 지닌 사람은 후광효과에 의해 성격이나 능력에 있어서 좋은 평가를 받는다. 매력적인 용모를 지닌 사람이 그러한 특징을 아울러 지니고 있다기보다 사람들의 기대가 영향을 미치는 자성예언현상이 작용하기 때문이다.
4. 매력적인 용모를 선호하는 것은 진화심리학적 이유와 방사효과가 작용하기 때문이다.
5. 사람들은 자기에 대한 파악을 도와주는 정보를 제공하는 상대방에 대하여 호감을 느낀다.
6. 사람들의 교류진전에는 유사성 원리와 친숙성 원리가 작용한다. 유사성 원리는 자기와 유사한 사람들과 교류를 선호함인데, 그 이유는 서로의 비교를 통해 자신의 가치, 생각의 타당함을 확인할 수 있으며, 사회적 지원을 제공받기 때문이다.
7. 대인교류에서 작용하는 유사성 원리는 한국사회보다는 서구사회에서 강하게 나타난다.
8. 친구 관계의 의미는 문화에 따라 큰 차이를 보인다. 집단주의 문화적 성격이 강한 곳에서는 친구 관계가 부담을 줄 수 있으며, 가까이 지내는 관계에서 원수가 나타난다.

관계를 발전시키는 요인

사람들은 상대방의 외모와 별 관계없이 친숙하게 된 사람들과 대화를 나누며 관계를 발전시킨다. 만나면서 경험하는 것에 따라서 서로를 탐색하는 기간이 단축되기도 하지만 진지한 관계가 발전하기 위해서는 서로에 대한 탐색과 이해, 수용이 필요하다. 아무리 매력적으로 끌리는 상대방과 교제를 하더라도 서로를 알아가는 과정이 없어서는 깊은 관계로 진행이 될 수 없다. 이제 이러한 교류의 진행에 영향을 주는 요인에 대하여 몇 가지 정리해 보자.

❖ 자기노출

낯선 두 사람의 관계가 친숙한 관계로 되어 가는 교류과정에서 가장 두드러진 특징은 두 사람이 서로를 드러내는 자기노출이다. 자기노출은 관계의 진전 기능 이외에도 다양한 기능을 지니고 있다. 단순히 자신의 내적 감정과 의견을 표현해 내는 기능, 표현을 통해 애매하고 엉킨 것을 명료하게 정리하는 기능, 상대방의 반응을 통해서 자기 의견에 대한 평가 및 조정을 하는 기능, 스스로가 노출의 정도를 조절함으로써 상대방과의 관계수위를 통제하는 기능 등이다(김교헌, 1992).

대학생들의 우정관계 발달에 대한 종단적 연구에서, 한덕웅(1985)은 대학 입학 시 새로 알게 된 끌리는 친구와의 교류가 1년 반 이상 지속된 사람들을 대상으로 상대방과의 교류행위를 3차에 걸쳐서 조사했다. 친교관계에 도움이 되는 행위뿐 아니라 자기노출이 관계가 오래될수록 증가하는 것으로 나타났다. 흥미롭게도 친교관계에 해를 끼치는 부정적 행위도 같은 양상으로 증가하는 것이 나타났다. 부정적 행동의 증가는 관계 초기에서 보이던 조심스러운 행동들이 관계가 심화되면서 보다 자연스럽게 표출되고, 이러한 행위에 대한 친구들의 대처도 관계를 유지하는 선에서 이루어짐을 보인다.

한덕웅(1943~)
성균관대학교에서 사회심리학 박사학위를 취득한 후 동 대학교에서 교수로 재직했다. 한국심리학회 회장을 역임하였다. 한국사회 가치관의 변화, 대인교류, 집단역학에 연구관심을 보였고, 특히 『퇴계심리학』의 저술을 통해 퇴계의 심학사상과 현대심리학을 접목하는 업적을 남겼다.

일방적인 자기노출은 오래 계속되지 않는다. 노출은 상대방에게 호응을 요구하고 이러한 호응이 있을 경우에만 다음 단계의 더 내밀한 노출이 교환되며 관계가 친숙해진다. 즉, 상응의 규범(Gouldner, 1960)이 적용된다. Altman과 Taylor(1973)는 관계의 진전을 노출의 상응과 관련시켜 둘 사이의 벽이 서로에 의해서 침투되는 과정(사회적 침투)으로 기술하였다. 관계가 진전됨에 따라서 노출의 내용이 다양해지고 노출의 깊이도 깊어진다. 노출은 상대방의 호응을 보아 가면서 그 수위조절이 이루어진다. 사람들은 자기가 상대방에게 노출하는 정도로 상대가 노출하는 것을 가장 편하게 느낀다. 상대가 더 노출을 하는 경우 준비 없이 친숙한 관계로 끌려가는 기분이 들거나 상대가 무분별한 사람으로 여겨지기 때문에 저항을 보인다. 반면에, 상대가 노출을 하지 않을 경우는 스스로가 바보 같은 생각이 들고 상대가 냉정하거나 자신에게 관심이 없는 사람으로 여겨지기 때문에 꺼리게 된다(Chaiken & Derlega, 1974).

자기의 취약한 부분, 남이 알기를 꺼리는 부분들을 상대에게 노출시키는 것은 상대에게 신뢰한다는 암시를 주는 탓에 관계를 촉진시키는 역할을 한다. 처음 보는 상대와 짝지은 후에 두 조건을 구분하여 상대와 한 시간 남짓 대화를 나누도록 하였다. 한 조건에서는 초면에 부담없이 하기 쉬운 일상적인 내용(다녀온 휴가, 기억에 남는 선물, 잠자는 시각 등)에 대하여 대화를 나누도록 하였고, 다른 조건(노출집단)에서는 그런 대화를 나누다가 내밀한 개인적 내용(가장 소중한 추억, 가족관계의 친밀성, 누구의 죽음이 가장 안타까운지 등)을 이야기하도록 하였다. 둘째 집단에서 상대에 대하여 느끼는 친밀감이 훨씬 높았으며, 두 주 후에 이들을 다시 연구실로 오게 했을 때 노출집단의 사람들은 대부분 같이 앉아서 이야기를 나누고 있었다. 이들이 상대방에 대하여 느끼는 친밀감의 점수는 오래 사귄 사람에 대하여 느끼는 친밀감 점수와 비등한 정도로 나타났다(Aron et al., 1997). 사람인 경우에는 물론 심지어 컴퓨터를 상대로 면담을 하는 경우에도 상대가 자신에 대한 정보(처리속도, 구성요소 등)를 노출했을 때가 그러하지 않았을 때에 비해서, 사람들은 더 많은 자기노출을 하고, 자신을 항상 컴퓨터라고 지칭하고 있는 컴퓨터에 대하여 매력적으로 여기는 현상을 보였다(Moon, 2000).

자기노출이 관계의 진전에 필수적이지만 그 자체가 관계를 진전시키는 것은 아니다. 관계를 진전시키는 것은 노출의 호응작용과 상대방에 대한 아끼는 마음이다. 서로의 노출이 상대방에게 이해되고, 공감의 감정을 느끼게 하고, 상대방에 대한 진정한 관심과 돌봄으로 이어지는 과정은 상호 신뢰를 쌓아가고 정서적인 유대감을 만들어 간다. 서로에 대한 믿음과 정서적인 유대감은 친밀한 관계의 본질이다(Reis & Shaver, 1988; Won-Doornink, 1985).

❖ 상응의 규범

사람들이 사회생활을 하면서 자신의 이익을 최대화하고 손실을 최소화하려 든다고 보면, 사람들 간의 갈등은 필연적이다. 어느 사회건 이러한 갈등을 표면화시키지 않고 관계를 유지 및 진전시키는 규범들이 있다. 규범이 지켜질 때 사람들은 관계에 만족하며 관계를 유지하고자 한다. 대인교류의 진전에서 갈등을 사전에 막는 규범으로 상응(reciprocity)의 규범과 공평성(fairness)의 규범을 들 수 있다. 이 두 규범은 사람들의 행동을 구속하고 적절성을 규정하며 거의 모든 대인교류에 적용되며, 어느 문화에서나 공통적으로 나타난다(Gouldner, 1960).

교류에서 보이는 상응현상은 매우 보편적이기 때문에 사람들이 교류관계에서 보상을 최대화하고 손실을 최소화한다는 전제가 성립할 수 있다. 이 전제를 바탕으로 사회적 교환 이론(Blau, 1964; Kelley & Thibaut, 1978)이 제시되었다. 사람들은 교류에서 득을 보는 경우에 교류를 지속하려 들고, 손실을 예상하는 경우에 교류를 그만두려 한다. 이러한 접근이 인간관계를 대부분 설명할 수 있다는 것에 거부감을 느낄 수 있지만 이 분석은 보상과 손실을 물질적인 재화에만 국한시키지 않고 심리적인 것까지 포함시켜 다룸으로써 분석의 틀을 확대시켰다. 관계에 대한 평가에 따라서 상대방과의 거리를 조정하는데 이러한 평가는 두 가지 기준에 비교되어 이루어진다(Thibaut & Kelley, 1959).

한 가지 기준은 비교수준으로서 우리가 상대방과의 관계에서 당연히 받아야 한다고 생각하는 보상의 정도다. 사회통념이나 과거의 경험에 비추어서 어느 정도는 되어야 한다는 기대치에 비추어 현재 자신이 얻고 있는 것을 비교한다. 이러한 기대에 부응하거나 그보다 높게 되면 관계에 만족을 느낀다. 그러나 부응하지 못하면 실망을 느낄 것이다. 실망을 느낀다고 관계를 단절하는 것은 아니다. 상대방과 관계를 단절하는 경우에 대안적인 관계(다른 사람과의 새로운 관계 또는 혼자 지내는 고독감: 대안적 비교수준)에서 기대되는 득실과 현재 관계에서의 득실을 비교한다. 비록 이성친구가 하는 행위가 마음에 썩 들지는 않지만 없는 것보다는 낫다고 생각한다면 그 관계를 계속 유지하려는 행위를 보인다.

상응의 문화 차이 어느 문화에서건 자신이 도와준 일, 마음 써준 것, 베풀어준 것들이 상대방에 의해서 되돌려지지 않는다면 기분이 상하고 상대방과의 관계가 순조롭지 못할 것이다. 그러나 이러한 상응의 규범에도 문화차는 존재한다.

Ting-Toomey(1986)는 개인주의 문화권(미국, 프랑스, 호주)과 집단주의 문화권(일본, 중국)을 대상으로 조사 분석한 결과 개인주의 문화권에서는 자발적인 상응이 강조되고 가치 있는 것으로 여겨지며, 집단주의 문화권에서는 의무적인 상응이 강조되는 것을 발견했다. 즉, 서양에서는 의무감 때문에 보답을 한다는 것은 가치 있는 일로 여기지 않는데 이는 행위자의 의도가 결여된 마지못해 하는 것으로 여겨지기 때문이다. 그러나 동양에서는 빚진 사람이 빚을 갚아야 하는 것은 당연한 사회적 의무이며 도리(道理)라고 여긴다. 도리의 실행 여부 자체를 의도와는 무관하게 중요시한다. 은혜를 되갚지 못한 사람은 도덕성을 의심받게 된다. 이런 탓에 친하지 않은 관계의 상대가 건네주는 가벼운 선물이라 할지라도 동양권에서는 흔쾌하게 받으려는 양상이 구미권에 비해서 훨씬 낮다. 받으면 돌려주어야 한다는 빚이라 여기기 때문이다(Shen et al., 2011).

일본에서는 선물을 주고받는 것에 대한 비교적 상세한 관습 규범이 존재하지만 미국에서는 그에 필적할 만한 규범이 없고 단지 행위자의 능력이 허락하는 범위에서 마음이 내켜 하는 자발성이 중요시된다. 아울러 동양에서는 부채와 은혜를 일생 동안 되갚기도 하고 심지어는 자식세대로 넘어가기도 한다. 그러나 서양에서는 부채와 선의는 개인적인 당사자의 책임문제이지 대물림될 수 있는 것으로 여기지 않는다.

❖ 공평성

사회통념상 관계의 만족도를 저울질할 때 또 하나의 중요한 준거가 되는 것은 공평성의 규범이다. 상응의 규범이 두 사람 사이의 교환에 대한 마땅성을 규제하는 규범이라면 **공평성의 규범**은 교환의 적절한 양을 규제하는 규범이다. 관계가 공평하다고 느낄 때 만족할 것이며 불공평하다면 관계에 불만을 느낀다. 공평감은 무엇에 의해 결정되는가? 많은 서구의 학자들은 **형평의 원리**를 들고 있다. 이 원리는 성원들 각자가 기여한 만큼 얻거나 손실을 분담하는 경우에 지켜진다. 예를 들어, 두 사람의 직장동료가 공동작업을 해서 얻은 보상을 나누어 가짐에 있어 둘 사이의 불만이 최소가 되는 방법은 각자가 기여한 만큼 갖도록 하는 것이다. 이 점에서 형평의 원리는 관계 당사자들이 모두 수용해야 하는 최소정의를 충족시키는 원칙이다. 성원들이 분배에 만족하지 못하는 불형평적인 상황에 처할 경우에 형평을 회복하기 위한 행동이 나타난다(Adams, 1965; Homans, 1961; Walster et al., 1973).

형평을 회복하는 방법은 형평 회복행위를 취하거나, 심리적인 조정 두 가지가 있다. 즉, 자신이 받을 몫을 덜 받았을 경우에 다 받아내거나 상대방이 더 받은 만큼을 물어 내게 하는 것이 한 방법이다(1차 통제). 이는 상대방을 납득시킴으로써 가능하다. 상대방이 불형평하다는 것을 납득하지 않으면 쌍방은 갈등상태에 처하며 불형평의 일방적 회복행위는 미래의 관계를 위험하게 만들 수 있다. 심리적 조정은 불형평의 계산에 있어서 자신과 상대방의 기여 또는 산출 양을 조정하여 형평적 결과를 얻어내는 인지적 과정이다(2차 통제). 이를테면, 상대방의 기여를 드러난 것보다 더 크게 인정함으로써 상대가 더 많은 몫을 챙긴 것을 이해하고 형평적인 것으로 받아들일 수 있다. 어떠한 방안이 취해지는가 하는 것은 각 방안과 관련된 득실 및 용이성에 달려 있다.

형평의 원리는 수많은 연구에서 지지되고 있고, 원숭이에서도 관찰된다(Brosnan, 2006). 대부분의 연구들은 실험실에서 낯선 사람들의 교류 상황에서 이 원리의 타당성을 검증하였다. 따라서 친밀한 사람들의 교류에도 적용될 것인지 의문시되었으나 부부, 연인들 관계의 분석에도 적용되고 지지적인 증거가 나타나고 있다. 이를테면, 미국의 신혼부부를 대상으로 결혼만족도와 형평의 지각과의 관계를 분석한 결과, 덜 받는 사람이나 더 받는 사람 모두에게서 결혼만족도가 낮은 것을 보이고 있다(Hatfield et al., 1979). 네덜란드에서 친한 친구와의 관계에서 형평감을 느끼는 사람들은 자기가 많이 혜택을 받거나, 덜 받는다고 여기는 사람들에 비해서 고독감을 덜 느끼는 것으로 나타났다(Buunk & Prins, 1998). 국내에서 부부를 대상으로 행한 연구(조정문, 1995)도 부부간의 공평성 지각이 결혼만족도를 증진시키는 것을 확인해 주고 있다. 특히 이 효과는 만족도에 영향을 미치는 수입, 교육수준, 자녀유무, 성격차이 같은 요인들의 효과를 통제하여도 나타나고 있어, 중요한 요인임을 보여준다. 역시 국내에서 1,164명의 기혼 남녀를 대상으로 한 우편조사에서도 결혼만족도와 관계의 형평성 지각은 상관이 꽤 있는 것으로 나타났다(r=.30~.46). 즉, 관계가 형평적이라고 여기는 경우에 만족도가 높게 나왔는데, 특히 여성의 경우에 이 관계는 더 강하게 나타났다(노익상, 2002).

영장류 학자인 de Waal이 원숭이를 대상으로 행한 흥미로운 공평성 실험 동영상을 볼 수 있다.
https://www.youtube.com/watch?v=lKhAd0Tyny0 (2′38″)

교류관계를 당사자들의 이해타산적 관점에서 보는 교환이론이 직면하고 있는 문제는 가족, 부부, 연인 등과 같은 친밀한 관계에서 사람들이 관계에 불만을 느끼기 이전에는 관계를 교환적인 관계로 여기는 것 같지 않다는 증거들이다. 신혼부부를 대상으로 초기 2년여의 종단적 연구를 행한 결과는 초기에 연인들이 교환의 규범을 따르기보다는 상대방의 필요에 부응하는 공유적 교류를 하는 경향을 보이며, 이런 연인들에게 관계만족도가 높은 것으로 나타난다. 연인 사이에서 교환의 규범을 쓰는 정도가 높아질수록 교류만족도는 낮아졌으며, 불안정 애착성향자들은 교환의 규범을 적용시키는 양상이 안정 애착성향자에 비해서 현저히 높은 것으로 나타났다(Clark et al., 2010). 이러한 연구들은 불형평 상태가 연인관계나 관계가 깊이 진전된 상태에서는 별 문제가 되지 않으나, 관계가 삐걱거리게 되면 중요한 이슈로 부각됨을 시사한다(Cate et al., 1988).

요 약

1. 자기노출의 교환을 통해서 관계가 진전되며, 관계가 진전되면서 자기노출이 깊어지고 영역도 확대된다. 노출과정에서 부정적인 내용도 다루어지며 서로가 벽을 침투하여 정서적인 유대감을 발전시킨다.
2. 사회적 교환 이론에 따르면 사람들은 교류관계에서 보상을 최대화하고 손실을 최소화한다. 현재 관계에서의 만족은 마땅히 받아야 할 것에 비교수준을 두고, 이에 미흡하면 불만을 느낀다. 그러나 관계의 단절은 대안적 비교수준을 고려해서 이루어진다.
3. 사람들의 교류를 지배하는 사회규범으로 상응의 규범이 보편성을 지니고 작용한다. 그러나 상응의 양상에서는 문화 차이가 나타난다. 관계의 만족도는 형평의 규범에 의해서 큰 영향을 받는다. 사람들은 불형평을 느꼈을 때 형평을 회복하려 든다.

관계맺음의 유형

대인교류에 대한 지금까지의 논의는 대부분 독립적인 개인들이 낯선 관계로 만나서 대등한 교류를 전개하며 다양한 형태의 친소상하 관계로 진입하는 양상을 설명하고 있다. 본서의 1장에서 언급하였듯이 그 이유는 사회심리학의 연구가 서구에서 활발히 이루어지며, 서구인의 사회관과 인간관을 바탕에 두고 있기 때문이다. 그러나 관계맺음의 네 가지 기본 유형이 심리인류학자인 A. Fiske(1990, 1992)에 의해서 정리되어 제시되면서 어느 사회에서건 이들 유형을 적용시켜 분석할 수 있다는 인식이 가능해졌다. 물론 문화마다 관계맺음의 특징이 다르긴 하지만, 기본 유형의 이해가 문화 차이를 비교하고 특성을 파악하는 데 도움이 될 수 있다.

❖ 네 가지 관계유형론

Fiske가 서아프리카의 모사이(Moose) 부족에서 참여관찰 연구를 하면서 정리해낸 관계유형론에 따르면 다음의 네 가지 기본적 양태가 구분된다.

공동체적 공유 관계 개인보다는 공동체의 성원의식이 관계맺음의 중요한 요인으로 작용한다. 가족관계가 전형적인 형태다. 친밀한 연인이나 친구관계도 이런 관계이며, 이 관계에서 작업에 대한 기여는 성원의 능력에 따르며, 산출은 필요에 따라 배분된다. 옳고 그름의 도덕적 판단은 사회정의나 효율성보다는 성원들의 어울림, 공존, 공생을 준거로 이루어진다. 돌봄, 연민, 인(仁) 사상이 핵심이다.

권위적 서열 관계 집단 내에서 신분과 서열에 의해 역할이 구분되고 관계가 맺어지는 형태로 군대, 관료조직, 기업조직같이 조직의 목표를 달성하기 위한 효율성을 추구한다. 이들 조직에서 성원들은 서열질서를 염두에 두고 상명하복의 규범에 따르며, 옳고 그름의 판단은 상위 서열의 힘 있는 사람들의 몫이다.

대등적 상응 관계 대등한 관계에서 호혜적 상응교류가 규범으로 작용하는 대부분의 동료, 친구관계가 이에 해당한다. 이 관계에서 성원들은 대등하며, 개인으로서 독립적인 존재들이다. 개인이 지닌 자원(재능, 재산 등)의 차이에 따른 대우를 받는 것이 아니라 동일한 개인으로서 똑같이 대우를 받는다. 옳고 그름의 판단은 모든 성원들이 똑같은 대우를 받거나, 정당하다고 받아들이는 규범을 준거로 이루어진다.

시장적 가치 관계 교류의 형평성을 중시하는 대부분의 거래관계다. 목적을 달성하기 위하여 만나는 사람들, 구성된 조직 내 성원 간 혹은 조직 간 관계에서 자신의 기여가 지닌 가치에 대한 협상을 통해 상호 만족스러운 수준에서 관계를 유지한다. 옳고 그름의 판단은 목적달성의 효율성을 지향하는 준거에 대한 당사자들의 합의에 따라 이루어진다.

교류 상대에 따라 지배적인 관계유형이 다를 수 있지만, 동일한 상대를 대상으로 한 경우에도 네 가지 유형의 관계맺음이 상황에 따라 전개되기도 한다. 예를 들어, 부부간에도 살림살이는 공동체적 공유 관계 형태로, 중요한 의사결정에서는 남편 중심의 서열적 관계를, 자녀교육에 대한 상의는 대등한 관계로, 개인적 용돈의 크기를 결정하는 경우에는 시장적 가치관계의 틀에서 교류와 상호작용이 진행될 수 있다.

이수원(1943~1998)
서울대학교에서 사회심리학 박사학위(정양은 지도)를 취득한 후 한양대학교 교수로 재직 중 사망하였다. 5대 한국사회심리학회 회장을 역임하였으며, 사회갈등을 주 관심사로 다루었고, 특히 중용 사상의 심리학적 탐구에 업적을 남겼다.

❖ 교환관계와 우리성 관계

사회심리학의 연구는 교환관계(대등한 상응적 관계와 시장적 가치 관계)를 중심으로 이루어졌으나 친밀한 관계에 대한 관심으로 확대되었다. 친밀한 관계에서는 교환의 원리가 크게 문제되지 않는데, 이를 교환관계와 구분하여 공동체 관계(Clark & Mills, 1979), 정(情)의 관계(이수원, 1987), 혹은 우리성 관계(최상진, 2000. 본서 11장 참조 바람)라고 칭할 수 있다. 교환관계에서 사람들은 자신의 노력이나 호의가 상응되리라고 기대하고 자신이 진 빚은 갚아야 한다는 의무를 지니고 있다. 따라서 상대방과의 주고받음에 관심을 두고 형평적 관계가 유지될 때 만족감을 느낀다. 그러나 우리성 관계에서는 연인, 부부, 친한 친구의 사이에서처럼 상대방에게 상응되는 행동을 기대하면서 호의를 베푸는 것이 아니라 상대방에 대한 관심, 도움을 주고 싶은 마음, 상대방에게 필요하리라는 생각 때문에 호의를 베풀고 이것이 되갚아지는 것을 크게 문제삼지 않는다. 이 관계에서 성원들은 상대방의 만족이 자신의 만족으로 여겨지는 소위 '우리성(we-ness)'의 의식을 공유한다(최상진, 2000). 교환관계와 우리성 관계의 차이를 홍미롭게 보여 준 연구에서, 참가자들은 자신에게 관심 있는 상대와 짝지어졌거나(우리성 관계) 편의상 실험에 참가한 상대와 짝지어져(교환관계), 숫자행렬이 수없이 쓰인 숫자판에서 특정의 숫자행렬을 찾아 표시하는 작업을 하였다. 공동작업의 결과에 따라 보상이 주어지는 상황이었다. 옆방에서 작업을 하던 자기 짝이 표시를 한 숫자판을 받아서 자신의 작업을 하도록 하면서 여러 가지 색의 연필을 사용할 수 있게 하였다. 우리성 관계 조건에 있던 참여자들은 짝이 표시한 색깔과 같은 색깔의 연필을 쓰는 양상이 두드러지게 나타났다(Clark et al., 1986). 반면, 교환관계 조건에서의 참여자들은 다른 색깔을 씀으로써 자기의 몫을 구분시키려는 양상을 보였다.

❖ 서열적 관계

어느 사회에서건 조직이 구성되고, 조직에서 성원들의 역할에 따라 신분 서열 관계가 형성된다. 이 서열 관계에서 윗사람은 아랫사람에 대한 영향력과 힘을 행사하며, 권위를 인정받게 된다. 상위 서열의 사람들은 영향력을 행사하면서, 조직의 운영에 보다 큰 책임감을 느끼고, 아랫사람의 안위에 대한 책임을 느끼고, 신중하며, 포용력과 리더십을 발휘하고, 그러한 기대를 받는다. 개인차가 없는 것은 아니지만 대부분의 사람들이 상위 서열을 차지하고자 노력한다.

영향력의 원천 사회생활에서 힘 혹은 영향력은 다섯 가지 다른 원천에서 비롯된다(French & Raven, 1959). 첫째는 권위에서 나오는 힘이다. 사회적으로 인정된 호칭을 지닌 사람(어른, 교수, 박사, 장관, 의사, 판사 등)과 중요한 역할(사장, 교도관, 경찰관 등)을 맡은 사람이 다른 사람들에게 이 권위를 바탕으로 영향력을 행사할 수 있다. 둘째는 전문성에서 나오는 힘이다. 의사나 교수, 기술자 등 특정분야의 전문성과 실력을 인정받는 사람들이 행사하는 힘이다. 셋째는 강압적 힘에서 나오는 힘이다. 힘이 센 사람이 약한 사람에게 위압적인 영향을 행사하는 것이다. 넷째는 보상에서 나오는 힘이다. 남의 행동에 대하여 보상과 처벌을 행사함으로써 지니게 되는 영향력이다. 마지막으로 모범적 준거로서 행사하는 것이다. 모범학생, 모범적 활동가들이 다른 사람에게 미치는 영향력이다.

서열과 심리 상위 서열에 있는 사람들이 하위 서열의 사람보다 우울과 불안이 낮으며, 오랜 수명을 사는 등 전반적으로 바람직한 사회생활, 심리 및 육체적 건강 상태를 향유하는 것으로 나타나고 있다(Adler et al., 1994; Williams & Collins, 1995). 상위 서열에 위치한 사람들이 지닌 힘과 영향력은 하위 서열의 사람에 대한 통제력 행사, 자신이 추구하는 것을 할 수 있는 자율, 타인의 규제에서 풀려난 자유로 나타난다. 따라서 서열 상위의 사람은 아랫사람의 평가나 감정을 덜 의식하며, 방만한 행동을 보일 가능성이 많다. 반면에, 서열 하위의 사람은 타인의 평가를 의식하며, 조신한 행동을 보인다(Keltner et al., 2003).

사회 현장에서 힘 있는 사람은 다른 사람의 태도, 관심, 욕구를 제대로 파악하지 못하고 단순하게 판단하며, 자신이 속한 집단이 다른 집단을 지배하는 것을 정당하게 여기는(백인이 흑인을, 남자가 여자를…… 등) 양상을 보인다. 정교수들은 조교수들이 지닌 태도를 오판하는 경향이 조교수들이 정교수의 태도를 오판하는 것보다 높았으며(Keltner & Robinson, 1996), 형들은 동생들보다 상대방의 마음을 잘 읽어내지 못하는 양상을 보였다(Jenkins & Asington, 1996; Gilovich et al., 2006, p. 153). 힘이 있는 사람들은 겸손하지 못하고, 거칠고, 충동을 억제하지 않고, 아랫사람을 마구 대하며, 짓궂고, 심지어는 반사회적 행동(기물파손, 욕설 등)을 보이는 양상을 사회생활에서 어렵지 않게 관찰할 수 있다. 서열 관계에 있는 이성 간 교류에서 성희롱이 자주 발생하고(Studd, 1996), 위계서열이 강한 사회에서 여성에 대한 성폭행이 높은 빈도로 발생한다(Reeves-Sanday, 1997). 실험실 상황에서 영향력을 행사하는 위치에 있는 참여자들은 다른 사람들을 상대가 속한 사회범주의 고정관념으로 대하고, 개인적 특성을 무시하는 양상을 보였으며(Fiske 1993; Goodwin et al., 2000; Vescio et al., 2003), 자신의 상대가 느끼는 감정을 잘못 파악하며, 문

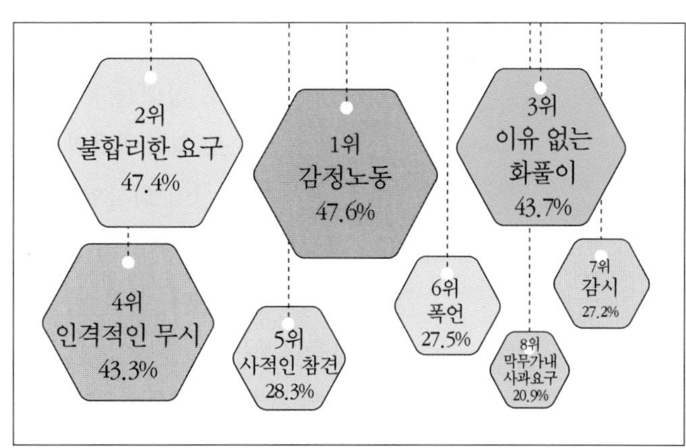

알바생이 경험한 갑질(알바생 1,040명 대상 설문조사 결과)
출처: 알바몬.

제가 없는 것으로 여기며(실제는 문제가 있는데), 이성의 짝에게 유혹적인 농과 몸짓을 노골적으로 보였다(Gonzaga et al., 2003).

갑질문화 2015년 한 해 동안 한국사회에 가장 많이 각인된 단어 중의 하나는 갑질문화로 여겨진다. 전년도 말에 뉴욕발 KAL기에서 자신에 대한 승무원의 서비스에 불만을 품은 회사 부사장이 승무원과 사무장에게 폭언과 폭행을 하며 활주로를 향해 가던 비행기를 회항시킨 이른바 '땅콩회항' 사건을 필두로, TV 드라마 〈미생〉에서 드러난 회사원들의 갑질문화, 몽고간장 사장의 운전기사 폭행, 백화점 종업원에 대한 고객의 갑질 등등. 한 조사에 따르면 직장인의 78%가 부당한 괴롭힘을 당한 경험이 있다고 한다(한겨레21, 2015. 1. 19.). 사회생활을 함에 있어서 사람은 누구나 인격적인 대우를 받을 권리를 갖고 있다. 이 기본적 인권을 신분이나 계약, 역할관계에서의 우월한 입장에 있는 사람이 의도적으로 무시하며 열등한 입장에 있는 상대방에게 부당한 것을 요구하거나, 모욕감을 주는 행위를 하는 것이 갑질이다. 한국사회에서 갑질은 어제 오늘의 문제는 아니다. 군이나 학교에서 상사나 선생이 부하나 학생을 대상으로 폭언과 폭행을 저지르는 것은 갑질로 여기지 않았을 뿐이다. 과거에는 인권의 문제가 사회적 관심거리가 아니었기에 당하더라도 하소연할 곳이 없었던 탓이다.

갑질현상은 상위 사람들이 자신의 권위가 무시되거나 스스로의 영향력을 느끼지 못할 때 상대방을 강압적으로 누르면서 실추된 자신의 영향력을 회복하려는 심리에서 발현한다. 지위가 높아지면 동원할 수 있는 자원을 더 많이 갖추게 되고, 자기 뜻대로 일을 할 수 있다는 유능감도 더불어 상승하게 된다. 그러나 자기의 영향력이 수용되지 못하고, 자신의 유능감이 위협을 받게 되면 무시당한다는 느낌을 받거나 좌절감을 느끼게 된다. 이때 자기를 방어하는 심리에서 자기의 영향력을 확인하는 행동으로 상대를 무시하거나, 공격적인 행위를 보일 수 있다. 미국에서 직장인을 대상으로 회사에서의 영향력을 파악하고, 두 실험 조건을 구분하여 유능감 조건에서는 자신이 회사일을 하면서 유능감을 느꼈던 경험을 회상하여 쓰도록 하고, 무능감 조건의 사람들에게는 회사일을 하면서 실패하거나 무력하게 느꼈던 경험을 쓰도록 하였다. 아울러, 집단을 다시 둘로 나누어 자기가치 확인 조건에 있는 사람들에게는 일, 사회생활, 대인관계에서 가장 중요하게 여기는 가치에 대하여 쓰도록 하고, 자기가치 무확인 조건의 사람에게는 자신이 중요하다고 여기지 않는 가치에 대하여 쓰도록 하였다. 그런 연후에 사람들이 생활에서 보이는 공격성향을 파악하는 척도에 응답하도록 하였다. 자기가치를 확인하는 기회가 없었던

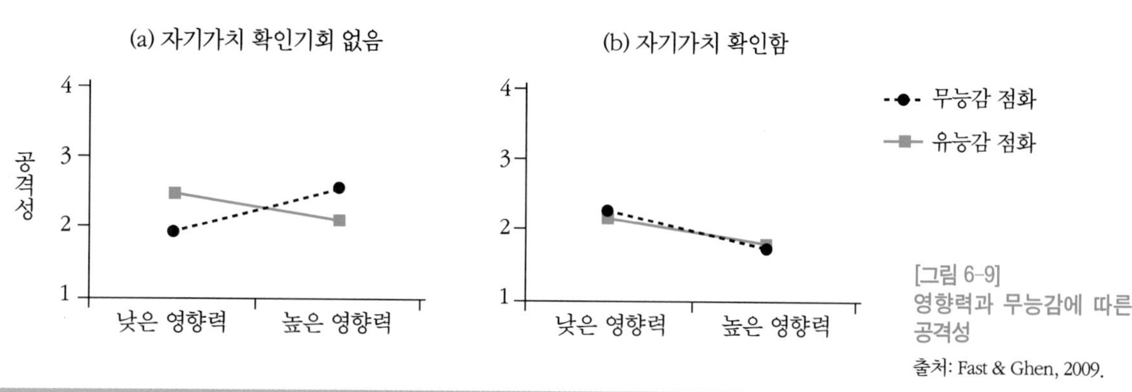

[그림 6-9]
영향력과 무능감에 따른 공격성
출처: Fast & Ghen, 2009.

조건에서, 무능감이 촉발되는 경우에 공격성은 회사에서의 영향력이 증가할수록 높게 나타났다([그림 6-9]의 a). 유능감을 느낄 때는 이런 관계성이 나타나지 않았다. 이런 상호작용 양상은 자기가치를 확인받은 조건에서는 나타나지 않아, 하위 조건들 간에 아무 차이가 없었다([그림 6-9]의 b). 이런 양상에서 남녀 차이나 연령의 차이는 나타나지 않았다(Fast & Chen, 2009). 또 다른 연구는 힘은 있으나 지위가 없어서 존경을 받지 못하는 경우에 사람들은 상대방에게 요구할 수 있는 행동 목록 중에서 모욕적인 행동을 선택하여 상대방이 하도록 하는 양상을 보였다(Fast et al., 2012). 국내에서 고등학생을 대상으로 가상적 갈등 상황을 제시한 연구는 자기의 권위를 손상시키는 행동을 한 상대방이 나이 어린 경우에 폭력적인 대응행위가 높게 나타남을 보이고 있다(이성식, 2003). 이런 연구들에서 보듯이 갑질의 심리는 어느 사회에서나 나타날 수 있다. 그러나, 한국사회는 아랫사람과의 관계에서 상대를 대등하게 보는 것이 아니라 서열 관계를 본질이라 여기는 탓(곁글 6-7)에 서열 규범의 위반에 특히 민감한 문화적 특성을 보이고 있다. 이 탓에 갑질이 심하게 나타나고 있다.

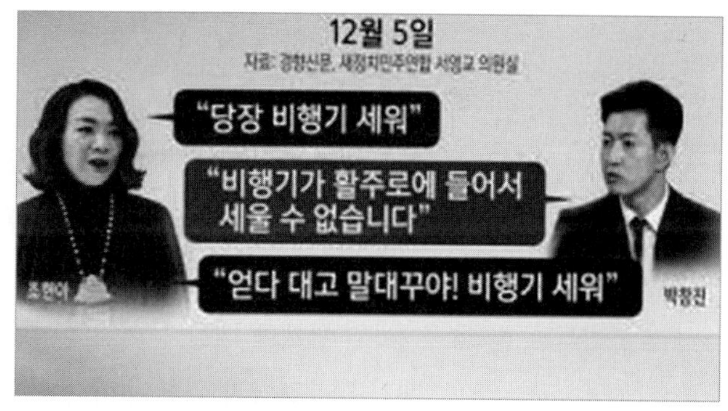

2014년 말 뉴욕발 대한항공 기내에서 벌어진 땅콩회항 사건에서 조현아 부사장이 승무원과 주고받은 대화 내용

권위적 서열 관계의 한국적 특징 한국사회에서 서열교류는 존비어를 매개로 이루어진다. 두 사람 사이에 존비어의 사용 방식은 맡은 역할과는 무관하게 거

의 변하지 않는다. 공무원 사회에서 입사 초기에 기수로 정해진 선후배 관계는 둘 사이의 관계에서 늘 지속한다. 후배 검사가 검찰총장이 되는 사태가 벌어지면 매우 불편해지고, 사직을 초래하는 중요한 요인으로 작용한다. 사람들은 상대가 자신을 부당하게 아랫사람으로 대하거나, 윗사람으로서의 서열을 인정하지 않는 것에 민감한 서열관계 스트레스를 받는다(문찬기, 한규석, 2013; Han, Moon, & Bae, 2011). 서열관계 스트레스는 상대방과의 관계에서 자신이 인식하고 있는 서열적 관계를 동급 혹은 아래 서열의 상대가 인정하지 않거나 무시하려는 행동을 접할 때 경험하는 교류 스트레스다. 따라서 이 스트레스는 서열관계에서 윗사람의 위치에 있는 사람이 많이 느낀다. 문화비교적 실험연구에서 영국인과 한국인을 대상으로 자신에게 행해진 상대의 사소한 규범 위반적 행위들 혹은 불손한 행위('인사를 하였는데 안 받는다.' '약속을 취소한다는 내용을 한 시간 전에야 문자로 보내왔다.' 등)를 선배가 행한 경우와 후배가 행한 경우에 느끼는 스트레스를 비교한 결과 영국인은 선후배에 따른 차이가 나타나지 않지만, 한국인의 경우에 후배의 그런 행동에 대하여 더 심한 스트레스를 경험하는 것으로 나타났다(Moon, 2015; [그림 6-10]의 a). 그런 행위에 대한 수용도에 있어서 영국인들은 선후배의 차이를 보이지 않았지만, 한국인들은 선배의 행위라면 더 수용할 수 있는 것으로 나타났다([그림 6-10]의 b).

서열 관계에 대한 문화 차이를 이해할 때 염두에 둘 것은 구미 사회에서 서열 관계가 교류맥락과 역할에 따라 바뀔 수 있는 특징을 지니고 있다는 점에서 한국사회

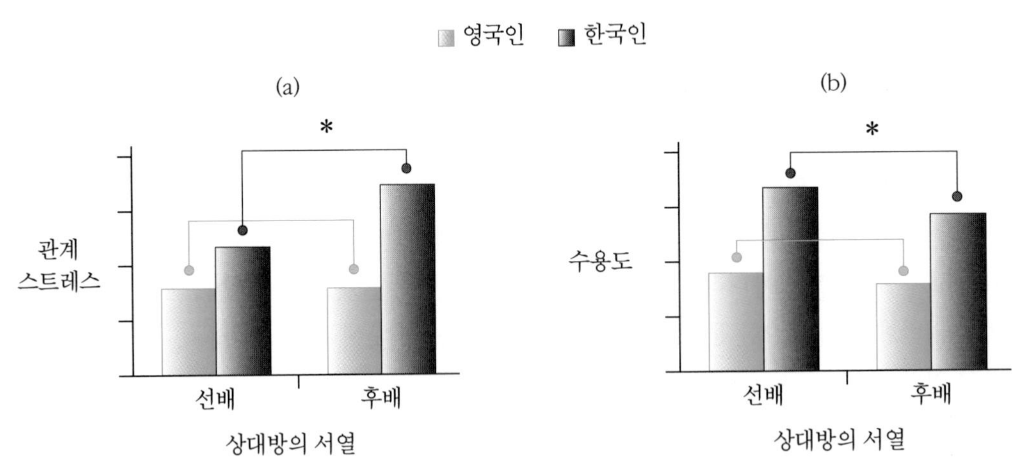

[그림 6-10] 서열 관계 스트레스의 문화 차이(a)와 상대의 규범위반적 행위에 대한 수용도의 문화 차이(b)
출처: Moon, 2015.

의 서열 관계와 본질적으로 다르다는 점이다. 한국사회의 서열 관계는 존비어로 확인되고, 강화 · 유지되면서, 마치 봉건적인 신분관계의 성격을 지닌다고 할 수 있다(최봉영, 2005). 서열 관계는 일단 성립되면 맥락과 무관하게 영속적으로 작용하여, 이의 위배는 심각한 도덕성의 위반으로 간주된다(문찬기, 한규석, 2013). 단순히 존비어 라는 표현의 문제가 아니라 서열에 따라 차이가 나는 암묵적 교류관을 수반하는 현상이며(한규석, 최송현, 심선화, 2004; 곁글 6-7), 차별과 억압이라는 심리의 작동을 정당화시킨다는 점에서 그 영향에 대한 다각적인 분석이 필요하다(11장 참조).

곁글 6-7 서열 관계에서 작용하는 암묵적 교류관

한국인들이 펼치는 대인교류를 이해하기 위해서는 윗사람과 아랫사람을 대할 때 달리 작용하는 암묵적 교류관을 이해하는 것이 도움이 된다. 민주시민의 교육이 보편화되었기에 대부분의 사회적 관계는 대등한 관계로 접근해야 한다는 의식이 깔려 있다. 그러나 존비어 체계로 확인되고 확대되는 서열 관계를 무시할 수 없다. 사회적 행위는 관점에 따라 다양한 준거에서 판단이 가능함을 본서의 3장에서 다루었다. 즉, 관점에 따라 상대와의 관계를 대등한 관계로 보거나 서열적 관계로 보는 것이 가능하다. 사람들이 자기에게 이로운 관점을 택하는 것이 자연스럽다면, 아랫사람과의 관계는 서열적인 관계로 보며, 윗사람과의 관계는 대등한 관계로 접근하는 양상을 보인다고 상정할 수 있다. 이 가능성을 보기 위하여 대학생 50명을 대상으로 생활장면에서 윗사람과 아랫사람 그리고 동기와 겪은 갈등상황을 회상케 하여 그 내용을 분석한 결과, 윗사람과의 갈등은 현안문제(아르바이트를 했는데 월급을 3개월간 받지 못해 학원 원장과 겪는 갈등 따위) 때문에 겪지만, 아랫사람과의 갈등은 서열문제(후배가 선배를 무시한다 등) 때문에 겪는 양상이 상대적으로 많이 나타남을 보였다(한규석 등, 2004a). 이 결과는 암묵적 교류심리가 서열 관계에서 판이하게 달리 작동함을 시사해 주며, 나이차가 나는 낯선 사람 간의 다툼이 대부분 서열문제 때문에 뒤틀리며, 서열 관계를 확인하는 절차('너 몇살이냐?')를 거쳐 진행되는 현상을 이해하는 데 도움이 된다.

〈표 6-2〉 서열 관계에서의 갈등의 유형

상대	현안	관계(정)	관계(서열)
윗사람	36/72%	6/12%	8/16%
또래	26/56.5%	18/39.1%	2/4.3%
아랫사람	12/29.3%	7/17.1%	22/53.7%

주: 각 범주로 분류되는 갈등의 숫자와 그 비율.
출처: 한규석 등, 2004a.

요 약

1. 관계맺음의 네 가지 기본 유형이 모든 사회에서 관찰되고 있다.
2. 공동체적 공유 관계에서 성원들은 공동체의 선, 다른 성원의 필요에 대한 배려, 아껴줌에 바탕하는 행동을 취한다. 권위적 서열 관계에서는 집단의 목표를 달성하기 위한 효율성을 추구하며, 상명하복의 규범을 받아들인다.
3. 대등적 상응 관계에서 사람들은 개별자적 존재로서 서로 간에 호혜적 상응교류를 펼친다. 시장적 가치 관계에서는 개인의 가치만큼 인정받는 거래적 행위가 펼쳐진다.
4. 우리성 관계에서는 상응하는 호의를 기대하면서 호의를 베푸는 것이 아니라 상대방에 대한 관심, 도움을 주고 싶은 마음에서 행동을 취한다. 두 사람의 관계가 매우 밀접해서 분리하기 힘든 일체감을 형성하고 있는 관계다.
5. 서열 관계에서 상위의 사람들은 타인의 감정을 무시하며, 아랫사람과의 관계를 서열 중심으로 파악하는 양상을 보이며, 하위의 사람들은 윗사람과의 관계를 대등성에 바탕한 현안문제 중심으로 접근하는 양상을 보인다.
6. 갑질은 윗사람이 자신의 권위가 무시되거나 스스로의 영향력을 느끼지 못할 때 상대방을 강압적으로 누르면서 실추된 자신의 영향력을 회복하려는 심리에서 발현한다.

Q. 다음 세 사람 중 당신은 어느 사람에게 가장 호감을 느끼겠습니까?

지수는 기숙사에 살고 있는 대학 3년생이다. 지수는 자기의 내밀한 이야기를 하고 고민을 상의할 수 있는 친구가 있고, 자기가 필요할 때(차를 태워 달라거나, 소액의 돈을 빌릴 때) 도움을 받을 친구들을 알고 있다. 그런데 그냥 만나서 영화를 보거나, 식사를 같이 하는 등의 좋은 시간을 보낼 수 있는 친구는 없다. (어울림 결핍)

민지는 기숙사에 살고 있는 대학 3년생이다. 민지는 자기의 내밀한 이야기를 하고 고민을 상의할 수 있는 친구가 있고, 그냥 만나서 영화를 보거나, 식사를 같이 하는 등의 좋은 시간을 보낼 수 있는 친구도 있다. 그런데 자기가 필요할 때(차를 태워 달라거나, 소액의 돈을 빌릴 때) 도움을 받을 수 있는 친구들이 없다. (도구성 결핍)

혜교는 기숙사에 살고 있는 대학 3년생이다. 그는 그냥 만나서 영화를 보거나, 식사를 같이 하는 등의 좋은 시간을 보낼 수 있는 친구가 있고, 자기가 필요할 때(차를 태워 달라거나, 소액의 돈을 빌릴 때) 도움을 받을 수 있는 친구들도 있다. 그런데 고민을 상의하고 내밀한 이야기를 나눌 친구는 없다. (정서성 결핍)

대인교류의 기능

어울림과 도구성 사회적 관계가 지닌 여러 가지 기능의 핵심은 두 가지로 구분될 수 있다. '사회적 지원'과 '어울림-친밀감의 교감'이다. 사회적 지원은 타인과 교류를 통해 문제해결에 대한 정보를 얻거나 정서적, 물질적 도움을 얻는 것을 말한다. 이 경우에 사회적 교류는 지원을 받는 도구적 기능성을 핵심으로 삼는다. 그러나 아이들의 교류처럼 아무런 도구성을 기대할 수 없는 상황에서 단지 상대와 있고 싶어 하는 목적에서 교류가 이루어지는 것을 어울림의 교류(companionship)라 할 수 있다. 이 두 가지는 통상 친밀한 대인교류에서 모두 나타나지만, 한 연구는 이를 구분하여 사람들의 안녕감에 미치는 양상을 비교하였다(Rook, 1984).

미국 캘리포니아 지역 거주자 천여 명을 대상으로 생활 스트레스와 심리적 건강 상태를 파악하고, 이들이 일상에서 주위사람들과 교류하는 양상을 물어서 개인별로 어울림 교류의 정도(얼마나 만나고 싶은 상대와 만나며, 식사를 주고 받는지)와 지원적 교류(상대와 만나 자문을 구하거나, 도움을 받는지)의 정도를 파악하였다. 어울림의 교류가 많은 경우에 사람들은 생활 스트레스가 높아도 심리적 건강에서 문제점을 덜 보였다. 어울림 교류가 적은 경우에는 스트레스가 높을 때 건강의 문제를 많이 보였다. 그러나 지원적 교류가 높은 사람들은 스트레스가 높을 때 심리건강의 문제

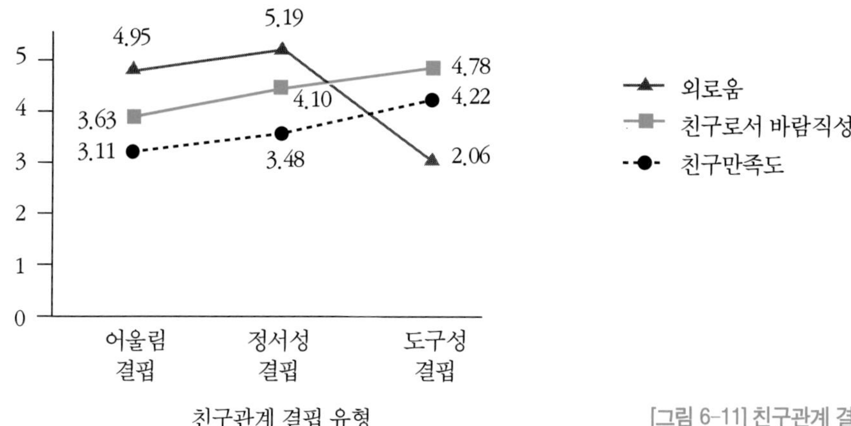

[그림 6-11] 친구관계 결핍유형에 대한 평가
출처: Rook, 1987.

점을 덜 보였지만, 스트레스가 낮을 경우에는 오히려 건강의 문제점을 더 보이는 양상이 나타났다(연구 1). 이어지는 연구에서 학생들을 대상으로 그냥 친구를 만나는 정도(어울림), 속이야기를 하는 정도(정서적 지원), 도움을 주고받는 정도(도구적 지원)를 각기 별개로 파악하여 학생들이 느끼는 고독감, 친구만족도를 분석한 결과 그냥 만나서 어울리는 정도가 정신건강에 가장 긍정적인 영향을 주는 것으로 나타났다. 세 가지 유형의 가상적 인물(난외 설명 참고)을 제시하고, 이들에 대한 호감과 이들이 느끼는 고독감 등을 평가하게 한 결과 학생들은 어울림 교류가 결핍된 사람에 대하여 가장 부정적으로 평가하는 것으로 나타났다([그림 6-11]).

사람들은 사회생활을 도구적 필요에 의해서 한다고 보는 시각이 많이 있다. 그러나 연구 결과는 아무런 도움이 없더라도 그저 어울리는 상태를 사람들은 희구하는 것을 보여준다. 인간은 어울림 자체에 만족감을 느끼며, 어울리면서 부수적으로 불안한 마음을 해소하거나(Schachter, 1959), 새로운 정보를 얻을 수 있다. 이런 부수적 이익 때문에 어울린다는 것은 본말이 바뀐 인식일 뿐이다.

사람들 간의 연결망 사회생활에서 사람들의 관계망은 개별적인 개인들이 다른 개인들과 관계를 맺는가 아니면 몇몇 개인들의 연결망을 통해서 다른 사람들과 관계가 성립되는가? 이 질문에 답하기 위해서 Milgram(1967)은 미국의 네브래스카 주의 오마하 시민 160명에게 한 통의 편지가 들어 있는 우편물을 보냈다. 그 편지의 수신인 주소란에는 보스턴에서 일하면서 매사추세츠 주의 한 소도시에 사는 주식 중개인의 이름과 도시명을 적어 놓았다. Milgram은 사람들에게 자기가 만난 적이 있는 사람 중에서 이 주식 중개인에게 편지를 좀 더 가까이 전해 줄 수 있는 사람에게 편지를 우송하라고 요청하였다. 160통 중에서 42통만이 중개인에게까지 전달되었다. 오마하 시민에게서 중개인에게까지 편지가 전달되면서 거친 사람들의 수는 가장 적은 것이 3명, 가장 많은 경우에 11명이며, 중간치가 5.5명으로 나타났다. 식자층의 사람들에게 얼마나 많은 사람을 거치겠느냐고 물었을 때 응답은 100명 정도였는데, 이 추정에 비하면 얼마나 적은 수로 사람들은 서로 연결되는지 놀라울 정도다.

연결망을 분석해 보니, 남자는 남자에게, 여자는 여자에게 연결되는 경향이 확인되었으며, 전달된 편지의 반이 세 사람의 인물을 거쳐서 최종 수취인에게 전달되었다. 5.5단계의 소통이 전부 개별적인 다른 사람들의 연결에 의해서 이루어지는 것이 아니라, 대부분의 사람들이 알고 있는 세 사람의 손을 거쳐서 연결된다는 것도 흥미롭다. 즉, 사람들은 이 소수의 사람들을 거쳐서 다른 사람들과 연결된다는 것이다. 각 성원이 다른 성원들과 연결을 유지하는 것이 아니라 대부분의 사람들이 특정인의 관계망에 속해 있고, 이들 망들의 연결에 의해서 다른 사람들과의 연결이 이루어진다. 최근에 7억 명의 회원을 지닌 페이스북의 이용자를 대상으로 유사한 분석을 한 결과 사람들은 평균 4.7명을 사이로 연결되어 있는 것으로 나타났다. 당

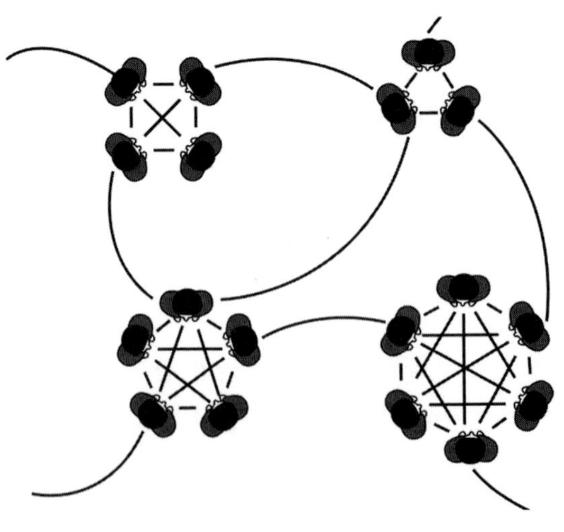

[그림 6-12]
사회적 연결망

각 연결망에 있는 한두 명의 연결자를 통해 망들이 연결되어 있다.

신의 친구가 알고 있는 사람이 상대방의 친구의 친구를 알고 있다는 것이다. 누리꾼들은 실제 세상보다 더 가깝게 연결되어 있는 것이다(Backstrom et al., 2016).

이 관계망의 핵심에 있는 사람들을 연결자라고 한다. 이들의 특성은 무엇인가? 우선 이들은 많은 사람들과 관계를 맺고 있다. 이들은 동종 분야의 사람을 여럿 만나기보다는 다양한 분야의 사람과 선이 닿아 있다는 특징을 지니고 있다. 이들은 사람 만나기를 즐겨하고, 상대방에게 호감 주는 행동을 자연스럽게 잘한다. 몇 번 안 만났지만 생일을 기억한다든가 하는 것이다. 이들은 이러한 행동을 자연스럽게 하고 잊어버리지만, 상대방은 고마움을 느끼고 호감을 크게 느낀다. 이들은 소수의 사람들과의 깊은 관계를 맺기보다는 많은 사람들과 약한 유대관계를 맺는 편이다(곁글 6-8).

곁글 6-8

약한 고리의 강한 힘

한 사회학자(Granovetter, 1974)가 미국에서 사람들의 구직 과정을 연구한 결과 56%가 개인적인 연고를 통해, 18%는 광고 등의 공식적인 수단을 통해, 20%가 취직 시험을 통해 직장을 잡았다는 사실을 알아냈다. 개인적인 연줄로 직장을 구한 사람 중 17%는 상대방과 친밀한 관계였지만, 56%는 그저 그런 관계였으며, 28%는 어쩌다 만나는 관계였다. 즉, 84%가 약한 유대관계를 통한 것이다. 그 이유는 다양한 사람과 약한 유대관계를 맺는 사람들이 훨씬 많은 취업정보를 접할 수 있기 때문이다. 이를 그는 '약한 고리의 강한 힘' 이라고 불렀다.

과연 한국이나 일본 같은 곳에서도 이런 현상이 적용될까? 대기업의 경우에 공채를 하기 때문에 정보의 파악이 중요하지만, 중소기업에 들어가는 사람들의 경우에 응시생이 취업정보를 알고 있다는 사실만으로는 취업에 큰 도움이 안 될 것이다. 실제로 일본에서 행한 조사결과(渡, 1991: 야마기시, 1998에서 재인용)는 약한 유대보다는 강한 유대관계가 만족할 만한 취직자리를 구하는 데 더욱 효과적인 것으로 나타났다. 이는 일본사회가 일반적인 신뢰보다는 약속한 관계(8장 참조, 자발적인 관계가 아니라 연고 혹은 단골관계와 같이 이미 묶여져 있는 관계를 의미함)의 구속력을 근간으로 교류가 형성되기 때문이다. 강한 유대관계를 통해 사람을 쓰는 경우에 고용주가 구직자를 제3자를 통해 간접적으로 통제할 수 있다. 즉, 영향력을 지닌 유대관계가 있는 사람이 구직자를 위한 보증의 역할을 하게 된다. 상대방을 신뢰하기 때문에 관계를 전개하여 가기보다는 상대방을 통제할 수 있어야 관계를 전개하는 것이 일본을 포함한 집단주의 문화권의 특성일 가능성이 있다. 이러한 추론은 사람을 믿을 수 있는지에 대한 판단을 함에 있어서 대상인물에 대한 사회적 평판을 일본인들은 중히 여기지 않는다는 자료에 의해서 지지받고 있다(야마기시, 1998, 5장). 국내에서 3,200명의 구직자를 대상으로 2000년에 행한 연구(김성훈, 2005)는 공식채널(입사시험 등 공채)을 이용한 사람보다 연결망을 이용한 사람들이 낮은 임금을 받으며, 자신의 전공이나 관심과는 먼 직장을 얻음을 보이고 있다. 한국과 독일의 사회적 연결망을 비교 분석한 연구(김안나, 2003)는 한국의 경우 먼 친척과의 관계가 얕지만 적극적으로 유지되는 양상을 보인다. 이들을 통해 약한 고리의 관계망의 기능(즉, 관계의 확산)이 수행되는 것으로 여겨지며, 교육정도가 높을수록 관계망의 동질성이 증가하여, 학벌의 작용 양상을 시사해 준다(김선업, 1992).

❖ 고독

한국인들의 사망원인 중 최근에 급부상한 것이 자살이다. 1992년에 10위이던 것이 2004년에는 5위, 2014년에는 4위로 올랐다. 매일 500여 명이 자살하고 있고, 20대와 30대 젊은이들의 사망원인 첫 순위를 차지하고 있다(본서 11장 참조). 자살자의 80%가 우울증과 같은 정신질환으로 고통을 받는다고 추정되고 있다. 우울증의 대표적인 증상은 고독감이다. 우울증까지는 안 가더라도 사회생활을 하면서 대부분의 사람들이 외로움을 경험한다. 고독은 자신이 사람들과 맺고 있는 관계에 불만족하고, 관계의 질에 실망하고, 의미를 못 느끼며 타인과의 교류가 단절될 때 경험하는 부정적인 심리상태다(Perlman & Peplau, 1984). 이것이 오래가면 수면부족, 약물남용, 중독, 우울증, 불안을 동반하며 정신 및 신체 건강에 나쁜 영향을 미치게 된다. 이런 탓에 고독은 조용한 살인자라고도 불린다(Hawkley & Cacioppo, 2003).

산업화로 인하여 경제적인 여유가 생기면서 개인의 자유와 욕망을 충족시키는 삶을 지향하는 문화가 널리 확산되고 있다. 이러한 생활환경의 변화라는 사회적인 요인은 현대인의 고독감 증가에도 기여하는 것으로 보인다. 예를 들어, 사회학자인 Putnam(2000)은 미국사회에서 1980~1993년 기간에 볼링인구는 10% 증가하였지만, 볼링동호회의 수는 40% 감소하였음을 지적한다. 그의 분석에 따르면 이 기간 동안 가족이 모여 저녁을 같이 하는 횟수는 33%, 동호인 모임에 참가하는 횟수는 58%, 친구를 집에 초대하는 횟수는 45%가 감소하였다. 이를 보여 준 한 연구(McPherson et al., 2006)는 1985년의 전국적인 조사에서 미국인이 고민을 터놓을 수 있는 친밀한 지인의 숫자가 2.94명이었으나, 2005년의 전국조사에서는 2.08명으로 줄었음을 보고하고 있다. 보다 놀라운 것은 20년 전에는 대부분의 사람들이 가족 외의 사람도 친밀한 관계로 두고 있었으나, 최근 자료는 가족 외에는 친밀한 사람이 없다는 사람들이 대부분이라는 점이다. 한편, 이 같은 대면교류가 줄어들었지만, 1990년대 후반부터는 인터넷의 발달로 온라인상의 교류는 폭발적으로 늘었다. 이 같은 사회현상의 변화가 사람들의 고독감에 영향을 줄 것이고 이에 대한 분석이 진행되고 있다(Kraut et al., 1998; McKenna et al., 2002; 곁글 6-9).

외로움은 고통스럽고 춥다. 사회적 따돌림은 신체적 고통과 뇌의 통증회로를 공유하고 있는 것으로 나타났다. 따돌림을 경험한 사람들은 차가운 음식보다 따뜻한 음식과 음료를 선호하는 양상을 보인다(Zhong & Leonardelli, 2008). 외로움의 감정은 여러 가지 부정적인 감정과 생각을 동반한다. 남들에게 마음속 고민을 털어놓지 못하게 되며, 사랑받지 못한다고 여기며, 주위로부터 소외감을 느낀다(Davis &

결글 6-9

사이버 교류: 인터넷 역설 혹은 대안적 현실?

인터넷의 생활화로 사람들의 교류양상에 큰 변화가 나타났다. 이러한 변화가 사람들에게 어떤 영향을 미치는가? 인터넷의 등장 초기인 1995년에 미국의 피츠버그 시에서 일반인 가구에게 인터넷 장비와 사용권을 제공하고 2년 동안 이들의 사용행위와 우울증, 관계망 등을 연구 초기와 말기에 측정하여 비교한 결과, 인터넷을 많이 이용하는 사람들에게서 우울증과 외로움이 증가하였으며, 만나는 사람의 수도 줄어드는 현상과 함께 사소한 일에 대한 불평이 늘었다(Kraut et al., 1998). 초기에 사람들이 지니고 있던 우울증세는 인터넷 사용시간의 증가로 나타나지는 않아, 현실공간에서의 문제가 인터넷의 사용으로 이어지는 현상은 나타나지 않았다. 이 연구는 현실문제가 인터넷 사용을 증가시키기보다는 인터넷 사용이 현실문제를 유발할 수 있다는 역설적인 결과를 보여 주면서 학계에 충격을 주었다.

3년이 지난 후에 이 연구에 참여했던 사람들을 조사한 결과 초기에 경험했던 부정적인 효과는 대부분 사라진 것으로 나타났다. 또 다른 400여 명의 일반인을 대상으로 인터넷의 영향을 파악해 보니, 대인교류에 미치는 긍정적인 영향은 외향적 성격의 소지자와 사회적 관계망이 좋은 사람들에게 국한되어 나타났고, 내향적이거나 관계망이 좋지 않은 사람들에게는 부정적인 것으로 나타났다(Kraut et al., 2002).

그렇다면 현실에서 만족스러운 대인관계를 유지하지 못하는 사람들이 사이버 공간에서 대안적 관계를 가질 수 없는가? 그 답은 사이버 사회에 어떤 의식을 갖고 참여하는가에 달려 있다(McKenna et al., 2002). 자신의 진정한 모습이 사이버 공간에서 잘 표현되고 있다고 여기는 사람들은 사이버 상대와 내밀한 관계를 발전시킬 수 있기 때문이다.

미국의 한 연구는 인터넷의 사회적 지원 기능이 우울증세를 호전시키는 결과를 가져옴을 보였다. 대학생을 대상으로 사이버 채팅을 낯선 이와 하도록 하면서 세 번에 걸친 추적 조사를 하여 이들의 우울감, 고독감, 자아존중감 등을 비교한 결과, 사이버 교류가 고독감과 우울감을 감소시키고, 사회적 지원감과 자아존중감을 증가시키는 것으로 나타났다(Shaw & Gant, 2002). 2년간에 걸쳐 이루어진 사이버 교류에 대한 종단적 연구(McKenna et al., 2002)에서, 84%의 참가자들이 사이버 교류를 현실교류 못지않은 친밀하고 현실적인 교류라고 보고하였다. 2년간의 활발한 사이버 교류 후에 사람들은 참여 전에 비해서 고독감도 줄어든 것으로 나타났다. 이 같은 연구결과들은 사이버 교류가 약한 고리망으로 이루어진 것이라서 교류공동체의 결속력, 안정성이 취약하다는 주장(Kraut et al., 1998)에도 불구하고, 현실교류 못지않은 유대감의 형성과 안정적인 공동체를 형성하는 기능을 할 수 있다는 주장에 힘을 실어준다.

인터넷 역설 현상은 사이버 공간이 사람들에게 사뭇 낯선 공간으로 대두된 20세기 말의 시대적인 현상으로 여겨진다. 사이버 공간이 생활공간으로 자리잡게 되면서 사람들은 대인교류에서 두 가지 이점을 거두게 되었다. 첫째는, 전혀 접할 수 없던 사람들과 새로운 연결망을 구축하는 것이다. 둘째는, 매우 경제적이고 편리한 교류채널을 이용하여 기존 연결망의 사람들과 보다 밀접한 접촉을 함으로써 연결고리를 강화시키는 것이다(Ellison et al., 2007; Moore, 2000; Pew Internet Research, 2000). 이런 이점에 수반하여 다양한 문제도 부상하고 있다(결글 6-10).

Franzoi, 1991). 아울러 이들은 만나는 상대방도 부정적으로 인식하는 양상을 보인다(Wittenberg & Reis, 1986). 따라서 외로운 사람들은 상대를 좋지 않게 여기므로, 좋은 인상을 줄 수 없고, 상대와 관계를 이어가기가 더욱 어려워서 외로움을 더 느끼는 악순환을 겪는다. 청소년들은 특히 외로움을 자주 경험하는 것으로 보인다(Heinrich

& Gullone, 2006). 일주일 동안 다양한 시간대에 느끼는 정서를 파악한 결과, 청소년들은 혼자 있을 때 어른에 비해서 더 외로움을 경험하는 것으로 나타난다(Larsen et al., 1982). 남녀 차이도 나타나는데 남자는 여러 사람과의 집단 교류에서 소외될 때, 여자는 친한 사람과의 관계가 단절되었을 때 외로움을 크게 느낀다(Berg & McQuinn, 1986). 고독한 사람들 중에서 대인민감성이 높은 사람들은 페이스북 같은 소통 매체에 중독되는 경향이 높은 것으로 나타났다(고은영 등, 2014; 곁글 6-10).

곁글 6-10

페이스북 사용의 문화와 정신건강

페이스북 사용이 우울 등의 정신건강에 미치는 영향을 분석한 결과, 페북을 많이 사용할수록 안녕감이 떨어지는 것으로 나타났다(Blease, 2015; Kross et al., 2013). 특히 사회적 불안이 높은 사람들이 페북을 사용하면 더 좋지 않은 결과를 초래하는데, 자신의 행위에 대한 자신감이 없어 늘 남들이 자기를 수용해 주고 지지해 줄 것을 갈망하는 사람들에게 이런 양상이 강한 것으로 나타났다. 국내에서 남녀 대학생을 대상으로 수행한 연구(김병년 등, 2013)는 우울경향이 높을수록, 자기통제력이 낮을수록 스마트폰 중독이 심한 양상으로 나타났다. 스마트폰 중독 위험군들의 경우에 이들이 지각하는 대인관계의 지원이 높을수록 중독적 사용이 심하게 나타나고 있어 흥미롭다. 아마도 스마트폰을 많이 사용하는 것이 친구들로부터 지원을 얻는 데 꼭 필요하다는 착각적 인식을 하게 만드는 것일 수 있다. 또 다른 연구는 대학생들이 외로움을 많이 느낄수록 페북 중독의 경향성이 높지만, 이를 대인민감성(타인의 기분과 행동에 예민하게 반응하며, 상대로부터 인정을 받으려는 강한 욕구를 보이는 양상)이 매개하는 것임을 보이고 있다. 즉, 외로움을 느끼는 사람들이 페북을 사용하게 되면서 이들이 스스로를 방어하려는 욕구에서 타인의 기분과 생각에 예민하게 반응하며 자신과 타인의 상황을 비교하게 되면서 상대와의 관계단절을 두려워하며 페북에 더욱 몰입해 간다는 것이다(고은영 등, 2014). 우울이나 외로움이 페북 중독을 직접 초래하는 것이 아니라 대인민감성이 매개한다는 것은 페북 사용 시 삼가야 할 것들을 알려준다. 교류하는 상대방이 자신을 어떻게 평가하는지에 지나친 관심을 기울이며, 타인의 인정을 과도히 구하거나, 상대가 마치 나의 일거수일투족을 항상 지켜보고 있는 것으로 여긴다면, 이는 자신의 페북 사용이 건강한 상태를 벗어났음을 보여 주는 증후다. 다른 연구도 외로운 사람들이 자기효능감이 낮아지면 페북 중독 경향성이 높아지는 것을 보이고 있다(서원진 등, 2015).

미국과 한국의 대학생들이 페북을 사용하는 양태를 비교분석한 연구(Kim et al., 2011)는 친구들과 소통하고 상대의 지원과 정보를 추구하는 것은 공통적이지만, 미국 학생들이 재미를 추구하는 경향이 더 강한 반면에 한국 학생들은 기존에 관계를 맺고 있는 사람들과 연결하고, 이들로부터 사회적 지원을 얻기 위해 사용하는 경향이 큰 것을 보고하고 있다. 또 다른 연구는 SNS를 사용하여 교류하는 양태를 한국과 미국 대학생 200여 명씩을 대상으로 비교하였다(Choi et al., 2011). SNS망에 올려놓은 페친의 숫자가 미국인의 경우 평균 391명, 한국인의 경우는 78명으로 나타나고 있으며, 이들 중에서 친구나 가족관계 같은 강한 연결망이 차지하는 비율은 한국이 31.6%, 미국은 13.5%로 나타났다. SNS망을 사용하는 시간에서 양국 간의 차이는 없었으나, 한국인은 가까운 사람과의 교류에서 유대감을 강화시키는 기능으로 이용하고, 미국인은 관계망을 확산하고 유지하는 기능으로 이용하는 특징을 보이고 있다(Cho & Park, 2013; Kim, Sohn, & Choi, 2011).

따돌림의 아픔 회사나 학교에서 동료들에게 따돌림을 당하는 집단따돌림 혹은 왕따는 아동들에게 사형선고나 다름없다. 여러 명의 아동이 왕따로 시달리다 자살을 하였으며, 많은 학생들이 학교에서 다양한 형태의 왕따를 경험한다(곽금주, 2008). 왕따현상이 가져오는 심리적 영향을 모사한 연구에서(Twenge et al., 2003), 처음 보는 대학생들로 하여금 4~6명씩 실험에 참가해서 서로를 알아가는 교류를 15분간 하게 한 후 그들 중에서 같이 실험과제를 수행하고 싶은 사람 2명을 대게 하였다. 참여자들을 구분하여 일부(인기집단)에게는 자신들이 많은 사람들에게 첫 번째로 거명되었다고 알려 주었고, 다른 사람들(배척집단)에게는 아무도 자신들을 거명한 사람이 없다고 알려 주었다. 이어지는 실험과제에서 배척집단의 사람들은 기분이 나빠졌을 뿐만 아니라, 시간이 매우 더디게 지나고 있다고 여기며, 피곤함을 더 느끼고, 미래에 대하여 생각하는 것을 귀찮게 여겼으며, 현재지향적인 태도를 보였으며, 삶의 의미를 부정하는 태도를 보였다.

다른 연구는 참여자들이 온라인으로 연결된 스크린 속에서 두 상대방과 공을 주고받는 게임을 하게 하였다(Zadro et al., 2004). 보이지 않는 상대방 둘이 공을 차지하고 참여자를 배제한 채 자기네끼리만 주고받고 게임을 끝내도록 하였을 때 그들이 다른 사람이건 컴퓨터 프로그램이건 참여자들은 그 게임 상황에서 자신이 무가치하게 느꼈고, 통제력을 상실하였으며, 소속감을 느끼지 못하였다. 심지어 상대방의 행동이 그들의 의지가 아니라 실험의 목적상 그리 된 것이라는 것을 미리 알려 주었어도 따돌림 집단의 사람들은 부정적인 상태의 심리를 보고하였다. 배척당하는 이유가 자신과 무관하고 황당하더라도 자신이 배척당한다는 인식 자체가 사람을 괴롭히는 것이다. fMRI를 갖고 뇌의 혈류량을 파악한 결과 배척당하는 뇌에서는 ACC 영역이 활성화되는 것으로 나타났다. 이 부위는 신체적 고통이 가해지고 있을 때 활성화되는 부분이기도 하여, 사회적 아픔은 신체적 아픔과 신경생물학적 기전이 같음을 보이고 있다(Eisenberger et al., 2003).

고독의 사회문화적 요인 심리학자들은 고독한 사람들의 대인관계 양상이 일반인과 다름에 주목한다. 이들은 상대를 믿지 못하고, 안정적이고 편안한 관계로 상대와의 관계를 발전시키지 못하고, 너무 가까워지는 것을 꺼리거나, 지나치게 관계에 집착함으로써 상대방에게 부담을 주는 양태를 보인다. 고독한 사람들은 대인교류 기술이 떨어지는 것으로 나타난다. 아동기에 혼자 지내는 경험이 많아 적절한 교류기술을 배우지 못한 사람들은 또래 아동과의 관계에서 환영을 받지 못하고, 배척당하며, 이러한 경험이 더욱 교류기술을 배울 기회를 앗아 간다(Carver et al., 1994).

국내에서 대학생을 대상으로 고독한 사람과 정상인을 구분하여 행한 연구결과를 보면(구본용, 1991), 이들은 친소관계에 따라 상대방을 다르게 대하는 양상을 덜 보인다. 일반적으로 사람들은 거리가 먼 상대로부터 도움을 받은 경우에 친근한 사람에게서 도움을 받는 경우보다 상대의 도움에 보답해야 한다는 마음을 강하게 갖는다. 그런데 고독한 사람들은 일반인에 비해서 이렇게 친소에 따른 차이를 두는 양상이 덜 나타난다([그림 6-13]의 a). 후속된 연구에서 두 사람이 6 : 4의 비율로 공동작업에 기여를 하고, 성과급을 6 : 4(공정분배) 또는 5 : 5(인정분배)로 배분한 상황을 제시하고 두 사람 관계의 친밀성을 어떻게 지각하는지를 알아보았다. 인정분배가 이루어진 상황에서 둘 사이의 관계가 더욱 친밀한 것으로 여겨지는 경향이 나타났는데, 이러한 분배에 따른 차이도 역시 정상인들은 고독한 사람에 비해서 크게 보이고 있다([그림 6-13]의 b). 이 연구는 한국사회에서 고독한 사람들이 대인관계를 어떻게 여기는지를 보여 주는 면에서 흥미롭다. 이들은 대인관계를 교환의 관계로서 보는 시각이 강하고, 공정성에 바탕을 둔 교환 논리를 모든 인간관계에 적용시키는 양상이 강하다. 즉, 연고와 같은 속성에 의해서 대인관계에 차별을 두는 한국사회의 관행(한규석, 1991; Han & Choe, 1994)과는 달리, 개인주의적 성향이 강한 서구사

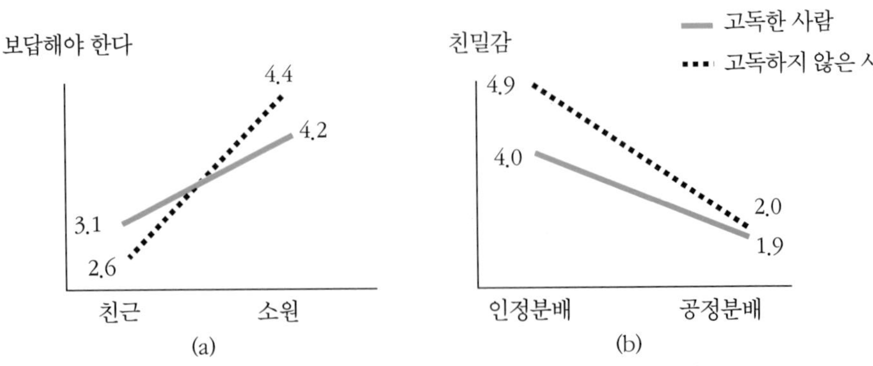

[그림 6-13]
고독한 사람들이 대인교류에서 보이는 특징

출처: 구본용, 1991, p. 48 그림 2 및 p. 61 그림 5.

결글 6-11

고독한 이유의 문화차

집단주의 문화권에서는 사람들과의 관계를 중요시한다. 따라서 소속감의 결여나 관계의 불만족에서 경험하는 고독이 더 심각한 영향을 미칠 수 있다. 반면에, 개인주의 문화권에서는 개인의 자율성, 독립성, 독자적인 선택과 결정을 더 중시한다. 따라서 이런 것들에서 결핍이나 불만족을 느끼게 되면 부적응감을 느끼고, 그 결과로 고독을 경험할 수 있다. 이런 문화 차이가 사람들이 경험하는 고독감에 어떤 영향을 주는지를 보기 위해 유럽의 12개국 노인 3,000여 명의 면접자료를 분석한 결과 개인주의 경향이 강한 국가들(영국, 네덜란드 등)에서 사람들이 외로움을 덜 경험하는 것으로 나타났다(Lykes & Kemmelmeier, 2014).

사람들과의 교류가 빈번하면 외로움을 덜 경험하는 것으로 나왔지만, 흥미로운 것은 문화에 따라 그 양상이 달랐다. 집단주의 나라(포르투갈, 스페인 등)에 비해서 개인주의 성향이 강한 나라들에서 친지와 가족의 방문이 외로움을 낮추는 효과가 적었지만, 친구와의 잦은 만남은 외로움을 낮추는 것으로 나타났다. 이는 개인의 선택과 자율성에 바탕한 친구관계가 개인주의 문화에서 더 긍정적인 효과를 지니고 있음을 시사한다. 개인주의 문화권에서 사회복지 차원의 제도적 지원을 많이 받는 사람들은 그렇지 않은 사람보다 더 고독한 것으로 나타났으나, 집단주의 문화권에서는 이런 양상이 나타나지 않았다. 이는 제도적 지원을 많이 받는 것이 부적응의 결과인 탓으로 해석할 수 있다. 또 다른 연구는 네덜란드(개인주의)에서 아이들과 사는 노인의 고독감은 높았지만, 이탈리아(집단주의)의 경우에는 아이들과 사는 노인의 고독감이 낮음을 보여 주고 있다(de Jong Gierveld & van Tilburg, 1999). 집단주의 문화에서는 소속감이 중요한 탓에 이를 못 느끼면 그만큼 피해감이 크나, 개인적으로 믿고 털어놓으며 내밀한 문제를 상의할 수 있는 친구를 지니는 것은 개인주의 문화권에서 더 중요하다.

회인의 특징을 보이고 있다. 이렇게 개인주의적 관점을 보이는 이들이 한국사회에서 고독하지 않은 사람보다 대인교류에서 전반적으로 만족도가 떨어지는 것이다. 이 연구에서 사람들은 고독을 많이 느낄수록 가족관계의 만족도가 떨어지고(r=-.35), 타인과의 만족도도 낮으며(r=-.55), 물질추구 경향이 높은 것(r=.35)을 보여 주고 있다. 이 연구는 사회의 문화적 풍토에 부합하지 않는 사람들이 대인관계에서 대가를 치르고 있음을 실증적으로 보여 주었다(한성열, 이홍표, 1994).

고독에서도 문화 차이가 나타난다. 집단주의 문화의 고독은 소속감을 못 느끼고, 친한 사람들과의 관계 단절에서 오는 관계상실적 고독의 특징을 지니고 있고, 개인주의 문화에서는 자신의 삶에 대한 자율성, 독립성, 선택의 주체성을 느끼지 못함에서 오는 존재의 불만감 혹은 실존적 고독이라는 특징을 지니고 있다(결글 6-11).

한편, 매년 수집되는 전국 자료(한국종합사회조사)를 갖고 사람들의 연결망 크기와 우울 수준을 분석한 사회학적 연구(이민아, 2013)는 연결망의 효과가 사람들에 대한 신뢰감을 지녔는지에 따라 달라짐을 보이고 있다. 즉, 대부분의 사람들을 대체로 신뢰할 수 있냐는 질문에 '믿을 수 있다' 혹은 '경우에 따라 다르다' 라고 응답한 사람

한국종합사회조사(Korean General Social Survey, 이하 KGSS) 전국의 18세 이상의 남녀를 대상으로 매년 실시하는 조사로서, 다단계 지역확률표집법에 의거해 인터뷰 대상을 추출해서 일대일 면접으로 조사가 수행된다. 이 자료는 성균관대학교 **서베이리서치센터**에서 주관하여 2002년부터 자료를 수집하고 있으며, 누구나 분석할 수 있게끔 이용 가능하다.

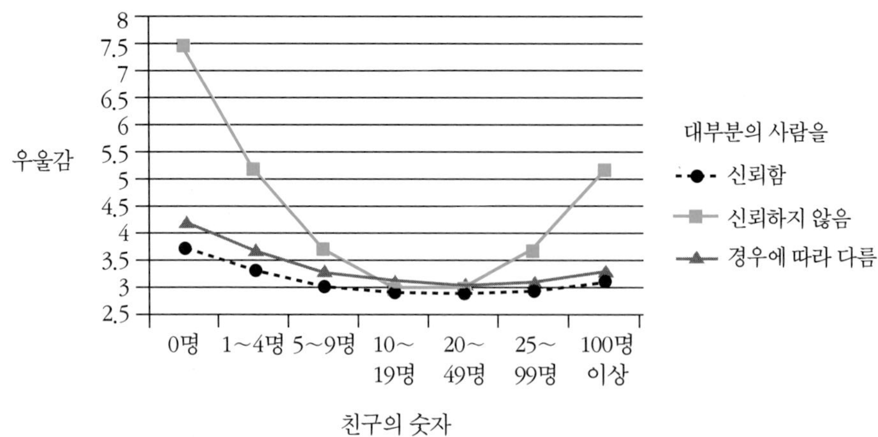

[그림 6-14] 우울에 대한 사회적 연결망의 크기와 대인신뢰의 상호작용 효과
출처: 이민아, 2013.

들에게는 연결망이 커지면 우울감이 줄어드는 양상이 나타났다. 그러나 [그림 6-14]에서 보듯이 사람들을 믿을 수 없다고 여기는 사람들의 경우에 연결망의 크기는 U자형의 영향을 미치는 것으로 나타났다. 남을 신뢰하지 못한다는 사람들은 친밀한 사람이 없으면 우울증세를 크게 느끼고, 연결망의 크기가 증가하면 우울증세를 덜 보이지만 연결망이 너무 커지면 우울증세가 높아지는 양상을 보인다. 큰 연결망은 관리 스트레스 등의 탓에 정신건강에 오히려 나쁠 수 있음이 시사되고 있다.

요약

1. 친화현상의 심리학적 이유는 비슷한 사람과 같이 있음으로 해서 그와 비교를 통해서 상황에 대한 정보를 얻고자 함에 있다.
2. 친밀한 대인관계를 지니고 있는 사람들은 심한 스트레스를 받는 경우에 친구, 배우자로부터 사회적 지원(충고, 위로, 도움 등)을 받으므로 대처를 잘하고 정신건강을 유지하며, 생활만족도가 높다.
3. 사람들의 관계망은 개별 성원들 간의 연결이기보다는 연결자의 역할을 하는 사람들을 통해서 확대되는 양상을 보인다. 사람들은 5~6명의 연결을 통해 끈이 닿을 수 있다. 연결자들은 약한 고리를 다양한 사람들과 걸고 있는 사람들이다.
4. 개인의 자유와 욕망을 추구하는 사회분위기에서 사람들은 고독을 호소한다.
5. 고독한 사람들은 대인관계를 교환관계로 보는 양상이 강하다. 고독에 대처하기 위하여 대인교류 기술을 배우고, 적극적인 상담을 추구하는 것이 바람직하다.
6. 집단주의 문화권에서 사람들은 소속과 교류의 욕구가 좌절되는 것에서, 개인주의 문화권에서는 자기가치에 대한 소외에서, 즉 실존적 고독을 많이 경험한다.

사랑

사랑은 수많은 문학작품의 소재이며, 대부분의 유행가와 영화 등 대중문화의 주제이며, 희열의 원천이고 무수히 많은 비극의 뿌리이기도 하다. 젊은이의 삶에서 사랑이 차지하는 비중과는 걸맞지 않게 이 주제가 사회심리학자의 관심으로 떠오르기 시작한 것은 오래지 않으며, 활발한 연구가 이루어지고 있다.

사랑과 우정의 차이 우정과 애정의 차이는 관계의 초기에서부터 나타난다. 우정의 관계를 발전시키려는 사람들은 상대방에게 자신을 꾸며서 제시하지 않는다. 자신의 모습과 의견을 별 가식 없이 주고받으며 우정을 발전시켜 간다. 반면에, 애인이 되고자 상대에게 접근하는 경우에 사람들은 상대방에게 자신이 이상적인 상대로서의 특징을 지니고 있음을 드러내고, 심지어는 거짓으로 꾸미기도 한다(Rowatt et al., 1998). 그렇게 함으로써 상대방의 관심을 끌고 만남을 지속시키려 든다. 진행되고 있는 사랑과 우정의 가장 큰 차이는 사랑의 관계에서 사람들은 성적인 욕망을 충족시키려 든다는 점이다. 성적 욕망이 사랑의 충분조건은 아니지만, 필수조건으로 작용한다(Meyers & Berscheid, 1997). 사랑이 없이도 성적 욕망은 나타나지만, 성적 욕망이 없는 사랑은 생각하기 어렵다. 이 충족행위가 실제로 나타나는 정도는 문화의 규범에 의해서 큰 영향을 받지만, 애정관계는 궁극적으로 성행위를 당연한 행위 목록에 포함하고 있다. 애정관계에 있는 사람들은 상대에 대해서 남들이 느끼는 끌림 이상의 것을 느낀다. 상대방을 이상적인 외모, 성격, 능력, 따스함을 지녔다고 느낀다(Sprecher & Regan, 2002). 애정 관계의 초기에 있는 사람들은 상대방에게서 자신에 대한 옳고 그름의 평가를 받고자 하기보다는 자신에 대한 무조건적인 수용과 긍정적인 평가를 기대한다(Swann et al., 1994). 또한 이들은 자신들의 관계를 다른 사람의 관계보다 훨씬 바람직한 관계라고 생각하며(Van Lange & Rusbult, 1995), 운명적인 관계라 여기고 있음을 보이고 있다. 이 운명관을 견지하는 사람들의 관계가 오래 지속되는 경향이 있다(Knee, 1998).

사랑과 우정은 그것이 식는 이유에서도 차이가 난다. 우정이 식는 것은 상대방이 비판적이고, 싫어하는 행위를 자주 보이거나, 떨어져 지내며 만날 기회가 없어지면서이다. 그러나 사랑이 식는 것은 상대방이 배신하고 다른 이성을 만

곁글 6-12

오래 알게 되면 상대를 정확하게 알게 되나?

사람들은 처음 만난 상대방에 대해서는 그의 행동이나 성격을 예측하는 것에 조심스럽다. 그러나 상대와 만남이 지속되면서 언제 조심스러웠냐는 듯이, 그러한 예측을 자신 있게 한다. 종종 이러한 자신감은 지나치게 부풀려진 판단으로 드러나기도 한다(연쇄살인범 강호순에 대한 주위의 평가). 우리는 4장에서 사람들의 판단에 대한 자신감이 판단의 정확성과는 무관할 수 있음을 살펴보았다. Swann 등(1997)은 상대방과 깊은 관계에 있는 사람들을 대상으로 이러한 현상을 연구하였다. 이들은 학기 초에 기숙사에서 같은 방을 쓰게 된 학생 짝들을 대상으로 자신에 대한 성격특징을 파악하는 몇 가지 성격검사에 응하게 하고, 자기 짝이 그러한 검사항목에 어떻게 응답할 것인지를 답하도록 하였다. 6주 후에 역시 같은 작업을 반복하여 나타난 결과를 비교하였다(연구 2). 그 기간 동안 상대방에 대한 판단의 정확성은 거의 늘어나지 않았으나, 확신감은 확실히 늘었음을 알 수 있다. 상대방과 방을 같이 쓰면서 얼마나 다양한 활동을 같이 하고 있는지를 물어서 공동활동 지수를 산출해 보니 이 지수는 확신감과는 상당한 상관을 보였지만($r = .46 \sim .57$), 정확도와는 아무 관계가 없었다($r = .04 \sim -.25$). 국내의 연구에서도 부부가 서로에 대하여 지닌 생각이 일치하는 정도는 결혼 기간과는 무관하게 나타났다(김향련, 고재홍, 2007).

사람들이 상대방에 대하여 정확하게 알지 못하면서 잘 안다고 확신을 하는 이유를 분석해 본 결과(연구 3) 상대와 오래 알게 될수록, 다양한 활동에 종사할수록 상대방에 대하여 통합적인 인상을 지니게 되고 이를 바탕으로 다양한 상황에서의 묘사와 예측을 하게 되며, 상대방에 대한 자신의 판단에 대한 확신감이 높아지는 것으로 나타났다. 일상의 대인교류에서 사람들이 상대방에 대하여 갖게 되는 확신감은 상대방을 대할 때 어떻게 대할 것인지의 통제감을 줄 수 있기에, 그 판단의 부정확성에도 불구하고 적응적 기제로 작용하고 있을 가능성이 높다.

나거나(Lamm et al., 1998), 서로에게 자주 상처를 주기 때문이다(Leary et al., 1998). 사랑이란 정서는 호감이나 친밀감과 같은 정서와는 뚜렷이 구별되는 뇌의 활동부위를 지니고 있음이 fMRI를 이용한 연구에서 나타났다(Bartels & Zeki, 2000).

사랑의 삼각형 이론 예일대학의 심리학 교수인 Sternberg(1986)는 사랑하는 관계에서 작용하는 세 가지 요소인 친밀감, 헌신, 열정의 조합을 갖고 이성관계의 여덟 가지 형태를 분석해 내고 있다. 친밀감은 둘 사이의 가깝게 느끼는 정서를 말한다. 헌신은 상대를 짝으로 여기는 의지와 관계에 대한 헌신을 말한다. 열정은 상대에게 몰입하고 연모하는 정서를 말한다. 이들 중 어느 것 하나 없는 밋밋한 관계와 이들 3요소가 모두 갖추어진 이상적인 사랑을 포함하여 각기 요소의 하나나 둘이 지배적인 여덟 가지 형태를 제시한다. 당신이 이성과 사랑에 빠져 있다면 그것은 어느 유형이라고 볼 수 있는가? 성인 남녀를 대상으로 그들의 사랑을 이 세 가지 요소의 측면으로 나누어 조사한 결과, 세 요소가 독립적으로 관계 만족도를 구성하고 있으며, 헌신이 강하면 자신의 애정관계가 다른 사람의 그것보다 더 우월한 관계라고 여기는 양상이 나타났다(Rusbult et al., 2000).

두 남녀가 첫눈에 반하여 매일 만나는 것은 열정에 의한다. 자주 만남을 통해 서로에 대하여 많이 알게 되고 이해하면서 열정을 바탕으로 친밀감을 더함으로써, 둘 사이의 관계가 성숙하여 간다. 이 과정에 상대방에 대한 책임과 헌신이 생기면서, 결혼 혹은 동거라는 사회적 계약 단계로 들어간다. 이 과정에서 열정이 차지하는 비중은 감소하게 되며, 친밀감과 헌신이 차지하는 비중이 높아진다. 완벽한 사랑은 친밀감과 헌신에 더해 열정이 어우러져 있는 사랑이다.

정열적 사랑 이는 흔히 영화에서 보는 목숨을 다 바친 듯한 사랑이다. 이러한 사랑은 몇 가지 특징을 지니고 있다. 우선 당사자들이 서로에 대하여 강한 신체적 흥분을 느낀다. 이 흥분은 성적인 욕망일 수도 있고, 거부감에 대한 공포일 수도 있으며, 좌절 및 분노에 의해 불 질러질 수도 있다. 두 번째 특징은 상대방에 대한 강한 집착이다. 눈을 뜨나 감으나 상대방의 모습이 머리를 떠나지 않고, 상대방 및 그와의 관계에 대하여 환상적인 생각을 하며, 상대방을 완벽한 인간, 연인으로서 인식하는 경험이다. 이러한 사랑은 많은 경우에 상대방에게 첫눈에 반한 듯한 경험을 수반한다.

그러나 첫눈에 반한 듯한 사랑은 영화에서처럼 모든 사랑에서 나타나는 것은 아니다. 사랑에 빠져 있다고 생각하는 대학생의 40%만이 그와 유사한 경험을 보고하고 있을 뿐이다(Averill & Boothroyd, 1977). 결혼부부를 대상으로 사랑척도와 호감척도를 작성케 하여 분석한 결과, 사랑척도 점수는 결혼의 기간과 부적인 상관을 보여 낭만적인 정열이 시간경과와 함께 사그라지는 것을 알 수 있다. 그러나 호감척도 점수는 줄지 않는 것으로 나타났다(Walster & Walster, 1978). 관계가 지속됨에 따라 애초의 신선감이 없어지고, 서로 간의 이상적 상이 현실과 보이는 괴리를 인식하게 되고 서로 간의 성격, 기호, 성장 환경의 차이점이 갈등을 초래하게 되면서 열정도 변하게 된다. 친밀감이 정체된 상황에서 열정은 식고, 친밀감이 깊어질 때 열정도 강해진다(Baumeister & Bratslavsky, 1999). 많은 정열적 사랑은 이러한 변화를 겪으면서 시들게 되고, 친밀감의 심화를 동반하지 못하게 되면 관계의 단절로 이어질 수 있다. 그러나 둘 사이에 이러한 괴리와 차이에 의한 갈등을 극복할 수 있는 의지와 각오가 있으면 그 사랑은 동반적인 사랑으로 자연스럽게 진행한다(Cimbalo et al., 1976).

질투 미국에서 벌어지는 모든 살인사건의 적어도 1/4은 질투가 원인으로 작용한다고 추정된다(Salovey & Rodin, 1989). 상대방을 사랑하는 사람이 그 상대방을 다른 사람에게 빼앗길 수 있다고 여길 때 적개심을 수반하는 강한 질투의 감정을 느낀다. 질투는 상대방에 의존하는 정도가 클수록, 위협의 정도가 심하게 느껴질수록 강할 것이다(Berscheid, 1983). 부부가 상대방이 떠나고 나서 자신이 취할 수 있는 대안적 생활이 궁색하게 느껴질수록 현재 생활을 파괴하는 상대방에 대하여 느끼는 질투감이 큰 것으로 나타난다(Hansen, 1985).

네팔의 한 부족(Nyinba 족)은 일처다부제를 유지하고 있는데, 여자가 남자의 형제 모두와 부부관계를 유지한다. 그 이유는 경제적으로 어려운 생활환경 탓인데, 토지가 매우 척박하여 농작물 생산에 많은 노동력이 요구되기 때문이다. 아울러 물물교환을 하기 위해 남자들이 여러 날 집을 떠나게 될 때 농사일을 도울 수 있는 인력이 필요하여, 종족 전체로 볼 때 일처다부제로 자식농사의 수를 근본적으로 줄임으로써 한정된 자원의 1인당 분배 몫을 높게 유지할 수 있도록 하기 위함이다. 이들 부족에서 형제간의 질투는 허용되지 않는다. 이러한 정황은 질투라는 경험과 표출에 사회적 구조와 문화가 많은 영향을 미침을 보여 준다(LeVine, 1982).

❖ 사랑의 진화심리학

배우자 선택의 차이 동물세계에서 암수의 만남은 암컷의 선택에 달려 있다. 몇몇 동물에서 수컷이 결정하는 것이 관찰되고 있지만 이 경우는 수컷이 후생번식에 더 큰 책임을 지고 있다. 우리는 공작, 사자 등의 동물들에서 맵시를 뽐내고 예쁘게 생긴 것은 암컷이 아니라 수컷이라는 것을 잘 알고 있다. 양육부담설은 이 같은 현상이 번식의 생물학적 차이에서 연유한다고 본다. 즉, 인간의 경우 청장년인 남자는 시간당 수백 만 개의 정자를 생산해 낸다. 일생 동안 생산해 내는 정자의 수는 천문학적인 숫자다. 그러나 여자의 경우 일생 동안 기껏 400개 정도의 난자만 생산할 뿐이다. 더욱이 여자는 임신을 해야 하고 9개월의 수태기간을 거쳐 산고를 겪어야만 자신의 후생을 지니게 된다. 이것으로 끝나는 것이 아니라 아기가 클 때까지 수유를 책임져야만 자신의 후손을 퍼뜨려 나갈 수 있다. 그러나 남자는 그러한 부담이 없다. 따라서 배우자 선택에서 엄청난 부담을 느끼는 것은 당연히 여성이며, 여성은 이 선택에 실패하거나, 순간적인 희열을 위해서 성행위를 하는 경우 그 부담이 매우 크다. 한두 번의 만남에서 성 접촉을 하는 경우 여자는 4~5년간의 양육에 대한 부담이 있지만 남자는 그렇지 않다. 따라서 배우자의 선택에서 남자는 까다롭지 않으며, 남성의 성 윤리가 여성보다 훨씬 자유로운 것으로 나타나고 있다(Buss, 1999).

남녀의 배우자 선택의 진화전략에서 공통점으로는 기본적인 생식능력을 구비하고 건강한 후생을 가져다 줄 수 있는 상대방의 건강을 높이 산다. 그러나 몇 가지 면에서 차이를 보인다. 여자는 자기의 후생번식의 목표를 성취하기 위하여 자신과 후생의 양육 기간 동안 안전을 보장해 줄 수 있는 남자를 배우자로 선택하는 전략을 취해 왔다. 따라서 바람직한 배우자의 특성은 경제적인 여유를 지녔는가 하는 점이다. 사회적 신분을 지닌 사람이나 자기보다 나이가 많은 남자가 선호되는 이유이다. 장차 그럴 소지가 있는 사람의 특성—능력, 재능, 야망, 근면성, 체격 등—도 배우자의 선택에서 중요한 요소다. 아울러 여자 및 자식에 대하여 생계를 안정적으로 보장하는 신뢰감과 안정적 성격을 상대에게 요구한다. 그러나 예외적인 현상이 가임기간에 나타난다(곁글 6-13). 한편, 남자의 경우는 자신의 자식을 낳아 줄 수 있는 특징을 지닌 여자를 원한다. 그러한 특징으로서 젊음, 아름다움(건강을 상징하는 특징), 정절이 강할 것을 요구한다. 동물세계에서 수컷이 자기의 새끼를 확인할 수 있는 기제가 없는 경우 수컷은 새끼에 대한 양육의 책임을 전적으로 암컷에게 떠맡긴다. 침팬지가 그 좋은 예다. 남자는 여자보다 자신의 배우자가 나이가 어리기를 바라지만, 여자들은 배우자의 나이가 많기를 바란다([그림 6-15]의 a). 남자들은 배우자의 경제적 역량을 중요하게 여기지 않지만, 여자들은 이를 매우 중요하게 여긴다([그림 6-15]의 b). 이같이 배우자에게서 선호되는 특징에 대한 진화심리학적 설명은 여러 나라에서 얻어진 자료에서 일관성 있게 나타나고 있다(국내에서는 주현덕, 장근영, 2006; 외국 문헌은 Buss, 1999).

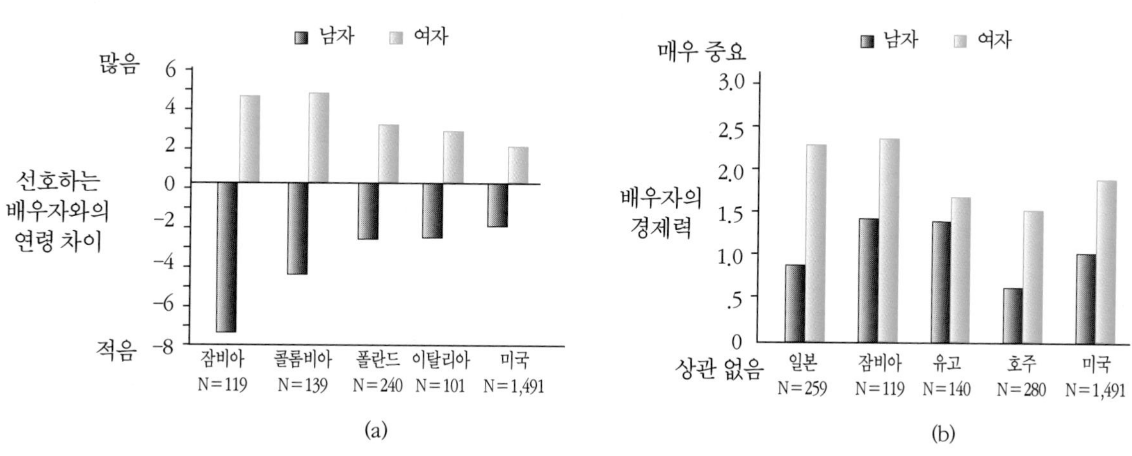

[그림 6-15] 배우자 선호에서 나타나는 남녀 차이: 상대와의 연령차(a)와 경제력(b)

결글 6-13

나쁜 남자가 좋다고? 배란기를 조심하라!

'나쁜 남자가 좋다'는 말은 개그인가 아니면 정신 나간 여자의 헛소리에 불과한가? 성실하고 자기에게 잘 대해주는 남자를 좋아하는 것이 보편적인 현상으로 여겨지지만, 많은 여성들이 멋있게 생겼지만 바람둥이 행태를 보이고 모험적이고 지배적이며 자신을 잘 위해 주지도 않을 남성에게 매력을 느껴 사랑에 빠지고 상처를 입는다.

이 현상을 이해하기 위한 여러 연구들은 여성이 배란기에 있을 경우에 남성적인 특징이 강한—각진 얼굴, 지배적이고 경쟁적인 행동거지, 굵은 음성 등—상대에게 더 큰 매력을 느끼는 것을 보이고 있다(Durante et al., 2012). 이런 특징을 지닌 남성들은 배우자 선택에서 단기전략(즐기고 빠지기)을 취하는 경향이 높기 때문에 이들에게 매력을 느낀다는 것은 특별한 설명이 필요하다. 한 연구는 10대 후반의 여성을 두 조건으로 나누어, '나쁜 남자' 조건에서는 매력적인 남자의 얼굴 사진을 보여 주고, 그 남자가 지배적이며, 모험적이고, 카리스마적 성격을 지녔다고 알려주었다. '좋은 남자' 조건에서는 평범한 외모의 얼굴 사진을 보여 주고, 이 남자가 안정정인 성격이며, 믿을 만한 인품의 소유자라고 설명해 주었다. 여성들은 표적인물과의 사이에서 아이를 낳아 기르게 되었을 때 상대방이 얼마나 아이 양육에 도움을 줄 것인지에 대하여 두 번(배란기와 비배란기)에 걸쳐 평가하도록 하였다. 양육을 위해 젖 먹이기, 목욕시키기, 장보기 등의 활동 각각에 상대방이 얼마나 도움을 줄 것인지를 예상함에 있어서 배란기의 여성들에게 '나쁜 남자'는 더 이상 나쁜 남자로 여겨지지 않는 것으로 나타났다([그림 6-16]). 이는 배란기에는 남성적 매력을 강하게 지닌 사람이 매력적으로 부각되지만, 이 경우에 '나쁜 남자'의 행동적 특징마저 변모시켜 좋은 남자로 여기는 인지 왜곡이 작용한다는 것이다. 다른 연구자의 연구는 남자들의 사치스러운 소비 행태가 배란기의 여자들에게 특히 관심을 끌고 기억에 남는 것을 보였다(Lens et al., 2012). 이어지는 연구에서는 상대 남자가 다른 여자와 결혼해서 아기를 키울 경우에 아기 양육에 도움을 줄 정도를 물어보았다. 이에 답하는 경우에는 좋은 남자로 여기는 왜곡현상이 나타나지 않았다. 내 일인 경우에만 왜곡이 작용하니, 남에게는 보이는 것이 나에게만 보이지 않는다!

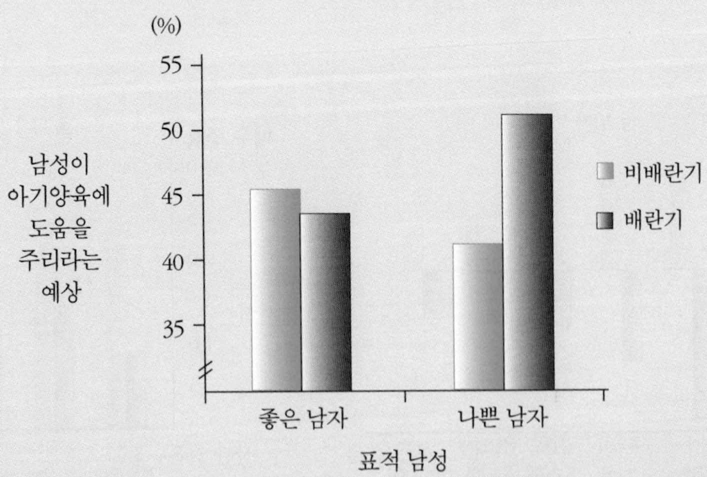

[그림 6-16] 나쁜 남자에 대한 여성 참여자의 평가는 배란기와 평상시에 큰 차이를 보인다.
출처: Durante et al., 2012, 그림 1.

사랑 행위의 남녀 차이 흔히 남자보다 여자가 낭만적이며 소녀적인 환상에 빠져 사랑을 하게 된다는 통념이 있다. 그러나 조사에 의하면 이를 뒷받침하는 증거는 없고, 오히려 그 반대인 것 같다. 양육부담설(Trivers, 1972; 곁글 6-14)에 따르면 자녀양육에 많이 투자하고 부담을 느끼는 사람이 배우자 선택에서 선택권을 행사하며, 보다 더 신중하게 성관련 행위를 한다. 이 면에서 남자보다 여자가 양육부담을 많이 지기 때문에 배우자에 대한 선택조건이 까다롭고, 낭만에 빠져 사랑행위를 하기에는 위험부담이 너무 크다. 남자들은 여자보다 순수한 사랑, 이상적인 사랑의 가능성을 높이 보고 여자는 보다 현실적인 사랑관을 지니고 있는 것으로 나타난다(Dion & Dion, 1973). 상대방이 갖춘 조건이 괜찮다면 사랑을 하지 않아도 결혼하겠느냐는 질문에 남성보다 여성들이 '하겠다'는 대답을 많이 하며(Campbell & Berscheid, 1986), 첫눈에 빠질 사랑의 가능성도 여자보다 남자가 높게 여기는 것으로 나타난다(Hendrick et al., 1984). 남자들은 여자보다 빨리 사랑에 빠지며, 첫 만남에서 매력적인 이성이 유혹할 때 75%의 남자가 성행위를 하려 들지만, 여성은 아무도 그런 답을 하지 않았다(Clark & Hatfield, 1989).

이러한 성차를 흥미롭게 보여 준 연구에서 미국과 호주에서 남녀 대학생을 대상으로 최근 수년간 했거나 하지 않아서 후회스러운 일들을 다섯 가지씩 파악하여, 섹스 관련해서 저지른 행동('돈을 받고 성행위를 했다.' '처음 만나 잠자리를 했다.' 따위) 39개와 저지르지 않은 행동('상대방에게 끌리지 않아서 잠자리를 안 했다.' '어리다고 생각해서 성경험을 미루었다.' 따위) 30개를 만들었다. 대학생 응답자들에게 이들 목록을 제시하고 자신이 후회하는 경험들이 어떤 것인지를 파악한 결과, [그림 6-17]에서 보듯이 성행위를 저지른 것에 대해서는 여자가 남자보다 후회하는 경험이 많고, 저지르지 않았던 것에 대해서는 남자가 여자보다 후회하는 양상이 큰 것으로 나타났다(Galperin et al., 2013).

남자는 여자가 자신에게 보이는 호감을 과다하게 지각하는 양상을 보여, 종종 낭만적인 공상을 하고 상대방에게 행동함으로써 여자를 당혹하게 한다. 그러나 여자들은 남자의 행위를 성적인 것으로 여기지 않는 양상을 보인다. 흥미로운 실험에서 남녀 5명씩 10명을 실험실에 불러 일대일로 속전속결 맞선 대화를 3분간씩 나누도록 하였다. 참여자는 누구나 5명의 이성과 이 대화를 나눈 것이다. 매번 대화가 끝난 후에 자신이 상대방에게 얼마나 성적으로 끌렸는지와 상대방은 자신에게 얼마나 성적으로 끌렸다고 여기는지를 평가하도록 하였다. 상대방 행위에 대한 자기의 인식과 상대방이 자기에게 실제 어떻게 느꼈는지를 뺀 값을 구하여 5명의 상대방에 대한 평균값을 구한 결과, 남자는 여자들이 보인 행동을 자신에게 성적으로 접

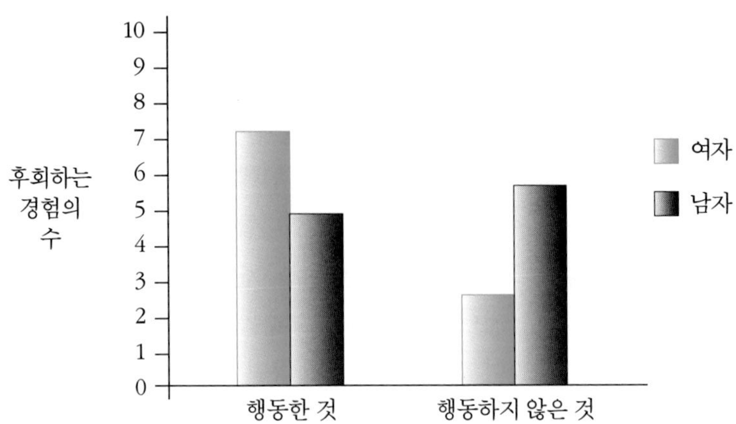

[그림 6-17]
성행위와 관련되어 행동한 것과 행동하지 않은 것에 대한 후회에 있어서의 성차
출처: Galperin et al., 2013, 그림 2.

근했다고 과잉지각하는 양상을 보였으나, 여자들은 남자들이 자신에게 전혀 성적으로 접근하지 않았다고 여기는 것으로 나타났다(Perilloux et al., 2012; [그림 6-18]). 특히 남자의 경우에 자신이 잘생겼다고 여기는 사람일수록 여자가 자신에게 성적으로 접근했다고 여기는 양상이 높은 것으로 나타났다. 남자들은 이런 과잉지각으

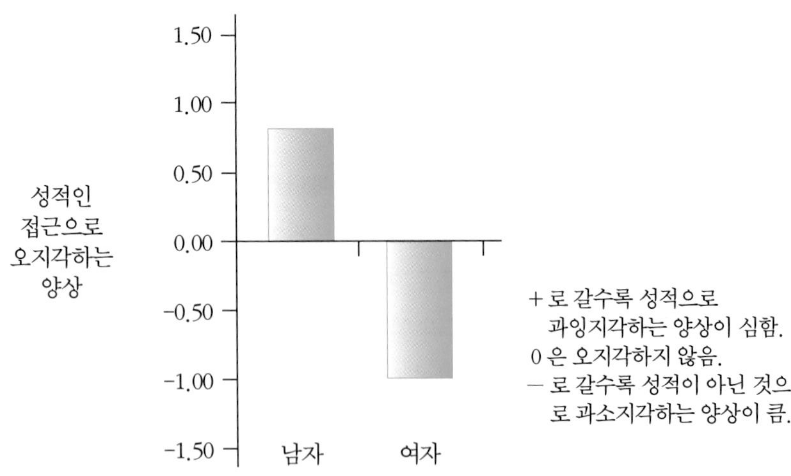

[그림 6-18] 상대방의 행위를 성적으로 오지각하는 양상에서의 남녀 성차
출처: Perilloux et al., 2012, 그림 2.

로 여자에게 접근하는 행동을 취할 가능성이 크며, 여자들은 남자의 그런 행동(실험실에서의 행동이므로 추근거림에도 못 미치는 행동임)을 그다지 문제 삼지 않을 수 있음을 보인다. 현실에서 남자의 추근거림도 여자가 이렇게 수용하리라 기대하기는 어렵다.

질투의 진화심리학 사랑의 또 하나의 두드러진 특징은 질투심이다. 진화론적으로 배우자가 자신을 배반할 수 있다는 징표를 보이는 경우 이를 막으려고 행동하는 사람이 그렇지 않은 사람보다 자신의 후손을 이어갈 가능성이 높다(Buss, 1994, pp. 125-131). 흔히 여자가 질투심이 많다고 여겨지지만, 150쌍의 연인을 조사한 결과, 질투의 경험빈도나 감정의 깊이에 있어서 남녀 차이가 없는 것으로 나타났다(White, 1981: Buss, 1994, p. 127에서 재인용). 하지만 질투를 유발하는 원인에 있어서 흥미 있는 남녀 차이가 발견된다. 남자는 배우자가 다른 남자와 성적인 접촉을 하는 것에 대하여 가장 큰 질투심을 보이는 반면에, 여자는 자신의 배우자가 다른 여자에게 시간과 돈, 마음을 헌신적으로 바치는 상황에 대하여 그가 성적인 접촉을 하는 것보다 더 강한 질투심을 보이는 것으로 나타나고 있다(함진선, 이장한, 2010; Buss et al., 1992). 배우자의 성적인 부정에 대하여 남자가 큰 질투심을 느끼며 이것이 종종 상대 배우자에 대한 폭력으로 나타나는 경우가 많다. 미국, 캐나다, 호

결글 6-14

이스라엘의 결혼시장에서 맞붙은 진화심리학과 경제학

역사상 가장 많은 자식을 둔 사람은 몇 명을 두었을까? 기네스 기록에 따르면 남자의 경우 적어도 1,042명 자식을 둔 모로코의 왕이 있고, 여자의 경우에 18세기 러시아의 농부 아내가 69명을 두었다고 한다(Bokek-Cohen et al., 2007). '양육부담설'에 따르면, 남성이 적어 각박한 결혼시장이라도 여성은 배우자 선택에서 까다로울 수밖에 없다고 본다. 그러나 '합리적 선택 이론'에서는 시장에서의 모든 선택이 수요와 공급의 균형을 맞추며 이루어진다고 본다. 따라서 남성이 적은 상황에서는 통상의 까다로운 기준을 버릴 것이라고 본다. 두 가지 상반된 예측을 검증하기 위하여 이스라엘 결혼시장을 분석한 연구가 흥미롭다(Bokek-Cohen et al., 2007). 이스라엘은 전쟁으로 인해 결혼 연령대의 남녀 성비가 6.5 대 10.0으로 여성이 과도하게 많은 실정이기 때문에 두 이론을 비교하는 적절한 무대가 되었다. 결혼정보회사에 등록된 약 3,000명 정도의 남녀(비슷한 비율)를 대상으로 바람직한 배우자에게 요구하는 사항을 분석한 결과 여성들은 27개의 특징을, 남성은 8개의 특징만 대는 것으로 나타났다. 남성들이 요구하는 특징 중 5개가 여성의 신체에 대한 것이었지만, 여성들이 요구하는 특징에서 남성의 신체에 관한 것은 키 하나만 나왔고 경제적 지위, 대인관계, 성격, 평등의식 등의 내용들이 골고루 나타났다. 즉, 여성은 여전히 까다로운 기준을 남성에게 요구하는 것이었다. '양육부담설' 쪽의 손이 올라간다!

주 등지에서 벌어지는 배우자 살해의 경우 5건 중 4건은 남편에 의해 저질러지며, 같이 살 때에 비해서 헤어졌을 때 저질러지는 경우가 2~5배 정도 많은 것으로 나타난다(Wilson & Daly, 1996).

❖ 사랑의 심화 요인과 냉각 요인

한국사회의 이혼율이 2011년 인구 천 명당 2.3건('조이혼율'이라 함)으로 OECD 국가 중에서도 상위권에 들 정도로 이혼이 많이 발생한다. 사랑을 하거나 혹은 사랑을 전제로 성립된 결혼에서 결혼만족도가 낮은 많은 사례들이 파경을 맞고 있다. 사랑하는 사람들이 파경을 피하기 위하여 도움이 될 수 있는 사회심리학적 연구를 정리해 보자.

사랑의 심화 사랑의 감정을 느끼는 모든 사람들이 상대와의 관계에 만족하는 것은 아니다. 좋은 시절이 있는가 하면 나쁜 시절도 있다. 이 나쁜 시절을 극복하려 애쓰는 사람들이 있는가 하면 높은 이혼율에서 보듯이 관계를 끝내는 사람도 많다. 상대방과의 관계를 운명적인 관계로 여기는 사람들이 나쁜 시절을 극복하려는 노력을 많이 보이는 반면에, 상대와의 관계를 자신의 선택으로 여기고 새로운 선택이 가능하다고 여기는 사람들은 현재 관계에 대한 헌신이 적다. Rusbult(1980, 1983)가 제안한 대인관계의 투자모형은 사람들이 관계를 유지하거나 끝내는 양상을 이해하는 데 도움을 준다. 이에 따르면, 관계에의 헌신(의지)을 결정짓는 3요소(보상, 대안, 투자)가 있다. 관계에서 얻어내는 보상이 크다고 여기면 관계에 대한 헌신이 높다. 그러나 보상 그 자체만이 문제되는 것은 아니다. 보상이 적더라도 다른 대안이 있느냐 없느냐가 관계에의 헌신에 영향을 크게 미친다. 현재의 보상도 적지 않지만 다른 사람과의 관계에서 더 큰 보상을 얻을 수 있다면 현재 관계에 대한 헌신이 흔들리기 때문이다. 마지막 요소인 투자는 해당 관계에 지금까지 기울인 노력과 그 결과물(시간, 물적 투자, 심리적 투자, 좋은 추억, 공유하게 된 소유물, 자식, 정서 등)의 크기다. 상대와의 관계에 헌신적인 사람들은 같은 공동의 정체감을 강하게 느끼며 표시하고(나/너 대신에 우리), 가족의 일을 위하여 개인적인 취향을 접거나 기꺼이 변경하며, 관계친화적 행동을 보인다(Agnew et al., 1998). 이러한 활동들이 상호 신뢰를 굳히고 관계만족도를 더욱 향상시킨다([그림 6-19]).

가정폭력에 시달려 쉼터를 찾는 많은 여성들이 관계를 끊지 못하고 다시 폭력적인 상대방과 관계를 지속시킨다. 쉼터를 찾은 여성들 가운데 관계에 대한 투자가

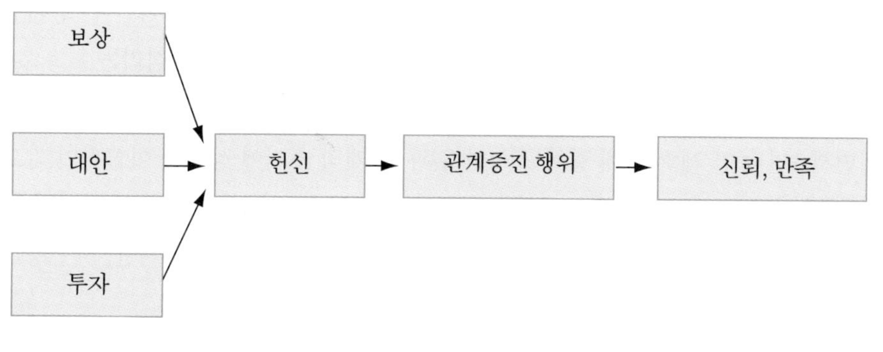

[그림 6-19]
Rusbult의 대인관계 투자 모형
관계에서 얻는 보상, 보상을 얻을 수 있는 대안적 관계의 여부, 관계 유지를 위한 투자의 제반 요소가 헌신을 결정한다.
출처: Gilovich et al., 2006, p. 162, 그림 4-7.

많이 이루어졌고, 현실적으로 현재의 관계를 떠난 대안이 없거나 취약한 여성들(낮은 교육 수준, 직업 및 교통수단 없음)이 관계에 대한 헌신을 보이고, 남편들에게 다시 돌아가는 양상으로 나타났다(Rusbult & Martz, 1995). 이와 대조적으로, 연예계에 종사하는 인기 여성 인사들에게서 이혼과 결별이 높게 나타나는 이유도 이 모형으로 잘 설명될 수 있다.

같이 생활하면서 배우자를 일반 사람보다 좋게 평가하는 양상이 높을 경우에 부부만족도가 높은 것으로 보인다. 국내에서 250여 쌍의 부부를 대상으로 유능성과 따뜻함의 특성에서 자기고양(스스로를 일반인보다 좋게 여기는 것)과 배우자 고양(자기 배우자를 일반 배우자보다 좋게 여기는 것) 하는 정도를 파악하고 이들이 부부만족도와 어떤 관계에 있는지를 파악한 결과는 고양현상의 남녀차이를 보여 준다(김영남, 고재홍, 2011). 사람들은 따뜻함 차원에서 자기고양을 하는 양상을 보였으며, 유능성과 따뜻함 차원 모두에서 배우자 고양을 하는 양상이 나타났다. 전반적으로 결혼만족도에는 배우자 고양이 자기고양보다 영향이 큰 것으로 나타났다. 구체적으로 남편의 행복감은 자기고양과는 무관하나, 배우자 고양이 높을수록 높게 나타났다. 특히 부인을 유능하다고 여기거나 따뜻하다고 여기는 경우에 행복감이 높았다. 부인의 경우는 자신을 유능하다고 여기는 경우에 행복감이 높았고, 남편을 따뜻하다고 여기는 경우에도 높았다. 그러나 남편이 유능하다고 여기는 것은 행복감과 무관하였다.

영화 〈님아, 그 강을 건너지 마오〉에서 조병만 할아버지와 강계열 할머니가 함께 노래 부르며 춤을 추는 장면

관계의 결별 사랑의 초기 단계에서는 상대방과의 차이점도 홍미와 호기심, 심지어 동경을 불러오기도 하며, 차이는 충분히 극복할 수 있다고 여긴다. 상대방에 대하여 눈에 꺼풀이 씌었다고 할 정도로 상대를 이상화시키는 심리는 자성예언적 효과를 가져오는 것이 관찰되었다(Murray, Holmes, & Griffin, 1996). 관계가 시작되면서 1년 동안 세 차례에 걸쳐 조사한 결과, 관계의 초기에 상대를 이상적인 짝으로 여긴 사람들은 만족도가 증가하고 갈등은 감소함을 보였고, 상대방의 이상적 모습을 내면화하는 경향도 나타났다. 반했다는 것은 눈을 멀게도 하지만, 예언충족 효과를 가져오는 것이다.

초기에 무시되던 차이점들이 생활하면서 열정이 식게 되면, 생활의 여러 장면에서 갈등의 소지가 된다(Sillars et al., 1994). 깔끔한 아내는 수더분해 보이던 남편에게 매력까지 느꼈지만 생활하면서 하루에도 여러 차례 방청소를 하게 되면서는, 자신의 성격을 배려하지 않는 남편에게 불만을 품게 될 수 있다(공성숙, 2008). 생활습관의 차이점, 견해의 차이는 종종 갈등과 다툼을 가져오고, 이 경험이 누적되면서 내화가 줄게 되고, 상대방에 대한 존경심이 없어지며, 무관심해지고, 불화가 쌓이게 된다(권희경 등, 2005).

부부관계의 문제를 전문으로 연구하고 상담해 온 미국의 Gottman 박사는 부부에게 생활의 관심사를 서로 논의하도록 하여 이를 비디오로 촬영하였다. 비디오를 보면서 부부간 논의가 진행되는 양상을 분석하였는데, 1983년부터 79쌍의 부부를 20여 년간 지속적으로 관찰하여 분석한 결과 관계의 결별을 가져오는 4개의 강력한 요인을 식별해 냈다(Gottman & Levenson, 1999). 첫째는 '비판'이다. 배우자의 단점에 대하여 계속 비판하고 험담을 하는 부부는 결별하기 쉽다. 비판을 하려면 가볍게 농담조로 비판하는 것이 바람직하다. 둘째는 '방어적 태도'다. 상대방의 비난, 불만, 관계의 문제점을 자연스럽게 수용적으로 듣지 못하고 방어적인 자세로 듣는 것이 문제를 초래한다. 이 방어적 자세는 셋째 요인인 '모르쇠 태도'로 진행된다. 특히 남성이 여성 배우자의 불평과 비판에 대하여 문제를 인정하려 들지 않고, 대화를 나누려 하지 않고, 모르쇠 태도를 취하는 경우에 관계는 심각하게 악화된다. 마지막이자 최악의 요인은 '경멸적 감정'이다. 이 감정은 상대방을 깔보고 자신을 우월하다고 느끼는 감정이다. 상대를 콤플렉스가 강하고, 위선적이라고 여기며, 같잖게 여기는 표정을 보이는 것은 특히 위험하다. Gottman의 연구에서 이혼을 하게 된 부부의 경우에 15분간의 대화에서 나타난 경멸적 감정의 표현 횟수가 관계를 유지하는 부부의 경우보다 2배 이상 나타나는 것이 관찰되었다([그림 6-20]). Gottman은 부부치료를 위해 방문하는 부부의 대화를 15분 동안만 관찰하고도 14년 후에 이

경멸의 표정

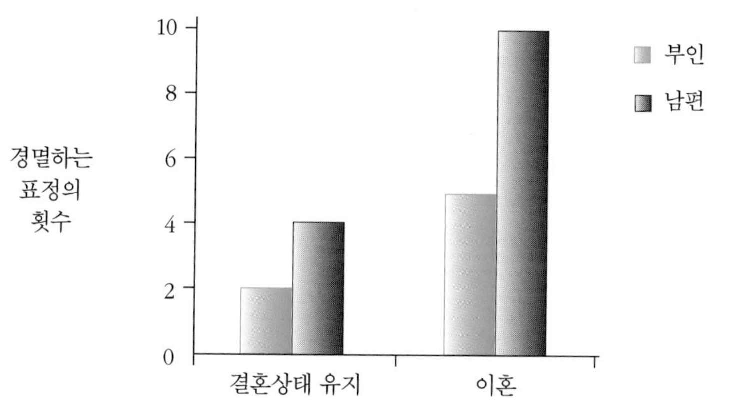

[그림 6-20]
부부상담 15분 동안 관찰된 경멸의 표정과 14년 후 결과
출처: Gottman & Gottman, 1999. Gilovich 등, 2011, p. 430.

혼할 것인지 여부의 정확성을 93%까지 예측할 수 있음을 보여, 이들 4요인이 결별의 중요한 예측인자임을 보였다(Gilovich et al., 2006, pp. 429-430).

인간관계에서 갈등이 없을 수 없으며, 갈등이 없는 것이 좋은 것만도 아니다. 갈등은 새로운 관점과 통찰을 가져다줄 수 있기에 보다 완숙한 관계로의 변화를 가져오기도 한다. 문제는 갈등의 유무나 정도가 아니라 갈등의 대처 행위다. 갈등의 조정단계에서 부부간에 위의 네 가지 부정적인 요인이 수시로 표출되는 것은 갈등을 더욱 악화시킨다. 부드럽게 대화를 시작하고, 악화된 상황에서 회복을 위한 행위가 취해지고, 상대방의 주장을 이해하고 수용하려는 갈등조정 행위가 결혼과 관계의 만족도를 향상시킨다.

요 약

1. 사랑은 우정과 질적으로 다른 교류양상이다. 사랑하는 사람들은 서로를 꾸미고, 서로를 자신의 이상적인 상대로 여기며, 상대에 대한 성적 갈망을 지닌다.
2. 사랑의 삼각형 이론은 열정, 친밀감, 헌신의 세 요소로 구성된 사랑의 유형을 구분한다. 동반적 사랑은 친밀감을 느끼고, 믿음을 갖고 있고, 상대방의 장단점을 인정하고 수용하며, 상대방의 필요 및 요구에 응하는 사랑이다.
3. 상대방을 이상화시키면서 열정도 타오른다. 정열적 사랑은 관계가 지속됨에 따라 애초의 신선감이 없어지고, 이상적 상이 현실과 보이는 괴리를 인식하게 되고 서로 간의 성격, 기호, 성장 환경의 차이가 갈등을 초래하면서 식게 된다.
4. 배우자 선택전략에서 남자는 젊음, 미모의 이성을 추구하고, 여자는 안정된 신분의 상대를 추구한다. 남자의 사랑은 여자보다 더 낭만적(비현실적)인 특색을 지니고 있다. 진화심리학자들은 이런

차이에 대한 이유를 제시하며, 그 한 예로써 양육부담가설은 여성들이 2세 양육에 많은 부담을 갖기 때문에 선택이 까다롭고, 현실적이라고 설명한다.

5. 배란기의 여성은 '나쁜 남자'에 끌리며 상대를 좋은 남자로 왜곡하여 인식한다.
6. 대인관계 투자 모형은 관계에서 얻는 보상, 대안적 관계의 현실성, 관계에의 투자 정도가 현재 관계에의 헌신을 좌우하는 요인이라고 분석한다.
7. 부부관계의 결별을 가져오는 4개의 요인은 배우자의 단점에 대한 비판, 배우자의 비판에 대한 방어적 태도, 배우자에 대한 모르쇠 태도 및 경멸적 감정이다.
8. 결혼생활에서 부부간의 갈등이 심화될 때, 적극적이고 건설적인 해소행위가 관계개선에 도움이 된다.

제 7 장 인간의 공격성

과거 5,000년의 인류역사에서 생활했던 185세대 중에서 오직 10세대만이 전쟁을 경험하지 못했을 뿐이며 기원전 3,600년 이래로 지구상에는 14,500번 이상의 전쟁이 벌어졌고 그 와중에서 35억 명의 인명이 희생되었다고 추정된다(Beer, 1981: Tedeschi et al., 1985에서 재인용). 한국 내에서도 2014년 한 해에만 938건의 살인과 29,863건의 성폭력, 21만여 건의 폭행이 발생하였다(대검찰청 '2015 범죄분석'). 이런 일들은 인간에게 공격성이 본능이라는 가설을 던져 주었다. 이 장에서는 인간이 보이는 공격행위와 사회의 폭력에 대하여 이해를 도모해 보자.

최근 인기를 끌고 있는 격투기 장면

공격행위의 정의 권투시합, 깡패들의 싸움, 선생님이 내리는 체벌, 강아지를 때리기, 경찰이 혐의자를 검거할 때 쓰는 완력, 화가 나서 울리는 경적, 피가 홍건한 의사의 수술 등 모든 장면이 공격행위의 측면을 포함하고 있지만 이를 모두 공격적이라고 여기지는 않는다. 왜냐하면 인간에게는 타인에게 위해를 가하려는 의도가 있는지를 공격행위의 판단에서 중요하게 여기는 탓이다(Tedeschi et al., 1985). 공격행위를 정의함에 있어서 행위의 의도성 이외에도 그 의도가 친사회적이냐 반사회적이냐 하는 점도 중요한 문제가 된다. 우리는 대부분의 폭력을 나쁜 것으로 여기지만, 자식교육을 위한 체벌과 범인 검거를 위한 폭력 등은 사회적 규범이 허락하는 것이며 친사회적인 공격행위라고 할 수 있다.

❖ 본능으로서의 공격행위

공격행위는 사람에게서뿐만 아니라 동물세계에서도 광범위하게 관찰되므로 행위의 기저에 생물학적인 요인이 작용한다고 보는 견해가 일반적이다. 즉, 유기체는 선천적으로 지니고 있는 생리학적 체계에 의해 결정된 본능이 있는데 공격행위도 그중의 하나라고 보는 시각이다. 학자들은 본능을 다음 다섯 가지 특성을 지니는 것으로 국한시킨다. ① 일련의 복합적 행위로 구성되어 있고, ② 특정의 신호자극이 발생하였을 때는 자동적으로 그 행위가 나타나고, ③ 학습되지 않았으며, ④ 종의 모든 개체가 그 행위를 하며, ⑤ 행위의 강도는 생화학적인 요인에 의해서 결정된다(Tedeschi et al., 1985, p. 123). 이 같은 특성을 지닌 행위들로서 포유동물의 수유행위, 짝짓기, 철새들의 이주, 거미의 줄치기 등을 들 수 있다. 사회생물학자들은 동물의 종내 공격행위는 본능이며 이것은 종족 보존에 중요한 기능을 한다고 주장한다. 이 같은 공격행위는 위계설정형과 영토설정형의 두 가지 형대가 가장 많이 관찰된다.

위계설정형 개미나 벌같이 무리를 이루어 사회생활을 하는 동물뿐 아니라 대부분의 동물들—사자, 늑대, 원숭이, 물개, 어류, 조류 등—은 작게는 두세 마리, 크게는 수만 마리가 군집을 이루어 생활을 한다. 이 군집에서는 지배와 복종의 위계가 정해지는데 이의 설정은 누가 힘센가에 의한다. 가장 힘센 놈이 먹이나 교미상대의 선택에 최우선권을 지닌다. 이 같은 위계구조는 군집 내에서 더 이상의 싸움을 막아 주며 가장 강한 놈의 씨앗이 퍼져서 생존에 보다 유리한 차세대를 번식시키는 기능을 한다.

영토설정형 여러 동물의 수컷들은 자기의 관할지를 설정하고 서로의 영토를 존중하는 특성을 보인다. 이 같은 영토설정 행위는 조류, 어류 및 포유류 등에서 관찰되고 있고 고립되어 성장한 동물에서도 나타남이 관찰되고 있다(Cullen, 1960; Tinbergen, 1955). 누가 좋은 영토를 얼마나 많이 차지하는가는 힘겨루기에 의해서 결정된다. 수컷은 자기의 영토에 들어온 먹이에 대하여 독점적인 권리를 가지며 암컷에 대한 교미권을 갖게 된다.

인간의 공격행위에 대한 적용 인간도 군집을 이루어 사회생활을 한다는 점에서 동물의 행동에 대한 관점을 적용해 볼 수 있다. 그러나 동물과는 다른 몇 가지 특성이 있기 때문에 인간의 공격행위를 본능으로 설명하는 것에는 반론이 크다. 첫째, 동물세계에서 위계의 설정이 주로 힘, 덩치, 속도 등의 신체적 특성에 의해서 이루어지는 데 반해 인간의 경우 지능, 사교성, 지도성, 동기 등의 사회적 · 심리적 특성에 의해서 이루어진다. 즉, 신체를 이용한 공격행위는 그 중요성을 크게 인정받지 못하고 있다. 둘째, 동물의 위계는 교미, 먹이 등의 생물학적인 기능을 충족시키는 기능을 하지만, 인간의 경우는 높은 지위가 집단에의 기여, 자긍심의 충족, 자기실현의 기회 제공 등의 사회적 · 심리적 기능을 충족시키는 것이다. 따라서 생물학적인 가치가 아닌 사회적 가치 추구행위를 생물학적 본능으로 보기가 곤란하다. 셋째, 동물에서는 영토 설정행위가 종 내의 모든 개체에서 나타나지만 인간에게서 그것은 보편적인 현상도 아니고 비교적 짧은 역사밖에 가지고 있지 못하다는 것이다. 즉, 사유재산 제도는 인간사에 있어서는 비교적 최근의 사회적 산물이며, 북극권의 이누이트족(에스키모로 한때 불렸으나 이는 캐나다의 크리 인디언어로 '날고기를 먹는 사람들'이라는 의미다. '이누이트'는 사람이란 의미다)은 그러한 개념이나 영토 설정행위를 보이지 않고 있다(Montagu, 1968). 이러한 사실은 사유재산제가 사회적으로 형성 · 전수된 것이며 영토권 행위가 선천적으로 타고난 산물이 아님을 강력히 시사한다. 마지막으로 동물에서는 공격행위의 형태와 기능이 매우 단순하지만 인간에서는 형태도 매우 다양하고, 처벌, 위협, 회유, 의사소통 등의 다양한 기능을 지니고 있는 것도 본능론의 적용을 어렵게 한다. 인간의 파괴적 행위를 본능론으로 설명하려는 시도는 위험스러운 주장이기도 하다. 왜냐하면 인간의 공격적 행위에 영향을 미치는 더욱 중요한 사회적 · 심리적 원인에 대한 관심을 줄이기 때문이다(곁글 7-1).

McClelland(1985)는 인간의 동기를 포괄적으로 설명하려는 시도에서 인간의 공격행위 자체를 본능의 한 행태로 보기보다는 영향력을 행사하려는 본능의 다양한 발현 양상의 하나로써 파악하는 것이 적절하다고 주장한다. 그에 따르면 인간에게는 자연적 유인가(행위 자체가 정적 또는 부적 보상성을 지니고 있는 것)가 몇 가지 있는데 그중에는 주위에 영향력을 행사하고 반향을 얻는 것이 포함된다. 아동들이 소리 나는 방울을 흔들려 하고, 어지럽히는 것을 즐기는 것은 이러한 본능의 충족이며 사회화과정을 통해 그 본능의 적절한 발현행위를 습득하게 되는데 공격행위가 특히 남자에게서 강하게 나타나는 것은 이러한 이유라는 것이다. 즉, 공격행위 또는 파괴적 행위는 본능이 아니라 환경에 영향력을 행사하려는 본능이 성장 경험을 통해 적절히 발현되는 양상을 습득해서 나타난 것이다. 따라서 남자에게 훨씬 자주 나타난다. 이러한 논리 탓에 인간에게서의 공격행위를 본능이라기보다는 환경 속에서 획득되고 변형되는 사회적 행위로서 보는 시각이 널리 수용되고 있다.

곁글 7-1 세빌(Sevill) 선언: 인간에게 폭력적 본능은 없다

1986년에 10개국에서 초대된 각 학문분야의 저명한 학자 20명은 스페인의 **세빌대학교**에서 열린 뇌와 공격에 관한 국제회의에서 심리학, 생물학, 유전학, 인류학, 생화학 분야에서 누적된 연구결과들을 검토하여 선언문을 채택하였다. 이 선언은 다음 다섯 가지 주장이 과학적 근거가 없음을 명백히 하고 있다(Frazier, 1994에서 채록).

1. 인간이 동물로부터 진화 시 전쟁을 위한 경향을 물려받았다는 주장
2. 전쟁이나 폭력적 행위는 인간의 본성에 유전학적으로 프로그램되어 있다는 주장
3. 인간의 진화단계에서 다른 유형의 행동보다 공격적 행동이 선택되었다는 주장
4. 인간이 폭력적인 뇌를 지니고 있다는 주장
5. 인간사회의 전쟁이 본능이나 단일한 동기에 의해 초래된다는 주장

최근에 인간의 본성을 이해하기 위해 폭력에 대한 방대한 역사적 자료를 분석한 Pinker(2011)는 일반인의 인식과는 달리 인간사회에서의 공격성과 폭력은 근대사회로 내려오면서 훨씬 약해지고, 규제되고 있다는 자료를 세시하고 있다([그림 7-1]). 인간은 폭력적일 수 있는 동기를 지니고 있지만 이런 동기를 규제할 수 있는 선한 동기도 지니고 있음을 방대한 자료를 통해서 보이고 있는 것이다.

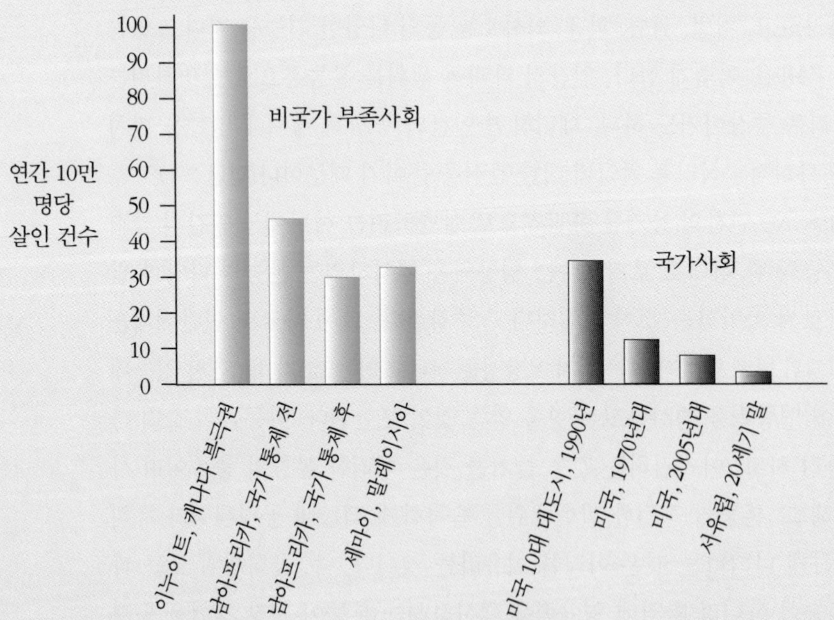

[그림 7-1] 비국가 사회의 살인율과 국가 사회의 살인율 비교

출처: Pinker, 2011, p. 122, 그림 2-4.

공격행위를 유발하는 요소와 심리

우리의 일상은 학교폭력, 가정폭력, 강도상해, 조직폭력 등의 현상들로 넘친다. 최근에 누구와 다투었거나, 욕을 하였거나, 들은 경험을 생각해 보자. 왜 그렇게 되었는가? 상대가 비아냥거려서, 매운 맛을 보여 주려고, 그냥 짜증이 나서 등등 다양한 이유가 작용하였을 것이다. 이러한 요인들을 성격적 요인, 상황적 요인, 사회적 요인으로 구분하여 살펴보자.

❖ 성격적 요인들

좌절의 경험 사람들은 화가 났을 때 파괴적인 행위를 보이는 경우가 많다. 사람들을 화나게 하는 요인으로 가장 흔하게 발생하는 사건은 좌절의 경험이다. 좌절이란 목표 추구행위가 방해를 받는 경험이다. 자판기에 동전을 넣었는데 제대로 작동하지 않을 때, 멋진 이성에게 접근했는데 퇴짜를 맞은 경우, 열심히 뛰었는데 놓쳐 버린 버스 등의 경우는 모두 좌절이라고 볼 수 있다. 이러한 좌절은 공격적 행위를 촉발하게 된다는 좌절-공격 이론이 심리학자들에 의해서 제기되었다(Dollard et al., 1939).

이들은 본능론에 대신하여 경험적 검증이 가능한 이론을 제시하였는데, 즉 사람들은 본능 때문에 공격적 행위를 보이는 것이 아니라 좌절에 의해 야기된 심적 충동을 해소하도록 동기화되었으며 공격행위는 그 해소책으로써 나타난다는 것이다. 좌절-공격 이론에 따르면 공격행위는 항상 좌절의 결과이며 좌절은 항상 어떠한 유형이건 공격적 행위를 유발시킨다. 많은 경우에 공격의 대상은 좌절을 초래한 상대가 되지만 상대가 힘이 세거나, 불구이거나, 무생물인 경우에는 다른 대상으로 바뀔 수 있다. 이러한 치환은 공격충동을 발산시키며 정화효과를 가져온다고 보았다(Maraus-Newhall et al., 2000).

많은 연구들에서 좌절이 공격을 잘 유발함을 보였지만 어떤 경우에는 좌절에 뒤따르는 반응이 비탄, 도주, 냉담이기도 하다. 마찬가지로 좌절이 없이도 목적을 추구하는 공격적 행위가 나타날 수 있다. 이 같은 비판을 수용하면서 Berkowitz (1989)는 좌절은 공격을 유발하는 여러 자극 중의 하나이며, 좌절과 같은 부정적 정서가 유발되면 다양한 행위가 나타날 수 있다는 수정론을 제시하였다. 좌절과 같은 부정적 정서가 촉발하는 반응 중에서 공격행위가 우세한 반응이지만, 좌절이 공격을 야기하는 경우는 좌절의 이유가 부당하고, 사회규범을 어긴 것이라고 여겨질 경우임을 보다 구체화함으로써 수정론은 인지과정을 중시하는 색채를 뚜렷이 지니고 있다.

도발에 접해서 누군가가 자신을 부당하게 해치려고 하거나 손해를 입히려고 할 때 사람들은 분노를 느낀다. 사람들은 자신에게 지향된 행위에 대하여 상대방의 악의적 의도, 못된 성격 등으로 내귀인하는 경향이 많은데다가(3장), 상응의 사회적 규범(6장)이 작용하여, 상대의 도발에 분노를 느끼고 공격적 행위를 보이기 쉽다.

분노는 피해자가 자신이 입은 손상을 가해자의 내적 의도에 귀인시키면서 그러한 의도가 부당한 것이라고 지각하는 경우에 경험하는 정서상태다. 미국에서 160명의 대학생과 일반인을 대상으로 사람들이 분노를 느끼는 경우를 조사한 연구결과에 의하면(Averill, 1983), 59%가 상대의 행위가 고의적이고 부당하다고 여겼을 때, 28%가 모면할 수 있었던 사건을 당했을 때로 나타났다. 불가항력적인 상황에서 분노를 경험하는 경우도 있었지만 2%에 불과했다. 남학생들을 상대와 겨루면서 전기쇼크를 주고받게 하는 과제를 시킨 연구(Greenwell & Dengerink, 1973)에서 실험협조자가 참여자들에게 전기쇼크를 주면서 한 조건에서는 의도적으로 그 강도를 증가시켰고, 다른 조건에서는 일정하게 유지하도록 하였다. 참여자가 상대방에게 되돌리는 전기쇼크의 크기는 받는 쇼크가 일정할 때는 변함이 없으나, 받는 쇼크의 강도를 상대가 의도적으로 올리고 있다고 여겨지는 상황에서는 급증하는 것으로 나

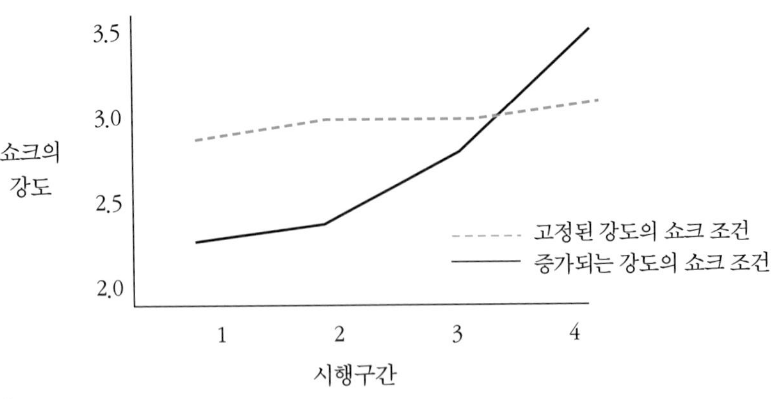

[그림 7-2]
쇼크의 유형에 따른 반응
출처: Greenwell & Dengerink, 1973, 그림 1.

타났다([그림 7-2]).

상대방이 자신에게 취한 모욕적 행위가 상대방이 처한 상황에 비추어 이해되더라도 이러한 이해가 상대방에 대한 분노를 늘 경감시키는 것은 아니다. 상대가 상사에게서 크게 꾸지람을 들었기 때문에 자신에게 화풀이를 한다는 것을 미리 알았을 경우에는 화가 덜 난다. 그러한 사전정보가 없었을 경우에는 상대방의 화풀이에 대한 첫 번째 반응은 분노이기 쉽다(Johnson & Rule, 1986). 이러한 사전정보조차도 상대방의 행위가 지나치거나 너무 도발적인 경우에는 분노를 경감시키지 못한다(Zillmann, 1988). 상대방의 공격적 행위를 이해할 수 있는 정보가 사전에 입수되지 못하거나 이미 분노가 촉발된 상태에서 들어온다면 분노를 경감시키는 효과를 기대하기 어렵다. 모든 분노가 공격적 행위로 이어지는 것은 아니다. 분노를 경험했을 때 약 10%의 경우에 신체적인 폭력이 나타나는 것으로 조사되었다(Averill, 1983). 이는 사람들의 공격적 행동이 기계적인 반응이 아니라 인지적 상황해석에 의해서 큰 영향을 받기 때문이다.

홍분과 폭력 사회생활 속에서 겪는 좌절, 도발이나 갈등은 사람들을 홍분하게 만든다. 그러나 약물복용, 운동, 무더운 날씨, 듣기 싫은 소음 등도 우리를 홍분하게 만드는 것들이다. 폭력과 무관한 요인들에 의한 홍분도 공격적 행위에 영향을 주는가? Zillmann(1971, 1984)은 Schachter(1964)의 정서 2요인설을 바탕으로 홍분전이 가설을 제기하였다. 이 가설에 따르면 사람들에게는 여러 가지 요인에 의한 홍분이 누적적으로 작용하여 공격적 행위를 더욱 부추길 수 있다. 유사한 주장이 Berkowitz(1983)에 의해서도 제기되었는데, 분노뿐만 아니라 질투심, 우울감 등 부정적인 정서가 누적적으로 작용하여 공격행위에 영향을 준다는 것이다.

홍분전이 가설에 따르면 한 가지 이유로 홍분이 채 가라앉지 않은 상태에서 다른 이유로 새롭게 열을 받게 되면 더욱 홍분하게 된다. 차를 몰다가 과속으로 경찰에게 걸려 딱지를 떼어 열을 받았다면, 얼마 후에 맞닥뜨린 난폭 운전자에게 보통 이상으로 격한 반응을 보이기 쉽다. 자신의 홍분이 이전 상황 탓으로 돌려진다면 홍분전이가 나타나지 않지만, 그렇지 못할 경우에 홍분전이에 의한 공격적 행위가 심화된다. 이를 보여 준 연구에서, 남자 참가자를 도발시킨 후 운동을 짧게(90초간) 시켰다. 한 집단에게는 운동하기 전에 6분간 휴식을 하게 했고, 다른 집단에게는 운동 후에 휴식을 시켰다. 이런 절차 후에 도발을 한 상대방에게 전기쇼크를 주는 기회를 주었을 때 전기쇼크의 강도는 운동을 하고 나서 휴식을 취한 집단에서 더욱 강하게 나타났다(Zillmann et al., 1974). 즉, 운동을 해서 홍분이 가라앉지 않은 상태(휴식을 운동 전에 취했으므로)에서는 흥분을 상대방의 도발보다는 운동 탓으로 귀인 시킴으로써 전기쇼크가 약하게 나타난 것으로 해석된다. 운동뿐만 아니라 흥분을 시키는 음악, 게임을 하고 나서도 흥분이 완전히 가라앉지 않았을 경우에 흥분전이 효과가 나타난다. 이러한 연구결과로 미루어 볼 때 흥분전이에 의한 공격은 흥분의 원인이 불분명한 경우에 나타나기 쉽다고 결론지을 수 있다(Tannenbaum & Zillmann, 1975). 자신이 흥분한 이유가 누구의 도발이나 모욕에 의함이 아니라는 것이 명백하면 공격행위는 나타나지 않는다.

섹스와 폭력 신체적으로 흥분이 되었을 때 공격성향이 높아진다면 성적인 흥분도 공격성향을 높일 것인가? 몇 연구들에서 참가자를 도발시킨 후에 한 조건에서는 매력적인 여성의 나체사진을, 다른 조건에서는 풍경 사진을 제시해 주었다. 그런 후에 자신들을 도발시킨 상대방에게 전기쇼크를 주는 기회를 제공하였을 때, 나체사진을 보았던 참가자들이 주는 전기쇼크의 강도가 낮은 것으로 나타났다(Baron, 1979; Ramirez et al., 1983). 후속 연구에서는 나체사진보다 훨씬 선정적인 사진을 보여 주었는데, 이 경우에는 오히려 전기쇼크의 강도가 증가하는 것으로 나타났다(Jaffe et al., 1974). 이러한 연구결과는 성적 흥분의 강도와 공격성의 관계는 종 모양(∩)의 곡선 관계임을 시사하는 것이다.

이 관계를 이해하는 데는 Zillmann(1984)이 제시한 2요인 모형이 도움이 된다. 즉, 성적인 자극은 두 가지 효과를 가져오는데, 하나는 흥분이 증가하고 둘째는 그를 접한 사람의 정서상태(긍정적이건 부정적이건)에 영향을 준다는 것이다. 그래서 성적 자극의 효과가 공격적으로 나타날지는 이 두 효과의 전체 양상에 따라 달라진다. 일반적인 성적 자극은 사람을 약간 흥분시키고, 기분을 즐겁게 해주므로, 공격성을 낮추는 효과를 가져온다. 그러나 강한 성적 자극은 강한 흥분을 야기하며, 혐오감과 같은 불쾌한 정서를 야기하여, 공격성을 높이는 것이다. 이러한 설명은 질투가 빚어낸 살인, 폭력의 파괴성을 이해하는 데 단서를 줄 수 있다. 강한 성적 자극을 주는 포르노에 과다하게 노출되면, 모방효과와 더불어 성폭력이 증가한다는 것이 널리 수용되고 있다(Malamuth et al., 2000; 곁글 7-2).

❖ 상황적 요인들

기온과 공격 무덥고 짜증스러운 여름에 범죄가 증가한다는 추측이 있다. Baron과 Bell(1975)이 행한 일련의 실험은 기온과 공격행위의 강도는 정적인 단순

곁글 7-2 지역사회에 미치는 포르노 산업의 영향

우리 생활의 오락물 대부분이 성과 폭력을 소재로 하고 있다. 2009년 조사에 따르면 모든 누리집의 12%에 해당하는 420만 개가 포르노 관련 누리집이다. 인터넷 포르노물의 미국 내 매출액이 2006년에 25억 달러에 달했다(Ferguson & Hatley, 2009에서 재인용). 성인물 오락시장이 인터넷 상거래의 3위 시장을 형성하고 있다. 포르노 산업은 반사회적인 사업가들에 의해서만 영위되는 것이 아니라 유명한 기업들도 직간접으로 관여하여, 그 산업의 팽창에 일조를 하고 있다. 이런 포르노 산업이 현실사회에 미치는 영향에 대해서는 논란이 많은 상황이다.

미국에서 포르노의 영향에 대한 대규모적인 연구가 두 차례 이루어졌는데 그 결론이 일치하지 않는다. 1970년 닉슨 대통령 시절에 '대통령포르노특별위원회'가 조직되어 연구한 결과는 포르노가 범죄나 비정상행위를 야기한다는 것을 밝히지 못하였다. 그러나 1986년 레이건 대통령 당시에 '검찰총장포르노위원회'의 연구결론은 논란에도 불구하고 분명히 포르노가 악영향을 미친다고 하였다. 이런 차이를 이해하기 위해서는 두 시기의 포르노물의 성격에 큰 차이가 있음을 상기할 필요가 있다. 1980년대의 포르노는 노골적인 것은 말할 것이 없고, 폭력적이며, 변태적이고, 그 유통경로도 매우 다양하여 누구나 손쉽게 구할 수 있게 되었다. 21세기의 포르노는 어떠한가? 그럼에도 불구하고 1997년 미국 대법원은 '품위 있는 통신규약(Communication Decency Act)'이 인터넷 공간에서 포르노물의 유통을 제약하려는 것을 위헌이라 결정하여, 포르노 범람을 더욱 부추겼다. 물론 이 결정은 포르노의 악영향을 부인한 것이 아니라, 그러한 금지조치가 국민의 기본권인 표현의 자유를 억압하는 효과를 가져올 것을 우려하여, 포르노물의 소비를 성인들의 판단에 맡기자는 것이다. 그러나 인터넷 포르노가 성범죄의 발생에 미치는 영향에 대하여는 입장이 첨예하게 대립하고 있다. 사회심리학자들은 그 인과관계가 있다고 해도 크지는 않은 것으로 간주하고 있다(Ferguson & Hatley, 2009).

상관이 아니라 종 모양(∩)의 곡선적 관계임을 보이고 있다. 이들은 참가자의 정서를 두 가지로 변화시켰다. 만족 조건의 경우 실내온도가 20도에서 30도로 증가하자 공격적으로 되었으나, 놀랍게도 분노 조건에서는 덜 공격적이 된 것으로 나타났다. 이 결과를 토대로, 기온의 효과는 부정적 정서의 수준에 의해 달라진다는 가설이 제기되었다. 즉, 보통의 기분인 경우 기온이 상승하면 불쾌해지고, 이는 작은 도발에도 공격성향을 증가시키지만, 기분이 나쁜 상태에서 기온의 증가는 공격성향을 촉발시키는 최대 행동 준비태세를 지나치게 만들어 공격성향을 오히려 줄인다는 것이다. 즉, 이런 상태가 지속되면 사람들은 우선 그 상황에서 벗어나려고 한다.

한편, 실험실을 벗어나 Anderson 등(1997)은 미국의 50개 도시에서 45년간(1950~1995)의 연평균 기온자료를 구하고, 폭행을 수반한 범죄(강도, 살인 등), 강간, 절도범죄의 발생건수와의 관계를 검토하였다. 기온이 올라간 해에 강도 살인은 증가하였으나, 강간, 절도는 변화가 없었다. 더운 여름은 시원한 여름보다 강도 살인의

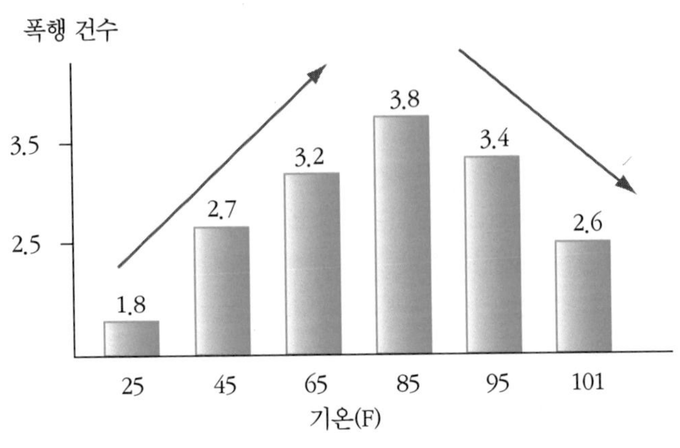

[그림 7-3]
기온의 변화와 폭행의 발생 관계
출처: Rotton & Cohn, 2000.

증가를 보여 주었다. 텍사스 휴스턴 시의 3년간(1980~1982) 범죄 발생을 연구한 자료도 기온이 상승하면 살인 강간의 강력범죄가 증가함을 보이고 있다. 그러나 강도와 방화 등의 재산범죄의 증가는 나타나지 않고 있다(Anderson & Anderson, 1984). 곡선형의 관계에 대한 검증연구를 보면, Rotton과 Cohn(2000)의 연구는 한 도시에서 2년간의 범죄빈도와 온도를 분석한 결과, 낮기온이 올라가면서 폭행이 증가하지만 정점을 지나치게 되면 폭행건수가 떨어지는 곡선형의 관계를 보였다([그림 7-3]).

기온과 폭력의 관계를 보면, 기온의 상대적인 변화가 문제이지, 절대적인 기온이 문제가 되는 것은 아니다. 즉, 더운 지방에서의 폭행사범이 그렇지 않은 지방에서 보다 많이 나타난다는 증거는 없다. 한편, 이러한 연구결과는 지구의 온난화가 지구를 더욱 폭력적으로 만들 소지가 있음을 시사하기도 한다. 높은 기온뿐만 아니라 추운 기온도 불편한 정서를 야기하며, 사람들을 폭력적으로 만들 수 있다(Anderson et al., 1997). 그러나 사람들은 자신이 환경의 영향을 받고 있는 것을 인식하고 있으면 그 영향력에서 벗어나는 인지적 통제력을 행사할 수 있다. 즉, 더위 때문에 짜증이 나고 있음을 깨닫는다면, 그 짜증이 일을 그르치지 않도록 주의를 기울인다.

술과 폭력 술은 중추신경을 이완시키는 작용을 하기 때문에, 충동을 제어하는 이성적 사고를 마비시켜 규제에서 풀린 행동 및 범죄와 연결된다. 70%의 자살, 65%의 폭행, 50%의 총기 살상사건이 술을 마신 후나 마시는 중에 저질러졌다

(Moyer, 1976). 서울지역에서 1998년에 신고된 가정폭력 사건 119건 중 61%가 가해자가 음주를 한 상태에서 발생했다(이영주 등, 2000). 그러나 공격성에 미치는 음주의 효과는 간단하지 않다. 적은 양을 마셨을 때는 상대방의 반응에 민감하게 반응해서 상대가 보이는 고통을 접해서 전기쇼크의 강도를 낮추는 반면, 많은 양을 마셨을 때는 상대방의 고통에 별로 반응을 보이지 않는다(Schumutte & Taylor, 1980). 술의 종류도 차이를 보이는데 보드카는 위스키보다 더 공격성을 부추기는 것으로 나타났다. 이 같은 차이는 술의 종류에 따라 술 취한 행위에 대한 기대감에 차이가 있기 때문일 것이다. 술을 마신 경우는 자제력이 느슨해지고 난폭해질 수 있다는 사람들의 기대감 작용은 술이 들었다고 생각되는 위약(placebo)을 먹은 사람들이 상대방에게 더 심한 전기쇼크를 준 실험결과에서도 잘 나타나고 있다(Pihl et al., 1981).

음주효과에 대한 심리학적 설명으로 흥미로운 것은 자의식 이론에 바탕을 둔 것이다(2장 참조). 음주를 하게 되면 사람들의 의식의 초점은 자신의 내부에서 멀어지며 외부상황에 맞추어지게 된다. 따라서 그의 행위에 미치는 내적 규범과 기준의 영향력이 느슨해진다. 한 연구(Bailey et al., 1983)에서 학생들을 두 집단으로 나누어 한 집단은 음주를 하게 하고 다른 집단은 맑은 정신으로 실험에 참가하게 하였다. 각 집단을 둘로 나누어 한 집단에게는 이름을 묻고, 그들의 과제 수행과정을 비디오 촬영한다고 이야기하고 거울 앞에서 과제를 수행하게 하였다. 이러한 절차는 의식의 초점을 자신의 내부에 맞추기 위함이었다. 나머지 반에게는 이름도 묻지 않고 거울이나 비디오카메라도 비치하지 않았다. 전기쇼크를 주게 했을 때 음주를 했건 안 했건 의식이 자신에게 쏠려 있을 때는 그렇지 않을 때보다 낮은 쇼크를 주었다([그림 7-4]). 이 결과는 사람들이 음주를 하더라도 다른 사람들의 행위에 적절히 반

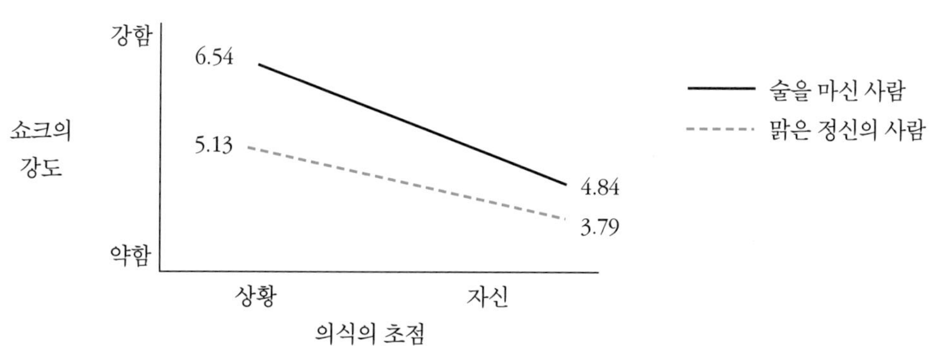

[그림 7-4]
자의식과 공격

응을 할 수 있으며, 적절한 사회규범이나 내적 기준에 맞추어 행위를 보일 수 있음을 시사한다. 그런데 많은 술자리에서 사람들의 의식은 주위에 쏠려 있거나, 다중 속에서 익명성을 느끼는 경우에 자신의 내부 기준보다는 상황의 즉흥적인 분위기에 휩싸여 행동하기 쉽다.

❖ 사회적 요인들

폭력물 미디어의 시청효과 영화, TV, 인터넷, 온라인 게임 등은 현대인의 중요한 소일거리이자 사회화를 담당하는 중요한 매체가 되었다. 미국의 아동은 매주 28시간을 TV 시청으로 보내고 있으며, 아동의 선호 프로그램에서도 시간당 20건의 폭력행위가 나타나고 있는 것으로 집계되고 있다(Beresin, 2009). 국내의 조사에서도 2006년 1년간 주 시청 시간에 방영된 방송 4사의 프로그램에서 시간당 3.8건의 물리적 폭력이 방영되는 것으로 나타났다(민영 등, 2008). TV에 나타나는 폭력은 다양하며 매우 자극적이고 너무 빈번하여 현실과는 거리가 멀지만, 많은 폭행 및 살인 사건들의 범행자들이 이들 폭력물의 영향을 받고 있는 것으로 보도되고 있다. 그럼에도 그 영향력이 과연 얼마나 크겠느냐면서 그 심각성을 무시하려는 사람들이 많이 있다. 한 연구(Bushman & Anderson, 2001)는 그 영향력의 크기를 사람들에게 잘 알려진 다른 영향력과 비교하여 제시하였다. [그림 7-5]에서 보듯이 TV 시청효과는 흡연이 폐암을 유발하는 가능성보다는 작지만, 칼슘섭취가 뼈의 골밀도에 미치는 영향력의 두 배가 넘는다.

매체의 폭력과 사회의 폭력과의 인과관계를 밝히는 것이 매체의 제작 및 영상물 관련 정책의 수립과 조정에 큰 의미를 부여하기 때문에 많은 연구자들의 관심거리가 되었다(곁글 7-3). 최근에 매체의 폭력성 효과가 지나치게 부풀려졌다는 반론도 만만치 않게 제기되고 있지만(Ferguson & Dyck, 2012), 매체의 폭력에 많이 노출되면 그 개인의 폭력성이 증가한다는 결론이 수용되고 있다(Anderson, 1997; Berkowitz, 1993 등). 많은 실험들이 폭력적인 영화, 장면을 접한 조건에서 사람들이 상대방 혹은 제3자에 대한 적대적 행위의 기회가 주어졌을 때(전기쇼크를 주는 등), 그 행위 강도가 높아지는 현상을 보여 주었다. 이는 특히 사람들이 좌절을 당하였거나 도발되었을 경우에 강하게 나타났다. 실험연구의 소재들이 인위적이고, 자연스러운 상황이 아니며, 적대적 행위도 현실에서의 그것과는 차이가 크다는 점에서 실험연구의 결과를 사회현장에 그대로 적용할 수는 없지만, 연구의 시사점들을 무시해서는 안 될 것이다.

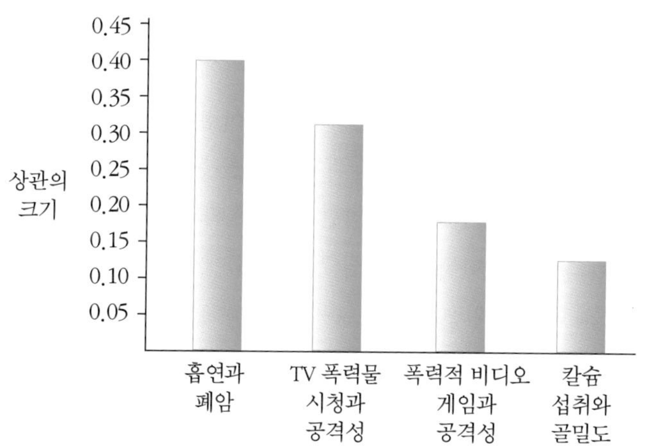

[그림 7-5]
TV 폭력물이 공격성에 미치는 효과 크기의 상대적 비교

출처: Bushman & Anderson, 2001.

결글 7-3

폭력영화의 경제학

미국영화의 장르에 대한 변화를 분석한 조사(Lu et al., 2005)에 따르면 1967년 이후 약 40년 동안 폭력성을 지닌 장르(액션, 모험, 공상과학, 공포)의 영화가 흥행 상위 20위 안에 드는 비율이 현저하게 증가한 반면, 비폭력 장르(애정, 음악 등)의 영화는 줄어든 것으로 나타났다. 특히 컴퓨터 그래픽(CG) 등 현대기술을 활용하는 영화들이 많이 증가하였고, 다른 영화들은 뚜렷이 감소하였다. CG 등 기술의 발달로 이를 활용한 폭력영화의 제작비가 저하되고, 관객을 모으면서 전반적으로 폭력영화가 더 많이 만들어지는 양상을 가져왔다. 폭력물은 좋은 대본이 불필요한 '적은 대화와 강한 남성 호르몬' 탓에 문화의 장벽을 쉽게 넘을 수 있어 외국 수출도 잘 되며, 편당 제작단가가 더 싸고, 흥행성적의 예측도 비폭력물에 비해서 가능하므로 투자자들로부터 제작에 필요한 돈을 끌어오기도 쉽다.

아동에게 미치는 폭력영화의 영향력은 아동 가정의 사회경제적 지위와도 관련이 있다. 사회경제적 지위가 낮은 가정에서는 그 가정과 지역사회의 폭력성이 상대적으로 높기 때문에, 아동은 미디어에서 접하는 폭력뿐만 아니라 실제로도 다양한 폭력에 만성적으로 노출되어 있기가 쉽다. 지역사회의 폭력성이 높은 지역의 아동 51%와, 폭력이 흔하지 않은 지역 아동의 37%가 어려운 문제상황에서 터미네이터 식의 문제해결이 필요하다고 여기는 것으로 나타났다(UNESCO, 1998). 따라서 이들은 폭력영화의 영향에 특히 취약한 집단이라 보겠다.

1999년 초 미국 대법원은 영화 〈내추럴 본 킬러〉의 올리버 스톤 감독과 제작사에 대해 "폭력범죄를 부추겼으므로 책임지고 피해자에게 보상하라."고 판결함으로써(동아일보, 1999. 5. 16.), 폭력물 영화의 제작에 일말의 책임을 묻고 있으나 얼마나 효과가 있을지는 의심스럽다.

사회현장에서 이루어진 연구들도 폭력물 시청 효과에 대한 앞의 결론을 뒤받침하고 있다. 1970년대 중반에 500여 명의 초등학교 저학년 아동들의 폭력물 TV 시청 양상과 행동특징을 파악하고, 15년이 지나 성인 초기에 이들의 행동양상과 비교한 연구를 보자(Huesmann et al., 2003). 이 연구에서는 시청과 행동양상을 파악하기 위하여 자기보고식 설문은 물론 주위사람들과의 면담을 통해서 참여자의 행동양상을 파악하였고, 성인이 될 때까지 전과를 범한 기록도 파악하여, 직접 · 간접적 공격 행동양상을 종합적으로 파악하였다. [그림 7-6]의 (a)에서 보듯이 어렸을 때 폭력물 시청 정도에 따라 세 부류(상위 20%, 중간 60%, 하위 20%)로 구분하였을 때 시청 정도가 높을수록 성인이 되어서 폭력적 행동을 보이는 양상이 높은 것이 남녀 모두에서 나타났다. 이런 양상은 아동이 폭력물 TV의 주인공을 따라하는 경향이 높을 경우에 더욱 증폭되어 나타났다([그림 7-6]의 b). 이 양상은 어렸을 때의 공격적 양상과는 무관하게 나타났기 때문에 인과관계의 방향성이 '폭력물 시청 → 폭력성향 증가'임을 보여 주고 있다(Eron et al., 1972; Huesmann & Eron, 1984). 700여 가족을 대상으로 이루어진 또 다른 종단 연구도 유사한 양상을 보여 주었으며, 더욱이 거주지역의 폭력성, 가족의 소득, 정신질환의 여부를 통제한 상태에서도 이런 시청효과가 나타남을 보였다(Johnson et al., 2002).

왜 이 같은 인과적 양상이 나타나는가? 첫째로, 직접적인 효과로서 나타나는 것이 모방행위다. 아동들이 방금 본 영화에서 주인공이 보인 '멋진' 활약상을 모방하

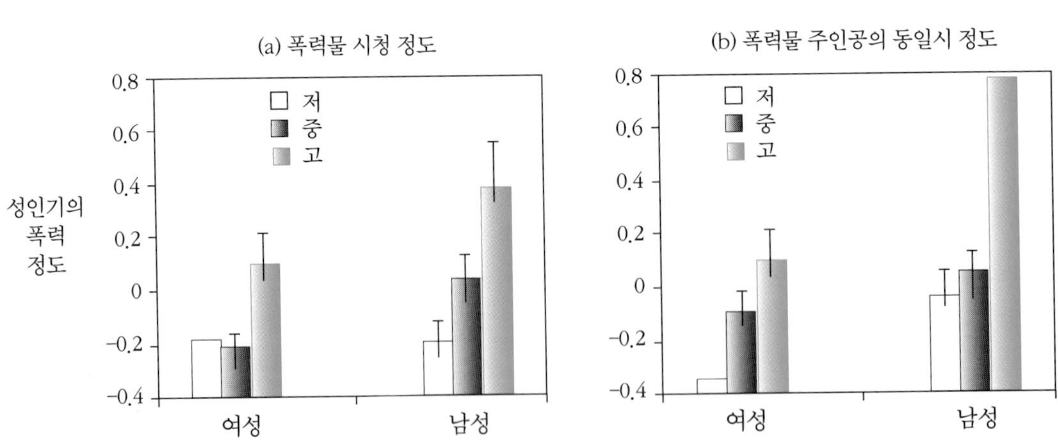

[그림 7-6] 성인기 폭력에 미치는 아동기의 폭력물 시청 효과: 단순 시청의 양(a)과 폭력물의 주인공을 동일시하는 정도(b)

출처: Huesmann et al., 2003.

는 행위는 전혀 놀라운 일이 아니다. 미국에서 1999년에 콜로라도의 콜롬바인 고등학교에서 13명을 총기난사로 살해한 두 학생은 폭력영화 〈내추럴 본 킬러〉(올리버 스톤 감독)를 스무 번이나 보았다고 하며, 1994년에 국내에서 있었던 지존파 사건의 범인들은 홍콩영화 〈지존무상〉의 주인공을 흠모하였다고 한다. 유네스코의 조사에서 88%의 아동이 영화 〈터미네이터〉의 주인공을 알고 있으며, 26%의 아동은 그를 영웅으로 닮고 싶어하는 것으로 나타났다. 영화의 주인공을 흠모하는 경우에 그들이 저지른 행위를 모방하는 행위가 쉽게 나타난다([그림 7-6]의 b).

둘째로, 폭력물 노출에 의한 정서적 둔감화 효과가 나타난다. 반복적으로 장기간 노출되는 경우에 시청자들이 점점 폭력적 장면에 둔감해지므로, 폭력의 수용도가 높아진다. 폭력적 영화에 나오는 수많은 살상 장면들이 매우 처참하더라도 반복되는 시청은 점점 보는 이들을 둔감하게 만든다. 마치 의대생들이 해부를 처음 할 때 느끼는 흥분, 끔찍한 기분을 검시관이 되는 경우 거의 느끼지 못하게 되는 것과 같다. Carnagey 등(2010)의 연구에서는 폭력적인 비디오 게임을 20분간 한 남녀 대학생이 게임 후에 보게 된 실제 폭력 동영상을 보면서, 비폭력적 게임을 한 사람에 비해서 안정된 생리적 반응을 보이는 둔감화 현상을 보였다. 국내에서 폭력적 공포영화 3개(〈13일의 금요일〉 〈스크림〉 등)를 보여 주면서 영화의 폭력성에 대한 평가를 하였을 때 공격성향이 높은 사람이나 낮은 사람이나 폭력에 대한 둔감화가 진행되는데, 특히 공격성향이 높은 사람들에게서 그 진행이 빠른 것으로 나타났으며, 이들은 마지막 날에는 영화 시청이 아무런 불편한 정서를 유발시키지 않는 것으로 나타

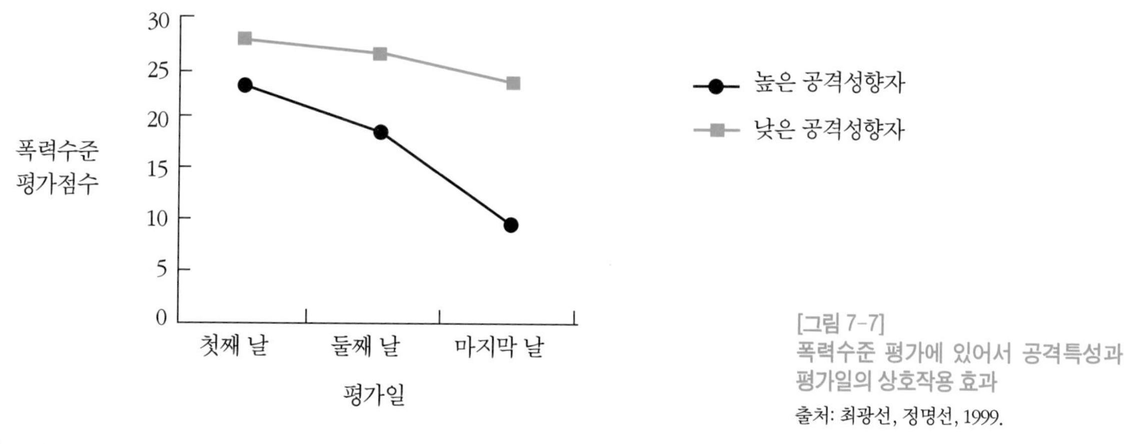

[그림 7-7]
폭력수준 평가에 있어서 공격특성과 평가일의 상호작용 효과
출처: 최광선, 정명선, 1999.

모탈컴뱃 게임 장면

났다(최광선, 정명선, 1999; [그림 7-7]).

셋째로, 폭력물을 자주 시청하는 것은 공격행위뿐만 아니라 폭력에 대한 태도를 변하게 한다. 많은 오락 영화에서 폭력은 갈등이나 문제점을 해결하는 좋은 수단으로 쓰이고 있다. 폭력이 난무하는 것을 자주 접하는 것은 실제 상황에서 문제가 발생하였을 때 폭력을 손쉬운 해결수단으로 생각하게 만들며, 스스로가 폭력의 희생자가 될 가능성을 높게 여기며, 타인들이 폭력적이라고 여기기 쉽게 만든다. 따라서 스스로의 폭력적인 조치가 적절하다고 생각하게 될 것이다. 독일에서 3년간에 걸쳐 행해진 연구에서 폭력적인 프로를 즐기는 아동들의 경우에 남녀 모두 폭력적인 복수를 보다 긍정적으로 여기는 것으로 나타났다(Hewstone et al., 1988, p. 274에서 재인용). 이러한 결과는 폭력적 수단에 대한 점화(priming)가 손쉽게 이루어짐을 뜻하기도 한다.

폭력적 PC/비디오 게임 국내외의 근친관계에서 발생한 끔찍한 살인사건을 저지른 사람들이 공통적으로 폭력적인 비디오 게임이나 인터넷 게임에 몰두했었다고 보도되고 있다. 과연 이런 게임에 몰입하는 것이 살인을 부추기는 영향이 있을까?

게임은 TV 시청과 달리 쌍방향적이어서 재미를 찾는 청소년들에게 큰 인기를 끌고 매우 몰입적이지만 TV 폭력물이 묘사하는 현실(CSI 범죄 드라마 등)과의 유사성을 갖지는 않는다. 비디오 게임의 영향에 대하여 관심 있는 연구자들의 주장은 엇갈린다. 한 실험연구는 일곱 살 정도의 남아 60명을 나누어 한 집단에게는 폭력비디오 게임을, 다른 집단에게는 오토바이 경주 비디오 게임을 하도록 한 후에 놀이방에서 다양한 장난감과 다른 아동을 대하면서 보이는 행동을 관찰하였다(Irwin & Gross, 1995). 폭력적 비디오 게임을 한 아동들이 장난감을 거칠게 다루고 다른 아동에게 거친 언행을 보이는 것으로 나타나, 비디오 게임의 영향을 볼 수 있었다. 그러나 대학생을 대상으로 유사한 절차의 연구를 수행한 결과는 폭력적 비디오 게임의 효과가 나타나지 않았다(Ferguson et al., 2008 연구 1). 보다 최근의 한 연구는 미국의 플로리다 대학생 400여 명의 조사를 통해서 폭력적 비디오 게임의 효과는 공격성향이 높은 사람들에게서만 지난 1년간의 범죄적 공격 행위에 영향을 미치는 것으로 나타났다([그림 7-8]). 아울러 범죄적 공격행위에는 가정폭력의 경험 정도, 체벌을

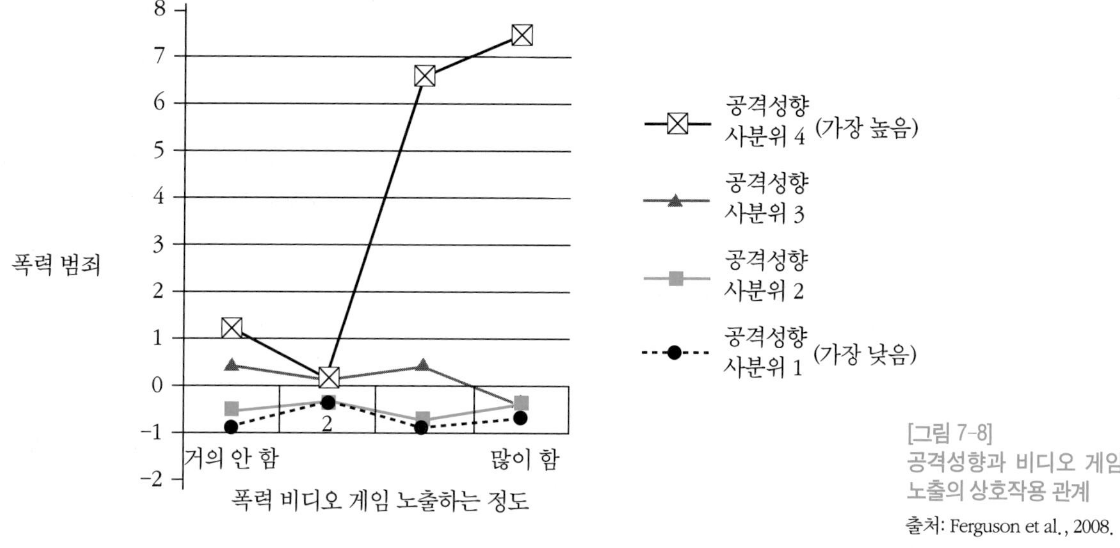

[그림 7-8]
공격성향과 비디오 게임 노출의 상호작용 관계
출처: Ferguson et al., 2008.

사용한 훈육의 경험 정도가 영향을 미치는 것으로 나타났다(Ferguson et al., 2008 연구 2). 국내에서도 유사한 연구가 행해졌다. 충남지역의 중학생과 대학생 두 집단을 대상으로 평소에 폭력적 PC 게임을 하는 정도와 이들의 공격적 행위와의 관계성을 파악한 결과 공격성향이 낮은 사람들에게는 폭력 게임을 하는 정도는 공격행위와 관계가 없으나, 공격성향이 높은 사람들 중에서 중학생의 경우에 폭력 게임을 하는 것은 공격적 행위의 증가와 관련있는 것으로 나타났다(김지환, 2004). 이런 연구들은 연령대가 낮은 폭력적 성향의 아동에게서 게임과 공격성의 관계성은 높이 나타날 수 있음을 시사한다.

비록 몇몇 연구들에서 그 인과적 영향력을 확인할 수 있다는 주장도 제기되고 있기는 하나(Anderson & Bushman, 2001; Anderson & Dill, 2000), 생활폭력에 미치는 비디오 게임의 영향을 자극-반응식의 직접적 인과관계로 보기는 어렵다. 사회생활의 폭력과 비디오 게임의 연결 과정에는 연령, 계층, 경험 등의 다양한 변인들이 작용하기 때문이다. 사회생활을 하는 인간은 다양한 상징체계에 의해서 매개되고 구성되는 삶을 살아간다는 점에서 직접적인 인과관계보다는 가용한 인지적 표상체계의 구성에 영향을 미치는 것으로 보는 것이 적합하다(Valsiner, 2001; 곁글 7-4).

이 점에서 국내의 청소년들에게 큰 인기를 끌고 있는 「리니지」나 「스타크래프트」 게임같이 수많은 사람들이 온라인으로 연결하여 전략을 구사하며 가상현실을

비디오 게임과 기호학적 매개 과정의 미세생성 분석

적과 대치한 군인의 손에 총이 쥐어졌다고 상대방에게 방아쇠를 당기는가? 제1차 세계대전 당시 독일, 프랑스, 영국군이 대치하여 참호전을 벌이던 때 크리스마스를 맞아서 전투를 멈춘 실화를 배경으로 다룬 영화 〈메리 크리스마스〉는 이 질문에 대한 답을 복잡하게 만들면서 인간이 동물과 다른 점을 부각시킨다. 크리스마스 캐럴이라는 평화의 상징(기호)이 전장에 등장하면서 잠시나마 무기라는 전투의 기호체계를 대체해 버리며 평화적 행동이 전장을 바꾸어 버렸다.

기호의 매개 과정을 실험실에서 분석하고자 한 연구에서(Capezza, 2003), 미국과 에스토니아 대학생을 대상으로 장난감 비비건을 쥐어 주고 다양한 형태의 오리(사진)와 사람을 표적으로 하나씩 제시하면서 쏠 것인지를 결정하게 하였다. 이때 표적을 보고서 사격 결정까지의 떠오르는 생각을 말하도록 하여 이를 분석하였다. 결과는 양국 모두에서 표적이 어떤 기호적 작용을 했느냐에 따라 사격 여부가 결정되었다. 게임의 오리를 접하여 게임을 해 보았거나 봤던 적이 있는 사람들은 표적을 쏘았으나, 동상을 보고 예술작품을 연상하게 되거나, 연못의 오리 사진을 보고서 산 오리를 연상하게 된 사람들은 대부분 방아쇠를 당기지 않았다. 미국 참가자들의 73%가 오리사냥 컴퓨터 게임을 했던 경험이 있었지만, 표적에 대한 방아쇠 당김은 자동적인 반응이 아니라 각 표적이 기호로써 매개한 문화체계(게임, 예술, 자연 등)가 허용하는 활동에 의해서 결정되었다. 총기와 살상에 친숙한 이스라엘에서 일반인들이 총기에 의해 사망하는 경우는 드물다. 그 이유는 기호적 매개에 의해 규제되는 사회문화적 체제가 작용하기 때문이다(한규석, 2007; Han, 2008).

영화 〈메리 크리스마스〉 포스터

오리사냥 게임의 오리

연못의 오리

오리 동상

Capezza의 연구에서 제시된 오리 표적 사진들

구성하고 있는 온라인 게임의 경우에는 훨씬 더 복잡한 요소를 지니고 있기에 그 게임에의 몰입이 공격성에 직접적인 영향을 가져오는지를 단적으로 말할 수는 없다. 이를테면, 한 조사연구는 온라인 게임을 하는 고등학생들이 도전과 성취 동기를 갖고 리니지 게임을 하는 경우에는 공격성의 증가가 나타나지 않지만, 공격욕구 해소를 위해 게임을 하는 경우에는 공격성도 높아지고, 중독성도 높아지는 현상을 보이고 있다(주지혁, 조영기, 2007).

음란물 시청 인터넷은 음란물(포르노)의 바다라고도 할 수 있다. 수만 개의 포르노 사이트가 있고 도색물 산업이 무차별적으로 사람들을 유혹한다. 특히 성에 대한 호기심이 왕성한 청소년들이 얼마든지 도색물을 접할 수 있기에 도색물의 시청이 인성 및 성폭력에 미치는 영향에 대한 관심이 커지고 있다. 포르노물이 나체와 같이 단순히 선정적인 것이라면 성적 욕망을 증가시키지만 오히려 공격성을 낮추는 효과가 있는 것으로 나타났다(Allen et al., 1995). 미국 FBI의 보고에 따르면 인터넷이 보편화되면서, 포르노물의 유통이 크게 확산된 1995~1999년에 강간사건의 발생이 약 10% 줄었는데(Fisher & Barak, 2001), 그 이유로 포르노물이 사람들의 성충동을 대리 충족시키는 역할을 한 탓이라는 유추가 제시되었다.

선정적이기만 한 도색물도 있지만 많은 도색물이 폭력적 성행위 장면을 포함하고 여성을 비인간화시키는 내용을 지니고 있다. 이 경우는 모방에 의한 학습의 효과가 나타날 가능성이 높다. 이 못지않게 중요한 효과는 성폭력적 포르노물의 시청은 여성에 대한 강압적 성행위를 있을 수 있는 것으로 여기게 만들고 여성이 난폭한 성행위를 내심 즐긴다고 하는 그릇된 관념인 강간통념을 당연한 것으로 받아들이게 하는 효과가 있다(이석재, 1999; Malamuth & Check, 1981). 나아가서 포르노 영화는 여성에 대한 남자의 공격적 성행위를 부추기는 효과가 있는 것으로 나타나고 있다(Check & Guloien, 1989). 특히 강간범들은 일반인에 비해 여성에 대한 선입견이 강하고, 상황분석을 하기보다는 이 선입견에 따라 판단하고 행동하는 경향이 높아, 이들의 포르노 시청은 그들의 현실인식을 강화해 주는 기능을 한다.

이러한 증거들이 포르노와 성폭력의 인과관계를 보여 주는 것이라고 볼 수는 없다. 왜냐하면 성폭력자들이 포르노물을 선호할 뿐이라는 가설도 부인할 수 없기 때문이다. 인과관계를 보기 위한 실험연구(Donnerstein, 1980)에서, 120명의 대학생들에게 조건별로 다른 영화를 보여 주었다. 이들 영화는 성과 무관하거나 선정적이거나 성폭력 영화이었다. 영화를 보고 나서 참여자들은 다른 것으로 위장된 실험에 참가하여 상대역을 하고 있는 남자 또는 여자를 상대로 무의미철자를 가르치면서

나 알기 1: 강간통념 척도

다음의 각 진술문에 반대 혹은 찬성하는 정도에 따라 1(아주 반대)~9(아주 찬성)의 숫자를 적어 보시오.

1. 여자가 친근감이 있게 남자를 대하는 것은 성적 접촉을 허용한다는 것이다
2. 여자가 키스나 애무를 허용하는 것은 성관계를 허용한다는 뜻이다.
3. 여자가 처음보는 남자의 차를 얻어 타고 강간을 당했다면 그녀는 당할 만하다.
4. 여자가 노브라, 짧은 치마, 꼭 끼는 상의를 입는 것은 성피해를 자초하는 것이다.
5. 강간을 당하는 여자는 이전에 학대받은 경험이 있다.
6. 성욕이 왕성한 여자들이 대개 강간을 당한다.
7. 대부분의 강간 피해자는 평소 성관계가 난잡하거나 평판도 좋지 않다.
8. 어떤 여자들은 성폭행 당하는 것을 즐긴다.
9. 강간을 당한 많은 여성은 상대에 대한 분노와 복수심에 거짓말을 한다.
10. 여자는 강간을 당하고 싶은 무의식이 있고, 무의식적으로 그런 상황을 조성한다.

1~5 피해자 탓, 6~8 피해자의 성경험, 9~10 강간의 허위조작 요인. 이 합산 점수가 50을 넘는다면 성에 대한 그릇된 신념을 지니고 있는 것임.

이들 문항은 이석재와 최상진(2001)의 강간통념 척도에서 일부를 가져온 것임.

전기쇼크를 줄 수 있었다. 성폭력 영화를 본 사람들 중에서 여성 상대방을 접한 사람들만이 다른 조건의 사람들에 비해 훨씬 강한 전기쇼크를 주는 것으로 나타나 성폭력 영화의 시청이 여성에 대한 폭력을 증가시킬 가능성이 드러났다. 성범죄자들의 면접 결과, 이들이 일반인보다 훨씬 포르노물의 애호가인 것으로 나타나고 있는 것을 볼 수 있다(Marshall, 1989). 이로 미루어 포르노의 영향은 정상인보다는 공격성향이 강한 사람들에게 매우 나쁘게 나타난다고 볼 수 있다(Malamuth et al., 2000; Seto et al., 2001).

❖ 성폭력

한국사회에서 강력범죄의 발생 건수는 대부분 줄어드는 추세이지만 성폭력만은 계속 증가세다. 대검찰청(2010)의 범죄분석 보고서는 성폭력이 2000년 10,000여 건에서 2009년 16,000여 건으로 지속적인 증가세임을 보이고 있다. 인구 10만 명당

32.5명이 성폭력을 당하는 것으로, 이는 미국 28.6명, 프랑스 16.6명, 일본 1.2명에 비해서 매우 높은 양상이다(여성가족부, 2010). 성폭력의 발생 원인과 영향 요인에 대한 폭넓은 연구와 이해가 필요한 시점이다.

사회심리학자들은 사람들이 성폭력에 대하여 어떤 인식을 하고 있는지를 알기 위해 강간통념 척도를 제작하였다(나 알기 1). 강간통념은 사람들이 지니고 있는 강간 및 성폭력에 대한 편견이나 잘못된 신념으로 성폭력을 부분적으로나마 정당화시키는 논리를 제공한다. 강간통념이 강한 사람들은 강간의 책임이 가해자에게만 있는 것이 아니라 피해자에게도 있다고 여기며, 피해자를 비하하는 양상을 보인다. 성고정관념, 여성에 대한 차별적 태도, 편견이 높은 경우에 강간통념도 높은 양상을 보인다(박경, 2008). 국내외의 여러 연구들은 강간통념이 강한 사람들이 성폭행을 할 가능성이 높은 양상을 보여 주고 있으며(이석재, 최상진, 2001), 성범죄자의 경우에 강간통념이 일반인에 비해 매우 강한 것으로 나타났다(유재두, 송병호, 2009).

대부분의 음란물은 여성을 비인간화하고, 성적인 지배와 폭력의 대상으로 제시하며, 그릇된 성지식과 성에 대한 태도를 조장하며, 성적으로 지배적이며, 폭력적이기도 한 남성상을 제시한다. 따라서 이를 습관적으로 탐닉하는 사람들에게 왜곡된 성의식과 강간통념을 자연스러운 것으로 여기게 만들고, 왜곡된 남성상을 내재화시키는 영향을 지닌다(이건호, 강혜자, 2005; Allen et al., 1995). 인터넷 음란물을 많이 접하는 청소년의 경우에 강간통념 수용도가 높아지는 것으로 나타났다(고재홍, 지영단, 2002). 전국적인 성인 남성 표본 600여 명을 대상으로 한 조사결과, 성인남

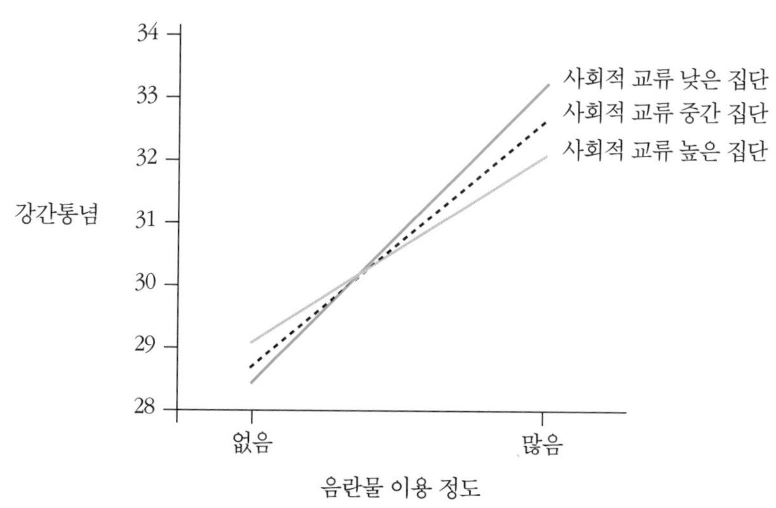

[그림 7-9]
성인 남성의 음란물 이용과 강간통념의 관계에서 사회적 교류의 조절효과
출처: 김재엽 등, 2015.

성이 평생 살면서 성폭력이나 추행(상대의 몸에 밀착하거나, 성희롱이나, 음란전화나 메일을 발송하는 경험)을 저지른 사람이 8.4%로 나타나고 있으며, 강간통념 점수가 높은 것으로 나타났다(김재엽 등, 2011). 음란물을 시청하는 정도가 높은 경우에 강간통념이 높아지면서 성폭력 가해경험이 높아지기도 하지만, 음란물 시청 자체로도 성폭력 가해 가능성을 높이는 효과가 있는 것으로 분석되었다. 음란물의 시청이 강간통념에 미치는 효과는 친구 및 가족, 동료들과의 교류가 낮은 집단에서 특히 강하게 나타나지만, 이런 교류가 활발한 경우에도 무시할 수 없는 영향을 미치는 것으로 나타났다(김재엽 등, 2015; [그림 7-9]).

❖ 공격성의 개인차

공격행위에 대한 사회심리학적 연구는 상황요인을 중심으로 이루어져 왔다. 그러나 사람마다 성격의 차이가 있듯이 툭하면 폭력을 사용하는 사람이 있는가 하면, 웬만해서는 언짢은 말 한마디 내뱉지 않는 사람도 있다. 개인차에 대한 몇몇 연구들은 아동기의 공격성향이 성인이 되어서도 나타나는 것을 보여 주고 있어, 성격론적 접근의 필요성을 시사하고 있다(Olweus, 1979). 어떠한 사람이 폭력성을 보이는지 살펴보자.

자기애 성향 일반적으로 자존감이 높은 사람이 건강하고, 건전한 의식과 행동을 보인다고 여겨져 왔다. 그래서 성장하는 아동의 자존감을 높이려는 노력이 많이 있어 왔다. 자존감이 높아 보이는 사람들은 실제로 높을 수도 있지만, 내면으로는 취약하고, 자기상을 보호하려는 사람들일 수도 있다(곁글 2-10). 흔히 자존감이 낮은 사람들이 폭력적인 양상을 보인다고 알려지기도 하였지만, 이들은 자신감이 없고, 사람들과 만나면 수동적이거나, 회피적인 양상을 보이고, 타인의 영향력에 저항하지 않으므로 공격적인 행위를 보이는 경우는 드물다(Baumeister et al., 2000). 오히려 자존감이 높은 아이들이 공격적인 행위를 보이는 경우가 많은데, 이들은 자기애적이며, 남보다 우월하다고 여기고, 자신들이 남보다 특권을 누릴 자격이 있다고 여긴다. 자신의 이러한 생각을 위협하는 사람들에게 강한 적개심을 갖는다. 이를 잘 보여 준 실험에서는 미국 남녀 대학생을 대상으로 자존감과 자기애 성향을 측정한 후에 임신중절에 대한 글을 쓰도록 하였다(Bushman & Baumeister, 1998). 이 글을 다른 방의 참여자(실험협조자)에게 주어 평가를 받았는데 한 조건에서는 매우 비판적인 평이 여기저기 쓰인 채로 돌려받았고, 다른 조건에서는 좋은 평을 받았다. 상대방을 대상

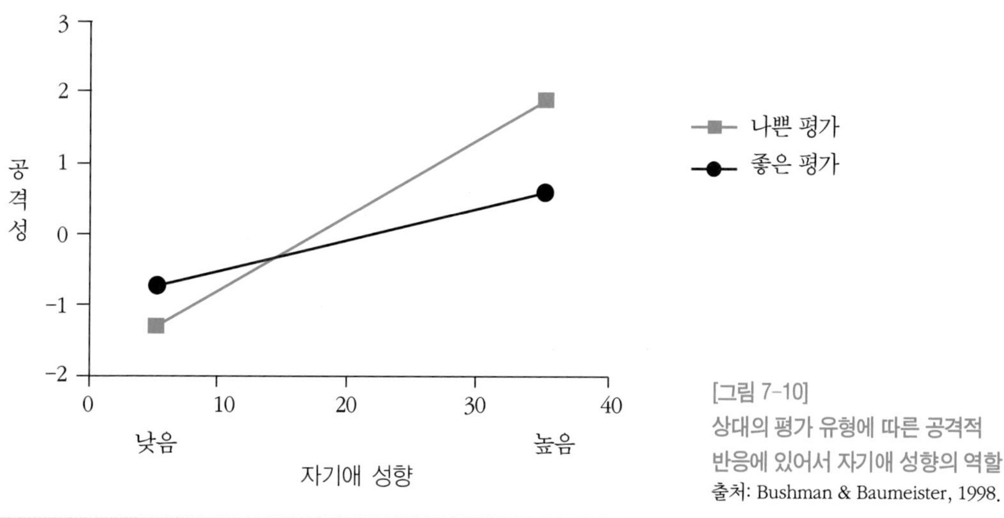

[그림 7-10]
상대의 평가 유형에 따른 공격적 반응에 있어서 자기애 성향의 역할
출처: Bushman & Baumeister, 1998.

으로 공격적인 게임을 하는 기회가 주어졌을 때, 자기애 성향이 강한 사람들이 나쁜 평을 받았을 때 높은 공격적 행위를 드러냈다([그림 7-10]). 자기애 성향은 공격성과 관련이 나타났으나, 자존감의 고하는 공격성에 아무 영향을 미치지 못하였다.

다른 연구는 초등학교 아동들을 대상으로 자기의 인기에 대한 인식을 조사하고, 그들의 주위 친구로부터 해당 아동들의 공격성향과 사회적 인기를 평가하게 하여 분석하였다. 인기인식에 있어서 자신의 평가와 타인의 평가 간의 차이가 클수록 공격적인 행동을 많이 보이는 것으로 나타났다(David & Kistner, 2000). 충북지역의 대학생 남자 360여 명을 대상으로 한 조사 연구에서는 자기애 성향이 강한 사람들이 자신에 대한 비난을 받아 분노하는 경우에 폭력적 행동을 나타낼 가능성이 있는 것으로 나타났다(박갑제, 임성문, 2012).

공격적인 아동에게서 나타나는 특징은 이들이 잘못된 일에 대하여 자기 탓보다는 남 탓을 많이 한다는 것이며, 그들의 자존감이 높을 수 있지만 안정적이지 못하다는 특징을 지니고 있다는 것이다(Baumeister, 1998). 이들은 다른 사람들로부터 존경을 받는 데 필요한 유능함과 인격을 갖추고 있지 못하여, 자신들의 자존감을 자신의 권력이나 육체적 힘으로 유지하려 들며, 남들이 보이는 복종, 두려움을 자존감의 근거로 삼는다(Staub, 1999). 이런 모습에서 허황된 자기상을 느끼며, 이런 부풀려진 자기상을 위협하는 상대나 상황을 만날 때 공격적인 행동을 보인다. 이런 연구들은 자존감의 높낮이가 문제가 아니라 안정성과 자기통제력이 중요함을 이야기한다. 자존감을 부양시키려는 교육적 운동은 효과가 없거나, 부풀린 자만감을 지니게 만들어 아이들에게 오히려 좌절을 쉽게 경험하거나, 분노를 자주 느끼게 만들 수 있다. 자존감보다는 자기통제력을 행사할 수 있도록 교육하는 것이 바람직하다.

공격성향 공격성향에 있어서도 개인차는 뚜렷하다. 이 개인차를 측정하기 위해 개발된 척도(Buss & Perry, 1992)에서 점수가 높은 사람들이 주위사람들로부터도 공격적이라는 평가를 받는다. 이들의 사물인식 특징을 보기 위하여 점수가 높은 사람과 낮은 사람을 대상으로 폭력과 관련 있는 단어(칼, 피, 싸움, 총, 상해, 죽이다 등)와 애매한 단어(동물, 병, 약, 영화, 경찰, 돌, 막대기)를 짝지은 세 유형의 단어 쌍(폭력-폭력, 폭력-애매, 애매-애매)을 제시하여 두 단어가 얼마나 관련성이 있는지를 판단하게 하였다. 폭력성향이 높은 사람과 낮은 사람의 차이는 폭력-애매 쌍의 판단에서 가장 두드러지게 나타났다. 높은 사람들은 그런 단어 짝을 보고서 관련성이 훨씬 높은 것으로 판단하였는데, 이는 이들이 공격행위와 관련되어 잘 조직화된 인지구조를 지니고 있음을 보이는 것이다(Bushman, 1996).

차를 운전하다가 뒷차가 상향등을 깜박거리면 열 받는 사람들이 있다. 열 받는 이유는 상대가 운전을 공격적으로 한다고 여기는 경우이지만, 그 상향등이 자기 차의 한쪽 문이 완전히 닫히지 않아서 그런 것임을 알게 되면 오히려 상대에게 고마움을 느낄 것이다. 상대방의 애매한 행동을 접해서 어떻게 반응하느냐는 귀인의 결과다

나 알기 2: 나의 공격성향

다음의 문항에 대하여 자신을 얼마나 잘(혹은 잘못) 묘사하고 있는지 평가해 보시오.

(전혀 그렇지 않다 1 2 3 4 5 매우 그렇다)

1. 가끔씩 다른 사람을 치고 싶은 충동을 억제할 수 없다.
2. 사람들이 나를 성가시게 하면 나는 불쾌감을 바로 말한다.
3. 내 기분을 통제하는 것이 어렵다.
4. 일이 잘못되어 가는 것에 왜 그리 불쾌함을 느끼는지 종종 의아스럽다.
5. 누군가 나를 친다면 나는 맞받아친다.
6. 다른 사람들과 의견이 맞지 않을 때 어쩔 수 없이 논쟁으로 말려들어가곤 한다.
7. 별다른 이유 없이 통제력을 잃고 마는 경우가 많다.
8. 사람들이 유난히 친절하다고 여겨질 때 나는 그들이 진짜 원하는 것이 무엇일까 궁금해진다.

출처: Buss & Perry, 1992.

(3장 참조). 폭력성향이 강한 사람들은 상대방의 애매한 행동을 악의나 적개심을 지니고 행동했다는 식으로 귀인하는 적대적 귀인양상이 강하다(Lochman & Dodge, 1994). 강력범죄를 저질러 교도소에 수용된 청년들을 대상으로 이들의 귀인양상과 범법 양상을 분석한 결과, 적대적 귀인 성향자들에게서 무분별한 폭력행사의 가능성과 폭행을 저지른 빈도가 높게 나타남을 발견하였다. 이 귀인양상의 차이는 범법자들의 인종이나 지능, 사회경제적 지위 등을 통제하여도 나타났다(Dodge et al., 1990). 공격성이 높은 사람은 상황의 분석보다는 자신이 지니고 있는 선입견, 도식을 적용하여 상황판단을 하는 경향이 강하며(Dodge & Tomlin, 1987), 대인갈등의 상황에서 다양한 공격적 반응을 보이나 해결에 도움이 되는 비폭력적인 행동은 잘 보이지 못한다(Deluty, 1985). 이들은 공격적인 행위가 자신이 원하는 것을 얻는 데 효과적이라고 보며, 상대방을 제압하는 데 큰 효과를 지니고 있다고 여긴다(Boldizar et al., 1989).

결글 7-5

누가 조폭이 될까?

2001년에 흥행에 성공한 한국영화는 거의 예외 없이 조폭을 다루고 있다. 〈친구〉〈신라의 달밤〉〈조폭마누라〉〈두사부일체〉 등등. 시사주간지 『타임』(2002. 1. 14.)은 조폭 영화들이 충성심 · 희생 · 위계질서를 중시하던 옛 시절에 대한 한국인들의 향수를 자극하고 있기 때문이라고 분석했다. 영화에서 등장하는 폭력조직원들에는 주먹뿐인 유형과 머리가 좋은 유형이 나온다. 실제 조폭은 어떨까? Huesmann(1988)이 제시한 **이중과정 이론**에 따르면, 머리가 나쁜 사람들이 어려서 좌절경험이 많고 폭력을 행사했을 가능성이 높다고 본다. 아동의 공격이 당시 상황에서 나름의 성과를 가져오면, 아동은 폭력을 학습하게 되고 이를 다양한 상황에 적용한다. 그러나 아동의 공격행위는 성장하는 아동에게 필요한 대인관계 기술의 학습을 저해하며, 주위의 사람들에게 부적합한 행위로 취급받는다. 이들은 애초에 머리가 나빠서 공격적이 되었지만, 이 공격성이 다른 사람과의 원만한 관계를 저해하고, 아동의 학업에도 장애를 초래하며, 이러한 좌절에 폭력적인 대응을 한다. Huesmann 등(1987)이 400명의 아동에 대하여 22년 간격을 두고 얻어낸 자료의 분석결과, 8세 때 공격성이 높은 아동으로 평가받은 아이들은 30세 때 학업적성검사에서 나쁜 성적을 보였으며, 배우자 혹은 자식을 폭행하거나, 범죄를 저질러 기소될 가능성이 높게 나타났다. 그러나 8세 때 지능은 어린 시절의 공격행위와 관련 있지만, 30세 때 공격행위와는 무관한 것으로 나타났다. 이는 공격행동의 경우에 나이가 들면서 상당히 변화될 수 있지만, 지적 능력의 경우에 그런 변화가 크지 않은 탓이기 때문이다.

영화 〈두사부일체〉 포스터

❖ 공격행위에 대한 일반 모형

Anderson 등(Anderson, 1997; Anderson & Bushman, 2002)은 사회적 공격행위에 영향을 미치는 다양한 요인들을 포함한 모형을 구성하여 공격의 일반 모형(General Aggression Model)을 제시하였다([그림 7-11]). 이 모형은 공격적 행위가 상황적 요인에 접하여, 폭력을 용이하게 하는 흥분, 사고, 감정을 갖게 되면서, 사회문화적인 역할과 규범을 고려한 판단 및 자기조절이 작용하고, 이에 개인적 성향이 작용하여 공격행위가 나타나는(혹은 안 나타남) 과정을 요약하여 제시하고 있다.

이 모형은 행동주의적 관점을 강하게 취하면서 공격행위가 다양한 경로를 통해서 학습된 것이며, 상황이 부합한다면 자동적으로 나타나리라 본다. 최근에는 진화의 과정에서 공격행위가 선택되었기 때문에 후천적 학습에 의한 영향이 크지 않다고 보면서 이 모형을 비판적으로 검증하는 연구가 활발히 전개되고 있다(Ferguson & Dyck, 2012).

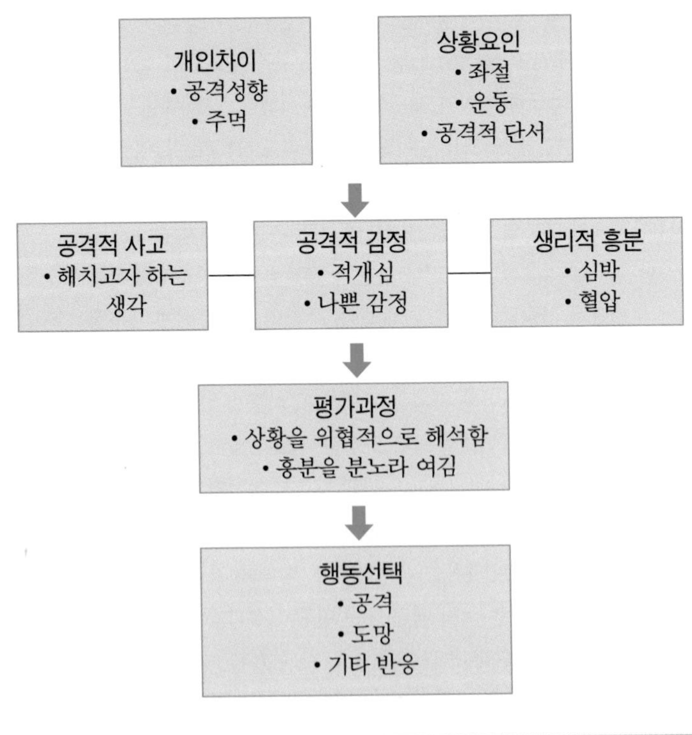

[그림 7-11]
공격의 일반 모형
출처: Anderson, 1997.

요 약

1. 동물이 보이는 공격행위는 생태계에서 생존을 위한 본능적 기제로 작용한다. 그러나 인간사회에서의 공격과 폭력을 공격적 본능 탓으로 보기는 어렵다. 인간이 보이는 공격행위는 다양한 기능을 지니고 있다.
2. 인간은 목표추구행동이 좌절당했을 때, 남의 도발을 접해서 공격적 행동을 보이기 쉽다. 이 과정은 자동적인 과정이 아니라 상황에 대한 인지적 해석과정을 거친다.
3. 흥분전이 가설은 사람들을 흥분하게 만드는 요인들이 누적적으로 작용하여 폭력적 행위가 나타날 수 있음을 예측한다. 이는 특히 흥분의 원인이 불분명한 경우에 잘 적용된다.
4. 폭력물의 반복적 시청은 모방행위, 정서의 둔감화, 폭력에의 호의적 태도라는 심리적 과정을 거쳐서 시청자를 폭력 행위자로 만들 가능성이 높다.
5. 폭력적 비디오 게임이 미치는 영향은 직접적인 인과성보다는 사회적 상황에서 가용한 인지표상체계(기호적 매개 과정)를 이해하는 접근이 필요하다.
6. 성폭력은 강간통념의 영향을 받으며, 강간통념의 확산에 음란물이 크게 기여할 수 있다.
7. 공격성에 영향을 미치는 상황적 요인으로 불쾌한 기온은 폭력을 야기하는 요인으로 작용할 수 있다. 음주의 기대효과가 특히 남자를 폭력적으로 만들 소지가 있다.
8. 공격적인 성향이 높은 사람들은 자기애 성향이 높으며, 자존심이 취약한 것으로 관찰되고 있다.

공격행위의 획득 그리고 그 감소를 위한 처방

사회에 만연된 폭력에 대처하기 위해서는 공격적 행위가 어떻게 획득되는지에 대한 심리적 기제를 이해해야 한다. 공격행위의 획득과정은 학습 이론으로 이해할 수 있다. 특히 도구 조건화와 모방학습의 원리가 적용된다.

❖ 강화를 통한 획득

가장 기본적인 학습원리 중의 하나는, 행위자에게 보상(강화)을 가져오는 행위는 유사한 상황에서 반복적으로 나타나기 쉽다는 것이다. 이 법칙은 공격행위의 습득에도 적용된다. 놀이터에서 노는 아동을 관찰하면 강압적인 방법으로 자기가 하고픈 것을 관철해 내는 아이들은 남들과 실랑이를 할 때 강압적인 방법을 자주 쓰는 것으로 나타난다(Patterson et al., 1967). 유치원 아동들에게 남들과 잘 어울리고, 양보하며, 협동적인 행동을 하면 보상을 주고 그들이 보이는 난폭한 행위를 외면한다면 그들의 다툼이나 욕질행위를 상당히 감소시킬 수 있다(Brown & Elliot, 1965).

한편, 공격적 행위를 처벌하는 것은 그러한 행위를 감소시키는 즉각적인 효과가 있지만(Wilson & Rogers, 1975), 처벌은 적절한 행동이 무엇인가를 가르치는 효과가 적으며, 더욱이 처벌자에 대한 증오감을 싹 틔울 수 있고, 이러한 증오심은 장차 있을 수 있는 보복을 정당화시키는 역할을 한다(Dyck & Rule, 1978). 따라서 처벌은 공격행위의 습득을 막는 적절한 방법은 아니다.

❖ 사회학습: 모방

사람들은 사회화 과정에서 많은 것을 관찰을 통해 배운다. 특히 남이 하는 행동이 지니는 보상 혹은 처벌효과를 보고 그 행위를 스스로가 모방하거나 삼가하기도 한다(곁글 7-6). 이러한 관찰을 통한 공격행위의 습득을 잘 보여 준 것이 Bandura (1973)의 연구다. 그는 한 어른이 사람크기의 오뚝이 인형을 가지고 노는 장면을 아동으로 하여금 관찰하게 하였다. 그 어른은 고무망치로 인형을 때리기도 하고, 발로 차기도 하고, 고함을 지르기도 하면서 거칠게 대했다. 그런데 일부 아동은 그 어른이 실험자에게서 보상을 받는 것을 보았고, 다른 아동들은 아무런 보상도 주어지지 않음을 보았다. 아동들에게 그 인형을 갖고 노는 기회를 부여했을 때 보상 조건의 아동들은 어른의 행동을 모방해서 인형을 거칠게 대하는 것으로 나타났다. 이러한 모방효과는 아동이 남이 하는 것을 실제로 보았을 때만 아니라 비디오를 통해 보았을 때도 나타났다. 모방효과는 비단 어린이뿐만 아니라 성인에게서도 나타난다. 어른에게는 특히 공격적 행위를 보여서는 안 된다는 자제력을 느슨하게 만드는 효과를 지니고 있는 것으로 나타난다(Baron, 1971).

어른이 인형을 난폭하게 갖고 노는 것을 본 아동이 어른을 따라하고 있다.

모델이 인형을 거칠게 갖고 놀아서 벌을 받는 것을 본 아동들은 모델의 행동을 보지 않은 아동들보다 인형을 갖고 노는 행동이 보다 조심스러운 것으로 나타났다(Hicks, 1965). 이는 대부분의 폭력영화에서 나타나는 살상행위가 결국은 부정적인 결과를 빚으므로 아동들이 모방하지 않을 것이라는 시사적 증거가 될 수 있다. 그러나 살상행위는 즉각적인 보상효과를 지니고 상당시간의 지연이 있은 연후에야 처벌을 받는 경우가 대부분이기 때문에 어린 아동들에게는 이 같은 지연효과보다는 즉각적인 보상효과가 더 큰 영향을 주기 쉽고, 따라서 모방행위가 나타날 가능성이 높다.

사회학습 이론은 공격행위가 관찰로부터 획득될 수 있음을 보일 뿐 심적 과정에 대하여 설명하지는 못하였다. 이 과정에 대한 연구들은 단순한 모방행위가 나타나는 것이 아니라 관찰자의 인지체계에 공격행위의 도식과 각본이 갖추어지게 만들고, 도발을 받는 사회적 상황에서 이들이 쉽게 인출되고, 공격적 사고를 점화시키게 되므로 공격적 행위가 나타나게 된다는 신인지연합 가설을 제시한다(Berkowitz, 1990). 국내의 한 연구(곽금주, 윤진, 1992)는 공격적 장면으로 편집된 영화(10분 정도의 길이)나 패션, 스포츠, 풍경 등으로 편집된 중립적 영화를 제작하여 청소년을 대상으로 보여 주었다. 영화 상영 직후 애매한 상황 장면들을 16개 보여 주면서 각 상황을 해석하는 데 있어서 두 집단 간 차이가 있는지를 비교하였다. 공격영화를 본 사람들에게는 공격적 사고가 활성화되어 애매한 장면을 공격적인 장면으로 여기는 경향성이 크게 나타났다. 이 경향은 초등학생보다 고등학생에게서 더욱 강한 것으로 나타났다(연구 1). 후속연구(연구 2)에서는 공격적 성향이 높은 남학생들은 낮은 학생들보다 애매한 상황에 처해서 공격적 반응을 보일 가능성이 높으며, 그러한 행위가 상황대처에 효과적이라고 여기는 경향이 높은 것으로 조사되었다. Anderson 등(2003)의 연구는 폭력적인 유행가를 듣는 경우에도 애매한 단어를 폭력적인 의미를 지닌 것으로 파악하는 효과를 지니고 있음을 보인 바 있다. 이런 연구결과는 도발적 자극이 공격적 인지도식을 촉발한다는 신인지연합 가설을 지지한다.

가정에서의 아동학대 1998년에 열네 살 먹은 성호는 아버지 친구인 가게 주인에게 야단맞고 그 집의 네 살배기 딸아이를 목 졸라 죽였다. 성호는 자라면서 줄곧 친아버지와 의붓아버지에게 매를 맞고 자랐다고 한다. 한국형사정책연구원의 보고서(강은영, 2015)에 따르면 신고되는 국내 아동학대 의심사례 건수는 매년 급증하고 있다. 2004년에 4,880건이었으나, 2013년에는 10,857으로 나타났다. 그러나 보고되는 숫자는 전체 학대규모의 20~30%에 불과할 것이라고 추정된다(한겨레, 2001. 5. 27.). 아동에 대한 신체적 · 성적 · 정서적 학대가 증가하고 있고, 이런 학대의 83%가 가정에서 부모에 의해서 저질러진다. 어떤 부모가 이렇게 무자비한 짓을 할까 하는 의문이 들지만, 연구들은 이들 대부분이 정상적인 사람들임을 보이고 있다. 아동훈육을 빙자한 체벌의 사용은 종종 학대로 이어질 가능성이 높다(곁글 7-7).

결글 7-6

베르테르 효과

유명인사가 자살을 하면 미디어에서는 이를 특종으로 취급하여 대중의 큰 관심을 불러일으킨다. 그러나 미디어의 이러한 관심은 자살뿐 아니라 각종 사고의 격증을 초래한다는 신빙성 있는 분석이 제시되고 있다. 미국의 사회학자 Phillips(1974, 1977)는 1947~1968년의 기간 동안에 미국에서 발생한 자살의 통계를 면밀히 분석하였다. 그는 자살이 신문의 전면기사로 다루어진 후 두 달 이내에 평균 58명의 자살사건이 다른 때보다 증가되어 나타나는 현상을 관찰하였다. 이러한 자살건수의 증가는 특히 미디어의 취급이 요란했던 지역에 국한되어 나타났다. 흥미 있는 것은 미디어 취급 이전에 비해서 이후에 각종 사고(비행기 사고, 자동차 사고 등)가 급증하며, 이러한 사고에서 인명 치사율은 보통 때의 3~4배에 달한다는 것이다. 이러한 사고율과 치사율의 급증은 상당부분이 사고를 가장한 자살이기 때문이라고 추론할 수 있다. 이러한 모방자살 현상을 Phillips는 괴테의 『젊은 베르테르의 슬픔』에서 주인공 베르테르의 자살을 모방한 자살이 전 유럽으로 확산된 것에 비유해서 **베르테르 효과**라고 이름 지었다. 이 베르테르 효과는 주인공의 특성을 닮은 사람들에게 주로 나타난다. 즉, 신문이 젊은이의 자살을 크게 보도하면 젊은이들의 자살과 차량사고 사망률이 높아지고, 보도의 주인공이 노인인 경우는 노인들의 자살과 차량사고 사망률이 증가하는 것으로 나타난다.

국내에서도 2005~2011년 기간에 발생한 저명인사(대부분은 연예계 스타) 자살사건 13건의 발생시점에서 한 달간 전 달에 비해서 일반사람의 자살건수가 26% 증가한 것으로 관찰되었다. 2008년 배우 최진실 씨의 자살사건의 경우는 이 수치가 80%로 급증한 것으로 나타났다(Myung et al., 2015). 자살 방법도 모방하는 양상이 컸으며, 젊은 연령대에서 많이 나타났다.

베스트셀러 『설득의 심리학』을 쓴 Cialdini(1993)는 베르테르 효과가 나타나는 이유로, 사람들은 처해 있는 상황에서 적절한 행위가 무엇인지를 판단하기 위해, 자기와 유사한 처지에 있는 비슷한 사람들이(나이, 계층, 인종, 성 등) 어떻게 행동하는가를 관찰하고 모방하기 쉬운 때문이라고 하였다.

결글 7-7

훈육을 위한 학생 체벌은 어떤 효과를?

'매를 아끼면 애를 버린다'는 속담이 동서양에 모두 있다. 그런데 이 속담이 생활에서 실천되는 양상을 보면 한국에서는 많은 사람들이 그렇게 믿고 행동하지만, 미국에서는 일부 사람들에게만 나타나고 있다. 한국의 가정에서는 아동의 훈육을 위해 매가 잘 쓰이는 것으로 나타난다(홍용희, 2004). 학교장면에서도 체벌이 많이 쓰이는데, 체벌이 공식적으로 금지된 요즘도 운동부 학생들의 지도에는 체벌이 많이 쓰이고 있다(김명철, 2007). 교사들이 응답한 체벌의 주된 이유는 수업분위기 쇄신(45%), 학교질서 유지(30%)와 같은 즉각적인 효과를 노리기 위함이며, 학생의 징계 및 선도(15%) 등 장기적인 효과를 노리는 것도 나타났다. 서울권의 여러 학교에서 남녀 중고생 650명과 교사 300여 명을 대상으로 체벌의 효과를 조사분석한 연구는 체벌의 교육적 필요성에 대하여 사람들이 갖고 있는 믿음이 대부분 거짓이거나 반대의 것임을 드러내 보인다(김은경, 2000). 아동이 체벌을 받은 연령이 낮을수록 체벌 빈도가 높고, 폭력을 선호하며, 문제아로 자라는 것으로 나타났다. 비행경험 자체보다 비행에 의한 체벌경험이 스스로를 문제아로 인식하게 만드는 효과가 있는 것으로 나타났다. 아이를 반성하게 만드는 것은 아이와 교사와의 유대감이었으며, 체벌은 반성효과를 약화시키는 양상이 나타났다. 체벌은 **낙인효과**를 가져오며 문제행동 표출을 더 심화시키고, 이는 특히 비행성이 있는 학생들에게 강하게 나타났다. 학창시절에 체벌을 많이 경험한 교사가 훈육을 위해 체벌을 사용하는 양상이 크게 나타났다. 심하게 체벌을 하는 교사의 수가 많을수록 학교폭력을 경험하는 학생들의 숫자도 증가하는 양상이 나타났다. 체벌은 학교폭력에 악영향을 미치는 효과가 크다는 것이다.

훈육의 목적으로 불가피하다고 여겨지는 체벌의 효과를 다룬 62년간의 연구논문 88개에 나타난 결과를 취합한 통합분석에서 Gershoff (2002)는 체벌이 즉각 말을 듣게 하는 것과 아동학대라는 두 가지 직접효과를 가져오는 한편, 아동에게 도덕을 내재화시키는 것에는 역효과를 가져오며, 아동(성인이 된 후에도)의 공격성, 반사회성을 높이며, 부모-자녀관계와 아동의 정신건강에 악영향을 미친다고 결론 내린다. 아울러 체벌을 받은 아동들은 성인이 되어서 자기 아이들을 체벌로 훈육할 가능성이 높아 악순환이 거듭된다. 즉각적인 효과에 비해 너무 큰 위험부담이 따르는 것이 체벌이다.

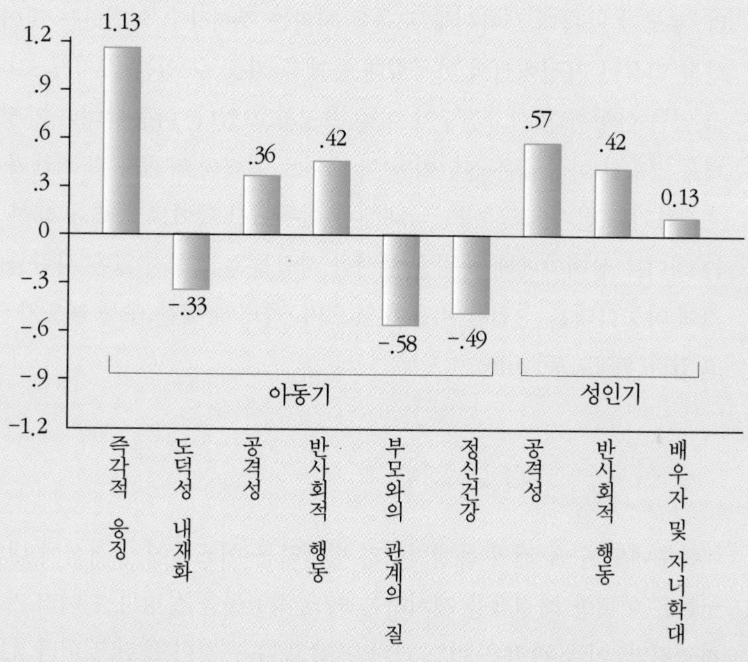

[그림 7-12] 아동에 대한 체벌이 아동기와 성인기에 미치는 각종 영향력의 방향과 크기의 상대적 비교

출처: Gershoff, 2002, 표 4를 바탕으로 그림.

종종 부모가 겪은 좌절, 분노의 화풀이 대상으로 아동이 취급되는데, 이 경우에 아동학대에 의한 아동의 정신 · 신체적 피해가 높다. 국내에서 발생한 1,190건의 아동학대 사건의 50.3%는 양육태도와 훈육의 문제로 벌어지는 것으로 나타났으며, 부모의 양육 부담과 스트레스가 동기로 작용하는 것이 9.3%로 나타났다(강은영, 2015). 아동학대는 특히 부모가 자제력을 잃을 때 저질러진다. 술을 마셔 자제력이 약해진 상태가 빈번한 알코올중독 부모의 아동들은 학대받을 가능성이 높고, 장애아동이나 학습부진아들의 경우도 부모가 느끼는 좌절로 학대를 당할 가능성이 높다. 아동학대는 생활환경이 스트레스를 많이 주는 조건에서 주로 나타나며, 아동의 문제행동(주의산만, 약물사용, 싸움, 반항 등)을 통제하려는 부모의 욕심에서 나타난다(Peterson & Brown, 1994). 어린 시절에 학대를 받은 아이들은 성장해서 겪는 갈등상황에서 정상인과는 달리 상대방에 대하여 적개심을 지니고, 상황 정보를 처리함으로써 폭력적 행동을 취하는 경향이 높은 것으로 나타났다(Dodge et al., 1990; Siegel, 2000).

한국에서는 아동을 독립적인 인격체로 대우하기보다는 부모에게 딸린 종속적 존재로서 취급한다. 그래서 아동학대를 보더라도 주위사람들이 관여하는 것을 꺼린다. 부모가 나름대로 아이들 교육을 시키는 것이라고 외면하는 것이다. 이 같은 문화적 인식이 가정에서의 아동학대 문제를 키울 수 있는 소지가 크며, 매년 증가하고 있는 아동학대 신고건수가 이를 반영하고 있다. 아동학대나 가정에서의 부부폭력을 경험한 아동들은 성인이 되어 데이트 폭력의 가해자 및 피해자가 되는 양상을 초래하기도 한다(곁글 7-8). 국내에서 이루어진 데이트 폭력에 대한 전국 조사연구는 데이트 상대방에게 폭력을 행사한 사람들은 그렇지 않은 사람들에 비해서 성장기에 아동학대를 경험한 비율이 높으며, 폭력에 대한 수용 태도가 높은 것을 보이고 있다(홍영오 등, 2015).

❖ 사회 폭력의 감소책

하루에도 수백 건의 폭행범죄가 발생하는 이즈음에 공격성에 대한 심리학적 탐구들은 어떠한 해결책을 제시하는가? 공격행동을 설명하는 여러 가지 관점을 제시하였지만, 이들 관점은 어느 하나가 맞고 다른 것이 틀린 것이라기보다는, 각 관점이 다양한 양태의 폭력을 부분적으로 설명한다고 볼 수 있다. 따라서 각 접근마다(혹은 폭력의 양상마다) 제시하는 폭력에 대한 처방책도 다르다.

비폭력의 교육 눈을 뜨면 얼마든지 폭력적인 장면을 볼 수 있는 사회환경에서 성장하는 아동들은 자연스럽게 폭력을 학습한다. 이에 대하여 가장 확실한 대처방법은 이 학습고리를 차단하고 비폭력적 수단을 습득시키는 것이다. 어린아이들은 이미 유치원을 들어가기 전부터 폭력을 행사하는 것을 배운다. 일단 배우면 이를 탈학습시키는 것은 오늘의 사회환경에서는 불가능하다. 다만, 심리학적 개입이 가족을 단위로 일찍 이루어지는 경우에 효과는 있다. 현장연구에서 초등학교 저학

결글 7-8

국내의 데이트 폭력

서로 좋은 감정으로 만나는 데이트 중에도 폭력은 발생한다. 형사정책연구원의 보고서(홍영오 등, 2015)에 따르면, 지난 10년간(2005~2014) 국내에서 발생한 살인사건의 10% 정도는 연인 간에 발생한 것으로 집계된다. 연인관계를 경험한 남녀 각기 2,000명을 대상으로 한 전국조사에서 데이트 중 신체적 폭력을 경험한 여성이 19.4%에 달하며, 상해 피해를 경험한 사람이 6.8%, 성추행을 당한 사람은 35.5%로 나타났다. 남자의 경우에 상대방에게 신체적 폭력을 행사한 사람은 22.4%, 상해를 입힌 사람은 8.7%, 성추행을 했던 사람이 38%로 나타나고 있다. 이런 행위에는 감시, 이메일, 욕설 등의 정서적, 비신체적인 것은 포함되지 않은 것이므로, 실제 데이트 폭력이 다반사인 것을 볼 수 있다. 다양한 요인에 의해서 데이트 폭력이 저질러지지만, 발달적 요인으로 부모의 폭력행동을 목격하면서 자란 아동기를 지냈거나, 아동학대를 경험한 경우, 데이트 폭력에 대하여 허용적 태도를 가진 사람들의 쌍에서 많이 나타난다(서경현, 안귀여루, 2007; 이지연, 오경자, 2007, 2008).

한 연구(이지연, 오경자, 2007)는 남녀 대학생을 대상으로 조사한 결과, 이들이 아동기 때 부모 간 폭력을 많이 목격했을수록 데이트 폭력에 대한 태도가 허용적이며, 분노의 표출이나 통제를 잘 못하는 성격을 지니게 되며, 결국 데이트 폭력을 보이고, 또 이를 수용하는 양상이 나타남을 보여 주고 있다([그림 7-13]). 데이트 폭력을 피하기 위해서는 상대를 도발하지 말 것이며, 일단 상대가 보인 폭력에 대하여는 단호한 태도를 보여야 한다.

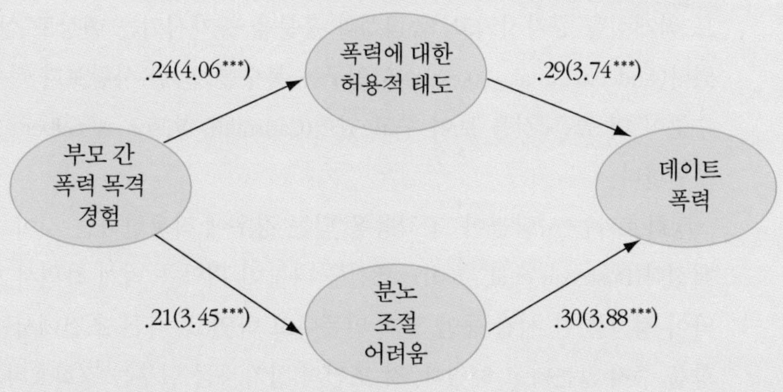

[그림 7-13] 폭력에 대한 태도 및 분노조절의 완전매개 모형

경로계수는 표준화된 계수. 괄호 안은 t검증치 ***p. <001.

출처: 이지연, 오경자, 2007.

년들을 대상으로 대인관계 기술을 훈련시키고, 갈등해결의 비폭력적 방안을 모색하도록, 가족 전체를 여러 해 동안 훈련시킨 결과 교외지역에 거주하는 아동들에게서 폭력성의 감소 효과가 나타났다(Murray, 1998). 그러나 대도시 중심에 거주하는 아동들에게는 그 효과가 나타나지 않았다. 이는 늘상 작용하는 생활환경(도심의 폭력, 마약, 경제적 빈곤, 불량스러운 이웃 등)의 영향을 일시적인 개입이 극복하기 어렵다는 점을 보여 주는 것이지만 비폭력의 모색을 위한 체계적인 개입이 가져오는 성공을 과소평가할 것은 못된다.

배출구의 마련 본능론적인 입장을 취하는 경우 공격행위는 인간의 본성에 깊은 뿌리를 두고 있는 만큼 이를 통제하는 방법은 적절한 공격본능의 배출구(운동경기, 격투기 등에 참가하거나 관전함)를 마련하고 이러한 활동의 기회를 부여하는 것이 적절하다고 본다. 정화효과의 진상을 밝히려고 많은 연구들이 이루어져 왔다. 그 결과는 정화효과가 없거나 있어도 일시적이라는 것으로 요약될 수 있다(Feshbach, 1984). 좌절되었거나, 욕을 먹어 정서적으로 흥분되었을 때 심한 운동을 하면 흥분이 배출되는 효과는 인정된다. 그러나 이 효과는 일시적이며, 상대방이 출현 시에 그에 대한 적개심은 다시 살아난다(Caprara et al., 1994). 더욱이 흥분의 대리배설, 즉 폭력적인 영화를 감상하거나, 인형을 대신 친다거나, 다른 사람을 욕하는 것은 배설효과를 가져오지 못하며(Bushman et al., 1999), 폭력을 옹호하는 유행가를 듣는 것도 적개심을 증가시키고, 폭력성과 흥분을 증가시키는 현상도 실험실에서 관찰되었다(Anderson et al., 2003). 실험연구는 복수를 안 한 사람보다 복수한 사람의 흥분수준이 더 높은 것을 보여 주고 있어(Carlsmith, Wilson, & Gilbert, 2008) 정화효과를 부인한다.

정화효과는 사람들이 그 작용을 믿는 경우에 작용한다는 것이 최근 연구에서 밝혀졌다(Bushman et al., 2001). 조건을 나누어 위약을 먹게 하면서 한 조건에서는 위약이 정서를 한 시간 동안 얼게 만든다고 하였고, 다른 조건에서는 정서에 아무 영향을 주지 않는다고 하였다. 각 조건의 참가자들 일부는 정화효과가 작용함을 발견했다는 신문보도를 읽게 하였고, 다른 일부는 정화효과가 거짓임을 발견했다는 내용의 신문보도를 읽게 하였다. 그런 후에 낙태에 대한 찬성 혹은 반대의 글을 쓰게 하였다. 이 글을 넘겨받은 다른 방의 짝은 모욕적인 평가를 하였으며, 참가자들은 그 짝과 더불어 반응시간을 겨루는 게임을 하면서 이기는 시행에서는 상대에게 심한 소음(강도 조정 가능하며, 공격행위의 지표로 여김)을 들려줄 수 있었다. 연구결과, 공격적인 행동은 정화효과를 믿는 경우에 정서가 얼어붙지 않은 조건에서 높게 나타났다. 정서가 약물로 얼어붙었다고 여기는 상황에서는 공격행위가 나타나지 않았는데 이는 사람들이 공격행위를 보이는 것은 정화효과가 작용할 수 있는 상황, 즉 공격행위에 의해서 기분이 좋아지거나 풀릴 수 있다고 여기는 상황에서 그 행동을 보인다는 것이다. 신문보도에 의해서 정화효과가 없다(즉, 공격하면 더 공격적이 된다)는 것을 알게 된 사람들은 위약이 정서에 영향을 주지 못하는 상황에서 정서를 더욱 불편하게 만드는 공격적 행위를 삼간 것도 사람들이 정서를 유지하는 방향으로 공격행위를 표출하거나 삼간다는 것을 보여 준다.

정화효과에 대하여 불리한 현장연구가 보고되었다. 1930~1988년의 기간 동안 미국에서 하키리그의 반칙 추이와 FBI의 살인통계를 분석한 결과, 반칙은 1945년부터 증가하여 1980년대에 급증하였는데, 살인은 1960년대부터 증가하는 경향이 나타났다. 이는 정화효과와는 반대로 스포츠 폭력이 늘어나면 사회폭력도 늘어나리라는 조짐을 알려주는 연구다(Russell, 1991, 1993). 아울러 권투결승전에서 패자가 백인이면 백인에 대한 살인이, 패자가 흑인이면 흑인에 대한 살인이 증가하는 경향이 발견되어 정화효과 가설이 전혀 적용되지 못함을 보이고 있다(Geen, 1998). 이러한 연구결과가 배출구의 마련은 불필요하다는 것을 보여 주는 것은 아니다. 정화효과를 믿는 많은 사람들이 있기 때문이다. 이들을 위해 정화효과를 이용한 창의적 개입의 가능성도 고려해 볼 수 있을 것이다(이혜림, 정의준, 2014).

좌절경험의 감소 좌절-공격 이론의 입장을 취하면 가급적 사람들이 느끼는 좌절의 경험을 줄이는 것을 모색해야 할 것이다. 사람들이 생활하면서, 심리적 좌절감을 경험하지 않을 수 없다. 그러나 이 좌절이 받아들이기 어려운 것일 때 사람들은 분노를 느낀다. 사회제도가 미비하거나, 생존이 위협을 받는 상황에서, 나만이 억울한 경우를 당하였을 때 좌절은 분노를 촉발시킨다. 2015년에 '금수저-흙수저' '헬조선' 등의 새로운 용어들이 나타나며 대중들이 생활에서 경험하는 좌절을 대변하고 있다. 사회에서 사람들이 느끼는 좌절이 분노로 표출되는 것과 분노가 사회에 대한 혐오로 전환되면서 편견에 바탕하여 특정 집단의 성원에 대해 무차별적 폭력이 나타나는 증오범죄를 막기 위한 정책이 제도화되어야 할 것이다(곁글 7-9).

2009년 벌어진 용산철거민 참사에 항의하는 시위대

사람들은 남과 비교해서 열등한 위치에 놓이는 경우에 좌절을 경험한다. 이 비교가 상대적 박탈감(10장과 11장 참조)을 야기하고, 불공평한 현상으로 여겨진다면 분노하게 된다. 사회의 부가 비교적 균등하게 배분되도록 하는 것이 사회의 폭력을 감소시킬 것으로 기대할 수 있다(11장 참조, 이와 관련된 자세한 논의는 Wilkinson & Pickett, 2010을 참고 바람).

곁글 7-9 증오범죄의 증가

어려서 미국으로 건너가 버지니아 공대에 재학 중이던 조승희 씨는 미국사회에서 사람들에게 받던 냉대에 불만을 쌓아 가다가 총기를 품고 학교에 등교하여 수업을 받던 무고한 학생들을 대상으로 총기난사를 하여 30여 명을 죽이고 피살되었다. 이처럼 개인적 원한은 없지만 특정의 국적, 피부색, 종교, 성적 지향성, 정치적 지향성을 지닌 집단에게 가지고 있는 편견과 선입견에 근거하여 해당 집단의 성원을 대상으로 무차별적인 폭력과 살상행위를 저지르는 것을 **증오범죄**, 혐오범죄, 혹은 편견범죄라고 한다. 이 새로운 유형의 범죄행위는 대부분의 국가에서 나타나고 확산되고 있다. 미국에서는 1990년 연방법으로 증오범죄를 유형화하여 관리하며, 증오범죄로 드러나는 경우 가중처벌함으로써 범죄의 확산을 막는 정책을 시행하고 있지만, 국내에서는 증오범죄에 대한 분류기준도 마련되어 있지 않는 형편이다(조철옥, 2009). 외국인에 대한 편견을 바탕으로 저질러지는 범죄는 물론이고(김지영, 이재일, 2011), 생활에서의 좌절경험에서 불만을 누적시켜 사회에 대한 반감으로 힘없는 노인, 어린이, 여성 등 불특정 다수의 힘없는 사람들을 대상으로 살인행각을 벌인 유영철, 정남규, 강호순 등의 범죄도 증오범죄라 분류될 수 있을 것이다(조철옥, 2009).

미국에서 증오범죄를 저지른 204명의 범죄기록을 분석한 연구는 이들의 56%가 전과기록을 가지고 있으며, 소수인종을 대상으로 증오범죄를 저지른 사람들의 경우 과거 범죄이력이 더욱 많은 것으로 나타났다(Dunbar, 2005). 이런 자료는 증오범죄사들이 정상적인 사회생활을 하지 못하는 사람임을 보여 준다. 자기존중감이 낮고, 어딘가라도 소속되기를 바라는 마음이 강해서, 일단 소속하게 되면 집단이 요구하는 규범을 따르고, 이런 행동이 수용되고 부추켜지면 종종 과잉행동을 보이며 누구라도 쉽게 알 수 있는 일꾼으로서 행동한다(Anderson et al., 2002). 보스톤 지역에서 169건의 증오범죄자의 동기를 분류해 본 연구는 66%가 스릴 추구, 25%가 자기집단에 대한 방어, 8%는 보복성, 매우 적은 숫자이지만 사명감(상대집단을 제거하는 것이 마치 악을 제거하는 것으로 여김)도 나타남을 보이고 있다(McDevitt et al., 2002).

증오범죄를 저지르는 사람들은 개인적으로 불만을 품고 표적을 은밀히 고르는 경우도 있지만, 자신과 비슷한 생각을 가진 사람들과 인터넷 사이트를 통해서 의견을 주고받으며 표적집단에 대한 자신들의 증오심을 공유하고, 정당화시키며, 적개심을 배설하기도 한다. 미국의 경우 흑인차별을 공공연하게 하는 KKK단의 활동이 대표적이지만, 국내의 **일베**(일간베스트) 사이트도 이에 포함될 수 있다. 이들 사이트에는 극우적인 정치태도를 가진 사람들이 자기 생각을 올리며 동조자를 규합하고, 때때로 증오와 적개심을 글로 표현하는 것을 넘어 표적집단을 대상으로 행동으로 옮기기도 한다. **세월호**의 피해자들이 광화문 광장에서 진상규명을 요구하며 단식투쟁을 진행할 때 일베 회원들이 모여 이들 앞에서 조롱하며 폭식하는 행동을 보인 것이 한 예이다. 이런 예에서 보듯이 증오범죄는 동조자 집단에서는 범죄가 아니라 자기들의 집단규범에 동조하며 권장되는 행위이기도 하다(Chakraborti, 2015). 따라서 이들에게는 범죄라는 의식이 없으며, 오히려 자신들이 주류사회를 지키는 수호자라는 의식을 가질 수 있다. 그러나 범죄적 행위를 상대 표적집단에 대하여 무차별적으로 벌이는 경우는 피해자뿐만 아니라 표적집단 전체가 범죄 피해를 입는 것과 마찬가지이다. 피해야 할 사회적 혼란과 대립을 가져올 수 있기에 증오범죄에 대한 대책 마련이 필요하다.

2016년 5월 강남의 한 건물 화장실에서 여성에게 무시당하였다는 분풀이를 하는 남성에 의해 한 젊은 여성이 칼에 찔려 살해당했다. 인근 지하철역 입구에 붙여진 숨진 여성을 추모하는 내용의 포스트잇들이다.

폭력행위의 처벌 학습론적 입장을 취하면 여러 가지 대책이 제시된다. 우선 폭력적 행위를 '처벌'하고 비폭력적 행위를 '강화'시키는 것이다. 심리학의 학습이론은 처벌이 효과적이기 위한 몇 가지 조건으로, 폭력(혹은 범법)행위에 대하여 즉각적으로, 확실하게, 충분히 강하게, 그리고 정당한 이유로 처벌이 이루어져야 함을 보여 준다. 그러나 많은 폭력범죄자들이 체포되지 않고 체포된 피의자들의 반수가 무혐의로 풀려나고 일부만이 실형을 살고 있는 현행 사법 체제는 폭력을 억제하는 효과가 거의 없다고 볼 수 있다.

바로 이 같은 현실 때문에 사형폐지론이 제기되고 있다. 폐지론자들은 사형이 범죄 억제효과가 없으며, 생명권을 침해하고, 인도주의적 견지에서 용납될 수 없음을 주장한다. 한편, 유지론자들은 "범죄예방 효과가 크고, 국민들의 법감정에 비추어 타당하며, 죽음에 대한 공포와 범죄에 대한 응보 욕구가 맞물려 고안된 필요악으로 제 구실을 하고 있다."(헌법재판소, 1997, 11월; 조선일보, 2001. 1. 27.)고 주장한다. 영국에서는 사형제도가 존속한 1858~1921년 기간에 매스컴에서 사형을 다룬 시점을 전후해서 3주간 살인범죄의 발생이 35% 감소했다는 연구가 나왔다(Phillips, 1980). 그러나 [그림 7-14]에서 보듯이 이 효과는 일시적인 것으로 보인다. 한국은 1998년 이후에 한 번도 사형이 집행되지 않고 있어서 사형폐지 국가로 분류되는데, 최근에 사이코패스 유형의 살인사건을 저지른 범죄자들이 체포되면서 사형부활론이 재개되고 있다.

인지적 처방-사과하기 폭력에 대한 인지론적 접근을 취한다면 몇 가지 방법이 가능하다. 우선, 도발적 사건에 대한 귀인이 상대방의 의도나 동기로 귀인되지

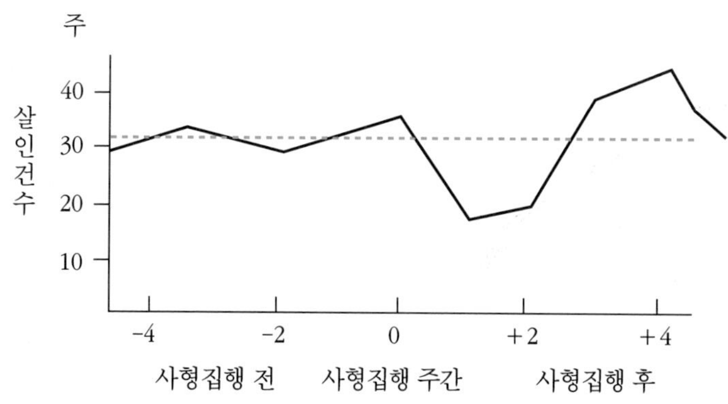

[그림 7-14]
영국에서의 사형집행 보도와 살인범죄율
출처: Phillips, 1980.

않도록 도발적 행동이 나타났을 때 이를 즉각적으로 사과하는 것이다. 한국사회는 일상에서 폭력이 매우 다반사로 나타난다. 운전하고 가다가 다른 차에 대해 욕질하는 것을 어렵지 않게 목격하고, 시장판에서 서로 뒤엉켜 싸우는 것을 보아도 놀라운 일이 아니다. 그 부분적인 이유는 사과에 인색하기 때문이다. 상대방에게 무례한 행동을 하더라도 이를 별것 아니라고 무시하는 경우에 상대방을 언짢게 한다. 그러나 바로 자신의 행동을 사과한다면 상대도 웃으면서 넘길 수 있다. 즉, 도발적 행동이 우연적이었거나 실수 탓으로 귀인할 때 상대에 대한 분노심은 사라진다. 실제 여러 연구들이 잘못된 행동에 대한 때에 맞는 사과는 상대방의 분노를 해소하는 유용한 방식임을 보여 주고 있다(Baron, 1979 등).

그렇다면 사과는 어느 시기에 해야 하는가? Zillmann과 Cantor(1976)는 상대방을 언짢게 하기 전에 사과를 하는 것이 나중에 하는 것보다 보복을 감소시키며, 후에라도 하는 것이 안 하는 것보다는 효과적임을 실험을 통해 보였다. Johnson과 Rule(1986)은 강도가 다른 사과들이 갖는 효과의 차이는 도발 전에 각 사과가 행해졌을 경우에만 나타나며, 도발 이후에는 거의 차이가 없음을 보였다. 즉, 남이 자신의 신세를 한탄하면서 무례한 행위를 보일 때 우리는 그의 행위에 동정을 보여 상대방의 무례, 공격으로 인한 흥분을 억제할 수 있지만, 아무런 사전정보 없이 상대의 도발에 의해 흥분하게 되면 사후 변명이나 사과를 듣더라도 열 받은 것을 터뜨리지 않고 가라앉히는 것은 무슨 큰 손해라도 입는 느낌을 받는 것이다.

미디어의 폭력사건 보도의 통제 모방적 폭행을 줄이기 위해서는 그러한 공격적 행위의 모델을 대중매체에 나타나지 않도록 통제하는 것도 한 방편이다. 그러나 시청률을 의식하는 방송사 간의 경쟁 때문에 이 방식은 실행 불가능하다. 문제는 방송사들이 폭력을 사용하지 않는 여러 가지 해결방식이 있는데도 불구하고 폭력적 해결을 일삼는 주인공들을 당연하게 내세우는 관행이다. 이러한 미디어 속의 폭력에 대한 무관심은 성장하는 아동에게 폭력의 사용을 정당화시키고, 많은 갈등상황에서 폭력 사용을 점화시키는 효과를 가져온다. 미국에서 폭력물을 좋아하는 아동을 두 집단으로 나누어, 한 집단에게는 약 8주간에 걸쳐서 TV를 보면서 나왔던 폭력장면들에 대하여 주기적으로 만나 논의를 하도록 하였다. 이들은 그 장면이 현실과는 얼마나 동떨어진 것인지, 폭력을 사용하지 않고 어떻게 할 수 있었는지 등, 갈등상황에서 비폭력적인 해결을 모색하도록 권장하고 생각하는 모임을 가졌다. 이 집단은 아무런 조치를 취하지 않은 통제 집단의 아동에 비해서 폭력적인 사고와 행동양상이 현저히 떨어진 것으로 나타났다(Huesmann et al., 1983).

결글 7-10

미국 학교에서의 총기난사범의 프로파일

1999년 미국 콜로라도의 한 고등학교 수업이 진행되는 교실에 두 학생이 코트 속에 숨겨 들여간 자동소총을 꺼내 난사하여 13명을 살해하고 자살하여 큰 충격을 주었다. 영화로도 만들어진 이 콜럼바인 사건과 한국인에게 친숙한 2007년 버지니아 공대의 조승희 사건 등등. 해마다 벌어지는 미국의 학교 총기난사 사건은 늘 세간의 이목을 끈다. 1995년~2001년에 미국 학교에서 벌어진 15건의 총기난사 사례들에 대한 언론보도 내용을 상세히 분석한 연구는 13건에서 사회적 따돌림이 중요한 요인이었음을 보이고 있다(Leary et al., 2003). 범행을 저지른 학생들은 비만하거나, 못생겼거나, 개인적인 문제 탓으로 친구들에게 놀림과 무시, 따돌림을 오랫동안 받거나 사랑하는 상대에게서 버림을 받았다. 총기난사범은 자신을 놀렸던 사람들과 상처를 준 사람들을 표적에 포함시켰다. 이들 중 우울, 자학 등 심리적인 문제점을 지니고 있는 경우가 10개 사례에서 나타나고 있으며, 이웃사람들에게서 문제있는 사람이라는 평을 받고 있었다. 이들 중 6건의 경우에 범인들은 총기, 폭약에 관심을 갖고 있었으며, 4건의 경우에 죽음과 악마, 어두움에 관련된 음악이나 종교적 행위에 관심을 지니고 있었다. 평소에 다른 사람에게 폭력적인 행동을 잘 보였고, 동물을 학대하는 양상을 보인 사람도 있었다. 다른 연구는 학교 총기난사범의 75% 이상이 자살을 시도했거나 자살 생각을 하고 있었음을 보인다(Leary et al., 2003에서 재인용). 연구자들은 학교 총기사건의 주된 동기는 주위의 친구, 애인이라 여기는 사람들이 자기를 따돌리고 내친 것에 대한 보복심이라고 본다. 이런 보복 행위를 저지르며 어떤 이들은 자신이 이제는 존경을 받게 되었다는 환상을 갖기도 한다.

1999년 수업 중이던 15명의 학생들이 목숨을 잃은 미국 콜로라도 주의 콜럼바인 고등학교 사건의 피의자와 현장.

이 같은 시청 사후의 조치에 더해, 갈등의 해결방법으로 비폭력적인 행위를 모색하는 주인공 모델을 자주 제시하는 것도 바람직하다. 1974년에 자메이카에서 총기류 소지를 엄격히 하고, TV에 총을 쓰는 장면이 나오지 못하도록 검열을 시행하자 강도와 총기발사 사고가 현저하게 감소하였다고 한다(Smith & Mackie, 1995, p. 547).

방범적 사회환경 조성 공격행위의 상황적 결정인자를 생각해 보면, 생활장면의 조성이 폭력을 포함한 일반 범죄의 발생에 큰 방지효과를 가져올 수 있음을 알 수 있다. 두 가지 예를 들 수 있는데, 하나는 거리의 조명이다. 1970년대까지만 해도 번화가의 거리는 영업이 끝나면 컴컴하였다. 그러나 요즘은 영업이 끝난 진열장에 불빛이 훤한 것을 볼 수 있다. 이러한 조명은 거리의 범죄율을 낮춘다. 사람들은 훤한 조명 밑에서는 각광효과의 착각(3장)으로 인해 나쁜 짓을 못 저지른다. 그러나 어두우면 자신의 정체가 드러나지 않는다는 익명성에 의지하여 자기 목적을 위해 탈규범적 행위를 보일 가능성이 높아진다. 심지어 선글라스를 착용하는 경우에도 사람들은 이런 익명성 착각을 느끼며 더 이기적으로 행동하는 경향성이 나타났다(Zhong et al., 2010). 많은 범죄자들이 욕구의 자제력이 약하고 충동적인 특징을 지니고 있기도 하지만, 이들의 충동이 발현되게 만드는 상황의 조성은 없어야 할 것이다. 거리의 조명은 바로 그러한 환경여건의 조성에 기여한다.

또 하나는 깨끗하고 질서 있는 거리 환경의 조성이다. 사람들은 자신이 처한 환경에서 작용하는 규범에 걸맞은 행동을 보인다. 지저분한 곳에서 어지럽히는 행동을 보이며, 잘 정돈된 환경에서는 그에 맞게 행동한다. 깨진 창문 이론은 범죄의 발생에 이 논리를 적용시킨 상황론적 범죄발생 이론이다(Kelling & Coles, 1996). 즉, 깨진 창문이 방치되어 있으면, 사람들은 멀쩡한 창문도 깨고, 벽에 낙서를 하며, 쓰레기를 버리는 등 규범 이탈적 행위를 저지른다. 이 이론을 적용하여, 질서 있는 거리를 조성하는 것은 비행을 막는 효과를 크게 거둘 수 있다(곁글 7-11).

곁글 7-11

깨진 창문 이론: 범죄에 대한 사회심리학적 접근

1980년대에 뉴욕 시에는 연평균 2,000건 이상의 살인과 60만 건 이상의 중범죄가 발생하였다. 뉴욕 지하철에서는 매일 총이 발사되었고, 한 주가 멀다하고 열차가 탈선하였으며, 차량의 안팎은 낙서로 지저분하고, 바닥엔 쓰레기가 어지러웠다. 무임승차가 심해서 지하철 당국은 연간 손실 금액을 1억5천만 달러로 추산하였으며, 지하철에서만 연간 15,000건이 넘는 강력범죄가 발생하였다. 그러나 1990년대에 들어서 거짓말 같게도 범죄발생률이 현저히 떨어지기 시작하였다. 뉴욕의 지역경제가 아직 회복기에 들어서지 않았고, 1980년대 이민자의 수는 증가하여 시민들의 평균연령도 오히려 낮아지고 있던 상황에서 범죄가 줄어든 것이다.

그 이유는 범죄를 줄이기 위해 도입한 새로운 지하철도 운영 방식의 효과로 여겨진다. 1980년대 중반에 뉴욕 지하철 사장을 맡게 된 데이비드 건은 '깨진 창문 이론'의 신봉자로, 지하철의 환경개선 작업을 중시하였다. 그는 1984년부터 1990년까지 낙서와의 전쟁을 벌여 지하철을 깨끗하게 유지하는 데 성공하였다. 당시 부임한 지하철 경찰서장 브래턴도 이 이론의 신봉자이었다. 그는 지하철에서 강력범죄를 줄이기 위해 무임승차를 없애는 노력을 하였다. 즉, 무임승차라는 작은 무질서가 심각한 범죄를 불러오는 책임이 있다고 본 것이다. 그는 무임승차가 가장 심한 역을 골라 출입구에 사복경찰을 10명이나 배치하여 무임승차범들을 잡아서 수갑을 채워 줄줄이 서 있게 만들었다. 체포된 사람들의 신원을 조회한 결과, 7명 중 1명이 과거에 저지른 범죄로 영장이 발부되어 있는 것으로 나타났고, 20명 중 1명이 각종 무기를 소지하고 있는 것으로 나타났다. 이렇게 되자 무임승차 단속이라는 시시해 보이는 일이 경찰관들에게도 호소력을 지니게 되었고, 각종 경범죄에 대한 체포가 1990년에서 1994년 사이에 5배로 뛰어올랐다. 브래턴 서장은 1994년에 뉴욕 시 경찰서장이 되어서도 동일한 전략을 채택하여 길거리 방뇨, 노상음주, 앵벌이 단속에 나섰고, 이때 뉴욕 시의 범죄발생도 현저히 낮아지게 되었다(Gladwell, 2000, 4장).

이 놀라운 뉴욕 지하철의 정책 실험을 좀 더 체계적으로 검토하는 연구들이 나왔다. 한 연구에서는 독일의 한 도시 상가에 쇼핑객의 자전거를 묶어두는 주차장에서 이 이론을 검증하였다. 깨끗한 주차장 조건에서는 벽과 바닥을 깨끗이 정리해 놓았고, 다른 주차장에는 벽에 낙서를 하여 지저분하게 만들었다(사진 참조). 주차된 자전거의 손잡이에다 "좋은 주말을 보내세요!"라는 쪽지를 붙들어 매놓았다. 자전거 주인이 자전거를 타려면 이를 뜯어내야 했고, 이 쪽지를 주머니에 넣고 가는지 바닥에 버리는지를 관찰한 것이다. 깨끗한 주차장에서는 33%가 쪽지를 바닥에 버렸고, 지저분한 주차장에서는 69%가 버린 것으로 나타났다(Keizer et al., 2008). 이번에는 단순히 규범을 위반하는 차원을 넘어서 범죄에 준한 행동에도 실제 '깨진 창문 이론'이 적용되는지를 보기 위하여, 공공장소에 있는 우편함에 지나가는 사람은 누구나 쉽게 볼 수 있도록 현금 5유로가 들어 있는 편지봉투를 투입구에 물려 놓았다. 우편함이 깨끗하고, 주위가 청소가 되어 있는 상황에서는 71명 중에서 13% 사람들이 돈봉투를 자기 것인냥 가져갔다. 그러나 우편함에 낙서가 갈겨 있고 지저분했을 때는 27% 사람들이 돈봉투를 가지고 갔다(Keizer et al., 2008).

범죄의 발생에 대한 사회학, 정치학적 대처는 경제적 불평등의 개선, 실업문제의 해결, 계층 간 갈등, 도덕의 타락, 규범의 몰락에 대한 대응책이기 쉽다. 이러한 대책은 엄청난 예산의 투입을 요구한다. 그러나 상황의 영향력에 주목하는 사회심리학적 접근은 거창한 문제해결 방식을 제시하는 대신에, 사소한 일들에 주목하는 것이 효과적일 수 있음을 제시한다.

출처: Keiser et al., 2008.

요 약

1. 공격행위가 획득되는 기제에는 강화의 원리가 작용한다. 그러나 공격행위의 탈학습을 위한 처벌은 잘 작용하지 않는다. 처벌은 처벌자에 대한 증오감을 싹티우고 복수심을 가져오기 때문이다.
2. 공격행위의 획득기제에는 관찰, 모방 등의 사회학습이 크게 작용한다. 폭력영화는 이 기제를 통해 시청자에게 폭력을 학습시킬 수 있다. 폭력영화에 반복적으로 노출되면 공격적 사고가 잘 활성화되고, 폭력을 정당한 상황대처 수단으로 여기게 된다.
3. 가정에서 아동은 종종 부모가 겪은 좌절과 분노의 화풀이 대상으로 취급되어 학대를 받는다. 이렇게 학대받은 아동이 폭력적 행위를 보일 가능성이 높다.
4. 사회의 폭력을 감소시키기 위해서는 비폭력적 문제해결의 학습이 필요하다. 갈등상황에서 적절한 대처훈련을 시키는 것이 효과적일 수 있다.
5. 공격행위에 의한 정화효과는 행위자의 기대의식에 의존한다. 정화효과를 믿는 사람들은 자신의 기분을 풀기 위하여 공격적 행위를 보이게 된다.
6. 생활에서 불합리한 규범과 제도의 정비를 통해 사람들이 경험하는 좌절을 줄이는 것이 폭력의 감소에 도움이 되며, 폭력행위에 대한 처벌이 제대로 이루어진다면 폭력을 감소하는 데 도움이 된다.
7. 잘못을 저질렀을 때 사과를 하는 것은 도발상황에 대한 적개적 귀인을 막음으로써 폭력으로 이어지는 것을 방지한다.
8. 폭력물의 해악을 방지하기 위하여 대중매체의 폭력성을 규제하고, 폭력에 대한 대안적 해결을 모색하는 논의를 진행하는 것은 아동의 폭력을 낮추는 효과를 가져온다.
9. 사람들이 처한 물리적 환경을 늘 밝게 하는 경우에 사람들은 각광효과의 자기지각으로, 환경을 깨끗하게 유지하는 것은 생활규범의 부각('깨진 창문 이론')으로 사회적 비행행위를 감소시킬 수 있다.

사회의 폭력성과 문화 그리고 테러리즘

TV 방영물의 폭력성과 사회의 폭력성은 관계가 있는가? 이 관계성은 미국에서 두드러지고 호주, 핀란드, 이스라엘 등지에서는 적게 나타나고 있다(Segall, 1988). 이는 각 사회의 공격행위에 대한 수용적 태도가 다르며, 사회화 과정에서 폭력의 사용이 용인되거나 권장되는 문화가 있는 반면, 엄격히 터부시되는 문화가 있기 때문이다.

❖ 사회화 과정의 문화 차이

공격행위에 대한 대부분의 연구가 미국과 유럽에서 이루어졌기 때문에 여러 발견들을 제대로 이해하기 위해서는 그 문화에서 이루어지고 있는 아동의 사회화 과정을 검토하고 이것이 한국과는 어떻게 다른지 생각해야 한다. 가상적 갈등상황을 제시한 뒤 취하는 행동에 나타나는 폭력성을 분석한 12개국(서방국가와 일본, 한국) 비교연구에서 미국의 순위는 4등으로 나타나고 있다(Archer & McDaniel, 1995). 아동의 사회화 과정에 대한 6개국 비교연구(Whiting, 1963)에서 나타난 자료를 재분석한 Lambert(1971)는 부모가 아동이 보인 공격적 행위(이웃집 아이와의 다툼)를 다루는 것에 상당한 차이가 있음을 보이고 있다. 멕시코의 부모들이 싸우고 들어온 아동을 심하게 나무라는 데 반해서, 미국의 부모들은 대수롭지 않게 여기는 것으로 나타났다. 이러한 차이의 원인을 멕시코와 미국의 한 엄마의 진술문에서 엿볼 수 있다. 멕시코 엄마는 "이웃집에 사는 아이와 싸우고 돌아다니는 것은 있을 수 없어요. 왜냐하면 그 아이는 내 오빠의 아이이고, 이렇게 애들이 서로 싸우기나 하고 화목하지 못한다면, 나하고 내 오빠 사이가 벌어지게 되고, 그러면 더 큰 문제가 생기지요" (Lambert, 1971, p. 51). 그러나 미국 엄마의 경우에는 "우리 아이가 그 아이하고 사이좋게 지낼 수 없다 해도 문제될 건 없어요! 주위에는 언제나 친구로 삼을 다른 아이들이 얼마든지 있으니까요." 멕시코 엄마의 진술에서는 집단 내 어울림 관계의 지속성을 중시하는 가치를 볼 수 있으며, 미국 엄마의 진술에서는 개인의 선택권을 중시하는 가치를 볼 수 있다.

Munroe와 Munroe(1975)도 Whiting의 6개 문화 자료를 검토하여 확대가족제도가 지배적인 사회에서는 이웃하는 가족과 상호의존도가 높으며 아동의 공격적 행위에 대해 엄한 처벌이 나타남을 주장하였다. 그러나 이러한 부모의 처벌은 아동의 공격행위를 감소시키기보다는 그러한 사회에서 아동폭력을 조장하는 역할을 하는 것으로 추측된다. 즉, 확대가족제도의 사회에서 아동의 폭행이 많이 발생하는 것으로 나타났다(Munroe et al., 2000). 이는 처벌은 폭력의 감소보다는 공격성향을 증가시킨다는 서구의 발견이 그대로 적용되는 것을 의미하기도 한다. 그러나 그러한 사회에서 공격적 행위의 대상은 내집단 성원이 아니라 외집단 성원이기 쉽다는 가설을 세워볼 수 있다. 공격적 행위를 터부시하는 사회적 규범은 그 적용 대상이 내집단 성원 간의 관계라는 점이 동양사회의 특징이다. 그러나 상대가 외집단 성원인 낯선 이인 경우에는 공격행위를 제어하는 기제가 약하므로 오히려 잘 나타날 가능성이 높다.

중국이나 한국의 경우 아동의 양육과정에서 형제들 간의 다툼은 이유 불문하고 있어서는 안 될 것으로 여겨진다. 형은 동생에게 양보하고 동생은 형의 말을 따름으로써 다툼을 피하고 어울려 지내기를 요구받는다. 마찬가지로 이웃집 아이와 다

곁글 7-12

청소년 비행의 뿌리는 가정에!

청소년들이 각종 흉악범죄를 저지르는 비율이 점점 높아지고 있다. 폭력범죄자의 발달환경을 연구한 결과, 가정환경이 가장 중요한 요인으로 나타나고 있다(Henggeler, 1989; Patterson, 1986). 특히 부모의 아동훈육 방식이 중요한데, 이들의 부모는 아동의 행동에 무관심하고, 체벌을 자주 사용하였으며, 체벌의 기준 적용에 일관성이 없고, 아이들을 선도하는 식의 양육 행동을 보이지 않았다(Gorman-Smith et al., 1996).

우범 청소년은 두 부류로 구분할 수 있다. 어려서부터 비행의 싹을 키워 온 사람들과 늦깎이들이다. 일찍 범죄를 시작한 아동들의 경우에 대부분은 학대받았거나, 부모가 강압적으로 아동을 양육한 경우가 많이 나타난다. 어려서 아동이 대수롭지 않은 잘못을 저질러도 부모가 크게 야단을 치고, 체벌을 가한다. 이 체벌은 아이의 잘못을 가르치려는 의도라기보다는 부모의 의지를 관철하거나, 좌절을 화풀이하거나, 다시는 그런 짓을 저지르지 못하게 하려는 강압적 수단일 뿐이다. 그래서 부모-자녀관계가 적대적인 관계로 발전하기 쉽다. 이 경우에 아동은 부모에 대한 반항으로 보이지 않는 곳에서 금지된 행동을 자주 저지르며, 심각한 잘못을 저지르는 양태로 발전하고, 비행을 가정 밖으로 확산시킨다. 이렇게 되면 학교에서도 교사나 일반학생들에게서 배척당하며, 자연스럽게 다른 우범학생들과 어울리고, 그러한 교류에만 적합한 대인관계 능력을 발전시키면서, 주류사회로부터 소외된다. 이들은 결국 범죄자가 되기 쉽다. 국내의 연구에서도 부모-자녀관계가 적대적일수록 자녀의 일탈행동이 많이 발생하는 관계가 확인되었다(박영신, 김의철, 2001).

한편, 어렸을 때 부모-자녀관계에 별 문제없이 자란 아동이 청소년기에 접어들어서 독립적 정체성의 모색과 부모로부터의 심리적 독립을 모색하면서 비행을 저지르기도 한다. 그래서 비행청소년과 구분이 안 되거나, 그들과 어울리는 경우가 있다. 그러나 이들은 주류사회에의 적응에 필요한 대인교류 능력과 주위의 지지적 환경이 있으므로 어떤 계기를 접하면 잘못을 깨닫거나 정신을 차려서 정상생활로 복귀한다.

투어 울리거나 상처를 낸 경우, 잘잘못을 떠나서 그 아이는 훈육적 처벌을 받기 쉽다. 이러한 사회화의 특성 탓으로 내집단 성원에 대한 뚜렷한 공격적 행위는 억압되는 반면에, 수동적이거나 치환된 공격행위—말을 듣지 않고, 반항적인 눈길을 보이고, 일부러 무시하는 행위를 보이고(양미라, 2011), 핑계를 만들고, 뒤에서 욕하고, 앙심을 품는 등—가 취해질 가능성이 많다(Denson et al., 2006).

유목문화와 공격성 문화에 따라 공격적 행위의 발생빈도가 달라지는 것은 쉽게 볼 수 있는 현상이지만, 그 차이를 어디까지 문화의 탓으로 볼 것인지는 어려운 문제다. 대부분의 동서양 국가비교에서 국가들은 문화뿐만 아니라 경제적 형편, 인구밀도, 자연조건 등 수많은 특징들에 차이가 나기 때문이다. 이 같은 문제를 정리하기 위해서는 대부분의 특징이 같고 문화만 다른 집단의 비교가 필요한데, 잘 계획된 그런 연구가 미국에서 행해졌다(Cohen & Nisbett, 1994). 미국의 남부지역에 정착한 초기 이민자들은 영국의 목초지역(스코틀랜드, 아일랜드)에서 넘어온 유목인들로서 유목문화의 특성을 지니고 있으며, 그 주요한 특징 하나는 명예를 존중하는 것이다. 농작물과 달리 가축은 도난당하면 그동안 쌓은 노력이 수포로 돌아가고 아무것도 남지 않는다. 따라서 자신들을 지켜줄 법제도가 완비되지 못한 상황에서 자위 능력을 갖추는 것은 매우 중요하며, 당했을 때는 꼭 보복을 하는 복수의 규범을 강조하게 되었다. 이 같은 문화가 명예를 중시하는 사회적 관습을 배태시켜, 미국의 남부지역에서는 총기소지를 권장하고, 자위를 위한 살인에 대한 처벌이 약하며, 남의 도전을 받고 응하지 않는 사람을 바보 취급하는 경향이 강하다(Cohen & Nisbett, 1994; 곁글 7-13).

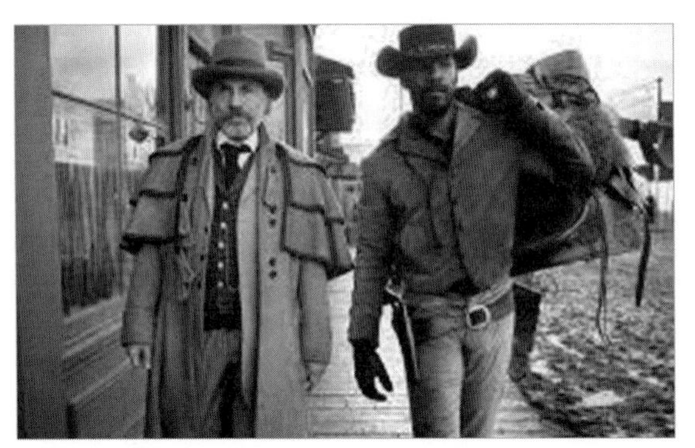

서부 개척 시대의 명예문화는 복수를 당연시한다.

지역에서 나타나는 이러한 명예 문화가 실험장면에서 나타나는지를 보기 위하여, 미시간 대학교에 재학 중인 백인 학생 중에서 남부출신과 북부출신을 대상으로 실험을 하였다. 실험협조자로 하여금 참가자가 지나가는 복도에서 어깨를 부딪치도록 하고 참가자에게 "빌어먹을 놈(asshole)!"이라고 욕을 하고 사라지게 하였다. 숨은 두 명의 관찰자로 하여금 참가자들의 반응을 몰래 평가하게 하였다. 이 상황을 겪고 남부학생들은 분노하였으며, 공격적인 생각을 많이 하였다(연구 1). 아울러, 남부학생들은 스트레스를 받을 때 분비되는 코르티솔 호르몬 수준이 현저히 증가하였으며([그림 7-16]), 남성호르몬인 테스토스테론의 수준도 증가하는 것으로 나타

결글 7-13 **명예를 존중하는 문화: 미국 남부지역**

미국에서 백인남성들에 의한 살인범죄를 지역별로 비교해 본 연구는 흥미로운 지역 차이를 보인다(Nisbett, Polly, & Lang, 1995). 일반 살인범죄의 발생에서는 지역 차이가 없지만 말다툼이 빌미가 된 살인은 남부와 남서부 지역에서 그 발생률이 현저히 높다([그림 7-15]). 이 차이를 확인해 보기 위해서 현장연구가 행해졌다(Cohen & Nisbett, 1997). 미국 전역에 흩어져 있는 도소매상점 주인들에게 구직을 하는 지원서를 보내며 자신을 소개하는 글을 두 가지로 작성해서 무작위로 우송하였다. 두 글 모두에서 지원자는 솔직하게 자신의 전과기록을 드러냈는데 전과의 유형이 달랐다. 글 하나는 '자신이 자동차를 훔친 죄로 교도소 생활을 했으며, 그 일에 대하여 매우 부끄럽게 여기지만 숨기거나 책임을 회피할 생각이 없다. 이는 어린 마음에 판단을 잘못한 것이고 잘못임을 잘 안다.' 는 내용이었고, 다른 글(명예살인)은 '자신의 약혼녀와 내통한 남자가 술집에서 이를 떠벌리며 모욕을 주고 주먹질을 하길래 복도에 있는 파이프를 주워 친 것에 맞아 남자가 죽는 바람에 교도소 생활을 했다. 잘못을 저지른 것은 알지만 도저히 참을 수 없었다.' 는 내용이었다. 회신이 온 내용들을 분석한 결과, 북부지역이나 남부지역 모두 도둑질 지원자에 대한 반응에서는 차이가 나타나지 않았다. 그러나 남부와 서부지역에서는 북부지역보다 **명예살인** 지원자에게 호의적인 반응을 보였다. 이 회신 내용을 분류해 보니 북부지역에서 온 회답에 대하여 누구도 아주 호의적이라고 여기는 응답이 없었지만, 남부지역에서 온 응답의 1/4은 아주 호의적인 것으로 분류되었다(Gilovich et al., 2006, p. 529).

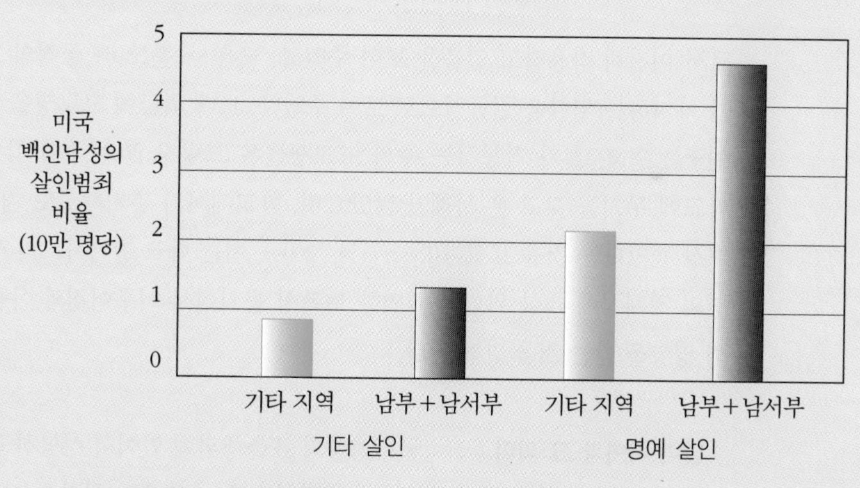

[그림 7-15] 지역의 명예문화와 살인 유형

출처: Nisbett & Cohen, 1996.

났다. 이들은 모욕을 당하고서 제3자와 악수를 나눌 경우에 손아귀의 힘이 훨씬 강했으며, 상대를 지배하고자 하는 의도와 자세를 보이는 것으로 나타났다(연구 2). 즉, 실제로 모욕을 당했을 때 공격적인 행동이 취해질 가능성이 매우 높다는 것이다. 이 결과들은 명예문화가 이제는 실제 생계수단과 무관하게 되었지만 지역문화

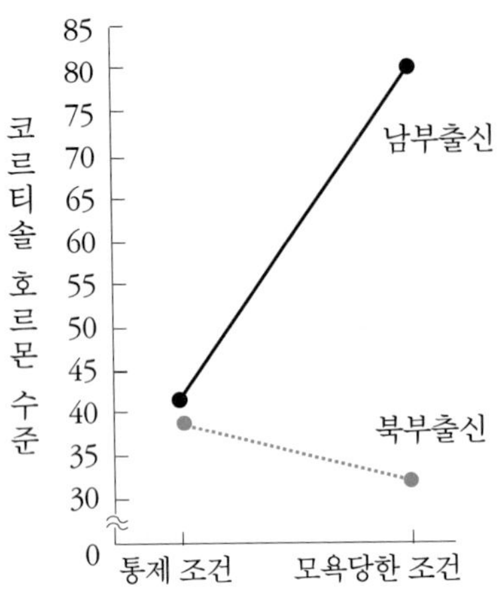

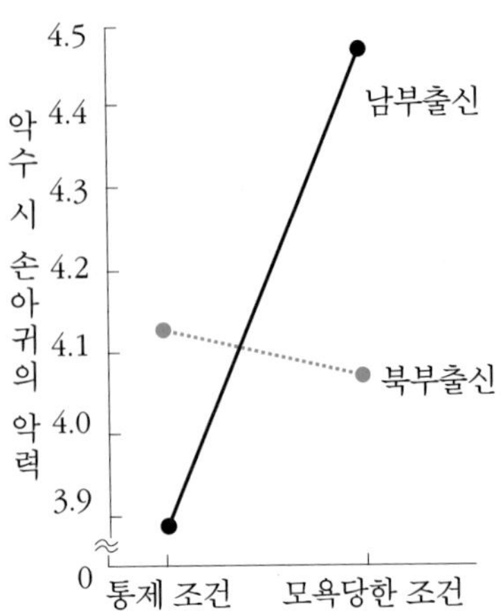

[그림 7-16] 모욕에 대한 반응의 지역 차이
출처: Cohen & Nisbett, p. 354.

로서 여전히 작용하고 있음을 보여 주었고, 모욕 → 분노 → 공격의 고리에서 문화가 차지하는 역할을 실증적으로 보여 주었다. 보다 최근에 고교생을 대상으로 행한 연구는 명예문화가 작동하는 주의 고교생들은 그렇지 않은 주의 학생들에 비해서 학교에 무기를 갖고 온 사례가 많았으며, 학교에서의 총기사고도 지난 20년간 2배 이상 높았다는 것을 보였다(Ryan et al., 2009). 이는 학교 총기사고의 상당 부분이 자신의 정체성에 대한 위협에 직면한 보복성 동기에서 이루어짐과 아울러 지역 문화의 영향을 받는 것을 말해 준다.

남녀 차이와 그 의미 공격성향의 표출행위에 있어서 상당한 문화 차이가 나타나고 있지만 어느 문화권에서나 보편적으로 나타나는 현상은 남자가 여자보다 공격적이라는 것이다(Ember, 1981; Segall, 1988). 그래서 성차는 생물학적 기제에 근거한다는 설명이 제기될 수 있다. 이를테면 남성호르몬인 테스토스테론을 원숭이에게 주입하면 더욱 공격적인 행동을 보인다는 증거가 있다(Mazur, 1985). 그러나 문화의 영향을 감안한 생문화적(bio-cultural) 상호작용에 의한 설명이 더욱 그럴 듯하다(Mazur, 1985; Segall, 1988). 즉, 남성의 생물학적 공격성이 문화환경적 조건과 맞물리는 경우 강하게 나타난다는 것이다. 대부분의 문화권에서 여자보다는 남자의 성역할이 위험하고, 힘쓰는 일을 맡는 것으로 나타난다. 이러한 성역할에 부응하여 남자는 용기와 공격적 행동을 보임으로써 남성다움을 과시한다. 이는 특히 아동들의 양육이 대부분의 사회에서 어머니를 중심으로 이루어지기 때문에, 남아들은 남성의 세계에서 격리되어 성장하고 자신들의 남성 정체감을 남에게 보이기 위해서 보상적으로 남성적 행위(공격성)를 강하게 보인다는 가설을 성립시킨다.

공격행동에 있어서 남녀 간의 흥미로운 차이도 나타나고 있다. 우선, 공격행위에 있어서 남녀 차이는 도발이 없었을 경우에 크게 나타나고, 도발이 있을 경우에는 여자도 남자 못지않게 공격적이다. 도발이 매우 심했을 경우에는 남녀 모두 공격적인 반응을 보인다. 둘째, 성차는 사용하는 폭력의 유형에 있어서 많이 나타난다. 즉, 남자는 직접적인 폭력을 상대방에게 행사하는 반면에, 여자는 간접적인 폭력을 사용하여 상대방이 이를 잘 인식하지 못하는 경우도 많다. 이를테면, 상대방에 대하여 험담을 한다든가, 뒤에서 욕을 하거나, 왕따를 도모하는 등의 행위가 여자들이 잘 사용하는 유형의 폭력이다. 이러한 경향은 8세 때부터 이미 나타나 15세가 될 때까지는 증가하다가 성인기에도 지속된다(Bjoorkqvist et al., 1992; Osterman et al., 1998). 셋째, 미국 자료의 분석결과는 부부나 이성관계의 폭력에서는 남자보다 여자가 더 폭력을 자주 사용하는 것으로 나타난다(Archer, 2000). 그러나 폭행으로 인한 상처는 남자가 더 자주 입히는 것으로 나타난다. 이는 가정폭력에서 여성의 역할에 대한 새로운 이해가 필요함을 시사하기도 한다.

비교사회적 연구에서 Bacon 등(1963)은 폭력범죄(폭행, 강간, 살인)는 아버지가 아동의 양육과정에서 배제되어 있고 엄마-아기의 애착이 무척 강한 사회에서 특히 많이 발생함을 보이고 있다. 사회의 폭력을 감소하는 방법 중의 하나는 아버지가 아동 양육에 좀 더 적극적으로 참여하여 남자는 수컷다워야 한다는 통념을 불식시키는 일이 될 수 있다.

결글 7-14 **왕따현상의 이해와 대책**

초·중등학교에서 왕따현상이 심각하게 부각되었다. 왕따로 괴롭힘을 당하다가 학교를 전학하거나, 심지어 자살까지 하는 사례들이 나타나고 있다. 왕따는 개인에 대하여 주위 성원들이 집단적으로 따돌림을 놓아 피해자에게 상당기간 신체적·정신적 피해를 입히는 현상으로, 대인관계를 이용한 관계폭력이며, 신체폭력을 동반하는 경우도 많다. 이 현상은 여러 나라(일본의 이지메, 미국의 불링 등)에서 공통적으로 나타나지만, 한국의 왕따는 몇 가지 특징을 지니고 있다. 발달심리학자인 곽금주(2008)는 왕따의 현상적 특성으로 다수의 아동(한 반의 40% 학생까지)이 직접적으로 가담하는 집단성, 일단 피해자가 되면 지속적으로 피해를 당하는 지속성, 일부 비행학생에 의해서 저질러지는 것이 아니라 모든 학생들이 가해자가 될 수 있다는 일반성을 정리하고 있다. 왕따의 문제가 부각하게 된 배경적 이유는 한국의 독특한 학급환경(학생들이 반 편성이 이루어지면 1년 동안 한 교실에서 수업을 받으므로 학급 전체가 관여됨)과 집단주의 문화가 작용함을 들 수 있다.

왕따 문제를 접근할 때는 흔히 가해자와 피해자의 특성에 초점을 맞춘다. 가해자들이 어려서 부부폭력을 경험하고, 아동학대를 경험한 경우가 많다고 나타나지만, 이들이 부적응학생이 아니라 오히려 일반 학생들 이상으로 영향력을 갖고 인기도 있는 것으로 나타난다(이춘재, 곽금주, 2000). 피해자의 경우에는 두 부류가 구분되는데 자신의 처지에 대한 부정적 인식을 지닌 수동적 피해자가 한 부류이고, 이들과는 달리 잘난 척하고, 타인을 무시하여 왕따가 되는 부류가 있다. 이들은 타인에 대한 배려심이 부족하고 이기적이어서 자신이 왕따가 되는 것을 부정하고 다른 사람을 왕따시키려는 공격적 행동을 보여 피해자이자 가해자가 될 가능성이 높다(곽금주, 2008).

한국의 왕따가 집단적인 특성을 강하게 갖고 있다는 면에서 집단과정에 주목해야 할 필요가 있다. 한 연구는 중학교 두 곳에서 연구에 참여한 학생 303명 중에서 가해자(및 지지자 포함) 집단이 50명, 방관자 집단이 132명, 방어자 집단이 121명으로 구분될 수 있음을 보였다. 가해자 집단은 도덕적 이탈이 크고, 또래 압력과 동조경향이 크며, 피해자를 지지하는 집단과는 여러 면에서 반대의 양상을 보였다. 가해자는 주위 아이들이 자신의 가해행동에 동조하도록 만드는 능력을 갖춘 것으로 나타나고 있다. 왕따의 가해자가 친구들과의 관계를 조절하고 이용한다는 것은 자신을 보호해 줄 친구가 있는 아동들은 왕따의 피해자가 될 가능성이 적다는 것을 의미한다. 이 연구는 방관자들의 역할도 다양하게 구분된다는 것을 보이고 있다(곽금주, 2008). 즉, 방관자로 통칭되는 학급의 학생들이 가해 지지자와 순수 방관자로 구분되며, 왕따현상에서 매개적 역할을 하는 역동이 작용한다. 즉, 이들이 그런 역할을 하지 않으면 왕따현상이 나타나지 않는다는 것이다. 따라서 왕따를 해결하기 위해서는 가해자와 피해자에게만 초점을 둘 것이 아니라 교실의 다양한 구성원을 대상으로 한 프로그램이 필요하다. 피해집단에는 대인관계 능력 향상, 자신감의 배양, 가해집단에게는 자기조절 능력의 배양, 방관집단에게는 공감훈련, 왕따현상의 역동에 대한 교육 등이 통합적으로 이루어질 때 문제는 해결될 것이다. [그림 7-17]에 이러한 내용이 요약되어 있다.

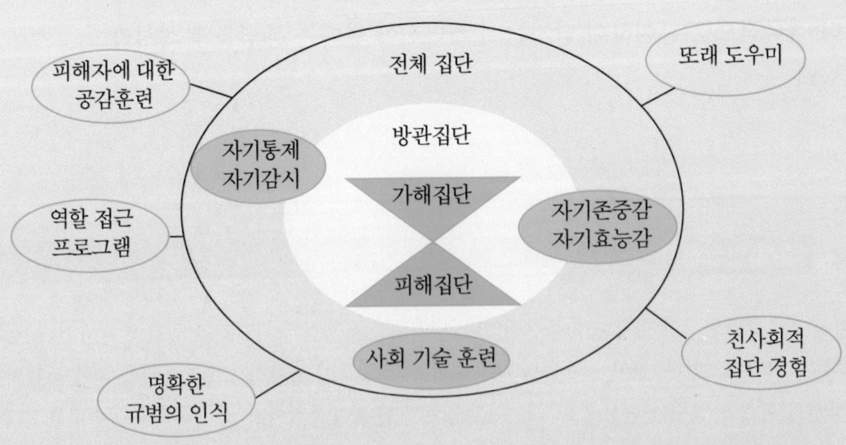

[그림 7-17] 왕따에 관여된 집단별 왕따치유 프로그램의 유형

출처: 곽금주, 2008.

❖ 테러리즘의 이해

3,600여 명의 미국 시민이 영문도 모른 채 일시에 목숨을 잃은 2001년의 9·11 사건은 테러리즘의 피해에서 자유로운 사람이 없다는 불안감을 모든 사람에게 각인시켰다. 9·11에 대한 보복으로 전개된 이라크전쟁 이후의 정세 변화로 패권적 권력을 휘두르던 정치가들이 제거된 이후 등장한 IS(Islam State)는 전 세계 국가들을 대상으로 무차별적인 테러행위를 저지르며, 아동과 여성까지 자살폭탄으로 동원하여 공분의 대상이 되고 있다. 테러리즘은 정치군사적인 목적에서 불특정 다수의 상대국 사람의 목숨을 담보로 삼고, 공포를 야기하는 도구적 폭력과 살상을 서슴지 않는 행위를 말한다. 한국도 2007년 아프가니스탄에서 선교활동을 하던 단체가 집단으로 납치되어 두 사람이 살해당하는 사건을 겪었다. 도대체 이들은 어떤 사람들이며 이 행위를 어떻게 심리학적으로 이해할 수 있을 것인지 살펴보자.

세계무역센터 테러
2001년 9월 11일 뉴욕의 세계무역센터(WTC) 건물이 여객기를 이용한 테러에 의해 무너져 내렸다. 세계를 경악하게 한 이 사건에 대한 응징으로 미국은 아프가니스탄을 침공하여 탈레반정권을 무너뜨렸다.

우선, 목적을 위해서 자신의 목숨을 던져 버리는 자살폭탄 임무를 수행하는 사람, 또 그 임무에 자원하는 사람들에 대한 연구는 이들이 정신질환을 앓고 있다는 어떠한 증거도 밝히지 못하고 있다. 이들을 대상으로 심리 프로파일을 구축하는 노력은 실패했다(Grimland et al., 2006). 자신의 종교에 대한 신앙심이 깊다는 것 외에 특정의 사회적 지위나 심리적 특성을 공유하지는 않는 것으로 나타났다. 이들은 자신의 문제 때문에 자폭 테러를 하는 것이 아니라 그 행위의 극적인 효과 때문에 전략적 행위로서 그를 선택한 것이다(Crenshaw, 2000). 따라서 테러리즘에 대한 이해는 테러리스트라는 주인공에 대한 이해가 아니라, 어떠한 심리적 기제에 의해서 보통 사람이 테러리스트가 될 수 있는지를 이해하는 것이 필요하다.

캄보디아 킬링필드의 유해들

팔레스타인 지역에 거주하는 대표적인 성인남녀 표집 1,100여 명(모두 이슬람 교인들)을 대상으로 자

전 세계를 대상으로 테러 행위를 확산시키고 있는 IS

살폭탄 같은 행위를 용납하는지의 질문에 23%가 용납한다는 응답을 하였다. 이를 수용하는 사람들은 기도를 자주하는 사람이기보다는, 집회활동(집회, 예배 참여)을 충실히 하는 사람들로 나타났다. 집회활동과 기도의 빈도는 상관이 있으나 높지 않았고(r=.28), 이슬람에 대한 신앙심의 깊이는 기도를 자주하는 사람에게서 높게 나타났으나, 집회활동의 빈도와는 무관한 것으로 나타났다(Ginges et al., 2009, 연구 1). 이 같은 양상은 샤리아(종교와 정치를 분리하지 않는다는 이슬람 교리)에 대한 믿음의 영향을 통계적으로 제거했을 때도 나타났다. 이런 종교활동의 영향은 아랍인뿐만 아니라 유대인에게서도 나타났다. 한 실험에서는 팔레스타인 지역에서 갈등의 당사자들인 유대인을 대상으로 세 가지 조건에 배정하였다. 기도 조건에서는 이들에게 얼마나 기도를 자주 하는지를 묻고, 집회 조건에서는 종교집회에 얼마나 자주 참석하는지를 물었으며, 통제 조건에서는 이런 질문을 하지 않았다. 이들 모두에게 팔레스타인 지역의 이슬람교인을 대상으로 유대인이 저지른 1994년 총기난사(29명이 죽음) 사건의 주인공을 얼마나 영웅적인 사람으로 여기는지를 파악하였다. 집회 조건에서 23%, 기도 조건에서는 6%, 통제 조건에서는 15%가 영웅적 행위라고 답하였다(연구 3). 이 연구 결과는 종교적 신앙심이 문제가 아니라 첨예한 분쟁상황에 처해 있는 사람들이 모여서 자신들의 생존을 도모하는 단합을 부추기는 규범을 조성하고 헌신할 것을 요구하는 활동이 자살폭탄과 같은 극단적인 행위를 정당화시키는 것임을 보여 준다.

테러리즘이나 집단학살 같은 사건은 분쟁의 당사국들에 작용하는 정치적·군사적인 목적과 배경 없이 이해될 수 없다. 그러나 모든 테러리즘과 집단학살에는 상대집단에 대한 증오 심리가 중요한 역할을 한다. 상대집단을 자신의 집단이 처한 어려움과 문제의 뿌리로 여기고, 이들을 증오하며, 상대집단의 구성원(테러의 희생자들)을 비인간화시키면서 도덕적 구속에서 벗어나는 심리기제가 작용한다.

증오 증오는 상대에 대한 극심한 미움의 상태로 상대를 없애거나 해치고 싶으며, 도저히 같은 하늘 아래에서 살 수 없다고 느끼는 정서 상태다. 증오의 심리를 이해하기 위하여 Sternberg(2003)는 증오의 삼각형 이론을 제시하였다. 유명한 그의 사랑의 삼각형 이론(6장 참조) 구조를 적용시킨 것으로, 친밀성을 혐오감, 열정을 분노,

헌신을 맹세로 대체한 것이다. 혐오감은 상대와 거리를 두고자 한다. 이는 직접적인 경험보다는 선전과 교육에 의해서 갖추게 되며, 상대방을 비인간화하는 심적 기제로 작용한다. 분노는 타오르는 화와 상대의 위협에 대한 두려움이 결합된 정서다. 자기집단의 생존을 위협하는 존재에 대한 강한 반발과 보복의 심리다. 맹세는 상대방에 대한 비하와 경멸로 상대방을 처치하겠다는 의지를 갖고, 내외적인 맹세를 하는 것을 말한다. 이 맹세는 상대집단에 대한 부정적인 정보와 인지도식을 갖추게 하며, 이는 상황의 변화에 따라 민감하게 변할 수 있다. 백인우월주의자와 증오성 범죄자들은 스스로가 경제적으로 불이익을 보았거나, 미래에 대하여 비관적인 전망을 갖고 있는 자들이 아니라, 현재의 인종 간 역학관계의 불리한 변화를 두려워하여, 그러한 변화를 초래할 존재라고 여겨지는 소수집단의 사람들을 대상으로 테러 행위를 저지르는 것으로 나타났다(Green et al., 1999). 테러는 상대집단에 대하여 느끼는 혐오감과 분노가 상황과 결부되어 강도가 변하는 맹세와 결합하여 행동으로 나타나는 것이다.

도덕적 면책 공격행동의 사회학습 기제를 밝힌 Bandura는 사회적 일탈행위를 자아기제로 설명하는 종합모형을 제시하였다(1999, 2004). 그는 전 CIA 요원이었으며, 국제적 무기상인 Terpil에 대한 분석(Thomas, 1982)에서 대량살상용 무기와 고문의 도구로 쓰이는 장비들의 거래가 한 두 사람의 냉혈한에 의해서 이루어지는 것이라기보다 많은 사람들과 네트워크가 관여함을 파악하였다. 그는 무기거래뿐만 아니라 일반인들에 의해서 저질러지는 폭력, 집단학살, 테러리즘에는 공통적으로 도덕적 면책의 심리가 작용한다고 보았다. 그에 따르면, 자기(혹은 집단)의 이익을 위해서 취한 행위가 파괴적인 결과를 초래할 수 있는 경우에 사람들은 자신의 행위가 가져올 결과로부터 도덕적으로나 정서적으로 초연한 자세를 견지한다. 이 상태를 도덕적 면책(moral disengagement) 상태라고 이름 지었다. 우간다의 폭군이었던 아민 대통령에게 팔아넘긴 고문도구가 많은 사람들을 고문하는 데 쓰일 가능성을 생각해 보았느냐는 질문에, 무기상인 Terpil은 "다우케미칼 사의 직원들이 네이팜탄을 파는 것이 초래할 결과를 생각한다면 그 회사에 있을 수 없을 것이다. 나도 그들과 마찬가지로 내 거래가 미칠 결과를 생각하면서 장사를 하지는 않는다."라고 답한 것이 바로 이 심리를 반영한다.

이 심리상태에서 사람들은 자신의 행위가 초래할 반사회적 결과를 다른 그럴듯한 이유로 정당화시킨다. 무기거래상이 개인 혹은 상대국의 자위권 행사를 도와준다는 식의 설명을 하는 것이다. 행위의 도덕적 면책 심리가 작용하면 사람들은 자신의 행위에 대한 죄책감을 못 느끼고, 친사회적 행위를 취할 가능성이 약해지며, 자기규제가 해이하게 되고, 상황의 영향을 크게 받는다. 자신에게 닥친 불행, 좌절에 대하여 적개심을 품고 일탈적 행위를 보일 가능성이 높아짐이 아동과 청소년을 대상으로 한 조사에서 확인되었다(Bandura, 1999).

비인간화 심리 도덕적 면책 상태에서 사람들은 피해자를 비하한다. 상대방을 자신과 같은 인간성을 지닌 존재로 여길 때 사람들은 동정, 연민의 감정을 느낀다. 그러나 전쟁 중에 있는 사람들은 상대국 사람들을 비인간화시켜 인간적 대접을 받을 수 없는 존재로 여기며, 자신들의 파괴적인 행동을 정당화시킨다. 상대방에 대한 비인간화는 상대에 대한 호칭에서부터 나타난다. 피해자를 번호로 호칭하거나 물건(마루타 등), 벌레 등으로 칭하는 것이 그 예다. 한 실험(Bandura, 1999)에서, 상대방이 문제해결에 실패하는 경우에 전기쇼크를 줄 수 있도록 하고, 조건을 달리해서 상대방을 인간적으로, 짐승처럼 혹은 중성적으로 호칭하도록 하였다. 똑같은 상대방의 행동을 접하였지만, 상대를 짐승처럼 부른 집단에서 사람들은 훨씬 강한 전기쇼크를 주는 것으로 나타났다([그림 7-18]). 이 같은 경향은 특히 전기쇼크를 상대방 개인별로 전달하는 경우보다 상대집단에게 전달하는 상황에서 더욱 심하였다([그림 7-19]).

월남전에서 캘리 중위 소대가 미라이 마을에서 500여 명의 주민을 학살하였을

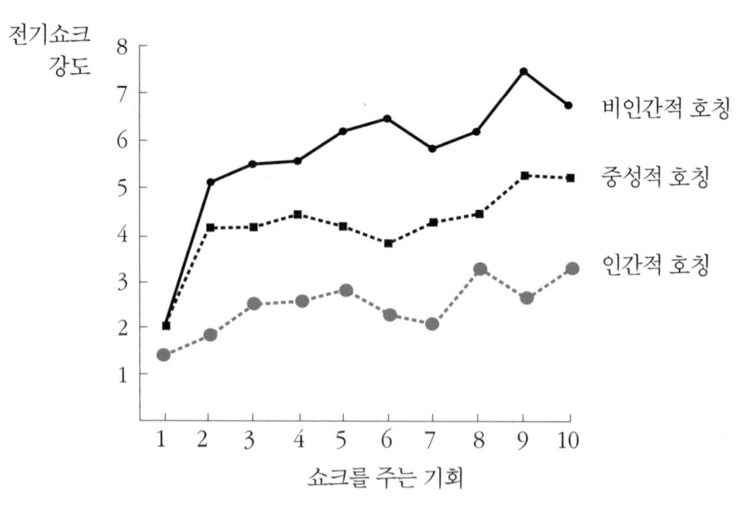

[그림 7-18]
상대의 묘사방식에 따른 쇼크 강도

출처: Bandura, 1999. 원전은 Bandura, Underwood, & Fronson, 1975.

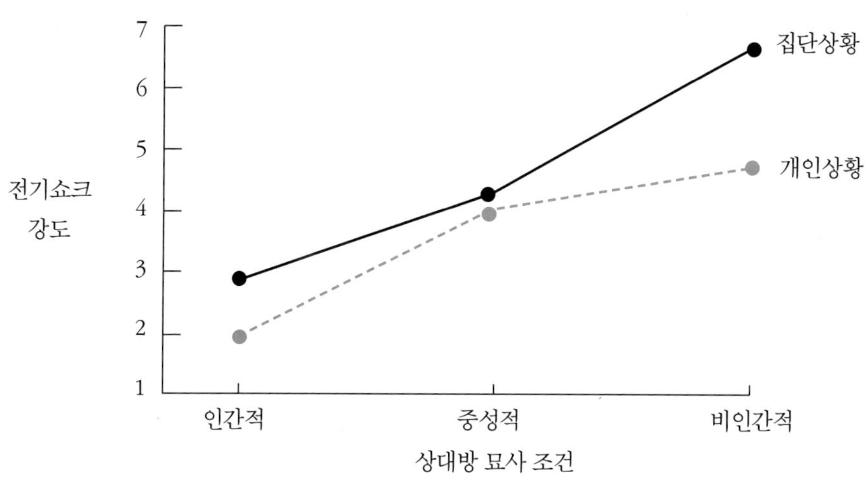

[그림 7-19]
상대방의 비인간화와 책임감 분산이 미치는 전기의 강도

출처: Bandura, 1999, 원전은 Bandra et al., 1975.

때, 헬리콥터 조종사 톰슨은 그 마을에서 아기를 안고 공포에 떠는 여인을 보는 순간 두 살짜리 딸이 생각나 12명을 구해 냈다(영화 〈호텔 르완다〉 〈쉰들러 리스트〉 참고). 비인간화 심리가 인간을 잔혹한 학살자로 만드는 반면(제주 4.3 양민 학살 사건에 대한 분석을 위해 권귀숙, 2002 참고), 인간화 심리는 인간을 도덕적 행위자로 변모시킬 수 있다(Bandura, 1999).

책임의 전가와 분산 테러행위자는 그 행위를 수행하는 것에 대한 책임을 개인적으로 지지만, 이 책임은 도구적 수행에 대한 책임이지 행위의 결과에 대한 책임은 아니다. 자신의 행위는 상대 집단이 원인을 제공한 탓이라 여기며, 행위의 궁극적 결과는 신의 섭리, 의지가 작용한 것이라는 식의 생각을 함으로써 결과의 파국성에 대한 책임을 피해자와 자신을 초월하는 권위적 존재에게 전가한다(9장 Milgram의 연구 참조). 따라서 자기행위에 대한 도덕적 검열기제가 작동하지 않는 것이다(Bandura, 1999, 2004).

테러 혹은 살상행위를 완벽히 수행하기 위하여 종사자들은 마치 부품처럼 자신에게 주어진 일을 수행하도록 임무가 주어지고, 각 임무에 대한 수행을 책임질 뿐, 전체의 결과에 대한 책임을 지지 않는다. 많은 사람들이 관여하는 탓에 책임감도 분산되고, 책임감의 유형도 도덕적인 것이 아니라 수행의 잘잘못에 대한 것으로 국한되므로 개개인의 책임감은 크게 희석된다(3장 귀인 참조).

사다리 모형 이란인으로 미국 대학에서 가르치는 Moghaddam(2005)은 중동지역에서 테러리스트가 출현하는 과정을 이해하는 사다리모형을 은유로써 제시하였다. 이 사다리는 다섯 개짜리로 올라갈수록 좁아진다. 바닥에는 해당집단의 성원들이 느끼는 부당한 사회현실의 인식과 상대적 박탈감이 많은 사람들에게 공유되어 있는 상태다. 특히 개인적인 박탈감보다는 소속 집단이 경험하는 상대적 박탈감이 크게 작용한다. 대부분의 사람들이 잘못되었음을 느끼고 있으며, 그중에 일부는 첫 계단으로 올라간다. 첫 사다리에 올라선 이들은 사태를 변화시킬 수 있는 가능성을 시험하고, 가능한 통로에 대한 접근을 시도한다. 합법적인 노력이나 조직활동으로 사태를 변화시키려는 노력을 보인다. 이 단계에서 상태를 개선시킬 가능성을 보지 못하고, 자신들이 할 수 있는 것이 없다면 일부가 또 둘째 계단으로 올라간다. 둘째 계단에서 여전히 부당한 상태를 해결할 적법한 방법을 볼 수 없어 분노와 좌절을 느낀다면 집단의 영도자로부터 그러한 분노의 표적을 상대집단으로 삼도록 교육받으면서, 일부가 또 한 계단을 올라선다. 이 셋째 계단에 선 사람들은 테러조직의 가르침과 활동지침을 내면화하며, 비밀 조직에서 활약을 하며, 일반인으로서 사회생활을 병행하는 이중생활을 한다. 자신들의 활동이 도덕적으로 정당하며 신의 가르침을 따른다는 믿음을 강화시킨다. 이들 중의 일부가 또 한 계단을 올라간다. 넷째 계단에 선 사람들은 몸을 받치는 맹세를 하며 테러행위를 적합한 저항 및 대항 수단으로 여기게 된다. 마지막 계단에 올라선 사람들은 충직한 조직의 성원으로 '그들-악, 우리-선' 의 이분법적 사고를 하며, 순교적 임무를 수행할 뿐이라는 세뇌를 받으며 극단적 행위를 자행하는 테러리스트가 된다. 이들은 신의 뜻을 집행하며, 약자인 동포를 구하기 위한 마지막 수단으로서 특수임무를 수행하는 사명감을 갖고 생활한다.

요 약

1. 사회마다 달리 나타나는 폭력성은 해당 문화의 특성을 반영하며, 폭력이 본능이기보다는 사회적 산물임을 의미한다. 아동의 사회화 과정에서 폭력의 사용을 정당시하는 문화에서 사회폭력은 높다.
2. 집단주의 문화권에서 폭력의 발생은 상대적으로 낮은 편이다. 이는 특히 상대가 내집단의 성원일 경우에 해당된다.
3. 유목민의 문화적 특성을 지닌 미국의 남부사회에서는 명예문화가 존재하고, 도발을 받았을 때에 폭력은 정당한 대응수단이다. 도발은 폭력적 대응을 초래하지만, 이 연결은 자동적인 것이 아니라 행위자의 문화, 인지과정에 의해 매개되는 것이다.

4. 왕따현상은 대인관계를 이용한 폭력으로, 당사자들 못지않게 학급 혹은 학교의 분위기와 급우들의 동조가 조장하는 것이다. 왕따현상을 심각하게 여겨 교사들이 적극적으로 개입을 하고, 학생들이 방관적 자세를 버리는 것으로도 왕따현상은 상당히 예방할 수 있다.
5. 공격행위에 있어서 남녀 차이는 사회화 과정의 결과이며, 아버지가 아동의 양육과정에 깊이 관여하여 남성다움의 신화를 약화시키는 것도 폭력의 감소효과를 가져올 수 있다.
6. 종교심의 깊이보다는 종교집단의 결속을 강화시키는 활동에 종사하는 정도가 강한 사람들이 테러적 행위에 대한 수용도가 높다.
7. 증오의 삼각형 이론은 혐오감, 분노, 맹세의 요소로 테러리즘을 이해하는 틀을 제시한다. 즉, 테러는 상대집단에 대하여 느끼는 혐오감과 분노가 상황맥락적으로 강도가 변하는 맹세와 결합하여 행동으로 나타난다고 본다.
8. 테러리즘의 수행에는 상대집단에 대한 증오심에 바탕하여, 표적집단의 구성원들을 비인간화시키면서, 인간을 대상으로 하는 도덕적 판단의 구속에서 벗어나며, 책임의 전가와 분산이라는 심리기제가 작용한다.

제 8 장 사회의 갈등과 친사회적 행위

사람들 간의 교류는 사건들로 점철되어 있다. 서로 추구하는 이해관계가 달라서 갈등이 야기되어 고심을 하며, 희비를 겪는다. 생활의 많은 장면에서 갈등은 거의 그칠 사이 없이 일어난다. 많은 갈등이 가능하다면 피해야 할 부정적인 것으로 여겨지지만, 갈등은 관계를 더욱 성숙 · 발전시키는 긍정적인 면도 가지고 있다. 갈등이 없다면 혁신적 사고나 관계의 발전도 없을 것이다(Coser, 1956). 사회갈등은 문제의 특성상 다양한 요인이 작용하므로 사회심리학에서 매우 흥미 있고 중요한 주제로 다루어지고 있다. 이 장에서는 우선 사회적 갈등을 다루고, 그 반대되는 현상인 친사회적 행위를 다루고자 한다. 친사회적 행위는 타인에게 도움을 주고, 자기희생을 하는 행동으로 갈등상황에서의 경쟁적 행위와는 반대되지만 갈등을 해결하는 중요한 기제로서 기능하며, 대인갈등과 더불어 사회교류 현상을 이해하는 데 필수적인 사회행동이기도 하다.

북한이 2016년 9월 5차 핵실험에 성공하자, 이를 견제하는 무력시위와 핵무장 의견이 제시되고 있다.

사회적 갈등

❖ 갈등의 발생

다양한 이유 때문에 갈등이 발생하지만 대체로 다음의 두 가지 경우로 정리할 수 있다. 첫째는, 두 사람 간의 양립할 수 없는 이해의 충돌로 발생한다(Deutsch, 1973). 이 갈등은 갈등의 내용이 비교적 뚜렷하며, 이해의 조정, 양보, 타협, 강압 혹은 승부 등에 의하여 해소가 된다. 갈등에 대한 사회심리학적 연구의 대부분이 이 경우에 발생하는 갈등을 다루고 있다.

둘째는, 당사자들이 상호 관계를 보는 시각이 일치하지 않거나 적절한 행위가 나오지 않을 경우다(6장 참조). 전자의 경우는 Fiske(1990)가 서아프리카 모사이(Moose) 부족의 관찰에서 좋은 예를 제시하고 있다. Fiske는 그 부족에서 생활하는 동안 한 작업부에게 그들이 긴요하게 여기는 고무장갑을 선물하였다. 그런데 그 작업부는 이 선물을 받고 상응하는 답례를 하지 않았다. Fiske는 선물을 주면서 상대와의 관계를 교환관계라고 여겼지만, 선물을 받은 부족민은 윗사람이 아랫사람에게 베푸는 것이므로 답례할 성질이 아닌 것으로 여긴 것이다. 이러한 관계의 규정에서 발생하는 갈등은 특히 집단주의 문화권에서 많을 것으로 여겨진다. 왜냐하면 이러한 문화권에서 관계는 수직적인 관계이기 쉽지만 개인 인격의 존중, 수평관계의 가치가 확산됨에 따라서 하나의 관계를 규정하는 여러 시각이 존재할 수 있으며, 이러한 관계의 시각은 당사자들의 편의를 도모하거나 자존심을 고양하는 쪽으로 취해지기 쉽기 때문이다(한규석 등, 2004b). 이러한 갈등은 서로의 시각 차이를 이해하고 합의함으로써 해결될 수 있다(6장 참조).

❖ 협동과 경쟁의 게임 이론적 접근

갈등상황을 구별하는 틀은 여러 가지가 있으나 해결의 진행과정을 이해하는 데 중요한 통찰을 제공하는 것은 서로의 이해가 양립할 수 없는 합영 상황이냐 아니면 양립할 수 있는 비합영 상황이냐 하는 것이다. **합영 상황**은 한정된 자원에 대하여 쌍방의 이해가 대립하여 한쪽의 이익은 그만큼 다른 쪽의 손해가 되는 상황이다.

[그림 8-1]의 I에서 각 방안의 숫자의 합은 항상 0이 되어 대표적인 합영 상황을 나타내고 있다. 이 갈등에서는 이전투구의 양상이 나타나게 된다. 승패가 확실한

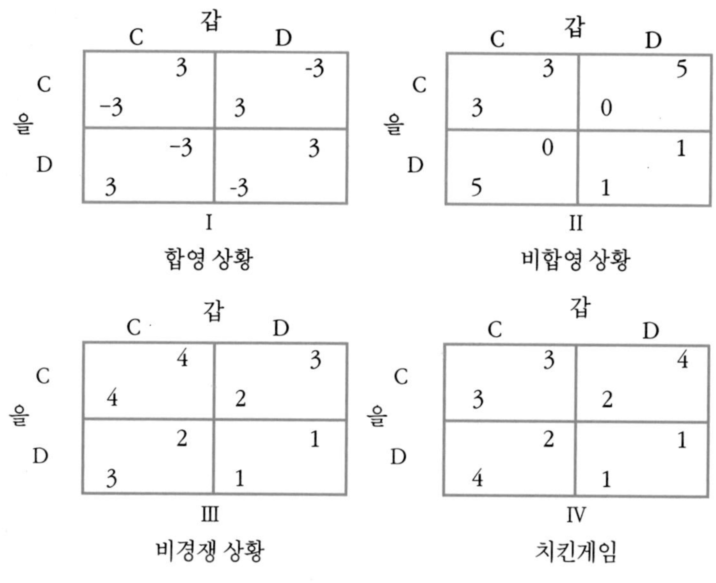

[그림 8-1]
두 사람의 게임 상황
치킨게임 상황에서는 C와 D 어느 것도 우월한 선택이 되지 못한다. D는 최선과 최악의 결과를 가져올 수 있다. 기차, 철길에 머리를 놓고 누가 먼저 피하느냐(C)를 겨루는 상황에 비견된다.

프로 스포츠의 게임이 이에 해당된다. 비합영 상황은 양방의 갈등이 양방 모두에게 소득을 줄 수 있는 방법으로 해결될 수 있는 상황이다. 얼핏 양방은 한정된 자원을 갖고 다투고 있는 것으로 여겨지지만 양쪽 모두가 무언가 얻을 수 있는 해결책이 존재한다. 이 상황은 [그림 8-1]의 II에서 보이는 상황인데 흔히 죄수의 곤경 게임(Prisoner's Dilemmer Game, 이하 PDG; 곁글 8-1) 상황이라고 불린다. 흔히들 노사갈등은 합영갈등으로 여겨지기 때문에 갈등의 진행과정이 매우 파괴적이며 쌍방 간의 적대적 감정이 협상을 특히 어렵게 만들고 있다. 그러나 모든 노사갈등이 합영적인 것은 아니다. 대부분의 노사갈등은 비합영적인 해결이 있는 상황이지만 이를 합영적으로 접근함으로써 매우 파괴적인 과정을 밟고 있다.

곁글 8-1

죄수의 곤경 게임

갈등상황의 분석을 위해 여러 가지 게임이 개발되어 쓰이지만 가장 많이 쓰인 것은 경제학에서 제공한 '죄수의 곤경' 게임이다. 검사가 공범 두 사람을 붙잡아 개별적으로 취조를 하는 상황에서 게임의 이름이 나왔다. 증거가 없기 때문에 검사의 기소는 두 사람의 자백에 달려 있는 상황이다. [그림 8-1]의 II에 나타난 행렬을 이용해 보자. 각 방안에서 왼쪽 하단에 있는 숫자가 당신의 형이고 오른쪽 상단의 수는 상대방(공범)의 형이다. 검사는 자백을 강요하면서 두 사람 모두 자백하는 경우(D: 다른 공범을 배신함) 수사에 협조한 대가로 1년 형을, 한 사람만이 자백하는 경우에 자백한 사람은 불기소 처분이지만 안 한 사람은 5년 형을, 둘 다 자백을 하지 않는 경우(C: 공범끼리 배신을 안 함)는 다른 혐의로 3년 형을 살아야 하는 상황이다. 이 게임의 가장 단순한 형태는 두 사람 간의 상황이며 이 상황에서 각자는 두 가지 중 하나를 선택하게끔 되어 있는 상황이다. 즉, 각 선택에서 각자가 얻는 소득은 두 사람의 공동작품이다. 둘이 각자 최대의 소득을 목표에 두고 있다면 C보다는 D가 합리적인 선택이 된다. 왜냐하면 각 선택이 지닌 기대가치에 있어서 D가 높으며, 아울러 D는 최악의 경우보다는 나은 소득을 줄 수 있기 때문이다(Minimax 룰). 이 선택은 또한 상대방의 어떠한 선택에 대하여도 더욱 잃을 것이 없으므로, 즉 다른 선택으로 전환할 유인가가 없으므로 양방에게 모두 균형적인 상태다.

그러나 시행이 거듭되는 상황에서 D를 계속한다면 이는 C를 계속하는 경우보다 소득이 나쁘다. C-C의 경우 쌍방에 모두 높은 소득을 준다. 결국 한 번의 선택이라면 D가 합리적이라 할 수 있지만, 여러 번 하는 경우라면 꼭 그렇지만도 않다. 그러나 C-C를 하는 경우 D를 취하고 싶은 욕심을 잘못되었다고 볼 수도 없다. 따라서 이 상황은 곤경이라고 할 수 있다. C를 협동, D를 경쟁(배신)이라고 비유할 수 있다. 이 게임이 흥미로운 것은 소위 합리적 판단에 의한 선택이 최선의 결과를 가져다주지 못하고 사람들의 선택에 영향을 주는 요인들을 알아볼 수 있기 때문이다.

게임 이론 영화를 보고 있는데 화재경보가 울리면서 화면이 불타기 시작하였다고 하자. 사람들은 저마다 살겠다고 좁은 통로로 뛰쳐나오다가 밟혀 죽는 상황이 벌어진다. 저마다 뛰는 이 행동을 흔히들 비이성적 행동으로 비난하지만, 실은 경쟁적 선택에 비견되며 다른 사람의 행동을 예측할 수 없는 상황에서는 이성적 행동이다. 그러나 자기 집이 불타기 시작해서 빠져 나올 때 사람들은 질서를 유지하며 나올 것이다. 왜냐하면 가족의 다른 사람이 어떻게 할 것인지를 알고 영향을 줄 수 있기 때문이다(Brown, 1965, 14장). 같은 위급 상황이지만 이성적 선택은 같지 않다. 게임 이론은 경제학에서 인간의 선택행위를 예측하기 위한 수학적인 모델을 만들기 위해 개발된 이론이다(Neumann & Morgenstern, 1944). 이 접근법에서는 복잡한 사회상황을 극도로 단순화시켜 두 사람 간의 관계에서 각자에게 두 가지 행동의 선택을 제시하고 각자가 보이는 행동의 선택과 그 선택에 영향을 주는 상황변수의 관계를 수식으로 표현하려고 한다. 어느 상황에서건 행위자는 자신의 이득을 최대화하고 손실을 최소화하려는 합리적인 행동을 취한다는 가정을 바탕으로 행위를 분석한다. 둘 사이의 관계가 상호의존적이므로 각자에게 가장 유익한 행위는 어느 일방의 선택에 달린 것이 아니라 쌍방 간의 선택에 의해서 결정된다.

경제학자들이 규범적인 모형에 관심을 보이는 반면에, 심리학자들은 행동적인 모형에 더 흥미를 갖고 있다. 게임 이론이 취하고 있는 이익추구적 합리적 인간상은 심리학자에게도 별 저항 없이 받아들여지고 있다. 이 인간상이 심리학이 과학으로서 자리를 잡은 서구사회에서 보편적인 인간성에 대한 가정이기 때문이다

(Stroebe & Frey, 1982; 본서 1장 참조). 이러한 가정 위에서 심리학자들은 게임을 갈등 행위의 주요 연구방법으로 받아들였다.

이 게임은 다양한 형태의 상호 관계를 수리적으로 표현해 낼 수 있는 장점도 지니고 있다. [그림 8-1]에서 보는 바와 같이 각 칸 안의 숫자를 변경시킴으로써 게임 상황의 특성을 전혀 다르게 만들 수 있다. 이를테면, III의 경우는 쌍방의 이해가 전혀 대립되지 않고 있는 상황으로 합리적인 선택은 C-C로 D를 택할 이유가 어느 쪽에게나 없다. 그러나 IV의 경우는 문제가 다르다. C나 D나 어느 것이 다른 것보다 우월한 선택이 되지 못한다. D를 택하면 최선 또는 최악의 소득(상대방의 선택에 따라)이 초래될 수 있으므로 안정된 선택이 되지 못한다. C-C의 선택이 양방 간에 최선이라 여겨지지만 D로 전환해서 얻는 소득이 크기 때문에 균형상태가 되지 못한다. 기차가 달려오는 철길에 목을 대고 누가 오래 버티는가를 겨루는 두 사람의 경우가 이 상황에 해당한다.

연구목적에 따라서 얼마든지 게임 상황을 변조할 수 있다. 이를테면 쌍방 간의 의사소통 효과를 알아보기 위해서 의사소통의 기회를 제시하거나, 일방의 정해진 선택행위가 미치는 영향을 보기 위해서 일방을 프로그램으로 대치하여 제시하거나, 개인 대신 집단으로 게임을 하도록 하는 등이다.

❖ 협동의 상황적 영향 요인

상대방의 행위 게임 상황에서 사람들은 자신의 의사를 선택행위로 표현한다. 상대방이 취한 행위는 자신의 선택에 영향을 미치며 이 점에서 역시 사람들의 선택은 구조가 지닌 수학과는 다른 양상을 보인다. 일방의 선택을 프로그램하여 각각의 전략에 반응하는 실제 참여자의 협동반응을 비교한 결과, 100% 협동전략에 대하여는 100% 경쟁전략(즉, 0% 협동)보다 훨씬 높은 협동반응이 나타났다. 그러나 80% 협동전략이 참가자에게서 협동반응을 얻어냄에 있어서 더욱 효과적으로 나타났다. 이는 100% 협동이 선의로만 해석되지 않고 약한 것으로 여겨져 이용당하는 현실의 양상을 그대로 반영하는 것이기도 하다.

또한 초기에 협동하다가 경쟁으로 바뀌었을 경우보다 경쟁하다가 협동으로 바뀐 경우에 더욱 효과적인 것으로 나타났다(Bixensteine & Wilson, 1963; Harford & Solomon, 1967). 가장 효과적인 전략은 처음에 협동하고 그다음부터는 상대방의 이전 시행에서의 선택을 그대로 밟아가는 **되받기 전략**(Tit-for-Tat 전략; Axelrod, 1984)으로 나타났다. 이 전략을 다양한 전략과 상대하게 해서 그 효율성을 비교한 연구(결글 8-2)는 효율적인 전략의 특성을 세 가지로 정리하고 있다. 우선, 싸움(경쟁적 선택)을 먼저 시작하지 말 것. 이는 항상 협동의 정신으로 임하라는 것이다. 상대방이 협동할 때 이를 이용하려 들지 말아야 한다. 둘째, 상대방의 경쟁에 대하여 보복을 하되 짧게 끝내라는 것이다. 셋째, 상대방에게 계속 이용당하지 말 것, 즉 상대가 경쟁하면 즉각 이에 대응하되 상대가 협동으로 돌아서면 즉각 협동으로 돌아서라는 것이다. 다른 연구(Sheldon, 1999)는 이 전략이 처벌적인 요소를 지니고 있어서 경쟁주의자들에게도 효과가 있음을 보이고 있다.

상황에 대한 무의식적 인식 사람들은 갈등상황에서 그 구조적 특성에 따라 달리 반응을 할 뿐만 아니라, 자신도 의식하지 못하는 상황 맥락의 영향을 받기도 한다. 흥미로운 연구(Neuberg, 1988)에서 참여자들을 두 집단으로 나누어 한 집단에게는 게임을 하기 전에 22개의 호전적인 단어(경쟁적, 적개심, 불친절한……)를 역하자극의 세기로 화면에 6/100초 동안 제시하였다. 이무도 이떤 단어가 제시되었는지 알 수 없는 상황이었다. 다른 집단에게는 중성적인 단어(집, 보다, 항상……)를 역시 역하자극으로 제시하였다. 호전적인 단어들에 노출된 사람들의 84%가 대부분의 시행에서 경쟁적인 선택을 하였다. 중성 자극 조건에서 이 비율은 55%로 나타났다. 이 연구는 우리가 TV나 미디어에서 매우 친숙하게 접하는 경쟁사회의 자극들이 우리도 모르게 우리를 좀 더 경쟁적인 행동을 하게끔 만들고 있음을 시사한다.

❖ 당사자의 동기

죄수의 곤경 게임(PDG)에 처한 사람들은 대부분의 경우 자신의 소득을 최대화시키라는 지시문을 받는다. 이는 이기적인 동기를 촉발시키는 것이지만 당사자가 항상 그러한 동기를 충족시키는 행위를 취하는 것은 아니다. 경쟁적 행위가 명백히 자신의 이익을 극대화시키지 못하는 경우에도 자주 경쟁을 선택하는 것으로 나타난다. 이러한 선택은 종종 자신과 상대방의 소득을 차별화시키는 의도에서 나타나는 것이다.

사람마다 대인정향에 있어서 차이가 있고 이것은 또한 상황에 따라 변할 수 있다. 크게 세 가지 정향이 두드러진다. 개인주의(자신의 이익을 최대화하려함), 협동주의(쌍방의 이익을 최대화하려함), 경쟁주의(상대방보다 많이 얻으려 함)가 그것이다. Kuhlman과 Marshello(1975)는 연구참여자의 대인정향을 이같이 구분한 후, 이들을 정해진 전략을 펼치는 상대방과 PDG를 하게 하였다. 연구참여자들이 상대하는 상

결글 8-2

가장 효과적인 전략

게임 이론 분야의 고전이 된 연구에서 정치학자 Axelrod(1980a, 1980b)는 학술지에 광고를 하여 죄수의 곤경 게임 상황을 제시하고 관심 있는 학자들이 이 상황에서 가장 효과적인 (점수를 많이 따는) 컴퓨터 프로그램을 작성하여 응모하도록 하였다. 심리학자, 정치학자, 생물학자, 경제학자 등 게임 이론에 전문가인 14명이 작성하여 제시한 전략 프로그램들을 토너먼트 형식으로 돌아가면서 맞붙여서 약 200회의 시행을 다섯 번 반복하여 얻은 점수들의 총 평균으로 효율성을 평가하였을 때 가장 효과적으로 나타난 것은 **단순되받기**(첫 선택을 협동으로 시작한) 프로그램이었다. 이 결과를 학술지에 공표하고 다시 프로그램을 공모하여 또 한 번의 토너먼트를 한 결과 이번에도 역시 우승은 단순되받기로 돌아갔다. 이 프로그램은 평균적으로 가장 우수한 것이지 모든 프로그램과의 상대에서 늘 우수한 것은 아니었다. 즉, 어떤 프로그램은 단순되받기 전략에 이기기 위해서 짜여져 둘 사이의 대결에서는 우수한 결과를 내지만 다른 여러 전략과의 승부에서 열등한 것으로 나타나 전반적인 평균 수행은 떨어지는 것이다. 가장 우수한 전략은 다음과 같이 나타났다.

전략 1: 협동으로 시작하여 상대방이 취한 선택을 다음 시행에서 따라하기(TFT)

전략 2: 상대가 경쟁할 때까지 협동하고, 첫 경쟁에 대해 한 번 경쟁하나 상대가 두 번째로 경쟁하면 두 번 연속, 세 번째에 경쟁하면 세 번 연속 경쟁함(SHUBIK)

전략 3: 처음 열 번 동안은 협동하고서 일단 상대가 경쟁을 하면 끝까지 경쟁함(DAVIS)

전략 4: TFT로 시작하지만 점차 협동의 가능성을 낮추어 가서 200회째 시행에서는 상대의 협동에 50%의 협동을 보임(FELD)

전략 5: 상대의 선택과 무관하게 50%의 확률로 협동, 경쟁을 무선적으로 함(RANDOM)

〈표 8-1〉 우수한 전략 다섯 가지의 생존가치

전 략	상대 전략					
	1	2	3	4	5	평 균
1	600	600	600	280	441	504
2	600	600	600	274	543	481
3	600	600	600	238	598	472
4	285	297	239	246	467	328
5	442	219	137	360	450	276

출처: Axelrod, 1984, p. 194 표 3의 일부.

대방은 세 가지 중의 한 가지 전략을 시종일관 보였다. 그 하나는 되받기 전략이고, 다른 하나는 100% 협동전략, 세 번째는 100% 경쟁전략이었다. [그림 8-2]는 각 상대방을 대상으로 참여자가 보인 협동적 선택의 비율을 보이고 있다. 협동을 가장 많이 선택한 사람은 협동주의자이고, 그다음이 개인주의자 순이다. 흥미 있는 것은 경

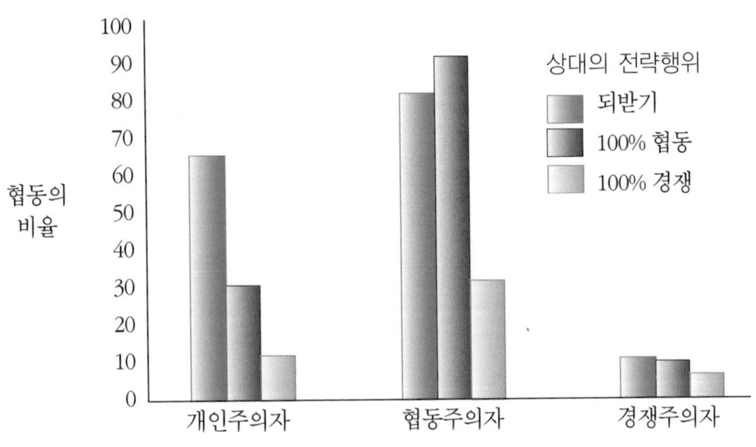

[그림 8-2]
대인정향과 상대방의 행위에 따른 선택
자신이 지닌 대인정향에 따라 상대방의 행위에 대한 반응이 큰 차이를 보인다.
출처: Kuhlman & Marshello, 1975.

쟁주의자들의 경우 상대방의 전략에 관계없이 거의 협동을 보이지 않았다. 그러나 협동주의자들은 상대방의 행위에 따라 민감히 자신의 선택을 바꾸는 유연성을 보였다.

개인들이 지니고 있는 대인정향은 그들의 세계관을 반영하고 있다(Dawes et al., 1977; Parks et al., 2003). 경쟁주의자들은 다른 사람들도 자신과 비슷한 동기를 갖고 있는 경쟁주의자들이라 여기고, 협동주의자들은 일단 사람들이 협동주의자라고 여기지만 상대의 행위에 자신들의 행위를 조율해 나가는 융통성을 보이고 있다(Kelley & Stahelski, 1970). 따라서 상대가 협조적일 것으로 생각되면 자신도 협조적인 행위를 보이고, 경쟁적으로 예상되면 경쟁을 한다. 흥미로운 점은 경쟁적인 정향을 지닌 사람은 항상 상대를 경쟁하게 만드는 자성예언적 현상을 경험하게 된다는 점이다.

요 약

1. 갈등은 서로의 이해가 양립할 수 없다는 인식이나, 상호 관계의 조정과정에서 발생한다. 이해갈등을 알기 위해서 사회과학자들은 게임 이론적 접근을 많이 취하였다. 이 접근에서는 사람들을 자기 이익을 추구하는 합리적인 의사결정자로 여기며, 갈등의 진행과 해소과정에 영향을 미치는 다양한 변인들의 효과를 연구하고 있다.
2. 상호 관계의 구조가 합영 상황인 경우에 경쟁이 불가피하나, 비합영 상황인 경우에 윈-윈이 가능하다. 대부분의 사회갈등은 비합영 상황으로 여길 수 있다.
3. 갈등상황에서 가장 효과적인 행동은 단순되받기 행동이다. 이는 협동으로 시작하되, 상대방의 경쟁적 행위에 따라서 자신의 행위를 변화시켜 대응하는 것이다. 위협수단의 존재는 갈등을 어렵게

만들며, 의사소통의 기회는 협력적인 목적에서 사용될 때만 갈등에 도움을 준다.
4. 사람들이 갈등에 임하는 동기에 따라 협동주의자, 경쟁주의자, 개인주의자로 구분할 수 있다. 협동주의자는 상대에 따라 대응을 조정하지만, 경쟁주의자는 모든 이를 경쟁하게 만듦으로써 자성 예언적 현상을 초래한다.

현실적 갈등의 접근, 해결책의 모색

갈등의 당사자가 상황을 합영 상황으로 인식하거나, 상대방보다 최소한 더 이득을 보아야겠다는 경쟁적인 태도를 갖고 있을 때 타협이나 협동적인 선택이 나타나기 어렵다. 이 경우 쌍방 모두 잃게 된다. 갈등은 갈등을 심화시키는 많은 요인을 지니고 있다. 당사자들은 서로를 적대적으로 보고, 이기적이며, 양보를 모르며, 악의를 지닌 것으로 여기고(Deutsch, 1980; Pruitt & Gahagan, 1974), 스스로의 행위를 방어적인 것으로 여긴다. 그러나 이러한 '방어'는 상대에게는 욕심, 경쟁적인 것으로 받아들여지고 그에 대한 스스로의 방어적 행위를 취하고 이러한 과정을 통해서 갈등은 악화된다. 이러한 갈등의 진행과정에서 나타나는 심리적 특성에 대하여 몇 가지가 밝혀졌다.

❖ 갈등을 심화시키는 심리

갈등의 접근 차원 사람들이 일상에서 경험하는 각양각색의 갈등을 대하는 양상은 갈등의 유형만큼이나 다양하다. 그러나 공통적인 특징이 있기도 하다. 이를 파악하기 위해 Pinkley(1990)는 연구에 참여한 사람들로부터 그들이 경험한 다양한 갈등상황을 수집하여 이들 갈등 간의 유사성을 제3자에게 평가하게 하였다. 이 평가자료에 나타나는 차원을 분석하니 세 가지 차원이 나타났다. 첫 번째 차원은 관계 대 과업 차원이다. 갈등을 인간관계의 문제로 지각하는 사람들은 갈등이 관계에서 유발되었거나 관계에 영향을 줄 것으로 생각한다. 반면에, 갈등을 과업의 문제로 지각하는 사람들은 갈등이 금전이나 소유권 등과 같은 비인간적인 것에 의해 비롯되었다고 본다. 두 번째 차원은 감정 대 인지 차원이다. 갈등을 감정적인 문제로 보는 사람들은 갈등으로 인해 시기, 증오, 분노, 좌절, 고통, 배반감 등이 증가할 것이라고 생각한다. 반면에, 갈등을 인지적 문제로 보는 사람들은 갈등에 포함된 사고나 신념, 사실 등에 관심의 초점을 둔다. 마지막 차원은 승패 대 타협 차원이다. 갈등을 승패의 관계로 보는 사람들은 어느 한쪽이 옳고 다른 쪽이 잘못했다는 식으로 혹은 어느 한쪽의 양보나 사과가 필요하다는 식으로 갈등상황을 파악한다. 반면, 갈등을 타협해야 할 것으로 보는 사람들은 갈등이 당사자 모두에 의해 야기된 것이며, 갈등의 해결을 위해서는 타협이나 상호 합의가 필요하다고 생각한다.

Pinkley(1990)는 협상전문가들과 갈등 당사자들이 갈등을 지각하는 양상이 이 세 차원에서 차이가 나고 있음을 보인다. 즉, 전문적인 중재자는 갈등을 과업상의 문제, 인지적인 문제, 그리고 타협할 수 있는 문제로 지각하는 반면, 갈등 당사자들은 갈등을 관계상의 문제, 감정적인 문제, 승패로 해결될 문제로 본다는 것이다. 갈등의 당사자에게 사안에 대한 접근에서 차이가 날 수 있지만, 자신이 생각하듯이 남도 생각한다고 여기는 경향이 있기 때문에 갈등의 해결은 더 꼬일 수 있으며, 이 차이를 지각하는 것이 해결에 도움이 될 수 있을 것이다.

다년간 중요한 국가 간의 협상(이스라엘-팔레스타인 해방기구 등)에 관여해 온 일군의 하버드 대학교 사회과학자들은 성공적인 협상전략을 다음과 같이 제시하고 있다. 첫째, 갈등의 현안을 갈등의 당사자들과 분리시킨다. 즉, 갈등을 적대적인 관계의 문제로서가 아니라 이해의 대립적 상황으로 본다는 것이다. 둘째, 상대방의 입장을 공격하거나, 스스로의 입장을 변명하려 들기보다는 현안문제, 이해의 대립에 초점을 맞춘다. 상대방의 관점을 이해하고 이를 상대방이 오해하지 않도록 상대방의 입장에서 명백히 진술한다. 셋째, 서로가 받아들일 수 있으며 상대방에게도 이익이 될 수 있는 제안을 모색하고, 이를 실현시킬 수 있는 방법을 현실적으로 도출해 낸다. 넷째, 타협책의 실천을 평가할 수 있는 객관적인 준거를 마련한다. 이러한 준거가 명백히 존재하지 않는 상황이 많이 있지만 제3자가 객관적으로 평가해서 정당하다고 인정할 수 있는 준거를 마련하는 노력이 중요하다(Fisher & Ury, 1983).

갈등을 심화시키는 인지요소 갈등상황에 처한 당사자들이 갈등의 해소를 위해 노력하면서도 갈등이 악화되어 가는 현상을 자주 볼 수 있다. 이렇게 악화되는 이유로 심리학자들은 당사자가 갈등을 지각하는 인식에 문제점이 있음을 발견했다. 몇 가지 두드러진 인지적 오류가 잘 나타나는데 그 하나는 비양립성 오류다(Thompson & Hastie, 1990). 즉, 자신이 중요하다고 생각하는 갈등의 측면은 상대방에게도 똑같이 중요한 것이라고 생각하는 것이다. 자기중심적 사고를 하는 탓이다. 따라서 쌍방 간의 이해가 항상 상충한다고 보기 때문에 자신에게는 중요하지 않지만 상대에게 중요한 것을 양보함으로써 상호 이익을 얻을 수 있는 가능성을 인식

못한다. 피부 보습에 관심 있는 언니와 목이 마른 동생이 오렌지를 서로 갖겠다고 다투는 경우에 각자 자기의 관심사를 상대방에게 투영하기 쉽다. 그러나 언니는 껍질을, 동생은 알맹이를 원하는 것을 안다면 갈등은 사라진다. 합영 상황의 인식을 비합영 상황으로 바꾸게 된 것이다.

둘째는, 투명성 과장 오류다. 이는 자신의 목표와 동기를 상대방이 잘 알고 있으리라는 생각이다. 그래서 자기가 강하게 나가더라도 타협하려는 마음을 지니고 있음을 상대방이 모를 리 없다고 생각한다. 이 경우 잘못된 기대를 하게 되며, 갈등이 악화될 소지가 크다(Vorauer & Claude, 1998).

셋째는, 거울적 사고다. 2001년 뉴욕의 무역센터 테러가 나자 부시 대통령은 악마(evil)의 짓거리라 표현하고, 응징을 다짐하였다. 그런데 빈 라덴 측에서는 미국을 제국주의 악마로 여기고 있는 것이다. 이것이 거울적 사고다. 이는 스스로를 옳다고 여기고, 옳은 자기에 반대하는 상대는 악할 수밖에 없다고 여기는 흑백론적 사고가 갈등상황에서 나타나기 때문이다. 흥미로운 연구에서 타고니아와 나발리아라는 가상적인 국가의 시민 역을 학생들에게 배정하고, 다양한 갈등 해소 행위의 효과를 평가하게 하였다. [그림 8-3]에 보이듯이, 자기네가 취할 경우 강압적인 행동이 유화적인 행동보다 더 효과적이라고 여기지만, 상대방이 취하는 경우에는 오히려 유화적인 행동이 더 효과적이라 생각하였다. 실제 상황에서 사람들은 자신들에게 취해지면 용납하지 못할 행동을 상대방에게는 취하는 것이다.

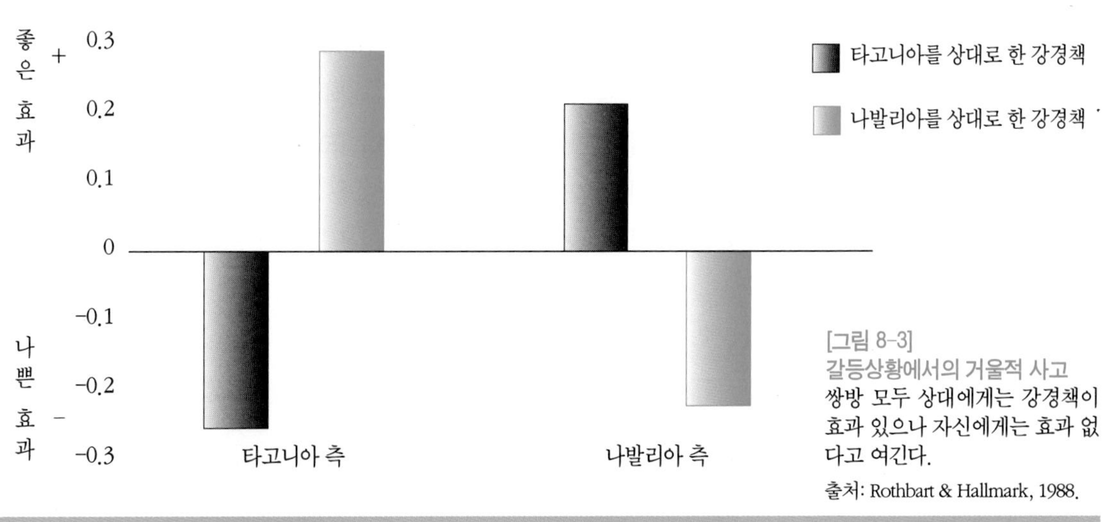

[그림 8-3]
갈등상황에서의 거울적 사고
쌍방 모두 상대에게는 강경책이 효과 있으나 자신에게는 효과 없다고 여긴다.
출처: Rothbart & Hallmark, 1988.

넷째는, 소박한 현실론(Robinson et al., 1995)이다. 사람들은 자신의 견해는 객관적이고 현실을 직시하고 있지만, 상대방은 그렇지 않다고 여긴다. 이 같은 인식은 자신이 남들보다 공평하고, 정의로운 면이 많다고 생각하는 경향과 맞물려, 스스로를 도덕적으로 정당화시킨다. 이는 특히 지배적인 위치에 있는 사람 혹은 집단에서 강하게 나타난다(Keltner & Robinson, 1997). 이를테면 대학생들에게 5분의 시간을 주고, 공평한 사건을 회상해서 쓰라고 하고서 그 사건의 주어를 '나' 또는 '다른 이들'로 시작하게 하였다. 그 결과 '나'로 시작하는 경우는 공평한 행위가 많이, '다른 이들'로 시작하는 경우는 불공평한 행위가 많이 기록되었다. 사람들은 그러나 똑같은 행위라면 주체가 누구이든 관계없이 공평한 것은 공평하게, 불공평한 것은 불공평한 것으로 판단하는 것으로 나타났다(Messick et al., 1985).

다섯째는, 역할에 기인한 행위를 사람 탓으로 여기는 사회적 자아중심성이다(이수원, 1993). 개인이 자신의 정체감을 자신에게 부여된 역할인 사회적 정체감(남자, 아버지, 과장 등)으로 동일시할 때 타인의 사회적 정체감에 대한 지각도 개인적 정체감으로 동일시하는 경향이 있다(이수원, 이혜경, 1992; 본서 10장 참조). 즉, 상사와 부하의 관계에서 자신을 부하로서 지각할 때 상사를 개인으로서가 아니라 상사로서 파악하는 경향이 나타난다. 그런데 문제가 되는 것은 상대방이 보이는 행위를 그의 역할에서 비롯된 것이 아니라 개인적 특성에서 비롯된 것이라 생각한다. 따라서 상대가 맡은 역할에 따라 자신을 나무란 것을, 자신을 밉게 보기 때문에 또는 의도적으로 나무란 것으로 여김으로써 상대방에 대한 감정이 나빠지게 된다. 이수원(1993)은 이 사회적 자아중심성이 갈등관계에 처한 사람들이 서로 상대방을 적대시하게 되는 과정의 기저에 놓인 심리작용이라고 제시한다. 비록 사람들은 갈등의 진행과정에서 서로의 행동이 취한 입장과 상황에 따라 크게 영향 받는다는 것을 이해하지만, 여전히 상대방의 행위를 상대방이 지닌 내적 특성 탓으로 여기는 경향이 강하다. 이러한 지각오류가 나타나는 것은 근본귀인오류 현상과 아울러 상대방에 대한 상황정보의 부족, 상대방의 성격에 대한 가설을 교류에서 확인하는 자성예언적 효과 때문이다. 이같이 갈등상황의 인지적 특성은 당사자 모두에게 공통적으로 나타

〈표 8-2〉 '나' 또는 '다른 사람'이 행한 불/공평한 사건의 수(5분 동안의 회상)

공평한 사건의 수		불공평한 사건의 수	
나	다른 사람	나	다른 사람
4.2	2.9	2.7	4.3

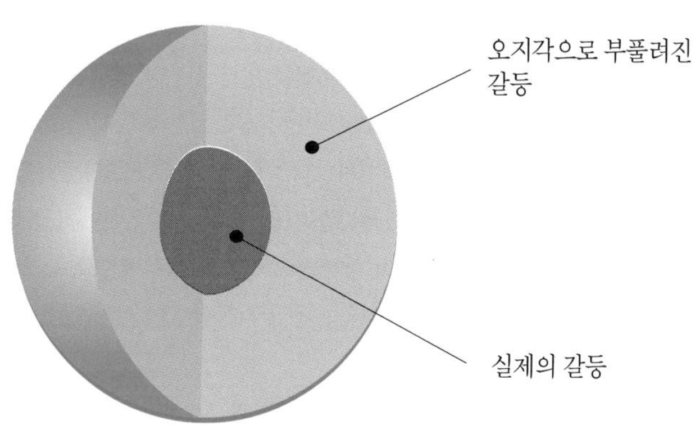

[그림 8-4]
갈등상황의 인식

출처: Myers, 1994, p. 558.

나면서 갈등을 심화시키는 역할을 한다. 이러한 인지적 특성을 이해하지 못할 때 갈등이 심화, 증폭될 수 있다. 실제로 많은 갈등은 쌍방 간의 실제 이해관계의 대립을 둘러싼 오해와 왜곡된 인식 탓으로 실제보다 훨씬 크고 어렵게 부풀려진 상태로 인식된다([그림 8-4]).

갈등상황에서의 인지 통합성 중요한 사안이 걸린 갈등을 잘 해결하려면, 상황에 대한 면밀한 분석과 다양한 정보의 통합적 조정이 필요하다. 그러나 사람들은 심한 스트레스를 받는 상황에서는 타성적인 생각, 관행에 많이 의지하여 판단을 하기 쉬워 갈등을 더욱 꼬이게 한다. 국가나 회사의 정책결정자가 펴나가는 정책은 입안자의 능력과 사고의 통합성을 반영한다. 이러한 정책은 가용한 정보의 통합이 잘 이루어진 바탕 위에서 입안될 때 성공 가능성이 높다. 통합이란 두 가지 면모를 모두 구비해야 하는데 그 하나는 '변별과정'이다. 이는 현안문제와 관련된 모든 면모와 차원을 세밀히 구별해 내는 과정이다. 이러한 변별이 선행됨으로써 예상되는 것에 대한 대책이 준비될 수 있다. 두 번째는 이들 다양한 면모를 엮어내는 '통합과정'이다. 사고의 통합성 수준과 정책의 성공 관계를 조사한 연구는 한국전쟁이 발발하기 전에 미 · 소 간의 수뇌진들이 주고받은 통신은 통합성이 매우 떨어진 반면에 쿠바 미사일 사건 당시 미 · 소 양국의 수뇌들은 통합성이 높은 성명을 발표하였음을 보였다(Suedfeld & Tetlock, 1977).

결글 8-3

사고의 통합적 복잡성과 정책의 입안

국내에서 IMF 사태를 전후하여 동시에 진행된 대통령 선거 기간 동안에 신문의 사설과 각 정당의 당보를 통합적 복잡성 면에서 분석한 연구(구자숙, 김정현, 1999)는 외환위기 의식이 고조되면서 신문사설의 통합적 복잡성 수준이 급격히 낮아졌으며, 구제금융 신청 직후에는 더욱 낮아지는 추세를 발견하였다. 대통령 선거도 영향을 주어, 선거 기간 중에는 통합적 복잡성이 가장 낮았으며, 대통령 취임 이후에 점차 회복되는 것으로 나타났다. 여야의 정권교체를 전후한 당보의 분석을 보면, 한나라당(새누리당의 전신)의 경우에 통합적 복잡성이 정권교체 후에 낮아졌으나, 선거 기간 중에는 감소되지 않았다. 국민회의(민주당의 전신)의 경우에 야당시절에는 통합적 복잡성이 높았으나, 선거 기간에 급격히 낮아졌다가, 집권 후에 다시 높아졌다.

사고의 통합적 복잡성은 처해 있는 위치에 따라서 비교적 일관된 경향을 볼 수 있는데, 미국에서 보수적인 집단으로 여겨지는 상원의원들과 대법원 판사들의 의견, 성명문, 판결문을 통합성 차원에서 분석한 결과 이들은 진보적인 의원들에 비해서 통합성이 떨어지는 것으로 나타났다(Tetlock et al., 1985). [그림 8-5]에서 보듯이 국내외 공통으로 야당, 중도적 진보집단에서 통합적 복잡성이 가장 높은 것으로 나타나고 있음을 알 수 있다.

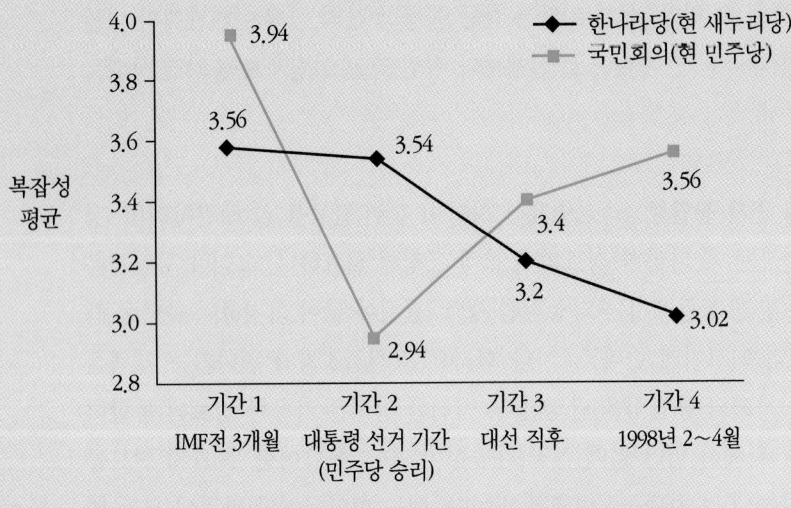

[그림 8-5] 대선 기간별 당보의 평균 통합적 복잡성

출처: 구자숙, 김정현, 1999.

❖ 갈등상황의 해결 모색

갈등상황을 해소하거나 모면하기 위해 사람들은 다양한 행위를 취한다. 이러한 행위가 지닌 효과를 두 가지 측면에서 볼 수 있다. 하나는 자신에게 돌아오는 결과에 대한 관심(고, 저)이고, 다른 하나는 상대방에게 돌아가는 결과에 대한 관심(고,

저)이다(쌍방관심 모형; Rubin et al., 1994). 자신에 대한 관심이 크다면 요구를 강하게 하며, 쉽사리 양보를 할 수 없다. 상대방에 대한 관심이 크다면, 상대방의 요구를 긍정적으로 검토하며, 양보를 어렵지 않게 할 수 있다. 두 가지 관심이 모두 높다면 쉽게 양보할 수 없고 양쪽을 만족시키는 해결책을 모색하는 문제해결적 대안모색이 나타나며, 두 가지 관심이 모두 낮다면 갈등을 회피하거나, 관계를 단절하거나, 방관하는 행위가 나타날 것이다([그림 8-6]).

갈등상황에서 해결을 모색하는 많은 행위들이 취해지고 있다. 협상, 중재, 조정, 타협, 긴밀한 접촉과 의사소통의 기회 확대 등이다. 이들 중에서 악화된 갈등에서 효과적인 몇 가지만 설명하고자 한다.

GRIT 쌍방의 갈등이 매우 심한 경우에 타협은 물 건너갔다고 여긴다. 즉, 타협이란 양보를 전제하는데 이쪽의 양보적 자세는 상대방에게 이용당할 뿐이라는 생각 때문에 국면은 긴장일로로 진행하기 쉽다. 이 상황은 특히 양방이 서로를 불신하고 적개심을 지닌 경우에 더욱 심하며 전혀 국면을 전환시킬 수 있는 묘책이 없는 것으로 여겨진다. 제2차 세계대전 후 미 · 소 간의 긴장이 고조되어 포성 없는 전쟁을 하면서 쌍방은 전략무기 개발에 많은 국력을 소비하고 있었으며 쿠바 미사일 사건 등 첨예한 대립이 진행된 것은 그 대표적인 경우라고 하겠다. 심리학자 Osgood(1962)은 이러한 상황을 벗어나는 방책을 제시하였다. '긴장의 점진적 감소책(Graduated Reciprocation in Tension Reduction: GRIT)'이 그것이다. 이 방책은 여러 가지 일련의 행위로 구성되어 있다. 중요한 요체는 일방적일지라도 갈등해소의 길을 추구한다는

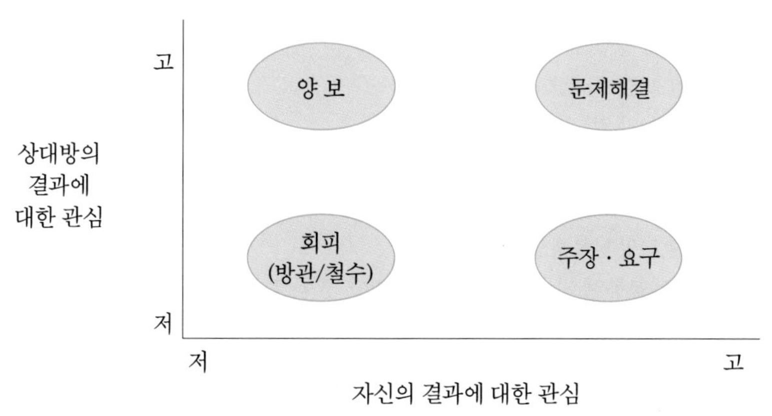

[그림 8-6]
갈등 대처 행위의 쌍방관심 모형
출처: Rubin et al., 1994.

1998년 6월 16일 현대그룹 창업자 정주영 회장이 소떼 500마리를 트럭에 싣고 판문점을 통해 북한을 방문하고 있다.

것을 명백히 하고 그 과정을 밟아 나가는 것이다. 상대방이 호응한다면 더욱 진일보된 해소 행위를 취하고 호응이 없더라도 이를 빌미로 자신의 해소적 행위를 중단해서는 안 된다. 그러나 상대방이 호응을 하지 않고 오히려 선의를 이용하려 든다면 즉각 그에 대응하는 행동을 보일 수 있어야 한다. 이러한 방식이 지닌 여러 요소들(일방적 선언, 해소책의 단계적 실천, 대응적 합의, 응징력의 구비 등)이 합쳐서 긴장해소에 이바지한다는 점은 PDG를 이용한 실험실 연구들에서 잘 나타났다(Lindskold, 1981).

김대중 정부가 북한에 대하여 취했던 햇볕정책의 진행과정은 북한의 반응이 미온적이었지만 GRIT과 유사한 점을 많이 지니고 있었다(〈표 8-3〉). 이러한 접근법이 실제로 미 · 소 간의 대립국면에 적용된 적이 있다. 미 · 소 간의 긴장은 쿠바

〈표 8-3〉 햇볕정책의 진행과정

1998년	2월 25일 김대중 대통령 취임사에서 햇볕정책 천명
1998년	4월 11일 베이징 남북당국 대표회담 개최
1998년	6월 22일 동해 속초 지역에 북한 잠수정 발견
1998년	9월 1일 중국매체, 북한 미사일 발사 보도
1998년	10월 27일 정주영 씨, 소떼 몰고 2차 방북
1998년	11월 18일 금강산 관광선 18일 첫 출항
1998년	12월 18일 북한 반잠수정 침투 격침
1999년	3월 11일 비료 10만 톤을 북에 무상지원
1999년	5월 6일 햇볕정책에 미 · 일 · 북 동참 촉구
1999년	6월 15일 남북 서해교전 발생
1999년	6월 22일 금강산 관광객 억류사건
1999년	6월 22일 정부 '대북사업 재검토'
1999년	9월 26일 북, 미사일 시험발사 중단 재확인
2000년	3월 9일 김대중 대통령 베를린 선언: 北지원 늘려 대화 유도
2000년	6월 14일 남북정상회담 공동선언 ① 남북통일 자주적으로 ② 통일방안 공통성 인정 ③ 이산가족-장기수 해결 ④ 각 분야 교류 활성화 ⑤ 당국 간 대화 조속개최
2000년	7월 31일 1차 남북장관급회담 공동보도문 발표
2000년	8월 15일 이산가족 첫 상봉

미사일 사건을 정점으로 1963년에 케네디 대통령이 아메리칸 대학의 졸업식장에서 '평화를 위한 전략'이라는 선언적 연설을 맞아 반전되는 코스를 밟은 적이 있다. 케네디는 연설과 함께 대기권에서의 일체 핵실험을 일방적으로 중지시켰다. 이 연설은 '미국의 소리'를 통해 소련 땅에 전파 간섭 없이 중개되었고 일간지에도 전문이 게재되었다. 뒤이어서 흐루시초프 소련 수상은 전략폭격기 생산을 중지하는 것으로 응답했고 뒤이어 양국 간의 통신망이 제네바에 개설되었으며, 우주개발에 상호 협력한다는 제안이 이루어졌다. 이어서 미국의 양곡을 소련에 수출하는 진전이 이루어졌고, 미국의 시카고 등지에 소련 영사관이 설립되었으며 양국 간의 여행객 수가 급증하는 등 긴장완화의 분위기가 진행되었다(Etzioni, 1970).

중재 쌍방 간의 갈등이 해결기미를 보이지 않고 교착 상태에 있을 경우에 제3자의 중재에 의해서 해결책을 모색하는 방식이 많이 채택되고 있다. 이 중재는 상대방에 의해 양보를 강제 당하는 것이 아니라 중재자에 의해서 권고받는 형태를 취함으로써 당사자들의 체면을 유지시키며 타협책을 끌어낸다(Pruitt, 1981). 상대방이 제시하면 바로 거부될 안도 중재자가 제시하면 거부할 수 없는 경우가 많다. 이는 중재자를 불신하는 것으로 여겨지면 갈등해결 의지가 없는 것으로 여겨지는 탓이다. 중재자들은 당사자로 하여금 갈등의 왜곡된 모습을 제대로 보게 함으로써 '승-패'의 접근 대신에 '승-승' 접근의 가능성을 보도록 해 준다. 그렇게 하기 위해서 중재자들은 상대방의 이해관계를 직시하도록 정보를 제공하고 갈등을 보는 시각을 변화시키는 노력을 한다(Thompson, 1991). 종종 갈등의 당사자로 하여금 자신들의 요구의 우선순위를 매기도록 함으로써 중요한 문제점에서 갈등이 대립적이지 않음을 발견할 수 있다. 이 경우에 쌍방 모두가 만족할 만한 통합적 결과를 얻을 수 있다(Schulz & Pruitt, 1978).

중재자들이 지닌 또 하나의 중요한 역할은 당사자 간의 의사소통이 왜곡 없이 이루어지도록 조정하는 것이다. 이를 통해서 서로가 곡해한 갈등의 실체를 드러내는 것이다. 갈등상황에서 쌍방 간의 대화는 신뢰를 전제로 이루어질 때 의미가 있다. 이 신뢰가 의심받을 때 중재자의 역할이 크게 작용한다. 중재노력이 효과를 거둔 대표적인 국제적 갈등의 경우가 이스라엘-아랍 간의 평화협상이다. 이들 간에는 너무나 오랫동안 갈등이 지속되어 제대로 소통마저 이루어지지 않고 있었다. 1976년에 하버드 대학교 심리학 교수인 H. Kelman은 이집트의 사회과학자인 부트로스 갈리(1992년에 유엔 사무총장이 됨)를 만나 중동 갈등의 왜곡된 지각현상을 다루는 워크숍을 협상 당사자들을 대상으로 실행하였고, 이 결과를 이스라엘 대표들에게 알렸다. 이듬해에 갈리는 이집트의 외무장관이 되었고, 사다트 대통령이 이스라엘을 방문하여 평화협상의 길이 뚫렸다(Myers, 1993, p. 575).

❖ 갈등 해결의 문화 차이

문화마다 갈등상황에서 바람직한 해결책이 무엇인가에 있어서 차이를 보인다. 서구권에서는 경쟁의 가치가 인정되고 있고, 경쟁에서의 승리와 성취는 향유되고 지향해야 할 가치다. 자본주의 사상을 공유하는 나라에서 이 같은 가치는 문화의 전반에 깔려 있다. 이는 아동들의 PDG 행위에서도 나타난다. Madsen(1971)이 여러 나라에서 아동들에게 PDG를 하게 하고 이들이 경쟁과 협동행위를 보이는 정도를 비교하였다. 서구문화권의 아동들은 라틴계, 아프리카, 중동계 아동에 비해서 훨씬 경쟁을 많이 하는 것으로 나타났다. 한 문화권 내에서도 도시 아이들이 시골 아이들보다 경쟁적이었고, 중산층 아이들이 빈곤층의 아이들보다 더 경쟁적이었다. 발리, 이누이트(북극권), 타히티 등 자급자족 경제체제를 유지하고 있는 25개 부족들의 사회화 과정을 연구한 보고서(Bonta, 1997)는 이들 사회에서 아동의 놀이에는 경쟁이 배제되어 있고, 남보다 잘한다는 평가를 아이에게 주는 일이 없으며, 성취를 가치 있게 여기지 않는 사회화 과정이 진행되고 있음을 보이고 있다.

갈등상황에서 나타나는 의사소통, 해소책의 추구 등에 있어서 문화 차이를 정리한 Ting-Toomey(1988)는 집단주의 문화권에서 회피 유형의 행위가 많이 나타나고 개인주의 문화권에서는 대결 유형이 많이 나타난다고 정리한다. 실제로 이 같은 차이는 일본과 미국(Cushman & King, 1985; Kumagai & Strauss, 1983; Nomura & Barnlund, 1983)에서, 멕시코와 미국(Kagan et al., 1982)의 비교에서 확인되고 있다. 국내 대학생을 대상으로 한 연구에서 가족, 친구, 낯선 사람과 겪었던 갈등상황을 회상하도록 하고 각 상황에서 취한 행위를 분석하였다. 가족 성원과의 갈등에서는 양보, 관망, 요구수용, 협상 등의 행위를 많이 취하였다. 그러나 상호 토의의 대결식 방법이나 갈등을 심화시키는 행위(물리적 강요, 거짓말 등)는 덜 취하는 것으로 나타났다(한규석, 1988).

이해의 갈등이 발생했을 때 자신의 권익을 옹호하기 위한 행동을 취하지 않는 것은 개인주의 국가에서는 바보스러운 행위로 간주된다(Feinberg, 1973, p. 252). 이는 영국의 시민법 제도를 취하고 있는 국가들(미국, 호주 등)의 법정에서 잘 드러난다. 갈등의 당사자가 자신들의 주장을 제3자(판사, 배심원)에게 설명하고, 상대방에게 검토할 기회를 주어 상호 간 논쟁을 통해 승패가 결정된다. 반면에, 유교문화권에서는 서로가 양보를 하거나, 삼자의 조정을 통해서 타협에 이르는 것을 좋은 해결책으로 본다. 누구도 스스로가 완벽하다고 주장할 수 없으므로, 자신의 결점 혹은 부족한 점을 인정하기 쉽고, 양시양비(兩是兩非)론이 주장되며, 양보나 타협, 중간점에서의 절충이 중용이라는 이름으로 취해지기 쉽다. 자기주장이 강하고 다투기를 좋아하는 사람은 존경을 받지 못하므로 분쟁 발생 시에 큰 소리로 다투는 것은 금기시된다. 홍콩 사람들은 내집단 성원 간의 분쟁 시 직접적인 대결을 회피하고 제3자의 중재를 통한 타협방법을 선호하는 것으로 나타났다(Leung, 1987). 장성한 딸들이 어머니가 중요하게 여기는 가치관에 반대하거나, 대학 3년생들이 지난 3년간 공부에 매달려 진짜 배움의 즐거움을 희생한 것을 자성하는 상황이 벌어졌을 때 어떻게 해야 할 것인지를 미국에 유학 온 중국인 학생과 미국인 학생들에게 물었다. 그 결과, 중국인들은 엄마-딸 혹은 학업-즐거움의 대립되는 입장을 모두 제시하고 양자를 모두 충족시키는 타협점을 모색하는 변증법적 해결책을 선호하지만, 미국인들은 두 가지 입장 중에서 한쪽에 유리하게 작용하는 해결책을 모색하는 비변증법적 해결책을 선호하는 문화 차이가 나타났다(Peng & Nisbett, 1999, 연구 3; [그림 8-7], 곁글 8-4).

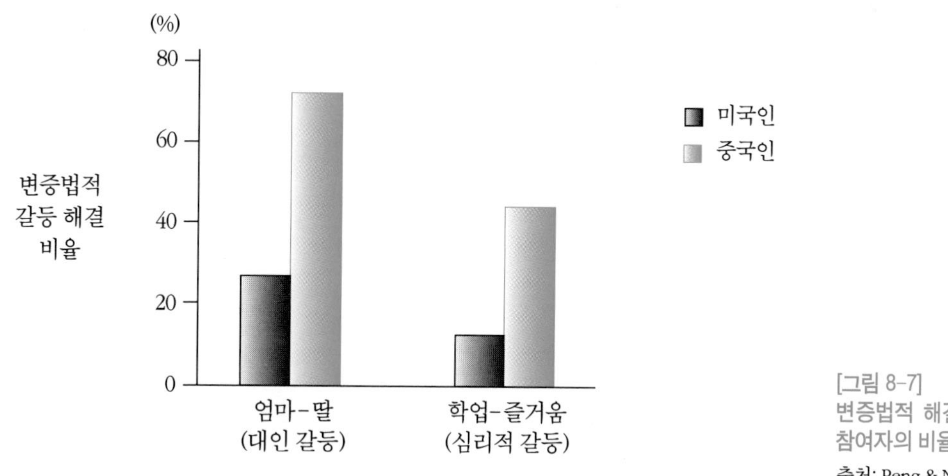

[그림 8-7]
변증법적 해결책을 선호하는 참여자의 비율
출처: Peng & Nisbett, 1999.

결글 8-4

갈등 해결의 문화 차이: 변증법적 갈등 해결책의 선호 양상

속담은 그 사회의 사람들의 생각, 판단에 영향을 주는 지혜로서의 기능을 한다. 꼭 따라야 하는 것은 아니지만 판단하기 어려울 때나 애매할 때 지침을 제시해 준다. 많은 속담들은 동서양 공통으로 나타난다. 그러나 속담의 유형에도 문화 차이는 나타난다. '믿는 도끼에 발등 찍힌다' '친구를 조심하라' '과공은 금물이다' 등의 속담은 상반되는 내용이 같이 들어 있는 속담이라 할 수 있다. 이 같은 음양변증법적인 논리는 주역을 믿고, 중요한 사안이 있을 때 이를 참조하고 의지하는 것에 익숙한 동아시아인에게 친숙하다. 조사해 보니 미국에는 이런 유형의 속담이 전체의 3%를 차지하지만, 중국 속담에서는 12%로 나타났다(Peng & Nisbett, 1999). 한 연구는 변증법적 사고의 문화 차이를 중국과 미국의 대학생 비교를 통해서 흥미롭게 보여 주고 있다. 우선 미국과 중국의 속담 중에서 4명의 평가자들의 동의를 얻어 변증법적 속담과 일반 속담을 5개씩 20개를 뽑아서 학생들에게 제시하고, 해당 속담을 얼마나 좋아하는지를 물었다. 미국 응답자들은 일반 속담을 변증법적 속담보다 훨씬 선호하는 양상이 나타났다. 그러나 중국인들은 반대로 변증법적 속담을 더 선호하였다(연구 1). 이런 유형에 대한 선호의 문화 차이 양상은 자기 문화가 아닌 유대인 속담에 있는 두 가지 유형을 제시하고 평가할 때도 그대로 나타났다(연구 2).

많은 사람들은 흡연이 다이어트에 도움이 된다고 여긴다. 그러나 가끔씩 그렇지 않다는 과학적 발견이 제시되었다는 이야기도 들을 것이다. 흡연-다이어트 관계에 대한 두 개의 상반되는 진술문에 대해서 사람들은 '도움이 된다'는 것을 더 그럴 듯하게 여기지만(A), '도움이 안 된다'는 진술문(B)도 과학적 근거가 제시되었으므로 절대 틀렸다고 하기는 어렵다. 사람들을 세 집단으로 구분하여, A만, B만, A와 B를 모두 제시하고 진술의 신빙성을 평가하게 하였다(연구 5). 연구자들은 흡연-다이어트뿐만 아니라, 고기를 먹는 것이 건강에 좋은지 아니면 채식이 좋은지, 지구온난화가 진행되고 있는지 아닌지 등 논란이 되는 다섯 가지 이슈에 대한 찬반 진술문을 제시하였다. 다음 그림에 제시된 답은 이

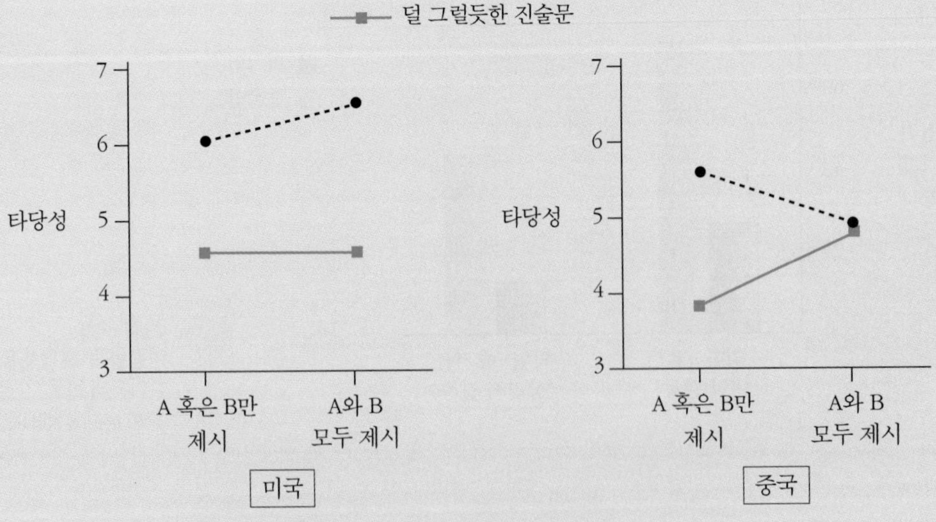

[그림 8-8] 두 가지 진술문의 제시 방식에 따른 각 진술문에 대한 타당성 평가 차이

출처: Peng & Nisbett, 1999.

들 5개 응답을 평균한 것인데, 매우 흥미로운 문화 차이가 나타났다. 미국 학생들은 상반된 두 개가 같이 제시되었을 때, 그럴듯한 진술문 A를 더 그럴듯하게 여기는 현상이 나타났으나, 중국 학생들에게서는 두 진술문의 평가가 중간으로 수렴되는 양상이 나타났다.

분석적 사고-총체적 사고 양상 Nisbett 등(2001)은 동서양에서 사건을 접근하고 이해하는 방식에서 중요한 문화적 차이가 있음을 발견하고, 이를 정리하여 많은 연구를 촉발하고 있다(자세한 내용은 Nisbett, 2003을 볼 것). 사건을 벌어진 맥락에서 분리시켜, 요소로써 대상화하여, 이를 객관적인 분석대상으로 삼고 논리적으로 철저히 인과론적으로 분석해 들어가는 방식을 선형적 혹은 분석적 사고라고 한다. 서양인들이 흔히 취하는 일상적 접근이다. 그러나 동양인은 맥락 속에서 사건을 총체적으로 이해하려 든다(Nisbett et al., 2001). 즉, 요소 자체에 초점을 맞추기보다는 요소들의 관계, 전체 속에서의 기능과 역할을 이해하는 것에 관심을 지닌다. 음양변증법적 사고 혹은 총체적 사고라고 할 수 있다. 일찍이 영국의 과학사가인 Needham은 중국에서 고대에 이미 자기장의 존재를 알고 있었으며, 조류의 발생이유에 대하여 서양보다 1,500년이나 앞서 정확한 이해를 하고 있었다는 것을 발견하였다. 그러나 현대물리학의 주된 발견은 서양 학자들에 의해 이루어진 것이 수수께끼라며 니덤의 역설이라 제시하였다. 어쩌면 동아시아의 음양변증법적 · 총체론적 접근이, 현대 과학의 원리를 분석적으로 파고드는 탐구를 막는 역할을 했을지도 모른다.

니덤(Joseph Needham, 1900~1995)
영국 케임브리지 대학교 교수로서 과학사회학의 명저로 꼽히는 『중국의 과학과 문명』(1954)을 저술했다.

변증법적 관계성을 염두에 두면 인과관계가 명료하지 않은 정보나 지식도 연관성을 배제하기 어렵다. 우리에게 친숙한 새옹지마(塞翁之馬)의 사례를 생각해 보라. 한 연구에서는 학생들에게 살인사건 해결을 맡은 수사관 역을 주고서 수집된 많은 정보를 제공한 뒤, 이들 중에서 사건해결과 직접 관련성이 없다고 여기는 정보를 하나씩 검토하면서 배제하라고 했을 때 한국인들은 미국인보다 훨씬 적은 수의 정보를 배제하는 것으로 나타났다(Choi et al., 2003). 아울러 한국인들은 많은 수의 정보를 배제하는 분석적 수사관(17개의 정보 중 12개를 배제함)보다 총체적 수사관(17개 중 3개만 배제함)을 지혜롭게 여기고 더 바람직하다고 보았으나, 미국인들은 분석적 수사관을 더 합리적으로 여기고 바람직한 것으로 여김이 확인되었다(Na, Choi, & Sul, 2013; [그림 8-9]). 이와 같이 사태를 접근하고 생각하는 방식에서, 또한 바람직하다고 여기는 갈등의 해결방식에서의 문화 차이에 대한 이해가 확인되는 것은 갈등 상황에서의 행동 차이를 이해하는 데 큰 도움이 될 것이다.

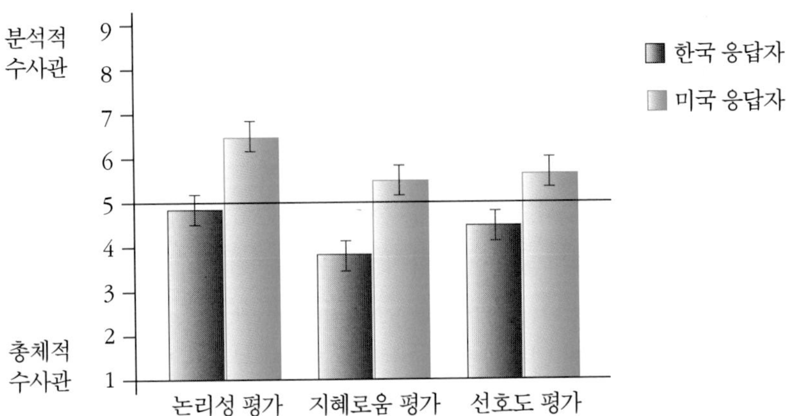

[그림 8-9]
두 유형의 수사관에 대한 한국과 미국 응답자의 평가
중앙선은 두 수사관에 대한 아무 선호가 없음을 표시한다.

요 약

1. 사람들은 갈등을 심화시키는 인지요소를 지니고 있어 갈등을 실제보다 더 악화시키는 경우가 많다. 서로의 이해가 양립할 수 없다는 비양립성 오류, 자신의 의도를 상대가 잘 알고 있다는 투명성 과장 오류, 자신이 상대보다 객관적이고 공평하며 현실을 직시하고 있다는 소박한 현실론, 사회적 정체감에 의한 행동을 개인적 정체감에 의한 것으로 파악하는 사회적 자아중심성 및 거울적 사고 등이 그러한 인지요소들이다.
2. 갈등행위의 쌍방관심 모형은 자신과 상대방에게 돌아오는 결과에 대한 관심의 크기에 따라 네 가지 유형의 갈등행위를 분류한다. 갈등에 대한 만족스러운 해결은 두 가지 관심이 모두 높은 경우에 문제해결 과정을 통해서 얻어질 가능성이 높다.
3. 심각한 갈등의 해결을 위한 방법으로 공동목표의 수행, 긴장의 점진적 감소책(GRIT), 중재 및 조정이 있다. GRIT은 심각한 갈등상황에서 벗어나기 위한 행위를 주도적으로 취하며 상대를 초대함으로써 갈등해소책의 실천이 점진적으로 취해지는 것을 유도한다. 중재는 갈등의 왜곡을 막고, 윈-윈의 가능성을 제대로 볼 수 있게끔 쌍방을 도와주며, 소통을 도와주는 목적으로 행해진다. 중재가 강제적인 실천요소를 지니는 경우를 조정이라 한다. 노사정위원회가 그 예다.
4. 갈등 해결에 있어서 문화 차이가 나타난다. 집단주의 문화에서는 회피유형이, 개인주의 문화에서는 대결유형이 많이 나타난다. 아울러, 동아시아에서는 변증법적 해결양상을 적절한 방식으로 여긴다.

사회정의와 도덕성의 판단

2015년에 개봉된 영화 〈내부자들〉은 권력집단의 비리를 드러내고 있다.

2010년대 초에 이루어진 국민 여론조사는 73%의 국민이 한국사회가 공정하지 못한 사회로 여긴다는 것을 보여 주었다. 비교적 최근에 발생한 몇 가지 우리 사회의 예를 보자. 세월호가 침몰한 실체적 진실을 규명하자는 특별위원회의 활동이 무산되고 있다. 흙수저-금수저의 표현에서 보듯이 태어날 때의 불평등이 살면서 바뀌게 될 가능성이 희박해졌다. 박근혜 대통령이 후보로 선거운동할 때 국정원이 박 후보를 돕는 방식으로 선거에 개입하였지만 대법원에서 무죄 판결이 내려졌다. 이런 사건을 볼 때 사람들은 사회정의와 도덕에 대하여 생각하게 된다. 2015년 연말에 19금 영화로는 엄청난 관객을 동원한 영화 〈내부자들〉은 한국사회의 일그러진 사회정의를 고발하고 있다. 어떤 사회가 정의로운 사회인가에 대하여 학자들도 상당한 이견을 갖고 있지만, 다양한 계층과 처지의 사람들이 살면서 갈등과 분규에 말려드는 현대사회에서는 모든 사람이 받아들일 수 있는 최소의 정의가 무엇인지를 파악하는 것이 중요한 문제다. 정의와 도덕성의 문제에 대하여 살펴보자.

❖ 현대사회의 정의

롤스(John Rawls, 1921~2002)
John Rawls는 분석철학이 풍미하던 20세기 영미 철학계에서 사회철학과 윤리학을 되살렸다는 평가를 받았다. 미국에서 태어나 1950년 프린스턴 대학교에서 철학 박사학위를 받은 후 1962년부터 하버드 대학교 철학과 교수를 지냈다. 그는 1958년 「공정으로서의 정의」라는 논문을 발표한 뒤 『정의론』을 1971년에 발간(1991년 수정판)하였다. 이 책은 출간과 동시에 20세기를 대표하는 고전의 반열에 올랐다.

도덕을 철학의 영역으로 복권시키며 사회철학의 영역을 연 것으로 평가받는 철학자 Rawls(1971)는 그의 『정의론』에서 사상체계의 제일 덕목이 진리라면, 정의는 사회제도의 제일 덕목이며, 이론이 아무리 정치하고 간명하다고 할지라도 그것이 진리가 아니라면 배척되고 수정되어야 하듯이, 법이나 제도가 아무리 효율적이고 정연할지라도 정당하지 못하면 개혁되거나 폐기되어야 한다고 주장하였다. 그는 정의로운 사회를 평등한 기회가 주어진 사회로 규정하고 있다. 모든 사람은 전체 사회를 위한다는 명목으로라도 유린될 수 없는 정의의 불가침성(inviolability)을 갖는다. 다수에게 혜택이 가기 위해서 소수에게 희생을 강요하는 것을 정의는 용납할 수 없다. 그러므로 정의로운 사회에서는 평등한 시민적 자유가 이미 보장된 사회다. 이러한 정의관은 다수의 행복을 위해 소수의 희생은 불가피하다는 최대다수의 행복을 추구하는 공리주의적 전통의 정의관을 정면으로 쳐낸 것이다. Rawls는 정의의 원칙에 사회가 합의하는 것이 중요한 문제라며, 이를 위해서 기회 평등의 원리를 제시한다. 그는 정의를 끌어내기 위한 두 가지 전제로서 사람들이 자신의 이익을 추구하는 상호무관심적 합리성을 바탕으로, 서로의 불평등한 조건(자질, 능력, 재산, 배경 등)에 대하여 무지한 상태(무지의 장막)를 요구한다. 이런 상태에서는 사람들은 유리한 사람의 이익을 최대화시키기보다는 불리한 사람의 피해가 최소가 되는 원칙을 공정하다고 받아들인다. 즉, 모든 사람이 받아들일 수 있는 최소의 정의를 추구하며, 이것은 원칙적용 출발의 문제이지 적용결과의 문제는 아니라는 절차적 정의관을 제시한다. 따라서 정의로운 사회는 기회가 균등하게 적용되는 사회다. 그러나 기회가 균등하다고 해서 출발 선상에 있는 사람들이 모두 같은 조건은 아니다. 저마다 신체적, 경제적 구비 상태가 다르기 때문이다. 따라서 불평등은 출발 선상에서 이미 작용한다. 이런 불평등을 수정하기 위하여 최소한의 차등의 원칙이 필요하다. 「장애인고용법」이나 세제를 조정하여 부자에게서 많이 기두어 빈자에게 혜택이 가도록 하는 정책 등은 출발 시 불평등을 보정해 주는 것으로 정의로운 사회를 구현하기 위해 필요한 정책들이다. 한국 사람들은 이 같은 정책에 상당히 우호적인 태도를 지니고 있다(한겨레, 2012. 5. 31.).

사회 돌아가는 것이 정의로운지를 판단할 때 사람들은 결과와 과정의 공정함을 모두 중요하게 여긴다. 결과는 '분배적 정의'의 문제이고, 과정은 '절차적 정의'의 문제다. 또한 사람들은 불공정하다고 여길 때 정의를 회복하려는 활동과 심리, 즉 '회복적 정의'에 관심을 보인다.

❖ 분배적 정의

사람마다 자기의 이익을 추구하는 것을 당연하게 여기므로 이를 규제하며, 마찰을 최소화시키는 방향으로 사회는 분배의 규범을 발전시켜 왔다. 예를 들어, 최후통첩 게임을 보자. 당신에게 만 원이 주어지고 이것을 실험에서 처음 만난 짝과 나누는데 분배의 비율은 전적으로 당신의 결정에 달려 있다. 다만, 상대는 자기에게 배정된 몫을 거부할 수 있고 그리되면 아무도 돈을 못 갖는 상황이다. 당신은 얼마를 상대에게 주겠는가?

최후통첩 게임
최후통첩 게임은 분배자가 어떤 형태로든 나눌 수 있으나 분배를 받는 사람이 수용하기를 거부하면 자신은 물론 분배자도 가질 수 없도록 구성된 게임이다. 두 게임 모두 실험경제학자들이 고안한 것으로 인간은 이기적 선택만을 하는 것이 아니라는 것을 보여 준다.

여러 연구에서 대부분의 사람(71%)은 40~50%를 짝에게 주는 것으로 나타났다(Fehr & Schmidt, 1999). 이 결과는 자기이익을 추구함에 있어서도 공평의 규범이 강하게 작용함을 보여 주는 것이다. 특히 사람들은 자신이 과다하게 받는 것보다는 덜 받는 부분에 대하여 예민하게 반응하며(Greenberg, 1996) 이를 인식하고 있기에 자기 욕심만 챙기는 일은 드물다.

분배의 세 규범 가장 많이 받아들여지고 있는 분배의 규범은 형평의 규범, 균등의 규범, 필요의 규범이다(Deutsch, 1975). 기여한 만큼 수확하는 형평의 규범이 제1규범으로 여겨졌으나, 여러 연구에서 이 규범은 공적인 영역, 일의 영역에 특히 잘 적용됨이 드러났다. 성과급, 스톡옵션, 올림픽 메달처럼 힘과 능력을 가진 사람들이 선호하는 규범이기도 하다(Cook & Hegtvedt, 1986). 균등의 규범은 관여한 사람들이 균등하게 수확하는 규범이다. 친구 및 동료들 간에 기여를 구분하기가 어렵거나, 기대하지 않던 수확, 사례비, 격려금에 대한 분배에 많이 적용된다. 필요의 규범은 기여에 관계없이 필요한 사람이 필요한 만큼 수확을 하는 규범이다. 가족 내 혹은 자선단체의 활동에 국한되어 적용된다.

일상에서 많이 채택되는 형평과 균등의 규범에 대한 비교연구는 규범의 채택이 자원획득의 불확실성과 깊은 관련이 있음을 보이고 있다. 파라과이 정글에 사는 아체족의 경우 수확의 확실성이 높은 경작물은 각 가족이 획득한 것을 가족이 갖는 방식의 형평 규범을 적용하지만, 불확실성이 높은 사냥물은 사냥에 참가한 사람들이 모두 균등하게 수확물을 나누어 갖는다(Kaplan & Hill, 1985). 짐승을 포획한 날에 고기를 나눔으로써 허탕을 치는 날들에 대비하는 보험을 드는 것과 같다.

자원획득의 불확실성과 규범의 관계양상을 파악하기 위하여 일본과 미국에서 실험연구가 행해졌다. 실험참가자에게 세 개의 각본을 제시하였다. 첫째 각본(노력-확실)은 경품에 응모하는 신청서를 50장 작성하여 수고비로 100달러를 받았고, 둘째 각본(노력-불확실)은 50장의 경품지원서를 작성해서 응모했더니 100달러가 당첨되어 받았고, 셋째 각본(비노력-불확실)은 1장의 경품지원서를 넣은 것이 당첨되어 100달러를 받게 되었다는 내용이다. 참가자를 나누어 각본의 주인공이 자기인 집단과 친구인 집단으로 구분하고, 받은 돈을 친구와 나눌 의향(혹은 친구가 받은 돈을 나누어 갖자고 할 의향)을 7점 척도로 평가하게 한 결과가 [그림 8-10]에 나타났다(Kameda et al., 2003; 곁글 8-5). 그림의 (a)는 소득을 얻은 사람이 자기인 경우에 친구와 나눌 의향이고, 그림 (b)는 소득자가 친구인 경우에 나누어 갖자고 요구할 의향이다. 결과는 자원이 일에 대한 성과일 경우에는 나누지 않겠다는 양상이 문화 차이 없이 나타

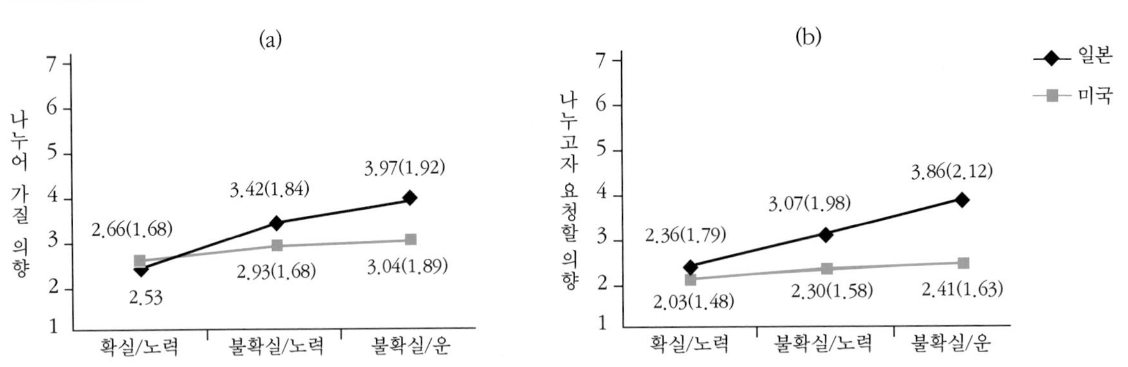

[그림 8-10] 자원의 불확실성과 노력의 크기에 따른 분배 규범: 미국과 일본

났다. 확실한 자원인 경우에 형평원리에 따르겠다는 것은 보편적이라는 의미다. 그러나 불확실한 상황에서는 두 나라에서 모두 나누겠다는 응답이 높게 나타났고, 문화 차이도 나타났는데, 일본사람들은 미국사람보다 그런 의향의 증가가 좀 더 높게 나타났고, 특히 얻은 것이 노력과 무관한 순수한 행운일 때 더욱 컸다. 이래서 복권이 당첨된 사람들은 자신이 당첨된 사실을 알리기를 매우 꺼리는 것이다.

분배에 대한 만족 사람들은 자신이 하는 일의 가치와 자신이 기여한 만큼 소득이 돌아올 것이라 기대하고, 이에 준한다고 여겨질 때 소득이 공정하다고 여긴다(Adams, 1965). 소득에 대한 만족도는 소득 공정성과 더불어 소득의 평등성이 고려된다. 소득 평등성은 소득의 분배가 평등하게 이루어졌는가의 문제다. 부가 얼마나 일부의 사람들에게 쏠려 있는지를 보여 주는 지니계수가 소득 불평등을 보는 지표로 중요하게 여겨지는 이유가 여기에 있다(본서 11장 참조). 자기와 유사한 입장에 있는 사람들과 사회비교(Festinger, 1954)를 통해서 자신이 열등하다고 여겨지면 상대적 박탈감에 의한 불만을 느낀다(Crosby, 1976). 사람들의 신분이나 인권에 있어서 차이가 없다는 평등의식이 높으므로 소득의 불평등을 크게 느끼면 불만족은 클 수밖에 없다. 소득 만족도를 결정하는 것은 절대적 재화의 빈곤 그 자체가 아니라 상대적 박탈감이기 때문에 절대 빈곤층 사람들에게는 재화의 제공에 의해서 불만족을 해소할 수 있으나, 교육을 받고 사회적 지위가 나아진 사람들은 훨씬 나은 중산층 및 상류층과 접촉이 많고 비교의 기회가 많아지면서 상대적 박탈감을 느낄 가능성이 높다. 이들이 사회 변혁을 위한 운동과 혁명의 주도 세력으로 작용하는 것이 역사의 교훈이다(Gurr, 1970).

곁글 8-5 분배 규범의 문화 차이?: 진화심리학적 조명

두 사람이 한 팀을 이루어 퀴즈쇼에 참가했는데, 한 사람은 6개, 다른 사람은 3개를 맞추어 상금을 탔다. 이런 상황에서 상금을 어떻게 배분하여 가질 것인지를 물어보니, 일본 학생의 73%, 미국 학생의 82%가 균등 규범을 선호하는 것으로 나타났다(Kameda, 2004). 이 결과는 분배 규범에 대한 문화비교연구가 서구권에서는 형평을, 동아시아권에서는 균등을 선호하는 양상을 보인 것(Leung, 1987)과는 대조적이었다. 일본의 7개 대학에서 나온 응답결과는 균등 규범 선호 양상이 63~83%로 변화를 보였다. 흥미로운 것은 수능점수가 높은 대학일수록 균등 규범을 선호하는 학생들의 비율이 낮게 나온 것이다. 수능점수의 높낮이는 부모의 소득계층과 밀접한 관계를 보이는 것에 주목한 연구자들은 불확실한 환경에서 생존하기 위하여 인류는 개인적 전략(힘과 재력, 능력을 키우는 것)과 집단적 전략(공동대처, 균등분배 등)을 발전시켰으며, 개인적 전략의 효과가 의심스러운 경우에 집단적 전략에 의존하리라는 가설을 세웠다. 이를 검증하기 위하여 불확실한 상황에서 자기집단이 얻은 소득을 분배하는 네 가지 유형을 정리하였다. 획득한 사람이 자기인 경우와 동료인 경우를 구분하고, 각기에서 소득을 획득한 사람의 것으로 하는 요구와 집단공동의 것으로 하자는 요구를 구분하면 〈표 8-4〉와 같은 네 유형의 전략이 나온다. 이들이 모여 살면서 갈등이 빚어지는 경우에 싸움이 나고 싸움은 비용(손실)을 초래한다고 볼 수 있다.

네 전략 간에 6개의 대립양상이 나타나는데 수확이 있을 때마다 대립하면 일정 손실을 감수하게 되고, 수확은 균등 분배하거나 취득한 자가 모두 갖는 식으로 상황을 설정하여 컴퓨터 시뮬레이션을 행하였다. 싸움에 의한 손실의 크기를 변화시키고, 집단 내 성원의 수를 변화시키면서 여러 세대에 걸쳐 행한 시뮬레이션 결과, CS가 압도적으로 유리한 것으로 나타났다. 같은 전략을 펴는 동료가 약간만 있어도 CS는 다른 전략들과 겨루어 생존 가능성이 높으며, 같은 전략을 펴는 동료가 여럿 있으면 다른 전략이 침투하지 못하도록 하는 가능성도 높았다. [그림 8-11]은 소득대비 싸움의 비용이 다양한 상황(가로축)에서 사회구성원의 수가 10명과 15명일 때 5,000번째 세대에서 CS 전략을 펴는 자가 차지하는 비율이 나타나 있다. 수확이 불확실한 상황에서는 소득을 거둔 사람이 자기이기보다 동료일 가능성이 높다. 비획득자가 다수이므로 공동분배를 요구하면 소수의 획득자에 비해 싸움에 이길 가능성이 높고 싸움의 비용은 여러 사람이 분담함으로써 손실을 줄이게 된다. 그러나 수확을 획득자가 갖는 전략을 취하는 E와 B는 소수이므로 승산도 적고, 이기는 경우라도 싸움의 비용을 크게 지게 된다(Kameda et al., 2003).

〈표 8-4〉 불확실한 자원 취득상황에서의 분배전략

		동료가 획득한 경우	
		공동소유 주장	획득한 사람소유 주장
자신이 획득한 경우	공동소유 주장	공동분배 전략 (CS)	자기희생 전략 (S)
	자기소유 주장	이기적 전략 (E)	부르주아 전략 (B)

CS: communal sharer, S: saint, E: egoist, B: bourgeois.

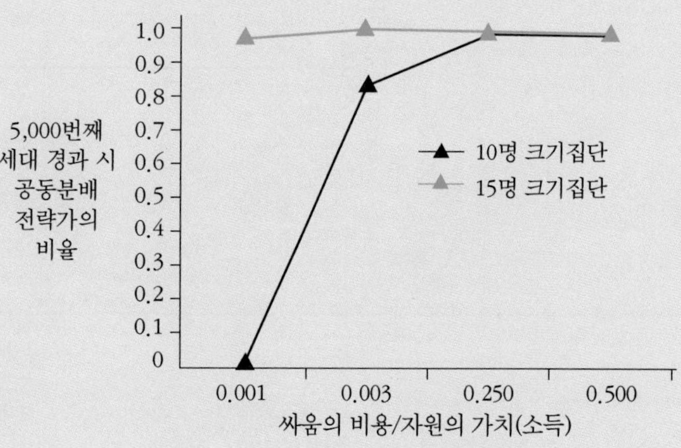

[그림 8-11] 다양한 생활 조건에서 공동분배전략의 생존비율

결글 8-6

국내에서의 성과급 제도에 대한 만족도

전통적으로 국내의 기업 조직에서는 급여가 연공서열에 의해 결정되었다. 그러나 신자유주의가 확산되면서 거의 모든 조직에서 성과급 제도가 도입되고 있다. 이 방식의 급여나 상여금이 직원들 간의 위화감을 조성한다는 대다수의 의견(오성호, 2003) 때문에 다양한 형태의 변칙이 동원되어 왔다. 성과에 따라 차등지급한 것을 다시 회수해서 똑같이 나누는 것 등이다. 삼성경제연구소의 보고에 따르면 개인위주 성과급의 도입으로 인해 개인 간 경쟁심이 촉발되고, 이기적인 분위기가 형성되면서 팀워크가 깨지는 등 과거에 없던 부작용들이 발생하였다(정권택, 2002).

사람들이 급여에 대하여 느끼는 만족감은 단순히 높고 낮음이 아니라 급여의 결정과정이 정당하다고 여기는가에 의해 크게 좌우된다. 한 연구(문광수 등, 2014)는 국내 15개 기업에서 종사하는 250여 명의 근로자를 대상으로 이들이 받는 성과급을 개인성과급과 집단성과급 두 가지로 분류하여 각기에 대한 만족도를 분석하였다. 집단성과급은 팀의 성과로 받아 균등하게 나누는 것이고, 개인별 성과로 받는 것은 개인성과급이다. 사람들의 문화성향을 파악하여 집단주의자와 개인주의자로 분류하여 분석한 결과, 집단주의자들은 개인성과급보다 집단성과급에서 임금만족 수준이 높았고, 개인주의자들은 집단성과급보다 개인성과급에서 임금만족 수준이 높았다([그림 8-12]).

이런 양상은 한국사회가 비록 개인주의 경향으로 변하고 있지만(11장 참고), 뿌리깊은 집단주의적 양상을 지닌 문화라는 점을 고려했을 때, 성과급을 전반적으로 도입 · 확산시키는 것에 대하여 상당한 저항감을 지니고 있음을 보여준다.

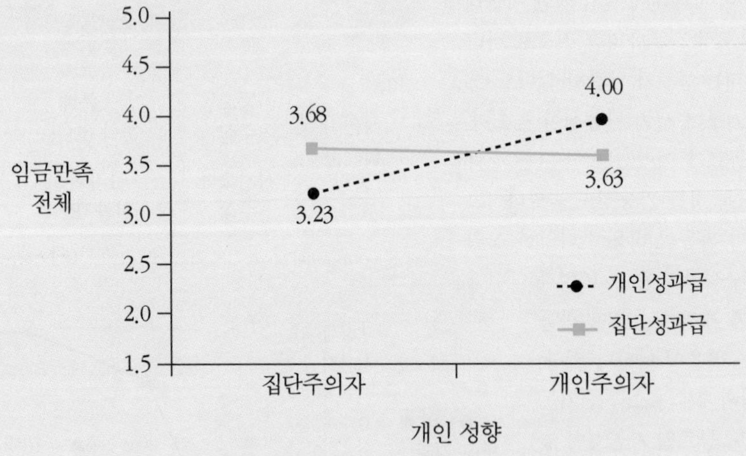

[그림 8-12] 개인의 문화성향에 따른 성과급 만족도

출처: 문광수 등, 2014.

❖ 절차적 정의

결과가 아무리 공정해 보여도 그 도출과정이 석연치 않다면 절차상의 공정성을 문제삼게 된다. 절차상의 공정성이 지켜졌다면, 그 결과에 대하여 당사자들이 불만을 품어도 해결책이 강제될 수 있다. 이는 Rawls의 정의론의 핵심이기도 하다. 주어진 몫이 기대에 미치지 못하면 사람들은 절차가 정당했는지 의문을 품는다. 절차 정의를 판단하는 경우에 사람들은 세 가지 요소를 중요하게 여긴다(Tyler, 1997). 첫째, 절차를 결정하고 집행하는 지도자(심판)의 중립성이다. 성원들을 대등하게 대하는 것인데, 운동 경기에서 판정의 시비가 이는 경우는 대부분이 이 문제다. 둘째, 지도자에 대한 신뢰다. 이는 지도자(심판)가 체제나 집단의 목표를 위해 행동하고 있다는 것에 대한 믿음이다. 셋째는 자신이 집단에 속해 있으며, 가치 있는 기여를 하는 성원으로 인정받는가에 대한 신념이다. 이런 신념이 흔들리면 절차 정의에 회의를 느낀다. 직장에서 직무수행 중 자신이 겪은 보상과 처벌 및 관련된 상사에 대하여 설문을 해서 분석한 결과 응답자들이 받은 보상과 처벌의 양 자체는 분배 정의 판단에 영향을 주었으나, 절차 정의에 대한 판단과 무관한 것으로 나타났다(Tyler, 1997). 절차 정의 판단에 영향을 준 것은 상사가 공정한지에 대한 믿음과 자신이 조직(상대방)으로부터 얼마나 인정과 대우를 받는지로 나타났다.

이대생들의 항의 사진
최순실의 딸 정유라가 이화여자대학교에 부당한 절차로 입학한 것이 알려지자 학생과 교수들이 시위를 하고 있다.

사람들은 자기의 몫은 알지만 많은 경우에 다른 사람의 몫이 얼마인지를 모른다(연봉, 상여금). 통상 절차 정의가 지켜지고 있다는 믿음에서 분배 정의에 관심을 지니고 있다. 그러나 분배된 몫이 기대에 못 미치면 절차에 관심을 갖게 된다. 대학생을 대상으로 각본을 꾸며서 행한 실험(Brockner et al., 2007)은 기대에 못 미치는 급여인상을 제시받은 경우에 절차의 공정성을 낮게 여긴 사람들에게서 조직에 대한 충성심이 낮게 나타남을 보였다. 사람들이 사회정의에 대하여 보이는 관심은 자기 몫에 대한 관심(분배 정의)과 더불어, 자신의 위치에 대한 관심(절차 정의)이라는 두 가지 중요한 동기가 작용하기 때문이다(Tyler, 1997).

❖ 회복적 정의

절차 정의와 분배 정의가 지켜질 때 사람들은 세상이 공정하다는 믿음을 유지하게 된다(Lerner, 1980; 3장 참조). 정의가 지켜지지 않았을 때 이 믿음이 위협받게 되며, 정의를 회복하려는 생각과 행동에 관여하게 된다. 정의를 회복하려는 행동이 집단적으로 취해질 때 사회변혁 운동이 전개된다. 정치 · 경제적으로 안정된 수준의 사회에서는 일부 사람들이 변혁운동에 가담하기도 하지만 대부분은 체제 수호적 사고를 많이 보이면서 공정한 세상의 믿음을 유지시킨다.

정의로운 사회에서 부당하게 피해를 당한 피해자에 대해서 피해자의 책임을 묻는다거나(3장 참조), 자기가 한 몫보다 많이 받았을 때 추가적인 일을 한다거나, 일의 부담에 비해서 보상이 적을 경우에 일의 질을 낮춘다거나 하는 등이 모두 회복적 정의의 행동 예라고 볼 수 있다. 이처럼 개인적인 차원에서 볼 수 있는 기제가 사회체제적인 차원에서도 작용한다. 이를 체제정당화심리라 하는데(Jost & Banaji, 1994), 두 가지 방식으로 나타난다. 첫째는, 사람들이 지니고 있는 계층에 대한 고정관념을 강화시키는 것이다. 상층 사람에 대하여 더 재능이 있다거나, 더 열심히 일을 한다거나, 더 창의적으로 여기고, 하층 사람들에 대하여 더 게으르다거나, 무능하다고 여기는 것이다. 미국의 중하위급 대학의 학생들과 소수민족 집단사람들은 자신들의 집단보다 상층집단 사람들에 대하여 매우 긍정적인 평가를 하는 것으로 나타났다(Conway et al., 1996; Jost et al., 2002). 둘째는, 능력주의 같은 원칙을 더욱 신봉하는 것이다. 때는 때대로 간다고 보고 하층에 속한 사람들이 제대로 실력을 못 갖춘 탓에 인정을 못 받고 대우를 못 받는 것이라고 여긴다.

일본대사관 앞의 소녀상

1970년 빌리 브란트 독일 총리는 유대인 학살에 대하여 희생자 추모비 앞에서 무릎 꿇고 사죄하였다. 2015년 일본의 아베 총리는 종군 성노예 문제는 박근혜 정부와 타협으로 불가역적으로 해결되었다며 이들을 피해여성이라 지칭하였지만, 직접 사과를 하지는 않았다. 일본은 10억 엔을 주고, 일본대사관 앞의 소녀상이 철거되기를 한국정부에 종용하고 있다.

보상, 화해, 용서 부당한 일이 저질러졌을 때 사회정의를 회복하는 또 하나의 방법은 피해자에게 보상을 해 주는 것이다. 교통사고를 당한 피해자에게 가해자가 보상을 함으로써 사회정의는 보호된다. 5 · 18과 세월호 희생자에 대한 정부차원의 보상은 한국사회가 정의를 구현하기 위해 노력하는 성숙한 사회라는 인식을 줄 수 있다. 또 하나 잘 쓰이는 방법은 화해의 행동이다. 자신의 잘못을 인정하고, 사과하며, 잘못을 보상하는 투의 친밀감 있는 행위를 보이는 것이다. 군집생활을 하는 포유류에서도 싸움이 있은 후에 이 같은 화해의 몸짓이 나오는 것이 침팬지를 대상으로도 관찰되었다(de Waal & Van Roosmalen, 1979). 진심어린 사과를 받은 피해자들은 가해자를 용서하며 사회정의감을 유지할 수 있다(Worthington, 1998: Gilovich et al., 2006에서 재인용).

또한 용서도 사회정의를 회복시키는 심리적 방법이다. 상대로부터 심히 부당한 일을 당하면 화가 나고, 대갚음을 하려 한다. 그

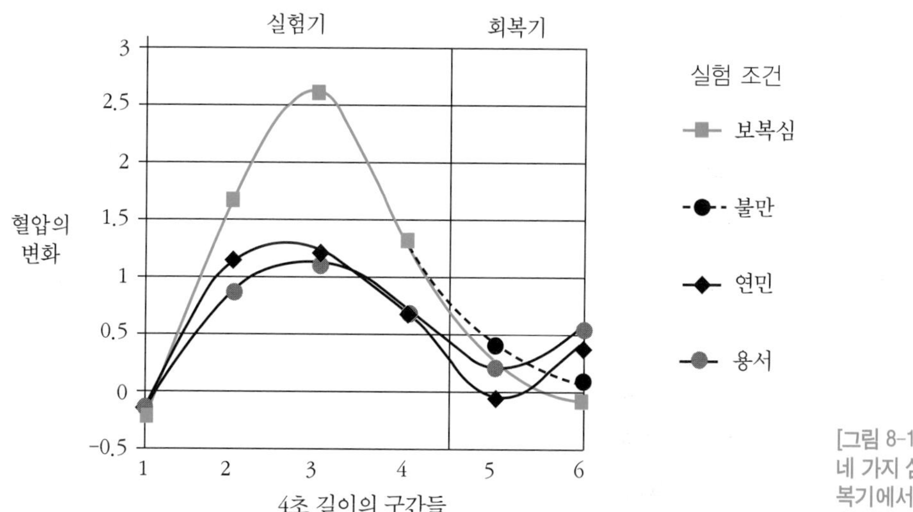

[그림 8-13]
네 가지 심리적 상황과 회복기에서 나타나는 혈압의 변화

러나 상대에게 보복을 할 수 없는 상황이라면 상대를 저주하고, 사회체제를 비난하고, 심하면 세상을 혐오하며 은둔생활을 할 가능성도 있다. 용서를 하게 되면 내면의 악감정, 응어리가 배출되고, 상대방에 대한 연민을 느끼면서 침해된 정의감을 회복할 수 있게 된다(McCullough, 2000). 한 연구에서 70명의 남녀 대학생을 개인별로 실험실에 불러서 자신에게 해를 끼쳐 미워하는 사람을 회상하도록 하면서 상대에게 보복하는 생각을 하거나, 불만을 품고 있는 생각을 하거나, 용서하거나, 연민을 갖도록 하는 마음을 품도록 하였다. 이를 순차적으로 하되 무선적으로 순서를 배정하고 이들의 생리적 반응을 측정하였다. [그림 8-13]에서 보듯이 상대에 대한 나쁜 마음을 갖는 상황에서 혈압은 상승하였지만, 용서하는 마음을 품는 순간 혈압 및 긴장상태를 보여 주는 생리지표가 평상시로 떨어졌다(Witvliet et al., 2001).

곁글 8-7 불평등한 한국사회, 일그러지는 청년들

2013년에 출간되어 큰 화제를 모은 『우리는 차별에 찬성합니다』(오찬호 저)는 대학진학 때까지 끝없는 경쟁에 길들여진 우리 시대 젊은이의 모습을 그리고 있다. 비정규직 근로자들이 정규직으로의 전환을 요구하는 투쟁을 먼 발치에서 지켜보는 대학생, 지방대의 차별을 다룬 영화를 보면서 충격을 받고 눈물을 흘리는 대학생들이지만, 지방대가 부당한 차별을 받는 것이 아니냐는 강사의 질문에는 "지방대는 저희 학교보다 대학서열이 낮아도 한참 낮은 곳인데, 제가 그쪽 학교의 학생들과 같은 급으로 취급 받는 건 말이 안 되죠!"라고 답하며 차별을 방관하는 서울의 대학생들. 같은 대학 내에서도 잘 나가는 학과와 그렇지 않은 학과의 학생들을 차별화하는 등, 사회의 불평등과 모순에 분노하고 저항하

좋은 대학에 자식이 합격하기를 기도하는 학부모들
출처: 한겨레21, 2014. 7. 21.

기보다는 이를 심리적으로 수용하며 일그러져 가고 있는 20대의 모습이 오늘 한국사회의 젊은이들이다.

아산정책연구원이 국내에도 유명해진 M. Sandel 교수(『정의란 무엇인가』의 저자)와 2012년에 공동으로 한미 양국에서 각기 1,000명이 넘는 성인 남녀를 대상으로 사회의 공정성에 대한 인식을 조사하였다. 여기서, 미국인의 경우 참여자의 62.3%가 미국 사회가 공정하다고 인식했으나, 한국의 경우는 불공정하다고 여기는 사람이 73.8%로 나타났다(한겨레신문, 2012. 5. 31.). 2011년 한국종합사회조사자료에서 "한국은 소득 차이가 너무 크다."라는 항목에 대하여 83.9%가 동의하고, 반대는 3.7%에 불과했다(경제 · 인문사회연구회, 2012, p. 206에서 재인용). 이같이 한국사회는 불공정하다는 인식이 지배적이다. 소득의 지니계수는 0.3 정도로 아주 높다고 보기 어려우나 부동산 소유 등의 지표에서 지니계수는 매우 심하다(김문조, 2008).

2011년 조사의 다른 항목에서 '소득이 더 공평해져야 하는지' 아니면 '노력하는 만큼 소득에 차이가 있어야 하는지' 의 물음에 더 공평해져야 한다는 응답은 17.8%, 노력만큼 차이가 나야 한다는 의견은 70.5%로 나타났다. 이는 소득 격차가 매우 크다고 여기지만 그것이 불공평하다고 여기지는 않는다는 것이다. 더욱이 교육기회의 공정성에 대한 응답을 보면 20년 전인 1990년에는 사회계층이 낮을수록 교육기회가 불평등하다고 여기는 양상이 컸으나, 2009년에는 계층 간의 차이가 거의 없으며, 교육기회의 불평등도 많이 개선된 것으로 인식하는 것으로 나타났다([그림 8-14]). 이런 양상은 20년간 객관적인 소득 불평등이 심화되었지만, 전반적인 소득이 향상되면서 불평등을 수용하는 쪽으로 인식의 변화가 나타나면서, 현상에 맞추어 열등한 지위에 있는 사람들을 노력을 안 했거나, 능력이 모자란 것으로 비하하고, 차별하는 심리를 갖추게 된 것이다. 체제정당화의 심리가 우리의 젊은이를 괴물로 변모시키고 있다.

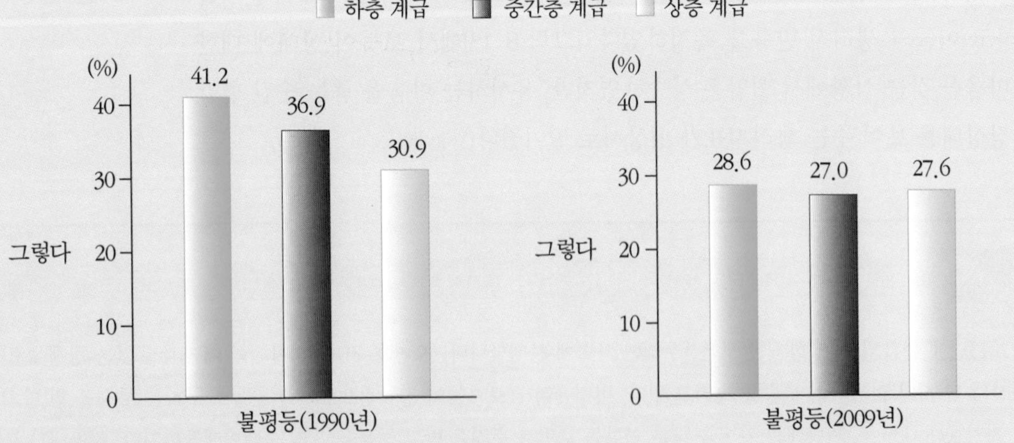

[그림 8-14] 교육기회의 불평등에 대한 인식의 계층 차(1990년과 2009년)

한국종합사회조사에서 1990년(좌)과 2009년(우)에 "교육기회가 평등한가"의 질문에 불평등하다고 답한 사람들의 비율을 계층별로 표기한 것이다.

출처: 경제 · 인문사회연구, 2012, p. 173과 210의 그림을 재구성함.

❖ 도덕성

도덕적 판단의 문제는 인간에게만 나타나는 문제인가? 도덕성은 인간에게만 적용되는 개념인가? 사회적 동물을 연구하고, 인간과 유사한 영장류를 연구하는 학자들은 여러 가지 실험을 통해서 동물들도 공정성을 고려한다는 것을 보인다. 사람들은 도덕성이란 고도의 이성적 판단 능력이라고 여기며, 동물에 대하여 도덕성을 운위하는 것은 물론 동물을 대상으로 하는 행위도 도덕성의 범주 밖으로 여겨왔다. 그러나 동물들도 도구를 사용하고, 개성을 지니고 자신과 다른 개체를 구별하며(2장 참조), 공평성에 대한 판단을 하는 것을 보여 주는 과학적 연구들이 나타나면서 지난 반 세기에 동물과 인간의 간극은 많이 좁혀졌다. 예를 들어, 침팬지들은 자신이 하는 똑같은 행위에 대해서 다른 우리에 있는 짝이 맛있는 포도를 보상으로 받고, 자신은 오이를 보상으로 받는다는 것을 보게 되면 그 행위를 더 이상 수행하지 않으려 한다([그림 8-15]). 이는 침팬지도 남과 비교를 하여 보상의 적절성 여부를 평가하며, 불평등을 혐오하는 양상을 보이는 것이다(Brosnan & de Waal, 2003; de Waal, 2013).

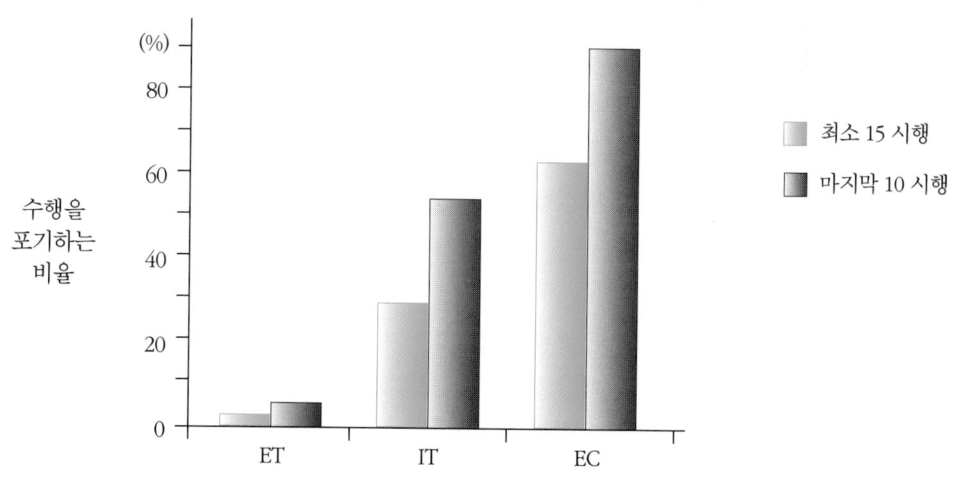

[그림 8-15] 불공평한 대우에 불만(수행 포기 행위)을 보이는 침팬지

ET: 상대방 침팬지도 자기와 마찬가지로 오이를 받는 조건
IT: 상대방 침팬지는 맛있는 포도를 받고 자기는 오이를 받는 조건
EC: 자기는 수행을 하면 오이를 받으나 상대방 침팬지는 수행을 하지 않아도 포도를 받는 조건

출처: Brosnan & de Waal, 2003, 그림 2의 일부[동영상 참고 바람(https://www.youtube.com/watch?v=-KSryJXDpZo 57초)]

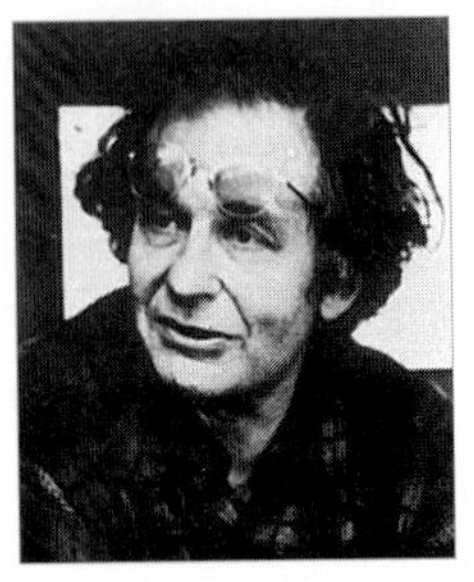

콜버그(Lawrence Kohlberg, 1927~1987)
시카고 대학교에서 심리학 박사학위를 하고 하버드 대학교에서 교수로 재직하였다. 피아제의 인지발달론에 바탕한 도덕성 발달 5단계설을 제시하여 학계의 큰 반향을 얻었고, 고등학교와 지역사회를 중심으로 신뢰에 바탕한 민주주의 정신과 교육을 해 나가는 정의사회 운동을 활발하게 펼쳤다.

Kohlberg의 도덕성 발달이론 도덕성 발달이론을 제시하여 도덕에 대한 심리학적 논의의 장을 연 Kohlberg(1969)는 Piaget의 인지능력 발달단계의 틀에 바탕하여 도덕성도 발달단계를 거친다는 이론을 제시하였다. 그는 도덕성을 아동이 성장하면서 사회정의를 이해해 가는 과정으로 제시한다. 따라서 높은 수준의 도덕적 판단을 위해서는 인지능력의 성숙이 요구된다. 그는 3수준 6단계의 도덕성 발달론을 제시하였다. 첫 수준은 인습 전 수준으로 옳고 그름의 판단을 자기에게 오는 손익과 동일시한다. 세부적으로, 1단계에서는 복종하고 따라야 하는 규칙이 있고 이를 어기는 것은 잘못된 행동이며, 이 경우에 벌을 받게 됨을 배운다. 2단계에서는 행위 결과가 나쁘거나 처벌을 받는 것은 악한 것이고, 좋거나 칭찬/보상을 받는 것은 선한 것으로 여긴다. 두 번째 수준은 인습 수준으로, 사회생활을 하면서 법과 질서를 따르고 타인과 공동생활하는 데 필요한 덕성들을 도덕적인 것으로 여기는 단계다. 구체적으로 나뉘는 3단계에서는 다른 사람으로부터 인정받고, 수용되고, 관계를 발전시키는 행위를 도덕적이라 여긴다. 4단계에서는 법과 규범을 지키며, 사회질서와 체제를 유지하는 것을 도덕적인 판단의 준거로 여긴다. 마지막 수준은 인습 후 수준이다. 여기에 속하는 5단계에서는 법과 질서에 대한 맹목적 추종에서 벗어나 그것들이 의도하는 바를 충족시키지 못하면 이를 바꾸거나 저항해야 한다는 판단을 한다. 즉, 법질서가 다중의 원만한 사회생활을 유지하기 위한 계약적 성격이라는 것을 이해한다. 6단계에서는 인간의 존엄성이나 생명권 같은 보편적 원리에 대한 신념을 갖고 이 신념 혹은 개인의 양심을 도덕성 판단의 준거로 삼는다.

피아제(Jean Piaget, 1896~1908)
아동의 인지발달 4단계설을 제시한 스위스의 인식론적 철학자이자 교육심리학자다. 실증주의 인식론에 반대하여 구성주의적 인식론을 이론화하였으며, 사회과학과 심리학의 연구에서 중요한 기여를 한 것으로 평가받았다.

Kohlberg는 개인들이 어떤 단계의 도덕성 판단을 하는지를 파악하기 위하여, 답하기가 쉽지 않은 여러 개의 딜레마를 제시한 뒤 사람들이 판단하도록 하고 그 이유를 분석하는 방식을 개발하였다. 많이 알려진 하인즈 딜레마(Heinz Dilemma)는 다음의 내용이다.

> 한 도시에 몹쓸 병에 걸려 죽어가는 아내를 둔 하인즈라는 사람이 있었다. 아내를 사랑하는 그는 백방으로 약을 구하다가 한 약사가 병을 치료할 수 있는 약을 개발한 것을 알게 되었다. 약사를 찾아가 약을 사려 했지만 약값이 너무 비싸 사지를 못하였고 이런 저런 사정도 하였지만 거절당하였다. 절망에 빠진 하인즈는 그날 밤 점방을 깨고 들어가 약을 훔쳐 나왔다.
>
> 이 상황에서 하인즈의 행동은 도덕적인가 아닌가? 그렇게 판단하는 이유는 무엇인가?

Kohlberg의 이론은 논리를 강조하는 남성 위주의 도덕관을 묘사하는 것이라며

결글 8-8

도덕성 판단의 확장: 육식의 불편한 진실

사회철학자 Singer(2002) 교수는 영국의 철학자 Hume의 주장을 상기시키며 도덕성 판단의 대상은 상대 개체가 인간과 유사한 정도의 인지능력을 가졌느냐, 사회생활을 하느냐 등으로 판단할 것이 아니라 그 개체가 고통을 느끼느냐(suffering)에 의해 판단해야 함을 주장한다. 그는 이 기준을 적용시켜, 동물을 인간과 차별하는 것을 **종차별주의**(speciesism)라 이름짓고, 이는 성차별주의, 인종차별주의와 마찬가지로 도덕적으로 수용될 수 없음을 주장한다. 이런 주장으로 Singer는 동물해방 운동의 이론적 토대를 제공하고, 채식주의를 도덕적 행위로 제시한다. 그는 『확장하는 원』이란 저서에서 자연선택은 인간에게 가까운 친족과 집단을 자기처럼 여기는 감정이입능력을 부여했는데, 그 대상의 폭을 넓혀서 가족 → 마을 → 부족 → 국가 → 종 → 모든 생명체로 확산시켜야 한다는 진보적 도덕관을 제시한다. 최봉영 등(2014)은 우리 바탕말에 터한 분석에서 도덕성의 영역을 생명체를 넘어 생태계로 더 확장시키는 이론을 제시하였다(결글 8-9).

사람들은 오랜 세월 동안 고기를 먹어왔고, 그 맛에 젖었기 때문에 엄청난 규모의 육식 산업이 발달해 왔다. 많은 사람들에게 양질의 단백질을 저렴한 가격에 공급한다는 목적으로 밀림이 벌채되어 목장으로 변하고, 곡물이 사료로 전환되어 쓰이는 등 기후변화에 악영향을 끼치는 탄소배출에서 육식관련 산업이 차지하는 비중이 모든 자동차 배기가스와 비슷한 것으로 잡히고 있다([그림 8-16]). 대량사육에서 발생하는 종내(수족구병) 및 종간(메르스, 광우병 등) 전염병의 문제, 열악한 사육환경, 도살장에서의 살육 및 가공 등의 현장 상황은 사람들에게 매우 불편한 현실이다. 그렇기에 육식 산업체에서는 이런 현실을 노출시키려 하지 않고, 육식의 필요성을 알리는 데 주력한다. 이런 사회화 과정에서 생활하며 사람들은 육식관련 3N의

좁은 우리에서 살며 도축되기를 기다리는 가축들

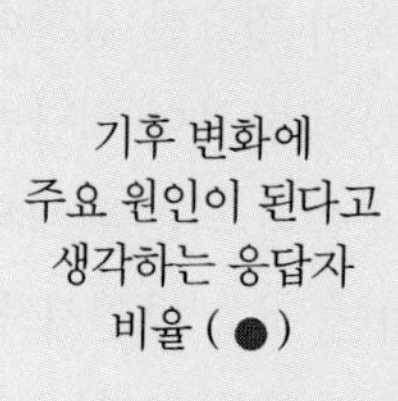

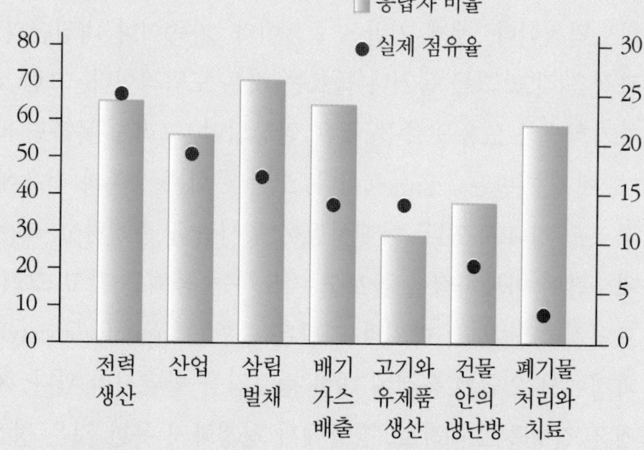

[그림 8-16] 지구온난화에 기여하는 각종 요인들의 비중(사람들의 응답과 실제 추정)

출처: The World Today, 2014.

신념을 지니게 된다는 것을 사회심리학자 Melanie Joy(2009)는 역설한다. 즉, 육식은 **정상**이고(normal), **자연**스러우며(natural), **필요**하다(necessary)는 신념이다. 이런 신념은 원시시대의 생태계나 수렵채취 경제에서 적용되는 것이지, 오늘날 대부분의 산업화된 국가에서는 의문시되는 것들이다. 육식을 위한 대량사육, 대량도살이 정상적이며 자연스러운 것인가에 그렇다는 답을 내릴 수는 없다. 고기 단백질이 필요하다는 주장도 채식주의 육상선수로 100m의 10초 벽을 깬 칼 루이스나 많은 채식주의자의 건강에 아무 문제가 없다는 점에서 정당화하기 어렵다. 사람들은 육식을 즐기기 위해 동물의 생명권을 무시하고, 사육/도살 현장을 보지 않으려 하며, 육식의 필요성을 강조하는 **자기합리화** 행태를 보인다.

길리건(Carol Gilligan, 1936~)
도덕성의 근거로 돌봄을 제시함으로써 남성위주의 심리학 이론의 문제점을 지적한 하버드 대학교 출신의 심리학자다. 대표작으로 1982년 발간한 『다른 목소리로』가 있으며, 여권 운동의 들보를 제공한 평을 받는다. 1996년 미국 타임스가 선정한 가장 영향력 있는 사람 25인에 뽑히기도 하였다. 2001년에 영화배우이자 여권운동가인 제인 폰다가 길리건의 저술에 감동받아 하버드 대학교에 1,250만 달러의 기금을 제공하여 화제가 되었다.

그의 제자였던 Gilligan(1982)은 여성들의 도덕관을 이해하기 위한 도덕의 원리로서 타인에 대한 돌봄(caring)을 제시하여 큰 반향을 일으켰다. 돌봄은 여성에게 국한된 것이 아니라는 인식에서, 도덕성의 두 근거로서 정의와 돌봄이 받아들여지게 되었고, 보편적으로 적용되는 도덕성의 또 다른 근거들을 모색하는 연구들이 진행되고 있다(Haidt, 2007; Shweder et al., 1997).

도덕성의 5기반론 Haidt(2007; Haidt & Graham, 2007; Haidt & Joseph, 2004)는 남녀뿐만 아니라 계층, 문화, 수준(개인/집단)에서 행위의 잘못 여부를 판단할 때 작용하는 5기반론을 제시하며 도덕성 판단에 대한 이해의 폭을 넓혔다. 첫 기반은 위해(危害, harm)다. 자신은 물론 다른 사람 및 동물에게 해를 끼치는 것은 잘못된 것이다. 타인의 고통을 보고 연민의 감정을 일으키고, 고통을 중지시키는 행동은 도덕적이다. 둘째 기반은 공정성이다. 생태계에서 상호 협동의 규범을 촉진시키는 행위는 공정한 것이며, 불공정한 것은 분노, 죄책감 등의 정서를 유발하며 비도덕적이다. 셋째 기반은 돌봄이다. 가족이나 내집단의 성원에 대하여 특별한 관심을 갖고 그를 돕거나 돌보는 것은 도덕적이다. 그런 도움이 필요한 상황에서 자기희생적 도움을 주는 것은 권장되며, 그러지 못하면 배신이라 하여 비난받는다. 넷째 기반은 서열(권위)이다. 모든 사회는 생존과 적응에 도움이 되는 위계서열 구조를 지니고 있다. 아랫사람이 윗사람을 존경하고 복종하는 것을 당연시하며, 윗사람이 아랫사람을 돌보고 지도하는 능력을 갖고 그러한 행위를 보이는 것을 도덕적이라 본다. 마지막 기반은 순수/신성(purity/sanctity)이다. 사람들은 진화의 과정에서 오염된 음식에 대한 혐오감을 발달시켜 왔다. 자연에서 청정하지 못한 것은 질병을 초래하고, 생활에서 청정하지 못한 것은 정신의 오염을 초래한다는 거부감이 도덕 판단의 근거로 작용한다. 종교의 경우에 신과 정신은 순수함이며, 모든 예식은 육체의 오염을 정화하는 의식을 포함한다. 그래서 육체의 욕구에 매

결글 8-9

한국말에 바탕한 도덕성 발달: 어울림의 도덕성 발달 4단계론

도덕이란 무엇인가? '길 도(道)'와 '베풀 덕(德)'이 아우러진 이 단어를 그대로 풀면 '베푸는 길'이다. 도덕사회란 베푸는 길이 펼쳐지는 사회가 된다. 우리의 바탕말을 분석하는 최봉영 교수(2016)의 탐구를 따라 좀 더 바탕으로 내려가 보자. 사람이란 무엇인가? '사람'은 살림을 살아가는 존재다. 사람, 살림, 살다, 살리다는 '살'이라는 어간을 공유한다. 살은 햇살, 넉살, 빗살, 화살에서 보듯이 밖으로 뻗어나가는 모양을 뜻한다. 따라서 사람은 안에 웅크리고 있는 것이 아니라 밖으로 기운의 살을 뻗어가며 살아가는 존재다. 그런데 온갖 동식물이 모두 목숨을 부지하며 살아가는 마당에 굳이 인간만 살아가는 존재로서 사람이라고 지칭하는 이유는 무엇일까? 인간은 살아가는 존재일 뿐 아니라 다른 것들을 살리는 존재이기도 하다. 동물과 식물도 삶을 살아가지만 자신만을 살리지 남을 의도적으로 살리는 행위를 하는 것은 아니다. 동식물이 남을 살리는 것은 의도가 아니라 절로 그러할 뿐이다. 살아가기 위해서 사람은 사는 힘을 갖고 자기를 살려주는 힘들(공기, 물, 음식, 부모, 친구 등)을 만나야 살아갈 수 있다. 이를 깨닫는다면 우리는 자기를 살려주는 것들에 고마워하고, 이들을 해치는 것은 자신을 해치는 것임을 알고, 이들을 살리고자 마음을 먹을 수 있다. 그래서 인간만이 타인은 물론, 다른 동식물을 살리고, 생태계를 살리는 활동을 의도적으로 기획하고 실행할 수 있다. **사람**은 살리며 살아가는 존재이다!

살리되 나의 필요를 위하여 살리는 것이 아니라 상대의 가치를 인정하고, 알아주고, 이를 존중하며, 상대가 자기의 삶과 존재를 온전히 하는 임자로서 삶을 살아갈 수 있도록 하는 것이 진정한 의미의 살리는 것이다. 이렇게 임자들이 살면서 함께 하는 것이 **어울림의 세상**이다. 논어에서 군자는 화이부동(和而不同: 어울리되 같지 않다)한다는 말은 바로 임자로서의 어울림을 제시한 것으로 해석될 수 있다.

살리고 어울리는 대상은 발달단계를 거치며 자신에서 출발하여, 자신을 둘러싼 더 큰 세상의 것들로 확산되어 간다. 저의 바깥에 있는 것의 존재를 알아주는 힘을 키우는 것. 그래서 살리고 어울리는 대상을 넓혀 가는 것이 **어른**으로 성숙하는 과정이고, 도덕성이 발달하는 과정이다. 이 단계는 4단계로 진행된다. 즉, 처음에는 자신이 저만에 의해서 구성되었다고 여기므로 저만 살리는 단계다. 그러나 자기와 가까운 사람들(저들)도 자기의 본질을 구성하고 있다는 것을 인식하고, 저들과 자기가 어울리는 둘째 단계(**닫힌** 우리)로 진행하며, 더 나아가면 내집단의 밖에 있

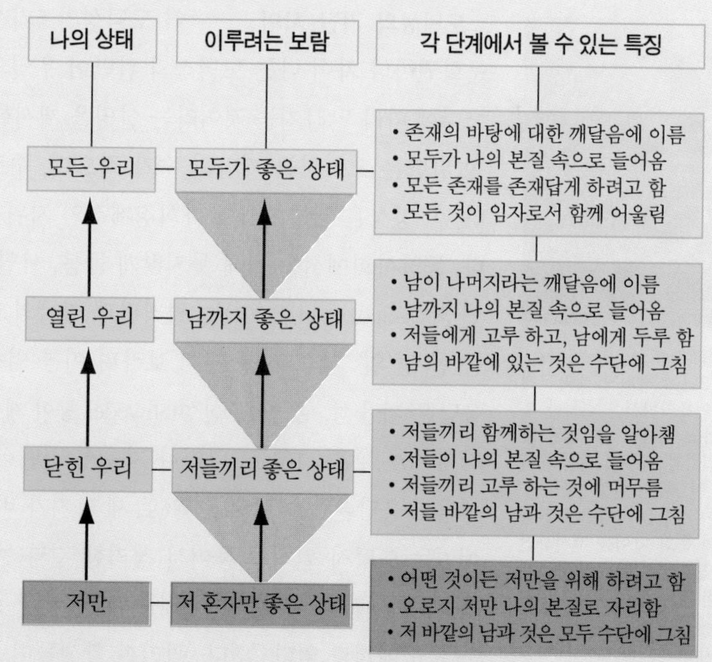

나의 상태
이루려는 보람
각 단계에서 볼 수 있는 특징
모든 우리
모두가 좋은 상태
• 존재의 바탕에 대한 깨달음에 이름
• 모두가 나의 본질 속으로 들어옴
• 모든 존재를 존재답게 하려고 함
• 모든 것이 임자로서 함께 어울림
열린 우리
남까지 좋은 상태
• 남이 나머지라는 깨달음에 이름
• 남까지 나의 본질 속으로 들어옴
• 저들에게 고루 하고, 남에게 두루 함
• 남의 바깥에 있는 것은 수단에 그침
닫힌 우리
저들끼리 좋은 상태
• 저들끼리 함께하는 것임을 알아챔
• 저들이 나의 본질 속으로 들어옴
• 저들끼리 고루 하는 것에 머무름
• 저들 바깥의 남과 것은 수단에 그침
저만
저 혼자만 좋은 상태
• 어떤 것이든 저만을 위해 하려고 함
• 오로지 저만 나의 본질로 자리함
• 저 바깥의 남과 것은 모두 수단에 그침

[그림 8-17] 어울림 도덕성 발달의 4단계

출처: 최봉영 등, 2014.

는 남들까지도 자기의 본질을 구성하고 있다는 것을 인식하고, 우리와 남을 구분하지 않고 어울리는 세 번째 단계(**열린 우리**)로 가며, 마지막 단계에는 자연 생태계의 것들도 자기를 구성하는 본질로 인식하는 지평의 확대가 이루지는 단계(**모든 우리**)로 나아간다. 많은 사람들은 둘째 단계를 잘 벗어나지 않는다. 서양의 인본주의 사상은 셋째 단계까지 포괄하며, 불교는 넷째 단계를 포괄하는 특징을 지니고 있다([그림 8-17]).

도덕성 발달론을 제시한 Kohlberg는 크게는 3단계로 구분하여 인습전 단계, 인습 단계, 인습후 단계의 도덕성 발달단계론을 제시하였다. 인습후 도덕성 발달의 마지막 단계는 사회적 계약의 한계를 깨닫고, 자신의 양심과 인류 보편적 가치에 바탕하여 판단하는 단계다. 마지막 단계에 도달한 사람은 드물다고 보며, 인권과 생명권과 같은 보편적 가치뿐만 아니라 평등성, 존엄성 등의 인간적 가치를 불가침의 가치로 여기는 것도 해당한다. 그러나 어울림의 도덕성 마지막 단계에서는 인간이 모든 것에 우선하는 독점적 지위를 누릴 수 없다. 같이 어울리면서 함께하는 우리의 이쪽일 뿐으로 저쪽의 살리는 힘을 받아서 살아가는 존재일 뿐이다(최봉영, 한규석, 김택신, 2014).

달리는 탐욕적 삶을 천박스럽게 여기며, 신의 뜻을 좇는 삶(테레사 수녀의 예)을 높이 산다.

위해와 공정성 기반은 개인적 가치로 분류할 수 있고, 돌봄, 서열, 신성은 집단적 혹은 결속적 가치라고 분류할 수 있다.

슈웨더(Richard Shweder)
1972년에 하버드 대학교에서 인류학박사를 취득한 후 시카고 대학교 인간발달 및 심리학과 교수로 재직 중이다. 인도에서 현장연구를 수행한 경험을 바탕으로 인간관의 문화 차이를 제시하면서 문화심리학의 영역을 제시한 학자로 인정받고 있다. 도덕성의 판단 근거를 모색하여 3근거이론을 제시하였고, 문화의 갈등 문제에 연구관심을 두고 있다.

도덕성의 기반 차이 이 도덕성의 5기반론은 정치적 성향(진보/보수 등)이나 문화권마다 차이 나는 도덕성의 판단이 우열의 문제가 아니라 어떤 기반을 중시하느냐에 따라 달라지는 것이라는 설명을 제시한다. 예를 들어, 서구사회에서의 도덕성 판단은 고려하는 기반의 수가 적으며, 주로 개인적 가치를 중심으로 이루어진다. 이 양상은 서구에서도 사회경제적인 지위가 높은 사람들에서 더 강하게 나타난다. 동양사회에서는 위해 못지않게 돌봄, 서열, 순수의 집단적 가치를 중시한다. 한 연구(Vasquez et al., 2001)는 필리핀과 미국의 대학생에게 그들의 생활에서 '있어서는 안 될 일' 세 가지를 대어 보라며 이를 범주로 나누었다(연구 3). 미국 학생들의 응답은 자율성, 공동체, 신성(Shweder 등이 제시한 기반임)의 세 가지로 분류했을 때 각기 60%, 24%, 16%로 나타나 자율성 기반이 중요한 것으로 나타났다. 필리핀 학생들의 응답은 39%, 25%, 37%로 세 가지가 비슷하게 작용함을 보였다. 중요하다고 여기는 도덕적 원칙을 물어서 정리한 결과(연구 1), 미국에서 가장 많이 나오는 두 가지는 "사람들은 자신이 원하는 것을 행할 권리가 있다." "다른 사람을 깔볼 권리는 누구에게도 없다." 였다. 필리핀 학생들이 가장 많이 든 것은 "사람은 자신의 가족 및 공동체에 성실해야 한다." "사람은 행동을 조심스럽게 하며, 남을 해쳐서는 안 된다." 였다. 온라인 조사에 답한 미국인 2,811명에게 15가지 사건에 대한 도덕적 판단을 하는 경우에 위 5개의 기반 각기를 얼마나 중요하게 고려하는지를 묻고 그들의 정치성 성향을 물어서 관계를 파악해 보니, 진보적 경향이 높을수록 사람들은 위해와 공정성의 두 기반을 주로 고려하는 반면에, 보수적 경향이 높을수록 5가지 기반을 모두 고려하는 경향이 뚜렷이 나타났다(Graham et al., 2009; Haidt, 2007).

국내에서 정치적 입장을 물어 진보와 보수성향을 구분하고, 이들에게 도덕기반 이론에 근거한 도덕성을 측정한 결과 진보성향자들은 공정과 위해의 개인적 도덕성을 판단의 기반으로, 보수성향자들은 돌봄과 권위, 신성의 결속적 도덕성에 대한 것도 비중을 두는 양상이 나타난다(이재호, 조긍호 2014; [그림 8-18]). 한편, 진보 혹은 보수성향이 뚜렷한 성인과 대학생을 대상으로 용산 재개발 사건과 간통죄에 어떤 생각을 가졌는지를 심층면담으로 파악하고, 이들 응답을 다섯 가지 기반에 따라 분류하여 연관성이 높은 응답어들의 연결망을 구성하여 분석한 결과, 보수성향자는 진보성향자에 비해서 더 많은 도덕적 기반을 바탕으로 간통죄와 재개발 관련행위를 판단하는 것으로 나타났다(정은경, 손영우, 2011). 이 같은 양상은 진보 혹은 보수단체에 종사하는 사람들을 대상으로 사건에 대한 견해를 심층면담으로 파악하고, 이들 견해에 나타난 핵심어 간의 연결망을 분석한 결과에서도 나타났다(정은경, 정혜승, 손영우, 2011). 보수단체의 경우, 권위와 같은 결속적 기반의 핵심어들이 연결망에 많이 포함되어 있으며, 진보단체의 경우 손상, 공평성 같은 개인적 기반의 핵심어들이 연결망에 많이 나타났다. 용산 재개발 사건의 경우에 진보의 연결망에서 위해(야만, 보호, 손상, 안전)에 속한 것이 78%, 권위(불법, 통제, 질서)에 속한 것이 22%였으나, 보수의 연결망에서는 위해가 25%, 권위가 75%로 나타났다.

용산 재개발 사건
2009년 1월 20일 용산지역 재개발 사업에서 최소한의 보상을 요구하던 철거민들이 건물에서 농성하는 것을 경찰이 과잉진압하는 과정에서 철거민 5명과 경찰 1명이 사망한 사건

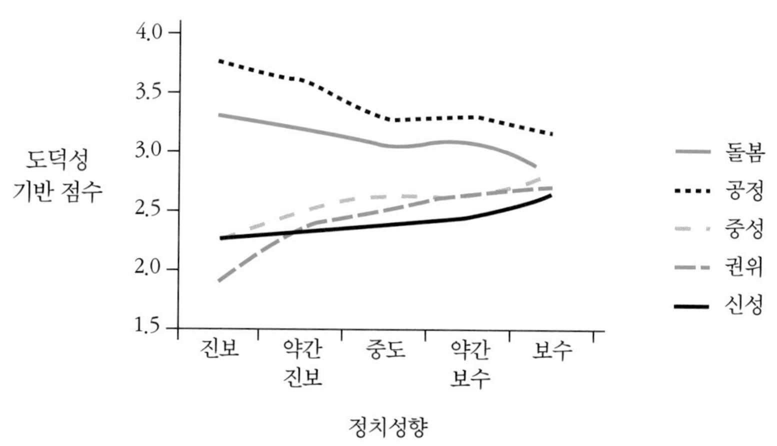

[그림 8-18]
정치성향에 따른 도덕기반의 비중 차이
출처 이재호, 조긍호, 2014.

도덕적 판단의 두 체계 최근에 급격히 증가한 인지신경과학의 연구와 진화심리학적 접근은 도덕적 판단의 문제를 이성의 영역에서 감성의 영역으로 변모시키는 양상을 보인다(12장 참조). 거울뉴런과 같은 선천적 공감 기제에 의해 정서적 느낌이 오고, 이 애매한 느낌을 이해하고 정당화시키는 이성적 사유에 의해 구체적인 도덕성 판단이 이루어진다는 주장이 힘을 얻고 있다(Haidt, 2001). 사회심리학자인 Zajonc(1980)는 인간의 마음이 정서의 체계와 인지의 두 체계로 구성되었다며, 정서를 인지적 과정으로 이해하려는 기존의 접근이 지닌 한계를 지적하면서 심리학에서 정서에 대한 연구를 활성화시킨 바 있다(김정운, 2001). 그는 사건을 접해서 인간은 늘 즉각적으로 상황에 대한 정서적 평가를 하며 이 결과로 정서를 경험하지만 이 과정이 자동적이고 빠르게 이루어지므로 이해되거나 설명되지 못한다고 하였다. 고차적인 인지적 사고는 이 과정 다음에 나타나며, 종종 감정을 납득시키는 역할을 한다는 것이다. '이성은 감정의 노예' 라고 갈파한 경험론 철학자 D. Hume의 주장이 먼지를 털고 나온 것이다.

다음의 경우를 보고 잘잘못을 판단해 보라. "친오누이 간인 민석이와 민정이는 오랫동안 벼르던 유럽 배낭여행을 둘이서 떠났다. 하루는 바닷가의 오두막에서 자게 되었는데, 호기심이 일어 둘이 사랑을 해 보기로 하였다. 피임도구를 철저히 챙겨 행위를 했고, 둘은 정말 더 가까워진 느낌을 받았다. 둘은 이 사건을 죽을 때까지 비밀로 하기로 하였으며, 다시는 하지 않기로 하였다." 도덕적으로 문제가 없는가? 거의 모든 사람들이 이 내용을 들으면 분명히 잘못된 것이라 여긴다. 혐오감을 표시하기도 한다. 왜 잘못되었는지를 설명해 보라면, 대부분 근친상간의 금기를 대거나, 둘이 분명히 상처를 받을 것이라는 등의 이유를 댄다. 두 사람이 어떤 면에서도 상처를 받은 것이 없고, 좋은 경험으로 여긴다면, 종국에 사람들은 "하여간 잘못된 행동이야!" 라고 단언한다(Haidt, 2001).

이 사례에서 보듯이 인간의 도덕적 판단은 우선 유발된 정서에 의해서 판단되고 이것이 정당화되는 양상을 보인다. 사건에 접해서 유발되는 정서는 오랜 진화의 산물이며, 언어의 사용이나 고차적인 사고가 진화과정에서 나타나기 전부터 작동한 생존기제라고 본다. 이를 바탕으로 Haidt(2001)는 도덕판단의 두 체제를 사회직관론자 모형으로 정리하였다. 첫 번째 도덕판단 체제는 직감적 판단이다. 이는 사건을 접해서 자동적이며, 순간적이며, 왜냐고 설명하기 어렵지만 느껴진 감에 바탕한 판단이다. 두 번째 판단체제는 숙고를 거친다. 이는 느리며, 의도적으로 해야 하며, 논리적으로 관련된 정보를 분별하고 취합하는 과정을 통해 이루어진다. 도덕적 판단은 직관에 의해서 먼저 이루어지고, 필요하면 숙고과정을 거쳐서 최종판단이 이루어진다. 대체로 숙고과정은 직관을 정당화시키는 방향으로 이루어지지만, 직관과 반대되는 도덕적 판단을 보이기도 한다.

최근에 뇌신경과학 장비를 이용한 연구들에서 갈등적인 도덕적 판단이 요구되는 문제를 다룰 때 활성화되는 뇌의 부위는 정서를 느낄 때 활성화되는 부위로 나타났고, 비도덕적 판단의 문제를 다룰 때는 활동기억과 관여된 부위가 활성화되는 것으로 나타났다(Greene et al., 2001; 곁글 8-10). 1848년 미국의 한 광산에서 폭발사고로 뇌를 다친 '게이지(Gage)'란 광부가 사고 이후에 도덕적 판단능력을 상실하여 매우 혐오스러운 행동을 서슴없이 하게 된 사례가 발생했다(Damasio, 1994). 그의 손상부위를 재구성한 연구자는 쇠 지렛대가 관통한 뇌의 영역(전두엽의 Orbitofrontal 부분)은 도덕사고에 관여하는 뇌의 영역에 포함된다는 주장을 제기하였다(Damasio et al., 1990). 이 부위에 손상을 입은 사람들은 도덕적으로 부적합한 행동을 보이는 것이 관찰되고 있다(Gilovich et al., 2006, p. 566). 이 같은 연구는 인간의 이기적 욕구 추구 경향에 더해서 사회생활을 하는 데 필수적인 타인에 대한 배려행위가 혐오, 연민과 같은 관련 정서와 더불어 뇌의 진화과정에서 프로그램되었음을 시사한다. 두 가지 뇌의 영역이 구분되어 있다는 것이 인간은 이기적이기만 한 것이 아니라 도덕적이기도 하다는 관점을 제시하고 있다(침팬지의 도덕적 행위에 대한 증거를 위해 de Waal, 2014을 참조할 수 있음).

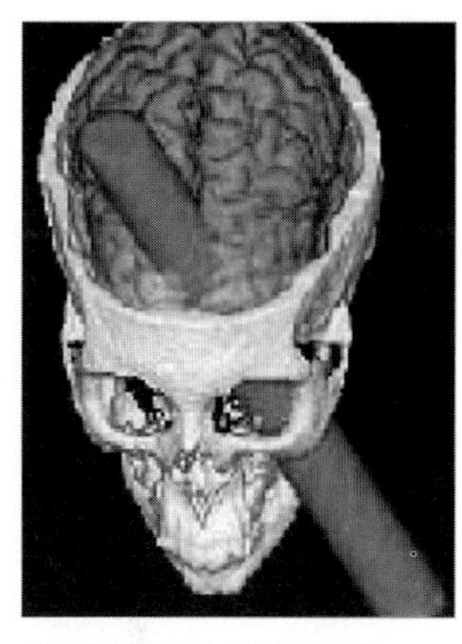
게이지의 두부를 관통한 지렛대

곁글 8-10

도덕적 판단과 정서: 두 가지 곤경 상황의 차이

도덕철학자들에게 답하기 어려운 딜레마로 여겨지던 다음의 두 상황에서 당신은 어떤 결정을 내릴지 살펴보자.

상황 1(장치 상황-트롤리 상황): 지금 멈출 수 없는 폭주기관차가 선로 작업을 벌이고 있는 5명의 인부를 향해 달리고 있는 것을 알게 되었다. 인부들은 이 상황을 모르고 작업에 열중이다. 당신의 앞에 놓인 선로변경 장치를 틀면 5명의 인부를 살릴 수 있지만, 다른 궤도에서 작업하는 인부 한 사람이 죽게 된다. 이 상황에서 당신이 아무런 행동을 안 하면 5명이 죽고, 장치를 누르면 5명은 살지만 다른 한 사람이 죽게 된다. 누르겠는가?

상황 2(밀기 상황-풋브릿지 상황): 폭주기관차가 5명의 인부를 향해 질주하는데 다리 위에서 이를 본 당신의 옆에 체구가 충분히 큰 사람이 아무것도 모른채 있다. 당신이 이 사람을 밀치면 선로 위로 떨어져 큰 체구로 열차를 막을 수 있지만 그는 죽임을 당할 것이다. 밀치겠는가?

서구에서 사람들은 대부분 장치 상황에서는 5명을 구하는 선택을 하지만, 밀기 상황에서는 5명을 구하지 않는 선택을 하는 것으로 나타난다(Greene et al., 2001). 9명의 연구 참여자들에게 위에 제시된 상황에 더해서 다양한 도덕적 판단 상황 60개와 도덕과 무관한 판단상황을 제시하면서 각본의 사람이 한 행동(예: 길에 떨어진 돈을 갖는 것, 무임승차하는 것 등)이 적절한지 여부를 판단하게 하면서, 반응시간과 이들이 답할 때 뇌영상기록장치로 활성화되는 뇌의 영역을 파악하였다. 이들 상황을 개인적(personal: 밀기 상황이 한 사례) 상황과 비개인적(impersonal: 장치 상황이 한 사례) 상황으로 구분하여 반응시간을 비교한 결과가 [그림 8-19]에 나와 있다. 각본 속의 행위자가 장치 상황에서 5명을 구한 행동이 적합하다는 판단을 하는 시간은 매우 짧았지만, 밀기 상황에서 밀치는 행동이 적합하다고 여기는 판단은 반응시간이 오래 걸렸고, 오히려 부적합하다는 답을 하는 시간이 짧게 나타났다. 비개인적 도덕 판단의 경우에는 도덕과 무관한 판단(버스를 탈 것인지 택시를 탈 것인지 등) 상황과 양상이 비슷했다. 세 가지 판단 상황에서 활성화되는 뇌의 영역도 확실하게 차이가 나는데, 밀기 상황에서는 내측전두회 부위와 각회 부위가 다른 판단 상황과는 달리 두드러지게 활성화되었다. 이 영역은 정서가 관여될 때 활성화되는 부위이며, 이 부분이 활성화되면서 작업기억의 영역은 덜 활성화되었다([그림 8-20]).

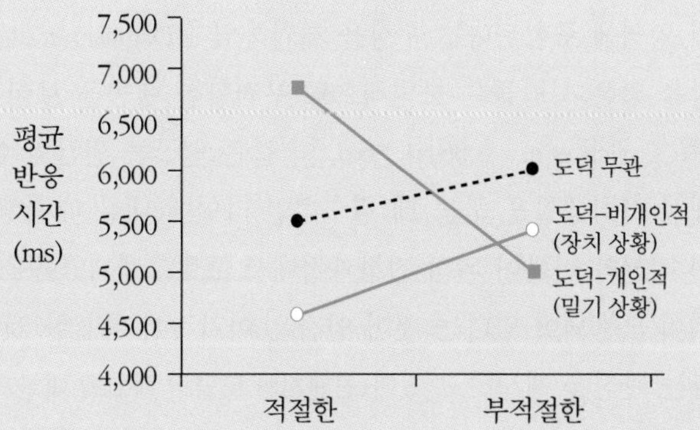

[그림 8-19] 세 가지 유형의 판단이 '적절/부적절' 한지를 묻는 질문에 대한 반응시간 평균

얼핏 보기에 유사한 두 가지 상황에서 사람들은 왜 정반대의 답을 하나? 이 연구는 정서의 관여가 크게 다른 탓임을 그 답으로 제시한다. 물론 이 답이 도덕철학자에게 좋은 설명이 되지는 못할 것이다. 도덕철학자들은 이런 차이를 최대 다수의 최대 이익을 추구하는 **공익론**적(utilitarian) 선택과 **원칙론**적(deontological) 선택으로 설명한다. 공익론적 관점은 공익을 위해 더 유리한 선택(더 많은 목숨을 구함)을 허용하지만, 원칙론적 관점은 인간의 목숨을 수단으로 삼아서는 안 된다는 칸트의 철학 원칙과 같이 의무적으로 하지 말아야 할 것을 규정한다.

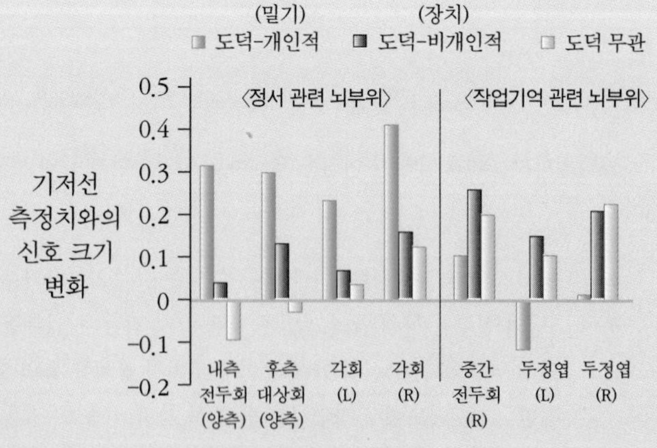

[그림 8-20] 각 판단 상황에서 활성화되는 뇌의 영역

출처: Greene et al., 2001.

공감의 확산과 도덕성 현대인의 도덕성 판단은 상황이 개인의 정서를 크게 촉발하지 않는 한 공익적인 접근을 취하는 양상이 높게 나타난다. 특히 이런 양상은 교육을 많이 받았거나 사회적 계층이 높은 사람들에게서 두드러진다. 사회계층이 낮은 사람들은 가지고 있는 자원이 적기 때문에 비슷한 처지에 있는 사람들과 공감하고, 어떤 위협이 닥쳤을 때 이 공감을 바탕으로 연대하고, 공동의 대처 활동과 미래 대비 행동을 보일 가능성이 높다. 한 연구(Cote et al., 2013)는 '트롤리 딜레마' (곁글 8-10)와 유사한 상황을 실험적으로 재구성하여 참여자들에게 제시하였다. 다섯 명으로 구성된 팀에서 한 사람의 몫을 빼어 다른 사람에게 주면 다른 사람들에게 돌아가는 몫이 두배로 증가하는 상황에서 얼마를 빼어 낼 것인지를 물었다. 빼어 내는 몫의 양은 참여자들의 사회적 계층이 높은 경우에 많이 나타났다. 참여자들이 몫을 빼앗길 사람의 입장을 생각하고, 그들이 어떤 느낌을 지닐지를 기술하는 문장을 쓰도록 하여 공감을 일으킨 경우에, 빼어 내는 몫의 크기는 크게 줄었다. [그림 8-21]에서 보듯이, 공감 조치를 취하지 않은 통제 조건에서 사회계층의 차이는 크게 나타났지만, 공감 조건에서는 계층 차이가 없어졌다. 이 결과는 도덕성 판단은 공감이 중요한 요인으로 영향을 미치는 것을 보여 준다.

유대인 학살이나 월남전 미라이 마을 학살 사건에서 피해자들의 처지를 도저히 묵과할 수 없어서 자신의 목숨을 무릅쓴 사람들이 있었다. 유대인을 구한 사람들 300여 명을 면담한 연구(Oliner & Oliner, 1988: McFarland et al., 2012에서 재인용)에서 연구자들은 이들을 일반 사람과 구별하는 심리적 특징으로 포용성(extensivity)을 제시한다. 자신의 공감과 그에서 연유되는 책임감을 상대방의 인종이나 종교와 무관하게 모든 사람에게 적용하는 심리다. 자신이 구한 유대인들의 이름을 대라는 총부리 앞에서 한 사람은 "나는 누가 유대인인지 모릅니다. 그들은 단지 모두 사람들일 뿐입니다."라고 하였다. 이런 인류로서 하나됨(oneness with humanity)의 인식은 2015년 백만 부가 판매된 『미움받을 용기』로 유명해진 독일의 심리학자 Adler가 제시한 사회적 관심이라든가, 욕구위계설로 잘 알려진 Maslow의 자기실현의 삶에서도 핵심적인 사상이다. 이를 지닌 사람은 특정 집단의 사람에 대해서가 아니라 인류 전체에 대한 동질감을 느끼고 깊은 연민을 느낀다. 그래서 다른 사람을 돕고자 하는 진정한 욕구를 지니게 된다(Maslow, 1954, p. 138).

가치이론을 정리하여 인류의 가치를 열 가지로 제시한 Schwartz(1992, p. 12)는 보편주의(universalism) 가치를 포함시키고 있다(곁글 5-1 참조). 이는 모든 사람과 자연의 본성을 이해하고, 보호하고, 고마워하는 것으로 자기의 집단을 벗어나 모두에게 영속적이며 초월적인 것을 지향하는 가치로서, 세계평화, 자연보호 등을 포용하는

아들러(Alfred Adler, 1870~1937)
초기에 프로이트의 정신분석학에 매료되어 활동하였으나, 성적 욕망과 무의식 세계의 지나친 강조에서 벗어나 완성을 지향하는 동기와 깊은 사회적 관심을 갖고 목적론적인 삶을 펴나가는 인간의 모습을 제시하는 심리학의 이론체계를 독자적으로 제시하였다. 그의 이론을 개인 심리학(individual psychology)이라 일컫는데, 이는 개인을 사회나 집단에 우선시한다는 의미가 아니라 개인을 통합적인 존재로 인식하고 접근해야 한다는 의미다. 아들러는 사회적 관심을 인간의 본성적 특징으로 제시하고 있다는 점에서 사회심리학자라고도 볼 수 있다(노안영, 2016; Crandall, 1984).

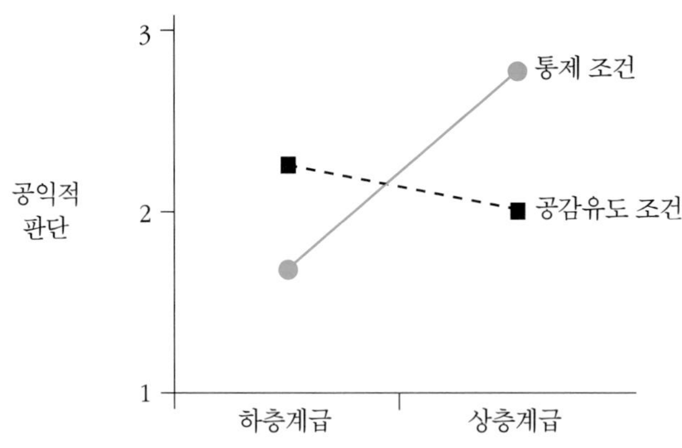

[그림 8-21]
사회계층과 공감유도가 미치는 공익적 판단
출처: Cote et al. 2013.

가치다. 유대인 중에서 이 가치에 대한 믿음이 강한 사람들은 자신과 대치하고 있는 팔레스타인 사람과 대화를 하고자 하는 것으로 나타났다(Sagive & Schwartz, 1995). 이들은 인권운동단체에 기금을 보내는 가능성이 높았다(Cohrs et al., 2007; 곁글 10-12 참조).

요약

1. 도덕철학자 Rawls에 따르면, 기회가 균등한 사회가 정의로운 사회이며, 상대방의 기회에 대하여 모르는 무지의 장막 속에서 자기의 이익을 추구하는 사람들이 모두 수용할 수 있는 절차가 정의로운 절차다.
2. 획득된 자원의 정의로운 분배를 위해 형평, 균등, 필요의 규범이 수용되고 있다. 자원획득에 불확실성이 많이 작용하는 경우에는 균등 규범이, 그렇지 않은 경우에는 형평 규범이 채택되는 양상을 보인다.
3. 분배에 대한 만족감은 다른 사람의 몫과 비교에 의해서 크게 영향 받는다. 이 비교에서 상대적 박탈감을 느끼면 불만이 높게 된다.
4. 분배에 대한 불만족은 절차 정의에 대한 의구심을 가져온다. 절차 정의의 판단은 절차수립의 중립성, 지도자에 대한 신뢰, 자신에 대한 집단에서의 인정에 의해 영향을 받는다.
5. 갈등의 해결책이 공정하다고 판단되는 경우에 이를 수용한다. 공정성을 평가함에 있어서 사람들은 그 결과와 절차의 공정성을 분리하여 판단한다. 절차 정의를 판단할 때 절차 적용의 일관성, 정확성, 수정의 여지가 주된 고려대상이 된다.
6. 분배 정의와 절차 정의가 위배되는 상황에서 사람들은 회복적 정의에 관심을 보인다. 부당한 일을 수용해야 하는 경우에 체제정당화의 심리를 보이면서 흔들리던 공정한 세상에 대한 믿음을 견지하게 된다.
7. 피해자에 대한 보상, 가해자에 대한 용서, 가해자의 진심어린 사과는 당사자들의 화해를 가져와

사회정의를 회복시키는 기제로 작용한다.

8. '사람'은 살림을 살아가는 존재라는 의미다. 산다는 것은 살리는 힘을 주위에서 받아 살 힘을 내어 사는 것이다. 살리는 것은 상대를 나와 마찬가지의 임자로 대하고, 상대의 가치를 인정하고, 알아주는 것이다. 이런 상대와 사는 것이 어울림이다.
9. 어울림의 도덕성 발달론은 살리는 대상이 '저만, 저들만, 남들까지, 것들까지'의 네 단계로 확장됨을 제시한다.
10. 도덕성의 판단에는 위해, 공정성, 돌봄, 서열, 순수의 다섯 가지 기반이 작용한다. 이 기반론을 적용하면 문화에 따른 도덕성 판단의 차이는 우열의 문제가 아니라 적용 기반의 차이로 이해될 수 있다.
11. 사람들이 보이는 도덕성 판단의 양상을 설명하는 사회직관론자 모형은 도덕성 판단이 우선 직감에 의해서 이루어지고, 필요하면 숙고과정을 거쳐 최종 판단이 이루어진다고 본다. 뇌신경과학의 발견과 더불어 이런 모형은 인간이 이기적이지만 아울러 도덕적이기도 함을 보인다.
12. 인류로서 하나됨의 동질감을 느끼는 사람들은 내집단을 떠나 타인에게도 공감을 느끼고 그들에게 도움을 주는 행동을 기꺼이 한다.

친사회적 행위: 협동

2001년 1월에 일본에 유학 간 한국인 대학생 이수현 씨(27세)가 도쿄(東京) 전철역 구내에서 술에 취한 승객이 플랫폼에서 미끄러져 철로에 떨어지자 이를 구하려고 철로로 뛰어내렸다가 때마침 역 구내로 들어오던 전동차를 피하지 못해 변을 당했다. 이날 사고로 처음 철로에 떨어진 사람을 비롯해 이 씨와 함께 취객을 구하려던 일본인 등 모두 3명이 목숨을 잃었다. 이들은 서로 전혀 모르는 관계인 것으로 확인됐다(동아일보, 2001. 1. 28.).

다른 사람의 어려운 처지를 보고 도움을 주는 행위는 우리의 마음을 훈훈하게 해 준다. 일찍이 맹자는 '어린 아이가 우물에 빠진 것을 보고 깜짝 놀라고 측은해 하는 마음을 갖는 것'이 인간의 본성이라고 보았다. 이러한 성선설은 이기적인 인간상을 바탕으로 한 서구 사조에 의해 벼랑으로 밀려나, 이수현의 희생 사건은 세태를 되돌아보게 만든다. 사람들은 스스로의 안녕과 이익을 도모하며 생활하지만 앞에서 살펴보았듯이 협동과 친사회적 행위의 기제 또한 발전시켜 왔다. 이들 친사회적 기제에 대하여 살펴보도록 하자.

일본에서 술 취한 승객을 구하려다 자기를 희생한 故 이수현 씨 장례식

협동의 진화와 사회의 신뢰성

❖ 협동의 진화

가장 적응을 잘하는 개체가 생존하며 번식에 성공한다는 적자생존의 원칙을 근간으로 하는 진화론이 적절히 설명하지 못하는 현상이 동물세계에서 엄연히 관찰되는 자기희생적 행위들이다. 개미의 세계에서 일개미들은 자기의 번식과는 무관하지만 일생 동안 일만 하면서 수개미와 여왕개미의 번식을 돕다가 죽는다. 아프리카의 흰개미 종에서 병졸개미는 다른 적을 공격할 때 노란 분비액을 뿜어 자신과 적의 몸을 모두 옭아매어 굳어지면서 죽는다(Wilson, 1978). 동물의 공동체 유지를 위한 역할배정이 어떻게 이루어질 수 있는가에 대한 설명으로 유력하게 받아들여진 이론은 개체의 생존을 유전자의 생존으로 대체시키고 있다. 즉, 개체의 생존을 위해서 생활하는 것이 아니라 유전자의 생존을 위해 개체들은 삶을 영위한다는 것이다. '이기적 유전자' 설에 따르면 무차별적인 이타적 행위는 설 곳이 없지만 두 가지(친족선택과 상응) 경우는 종의 번식에 큰 기여를 하므로 진화론적으로 유지될 가치를 지닌다(Dawkins, 1976).

친족선택 우리는 가까운 친척과 많은 양의 유전자를 공유하고 있다. 유전자를 공유하고 다음 세대에 전할 가능성이 높은 사람을 대상으로 자기희생적 행위를 보일 가능성이 높다. 즉, 유전학적으로 우리와 가장 가까운 사람을 돌보게끔 프로그램이 되어 있기에 이 프로그램에 따라 나타나는 행동은 자연스러운 것으로 보지만, 전혀 관계가 없는 사람을 대상으로 자기희생이 나오면 이에 놀라는 것이다. 지진과 같은 자연재해를 당했을 때 사람들은 가족, 친척, 친구, 이웃, 낯모르는 사람 순으로 도움의 손길을 주는 것으로 관찰되고 있다(Form & Nosow, 1958). 진화심리학자들은 내집단 편애 현상도 이 같은 이기적 유전자의 작용으로 나타난다고 본다(Rushton, 1991).

진화심리학
(evolutionary psychology)
인간이 보이는 행위와 심리양상의 진화적 가치를 인정하고, 진화론적으로 설명하고자 하는 분야로, 최근에 활발히 연구가 진행되고 있다. 심리현상을 이해하기 위하여 사회생물학적 접근을 취하는 분야라고 할 수 있다(본서 4장 참조).

호혜성(상응) 동굴에 사는 흡혈박쥐의 세계에서는 굶은 박쥐가 충분히 먹은 박쥐에게 구걸해서 먹이를 토해 받아먹는 현상이 관찰된다(Wilkinson, 1990: Myers, 1995, p. 514에서 재인용). 얼핏 자선적 행위로 여겨지는 이 현상은 실상은 호혜적 거래행위인 것으로 드러났다. 주었을 때 받는 것은 개체와 종의 생존에 큰 도움이 되는 가치를 지니고 있다. 이 호혜적 행위는 제한된 환경에서 특히 잘 나타난다. 대도시보다는 도서지방에서, 작은 규모의 단체에서, 개체들이 서로를 만날 가능성이 높은 생태계에서, 상응을 기대하는 자기희생적 행위가 보다 잘 나타난다.

협동의 진화 조건 정치학자인 Axelrod(1984)는 사회생물학의 발견을 적용시켜 동물(인간을 포함)의 사회에서 종간(공생관계) 및 종내(협동)에서 협동이 나타나기 위한 조건들을 연구하였다. 그에 따르면, 협동의 진화가 일어나기 위한 전제 조건으로 첫째, 쌍방 간의 관계가 지속적으로 이루어질 확률이 높아야 한다. 일시적인 관계에서는 상대를 최대한 이용하려는 착취행위가 취해지는 것은 놀랍지 않은 현상이다. 둘째, 미래의 조우 시 상대방을 알아볼 수 있어야 한다. 이 전제가 고등동물의 경우에는 감각기관을 지니고 있고 인지능력이 있으므로 별 문제가 없다. 그러나 하등동물의 경우는 생태학적으로 다른 기제에 의해서 가능할 수 있다. 즉, 집게와 말미잘, 아카시아와 진딧물, 곰팡이와 숙주 등과 같이 관계가 한정되어 있거나 다른 것과의 혼동이 야기될 필요가 없는 생태 환경에서만 공생관계가 나타난다. 상대방을 기억해 내는 능력이 생존에 큰 역할을 한다는 것인데 이는 인간에게 있어서 대뇌의 일부가 전적으로 타인의 얼굴을 식별하는 데 관여하고 있음으로 밝혀져 그 중요성이 확인되고 있다. 상대의 식별 능력만큼 중요한 것이 관계의 연속 및 단절 가능성에 대한 단서를 포착하는 것이다. 즉, 둘 간의 관계가 더 이상 지속되지 못할

사회생물학(sociobiology)
E. O. Wilson이란 하버드 대학교의 곤충생물학 교수가 1975년에 제시한 학문 분야로, 사회행동의 생물학적 소인을 구명하고자 한다. 유전적 소인을 강조하지만 환경의 영향을 배제하는 것은 아니다. 이타행위, 공격성, 양육행위, 구애행위 등 전혀 별개의 영역으로 간주되던 사회행동들을 관철하는 진화 원리에 바탕한 설명을 제시하면서 사회과학과 생물학을 통합하는 학문으로서의 가능성을 제시하였다.

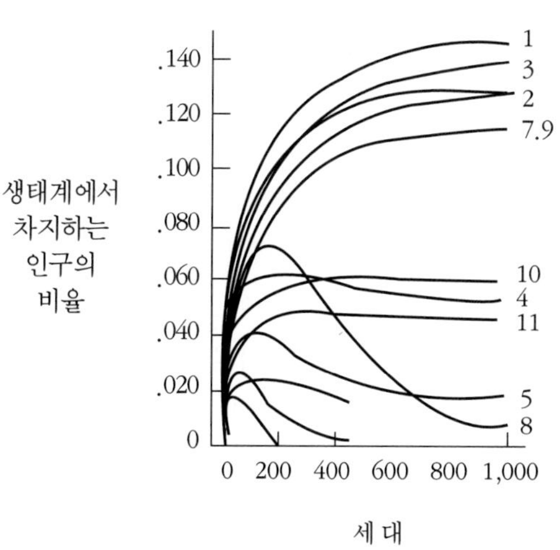

[그림 8-22]
각기 다른 행동전략을 펴는 생태계의 세대 변화
다양한 전략을 구사하는 개체가 다양한 상대방들을 만나서 얻게 되는 소득을 후손들의 숫자로 본다면, 세대를 거듭하면서 우량전략을 펴는 개체들이 많이 살게 된다. 반면에, 성적이 나쁜 전략을 펴는 개체의 수는 갈수록 적어질 것이다.
출처: Miller et al., 1975.

것으로 여겨질 때(병, 노약 등) 전략을 바꾸어 착취하는 행위가 나올 수 있다. 일례로, 인간의 내장에 기생하는 박테리아는 정상인에게는 아무 해가 없지만 그 사람이 병약해지거나 노쇠한 경우 패혈증 증세를 야기한다. 암세포가 말기에 급격히 확산되어 목숨을 빼앗는 것도 이에 해당된다. 셋째로, 개체는 자신의 행위를 상대방의 행위에 따라 조정할 수 있는 능력이 있어야 한다. 즉, 협동이냐 경쟁이냐를 선택할 수 있어야 한다. 이 선택의 능력은 고등동물은 물론 공생관계를 보이는 하등동물을 포함한 모든 유기체의 특징이기도 하다. 넷째로, 되받기의 전략을 펴는 개체들의 비율이 생태계에 소규모일지라도(5% 정도) 있어야 한다. 이들 개체의 수가 너무 적을 경우에 생존 비율은 현저히 떨어진다(Axelrod, 1984; [그림 8-22]).

❖ 신뢰의 발전과 사회

생물체가 진화하면서 협동이란 기제를 발전시켜 왔으나, 인간은 그에 더해서 보다 다양한 상황의 거래관계를 촉진시키는 신뢰라는 기제를 발전시켜 왔다. 사람들은 신뢰를 바탕으로 생활의 대소사를 영위해 간다. 즉, 어려운 상황에 처한 사람을 돕기 위한 기부금이 유용되지 않으리라는 신뢰가 있으므로 모금활동이 진행될 수 있다. 그러나 신뢰는 사회문화적 현상으로 각 사회의 관습, 도덕, 문화에 따라 달리 나타난다.

사회적 자본
(social capital)
상응성에 바탕을 둔 신뢰, 규범 또는 네트워크로 구성된 협력적 행위를 촉진시켜 사회적 효율성을 향상시킬 수 있는 조직의 속성을 총칭한다(Putnam, 2000). 사회학자들이 경제성장과 결사체적인 활동과 인적 네트워크의 관계를 부각시키면서 제시된 개념이다.

사회적 자본으로서의 신뢰 경제학자들은 이기적인 목적을 가진 개인들이 자율적인 계약을 맺은 결과로 사회집단이 형성된다고 본다. 이 시각에 따르면 신뢰는 협동에 꼭 필요한 것은 아니다. 계몽된 이기심에 계약과 같은 합법적인 기제가 곁들여지면 신뢰가 없어도 별 문제가 없다고 본다. 그러나 계약과 이기심이 집단을 형성하고 결속하게 할 수 있지만, 이것만으로 집단이 효율적으로 기능하는 것은 아니다. 윤리적 가치가 공유되는 공동체에서 비로소 조직의 효율성도 높게 유지된다. 공동체를 받치고 있는 기본적인 도덕률로 성원들 간의 상호신뢰가 존재하기 때문이다. 신뢰란 공동체 내에서 그 공동체의 구성원들이 보편적인 규범에 기초하여 규칙적이고 정직하며 협동적인 행동을 할 것이라는 기대로 정의될 수 있다(Fukuyama, 1995). 신뢰가 있다면, 더 이상의 계약과 구성원의 관계에 대한 법적인 규제가 불필요하기 때문에 조직은 목표를 효율적으로 추구할 수 있다. 이 면에서 신뢰는 개인적 행위로서가 아니라 공동체가 공통으로 받아들임으로써 그 가치가 드러나는 사회적 자본의 기능을 한다. 어느 사회에서나 가족집단에서는 신뢰(사적 신뢰)가 존재

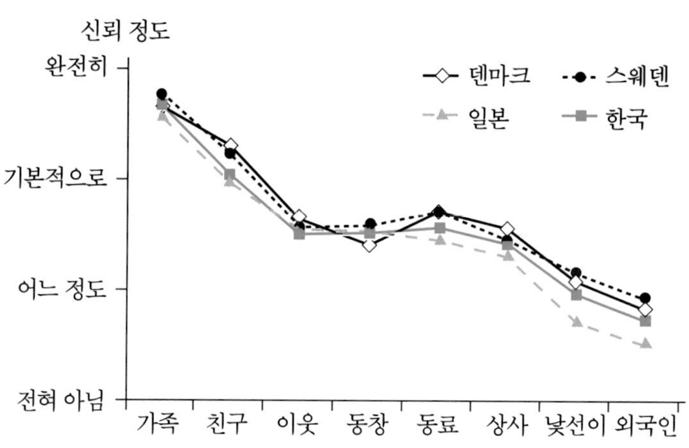

[그림 8-23]
타인에 대한 신뢰의 국가 차이
출처: 김의철, 박영신, 2005.

한다. 그러나 가족을 떠난 공동체에서 신뢰가 작용하는 정도는 사회마다 다르게 나타난다. 가족과 같이 전통적으로 그 관계가 주어진 것이 아니라 필요에 따라서 형성되는 취미집단, 회사집단의 경우에 신뢰는 자발적 사회성의 정도에 의해 크게 좌우된다(Putnam, 2000). 전통적인 연고사회에서 벗어나 산업사회가 전개될 수 있었던 것은 서구사회에서 자발적 사회성이 높은 수준이었기 때문으로 분석된다. 사회적 자본으로서의 신뢰가 제대로 갖추어지지 않은 경우에 사람들은 신뢰가 작동하는 가족과 그 측근을 중심으로 조직을 구성한다. 그러나 신뢰가 가족을 떠난 관계에서도 기본적으로 작동한다면, 각종 규제가 불필요하게 된다. 그래서 가족집단의 틀을 벗어난 보편적(공적) 신뢰의 형성이 중요하다. 신뢰가 구현되는 집단의 크기에 있어서 국가마다 큰 차이가 있음이 지적되고 있다([그림 8-23]; 결글 8-11).

자발적 사회성
(spontaneous sociability)
본인이 지니고 태어나는 성, 가족, 고향 등의 연고 같은 관계망과 달리 본인의 선택에 의해 형성하게 된 관계망적 활동

결글 8-11

미국과 일본 어느 나라가 더 대인신뢰감이 높은가?

정치학자 Fukuyama(1995)는 미국과 일본이 모두 일반적 신뢰가 높은 사회로 분류하고 있다. 그러나 사회학자 야마기시(1998)는 집단주의적 문화권인 일본의 신뢰가 가족을 중심으로 한 틀을 멀리 벗어나지 못함을 지적하며, 미국에 비해서 신뢰가 낮은 사회로 규정한다. 그가 미국과 일본의 대학생들 각 1,500명 대상으로 조사한 바에 따르면 다음과 같은 결과가 나왔다.

문 1: "대부분의 사람들을 신뢰할 수 있다고 생각합니까? 조심해서 나쁜 것은 없다고 생각합니까?"
미국 47%, 일본 26%가 신뢰할 수 있다고 응답.
문 2: "다른 사람은 기회만 있으면 당신을 이용하려 한다고 생각합니까? 또는 그런 일이 없다고 생각합니까?"
미국 62%, 일본 53%가 그런 일 없다고 응답.
문 3: "대부분의 사람은 다른 사람에게 도움을 주려고 노력한다고 생각합니까? 아니면 자기 일에만 신경을 씁니까?"
미국 47%, 일본 19%가 타인에게 도움을 주려고 한다고 응답.

토시오 야마기시(山岸俊男)
미국 워싱턴 대학교에서 사회학으로 박사학위를 취득(1981)하고 현재 일본 홋카이도 대학교 교수로 재직 중이다. 『신뢰의 구조』라는 저술을 통해서, 신뢰에 대한 실험사회학적 연구 업적의 가치를 보이고 있으며 사회심리적 현상을 사회의 구조로 설명하는 접근을 취하고 있다.

신뢰의 기능 일본의 사회심리학자인 야마기시(1998)는 사회생활에서 신뢰가 지닌 기능으로 '관계를 강화'시키는 기능과 '관계를 확장'시키는 기능의 두 가지를 구분하고 있다. 그는 후자의 기능에 초점을 맞추어 일반적인 신뢰가 폐쇄적 관계로부터 사람들을 해방시키고, 새로운 상대와 자발적 관계를 형성하는 데 필수적인 역할을 한다고 본다. 그는 불확실한 상황에서 나타나는 타인에 대한 믿음을 신뢰로 보고, 이를 가족관계, 조직폭력배의 상하관계와 같이 완벽한 통제력을 지닌 확실한 상황에서의 믿음인 안심(assurance)과 구별하고 있다. 상대를 신뢰하지 못하여 상대가 배반할 수 없도록 생사여탈권을 지니거나, 담보물 혹은 인질을 확보하거나 하는 것은 불확실한 상황을 확실하게 만드는, 즉 안심을 얻기 위한 방법이다. 따라서 신뢰를 사회적 불확실성이 존재함에도 불구하고, 상대에 대한 믿음으로 인하여, 상대가 자신에게 선한 행동을 하리라 기대하는 것이라고 정의할 수 있다(p. 100).

불확실한 사회상황에서 사람들은 약속한 관계를 정하고 제한적 신뢰를 발전시킬 수 있다. 즉, 상대를 정해놓고 거래함으로써(예: 단골) 다른 상대와의 거래에서 볼 수 있는 손해를 피한다. 그러나 약속한 관계는 관계가 지닌 구속력으로 해서 기회비용(보다 조건이 좋은 거래처를 상대하지 않으므로 발생하는 비용)을 증대시키기도 한다. 기회비용이 커지는 경우에는 약속한 관계를 유지하는 것보다 이탈하는 것이 유리하며, 신뢰를 저버리는 현상이 나온다.

약속한(committed) 관계
특정의 상대하고만 거래를 하는 관계. 이 관계는 다른 상대로부터 유리한 제안이 들어와도 이를 거부하고 정해진 상대와의 관계에 몰두한다. 이러한 관계는 상호 감정적인 유대에 의해 성립하는 연인관계와, 적대적인 외부사회에 대응하기 위해 내부의 결속을 다지는 야쿠자형의 약속관계로 구분된다(야마기시, 1998, 4장).

신뢰의 개인차 잘 모르는 사람을 만나게 되었을 때 우선 신뢰를 하는 사람이 있는가 하면, 불신의 눈길을 오랫동안 지니는 사람들이 있다. 흔히 세상이 험해져서 남을 잘 믿는 사람들은 순진하고 어리석으며 잘 속는 사람이라고 여긴다. 그러나 심리학의 연구들은 이 같은 생각이 잘못되었음을 알리고 있다. 어려서 낯선 이를 믿지 말라는 교육을 받고 자란 미국 청소년들은 그렇지 않은 청소년들에 비해

기회비용
대안적 거래에서 얻는 이익이 주어진 거래에서 얻는 이익을 초과하는 경우에 발

서 친밀한 대인관계를 발전시켜 나가는 데 어려움을 겪고 있으며, 생활에서의 고독감을 크게 느끼는 것으로 조사되고 있다(Terrell et al., 2000).

야마기시(1998, 2장)는 여러 실험을 통해서 일반적인 신뢰(타인을 신뢰하는 경향)가 높은 개인과 낮은 개인을 비교하여 흥미로운 차이를 제시하고 있다. 판단 대상이 되는 인물에 대한 정보가 아무것도 없을 경우에 신뢰가 높은 개인이 낮은 사람보다 대상인물에 대한 신뢰가 높았다. 대상인물에 대하여 긍정적인 정보를 주었을 때 이 정보가 많을 경우 신뢰가 높은 사람은 상대를 더욱 신뢰로운 사람으로 평가하였다. 그러나 신뢰가 낮은 사람은 긍정적 정보가 많더라도 상대방에 대한 신뢰감을 더 갖게 되지는 않았다. 한편, 상대방에 대한 부정적인 정보를 제공하였을 때 신뢰가 높은 집단은 그 정보가 많아질수록 민감하게 반응하여 신뢰감을 낮추는데, 신뢰가 낮은 집단에서는 이 같은 신뢰감 저하가 덜 나타났다. 이 결과는 타인에 대한 신뢰가 높은 사람들은 남에게 당하기 쉬운 사람들이 아니라 상대방에 대한 정보에 민감하게 반응하는 경향이 강함을 보여 준다. 다른 연구는 이들이 신뢰가 낮은 사람에 비해서 타인의 행동을 보다 정확하게 예측함을 보여, 이들이 대인관계에서 예리한 관찰자임을 보여 주고 있다. 따라서 보통의 생각과는 달리, 일반적 신뢰가 높은 사람들이 어수룩하게 남에게 잘 속아 넘어가는 사람들은 아니다.

생하는 차이비용을 말한다. 즉, 관계에 집착함으로써 다른 관계에서 얻을 수 있는 여분의 이익을 얻지 못한다. 기회비용은 거래비용과 비교된다. 거래비용은 거래를 하기 위해 들어가는 비용이다. 불확실한 상황에서는 거래비용(시장조사, 신용도 조사, 부도 가능성 등)이 많이 발생하지만, 약속된 관계에서는 거래비용이 적다.

신뢰와 현대사회 시민사회 전통의 중심에는 보편적 신뢰가 있으며, 이 신뢰는 개방된 사회로 나아가기 위해 필요한 요소이고 사회적 자본이라는 것에 많은 사람들이 동의하고 있다. 정치학자인 Putnam(1993)은 현대 미국사회에서 신뢰의 붕괴가 진행되고 있음을 지적하며, 신뢰의 저하가 경제적인 성취를 방해할 뿐 아니라 민주적인 정치제도의 위기를 초래할 수도 있다고 경고하였다. 실제로 미국사회의 센서스 분석자료는 1980년대에 들어선 이후로 사회의 일반적 신뢰(사람들이 타인을 믿을 수 있는지를 묻는 세 항목에 대한 응답으로 파악함)가 저하되고 있음을 보여 주고 있다(Robinson & Jackson, 2001; [그림 8-24]).

IT 기술의 진보로 가능해진 파생금융상품의 거래로 세계경제는 더 이상 눈으로 볼 수 있는 활동으로는 파악이 되지 않는다. 2008년에 미국발 금융위기는 파생상품과 같은 연결고리로 전 세계 경제에 짙은 어둠을 드리웠다. 누구도 예견하지 못한 이 같은 위기는 현대사회의 불확실성을 보여 주고 있다. 사회가 불확실해질수록 신뢰가 지닌 가치는 더욱 높아진다. 그러나 일본, 중국 및 한국사회는 강한 가족주의 문화를 지니고 있어, 보편적 신뢰보다는 사적 신뢰를 바탕으로 한 교류관계를 형성하고 있다. 보편적 신뢰에 바탕한 교류가 이루어지지 못하면, 사람들은 사적 신뢰

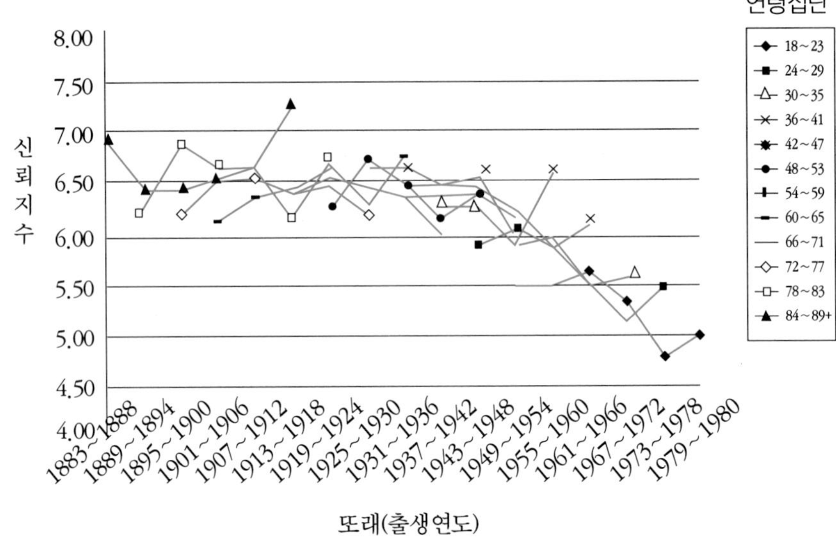

[그림 8-24]
미국에서 또래집단 내의 신뢰변화
1940년대까지는 동일연령집단(또래)에서 신뢰가 높게 유지되었으나 그 이후 출현하는 또래집단에서 신뢰가 지속적으로 저하되는 양상을 보이고 있다.
출처: Robinson & Jackson, 2001, 그림 4.

를 바탕으로 작동하는 수많은 내집단의 형성을 통해 사회의 변화와 개방화에 대처하게 된다.

고교동창회라는 연고집단과 환경운동을 하는 자발적 사회단체의 성원들을 대상으로 신뢰를 분석한 연구(류석춘 등, 2008)에서, 동창회는 신뢰 수준이 높은 반면에 시민단체는 낮은 양상을 보였다. 또한 신뢰가 깨졌을 때 이를 회복하고자 하는 경향이 동창회에서는 강하게 나타났다. 면담을 바탕으로 한 이 연구에서는 시민단체의 참여가 자발적이기보다는 사적 연결망을 이용한 권유가 크게 작동함을 보이고 있다. 즉, 한국사회에서 신뢰는 연고집단에 대한 사적 신뢰의 성격이 강하고, 모르는 사람에 대한 신뢰는 낮으며, 시민단체에의 참여도 이런 영향을 받는 것으로 보인다([그림 8-25] 참조). 한국인의 교류에서 신뢰는 친한 관계에 내재적으로 설정된 특성을 지닌다(박영신, 김의철, 2005; Choi & Han, 2008). 그래서 위험부담을 많이 지게 된다. 친지와 친구에 대한 신원보증에서 보듯이 별 다른 행동적 증거 없이도 '우리성'이라는 관계규범에서 상대방을 신뢰하는 행동과 마음을 가져야 하는 것이다. 시민단체와 같은 공적 공간에서의 활동도 우리성에 바탕한 사적 신뢰를 통해 매개되는 것은 흥미로운 현상이다. 심지어 공적 관계로 만났더라도 신의를 사적 신뢰인 의리의 정서로 변모시키는 것도 볼 수 있다. 그 극적인 사례를 2016년 말 박근혜 대통령의 탄핵으로 갈라진 새누리당의 친박계와 비박계의 대립에서 볼 수 있다. 박 대통

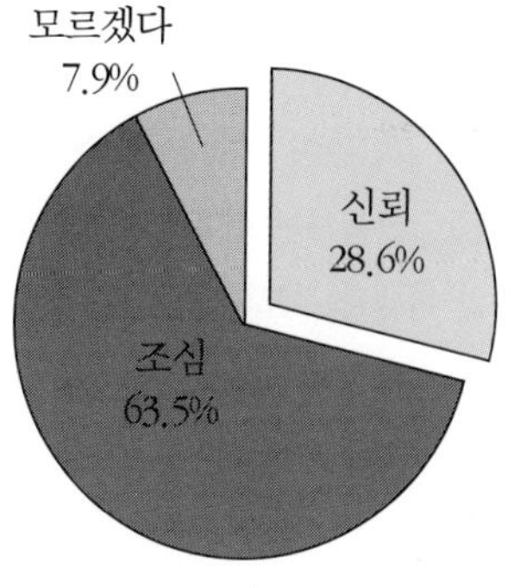

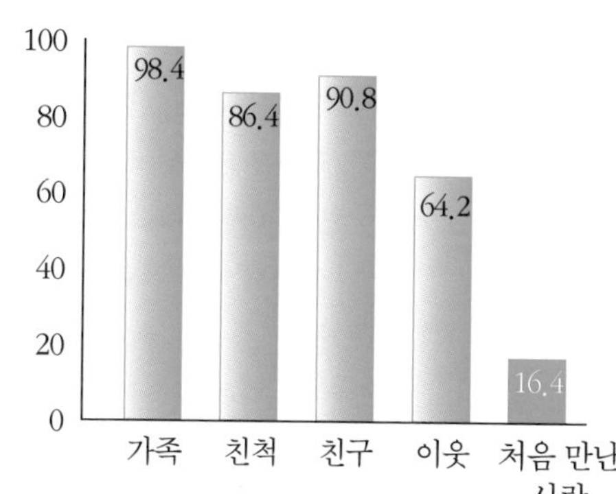

[그림 8-25]
이웃과 가족에 대한 신뢰
출처: 최항섭 등, 2011.

령이 받는 4%의 지지율에서 보듯이 거의 모든 국민이 대통령 탄핵을 요구했지만 새누리당 의원 128명에서 탄핵에 찬성한 사람은 62명으로 집계되고 있다(중앙일보, 2016. 12. 15.). 찬반을 떠나서 모든 의원이 '박 대통령 덕분에 금배지를 달았는데, 그가 어려울 때 배신할 수 있느냐'는 고민을 했고, 반이 채 못 되는 의원들만이 사적 의리 대신에 공의인 탄핵에 찬성한 것이다. 사적 의리를 선택한 친박계 의원들은 비박계를 배신자로 매도하며 충성을 다짐하고 있다. 한국사회의 공적 공간에서 작동하는 신뢰의 작용기제가 매우 관계적인 성격을 지니고 있어 서구사회의 그것과 다름을 분명히 볼 수 있다.

2016년 말 새누리당의 윤리위원회가 박근혜 당원에 대한 징계 조치를 취하려 들자 친박계인 이정현 대표는 윤리위원회에 친박계 의원 8명을 새로 임명하였다. 이에 기존의 윤리위원들 7명 전원이 사퇴하고, 새누리당 사무국 직원들이 당무를 거부하고 지도부 사퇴를 요구하며 당대표 앞에서 시위를 하는 모습이다.

결글 8-12 **믿을 사람이 없다?: 신뢰의 토착심리**

국제비교연구들에서 한국인이 다른 사람을 믿는 비율은 낮게 나타난다. 흔히 이런 자료를 볼 때 우리는 '나도 그렇게 생각해! 믿을 놈이 어디 있어?'라고 생각하며 이 결과를 받아들인다. 신뢰의 문화비교론을 제기한 Fukuyama(1995)도 한국과 중국을 모두 신뢰가 낮은 사회로 분류한다. 그런데 이런 국제비교 조사에서 신뢰의 의미는 모르는 사람에 대한 신뢰를 묻는 것이다. 한국사람에게 신뢰(信賴)는 믿고 의지한다는 의미라는 점에서 영어의 trust와 차이가 있다.

한국에서의 신뢰는 가족이나 친구처럼 가까운 밀착관계에 있는 사람들 사이에 서로 믿고 편하게 의지할 수 있는 마음의 연대와 일체감을 뜻한다. 이와는 대조적으로 서양의 신뢰 개념은 가까운 관계를 포함한 일반적 관계에서 적용되는 것이다(최상진, 김의철, 김기범, 2003; Han & Choi, 2011).

한국인에게 신뢰란 관계와 분리할 수 없는 내재적인 정서다. 즉 부모-자식, 교사-학생, 친구관계에서 신뢰는 상대가 믿을 만한 행위를 해서가 아니라, 그런 관계이므로 믿는다는 것이다. 중·고등학교에 재학 중인 남녀 학생 579명과 그들의 학부모를 대상으로 부모(혹은 자식), 친구, 교사를 얼마나 신뢰하는지를 측정하고, 신뢰하는 이유를 한 가지씩 대게 하여 분석한 연구(김의철, 박영신, 2004)는 부모에 대한 신뢰의 이유는 자신을 위한 희생과 부모이므로 무조건 믿는다는 것을 확인해 주고 있다. 친구관계의 경우나 교사에 대한 신뢰에도 '친구이니까' '선생님이니까' 식으로 관계를 신뢰의 중요한 이유로 대는 것을 볼 수 있다. 보호관찰청소년의 부모의 경우, 자녀가 범죄를 여러 차례 저질러 속을 많이 썩고 있지만 부모의 59%가 내 자식이기 때문에 믿는다는 반응을 보이는 것이다(박영신, 김의철, 탁수연, 2004). 여러 경험적인 연구결과를 바탕으로 하면 한국사회에서 신뢰의 특성은 첫째, 상대방이 신뢰할 만한 객관적이고 합리적인 행동을 하니까 신뢰하기보다는 그 사람과의 관계와 역할에 내재적인 도덕 규범적 성격을 지닌다. 교사가 믿을 만한 행동을 하니까 신뢰하는 것이 아니라 교사이니까 믿지 않으면 안 되는 것으로 여긴다. 둘째, 상대와의 정서적인 교류를 통한 유대관계의 성립이 중요하다. 정서적인 교류의 핵심은 상대에 대해 아껴주고 관심 갖는 행위, 즉 마음의 주고받음이다(최상진, 2000; 본서 11장 참조). 마지막으로, 우리는 상대방의 능력보다는 도덕성을 신뢰의 근거로 삼는다. 끊임없이 자기수양하는 인격과 맡은 역할에 충실하는 자세를 상대가 보일 때 신뢰감을 갖는다(박영신, 김의철, 2005). 이런 토착적인 신뢰의 심리 탓에 우리 사회에서는 공직의 부정부패와 연고주의의 부작용이 늘 사회문제로 부각되는 현실을 겪고 있기도 하다.

요 약

1. 적자생존의 원리가 작용하는 생태계에서도 공생과 자기희생의 현상을 볼 수 있다. 친족선택과 상응의 사회원리가 작동함으로써 친사회적 협동행위가 성립된다.
2. 협동은 쌍방 간의 교류가 지속적이며, 서로를 알아볼 수 있는 능력을 지니고 있거나 그런 환경에서 상대방의 행위에 따라 자신의 행동을 조정할 수 있는 개체들에서 진화적으로 성립한다.
3. 순수한 자기희생 행위와 남을 돕는 행위는 인간사회의 사회화 과정에서 내재화되는 상응의 규범, 사회적 책임의 규범들에 의해서 권장된다.
4. 근친관계에서의 협동이 인간사회에서는 신뢰라는 기제로 발전하여 보다 광범위한 교류관계에 작용할 수 있다. 신뢰로운 사회는 경제활동의 효율성을 높일 수 있기 때문에 신뢰는 사회적 자본으로서 논의되며, 국가의 차이가 나타난다.
5. 신뢰는 불확실한 상황에서 타인에 대하여 지니는 믿음이며, 이는 완벽한 통제력을 갖춘 관계(가족 혹은 조직폭력단)에서의 안심과 구별된다. 저신뢰 사회에서 사람들은 약속한 관계를 발전시켜 제한적 신뢰를 기도하나, 이는 기회비용이 증대할 때 쉽게 깨진다.
6. 일반적 신뢰가 높은 사람들은 낮은 사람들에 비해서 상대방에 대한 정보에 민감하게 반응하며 자신의 행동을 조정해 간다.
7. 동아시아 국가에서 공적 공간에서 작용하는 신뢰에는 사적 관계망에서 작동하는 신뢰기제가 깊이 관여하고 있다.

도움행위의 심리

2004년 동남아 해안도시를 덮친 쓰나미로 수십 만 명의 인명피해가 난 것이 보도되자, 세계 각지에서 도움의 손길이 뻗쳐 왔다. 과학자들이 도움행위와 이타행위를 보는 시각은 개체의 이익을 넘어서 종(유전자)의 이익을 궁극적으로 도모하는 전략적 행위라는 면이 강하였다. 즉, 모든 이타적 행위는 종국에는 자기이익, 안녕 혹은 편한 정서를 도모하는 행위라는 것이다(곁글 8-13). 그러나 맹자는 "불쌍히 여기는 마음이 없으면 사람이 아니요…… 불쌍히 여기는 마음이 인(仁)의 바탕"이라고 하며 소위 4단(측은, 수오, 사양, 시비)의 마음을 인간이 타고났고, 이 특징 때문에 인간은 동물과 구분된다고 여겼다(조긍호, 2000; 한덕웅, 2003 등). 과연 사람은 자기의 이익과 무관하게 이타적 행위를 하는가? 한다면 그 심리적 기제는 무엇인가?

거울뉴런의 발견에 대한 상세한 풀이설명 동영상 https://www.youtube.com/watch?v=EJOMWWQJ9Ko (4분)

거울뉴런 1990년대 중엽에 이탈리아의 Rizzolatti 교수진은 마카크 원숭이를 대상으로 뇌피질의 운동영역에 대한 연구를 진행하고 있었다. 이들은 원숭이가 땅콩을 집기 전에 전두피질의 F5 영역이 활성화되는 것을 알게 되었는데, 우연한 관찰이었지만 연구원이 땅콩을 집는 것을 보고 있던 원숭이에게도 같은 영역이 활성화되는 것을 알게 되었다. 이 우연한 관찰로 거울뉴런이 뇌에 존재한다는 사실이 알려지게 되었다. 즉, 스스로가 하는 행동이 아니라도 남이 하는 행동을 관찰하는 것이 마치 그 행위를 모사(시뮬레이션)하는 것과 같이 뇌의 영역에 반영된다는 것이다. 이전에는 상대의 입장을 이해하기 위해서는 인지적으로 성숙한 지적 능력이 필요하다고 여겼는데, 거울뉴런은 사회생활을 하는 사회성이 생물학적으로 갖추어져 있음을 보여 주는 것이다. 이 발견은 많은 연구를 촉발시켰으며 거울뉴런은 뇌섬엽, 상측두피질, 중전두엽 등의 영역이 관여된 공진회로(resonance circuitry)를 형성한다는 것이 밝혀졌다(장대익, 2012). 이 회로는 상대의 의도를 파악하며, 정서적 공명, 즉 마음이 서로 통함을 보이며, 통함이 일어나는 뇌의 부위라고 할 수 있다. 공감뉴런이라고도 불리는 거울뉴런이야 말로 인간에게 공감은 내재되어 있는 본성이며, 인간의 사회성을 구현시키는 기제임을 보인다(Iacoboni, 2008; Rizzolatti & Craighero, 2004).

우리는 자는 사람의 맨몸 위로 거미나 뱀이 기어가는 것을 보면 마치 자신의 몸인 것처럼 몸서리를 느낀다. 우리가 가까운 사람에게 상대의 고통을 느낀다고 하면, 이는 듣기 좋으라고 하는 말이 아니라 실제로 그런 경험을 하는 것이다. 고통뿐만

결글 8-13

모든 이타행위는 결국 이기적 행위?

도움행위에 대한 학자들의 연구가 두 진영에서 대립적으로 진행되어 흥미롭다. 본문에서 논의했듯이 Batson과 같은 연구자는 '측은지심'에서 발로한 도움행위는 자기에게 부담을 주는 경우에도 도움행위로 나타나므로 이기적 동기에 발현한 도움행위라고 볼 수 없다는 주장을 한 바 있다. 반면에, 『설득의 심리학』의 저자로 유명한 Cialdini 같은 연구자들은 모든 도움행위는 종국에는 행위자에게도 심리적 보상작용을 해 주기 때문에 순수한 이타적 행위는 없다고 주장한다(Cialdini et al., 1981). 이 주장에 따르면, 헌혈을 한 사람들은 아무런 보상을 받지 않는다고 해도 자기의 가치를 확인할 수 있어서 기분이 좋아지며, 남을 돕는 것이 돕지 않는 것보다 자신의 기분을 좋게 하므로 돕는다는 식이다. 결국 남을 돕는 이타행위도 행위자의 심적 보상을 노리는 교환적 행위라는 분석이다. 각 견해를 지지하는 많은 경험적 연구들이 치고받고 하며 누적되어 해결의 실마리가 잘 안 풀린다. 한 가지 이기론자들의 설명이 지닌 문제점 하나는 순환론적이라는 것이다. 즉, 도움행위를 설명하기 위해서 심적 보상을 들지만, 심적 보상이 존재하는 증거로 도움행위의 발현("자기만족이 없으면 왜 돕겠느냐?")을 대는 것이다. 이타론자들은 도움행위의 발현이 순수히 타인지향적일 수 있으며, 행위결과로 얻게 되는 심적 보상은 전혀 부수적인 산물일 뿐이기 때문에, 부수적 산물을 기반으로 이기적일 수밖에 없다는 이기론자의 주장을 잘못이라 본다.

진정한 이타주의는 집단의 힘과 경쟁력을 강화하며, 인류가 진화하는 동안 집단수준의 자연선택을 통해 유지되어 왔다(Wilson, 2012, p. 306). 진정한 이타성은 부족의 공익을 추구하는 생물학적 본능에 기인하는 집단선택에서 나온다. 선사시대부터 이타주의적 행동을 보이는 유전자를 가진 집단이 이기주의적 집단보다 생존경쟁에서 이점을 누려온 탓에 생긴 결과다. 자기 개체를 희생하는 점에서 이타적 행위라고 한다. 이 행위가 집단의 생존에 도움을 주는 것은 다른 차원의 문제다.

아니라 수치심, 죄의식, 거부감 같은 복잡한 사회적 정서도 거울뉴런과 관련되어 있음이 나타났다. 한 연구에서는 실험실에서 어떤 손이 누군가를 쓰다듬기 위해서 손을 뻗는 모습을 사람들에게 보여 주고, 다른 손이 그 손을 거칠게 밀어내는 모습을 보여 주었다. 그 장면을 본 사람들의 뇌섬엽에서는 거부감이 들 때 활성화되는 뉴런이 작동하는 것으로 나타났다(Rifkin, 2009, p. 105).

거울뉴런의 생물학적 존재가 누구나 공감능력을 똑같이 지니고 있음을 말하는 것은 아니다. 자폐증을 심하게 앓는 아동의 경우 거울뉴런의 기능이 제대로 활성화되지 않고 있다는 것이 나타났다. 이들이 보이는 타인의 마음 읽기 능력 부족, 정서적 공감의 부재는 거울뉴런의 비활성화와 관련성이 있다고 보여진다(Rifkin, 2009, pp. 105-106). 거울뉴런이라는 생물학적 구조가 제대로 활성화되기 위해서는 공감적 사회자극과 경험이 필요한 것이다.

❖ 측은한 마음

링컨이 마차를 타고 가다가 옆 사람에게 인간의 이기적 욕망이 많은 선행을 낳고 있다는 주장을 펴고 있었다. 그때 돼지 멱따는 소리가 들려 밖을 보니 새끼돼지들이 연못에 빠져 울고 있음을 보았다. 그는 마차를 세우고 나가서 돼지를 물 밖으로 꺼내어 놓고 돌아왔다. 그러자 이야기를 나누던 승객이 "돼지를 구한 것도 이기적인 욕망에서 한 것이냐?"고 물었다. 이에 대해 링컨은 "당연하다. 내가 돼지를 구하지 않고 갔다면, 하루 종일 돼지에 대한 딱한 생각에 마음이 매우 언짢았을 것이다. 이제 내 마음이 편안하다."며, 상대를 무색하게 하였다고 한다(Myers, 1993, p. 508에서 재인용).

어려움에 처한 사람을 접하면 사람들은 측은함을 느끼게 된다. 그로 인해 심기가 불편해질 수 있고, 이 불편함에서 벗어나고자 도움행위가 나오기도 한다. 이 경우의 도움행위는 결국 자신의 불편함을 해소하는 것이란 점에서 이기적 동기라는 지적을 받는다. 그러나 측은함이란 정서는 자신의 상태에 기인하기보다 상대방의 딱한 상태를 접해서 느끼게 되는 정서다. 그래서 상대를 돕기 위해서 돕는 행위가 나올 수 있다. 이렇게 다른 사람의 곤경에 반응하는 공감능력은 아주 어린아이에게도 나타난다. 태어난 지 하루가 지난 아이에게 자기의 우는 소리를 녹음으로 들려주거나, 하루 지난 다른 아이, 혹은 한 살 된 아이의 울음소리를 들려주었을 때, 아이는 하루 지난 다른 아이의 울음소리에 가장 많이 따라 울었다(Martin & Clark, 1982). 다른 동료가 어려움에 빠졌을 때 도와주는 행위는 침팬지에게도 발견된다(de Waal, 2014). 나이가 들면서, 다른 사람의 관점을 취할 수 있게 되면서, 곤경에 처한 사람을 접해서 그의 곤경을 덜어주는 것에 일차적 관심을 지닌 행동들이 나오게 된다. 이러한 관심이 자신을 희생하면서도 나타나기 때문에 이를 이타적 도움행위라고 할 수 있다.

지하철 틈새에 빠진 사람을 구하기 위해 힘을 합쳐 열차를 밀고 있는 시민들
관련 동영상은 https://www.youtube.com/watch?v=sd-Nay5AmYM 10분 15초 경과 시 볼 수 있다.

측은감이 불편한 심기이기 때문에, 사람들은 이에 빠져드는 것을 모면하려는 행위를 보이기도 한다. 한 연구에서 집 없는 부랑자를 돕는 프로그램에 참여한 학생들을 두 집단으로 나누어, 한 집단에는 돕는 활동이 1시간 정도 할애해서 기금모금 편지를 쓰는 것이라고 알려 주었고, 다른 집단에는 부랑자들을 1시간씩 3번 만나는 것으로 알려 주었다(Shaw et al., 1994). 학생들에게 부랑자에 대하여 사실적인 정보를 원하는지 아니면 그가 겪는 어려움에 대한 정서적인 정보를 원하는지를 물었을 때, 학생들은 편지 쓰는 조건에서 정서적인 정보를 많이 원하고, 3번을 만나야 하는

곁글 8-14 공감이야말로 언어의 뿌리

언어학자이자 사회운동가이기도 한 Noam Chomsky는 언어를 가능하게 하는 것은 타고난 생물학적 기제라고 하여, 학습에 의해서 언어도 배워진다는 주장을 한 심리학자 Skinner를 패퇴시켰다. 그러나 최근에 전개되는 인지신경학과 동물행동학 연구들에 의해 언어는 공감이라는 능력을 바탕으로 얻게 된 소통기제라는 관점이 Chomsky의 설을 대체해 가고 있다. 영장류의 행동을 연구하며 인간의 도덕성과 사회성을 이해하는 통찰을 제공하는 네덜란드의 de Waal 교수(2006)는 "영장류에게 공감은 원형적인 언어 이전의 형태로, 개채와 개체를 이어주는 연결장치이다. 공감이 언어와 문화의 영향을 받는 것은 부차적인 문제"라고 주장한다. 영장류들 간에 이루어지는 소통은 대부분 정서적인 것을 알리고 알게 되는 목적에서 이루어진다. 원시부족 사회의 형태를 유지하는 오늘날의 채취수렵 사회를 조사해 보면 남녀가 하루의 1/4을 서로 어울리는 시간에 할애하고 있다고 한다. 이는 영장류들에서 서로 털 골라주기에 들이는 시간과 유사하다. 그러나 인간의 집단이 커지면서 털 골라주기를 대체할 수 있는 수단으로 음성이 쓰이면서 한담(gossip)을 주고받는 소통이 이루어진다. 이 소통의 중요한 기능은 공감의 확장을 통해 친밀관계와 신뢰감을 다져가는 것이다. 털 골라주기의 일차적 목적은 위생이어서 개체와 무리의 건강을 위한 것이었겠지만, 실용적 기능에 더해서 사회적 결합 기능을 하게 되었다. 많은 개체와 상대하면서 몸짓과 언어가 자리하게 되었다는 것이다(Dunbar, 1997). Arbib(2006)는 아이가 두 살쯤 되어 말을 하게 되는 것은 생득적인 보편적 문법능력을 갖추고 있기 때문이 아니라, 공감의 확장과 몸짓의 소통이라는 준비단계를 통해 말하는 방식을 배워간다는 주장을 전개한다. 유아의 발달단계에서 몸짓과 소통행위는 거울뉴런을 자극하고, 정교한 공진회로를 만들어 복잡한 형태의 공감적 소통인 언어능력의 구비가 가능하게 만든다는 것이다.

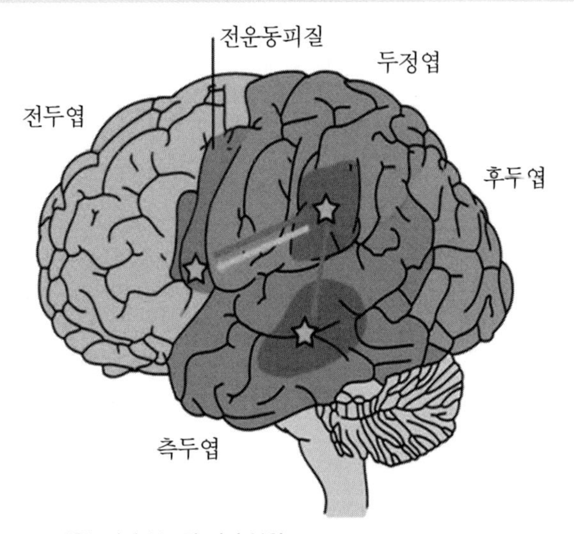

거울뉴런이 분포된 뇌의 부위
종합하면 거울뉴런(별표)은 뇌의 세 곳에 분포한다. 전두엽 전운동피질 아래쪽과 두정엽 아래쪽, 그리고 측두엽이다. 거울뉴런은 서로 신호를 주고받으며 정보를 처리해 지각한 행동의 의미를 파악한다.

조건에서는 오히려 사실적 정보를 원하는 것으로 나타났다. 이는 사람들이 측은정서가 부담을 주기 때문에 상황에 따라 과도하게 그러한 정서에 몰입하는 것을 원치 않음을 보여 주는 것으로 해석될 수 있다. 다른 연구는 곤경에 처한 사람을 보고서 측은감을 느끼게 되더라도 불편한 정서를 회복할 수 있는 다른 활동이 기대되는 경우에는 도움행위가 덜 나타나고 있음을 보이고 있다(Schaller & Cialdini, 1988). 이 같은 연구결과는 측은감이 도움행위나 자기희생적 행위를 부추기는 필요 조건이긴 하나 충분 조건은 아님을 알려 준다.

상대 탓에 느끼는 불편함이 아닌 상대방에 대한 관심으로서 측은감이 존재하는가? 당신이 실험에 참가하여 무선적 절차에 의해 관찰자의 역할을 배정 받았다고 하자(Batson et al., 1983). 관찰자는 학습자의 역할을 수행하는 사람(실험협조자)이 기억실험의 과제를 10회 수행하면서 전기쇼크를 받는 광경을 CCTV를 통해 관찰하면서 평가를 하는 것이다. 그 학습자는 두 번의 시행에서 연속 쇼크를 받더니, 자신이 어렸을 때 전선을 잘못 만져 혼난 일이 있었기 때문에 아주 두렵다며, 도저히 계속할 수 없다고 실험자에게 하소연하였다. 이 상황에서 실험자가 관찰만 하고 있던 당신에게 학습자 학생을 대신해서 그의 역할을 수행하여 실험을 지속시킬 의향이 있는지를 묻는다면 당신은 어찌 하겠는가? 당신이 하겠다면 몇 회의 수행을 할 의향이 있는가? 당신은 실험실을 그냥 나갈 수도 있거나(모면하기 쉬운 조건), 끝까지 실험의 진행을 지켜보아야 하는 상황(모면하기 어려운 조건)이었다. 연구자들은 쇼크를 받는 학생의 고통을 본 참여자들이 느끼는 정서를 평가하여 불편함을 주로 느끼는 사람과 연민의 정서를 느끼는 사람을 구분하였다. 결과는 [그림 8-26]에서 보듯이 상황을 모면하기 어려운 조건에서는 느끼는 정서에 따른 차이가 나타나지 않았으나, 상황을 모면하기 쉬운 조건에서는 느끼는 정서의 유형에 따라 돕겠다는 반응에 차이가 크게 나타났다. 불편함(자기관심 정서)을 느끼는 사람들은 측은감(상대관심 정서)을 느끼는 사람보다 도움을 덜 주는 양상이 나타난 것이다(연구 2). 이 연구

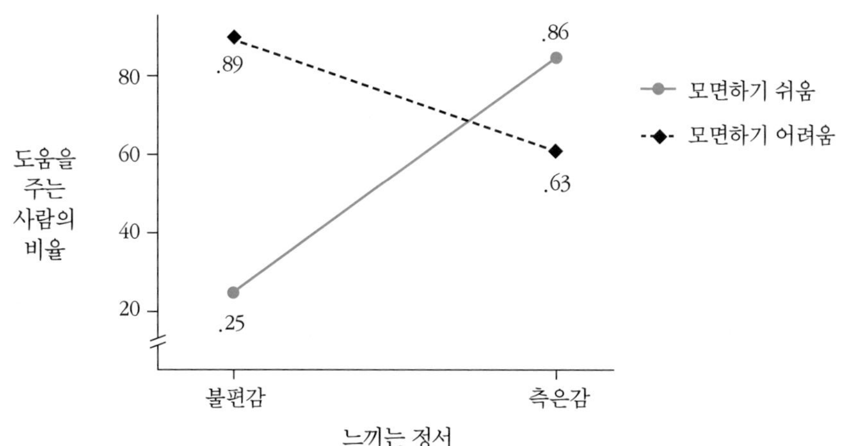

[그림 8-26]
느끼는 정서와 상황에 따른 도움행위자 모음

에서 측은감을 느끼는 사람이 도움을 많이 준 것을 갖고 사람들이 측은감을 느끼게 될 때 도움을 준다고 해석하는 것은 잘못일 수 있다. 측은감을 성격특성으로 갖고 있는 사람은 우리가 모르는 이유로 도움을 줄 수 있기 때문이다. 즉, 측은감이 높은 사람들은 실험자에게 좋은 인상을 주고 싶어서 돕겠다고 했을 수도 있다는 것이다.

이런 문제를 해결하기 위해서는 측은감을 느끼거나 느끼지 않도록 조건을 설정하는 실험이 필요하다. 이런 실험을 행한 연구자는 참여자에게 새로 전학을 와서 매우 외로움을 타고 있는 학생이 작성한 자기소개글을 보여 주었다(Fultz et al., 1986). 측은감 조건에서는 그 글을 읽으면서 상대의 입장을 생생하게 그리며 파악하도록 하였고, 불편감 조건에서는 가능한 한 객관적으로 상대를 파악하라고 하였다. 실험이 끝날 때 상대 학생과 만나 외로움을 덜어 줄 의향이 있는지를 물었는데 사회적 평가를 의식하지 않도록, 그 답을 실험자는 알 수 없게 한 상황과 평가를 의식하도록 실험자가 알 수 있는 상황으로 조작하였다. 측은감을 느낀 조건에서 사회적 평가를 의식하지 않는 상황에서 도움행위가 가장 크게 나왔다.

남의 곤경을 보면서 불편감을 느낄 때의 생리적 반응은 측은감을 느낄 때의 생리적 반응과 다르다는 것이 한 연구에서 드러났다(Eisenberg et al., 1989). 아동과 대학생을 대상으로 자동차 사고로 온 가족이 다쳐서 병원에 입원해 있는 마을의 한 엄마에 대한 비디오를 보여 주었다. 비디오의 여성은 이혼한 상황에서 상처가 아물어 퇴원한 아이들의 공부가 뒤처질 것을 걱정하는 애처로운 모습을 담고 있었다. 연구 참여자들이 비디오를 보는 동안 심장박동을 지속적으로 측정하고, 이들의 얼굴표정에 나타난 정서의 상태를 두 명의 관찰자가 15초 간격으로 평가하였다. 연구 참여자들에게 사고를 당한 집의 아이들을 도와줄 수 있는지를 물어서 분석한 결과, 측은감을 느낀(얼굴표정으로 판단) 사람들이 심장박동이 떨어지는 양상을 보이며 돕겠다는 응답을 많이 하였고, 표정에 불편감이 역력한 사람들은 심장박동이 올라가며 돕겠다는 응답을 덜 보인 것으로 나타났다. 이런 결과는 측은감이 불편감과는 구분되는 타인지향적 정서로서 상대의 불편함을 덜어 주기 위한 도움을 촉발할 수 있음을 보이는 좋은 증거라 하겠다(곁글 8-13).

상황의 해석과 귀인 피해자 혹은 고통을 겪는 사람을 대하여 느끼는 측은감이 도움행위로 연결되기 위해서는 사건에 대한 책임을 상대방이 어쩔 수 없던 상황 탓으로 귀인하는 것이 필요하다. 책임을 피해자에게 두는 경우에 도움행위는 덜 나타난다. 길을 가다가 쓰러져 있는 사람의 손에 술병이 들려 있다면 돕기보다는 피해가기가 쉽다. 어쩔 수 없이 벌어진 사건에 대하여 당사자의 책임을 묻는 것은 사람들이 세상을 통제 가능한 것으로 여기고 싶어하는 경향을 반영하는 것이다(3장 참조). 사람들은 고통을 겪는 사람이 자신이 지닌 가치관을 위협하는 경우에 그가 겪는 고통을 상대방의 책임 탓이라 여기는 경향이 강하다. 신앙심이 매우 두터운 근본주의자들도 도움행위를 선별적으로 보이는데, 이들은 동성애자나 미혼모를 돕기보다는 오지의 원주민이나 가난한 학생들을 돕는다. 동성애자와 미혼모들이 겪는 고통은 당사자들의 잘못된 사상과 행동 탓으로 자초한 것이라 여기는 탓이다(Jackson & Esses, 1997).

❖ 도움행위와 행복감

사람들은 자기의 욕구를 만족시키기 위하여 돈이 필요하고, 돈을 벌려고 열심히 일한다. 630여 명의 미국인을 대표하는 성인 표본에게 소득과 더불어 매달 평균 쓰는 생활비의 두 용처에 얼마나 쓰는지를 물었다(Dunn, Arkin, & Norton, 2008). 개인적 용처는 생활비(전기세, 숙식비 등등)와 좋아하는 것을 사는 것들인데 평균 1,714달러로 나타났다. 친사회적 용처는 주위사람들에게 선물이나 밥을 사는 것과 자선기관에 낸 기금으로 평균 146달러로 나타났다. 즉, 개인적 용처의 1/10 정도를 친사회적 용처로 사용하는 것이었다. 흥미로운 것은 이런 씀씀이의 크기와 개인이 느끼는 행복감의 관계를 파악한 결과다. 개인적 용처의 씀씀이는 행복과 무관하였으나, 친사회적 소비가 많은 사람들이 더 행복한 것으로 나타났다. 이는 소득하고는 무관하게 나타났다. 두 번째 연구에서는 특별 상여금을 받은 16명의 회사원들에게 이들의 행복감을 상여금 지급 한 달 전에 측정하고 지급 후 6주가 지나서 측정하였다. 상여금 수령 후, 6주간 소비한 용처를 파악하여 같은 분석을 했을 때도 똑같은 결과가 나타났다. 이런 결과가 실험실에서 나타나는지를 알아보기 위하여 연구 참여자 46명을 대상으로 5달러(혹은 20달러)를 주면서 그날 오후 5시까지 사용하되 두 조건을 나누어 개인용처로 사용하거나 친사회적 용처로 사용하도록 하였다. 아침에 행복감을 측정한 후 저녁 때 다시 측정해 보니, 돈의 액수와 무관하게 친사회적 용처에 사용한 사람들이 더 행복해진 것으로 나타났다. 그러나 사람들은 개인적 용처에 사용하는 것이 자신을 행복하게 만든다고 여기고, 5달러보다는 20달러를 사용하는 것이 더 행복해진다고 여긴다. 사람들은 무엇이 자신을 행복하게 하는지에 대하여 잘 안다고 여기지만, 실상은 착각을 하고 있는 것이다(Lyubomirsky, 2013).

자선단체에 기부하는 도움행위와 사람들이 느끼는 행복감의 정적인 상관관계는

가진 주식의 99%를 자녀 세대에게 더 나은 세상을 주기 위해 기부하겠다는 페이스북 창업자 마크 저커버그와 그의 아내 프리실라 챈

갤럽의 조사자료에 따르면 139개 국가 중에서 120개 국에서 나타나고 있다. 이 중 71개 국가에서 상관의 크기는 유의수준을 넘어서고 있다(Aknin et al., 2013). 도움행위를 하는 사람과 안 하는 사람의 행복감 차이를 수입으로 보전하려면 안 하는 사람은 현재 소득의 두 배를 벌어야 도움행위를 하는 사람들의 행복감을 느낄 수 있는 것으로 분석되었다. 도움행위를 하는 경우에 느끼는 행복감은 아동에게도 확인되고 있다(Aknin et al., 2012).

〈표 8-5〉 행복감과 소비의 관계

	행복감	친사회적 소비	개인적 소비
행복감	1	–	–
친사회적 소비	.11**	1	–
개인적 소비	.03	.44**	1
소득	.12**	.21**	.25**

**$p<.01$

요 약

1. 사람들의 정서는 곤경에 처한 사람에게 도움을 주는 행위에 많은 영향을 미친다. 좋은 기분을 유지하거나, 나쁜 기분에서 전환하고자 도움행위가 나타날 수 있다.
2. 이기적인 동기가 아니라 상대방에 대한 측은감을 느껴서 도움행위가 나타나기도 한다. 곤경에 처한 사람의 처지를 공감하는 경우에 측은감이 촉발된다. 그러나 측은감은 도움행위를 부추기는 필요 조건이긴 하지만 충분 조건은 아니다.
3. 곤경에 처한 사람을 보고서 도움을 주는 행동은 그 곤경이 당사자 탓이 아니라고 보는 경우에 나타난다. 사람들은 자기와 유사한 처지에 있는 사람의 고통에 대하여 상황 탓을 하는 경향이 강하다. 처지가 비슷한 사람이 당한 고통을 그 사람만의 행동, 생각 탓으로 귀인할 수 있는 경우에 통제력을 회복하며, 자신은 그러한 고통을 피할 수 있다고 여긴다.
4. 사람들은 곤경에 처한 사람을 보고서 불편감이 아닌 측은감을 느낄 때 상대방을 위한 이타적 행위를 보인다.
5. 남을 돕는 행위는 행위자의 행복감을 증진시키는 효과를 가져온다.

제 9 장
집단 속의 개인

2007년 12월 유조선과 크레인선의 충돌로 발생한 12,500톤의 기름유출로 태안 앞바다는 까맣게 변하였다. 세계가 경악한 것은 그 엄청난 기름유출이 아니라 짧은 시간에 이루어 낸 방제작업이었다. 백만 명에 달하는 자원봉사자들이 기름으로 뒤덮인 해안의 바위와 돌들을 일일이 손으로 닦아내고 해변의 오염된 모래를 한 삽씩 파서 3~4번씩 양동이의 물에 헹구어 내는 작업을 해 낸 끝에 반년 만에 해수욕장 개장을 할 수 있을 정도로 만들었다. 사람들은 다른 사람이 있을 때 그들로부터 알게 모르게 영향을 받으며, 혼자 있을 때는 생각도 못하는 행동을 여럿이 하는 상황에서는 거리낌 없이 해 내기도 한다. 이같이 개인으로서의 행위가 여러 사람과 있을 경우에 달라지는 양상은 오래전부터 사회심리학자들의 관심거리였고 사회심리학이라는 학문분야를 성립시키는 주제가 되었다.

유조선 충돌로 오염된 태안 앞바다 방제작업을 하는 자원봉사자들

타인의 존재가 야기하는 현상

❖ 사회촉진 현상

여러 경우에서 우리는 혼자 무엇을 수행하는 것보다 다른 사람과 같이 할 때 더욱 힘이 나는 것을 관찰할 수 있다. 사회심리학의 최초 실험연구라고 일컬어지는 연구는 이 현상을 점검한 것이었다. Triplett(1897)은 혼자서 낚싯줄을 감게 하는 조건과 여러 사람이 같이 하는 조건에서 줄을 감게 하였는데, 그 결과로 집단 조건에서 더욱 빨리 감는 것으로 나타났다. 이같이 집단 속에서 개인별로 수행하는 작업의 수행력이 개인이 홀로 하는 상황에서의 수행력보다 높게 나타나는 현상을 사회촉진 현상이라 한다. 사회심리학의 초석을 다진 F. Allport(1920; 본서 1장 참조)는 신문기사에 나타난 단어의 모음을 지우는 작업, 쉬운 곱셈작업, 논리적인 쟁점에 대하여 반론을 펴는 작업 등에서 이 현상이 나타남을 보였으며, 다른 개인이 공동작업을 하는 경우뿐만 아니라 단순히 관찰자로 있을 경우에도 적용됨을 보였다. 이 현상은 단순한 과제에서 특히 잘 관찰되고 있으며(Guerin, 1986), 사람뿐만 아니라 쥐, 바퀴벌레, 개미 등에서도 나타나는 것으로 관찰되었다([그림 9-1]). 바퀴벌레 한 마리가 복잡한 미로를 통과하는 데 걸리는 시간은 다른 바퀴벌레가 있는 경우에 더디지만, 단순한 미로를 통과하는 데 걸리는 시간은 더 짧게 나타났다(Zajonc et al., 1969). 그

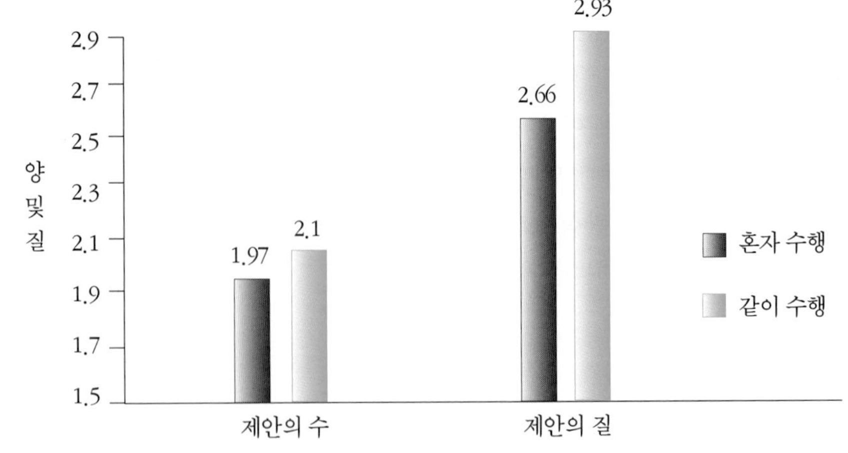

[그림 9-1]
사회촉진 현상
혼자 할 때보다 다른 사람이 있는 경우에 작업의 질과 양이 나아진다.
출처: Allport, 1920, 그림은 Baron & Byrne, 2000, p. 487.

러나 때로는 사회저해 현상이 나타나는 경우도 있다. Allport(1924)는 쟁점에 대한 반론의 수에 있어서는 사회촉진 현상이 나타나지만, 그 반론의 질을 따진다면 혼자 있을 때의 반론의 질이 더욱 좋은 것을 관찰했다. 이 현상은 특히 복잡하거나 난해한 과제의 수행 시에 나타난다.

Zajonc(1965)은 이 두 가지 상반되는 현상을 설명하는 틀을 제시하였다. 그에 따르면 타인의 존재는 개인에게서 추동 또는 동기를 추가시키며 이 추동이 익숙한 행위의 출현 가능성을 증가시키므로 수행의 촉진이나 저해는 과제의 성격에 따라 달라진다고 하였다. 즉, 과제가 잘 학습되었거나 지배적인 반응을 요하는 경우에는 촉진 현상이 나타난다. 따라서 마라톤이나 대부분의 단순한 운동경기 종목에서 시합을 하는 경우에는 혼자서 연습하는 것보다 월등한 수행력이 나타난다. 그러나 제대로 학습되지 않았거나, 고난도의 수행을 요하는 과제의 경우는 지배적인 행위가 과제를 잘 수행하는 행위가 아니므로 수행이 떨어진다.

학생회관 내에서 포켓볼을 치고 있는 사람들을 은밀히 관찰하여 그들의 실력을 중급 이상과 이하로 구분한 다음, 네 사람이 당구대 근처로 가서 치는 사람을 구경하며 관찰하니 중급 이상 치는 사람의 타구 정확성이 71%에서 80%로 증가했으나 중급 이하 치는 사람의 정확성은 36%에서 25%로 떨어지는 것이 관찰되었다 (Michaels et al., 1982). 이는 Zajonc의 설명을 뒷받침하는 결과다.

Zajonc이 추동이라는 애매한 개념을 사용한 것을 두고 여러 논란이 제기되었으며 다른 대안적 설명들이 제기되었다. 그중 간섭-갈등 이론(Baron, 1986)에 따르면 타인의 존재는 과제에의 집중력과 타인에 대한 생각 간의 갈등을 야기하며, 과제가 간단하고 숙련되었을 경우에는 과제에의 집중력이 떨어져도 수행에 문제가 없으며 타인의 인식 때문에 더욱 노력을 해서 수행이 증진될 수 있다. 그러나 비숙련 과제나 어려운 경우에는 타인에게 쏠리는 주의가 과제에 쏠려야 하는 주의를 일부 빼앗기 때문에 수행에 지장을 받는다. 여기서 타인의 존재는 당사자에게 타인에 의한 평가불안을 가져오며, 이 평가불안이 익숙한 과제에 대한 수행을 촉진시키는 동인으로서 작용한다(Green, 1991; [그림 9-2]). 타인이 존재할 뿐 평가를 할 수 없는 상황에서는 과제 수행이 아무 영향을 받지 않는다(Cottrell et al., 1968).

흔히 바둑에서 '큰 승부에 명국 없다'는 말을 하는데, 이는 평가불안이 어려운 과제에서의 집중력을 떨어뜨리기 때문으로 해석될 수 있다.

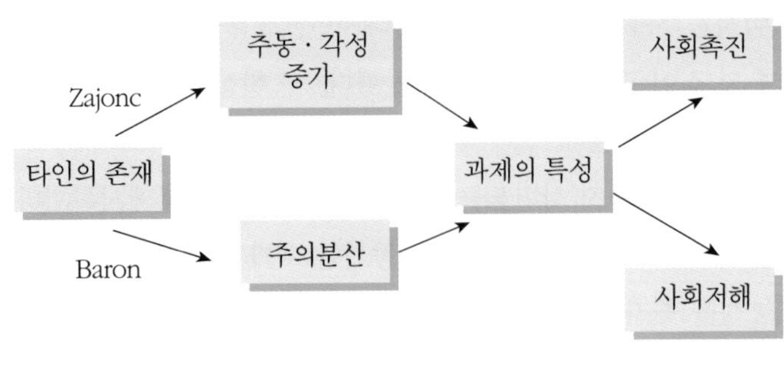

[그림 9-2]
사회촉진 및 저해 현상의 발현

❖ 사회태만 현상

타인과 같이 일을 하는 경우에 추가적인 동기가 촉발되어 사회촉진 현상이 일어나는 것과는 대조적으로 동기가 위축되어 개인의 수행이 떨어지는 현상도 나타난다. 이를 처음으로 주목한 사람은 프랑스의 공학자인 Max Ringelmann이다. 그는 학생들에게 밧줄을 주고 이를 당기는 힘을 측정하였는데 개별적으로 할 때는 평균 85kg의 힘이 작용하는 것으로 나타났으나 7명이 동시에 당길 때는 1인당 평균 65kg, 14명이 동시에 당길 때는 61kg으로 나타나 집단의 크기가 증가함에 따라 개인이 쏟는 힘의 크기는 감소하는 것을 보았다. 이 현상을 그의 이름을 따라 링겔만 효과(Kravitz & Martin, 1986)라고도 하며 태만스러운 행위라고 해서 사회태만 현상이라고도 한다. 이 현상은 여러 연구에서 나타났는데 특히 잘 나타나는 과제는 밧줄 당기기, 고함 지르기, 박수치기(Latane et al., 1979) 등 단순과제였으나 지적인 과제의 수행에서도 관찰되고 있다(Weldon & Gargano, 1988).

이 태만 현상의 원인은 크게 두 가지가 작용하는 것으로 분석된다. 하나는 동기의 감소다. 태만 현상이 나타나는 과제는 집단적 수행과제이며 개인의 기여도가 집단 수행에 묻혀 드러나지 않는 과제들이다. 즉, 행위자 자신 및 관찰자가 개인의 수행 기여도를 알지 못하는 상황이다. 이러한 상황에서 통상 개인의 동기는 잠식된다고 본다. 따라서 링겔만 효과를 방지하기 위해서는 개인의 기여도를 알 수 있는 피드백 체계를 확립하는 것이 한 방법이 된다. 또 다른 이유는 통합력 상실에 의함이다. 즉, 혼자서 하는 경우보다 여러 사람이 하게 되면 최대의 효과를 얻기 위해서 개인들의 힘을 순간적으로 모아야 하는데 이 모으는 시점이 일치하지 않으므로 힘의 상실이 나타나며 이것이 링겔만 효과를 낳을 수 있다. 이를테면, 줄다리기 시합을 할 때 꼭 필요한 사람이 상쇠다. 그는 깃발을 들고 자기 편 모든 사람들이 힘을 써야 하는 시점을 알려 주는 역할을 한다.

두 가지 요인의 가능성을 비교한 연구에서 Latane 등(1979)은 참가자들을 혼자, 둘이서 또는 여섯 명이 함께 목청껏 함성을 지르게끔 하고 1인당 함성의 크기를 측정하였다. 집단의 경우는 실제집단과 가짜집단으로 나누어 가짜집단에서는 다른 사람이 자기와 같이 소리치는 것으로 참가자들은 여겼지만 사실은 혼자 지르는 것이었다. [그림 9-3]에서 보듯이 맨 위의 점선은 집단수행이나 개인수행의 차이가 없음을 가정한 경우의 함성크기다. 자신이 다른 사람과 같이 소리친다는 것을 아는 것 자체가 동기감소를 가져오고 이는 집단의 크기가 증가할수록 크게 나타났다. 동기감소와 함께 통합력이 또한 집단이 커짐에 따라 떨어짐을 볼 수 있다.

링겔만 효과를 이해하기 위하여 기대-가치 이론을 적용할 수 있다. 즉, 사람들은 열심히 일하면 수행이 좋아질 것이라는 기대를 갖고, 좋아진 수행은 그만큼 원하는 보상가를 가져다준다고 믿을 때 과제에 혼신을 다할 것이다. 링겔만 효과에 대한 여러 실증적 연구들을 통합분석한 연구(Karau & Williams, 1993)는 ① 작업집단의 단위가 소규모일 경우, ② 작업과제가 매우 중요하거나, 재미있는 경우, ③ 동료가 좋아하는 사람들로 구성된 경우, ④ 작업성과에 자기의 기여분이 독특하거나, 중요한 경우, ⑤ 작업동료의 수행에 기대를 걸기 어려운 경우, ⑥ 집단적인 평가를 중시하는 문화권에서 링겔만 효과가 거의 나타나지 않음을 결론짓고 있다(곁글 9-1).

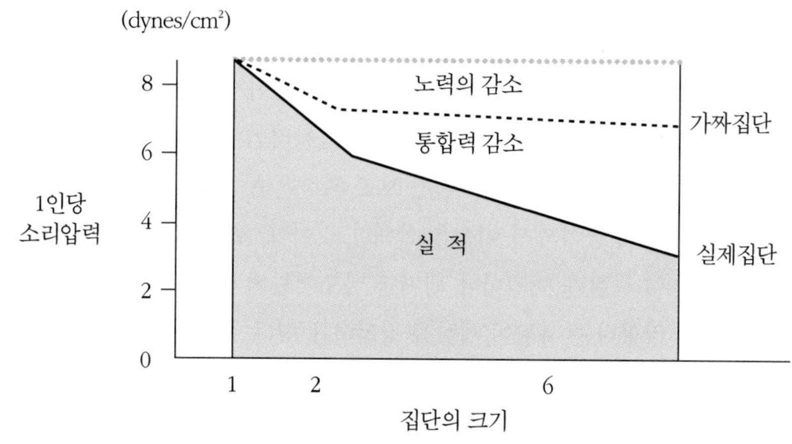

[그림 9-3]
링겔만 효과의 분석
출처: Latane et al., 1979.

결글 9-1

링겔만 효과의 문화 차이

실험실 연구에서 나타난 링겔만 효과는 개인이 소속 집단에 강한 유대감을 갖는 경우라면 안 나타날 수 있다는 가설을 성립하게 한다. 실제 생활에서의 자연집단이라면 집단의 수행이 가져오는 성패가 소속 성원의 자긍심, 정체감에 중요한 영향을 주므로 동기감소에 의한 링겔만 효과는 적어도 나타나지 않으리라 보겠다. 그 지지적 증거가 비교문화연구에서 나타나고 있다. Latane 등(1979)이 행한 고함지르기 실험을 일본 학생들을 대상으로 복제시도한 연구는 링겔만 효과를 발견하지 못했다(Shirakashi, 1984-5: Smith & Bond, 1998에서 재인용). Gabrenya 등(1985)은 미국과 대만의 아동들을 대상으로 헤드폰을 끼고서 들려오는 소리를 세는 작업을 혼자 또는 짝지어 시켰다. 링겔만 효과는 미국 아동에게만 나타났고 대만 아동의 경우 짝으로 일할 때 오히려 개인별 수행이 좋아진 것으로 나타났다.

보다 강한 증거는 미국과 중국의 관리자들을 대상으로 작업 시뮬레이션을 혼자서 또는 10명이 팀이 되어 시킨 결과의 비교다(Earley, 1989). 작업 시뮬레이션은 관리자 능력개발 훈련과정에서 많이 쓰이는 일종의 게임으로서, 이 연구에서는 상담 약속을 적절히 짜는 일, 주문서 작성 및 전달하는 일, 입사 응모자를 평가하는 일 등의 일상적인 과제를 모사한 일을 하는 것이었다. 이 시뮬레이션을 1시간 동안 하게 하면서 개인 혼자서 하는 사람은 20건을 처리하도록 하고, 집단으로 하는 경우는 집단 전체가 200건을 처리하도록 하되 집단 전체의 처리건수가 문제이지 개인별 처리건수는 문제삼지 않는다고 이야기했다. 링겔만 효과는 미국 관리자들에게서 나타났으며, 중국 관리자들은 혼자 하는 경우보다 더 개인별 실적이 좋아진 적으로 나타났다. 유사한 결과가 실험이 아닌 현장상황에서 나타나는 것이 미국, 중국과의 비교연구에서 보고되고 있다(Earley, 1993). 그러나 이 같은 차이가 모든 비교문화연구에서 일관되게 나타나고 있는 것만은 아니다. 고함지르기 연구의 결과, 인도, 태국, 대만, 일본에서 링겔만 효과가 나타난다는 보고가 있다(Gabrenya et al., 1985).

❖ 책임감 분산

1964년 뉴욕에서 발생한 살인사건 하나가 사람들을 놀라게 했다. 제노베재라는 여성이 식당일을 마치고 새벽에 귀가하다가 자기 아파트 근처까지 와서 수상한 사람이 뒤를 밟는 기척을 눈치 채고 공중전화 박스에 들어가 다이얼을 돌리는 순간 괴한에게 칼로 피격 당했다. 그녀가 여러 번 칼에 찔리면서 소리치는 비명에 주위 아파트의 이곳저곳에서 불이 켜졌다. 이를 보고 괴한은 두 번이나 물러섰으나 아무도 나와보지 않자 다시 돌아와서 여성을 살해한 것이다. 30분 동안 벌어진 이 사건을 목격한 사람은 수사결과 38명이나 되지만 나오기는커녕 누구도 전화로 신고하는 수고조차 하지 않았다는 사실이 세상을 경악하게 했다.

상투적으로 언론에서는 대도시 거주자들에게 만연되어 있는 무관심, 산업시대의 사회병리 현상 탓으로 설명을 했다. 그러나 심리학자 Darley와 Latane은 사회심리학적 시각에서 접근하였다. 이들은 현장에서 여러 사람들이 상황을 목격했고 그중에는 돕고자 하는 사람들도 있었지만, 도움을 줄 다른 사람이 있다는 인식이 나서

서 돕는 것을 주저하게 만들었을 가능성을 제시했다. 즉, 타인의 존재에 대한 인식은 각 개인이 상황에 대하여 느끼는 책임감을 희석시킬 수 있다. 이러한 책임감의 분산은 사람이 많을수록 강하게 나타나, 목격자가 적은 경우보다 많은 경우에 상황 개입이 늦어지는 경우가 많다.

이 책임감 분산 가설을 검증하기 위해 행해진 여러 연구 중 Latane과 Darley(1968)는 실험에 참가한 남학생들이 설문에 응답하고 있는 동안 실험실 안으로 환기통을 통해서 연기가 들어오는 사태(화재를 위장함)를 꾸몄다. 참가자들은 혼자 있었거나, 세 사람이 각기 다른 방에 한 명씩 있었거나, 방관적 행위를 보이는 두 사람의 다른 참가자(실은 실험협조자)와 같이 있었다. 혼자 있는 경우 75%의 사람들이 실험실 밖으로 나가 연기에 대한 보고를 했으나, 세 명인 경우는 38%, 두 명의 방관자와 같이 있던 경우에는 10%만이 보고하러 나갔다.

책임감 분산 현상을 국내에서 재현한 실험 동영상 https://www.youtube.com/watch?v=4N__RSeOiHE (5′9″)

방관자 개입에서 나타나는 집단과 개인의 차이를 보다 인지적으로 설명할 수도 있다(Ross & Nisbett, 1991, pp. 41–45). 즉, 집단상황 혹은 개인적인 상황에 처해 개인들이 현실을 보고 구성해 내는 생각(construdals)이 다르다는 것이다. 이러한 가설은 참가자의 사후진술에 나타나고 있다. 즉, 방 안으로 들어오는 연기를 보고 집단으로 있던 참가자들은 에어컨 작동의 문제 같은 사소한 것으로 상황을 파악하고, 들리는 신음이나 비명소리를 응급을 요하지 않는 불편함의 호소로 여기며 개입한다는 것이 자칫 웃음거리로 여겨지는 상황으로 보았다는 것이다. 한편 개인이 혼자 있을 때는 이들 상황을 즉각적인 위급상황으로 보는 사람들이 많았다.

❖ 몰개성화 현상

개인이 혼자 있을 때와 남과 더불어 있어 드러나지 않을 때 자신을 규제하는 도덕적 검열에서 해방되어 몰염치하거나 격한 행동을 하는 경우가 많이 있다. 예를 들어, 당신이 길을 걷다가 한 건물의 옥상에서 투신하겠다는 사람을 보게 되었다고 하자. 그 사람에게 "그래, 뛰어내려!" 라고 소리칠 것인가? 혼자만이 아니라 여러 사람이 그 광경을 보고 있다면 군중 속에서 그런 소리가 나올 가능성은 상당히 높다. 15년간 발생한 21건의 투신자살 사건을 다룬 기사를 분석한 연구(Mann, 1981)는 군중의 숫자가 300명 이상일 때는 미만일 때보다 그런 소리가 나올 확률이 2배, 저녁 6시 이후라 어두운 상황이면 밝은 상황보다 그 확률이 무려 4배 이상 증가함을 보였다. 이처럼 자신이 드러나지 않을 때 사람들은 규범과 절제에서 풀려, 충동적이고, 기분 내키는 대로의 행동을 보일 가능성이 높다. 이런 상태를 몰개성화 현상이라

르봉(Gustav Le Bon, 1841~1931)
의학을 공부하였으나 사회현상의 분석에 더욱 관심을 가졌고, 최면 현상에 매혹되어, 프랑스 대혁명 이후의 사회혼란기를 분석하며 다중(mass)의 심리현상에 대한 저서를 출판하여 명성을 얻었다. 그는 다중에 의한 정치제도인 민주주의를 불신하였으며, 자신의 서적을 이탈리아의 무솔리니에게 보내기도 하였다(Jahoda, 2007, pp. 105-109).

고 한다(Zimbardo, 1969; Diener, 1980).

이 현상은 프랑스의 의사였던 르봉(Le Bon, 1895)에 의해서 관심을 끌게 되었다. 그는 프랑스 대혁명 기간 동안 나타난 폭도를 방불케 하는 군중행동을 보면서 병리 현상의 모델을 적용시켰다. 다중이 모여 있으면 소수 사람들이 보이는 과격한 행동이 병원균처럼 번져서 행동오염이 나타나 다중은 충동적, 탈규범적으로 행동하며 난폭한 행동을 보이기 쉽다고 분석하였다. 그는 군중의 난폭성을 설명하기 위해 개인과 다른 세 가지 특성을 제시하였다(곁글 9-2). 익명성, 전염성, 암시성이 그것이다. Le Bon의 분석을 바탕으로 제시된 몰개성화 이론은 무리 속에 끼어 있거나, 익명적인 상황에서는 개인적 책임의식이 희박해지고 자신에 대한 통제감이 약해지며, 규범 질서에 따르는 행동 통제력이 약화되어 탈규범적인 행위가 나타나기 쉽다고 제시한다.

이를 현장에서 실험적으로 보여 준 연구는 할로윈데이에 분장을 하고서 집집마다 다니며 캔디를 얻는 전통을 이용하였다(Diener, Fraser et al., 1976). 미국 시애틀시의 27개 집 현관 앞에 의자를 놓고 그 위에 캔디통을 비치하고서 "하나씩 가져 가세요~"라고 써놓았다. 캔디통 옆에는 동전이 가득 찬 통을 놓아 두었다. 아이들이 두 개 이상의 캔디를 가져가거나 동전을 가져가는 등의 반규범적 행위를 숨어서 관찰하였다. 연구자들은 두 가지 변인의 효과에 관심을 두었는데, '몰개성화/개성화'와 '집단/개인'이다. 분장을 하고 오는 아이들의 경우에 반을 나누어 일부에게는 아이의 이름을 물어 말하게 하여 개성화를 유도하였고, 다른 반에게는 이름을 묻지 않았다. 결과는 [그림 9-4]에서 보듯이 집단으로 온 아이들 중에서 몰개성화 상태의

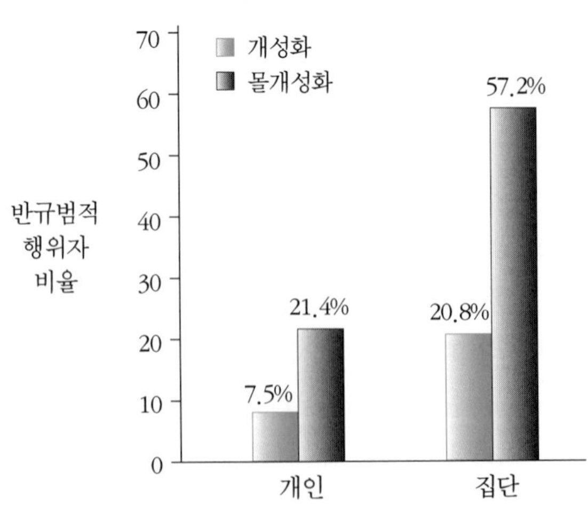

[그림 9-4]
반규범적 행위에 미치는 개인/집단 및 몰개성화/개성화의 효과
출처: Gilovich et al., 2011, p. 551.

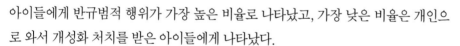

결글 9-2

군중심리학

무리를 지은 사람들이 보이는 난폭한 행동을 이해함에 있어서 자주 언급되는 연구 중 하나는 Le Bon(1895)의 『군중심리학』이다. **군중심리학**의 태동은 두 가지의 영향을 받았다. 첫째, 19세기 말 사회의 역사적 환경이다. 1789년에 시작된 프랑스혁명은 근 100년간에 걸쳐서 수차례의 혁명을 겪어야 했고, 산업혁명에 의한 근대화의 진전과 함께 노조운동이 크게 위세를 떨치면서 군중의 힘은 파괴적인 것으로 여겨졌고 사회분위기는 전반적으로 퇴폐적이고 몰락해 가는 것으로(적어도 부르주아 계층에게는) 여겨졌다(Barrows, 1981). 당시 식자층에서는 이러한 몰락을 설명할 수 있는 이론이 추구되었고, 이에 Le Bon의 군중심리학은 적절한 설명으로 여겨졌다.

둘째, 19세기 말에 파스퇴르가 발견한 질병의 박테리아에 의한 전염 현상이다. 병의 전염에 의한 신체적 질병과 마찬가지로 정신의 전염이 가능하여, 개인들이 모인 군중에 섞여 있는 좋지 않은 정신의 소유자들이 이 정신을 주위사람들에게 전염시킬 수 있다는 것이다. 군중심리학은 군중의 행동이 무규범적이고 폭력성을 띤다는 질병적 입장에서 보았고 이러한 접근은 학자들의 관심을 오래 붙들어 놓지 못했으나, 군중이라는 무대가 제공하는 익명성, 책임감의 희석 등은 몰개성화 이론(Zimbardo, 1969)의 핵을 구성하는 개념으로 다시 등장한다.

짐바르도(Phillip Zimbardo, 1933~)
뉴욕에서 태어나 1959년에 예일 대학교에서 사회심리학 박사학위를 취득하고 스탠퍼드 대학교에서 교수로 은퇴하였다. 유명한 감옥실험을 시행하였고 몰개성화 현상 등을 이론화하였으며, 대중에게 심리학을 알리는 작업을 많이 하였다. 미국심리학회 회장을 역임하였다. 그의 홈페이지(http://www.zimbardo.com)에서 그의 업적과 감옥실험에 대한 자료들을 접할 수 있다.

아이들에게 반규범적 행위가 가장 높은 비율로 나타났고, 가장 낮은 비율은 개인으로 와서 개성화 처치를 받은 아이들에게 나타났다.

이런 현상을 정리하며 Zimbardo(1970) 교수는 몰개성화 이론을 [그림 9-5]처럼 제시하였다.

전제 조건들		내부 상태(몰개성화)		행동적 결과
• 익명성 • 책임감 분산 • 타인의 존재로 흥분 • 자극 과잉	⇨	• 자의식 낮음 • 사회적 평가불안 낮아짐 • 자기조절 약화됨 (창피감, 죄책감에서 벗어남)	⇨	• 충동적 • 비이성적 • 정서적 • 반사회적

[그림 9-5]
몰개성화 이론의 과정
출처: Zimbardo, 1970.

규범부상 이론 몰개성화 이론으로 무리 속의 행동을 이해하는 데는 다음과 같은 문제점이 지적된다. 첫째, 무리가 제공하는 익명적 상태가 성원을 폭력적으로 만든다기보다는 당시 상황에서 부상된 규범에 따라 개인의 행동이 파괴적일 수도 있고, 오히려 개인으로 있을 때보다 더 친사회적으로 나타날 수 있기 때문이다(Diener, 1976; Johnson & Downing, 1979). 일찍 비교문화심리학 영역을 개척한 영국의 Jahoda(1982)는 이슬람 국가에서 여성들이 자신의 모습을 감추기 위해 쓰는 차도르는 개인에게 익명성을 제공하여 자유분방하게 만드는 것이 아니라 여자들의 사회적 의무를 환기시키는 역할을 한다는 것을 관찰하였다. Zimbardo(1969) 또한 익명성 효과에 대한 자신의 발견을 벨기에에서 군인들을 대상으로 재검하는 시도를 했을 때, 군인들은 Zimbardo의 두건을 썼을 때보다 자신들의 제복을 입었을 때 오히려 더 공격적인 것으로 나타났다. 이러한 결과는 '익명성 → 공격성'의 도식이 자동으로 성립되는 것이 아니라는 증거다.

야호다(Gustav Jahoda, 1920~)
오스트리아 출신으로 영국에서 사회심리학, 인지심리학을 연구하고 가르쳤으며, 서아프리카에서 현장연구를 수행하면서 비교문화심리학의 영역을 개척한 학자다. 미신의 심리학적 연구, 문화와 인간 마음의 관계에 대한 연구 업적을 보였다.

둘째, 무리 속에서 개인은 늘 사세력을 잃고 내키는 대로 행동하는 것이 아니라 많은 경우에 나름의 규범과 질서를 갖고 있다는 것이다. Reicher(1984)가 영국 브리스틀 시 흑인 거주 지역에서 벌어진 난동사건의 전개상황을 면밀히 검토한 결과 무차별적인 폭동이 아니라 공격목표가 일정(경찰서)했으며 거주지역을 피하고 도심의 일부 지역 내로 폭동지역이 제한되었음을 발견하였다.

몰개성화 이론에 대한 대안으로 제시된 것이 규범부상 이론이다. 이 견해에 따르면 개인이 무리 속에서 어떻게 행동하느냐는 당시 상황이 촉발하는 규범에 의해 더 잘 설명된다고 본다(Turner & Killian, 1972). 즉, 경찰과 시위대가 대치하고 있는 상황에서 시위대가 폭력성을 띠기 쉬운 이유는 이들에게서 자위의 필요성이 부각되고 수용되기 때문이라고 볼 수 있다. 즉, 투석행위는 시위하는 개인들이 사회규범에 반해서 보이는 파괴적인 행위가 아니라 상황에서 부각되는 새로운 규범에 대한 동조행위라는 것이다.

2016년 10월 말부터 매주 주말에 진행된 박근혜 대통령 탄핵 촛불집회

그동안에 이루어진 몰개성화 관련 연구 61개를 대상으로 통합분석을 한 연구(Postmes & Spears, 1998)는 몰개성화 현상을 설명하기 위하여 사회정체감 이론(10장 참조)에 바탕한 설명(SIDE 모형)을 제시한다. 이에 따르면, 몰개성화 현상은 개인정체감에 대한 주의가 감소하고, 상황에서 작용하는 상황규범과 집단정체감에 의해 촉발되는 집단규범에 동조하며, 일반적 규범의 제약에서 벗어나는 현상이다(Postmes & Spears,

결글 9-3 **익명성과 몰개성화: 악플**

사이버 공간에서의 활동은 실명이 아닌 별명으로 이루어지고, 누가 누구인지를 알 수 없는 익명적 상태에서 벌어지는 것이 많다. 소위 악성댓글(악플) 문제다. 인기 배우였던 최진실 씨가 사채업을 한다는 악성소문이 온라인에 확산되면서, 마음고생을 하다가 결국 자살한 사건이 발생했다. 이 악플을 올린 사람을 추적해서 잡아 보니 지극히 평범한 회사원이었다. 그녀는 별 생각 없이 올린 글이 이렇게 될 줄을 몰랐다면서 후회했다. 자신이 드러날 상황이라면 하지 않았을 행동이지만, 익명적 상황에서, 막말이 마구 쓰이는 댓글들을 보다 보면 몰개성화 상태에 빠져 극단적인 말을 무책임하게 뱉어 내는 것이다(Postmes et al., 2001). 그러나 익명적인 상태가 무조건적으로 몰개성화 상태를 초래하여, 탈규범적 행위를 가져오는 것은 아니다. 최근에 사이버 공간에서 익명을 선호하는 사람과 그렇지 않은 사람들 500여 명을 대상으로 소프트웨어 불법복제품 유통을 조사한 연구는 두 집단 간에 아무런 차이를 발견하지 못하였다(Hinduja, 2008). Gergen 등(1973)은 암실에 한 시간 동안 있던 사람들이 탈규범적 행동을 보이는 대신 성적인 유희에 가까운 경험을 하면서 그 익명적 상태를 즐기는 것을 보았다. 그는 이러한 관찰에서 익명적 상태 그 자체가 병리적인 문제상황이 아니라 '그 상황에서 확연히 인지되는 상황적 특성을 구현시키는 상태이며, 일상의 구속에서 해방된 심리'라고 하였다.

거겐(Kenneth Gergen, 1935~)
미국 듀크 대학교에서 사회심리학 박사학위(지도교수 E. E. Jones)를 취득(1962)하고 스워스모어 칼리지 교수로 재직했다. 초기의 실험사회심리학에 대한 관심을 접고 1973년에 「역사로서의 사회심리학」 논문을 발표하여 학계에 충격을 주면서, 사회과학의 전통인 실증주의적 인식론을 사회구성주의적 인식론으로 대체시키는 작업을 진행시키고 있다. 현재는 노인의 정신건강 문제와 현실의 사회교류 문제를 다루는 것에 깊은 관심을 보이기도 한다.

1998). 이 모형은 몰개성화 상황 속에 있는 무리가 보이는 다양한 규범(반규범적인 것뿐만 아니라 친규범적인 것 포함)의 발현양상을 설명해 준다. 왜 이런 현상이 나타나는가? 이 상황에서 영향력을 행사하는 규범은 일반적인 사회규범이 아니라 상황에서 부상하는 국지적인(local) 규범이다. 이 국지규범에 동조하는 행위가 나타나는 이유는 개인이 개인정체감보다 집단정체감을 취하게 만들기 때문이다. 무리 속에서 보이는 반규범적 행위는 그 상황에서 부상한 상황규범을 추종하는 것으로 집단 밖의 사람들 눈에는 탈규범적이고 몰상식적인 것으로 여겨지지만, 집단 내에서 나름의 규범과 논리, 통제가 작동하는 것이다(Reicher, 1987).

이 이론은 일반적인 사회규범(예: 폭력은 나쁘다)보다는 상황국면에 작용하는 국지규범이 사람들의 행위에 큰 영향력을 지니고 있음을 강조하며, 집단의 행위가 항상 반규범적이 아니라는 점을 잘 설명하고 있다. 앞 단락에서 제시한, 벨기에 군인들이 제복을 입었을 때 더 공격적인 현상은 제복이 군인의 규범을 환기시켰기 때문으로 해석할 수 있다. 2016년 11월에 있었던 박근혜 대통령 탄핵 촛불집회에는 매주 100만 명에 가까운 시민들이 광화문 광장에 모여 평화롭게 시위를 벌였고, 시위 현장을 깨끗이 정리하여 세계를 놀라게 하였다. 매주 거듭되는 시위가 벌어졌지만 난동을 부리거나 폭력적 행위를 한 사람이 없었다. 현장에서 부상한 비폭력 평화시위의 규범이 모든 참여자들에게 작용한 것이다.

❖ 집단극화 현상

부업으로 모은 돈을 증권에 투자를 할 것인지 말지를 심사숙고하고 있는 상황을 생각해 보자. 투자가 잘되면 고수익을 얻지만 잘못되면 상당한 손해를 감수해야 한다. 보험회사의 주식은 안정적이지만 수익률이 낮다. 반도체회사의 경우 모험이 따르지만 수익률이 높다고 가정했을 때, 당신이 혼자 결정을 내리는 경우와 비슷한 입장에 있는 다른 친구와 상의를 할 경우 어떠한 결정이 내려질 것인가? 일반적으로 집단적 의사결정은 안전한(즉, 보수적인) 대안을 취하는 것으로 생각된다. 그러나 Stoner(1961)는 혼자 생각하고 결정을 내릴 때 더욱 보수적인 대안이 선택됨을 보였다. 당시 대학원생이던 그는 참가자들에게 이와 유사한 상황에 처해 있는 사람에게 조언을 해 주는 입장에서 모험적 대안을 취하는 경우 최소한 어느 정도의 가능성을 전제로 하는지를 물어보았다. 참가자들은 결정을 혼자 내리고 나서(결정 1), 다른 사람들과 상의하고서 일치된 결정을 내리도록 하고(결정 2), 다시 개인적인 결정(결정 3)을 내리게 되었다. 결과는 결정 1보다는 결정 2와 3이 보다 모험적인 것으로 나타났다. 이 현상을 **모험적 이행**(risky shift)이라고도 한다.

이 현상은 학계에 많은 관심을 불러일으켰다. 왜냐하면 중요한 의사결정의 대부분이 집단적 토의를 거친 후에 내려지기 때문이다. 그렇다면 회사들의 대외투자 전략회의, 국책 수립을 위한 각료회의 등등에서 취해지는 결정이 각 성원들이 개인적으로 지니고 있던 견해보다 더 모험성을 띠게 될 것인가? 여러 연구결과, 의견 및 태도의 변화는 모험적인 방향으로만 나타나는 것이 아니고 보수적인 방향으로도 나타나는 것이 밝혀졌다. 즉, 원래의 태도보다 극단적으로 변화하는 **극화현상**이 어느 쪽으로 나타나는지는 성원들이 갖고 있는 원래의 의견(안정지향인가 아니면 모험적인가)과 집단 내의 의견의 합치성이 중요한 변수로 나타났다(Myers & Bishop, 1971).

이러한 극화현상은 의사결정 시에만 나타나는 것이 아니라 일반적인 태도의 형성과 그 변화에도 나타난다. 프랑스의 고교생을 대상으로 냉전시대 프랑스 대통령이던 드골 대통령(또는 미국인)에 대한 태도 진술문(‘드골은 복잡한 정치적 문제를 다

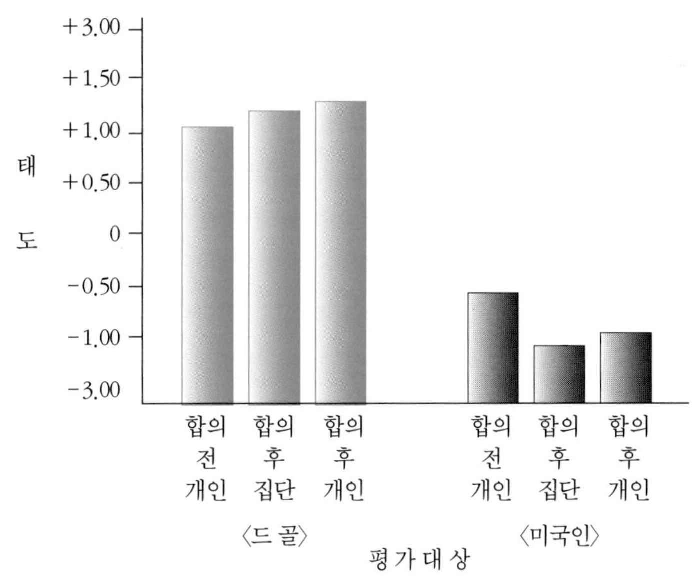

[그림 9-6]
집단극화 현상
출처: Moscovic & Zavalloni, 1969.

루기에는 너무 늙었다.' '미국의 경제 원조는 정치적 목적으로 이루어지고 있다.' 등)을 제시하고 진술문에 얼마나 동의하는지를 평가하였다. 그런 다음에 소집단을 형성한 후 집단토의를 거쳐서 각 진술문에 대한 집단의견을 물었다. 집단토의가 끝난 후 다시 개인적인 의견을 조사하였더니, [그림 9-6]에서 보듯이 긍정적인 태도(드골에 대한 것)는 토의 후에 더 긍정적인 쪽으로, 부정적인 태도(미국인에 대한 것)는 토의 후에 더 부정적인 쪽으로 변화가 나타났다(Moscovici & Zavalloni, 1969).

집단극화의 이유 집단극화 현상이 나타나는 이유는 두 가지로 설명될 수 있다. 첫째, 토의를 통해서 얻게 된 새로운 정보의 영향 때문에 나타난다. 집단토의를 통해서 자신들이 원래 지니고 있던 것보다 더 많은 정보를 얻게 되는데 이러한 정보들은 자신이 원래 지니고 있던 태도, 의견을 보충해 주는 것들이기 쉽기 때문이다. 따라서 애초의 근거가 불확실했던 태도나 의견이 집단토의를 거치면서 지지적인 증거들을 축적시킨 결과로 극화될 수 있다(Burnstein & Vinokur, 1977; Hinsz & Davis, 1984).

둘째, 자기가 속한 집단의 규범에 동조하는 탓에 나타난다. 사람들은 자기가 지닌 견해의 타당성을 자기와 유사한 사람들의 의견과 비교하며 검증한다(Festinger, 1954). 다른 사람과의 교류를 통해서 사람들은 자기가 속한 집단의 규범을 파악하게 되고, 이 규범에 동조하는 경향 탓에 태도변화가 나타난다. 이때 파악되는 규범은 집단성원들이 지닌 의견이나 기준의 평균이 아니라 보다 전형적인(혹은 순수한) 것이다. 수년 전에 운동권 인사들이 북한을 방문하여 김일성 초상에 절을 올린 사례를 예로 들어보자. 운동권 학생들도 김일성의 초상에 절을 하는 것에 대하여는 개인마다 의견이 다를 수 있어서, 이들을 평균하면, 아마도 깊은 목례 정도가 적합하다고 볼 수 있을 것이다. 그러나 그 사안에 대하여 운동권 학생들이 지각하는 규범은 아마도 '큰절'일 것이다. 실제로 이 사안을 놓고 토의를 벌여 보면 학생들은 저마다 예우에 대한 의견이 다름을 알고 놀랄 것이다. 집단에서의 규범은 사람들의 머릿속에서 허구적으로 구성되어 실제의 영향력을 발휘하는 경우가 많다. 이 양상을 다원적 무지 현상이라고 한다. 한 연구(Miller & McFarland, 1987)에서 학생들은 어려운 논문을 읽게 되었고, 교수는 그들에게 '논문을 이해하기 힘들면 도움을 청하라'고 이야기한다. 아무도 도움을 청하지 않았다. 모두들 자기 말고 다른 사람들은 큰 어려움이 없기 때문에 도움을 청하지 않는다고 생각한 것이다. 그러나 이들이 남들도 이해를 못하고 있음을 알게 되면 도움을 요청하기를 주저하지 않는 것으로 나타났다. 나와 다른 남들의 생각은 통일되어 있고, 내 생각이 독특한 소수라고 여기면서 이를 드러내지 않으므로 개인들의 생각이나 태도와는 달리 허구적으로 구성된 사회적 규범이 작용하는 것이다(10장 참조).

생활 속의 집단극화 현상 확고한 입장을 지니고 있지 않은 사람들은 자기 집단의 다른 사람들의 견해에 노출되는 것만으로도 영향을 받는다(Goethals & Zanna, 1979). 이는 사회비교에 의한 영향이다(Festinger, 1954). 이러한 변화보다 토의를 거쳐서 나타나는 변화는 더 크게 나타나 집단극화 현상으로 불린다. 실제 생활에서 이 현상이 장기적으로 나타나는 것도 볼 수 있다. 사람들은 유유상종하는지라 비슷한 사람끼리 어울리면서, 지니고 있는 견해나 생각이 다른 집단들과는 차이가 나는 방향으로 변하게 된다. 이를테면, 대학의 초학년 때 나타난 성적 차이가 같은 무리와 계속 어울리면서 고학년으로 가면 더욱 벌어지는 현상을 어렵지 않게 볼 수 있다. 정치적 경향이 다른 동아리 성원들의 차이도 해가 갈수록 벌어지는 현상 또한 이에 해당한다. 동네의 깡패집단 출현이나, 테러리스트 집단의 출현도 갑자기 이들이 조직되는 것이기보다는 비슷한 처지에 있는 사람들이 서로 어울리면서, 외부와 스스로를 차단시키는 과정을 거쳐서 점차 극단적인 생각과 행동을 취하게 되는 과정을 거치는 것이다(McCauley & Segal, 1987). 이 과정을 거친 성원들은 혼자서 있었다면 전혀 생각조차 못했을 행동을 보이는 것이다.

요약

1. 타인과 같이 일을 하거나 타인이 관찰하는 경우에 혼자서 하는 경우보다 수행이 향상되는 현상을 사회촉진 현상이라 한다. 이는 과제가 단순하고 숙련되어 있을 때 나타난다. 한편, 오히려 수행이 떨어지는 현상을 사회저해 현상이라 한다. 간섭-갈등 이론에 따르면 과제에의 집중력이 요구되지 않는 경우에 타인의 존재가 향상효과를, 과제에의 집중이 필요한 경우에 타인의 존재가 저해효과를 가져온다.
2. 사회태만 현상 혹은 링겔만 효과는 동기의 감소와 통합력 상실에 의해 나타난다. 작업집단의 단위가 소규모인 경우, 과제가 중요한 경우, 집단의 목표가 중요한 문화권에서는 이 현상이 덜 나타난다.
3. 책임감 분산 이론은 사건에 대한 개인의 책임이 관여된 사람의 수에 반비례하므로 목격자가 많은 경우에 개인적 책임은 감소한다고 본다. 이 이론은 현대사회의 병리적 증후에 대한 사회심리학적 설명의 좋은 예다.
4. 집단극화 현상은 개인의 의견이 집단토의를 거쳐서 과격하게 혹은 보수적으로 변화하는 현상이다. 이 양상은 집단 구성원의 토의 전 경향에 의해서 좌우된다. 극화 현상은 특정의 목적을 갖고 구성된 집단에서 특히 잘 나타난다.
5. 집단극화 현상이 나타나는 이유는 정보의 영향과 집단에서 동조현상 탓이다.

동조현상

동조행위란 주위의 사람들이 하는 것을 자발적으로 따라서 하는 행위다. 유행을 따르는 행위, 친구 따라 강남 가는 행위 등이 동조행위의 발현으로 상당부분 설명될 수 있다. 동조행위가 나타나는 이유는 크게 두 가지로 설명되는데, 그 하나는 정보의 힘 탓이며 다른 하나는 규범적 압력 탓이다.

❖ 정보적 영향

사람들은 낯선 경우에 처하면 어떻게 행동을 해야 좋은지를 잘 모른다. 이럴 경우에 우리는 남들이 취하는 행동을 보고 적절한 행위가 무엇인지를 알게 된다. 이를테면, 지하철을 처음 탔을 때, 뷔페식당을 처음 갔을 때, 고색창연한 법당에서 예불을 올릴 때 등에서 우리는 천연덕스럽게 행동하는 다른 사람들의 행위를 따라 하게 된다.

Sherif(1935, 1937)은 이러한 정보의 영향력을 실험실에서 재현하였다. 그는 대학생들을 대상으로 암실에 앉히고 정면 스크린에 불빛 하나를 보여 주면서 그 불빛이

셰리프(Muzafer Sherif, 1903~1988)
터키에서 태어나 미국 컬럼비아 대학교에서 심리학 박사학위를 취득(1935년)하고, 미국에서 교수생활을 하였다. 갈등문제를 다룬 현장실험 연구(Robber's Cave 실험)로 유명하며, 현실적 갈등 이론, 사회 판단이론을 제시하며, 현장에서의 관심사를 학문으로 조명하는 작업을 많이 보였다. 심리학과 사회학 분야 모두에서 공헌을 크게 인정받은 사회심리학 분야의 개척자다.

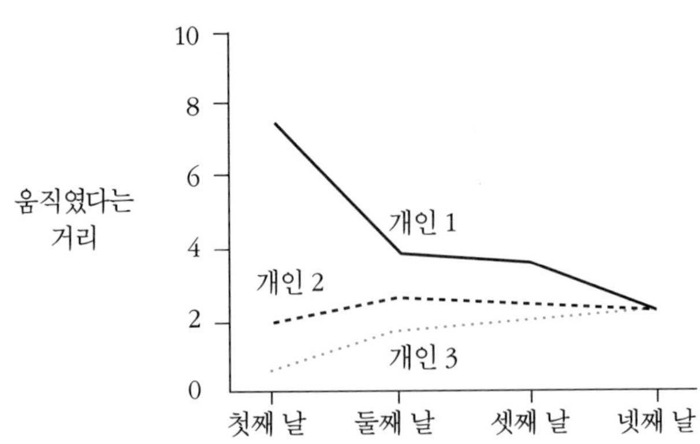

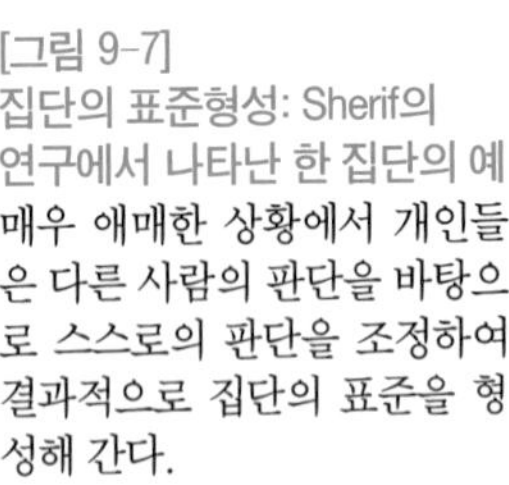
[그림 9-7]
집단의 표준형성: Sherif의 연구에서 나타난 한 집단의 예
매우 애매한 상황에서 개인들은 다른 사람의 판단을 바탕으로 스스로의 판단을 조정하여 결과적으로 집단의 표준을 형성해 간다.
출처: Myers, 1993, p. 22.

움직이는 거리를 알아맞히게 하였다. 사실 그 불빛은 고정된 것이지만 착시 효과에 의해서 움직이는 것처럼 지각되는 것이었다. 이 과제를 혼자서 수행하면 참가자들의 판단은 들쑥날쑥 변화가 많다. 그러나 두 명이나 세 명이 짝을 지어 수행하게 하면 이들 집단의 표준이 나타나서 개인의 판단이 다른 사람들의 판단으로부터 크게 벗어나는 일은 드물고 여러 번 시행을 반복하면 서로 간의 판단이 거의 일치하는 쪽으로 나타난다([그림 9-7]). 즉, 객관적인 판단기준이 전혀 없는 상태에서 타인의 판단이 기준의 역할을 하게 되는 것이다.

불확실한 상황에서 다수의 일치하는 행위나 개인의 일관성 있는 행위는 정보력을 지녀 동조 반응을 얻는다. 한 실험연구(Baron et al., 1996)에서는 범죄 피의자를 목격자가 확인하는 라인업 과제를 사진으로 제시하였다. 범인을 순간적으로 보았던(0.5초 동안) 어려운 과제 조건에서 답을 맞히는 것이 보상을 받는(따라서 중요한) 상황에서는 타인의 그릇된 판단에 따라가는 동조가 강하게 나타났다. 그러나 보상

왼쪽의 그림을 5초 혹은 0.5초간 제시받고 오른쪽의 그림에서 식별하는 과제에서 잘하면 20달러를 보상받거나 아무 보상이 없는 조건에서 실험에 같이 참가하고 있는 다른 두 사람이 엉뚱한 사람을 지목한 상황이다.

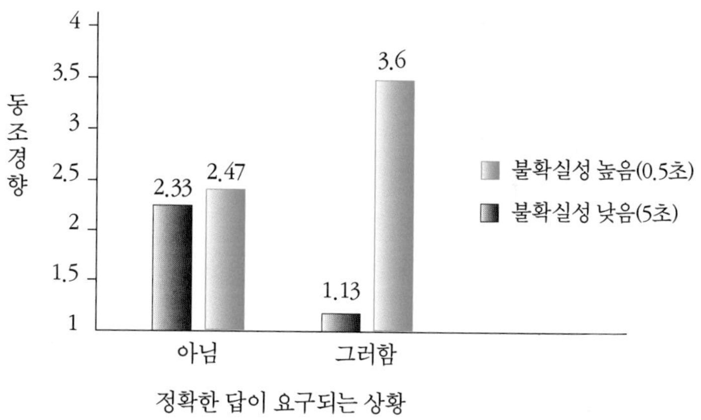

[그림 9-8]
정보의 영향에 의한 동조
출처: Baron et al., 1996.

이 없는 경우에는 차이가 없었다([그림 9-8]). 이 실험은 판단의 정확성을 알려주는 아무런 근거가 없는 상황에서는 타인의 일관성 있는 판단이 정보적인 가치를 지니고 있으며 아무런 강제력이 없을지라도 이것이 사람들의 판단에 상당한 영향을 준다는 것을 잘 보여 준다. 그러나 이같이 판단의 준거가 애매한 상황에서만 동조가 나타나는 것은 아니다. 판단의 준거가 뚜렷한 경우에도 잘못된 판단에의 동조는 나타날 수 있다.

❖ 규범적 영향

음악회에 가면 훌륭한 연주에 보답하는 뜻에서 사람들이 박수를 보낸다. 그런데 감동받은 사람들이 기립박수를 보내기 시작하면 자기만 혼자 앉아서 박수를 치기가 어렵다. 그다지 내키지 않아도 남들 따라 기립박수를 보낸다. 주위사람들이 나와 공유하는 것은 청중이었다는 것뿐이고 내가 박수를 치건 안 치건 순전히 내 기분에 따를 뿐이라고 여기는 사람은 없다.

Asch(1955)는 유명한 **선분 맞히기** 실험에서 7~9명의 참가자(그중 1명을 제외한 나머지는 모두 실험협조자임)를 책상에 둘러앉히고는 [그림 9-9]에서 보이는 두 개의 카드를 약 3m 떨어진 거리에 위치시키고 왼쪽 카드의 선분 길이와 똑같은 선분은 오른쪽 카드에서 어느 선분이냐를 맞히게 하는 과제를 제시하였다. 둘러앉은 순서대로 응답하게 하였는데 앉는 위치를 조정하여, 항상 진짜 참가자가 대답을 나중에 하도록 하였다. 이 과제는 매우 쉬운 것이기 때문에 대답을 잘못한다는 것은 생각

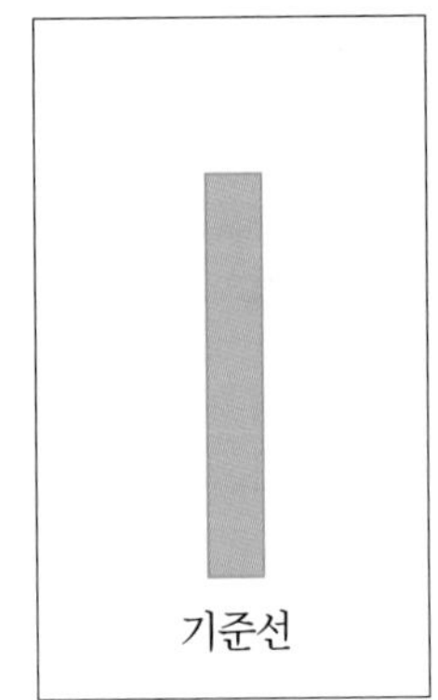

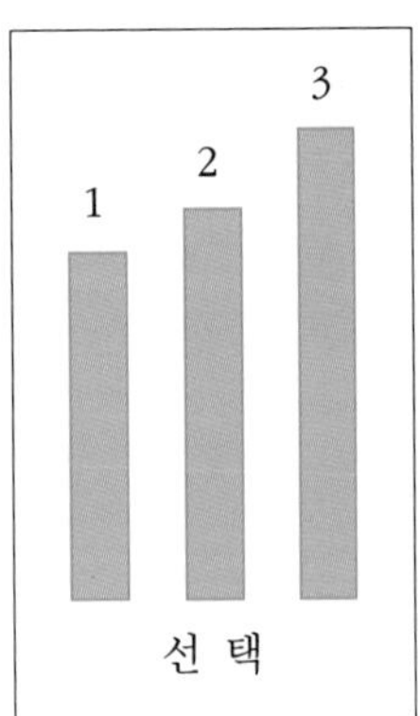

[그림 9-9] Asch의 선분 맞히기 실험
집단의 통일된 행동이 미치는 유목형의 압력은 개인을 압도한다.

할 수가 없었다. 몇 번의 시행을 거쳐 모든 사람들이 실수 없이 하는 것을 지켜본 다음 실험자는 미리 짜놓은 각본대로 실험협조자 노릇을 하는 참가자들에게 엉뚱한 답을 하게끔 하였다. 즉, 지금까지 아무 문제없이 하던 사람들이 똑같이 틀린 답을 차례차례 제시하기 시작한 것이다. 이 상황에서 참가자의 23%(123명 중 28명)는 틀린 답에 동의하지 않고 계속 자신의 판단을 제시하였으나, 나머지 사람들은 틀린 답에 동조하는 행위를 보였다. 총 12번의 시행 중 평균적으로 3번에 1번꼴로 다른 사람의 틀린 답을 따라대었다. 이 사람들도 그 전까지는 틀린 답을 제시한 적이 한 번도 없다는 것은 이들이 실제로 잘못 지각한 것은 아님을 말해 준다. 즉, 틀린 답을 제시할 때는 그것이 틀린 줄을 뻔히 알면서 그리하였다는 것이다.

국내 EBS가 재현한 **동조실험** 동영상을 볼 수 있음(6′ 23″)
https://www.youtube.com/watch?v=YXXr4poY8EM

기억해야 할 것은 이 상황에서는 집단이라는 것이 그저 우연히 일시적으로 형성된 것이며, 다른 사람과 틀린 답을 제시한다고 하여 어떤 제재 조치를 받는 상황이 아니었다는 점이다. 그럼에도 셋 중 한 번꼴로 남들의 잘못된 견해에 동조하는 행위가 나타난 것이다. 이는 바꾸어 말하면 실제 생활에서 집단의 압력이 강하게 작용한다면 자신의 뜻과 맞지 않는다고 하더라도 거의 대부분의 사람들이 집단압력에 굴복하리라는 것을 시사한다. 공산당 전당대회의 열렬한 박수소리는 이를 잘 대변해 주는 광경으로 볼 수 있다.

집단의 다른 성원들과 같이 행동함으로써 우리는 집단 성원으로서 수용되고 인정을 받으려고 하며 집단에서 소외되거나 망나니로 취급되는 것을 피한다. 집단의 의견에 따르지 않는 망나니에 대한 집단의 반응은 그를 따르게끔 압력을 가하는 것이고 이것이 안 되면 배척하고 따돌리며(Schachter, 1951), 심한 경우에는 직접적인 제재를 가한다. 이 현상은 현장 연구에서 잘 나타난 바 있다. 미국 웨스턴 전기회사의 호손(Hawthorne) 공장에 도급제 임금제도를 도입하여 작업량이 많은 근로자들에게 더 많은 수당을 지급하였지만 얼마 안 가서 근로자들은 적당히 수당을 받되 지나친 근로는 회피하는 수준의 하루 작업량을 스스로들의 표준으로 설정하였다. 이보다 못하거나 초과하는 작업자들에게 직접적인 압력을 행사하기 시작하였다. 어느 작업자이건 표준을 어기는 경우에는 다른 작업자의 조롱을 받을 뿐 아니라 팔을 얻어맞아도 반항하지 못하도록 하여 종국에는 표준에 따르게 만들었다. 그래도 안 되면 회유하고, 따돌림으로써 협박하거나, 보상을 약속하는 행위가 나타났다(Homans, 1965; 곁글 9-4 참조).

곁글 9-4

살빼기도 동조현상

여성의 미에 대한 기준은 시대 및 문화권에 따라 변한다. 오늘날 한국사회의 젊은 여성에게는 마른 듯한 체형미가 선망의 대상이 되고 있어 많은 여성이 다이어트에 큰 관심을 지니고 있다. 여성들은 살찌는 것을 혐오하여 소식(다이어트)을 하거나 운동을 하거나, 심지어는 지방제거수술을 받는 등 체형미 가꾸기에 많은 지출을 하고 있다. 정도가 심한 사람에게는 여러 가지 병적 증세가 취식과 관련되어 나타나고 있다. 대표적인 것이 음식 먹기를 거부하는 거식증과 폭식증이다. 거식증은 음식을 거부하거나 매우 적게 먹는 행위 증상이며, 폭식증은 음식을 마구 탐식한 후에 여러 끼니를 굶거나 일부러 구토를 유발하여 살찌는 것을 막으려는 행위다. 국내의 조사에서 여성 청소년에게서 섭식장애에 취약한 태도를 보인 사람의 비율이 1996년에 3%였으나 2007년에는 23.5%로 나타나고 있다(이은주, 2009). 폭식증은 미국 여대생의 4~15%에 해당하는 사람들에게 심각하게 나타나고 있다. Crandall(1988)은 폭식증 역시 여성사회에 수용된 여성미의 규범에 동조하는 심리에서 나타날 수 있으리라는 생각에 여대생 동아리의 성원들을 대상으로 식사습관을 알아보았다. 조사 대상자들 중에서 이 증세를 심하게 보이는 사람은 극소수였지만 많은 사람이 유사한 증세를 경험한 것으로 나타났다. 한 동아리에서는 이 증세를 많이 보이는 여성일수록 동아리 내에서 인기가 높았으며, 다른 동아리에서는 전혀 그 증세를 안 보이거나 지나치게 많이 보이는 사람보다 어느 정도 보이는 사람의 인기가 가장 높았다. 1년에 걸친 연구결과는 동아리 내 성원 간의 결속력이 강해짐에 따라 성원들의 취식 습관이 서로 닮아가는 것을 발견하였다(Sears et al., 1991, p. 242).

❖ 동조현상에 영향을 미치는 요인

동조현상은 상황의 여러 가지 특성에 따라 다르게 나타난다. 상황의 해석, 집단의 크기, 결집력, 개인과 집단과의 거리, 문화 등의 요인이 성원 개인에게 작용하는 동조압력에 영향을 준다.

상황의 해석 Asch의 실험에서 실제 참가자는 다른 사람들이 제시하는 통일된 틀린 의견을 접한 상황에서 '왜 지금까지 잘해 오던 사람들이 분명히 틀린 답을 대고 있을까?'라는 의문점을 품게 된다. '내가 잘못 보고 있나? 아니야, 답은 분명히 1이야. 이 사람들이 눈이 갑자기 어떻게 되었나? 그럴 리가 없지. 대체 왜 그럴까?'(Gilovich et al., 2011, p. 289)라고 생각하는 것이다. 이렇게 상황에 대한 파악이 안 되는 경우에 일치된 남들의 행동을 따라할 가능성이 높다. 마치 전혀 낯선 곳에 갔을 때 다른 사람들의 행동을 따라 하는 것처럼. 한 연구는 이 가능성을 잘 보여 주고 있다(Ross, Bierbrauer, & Hoffman, 1976; [그림 9-10]). 이 연구에서는 신분이 아니라 소리를 사용하였다. 1~5초 길이의 소리 두 개를 들려주고 어느 소리가 긴 소리인지를 맞추어 점수를 따는 과제를 사용하였다. 24번의 시행 중 드문드문 총 7번의 시행(실험시행)에서 협조자들은 똑같이 틀린 답을 제시하였고, 이 상황에서 실제 참여

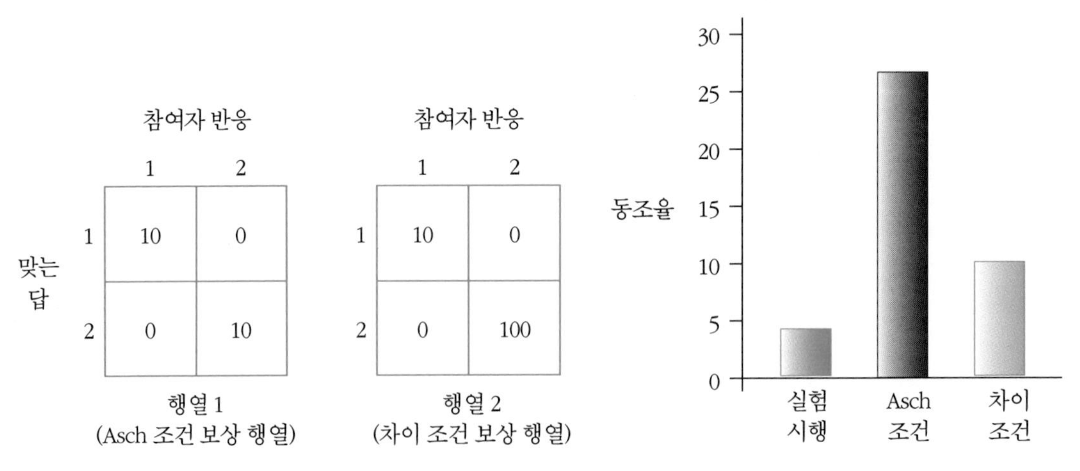

[그림 9-10] 동조율의 분석을 위한 실험결과

출처: Gilovich et al., 2011, p. 291. 원 연구는 Ross et al., 1976.

자들이 보이는 동조율을 보았다. 사람들의 답이 맞는 경우에 답에 관계없이 10점을 받지만, 2번 답이 맞는 상황에서는 100점을 받게 되는 경우가 있다고 알려주었다. Asch 조건의 참여자들은 답에 관계없이 맞추는 경우에 늘 10점을 받았다(행열 1). 차이 조건의 참여자들은 대부분의 시행에서 1번이나 2번이나 답을 맞추면 10점이 주어지지만, 몇몇 시행들에서는 2번 답이 맞는 경우에 100점이 일부 사람들에게 주어진다고 알려주었다(행열 2). 그렇지만 실제 참여자는 늘 10점을 받게 된다는 것을 알려 주었다. 통제 조건에서 참여자들은 답을 말로 하지 않고 글로 적었다. 결과는 [그림 9-10]에 제시되어 있다. 사람들은 실험시행이 아닌 경우에는 틀린 답을 제시한 적이 아무도 없었다. 모든 조건에서 실험시행에서는 다소의 동조현상이 나타났다. Asch 조건의 경우에 가장 크게 나타났다. 차이 조건의 경우에 사람들의 동조율은 현저히 감소하였는데, 이는 다른 사람들의 잘못된 답(2)이 100점을 받을 수 있는 상황이라고 여길 수 있는 상황이었기 때문이다.

이 연구가 주는 교훈은 비록 객관적으로는 무엇이 맞는지를 알더라도 다른 사람들이 똑같이 다른 판단을 하고 있고 이에 대한 적절한 설명을 찾지 못하면 자기 소신대로 행동하기가 어렵다는 것이다. 다른 사람의 틀린 답을 설명할 수 있으면(차이 조건) 타인의 영향을 덜 받고 소신을 보일 수 있다.

집단의 크기 집단 내에서 한두 사람의 의견이 자기와 다른 경우는 얼마든지 있을 수 있지만 많은 사람과 다른 내 의견을 맞다고 주장하기는 어렵다. Asch(1955)는 선분 맞히기 실험에서 집단의 크기를 2명에서 15명까지로 변화시켜 가며 동조율을 비교하였다. 동조율이 가장 높은 것은 집단의 크기가 3~4명인 경우임을 발견했다.

도시의 현장에서 이루어진 연구는 뉴욕 시 맨해튼 번화가에서 하늘을 올려다보는 행인을 가장한 실험협조자의 수효를 1, 2, 3, 5, 10, 그리고 15명으로 변화시키며 지나가는 행인들 중에서 역시 하늘을 올려다보는 사람의 비율을 관찰하였다. 그 결과 하늘을 쳐다보는 사람이 한 명일 경우는 4%, 10명일 경우는 80%, 15명일 경우는 86%의 행인들이 하늘을 올려다보는 행위를 보였다(Milgram et al., 1969; [그림 9-11]).

거리에서의 **동조현상**에 대한 국내 실험 동영상 https://www.youtube.com/watch?v=9rdTsdiDWA4 (첫 3분 20초 경과부분에서 5분간)

한편, Wilder(1977)는 사람들의 숫자를 변경시킨 것에 더해서 집단의 수를 변화시켰다. 즉, 한 조건에서는 참가자들로 하여금 4명이 한 집단인 다른 사람들의 의견을 듣게 하고, 다른 조건에서는 2명씩 두 집단으로 이루어진 4명의 의견을 듣게 하였고, 또 다른 조건에서는 각기 독립적인 4명의 의견을 듣게 하였다. 그 결과 집단의 크기는 동조율에 별 영향을 못 미치지만 독립적인 집단들의 의견이 일치할수록 증

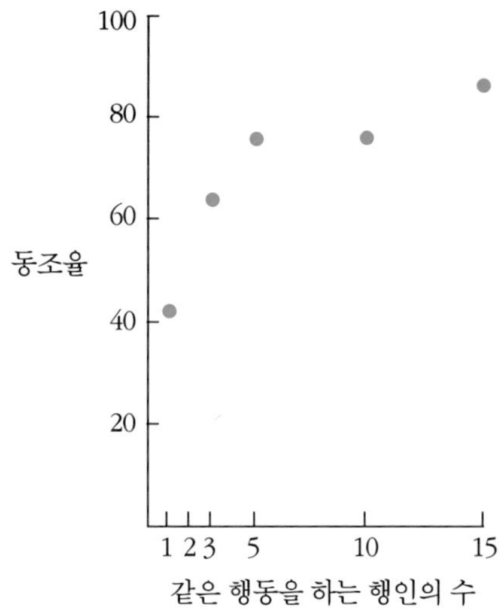

[그림 9-11]
Milgram 등(1969) 연구의 결과
출처: Latane, 1981.

가하는 것을 발견하였다. 즉, 집단이 하나의 단위로서 여겨진다면 그 집단의 성원이 증가되는 것은 영향을 주지 않지만 독립적인 단위들의 의견이 일치한다면 동조율이 증가한다.

집단의견의 일치성 집단 내 의견이 일치하지 않는다면 성원들이 느끼는 동조압력은 상당히 저하된다. 즉, 이탈자가 나 혼자만이 아니라면 그 이탈자의 신분에 관계없이 동조율은 떨어진다(Asch, 1955; Morris & Miller, 1975). 다른 이탈자의 의견이 나와 같지 않더라도 동조율은 역시 떨어진다. 선분 맞히기 실험에서 정답이 A, 다수가 B, 다른 이탈자가 C라고 한 경우에도 이탈자가 없는 경우보다 동조율은 떨어지는 것으로 나타나 단지 다른 의견을 지닌 사람이 한 사람이라도 있다는 것을 알면 개인에 작용하는 동조압력을 상당히 줄일 수 있는 것으로 보인다(Allen & LeVine, 1971). 다른 이탈자가 존재한다는 것은 다수의 의견에 대한 맹목적인 신뢰감을 잠식하며, 자신의 독립적 의견에 대한 강화 또는 지지로 여길 수 있으며, 외로운 이탈자가 받는 배척의 두려움을 경감시키기 때문에 자신에게 작용하는 동조압력을 줄이는 것으로 여겨진다.

이러한 연구결과는 집단적 의사결정을 하는 경우에 최소한 한 사람만일지라도 다수의 의견과 다른 견해를 가진 사람이 그러한 의견을 말하도록 하는 것이 활발한 의견개진을 도모하며, 곧 다루게 될 집단사고(Groupthink)를 방지하는 데 도움이 됨을 알려 준다.

익명성 사람들은 자신이 드러나지 않는다면 집단의 규범에 동조하는 행위를 덜 보인다. Asch가 참가자들의 반응을 말로 하지 않고 글로 써서 제시하도록 하였을 때 동조현상은 현저히 저하되었다. 사람들은 드러났을 때 동조를 보이지만 그렇다고 이것이 내적인 수용을 의미하는 것은 아니다(Maass & Clark, 1984).

집단의 문화 성원과 집단 사이의 정서적 유대가 공고한 경우에 동조압력은 강하다. 집단과 개인의 헌신(commitment)은 집단이 성원의 소속감을 진작시키고 정서적인 지원을 하는 등에 따라서도 강화되고 이탈 시 감수해야 하는 손해가 클 경우에도 커진다. 헌신이 클수록 개인이 집단에 대해 느끼는 정서적 유대감이 커지고 집단에 대한 동일시가 강하게 나타나며, 성원들은 집단에의 동조압력을 크게 느낀다(Hogg & Turner, 1987).

흔히 북미권과 북유럽권의 문화를 개인주의 문화로, 동아시아권의 문화를 집단주의 문화라고 대별한다(Hofstede, 1980; Triandis, 1989). 집단주의 문화권에서는 개인의 가치보다는 집단의 가치가 갖는 중요성이 개인주의 문화권보다 상대적으로 높다. 따라서 집단이 성원에게 부과하는 동조압력이 더 강하리라고 여길 수 있다. 17개국에서 행해진 Asch 방식의 동조현상에 대한 실험연구 133개(97개가 미국에서 행해짐) 자료에 대한 통합분석을 한 결과 두 가지 현상이 파악되었다(Bond & Smith, 1996; 〈표 9-1〉). 첫째는, 1950년대 이후에 이루어진 연구들에서 동조율이 저하되는 현상이 나타난 것이다. 이는 시대의 흐름상 집단 규범이 지닌 영향력이 약화되고 있음을 보여 주는 것이다. 둘째는, 집단주의 국가들에서 동조율이 높게 나타나는 경향이다. 그러나 집단주의 문화권의 동조율에 대한 연구들은 그 결과가 일관되지 않다. 예를 들어, Frager(1970)는 Asch의 방식을 이용하여 일본인과 미국인을 비교하였다. 결과는 의외로 일본인에게 동조율이 25%로 나타나 미국인의 그것보다 낮게 나타났다. 이 수수께끼는 나중의 연구들(Matsuda, 1985; Williams & Sogon, 1984)에 의해 풀렸는데 집단 구성원을 낯선 이, 아는 이로 구분하였더니 낯선 이의 경우는 동조율이 떨어지지만 아는 이일 경우에는 50% 이상으로 높게 나타났다. 즉, 집단주의 문화권에서 사회 성원의 행동을 구속하는 집단은 정서적 유대가 있는 내집단이며, 유대감이 없는 사람에 대하여는 훨씬 배타적인 행위가 나타나는 것이 여러 연구에서 관찰되고 있다(Han & Park, 1995). 이러한 연구결과 및 우리 사회에서 일차적 연고집단(혈연, 학연, 지연 단체)이 개인의 생활과 불가분의 관계에 있다는 사실(Han &

〈표 9-1〉 Asch 유형의 동조현상 연구결과의 국가 간 비교

	연구	피험자	동조율(%)
개인주의 문화권	Asch(1951, 1956)	학생	37
	미국 연구 8개 평균	학생	25
	영국 연구 4개 평균	학생	17
	Migram(1961)	노르웨이 학생, 일반	62
		프랑스 학생	50
	Vlaander & Van Rooijen(1985)	네덜란드 학생	24
	Perrin & Spencer(1981)	영국 무직 흑인	39
	Hatcher(1982)	벨기에 학생	24
	Doms(1983)	벨기에 학생	14
집단주의 문화권	Whitaker & Meade(1967)	브라질 학생	34
	Whitaker & Meade(1967)	홍콩 학생	32
	Whitaker & Meade(1967)	레바논 학생	31
	Whitaker & Meade(1967)	짐바브웨, 반투 학생	51
	Claeys(1967)	자이레 학생	36
	Frager(1970)	일본 학생	25
	Chandra(1973)	피지 선생	36
	William & Sogon(1984)	일본 같은 클럽 사람들	51
		일본 낯선 이들	27

출처: Bond & Smith, 1996.

Choe, 1994)로 미루어 볼 때, 다수의 일차집단 성원이 주는 동조압력은 상당히 크다고 보겠다.

동조와 개성에 주는 문화의 가치는 구성원들이 지닌 물건에 대한 선호도에도 나타난다. 한국인과 미국인을 대상으로 다양한 도형의 그림을 제시하고 선호도를 보니 한국인은 독특한 특징을 지니지 않은 그림을, 미국인은 독특한 특징을 지닌 그림을 더 선호하는 것으로 나타났다. 미국에서 행해진 한 연구에서 설문에 답해 준 고마움의 표시로 색깔만 다른 펜 다섯 개를 보여 주며 갖고 싶은 것을 택하게 하였다. 한 조건에서는 펜의 색깔 구성이 1 : 4이었고, 다른 조건에서는 2 : 3이었다. 동양인이 독특한 색깔의 펜을 선택하는 비율이 31%, 백인의 경우에 77%로 나타났다 (Kim & Markus, 1999).

❖ 집단의 규범 차이

생활 속에서 사람들이 가입하는 다양한 형태의 사회집단은 나름대로의 규범을 지니고 있다. 취미 동호회라면 서로 즐겁고 친목을 도모하는 규범들을 지니며, 임무를 지니고 구성된 특별위원회는 그 임무를 성공적으로 달성하기 위한 규범이 있다. 이러한 규범은 때로는 명시적으로 모임의 규칙에 나타나기도 하지만, 많은 경우에는 암묵적으로 작동하기도 한다. 이런 규범은 집단이 하는 일에 작용하며, 일이 이루어지는 과정에서 파악될 수 있다. 다양한 과제를 수행하는 동호인 집단을 생각해 보자. 예를 들어, 독서 모임의 경우에 그 목적은 복합적이라 볼 수 있다. 교양을 넓히는 목적과 함께 인간관계를 확장시키는 목적도 있을 것이다. 집단은 구성 목적에 맞추어 주어진 과제에서 최선의 노력을 한다고 볼 수 있을 텐데, 과연 그럴까?

한 연구는 실험실에서 이 문제를 다루기 위해 사람들을 모아 4명의 소집단으로 편성하고 과제를 주었다(Postmes et al., 2001). 규범을 달리하기 위하여, 합의성 추구 집단의 사람들에게는 포스터를 공동으로 제작하는 작업을 하도록 하였다. 비판성 추구 집단에게는 대학졸업생들에게 장학금 조성에 필요한 세금을 부과하자는 정책 제안서를 주고 그 타당성을 논의하도록 하였다. 10분 동안의 작업 결과, 두 집단에서 나타나는 집단응집성은 차이가 없었으나, 성원들이 지각하는 규범은 합의성 추구와 비판적 사고가 구분되어 나타났다. 두 번째 단계에서는 전혀 새로운 과제를 두 집단의 사람들에게 제시하였는데, 과제는 그 대학의 교수 채용에 응모한 세 사람의 이력서를 보고 어느 지원자가 가장 적절한 사람인지를 정하는 것이었다. 이때 사람들은 각자 방에서 심사를 개별적으로 한 후에, 집단토의(온라인)를 하여 결정하도록 하였다. 집단토의를 할 때는 후보자에 대한 몇 가지 정보를 참가자 개인별로 각기 다르게 새롭게 제시하였다. 이들 정보가 참가자 모두에게 공유되면 후보자 A가 가장 적합한 사람으로 판정받기 쉽고, 모두 공유되지 못하면 후보자 B가 적합한 사람으로 판정되기 쉬운 상황이었다. 결과는 [그림 9-12]에서 나타나듯이, 개인적 판단과 집단토의 후 판단에서 합의성 추구 집단에서는 토의결과의 정확성에서 아무 차이가 없이 낮게 나타났다. 비판성 추구 집단에서만 토의 후 결정이 눈에 띄게 향상된 것을 볼 수 있다. 이 결과는 두 번째 단계의 과제가 첫 번째 과제와는 무관한 것이지만, 집단의 이전 활동이 조성한 규범이 작용하여, 합의성 추구 집단에서는 정보의 공유가 충분히 이루어지지 못하는 양상을 보인 점에서, 이미 형성된 규범이 암묵적으로 미치는 영향력을 잘 보여 주고 있다.

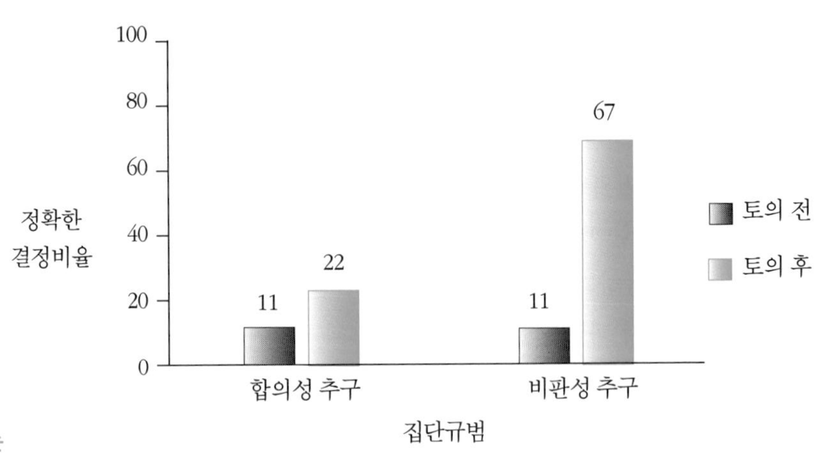

[그림 9-12]
의사결정의 정확성에 미치는 암묵적 집단규범의 영향

❖ 준거집단의 영향력

도덕적 규범과의 상충 속칭 '김영란법'이라고 불리는 청탁금지법은 공직사회에서 부정한 청탁과 편의제공이 접대와 인사라는 포장 속에서 비일비재하게 이루어지는 것을 막기 위한 법으로 2016년 9월 말에 발효가 되었다. 이 법은 한국사회에 만연한 부정부패 행위를 근절하고자 국민공익위원장이던 김영란 전대법관이 발의한 것으로 우여곡절 끝에 입법화되었다. 불법적인 청탁이나 선물로 포장된 뇌물은 잘못된 것이라고 많은 사람들이 인식하고 있지만 거리낌없이 행해지고 있던 관행에 철퇴를 휘두른 것이다.

여기서 우리는 두 가지 유형의 규범이 대치하는 것을 볼 수 있다. 즉, 그런 행위가 잘못이라고 규정하는 도덕적 규범과 그럼에도 불구하고 다수의 사람들이 저지르고 있다는 관행적 규범이다. 이 두 가지 규범이 상충하는 상황에서 사람들은 관행적 규범을 따르는 양상이 실험연구에서 확인되었다(Bicchieri & Xiao, 2009). 미국의 대학생 참여자들에게 독재자 게임을 제시하고 10달러를 자신과 전혀 모르는 상대방과의 사이에 나누도록 하였다. 조건을 구별하여 대부분의 사람들이 공정한 분배라고 여기는 것(Belief) 혹은 취한 행동(Choice)을 변화시켜서 알려주었다. FB(Fair Belief) 조건에서는 대다수의 사람들은 상대방에게 4달러 혹은 5달러를 주는 것이 공정하

독재자 게임(dictator game)
독재자 게임은 돈이나 점수를 나누는 사람이 어떤 형태로 나누든 수용되는 게임을 말한다. 분배자가 마치 독재자와 같다고 해서 붙여진 이름의 게임이다.

다고 여긴다고 알려주었고, FC(Fair Choice) 조건에서는 대부분의 사람들이 4~5달러를 주는 분배를 하였다고 알려주었다. SB(Selfish Belief) 조건에서는 대부분의 사람들은 자기몫을 최대로 챙기는 것(상대방에게 1~2달러를 주는)이 도덕적으로 당연하다고 여긴다고 알려주었고, SC(Selfish Choice) 조건에서는 대부분의 사람들이 자기몫을 최대로 챙기는 선택을 하였다고 알려주었다. 두 조건을 추가하여 도덕적 규범과 관행적 규범의 충돌이 야기하는 양상을 보았다. 즉, FB+SC 조건에서 참여자들은 대부분의 사람들이 4~5달러를 주는 것이 공정한 분배라고 여기지만 실제로 선택은 이기적 선택을 하였다는 정보를 받았고, SB+FC 조건에서는 대부분의 사람들이 이기적인 분배를 당연히 여기지만 실제로는 공정한 분배를 하였다는 정보를 받은 것이다. '이기적'인 정보를 받은 조건(SB와 SC)에서는 '공정한' 정보를 받은 조건들(FB와 FC)에서보다 공정분배를 하는 사람들의 비율이 현저히 낮았다([그림 9-13]). SB+FC와 FB+SC 조건을 다른 조건들과 비교하여 볼 때 사람들의 공정한(혹은 이기적) 선택에 영향을 주는 것은 사람들의 생각(즉, 도덕적 규범)보다는 사람들의 관행적 규범이라는 것이다.

도덕적 규범이 미치는 영향이 큰 것은 대다수의 관행과 일치하는 경우이며, 이것과 상치하는 경우에는 관행이 더 큰 영향을 미침을 알 수 있다. 아마도 진화의 역사를 통해서 사람들은 많은 이들이 저지르는 비행보다는 소수가 저지르는 비행이 처벌받기가 쉬웠음을 학습하였을 것이다. 그래서 관념적인 도덕보다는 관행을 따르는 양상을 보인다. 이런 점을 고려한다면, 단순히 불식시키려 하는 행위를 불법으로 규정하는 것으로는 충분하지 못하고, 많은 사람들이 그런 행위를 하지 않는다는 점을 부각시키고, 홍보시키는 활동이 병행되어야 할 것이다.

앞에서 우리는 실험실에서 모르는 사람들이 집단을 이루었을 경우에 아무런 강요가 없이도 집단의 압력이 개인에게 작용하는 과정을 살펴보았다. 실제 생활 집단

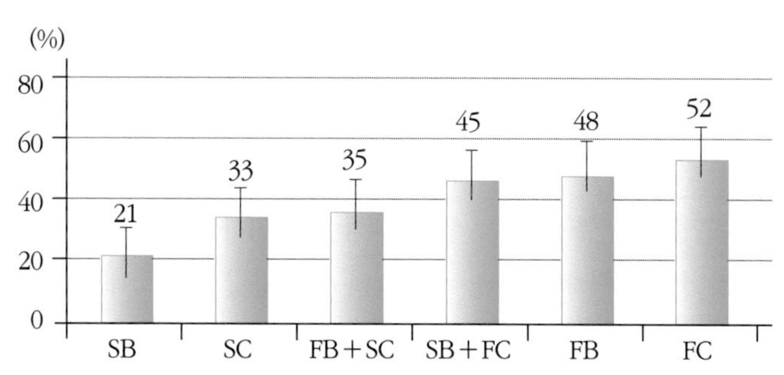

[그림 9-13]
각 실험조건별 공정한 분배를 한 사람들의 비율
출처: Bicchieri, & Xiao, 2009

에서 개인이 받는 영향력은 어떠한가? 1930년대 말에 미국의 여자 귀족학교라고 볼 수 있는 베닝턴 대학교에서 행해진 현장연구(Newcomb, 1943)가 이를 잘 보여 준다. 이 대학에 오는 여대생들은 보수적인(대체로 공화당 지지) 성향이 강한 중상류층의 집안배경을 지니고 있어 대학에 올 때만 해도 학생들은 보수적이다. 1936년에 당시 민주당 출신 대통령인 루스벨트는 뉴딜정책, 공황과 관련된 정치상황으로 재선 가능성이 불분명하던 때였다. 당시 베닝턴에 온 신입생들은 60%가 공화당 후보인 랜던을 지지하고 30% 미만이 재임 중인 루스벨트를 지지하는 것으로 나타났다. 그러나 고학년으로 갈수록 진보 성향을 더 지닌 민주당의 루스벨트 지지율이 높아져 갔다. 그 이유는 베닝턴 대학교의 분위기에 의해 설명된다. 이 학교는 기숙사제 학교로 지역사회에서 고립되어 있고, 교수진들은 비교적 젊고, 진보적이며, 의식화되어 학생들을 의식화시키는 데 관심을 지니고 있는 편이다. 학생들 중에서는 진보적이고 활동적인 사람들이 호평을 받고 인기를 얻고 있으며 이들이 학생회 활동을 주도하고 있어 신입생들에게 선망받는 준거집단을 형성하고 있는 분위기였다.

신입생들은 이러한 분위기 속에서 학교생활을 계속하면서 준거집단의 규범을 자기 것으로 받아들였고 그 과정을 통해 주위사람들에게 인정을 받게 되는 것이다. 새로운 규범의 내재화는 부모의 반대되는 입장(자신들의 계층이익)에도 불구하고 진행되었으며, 20년이 지나 1960년에 진보적인 케네디 후보가 나섰을 때 베닝턴 인근지역에서 30% 미만이 그를 지지했지만 베닝턴대 출신(1930년대 말 입학생들)들은 60%가 케네디에게 표를 던진 것으로 나타났다. 이들은 스스로를 진보적이라고 자처하며 오직 16%만이 보수적 정치성향을 지니고 있다고 했다(Newcomb et al., 1967).

국내 대학에서 신입생들의 가치관이 대학생활을 하면서 변하는 추이를 본 연구가 있다(김진국, 김병욱, 1987). 지방의 한 대학 입학자를 대상으로 입학 전 2개월부터 시작하여 입학 후 7개월이 경과하는 동안 5번에 걸쳐서 조사를 하면서 신입생들의 가치관 변화의 양상을 조사하였다. 학생들이 보인 정치적 · 경제적 · 사회적 태도의 변화 양상을 보면 입학 전에 약간 체제 부정적이었던 것이 예비대학, 수련회, 오리엔테이션을 집중적으로 경험하는 3, 4월을 거치면서 현저하게 반체제 방향으로 변화가 나타나고 이러한 변화는 그 후에도 진행되었다. 학생 시위에 대한 태도는 입학 전부터 긍정적인 것으로 나타났으며 정치현실에 대한 불만이 클수록, 학생 시위에 대한 수용도가 높을수록, 시위에 적극 참여하는 경향이 나타났다. 외국 연구들에서 가정의 사회경제적 배경이 중요하게 나타났으나 국내 연구에서는 그러한 물리적, 경제적 수준, 부모의 학력은 학생들이 갖는 현실에 대한 부정적 태도와 무관하며 개인이 지닌 가치관, 부모와의 관계 지각이 더욱 중요한 것으로 나타났다.

2016년 7월 평생교육대학의 학내설립에 반대하는 이화여대생의 본부점거농성에 경찰병력을 투입한 최경희 총장을 규탄하는 시위대

1980년대에 비해 오늘날 대학가에서 시국관련 시위는 거의 사라졌다. 정치권에 대한 지역주의적 정서는 여전히 대학생들에게도 나타나고 있어서(박희봉, 2010) 지역의 다수의견이 준거집단으로 작용하는 것을 부정할 수는 없으나, 그 강도는 약해져 보이고, 개인주의적 취향이 중요하게 작용하는 것으로 보인다. 이를 보여주는 것으로, 2012년 대통령 선거 당시의 대학생 투표 행태는 SNS 등을 이용하여 친숙하게 느끼는 유명인사들의 정치 참여 행태에 많은 관심을 보이고, 이들의 행동에 많은 영향을 받는 것으로 나타났다. 이들은 정치효능감과 정치에 대한 관심이 높고, 정치를 냉소적으로 보지 않았다. 자신이 좋아하는 유명인의 정치활동에 긍정적일수록 정치와 선거에 긍정적인 태도를 보이고, 선거가 자신과 국가에 중요하다는 태도를 보였다. 좋아하는 유명인에 대한 태도가 투표에 직접적인 영향을 주지는 않았으나, 정치효능감과 관심도를 높이고, 냉소적인 태도를 낮추는 매개과정을 통해 투표행위에 영향을 주는 것으로 나타났다(안차수, 2013).

❖ 소수의 영향

다수의 의견은 동조압력으로 작용함을 보았다. 그러나 소수의 영향력을 무시할 수는 없다. 결국 유행의 시작, 새로운 사조와 물결은 소수에 의해 주도되고 대중에게 수용되면서 새로운 멋, 유행으로 정착된다. 그렇다면 소수의 영향력은 어떻게 나타나는가? 프랑스의 Moscovici 등(1969)은 Asch 유형의 과제에 변형을 가하여 소수의 영향력을 연구하였다. 여섯 명의 참가자들에게 슬라이드를 보여 주면서 그 색깔을 알아맞히게 하였다. 실제 보여 준 슬라이드는 모두 푸른색인데 단지 명도가 다를 뿐이었다. 여섯 명이 모두 실제 참가자인 경우에는 사람들은 누구도 다른 색깔을 대는 사람이 없었다. 여섯 명 중에 두 명을 실험협조자로 대치시켜 이들로 하여금 슬라이드 색깔이 녹색이라고 시종일관 답하게 한 조건에서는 모든 참가자 중 1/3은 한 번 이상 녹색이라고 응답하였고, 보여진 모든 슬라이드의 8%는 녹색이라고 여겼다.

소수의 견해가 다수에게 영향을 주는 조건을 연구한 결과, Moscovici(1985)는 소수의 주장이 일관성을 지니고 있고, 논리정연하며, 자신 있는 행동으로 나타나야

모스코비치(Serge Moscovici, 1925~)
루마니아에서 태어나 공산당원으로 활동했으나 제2차 세계대전 때 유대인수용소에 수용되었고, 전후에 프랑스로 밀입국하여 소르본 대학교에서 심리학을 공부하였고, 강의를 하였다. 정신분석 이론이 프랑스 사회에서 어떻게 수용되었는지를 연구하여 사회적 표상이라는 사회현상의 접근 틀을 제시하였으며, 프랑스의 사회심리학 연구풍토에 큰 영향을 미쳤다. 그의 이론은 최상진(1990)의 글에 잘 소개되고 있다.

유행을 선도하는 소수: 힙합복장과 레게머리

한다는 결론을 내렸다. 그래야만 비로소 다중들이 자신 있는 소수를 접하면서, 자신들이 지니고 있는 견해가 잘못일지도 모른다는 의구심을 갖게 된다는 것이다(Bassili & Provencal, 1988; Maass & Clark, 1984). 무시할 수 없는 소수의 일관된 입장을 접하였을 때 사람들은 그들의 입장을 이해하려는 생각을 갖게 된다. 즉, 체계적인 정보처리(Petty & Cacioppo, 1984)를 하게 된다. 이 과정에서 그들의 입장을 이해하게 되면, 태도변화가 나타나고 이렇게 나타난 태도변화는 지속성을 지니게 된다. 한 연구에서, 학생들에게 졸업을 위해서 종합시험제도를 도입하는 문제를 토의하는 집단에 참여하게 하였다. 학생들은 대부분 이 제도에 반대하는 입장이었지만, 실험자는 6명으로 구성된 집단토의에서 다른 사람들 중 4명(다수이냐 소수이냐의 조건에 따라, 3명, 2명 혹은 1명, 0명)이 학생과 동의하는 입장을 지니고 있음을 알려 주었다(Zdaniuk & LeVine, 1996). 이런 사항을 알려 준 후에 각자가 얼마나 토의에 대한 압력을 느끼는지, 종합시험에 대한 개인적 의견을 피력하도록 하였다. 결과를 보면 학생들이 스스로가 소수라고 여길 때 강한 압력을 받는 것으로 나타났다([그림 9-14]). 강한 압력을 받을 때 스스로 주제에 대한 생각을 깊이 하게 되는 것으로 나타났다.

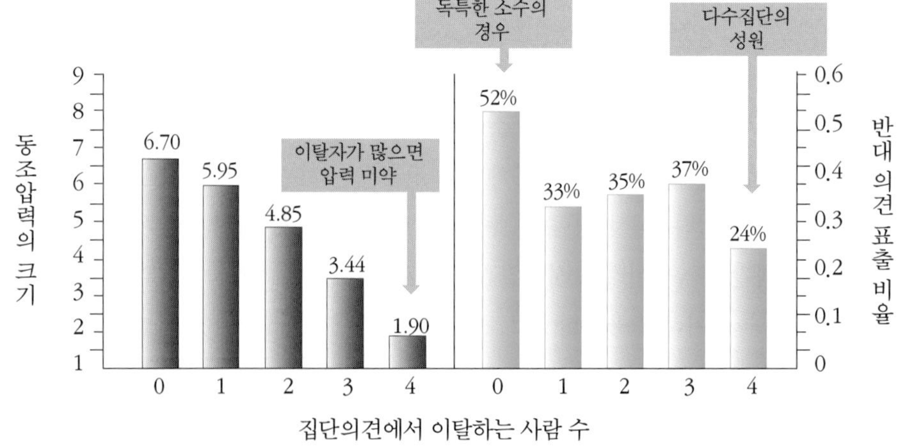

[그림 9-14]
동조압력의 크기에 따른 사고의 깊이

출처: Zdaniuk & Levine, 1996; Baron & Byrne, 2000, p. 371의 그림.

스스로가 다수라고 생각할 때는 압력도 적었고, 생각도 깊게 하지 않는 것이었다. 다수의 영향이 규범에 따르는 행동을 야기하는 반면에, 소수의 영향은 드러난 행위뿐만 아니라 내면적인 태도변화까지를 수반하는 경우가 많다는 점에서, 다수와 소수의 영향력은 질적으로 다르다는 것을 알 수 있다(Maass et al., 1982; Nemeth, 1986).

그동안 이루어진 소수의 영향력에 대한 연구들 97개를 통합분석한 연구는 다수의 영향력은 영향을 주려는 행위가 드러나고 직접적으로 작용하는 것과는 달리, 소수의 영향력은 은밀하며 사적이고 간접적인 행동이라는 것을 보이고 있다. 사람들은 소수의 영향원과 자신을 드러내 놓고 같이 묶는 것을 꺼려한다는 것이다. 소수의 영향력을 행사하는 사람에 대해서 사람들은 자신과 같은 부류로 동일시하는 과정을 통해서 그들의 영향력을 수용하는 것이다(Wood et al., 1994).

요 약

1. 동조현상은 주위사람들의 행위나 사고를 따라 가는 현상으로 많은 사회적 행위에 관여된다. 동조는 정보가 부족하거나 불확실한 상황에서 잘 나타나며, 확실한 상황에서도 타인의 일치된 견해는 무형의 압력으로 작용하여 동조를 하게 만든다.
2. 동조행위에 영향을 주는 요인으로는 집단의견의 일치성, 과제의 중요성 등이 작용하며, 그 사회의 문화가 크게 작용한다. 집단주의 문화에서는 동조가 사회적인 덕으로 여겨지는 반면에, 개인주의 문화에서는 환영받지 못하기 때문에 동조율에 있어서 문화 차이가 나타난다.
3. 사람들은 자신이 속하였거나, 속하고자 원하는 준거집단의 규범을 받아들여 이에 동조한다. 준거집단의 규범을 내재화하는 것이 사회화 과정이다.
4. 소수의 사람들이라도 자신의 견해를 일관성 있게, 자신 있게 제시하는 경우에 집단에 영향력을 행사할 수 있다. 소수의 영향력은 체계적인 정보처리를 통해 수용되기 때문에 다수의 영향력에 비해서 뿌리깊은 변화를 가져올 수 있다. 소수의 영향은 사적이며, 내밀하고, 영향원과의 동일시 과정을 통해서 작용한다.

집단사고

당신은 혹시 동조현상이 우매한 대중이 보이는 특징일 뿐, 탁월하고 개성이 뚜렷한 사람들에게는 나타나지 않으리라 생각하는가? 그러나 개개인의 면모로 보아서는 탁월한 사람이라고 인정할 수밖에 없는 미국 행정부의 최고위 관료들에게도 동

〈표 9-2〉 집단사고의 과정분석

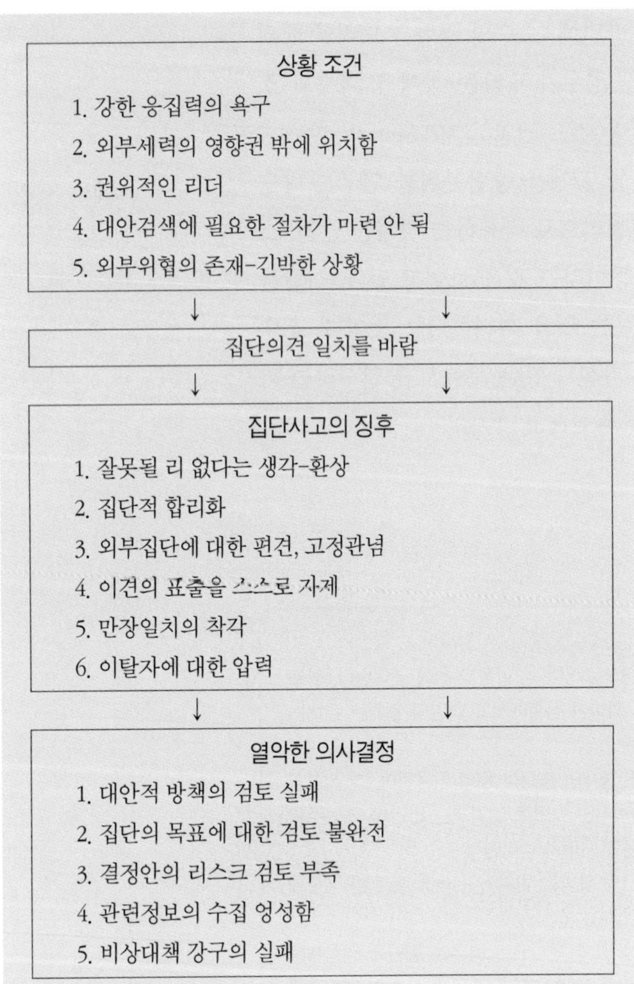

상황 조건

1. 강한 응집력의 욕구
2. 외부세력의 영향권 밖에 위치함
3. 권위적인 리더
4. 대안검색에 필요한 절차가 마련 안 됨
5. 외부위협의 존재-긴박한 상황

↓ ↓

집단의견 일치를 바람

↓ ↓

집단사고의 징후

1. 잘못될 리 없다는 생각-환상
2. 집단적 합리화
3. 외부집단에 대한 편견, 고정관념
4. 이견의 표출을 스스로 자제
5. 만장일치의 착각
6. 이탈자에 대한 압력

↓ ↓

열악한 의사결정

1. 대안적 방책의 검토 실패
2. 집단의 목표에 대한 검토 불완전
3. 결정안의 리스크 검토 부족
4. 관련정보의 수집 엉성함
5. 비상대책 강구의 실패

출처: Janis, 1982, p. 244.

조압력에 의한 미숙한 의사결정이 나타났음이 지적되고 있다(곁글 9-5). Janis (1982)는 집단의 의사결정 과정에서 동조의 압력 때문에 충분한 논의가 이루어지지 못한 상태에서 합의에 도달하는 현상을 집단사고라고 이름 짓고 그 과정을 분석하여 제시하였다. 〈표 9-2〉에 제시된 바와 같이 집단사고의 가능성이 높은 집단은 몇 가지 특징을 지니고 있다. 집단의 응집력이 강하고, 지시적인 지도자가 있으며, 대안을 검토하는 절차가 확보되어 있지 않는 등의 특징을 지니고 있다. 의사결정 과정에서 성원들은 지도자와 다른 의견을 내놓기를 꺼리는데 이는 지도자의 눈 밖에 나고 싶지 않기 때문이다. 따라서 스스로의 의견을 표출하기 전에 검열을 하며, 이같이 다른 의견이 표출되지 않는 상황에서 집단의 의견이 일치되었다는 생각을 하게 된다. 대안들이 충분히 검토되지 못하고 결정에 도달하므로 많은 경우에 집단사고는 잘못된 의사결정을 가져온다.

제2차 세계대전 때 진주만을 피습 당하였을 때 미국 해군 지휘본부가 일본의 공습 가능성에 대한 오판, 1960년대 케네디 정부의 쿠바 피그만 침공사건과 존슨 내각의 월남전 참전 결정의 오류, 21세기 들어서 부시 행정부의 이라크 침공 결정 등에 모두 집단사고가 작용한 것으로 분석된다. 국내에서도 1980년 전두환 군부가 저지른 5 · 18 시위에 대한 무력진압 결정에 집단사고가 작용했을 가능성이 크다(곁글 9-6).

9 · 11 테러에 대한 보복으로 미국은 2003년 이라크를 침공하여 독재자 후세인 정권을 뒤엎었으나, 수많은 희생자를 낸 10년 후에 철수하며, 중동의 힘의 균형을 깨고, 시리아의 난민, IS의 부상 등을 가져왔다. 부시 내각의 침공결정은 집단사고가 작용한 탓으로 분석된다.
출처: Gilovich et al., 2011, p. 557.

집단사고의 과정은 역사적으로 발생했던 그릇된

결글 9-5

피그만 침공사건과 이라크 침공: 집단사고의 참상

1960년에 쿠바는 공산혁명을 주도한 피델 카스트로가 집권하여, 이전까지의 친미 정권과는 정반대인 반미정책을 펴나가기 시작했다. 이전 부패했던 정권에서 단맛을 보던 사람들은 대부분 미국으로 망명해서 정권 재탈환을 꿈꾸고 있었다. 미국에서는 40대의 케네디가 대통령에 취임하여 정책을 펴나가고 있었다. 당시는 미국과 소련(지금 해체됨) 간 냉전이 한창 고조되고 있던 시대였기에 카스트로는 눈에 박힌 가시 격이었다. 미국 CIA는 이런 상황에서 카스트로 정권을 전복시키기 위해 주로 쿠바 망명인들로 편성된 침공군을 피그만으로 상륙시키는 계획을 입안하였고, 이 계획은 각료회의 의결을 받아 약 3,000명의 병력으로 1961년에 실행에 옮겨졌다. 이들은 쿠바 내의 반카스트로 게릴라들의 호응을 받을 것으로 예상되었으나 침공은 완전히 실패하여 침공군 대부분이 현장에서 사살되거나 체포되어 버렸다. 이 작전계획은 아주 엉터리였음이 드러났는데, 이를테면 침공지점과 재집결지인 에스캄브리 산악 사이에는 300리에 달하는 늪지가 펼쳐져 통과하기가 불가능했지만 도상에서 이마저 확인이 되지 않았던 것이다.

Janis(1982)는 당시의 국무회의 의사록을 분석하여 계획을 심의하던 국무회의가 집단사고의 병폐를 드러냈다고 주장한다. 당시 대통령 안보보좌관이던 슐레진저는 여러 가지 문제점이 눈에 띄었지만 회의석상에서 거론하지 않은 이유는 다른 사람들이 아무도 반대의견을 말하지 않았기 때문에 괜한 미움을 사기 싫었던 것이라고 하면서 "누군가 계획에 반대만 했다면 대통령이 계획을 파기했을 것" 이라고 술회하고 있다(Janis, 1972, p. 39).

9 · 11 이후 테러 위협에 노출된 미국이 2003년에 대량살상무기를 지니고 있다며 이라크를 미국의 안보에 큰 위협이 되는 세력으로 단정 짓고 침공해 들어갔다. 그러나 이라크를 샅샅이 뒤졌으나 그런 무기는 발견되지 않았다. 미국 상원의 정보위원회 보고서는 이라크에서의 개전결정은 집단사고가 작용한 잘못된 결정이었음을 지적하고 있다(Gilovich et al., 2011, p. 557). 그 보고서에 따르면 이라크가 대량살상무기를 가지고 있다는 것은 틀림없는 일로 간주되었기에, 이 가능성을 따져 보는 검증 절차는 완전히 빠져 있었다는 것이다. 정책결정자들이 이렇게 지니고 있는 선입견을 검증 없이 사실로 받아들이는 양상은 아주 흔한 일이어서 미국 군부는 이를 일컬어 '근친상간적 확인'이라 하였다. 이는 다른 대안을 지니지 못한 사람들끼리 나아갈 방향을 거듭 확인하여 동조를 얻지만 잘못된 판단을 수정할 기회는 못 갖고, 이미 지닌 입장과 의견만을 강화시킴으로써 오판을 하는 양상을 말한다.

박근혜 정부의 각료회의
강한 의지를 지닌 리더, 자신의 의견에 반대하는 사람들을 쳐내는 리더가 이끄는 회의는 집단사고의 특징을 보일 가능성이 높다.

의사결정을 설명하기 위해 제시된 것이지만, 현실집단의 의사결정에 대한 종합적인 모형이라는 점에서 이를 검증하는 연구들이 이루어졌다(Longley & Pruitt, 1980; Tetlock et al., 1992). 국내의 대기업체들에서 형성되어 있는 작업팀(30개)의 구성원들을 대상으로 최근에 있었던 중요한 위기에서의 의사결정 사안을 회상하면서 집단사고와 의사결정 과정에 대한 설문을 한 연구(Choi & Kim, 1999)는 28개의 위기사안에서 나타난 자료를 갖고 집단사고에 대한 두 요인을 구분해 보이고 있다. 하나는 '합의추구' 요인으로, 자기검열의 과정을 포함하여 이탈자에 대한 압력을 주는 작용이며, 둘째 요인은 '집단정체감(10장 참조)' 요인으로, 집단의 도덕성과 의견일치도, 집단에 대한 믿음이다. 첫째 요인은 결함적인 의사결정과 정상관이 있으나(r=.44), 둘째 요인은 오히려 결함적인 의사결정과는 역상관으로 나타났다(r=-.41). 팀의 작업수행과 관련된 분석은 팀 외의 회사 사람들(중역, 관련부서)과의 의사소통이 활발하거나, 집단정체감 요인이 지나치지 않으면 작업수행이 성공적으로 이루어지는 것으로 나타났다. 이러한 결과는 집단의 수행과 집단정체감이 종 모양의 관계가 있음을 시사한다. 즉, 집단정체감이 낮은 상태에서 증가하면 수행도 좋아지지만, 집단정체감이 지나치게 강하게 되면 수행도 악영향을 받을 가능성이 있다. 이러한 추측은 집단사고 현상이 집단정체감이 지나친 상황에서 강한 리더 등의 조건들이 결부될 때 나타날 가능성이 높음을 시사한다.

왜 모여서 토의를 하는가? 각기 다른 성원들이 자신의 정보, 지식, 견해를 공유하고 검증을 받음으로써 독자적인 결정보다 양질의 결정을 가져올 것이라고 믿기 때문이다. 그러나 과연 성원들 각자가 지닌 정보, 의견이 집단토의에서 취합되는가? 여러 연구들은 이것이 기대만큼 잘 되지 못함을 보여 준다. 집단토의를 할 때 성원들이 토의하는 내용은 대부분의 사람들이 공유하고 있는 것을 토의하지, 한두 사람만이 알고 있는 것을 다루지는 않는 것으로 나타난다(Gigone & Hastie, 1993). 대부분이 공유하고 있는 정보가 최상의 결정에 필요한 요소들이라면 아주 효율적인 것이지만, 최상의 결정에 필요한 정보가 한두 사람만이 지니고 있는 것이라면 문제가 된다. 왜 집단결정이 대부분의 성원이 지닌 의견을 반영하는 쪽으로 나타나는가? 성원들은 집단결정 이전에 이미 자신의 견해나 선호를 갖고 있다. 성원들의 배경이 비슷한 탓에 토의 내용이 이 견해로부터 극단적으로 벗어난 것을 다룰 가능성이 적기 때문이다. 실제로 병원장면에서 환자의 질환에 대한 치료진의 의사결정에서 성원(의사, 인턴, 전문의 등)들 중 일부의 사람들만이 지닌 견해와 정보라 해도 이를 토의하는 경우에 집단 결정의 질이 향상되는 것으로 나타났다(Larson et al., 1998).

집단사고에 대한 연구들이 누적되면서 Janis가 제시한 모형이 여러 도전을 받고 있고, 집단사고의 모형을 일반화시킬 수 있는 개선된 모형이 제시되고 있다(Aldag & Fuller, 1993). 집단사고는 집단의 토의가 종종 잘못된 결과를 가져올 소지가 충분히 있다는 것을 인식시키고, 방책을 마련해야 한다는 경각심을 일깨우는 시금석으로 이해되어야 한다(곁글 9-6).

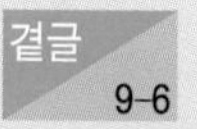

집단사고를 방지하기 위해 리더가 취해야 할 사항

집단 의사결정의 질을 향상시키는 방법 하나는 각 성원들이 지니고 있는 가치 있는 정보를 끌어낼 수 있도록 노력하는 것이다. 집단의 화목이 강조되고, 이견표출이 지양되며, 권위적인 리더십이 발휘되고 있는 한국사회에서 집단사고가 발현될 가능성이 상당히 높으므로 집단토의를 할 때 꼭 유념해 둘 필요가 있다. Janis가 한 몇 가지 제안은 다음과 같다.

1. 집단 성원들에게 집단사고란 무엇인지, 그 원인과 결과에 대하여 알린다.
2. 리더는 자신의 견해를 보이지 말고 중립적이어야 한다.
3. 제안에 대하여 자유스럽게 비판하도록 권장한다.
4. 집단 내에 한 명 이상을 반대 의견을 내는 악역(devil's advocate)에 배정한다.
5. 전체 집단을 하위집단으로 나누어, 하위집단별 토의를 갖게 함으로써 다양한 견해가 종합 토론에 제시될 수 있도록 한다.
6. 경쟁 집단과의 관계에 대한 문제를 논의하는 경우 상대 집단이 취할 수 있는 가능한 행위의 대안을 철저히 점검한다.
7. 예비 결정을 내린 후에, 다시 한 번 성원 각자가 지닌 의혹을 깨끗이 하기 위한 절차를 취한다.
8. 외부 전문가에게 집단의 의사결정을 제시하고 이를 반박하도록 한다.
9. 성원들에게 집단의 결정과정을 믿을 만한 사람과 이야기하도록 하고 그들의 반응을 알려주도록 격려한다.
10. 동일 사안에 대하여 여러 개의 집단이 독립적으로 의사결정을 하도록 한다.

출처: Myers, 1993, p. 333에서 채록(근거는 Janis, 1982).

사회의 위계성: 권위, 복종, 문화

사람들이 보이는 동조행동은 그 행위가 합법적 권위에 의해 강하게 요구될 때 본인의 신념, 가치와는 모순된다고 하더라도 어렵지 않게 나타난다. 제2차 세계대전 당시 600만 명이 넘는 유대인과 수십 만 명의 집시가 학살되었다. 이 대규모 학살이 수행되기 위해서는 수십만 명의 사람들이 직간접으로 협조를 하지 않고서는 불가능한 일이다. 만주지방에서 일본인에 의해 저질러진 인간 생체실험, 월남전에서 발생한 미라이 학살사건, 국내에서 발생한 제주 4 · 3 학살사건 및 거창 양민 학살사건, 1990년대 르완다에서 벌어진 후투와 투시 간의 종족 몰살사건, 코소보의 인종청소 등 인류 역사상 가장 잔혹한 사건들은 모두 많은 사람들의 관여 없이는 불가능했다. 복종에 의한 범죄의 심각성을 인지하지 않는 한 이런 범죄는 반복될 것이다(Kelman & Hamilton, 1988). 그러한 범죄가 역사의 유물이 아니라 오늘도 세계 도

구덩이에 있는 사람들을 향해 일제히 사격하고 있는 군인들－6·25 전쟁 시의 양민학살

처에서 저질러지는 것들이기 때문이다. 공명선거를 주장하면서 표를 돈 주고 사는 선거운동원들, 상사의 명령이라고 타 회사의 기밀을 훔치는 사람들, 명령이라며 평화적 시위대에 폭력을 행사하는 군인과 전경들, 양민학살을 집행한 군인들. 이들 모두는 상사라는 사회적 권위에 그러한 책임을 전가시킬 수 있었다. 역사의 잔혹한 사건에 대해 우리는 그 책임자를 흉악한 범인으로 여겨 그 같은 사람이 없다면 그러한 사건이 발생하지 않을 것으로 여기는 경향이 있다. 그러나 역사가 끝없이 던져주고 있는 교훈은 그것이 잘못된 생각이라는 것이다. 역사의 교훈을 제대로 파악해야 그러한 사건이 재발할 가능성을 조금이라도 줄일 수 있을 것이다.

제2차 세계대전 시 등장한 나치 정권의 행태가 어떻게 가능했는지를 시사하는 미국의 한 고등학교 현장실험 동영상
https://www.youtube.com/watch?v=tG56d9q7bkY (5′ 15″)

❖ 권위에의 복종

아마도 심리학에서 가장 유명해진 이 실험은 인간이 권위에 얼마나 약한가를 잘 보여 주고 있다. Milgram은 Asch에게서 배웠으며, Asch의 연구결과가 유대인 학살과 같은 현상의 설명과는 거리가 멀어, 좀 더 실제 현상에 근접한 연구를 모색하다가 권위에의 복종 연구를 하게 되었다(Evans, 1980).

곁글 9-7 극악한 범죄 행위의 평범성

어떻게 사람이 아무 해를 끼치지 않은 사람들을 무더기로 죽일 수 있을까? 사람들은 자신이 저지르는 행위에 죄책감을 느낀다면 그렇게 못할 것이다. 어떻게 죄책감을 안 느낄 수 있는가?

독일의 나치스 친위대 장교였던 아이히만은 유대인을 죽이지 않았다고 주장하며, 이에 관한한 한 점의 후회나 잘못도 없다고 주장하였다(Lang, 1984; Hirsch, 1995, p. 129). 그는 자신이 그러한 명령을 받아 수행한 것을 자랑스럽게 여겼으며, 만약에 수행해 내지 않았다면 큰 가책을 느꼈을 것이라고 진술했다(Arendt, 1965, p. 25). 이런 진술은 아이히만이 특이한 인간이어서가 아니라 관료체제하에서 오랜 생활을 한 사람들에게 판단의 중요한 준거가 '옳고 그름'이 아니라 '해내느냐 못 해내느냐'에 있음을 알려 주는 것이다(3장 참조). 자기에게 주어진 과제를 잘 해낼 수 있으면 좋은 것이고, 잘 못하는 것은 나쁜 것으로 여기는 것이다(Milgram, 1974). 게슈타포 사령관이었던 히믈러의 전기작가도 히믈러가 무슨 대단한 괴물이 아니라 그저 평범한 한 인간이었음을 기록하고 있다(Graber, 1978, p. 211; Hirsch, 1995, p. 129).

1980년대 레이건 미국 대통령 시절에 국방성의 부장관급에 있던 토머스 존스는 "미국이 소련과 전면적 핵전쟁이 붙더라도 2~4년 정도면 거의 완전히 복구될 수 있다."라고 말하였다고 한다(Scheer, 1983; Hirsch, 1995, p. 129에서 재

인용). 물론 존스는 평범한 사람이었다. 그가 수백 수천만의 인명이 희생되는 상황을 아무렇지 않게 말하고 있다는 것을 깨달을 때 비로소 전율을 느낄 수 있을지 모른다. 미국이 계획하고 있는 미사일 요격망 체제에는 수백만의 인명이 달려 있지만, 이들은 피와 살이 없는 추상화된 숫자일 뿐이다. 이 숫자를 다루는 워게임이 국가 안보를 위해 수행되어야 하는 과제로 다루어질 때 우리는 누구나 극악한 범죄의 협조자 및 계획자가 될 수 있다.

실험절차 Milgram(1963)은 광고를 내어 실험에의 참가자를 쌍으로 모집했다. 참가자들에게는 이 실험이 처벌의 강도가 학습에 어떠한 영향을 미치는가를 연구하는 것이라고 알려 주었다. 제비를 뽑아 두 사람 중 한 명은 '학생', 다른 사람은 '선생'의 역할을 받았다. 실제 참여자는 늘 선생의 역을 맡게 되었고, 학생의 역은 실험협조자가 수행했다. 선생은 학생들이 외어야 할 단어를 알려 주고 이를 제대로 외우지 못하면 전기쇼크를 주어야 했다. 선생의 책상 위에는 전기쇼크 장치가 놓여 있는데 이 장치에는 전기쇼크를 주는 여러 개의 스위치가 부착되어 있다. 전기쇼크는 15V에서 조금씩 점증하여 450V까지 각기 다른 강도의 쇼크를 줄 수 있도록 되어 있었고 그 강도에 따라 '약함' '매우 셈' '위험함' 등의 표찰을 붙여 놓았다. 학생은 옆방으로 가서 책상 앞에 앉아 두 손을 묶어 쇼크를 받게끔 되었고 선생과의 교류는 인터폰을 통해 이루어졌다. 학생은 선생과 직접 보거나 다른 방법으로 이야기할 수는 없었다.

실험이 시작되기 전에 학생은 자기 심장이 좀 약한 편이라고 이야기했으나 실험자는 쇼크가 그렇게 위험하지는 않으니 염려할 것 없다고 이야기한다. 아울러 선생에게 그가 주게 되는 쇼크가 어떤 것인지를 알려 주기 위함이라며 45V 크기의 쇼크를 주어 상황의 진실성을 맛보게 한 후, 쇼크의 효과는 일시적인 것이라고 말했다. 실험과제를 수행하는 동안 학생은 미리 짜놓은 각본에 따라 실수를 했고, 그때마다 선생(실제 참가자)은 전기쇼크를 주게 되었다. 쇼크는 그 강도를 매번 줄 때마다 높이게끔 되어 있었기 때문에 시간이 흐를수록 학생이 받을 쇼크는 강해졌고 그에 따라 신음소리, 고통을 호소하는 소리가 강해지는 것을 선생은 느낄 수 있었다. 이러한 학생의 고통은 각본에 따라 준비한 것을 녹음으로 들려주었다. 이를테면 75V 쇼크가 주어지면 신음을 하고, 강도가 높아지면서 고통의 표현을 더욱 강하게 했다. 150V에는 실험을 그만두겠다, 300V에는 더 이상 대답을 안 하고 고성을 지르게 했다. 선생이 쇼크 주기를 망설이거나 못 주겠다고 이야기하면 선생 옆에 앉아 있던 흰 가운의 실험자는 만일의 경우 선생이 책임질 것은 없고 모두 실험자의 책임이라고 곁들이면서 쇼크를 계속 주어야 한다고 강조했다.

Milgram이 수행한 **권위에의 복종**실험 동영상 https://www.youtube.com/watch?v=aH0ahfOaZ9M (4′42″)

권위에의 복종 실험에 사용된 전기쇼크 발생기와 Stanley Milgram

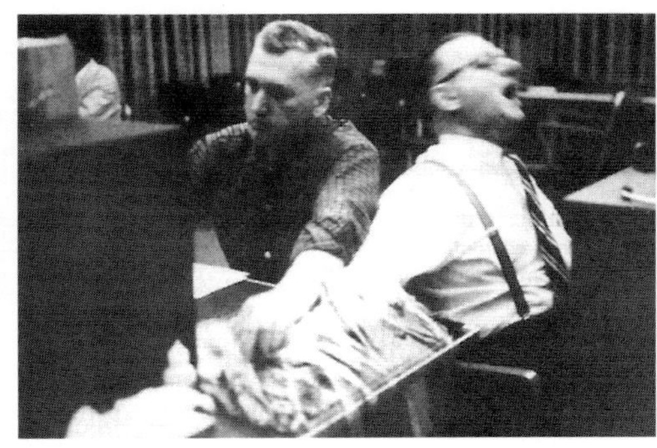

학생의 손을 전기쇼크 판에 누르는 상황에서 복종률은 현저히 떨어짐

실험결과 선생 역을 맡은 참가자들 40명 모두가 300V까지 쇼크를 주었고, 3명 중 2명꼴로 450V(최고치)까지 주었다. 물론 학생들은 실제 쇼크를 받지 않았고 쇼크에 의한 고통은 꾸며져 녹음된 것을 들려주었기 때문에 모든 선생들은 똑같은 고통의 반응을 경험했으니 누구도 상황이 꾸며진 것임을 알지 못했다. 사실 많은 참가자들이 학생의 고통을 대하면서 갈등을 많이 느꼈고 실험을 계속 해 가는 것을 부당하다고 생각하고 항의를 하였다. 이들은 곤혹스러움을 느꼈고, 땀 흘리며, 긴장한 것이 역력했다. 실험상황이 실제 상황에서처럼 긴박했다는 것이다. 이 실험결과를 미심쩍어 한 사람들이 이 절차를 다른 대학생뿐 아니라 일반인을 대상으로 여러 차례 적용했지만, 그 결과는 비슷하게 나타났다(Blass, 1991).

이 같은 결과는 전혀 예상을 초월하는 것이었다. 실험절차만을 알려 주고 40명의 정신의학자들에게 실험참가자들의 반응을 예측하게 하였더니, 이들은 대부분의 사람들이 150V 이상을 주지는 않으리라고 여겼고 오직 4% 사람만이 300V 쇼크를 줄 것이며 0.1%의 사람만이 450V 쇼크를 줄지 모른다고 예측했다. 이들 정신의학자의 예측은 참가자가 처한 상황의 힘을 간과하고 쇼크의 강도가 참가자의 성격적 특성에 의해서 결정된다고 볼 때 나타날 수 있다(Milgram, 1992, p. 155). 또 다른 연구는 종합병원 간호사들을 대상으로 병원에 입원한 특정 환자의 주치의라고 전화를 하면서 특정 약품을 적정량의 2배 정도 주사하라고 지시하였다. 22명 중 한 사람을 빼고 모두 의사의 지시대로 행하려 했다. 간호사들이 그 환자에게 주사를 하기 직전에 실험상황임을 알리고 주사를 못하게 하였지만 대부분의 간호사들이 주치의의 지시란 말만 듣고 확인하지도 않은 채 적정량을 초과하는 주사를 하려고 한 것이다(Hofling et al., 1966).

폴란드 현장에서 벌어진 일 실험실에서 벌어진 참여자들의 저항과 복종은 실제 폴란드에서 벌어진 일과 너무 유사했다. 독일군의 제 101 예비경찰대대가 함부르크에 주둔하고 있었다. 이 부대의 병사들은 대부분 전장에 나가기 싫어서 함부르크의 도시 치안을 맡는 일에 자원한 병사들이었다. 독일이 폴란드를 점령하자 1942년 7월 13일 이들은 폴란드의 한 유대인 마을로 투입되어 모든 유대인을 체포하고, 남자는 노동 수용소로 보내고 나머지 사람들을 사살하라는 명령을 받았다. 이 충격적인 명령에 몇몇 사람들은 불복하며 저항하였지만, 자기가 저격수로 걸리지 않기를 바라는 소극적인 저항이었다. 손쉽게 저항할 수 있는 방법을 모색하고 실천에 옮겼지만, 잘못된 명령이라고 항명을 하거나, 적극적으로 불복하는 행동을 보인 사람은 없었다(Gilovich et al., 2011, p. 300). 이 면에서, Milgram의 실험연구는 가상적 상황이 아니라 현장의 상황을 여실히 보여 준 것이었다.

곁글 9-8 사회적 압력에 저항하기

모든 사람이 늘 사회적 압력에 순순히 따르는 것은 아니다. 우리는 상사의 회유와 압력에도 불구하고 소신대로 공익이나 올바른 행동을 취하는 영웅적인 이야기에도 익숙하다. 흔한 것은 아니지만. 그렇다면 무엇이 이들에게 작용하는가 이해해 보자.

사람들은 자신의 판단과 신념, 바람과 반대되는 상황적 압력을 만날 때 일단 거부감을 느낀다. 자신의 자율성이 위협받고, 자유가 제한되는 것을 반길 사람은 없다. Brehm(1956)이 제시한 **반발심 이론**은 이런 상황에 처했을 때 사람들은 위협받는 자유와 자율성을 더 귀하게 생각하고 그를 보호하기 위한 행동을 취할 가능성이 높다고 설명한다. 그러나 반발과 저항의식이 생겼다고 그대로 행동으로 옮겨지는 것은 아니다. 일상에서 권위를 그대로 따르기보다는 의문을 제기하고, 사람들을 돕는 것에 익숙한 사람들이 반발과 저항을 행동으로 옮길 가능성이 많다. 유대인을 구한 사람들은 유대인을 좋아해서가 아니라 일상에서 남을 돕는 일, 사업에 친숙한 사람들이었던 것으로 나타난다(Gilovich et al., 2011, p. 313). 상황적인 면에서 본다면, 주위의 부당한 압력이 작용할 때 처음부터 저항해야 한다. '이번만' 혹은 '괜찮겠지' 하고 한두 번 따라하게 되면 벗어나기는 더욱 어렵게 된다. Milgram의 실험에서 사람들은 점진적인 쇼크의 강도 증가 때문에 점점 강한 쇼크를 쉽게 줄 수 있었다. 아울러, Asch의 연구에서처럼 자기말고 다른 사람이 전체의견에 따라가지 않는다면 훨씬 동조의 압력에 저항하기 쉬웠듯이, 저항하는 동료를 발견하고 같이 동무하는 것이 저항을 행동에 옮기기 쉽게 한다.

❖ 복종에 영향을 주는 요인들

Milgram의 연구결과는 정상적인 사람들이 권위의 압력에는 복종하기 쉬우며, 그

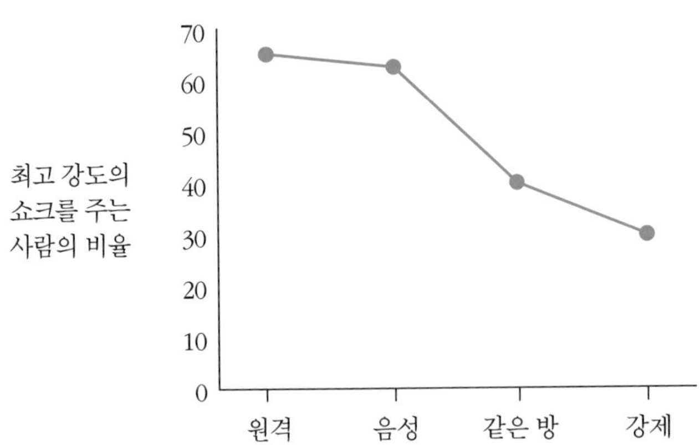

[그림 9-15]
선생(권위)과 학생과의 거리가 주는 차이
출처: Milgram, 1965.

복종행위가 개인의 신념과 어긋나거나 잔혹한 일일지라도 예외적인 것은 아님을 여실히 보여 준다. 물론 상황적 요인 및 성격적 변인이 복종행위에 영향을 미치기도 한다. Milgram(1974)은 어떤 상황적 요인이 복종에 영향을 주는지 알아보고자 다양한 조건에서 이 실험을 수행하였다(Blass, 1991). 영향을 미치는 중요한 요인들은 다음의 두 가지로 정리될 수 있다.

피해자(학생)에 대한 인식 요인 가해자(선생)가 하는 행동으로 피해자가 겪는 고통을 감각기관으로 확인할 수 있는 정도가 복종률에 영향을 미치는지를 알아보기 위하여 몇 가지 조건을 설정하였다. '원격' 조건에서는 피해자의 모습이나 고통을 보거나 들을 수 없는 상황이었다. '음성' 조건에서는 볼 수는 없으나 신음소리와 항의하는 소리를 들을 수 있었다. '같은 방' 조건에서는 학생과 선생이 같은 방에 바로 옆에 붙어서 실험을 수행하게 하였다. '강제' 조건에서는 선생이 학생의 손을 전기쇼크 판에 갖다가 눌러야 하게끔 하였다. [그림 9-15]에서 보듯이 자신의 행동이 초래하는 피해자의 고통에 대한 지각이 생생해질수록 복종률은 떨어졌다. 또 다른 조건에서는 참가자가 쇼크를 주라는 명령을 주고, 실험협조자가 쇼크를 시행하는 상황이었는데, 이때는 92%가 끝까지 실험에 참가하였다. 이런 실험실의 실험이 너무 인위적이라고 여겨질 수 있으나, 오늘날 전쟁에서 스위치를 눌러서 발사되는 미사일이나 원격조정되는 드론병기에 의해 전혀 보이지 않는 위치에 있는 표적 피해자들의 고통을 유발한다는 점을 상기하면 그 시사점이 적지 않다.

또 다른 연구에서는 선생 역에 세 사람을 배정하여 보았다. 이들 중 두 사람은 실

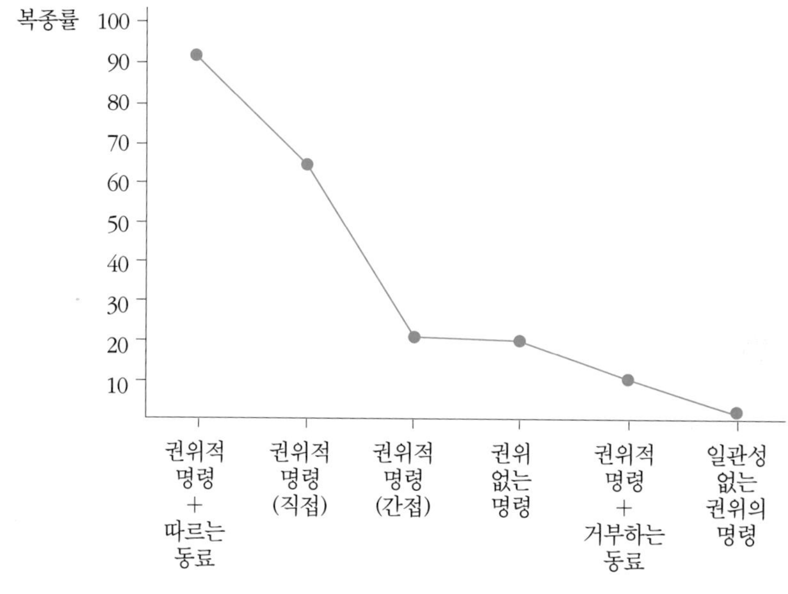

[그림 9-16]
다양한 상황에서의 복종률

출처: Bandura, 1999; Milgram, 1974의 실험결과를 바탕으로 작성된 것임.

험협조자로서 협조자 A는 실험 과제를 제시하고, 협조자 B는 학생의 응답을 기록하고 실제 참가자는 전기쇼크를 시행하는 역할을 하였다. 이들 협조자가 150V 쇼크 시행을 지나면서 실험을 계속하기를 거부했을 때(참가자에게는 거부하라는 말 없이) 실제 참가자들 가운데 10%만이 끝까지 450V까지 쇼크를 주었을 뿐이다.

권위자(실험자)의 요인 사람들이 받는 명령을 수행하는 정도는 권위자의 권위성이 부각되는 경우와 그렇지 않은 경우에 차이가 날 것이다. 이를 알아보기 위해서, 한 조건에서는 명령을 수행하는 다른 참여자를 보게 하였고, 다른 조건에서는 실험자가 참여자 옆에 있지 않고 다른 방에서 인터컴으로 명령을 전달하도록 하였다. 다른 조건에서는 명령에 저항하는 다른 참여자가 있음을 알려주었다. 또 다른 조건에서는 명령을 내리는 실험자가 두 사람이었는데 그중 한 사람이 실험 도중에 이런 실험을 계속할 수 없다며, 다른 실험자와 마찰을 빚는 상황을 보여 주었다. 그 결과가 [그림 9-16]에 나타나고 있다.

이들 결과를 요약한다면, 자신의 행위에 대한 책임을 져야 하는 경우(Hamilton, 1978; Tilker, 1970), 피해자의 고통이 피부로 느껴지는 정도가 강할수록(Milgram, 1965), 권위자의 권위, 전문성, 판단 등의 적합성이 의심을 받을 때는 복종을 덜하게 된다. 그러나 상대방의 고통에 대한 인식이 약하거나, 다른 사람들이 그런 행동을 하고 있을 때, 얼마든지 손쉽게 남에게 고통을 주는 명령을 내릴 수 있다. 한편, 성격적 변인에 대한 연구는 권위주의 성격특징을 지닌 사람들이 복종을 더 하며, 전달하는 전기쇼크의 강도가 강하다는 것이 나왔고, 남을 잘 신뢰하는 사람들이 복종을 더 한다는 연구들이 보고되었다(Blass, 1991). 그러나 이들 성격적 변인이 지닌 영향력의 크기는 상황의 영향에 비하면 무시될 수 있는 정도다(Larsen et al., 1972).

세월호 사건, 10회 이상 방송된 '가만히 있으라'는 명령에 300여 명의 고등학생이 목숨을 잃었다.
출처: 한겨레21.

권위자의 황당한 요구에 따라 하는 시민들의 모습 동영상
https://www.youtube.com/watch?v=sd-Nay5AmYM
(초반 8분간)

왜 복종하나? 왜, 선생 역을 하는 연구 참여자들은 실험자의 명령에 복종하였을까? 물론 이들이 아무 저항 없이 명령을 수행하지는 않았다. 대부분의 사람들이 다양한 형태의 저항 행동을 보였지만 실험을 중단한 사람은 소수에 불과하였다. 이제 사람들이 복종하는 이유를 설명해 보자. 우선, 사람들은 자기 행위에 대한 책임을 상급자에게 돌린다. 즉, '나는 단지 명령을 수행한 뿐 책임질 사람은 아니다.'라는 생각이다. 이 실험에서 참가자들은 실험자에게 책임을 떠넘길 수 있는 상황이었다. 둘째, 자기에게 명령을 하는 사람이 지니는 권위가 사회적으로 인정받으며, 그 신분이 뚜렷하여, 따라야 한다는 규범이 작동하고 있다. 실험자는 하얀 가운을 입고 직함을 지니고 있어 누가 책임 있는 위치에 있는지를 알려 주며, 참가자들은 복종 내지는 협조의 규범에 따르는 것이다. 도로에서는 나이 든 교수라도 젊은 전경의 명령에 따라야 하는 것과 마찬가지다. 셋째로, 상급자의 극한적인 명령이 갑자기 나타난 것이 아니라 점진적인 과정을 거쳐서 나타났다는 점이다. 처음부터 300V 이상의 쇼크를 주라고 하는 것이 아니라 조금 전에 285V의 쇼크를 주었기에, 한두 단계의 쇼크를 증가시키는 것은 어려운 일이 아니다. 이러한 이유들이 동시에 작용하는 상황 조건에서는 사람들이 높은(극단적으로 보이는) 수준의 복종을 보이는 것이 어렵지 않다.

시사점 권위에의 복종 실험이 보여 준 결론은 '누구나 그러한 상황에 처하면 권위에 복종하는 행동을 보일 것'이라는 점이다. 그럼에도 사람들은 그러한 행위를 보이는 사람들을 판단할 때 부정적으로 생각한다. Bierbrauer(1979)는 Milgram의 연구절차를 사실적으로 묘사한 상황을 참가자에게 보여 주었거나, 참가자에게 선생의 역할을 하도록 하였다. 그들의 친구가 권위에의 복종 실험에 참가했을 경우 어

곁글 9-9

Milgram 연구의 현대판 복제와 복종에 미치는 영향 요인

Milgram의 연구를 근 50년이 지난 오늘날 재검한다면 어떤 결과가 나올 것인가? 그의 연구를 그대로 복제하는 것은 연구윤리에 어긋나므로 불가능하다. Burger(2009)는 Milgram의 절차에서 150V 쇼크를 받고 학생이 불평하며 '실험을 그만두겠다'는 반응을 접했을 때 실험을 그만두지 않은 선생은 5명에 4명 꼴로 끝까지 실험에 참여한 것을 발견하였다. 그래서 그는 Milgram의 연구를 복제하면서 연구윤리위원회의 심의를 거쳐 165V까지 연구를 진행시켰다. 참여자들이 정신건강에 아무 문제가 없는 사람들임을 확인하였다. 모든 참여자가 150V까지 쇼크를 주었고, 이들 중 70%가 165V를 주었다. 이는 Milgram의 연구에서 나온 82%보다는 작지만 통계적으로는 차이가 없는 수준이었다. 남녀 차이는 없었으며, 공감수준을 재는 척도 점수 및 사건에 대한 통제감의 욕구 척도 점수와도 쇼크 주는 행동과는 무관한 것으로 나타났다.

Milgram은 자신의 연구를 알려진 것보다는 훨씬 다양한 조건들에서 수행하였다. 최근에는 이들 연구자료가 보관된 예일 대학의 데이터 아카이브를 뒤지고, 이미 발표된 연구들에 나타난 23가지 실험 조건들에서 450V까지 진행할 가능성이 어떻게 다른지를 분석한 연구가 보고되었다(Haslam et al., 2014). 연구자들은 수행된 실험조건들을 학생, 선생, 실험자, 학생-선생의 관계, 실험자-선생의 관계, 실험실 구조 등으로 분류하여 비교한 결과, 실험자의 단호함, 합법적 지위, 일관성, 불복종을 요구하는 집단 압력, 학생-선생의 친밀성과 근접성, 선생과 실험자의 거리 등과 같은 요인들이 복종에 영향을 많이 미치는 요인으로 드러났다.

떻게 행동하겠는가를 평가하게 했을 때, 참가자들은 여전히 자기 친구들이 끝까지 복종하지는 않으며 권위에 일찍부터 불복할 것이라고 응답했다. 즉, 잔인한 행동을 하는 사람은 잔인한 특성을 지닌 사람들이라고 보는 근본귀인오류(3장 참조) 현상을 보인다. 이 결과는 아이히만이나 수용소의 소장들이 평범한 사람과는 다르리라고 생각하는 일반인의 경향을 잘 반영하고 있다. Milgram의 연구가 주는 교훈은 유대인 학살이 독일 사람들이 지닌 가학적 성격 때문이 아니라는 것이다. "가장 중요한 교훈은 보통 사람들이 아무런 동기적 이유 없이 자신들의 일상적 삶을 영위해 나가는 일련의 과정에서 참혹한 일을 벌이는 하수인이 될 수 있다."는 것이다(Milgram, 1974, p. 6).

Milgram의 실험은 독특한 상황이었다. 도저히 계속하지 못하겠다는 저항이 묵살되는, 상식적인 행동과 규범이 통하지 않는 상황이었다. 이 점에서 일반적인 사회상황과는 큰 차이가 난다. 그런데 이 점이 또한 그의 연구가 지닌 의미를 곱씹게 한다(Gilovich et al., 2006, pp. 236-237). 우리가 접하고 있는 대규모의 인종학살이 벌어지는 상황은 사회가 큰 변화를 겪고 있을 때다. 이런 상황에서는 기존의 가치관과 상식을 흔드는 많은 사건들을 접하게 된다. 또한 이런 상황에서 사람들은 권위로 부상된 사람의 말에 더욱 의존하게 될 수 있다.

마지막으로 부도덕한 상부의 명령에 대한 불복종에 대하여 생각해 보자. [그림 9-15]에서 보듯이 피해자의 고통에 대한 현시성을 높이면, 불편함을 느끼고 명령에 저항하려는 욕구가 커진다는 것을 알 수 있다. 이 욕구가 행동으로 옮겨지는 경우에 약 30% 정도로 복종률이 떨어진다. 한편, [그림 9-16]은 권위자의 권위를 떠받치거나 잠식하는 경우에 나타나는 복종률의 변화를 보이는데, 잠식당하는 경우에 복종률이 0%대로 떨어짐을 볼 수 있다. 따라서 개인의 욕구(불편함에서 벗어나고자 하는)를 강화시키는 것보다는 복종하지 않아도 될 상황을 조성하는 것이 불복종을 더 쉽게 만든다고 볼 수 있다.

결글 9-10

인종학살의 주범: 복종의 범죄

한때 백악관의 안보보좌관이었던 브레진스키 교수(1993)는 인류사에서 1억 6천 7백만 명 이상의 사람들이 정치적인 목적으로 저질러진 학살의 피해자였다고 진술하였다. 도저히 믿기 힘든 인종학살이 그만큼 많이 자행되었다는 것이다. 그렇게 많은 사람을 죽인 사람들은 어떠한 사람들인가? 그들은 우리와 어떻게 다른가?

Milgram의 권위에의 복종 연구가 던져주는 시사점은 크다. 이 연구를 바탕으로 Kelman과 Hamilton(1989)은 상관의 명령이 부당함을 알고서 이에 복종하는 것은 범죄이며, 이 평범한 범죄가 역사에서 벌어진 수많은 **'인가된 학살'**을 가능하게 만들었다고 분석한다. 이들은 세 가지 사회적 과정이 인가된 학살을 진행시킨다고 정리한다. 첫째는 **'권위화'**다. 상부의 명령에 떨어진 상황에서 명령의 부당성에 도덕적 관심이 있는 것이 아니라 어떻게 명령을 잘 수행할 것인가에 쏠린다. 월남전에서 발생한 미라이 마을의 양민학살 자료를 검토한 결과, 당시의 소대원들은 양민이 죽을지도 모른다는 걱정에 시달린 것이기보다는 상부의 명령을 수행하느냐(자부심) 아니면 못 하느냐(부끄러움)에 번민한 것으로 나타난다. 이 상황에서 개인들은 책임 있는(할 것이냐 말 것이냐를 결정짓는) 개인이 아니라 단순히 하수인(해내느냐 못 해내느냐를 고민하는)이었다. 히로시마에 투하된 원자폭탄을 개발하는 맨해튼 프로젝트에 참여한 세계적인 과학자들을 인터뷰한 보고서는 이들이 자신들을 거대한 기계의 부품으로 여겼음을 보인다(Zinn, 1991, p. 47). 둘째는 **'일상화'**다. 이는 잔악한 행위를 일상의 기계적인 작업으로 여기는 것이다. 전체 행위가 일련의 작업단계로 구분되고 체계화되면서, 사람들은 작업의 의미를 더 이상 생각하지 않게 되고 작업의 효율성 높이기에 매달린다. 이 과정에서 일을 편하게 하는 언어, 용어들이 쓰이고[예: 마루타, 공정(工程)관리], 일의 관리 및 조직의 관료화가 진행된다. 셋째는 **'비인간화'**다. 이는 피해자들에게서 인간성을 보지 않으려는 작업이다. 피해자들을 가해자 자신들과는 전혀 다른 별종, 열등한 종, 벌레, 쓰레기로 취급하고, 인간적 가치를 지니지 못한 존재로 비하시킨다.

월남 미라이 마을의 주검들

❖ 권위에의 복종과 문화

Milgram의 연구는 발표된 지 50년이 지나는 동안 비윤리적이라는 비난도 받았지만, 다양한 찬사를 받으면서 많은 복제 연구가 여러 나라에서 행해졌다(Blass, 1991). 어느 나라에서건 권위에의 복종은 보편적인 현상으로 나타남을 볼 수 있으며 집단주의 문화권에서는 복종률이 더욱 심하다는 증거도 나타나고 있다. 집단주의 사회에서는 개인의 자유는 서구에서처럼 우선적으로 존중되는 것이 아니라 규제되는 것이 당연하게 여겨진다(Argyle, 1988). 한국사회에서 개인들은 자신의 자유에 우선해서 사회, 윤리, 규범(忠, 義, 禮, 智, 信)을 지켜야 하며, 이러한 '의무' 조항을 다해야 자신의 권리로서 자유를 이야기할 수 있다. 따라서 Milgram의 연구가 국내에서 복제된다면 이런 서구 연구들의 복종률보다 높은 결과가 기대된다. 그렇다고 해서, 그 결과가 가져올 사회적 파장이 크지는 않을 것이다. 그 이유는 한국사회에서는 개인이 사회에 대하여 지니고 있는 책임과 의무가 개인의 자유보다 우선하는 것이 당연시되고 있기 때문이다.

Milgram과 Asch의 연구들은 학계에서 많은 반향을 일으켰다. 그 이유를 생각해 볼 때, 주된 이유는 이러한 연구결과들이 개인이 지닌 자유의사에 심각한 한계가 있음을 드러냈기 때문일 것이다. 개인주의 문화에서는 개인이 모든 일을 벌리고, 벌린 일에 대한 책임을 져야 한다고 여긴다. 잘살고 못살고, 성공하고 실패하는 등의 모든 일에 대하여 궁극적인 책임이 개인에게 있다. 이 같은 생각은 개인이 자유롭다는 전제를 깔고 있다. 그런데 학교를 중퇴하고 공단에서 근로자로 생활하는 것이 개인의 선택이 아니라 자신이 처한 주위환경의 영향 때문이라는 사실을 받아들이면 개인의 책임은 경감될 것이다. Milgram의 권위에의 복종 연구는 Zimbardo의 모의감방 연구(곁글 9-11)와 더불어 개인이 상황적 영향에 얼마나 취약한 존재인지를 여실히 보이고 있다. 이 결과는 개인이 과연 사회에서 얼마나 스스로의 행위에 대한 책임을 저야 하는가에 대한 근본적인 의문을 제기한다(Moghaddam et al., 1993, p. 74). 사실 오늘날 미국의 법정에서 변호사들이 취하는 중요한 전략의 하나는, 범죄행위를 저지른 것은 피의자이지만 그만의 책임은 아니라는 것이다. 즉, 피고의 성장환경에도 상당한 책임이 있으므로 피고는 가해자이자 동시에 제도의 피해자라는 논리를 펴는 것이다. 이러한 전략은 상당히 효과가 있어서 형량의 경감을 가져온다.

왔 동조와 복종인가? 실험실에서 임의로 조직된 집단일지라도 그 집단 성원

결글 9-11

역할의 힘: 모의감방에서의 교도관과 수형자

미국 스탠퍼드 대학교에서 학생들을 대상으로 모의감방 연구를 위한 자원자를 모집하였다(Zimbardo et al., 1973; Zimbardo, 2007). 참여기간은 2주 예정이었고, 보상으로 일당 15달러씩 지급한다고 하였다. 여러 지원자들을 대상으로 몇 가지 심리검사를 시행하여 정상적인 사람임이 확실하다고 여겨지는 24명을 수형자나 교도관 역할로 나누어 연구를 시작하였다. 수형자 역할에 할당된 사람들은 이들이 집에 있을 때 지역의 경찰이 피의자로 연행하여 일반 피의자들과 똑같은 절차를 밟아서 대학 내 지하실에 마련된 모의감방에 수감하였다. 이들 수감자들은 교도관 역을 맡은 학생들에 의해서 감시를 받았다. 연구자는 이들에게 어떻게 연기를 하라는 지시나 지도를 하지 않았고 단지 일어나는 사항들을 기록하기만 하였다.

이 연구는 예정된 2주를 다 채우지 못하고 6일 만에 종료되었다. 그 이유는 모의감방의 교도관들이 현실 이상으로 역할에 충실하여 수형자들을 거의 사람 취급하지 않아 수형자들이 받는 심적 고통이 극심하였고, 일부 참여자들이 정서불안정의 상태를 보였기 때문이었다. 이 연구에 참여한 사람들은 모두 정상인이었지만 수형자들이 보이는 정서불안정 상태는 개인의 심리가 사회적 역할에 의해 압도되는 정도를 잘 보여 준 것이다. 그러나 이 연구도 전통적인 사회심리학적 연구와는 거리가 먼 연구다. 통제된 실험상황이 아니었음에도 불구하고 방법에 대한 비난보다는 결과에 대해 훨씬 많은 관심이 쏟아진 이유는 이 연구가 역시 개인 이데올로기의 한계를 잘 보여 주었기 때문이라 여겨진다(Moghaddam et al., 1993).

2004년 이라크의 아브그레이브 포로수용소에서 한 미군 병사가 이라크군 포로를 우롱하는 장면은 스탠퍼드 감옥 실험의 결과를 재현시킴으로써 세간의 관심을 끌었다.

Zimbardo의 **모의 감방** 연구에 대한 동영상 https://www.youtube.com/watch?v=sSmdmabvz-8 (13′40″)

들이 보이는 일치된 행동은 큰 압력으로 작용함을 보았다. 실험실이 아닌 사회현실에서 주위사람들과 주고받는 영향력은 더욱 클 것이다. 왜 그러한 영향력이 나타나는지를 동기적인 측면에서 살펴보자. 낯선 상황에서 사람들이 동조를 하는 이유는 정보가 부족하여 어떻게 하는 것이 적절한지를 알지 못해서다. 상황과 사건에 대한 정확한 파악을 위한 동기가 작용한다고 볼 수 있다. 주위사람들의 일치된 행동이 규범적 압력으로 작용하는 상황에서 여러 가지 사회적 동기가 작용하여 사람들은 그러한 행동을 보인다. 어울림의 동기(Baumeister & Leary, 1995; McClelland, 1985), 따돌림을 두려워하는 동기(Gruter & Masters, 1986; Williams et al., 2000), 사회체제를 수용하려는 동기 등이 모두 작용할 것이다.

『사회계약론』을 저술하여 유명한 프랑스의 사상가 루소는 그의 책 서문에서 '인간은 자유롭게 태어났으나 어디서나 (인간)사슬을 벗어날 수 없다.'고 하였다. 사람들은 다른 사람과 자신이 다르다는 것을 알면서도 이를 자신의 밖으로 표명하게 되는 것을 꺼리는 양상을 보일 정도로 사회성의 구속을 받는다. 한 연구(Bassili, 2003)는 사람들에게 사회적 문제를 다루는 진술문(예: "대기업에서 직원채용을 할 때 여성에게 채용할당제를 적용해야 한다고 봅니까?")을 주며 어떻게 생각하는지를 물어보면서 사람들의 반응이 나오는 시간을 측정하였다. 사람들은 자신이 다수의 견해를 지녔을 경우에 소수의 견해를 지닌 경우보다 반응시간이 빨라지는 양상을 보였다. 36개 진술문 중에 이 같은 양상이 20개에 대한 응답에서 나타났고, 2개의 응답에서만 반대되는 양상이 나타났다. 여성할당의 문제에 대해서 할당해야 된다는 미국사회의 소수의견을 지닌 사람의 응답 반응시간은 평균 5.19초이었지만, 할당해서는 안 된다는 다수의견을 지닌 사람에게서는 4.56초로 나타났다. 이 같은 양상은 다수의 견해와 다른 자신의 견해를 드러내는 경우에는 무의식적인 제제가 작용하는 탓이

곁글 9-12

동조는 죽음의 공포를 달래는 한 방책: 공포영위가설

당신이 결국 죽을 존재라는 것을 생각하면 두려운가? 만약 두렵지 않다면 그 이유는 두려움을 느끼지 않아도 될 여러 기제를 사회화 과정을 통해서 갖추었기 때문이라는 것이 **공포영위 가설**론자들의 주장이다(Greenberg et al., 1997). 종교를 가져 영생을 믿는 것이 그 한 기제다. 이 같은 사실적인(비록 믿음이지만) 영생을 믿지는 않는다고 해도 상징적으로 영생을 의미하는 것에 큰 의미를 두거나 헌신하는 것도 그런 기제로 작용한다. 즉, 자식의 양육을 위해 정성을 쏟고, 자식들이 자기의 삶을 이어간다고 여기는 믿음은 누구나 자연스럽게 가지고 있다. 자식이 아니라도 자기 당대를 넘어서 오랫동안 기능하고 존속할 학교, 회사, 단체에 종사하는 것도 죽음의 공포를 감소시켜 주는 기능을 한다고 본다. 이 논리를 동조와 복종에도 적용시킬 수 있다. 사회의 중요한 가치와 다수가 공유하고 있는 세계관을 받아들이고 이에 동조하는 것은 자기의 죽음을 넘어서 그 가치와 체제가 존속한다는 불멸성을 상징적으로 받아들이는 것이며, 죽음의 공포에 대한 대처기제라 볼 수 있다. 그렇다면 동조는 자신이 사회에 속하는 소속감을 확인시키는 행동이라 할 수 있다.

이 가설을 검증한 연구에서 미국인 참여자들에게 죽음을 맞는 경우에 몸에 무슨 일이 벌어질 것인지 자세히 기술하도록 하여 죽음의 공포를 느끼게 한 후에 이와는 무관하게 제시된 과제로 외국인이 미국에 대하여 쓴 글 두 가지를 보여주었다(Greenberg et al., 1994). 하나는 친미적인 글로 미국이 얼마나 자유롭고 안전하며 기회의 나라인지를 기술한 글이었고, 다른 하나는 반미적인 글로 미국사회가 불평등하며 물질주의적이고 인간미가 없는 사회라는 주장을 하는 글이었다. 참여자들은 글 쓴 사람에 대하여 평가를 하고, 그가 쓴 글에 대하여 동의하는 정도를 표시하였다. 죽음을 생각했던 참여자는 친미글을 쓴 사람에 대하여 아주 호의적인 평가를 하였으며, 그의 글에 동의하는 강도도 높았다.

국내에서, 죽음을 생각한 조건에서 사람들은 죽음을 생각하지 않은 조건에 비해 공정한 사건을 더 공정한 것으로, 불공정한 사건을 더욱 불공정한 것으로 평가하는 반응을 보였다(박지선, 최인철, 2002). 이런 결과들은 죽음을 생각하게 되면 자신이 수용하고 있는 세계관에 더욱 집착하는 것으로 해석될 수 있어 공포영위가설을 지지한다.

결글 9-13 

세월호 트라우마: 참사인가 사고인가

2014년 4월 16일 수요일 오전 9시경, 일반 여객과 수학여행을 가는 단원고교 2년생들을 싣고 제주로 가던 여객선 **세월호**가 진도 앞바다에서 침몰하였다. 실시간 중계되던 세월호의 침몰과정을 많은 국민이 안타깝게 지켜보았다. 304명이 수장되고 9명이 실종되었다. 참사가 일어난 지 한 달 보름쯤 지나 754명의 문학인이 세월호 참사에 대한 정부의 대응에 분노하여 "우리는 이런 권력에게 국가 개조를 맡기지 않았다."는 제목으로 **시국선언문**을 발표했다. 이어서 같은 해 10월30일 종교개혁 497주년 기념일을 앞두고 신학자 177명의 이름으로 진상규명을 원하는 유족들의 절규를 외면하지 말고 진실을 세우는 일에 힘써 달라는 호소문이 나왔다(구미정, 2015). 2년이 경과하면서 **세월호 진상규명위원회**의 활동이 지지부진한 상황에서 그동안의 기록을 정리한 책이 발간되었다.

리멤버 20140416
세월호, 영원히 잊지 않겠습니다.

세월호 사건의 처리를 둘러싸고 여야는 대립하였고, 국민들은 갈라지며 큰 정치이슈가 되었다. 이 사건을 한국 사회의 반인권적 제도와 부패 구조의 관행에서 발생한 참사로 보는 계열과, 안타깝게 발생한 대형사고의 하나로 보는 계열로 갈라져 대립하였다(정정훈, 2015). 분명한 것은 세월호 참사가 한국사회가 지니고 있던 고질적인 병폐를 모두 지니고 있고, 그 탓에 발생하고, 참사로 진행되었다는 것이다([그림 9-17]). 2년이 지난 현 시점에서도 석연치 않은 점들이 많이 남아 있지만 현 정부에서는 이를 덮으려는 듯, 진상조사위원회의 활동을 종료시켰다. 당일 아침 8시 52분에 단원고생이 자신의 휴대전화로 119 전남소방본부에 신고 전화를 했고, 구조활동이 벌어졌지만 실제 상황과는 전혀 다른 무책임하고 선정적인 언론보도와 취재활동은 '기레기(기자 쓰레기)'라는 신조어를 만들어 냈다. 배가 완전히 침몰하기까지의 결정적인 72시간 동안 지휘체계는 제대로 작동하지 못하였고, 공무원들은 책임회피적 대응책을 벌였으며, 출동한 해경은 무슨 이유인지 매우 소극적인 구조활동을 벌였다. 400여 명의 목숨이 달린 결정적인

세월호 사건 발생 배경	
압축성장, 정경유착, 신자유주의, 불투명한 사회	비정규직 선원, 불법선박 개조, 과잉선적, 안전소홀, 외부충돌(?)

↓

구조작업 · 선박 침몰	
지휘 통제 체계 부재, 해경의 무능한 대처, 책임 회피식 활동	"가만히 있으라" 10회 방송, 선원 먼저 도피, 소극적 구조활동

→ 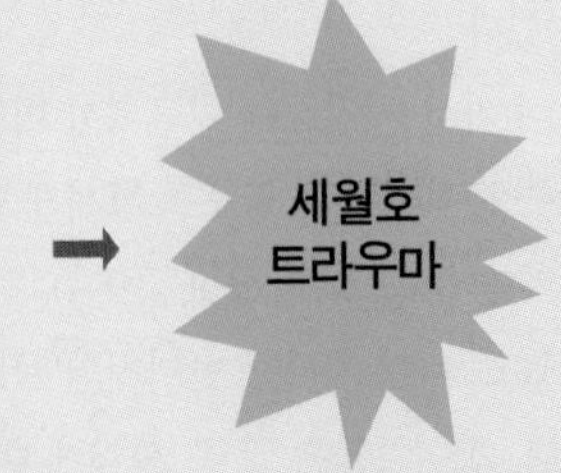

↓

수습 대책 애도	
진상규명위원회 활동제한, 미온적 처벌, 책임기관 부재	정부 무능 · 불신 재확인, 집단 트라우마, 우울과 분노

[그림 9-17] 세월호 참사의 진행 과정

상황 7시간 동안 대통령이 무엇을 했는지는 밝혀지지 않다가 탄핵청문회가 진행되면서 일부가 드러났다. 그는 집무실이 아니라 관저에 있었으며 미용사를 불러 머리를 올림머리로 단장하기도 하였다고 한다(국민일보, 2016. 12. 6.). 오후 늦게 사고대책본부에 나타나 상황파악이 안 된 질문을 던질 때까지 무엇을 하였는지는 여전히 미궁속이다. 사고 후에 드러난 청해진 해운의 파렴치한 이윤추구와 이를 방조하고 가능하게 한 부패의 고리로 작용한 관피아, 의문에 싸인 청해진 해운 사주의 갑작스러운 죽음, 진상규명위원회의 활동에 대한 정부의 규제와 제약, 진상규명을 요구하는 피해자 가족들을 배상금이나 챙기자는 파렴치한 집단으로 몰아가는 일베 성향자들의 행태 등은 많은 국민을 분노하게 만들고, 우울과 실망, 혐오를 느끼게 하였다. 세월호는 피해자뿐만 아니라 우리의 마음을 **'부서지게 한'** (김홍중, 2015) 큰 트라우마적 참사였고, 그렇게 기억되어야 할 것이다.

라 볼 수 있다(곁글 9-12).

동조와 복종이 잘못된 것이라 볼 수는 없다. 인간은 어울려 살게끔 되어 있고, 그 어울림을 쉽게 하는 친사회적 기제가 동조와 복종이기도 한 것이다. 다만 그 기제가 당연하지만 잘못 작용할 수 있다는 것을 확실히 아는 것은 꼭 필요한 일이다. 이런 인식이 문제가 재발하는 것을 모두 막는 것은 아니지만, 우리가 좀 더 깨어 있을 필요는 있다. 이런 기제가 2014년 4월 16일 발생한 세월호 참사에도 작용하였다(곁글 9-13).

윤리성 탈색 사람들은 남들과 어울려 생활하면서 때로는 상대를 속이며, 비인간적으로 대하며, 비윤리적인 행동은 물론 탈법적인 행동도 저지른다. 그럼에도 불구하고 스스로를 부도덕한 사람이라고 여기지는 않는다. 이에는 자기의 행위를 합리화시키는 의식적 기제가 들어 있기도 하지만, 종종 사람들이 의식하지 못하는 윤리성 탈색(ethical fading)이라는 심리기제가 작용하기도 한다(Tenbrunsel & Messick, 2004). 이는 사람들이 상황에 대한 인식을 윤리적인 문제가 아닌 차원에서 접근하여, 윤리/도덕적 준거와는 거리를 두는 심리다. 이 심리는 상황을 일이나 업무적 상황으로 간주하면서, 비윤리적 행위를 더욱 쉽게 저지르도록 한다(3장 참조). 한 실험 연구(Tenbrunsel & Messick, 1999)는 학생들에게 공장의 생산관리자로서 다른 관리자와 죄수의 곤경과 같은 게임(8장 참조)을 하도록 하였다. 사람들은 자기 부서에서 만드는 부품과 다른 부서에서 만드는 부품을 합하여 완성품을 만드는 과정에서 부품의 결함을 검사할 것을 요청하거나(협동), 요청하지 않을 수 있다(경쟁). 검사를 요청하는 것은 추가적인 경비가 들어가므로 신청한 사람의 이익이 줄어드는 상황이다. 참여자들을 실험 조건별로 나누어 감시가 없는 조건에서는 게임을 그대로 진행시키고, 약한 감시 조건에서는 회사의 사장이 작업공정을 감시하면서 사전에 부품결함을 검사하는지를 무작위로 점검하며, 이때 검사를 요청하지 않은 것이 적발되면 약간의 벌금을 물도록 되어 있다. 강한 감시 조건에서는 사장이 감시를 철저히 하는 편이며 검사를 하지 않은 것이 적발되면 높은 벌금을 물어야 하는 상황이다. 감시가 없는 조건에서 사람들이 협동적 선택을 하는 비율은 64.4%로 나왔으나, 약한 감시 조건에서는 이 비율이 54.6%로 떨어졌다. 강한 감시 조건에서는 79.5%로 가장 높게 나왔다. 흥미로운 것은 감시가 없는 조건에서 사람들은 자신들의 선택을 도덕적 행위라고 여기는 경향이 높아, 오직 45%의 사람들이 이를 업무적 행위로 보았으나, 감시가 있는 조건들에서는 80%의 사람들이 이를 업무적 행위로 보는 것으로 나타났다. 이 결과는 상황에 작용하는 장치(감시제도 등)가 상황을 접하는 사람들의 관점에 영향을 미치면서, 의도하지 않았던 결과(때로는 비도덕적으로 보이는)를 초래할 수 있음을 보이고 있다.

윤리성 탈색의 과정에서 사람들은 중성적인 단어를 사용하기도 한다. 뇌물이라는 표현을 '떡값' '기름칠 하기'로 대체하거나, 사람을 '벌레' '물건'처럼 칭하거나 하는 등의 표현이 쓰인다. 부도덕한 행위를 자주 접하게 되는 경우에 심리적 반응(psychological numbing)도 둔화된다. 즉, 무디어지는 것이다(Bandura, 1999). 사람들은 이런 윤리성 탈색의 과정에 빠지는 것을 잘 인식하지 못하기 때문에, 상황 밖에서 보면 비윤리적인 행위로 판단할 것을 윤리성 판단과는 무관한 것으로 여기며, 비윤리적 행위를 수용하고 저지르는 양상을 보이는 것이다.

❖ 권력/힘과 사회생활의 심리

집단의 성원들은 상호 영향을 줄 수 있는 힘 혹은 권력에서 차이가 난다. 권위에의 복종 실험은 이러한 영향력의 작용을 잘 보여 주고 있지만, 권력관계의 작용은 확연히 드러나지 않는 지각이나 귀인, 정서 및 동기에서도 나타나고 있다(Keltner et al., 2003). 힘 있는 사람들은 상대적으로 없거나 적은 사람들에 비해서 자신의 바람, 욕망을 실현시키는 적극적 고양(promotion) 동기를 보이고, 활동에 대한 보상을 추구하며, 열망과 자긍심 등 긍정적인 정서를 많이 보이지만, 힘이 없는 사람들은 자신의 행위에 대한 타인의 나쁜 평가에 대한 두려움과 처벌에 대한 불확실성에서 불안감을 느끼며, 조심스러우며, 위축된(inhibition) 동기를 보이며, 경험하는 정서도 놀라움, 당황, 불안, 창피 등의 부정적 정서를 많이 보인다(Higgins, 1997).

힘이 있는 경우에 사람들은 자신의 취향에서 나오는 일관성 있는 행동을 보이며,

상황의 제약이나 상대방에 따른 행동의 변화를 덜 보인다. 실험실 상황에서 이를 보여 준 연구는 면담자와 피면담자의 역할을 배정받아 미래에 대한 토의를 하는 상황에서, 면담자 역을 맡은 사람들이 경험하는 긍정적인 정서와 얼굴표정이 높은 상관을 보였지만, 피면담자의 경우에는 이런 상관이 나타나지 않았다(Hecht & LaFrance, 1998). 또 다른 연구는 대학 동아리 성원들 간에 농지거리 하는 행위를 분석한 결과, 힘이 없는 사람은 상대방이 힘이 있는 경우에는 아부성의 농지거리 행위를 보이고, 힘이 없는 경우에는 비아냥조의 행위를 보이지만, 힘이 있는 사람들은 상대방에 무관하게 비아냥조의 농지거리하는 것을 보였다(Keltner et al., 2003).

최근에 많이 활용되고 있는 독재자 게임을 이용한 연구는 스위스의 대학생을 대상으로 리더와 일꾼으로 역을 나누어 리더에게 돈으로 환산되는 점수를 나누도록 하였다(Bendahan et al., 2015). 나누는 방식은 리더가 약간 더 갖는 방식(A-기본), 리더가 일꾼과 똑같이 갖지만 경비를 리더가 지불해야 하는 방식(B-친사회적), 리더가 일꾼보다 많이 갖는 방식(C-반사회적), 리더가 일꾼보다 훨씬 많이 갖는 방식(D-매우 반사회적) 중에서 선택하게 하였다. 권력을 적게 가진 리더는 자신이 배당하는 일꾼의 숫자(1명 대 3명)가 적었으며 A, B, C의 세 가지 선택만 주어졌다. 선택지 C와 D는 집단 전체가 거두는 소득이 줄면서 리더의 소득만 증가하는 선택지이기도 하였다. 권력의 조작이 있기 전의 선택에서 사람들은 모두 책임 있는 배분은 A방식이며, 소수의 사람들은 B도 책임 있는 방식이라고 여기고, 대부분이 그런 선택을 하는 것으로 나타났다. 권력을 조작한 후에 두 번에 걸쳐서 독재자 게임을 수행하게 하면서

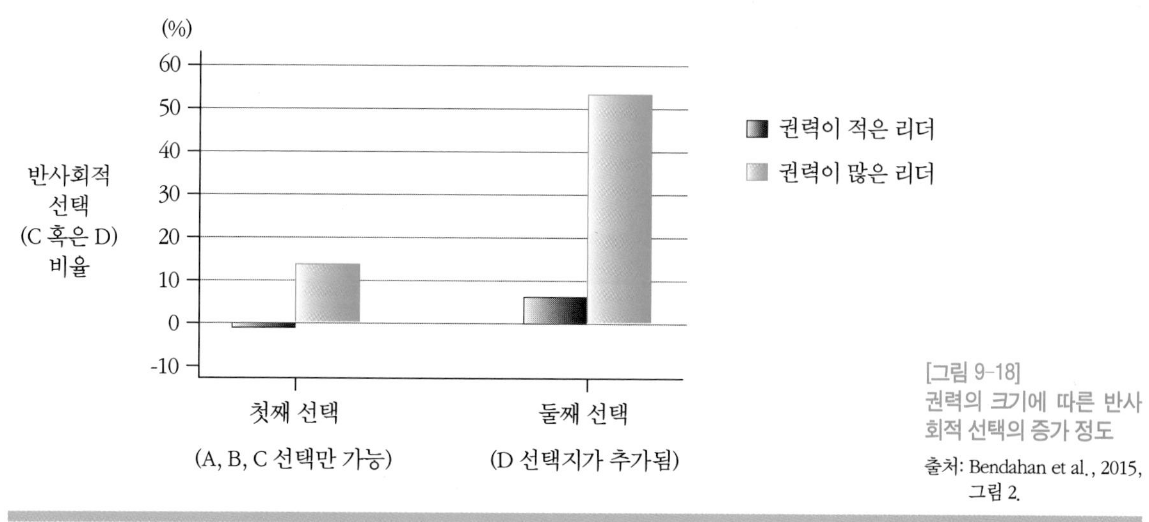

[그림 9-18] 권력의 크기에 따른 반사회적 선택의 증가 정도

출처: Bendahan et al., 2015, 그림 2.

첫 단계에서는 A B C 세 가지 선택만을 주었을 때, C를 택하는 비율은 권력을 조작하기 전에 비해서 권력이 큰 조건에 배정된 참여자에게만 소폭 증가하였다. 그러나 선택지에 D를 추가한 두 번째 선택을 하게 했을 때 권력이 큰 조건에서 C와 D를 선택하는 비율이 큰 폭으로 증가하였다([그림 9-18]). 이 연구는 '절대 권력은 부패한다.'는 속설이 터무니없는 것이 아님을 보이며, 절대권력을 통제하는 제도적 장치가 절대적으로 필요함을 보여 준다.

서열/힘에 따라 변하는 사람 평가의 준거 사람들은 조직에서의 자신의 신분이 높아지면서 힘을 느끼며, 이를 향유하지만, 자신이 집단의 다수에 속해 있다는 인식에 의해서도 힘을 받고, 힘 있는 자의 사회심리가 발현되는 양상을 보인다. 힘 있는 사람들은 힘없는 사람들의 행동을 그가 속한 집단의 고정관념을 적용시켜 해석하고, 상대방의 모습을 파악함에 있어서 정확성이 떨어지는 양상을 보인다. 이를 짚어낸 흥미로운 연구(Keltner & Robinson, 1997)에서 영문학 교수들을 고전론자(고전 작품을 교재로 쓰며, 다수임)와 수정론자(현대 작품을 섞어서 교재로 쓰며, 소수임)로 구분하여 자신과 상대 진영의 사람들에 대한 태도를 조사하여 비교한 결과 고전론자들은 수정론자들을 매우 극단적으로 평가하는 양상을 보이지만, 수정론자들은 그런 편향을 보이지 않았다([그림 9-19]).

권력 혹은 서열상의 위치는 사람을 판단하는 준거에도 큰 영향을 준다. 대학 초년생들이 학교에서 동기들과 어울려 농구시합을 벌이고 있는데 선배들이 늦게 와서

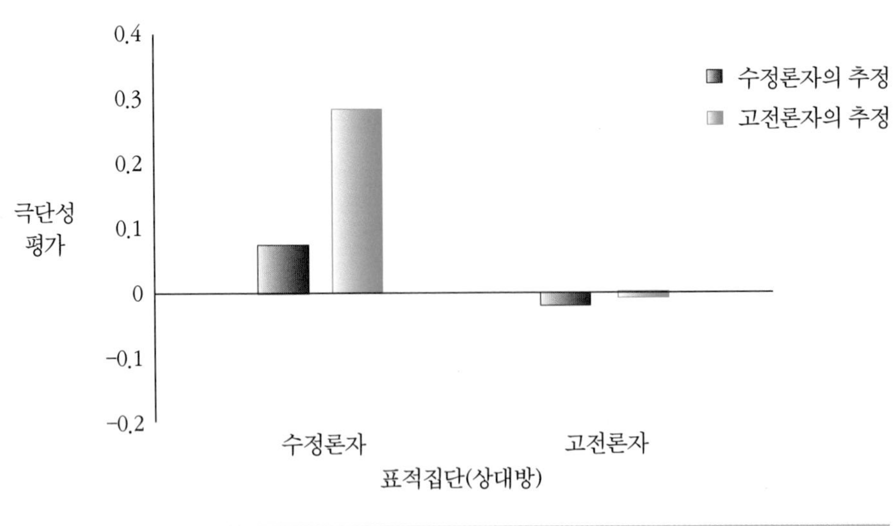

[그림 9-19] 고전론자와 수정론자의 자신과 상대방의 극단성에 대한 태도

출처: Keltner et al., 2003, 그림 2.

는 자기네가 예약한 코트이니 내놓으라고 하여 말다툼이 벌어졌고, 급기야 몸싸움으로 번졌다. 이 상황을 가상적으로 제시하며 선후배를 평가하게 했을 때 상대방에 대한 판단의 준거가 선배와 후배 간에 크게 다르다는 것이 연구결과 나타났다. 선배는 후배들의 행동을 학교 사회에서의 기강유지라는 차원에서 접근하고, 후배는 선배의 행동을 인격존중이라는 차원에서 접근하는 양상이 나타난다(이수원, 김태준, 1990). 사람들은 서열 준거가 부각될 수 있는 상황에서 상위의 사람은 서열 문제를, 하위의 사람은 인격, 인권의 준거를 바탕으로 상대의 잘잘못을 판단하는 양상을 보인다(한규석 등, 2004a; 곁글 6-7).

폴란드에서 남녀 대학생들에게 팀의 책임자 혹은 일꾼의 역할을 취하도록 하고서, 새로 들어올 구성원에 대하여 어떤 특징을 알고 싶은지 28개의 특성을 제시하

곁글 9-14

미국에서 리더로 부상하는 사람의 성격특징은?

대학의 남성(연구 1) 및 여성(연구 2) 동아리 회원들을 대상으로 5요인 성격특징(곁글 1-3 참조) 검사를 수행하도록 하고, 이들의 외모 사진을 전혀 낯선 사람들에게 제시하여 신체 매력을 평가받은 다음, 이들이 동아리 내에서 차지하는 리더십을 평가하였다(Anderson et al., 2001). 이 리더십은 다른 성원들에게 얼마나 뚜렷한 존재로 인식되는지와 동아리 안에서 맡는 직책으로 평가하였다. 이들 변인 간의 관련성을 파악한 결과 두 가지 성격변인이 리더로서의 부상을 설명하는 것으로 나타났다. 즉, 외향성향이 강한 사람들이 리더가 되는 양상은 남성 동아리나 여성 동아리 공통으로 나타났다. 신경증이 약한 사람과 신체적 매력이 높은 사람들이 리더로서 부상하는 양상도 나타났지만 이는 남성 동아리에서만 그러했다. 이런 성격의 영향력은 신체매력과는 무관하게 나타났다. 즉, 신체적 매력이 같다고 전제했을 때 이 같은 성격의 차이가 여전히 효과가 있다는 것이다. 우호성이나 개방성, 성실성은 리더로서 부상과는 별 관계가 없는 것으로 나타났다.

남녀 혼성 기숙사에서 9개월간 리더로서 부상하는 사람의 특징을 파악하기 위하여 세 번의 시점에 걸쳐서 조사를 한 결과(연구 3), 남성의 경우 누가 리더가 되느냐 하는 것이 여성에 비해 빨리 부상하지만, 일단 리더가 되면 그 지속성은 남성과 여성에 차이가 없었다. 남녀 모두 외향성향의 사람이 리더가 되는 양상은 뚜렷하였으며, 신경증의 양상은 남성에게서 나타났으나, 여성에게는 리더십과 무관한 것으로 나타났다. 이는 정서적으로 불안정하고, 상황 변화에 따라 크게 변하는 정서를 드러내는 것은 여성에게서 문제가 없지만, 남성에게는 문제로 여기는 미국사회의 성 고정관념이 작동하는 탓이다. 신체 매력의 효과는 앞의 연구에서처럼 남성에게만 나타났다. 이런 현상은 일반적으로 신체적 매력을 남성이 여성보다 더 관심있게 보는 탓에 기인할 수 있다. 통상 이 양상은 이성을 판단할 때 나타나지만, 동성을 판단할 때도 나타날 수 있음을 보이고 있다.

이 연구는 대학의 동아리를 대상으로 한 현장연구다. 실제로 과제를 수행하는 국내의 업무 집단이나 조직에서 리더로서의 부상은 연륜, 경험, 배경 등이 중요한 영향을 미친다. 성격적인 면에서는 미국처럼 외향성이 중요한 성격요인으로 작용하는 것으로 나타났다(민병모, 1998).

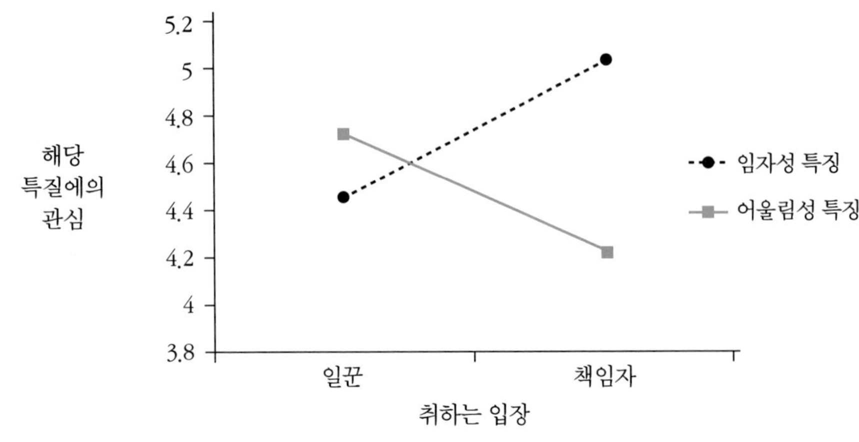

[그림 9-20]
권력의 위치에 따라 변하는 상대방에 대한 관심사의 차이
출처: Cislak, 2013, 그림 1.

여 평가하도록 하였다(Cislak, 2013). 이들 특성은 임자성(주체성) 특징(활동성, 의지력 등)과 어울림성 특징(충성도, 이타성, 친화성 등)으로 일부는 긍정적이고, 일부는 부정적인 내용들이었다(3장 참조). 일꾼의 입장을 취할 때는 신입으로 들어오는 사람의 특징에 대하여 두가지 특성에 대하여 두루 알고 싶어 했지만, 책임자의 입장을 취할 때는 어울림성에 대한 것보다는 임자성에 대한 것에 특히 관심이 많은 것으로 나타났다([그림 9-20]). 연구 2에서는 사람들에게 영향력을 발휘했던 상황을 회상하도록 하거나, 남의 명령을 받아 일하던 상황을 회상하도록 하고서, 임자성과 어울림성의 정보가 뒤섞인 사람의 행동(예: "이웃이 도와달라고 해서 나가 차를 고쳐주었다." 이 문장은 '임자성-차를 고치는 능력' 혹은 '어울림성-이웃을 기꺼이 도와줌'의 정보를 모두 갖고 있음)을 12가지 제시하고, 각 문장의 주인공에 대한 인상을 간략히 쓰게 해서 그 인상의 차원을 분석하였다. 남의 영향을 받았던 경험을 회상한 조건에서 사람들은 주인공의 행동을 판단하는 데 뚜렷한 선호를 보이지 않았으나, 남에게 영향을 준 경험의 회상 조건에서는 임자성 정보에 대한 판단이 많이 나타났다. 그 이유는 책임자의 관점을 취할 때 사람들은 과제중심적 접근을 하여, 상대방의 역량을 중요하게 여기는 경향이 높은 탓이다.

사람들은 권력을 추구한다. 그 이유는 부하나 다른 이들에게 행사하는 명시적인 영향력이나 사용할 수 있는 자원이 커지기 때문으로 여겨져 왔다. 이와 더불어 사회심리학의 연구는 힘 있는 위치에서 자신도 모르게 드러내는 이 같은 사회심리적 역동이 작용하며, 이를 향유하는 것은 물론 남용하기도 한다는 것이 최근에 이루어진 실험연구들에 의해서 드러나고 있다. 이런 역동에 대한 이해가 계층 간의 갈등, 다수와 소수의 갈등, 집단 내에서 상하의 갈등에 대한 불필요한 오해를 줄일 수 있을 것이다(곁글 6-7 참조).

요약

1. 집단사고는 집단토의가 충분히 성숙하지 못한 상태에서 결론을 도출하는 경우에 나타날 수 있는 병폐 현상으로, 그 기본 기제로는 동조심리가 작용한다. 집단사고는 집단정체성이 지나치게 높게 작용하는 경우에 나타날 가능성이 높다.
2. 권위에의 복종 실험은 매우 극단적인 행동이 일반 사람들에 의해서 행해질 수 있음을 보이면서, 사람들이 상황의 압력에 얼마나 취약한가를 잘 보여 주었다.
3. 복종 현상은 인류사의 대규모 학살현장에서 보통 사람들의 협조와 적극적 관여가 어떻게 가능하였는지를 보여 주고 있다.
4. 복종 현상은 수직적 문화사회에서 특히 잘 나타나며, 이 문화는 집단주의 문화와 많은 공통점을 지니고 있기도 하다.
5. 동조와 복종은 사회생활을 부드럽게 만드는 친사회적 기제이지만 그 부작용의 가능성에 깨어 있을 필요가 있다.
6. 개인을 초월하는 가치와 세계관을 수용하는 기제로서 동조현상이 작용하며, 가치관을 수용하는 것은 죽음의 공포를 극복하는 기능을 한다고 공포영위가설은 제안한다.
7. 권력관계의 작용은 확연히 드러나지 않는 지각이나 귀인, 정서 및 동기에서도 나타나고 있다. 이러한 권력관계의 사회심리 현상은 힘 있는 사람들이 고양적 사고와 정서를 보이며, 힘없는 사람들은 위축적 동기를 보이며, 불안, 당황 등의 관련 정서를 많이 보이는 것으로 나타난다.

제 10 장

고정관념, 편견과 차별

한국사회에서도 이제 어디에 살건 외모가 다른 외국 출신의 사람들을 만나기가 어렵지 않다. 2016년 현재 200만 명이 넘는 외국 국적의 사람들이 근로자, 결혼정착자, 유학생, 상사주재원 등으로 국내에서 장기체류하고 있다. 이 숫자는 급격히 증가하여 2030년경에는 전 인구의 10%를 차지할 것으로 추산되고 있다. 대한민국 국

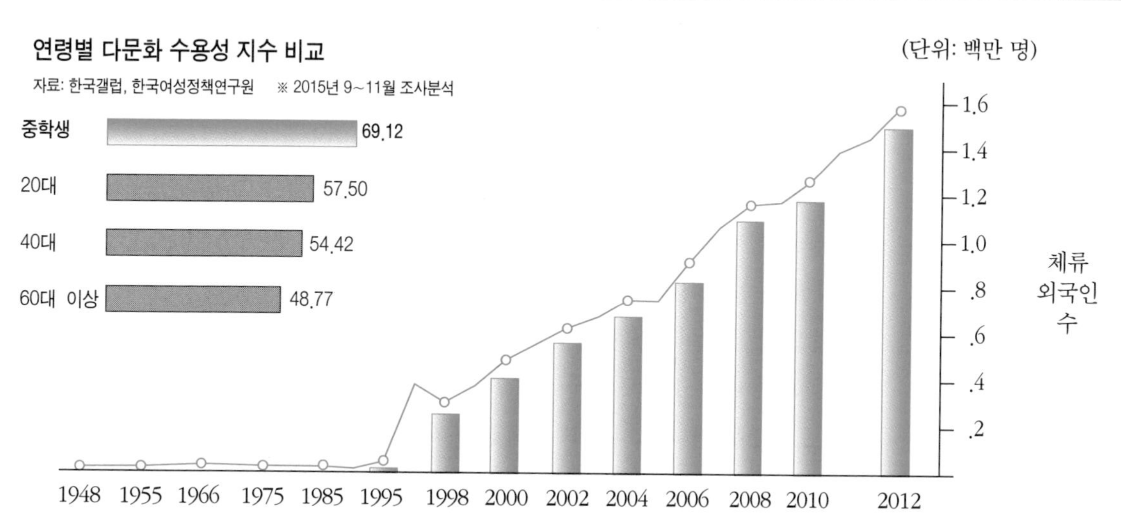

[그림 10-1] 다문화 수용성 지수의 연령대별 비교와 국내 체류 외국인 수의 증가 추이
출처: 연령대별 다문화 수용성 지수 비교는 한겨레신문(2016. 3. 14.)에 바탕하여 그림.

적을 취득한 이민자 수는 2006년까지 3만 9,000명에 불과했지만 2013년에는 14만 6,000명으로 3.7배나 늘었다. 돌이킬 수 없는 세계화의 추세 속에서 과거의 민족과 국가중심 사회에서 한국도 벗어나고 있다. 그러나 단일문화 사회에서 다문화 사회로의 변모는 준비 없이 진행되어서는 안 된다. 미국과 프랑스 같은 다문화가 생활화된 나라들에서 불과 10여 년 전에 인종폭동이 발생하였다. 한국사회에서 그 같은 일이 재현되지 않으리란 보장이 없다. 현대에서 민족을 포함한 소수집단(여성집단, 장애인, 동성애자 등)에 대한 편견과 차별은 이전과는 다른 형태로 나타난다. 이 장에서는 사회집단에 대한 고정관념과 편견이 어떻게 작용하고, 형성되며, 유지되는지, 편견의 피해 집단에서 나타나는 문제점을 논의하고, 편견과 차별을 줄일 수 있는 방법에 대하여 다루기로 하겠다.

고정관념/편견의 발생과 동학

1948년에 UN이 채택한 인권헌장은 모든 인간은 태어날 때부터 자유로우며 그 존엄과 권리에 있어 동등함을 선언하고, 누구도 인종, 피부색, 성, 언어, 종교, 정치적, 민족적 또는 사회적 출신, 재산, 출생 또는 기타의 신분과 같은 범주에 의해서 차별받아서는 안 된다고 강조한다. 현대사회에서 사람들은 이 같은 인권헌장의 정신을 교육받고 이를 귀중한 가치로 받아들인다. 그래서 인간을 대상으로 하는 어떠한 매매 행위도 부도덕한 것으로 간주된다. 2008년은 인종차별과 관련해서 전기가 제공된 해이기도 하다. 이는 미국의 44대 대통령에 흑인계인 버락 오바마가 당선되었기 때문이다. 백인 이주민들이 세운 미국은 토착 인디언, 아프리카에서 온 흑인, 20세기 초에는 노동력의 부족을 메우기 위해 데리고 온 중국인, 일본인, 조선인, 중동 지역인들로 이루어진 다인종 근대 국가로서 역사를 갖고 있지만, 1863년 링컨 대통령에 의한 흑인 해방선언 이후로도 유색인에 대한 차별이 법으로 금지되기까지는 100여 년의 세월이 필요했다. 1968년 마틴 루터 킹 목사의 암살 이후로 차별금지가 법제화되었지만 사회 도처에서 흑인 차별과 흑백 갈등문제는 불씨로 남아 있어 언제라도 빌미를 만나면 사회적 문제로 불거지고 있다. 1991년에 로드니 킹 구타사건으로 흑인폭동이 LA 시가지를 전쟁터로 바꾸어 놓았던 일은 그 한 예일 뿐이다.

이런 사건들은 흑인에 대한 고정관념과 편견이 없어진 것이 아니라 숨겨지고 억눌려졌을 뿐임을 시사한다. 이전의 인종차별주의는 현재는 설 땅이 없지만 변형된 형태로 여전히 현재의 미국사회에서 발현되고 있음을 여러 연구들이 보여 주고 있다. 그 대표적인 연구 하나에서는(Dovidio & Gaertner, 2000), 백인 학생들을 대상으로 또래상담자 프로그램에 응모한 사람의 이력(자격요건)을 주고 평가하도록 하였다. 응모자의 이력을 변화시켜 좋게, 중간, 나쁘게 세 가지로 꾸몄다. 아울러 그 응모자의 인종을 참여자의 반에게는 백인으로, 나머지 반에게는 흑인으로 제시하였다. 1989년과 1999년 당시 재학 중이던 백인 남녀 300여 명을 대상으로 응모자를 평가하도록 한 결과가 [그림 10-2]에 나와 있다. 그림에서 보듯이 자격요건이 좋거나 나쁜 경우에는 지원자가 흑인이건 백인이건 차이가 없었다. 자격요건이 중간인 경우에 확연히 흑백차별이 나타났다. 이 경우에 백인 지원자에 대해서 응답자들의 77%가, 흑인 지원자에 대해서는 40%가 추천하는 것으로 나타났다. 이 차이는 1989년에는 오히려 적은(75% 대 50%) 양태로 나타나 인종차별주의가 더욱더 변형된 형태로 작용함을 보이고 있다. 이같이 적대성이 드러나 있지는 않으나 차별이 정당화될 수 있는 상황에서 차별적 평가가 행해지는 형태의 인종주의를 온정적 인종주의 혹은 상징적 인종주의(Kinder & Sears, 1981)라고 부른다. 이 같은 차별적 현상이 여성을 대상으로 행해지는 것을 온정적 성차별주의라고 부른다.

고정관념과 편견 만난 상대방이 지닌 사회적 범주(성, 인종, 직업, 소속 등)가 두드러지게 인식되는 경우에 그 범주에 대하여 사회적으로 통용되고 있는 고정관념이나 편견이 자동적 처리기제에 의해 활성화되어 상대와의 교류에 영향을 미치게 된다. 대상 집단에 대하여 그 집단 성원들의 공통된 특징이라고 사회에서 널리

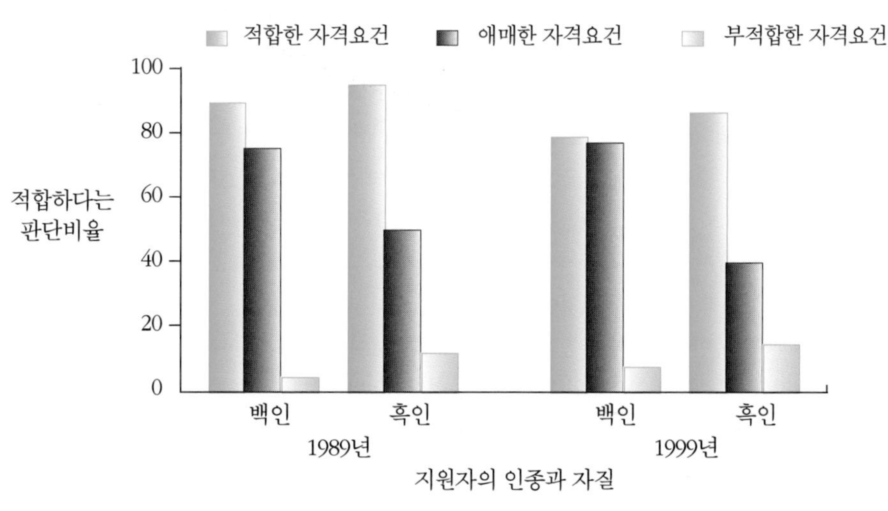

[그림 10-2]
흑 · 백 지원자를 또래상담자로서 적합하다고 판단하는 비율의 변화(1989과 1999년)

출처: Dovidio & Gaertner, 2000.

수용되고 있는 인식이 고정관념이다. 사람들은 사회적 집단(여성, 노인, 청년, 호남인, 한민족 등) 뿐만 아니라 과제수행 집단(CEO, 배심원, 기아 타이거스, 윤리위원회 등)에 대하여도 고정관념을 지니고 있다. 이런 고정관념은 상대집단을 실체성(응집성이 높으며, 성원들의 역할이 분화되어 있고, 실제 활동을 벌이는 정도)이 높다고 여겨지는 경우에 특히 강하게 인식된다(Spencer-Rodgers, Hamilton, & Sherman, 2007). 편견은 "상대방이 특정 집단의 성원이라는 이유만으로 상대방을 평가하여 지니고 있는 태도"이며 대체로 부정적인 특성을 지닌다. 고정관념은 집단에 대한 인지적 내용, 편견은 호오의 정서가 실린 평가로 구별할 수 있다. 왜 우리는 고정관념과 편견을 지니게 되는가?

한 사회에 특정집단에 대한 편견이 광범위하게 존재하는 것은 때로는 매우 비극적이다(곁글 10-1). 많은 종족 간의 갈등은 이러한 편견을 수반하고 있다. 잔인한 종족말살 행위가 최근에도 르완다와 발칸반도에서 벌어진 바 있는데 이러한 행위는 근거 없는 악성적인 편견에 의하여 정당화되기도 한다. 편견은 고질적인 집단갈등에 항상 뿌리 깊게 놓여 있으며, 일종의 태도, 신념과 같이 작용하여 대인교류 및 집단 간 교류에 깊은 영향을 미치므로 일찍부터 사회심리학자들의 관심거리가 되어 왔다. 편견이 형성되는 기제에 대하여 인지, 정서 및 사회갈등적 측면에서 살펴보자.

곁글 10-1

'아마두 디알로'의 죽음: 고정관념/편견이 저지른 살인

Finally ... see Monica speak

Hussein flies home to die

NEW YORK POST

IN COLD BLOOD

Police kill unarmed man in hail of 41 bullets

STILL THE GREATEST / Ali gets Wheaties box

억울한 죽음을 당한 아마두 디알로(1999년 2월 4일)

22세의 흑인 청년 디알로(Amadou Diallo)는 참으로 억울한 죽음을 당하였다. 그는 서아프리카 기니 출신으로 이곳저곳 떠돌다가 1996년에 뉴욕에 정착하여 학비를 벌기 위해 열심히 거리 행상을 하던 청년이었다. 그는 브롱크스 지역에 방을 얻어 자취를 하던 중 일을 마치고 자정이 되어서 귀가했다가 배가 고파서 동네 식당에 들러 간식을 먹고 돌아와 집 건물 계단을 올라서다가 '멈추라'는 경찰의 외침을 듣고, 바지 주머니에 손을 넣다가 경찰 4명이 쏜 수십 발의 총탄에 현장에서 숨이 끊어 졌다. 경찰은 뉴욕 경찰서 소속으로 연쇄강간범을 잡기 위해 현장에 잠복 중이었으며, 디알로가 그 강간범과 용모가 흡사하였고, 그가 주머니에 손을 가져가는 것을 보고 총을 꺼내는 것으로 오인하여 무차별 사격을 가한 것이다.

이 사건은 인종편견의 작용 양상을 섬뜩하게 보여 주었기 때문에 대규모의 시위로 이어졌고, 경찰들은 고소되었으나 무죄로 석방되었다. 아마도 백인이었다면 경찰들은 주머니로 가는 손을 보고서 다른 생각을 하였을 가능성이 높지 않았을까? 본문에 소개된 Correll 등(2002)의 연구는 바로 이런 의문점에 답을 제시하고 있다(Breckler et al., 2006, p. 353).

❖ 인지적 측면

세상사를 효율적으로 지각하고 판단하기 위해 사람들의 인지체계는 몇 가지 편향을 지니고 있다(상세한 논의는 3장과 4장 참조). 이러한 인지적 편향이 다른 사람이나 집단을 지각할 때 적용되기 때문에 아무런 갈등이나 악의가 없이도 편향이 나타날 수 있다. 예를 들어, 우리가 낯선 사람을 만났다고 하자. 우리는 곧 그 사람에 대한 인상을 갖게 되는데 이러한 인상의 중요한 부분이 그가 속한 범주에 의해 영향을 받는다. 즉, 그가 남자인지 여자인지, 나이가 많은지 적은지, 어디 출신인지, 나아가서는 잘 사는지 못 사는지, 직업은 어떤 것인지에 대하여 알게 되며 영향을 받

결글 10-2 고정관념/편견은 정보처리상의 부하를 감소

이 현상을 잘 보여 준 한 연구에서는 학생들에게 두 가지 과제를 주면서 동시에 수행하도록 하였다(MaCrae et al., 1994). 한 과제는 특정인의 성격을 보여 주는 형용사 단어들을 제시하고 그가 어떤 사람인지를 파악하는 과제였고, 다른 과제는 인도네시아의 지리와 경제에 대한 강의 녹음을 듣는 것이었다. 사람파악 과제를 줄 때 한 집단에게는 그 단어들과 쉽게 연상되는 고정관념의 집단을 언급하였고, 통제 집단에게는 그런 언급이 없었다. 예를 들어, '반항적인' '위험한' '공격적인' 따위의 특성형용사와 더불어 '스킨헤드족' 같은 범주를 같이 준 것이다. 실험이 끝나고 연구 참여자들에게 제시된 인도네시아에 대한 정보와 특성형용사를 얼마나 기억하고 있는지 검사한 결과가 [그림 10-3]에 나와 있다. 고정관념을 연관시킨 집단에서 두 과제의 내용에 대한 정보를 보다 잘 기억하는 것을 볼 수 있다. 고정관념을 이용한 정보처리가 인지부하를 덜어서 두 과제를 모두 효율적으로 처리하게 해 주는 양상을 볼 수 있는 것이다.

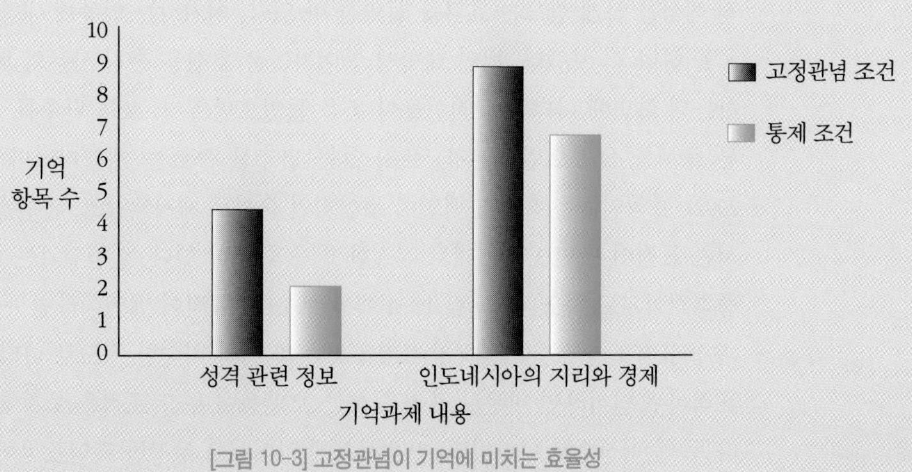

[그림 10-3] 고정관념이 기억에 미치는 효율성

는다. 상대방이 교사라는 것을 알게 되면, 상대방에게서 직접 보지 못한 특성에 대한 정보를 유추할 수 있게 되어, 훨씬 많은 정보를 지니게 해 준다. 이 같은 범주화 처리는 상대방이 보여 주는 행동이 상대의 범주로부터 유추해 낸 것과 맞는지를 판단하는 비교적 손쉬운 인지적 과제를 부여한다. 아울러 보이지 않는 많은 자료(범주가 제공하는)를 제공해 주어 상대에 대하여 풍부한 지식을 갖게 해 준다는 면에서 매우 효율적이다. 따라서 사람들의 인지적 부하를 덜어주어 다양한 과제를 처리할 수 있도록 해 줄 수 있다(곁글 10-2). 바로 이런 효율성 탓에 다음과 같은 부작용도 수반된다.

정보수용 및 해석의 편향 집단에 대한 고정관념을 지니고 있다면, 그 사람은 그 집단의 성원을 보면서 고정관념과 관련된 정보에 민감하게 정보처리를 한다. 이를 잘 보여 준 모의배심 연구에서 참여자에게 배심원 역을 하도록 하면서 형사피의자에 대한 정보를 알려 주었다(Bodenhausen, 1988). 그 정보는 피의자에게 불리한 것과 유리한 것이 섞여 있었다. 이 정보가 들어간 파일을 주기 전에 한 조건에서는 피의자가 오하이오에 사는 로버트 존슨(백인 이름)이라고 알려 주었고, 다른 조건에서는 뉴멕시코에 사는 칼로스 라미레즈(멕시코인 이름)라고 알려 주었다. 파일을 검토하고 나서 피의자에 대하여 주어진 정보에 대한 회상을 하게 하였을 때 라미레즈 조건의 참여자들은 존슨 조건의 참여자에 비해서 훨씬 피의자가 공격적인 것으로 기억하였고, 유죄일 가능성이 높다고 판단하였다. 이는 미국사회에 퍼져 있는 멕시코인들에 대한 고정관념이 가져온 정보처리상의 편향이 작용한 탓이다.

본서의 3장에서 사회계층에 대한 고정관념이 애매한 상황자극에 대해 고정관념적 해석을 하게 만드는 효과를 설명한 바 있다. 여기서는 인종에 대한 흥미로운 연구를 하나 더 보겠다. 백인 대학생 참여자들은 호신용 총기 사용의 비디오 게임을 하는데 화면에 나타난 표적인물이 총을 들었으면(무장) 쏘는 단추를, 총이 아닌 다른 물체를 들었으면(비무장) 쏘지 않는 단추를 누르는 게임이었다(Correll et al., 2002). 표적인물은 흑인과 백인이 무선적인 순서로 제시되었고, 점수를 올리기 위해서는 표적이 뜨면 1초 이내로 적절한 반응을 해야 했다. 실험결과는 예상대로지만 충격적이기도 하였다. [그림 10-4]에서 보듯이, 표적이 백인이라면 두 가지 오반응(무장 표적을 안 쏘거나, 비무장 표적을 쏘는 반응)이 비슷한 정도로 나타났다. 그러나 표적이 흑인이라면 비무장 표적을 쏘는 오반응이 무장 표적을 쏘지 않는 오반응보다 두 배 이상으로 나타났다. 반응시간에 있어서도 무장한 흑인표적에 대한 반응이 가장 신속히 나타났으며, 비무장 흑인표적에 대한 반응시간이 가장 느렸다. 이런

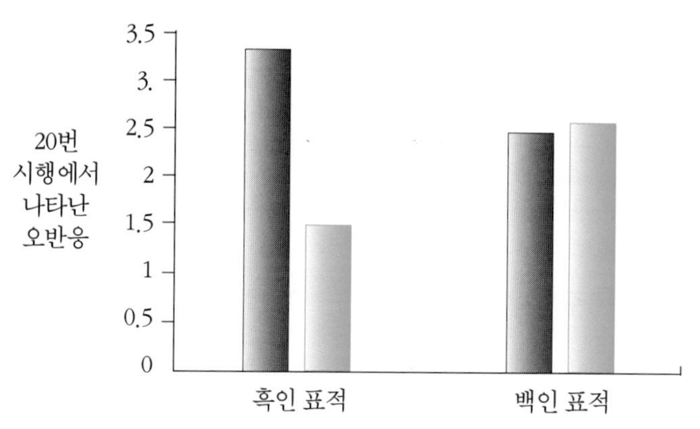

[그림 10-4]
표적의 인종과 무장 여부에 따른 오반응 양상

결과는 흑인의 무장을 당연한 것으로 여기는 고정관념이 작용한 탓이며, 실제 미국에서 발생한 '아마두 디알로 사건(곁글 10-1)'을 그대로 보여 주는 점에서 충격적이다. Correll 등이 행한 네 번째 실험에서는 참여자로 흑인을 포함시켰는데, 이들에게서도 똑같은 반응양상이 나타났다. 이는 사회에 널리 퍼진 고정관념이 문제이지 개인이 지닌 편견적 태도(흑인이 흑인에 대한 태도는 나쁘지 않다)가 문제가 아니라는 것을 의미한다.

비디오 게임에 나타나는 몇 가지 표적 상황

자성예언적 효과 고정관념을 지닌 사람들은 상대집단과 그 성원에 대하여 접하는 정보를 편견이 없는 사람과는 달리 처리한다. 마치 인지도식이 있을 경우에 관련된 정보처리가 신속히 이루어지듯이(3장) 편견과 부합하는 정보는 자동적인 처리가 신속히 이루어지고, 편견과 부합하지 않는 정보는 소홀히 여기므로, 편견은 있는 것 자체로 타당성을 지니게 되는 경향을 보인다. 그렇다면 상대집단에 대한 고정관념을 지닌 것이 해당 집단 성원들과의 교류에서 어떤 영향을 미칠 것인가? Word 등(1974)이 한 실험에서 백인참가자들에게 일에 응모한 응모자들을 면담하는 역을 맡기면서 사용할 질문지를 주고 면담을 하게 하였다. 응모자들은 실은 실험협조자로 면담자의 질문에 일률적으로 행동하게끔 훈련을 받은 사람들이며, 흑인과 백인으로 편성했다. 면담과정을 녹화하여 분석하였더니 면담자들은 백인 응모자를

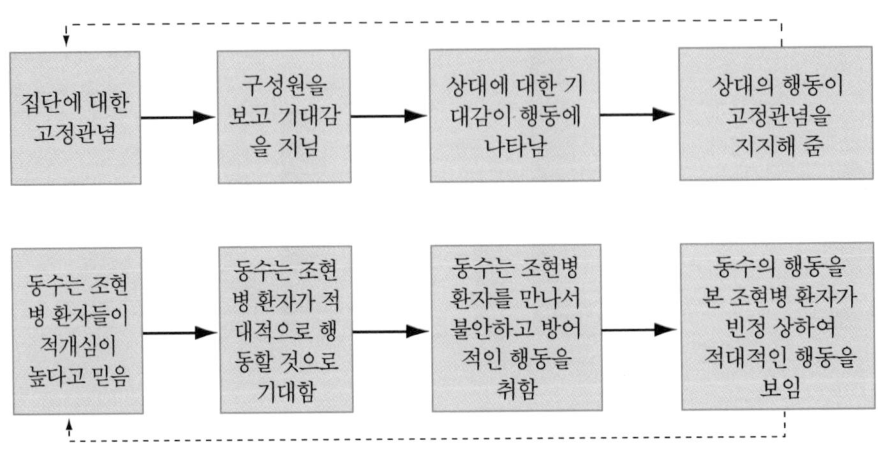

[그림 10-5]
자성예언의 작용과정

상대하는 경우에는 흑인의 경우보다 면담시간도 길었고, 보다 우호적인 행동을 취한 것으로 나타났다. 두 번째 연구에서는 연구참여자의 역을 바꾸어 실험협조자가 면담자의 역을, 연구참여자는 응모자의 역할을 하게 하고, 면담을 진행한 후에 응모자의 행동을 분석하였다. 우호적인 면담을 접한 사람들은 덜 우호적인 면담을 겪은 사람에 비해서 훨씬 좋은 평가를 받는 것으로 나타나, 고정관념은 상대에 대한 기대감을 촉발시키고, 기대감은 상대방에 대한 행동으로 반영되며, 상대방은 이 기대감에 영향받는 행동을 보이는 연쇄적 사건이 나타나는 자성예언적 원리가 작용함을 볼 수 있었다([그림 10-5]).

암묵적 집단 간 편향 사회에 잘 알려진 특정 집단에 대한 고정관념에 대하여 개인적으로 동의를 하지 않는다면 고정관념은 아무런 영향을 주지 못할까? Devine(1989)은 역하점화자극을 참여자들에게 제시하였다. 한 조건에서는 흑인 고정관념의 단어(검둥이, 부르스, 까만 등)를, 다른 조건에서는 중립적인 단어를 아주 순간적으로 제시하였다. 무엇이 보였는지조차 알 수 없을 정도로 짧게 제시하였다. 그리고 나서 참여자들에게 몇 가지 활동을 하고 있는 인종이 밝혀지지 않은 표적인물에 대한 기술문을 제시하고서 그가 얼마나 자기주장적인지, 적개심을 갖고 있는지를 평가하게 하였다. 흑인 고정관념 점화 조건에서 참여자들은 표적인물을 더 적개심 있는 것으로 여기는 양상이 나타났다. 흥미로운 것은 참여자들 중에서 흑인에 대한 고정관념이 약한 사람들에게도 이 같은 양상은 똑같이 나타났다. 즉, 미국사회에서 흑인에 대한 고정관념에는 적개심이 강하다는 것이 포함되어 있는데, 흑인 고정관념이 점화되면 자신도 모르게 사회에 수용되는 고정관념에 맞춘 행동이 나타난다는 것이다. 이같이 고정관념은 사람이 의식하지 못하는 수준에서 판단에 영향을 주는데 이를 암묵적 집단 간 편향이라 한다(Blair, 2001). Devine의 연구는 고정관념을 수용하지 않는 사람도 이 편향을 보인다는 것이다. 고정관념의 작동은 무의식적 자동적 사고과정임을 의미한다. 그렇다고, 이것이 늘 차별적 행동으로 나타나는 것은 아니다. 대부분의 실제 행동은 사람들의 의식적 통제에 놓여 있기 때문이다. 표적집단에 대한 편견이 없는 사람들은 기회가 주어진 경우에 사회의 고정관념이 잘못임을 보여 주는 증거를 찾는 양상을 보인다(Wyer, 2004).

❖ 정서적 측면

고정관념과 편견은 사람들이 생활에서 겪는 좌절을 안전하게 배출 · 해소한다든지, 상대집단과의 경쟁에서 상대를 비하시키고 자신의 집단을 우위에 두거나, 소수집단을 비하함으로써 우월감을 맛보기 위한 동기 및 정서적 이유에서도 나타난다.

권위주의 성격 이론 편견에 대한 접근은 오랫동안 그것을 개인의 성격으로 보는 것이었다. 정신분석학적 관점을 취한 Adorno 등(1950)은 반유대인 태도를 지닌 사람들은 다른 소수민족에게도 편견을 지니고 있음을 발견하였다. 이들은 사람들이 지닌 사회정치적인 태도는 일관된 모습을 지니는데 이는 마음 깊숙이 놓인 성격의 구조를 반영하기 때문이라고 본다. 사람들의 성격은 그 발달과정에서 겪는 여러 가지 사회적 제약 때문에 본능적 욕구가 억압되고 뒤틀려서 표현될 수밖에 없다. 정상적인 경우에는 제약과 충족 간에 적절한 균형이 잡히지만 부모가 지나치게 엄격한 규율을 강요하고 기존의 권위에 무조건 아동이 동조하기를 강요하는 경우에 아동들이 좌절을 겪는다. 이러한 좌절로 촉발되는 공격성향(좌절-공격 이론: 본서 7장 참조)은 기성 권위 대신에 안전한 표적을 찾게 되고, 그러한 대상으로 약자나 열등한 사람을 삼게 된다. 이러한 희생양으로 되기 쉬운 것이 그 사회에서 힘없는 소수 집단의 성원이다. 이들 집단에 대한 자신의 적개심, 공격적 행위를 정당화시켜 주는 부정적인 편견을 갖고 이를 퍼뜨리며 기성 권위에 대하여는 무조건적인 순종을 하는 권위주의적 성격을 갖추게 된다.

이러한 권위주의 성격 이론은 전후에 많은 연구의 주제로 다루어졌다. 특히 그러한 특성을 지닌 사람을 구별하는 성격 척도(Rokeach, 1948)가 개발되어 그러한 특성을 강하게 지닌 사람들은 일반 사람에 비해서 아동기의 발달 환경이 다르며, 교조적이고 보수적인 성격을 지닌 것으로 나타났다.

나 알기 1: 나의 권위주의 경향성

다음 문항들에 대한 반대-찬성의 정도를 표시하시오.

1. 파렴치한, 불량배, 걸인들을 무슨 수를 써서 없앨 수만 있다면 우리 사회가 안고 있는 대부분의 문제들은 해결될 것이다.
2. 성공한 사람은 대부분 그가 노력했기 때문이기보다는 배경이 좋았기 때문이다.
3. 사람들은 모두 천성적으로 남을 지배하고 싶어한다.
4. 사람들은 팔자에 따라 살게 마련이다.
5. 일의 효율성을 위해서는 엄격한 통제와 질서가 필요하다.
6. 여자가 술 마시고 담배 피우는 것은 꼴사납다.
7. 사람의 가치는 얼마만한 성취를 이루었느냐에 달려 있다.
8. 가정이나 학교나 권위를 세우는 것이 가장 중요하다.
9. 사람은 선인과 악인으로 갈라진다.
10. 경쟁에서는 이기고 볼 일이다.

출처: 민경환, 1989의 연구에서 제시된 35문항 중 일부임.

민경환(1949~)
미국 워싱턴 대학교에서 심리학 박사를 취득한 후 서울대학교 심리학과에서 근무하였다. 성격과 정서가 사회적 행위에 미치는 영향에 관심을 갖고 연구하며, 권위주의 성격 척도 등을 제작하였다. 한국심리학회 회장을 역임하였다.

민경환(1989)은 편견이 형성된 뒤에 교정하는 것보다 편견으로부터 자유로운 성격을 지닌 사람들을 길러 내는 것이 보다 근본적인 처방이라는 생각에서 권위주의 성격 이론을 편견의 분석에 적용시켰다. 그는 한국판 권위주의 척도를 제작하여, 대학생 중에서 권위주의 성향이 높은 사람과 낮은 사람을 구분해 내고, 이들이 우리 사회에서 편견의 대표적 대상으로 여겨지는 호남인, 하류계층인, 여성에 대하여 지니고 있는 태도를 분석하였다. 기존의 지역감정을 분석한 연구들에서 호남인에 대한 고정관념이 그들의 능력을 인정하고(강하다, 영리하다, 외향적이다 등) 있지만, 믿을 수 없고, 약다고 여기는 것으로 나타났다. 그런데 호남인의 대인관계를 불신의 눈으로 보는 이 같은 편견이 권위주의 성향이 높은 집단에서만 나타났다. 비단 호남인뿐 아니라 빈곤계층 및 여성에 대해서 권위주의 성향집단은 관심과 호감이 적으며, 매우 부정적인 평가를 하고, 이들에 대해 상대적으로 우월감을 느끼는 것으로 나타났다. 태도뿐 아니라 그러한 집단의 성원과 사귈 의향에 있어서도 차이가

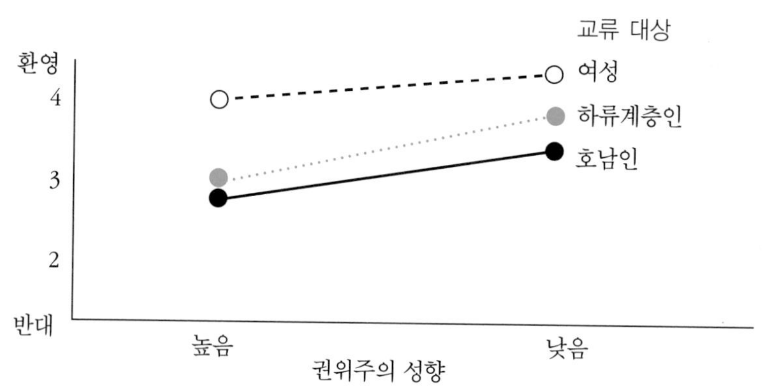

[그림 10-6]
권위주의 성향에 따른 대집단 교류 의사
출처: 민경환, 1989.

많이 나타나고 있다(단, 여성에 대한 것은 차이 없음; [그림 10-6]). 권위주의 성향이 높은 사람들은 "인간을 고유한 개인이나 보편적 사람으로 보기보다는 사회통념적 집단 구분에 의한 집단 구성원으로 파악하는 경향이 강하다"(민경환, 1989, p. 164). 이런 탓에 이들은 소수집단에 대하여 부정적인 태도를 견지하는 양상이 크다.

전국의 남녀 2,000명을 대상으로 조사분석한 연구(김혜숙, 2007)는 권위주의적 가치가 높을수록 소수집단(북한이탈주민, 호남인, 이주노동자, 장애인 등)에 대한 부정적 평가를 하는 경향을 보이고 있으며, 보편주의적 가치가 높은 사람들이 소수집단에 대한 긍정적인 평가를 보이며, 약자집단을 위한 정책에 찬성하는 양상을 보였다. 아울러, 북한 이탈주민들을 많이 접하는 다양한 집단(담당형사, 공무원, 교인, 대안학교 교사 등)의 사람들을 대상으로 이들에 대하여 지닌 태도를 조사한 연구(양계민, 정진경, 2005)는 대안학교 교사들이 담당형사들과 확연히 다르게 호의적인 정서를 지니고 있음을 발견하였다. 이들 교사는 형사들에 비해서 권위주의 성격특성이 현저히 낮은 것으로 나타나 권위주의 성격이 약자집단에 대하여 편향적인 지각과 교류를 하도록 만들 가능성을 확인시켰다.

집단에 대한 편견을 개인의 성격차원에서만 논하는 것은 중요한 한계점을 지니고 있다(Billig, 1976; Brown, 1988). 우선, 개인의 성격으로 치부하므로 편견의 형성 및 유포에 영향을 주는 사회문화적인 요소가 다루어지지 않고 있다. Pettigrew (1958)가 흑인에 대한 편견을 조사한 연구는 남아프리카와 미국의 남부지역에서 흑인에 대한 편견이 매우 강하게 나타나고 있음을 보였다. 그러나 이들에게서 권위주의 성격 특성이 유달리 높게 나타나지는 않고 있어 인종차별의 본질은 성격에 있기보다는 사회문화적인 것임을 알리고 있다. 두 번째로 문제가 되는 것은 성격론적 접근은 편견의 개인차를 설명할 수 있으나 특정 집단에 대하여 특정 사람들에게 편견이 고른 강도로 나타나고 있는 면을 설명하지 못한다. 한 예로 나치 독일 당시에 유대인에 대한 편견은 수천만 독일 사람들에게 공통적으로 나타났지만 이들 수천만의 사람들이 모두 권위주의 성격이 높다고 볼 수 없다. 세 번째로, 특정 사회에서 한 집단에 대한 편견의 내용이 시대에 따라서 상당한 변화를 보이고 있는 것도 성격론적인 접근이 다루기 힘든 문제다. 이를테면, 미국에서 제2차 세계대전을 전후해서 일본인에 대한 편견이 크게 달라졌다. 이는 두 집단 간의 관계의 동학에 따라 편견이 변하기 때문이다(Aronson, 1988).

사회정체감 이론 정신분석학 이론에 바탕한 권위주의 성격 이론은 편견이 좌절이라는 부정적인 정서에 기인한다고 본다. 이와는 반대로 소수집단에 대한 차별화와 편견을 통해서 자기집단에 대한 우월감을 느끼는 기제가 작용하기도 한다. 사회정체감 이론(Tajfel, 1978; Tajfel & Turner, 1979 뒷부분에서 상술함)에 따르면, 사람들의 정체감은 개인으로서의 정체감과 집단 성원으로서의 사회정체감으로 구성된다. 자신의 사회정체감을 보호하기 위하여 편견과 차별적 행위를 보이기도 한다. 한 연구(Fein & Spencer, 1997)는 남녀 대학생들로 하여금 취업 응시자에 대한 심사를 하도록 하였다. 응시자의 사진과 이력서를 제시하였고, 그가 유대인이라는 것도 알려 주었다. 응시자에 대한 평가를 하기 전에 참가자들은 자신들이 미리 치렀던 IQ 검사 결과를 받았는데, 반은 그 결과가 아주 좋았다고 알게 되었고(상위 10% 이내), 나머지 반은 결과가 좋지 않았음(중간에 못 미침)을 알게 되었다. 결과가 좋지 않아서 자존감이 상한 사람들은 응시자가 유대인이었을 때 나쁜 평가를 주었다. 학생들은 평가를 전후해서 자존감 척도에 응답하였는데, 나쁜 결과를 받고 유대인 응시자에게 나쁜 평가를 한 학생들은 자존감이 올라간 것으로 나타났다. 이 연구는 자존감이 위협 받을 때 편견의 대상이 되는 집단을 비하함으로써 자존감이 실추되는 것을 막을 수 있음을 보여 주고 있다.

❖ 사회 갈등적 측면

현실적 집단갈등 이론 두 집단이 한정된 자원을 놓고 경쟁할 때 서로 간에 적개심이 생기고 이는 상대집단에 대한 부정적인 평가를 동반한다. 이 부정적인 평가가 집단 내에서 공유되고 부풀려질 때 자연히 편견으로 자리 잡는다. 가장 악질적인 편견은 인종에 대한 편견인데 미국에서 20세기 초에 철도건설 등의 노역에 부리기 위해 아시아계 이민을 받았을 때 이들과 백인 간에는 엄격한 선이 그어져 있어 경쟁이 배제되어 있었다. 즉, 두 집단 간에 현실적 갈등은 존재하지 않았고 아시아계 사람들에 대한 평가는 '부지런하고, 온순하고, 준법정신이 강한' 것이었다. 그러나 철도공사가 끝나고 전쟁에 나갔던 병사들이 귀향하여 구직난의 시대가 닥치면서, 동양인과 미국인 사이에 갈등이 현실화되자 이들에 대한 평가는 '뻔뻔스럽고, 교활하며, 우둔한' 것으로 바뀌었다(Aronson, 1988, pp. 357-359). 여러 민족이 모여 사는 남아프리카, 벨기에, 독일 등과 같은 나라에서 인종 간의 격리정책이 무너지고 생활에서 서로 경쟁하는 기회가 많이 생김으로써 편견이 크게 확산되는 것으로 나타나고 있다(Olzak & Nagel, 1986).

로버스 케이브 현장 실험 상대집단에 대한 태도가 집단의 활동에 따라 변하는 양상은 1954년에 미국에서 행해진 한 현장실험에서 잘 나타났다(Sherif, Harvey et al., 1961). 연구자들은 초등학교 5학년 남학생 22명을 '로버스 케이브(Robbers Cave)'라는 주립공원에서 보름간 진행된 캠프에 초대하였다. 이들은 학교에서 말썽을 피우지 않은 정상적인 중산층 아이들이었으며 서로 모르는 사이였다. 캠프에 도착한 아이들을 첫 단계에서는 두 집단으로 나누어 뚝 떨어진 곳에서 교류없이 각 팀별로 다양한 활동(야구, 캠핑, 수영 등)을 하면서 성원들끼리 서로 친해지도록 하였다. 이들은 각자의 팀을 '독수리' 혹은 '방울뱀'으로 이름 지었다. 며칠이 지나 두 번째 단계에서 두 팀을 만나게 하고, 5일간 여러 가지 시합(야구, 축구, 줄다리기, 보물찾기 등)을 팀 대항으로 진행시켰다. 최종 우승하는 팀의 모든 아이들은 만능 호주머니칼을 상품으로 받을 수 있었다. 경쟁이 시작된 첫날부터 상대방 팀에 대하여 욕하고, 부를 때도 욕설을 사용하며, 자기 팀의 성원들끼리는 승리할 때 자화자찬의 말을 주고받았다. 식당에서 음식을 갖고 싸우고, 몸싸움이 나타나기 시작하였고, 상대방 팀의 텐트를 습격하며, 깃발을 빼앗아 오는 집단 경쟁 행동도 나타났다. 이러면서 첫 단계에서 각 팀에 부상했던 리더는 보다 호전적이고, 체격이 좋은, 활동적인 아동으로 바뀌었다. 아동들은 자기집단의 것을 무조건 상대집단보다 좋게 보고, 편향적으로 평가하는 양상을 보였다. 마지막 단계에서는 고조된 적개심이 반전될 수 있는지를 보기 위한 활동을 제시하였다. 이를 위해 이틀에 걸쳐서 두 팀에게 경쟁이 배제된 활동을 일곱 가지 하도록 하였지만, 상대방을 비아냥대고 놀리는 행태는 별로 줄어들지 않았다. 그래서 두 팀이 공동으로 힘을 합쳐야만 해낼 수 있는 과업을 주었다. 예를 들면, 캠프장까지 물을 끌어오는 수도관에 문제가 생겨 물 공급이 안되는 상황에서 수킬로에 걸쳐 수도관을 점검하는 과제를 제시하였고, 보

로버스 케이브 현장 연구에서 두 팀이 협동으로 물 문제를 해결하는 장면
출처: Smith & Makie. p. 35.

급품을 운반하는 트럭이 시동이 안 걸리는 상황에서 밧줄을 이용하여 끌기 위해 모든 아이들의 힘을 모아야만 하는 상황들이었다. 이렇게 협동해야만 달성될 수 있는 과제를 수행하도록 하자 분위기는 뒤바뀌었다. 캠프가 끝나 집으로 갈 때 아이들은 각자 타고 온 버스로 가는 대신에 대형버스 한 대를 이용해서 시까지 돌아가자는 선택을 하였다. 심지어 경쟁에서 이긴 상으로 받은 돈으로, 집으로 돌아가는 길에 들린 휴게소에서 간식을 사서는 진 팀 아이들과도 나누어 먹는 일이 벌어졌다.

이 현장실험 연구는 몇 가지 중요한 것을 알려준다. 우선, 집단 간 적대감이나 호감이 나타나는 것은 개인의 성격특징이나 외모, 역사적 은원관계가 필요한 것이 아니라 두 집단이 직면하고 있는 사회적 상황이 협동을 요구하느냐 아니면 경쟁을 요구하느냐에 의해 결정된다는 점을 보여 주고 있다. 아울러, 집단 간 경쟁은 집단 내 협동을 야기한다는 점이다. 종종 집단 내의 갈등과 분열을 단결로 전환시키는 빌미로 외집단과의 관계를 도발시키는 일들이 정치판에서 자주 벌어지는 것을 이해할 수 있다. 마지막으로, 개인이나 집단 간의 갈등 및 적대감을 바꾸기 위해서는 함께 일하여 성취할 수 있는 과제를 수행하도록 하는 것이 유용하다는 점이다. 그냥 만나게 하고, 섞이게 하는 것으로는 충분하지 못하다.

상대적 박탈 경쟁상황에서 사람들은 때때로 상대적 박탈감을 느끼는데 이는 비교대상이 되는 사람이나 집단보다 스스로가 제대로 대우를 받지 못한다고 여기고 이것을 부당하다고 생각할 때 느끼는 감정이다(Crosby, 1976). 이 감정은 개인적 박탈과 집단적 박탈(Runciman, 1966)로 구별될 수 있다. 상대집단에 대한 적개심은 개인적인 수준보다 집단적인 수준에서 느끼는 박탈감의 크기에 의해 큰 영향을 받는 것으로 나타났다(Birt & Dion, 1987; Bobo, 1988; Walker & Mann, 1987).

이러한 설명은 경쟁을 심하게 느끼는 사람들에게 특히 편견이 심하게 나타나리라는 예측을 가능케 한다. 그러나 약자보호정책에 의해서 영향을 받는 사람과 그렇지 않은 백인들에 있어서 약자에 대한 태도는 차이가 없는 것으로 나타나고 있다(Jessor, 1988; Kluegel & Smith, 1983). 다른 몇 가지 연구들도 경쟁 상황에서 편견이 강하리라는 예측을 지지하지 않고 있다(Sears & Allen, 1984). 이는 경쟁이나 갈등이 편견에 별 영향을 주지 못한다는 것이 아니라 개인에 대한 직접적인 위협보다는 자기 내집단이라는 현실적, 상징적 실체에 미치는 위협의 지각이 편견에 큰 영향을 주기 때문인 것으로 여겨진다(**상징적 인종주의**). 최근의 연구는 대립적인 집단의 성원이 느끼는 정서가 자신의 정서에 영향을 미치는 현상이 무의식적 수준에서 나타남을 보인다(곁글 10-3).

곁글 10-3

상대집단의 기쁨은 내게 위협이다!: 역하지각의 수준

사회의 구성원으로 함께 생활하면서 때로는 경쟁, 때로는 협동을 하는 집단의 사람들이 서로에 대해 지닌 태도와 감정을 드러난 것으로만 판단한다면 얼마나 우호적인지 혹은 적대적인지를 파악하기 어렵다. 이런 드러난 태도가 무의식적 수준에서 어떻게 나타나는지를 파악하기 위해, 한 연구(Weisbuch & Ambady, 2008)는 흑인과 백인 참여자들에게 흑인과 백인의 얼굴표정(행복한 표정과 두려움의 표정) 사진을 알아볼 수 없도록 빠른 속도로 (12ms 동안: 1초는 1,000ms) 제시하고 각 사진을 보여 줄 때마다 그 표정과 상대의 인종을 식별하도록 하였다. 이 연구에서 정서의 강도는 역하로 제시된 표정사진(점화자극) 이후에 제시된 긍정적인 사진(꽃, 새끼 고양이, 토끼, 돌고래, 아이 등)에 대한 반응시간과 부정적인 사진(뱀, 바퀴벌레, 교통사고, 상처 등)에 대한 반응시간의 차이를 구하여, 양수가 나오면 긍정적인 정서, 음수가 나오면 부정적인 정서로 간주한 것이다. 그 이유는 긍정적인 점화를 받게 되면 긍정적인 자극에 대한 반응시간이 빠르고, 부정적인 점화를 받으면 부정적인 자극에 대한 반응시간이 빠르다는 것이 여러 연구에서 입증된 탓이다. 이 연구에서 사람들은 역하로 제시된 얼굴표정을 인식하지는 못하는 것으로 나타났다. 그럼에도 백인 참여자는 백인이 두려워하는 얼굴표정을 점화자극으로 받았을 때는 뒤따르는 부정적인 사진에 대한 반응이 빠르고(부정적 정서), 흑인이 두려워하는 얼굴을 점화자극으로 받았을 때는 뒤따르는 긍정적인 사진에 대한 반응이 빠른(긍정적인 정서) 양상을 보였다([그림 10-7]). 행복한 얼굴표정에 대한 반응을 보면, 자기집단 성원의 행복한 얼굴에는 긍정적이지

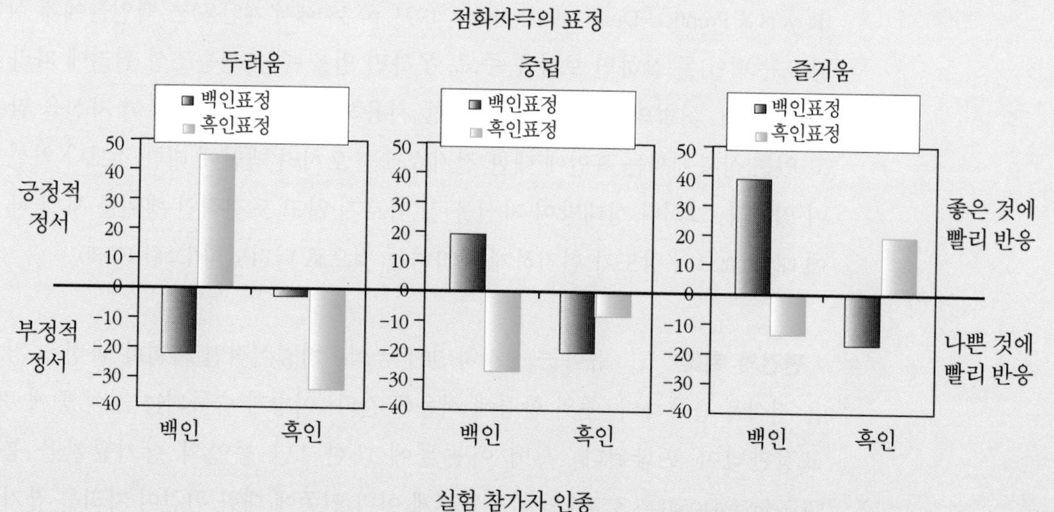

[그림 10-7] 참가자의 인종에 따른 점화자극(정서×인종)의 효과

만, 상대집단의 행복한 얼굴에는 부정적인 반응을 보이는 것으로 나타났다.

편견의 대상이 되는 집단에 대한 부정적인 반응이 집단 소속을 의식적으로 식별할 수 없는 상황에서도 나타나는가 하는 것은 중요한 문제다. 의식적인 영역에서만 편견이 작용하는 것이라면 그렇지 않은 경우보다 문제를 다루기가 수월할 것이기 때문이다. 이 연구는 편견의 문제가 매우 뿌리 깊다는 것을 보여 준다.

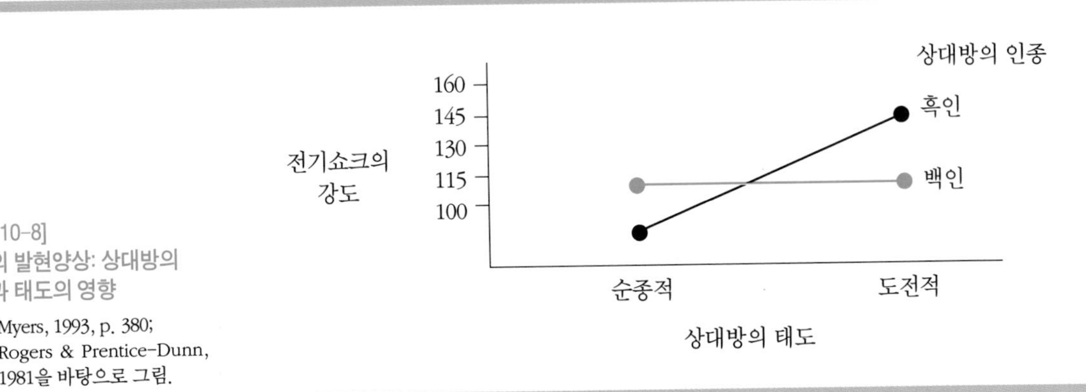

[그림 10-8]
편견의 발현양상: 상대방의 인종과 태도의 영향

출처: Myers, 1993, p. 380; Rogers & Prentice-Dunn, 1981을 바탕으로 그림.

상대집단에 대한 편견은 상대집단 성원들과 일상적인 교류를 하는 경우에 잘 표출되지 않는다. 그러나 이해가 걸린 상황이나 상대방에게 보이는 차별적 행위가 편견 이외의 탓으로도 여겨질 수 있는 상황에서는 그런 차별이 나타난다. 한 연구(Royers & Prentice-Dunn, 1981: Myers, 1993, p. 380에서 재인용)는 백인들에게 상대(흑인 또는 백인)를 잘하면 보상을 주고, 못하면 벌을 주는 행동조성 원리에 따라 학습을 시킨 뒤, 처벌의 도구로 전기쇼크를 사용하게 하였다. 상대방이 자신을 잘 따르고 있는 상황에서는 흑인에 대한 전기쇼크는 오히려 백인에 대한 것보다 약한 경향이 있었다. 그러나 상대방이 자신을 잘 따르지 않고 도전적인 행위를 보일 때 흑인에 대한 쇼크의 강도가 현저하게 증가하는 것으로 나타났다([그림 10-8]).

편견의 획득 유아는 성장하면서 공식·비공식적인 사회화 과정을 거쳐 많은 지식을 습득하며, 주위 환경에 적응해 간다. 이렇게 습득되는 지식 중에 편견과 고정관념이 포함된다. 흑백 아동들에 대한 1년 동안의 장기관찰을 통해서 Goodman(1964)은 3, 4세의 아동들에게 이미 인종에 대한 편견이 자리를 잡기 시작함을 보였다. 즉, 흑인처럼 되고 싶다는 백인 아동은 없지만 흑인 아동들은 자기의 피부색을 싫어하거나 검다는 것을 부정하고 싶어 하는 방어기제를 보이는 것이다. 이렇게 아동들이 인종차별적 가치관을 갖고 있음에도 불구하고 그 부모들은 이를 거의 모르고 있다. 이 현상은 편견적 태도가 언어적으로 표현되기 이전에 이미 행동적으로 표현되며 아이들이 이러한 단서를 습득해서 3세의 어린 나이에도 불구하고 그 같은 태도를 갖추게 됨을 보여 준다.

최근의 연구는 편견의 획득과 발현이 학습의 기제라기보다는 생득적인 자기집단 보호기제와 사회적 권력관계에 대한 민감성의 조합으로 매우 일찍 나타남을 시사한다. 암묵적 측정방식으로 자기 집단에 대한 호의적 태도를 측정한 결과 지배집단에 속하는 아동과 성인에게서 그 수준은 같은 정도로 나타나지만, 피지배집단의 경우에는 아동과 성인 모두에게서 내집단 편애 양상이 나타나지 않았다(Dunham et al., 2008; [그림 10-9]). 다수 흑인에 대한 소수 백인의 지배가 끝난 남아프리카 공화국에서 아동을 대상으로 수행된 연구는 세 살짜리 흑인 아동이 자기의 성에 대한 상대적 선호는 보이지만, 자기 인종에 대한 선호는 보이지 않고, 지배 계층인 백인에 대한 선호를 보이는 것을 드러냈다(Shutts et al., 2011). 자신이 살아갈 사회의 권력지배 구조에 민감한 것은 유기체의 생존에 중요한 이점을 줄 수 있다는 점에서, 편견의 작용이 진화적 기제로 나타나며 사회화 과정을 통해서 구체적인 조율을 거친다는 설명이 설득력을 지닌다.

부모는 아동에게 특정의 가치관을 갖도록 강요할 수도 있지만 굳이 그러지 않아

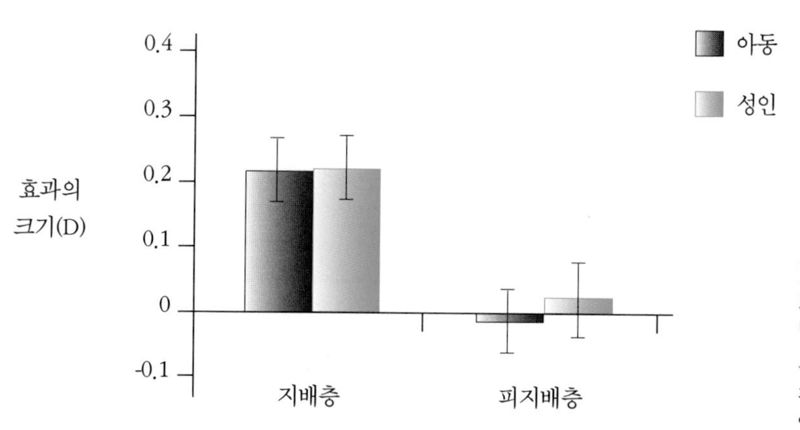

[그림 10-9]
지배집단과 피지배집단 성원(아동 및 성인)이 보이는 내집단 편애적 태도(암묵적 측정)

편견이 학습에 의한다면 아동에게서 편애현상이 약하게 나타나리라 보이지만 아동은 어른과 같은 수준을 보인다.

출처: Dunham et al., 2008, 그림 2.

도 아동들은 부모와의 동일시 과정에서 부모가 지닌 가치관을 자기 것으로 만들어 버리는 경향이 강하다. 조경근(1987)은 대구와 광주의 대학생들을 대상으로 한 조사에서 응답자의 70%가 지역감정적인 언사를 가정 내에서 들은 적이 있음을 보이고 있으며, 영호남의 초등 및 중·고등학생들을 대상으로 한 조사에서 지역 간 고정관념이 초등과 중등학생에서 강하게 나타나고, 고교생에서는 약화되는 것으로 나타났다(공인숙, 민하영, 2007). 이는 지역에 대한 편견이 어렸을 때부터 가정에서 이미 학습되고 있음을 시사한다(곁글 10-4).

곁글 10-4

상관의 착각: 인지요소와 동기요소

상관의 착각은 사람들이 집단 간 행동을 볼 때 특출한 자극 두 가지('소수집단'과 '좋지 못한 행위')가 동시에 발생하는 가능성을 실제보다 높게 지각함으로써 없는 상관을 높게 지각하는 인지상의 오류현상이다(4장 참조). 한 연구(송관재, 이훈구, 1993)는 이 현상이 인지적 편향뿐만 아니라 지각자의 집단이 관여된 경우에 자기집단을 좋게 보려는 동기적 편향에 의해서도 나타남을 보였다.

영남출신과 호남출신의 집단으로 구분된 대학생들에게 자기집단과 외집단 성원이 취한 바람직한 행동과 좋지 않은 행동의 기술문 36개를 하나씩 슬라이드를 통해 제시하였다. 슬라이드의 숫자는 자기집단의 것이 많거나(24개: 다수집단) 또는 적었다(12개: 소수집단). 어느 조건에서나 행동기술문 중 2/3는 바람직한 행동(친구를 도움 등)이었고 1/3은 바람직하지 못한 행동(친구와 다툼 등)이었다. 종속반응은 제시된 슬라이드를 보여 주면서 각 행동이 어느 집단에 의해서 행해진 것인지를 판단하는 것이었다. 다수집단 조건(영남인 또는 호남인에게 자기집단 성원의 슬라이드가 많이 제시된 조건)의 참가자들은 바람직한 행동을 내외집단에 분류함에 있어서는 실제 제시된 빈도와 차이가 없었으나 바람직하지 못한 행동을 분류함에 있어서는 실제 빈도(33%)보다 더 높게 외집단에 의해 행해진 것으로 분류하였다(49%). 또한 소수집단에 속한(영남인 또는 호남인에게 자기집단 성원의 슬라이드가 적게 제시된 조건) 참가자들이 판단한 내집단의 바람직하지 못한 행동의 수는 실제 제시된 행동의 수와 차이가 없었으나, 내집단의 바람직한 행동의 수는 실제 제시된 행동의 수(8개)보다 2개 더 많은 것으로 여기는 판단오류를 보였다.

한편, 영·호남인이 아닌 통제집단의 참가자들은 이전의 연구(Hamilton & Gifford, 1976)에서 나타난 착각적 상관현상을 보였다. 따라서 이 연구결과는 인지적 편향으로서의 착각적 상관현상이 지각자의 동기적 편향으로도 나타날 수 있음을 잘 보여 주었다.

❖ 고정관념/편견의 유지 및 증폭 기제

가설확인적 검증 방략 인간이 가설을 검증할 때 철저한 과학자의 자세를 취해 가설과 부합하는 정보와 부합하지 않는 정보를 종합해서 가설의 타당성을 점검한다면 잘못 형성된 가설의 경우 그 진위가 곧 드러나 별 문제가 없을 것이다. 그러나 우리들의 가설검증은 매우 편향된 형태를 취하고 있어 일단 형성된 가설은 좀처럼 부정되는 일이 드물다(3장 참조). 이 과정을 세 가지로 설명할 수 있다.

첫째, 자료의 수집에서 나타나는 편향성이 있다. 즉, 우리는 가설을 검증할 때 가설을 부정해 주는 자료보다는 가설을 지지하는 자료를 찾는 경향이 강하다. 이 같은 가설검증은 결코 한 가설이 맞다는 것을 알려 줄 수 없으며 가설은 부정적인 증거에 의해서 잘못된 것임을 보여 줄 수 있을 뿐이라는 Popper(1959)의 견해(그리고 널리 수용되고 있는 과학철학의 입장이기도 하다)와 배치된다. 또한 이 같은 가설확인적 검증 방략은 아주 의심스러운 가설마저도 경험적으로 지지되는 정보를 얻게 만들어 그럴듯하게 치장해 준다.

둘째, 자료의 해석상에서 나타나는 편향성이 있다. 즉, 애매모호한 정보를 접했을 때 이를 기대에 걸맞은 것으로 해석하는 것이다. '이주민은 믿을 수 없다.'라는 가설을 지녔을 때 이주민 갑이 나에게 보인 친절은 나를 이용하기 위한 친절로 여겨질 수 있다. 또한 기대에 부응하지 않는 행동은 상황특수적인 것으로 여긴다(Deaux & Emsweiller, 1974). 따라서 부합하지 않는 행동이 다른 기존의 가설 맥락에서 설명된다면, 그 행동은 이제 더 이상 모순성을 띠지 못하게 된다.

셋째, 기억의 용이성에서 나타나는 편향성이다. 즉, 기대와 부응하는 사건의 발생 빈도를 과다하게 평가할 뿐 아니라 그러한 사례가 보다 쉽게 떠오르는 것이다(Crocker, 1981). 심지어 사람들은 자신들의 기억을 고정관념에 맞추어 재구성하기도 한다. Allport(1954)가 실험참가자들에게 신사복을 입은 흑인과 면도칼을 든 백인의 사진을 보여 주고 나서 후에 그 사진을 회상하도록 했을 때 많은 사람들이 백인이 신사복을 입었고 흑인이 면도칼을 들고 있던 것으로 여기는 것이었다. 사회적 행위의 해석과 회상은 이같이 사전 기대감에 의해 왜곡되는 경우가 많다.

이 같은 편향성들에 의해 얻어진 지역민에 대한 편견을 지지해 주는 실례들은 그 편견의 타당성에 대하여 과신하게 만든다. 예로써 '△△지역민은 믿을 수 없다.'는 가설을 갖게 된 사람들의 경우 그는 그 지역민들이 신뢰롭게 행동하는 증거를 찾아서 가설이 잘못되었다고 부정하는 대신에 '신뢰롭지 못한 지역민'들의 사례를 찾고(틀림없이 성공할 것임!) 그러한 사례들의 발견으로 지닌 가설을 견지하게 된다. 그가 찾으려고 든다면 그 가설을 부정해 줄 수 있는 많은 자료들을 발견할 수 있음에도 불구하고 이 같은 자료는 가설의 타당성과 무관한 듯이 또는 예외적인 경우로 여기는 것이다.

확증적 정보탐색은 가설지지적인 자료를 구하기 쉬울 뿐만 아니라 더 나아가서

포퍼(Karl Popper, 1902~1994)
영국의 철학교수로 경험과학에서 귀납적 방법에 반대하고 반증 가능성 기준을 통해 연역적 검증절차를 택해야 한다고 주장하였다. 이 방법에 따르면 과학자들은 자신의 이론에 대해 반증사례를 발견하려고 노력해야 한다. 대표적 저술로 『열린 사회와 그 적들』 등이 있다.

과학철학
(philosophy of science)
과학적 탐구의 과정에 포함된 관찰과정, 논증형식, 그 형이상학적 전제들의 타당성을 검토하는 철학

편견의 대상인물과 교류 시 그로 하여금 편견에 부응하는 행동을 보이게끔 만들기도 한다. 즉, 스스로 이루어지는 자성예언현상을 초래한다(Darley & Fazio, 1980; Word et al., 1974).

집단규범에의 동조 편견을 특정 사회집단에 대해 과도히 단순화된 부정적 인식이 한 집단 내에 공유되고 있는 것이라고 볼 때, 편견을 갖는 것은 집단 내에서 용인될 뿐 아니라 조장되는 면이 강하다. 즉, 공유된 태도에 동조하는 행동은 심리적 강화를 받게 되고 그에 어긋나는 행동은 집단에서 따돌림 따위의 처벌을 받기가 쉽다(9장 참조). Pettigrew(1975)는 흑백의 차별이 여전히 강하게 남아 있는 웨스트버지니아의 한 석탄 광산의 모습을 그리고 있다. 막장에 들어가서는 흑인, 백인 구분 없이 협동작업을 하지만 일단 일터를 벗어나서는 두 인종집단은 거의 단절된 생활을 영위하는데 이것은 일터에서의 규범과 일상생활에서의 규범이 별도로 존재하고 사람들은 각각의 상황규범에 맞춘 동조행동을 보이기 때문이라 볼 수 있다. Watson (1950)의 연구에서 유대인에 대한 편견이 없던 사람들이 뉴욕 시로 이사를 하고 나서 반유대주의자들과 교류를 하면서 유대인 혐오 감정을 품게 된 점이나, 군에 입대한 남부출신들이 인종 간 단합이 요구되는 군대의 규범을 좇아 흑인에 대한 편견이 줄어든 것은 사회적 규범에 대한 동조성향에 의해서 편견의 습득이 이루어짐을 보여 주는 것이다.

자기상의 유지 소수집단에 대한 편견과 그에 바탕한 행동이나 평가는 사람들의 자기상이 훼손되는 경우에 심하게 나타나기도 한다. 한 연구(Fein & Spencer, 1997)에서 실험에 참가한 대학생들에게 지능검사를 치르게 하고서 실망스러운 점수를 거두었다고 알려주었다. 그러나 통제 조건에 배정된 참여자들에게는 이 검사가 가짜 검사이고, 점수도 믿을 수 없는 것이라고 알려주었다. 이들에게 한 표적인물의 상세한 자서전적 기술문을 보여 주고 다양한 성격특질에서 이 인물을 평가하도록 하였다. 한 조건에서는 이 인물이 동성애자라고 알려주었고, 다른 조건에서는 이성애자라고 알려주었다. [그림 10-10]에서 보듯이, 동성애자에 대한 편견적 평가는 과제가 아무런 의미가 없던 경우에는 나타나지 않았다. 그러나 지능검사의 결과가 나빴을 경우에 동성애자에 대한 평가는 편견을 반영하면서 나쁘게 나타났다(연구 2). 사람들이 자기가 믿고 있는 중요한 가치가 무엇인지를 확인하는 경우에는 그렇지 못한 경우에 비해서 상대방에 대한 평가시에 상대 집단(유태인)에 대한 편견이 완화되는 것으로 나타났다(연구 1). 이같이 편견과 고정관념은 긍정적인 자기상이

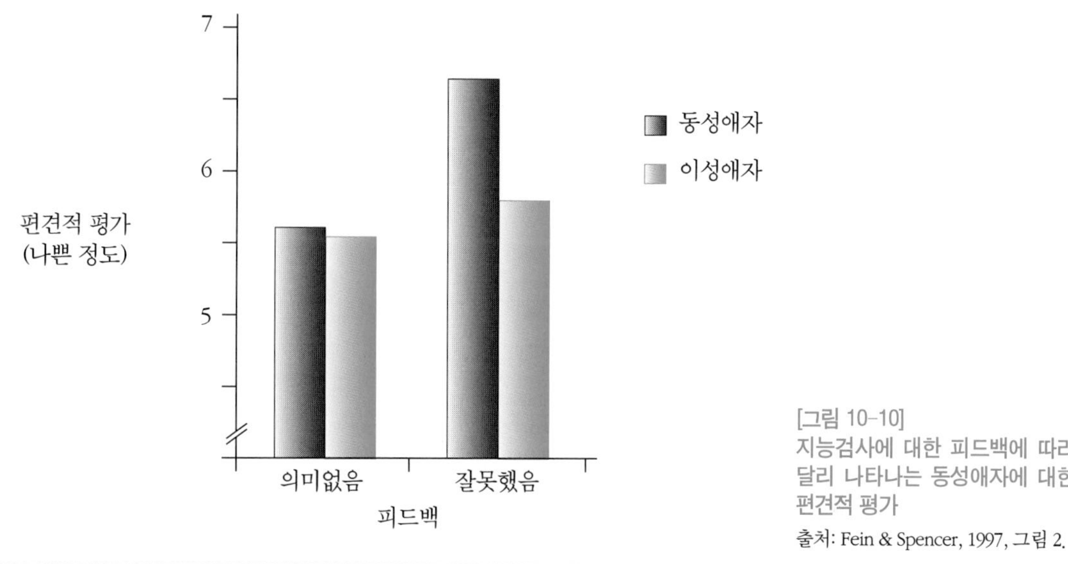

[그림 10-10]
지능검사에 대한 피드백에 따라 달리 나타나는 동성애자에 대한 편견적 평가
출처: Fein & Spencer, 1997, 그림 2.

위협받는 상황에서 발현되거나 증폭되는 것을 이해한다면 편견을 불식시키려는 노력을 하기보다는 편견이 발현되지 않도록 하는 상황을 유지하도록 하는 것이 더욱 현실적일 수 있다.

요약

1. 사회에 수용되고 있는 특정 집단에 대한 고정관념과 편견은 자동처리기제에 의해 활성화되면서 상대에 대한 정보처리 및 교류에 큰 영향을 미친다.
2. 고정관념은 정보처리의 측면에서 상대방의 개별적 특성을 파악하는 대신에 그의 집단정보에 의지함으로써 상대에 대하여 훨씬 많은 것을 파악하게 해 주는 정보처리의 효율성을 가져온다. 이런 효율성의 대가로 정보수용 및 해석의 편향을 초래하며, 자성예언적 효과를 가져온다.
3. 고정관념은 힘 있는 집단의 사람들이 생활에서 겪는 좌절을 배출하고, 힘없는 집단을 비하하여 우월감을 맛보기 위한 정서적 이유에서도 나타난다. 이 양상은 권위주의 성격이 강한 사람들에게서 특히 잘 나타난다.
4. 사회정체감 이론은 사람들이 자기집단과 타집단을 차별화시키는 내집단편애를 보임으로써 자신의 자존감을 높일 수 있으며, 이를 정당화시키는 편견을 배태할 수 있음을 보인다.
5. 사회 갈등적 측면에서 고정관념과 편견은 상대집단을 비하하고, 적대시하면서 나타나기도 한다. 현실적 집단갈등 이론은 한정된 자원을 놓고 갈등관계에 놓인 집단들이 편견과 적대감을 지니게 된다고 본다. 상징적 인종주의 이론에 따르면, 현실적인 갈등이나 직접적인 위협이 없어도 집단관계가 불리하게 전개될 것을 두려워하여 상대집단을 폄하하고, 적대적인 행위를 보일 수 있다.

6. 근거가 없는 편견일지라도 가설확인적 검증 방략과 집단규범에의 동조 양상에 의해 끈질기게 유지되는 양상을 보인다.
7. 로버스 동굴 현장 실험은 교류맥락에 따라 편견과 태도가 변화하는 역동을 잘 보이면서, 편견의 해소를 위한 노력이 지향할 바를 알려준다.

한국사회의 편견과 차별: 성, 지역과 소수집단

한국인들은 단군을 국조로 삼는 배달민족의 신화를 갖고 5천 년을 이 땅에서 살아오고 있다. 이웃인 중국은 워낙 큰 땅덩이를 갖고 다양한 종족들이 생활하고 있지만, 일본이나 대만만 하더라도 혈통이 다른 원주민과 이주민들이 갈등하며 공존하고 있다는 점에서 한국사회가 지닌 사회적 동질성은 동아시아에서도 이례적이라 하겠다. 강한 동질성 의식을 당연한 것으로 여기는 탓에 이질적인 것을 접하면 '우리'와 '그들'의 비교 틀을 작동시키면서, 그들에 대하여 '다르다'와 '틀리다'를 섞어 쓰면서 별 문제의식을 못 느낀다. 대중이 늘 접하는 신문이나 TV 등의 대중매체에서도 소수자, 약자에 대하여 가치 중립적인 태도보다는 주류 사회의 가치를 준거로 판단하고, 소수자의 소리를 묵살함으로써 지배적인 주류 가치관을 재확인하고, 전파하는 양상을 보인다(백선기, 2006).

❖ 성차별주의

여성은 남성과 더불어 사회를 구성하고 생활에서 늘 함께 지내왔지만, 대등한 지위를 획득하게 된 것은 그다지 오래지 않다. 여성들은 성차별적 고정관념과 편견의 대상이었고, 오늘날에도 이 점은 상당부분 지속되고 있다. 여성집단에 대한 이런 편견은 다른 소수집단에 대한 것과는 근본적으로 다른 속성들을 지니고 있다. 소수집단의 경우에 다수의 사람들이 실제로 만나지 못하고 관념적으로 그러한 편견을 갖게 될 수 있고, 이를 검증할 적절한 기회가 주어지지 않을 수 있으나, 여성의 경우에는 그렇지 않다. 늘 보아 왔고, 친숙한 대상이기 때문이다. 대부분의 사회에서 소수집단에 대한 편견이 적대적이거나 비하적인 특징을 지니는 반면에, 여성에 대한 편견은 일방적으로 적대적이거나 비하적인 것은 아니다. 여성에 대한 고정관념은 부정적인 것 일색이 아니라 긍정적인 측면들도 많이 가지고 있어 양가적인 특색을 지닌다(Glick & Fiske, 1996). 여성적 가치가 열등하며, 잘못되었다는 식의 평가는 더 이상 설 자리가 없어졌지만, 여성적 가치가 남성적 가치와 대등하게 인식되고 있는 것은 아니다. 여성운동의 성과에도 불구하고 사회, 특히 직업세계에서 여성은 여전히 보이지 않는 소수로 남아 있는 경우가 허다하다(김양희, 정경아, 2000). 왜 이런 기 현상이 강하게 자리 잡고 있는가?

양가적 성차별주의 이론 Glick과 Fiske(1996)가 제안한 이론에 의하면 오늘날의 성차별주의 양상은 노골적이던 과거의 성차별주의와는 달리 은밀한 형태로 작동하며, 두 가지 형태로 구분된다. 적대적 성차별주의(HS)는 남성 위주의 전통적 권력구조에 도전하는 현대적 여성상에 대한 반발과 처벌적인 태도로 나타나며, 온정적 성차별주의(BS)는 여성을 우대하는 듯 보이지만 전통적 역할을 유지하는 여성에 대해 보상하고 격려하며 그런 여성에 대하여 친밀감을 느끼고 돕고자 하는 형태로 작용한다. 온정적 성차별주의는 여성을 착취하는 것은 아니지만 남성이 여성을 사랑하고 부양하는 책무를 지니고 있다는 지배논리를 바탕에 깔고 있다는 점에서 여성을 남성과 동등하게 보는 관점과는 거리가 멀다. 이러한 두 가지 형태의 성차별주의 태도를 측정하는 척도(나 알기 2)를 이용하여, 한국을 포함한 19개국에서 얻어진 응답자료에 나타난 적대적 성차별주의 양상이 [그림 10-11]에 있다(Glick et al., 2000). 각국을 대표한다고 볼 수 없는 표집이지만, 한국의 자료(대학생 200여 명)는 성차별주의가 비교적 높다는 것을 볼 수 있다(온정적 차별주의에서도 마찬가지로 나타남). 이 자료를 UN이 발행한 성평등 지표와 더불어 분석한 연구는 성평등 지표가 낮은 나라일수록 두 가지 성차별주의 점수가 높은 양상을 보이고 있다. 더 흥미로운 것은 적대적 성차별주의가 높은 나라들에서 두 유형의 차별주의의 상관이 낮게 나타난다는 점이다. 이는 그런 나라들에서 적대적 성차별과 온정적 성차별이 마치 무관한 것처럼 별개로 작용할 수 있음을 의미한다.

혹 '온정적 성차별주의가 성차별주의인가?'라는 의구심이 생길 수 있다. 온정적 성차별주의(BS)는 적대적 성차별주의(HS)와 의미 있는 상관이 나타나고 있다. 국내에서 행해진 한 연구(김혜숙 등, 2005)에서는 이 점수가 높을수록 다양한 여성집단(페미니스트, 가정주부, 여성사회사업가 등)에 대해 사람들이 긍정적으로 평가하였지만, 아울러 미혼모나 이혼녀 등과 같이 전통적 여성상에서 벗어난 여성에 대하여 더욱 부정적인 평가를 하는 것으로 나타났다. 이 같은 양상은 BS도 성차별주의의 한 형태임을 보이는 것이다. 더욱이 여성이 받는 차별에 대한 연민의 감정을 느끼는 정도를 측정하여 분석한 결과(안상수 등, 2005), 여성에 대한 연민의 감정이 높을

김혜숙(1953~)
미국 아이오와 대학교에서 사회심리학 박사를 하고 현재 아주대학교에 재직 중이다. 한국사회 및 성격심리학회 17대 회장을 역임하였으며, 정서와 고정관념 등의 분야에 연구업적을 보이고 있다.

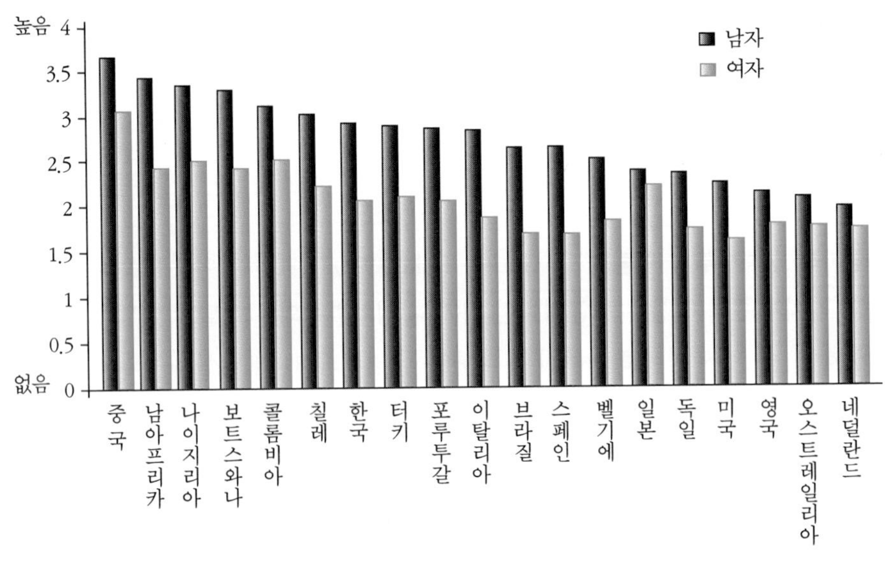

[그림 10-11] 각국 남녀의 적대적 성차별 경향

출처: Glick et al., 2000.

수록 HS는 낮은 역상관을 보이지만 BS는 높은 정상관을 보임으로써 두 형태의 차별이 별개이면서도 관련성이 높다는 것을 알 수 있다. 또한 남성의 경우에 HS가 높을수록 여성에 대한 부정적 고정관념을 강하게 가지는 데 반해서, 여성에 대한 차별을 부인하는 형태로 나타나지만, BS는 여성에 대한 긍정적 고정관념과 관계가 깊으며, 여성에 대한 차별을 인정하는 방향으로 나타났다. 이런 것에서 볼 수 있듯이 성차별은 현대에 와서 없어진 듯하면서도 눈에 띄지 않게 지속되는 것을 알 수 있다(곁글 10-5).

성차별적 언어 사용 두 남녀가 껴안는 장면을 보면서 이를 'A가 B를 껴안는다' 'A가 B를 유혹한다' 'A가 B를 좋아한다' 혹은 'A는 따뜻한 사람이다' 등으로 묘사할 수 있다. 이들 묘사문은 장면의 인식을 구체적인 행위(맥락적) 차원에서 하는 것과 추상적 상태(탈맥락적)에서 하느냐의 차이를 드러내고 있다. 언어범주 모형(Semin & Fiedler, 1988)은 사태를 인식함에 있어서 언어사용자가 사용하는 단어의 유형을 이처럼 새롭게 범주화한다. 즉, 서술적 행위동사('껴안는다')는 가장 구체적인 수준의 사태 파악이며, 해석적 행위동사('유혹한다')는 행동의 범주(유혹)를 파악하며, 상태동사('좋아한다')는 안정적인 심리상태를 파악하며, 형용사('따뜻하다')는 가장 추상적인 방식으로 사태를 파악하는 것임을 제시한다. 이 모형을 적용한 연구들은 똑같은 행위를 기술함에 있어서 자기집단이 행한 것이라면, 좋은 행위는 추상적인 수준에서, 나쁜 행위는 구체적인 수준에서 기술하며, 다른 집단이 행한 것이라면 반대로 좋은 행위는 구체적인 수준에서, 나쁜 행위는 추상적 수준에서 기술하는 양상을 보였다(Maass, 1999; 곁글 10-6). 이런 언어구사 양상은 궁극적 귀인오류(Pettigrew, 1974)에 취약하게 만든다. 즉, 내집단에 대한 평가를 비교집단에 비해서 좋게 여기는 사건의 귀인양상이 나타나는데, 이는 내집단의 좋은 행동은 집단의 특성 탓으로, 나쁜 행동은 상황적 특성 탓으로 여기며, 외집단의 좋은 행동은 상황적 이유로, 나쁜 행동은 집단 특성 탓으로 여기는 것이다.

유럽연합이 발행한 보고서에 따르면 이탈리아의 대학에서 여성 정교수의 비율은 22%로 나타난다. 여성들이 남성과 마찬가지로 대학에 들어가지만 학계에서 자리잡기가 어려운 데는 겉으로 드러나지 않는 성차별이 여전히 작용하는 탓으로 보고, 이를 언어사용의 측면에서 접근한 연구는 흥미로운 발견을 제시하고 있다. 이탈리아의 명문 볼로냐 대학교에서는 교수채용을 할 때 분야별로 선발위원회가 구성되어 응모한 사람들의 이력을 평가한 소견서를 작성하고, 이를 바탕으로 채용이 결정되며, 이 소견서들은 해당 대학의 누리집에 공시된다. 연구자(Rubini & Menegatti, 2014)들은 한 해 동안 벌어진 부교수 공채에 응시한 응모자들 194명(남자 118명, 여자 76명)에 대한 소견서 814개를 구하여, 이에 나타나는 응모자를 기술하는 문장에

나 알기 2: 나의 양가적 성차별주의 재기

다음의 진술문에 대한 동의 정도를 1(전혀 그렇지 않다)~6(매우 그렇다)의 숫자를 택하여 응답하시오.

1. 여권운동가들은 남성에게 터무니없이 무리한 요구를 한다.
2. 공정한 경쟁이지만 여성들은 지면 성차별이라고 불평한다.
3. 남자의 권위가 여자보다 큰 가정이 안정적이다.
4. 늦은 밤에는 남자가 여자를 집까지 바래다주어야 한다.
5. 가벼운 짐일지라도 여성에게 들리기보다는 남성이 들어주어야 한다.
6. 여성의 사랑을 얻은 남자가 진정한 남자라고 할 수 있다.

1~3번 문항은 적대적 성차별주의를, 4~6번 문항은 온정적 성차별주의를 재는 문항임(안상수 등, 2005에서 발췌함. 원 척도는 총 38개 문항으로 구성됨).

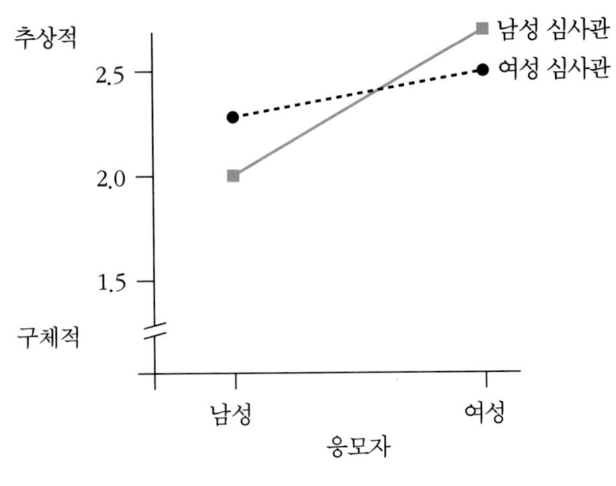

[그림 10-12]
응모자 평가 시 쓰인 부정적 표현의 추상성에서의 성차
출처: Rubini & Menegatti, 2014.

쓰인 단어들이 지닌 추상성-구체성을 분석하였다. 소견서는 선발위원들이 작성한 것으로 선발위원에는 남자 93명, 여자 46명이 참여하였다. 분석결과, 응모자에 대한 좋은 기술문에서 나타나는 문장의 추상성에서는 아무런 남녀 차이가 없었으나, 좋지 않은 기술문의 경우 남성 선발위원은 여성 응모자에 대하여 보다 추상성이 높은 형태의 동사를 사용하는 것으로 나타났다([그림 10-12]).

한국사회에서 성평등지수는 많이 개선되었지만, 여전히 전문직, 학술직종에 종사하는 여성의 비율은 매우 낮다. 가시적인 차별은 많이 없어졌지만, 언어사용에 있어서의 차별과 같은 것이 어떻게 나타나는지를 파악해 볼 필요가 있다.

국내의 성차별 안상수 등(2005)의 연구는 국내에서 이루어진 다양한 표본들의 조사에서 남성이 여성보다 성차별 의식이 두 가지 유형에서 모두 높다는 것을 보여 주었다(심미혜, Yumi, 2013). 아울러 지역의 비교연구에서는 지방 거주자가 서울 거주자보다 성차별 의식이 상대적으로 높은 것을 보이고 있으며, 특히 영남권에서 높음을 보이고 있다.

국내의 고용통계를 분석한 연구(이시균, 윤문희, 2008)는 1963년에서 2007년 기간에 남녀의 고용률 차이는 줄어들고 있음을 보이고 있다(37.3% → 22.4%). 그러나 이 현상은 청년층의 고용률에서만 나타나며, 55세 이상의 연령대에서는 오히려 격차가 확대된 것으로 나타난다. 고용격차 원인의 50%는 성차별에 의한 것으로 추산되고 있다. 이런 양상이 나타나는 이유를 통계치로 분석할 수는 없지만 여성에 대한 성차별이 고용뿐만 아니라 제반 사회활동 영역(CEO, 국회의원, 교수 등등)에서 뚜렷이 나타나고 있는 것은 누누이 지적되고 있다. 이를테면, 국회의 경우 17대 들어서 여성비례대표 할당제가 도입되어 처음으로 여성의원의 비율이 13%(39명/299명)로 한 자릿수를 넘겼고, 19대 국회에서 49명으로 늘어났다. 그러나 국회의원이 둘 수 있는 2명의 4급 보좌관에서 여성이 차지하는 비율은 38명(6.5%)에 불과하며, 가장 낮은 직급인 9급 비서에는 여성이 74.7%를 차지하고 있는 것으로 조사되었다(여성신문, 2014. 9. 17.). 2명씩 둘 수 있는 4급과 5급 비서관에 여성을 한 사람도 두지 않은 여성의원이 15명(34.7%)으로 나타나 성차별은 남자만의 문제가 아니라 여성들의 문제이기도 함을 보여 준다. 흥미로운 한 연구에서 전제형의 여성지도자와 민주형의 여성지도자에 대한 남녀 대학생의 인식을 비교한 결과 여성의 성역할에 잘 부합하는 민주형에 대한 호감을 보이지만, 능력을 평가함에 있어서는 전제형 여성지도자를 더 높게 평가하는 양상이 나타났다. 특히 전제형을 높게 평가하는 양상은 여성 응답자에게서 강하게 나타나고 있다. 이는 여성지도자들이 부하 및 주위사람들의 호감을 사기 위해서는 민주적인 지도형을 보여야 하지만, 그렇게 할 경우에 능력은 낮게 평가되는 곤혹스러운 상황에 처하리라는 것을 말해 준다(안미영 등, 2005).

한국사회에서의 성차별이 여성 개인에 대한 행위로 나타나는 것은 금기시되는 양상이 높아짐을 볼 수 있지만 여전히 문화적으로는 깊게 자리하고 있다. 많은 범죄의 희생자가 여성이며, 잘못된 행위를 할 가능성은 남녀 모두 있지만 유독 여성이 하는 경우에 'XX녀'라는 제목으로 온라인을 달구어, 마치 여성들만이 그런 행위를 저지르는 것 같은 착각을 불러온다.

❖ 지역 및 소수집단에 대한 고정관념/편견

어느 나라에서나 출신지역에 대한 고정관념은 있어 왔다. 미국에서 남부와 북부, 영국에서 북부와 남부, 이탈리아에서 남북, 독일에서 동서, 일본에서는 동부와 서부 등등 각 지역에 대한 상대 지역의 고정관념은 지역 간의 대립 갈등의 양상에 따라 부침한다. 국내에서는 1987년에 있었던 대통령 선거에서 영호남의 지역감정이 크게 문제가 된 이후, 1992년에는 삼당 합당으로 영남과 호남의 대립이 더 심화되었으며, 지금도 한국정치는 영남과 호남의 대립구도가 판세에 결정적인 영향을 미치는 것으로 분석된다(김진하, 2010; 김태완, 2012).

지역민에 대한 인식과 차별 영호남 지역민에 대하여 외지인들의 생각을 파악하여 분석한 연구들은 영남지역민에 대하여 고집이 세고, 성급하며, 생활력과 단결력이 강하다는 고정관념이 수용되고 있으며, 호남지역민에 대하여는 반항적이며, 악착같고, 뒤끝이 나쁘다는 고정관념이 있음을 보이고 있다(김진국, 1987; 김혜숙, 1989; 홍영오, 이훈구, 2001). 타지역 출신과의 결혼 및 동업에 대한 의향을 분석한 연구(김용학, 김진혁, 1992; 곁글 10-5)는 호남인들에 대한 거부감이 타지역민에 비해서 높게 나타나고 있음을 보이고 있다. 이런 차별은 '믿을 수 없다'라는 인식에 터해서 나타나고 있다(김용학, 1989). 대인지각의 두 차원에서 교류를 결정짓는 중요한 것은 어울림성 차원이고 이는 신뢰-불신이 핵심이라는 점에서 호남인에 대한 편견은 매우 악성이라 보겠다.

전국적인 표본을 대상으로 이루어진 연구(나간채, 1990)는 각 지역민들이 출신지역으로 인해 피해를 본 사실(인간적 모욕, 경제적 손실, 취업 시 불이익, 집단에서 소외)이 있는지를 알아보았다. 그 결과 전혀 피해를 보지 않았다는 응답자의 비율이 호남인에게서 다른 지역보다 훨씬 적은 것으로 나타났다(김만흠, 1987). 김대중 정부를 거치는 등 15년이 경과한 2003년에 다시 이루어진 전국조사에서 호남인이 겪은 피해경험이 이전에 비해서 줄었음을 볼 수 있지만 전체 평균에 비해서 높은 수준을 보이고 있다(정기선, 2005; [그림 10-13]).

영호남의 지역감정(상대지역에 대한 악감정)을 분석한 연구들은 각 지역의 감정이 다른 심리에 터하고 있음을 보인다. 즉, 호남사람의 지역감정은 그들이 받아온 정치사회적 차별에 근거하고 있고, 영남사람의 지역감정은 호남사람의 성격 및 행동양식에 대한 불신에 터하고 있다. 다시 말해서, 호남인은 현실적 갈등에 의한 적대

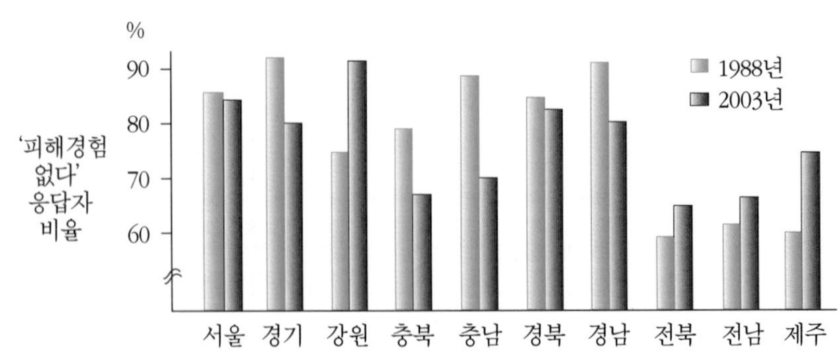

[그림 10-13]
출신지역 탓에 피해본 적 없다는 응답률의 지역별 분포

출처: 정기선, 2005, 표 11을 바탕으로 그림.

감을, 영남인은 상징적 인종주의 성격의 적대감을 상대에게 느끼는 것이다(김만흠, 1987; 김진국, 1987; 조경근, 1987; 최홍국, 1990). 이 경우에 지역 간의 격차와 갈등을 줄이는 것은 호남인의 대영남 감정을 줄이는 효과를 가져올 수 있지만, 영남인의 대호남 감정에는 아무런 영향을 주지 못하리라 볼 수 있다.

곁글 10-5 결혼을 중심으로 본 지역 간 거리감의 분석

지역감정이 한참 사회 문제가 되었던 1980년대, 한국사회학회(1989)에서는 학회 차원에서 지역감정과 지역갈등을 분석하는 연구를 수행하였다. 그중에는 당시의 도별 인구비례에 따른 확률표집법으로 성인 2,020명에게 설문조사를 한 연구가 포함되었는데, 이 자료를 가지고 지역 간의 결혼이 상대 지역에 대한 거리감과 지역 간 인구 이동에 의해서 어떤 영향을 받는지를 다차원 척도법으로 분석한 연구가 흥미롭다(김용학, 김진혁, 1992).

[그림 10-14]의 (a)에는 각 지역민들이 다른 지역민들과 결혼하는 정도가 많으면 지역 간 거리가 짧게, 적으면 멀게 떨어져 있는 것을 보여 준다. 따라서 제주와 전북은 가장 결혼이 적게 발생하는 지역이며, 충북과 강원은 가장 많이 발생하는 지역임을 볼 수 있다. 서울은 중앙에 위치해서 대부분의 지역과 결혼이 많이 발생하는 것을 볼 수 있다. [그림 10-14]의 (b)는 지역 간의 이동이 얼마나 많은지를 보여 준다. 가까울수록 두 지역 간 이동이 많음을 의미한다. 결혼의 가능성을 심리적 거리와 이동성으로 분석한 결과 **심리적 거리**보다 훨씬 중요한 것은 지역 간의 **이동성**으로 나타났다. 지역 간의 이동성이 같다고 가정하면 심리적 거리는 아무 영향을 미치지 못하는 것으로 나타났다.

서울에 거주하는 1,128명을 대상으로 출신지역 내 주민들과의 결혼율과 타지역민과의 결혼율을 분석한 결과, 전라 출신을 제외한 모든 지역민에서 타지역민과의 결혼율이 높게 나타났다. 출신지역별 같은 지역민과의 결혼과 타지역민과의 결혼율이 [그림 10-15]에 나와 있다. 같은 지역 내의 결혼율은 호남인에서 가장 높게 나타나고 있음을 볼 수 있다. 이는 호남인들의 상호친화성과 응집성이 높아서일 수도 있고, 타지역민의 편견과 차별에 의함일 수도 있다. 한편, 호남인과 동업을 하는 것에 대한 거부감이 호남출신과 결혼한 타지인의 경우에 24.6%로 나타나지만, 호남인과 결혼하지 않은 사람의 경우에 40.6%로 나타나고 있어, 호남인에 대한 편견의 중요한 부분이 불신이라는 것을 시사하고 있다. 분

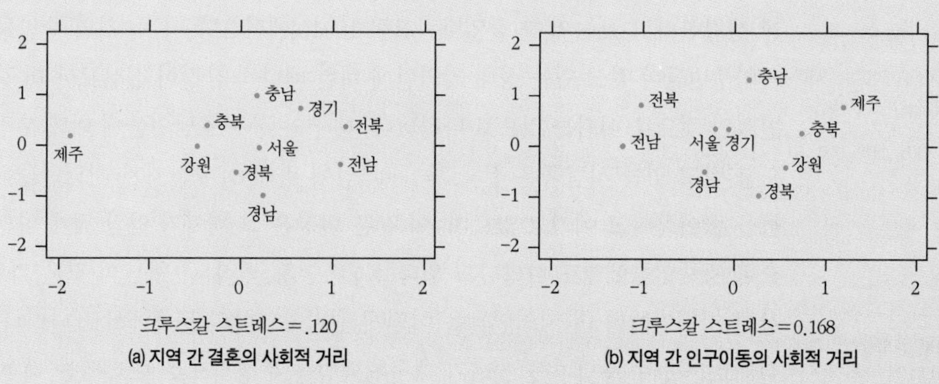

(a) 지역 간 결혼의 사회적 거리　(b) 지역 간 인구이동의 사회적 거리

[그림 10-14] 지역 간 사회적 · 심리적 거리

명한 것은 지역 간 차별이 존재하고, 막연한 거부감은 사람들의 만남을 저해할 수 있으나, 상대와의 만남이 지속되면서(이동감 요인) 거부감은 녹아내리고, 결혼까지 진행될 수 있음을 알 수 있다.

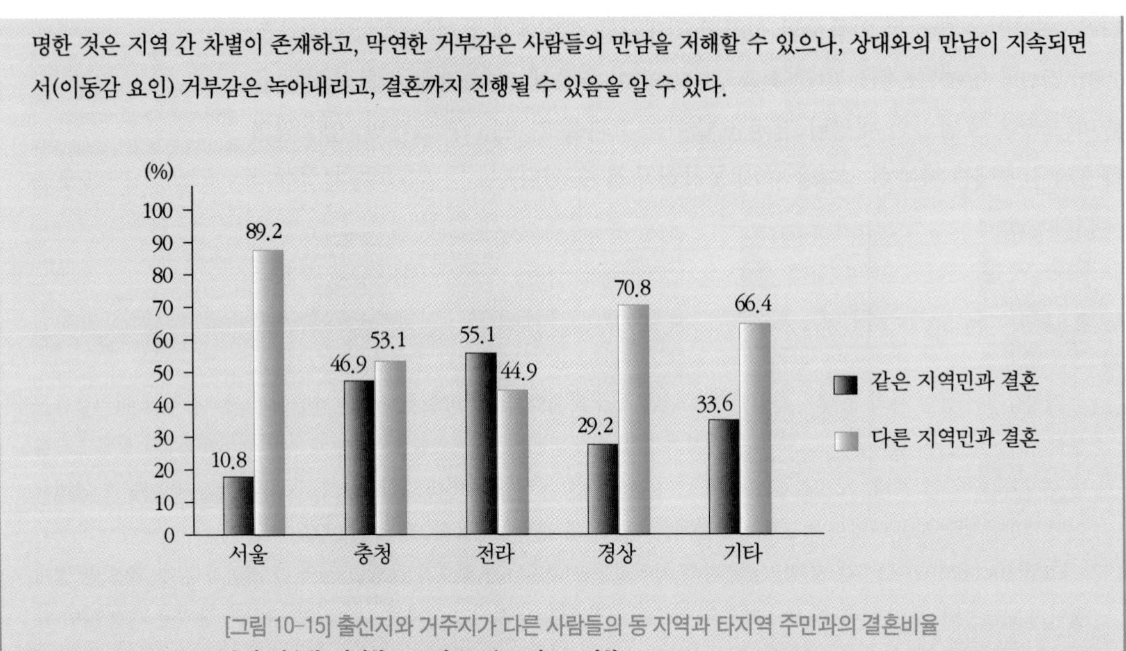

[그림 10-15] 출신지와 거주지가 다른 사람들의 동 지역과 타지역 주민과의 결혼비율
출처: 김용학, 김진혁, 1992의 표 7을 그림으로 변형.

다원적 무지 현상 지역감정과 타지역에 대한 편견은 지역민들에게 널리 수용되는 것으로 인식되면서 실제보다도 더 부풀려지는 현실을 만들 수 있다. 즉, 편견일지라도 자신이 속한 집단의 다수가 포용하는 것이라 여기면 규범으로 작용하여 이에 동조하는 행동이 나타난다.

언론학자인 박정순(1989)은 대구 · 광주의 일반인들을 대상으로 한 조사에서 상대 지역민에 대한 응답자의 개인적 호감을 묻고 '같은 지역민들은 상대 지역민을 어떻게 생각한다고 보는지'를 물었고 아울러 '상대 지역민들은 자기 지역민을 어떻게 생각한다고 보는지'를 물었다. [그림 10-16]에서 보듯이 두 지역 주민들은 자기 지역주민들이 갖고 있는 상대 지역민에 대한 배타적 감정이 실상보다 더 강하고 보편적인 것으로 여기는 것으로 나타났다. 대구의 경우 호남인들에 대해 부정적인 태도를 갖고 있는 사람들은 실제로는 44%임에 비해 84%의 자기 지역민들이 호남인들을 싫어한다고 여기고 있으며, 이 같은 현상은 그 격차가 약간 적게 나타나고 있으나 광주인들에게도 나타나고 있다(실상은 35%, 인식은 73%). 이 같은 과잉지각은 상대 지역민들이 내 지역민들을 어떻게 생각하느냐의 문제에서도 나타나고 있다. 실제로는 광주 응답자 중 35%가 대구지역민을 부정적으로 보고 있는 데 비해 대구 응답자들은 광주인들의 86%가 대구인들을 나쁘게 생각한다고 믿고 있으며, 실상

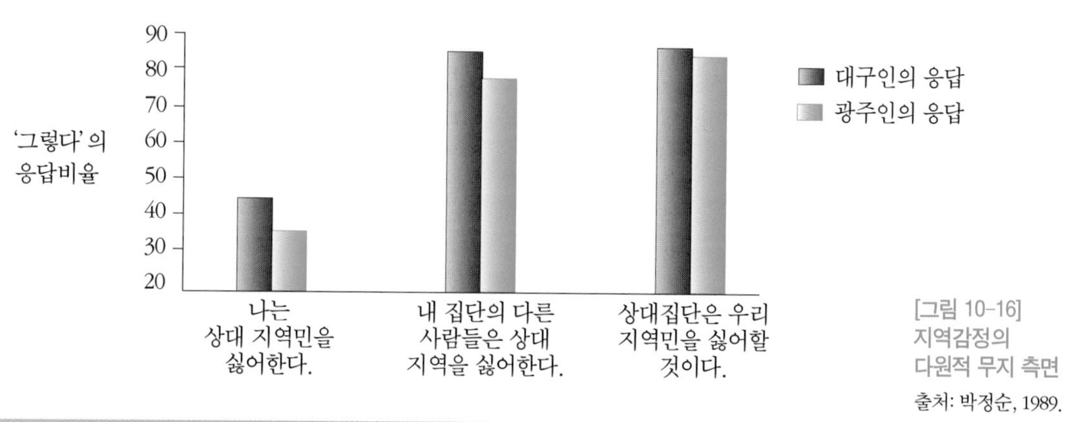

[그림 10-16]
지역감정의
다원적 무지 측면
출처: 박정순, 1989.

은 대구 응답자의 44%가 광주인들을 부정적으로 보고 있지만 광주 응답자들은 대구인들의 84%가 광주사람을 나쁘게 본다고 생각하는 것이다. 이 같은 다원적 무지 현상은 지역감정의 또 다른 측면을 보여 준다. 즉, 우리들의 머릿속에 있는 과장된 인식 '영남사람들은 호남사람들을 배척할 것이고 호남사람들은 영남사람들을 배척할 것이다.' 때문에 계속 존속할 가능성이 크다.

미국에서 흑백인 간의 접촉이 별로 이루어지지 않는 이유에는 다원적 무지가 작용하는 것으로 나타났다. 흑인이나 백인이나 모두 상대 인종의 성원들에게 교류를 시작하는 시도를 하지 않는 이유는 상대가 피부색 때문에 자신을 받아들이지 않을 것이라는 두려움을 지닌 탓이며, 상대가 자신에게 접근을 하지 않는 것은 자신들과 관계를 맺는 것에 관심이 없는 탓이라고 여기기 때문인 것으로 나타났다(Shelton & Richeson, 2005). 다원적 무지가 국내에서도 영호남 간의 교류를 저해하는 심리로 작용할 수 있다.

소수집단에 대한 인식과 차별 편견과 고정관념이라는 인식을 넘어 상대집단을 더불어 사는 사회의 성원으로서 인정하는지를 보는 관용의 수준을 보기 위해, 다양한 집단에 대한 혐오도를 파악한 연구(임재형, 김재신, 2014)는 전국의 성인 표본에게 여러 집단(민주노총, 전경련, 전교조, 뉴라이트, 참여연대, 반공세력, 탈북자, 동성애자, 종북세력 등)을 제시하고 가장 싫어하는 집단을 고르게 하였다. 45%의 사람들이 종북세력을, 21%가 동성애자, 10%가 뉴라이트를 꼽는 것으로 나타났다. 세대별 차이를 보면 외국인에 대한 혐오가 가장 높게 나온 연령집단은 20대로, 이는 직업 생

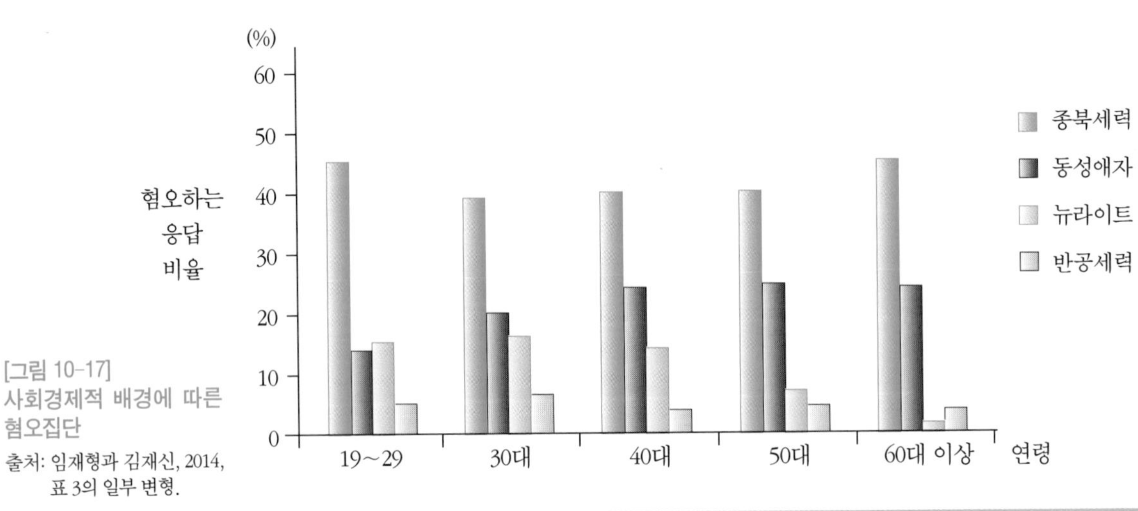

[그림 10-17] 사회경제적 배경에 따른 혐오집단

출처: 임재형과 김재신, 2014, 표 3의 일부 변형.

활에서 이들과 경쟁하는 위치에 있는 탓으로 여겨진다. 종북세력에 대한 혐오는 연령대가 높을수록, 뉴라이트에 대한 혐오는 젊을수록 높게 나타나고 있어, 이념의 지형이 연령대와 물려 있음을 보여 주고 있다([그림 10-17]). 동성애자에 대한 혐오도 나이 든 층에서 강하게 나타나고 있지만, 젊은 연령대에서는 덜 나타나고 있다.

외국인 집단에 대한 인식 다문화사회로 진입하는 사회추세에서 김혜숙(2007)은 영호남인을 포함 새터민(북한이탈주민), 북한사람, 이주노동자에 대한 신뢰감을 전국 2,000명의 성인을 대상으로 조사하였다. 이 조사에서 사람들은 내국인 집단(영남, 호남, 장애인)에 대하여는 신뢰할 수 있다는 쪽의 응답을 보였으나 북한사람, 새터민, 이주노동자에 대하여는 신뢰할 수 없다는 쪽의 응답을 보여 내외 집단의 차별 양상을 보여 주고 있다. 또 다른 연구에서 전국 성인 표본을 대상으로 국내에 이주해 살고 있는 다양한 사람들에 대한 태도를 파악한 결과, 내외 집단 차별적 현상이 뚜렷이 나타났다(김혜숙 등, 2011; [그림 10-18]). 이들 집단에 대하여 다문화가정 자녀에 대한 태도가 그중 우호적이며, 새터민에 대한 태도가 부정적으로 나타났다. 이들 집단에 대하여 갖는 거리감은 한국인으로서 정체감을 강하게 가진 사람들에게서 높게 나타났다.

이자스민 의원

한국인으로 귀화한 지 20년이 넘는 이 씨는 여전히 '너희 나라로 돌아가라'는 악플에 시달린다.

출처: 한겨레21, 2015. 12. 7.

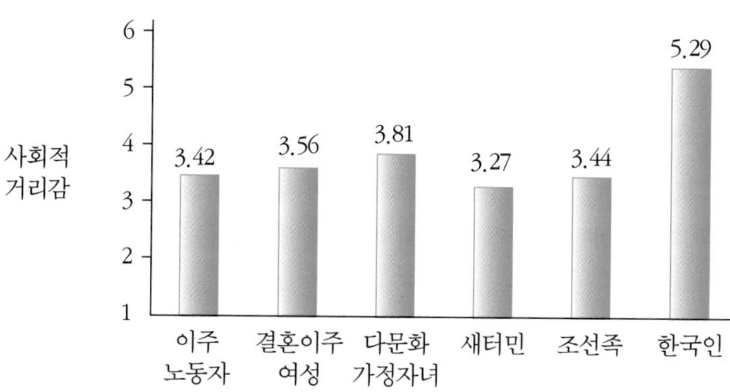

[그림 10-18]
국내 이주 집단에 대한 사회적 거리감
출처: 김혜숙 등, 2011.

외국인 집단에 대하여 학생들이 지닌 긍정적 부정적 생각을 파악하여 문항을 구성해서 우리와 교류가 많은 6개국 외국인에 대한 태도를 파악하여 분석한 연구(김동수, 김도환, 정태연, 2011)도 차별적 인식을 보여 주고 있다. [그림 10-19]는 상대집단 성원이 한국인에 대하여 느끼는 감정을 네 가지 축에서 보여 주고 있다. 즉, 미국인이 우리에 대하여 우월감을 느끼고, 열등감을 느끼지는 않으며, 우호감과 더불어 거리감도 어느 정도 느낀다고 여기는 반면에, 동남아인들은 우리에 대하여 열등감을 크게 느끼고, 거리감을 느끼며, 우호감이나 우월감을 적게 느낀다고 인식하는

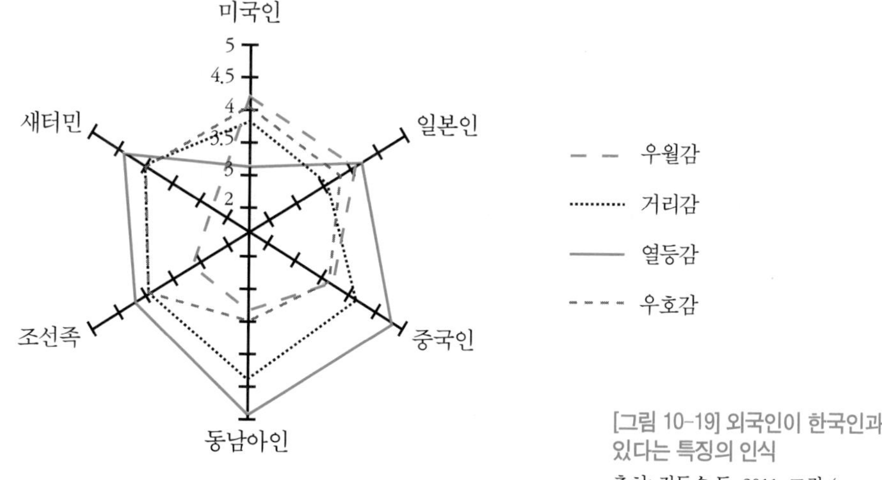

[그림 10-19] 외국인이 한국인과의 관계에서 갖고 있다는 특징의 인식
출처: 김동수 등, 2011, 그림 4.

것으로 나타났다. 설문지가 아닌 암묵적 연합검사(5장 참고)를 이용한 연구에서 대학생들에게 백인과 동남아인의 얼굴을 자극([그림 10-20])으로 제시한 결과, 백인에 대하여는 긍정적인 단어와의 연상이 쉽지만 동남아인에 대하여는 부정적인 단어와의 연상이 빨리 이루어지는 차별적 현상이 나타났다(한민 등, 2008).

한국의 대학에도 6만여 명의 외국 유학생들이 들어와 있다. 이들 중에서 70% 내외가 중국인이다. 다양한 유학생 집단에 대한 태도 연구들은 중국인에 대한 태도가 부정적임을 보이고 있다(김동수 등, 2011; 임수진, 한규석, 2009). 중국인에 대한 한국 학생들의 부정적인 인식이 중국인과 한국인의 교류에 걸림돌로 작용할 수 있다. 실제 많은 중국 유학생들이 국내 대학에서 한국 학생들과 어울리는 것을 어렵게 여기며, 자기들끼리 생활하는 '섬'을 형성하는 양상이 많다(임수진, 한규석, 2009). 상대집단에 대한 막연한 부정적인 인식이 자성예언적 현상으로 작용하여, 양 집단의 어울림을 막게 되고, 갈등의 소지가 될 수 있다는 점에서 우려스러운 일이다. 정신병리적인 접근을 취한 연구는 소수집단인 이주노동자, 동성애자, 노숙인을 대상으로 강한 편견을 지닌 대학생들은 흑백의 이분법적 사고에 친숙하고, 자기방어적 경계심과 감추어진 적대감이라는 편집증적 심리를 지닌 것을 보이고 있다(홍성원, 이인혜, 2015).

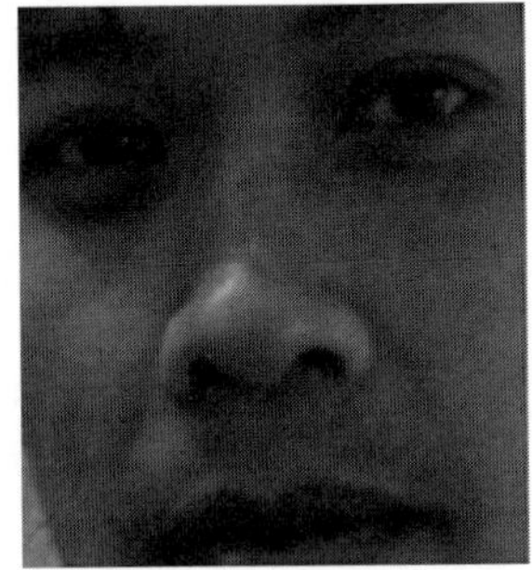

[그림 10-20]
실험에 사용된 사진 자극의 예
출처: 한민 등, 2008.

차별을 일으키는 심리기제가 무엇인지를 분석하기 위해, 한 대학에서 학생들을 대상으로 다양한 부류의 외국인들(조선족을 포함)에 대한 태도를 측정하고, 아울러 개인들이 지닌 민족주의 경향, 선진국 담론(선진국은 우월하다 식)에 대한 믿음을 측정하여 분석한 결과, 민족주의 경향성보다는 선진국 담론 의식이 외국인 집단에 대하여 갖는 이중적 차별 태도에 크게 영향을 미치는 것으로 나타났다(김종태, 한기덕, 2013). 선진국 담론은 상대집단의 지위에 대한 차별을 당연시하는 진화심리적 기제와도 닿아 있다(곁글 10-6).

곁글 10-6 두 가지 차별: 지위에 따른 차별심리의 진화

한국인들이 보이는 외국인 차별 현상에서 확연히 나타나는 백인에 대한 동경 및 존중과 유색인에 대한 비하 및 차별은 두 유형의 외국인이 우리 사회와 맺어온 관계의 역사에서 이해될 수 있는 진화적 이유가 작용할 수 있다. 최근의 연구들은 사람들이 지니는 상대방에 대한 호감적 태도는 다른 집단 구분적 특성보다도 상대의 신분과 경제력에 따라 차별적으로 나타남을 보인다. 남아프리카 공화국에서 여러 인종의 아동들(4~10세)에게 매력도는 유사하지만 인종이 다른 두 개의 표적 얼굴을 스크린에 제시하면서 어느 얼굴이 더 좋은지를 묻고(**선호과제**), 동시에 책상 위에 좋거나 낡은 집과 자동차를 사진으로 제시하며 각 얼굴이 소유하고 있을 집과 차를 물었을 때(**부합과제**) 아동들은 자신의 인종과는 무관하게 사회적 신분이 높은 인종 얼굴을 선호하였으며, 그 신분에 적합한 소유물을 집어냈다(Olson et al., 2012, 연구 1). 인종 대신에 성(sex)이 다른 얼굴을 제시하고 같은 부합과제를 수행하도록 하였을 때 자신의 성과 같은 성에 대하여 다른 성에 비해서 선호하는 양상이 나타났으나, 소유물을 가리는 과제에서는 성에 따른 차이는 약하고, 표적인물의 인종에 따르는 차이가 크게 나타났다([그림 10-21]). 4~6세 아동과 7~10세 아동을 구분하여 비교했을 때 연령에 따른 차이는 나타나지 않았다. 이렇게 인종에 대한 태도가 해당 인종이 지닌 사회적 신분과 결부되어 달라지는 현상이 연령과 무관하게 나타난다는 것은 사회적 학습기제가 작용하는 것으로는 설명하기 어렵다.

한 실험연구에서는 미국에서 4~5세의 아동을 대상으로 잘사는 집단(황색 옷) 사람의 집 안팎 사진을 그림책으로 보여 주거나, 소득이 낮은 집단(녹색 옷) 사람의 집 안팎 사진을 보여 주고서 아이에게 어느 색깔의 옷을 갖고 싶은지 택

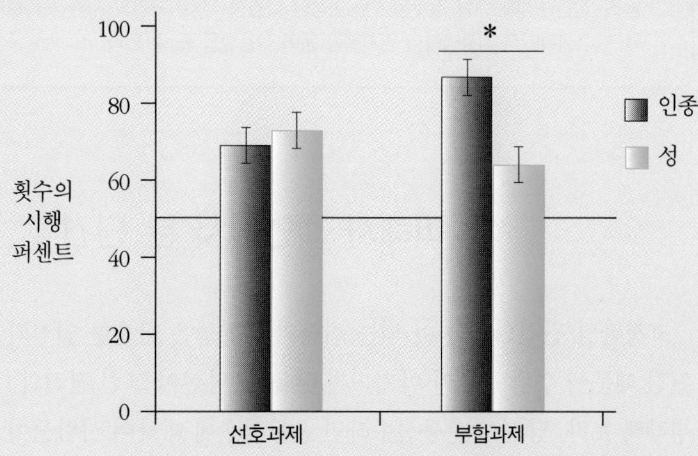

[그림 10-21] 선호과제와 부합과제에서 나타나는 표적인물의 인종 및 성 효과('연구 1-인종'과 '연구 2-성'을 같이 제시함)
선호과제에서 자기와 같은 성의 얼굴을 더 선호하는 양상은 남녀 공통으로 나타났으며, 그 크기는 신분이 높은 인종에 대한 선호와 비슷하였으나, 부합과제에서 인종 효과는 성 효과를 크게 넘는 것을 볼 수 있다.

하게 하였다(Horwitz et al., 2014). 대부분의 아동들이 잘사는 집단의 사람들이 입고 있던 색깔의 옷을 선택하는 것으로 나타났다. 후속 연구(연구 2)에서는 사는 형편에서는 차이가 없도록 가구들을 모두 빼고, 사람들이 사는 집과 방의 벽 색깔을 변화시켜 아이들이 좋아하는 밝은 색깔과 그렇지 않은 어두운 색깔로 칠해진 그림을 제시하고, 표적인물 집단에 대한 선호도를 파악하였다. 이 경우에는 특정 집단에 대한 선호도가 나타나지 않았다. 이렇게 집단에 대한 차별이 집의 색깔이 아니라 사회적 신분에 따라 달리 나타나며, 특히 나이와 무관하게 어려서부터 나타난다는 것은 상대방의 신분/서열/권력에 대한 파악이 사회생활에서 중요한 탓이며, 그런 것을 알려주는 단서에 민감하게 반응하는 진화적 기제가 작용함을 시사한다.

요 약

1. 현대의 성차별주의는 노골적인 양태에서 벗어나 양가적 형태를 지니고 있다. 즉, 전통적인 남녀의 권력구조를 바탕에 깔고서 여성의 가치를 인정하는 온정적 성차별주의 양상을 보인다.
2. 온정적 성차별주의는 적대적 성차별주의와 높은 상관을 보이지만, 여성에 대한 긍정적인 고정관념을 수용하고, 여성에 대한 차별이 벌어지는 현실을 인정한다는 점에서 이들을 부정하는 적대적 성차별주의와 확연히 구별된다.
3. 국내에서는 지방보다 서울지역에서 성차별 의식이 낮다. 일하는 여성에 대하여 남성적 일 처리를 요구하지만 여성성 또한 강하게 지니고 있을 것을 요구하는 이중적 태도를 보인다.
4. 국내에서 지역감정을 분석한 결과, 지역 간 편견은 20여 년의 격차를 두고 꾸준히 유지되고 있음을 보인다. 지역감정 연구는 영호남 지역감정의 심리적 기제가 영남에서는 상징적 인종주의를, 호남에서는 현실적 갈등을 반영하고 있음을 보여 준다.
5. 편견과 고정관념은 아동의 사회화 과정에서 전승된다. 편견이 유지되는 기제로는 집단규범에의 동조, 집단규범에 대한 잘못된 인식현상인 다원적 무지, 자기의 자존감을 보호하기 위한 심리적 욕구, 가설확인적 검증방략의 인지책략 등이 작용함을 들 수 있다.

피해자 측면에서 본 편견

고정관념/편견의 대상이 되는 집단의 성원들은 단순한 인식의 피해자일 뿐인가? 편견 때문에 수행 문제가 야기되지 않을까? 당신이 그런 편견의 대상이었던 경우를 생각해 보라. 당신이 운동선수라면 운동선수에 대하여 사람들이 가진 공부와는 거리가 먼 사람들이란 인식 때문에 난처한 적은 없었는가? 당신이 여성이어서 난처한 경우를 당한 적은 없었는가? 당신이 지방대생이어서 곤혹스러운 적은 없었는가? 사회심리학자들이 편견이란 문제를 접근할 때는 편견을 지닌 사람들을 이해하는 데

주 관심을 두어 왔으나, 편견의 피해자에 대한 연구도 최근 20년 동안 누적되고 있다. 물론 편견의 피해자들인 여성, 장애인, 성 소수자, 이주여성, 조선족 등이 겪는 가장 큰 문제는 생활의 불편이나 경제적인 불이익 같은 것들이다. 그러나 이런 경제적인 문제 외에도 심리적인 문제가 적지 않으며, 이런 심리적 문제가 다른 문제를 더욱 악화시키는 양상으로 작용한다. 쉬운 예로 많은 편견의 피해자들이 스트레스를 호소하며, 이를 해소하기 위한 방편으로 종종 술이나 마약에 의존하는 양상을 보인다. 이렇게 눈에 드러나는 것 외에도 두 가지 심리를 주목할 필요가 있다(Breckler et al., 2006, pp. 371-372).

❖ 개인-집단 차별경험의 괴리

과거에 당신이 속한 집단 때문에 차별을 당한 경험을 생각해 보라. 그런 경험이 당신 집단의 다른 사람들이 경험하는 것에 비해서 더 많았다고 보는가 아니면 적었다고 보는가? 흥미로운 것은 대부분의 사람들이 자신의 그러한 경험이 그 집단의 다른 사람에 비해서 적다고 여긴다는 점이다. 이는 대부분의 사람이 자신을 보통사람보다 잘났다고 여기는 현상(2장 참조)처럼 객관적으로는 있을 수 없지만, 여러 불리한 집단의 성원들의 응답에서 잘 나타나고 있다(Olson & Hafer, 1996을 볼 것).

왜 이런 현상이 나타날까? 몇 가지 동기적인 설명이 가능하다. 우선, 개인적으로는 별로 차별을 경험하지 않는다는 인식을 할 때 사람들은 자기 삶의 많은 부분을 스스로가 통제할 수 있다는 유능감을 지각할 가능성이 높다(Crosby, 1984). 자신을 둘러싼 사람들의 편견으로 차별을 많이 경험한다는 것은 스스로가 무력한 사람이라는 부정적 인식을 갖게 만들 것이다. 그래서 사람들은 자신이 편견과 차별을 당한다는 만성적인 인식을 피하고자 한다(Quinn & Olson, 2003). 또 다른 설명은 소수집단의 성원들이 차별경험을 매번 드러내는 것은 다수집단의 성원들에게 자신을 불평만 많이 하는 사람이란 인식을 줄 가능성이 크기 때문에 축소시킬 가능성도 있다(Sechrist et al., 2004). 이는 특히 집단 간 권력관계의 변화 가능성이 적을 경우에 강하게 나타나리라 본다.

이와 같은 이유로 개인의 차별 경험을 적게 느끼는 반면에 집단의 경험은 많은 것으로 과장시키는 심리도 작용할 수 있다. 이런 과장이 사회문제로서의 집단 차별을 더 부각시키고 그 집단에 대한 정책적 배려와 논의를 촉구할 가능성이 높기 때문이다.

❖ 고정관념의 덫: 고정관념위협 이론

자신이 속한 집단에 대한 편견이 널리 수용되고 있을 때 집단 소속의식이 활성화되면 어떤 결과가 나타날 것인가? 고정관념위협 이론은 이 경우에 자기의 수행이 그 집단에 대한 부정적인 고정관념을 확인시켜 줄 수 있다는 불안(위협상황) 때문에 어려운 과제의 수행이 더욱 지장을 받는 덫으로 작용함을 제시한다(자세한 논의는 신홍임, 2008을 볼 것). 이 현상을 잘 보여 준 연구(Steele & Aronson, 1995)에서 미국의 명문 사학인 스탠퍼드 대학교에 진학한 흑인 학생들과 백인 학생들을 대상으로 GRE(미국의 대학원 입학 적성 시험)에 나오는 언어영역의 어려운 문제들로 구성된 시험을 치르게 하였다. 흑인과 백인을 반씩 나누어 위협 조건의 참여자에게는 이 연구가 언어과제 수행과 관련된 다양한 개인적 특성에 대한 연구라고 알려주었다. 과제수행을 통해서 수행자의 여러 능력에 대한 정보를 파악할 수 있다며, 수행이 끝나면 그들의 수행점수를 알려 주겠다고 하였다. 비위협 조건의 참여자에게는 연구의 목적이 언어과제 수행과 관련된 심리를 파악하기 위함이라며 개인의 수행점수를 산출하지는 않는다고 알려 주었다. [그림 10-22]는 조건별 참여자의 수행이 인종에 따라 확연히 차이남을 보이고 있다. 비위협 조건에서는 흑인 학생이나 백인 학생이나 차이가 없었다. 그러나 위협 조건에서 흑인 학생들의 수행이 훨씬 낮게 나왔다. 즉, 미국사회에서 널리 수용되고 있는 '흑인들은 공부를 못한다.'고 하는 고정관념이 흑인들에게 작용하여 수행이 떨어진 것이다. 이 효과는 참여자들이 지닌 언어능력과는 무관하게 나타났다. 위협-비위협 조건을 조작하는 대신에 자신의 인종을 쓰거나 혹은 쓰지 않게 하여 비교했을 때도 이런 양상이 나타났다. 즉, 인종을 표기함으로써 고정관념이 촉발된 흑인들에게서 수행점수가 나쁘게 나타났다.

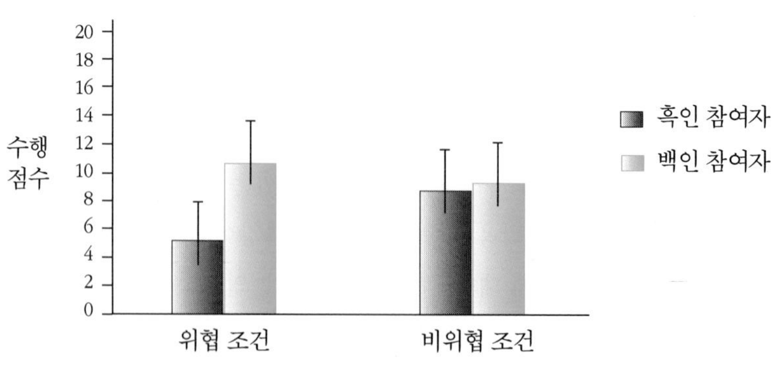

[그림 10-22]
조건과 참여자의 인종에 따른 수행점수

남녀 성차의 고정관념위협 효과 많은 사회에서 여성들은 수학능력이 남자에 비해 열등하다는 고정관념이 통용되고 있다. 미시간 대학교에서 수학실력이 우수할 뿐 아니라 수학능력이 자신에게 중요한 자질이라고 여기는 남녀 학생을 대상으로 두 가지 유형(쉬운 문제로 이루어졌거나, 어려운 문제로 이루어짐)의 수학시험을 치르게 하였다(Spencer et al., 1999, 연구 1). 쉬운 시험문제에서는 남녀 차이가 나타나지 않았다. 어려운 문제들의 수학시험을 치르는 조건을 둘로 나누어 한 조건에서는 그 시험에서 남녀 차이가 있는 것으로 알려 주었고, 다른 조건에서는 남녀 차이가 없다고 알려 주었다. 남녀 차이가 없다고 알려 준 경우에는 남녀 차이가 나타나지 않았으나, 차이가 있다고 알려 준 시험문제를 치를 때는 남녀 차이가 확연히 나타났다(연구 2). 이 결과는 똑같은 문제이지만 성차의 고정관념이 작용하는 경우와 그렇지 않은 경우에 고정관념위협 효과가 달리 나타남을 잘 보여 준 것이다.

고정관념의 덫은 학업에서뿐만 아니라 의사결정에서도 나타난다. 남녀 참여자들을 대상으로 수학적 사고, 논리 등의 능력이 필요한 과제들을 풀게 될 것이라며, 고정관념위협 조건에서는 과제를 시작하기 전에 자신의 성별을 표기하도록 하고, 통제 조건에서는 과제를 풀고서 성별을 표기하도록 하였다. 첫 과제에서는 수학 등식을 2분 동안 풀도록 하였고, 다음 과제에서는 6달러를 따거나 1~5달러를 잃게 되는 게임을 6번 할 기회를 주고 게임을 거부하는 횟수를 모험회피 행위로 간주하였다. 여성들은 고정관념위협 조건에서 게임을 거부하는 양상을 확연히 보였다(Carr & Steele, 2010; [그림 10-23]). 이 같은 현상은 모험회피 행동에서도 나타났다(연구 2).

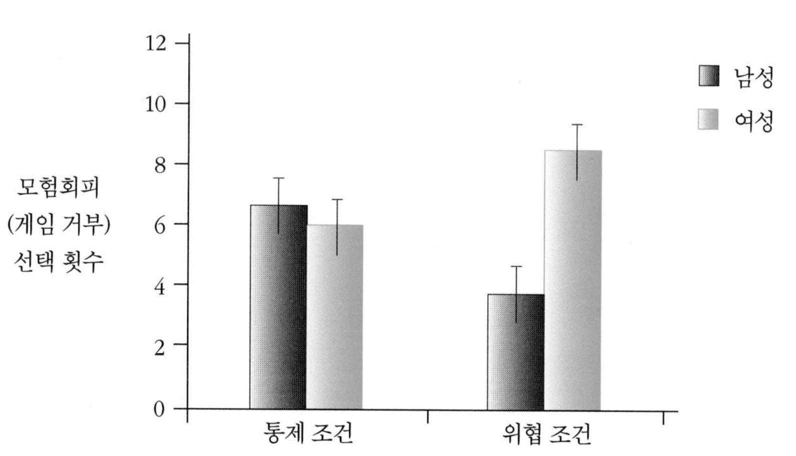

[그림 10-23]
남성 고정관념위협의 작용 여부에 따른 게임포기 양상
출처: Carr & Steele, 2010.

상황적 고정관념위협 효과 고정관념위협 효과가 나타나기 위해서 사회에서 통용되는 고정관념이 꼭 있어야 하는가? 그렇지 않다는 것이 밝혀졌다. 즉, 수학을 잘하는 백인 남학생들을 대상으로 수학을 잘하는 아시아 학생과 비교된다는 인식을 줌으로써 이들의 수행이 저하되는 것을 관찰할 수 있었다(Aronson et al., 1999). 즉, 연구가 아시아계와 백인계의 학교성적이 점점 벌어지고 있는 현상을 분석하기 위함이라고 설명 받은 조건에서 백인 학생들은 주어진 18개의 문제 중에서 6.55개를 맞혔지만, 그런 설명을 받지 못한 조건에서 백인 학생들은 평균 9.58개를 맞힘으로써 상황적으로 촉발되는 경우에도 고정관념위협 효과가 나타남을 볼 수 있다.

사람들이 중요하다고 여기는 과제를 수행함에 있어서 능력이 뛰어난 사람들에게도 고정관념위협 효과가 나타난다는 것은 충격적이다. 이 효과의 발현에 영향을 주는 변인에 대한 연구들은 여성의 성정체감을 강하게 갖고 있는 여성들에게서 특히 강하게 나타남을 발견하였다(Schmader, 2002). 고정관념위협 효과가 정체감의 탓으로 나타나는지 아니면 고정관념의 탓으로 나타나는지를 분석한 흥미로운 연구가 수행되었다(Shih et al., 1999). 미국에서는 ① '여성은 수학을 못한다.' 는 고정관념과 ② '아시아계는 수학을 잘한다.' 는 고정관념이 널리 수용되어 있는데, 이와는 대조적으로 캐나다에서는 ①은 수용되고 있으나 ②는 수용되지 않고 있다는 점에 착안하여, 미국과 캐나다에 거주하는 아시아계 여성을 대상으로 몇 가지 질문을 함으로써 이들이 지닌 아시아인 혹은 여성의 정체감을 부각시키고(아무런 정체감을 부각시키지 않는 통제조건이 추가됨), 수능검사 수준의 어려운 수학문제를 20분간 풀게 하고 채점하였다. [그림 10-24]에서 볼 수 있듯이 미국에서 연구에 참여한 아시아계 여성

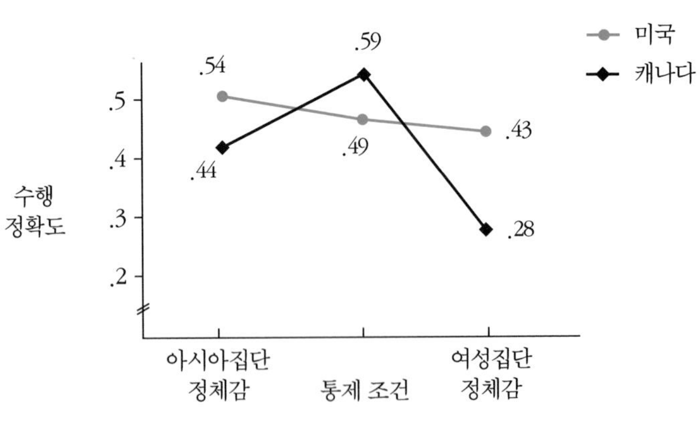

[그림 10-24]
아시아계 여성이 보여 준 미국(연구 1)과 캐나다(연구 2)에서의 고정관념위협 시 수행 정확도

들에게서 아시아인 정체감이 부각되었을 때 점수가 가장 높고, 여성 정체감이 부각되었을 때 가장 낮았으나, 캐나다에서는 아시아인 정체감이 부각되었을 때 점수가 높지 않았다. 이 결과는 자신이 지닌 정체성도 문제가 되지만(미국), 그보다는 고정관념의 내용이 더 영향을 준다는 것을 보여 준다(캐나다). 캐나다인들도 아시아계 혹은 여성이라는 정체감을 지니고 있지만, 수행에 영향을 주는 것은 수행에 부정적인 여성 고정관념이 부각된 경우에만 나타난 것이다.

고정관념위협 효과의 작용기제 자기가 지닌 집단범주와 관련된 부정적인 고정관념이 사회에 수용되고 있으며, 자신이 지닌 그 범주가 환기될 때 사람들은 정서적으로 긴장하게 된다. 몇몇 연구들이 이런 상황에서 사람들의 생리적 지표를 측정한 결과 교감신경계가 긴장하며, 불안증상을 보이는 것을 관찰했다(O'Brien & Crandall, 2003). 자신의 집단과 관련된 부정적인 고정관념이 환기되면 사람들은 실망감과 자괴감을 느끼며, 자신에 대한 부정적인 느낌을 갖게 된다. 고정관념이 위협적으로 작용하는 상황에서 사람들은 활동기억의 용량이 감소되는 양상을 보인다(Schmader & Johns, 2003). 이러한 기제가 과제수행에 지장을 초래하는 것으로 여겨진다([그림 10-25]). 뇌영상장치를 동원한 연구는 여성들이 고정관념위협 조건에서 수학을 푸는 경우에 통제 조건과 달리 사회적 정서에 깊이 관여하는 뇌의 배내측피질(ventral anterior cingulate cortex)이 활성화되며, 수학문제를 푸는 영역의 활성화가 덜 나타남을 발견하였다(Krendl et al., 2008).

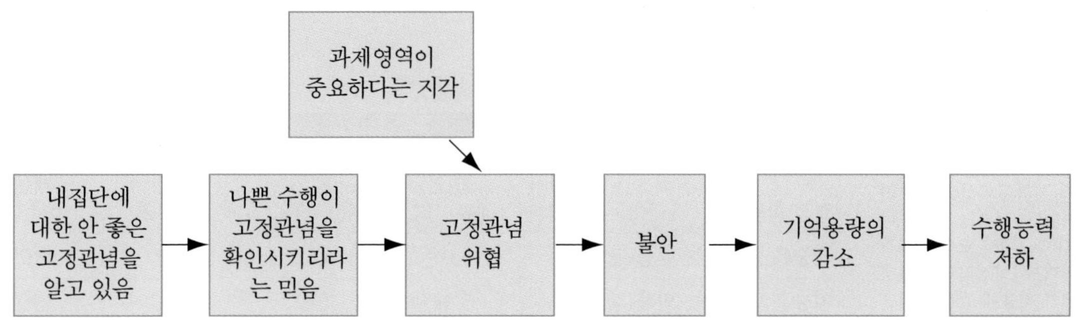

[그림 10-25] 고정관념위협 효과의 작용과정
출처: Brekler et al., 2006, p. 376.

고정관념위협 효과에 대한 대처 잘해야 할 과제를 고정관념의 덫으로 망친다는 것은 경계해야 할 일이다. 이러한 영향으로부터 자유로울 수 있는 방법은 무엇인가? Ford 등(2004)은 유머나 해학을 이용할 수 있음을 보이고 있다. 해학은 상기된 불안을 낮춤으로써 수행장애를 떨쳐낼 수 있다. 또한 고정관념에 반대되는 좋은 사례들을 생각하게 하는 것도 도움이 될 수 있다. 한 연구에서는 발명, 의학, 법률, 건축 분야에서 성공한 여성들의 사례를 읽도록 하면 여성들의 수학과제 수행이 영향받지 않음을 보고하고 있다(Marx & Roman, 2002; McIntyre, Paulson, & Lord, 2003).

또한 사람들로 하여금 재능과 능력이 천부적으로 주어진 것이 아니라 노력 여하에 따라 신장시킬 수 있음을 믿게끔 하는 것도 효과적인 것으로 나타났다. 한 연구에서 스탠퍼드 대학교를 다니는 흑인과 백인 학생들을 대상으로 조건을 나누어 지능 변화 조건에 배정된 사람들에게는 다양한 증거를 제시하여 지능이 변할 수 있음을 알려 준 후에, 학업에 어려움을 겪는 중등학생 아이에게 학업을 권장하는 내용의 글을 설득력 있게 작성하게 하였다(Aronson, Fried, & Good, 2002). 비교를 위한 통제 조건의 학생들에게는 지능이 복합적임을 알리는 정보를 제시하고 중등학생의 학업을 권장하는 글을 작성하도록 하였다. 아이와 펜팔을 통해서 그런 내용을 전달하도록 함으로써 글을 쓴 사람 스스로가 그러한 생각을 믿도록 만들고자 한 것이다. 한 학기가 지나면서 참여 학생들을 실험 조건별로 비교해 보니, 백인 학생에게는 조건별 차이가 별로 나타나지 않았지만, 지능이 변할 수 있다는 믿음을 갖게 된 흑인 학생들의 성적이 비교 조건의 흑인 학생에 비해서 향상되었으며, 학업에 대한 중요성을 높이 평가하며, 학업을 즐길 수 있었던 것으로 나타났다(〈표 10-1〉).

보다 최근에 미국 중등학교 현장에서 이루어진 실험은 간단한 처치로도 고정관념의 덫을 벗어날 수 있음을 보여 준다(Cohen, Garcia, Apfel, & Master, 2006). 중하층

아론슨(Elliot Aronson, 1932~)
인본주의 심리학자인 Maslow에게서 배우고 Festinger 밑에서 실험사회심리학을 연구하였다. 현재는 캘리포니아 대학교에서 교수로 재직 중이며, 사회심리학의 실생활에의 적용에 깊은 관심을 갖고 연구하고 있다. 사회심리학을 일반인들에게 재미있게 설명한 『Social animal』을 저술하였다(이 책은 국내에서 윤진과 최상진에 의해 『사회심리학』이란 제목으로 번역 간행됨).

〈표 10-1〉 실험 조건별 흑인과 백인 학생의 변화

참여자 / 측정 항목	지능 변화 펜팔 조건		통제 펜팔 조건	
	흑인 (n=16)	백인 (n=12)	흑인 (n=12)	백인 (n=11)
지능은 변한다는 믿음(단기)	5.04[a]	4.81[ac]	4.40[ab]	4.07[ab]
지능은 변한다는 믿음(장기)	5.42[a]	4.70[ab]	4.31[bc]	3.79[cd]
공부가 재미있다	4.38[b]	5.43[ad]	3.47[c]	4.89[ab]
공부는 중요하다	4.77[b]	5.61[a]	3.89[c]	5.67[ab]
고정관념위협 지각	5.22[a]	1.62[b]	4.70[a]	1.42[b]
봄 학기 성적	3.32[a]	3.55[a]	3.05[b]	3.34[ac]

소득수준 지역의 중학교 초년생들에게 새 학년을 시작하는 시점에 수업시간에 두 가지 봉투 중의 하나를 무선적으로 나누어 주었다. 봉투 속에는 사람들이 가치있다고 여기는 가치의 종류와 응답지가 들어 있었다. 실험 조건인 가치확인 조건의 학생들은 자신이 중요하게 생각하는 가치에 대하여 쓰고, 그것이 자기에게 왜 중요한지를 쓰도록 하였고, 통제 조건의 학생들은 어떤 사람은 중요하게 여겨도 자기는 전혀 중요하게 생각하지 않는 가치에 대하여 써서 제출하도록 하였다. 학생들의 교과목 선생은 어느 학생이 어떤 조건인지를 전혀 알 수 없도록 하였다. 이 학교에는 흑인과 백인 학생이 대략 반반 정도로 섞여 있었다. 실험 조건에서 학생들은 자신의 가치를 확인한 것뿐이지만, 이 효과는 컸다. 학생들의 실제 학업성적을 상중하 세 등급으로 구분하여 학기가 끝날 때 성적에 미치는 처치효과의 양상을 인종별로 분석한 결과, 흑인 학생들의 경우 모든 등급에서 가치확인을 한 실험 조건의 학생들 성적이 향상된 것으로 나타났다. 통제 조건에서 흑인과 백인의 성적 차이는 평균 0.75등급으로 흑인이 나빴지만, 실험조건의 경우에 이 차이는 0.30으로 줄어들어, 40% 감소효과가 나타난 것이다. 한 학기 동안 10번에 걸쳐서 학업수행을 보는 검사를 치루게 하며 나타난 변화를 보면([그림 10-26]), 통제 조건의 흑인 학생들 수행점수가 지속적인 하향추세를 보이는 것에 반해서, 가치확인을 한 실험 조건의 경우 하향추세는 나타나지 않았다.

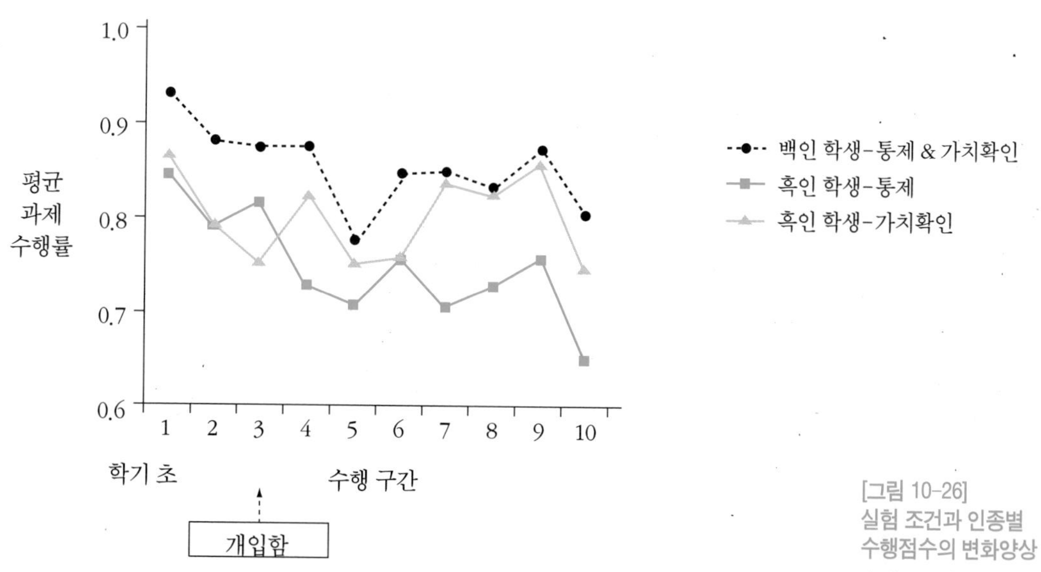

[그림 10-26]
실험 조건과 인종별
수행점수의 변화양상
출처: Cohen et al., 2006.

간단한 처치효과가 믿기 어려울 정도로 크게 나타난 이유는 무엇일까? 일반적인 학교 상황에서는 고정관념이 학업수행에 덫으로 작용하는 양상이 서로 맞물려 나타나지만, 가치확인 조건에서는 이 덫이 작용하지 않았다. 이는 [그림10-26]의 흑인 자료에서 나타난다. 개입이 있기 전에 흑인 학생들의 학기 초 성적은 하향세였으나, 개입여부가 추세를 변화시켰다. 덫의 작용정지가 성적향상으로 나타나면서 선순환적 작용이 나타난 것이다. 학교의 자원이나 정책이 인종차별과 격차를 개선하는 방향으로 잡히고, 사람들이 갖고 있는 고정관념이 문제가 되는 상황에서, 고정관념일 뿐이라는 인식을 하며, 수행평가를 자주하는 상황이 고정관념의 덫에서 벗어나는 효과를 거둘 수 있었던 탓으로 본다.

요 약

1. 편견의 피해자들은 자신의 피해경험이 자신이 속한 집단의 다른 성원들이 겪는 피해경험에 비해 적다고 생각한다. 그 이유는 자신에 대한 유능감의 지각, 무기력 상태 회피의 동기가 작용하기 때문이다.
2. 고정관념위협 이론은 자신의 수행이 자신이 속한 집단에 대한 부정적인 고정관념을 확인시킬 수 있다는 불안을 느끼게 되어 과제 수행이 차질을 받게 되는 현상을 설명한다.
3. 고정관념위협 효과는 성, 인종과 관련해서 과제수행을 하는 상황에서 나타났다. 그러나 집단정체성 때문에 나타나는 효과라기보다는 고정관념의 내용에 의해서 나타나는 경향이 강하다.
4. 고정관념이라는 덫에 희생되지 않기 위해서는 고정관념이 환기될 때 불안을 낮추는 유머, 해학, 성공 사례를 생각하는 것이 바람직하다. 아울러 사람들의 능력은 노력하기에 따라 변할 수 있다는 신념을 가질 필요가 있다.

국내 최초 우주인 이소연 씨

편견과 차별의 감소

여성에 대한 편견, 특정지역 출신인에 대한 편견, 조선족에 대한 편견, 지방대, 고교출신 학력자에 대한 편견, 장애인에 대한 편견 등등. 우리 사회에 널리 퍼져 있는 이런 각종의 편견을 없앨 수 있는 방법은 무엇인가? 편견을 고치는 일은 쉬운 일이 아니다. 그러나 불가능한 것도 아니다. 편견은 복합적인 이유로 생기고 유지되는 만큼 어느 하나의 방법을 고집할 것이 아니라 다양한 방법을 모색하고 실천하는 것이 바람직하다.

❖ 편견에 반하는 사례의 보편화

편견의 대상이 되는 집단에 대하여 새롭게 알게 된 정보가 이미 지니고 있는 편견이나 고정관념과 반대되는 경우에 편견이 변화하는가? 불행하게도 그 답은 부정적이다. 사람들은 자기의 기대감과 상치하는 정보를 접할 때 그 개별적 정보를 설명해 내려는 경향을 지니고 있어, 이를 설명해 버리게 되면 원래의 생각을 그대로 견지하게 된다. 즉, 반대되는 정보를 특수한 경우나 예외적인 경우로 여겨버리는 것이다. 성과중심의 조직사회에서 성공한 여성에 대하여 사람들은 능력보다는 운이 좋아서, 상황이 좋아서 혹은 특수한 사례로 취급함으로써 성 고정관념을 변화시키지 않는다(Heilman et al., 1995).

일치하지 않는 정보를 무시하거나, 예외적인 경우로 취급할 수 없을 정도로 많은 경우에 고정관념이 변하는가? 이 답도 긍정적이지 못하다. 사회에서 성공한 여성들이 많이 나타날 때, 사람들은 여성의 하위집단을 구성하여, 독특한 집단으로 취급함으로써 성 고정관념을 변화시키지 않는다. 이들 여성을 아주 적극적이고, 똑똑하며, 교육수준이 높은 여성 같지 않은 여성들('무늬만 여성')로 묶어 버리는 것이다. 대상집단을 하위범주로 세분화할 수 있다면 전체 집단에 대한 고정관념의 변화가 불필요하게 된다(Devine & Baker, 1991; Maurer et al., 1995).

이같이 고정관념에 반하는 정보들에 저항하는 인지적 방략이 존재하므로, 편견은 끈질기게 버틴다. 이를 없애기 위해서는 고정관념과 상치하는 정보가 반복적인 현상으로(고정관념을 갖고는 설명하기 곤란하게), 그리고 대상집단 성원들에게서 널리 두루(하위범주로 묶어 처리하기 곤란하게) 나타나야 한다(Johnston & Hewstone, 1992). 전형적인 여성의 특성을 지닌 사람들이 직업세계에서 성취를 보이는 사례를 많이 접할 때 우리 사회에서 여성에 대한 편견이 줄어들 것이다.

❖ 부조화를 이용한 편견의 감소

인지부조화 이론(Festinger, 1957; 본서 5장 참조)은 편견을 지닌 사람이라도 편견과 반대되는 행동을 취하게 되면 부조화를 경험하면서 편견을 바꾼다는 가능성을 제시한다. 캐나다에서 아시아인에 대하여 드러나지는 않지만 암묵적인 편견을 지닌 백인 학생과 편견이 없는 학생을 대상으로, 학교에서 인종차별주의에 더욱 관심을 갖고, 모든 사람이 평등한 대우를 하는 정책에 관심을 지녀야 하는 까닭에 대한 글을 쓰도록 한 후에, 위선 조건의 참여자에게는 자신이 과거에 아시아계 사람들에게

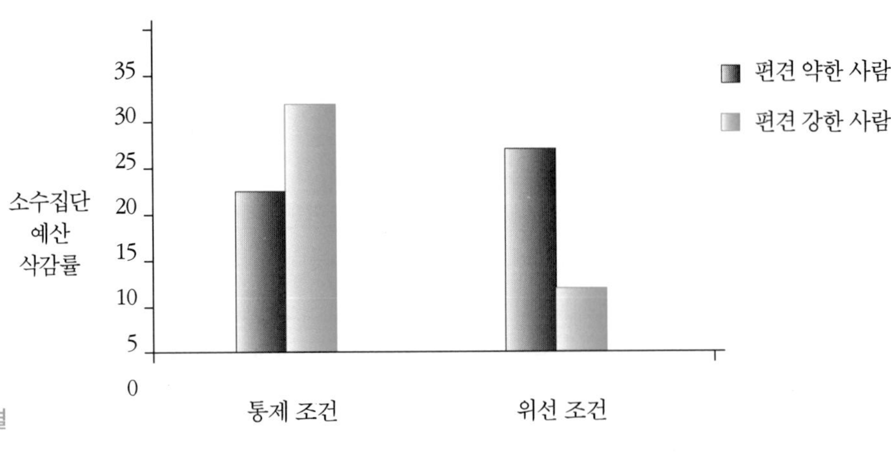

[그림 10-27]
편견소지 여부와 실험 조건별로 달리 나타난 삭감률

부당한 행동을 한 사례를 써보도록 하였다. 실험이 모두 끝난 후에 학교 본부에서 학생 동아리 지원비를 조정하기 위한 조사라면서 예산삭감 20%가 불가피한 상황에서 10개의 학생 동아리에 대한 삭감비율을 어떻게 하는 것이 좋겠는지를 묻고 아시아계 동아리에 대한 삭감률이 어떻게 나오는지를 분석하였다. 통제 조건(글만 쓰고 과거 행동을 회상하지 않음)의 학생들이 약 27% 정도를 삭감하자고 한 것에 비해서 위선 조건(글을 쓰고 과거 행동을 회상함)의 학생들은 평균 6.5% 정도만 삭감하자는 응답을 보였다([그림 10-27]). 아시아계에 대한 편견이 없는 사람들에게서는 실험조작 효과가 나타나지 않았다(Son Hing et al., 2002).

사람들은 위선적인 것으로 보이는 것을 매우 꺼린다. 사회적으로 바람직한 운동(환경보호, CO_2 줄이기 등)에 참여하는 것을 공언하도록 하고, 과거에 저질렀던 이와는 반대되는 행동을 상기시키면 사람들은 스스로가 철저하지 못했음을 느끼고, 위선적인 것을 기피하기 위하여 자신이 공언한 것을 더욱 실천하는 행동을 보이거나 태도를 갖게 된다(Aronson et al., 1991; Stone et al., 1994).

❖ 집단 간 접촉의 증가(접촉 가설)

미국에서 1954년에 대법원의 판결로 인종분리 학교 정책이 위헌으로 결정되면서 미국 남부에서 학교통합을 둘러싼 갈등이 심했다. 그러나 북부에서는 생활 거주지역이 자연히 분리되어 있던 탓에 학교들이 분리정책을 쓴 것은 아니지만 분리되어 있었다. 이렇게 인종 간에 분리된 생활을 함으로써 그릇된 편견이 더욱 심해졌고

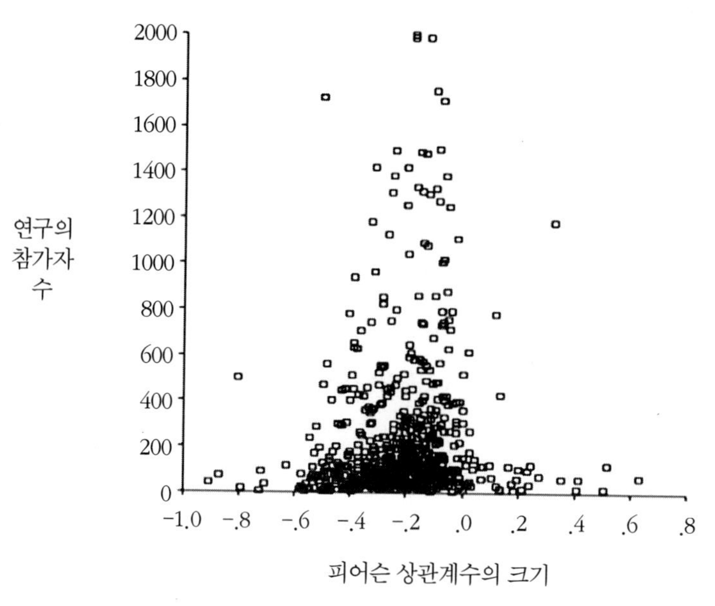

[그림 10-28]
다양한 연구에서 나타난 접촉의 증가와 편견 감소의 상관계수들과 연구의 사례 수(각 점은 하나의 독립된 연구임)
출처: Pettigrew & Tropp, 2006, 그림 1.

사회문제가 되자 1957년에 편견을 불식시키기 위한 접근으로 인종통합정책을 입법화하였다. 인종통합을 실현시키기 위해 소위 버싱(집과 학교의 거리가 멀더라도 통합을 위해 학교 버스로 통학을 시키는 정책)을 강행하였다. 그러나 이 정책은 편견해소 효과를 가져오지 못한 것으로 파악되었다(Aronson & Gonzalez, 1988). 이는 단순하게 서로의 접촉을 증가시키는 것만으로는 편견해소가 이루어지지 않음을 시사하고 있어 어떠한 접촉이 되어야 하는가에 대한 연구를 촉발시키게 되었다.

편견을 감소시키는 효과적인 접근은 두 집단 성원들 간의 직접적인 접촉을 강화시키는 것이라는 접촉 가설(Brewer & Miller, 1984; Cook, 1978)에 대한 수많은 연구가 이루어졌다. 다양한 집단의 유형(인종, 성, 국가, 동성애 등)을 대상으로 이루어진 연구들 515개의 결과를 통합분석한 연구(Pettigrew & Tropp, 2006)는 접촉의 증가가 편견을 줄이는 효과가 있음을 보이고 있다. 그러나 [그림 10-28]에서 보듯이 해소효과가 없거나 반대로 나타나는 경우도 있음을 알 수 있다. 따라서 단순히 서로의 접촉을 증가시키는 것만으로는 편견해소가 이루어지리라고 기대하기 어렵다.

효과적인 접촉 효과적 접촉을 위해서는 몇 가지 조건이 구비되어야 한다(Cook, 1988). 우선 접촉이 동등한 지위에서 장기적으로 긴밀하게 이루어져야 한다. 즉, 기존의 우열관계에 바탕을 둔 접촉은 편견을 없애는 데 도움이 별로 되지 못한다. 두 집단의 사람들이 만날 기회는 있지만 긴밀하지 못할 경우 접촉은 기존의 편견을 재확인시켜 주는 경우가 많다. 결국 사람들이 지니고 있는 도식, 고정관념을 바꾸기 위해서는 그것과 반대되는 많은 증거를 접해야 하는데 피상적인 접촉은 이러한 증거를 제공하지 못한다. 독일 아우슈비츠에서 일한 나치 의사들은 수용된 유대인 의사들의 조력을 받을 수밖에 없었다. 나치 의사들은 도움을 받으면서 유대인들이 지닌 인간적인 면모를 많이 접하게 되었고 나중에는 이들의 처우개선을 위해 노력했다고 한다. 독일 사업가인 쉰들러도 유대인 노동자들의 값싼 노동력을 이용하기 위해 유대인들을 고용하였지만 이들과 장시간 밀접한 생활을 하면서 인간적인 연민을 느끼게 되어 처형될 뻔한 1,161명의 유대인을 구출하게 되었다(Lifton, 1994).

둘째 조건은 두 집단 성원 사이의 상호 협조적인 의존관계 형성이다. 즉, 공동목표를 지니고 이를 달성하기 위해서 협조해야 하는 경우에 적개심과 편견이 감소된다(Sherif et al., 1961). Aronson은 교실에서 학우들 간의 경쟁심과 적개심, 편견을 해소하기 위한 조각 맞추기 교육 프로그램을 개발하여 좋은 효과를 보이고 있다(곁글 10-7). 국내에서 최광선과 안상수(1991)는 두 집단이 협동적으로 수행한 과제의 결과가 성공적으로 나타났을 때 실패한 경우보다 집단 간 편견이 적게 나타남을 보였다.

셋째 조건으로, 편견이 잘못된 것이며 집단 성원들은 모두 평등하다는 사회적 규범이 수용되고 분쟁의 조정과 감독 역할을 하는 사람들 간에 이를 받아들이는 합의가 존재해야 한다.

이런 여러 가지 조건을 갖춘 상태에서 벌어지는 집단 성원 간의 접촉은 편견해소 및 친밀감을 증대시키는 효과가 크다(Clore et al., 1978). 빈번한 접촉을 통해서 사람들은 상대집단원들의 행동이 자신들의 고정관념과 부합하지 않음을 알게 되고, 이것이 누적되면서 상대집단을 획일적으로 다룰 수 없음을 인식하게 된다. 이러한 인식은 고정관념적 신념의 바탕 원리인 외집단 동질성에 대한 믿음을 무너뜨리면서 고정관념을 약화시키는 것으로 나타난다(이진환, 1985).

아울러 집단 간 교류를 통해 낯선 집단에 대한 불안감이 감소되는 효과가 있다(Paolini et al., 2004; Plant & Devine, 2003). 낯선 집단과 교류 시 불안을 느끼고, 이 불안이 교류를 피하도록 만드는데, 그들과 우호적인 교류를 경험하면 불안이 현저하게 감소하는 탓에 교류가 순조롭게 이루어지게 된다. 또한 우호적인 접촉 경험은 상대방에게 갖는 나쁜 편견에 대한 의구심을 불러오며, 두 집단의 차이보다는 태도와 가치의

국내 거주하는 외국인과 한국인 간의 이야기쇼

결글 10-7 조각 맞추기 교육

전형적인 교실에서의 학습은 선생님이 강의 또는 토의식으로 가르치고 배운 것에 대하여 개인적 평가를 하여 학생들의 성취를 다른 학생들과 상대적으로 비교하여 등급을 매기는 것이다. 이는 학습내용의 개인적 학습과 더불어 학우들 간의 경쟁심을 조장시키는 효과를 지니고 있다. 학우들 간의 경쟁은 교실 분위기를 긴장상태로 몰아가는 효과가 있으며 평가에서 뒤떨어지는 학생들의 자존심 상실, 학습의욕의 저하로 이어져 학교교육이 상위의 몇몇 학생들을 위한 체제로 존속하는 바람직하지 않은 결과를 가져온다. 이러한 문제점에 대한 개선책으로 Aronson은 **조각 맞추기**(jigsaw puzzle) 교육방법을 제시하였다. 이 방식은 학생들을 소집단으로 구분하여 각 집단별로 학습내용을 부여하고 각 집단 내에서는 또 개인별로 학습내용을 분담하도록 한다. 각 개인은 자기의 분담내용을 공부하여 분단 내의 다른 학생들에게 알려주어야 하는 책임을 지닌다. 따라서 분단에게 할당된 전체 주제를 다루기 위해서는 분단 내 구성원이 모두 자신이 맡은 부분을 끝내야 하며, 아무리 우월한 사람이라도 다른 사람의 도움을 받아야만 전체 내용을 알 수 있게 된다. 이를테면, '이순신 장군의 생애' 를 공부하는 경우 그의 성장기, 임진전쟁 기간, 이순신의 사상 등으로 공부할 내용을 구분하여 각기 맡은 부분을 공부하여 학급에서 다른 사람들에게 알려 주고, 자기가 맡지 않은 부분은 다른 학생에게 배우는 식이다.

이 방법을 쓴 결과 학급 내의 인종이 다른 성원들 사이에 서로 호감이 생기고, 소수민족 아동들의 자존감이 향상되는 것으로 나타났다(Aronson et al., 1978). 이 방법과 전통적인 방법을 비교한 연구(Slavin, 1983)에 의하면 63%의 조각 맞추기 교실에서 학업성취가 좋아짐을 보이는 반면에, 단지 4%의 전통적인 교실에서만 학업신장이 나타나는 것으로 보고하고 있다.

공통점을 발견하게 만들어 상대집단이 주는 상징적 위협을 감소시키는 효과도 가져온다.

집단 성원 간 우정의 형성 편견 대상집단의 성원과 우정이 성립된다면 이는 집단의 벽을 허무는 데 큰 효과가 있다. 이 효과는 복합적인 효과를 지닌 것으로 나타난다. 우선, 우정을 지닌 당사자에게 있어서, 상대집단뿐만 아니라 다른 집단에 대한 편견도 감소시키는 효과가 있다. 4천 명 가량의 유럽 주민들을 대상으로 조사한 연구(Pettigrew, 1997)는 다른 문화와 인종 간의 친구관계를 형성하고 있는 사람들이 자신과 직접 관계가 없는 문화에 대한 편견도 낮게 지니고 있음을 보이고 있다. 즉, 편견해소 효과는 일반화되어 나타난다는 점에서 편견해소를 위해 수많은 집단에 대한 편견을 일일이 대상으로 삼지 않아도 된다는 것이다.

또 다른 효과는 자기집단 내의 다른 성원들에게도 그 효과가 미친다는 점이다. Sherif가 행한 여름캠프 현장실험(8장 참조)과 유사한 상황에서 참가자들을 두 팀으

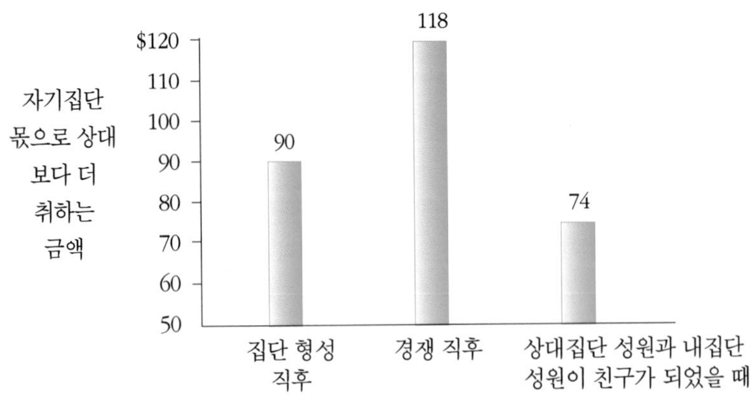

[그림 10-29]
교류의 양상이 변함에 따르는 내외집단 차별화의 양상
출처: Wright et al., 1997, 그림 1을 재구성함.

로 만들고 서로 경쟁하도록 한 후, 각 집단에서 한 사람씩 만나게 하여 친밀한 관계를 도모하도록 종용했다. 다른 사람들은 집단 간 접촉 없이 다른 과제를 하도록 하였다. 이 우정의 대화를 나눈 사람들이 자기집단으로 돌아가서 자기의 경험을 이야기하도록 하였다. 이 전체 과정은 하루 종일 지속되었는데 각 단계마다 상대집단에 대하여 지니는 편견과 적대적 행위의 정도를 여러 가지 방법으로 측정하여 비교하였다. 그중의 한 측정치는 500달러의 상금을 타서 두 집단이 나누어 가지게 된 상황에서 자신들이 얼마나 더 가지겠는가를 묻는 것이었다(Wright et al., 1997). [그림 10-29]에서 보듯이, 자신의 집단 성원이 상대집단 성원과 친구가 되었다는 것을 들었을 때, 자기 몫으로 취하는 액수가 현저히 떨어지는 것을 볼 수 있다. 친구의 친구는 친구가 되는 현상이 편견의 불식 효과를 지님을 보여 주는 것이기도 하다.

차별받는 것의 경험 백인 아동의 초등교실에서 이루어진 한 현장실험은 차별을 경험하는 것이 가져오는 효과를 극적으로 보이고 있다. 초등교사 제인 엘리엇은 28명의 백인 아동 교실에서 아이들에게 흑인이 되는 것이 어떤 느낌일지 경험해 보면 어떻겠냐고 제안을 하고, 아이들이 동의하자, 피부 색깔을 결정하는 멜라닌 색소의 역할에 대하여 설명하였다. 이 색소가 많은 사람이 더 똑똑하고, 현명한 사람이 된다면서, 아이들의 눈동자(갈색과 푸른색)에서 갈색 눈동자가 멜라닌 색소가 많아, 더 똑똑하고 우월한 사람이라고 알려주며, 파란 눈을 가진 아이들의 목에 작은 목걸이를 달아주었다. 우월한 갈색 눈을 가진 아이들은 특권을 누릴 수 있었다. 운동장의 정글짐 놀이장을 독점적으로 사용하고, 쉬는 시간도 5분 더 가졌으며, 갈색 눈의 아동은 교실의 앞자리에, 파란 눈은 뒷자리로 밀려났고, 서로 놀지 말도록 하였다. 며칠이 지나자 아이들의 행동에도 변화가 나타났다. 갈색 눈의 아이들은 파란 눈의 아이들에게 별스럽지 않은 일에 "너희는 못났으니까 사과해야 돼."라며 파란 눈의 아이들을 핍박하였고 무시하였다. 일주일이 못 가서 파란 눈의 아이들은 수업시간에 발표하는 행동이 줄어들고, 소극적이 되었고, 전에는 어려워하지 않던 산수 문제를 틀리기 시작하였다. 일주일이 경과했을 때 교사는 아이들에게 자신이 잘못 알았다면서 우월한 사람은 갈색 눈이 아니라 파란 눈이라고 알려주고, 이들에게 갈색 눈이 누리던 특권을 부여하며 입장을 바꾸었다. 두 집단의 지위가 순식간에 역전된 것이다. 그러나 파란 눈의 아이들은 갈색 눈의 아이를 핍박하지 않았다. 차별을 받아 아팠던 경험이 이들로 하여금 너그러울 수 있게 만든 것이다. 이 현장실험은 갈라진 교실(A class divided)이라는 다큐로 제작되어 널리 알려지게 되었다(Peters, 1988).

다양한 피부색의 아이들이 보육실에 모여 놀고 있다.
출처: 한겨레 21, 2015. 12. 7.

갈라진 교실에 대한 동영상 https://www.youtube.com/watch?v=Rx_Lb-5G2Lg(10분).

❖ 범주화 방식에 의한 방법

사람들을 집단으로 묶어줄 수 있는 속성 중 어느 것으로 무리 짓기(범주화)를 할 것인가는 자연적으로 결정되는 것이 아니라 시대 상황적인 요소에 의해서 결정된다. 자신을 무리 지을 수 있는 특징들을 생각해 보라. 한국인, 여자, 대학생, 22세, 대전 출신, 작은 키, 비만, 곱슬머리, 게임중독, 고 씨, 특정 고교 졸업 등등 수많은 특성들에 의해 자신을 무리 지을 수 있다. 이 많은 특성 중에서 어느 것에 의해서 범주화가 이루어지는가 하는 것은 필요와 선택이 작용하는 것이지, 늘 자연스럽게 이루어지는 것은 아니다(Berreby, 2005; 곁글 10-8). 사람들은 자신이 지닌 특정 범주를 환기시킬 때 그 범주의 정치성향, 고정관념에 의해 영향받는다. 자기범주화 이론(Turner, 1982; 뒷부분에서 상술함)은 사람들이 상대방을 그가 속한 범주에 의해 평가하는 양상에 주목하며, 상대방을 자신과 같은 범주로 파악하는 경우에 상대와의 유사성, 유대감을 느끼고, 다른 범주로 파악하면 상대와 자신은 다르다는 것을 주목한다. 이에 바탕하여, 상대와의 관계에서 공통된 범주를 환기시키는 재범주화 혹은 교차범주화 전략 등을 이용하여 편견을 줄이고, 협동적 관계를 도모할 수 있다.

탈/재범주화 방식 상대방을 대립하고 있는 범주의 성원으로서 보지 않고 개인으로서 대하며 교류하는 방식을 탈범주화라고 할 수 있다(이해경, 이수원, 1994). 누구나 개성을 지닌 인간으로서 동등한 개인일 뿐이라는 관점, 피부색깔에 대하여는 색맹적 접근이라 할 수 있는 이 접근은 범주화가 차별을 불가피하게 만든다는 사회정체감 이론 및 잦은 접촉이 집단갈등 해소에 도움이 된다는 기존의 사회심리학적 설명과 맥을 같이 하고 있다(Richeson & Nussbaum, 2004). 그러나 사람들이 대인지각에서 범주화를 하는 것은 자동적인 현상이라는 점에서 한계를 지니고 있다(Brewer & Brown, 1998). 탈범주화를 방침으로 채택한 통합학교의 현장을 분석한 연구들은 교사와 행정가들이 이런 방침을 받아들인 경우에 인종 구분이 학교행정에서 배제되어 교내에서 소수집단 성원에 의한 활동(결석률, 비행률 등)이 전혀 파악이 안 되며, 백인 소녀들이 마틴 루터 킹 목사가 흑인이라는 것을 모르며, 백인 아동들이 현재의 인종불평등 문제를 정당화시키는 논리를 지니고 있음을 보고하고 있다(Bonilla-Silva, 2003; Schofield, 2001).

대립관계에 있는 두 집단의 성원들에게 이들이 공유하고 있는 상위범주 혹은 다른 범주를 환기시키며, 이에 바탕한 행동을 하도록 촉구하는 것은 재범주화 방식이다. 그러나 연구들은 단순 재범주화가 자연히 편견 감소를 가져오는 것이 아니라, 상대집단에 대한 태도는 자신들이 지각하는 상위범주에 대하여 어느 집단이 전형적인 특징을 지니고 있는지에 따라 오히려 악영향을 받을 수 있음을 보인다(Waldzus et al., 2004). 이 가능성을 국내에서 검토한 연구(노혜경, 2015)는 대학생 72명과 북한 이탈주민 17명을 대상으로 한민족에 대하여 공통적으로 느끼는 특징을 파악하고, 이들 특징(권위적, 성공지향적, 관계지향적, 보수적, 진취적, 충동적 등 17가지)에 대하여 북한인과 남한인의 특징을 파악하도록 하였다. 남한 대학생이나 탈북인들 모두 자기집단이 상대집단보다 한민족의 전형적인 특징을 더 지니고 있다고 여기는 양상이 나타났으나, 상대집단과 자기집단을 전형성 평가에서 차별화시키는 양상은 남한인에게서 훨씬 높게 나타났다([그림 10-30]). 상대집단 성원에 대하여 느끼는 공감의 정도, 교류의지, 수용의사를 같이 파악하여 보니, 자신의 집단이 한민족이라는 상위범주에 더 전형적이라고 여길수록, 외집단에 대한 공감 정도나 교류의지가 낮게 나타났다. 이 결과에 비추면, 우리는 모두가 전형적이라 여길 수 있는 인간이라는 큰 범주의식에서 이주민이나 탈북자들과 어울리는 태도를 갖는 것이 바람직하다고 보겠다.

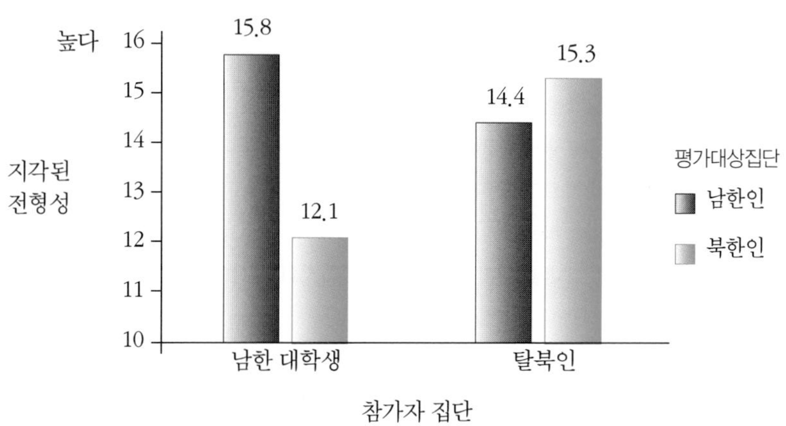

[그림 10-30]
상위범주(한민족) 특성의 전형성에 대한 남한인과 탈북인의 관점의 차이
출처: 노혜경, 2015, 그림 1.

결글 10-8

인간의 무리 짓기 기준은 머릿속에서 만들어진다!

책들을 분류하는 방식이 수십 가지가 있듯이, 분류하기는 필요와 목적에 따라 그 방식이 결정되는 것이지 대상이 지닌 어떤 특징이 그런 분류를 강제하는 것은 아니다.

사람의 경우에 인종이 자연스러운 분류라고 여기는 사람이 많다. Berreby(2005)는 실화를 들어 그 '자연스러움'을 문제 삼고 있다(pp. 101-102). 아랍계 미국인인 아자르는 2003년 이라크 전쟁에서 부상당한 이라크 포로들의 통역을 담당했는데, 미 해군제복을 입고 있었지만 포로들은 그가 아랍어 하는 것을 듣자마자 태도가 변하고 긴장을 풀었다고 한다. 아자르는 "그 즉시 문화적인 유대가 형성되었다. 그들에게 나는 형제와 같았고 나는 그들의 변호인이었다."라고 말했다. 그러나 적군과 아군이라는 중요한 무리 짓기에 민족은 밀려날 수밖에 없다. Sinclair와 Kunda(1999)는 사람들

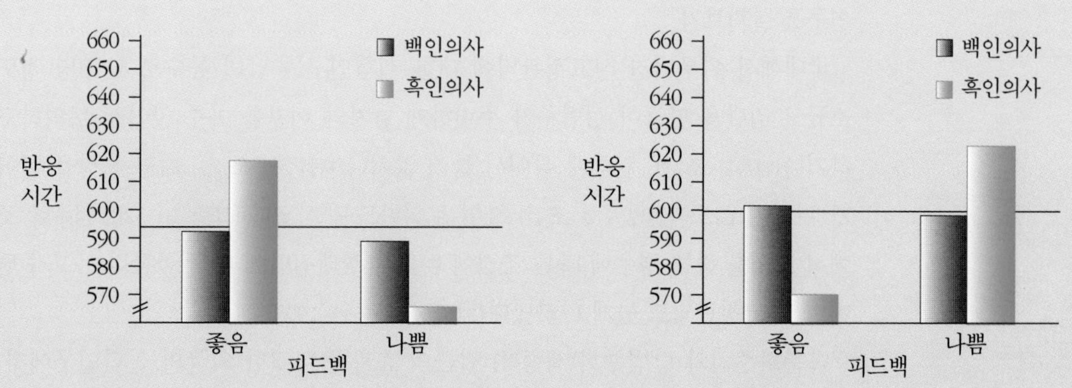

[그림 10-31] 의사(흑인 혹은 백인)의 피드백이 좋고 나쁨에 따른 흑인범주 및 의사범주 단어에 대한 반응시간
반응시간이 빨라지는(단축되는) 것은 해당 단어에 대한 친숙성이 높다는 것을 의미한다.

의 심리에서 나오는 무리 짓기 현상을 잘 보여 주었다. 미국에서 실험참가자에게 흑인 의사와 건강문제에 관한 면담을 갖도록 했다. 의사는 절반의 참가자에게는 건강하며 바른 생활 습관을 가졌다고 말했고, 나머지 절반에게는 바꿔야 할 나쁜 습관을 갖고 있다고 말해 주었다. 좋은 말을 들은 참가자들의 경우에 의사를 말할 때 의사라고 호칭하는 사람들이 많았지만, 마음에 안 드는 말을 들은 참가자들은 그를 의사라고 호칭하기보다는 흑인이라고 말하는 사람이 더 많았다. 이런 양상은 암묵적 측정법을 이용하였을 때 극명하게 나타났다. 흑인 의사의 평이 좋을 때는 의사라는 직위관련 단어(병원, 의학, 처방, 환자 등)에 대한 반응시간이 빠르게 나타나지만, 그의 평이 나빴을 경우에는 흑인관련 단어(검정, 아프리카, 재즈, 범죄, 폭력 등)에 대한 반응시간이 빠르게 나타났다(Sinclair & Kunda, 1999; [그림 10-31]). 이는 흑인이라는 범주나 의사라는 범주가 활성화되는 것은 상대를 대하는 사람들에게 활성화된 심리상태에 따라 달라짐을 보여 준다.

19세기까지 미국 버지니아 주에서는 흑인의 피가 1% 이하로 섞인 사람은 누구나 '백인'이었으나 1924년에는 흑인의 피가 한 방울이라도 섞인 사람과 백인의 결혼을 주 의회가 금지하였다. 인간은 필요에 따라, 각기 다른 무리 짓기의 근거를 끌어내어 무리를 짓는다. 이 근거는 대상에 내재하는 것이 아니라 무리 짓기를 하는 사람의 머릿속에서, 시대적 필요에 따라 만들어지는 것이다(Berreby, 2005, 4장).

다문화주의 같은 인종에 속하는 사람들을 같은 부류로 무리 짓는 것은 일반적인 현상이다. 이들 다른 부류의 사람들이 편견과 나쁜 태도로 상대를 대하지 않고 서로를 인정하고 존중하는 태도를 갖고 생활하는 것을 다문화주의라고 한다. 다문화주의 관점에서는 각 집단의 정체성을 인정하고 유지하며, 상호 존중의 가치를 포용한다.

다양한 방식의 범주화가 지니는 효과 비교 대립적인 관계에 있는 상대집단 성원들이 지닌 편견을 불식시키거나 약화시키는 효과적인 방식은 무엇인지에 대한 연구를 살펴보자.

국내에서 이루어진 성고정관념에 대한 실험연구는 남녀 동수로 6~8명 정도의 소규모 집단을 만들어 성범주가 뚜렷하게 남자와 여자를 마주 앉아서 토의하도록 하거나(범주화 조건), 원탁에 섞여서 둘러 앉거나(재범주화 조건), 개인 책상을 끌어다가 뒤섞여 앉도록(탈범주화 조건) 하여 토의하도록 하였다([그림 10-32]). 범주화 조건에서 토의를 하는 경우에 다른 조건에 비해서 상대집단에 대한 공감적 사고가 떨어지며, 성고정관념도 높게 나타났다(이해경, 이수원, 1998).

다문화주의와 탈범주화(색맹적) 접근의 효과를 비교한 외국의 실험연구에서 백인 대학생을 대상으로 흑백인종에 대한 사람들의 인식에 대한 연구라고 연구의 목적을 제시한 후에 인종차별 문제에 대한 접근방법으로 학자들의 연구결과를

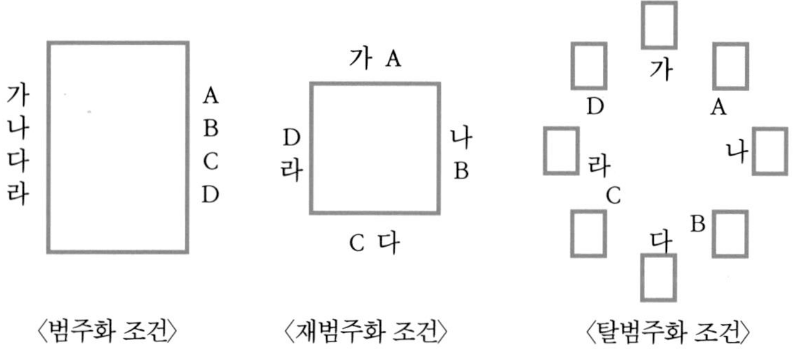

[그림 10-32]
다양한 범주화 집단의 토의장 배치

종합하여 설득력 있게 주장하는 내용을 읽도록 하였다(Richeson & Nussbaum, 2004; Wolsko et al., 2000). 한 주장은 탈범주화가 바람직하다는 주장이다. 이 주장은 인종의 평등성을 강조하며, 우리는 다 같은 국민일 뿐이라는 내용을 담고 있었다. 다른 주장은 다문화주의가 바람직하다는 주장이다. 인종의 다양성을 주장하고 이를 존중하고 수용해야 한다는 내용의 글이었다. 통제 조건에서는 이런 글들을 읽지 않았다. 글을 보고 나서 인종문제에 대한 자신의 생각을 기술하도록 하였다. 그런 뒤에 각 인종집단에 대한 태도를 평가한 결과 탈범주화 조건과 다문화주의 조건의 참가자들은 통제 조건의 참여자들에 비해서 흑인에 대한 태도가 보다 호의적으로 나타났다. 다문화주의 조건의 참여자들은 다른 조건의 참여자들에 비해서 흑인들을 하나의 인종집단으로 파악하는 양상이 뚜렷해서, 그들에 대한 고정관념을 뚜렷이 보였으나, 이 고정관념은 긍정적인 특성과 부정적인 특성 모두를 포함하는 내용이었다. 아울러 다문화주의 조건에서 흑인집단에 대한 전반적인 태도가 우호적이었으며 내집단 선호 현상도 덜 나타났다(Wolsko et al., 2000). 다른 연구는 탈범주화 조건의 참여자들은 암묵적 태도(5장 참조) 검사에서도 강한 인종편향(백인보다 흑인을 더 부정적으로 보는)을 보였다(Richeson & Nussbaum, 2004). 이런 연구결과들은 다문화주의적 접근이 집단관계를 개선함에 있어서 더욱 바람직한 접근임을 보이고 있다(교육현장에서의 논의를 위해 Gurin et al., 2002를 참조 바람).

곁글 10-9

한국사회의 다문화주의

한국사회에서 국제결혼이 차지하는 비중이 전체 결혼 건수에서 10%를 넘고 있으며, 농어촌의 경우에 40~50%대를 차지하고 있다. 현재 다문화가정의 자녀수도 20만 명에 달하며, 6만여 명의 아동들이 학령기에 있어 각급 학교에서 수학하고 있으며, 갈수록 그 수가 급증할 것으로 예상된다. 한국말이 서투른 이주여성들에게 한국 정부는 정착을 지원하기 위해서 결혼이민자지원센터를 전국에 설립하고, 한국말 교육, 아동양육지원 등 다양한 형태의 사업을 벌이고 있다(길강묵, 2011). 그러나 이런 지원사업은 그들의 문화를 존중하고 공존시키고자 하는 진정한 의미의 통합철학과는 거리가 먼 한국사회로의 일방적 동화를 바람직하다고 여기는 철학을 근간으로 벌어지고 있어 걱정스러운 부분이 적지 않다(김지윤, 강충구, 이의철, 2014; 윤인진, 2008). 즉, 많은 다문화가정의 여성들이 자기의 모국어를 자녀들에게 가르치지 못하고, 늦게 배우는 한국말에 서투른 까닭에 자녀와의 소통에 문제점을 지니고, 차별적 대우를 경험하고 있으며, 자기 문화에 대한 자부심과 정체감을 포기할 것을 종용 받으면서 정신건강에 심각한 문제점을 지니게 된다(김한성, 이유신, 2013). 도시와 농촌에서 이들 여성 결혼이민자와 자주 접하는 지역주민들을 대상으로 심층면담을 진행시킨 연구(최훈석, 양애경, 이선주, 2008)는 이들 주위의 사람들이 이들에게 한국의 가부장적 가족관계에 일방적으로 순응하기를 요구하며, 이들을 '어쩔 수 없어 받아들일 수밖에 없는' 소극적 인정 차원에서 수용하며, 이들이 자신들의 모국 문화를 유지하는 것을 반대하는 태도를 지니고 있음을 보인다.

이러한 지역주민의 태도가 한국사회의 전반적인 태도라고 보아도 무리는 아니라고 본다. 이들에게 신속한 동화를 요구하는 태도는 결혼이주여성과 그 자녀들에게 큰 부담으로 작용할 것이다. 실제로 많은 다문화가정 아동들이 학교에서 왕따를 당하고, 놀림을 받는 등 피해를 호소하고 있고, 이들의 학교 이탈률도 매우 높게 나타난다. 조사들은 한국사람이 다문화가정이나 외국인에 대해 보이는 거부감은 표면적으로는 높지 않음을 보인다. 그러나 낮은 거부감이 상호 존중의 다문화주의를 받아들인다는 것은 아니다. 다문화 성원의 수용이 한국사회의 불안 요소라고 여기는 양상이 나타나고, 특히 젊은 층에서 이런 경향이 크다는 것은 한국사회가 펴고 있는 다문화주의와 그 정책이 다문화 수용도를 높이지 못하고 있음을 보인다(김지윤 등, 2014). 2015년 여성가족부가 성인 4,000명과 중고생 3,600여 명을 대상으로 문화개방성, 고정관념, 상호 교류 의지 등의 8개 항목을 조사하여 다문화 수용성 지수를 파악한 결과, 연령대가 낮을수록, 교육연령이 높을수록 이 지수가 높게 나오고 있지만, 외국인 노동자가 많이 일하고 있는 분야에서 생활하는 사람들에게는 낮게 나타나고 있다(여성가족부, 2016). 특히 "외국인 노동자나 이민자를 이웃으로 삼고 싶지 않다."는 성인의 비율이 31.8%로 나타나고 있다. 이 수치는 미국의 13.7%, 호주 10.6%, 스웨덴 3.5%에 비해서 매우 높은 수준이어서 한국사회의 개발도상국가 출신의 외국인에 대한 기피증이 추후 집단 간 갈등으로 분출될 가능성이 적지 않음을 시사하고 있다. 다문화가정의 주부와 자녀를 포함한 외국인 노동자들을 한국사회가 져야 하는 부담이라는 소극적 시각에서 벗어나, 이들을 미래지향적인 공존의 다문화사회를 가꾸어 가는 데 기여하는 자산으로 여기는 포용적 관점으로의 변화가 필요하다.

요 약

1. 편견과 차별을 감소시키는 다양한 방법이 있다. 편견을 부인해 주는 사례를 많이 접하게 하거나, 편견과 반대되는 행동을 취하도록 하여 부조화를 유도하는 인지적 방법이다.
2. 집단 간 접촉을 증가시키는 것이 편견을 해소하는 효과를 거두려면, 접촉이 동등한 지위에서 장기적으로 이루어져야 하며, 상호 협조적인 의존관계를 형성하게 되고, 편견을 타기하는 규범이 있어야 한다.
3. 집단 간 교류는 낯선 집단에 대한 불안을 감소시키며, 공통된 부분을 발견하게 만들어 상대집단이 주는 상징적 위협을 감소시키므로 편견을 줄이거나 해소하는 데 효과적이다.
4. 사람들이 무리를 짓고, 범주화를 하는 것은 자연적인 특성 때문에 이루어지는 것이 아니라 필요에 의해서 채택되는 준거가 적용되기 때문이다. 따라서 재범주화 및 다문화주의에 의한 편견/차별의 감소가 가능하다.
5. 탈범주화는 집단 범주를 인정하지 않고 개인으로서 존재를 인정하고 교류를 하도록 하는 접근이다. 다문화주의는 집단 범주를 인정하되 서로를 인정하고 존중하는 태도를 지향하는 것이다.
6. 재범주화는 두 집단이 공유하고 있는 다른 범주나 상위범주를 환기시켜 범주화하는 것이다. 재범주화가 효과를 거두기 위해서는 범주에의 전형성이 유사해야 한다.

집단 간 행위의 설명: 사회정체감 이론

사람들이 타인을 특정 집단의 성원으로 여기는 사회범주화를 하게 되면 그를 판단함에 있어서 그 집단에 대한 고정관념과 도식, 정서를 적용시키는 것처럼, 자신을 집단의 성원으로 범주화하게 되면 그 집단의 특성을 자기에게 적용시킨다. 타인과의 교류가 개인정체감을 바탕으로 진행되는 경우와 집단정체감을 바탕으로 전개되는 경우는 양상이 다르다. 집단 간 교류는 노사, 여야와 같이 경쟁을 하는 집단들의 경우는 물론이지만, 서로 협력해야 하는 경우(교수-직원, 의사-간호사)에도 쌍방간에 경쟁적 기류가 흐르는 경우가 많다.

타지펠(Henry Tajfel, 1920~1982)
폴란드 출신으로 영국 옥스퍼드 대학교에서 수학하고 브리스틀 대학교에서 사회심리학 교수로 봉직하였다. 유럽적 특성으로서 다양한 인종들이 섞여서 생활하는 현실을 조명하는 데 관심을 지니고 사회정체감 이론을 개발하였다. 이 이론은 사회심리학의 발전에 유럽인이 기여한 중요한 업적으로 인정받고 있다.

❖ 사회정체감 이론

어떤 식으로든 사람들은 편이 갈리면 우리 편에서는 우호적이고, 상대편에게는 차별적 양상을 보인다. 집단 간 차별 현상에 관심을 보인 영국의 사회심리학자 Tajfel(1978)은 이를 이해하는 중요한 이론을 제시하였다. 그는 사회적 행위를 대인 행위와 대집단 행위로 구분할 수 있다고 보았다. 그에 따르면 대인 행위는 개인이 자신의 개인적 속성인 이름, 성격, 태도, 지능 등을 바탕으로 다른 개인과 교류를 할 때 보이는 행위다. 반면에 대집단 행위는 개인이 자신이 속한 사회집단의 특성인 인종, 성, 대학, 출신지, 직업 등을 바탕으로 상대방과 교류하는 행위다. 전자의 경우는 자신이 속한 집단이 별 의미를 지니지 못하지만, 후자의 경우는 그것이 중요한 의미를 차지한다.

모든 사회적 행위는 결국 이러한 대인-대집단 행위의 연속선상에 놓여 있다. 어느 쪽으로 기우는가 하는 것은 몇 가지 변인에 의해서 결정되는데, 우선 집단이라는 범주가 얼마나 명확하게 부각되는가이다(Brown, 1988). 노사대표가 교섭하는 상황이라면 개인의 취향, 매력은 당사자들의 행위를 결정짓는 중요한 요소가 될 수 없다. 그러나 친분관계에 있는 교수와 학생들이 술자리를 같이 한다면 그 자리에서 나타나는 행위는 개인적 취향에 따라 사람마다 크게 다르게 된다. 둘째는 집단 내에서 성원들의 태도, 행위, 의견 등이 얼마나 통일되어 있으며 집단 간에는 얼마나 뚜렷한 차이가 있는가 하는 점이다. 집단 내 동질성이 강하고 집단 간 차이가 크다면 대집단 행위가 나타나기 쉽다. 대통령 선거에서 영호남의 대립은 항상 중요한 이슈로 부각된다. 이 경우 영호남의 집단이 현저하게 작용하지만 이에 더해서 중요한 것은 각 집단 내에서 사람들의 견해가 얼마나 통일되어 있는가 하는 것이다. 집단 내 의견이 분분하다면 투표행위는 개인적인 선호가 크게 작용하는 대인적 행위이며, 지역 내에서 통일되어 있다면—1992년의 대선(김영삼-영남 대 김대중-호남)에서처럼—대집단 행위로 나타날 것이다. 더욱이 대집단 행위 자체는 외부집단에 대해서만 나타나는 것이 아니라 내집단 성원의 집단의식이 현저한 경우에도 마찬가지 영향을 미치기 때문에 대인-대집단 행위의 연속선으로 보는 것이 타당하다(Brown & Turner, 1981; 〈표 10-2〉). 물론 대부분의 행위는 이 연속선의 어느 한 극단에 있기보다는 양면을 모두 지니고 있다. 집단의 정체감을 취하는 경향은 집단의 크기도 영향을 준다. 내집단 편애 경향은 내외집단 성원의 구성비가 작은 집단에서 강하게 나타난다(Mullen et al., 1992).

〈표 10-2〉 대인-대집단 행위의 영향요인

변 인	발현행위 대 인	⇔ 대집단
두 개 이상의 집단이 현저하게 부각되는가?	아 님	그러함
집단 내 성원 간에 행동, 의견이 보이는 일치성은?	낮 음	높 음
외집단 성원에 대하여 지닌 고정관념의 강도는?	낮 음	높 음

출처: Brown & Turner, 1981.

최소집단 상황 내외집단의 구분은 내집단에 대한 차별적 편애 현상을 가져온다. 이 양상은 Tajfel이 행한 최소집단 상황 실험에서 잘 나타났다. 이제는 고전이 된 실험에서 참가자들의 집단을 구분하기 위하여 과제를 주었다. 과제는 자막에 찍힌 점의 숫자를 세는 것이었고, 참가자들을 과다추정자와 과소추정자로 구분하였다. 점의 숫자를 많이 추정한 사람과 적게 추정한 사람으로 구분한다는 것이지만 실제는 임의로 배정한 집단이었다. 같은 집단에 속한 사람들은 만난 적이 없고, 만날 기대도 하지 않았다. 소위 최소집단 상황이라고 불린 이런 상황에서 참가자들은 자기집단의 성원 한 명(49번)과 상대집단 성원 한 명(72번)의 두 사람에게 점수(돈으로 환산됨)를 나누어 주게 되었다. 〈표 10-3〉에 나타난 것 같은 행렬을 제시하고(윗줄의 숫자는 자기집단 성원의 몫, 아랫줄의 숫자는 상대집단 성원의 몫) 14개의 선택지 중에 하나를 택하도록 하였더니, 실험에 참가한 청소년의 84%는 자기집단 성원에게 상대집단 성원보다 많은 점수의 행렬을 택하는 것으로 나타났다. 원래 연구자는 이런 식의 임의적인 집단 구분에 더해서, 백지에 찍힌 점의 숫자 추정을 잘하는 집단과 못하는 집단이라는 '잘-잘못'의 가치를 부과한 집단 구분도 하였지만, 어떤 구분이건 무관하게 내집단 선호 양상이 나타난 것이다(Tajfel et al., 1971). 더욱 흥미로운 것은 여러 개의 유형이 다른 행렬을 제시하였을 때 자신의 집단 성원에게 절대적으로 많은 점수를 줄 수 있는 선택을 할 수 있지만 이런 선택보다는 절대적 점수는 적더라도 상대집단 성원보다 많이 줄 수 있는 선택을 취하는 점이다. 이 현상은 유사한 실험상황에서 여러 나라에게 나타났다(Brewer, 1979; Mullen et al., 1992; Tajfel, 1982). 김범준(2002)은 대학생들에게 자신의 출신지역을 환기시킨 후에 자기 출신지역의 사람과 타지 출신 사람에 대한 평가를 시키고, 두 지역 사람이 행한 여섯 가지 바람직한 행동과 여섯 가지 바람직하지 않은 행동을 뒤섞어 제시하였다. 약간의 시간이 지난 후에 제시되었던 행동을 회상하게 하였을 때 사람들은 자기집단 사람의 경우에 바람직한 행동을 더 많이 회상하는 것으로 나타났다. 아울러 각자가 회상한 행동이 기질 탓인지 상황 탓인지를 평가하게 하였을 때, 내집단의 바람직한 행동은 기질적으로 여기고, 바람직하지 못한 행동은 상황 탓으로 여기는 양상이 나타났다.

왜 이 같은 현상이 일어나는가? 현실공간에서 내집단 성원과는 미래의 교류 가능

〈표 10-3〉 Tajfel 등(1971)에 사용된 분배행렬의 한 예

행렬 3	1	2	3	4	5	6	7	8	9	10	11	12	13	14
	14	13	12	11	10	9	8	7	6	5	4	3	2	1

성이 높고 따라서 우호적인 행위가 장차 관계의 증진에 도움이 될 것이기 때문에 내집단 선호 경향은 당연한 것이라고 볼 수 있다. 그러나 이 설명은 최소집단 상황과 같은 경우에는 적용하기 곤란하다. 이를 설명하기 위해서 Tajfel은 사회정체감 이론을 제시하였고 이 이론은 집단 간 행위를 설명하는 가장 중요한 이론으로 자리 잡았다.

사회정체감 이론 사람들이 개인적인 자기의 모습에 자긍심을 갖고 싶어 하듯이, 자신의 사회적 모습에서도 자긍심을 얻고자 하는데, 이는 자신이 속한 집단을 다른 집단보다 우월하다고 여기는 데서 얻어질 수 있다. 이 심리가 내집단 편애 현상을 낳고, 최소집단 상황에서의 불공평한 분배를 가져온다. 이 이론은 두 가지를 전제로 한다. 첫째는 인간은 누구나 긍정적인 자기정체감을 지니고자 하는 욕구가 있다는 것이다. 둘째로 정체감의 중요한 부분은 자신이 속한 사회적 집단이 제공하며 내집단이 다른 집단에 비해서 상대적으로 우월한 위치를 점한다는 인식에서 자기정체감에 대한 자긍심을 느낀다는 것이다. 따라서 정체감을 확보하는 과정에서 외집단과 상대적인 비교를 하고 가능한 우위를 점하고자 하는 과정에서 내집단 편애 경향이 나타나게 된다(곁글 10-10). 사회정체감에 따른 차별행위는 늘 나타나는 것이 아니다. 개인이 집단을 대하지만 개인정체를 취하는 상황에서는 나타나지 않고 사회정체를 취하는 경우에만 나타난다. 사회정체를 취할 때 그 집단의 규범에 맞추는 행위가 나타나기 때문이다. 국내에서 한 연구는(위광희, 1998, 실험 4) 자신이 속한 집단의 의견이 통일된 경우에 집단정체를, 그 의견이 분열된 경우에 개인정체를 취한 판단이 나타나, 전자의 경우에만 내집단 편애 현상이 나타남을 보였다. 즉, 자기집단(혹은 외집단) 성원이 자기집단을 지지하는 의견을 준 경우와 외집단을 지지하는 의견을 준 경우에, 자기집단의 의견이 일치한 범주화 상황에서는 무조건 자기집단을 지지하는 의견을 준 사람을 좋게 생각하고, 외집단을 지지한 사람을 안 좋게 평가하였다. 그러나 자기집단의 의견이 통일되지 않은 개별화 상황에서는 내외집단 누구의 의견을 지지하든 호감도 평가에서 차이를 보이지 않았다.

박세리의 1998 US 오픈 골프 우승은 IMF로 실추된 한국인의 집단 자존심을 달래 준 사건이었다.

몇몇 연구(Lemyre & Smith, 1985; Oakes & Turner, 1980)는 똑같은 최소집단 상황에서 집단 간 차별행위를 보이는 기회를 가진 성원들이 그러한 기회를 못 가진 성원이나 내집단(또는 외집단) 성원들 두 명에 대한 분배의 기회를 지녔던 사람보다 상대적으결글 10-10 **근로자의 노임 협상의 목표, 가능한 한 많이?**

산업장면에서 해마다 근로자의 임금협상을 둘러싸고 진통을 겪고 있는 것이 우리의 현실이다. 근로자들은 가능한 한 최대의 임금인상을 요구하고 있고 경영진은 되도록이면 인상폭을 줄이려고 실랑이를 한다. 물론 근로자의 인상요구는 한계가 있기 마련이다. 그들은 노임수준을 관리자의 수준으로 달라는 것이 아니고 비교집단(같은 산업체의 다른 사업장에서 일하는 근로자)에 비해서 상대적으로 높은 임금을 요구하는 경우가 많다. 1970년대 영국에서 비행기 제조회사에서 근무하는 두 업장의 근로자들을 대상으로 〈표 10-4〉와 같은 임금대비표를 제시하였을 때, 사람들은 상대 업장의 근로자들보다 상대적으로 많은 임금을 받기 위해서 시간당 순소득 2파운드를 버릴 정도였다. 작업반 사람들은 거의 모두가 표에서 맨 우측에 있는 임금을 가장 선호하는 것으로 나타났다(Brown, 1978: Brown, 1988에서 재인용).

〈표 10-4〉 주당 급여 배정표

(단위: 파운드)

작업실 종사원	69.30	68.80	68.30	67.80	67.30
연구개발실 종사원	70.30	69.30	68.30	67.30	66.30

출처: Brown, 1978.

로 자존심이 고양된 것을 보이고 있다. 이러한 실험결과들은 내집단 선호적 차별행위가 실제로 성원의 자존심을 높이는 효과가 있음을 보이고 있어 사회정체감 이론을 강력히 지지하고 있다(이종숙, 1991).

집단의 정체감을 취하는 경향은 집단의 크기와 실체성이 영향을 준다. 지나치게 큰 집단이나 범위가 모호한 집단(중산계층 따위)의 경우 개인의 행위에 대한 영향력이 없으며, 개인은 개인적 정체감에 따른 행위를 보이게 된다. 그러나 집단의 크기가 적절하거나, 실체성이 부각된다면 그 정체가 환기될 때마다 집단 성원으로서의 사회정체감 행위를 보인다(Brewer & Schneider, 1990).

집단정체감이 만족스럽지 않을 경우, 긍정적 정체감에 대한 무의식적 욕구 때문에 우리는 다양한 방법을 통하여, 열등감을 모면하고, 우월한 평가를 얻으려고 한다. Tajfel(1978)은 이를 긍정적 가치의 확립 현상이라고 하였다.

❖ 집단정체감이 위협받는 상황에서의 대처

모든 집단이 그 집단 성원들에게 긍정적 정체감을 주지는 못한다. 사회계층은 어느 사회에서나 존재하고, 위계상에서 하위에 있는 집단은 상위집단 성원들과 다른

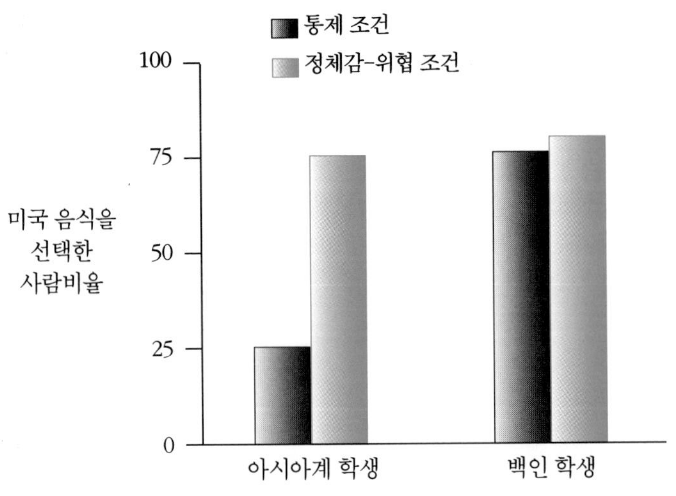

[그림 10-33]
미국인 정체감이 위협받을 때 보이는 미국 음식에 대한 선호도
출처: Guendelman et al., 2011.

차별을 받기도 한다. 여자보다 남자가, 간호사보다는 의사가, 근로자보다는 경영자가 우월한 신분을 지니고 있다고 여겨진다. 언어사용에 있어서도 사투리를 쓰는 사람들은 표준어를 쓰는 사람들에게 열등감을 지닌다(Giles & Powesland, 1975; 곁글 10-11). 자신들의 사회정체감이 위협받을 때 정체감을 확인하고 회복하기 위하여 건강에 좋지 않은 음식까지 먹는다. 한 연구(Guendelman et al., 2011)에서, 미국의 아시아계 학생들이 평소에는 자신들의 모국 음식을 선호하며 이 때문에 놀림을 받기도 하지만, 이들에게 백인 학생이 다가와 "당신, 영어 할 줄 아세요?"라고 물으며 설문조사에 협조해 달라고 요청하고, 참여에 대한 사례로 다양한 음식 메뉴 중에서 선택할 기회를 주었다. 질문을 받아 이들이 지닌 미국인 정체감이 위협받았을 때, 75%의 사람들이 미국의 대표적인 정크 음식(핫도그, 햄버거, 닭튀김 등)을 먹겠다고 선택하는 것으로 나타났다. 그런 위협을 받지 않은 아시아계 학생은 25%만이 그런 음식을 선택하였을 뿐이다([그림 10-33]).

개인이 필요로 하는 자존심을 소속 집단이 제공하지 못할 경우에, 성원들은 자신들의 정체감을 그대로 받아들여 열등의식 속에서 살아갈 것인가? 여기에는 다음과 같은 여러 가지 대안이 취해질 수 있다(Tajfel & Turner, 1979).

집단으로부터의 이탈 자신들의 정체감에 만족하지 못할 경우 개인적으로 자신이 속한 집단을 떠나는 방법이 있다. 이 방법은 자신의 집단이 스스로의 선택에 의해서 변경될 수 있는 직업, 거주지, 종교인 경우에 취해질 수 있다. 그러나 집단소속이 자신의 피부, 인종, 출신에 의해서 선택의 여지가 없이 결정된 경우에는 이탈이 거의 불가능하다. 자신의 피부가 검다고 이를 희게 만들 수 없다. 이러할 경우 자기집단과 교류를 끊거나, 최소화시키며, 심리적 거리를 최대화시키고, 우월한 집단과 가까이 하는 행동이 나타난다. 여러 민족이 섞여 사는 나라에서 소수민족 성원은 지배민족에 동일시하려는 경향을 보인다. 실제적인 이탈이 불가능한 경우에 심리적 이탈이 취해질 수 있다. 많은 여자들이 여성에 대한 편견이 사회에 있지만 자신은 그 편견의 피해자가 아니라고 여긴다(Crosby et al., 1989). 이들은 자신이 여성이긴 하지만 예외적인 존재라고 여김으로써 정체감 이탈 심리를 보이는 것이다.

열등한 비교의 회피 개인적 이탈이 불가능하거나 매우 위험하다면 몇 가지 다른 방법이 추구될 수 있다. 우선 비교대상을 상위의 집단으로 잡지 않고 유사한 집단이나 하위의 집단으로 잡아 상대적 평가가 스스로에게 긍정적으로 나타나게 할 수 있다. 근로자들이 자신을 경영진과 비교하지 않고 비슷한 처지에 있는 다른 업장의 근로자들을 비교대상으로 삼는 것이 그 예다(Brown, 1978). 한 연구는 백인을 비교대상으로 잡는 흑인들보다 다른 흑인을 비교대상으로 삼는 흑인들의 자존감이 더욱 높은 것을 보이고 있다(Rosenberg & Simmons, 1972).

귀인에 의한 모멸감 회피 입사시험 면접에서 낙방했음을 알게 된 졸업생에게 주위에서 건네는 위로의 말은 사회의 부당한 편견을 자주 언급한다(예: '지방대 출신이라서……'). 사람들은 다른 사람이 자신에게 보이는 행동의 탓을 자신이 지니고 있는 유별난 특징(낙인이나 전과, 소속집단 등) 탓으로 여기는 경향이 크다. 기발하게 수행된 한 실험(Kleck & Strenta, 1980)에서 참가자들의 얼굴에 큰 흉터를 사실적으로 그려놓고 거울을 보여 준 뒤, 흉터를 더 그럴듯하게 보이게 하기 위함이라며 로션을 발라 준 후 다른 사람과 대화를 하도록 하였다. 대화가 끝난 뒤 상대방의 행동에 대하여 평가를 하게 했을 때 대부분의 참가자들은 자신의 얼굴에 있던 흉터 때문에 상대방이 불편해 하고, 대화가 어색하였다고 보고했다. 그러나 사실 로션을 바른 것이 그 흉터를 지운 조처였다는 것을 참가자들은 몰랐던 것이다. 열등한 사회집단에 속한 사람들은 다른 사람들이 자신에게 서운한 행동을 했을 때 이를 자기집단에 대한 사회의 편견 탓으로 돌림으로써 자신의 자존감을 다치지 않을 수 있다.

결글 10-11 집단 자존심과 사투리

한국인들은 외모를 보고서 그 사람이 어느 지역사람인지를 알 수는 없다. 그러나 대화를 해보면 상대방이 쓰는 사투리를 듣고서 출신지역을 알 수 있다. 우리가 사용하는 언어는 우리의 사회적 정체를 알려준다. 사투리에 의해서 출신지역을 알 수 있고, 어휘나 예절에 의해서 교육수준 내지는 계층에 대한 정보를 알 수 있다. 언어는 집단관계에 있어서는 상대적 지위를 대변해 주기도 한다. 사투리를 얼마나 쓰느냐에 따라서 내집단 사람들과의 관계가 촉진될 수 있다. 이런 점에서 언어는 대집단관계에서 표현의 수단일 뿐 아니라 관계의 매개역할을 한다(Brown, 1988). 대집단관계에서 자신의 집단정체감에 위협을 주는 상대를 접했을 경우 실험참가자들은 자신들의 사투리를 더 많이 쓰거나 자신의 언어로 완전히 말을 바꾸어 버렸다(Giles & Johnson, 1981). 대부분의 대인 교류에서 사람들은 상대방과 어울리고자 한다고 보면 대집단 교류에서 이 같은 현상이 나타나는 것은 대집단 교류가 지니는 독특한 효과라고 보겠다.

국내에서도 사투리 사용은 지역 간의 격차를 여실히 반영했었다. 김대중 정부(1998~2003)가 집권하기 전까지 전라도 사투리는 중앙방송은 물론 지역방송에서도 드라마를 제외한 프로에서는 거의 들리지 않았지만 경상도 사투리는 뉴스의 해설자나 대담프로의 진행자가 거침없이 쓰는 경우가 많은 것으로 지적되었다(이두엽, 1991). 지역감정 연구에서도 서울지역에서 생활하고 있는 전라도인들은 사투리를 거의 안 쓰고 있다고 하는 반면, 경상도인들은 개의치 않고 쓰는 것으로 나타나고 있다. 흔히 경상도인들은 된 발음(예: 쌀)을 하지 못하기 때문이라는 이유를 대지만 혀의 운동이 굳기 전 어린 시절에 교정을 시도한다면 충분히 고칠 수 있다는 것은 잘 알려진 사실이다. 입양 간 한국아이들이 자라서 영어발음을 함에 있어 전혀 한국적인 영어를 구사하지 않는다는 점에서 생체적 구조의 문제가 아니라 사회적 지위의 상대적 위치에 따른 현상이라고 보아야 할 것이다. 김대중 정부가 들어선 이후 호남 사투리를 언론에서 자주 접하게 되었던 것도 사투리의 사회적 지위가 올라간 현상을 반영하는 것이다.

우월한 준거의 모색 또 다른 방법은 열등감을 주는 비교의 준거를 버리고 자기집단이 상대적으로 우월한 준거에서 비교를 하며 이 준거를 중요한 특징으로 여기는 것이다(Jackson et al., 1996). 아동들의 여름학교에서 오두막을 허술하게 지어 나쁜 평가를 받은 팀은 오두막보다는 자신들이 잘 가꾸어 놓은 정원을 중요한 평가 항목으로 여기는 것이 그 예다(Lemaine, 1966).

유럽에서 행해진 몇몇 연구는 열등한 처지에 있는 집단의 성원들이 창의적으로 긍정적 정체감을 유지하는 경향을 보여 주었다. 네덜란드에서 정규 간호사와 간호사보의 관계에서 간호사들은 자신들이 전문적으로 우월하다고 여기고 있고 간호사보들은 자신들이 환자를 인격적으로 더 잘 대한다고 여기는 것이 나타났다(Van Knippenberg & Van Oers, 1984). 독일에서 각 정당의 회원들을 대상으로 조사해 보니 자기 정당이 중시하는 정책의 측면에서 각자가 자기 정당이 가장 훌륭한 정책을 지니고 있다고 평가하는 것으로 나타났다(Mummendey & Schreiber, 1984).

사회변화 및 운동 또 하나의 방법은 기존의 지배 집단의 우월성을 정면으로 부정하고 사회의 변혁을 도모하는 것이다(Simon & Klandermans, 2001). 근대화가 진행되고 있는 나라들에서 일어나고 있는 여권신장 운동이 그 대표적 사례이며, 국내에서도 커밍아웃을 시도하고 있는 동성애집단 운동은 그 좋은 사례다. 이런 변혁운동은 특히 집단 차이가 부당하다는 인식이 널리 공유되고 있을 때 나타난다. 국내의 전국조사에서 여성의 지위가 부당하다고 여기는 여성들은 상대적 박탈감을 많이 느끼는 것으로 나타났다(김혜숙, 박수미, 2006; 안미영 등, 2004). 상대적 박탈감을 많이 느끼는 사람들이 변혁운동에 참여할 가능성이 높다.

동성애 혼인 합헌 결정을 끌어낸 동성애 사랑
동성애자 짐 오버거펠(Obergefell)은 20년을 동거해 온 애인이 죽었으나 이 애인의 사망진단서에 오하이오 주 법에 따라 혼인관계가 미혼으로 기재된다는 것을 용납할 수 없어서 주정부를 상대로 소송을 제기하였고, 결국 2015년 6월 26일 미국 연방대법원에서 동성애 결혼이 헌법에 의해서 보장되어야 하는 권리라는 결정을 끌어내었다.
출처: 뉴스위크, 2015. 7. 13.

❖ 하나의 목표와 다양한 선택 전략

사람들은 모멸감을 느끼며 살 수 없다. 사회생활에서 적당한 자긍심을 느끼는 것은 생활에 도움이 된다. 생활에서 중요한 집단정체가 제공하는 자긍심을 유지하기 위해 다양한 방법이 취해진다. 여러 방법 중 어떠한 것들이 택해질지를 결정짓는 데는 두 가지 중요한 요소가 있다. 그것은 현재의 우열관계가 얼마나 정당하고 안정된 것이냐 하는 점이다. 정당하고 안정된 경우라면 이탈이나 심리적 조정에 의한 자존심의 유지 및 회복 방법이 취해질 것이고, 정당하지 못하거나 안정적이지 못하다면 열등한 집단은 강한 내집단 편애 경향을 보이고 우월한 집단에게 적대적인 행위를 취하며 사회변혁을 도모할 것이다(Brown & Ross, 1982; Caddick, 1982; Jackson et al., 1996; 〈표 10-5〉).

내집단 편애 현상은 자신들이 지니고 있는 우월한 사회적 지위의 정당성이 취약한 경우의 집단 성원들에게 가장 심하게 나타난다. 자신들의 열등한 지위를 수긍하고 인정하는 집단에서 내집단 편애는 적거나 오히려 외집단 동경 현상이 관찰되고 있다(Hewstone & Ward, 1985). 그러나 내외집단 간의 차이가 부당하며 바뀔 수 있다고 여기는 하위집단의 성원들은 내집단 편애 현상을 강하게 보이고 우월한 외집단의 우위성을 거부하는 행동을 보인다(Brown, 1988). 미국사회에서 흑인들의 사회적 차별이 부당하다고 인식되면서 나타난 '검은 것은 아름답다(Black is Beautiful)'의 구호, '블랙팬더(Black Panthers)' 집단 활동이 그 좋은 예다.

〈표 10-5〉 부정적 사회정체감에 대한 반응

	개인적 전략		집단적 전략	
	자신의 사회적 지위를 바꿈		자기집단의 사회적 지위를 바꿈	
방법	집단을 이탈	열등한 집단과 비교하고 상위집단과의 비교를 회피 (예: 노사의 비교보다 노노의 비교)	비교의 차원을 바꿈 (예: 국악전공자들이 문화를 강조함)	상위집단과 맞대결 (예: 여권신장 운동)
가능한 결과	개인별로 소수는 성공함. 집단의 지위는 불변	집단들 간의 차이가 나타나지만 큰 변화 없음	새로운 비교차원이 중요성을 인정받는다면 집단의 지위가 변할 수 있음	상위집단의 위치가 불안정한 경우는 사회변화 일어남

출처: Van Avermaet, 1988, p. 406.

체제정당화 이론 안정된 집단관계에서 다수집단 성원은 내집단 편애 현상을 보이며, 그런 관계를 정당하다고 여기는 반면, 소수집단 성원은 불이익을 받아들이며 외집단 동경 현상을 보이면서, 사회체제가 정당하다고 여긴다. 체제정당화 이론(Major, 1994; Jost, 1995)은 사람들의 무의식 저변에 흐르는 공정한 세상에 대한 믿음(3장 참조)을 적용하여 안정된 집단 간 차이를 정당한 것으로 받아들이는 심리다. 이 심리는 특히 집단의 차별적 지위관계가 정당하다고 여겨지는 경우에 강하게 나타나지만 매우 일상적인 현상이기도 하다. 얼핏 불리한 위치에 있는 사람들도 사회제도 및 체제가 정당하다고 믿는 것이 이해가 안 될 수 있다. 많은 여성이 임금차별을 받는 것을 못 견뎌 변혁운동에 나서기보다는 "여자가 덜 받지만, 그래도 여자는 더 즐겁게 살아." "높은 지위와 돈이 다는 아니잖아. 더 중요한 것이 얼마나 많은데."라는 식의 생각으로 저임금을 받아들이고, 다른 영역에서 여성의 우위를 확인하며, 남녀 차별관계를 수용하는 양상에서 체제정당화 심리를 볼 수 있다.

열등한 집단의 성원들이 긍정적인 정체감을 획득하기 위하여 취하는 여러 가지 행위는 개인주의 문화권에서 흔히 실행되고 관찰될 수 있는 것들이다. 물론 피부색을 바꿀 수 없고 성을 못 바꾸는 것과 같이 제약이 따르기는 하지만 계층 간의 이동 등은 가능하다. 하지만 집단주의 문화에서는 집단이 선택되기보다는 주어지고, 이탈에 훨씬 제약이 많이 따르므로 이도 저도 곤란한 경우가 많다. 이럴 경우에는 자기집단의 상대적 열등성을 인정하는 체제정당화 심리가 수용된다. 이는 특히 집단주의 문화에서 정치적 권력의 배분이 편중되어 있는 특성과 부합하는 면이 있기도

하다(Smith & Bond, 1998, pp. 81-82).

❖ 사회정체감 이론의 발전

집단정체(무리의식)가 개인의 삶에 미치는 영향은 문화집단마다 차이가 있을 수 있다. 한 연구는 미국에서 흑인과 백인 대학생을 대상으로 개인의 자긍심, 자기집단에 대한 자긍심, 우울증세를 측정하여 분석하였다(Luhtanen & Crocker, 1992). 백인 학생들에게서 개인의 자긍심이 저하된 경우에 우울증세가 강하게 나타났으나, 흑인 학생들에게는 이러한 경향이 나타나는 대신에, 자기집단에 대해 느끼는 집단자긍심이 우울증세와 관련이 깊은 것으로 나타났다. 개인들이 느끼는 자긍심의 수준이 백인과 비슷한 경우에도, 흑인 학생들에게서 집단정체감이 차지하는 비중이 그만큼 크다는 것을 시사하는 연구다. 이런 현상은 내국인들이 해외 프로 스포츠에 진출한 한국선수들의 활약에 일희일비하는 현상과도 무관하지 않다.

자기범주화 이론 자기의 모습에서 개인적 자기와 사회적 자기를 구분한 사회정체감 이론(Tajfel, 1978)은 자기범주화 이론으로 확장·발전하였다(Turner et al., 1987). 자기범주화 이론도 자기를 개인적 정체와 사회적 정체의 두 가지로 구성되었다고 본다. 사회적 정체는 회사, 출신지역, 성과 같이 실제로 있는 집단일 수도, 개념적으로 구성된 범주(사회계층, 학자, 지도층)일 수도 있다. 사람들은 자신이 취하는 범주 혹은 무리의식에 따라 그 범주가 지닌 특징들을 자신의 정체감으로 받아들이고, 이를 드러내 보인다. 이런 탓에 사람들은 타인을 만나고 파악할 때 자동적으로 그가 지닌 범주에 따라 상대방의 특징을 파악하는 양상을 보인다. 사람들의 관심이 개인적 정체에서 사회적 정체로 옮겨지는 경우에, 집단 고정관념적 행위 및 사고를 보이며, 집단 내 결속, 집단 간 경쟁, 집단규범 형성, 동조성향의 증가, 태도극화 현상을 보이게 된다(Hogg, 1992: Oakes & Turner, 1980).

두 이론은 같은 뿌리를 두고 있으며 개념도 비슷하다. 그러나 적용 영역에서 차이가 있는데, **사회정체감 이론**은 가시적인 차이가 나는 집단 간 비교나, 상대적인 차이가 부각되는 상황에 적용되며, 안정적이며 구조적 성격이 강한 정체감에 적용된다. 반면에, **자기범주화 이론**은 다양한 무리의식이 부침하는 일상적인 사회생활에서 나타나는 특징을 부각시키고 있다는 점에서 적용영역이 넓고, 상황맥락에 의해 부각되는 무리의식의 영향을 다루고 있다([그림 10-34]). 예를 들어, 사회계층은 개념적으로 존재하는 것이어서 사람들은 계층이라는 것을 늘 의식하는 것은 아니다. 그러

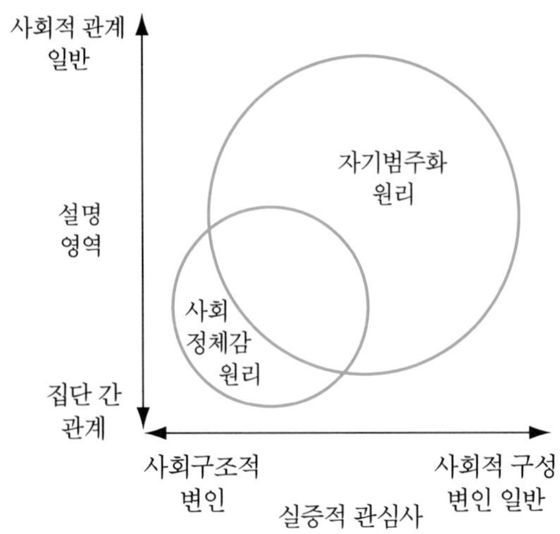

[그림 10-34]
사회정체감 이론과 자기범주화 이론의 적용 영역 비교
출처: Haslam, 2001.

나 부자증세가 논의되는 상황에서는 자신이 인식하는 계층범주에 따라 입장을 취하게 되는 것을 들 수 있다(곁글 10-8, 곁글 10-12 참조).

곁글 10-12

자기범주의 확대 가능성: 내집단과 인류를 넘어서!

질문 1: 당신은 다음 네 가지 범주의 사람이나 자연물을 가족/우리라고 여깁니까?

내 지역사회의 사람들 (그렇다/아니다)

한국사람들 (그렇다/아니다)

지구상의 모든 사람들 (그렇다/아니다)

생태계의 모든 자연물들(예: 생물, 공기, 하천 등) (그렇다/아니다)

질문 2: 당신은 아프리카의 난민을 돕는 것에 쓸 돈이 있으면 한국사회의 빈민층에 써야 한다는 주장에 동의합니까? (그렇다/아니다)

자기범주화 이론은 세 가지 형태로 자신을 범주화시키는 양상을 설명한다(Turner, Hogg, Oakes, Reicher, & Wetherell, 1987). 첫 수준에서 개인은 자신을 주위사람과 구분되는 개인적 존재로 인식한다. 중간 수준에서 범주화는 자기가 속한 집단과 동일시하는 것이다. 더 높은 수준에서 사람들은 자신을 인류의 성원으로서 인식한다. 사회심리학의 연구들은 대부분 첫 수준과 중간 수준 범주화를 비교하며 다루어 왔다.

최근에 인류로서의 범주화가 실제로 가능한지를 다루는 연구가 보고되어 흥미롭다. 위에 제시된 질문 1과 비슷한 질문을 통해 자신을 인류로서 범주화하는 경향이 큰 사람들의 특징을 파악한 결과(McFarland et al., 2012), 이들은 자민족중심주의, 권위주의 경향이 낮으며, 경험에 대한 개방성이 높으며, 타국에서 벌어지는 전쟁, 분규, 기아 등 세계적인 인권 문제에 관심을 갖고 있는 것으로 나타났다(연구 1~5; McFarland, 2015). 이런 양상은 자신을 사회적으로 바람직하게 보이려는 양상을 통제한 상태에서 나타나고 있어, 인류라는 범주가 생활장면에서 작동할 수 있음을 보이고 있다. 실제 인권단체나 빈민구제 기구에 종사하는 사람들은 이런 경향성을 높이 보이고, 자민족중심주의는 낮게 나타났다(연구 7). 이 경향성이 높은 사람들은 타국에서 벌어지고 있는 인권관련 사건에 대하여 더 많이 알고 있으며, 매체에 나타나는 다양한 기사들에서 인권관련 기사를 선호해서 보는 경향을 보였다(연구 9). 온라인상에서 3,000명에게 많은 유산을 받게 되어 기부를 한다면 어떤 단체에 기부할 것인지를 물어보았을 때(연구 10), 세 가지 범주화(지역사회, 국가, 인류) 점수가 기부의사와 상관이 있는 것으로 나왔지만, 인류 범주화가 전체적인 기부점수와 가장 높은 상관(r=.45)을 보였다(지역사회는 .26, 국가 .23). 인류 범주화는 지구의 기아퇴치 기부와는 높은 상관을 보였지만, 지역사회, 국가범주화는 이 유형의 기부의사와는 무관하게 나왔다. 자국의 역사 전통을 보존하는 활동에의 기부의사와 인류 범주화는 무관하게 나왔으나(r=-.06), 지역사회, 국가범주화 점수의 크기는 이 활동에의 기부와 상관이 있는 것으로 나타났다(.15 & .27).

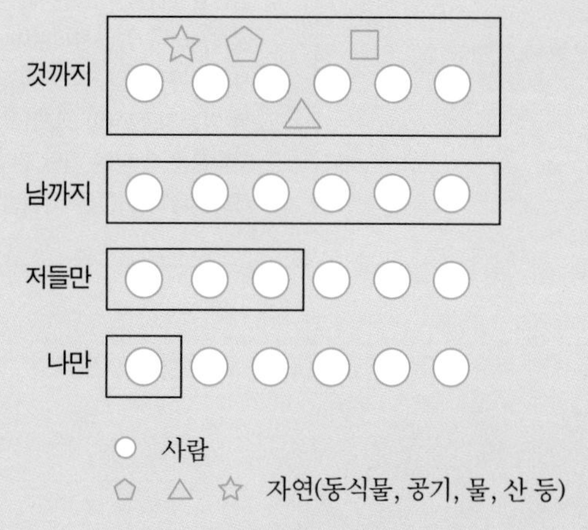

[그림 10-35] 자기범주의 확산단계

출처: Choi & Han, 2014.

인류를 초월한 생물계, 더 나아가 생태계 전체와의 범주화가 가능할까? 일반인에게 흔하지는 않지만 여러 영적 지도자들은 자신을 자연의 한 부분(쪽)으로 여기며, 매우 소박하고 겸허한 삶의 자세를 보여 주고 있다. 불교에서는 모든 생명체를 귀하게 여기라며 살생을 금지하고, 힌두교나 무교의 전통에서는 생태계의 모든 존재에 신격을 인정하며, 이들을 모시며 살 것을 가르친다([그림 10-35]).

요약

1. 사회정체감 이론에 따르면 사람들이 보이는 사회적 행위는 대인-대집단 행위의 연속선상에서 구분되며, 대인 행위는 개인적 정체감을 바탕으로, 대집단 행위는 집단정체감을 바탕으로 취해진다.
2. 최소집단 상황에서 두 집단으로 구분된 사람들이라도 내집단 편애 현상을 보인다. 이는 자신의 자존감을 높이기 위하여 긍정적 가치의 확립을 도모하기 때문이다.
3. 집단정체감이 위협받는 상황에서 사람들은 집단이탈 혹은 심리적 이탈을 취하며, 비교의 대상을 바꾸거나, 비교준거를 우월한 것으로 바꾸거나, 자신의 불리한 특성에 귀인시킴으로써 자존감을 보호할 수 있다. 아울러 사회변혁을 지향할 수 있다. 어떠한 방식이 취해지는가는 현재의 집단관계의 안정성과 정당성에 달려 있다.

4. 집단정체감과 개인정체감이 개인의 삶에 미치는 비중은 문화마다 차이가 난다. 흑인에게는 개인정체감보다 집단정체감이 더 중요한 것으로 나타난다.
5. 사회운동은 절대적 박탈감보다 상대적 박탈감에 의해서 영향을 받으며, 개인적 박탈보다는 집단적 박탈의 인식이 크게 작용한다.
6. 사람들은 안정된 집단 간 차이를 수용하면서 체제정당화 심리를 보인다.
7. 사회정체감 이론은 자기범주화 이론으로 발전하였다.

제 11 장 한국인의 사회심리

한국은 참 흥미로운 나라다. 짧지 않은 역사와 좁은 국토에서 변변한 자원도 없이 1960년대 세계 최빈국 수준에서 2000년대에 선진국 대열에 진입하였다. 농업경제에서 불과 30여 년 만에 중공업 경제체제로 전환하였고, 80%대의 대학 진학률을 보이며, 할리우드에 맞서는 영화산업을 일구어 내 한류를 세계로 전파하는 문화강국이라는 평을 받고 있지만 학문적으로는 외국 학자들의 것을 배워 적용하는 수준을 넘지 못한다. 국가부도 사태를 맞아 IMF 자금을 받자, 금 모으기 운동이라는 세계에 유례가 없는 행위를 보여 불과 3~4년 만에 위기를 벗어났다. 그런가 하면, 2014년 봄 수학여행을 가던 고교생과 일반 승객을 태우고 가던 세월호가 진도 앞바다에서 침몰하는 동안 우왕좌왕하며, 결국 300명이 넘는 인명이 숨졌지만 제대로 된 책

1999년 IMF 경제위기 때 벌어진 금 모으기 운동

2014년 4월 16일, 세월호가 침몰하는 모습

임자 규명도 되지 않았다. 매년 빠짐없이 터지는 안전사고로 엄청난 재산피해는 물론 인명피해를 보면서도 그때뿐 잠시 시간이 지나면 비슷한 유형의 사고가 재발한다. 후진적 정치라는 자조적인 평을 들을 정도로 창피한 난장판 국회, 일 년도 안 되어 바뀌는 장관들, 각종 비리, 세계적으로 가장 높은 청소년과 노인들의 자살률 등 야누스적인 모순을 모두 갖춘 나라다.

지금까지 이 책에서 논의한 현상과 이론의 대부분은 구미의 심리학자들이 발전시켜 온 사회심리학의 내용들이다. 서구에서 발전된 이론들이지만, 한국사회의 현상과 대인교류의 양상을 이해하는 데 적용 가능하고 많은 시사점을 제시하지만 충분할 정도는 아니다. 한국인의 사회생활과 문화는 어떻게 파악되고 이해될 수 있는가? 이러한 질문에 대한 답이 만족스러울 정도로 준비되어 있지는 않지만, 답을 제시하는 노력을 통해서 앞으로 연구되어야 할 문제들이 뚜렷이 부각될 수 있을 것이다. 이제 한국사회가 보이고 있는 다양한 현상들에 대해 사회 및 문화심리학적 입장에서 이해를 시도하고자 한다. 사회심리학에 문화를 접목시켜 한국인과 한국사회를 이해하고자 하는 시도가 1990년대 이후로 활발히 진행되고 있다. 이들 연구를 중심으로 정리해 보자.

한국인의 고유적 교류현상

한국인이 다른 사람들과의 관계에서 보이는 독특한 현상들이 있다. 이러한 독특성으로 인해 외국인은 그것을 오해하거나 때로는 곡해하는 경우도 많다. 대표적인 것이 정, 체면, 눈치, 의례적 대화, 한, 서열교류 등이다. 이러한 개념들은 흔히 사회현상을 설명하는 목적으로 많이 거론되던 것이나, 이들에 대한 사회심리학적 이해가 시도되었으며 몇 가지 중요한 결과들이 나타났다.

❖ 한국인의 교류정서: 정

한국사람의 대인관계를 기술함에 있어서 가장 많이 사용되는 단어가 있다면 그것은 정(情)이라고 볼 수 있다. '비정한 사람, 정든 사람, 정이 없는 사람, 미운 정 고운 정 다든 사람, 무정한 사람' 등등 다양한 표현이 있다. 한국에 오래 체류한 외국인들이 한국인에게 가장 부러운 것으로 꼽는 것은 한국인의 끈끈한 인정이다. 외국기업 중에는 한국적 정 문화를 사내에 도입하기 위해 전 직원이 아침식사를 같이 하기도 하고, 가족들을 참여시키는 각종 행사를 수시로 개최하는 기업도 늘고 있다고 한다(조선일보, 2001. 7. 23.). 분명히 외국인들이 보기에 한국인의 인간관계에는 그들이 이해하기 힘든 독특한 정서적 특성이 있다. 최근에 심리학자들이 문화에 대한 관심을 보이고, 아울러 정서를 대하는 시각에도 큰 변화를 보이고 있다. 즉, 정서를 개인 안의 것에서 끌어내어, 그 사회의 언어와 대인교류의 경험에 의해 비로소 이해될 수 있는, 그 사회의 구성적 심리상태로 보는 것이다(김정운, 2001; Choi, Han, & Kim, 2007; Gergen, 1994).

관계적 정서로서 정 국내에서 1990년대에 인기 있던 〈사랑이 뭐길래〉라는 연속극을 미국 대학생들에게 보여 주었더니 학생들이 도저히 이해하지 못하겠다는 표정으로 하는 질문 중에는 "왜 저 부부는 이혼을 하지 않고 살면서 계속 싸우나요?" "저렇게 싸우면서 어떻게 한 방에서 같이 자나요?" 였다고 한다(임태섭, 1995). 주인공 남편 역을 맡은 이순재의 심술궂은 표정과 매섭고 야비한 태도, 부인 역 김혜자의 무표정한 행동 등이 이들에게 부부라고 보기 힘들었던 것이다. 흔히 우리는 부부가 정 때문에 살지 사랑으로 사는 것이 아니라고 말한다. 오랜 사이에는 미운 정, 고운 정이 다 들었는데 어떻게 헤어지느냐 하는 말을 한다(최상진, 김지영, 김기범, 2000).

드라마 〈사랑이 뭐길래〉

정이 어떠한 것인지 사람들의 생각을 분석하여 정리하면 네 가지 특징이 나타난다(최상진, 2000). 우선, 역사성이다. 정은 상대방과 함께하는 삶과 활동의 시간적 경과가 필요하다는 것이다. 둘째, 동거성이다. 이는 공간적으로 가까운 거리에서 서로 접촉하고 친숙한 관계를 맺어 간다는 것이다. 가장 대표적인 공간은 집 울타리이며 가족은 물론, 강아지, 가구와 같은 인간이 아닌 대상에도 정이 들 수 있다. 셋째, 다정성이다. 상대방에 대하여 친근감을 느끼고, 포근하고 편안한 감정을 느끼는 것으로 상대방의 성격적인 측면에 대한 나의 지각이 작용한다. 넷째, 허물없음이다. 정드는 깊이는 상대방과 얼마나 한 가족 같은 행동을 하느냐에 달려 있다. 한 이불을 덮고 자고, 찌개 그릇에 수저를 같이 담그고, 뚜렷한 목적 없이도 같이 빈둥거리는 시간을 많이 보내고, 목욕을 같이 하고, 흉허물 없이 다 터놓고 지내는 사람과 정이 든다.

정은 작위적으로 만들어지는 것이 아니라 장기간 함께 하는 경험을 통해서 가랑비에 옷이 젖듯 저절로 들게 된다. 따라서 당사자들은 정의 깊이를 직접 파악하기 어렵고, 상대가 보여 준 또는 상대에게서 오는 느낌이나 행동 단서 등으로부터 유추해 낸다. 즉, 일상생활의 구체적 사건들에서 고마움, 따뜻함, 가까움 등과 같은 느낌을 통해서 파악되는 것이다. 따라서 정을 바탕으로 한 행위는 의도성이 약하다는 면에서 친절한 행위와 구별되며, 보편성 및 가치지향성이 없고 규범에 의한 책임, 의무성을 지니지 않은 점에서 자비심과도 구별되는 특징을 지닌다.

대학생들에게 정을 느끼는 사람을 회상하면서 왜 그러한 감정을 느끼는지를 물어서 분석한 결과(최상진, 이장주, 1999), 정의 심리는 서로를 아껴주는 마음(도와주고, 배려하고, 걱정해 줌), 우리성-일체감의 마음을 드러냄(잘 알고, 자주 연락하며, 없으면 허전함), 그리고 허물없음으로 나타났다. 사람들은 어려울 때, 외로울 때, 오랫동안 보지 못했을 때, 기쁜 일이 있을 때 정든 사람을 보고 싶어 한다. 정든 이와의 만남에서 의지할 수 있음을 확인하고, 도움을 받으며, 마음이 편안함을 느낌으로써 사회생활에 필요한 사회정서적 안정을 유지하는 것으로 나타난다. 깊은 관계에서는 고운 정만 있는 것이 아니라 미운 정도 있게 된다. 김기범(2009)은 남녀 대학생과 성인 300여 명을 대상으로 다양한 정 관련 문항을 구성하여 분석한 연구에서 정의 감정에는 '따뜻함, 친밀감'의 고운 정뿐만 아니라 '부담스럽다, 밉다, 싫어도 어쩔 수 없다' 등의 미운 정도 포함되어 있음을 보였다.

성격특징으로서의 정 정은 대인관계적 정서다. 그러나 우리 사회의 대인교류가 정지향적 특징을 지니고 있기 때문에(최상진, 한규석, 1998), 개인별로 이 특징이 내면화되어 성격적인 측면에서 정을 이야기할 수 있다. 이를테면, '다정한 사람, 무정한 인간, 인정 많은 사람, 다정도 병인 양' 등의 표현에서 정의 성격적 측면을 볼 수 있다. 사람들은 정 많은 사람은 남을 사랑하고 도와주며, 남의 어려움에 공감과 관심을 잘 보이는 사람이라고 생각한다. 그러나 중요한 것은 이러한 행동을 이성적 판단에 의해서 하는 것이 아니라 마음이 약해서, 착해서, 미련해서 또는 우직해서 하는 사람이라고 보는 것이다(최상진, 2000).

한편, 무정한 사람의 특징을 알아본 결과, 타인의 고통에 무감각하고, 이기적이며, 감정이 없는 사람, 이지적인 사람들로 나타난다. 다른 분석은 정이 안 드는 사람의 조건으로 자기과시적인 행동, 이기적 행동, 냉정한 행동, 완벽한 행동을 드러내고 있다(최상진, 2000, pp. 62-63). 이기적이고, 남에게 무관심한 것은 사회적으로 환영받지 못하는 특징들이고, 이들 행동을 보이는 사람에게 정이 안 가는 것은 당연하다. 그러나 이지적이거나 완벽한 행동은 긍정적인 평가를 받는 행동인데, 이러한 행동을 자주 보이는 것도 정의 형성에는 부정적인 영향을 미친다는 인식은 흥미로

나 알기 1: 나의 정 성향

다음은 여러분들이 일상생활을 하면서 느낄 수 있는 일들이다. 각 항목이 당신을 잘 묘사하는 정도를 1(전혀 아님)-4(보통)-7(매우 그럼)의 7개 숫자에서 하나를 택하여 응답하시오.

( ) 1. 나는 다른 사람의 부탁을 직접적으로 거절하지 못한다.
( ) 2. 나는 내가 싫어하는 일이지만, 다른 사람의 입장을 생각해서 하는 경우가 많다.
( ) 3. 나는 상대방의 입장 때문에 합리적인 의사결정을 하지 못하는 경우가 종종 있다.
( ) 4. 나는 다른 사람이 어려운 일을 당하면 잘 도와주는 편이다.
( ) 5. 나는 다른 사람의 말을 진지하고 성실하게 들어준다.
( ) 6. 나는 상대의 입장을 잘 이해해 주는 편이다.
( ) 7. 나는 슬픈 이야기를 듣거나 영화를 보면 콧등이 시큰해진다.
( ) 8. 나는 눈물이 많은 편이다.
( ) 9. 나는 한동안 같이 지내던 사람이 떠나가면 허전함을 많이 느낀다.

1~3번 문항은 인간적 연약성, 4~6번 문항은 타인배려성, 7~9번은 다정다감성을 보는 항목들이며, 원척도는 30문항으로 구성되어 있음(임영식, 1994).

운 현상이다. 이는 한국인에게 인간답다는 의미는 풍부한 감성을 갖고, 어수룩한 행동을 하는 사람이라는 것이다. 그렇지 않고, 차갑고, 이지적인 사람은 인정머리 없는 인간으로 경원시된다. 이러한 결과는 한국인의 정이 개인주의와 능률주의 및 사회정의와는 거리가 있는 심리적 속성임을 시사한다(이수원, 이헌남, 1993).

한 연구는 나이가 많은 사람일수록 인간관계에서 '정을 주는 사이'와 '정을 주지 않는 사이'를 구별하는 경향이 강함을 보이고 있다(이수원, 1984). 정을 주는 사이에서는 서로 주고받는 정표가 다양하며 빈도도 잦고, 동기도 순수하게 여기고, 부담도 덜 갖는다. 또한 도움을 받을 때 고마움을 크게 느끼며 못 받을 때 섭섭함도 크다. 아울러 도움을 베풀 때 보람감도 크고, 못 베풀 때 미안함을 느낀다. 이로 미루어 정의 공간이 '우리'의 공간이며 가정이 우리성 관계의 성원들을 결합시키는 아교적 기능을 하는 심리이다(최상진, 2000).

정의 기능 상대방이 지닌 일반적 특징(매력, 식견, 성품, 인격 등)이 그에 대한 호감을 결정하는 중요한 준거로 작용하는 것은 서구문화에서 두드러진 특징이다. 따라서 상대방이 지니고 있던 흉허물을 알게 되고, 상대방의 애정표현의 변화를 주시하여, 상대방에 대해 느끼는 호감의 정도가 변하여 교류가 단절될 수 있다. 그러나 한국에서는 상대방과의 관계마다 당사자들 간에만 성립하는 주관적 관계의 틀이 있으므로 연륜이 쌓인 관계라면 이 틀 속에서 상대방의 흉허물이 수용된다. 따라서 '미운 정, 고운 정'의 모순이 공존하고 '정 각각, 흉 각각'을 당연시 받아들인다(최상진 등, 2000). 상대가 나의 기대를 저버리지 않는 한 상대에 대한 제삼자의 객관적 평가는 나의 주관적 평가와 관계의 지속에 별다른 영향을 미치지 못한다. 그래서 남에게 많은 욕을 먹는 상대방일지라도 정든 관계에서는 포용한다. 이 같은 관계의 동학을 이해하지 못하는 미국인들에게 〈사랑이 뭐길래〉 연속극은 이해할 수 없는 부부관계를 보여 준 것이다.

정은 한국사회에서 어떠한 순기능을 하는가? 사람들은 정든 관계에서 우선 편안한 느낌을 얻는다. 상대방에 의지하고, 상대를 신뢰할 수 있으며, 진정한 의미의 심리적 유대감과 소속감을 느낀다(최상진 등, 2005). 물론 이러한 긍정적인 면만 있는 것은 아니다. 정들었기 때문에 상대를 위한 희생이 요구되며, 상대의 요구를 거부하기 힘들며, 공정성과 합리성을 유지하기 힘들다고 사람들은 말한다(최상진, 2000, pp. 68-71). 이러한 결과는 정든 관계는 너와 나의 구별이 바람직하지 않은 우리성의 관계이고, 개인이 함몰된 관계이기 때문에 나타난다.

관계를 밀착시키는 정은 상대방이 자신에게 주는 마음의 깊이를 탐색하고 확인하는 교류양상으로 인해서 대인관계에 많은 불편감을 야기하기도 한다. 즉, 사람들은 상대방과 친밀한 관계를 발전시키는 과정에서 정 행위를 많이 보이는데, 예를 들면, 물건을 빌려 쓰고, 내 것 네 것 구분 없이 하는 등 친한 사람들과 통용되는 행위를 시도하면서 관계를 발전시킨다. 이 과정에서 상대방의 행위에서 자신에 대한 마음의 크기를 끊임없이 유추하는 탓에 오해와 갈등이 빈번하게 발생한다(한규석, 최상진, 2008). 대학생과 일반인을 대상으로 스트레스를 받는 상황을 조사한 결과 대인관계에서 경험하는 무시, 갈등, 오해 등으로 인한 스트레스가 가장 많이 보고되었다(김의철, 박영신, 1997). 남녀 대학생과 고등학생을 대상으로 이들이 생활 속에서 경험하는 스트레스를 조사하고, 정 성향을 파악하여 분석한 결과 정 성향이 강한 사람일수록 스트레스에 대한 대응방식으로 비효율적이라고 여겨지는 회피방식을 사용하여, 스트레스를 더 배가시키며, 생활만족도도 낮은 것으로 나타났다(최인재, 최상진, 2002). 이 연구에서는 사람들의 우리성 성향(친구들을 가족처럼 여기고, 돕고, 자주 만나는 정도)도 측정하였는데 우리성 성향이 높은 사람들은 문제 상황에서 보다 많은 사회적 지원을 추구하며, 스트레스를 덜 경험하고, 생활만족도도 높은 것으로 나타났다. 우리성 관계에서 남의 부탁을 거절하지 못하는 것, 상대의 눈치를 많이 살피는 행위와 그런 경향성은 문제해결에 부정적인 그림자를 드리우지만, 지인과 강한 일체감을 느끼는 경향은 문제해결을 위한 사회적 자원으로 기능함을 볼 수 있다(Cohen, 2004).

한(恨) 우리 민족을 '한(恨)의 민족'이라고도 할 만큼 한은 한국인의 고유 정서로 여겨지는 경향이 있다(김열규, 1991; 김용운, 1986; 가세 히데아키, 1989). 한이란 심리를 명확하게 정의 내리기는 어렵다. 최상진(1991)은 이를 "자신의 불행에 대한 자책의 정념과 자신의 불행에 대한 부당함의 심리가 결합된 복합감정 상태"(p. 17)라고 설명한다. 그는 한에 대한 문헌을 조사하여 한이 생겨나기 위한 조건을 세 가지로 정리하고 있다. 첫째, 부당한 차별대우를 받았을 때, 둘째, 타인에 비해 현저히 결핍되어 고통을 당할 때, 셋째, 돌이킬 수 없는 큰 실수를 범했을 때 발생한다.

이들 경우에 한이라는 고유한 정서로 응결되기 위해서는 몇 가지 과정을 거친다(최상진, 1991). 우선 1단계에서 욕구좌절을 겪으면서 분노, 복수심, 회한의 강한 감정(원[怨]의 감정)을 느낀다. 이러한 감정의 표출이나 직접적인 해소(복수의 결행)가 곤란한 경우에 다음 단계의 심적 과정이 나타난다. 2단계에서는 억제된 분노와 적개심을 스스로 약화시키고 수용하는 쪽으로 벌어진 사건을 재해석하게 된다. 즉, 사건의 책임을 스스로에게 전가시키면서 자기비하를 하거나 재수 또는 팔자 탓을 하면서 상대방에게 전적으로 미루던 책임을 자기나 초월적인 운명 등의 탓으로 일부 돌린다. 시간이 경과하면서 이렇게 재해석했던 사건을 되돌아보는 과정에서 여전히 스스로가 억울했음을 느끼게 될 때('왜 하필이면 나만 팔자가 사나운가?'), 3단계

진도 씻김굿에서 제명을 다 못한 망자의 한을 당골이 상징적으로 씻어 주고 있다.

한이 씻겨진 망자의 혼을 편히 저세상으로 떠나보낸다.

가 되는 감정의 기복이 생기고 흔히 말하는 한을 품게 된다. 이러한 한은 사회적 통로를 통해 발산되거나, 예술이나 문학과 같은 승화된 형태로 전환, 표현되기도 한다. 마지막 단계에서 한은 당사자의 감정으로부터 분리되어 객관화되며, 이제 자신의 한을 남의 한에 대해 이야기하는 것처럼 평온하고 초연하게 이야기할 수 있다고 한다(곁글 11-1).

최상진(1991)이 학생들을 대상으로 한에 대하여 지니고 있는 의식을 조사한 결과, 자기가 어쩔 수 없는 상황에 처해서 불행한 사건을 경험할 수밖에 없었을 때 한이 가장 맺히기 쉬우며, 그 다음에는 부당한 피해를 당했을 때(빽에 밀려서 억울한 일을 당했을 때)로 나타났다. 한은 남자보다 여성에게 많이 발생하며, 한을 품고 있는 주위의 사람으로서 자신의 어머니, 할머니를 대는 경향이 매우 높게 나타났다. 이들에게 한이 쌓이게 된 배경은 가난, 사별, 교육부족 등 결핍이 중요 원인으로 지각되

곁글 11-1 서편제에 나타난 한

이청준의 소설 『서편제』는 임권택 감독에 의해서 1993년 영화화되어 한국 영화사상 관람객 수에 있어서 공전의 기록을 수립하였다. 작품의 성공에 대한 이유가 여러 가지 거론되지만 영화 〈서편제〉의 작품에 그려진 한국인의 고유정서인 한이 영화라는 시각매체를 통해 절실히 와 닿음으로써 관객들의 심금을 울렸기 때문이라는 데 여러 평론가들이 견해를 같이 하고 있으며, 이는 영화를 본 학생들의 반응에서도 확인되고 있다(이재호, 최상진, 2003).

최상진 등(1994)은 서편제에 나타난 두 가지 장면을 한의 전형으로 분석하고 있다. 유봉이 딸인 송화에게 "니가 나를 원수로 알았다면, 니 소리에 원한이 사무쳤을 텐디, 니 소리 어디에도 그런 흔적은 없더구나." "동편제는 무겁고 맺음세가 분명하다면, 서편제는 애절하고 정한이 많다고들 하지. 허지만 한을 넘어서게 되면 동편제도 서편제도 없고 득음의 경지만 있을 뿐이다." 이 구절들은 한이 원한과 구분되고, 원한을 극복하며 경험되는 정서임을 시사한다. 마지막 장면에서 눈먼 송화가 남동생인 동화와 밤을 새우며 소리를 한 후 서로 남매지간임을 밝히지 않고 헤어졌다. 이를 의아하게 여긴 천 씨가 왜 모른 척 했는지를 묻고, 이에 대해 송화는 "한을 다치고 싶지 않아서였지요."라고 답한다. 이때 천 씨가 "무슨 한이 그렇게도 깊이 맺혔간디 풀지도 못하고 허망하게 헤어졌단 말이여?", 송화는 "간밤에 한을 풀어냈어요."라고 답한다. 여기에서 송화는 서로를 밝힐 때 이미 각자의 감정상태에서 승화된 한이 구체적 사건들의 회상으로(서로를 밝힘으로써) 다시 마음속에서 처리되어야 할 소재가 될 것을 두려워했기 때문으로 해석될 수 있다.

영화 〈서편제〉의 한 장면

고 있다. 아울러 한이 정과 깊은 관계가 있다는 인식이 보편적으로 나타났다. 즉, 다정다감하고 자기표현을 억제하는 사람들이 한 많은 성격의 소유자이기 쉬운 것으로 지각되며, 정이 많은 사람이 결국 한이 많은 것으로 여겨지고 있다.

일본대사관 정문 건너편에 설치된 소녀상은 한국인의 한을 담고 있다.

이러한 한은 그 억울한 마음을 남들이 몰라 줄 때 커진다. 한 맺힌 사연을 이야기할 때 항상 당사자들은 '이 한을 아무도 몰라준다.'고 되뇐다. 한을 푸는 가장 좋은 방법은 억울한 심정을 유발시킨 당사자가 그것을 인정하고, 그에 대한 보상적 행위를 하는 것이다. 이것이 안 되면 주변 사람이라도 그 억울함을 인정하고 달래 줌으로써 한의 억울함은 경감될 수 있다(최상진, 1994). 진도에서는 제명을 다하지 못하고 죽은 억울한 영혼이 한을 품게 된다는 생각에 한을 '씻어 주는' 씻김굿이 오늘날도 자주 행해지고 있다.

❖ 심정의 교류

관계적 자기의 문화권에서 사람들의 행동은 마음에 내켜서라기보다는 처한 상황에서 요구되는 규범, 자신의 역할, 상대방의 요구 등에 의해 수시로 변한다. 다양한 관계 속에서 이런 관계를 원만히 유지하고자 하는 행위는 규범에 의해서 마지못해 나타날 수도 있고, 반대로 진심에서 나타날 수도 있다. 따라서 행위자에 대한 평가를 할 때는 그가 보인 객관적 행동의 특성보다는 상대가 자신(평가자)과 상호 교류에서 어떤 경험을 하는가 그리고 상대방의 진심(마음)은 무엇인가를 파악하는 것이 매우 중요하다(최상진, 김기범, 1999; 한규석, 최상진, 2008; Choi et al., 2007; Yang, 2000). 이 점에서 한국인에게 '대인교류의 화폐는 드러난 행동이 아니라 숨겨진 마음'이라고 할 수 있다(최상진, 2000). 여기서 마음이란 상대(사람과 사물)에 대한 의지적 지향심, 즉 아껴주는 마음이란 의미를 지닌다.

심정이란 상대에 대한 지향점 마음, 이 마음이 일어난 상태 혹은 마음이 움직인 정황이다. 따라서 심정은 단순히 좋고 나쁜 정서를 지칭하는 것은 아니다. 심정을 말하기 위해서는 이 발동된 마음에 대한 자의식이 전제되어 있어야 한다. 즉, 마음이 발동된 것을 스스로가 인식하는 것이다. 또한 심정을 느낄 때는 그 발동된 마음(감정)의 이유나 배경에 대한 심리적 설명이 이미 구성되어 있음을 의미한다. 즉, 섭섭한 심정을 느낄 때는 상대방과 나와의 관계 속에서 상대의 행동이 나에게 섭섭함을 줄 수밖에 없었던 나름의 이야기가 구성되어 있다는 것이다. 즉, 심정이 발동하기 위해서는 관여된 두 사람 간의 관계사 속에서 '이 정도의 마음 써 주기'는 있어야 한다는 기대가 형성되어 있어야 한다. 그렇기에 심정이 발동되는 상황은 그 기대가 깨어진 경우가 대부분이다. 대학생을 대상으로 심정이 상했던 사례를 자유응답하도록 하여 분류해 본 결과가 〈표 11-1〉에 정리되어 있다(손영미, 최상진, 1999).

마음 써 주기에 대한 기대가 무너질 때 심정이 발동하지만, 이때 심정은 울컥한 것 같은 정서의 불편한 상태다. 이 불편한 심정을 이해하기 위하여 당사자는 상대가 자신의 기대를 저버릴 만한 이유가 있는지를 나름대로 모색하기 위하여 상대와 그동안 있었던 사건들을 반추하며 납득할 만한 이유를 찾는다. 이유가 찾아지면 심정은 가라앉지만, 찾아지지 않으면 자신의 주관적 심정의 타당성을 파악하기 위하여 주위사람에게 하소연을 하거나, 상대방과 직접적인 대화를 통해서 자신에게 발동된 심정의 사회적 타당화 과정에 들어간다. 이 과정에서의 대화를 '심정대화'라고 할 수 있다. 심정이 상대에게 받아들여지면 심정은 해소되며, 관계가 지속되지만, 심정이 상대에게 무시당하거나 수용되지 않는다면 상대방과의 관계가 소원해지는 조정과정에 들어가게 된다(Choi et al., 2007). [그림 11-1]은 이 과정을 도식화한 것이다.

〈표 11-1〉 심정을 상하게 하는 요인

반응 유목	빈도
1. 믿었던 친구였는데 내 믿음이 깨져서	34
2. 내 마음을 몰라준다, 무심하다	18
3. 나를 배려해 주지 않는다	17
4. 나를 무시한다, 독선적 태도	33
5. 내 자신이 비참해서	10
6. 내가 해 준 것은 생각하지 않고 나에게 심하게 대한다, 제대로 인정받지 못했다고 생각되어서	24
7. 양면적인 행동	5
8. 기타	9
총	150

출처: 손영미, 최상진, 1999.

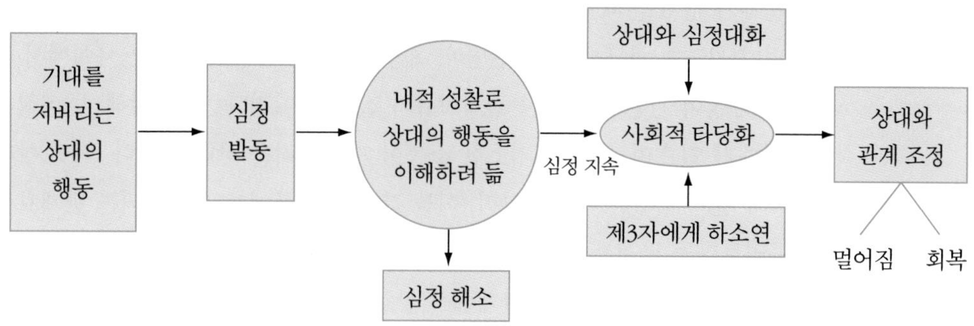

[그림 11-1] 심정대화의 과정: 심정의 발동과 관계조정
출처: Choi et al., 2007을 바탕으로 그림.

심정은 순수한 것 한국인들은 마음과 심정이 작위적으로 만들어지는 것이 아니라 자연적으로 생긴다는 자연발생관을 지니고 있다. 자기 뜻대로 할 수 없다고 여기기 때문에 '마음-심정 순수관'(최상진, 2000)이라고 할 수 있다. 그래서 상대가 자기에 대하여 지니고 있는 심정(마음)이 자신의 기대와 반한다고 하더라도, 그러한 심정을 지닌 당사자의 책임이나 잘못 탓으로 여기지 않는다(섭섭하게는 여겨도). 자기가 보이는 행위가 상황에 따라 변하기 때문에, 이에 따른 상대방의 오해를 막고자 우리는 자신의 속마음(심정)을 상대에게 알려 주고자 노력한다. 우리는 마주 앉아 오해를 풀고자 할 때 흔히 '내 심정을 알아 달라'며, 속마음을 털어놓는 소통을 한다. 기업체에서 상하 직급이 어울리는 술자리가 한국처럼 자주 벌어지는 곳도 드물다. 그 이유는 역할과 업무상황 때문에 본의 아니게 보인 행위들의 뒤에 가려진 서로의 심정을 이해시키고자 하는 의도가 작용하기 때문이다(최상진, 한규석, 1998).

한국인들은 심정을 순수한 마음으로 여기므로, 심정의 토로는 진실된 마음의 표현인 동시에 간절한 마음의 경험으로 여긴다. 드러나지 않게 깊숙이 작용하고 있는 심정은 한국의 예술과 문학의 영역에서 중요한 한국적 소재로 다루어져 왔다(박정진, 1990). 한국인이 지향하는 우리성-정의 관계에서 심정소통이 이루어지는 것은 긴밀한 관계성을 함축하며, 동시에 이를 확인해 주는 의식이기도 하다. 그래서 일상에서 심정소통이 빈번하게 나타나며, 이를 일반적인 소통과 잘 구분해 낸다(김경자, 한규석, 2000).

심정소통과 사리소통 우리성 관계집단에서 성원들 간의 오해 혹은 갈등 등의 문제가 생겼을 때 속마음을 드러내는 비언어적 · 언어적 소통을 심정소통이라 할 수 있다(김경자, 한규석, 2000; 손영미, 최상진, 1999). 심정이 통하는 사이에서 정이 깊어지고, 정이 깊은 사이에서 심정교류가 잘 이루어진다. 달리 말해서, 심정은 통하는 상대가 있으며, 심정에 기초한 소통이 자연스러운 상대가 있다. 이런 상대는 우리성의 관계에 있는 사람들이며, 이들 간에는 누구에게나 적용되는 관계보편적 사리논리보다는 관계특수적으로 적용되는 심정논리가 작용한다.

사리소통은 일반적인 사회관계에서 상호 간의 역할을 바탕으로, 논리적 근거에 의해 상대와 소통하는 것이다. 따라서 사리소통은 관계 일반적이며, 객관성을 바탕으로 한 소통이며, 공적이며, 개인들 간의 상호작용 논리이며, 이해의 교환논리라는 특징을 지닌다. 반면에 심정소통은 관계 특수적이며, 간주관적(intersubjective)이며, 사적이며, 우리성의 작용논리이며, 드러나지 않은 마음 써줌의 교류라 할 수 있다(최상진, 김기범, 1999).

〈표 11-2〉 심정소통과 사리소통

심정소통	사리소통
우리성 논리	개별자 상호작용 논리
사적 논리	공적 논리
마음의 교류	이해관계의 교환
간주관성	객관성
정의 논리	이성의 논리

출처: 최상진, 2000, p. 107.

❖ 체면

한국사람은 체면을 중시한다(윤태림, 1986; 최재석, 1994). 체면은 '남을 대하기에 떳떳한 도리나 얼굴'이다(우리말 큰사전, 1994). 이 정의에서 알 수 있듯이 체면에는 두 가지 요소가 작용한다. 남을 대한다는 외적 요소와 떳떳함이라는 내적 요소다. 떳떳하기 위해서는 도덕성 혹은 능력을 갖추고 있어야 한다. 이를 갖추지 못한 사람은 부끄러움을 느껴야 한다. 이 부끄러움은 기준에 못 미쳐 스스로 느끼는 자괴성 부끄러움과 남이 알게 되어 느끼는 창피성 부끄러움으로 구분될 수 있으며(최상진, 2000, 2부 2장), 창피성 부끄러움(즉, '남부끄러움')이 사회생활에서의 체면행위로 나타난다.

체면은 교수-학생, 상사-부하, 부모-자식, 목사-신도, 사돈지간 등 윗사람이 아랫사람을 대상으로 하는 서열관계나 공식관계에서 나타나며, 아주 친숙한 부부관계나 전혀 모르는 무관한 사람을 대상으로 나타나는 것은 아니다(최상진, 유승엽, 1992). 체면이 떨어지게 되면 권위와 함께 영향력을 상실하며, 인격도 의심을 받게 된다. 체면유지에 실패할 때 인격마저 의심을 받는 것은 한국사회에서 인격은 지위와 상응하는 역할(품위)을 수행해 내는 복합적 구성체이며, 성격(personality)과는 구분될 수 있는 독특한 사회심리적 개념이기 때문이다(곁글 11-2). 체면손상을 면하기 위해 핑계를 잘 대며(최상진 등, 1991), 빈 거짓말(식사 안 하고도 하였다 등)을 잘한다. 특히 인사치레에서의 거짓말을 하는 것이 당연시되기 때문에 이것이 확대되어 한국인은 겉과 속이 다르다는 말을 듣는다(동아일보, 1991). 이 겉과 속의 다름에 대하여 김용운(1986)은 오히려 일본인에게서 많이 나타난다고 주장한다. 즉, 일본인에게 혼네(本音: 본심)와 다테마에(建前: 남에게 보이는 것)는 철저히 구분되는데, 한 연구에서(Iwao, 1988: Markus & Kitayama, 1991에서 재인용) 딸자식이 부모가 반대하는 외국 연인을 집으로 데리고 왔을 때 상대방에게 취하는 행동에 있어서 많은 일본인들은 남자의 면전에서 상대방에게 안 된다는 말을 못하고 수용적인 행위를 보이는 것을 당연함으로 여기는 것에서 잘 나타난다. 최상진과 유승엽(1992)은 다테마에는 자신이 아니라 상대의 명예, 체면을 지켜주기 위한 허구적 친절의 특성이 강하고, 체면은 자기과시성, 권위주의적 심리에서 나타나는 상황 대처행동의 특성을 지니고 있다는 점에서 중요한 차이점을 지니고 있다고 설명한다.

체면 행위 체면은 행위적인 면에서 지키는 체면과 내세우는 체면이 있다(이석재, 최상진, 2001). 지키는 체면은 체면관계(상하관계)에서 체면이 실추되는 상황에서 이를 막거나 회복하는 행위다. 내세우는 체면은 한국사람들의 호칭 인플레, 자기과시, 명분 찾기, 허세 등에서 보듯이 자신의 존재감을 알리려는 체면 행위다. 지키는 체면이 어느 사회에서건 보편적으로 나타나는 체면현상이라면, 내세우는 체면은 한국사회에서 유난히 강하게 나타나는 특색을 지닌다(곁글 11-2). 한국인이 가장 많이 쓰는 자아방어기제 중의 하나가 허세라고 분석된다. 우리 속담 가운데 방어기제와 관련된 것 587개를 뽑아서 방어기제별로 구분한 결과 가장 많은 유형이 반동형성으로 나타났다(박영숙, 1993). 이들을 재분류한 결과 55.2%가 허세와 관련된 것으로 나타났다(〈표 11-3〉). 이는 속담이 서민층에 의해서 만들어진 세상사의 조각들이라는 점에서 보았을 때 체면이 차지했던 생활의 측면이 적지 않았음을 보여 준다(정종화, 1995).

자아방어기제
심적 욕구가 서로 갈등을 일으키거나 외적 환경의 요구와 갈등을 일으켜 불안한 경우에 자아가 불안을 완화시키기 위해 사용하는 보호책략.

〈표 11-3〉 한국속담의 방어기제별 분류

방어기제	빈도	백분율	예
반동형성	183	34.6	빈 수레가 더 요란하다. 빛 좋은 개살구
동일시	67	12.6	친구따라 강남 간다. 윗물이 맑아야 아랫물이 맑다.
수동적 공격	63	11.8	길로 가라니까 메로 간다. 날 잡아 잡수 한다.
투사	41	7.7	선무당이 장구 탓한다. 숯이 검정 나무란다.

출처: 박영숙, 1993.

체면은 지위관계에서 윗사람의 주 관심사이지만 이를 유지하는 것은 본인 이상으로 주위사람이나 아랫사람의 행위에 의해 영향 받는다. 즉, 주위사람들은 당사자 앞에서 공손하며, 예의를 지키며, 드러내 놓고 반대하지 않으며, 그의 지위나 신분을 은근히 남들에게 알리고, 보기보다는 더 큰 영향력을 지닌 사람임을 알리는 것이다. 체면은 지나치게 차릴 경우 거리감을 주고 위선적으로 여겨지지만, 안 차리면 인격이 의심받고 믿음을 잃게 되므로, 상황에 따라서 적절히 차려야 하는 한국인 내지는 유교문화권 사람들의 독특한 사회심리다. 한국사회에서 병폐적 현상으로 지목되고 있는 호화혼수도, 남들만큼 하지 않으면 집안의 체면에 손상이 온다고 생각하는 의식이 깔려 있기 때문에 나타나는 것이며(나은영, 1994), 사람들이 골프를 치며, 재즈 바를 들락거리는 것에도 자신의 신분과 처지를 과시하기 위한 심리가 놓여 있는 것으로 나타났다(최항섭, 2001). 수도권의 남녀 중고생을 대상으로 한 조사에서도 유명 상표를 선호하는 것에는 자신을 과시하려는 동기가 작용하는 것으로 나타났다(길수영, 이승희, 2011; 조은아, 김미숙, 2003).

〈표 11-4〉 반동형성과 관련된 속담의 재분류

큰 범주	허 세	55.2%	표리부동	25.6%	기 타	19.1%
작은 범주	잘난 체 화려한 외양 능력과시 실속 없음	32 28 23 18	겉과 속이 다름 감정표현 반대 기타	28 9 10	결점보완 외빈내실 기타	18 13 4

출처: 박영숙, 1993.

결글 11-2 **한국인의 인격투쟁**

조선시대는 양반-상놈의 구별에 따라 복식과 먹을거리, 제사상의 상차림, 존비어 사용은 물론 거리를 함께 걸을 때 예절 등에 있어서 형식적 규범이 엄격히 적용되며 개인의 인격이 차별적 대우를 받는 신분제 사회였다. 신분 해방을 위한 사회적 개혁 여건이 성숙하지 않았던 조선조 후기에 돈 있는 사람은 모두 양반이 되어 지배 계층에 자리하거나, 그 인격을 인정받고자 하면서 사회적 모순이 심화되었다(이효재, 2003). 해방 이후 자본주의 체제가 들어서고, 동학의 인내천(人乃天, 사람이 하늘이다) 사상이 수용되고, 교육이 보편화되면서 양반-상놈과 같은 드러난 차별의 준거는 없어졌지만, 보다 많은 재화를 갖거나 높은 사회적 지위를 획득한 사람이 그렇지 못한 사람들에게 인격적 우월함을 인정받고 과시하려는 인격투쟁의 시대가 열렸다(우실하, 2007; 이홍균, 2007; 정성원, 2007; 최봉영, 2005).

이를 조사한 연구에서 한국, 일본, 독일의 성인 남녀를 대상으로 자국인에게 과시성향이 강한 것을 인정하는지를 물어본 결과 독일인은 34.5%, 일본인은 40.8%, 한국인은 85%가 '그렇다' ('약간' + '매우')는 대답이 나왔다. 타인을 의식한 겉치레 경향이 강한지를 물었을 때 한국인은 85.2%가, 일본인은 63.3%, 독일인은 40.2%가 그렇다는 답을 하였다(이홍균, 2007). 어떤 조건이 충족되면 과시를 하겠는지를 살펴본 결과 '돈만 많이 생긴다면' 이란 응답에서 한국인 38.2%, 일본인 20.2%, 독일인 5.2%가 '그렇다'고 하였고, '과시하고 싶은 욕구가 없다'는 응답에서 한국인은 28.2%, 일본인은 46.6%, 독일인은 69.2%가 '그렇다'고 응답하였다. 한국 못지않게 집단주의 경향이 강한 일본에서는 과시 현상이 한국보다 낮은 것으로 나타나는데 인류학자들은 일본사회에서 문화문법으로 작용하는 집단 내의 '화(和)' 정신을 든다. 일본사람에게는 조직 속에서의 위치, 집단에의 화합과 튀지 않기가 중요하기 때문에 조직의 다른 성원보다 자신의 우월함을 보이는 과시는 집단에 도움이 되지 않는다는 것이다(Hsu, 1985; Nakane, 1985: 이홍균, 2007에서 재인용).

얼굴유지 행위의 보편성과 문화차 한국인이 체면에 대하여 관심을 보이는 것과 유사하게 서구인들도 얼굴(face) 유지에 관심을 보인다. 대인교류를 하면서 상대방의 자유를 구속하거나 인격과 권리를 침해하는 것은 도발적인 것이므로 이 같은 행위가 저질러질 때 상대가 수용하고 오해하지 않도록 하는 언행이 공손성의 규범적 행위로 나타난다. Brown과 Levinson(1987; 곁글 11-3)이 제시한 공손성 이론은 상대의 얼굴을 위협하는 행위(Face Threatening Act: FTA)는 부담스러운 것이며, 이 부담이 심할수록 공손한 행위가 취해진다고 본다. 이 부담은 상대방이 자신보다 상위의 위치에 있을수록, 자신과의 거리가 멀수록, 상대의 얼굴을 위협하는 정도가 클수록 증가한다(Holtgraves & Yang, 1990). 그래서 낯선 어른에게 건네는 말 한마디가 친숙한 어른에게 건네는 말보다 훨씬 공손하게 나오며, 상대를 비판할 경우에는 더욱 조심스러운 언행을 사용하게 된다(곁글 11-3). 이러한 공손성 행위도 두 가지로 구분되어 취해진다. 즉, 상대방의 안면을 세워주기 위하여 행위자가 스스로 공손성의 수위를 조절하는 자의적 공손성과 사회규범적으로 서로 간의 관계에 의해서 정해진 분별 공손성이다(구자숙, 1999; Koo, 1995). 자의적 공손성은 두 사람 사이의 권력 관계와 안면에의 위협 정도에 의해서 결정되며, 분별 공손성은 권력과 친밀감에 의해서 결정되는 것으로 나타났다. 각 언어문화권에 따라 두 가지 분별성이 차지하는 비중이 차이가 나는데, 미국에서는 전자가, 한국에서는 후자가 두드러진다. 따라서 미국인들은 내용적 단서(상대 안면을 위협하는 정도)가, 한국인들은 관계적 단서(상대적 서열과 친밀감)가 내용에 못지않게 중요한 요인으로 나타난다. 이는 한국과 같은 고맥락적 소통사회에서는 소통에서 표현된 내용은 상호관계의 맥락에서 해석되어야 하고, 미국 같은 저맥락적 소통사회에서는 사람들의 관계가 평등함을 전제로 진행되어, 소통의 내용이 소통양식을 결정짓는 경향이 크다는 것을 다시 확인해 주고 있다(Hall, 1976).

고/저맥락적 소통사회
인류학자 Hall이 각 문화권에서 의사소통 내용의 해석과 관련하여 제시한 개념. 고맥락적 소통사회에서는 소통내용을 해석하기 위해서는 소통이 진행되고 있는 상황과 상호관계의 맥락을 고려해야 하며, 저맥락적 소통사회에서는 내용의 해석에 맥락이 차지하는 비중이 상대적으로 낮다.

Ting-Toomey(1988)는 체면의 문화 차이에 대한 흥미로운 분석 틀을 제시하고 있다. 개인주의 문화에서 체면은 당사자 개인의 문제다. 이는 인상관리 이론(Goffman, 1959)에서 사회생활을 교류라는 무대에 선 개인 연기자의 연기로서 접근하는 것에서도 나타난다. 반면, 집단주의 문화에서 체면은 개인의 일일 뿐 아니라 집단의 문제가 된다. 왜냐하면 개인이 체면을 잃는 사태가 생기면 이는 집단의 교류 분위기에 악영향을 주기 때문이다. 따라서 성원들은 그러한 사태가 나타나는 것을 막도록 주의를 기울이는데, 이러한 주의가 사람들로 하여금 상대가 보내는 체면의 단서 포착에 민감하게 만든다. 한국사람들에게서 이러한 기제가 바로 눈치로 나타난다(Choi & Choi, 1992).

❖ 눈치

눈치기제는 상호 간의 교류에서 피차 체면을 잃지 않고, 상을 찌푸리는 일이 발생하지 않도록 하면서, 상대방에게 스스로의 의도를 은연중에 전달하는 간접적인 의사소통 기술이다(최연희, 최상진, 1990; Ambady et al., 1996; Choi & Choi, 1992). 사람들은 내집단의 상하 관계에서 자신과 상대방의 체면을 지켜주기 위해 눈치를 '주고받는' 행위를 하는 것이다.

눈치의 기능 한국사회에서 눈치는 크게 세 가지 면에서 접근, 이해될 수 있다(최상진, 유승엽, 1995; Choi & Choi, 1992). 첫째는, 현상적으로 그 용어의 쓰임새를 볼 때 눈치를 생활의 지혜란 측면에서 이해할 수 있다. 즉, 한국인의 눈치는 단순한 의사소통의 기제 이상의 것이다. "절에 가서도 눈치만 좋으면 새우젓을 얻어먹는다."는 속담은 눈치가 생활 속의 기지, 재치와 동일시됨을 보인다.

둘째로, 의사소통의 기제로서 보는 시각이다. 의사소통 행위로서 눈치는 주는 사람과 채는 사람의 역동적 관계에서 전달내용 그 자체가 아니라 내용을 전달하고 싶다든가 혹은 '내 말을 그대로 믿지는 말아달라'는 의도의 은밀한 표현과 그 접수행위다. 눈치행위가 이 같은 신호 이외에 어떤 구체적 내용을 담고 있는 경우 의사소통의 오해가 빈번하게 나타난다.

셋째로, 눈치를 상하 서열적인 관계에서 각 관계가 갖는 특수한 친분과 관계의 특성에 따라 기존의 관계를 존중하고, 계속 강화, 유지시키기 위해 아랫사람이 주로 보이는 겸손한 행위의 한국적 표현양상으로 이해할 수 있다.

눈치는 대인관계가 상하의 서열적 특성을 지닌 경우에 특히 잘 나타나는데 아랫사람이 윗사람의 눈치를 살피고 알아채는 데서 볼 수 있다. 윗사람이 눈치를 주기도 하지만 눈치가 제대로 작동하지 않았을 경우 그 주된 피해자는 아랫사람이기 쉽기 때문에 아랫사람의 역할이 크다. '눈치꾼' '눈칫밥 먹고 산다'는 표현들은 눈치를 잘 보아야 하는 아랫사람의 처지를 풍자한다. 즉, 눈치는 한국적 공손성의 표현기제이며 관계에서 기존의 서열이 잘 유지되고, 어울림을 영위해 가는 목적에서 나타난다(Choi & Choi, 1992). 따라서 듣는 사람의 입장을 취하고, 상대방에게 말대꾸를 하지 않으며, 상대의 잘못에 대해 상대방의 눈치를 살피는 것이 적절한 의사소통 행위다(Choi & Choi, 1992). 눈치기제가 활발하게 작동하는 것은 한국사회가 고맥락의 소통문화로 상하질서를 중시하며, 단어와 문장의 해석을 그 보편적 의미에 비추기보다는 관계의 특수성에 비추어 한다는 특성을 지니고 있음을 반증하는 것이기도 하다.

❖ 서열적 교류와 공손성의 문화

한국인의 교류는 서열성을 바탕에 두고 이루어진다. 자신을 소개하는 경우에 나이에 대한 정보를 밝히며, 처음 만나게 된 사람의 나이를 알고자 한다. 존비어가 부적합하게 쓰인다면 교류가 진행될 수 없기 때문이다. 한국사회의 대인교류에서 나이, 지위 등과 같은 서열정보의 확인이 중요한 것은 적절한 존비어 사용이라는 사회규범이 강하게 작동하기 때문이다. 서열적 행동규범을 지키는 것은 원만한 의사소통과 어울림을 위해 필수적이다. 서열적 교류는 어느 사회에서나 나타나는 현상이지만, 서구사회에서는 상황맥락에 따라서 서열이 정해지고, 이것이 뒤바뀌는 것이 크게 문제가 되지 않는다. 그러나 한국사회가 지닌 특징은 맥락과 무관하게 서열이 서로 간의 관계에 상수로서 작용한다는 점이다. 일단 정해지면 상황 맥락과 무관하게 뒤바뀌지 않고, 뒤바뀌는 일이 발생하는 경우에 두 사람 사이의 관계가 매우 불편해 진다. 그래서 공직사회에서 후배가 자신보다 높은 지위에 오르게 되면 사직하는 것이 당연한 것으로 여겨져 왔다. 공손성의 작용에 나타나는 문화적 차이를 보여 준 한 연구(Holtgraves & Yang, 1992)는 미국과 한국의 참여자들에게 사회적 거리감 및 상대와의 지위를 변화시키며 상대에게 한 가지를 부탁하는 글을 작성하도록 하였다. 이런 상황에서 우리는 상대방의 지위가 높은 경우와 상대방이 잘 모르는 사람인 경우에 부탁의 표현은 매우 공손할 것으로 예측할 수 있다. 이 표현을 분석한 결과 한국인의 경우 상대방의 지위 높낮이가 주는 영향이 사회적 거리감의 차이가 주는 영향보다 크게 나타났으나, 미국인의 경우는 지위가 주는 영향은 거의 없었고, 상대방과의 사회적 거리감에 따른 변화가 나타났을 뿐이다.

서구에서 공손성의 표현은 말하는 내용이 상대의 심리에 영향 미치는 정도에 따라 변화하는 양상을 보이지만, 한국에서 공손성은 내용보다는 서로 간의 상대적 서열관계에 의해 영향 받는다(곁글 11-3). 한국에서 공손성은 아랫사람의 몫이며, 기존의 관계에 도전하지 않고, 이를 수용하며, 유지시키는 기능을 한다. 이렇게 공손성의 표현에 미치는 요인에서의 문화차를 더 들어보면, 서구의 공손성이 소통을 원활하게 가져가려는 합목적적 전략적 행위인 데 반해서, 한국에서의 공손성은 서열교류상의 도리라는 도덕적 차원에서 다루어지고 있다는 것을 알 수 있다. 이를 단적으로 보여 주는 현상이 '지하철의 막말녀' 이다. 설혹 잘못의 발단이 노인에게 있다고 하더라도 노인에게 막말을 하며 대드는 젊은이를 대할 때 쏟아지는 도덕적 비난은 시비를 뒤엎는다.

서열적 교류는 두 사람이 우리성을 구성하는 상황에서 각 성원이 쪽(부분자)으로서의 자리매김이 자연스럽게 이루어지면서, 역할에 따라 존경과 돌봄의 규범이 작동하는 탓에 나타난다. 따라서 이런 심리를 드러내는 표현으로 존대어 사용과 행위의 공손성이 규범으로 자리잡게 되었다. 그러나 현대사회에서 개인주의적 사고와 가치가 확산되었지만(나은영, 차재호, 1999; 신수진, 최준식, 2002; 이종한, 2000; 한규석, 신수진, 1999), 존대어의 엄격한 사용은 변함없이 요구되고 있다. 내면의 심리야 어떻든 드러난 표현에서 존대를 해야 하는 이중적 언어생활을 하면서, 사람들은 아랫사람으로부터 존경을 강제하는 형식적 권위주의 의식을 지니고 생활하게 된다(최봉영, 2005). 이런 심리는 아랫사람을 대할 때 상대와의 관계를 서열의 준거상에서 판단하는 양상에서도 엿볼 수 있다. 아랫사람과 대화를 할 때 상대가 존대어를 자

결글 11-3

비언어적 공손성 행위에서 문화 차이

사람들은 사회화 과정을 통해 상대방에 따라, 하고자 하는 말의 내용에 따라 적절한 표현방식이 무엇인지를 배워 나간다. 한국사회처럼 존비어 체계가 발달된 언어문화권에서 이 어법을 어겼을 경우 전혀 소통이 진전되지 못한다. 이 같은 소통의 방식이 비언어적 형태로도 나타날 것인가? 나타난다면 어떻게 나타나는가? 이를 알아보기 위해서, 실험참가자들에게 자기의 상사, 부하, 동료에게 직장에서 발생한 좋은 사건과 나쁜 사건을 이야기하는 것을 역할연기하도록 하여 비디오로 촬영 · 분석하였다(Ambady et al., 1996). 분석의 대상으로 삼은 것은 언어적 표현을 글로 옮긴 내용, 음성 없이 비디오로 촬영한 동작, 일반 비디오(말과 동작)의 세 가지 채널자료다.

문화권과 채널에 관계없이 세 가지 행위가 구별되어 취해지는 것으로 나타났다. 타인지향적 행위(상대의 반응에 관심을 보이고, 공손하고, 동의하고, 공감을 보이는 것), 친화성 행위(상대방의 안면을 세우고, 친한 척하고, 개방적으로 나오는 것), 우회적 행위(간접적이고, 회피적이며, 죄송해 하는 것)이 그것이다. 미국인이나 한국인 모두 동료를 대상으로는 친화적 행위를, 상사를 대상으로는 우회적 행위를 많이 취하고, 좋은 소식을 전할 때 친화적이고, 덜 우회적이었다. 우회적 행위는 특히 음성 없는 동작비디오에서 확연히 드러났다. 즉, 소통하기 멋쩍은 내용은 비언어적 행위로 나타나는 현상이 확인되었다.

흥미로운 문화 차이도 나타났으니, [그림 11-2]의 (I)과 (II)에서 보듯이 타인지향적 행위가 미국인들은 내용 단서(좋은 소식이냐 나쁜 소식이냐)에 의해서 영향을 받는 한편, [그림 11-2]의 (III)과 (IV)에서 보듯이 한국인들은 서열관계 단서(상대가 상사냐 부하냐)에 의해서 영향 받는 것을 볼 수 있다.

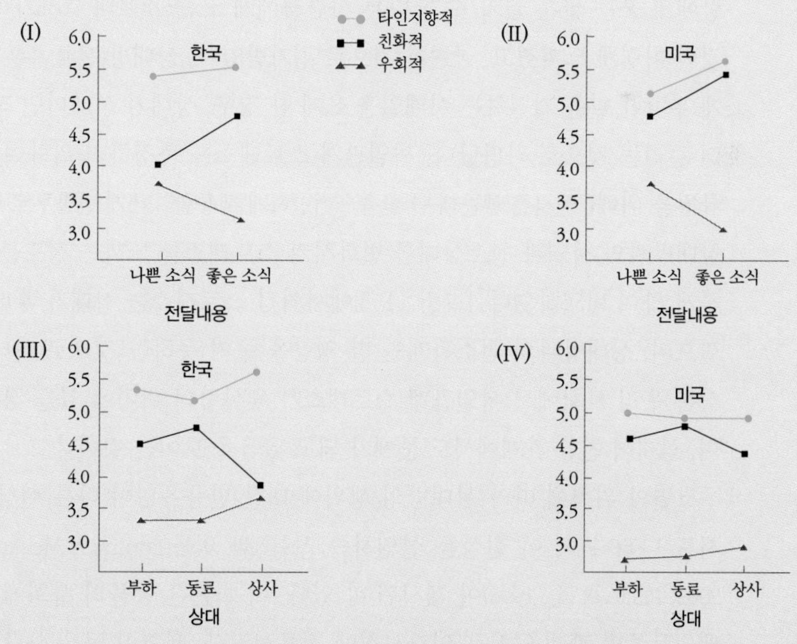

[그림 11-2] 비언어적 공손성에 미치는 요인의 문화 차이

출처: Ambady et al., 1996.

주 생략하거나, 공손함을 전혀 보이지 않는 경우에 사람들은 대화의 내용에 관심을 갖기보다는 상대와의 관계의 자리매김에 문제가 있음을 직감하고 이에 촉각을 세운다(문찬기, 한규석, 2013; Han et al., 2011). 이 점에서 한국인들은 서열적 관계 스트레스를 경험한다. **서열관계 스트레스**는 자신이 상대에게 기대하는 상호관계의 자리매김이 상대의 언행으로 인해 흔들리는 경우에 경험하는 관계의 스트레스다. 이것이 심할 경우에 사람들은 서로 간의 관계를 재확인하거나, 재정립하거나, 관계를 단절하는 상황을 맞을 것이다. 이 스트레스는 윗사람의 위치에 있는 사람들이 크게 느낀다. 왜냐하면, 상대를 아랫사람으로 여겼는데 상대가 이에 도전하는 것을 수용하기 어렵기 때문이다. 경북지역의 고등학생 800명을 대상으로 갈등적 각본을 제시하는 방식으로 수행된 연구에서 후배의 도발이 자신의 권위를 위협하는 것으로 여겨지는 경우에 폭력적인 대응이 쉽게 취해지는 것으로 나타났다(이성식, 2003). 이런 상황을 아는 탓에 아랫사람은 윗사람이 요구하는 공손성/존대어의 규범을 지키려 하며, 이를 지키지 못했을 때 수정하는 언행을 보이는 것이 상대와의 관계를 원만하게 가져가기 위해 꼭 필요하다.

한 연구는 대학생들에게 취업 지원서를 위한 추천서를 부탁하는 글을 윗사람, 또래 혹은 아랫사람에게 작성하도록 하여 이를 분석하였다(문찬기, 한규석, 2013). 윗사람에게 쓰는 글은 글자 수가 다른 사람들에게 쓰는 것보다 70%가 많았으며, 쓰는 것이 어렵게 느껴졌고, 공손한 것으로 평가받았다. 상대방(선배 혹은 후배)이 자신에게 부탁한 일을 거절하는 이메일을 쓰게 한 경우, 상대가 선배이면 작성시간이 60% 더 걸리는 것으로 나타났다. 서열관계 스트레스를 측정하기 위하여 일상적인 교류규범을 위배('인사를 했는데 안 받음' '거만하게 행동함' '내게 반말투로 이야기 함' 등)한 상대방과의 서열과 친소상태를 변화시켜 스트레스를 느끼는 정도를 7점 척도에 답하게 하여 비교하였다. [그림 11-3]에서처럼 스트레스는 상대가 후배일 때 크게 느꼈으며, 상대방과의 친소관계는 별 영향을 주지 못하는 것으로 나타났다. 이런 양상은 우리 사회에서 서열관계 스트레스가 윗사람의 위치에 있을 경우에 늘 작용하며, 심지어 친한 관계에서도 문제가 되고 있음을 보이는 것이다.

서열의 위치에 따라 상대방의 행위에 대한 반응유형이 다른 현상은 서구사회에서도 나타나며, 이 현상을 설명하는 **사회지배 이론**(Fournier, Moskowitz, & Zuroff, 2002; Pratto et al., 1994)이 제시된 바 있다. 이 이론은 동물의 사회에서 나타나는 지배·복종의 관계 양상을 인간사회에 적용시킨다. 서열이 낮은 사람이 취하는 위협적인 행위에 대하여 서열 상위의 사람은 공격적으로 대응하고, 서열이 높은 사람이 취하는 위협적인 행위에 대하여 하위의 사람은 화해적이고, 용서를 구하는 방식의

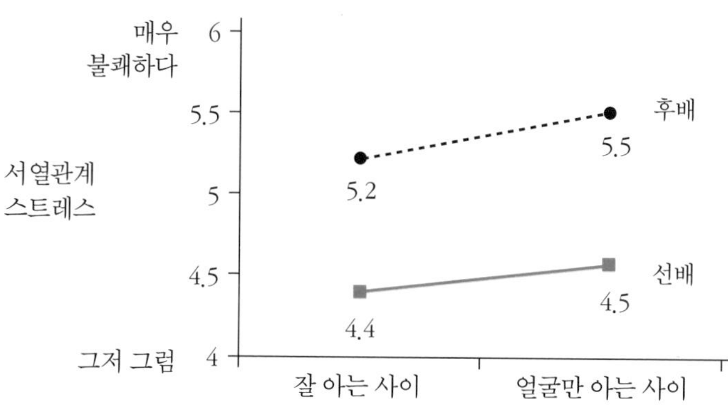

[그림 11-3]
서열성, 친소성에 따른 서열관계 스트레스의 양상

행동을 취하는 양상을 보인다고 설명한다. 이는 자신을 보호하고, 자신의 신분이 지닐 수 있는 가능한 자원을 지키며, 더 확보하여 높은 서열을 추구하려는 동기에서 갖추게 된 진화적 행태라고 본다. 사회지배 이론은 사회적 계층과 그에 따른 신분에 동반하는 심리적 효과를 다루며, 계층을 오랜 역사 속에서 지속되어 온 사회

곁글 11-4

거짓말에 대한 문화

1970년대에 중국과의 외교관계를 튼 미국 대통령 닉슨은 워터게이트 도청 사건이 터지자 이 사건에 대하여 아무것도 모른다고 발뺌하였고, 이것이 거짓말로 드러나자 사임을 했다. 클린턴 미국 대통령은 임시 비서노릇을 하던 르윈스키와의 스캔들이 터지자 '부적절한 행위'가 있었음을 시인하였고, 탄핵을 모면하였다. 반면에, 한국의 정치가들은 일단 불리한 사건이 터지면 거짓말부터 하고 사태에 대처하여 간다. 거짓말 때문에 사직하였거나 불이익을 당한 정치인이 있었다는 이야기를 듣지 못하였다. 2016년 12월 박근혜 대통령은 많은 법률 위반행위로 국회의 탄핵을 당하였지만 수없이 뱉어낸 거짓말은 탄핵의 사유에 들어가지 않았다. 행동(거짓말)을 그 언행자의 책임 탓으로 여기는 서구의 성향론적 귀인과, 행동에 대한 상황론적 설명을 잘하는 동아시아의 문화적 사고가 이러한 차이를 설명할 수 있다.

이와 관련하여 거짓말에 대한 동서양의 속담을 비교해 보자. 영문학자인 정종화(1995, pp. 104-105)는 영어속담 15개를 제시하고, 한글속담 3개를 제시하고 있다. 영어속담으로는 "거짓말을 한 번 하면 자꾸 하게 된다." "거짓말쟁이는 절름발이보다 빨리 잡힌다." "거짓말쟁이는 참말을 해도 아무도 믿지 않는다." 등이 있는데, 거짓말의 해와 위험을 경계하는 것들이 대부분이다. 반면, 우리 속담에 거짓말 관련된 것은 "거짓말하고 뺨 맞는 것보다 낫다."처럼 경계시하는 것도 있지만, "삶은 무에 이 안 들 소리" "익은 밥 먹고 선소리 한다." 등으로 허튼소리 하는 것을 핀잔 주는 형태의 것이 많다. 서구 속담처럼 거짓말을 부도덕시하는 것은 드물다. 속담의 숫자와 내용 모두에 있어서 서구는 거짓말을 크게 경계시하지만 우리는 그다지 문제 삼지 않는 것을 알 수 있다.

적 경쟁의 결과라 보고 있다. 이 이론은 우울증, 부끄럼, 창피스러움 같은 정서가 사회적 계층이 낮은 사람들에게서 많이 발생하는 특징을 설명하고 있다. 서열관계 스트레스는 계층의 문제라기보다는 교류상에서 상호 간의 연령이나 신분의 차이를 다룬다는 점에서 차이가 있다. 이 점에서 서열관계 스트레스는 진화적으로 구비된 사회지배적 심리가 존비어를 매개로 이루어지는 한국적 교류상황에서 극명하게 나타나는 현상이라고 볼 수 있다.

곁글 11-5 빈말, 아첨, 에티켓과 의례적 언행의 차이

의례적 언행은 그 언어적 표현만 본다면 거짓말, 빈말, 아첨 등과 구별되기 어렵다. 그러나 의례적 언행은 상황에 적절하게 상대의 심정을 배려한다는 행위자의 동기가 있으므로 빈말이나 거짓말과 구분된다. 즉, 환갑잔치 하자는 아들에게 부모가 주는 **의례성** 거짓말("쑥스럽다, 환갑은 무슨… 칠순에나 보자")은 상대방에게 부담을 안 주려는 상황 적절한 거짓말이며, 속마음이 알려지는 것이 부담 없거나, 종종 상대방이 알아주기를 내심 기대하기도 한다.

반면, 일반적인 거짓말은 자신의 목적을 위해서 취해지며, 자신의 속마음이 알려져서는 안 되는 것이다. 아첨은 아첨자가 의례적으로 했다고 할지라도 그 언행이 의례성이 아닌 본심에서 우러나온 것임을 강조하고, 의례성이 아님을 상대에게 느끼게 해야 효과가 크다는 점에서 의례성과 차이가 있다. 예절은 상황에 따라 규정된 정형화된 행동양식으로써 상대방의 권리를 인정하고 침해하지 않기 위한 소극적 사회규범이다.

최상진(2000)은 이러한 표리부동한 언행을 제대로 이해하기 위해서 한국인의 대화가 지닌 의례성을 분석 · 제시하고 있다. 그에 따르면 의례성이란 언행자가 상대방의 욕구를 충족시키거나 또는 자신의 욕구를 충족시키려는 동기를 지닌 상태에서 상대방과 우호적인 관계를 유지, 증진시키기 위한 기능을 위해 상황에 적합하게 속마음과는 다른 언행을 보이는 심적 상태다.

표리부동해 보이는 언행은 이 같은 의례성의 발현 탓이며, 이를 이해하는 한에 있어서 거짓말의 교환이 역설적으로 관계를 부드럽게 하는 기능을 한다. 그래서 우리는 흔한 말로 "알고도 속고, 모르고도 속는다."라는 말을 한다. 이러한 의례성이 서로 원활하게 교환되지 못하는 경우, 무시당한다고 느끼거나, 상대에게 섭섭하거나, 불쾌한 감정을 유발할 수 있다.

그러므로 **의례적 행위**란 안 하는 것에 비해서는 상대방에 대한 관심과 배려를 표현해 준다는 점에서 필요하다. 이를테면 길을 지나가다 만난 학생에게 교수가 "어디 가나?"라고 묻는 경우에 실제 교수가 학생의 행선지를 알고 싶어서 묻는 것은 아니며 제대로 된 설명을 기대하지도 않는다. 그러나 그러한 의례성 물음으로 교수는 학생에게 자신이 관심을 가지고 있다는 것을 보인다. 아울러 오랜만에 만난 친구에게 "너 이 ○○, 죽은 줄 알았더니 살아 있었구나."라고 한다면 예절에는 어긋나지만 상대에 대한 관심과 애정이 동기에 있다면 의례성 표현으로서 훌륭한 기능을 할 수 있다(최상진, 유승엽, 1994).

요 약

1. 한국인의 대표적인 관계적 정서인 정은 역사성, 동거성, 다정성, 허물없음의 특징을 지니고 있다. 한국인의 대인교류가 정지향성을 지니고 있고, 이 특징이 성격화되어 정 많은 사람과 무정한 사람의 구분이 가능하다. 정이 많은 사람은 개인적이거나 능률적인 것과는 거리가 멀다.
2. 정은 사람들을 편안하게 하며, 상대방에 대한 배려적인 마음의 주고받음에 의해서 쌓아간다. 정은 우리성 관계의 사람들을 밀착시키는 심적 질료이다. 한은 자신의 불행에 대한 자책과 부당함의 복합정서로, 좌절의 경험과 수용, 억울한 정서의 경험과정을 통해서 결정화된다.
3. 한국인은 대인교류를 하면서 상대방을 아껴주는 마음을 주고받고 이를 기대한다.
4. 심정은 상대방에 대하여 발동한 마음의 상태이며, 자연발생적으로 생긴다는 심정순수관을 한국인들은 지니고 있다.
5. 사람들 간의 소통은 사리소통과 심정소통으로 구분할 수 있다. 사리소통은 개인들 간의 상호작용이며, 이해관계의 교환이며, 이성의 논리가 작용하는 반면에, 심정소통은 우리 안의 소통이며, 마음의 교류이며, 정의 논리가 작용한다.
6. 남의 눈에 부끄러운 창피성 부끄러움이 체면으로 작용하며, 사람들은 체면손상을 피하기 위하여 겉과 속이 다른 행동을 한다. 한국인은 내세우는 체면행위를 많이 보인다.
7. 공손성 이론은 상대방의 안면에 미치는 위협의 정도에 따라서 조절하는 자의적 공손성과 관계의 규범에 의해서 규정되는 분별 공손성을 구분한다. 서양에서는 공손성이 행위의 전략적 특징으로 나타나지만, 동양사회에서는 도덕적 규범의 특징을 지닌다.
8. 한국인이 형식주의적이고 표리부동하다는 것은 상호 교류에서 상대방에 대한 배려가 대화적 행위로 표현되는 의례성 소통방식으로 설명될 수 있다.
9. 한국사회의 대인교류는 존비어를 매개로 이루어지는 서열적 특성을 강하게 지닌다. 윗사람은 서열관계 스트레스를 많이 받는다.

한국인의 집단주의: 문화심리적 특징

비교문화심리학자들은 물론 문화비평가들은 모두 한국사회를 강한 집단주의 사회라고 규정한다. 집단주의는 집단의 목표를 개인의 삶에 우선시하는 문화 이데올로기라고 볼 수 있지만, 개인주의에 대한 상대적 의미가 부각되었을 뿐, 그 용어의 의미가 매우 애매하다는 특징도 갖고 있다. 동아시아뿐만 아니라 남아시아, 아프리카, 남미, 남부 유럽 국가들이 집단주의 문화로 분류되는 것은 그 용어의 포괄성이 어느 정도인지를 짐작하게 한다. 중국, 일본, 한국은 모두 강한 집단주의적 문화로 간주되지만 이들 간에 상당한 차이가 있으며, 몇몇 실증적 연구들은 그 차이를 보이고 있다(이누미야, 김윤주, 2006 등). 한국사회에서 집단주의의 양상이 어떻게 다르게 나타나는지에 대한 이해가 필요한 것이다. 집단주의가 발현되는 양상과 관련시켜 그 구성요소를 분석한다면 가족주의, 권위존중 그리고 가족주의에서 파생된 인정주의를 들 수 있다. 이들의 분석을 통해 한국사회의 특징을 살펴보자.

❖ 가족주의(우리성)

조긍호(1948~)
서울대학교에서 사회심리학 박사를 취득하고 서강대학교 교수로 재직했다. 12대 한국사회심리학회 회장을 역임하였다. 대인지각의 이원모형을 제시하고, 공맹시대의 선진유학사상이 주는 심리학적 교훈을 검토한 『유학심리학』을 저술하였으며, 문화에 따른 인간이해의 이론적 검증에 업적을 보이고 있다.

집단주의 문화는 집단의 화목을 매우 중시하는 특징을 지니고 있다. 집단의 원초적 단위는 가족이며, 가족 내의 화합은 만사의 근본으로 여겨진다(家和萬事成). 맹자는 가족 내의 화합은 자식의 부모 공경을 바탕으로 한다고 보았으며, 인간이 행해야 할 도(道)인 인의(仁義)의 체득이 바로 어버이를 친애하고 어른을 공경하는 것에서 출발한다고 보았다. 즉, "선(善)의 핵심은 어버이를 모시는 것이고, 의(義)의 핵심은 형을 따르는 것이며, 지(智)의 핵심은 이 두 가지를 깨달아 이를 버리지 않는 것이고, 예(禮)의 핵심은 이 두 가지를 조절하여 아름답게 꾸미는 것"이라고 표현함으로써(離婁上, 27), 인간행위의 당위적 규범인 인의예지의 핵심을 가족관계에서의 윗사람에 대한 공경심에 바탕한다고 본다(조긍호, 1991). 이러한 바탕을 넓혀서 천하의 관계로 확장시키는 것이 인의의 실행이라고 본다. 유교문화권에서 지향하는 성인(聖人)의 모습도 인화를 실천하는 사람으로 그려진다. 따라서 가족을 사회생활의 근간으로 여기고 있음을 볼 수 있다. 유교적 이데올로기로서 가족주의는 우리 사회에서 가족집단의 유지와 번성을 도모함에 있어서 가족구성원이 보이는 노력을 지칭한다(신수진, 1999). 그러나 심리학적으로 보았을 때는 가족(우리)과 남을 구분짓는 경향성으로도 볼 수 있다.

한국의 가족집단의 특성 한국에서 부모-자식의 관계는 끈끈하고 떼려야 뗄 수 없는 관계로서 이야기된다. 이러한 부모-자식의 관계가 여느 관계는 "피는 물보다 진하다."라는 어귀에 잘 나타나고 있다. 우리는 누구나 이 말을 인정하고 있지만 기존의 사회과학적 연구는 '피'의 관계를 '물'의 관계적 분석 틀로 접근하였다. 물론 부모가 행사하는 영향력이 물의 관계 원리와 무관하기만 한 것은 아니다. 관계를 분석하는 고전적인 틀로써 제시된 사회적 교환 이론(Homans, 1961; Kelley & Thibaut, 1978)은 모든 관계를 교환의 원리가 지배하는 물의 관계로 접근하였다(6장 참조). 그러나 부부, 가족, 친구 간의 관계에서는 교환의 원리가 자주 위배됨에도 불구하고 관계가 잘 유지된다. 이러한 관계를 교환관계와 구분하여 공동체 관계(Clark & Mills, 1979), 혹은 우리성의 관계라 하겠다. 이 관계에서는 '비교환적' 또는 '초교환적' 원리가 적용된다고 본다.

우리성 한국사람들은 대화 중에 '우리'라는 표현을 매우 자주 쓴다. 우리나라, 우리 학교, 우리 엄마, 우리 집, 우리 회사, 우리 아이, 우리 교수 등 나를 써도 될 곳에 나보다는 우리를 더 자연스럽게 사용한다. 이 같은 사용양태는 문화적으로도 매우 독특하다. 서양에서 'We, Our'의 사용양태뿐만 아니라 같은 집단주의 문화권인 일본의 '와레와레, 와다시다치', 중국의 '워먼, 잔먼'의 사용양태와도 크게 차이가 난다. 한국인에게서 '우리'라는 어휘가 지니고 있는 사회심리적 특성을 분석한 연구(Choi & Choi, 1990)는 대학생을 대상으로 '우리'와 연관된 다양한 사고 및 경험을 물어서 정리하였다. '우리'와 연상되는 응답반응 중 가장 많이 나타나는 것은 감정적 연대감(55%)으로서 '정' '친밀감' '푸근함' '상호 수용'의 반응이었다. 둘째로 높은 응답범주는 동질성, 유대성 의식(16%)으로 하나됨, 동류의식으로 나타났다. 그 밖에 공통성과, 협동(17%), 개인들의 집합(5%)으로 나타났다. 이러한 결과는 한국인의 '우리'는 가족에서 나타나는 자타융합의 심리적 연대감을 강하게 반영하는 확대된 가족의식의 심리를 띠고 있음을 시사한다.

한편, 개인주의 문화권인 캐나다 대학생의 '우리'에 대한 반응을 보면 가장 많이 나타나는 것이 개인들의 집합(60%)이며, 그다음으로 빈번한 반응이 취미집단(15%), 세 번째 반응이 밀착성, 친근감, 동류의식(15%)으로 나타나고 있어 한국과 대조를 보이고 있다. 즉, 한국의 우리는 개인들의 집합체라기보다는 우리가 형성되면서 개별자로서의 비중이 축소되고, 전체의 부분자인 쪽의 비중이 커지는 동질적 구성체란 점에서, 개인의 단순 집합체로서의 캐나다의 우리와 비견된다. 이런 탓에 한국인에게 '우리'는 성원들에게 우리로서의 어울림을 위한 노력, 다수의 의견에 따를 것, 개인의 자율성과 개성의 표현을 자발적으로 억제할 것을 요구한다. 우리성의 형성과 진화에 대한 과정을 도식적으로 표현하면 [그림 11-4]와 같다(최상진, 2011).

한가족처럼 스스럼없이 찌개를 같이 먹는 학생들

한국인과 일본인 대학생을 대상으로 '우리'의 개념을 비교한 연구(최상진, 1993)도 흥미 있는 문화 차이를 조명하고 있다. 한국인들이 '우리'라는 어휘에 대하여 보이는 반응의 특징은 '정' '친밀감' '상호 수용'으로 피부로 느끼는 인간관계적 우리의 특성을 지닌 데 반해서, 일본인의 반응은 '유대성' '동질성' '공통성' 등으로 집단귀속적, 집단동일시적 우리의 특성을 지니는 것으로 나타난다. '우리'라는 느낌을 갖게 되기 위해서, 한국인들은 가족처럼 가깝게 지내며 정을 쌓는 것이 필요

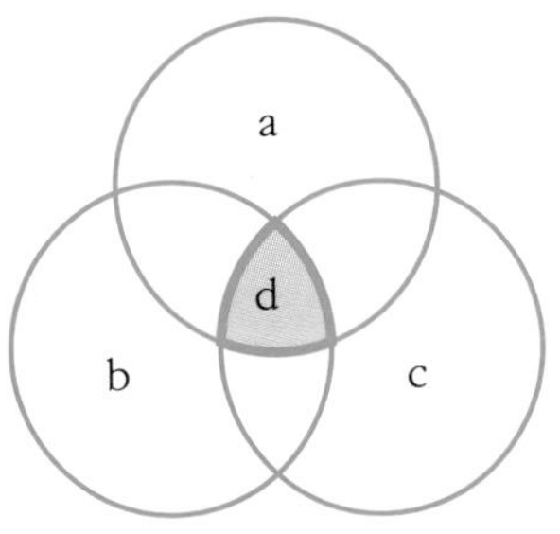

a, b, c: n은 개인 고유 영역,
d: '우리'의 실제 공통 요소

〈'우리' 형성의 근거〉

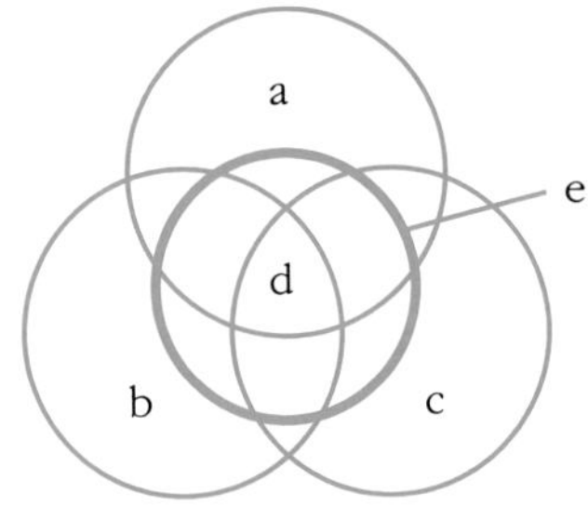

a, b, c: n은 개인 고유 영역,
d: '우리'의 실제 공통 요소,
e: 가정된 '우리' 공통 요소

〈가정된 '우리' 공통 요소: '우리' 관련 내현 이론〉

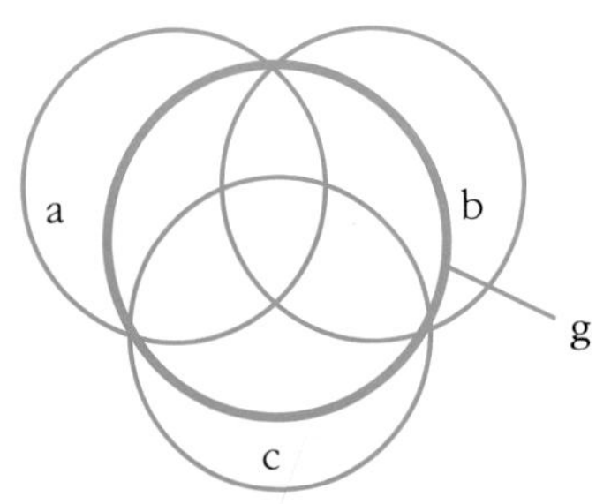

a, b, c: n은 개인 고유 영역,
g: '우리' 공통 요소의 확대로
개인 고유 영역이 줄어듦

〈'우리' 중심으로 융화〉

a
h
b
c

a, b, c: n은 개인 고유 영역,
h: 자기-함몰적 '우리' '우리성'의 출현

〈'우리성'의 출현: 탈개성적, 자기-함몰적 '우리'〉

[그림 11-4]
우리성의 형성근거와 진화
출처: 최상진, 2011, 5장.

한 데 반해, 일본인은 함께 활동을 하는 것으로 가능하다는 점을 보이고 있어 한국인의 우리가 훨씬 가족관계를 바탕으로 하고 있는, 형성되기 까다로운 관계임을 시사하고 있다. 즉, 일본에서는 집단 속에서 취미활동, 생활을 같이 함으로써 우리성을 느끼지만 한국에서는 집단활동보다는 대인관계적으로 가깝게 지내는 사람들에게 우리성을 더욱 느끼는 것이다. 이 같은 차이는 우리라는 감정을 느끼는 집단의 분석에서 일본인은 취미 · 활동을 같이 하는 사람, 동아리 회원 등이 가족 다음으로 나타나고, 한국에서는 친구, 친척이 가족 다음으로 나타나는 차이에서도 엿볼 수 있다. 새로 가입한 우리 집단 성원에 대한 태도를 물었을 때, 한국인은 일본인보다 전반적으로 더욱 친밀한 행위를 보일 수 있는 것으로 나타나고 있다. 이 같은 결과

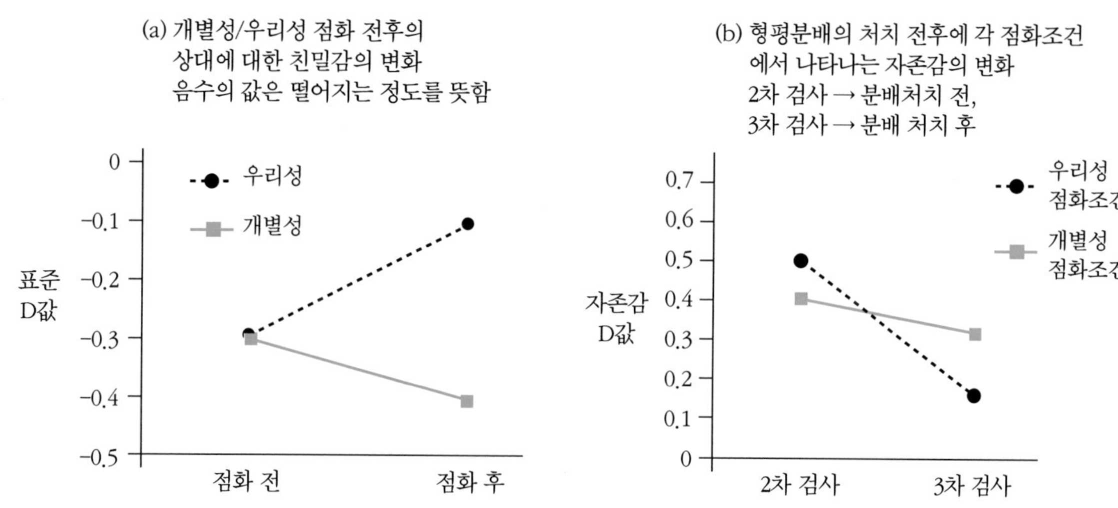

[그림 11-5] 개별성/우리성 점화 시 상대에 대한 거리감(a)과 분배처치 전후의 자존감(b) 변화

출처: (a) 배재창, 한규석, 2015, 그림 4.
(b) 배재창, 한규석, 2016, 그림 8-1과 8-2의 일부를 합침.

는 한국인에게는 속성(혈연 등)이, 일본인에게는 공간(활동 등)이 중요하게 작용한다는 인류학자들의 분석과도 궤를 같이 한다(Nakane, 1970).

최근에 암묵적 측정방법을 이용하여 서로 모르는 대학생을 두 명씩 참가하게 한 실험연구는 둘 사이에 우리성을 점화시킨 상황(3분간 누군가와 함께했던 즐거운 기억을 떠올리게 함)에서 사람들은 상대방에 대한 친밀반응이 빨라지며, 개별성을 점화시킨 경우(3분간 혼자서 즐겁게 활동했던 경험을 떠올림)에는 친밀반응이 느려지는 양상을 보였다(배재창, 한규석, 2015; [그림 11-5]의 a). 우리성 점화 시 특히 변하는 것은 상대방을 부정적인 것과 연상하는 반응 시간이 지체되는 것으로 나타났다. 두 사람이 공동으로 퀴즈를 풀게 한 후에 기여를 많이 한 사람(실험 협조자)으로 하여금 참가 보너스를 분배하도록 기회를 주면서 기여에 따르는 차등적 분배를 받게 되었을 때(즉, 분배자보다 덜 받게 됨), 상대방에 대한 거리감과 자기에 대한 부정적 반응이 우리성 점화조건에서는 크게 높아지는 것으로 나타났다(배재창, 한규석, 2016; [그림 11-5]의 b). 이런 결과는 한국인이 자주 쓰는 '우리' 표현이 우리성이라는 심리적 변화를 가져오며, 우리성 관계에서 상대방에게 배려를 기대하는 심리가 작동함을 시사해 준다.

부모의 영향력 수용심리 한국의 부모-자녀는 서로 간에 미안함, 고마움, 측은감을 느끼는 감정공동체다. 부모는 자식을 위해 자신을 희생하고, 인고를 감내함으로써 자식을 감정동일체로 여기며 자식으로 하여금 부모에 대해 심정적으로 여리게 만들어서 부모에 따르도록 한다. 이같이 부모와 자식 간의 자애와 효를 바탕으로 한 감정의식 동일체적 친애관계를 최상진(1994)은 부자유친성정이라 이름 지었다. 이 부자유친성정, 특히 부모의 신뢰를 강하게 지각하는 사람들이 자신에 대한 믿음도 긍정적이며, 자기존중감도 강한 것으로 나타났으며, 이 성정은 부모-자녀 의사소통의 원활성보다 더 자녀가 지닌 자기개념의 긍정성, 자기존중감을 잘 설명해 주는 것으로 나타났다(이장주, 최상진, 2003). 아울러 청소년의 문제행동을 막는 요인으로서도 어머니의 헌신에 대한 지각이 영향을 주는 것으로 나타났다.

국내에서 중·고등·대학생을 대상으로 부모에 대한 마음을 파악한 결과 일반적인 관계에서 나타나는 친화감(사랑, 존경, 신뢰감), 불신감(원망, 이기적) 외에도, 측은감(부모를 생각하면 마음이 아프다), 부담감(부모를 생각하면 마음이 무겁다)의 요인이 잘 나타나고 있다(박영신 등, 2003; 최상진 등, 1994). 자녀들이 진로, 전공, 결혼, 교우관계 등에서 부모와 의견이 맞지 않을 때 부모의 견해를 따르는 정도를 이들 요인별로 분석한 결과 친화의 점수가 높은 것은 부모의 영향력을 받아들이는 것과 별 관계가 없지만 부모에 대하여 측은하게 느끼고, 부담스럽게 느낄수록 부모의 견해를 존중하려는 경향이 강한 것으로 나타났다(최상진 등, 1994). 즉, 자녀와 부모가 서로 좋아하고 믿으며 가깝게 여기는 마음은 자녀에 대한 부모의 영향력과 별 관계가 없는 것으로 나타났다. 반면, 자녀가 부모를 측은해 하고 부담감을 느끼는 것이 부

나 알기 2: 부자유친성정 척도

1. 어머니는 늘 나를 자랑스럽게 생각하신다.
2. 어머니는 나를 믿어주신다.
3. 힘들 때에 어머니는 나로 인해 힘을 얻으신다.
4. 어머니와 함께 있으면 마음이 편안해진다.
5. 어머니는 좋은 것이 생기면 나에게 먼저 주시려 한다.
6. 어머니는 내가 잘되는 것이라면 어떤 고생도 참아내실 것이다.
7. 어머니는 내가 속을 썩히더라도 여전히 나를 사랑하실 것이다.
8. 어머니를 생각하면 미안하고 죄송한 생각이 든다.

1~4번은 신뢰성, 5~8번은 헌신성을 잼. 원래 척도는 20개 문항으로 구성되어 있으며, 어머니와 아버지를 구분하여 별개로 구성됨.

출처: 이장주, 최상진, 2003.

모의 자녀에 대한 영향력의 근원임을 시사하는 것이다. 이 같은 측은함, 부담감은 부모가 자신들에게 헌신적, 무조건적 희생을 하였다는 것을 자녀가 느낌으로써 나타난다. 많은 사람들이 어머니에 대하여 떠올리는 느낌은 고생, 불쌍함인 것으로 나타난다. 대학생들은 자기 주변에서 한이 맺힌 사람을 들어보라고 했을 때 대부분이 자기 어머니를 드는 것으로 나타나는데, '어머니'가 회상시키는 이러한 정서는 그 바탕에 자신을 키우면서 온갖 고생을 무릅쓴 희생을 목격하고 체감했기 때문이다(최상진 등, 1994).

어머니에 대한 배려심이 아동들에게 강한 동기를 촉발시키며, 아동들의 즉각적인 욕구충족 행위를 지연시키고 바람직한 행위를 수행하도록 하는 중요한 동기로서 작용할 수 있음을 보여 준 정영숙(1996)은 초등학생들이 힘들어하는 과제로서 왼손으로 또박또박 글자를 옮겨 쓰는 일을 시켰다. 그 일에 대한 보상을 받는 사람이 한 조건에서는 어머니이며 다른 조건에서는 자기가 된다고 알려주었고, 통제 조건으로 아무런 보상이 없는 조건을 설정하였다. 아동은 언제라도 과제를 끝낼 수 있었다. 세 조건 간 과제 지속시간은 고생하는 어머니를 생각한 조건에서 가장 길게 나타났으며, 과제수행도 더욱 열심히 하는 것으로 나타났다. 다른 연구에서는 어머니가 하신 고생을 생각하게 하는 경우에 아동 스스로가 이기적 욕구(노는 것)를 지연시키고 어머니의 바람(숙제를 먼저 하는 것)을 따르는 행동이 나타났다(정영숙, 손자경, 1995). 자기를 위해 희생한 어머니에 대한 배려동기가 아동의 이기적인 행위를 지연시키고, 어머니에 대한 이타적 행위를 증진시키는 이러한 연구결과들은 한국인의 가족 내 인간관계가, 교환의 원리가 아닌 비교환적 희생정신에 바탕을 두고 있음을 보여 준다.

연고주의 한국사회에서 중요하게 작용하는 연줄망으로 혈연, 학연, 지연을 흔히 든다. 이들 연고는 관계망을 넓히는 기능을 한다. 이종한(1992)이 미국의 백인과 한국인 기혼남자를 대상으로 자신들이 속한 집단의 특징을 비교한 결과 소속집단의 전체 숫자에 있어서는 차이가 없는 것으로 나타났다. 그러나 미국의 집단이 대부분 자발적으로 탈퇴가 이루어지는 집단인 데 반해, 한국의 집단은 비자발적 연고집단으로 나타나고 있어 문화적 차이가 강하게 나타나고 있다. 이들 집단에 대하여 느끼는 공동체의식에서도 차이가 나타난다. 미국인에 비해서 한국인들은 먼 친척, 동창회 집단에 대하여 보다 강한 공동체의식을 지니고 있는 것으로 나타났다. 이런 양상은 연고집단의 인식이 미치는 대인거리감의 지각을 실험적으로 연구하였을 때도 나타났다(Han & Choe, 1994). 호남지역의 성인 남녀를 대상으로 각본을 제

이종한(1951~)
미국 미주리 대학교(캔자스시티)에서 박사학위를 받고 사회 및 성격심리학회 20대 회장을 역임했으며, 대구대학교에 재직했다. 국내 최초의 공동체 심리학자로서, 응용학문으로서의 심리학을 현실사회에 적용시키는 것에 큰 관심을 보이고 있다.

시하고 회사에서 알게 된 옆 부서의 상사가 자신과 연고적(혈연, 지연, 학연 등)으로 연결된다는 것을 알게 되었을 때 다양한 행동(친근한 행동 및 거부 행동)을 보일 가능성을 물어보았다. 연고관계가 전혀 없을 때보다 연고관계가 있거나, 2중 또는 3중으로 연결될수록 더욱 친근한 행동을 보일 의도가 나타났다. 이는 집단주의의 한 특성인 내·외집단 차별행위가 연고관계의 인지만으로도 나타날 수 있음을 보인 것이다. 즉, 한국인은 우리 속에 포함되지 않은 어떤 개인이 우리 속에 들어올 때, 그에 대하여 가깝게 대하고, 이해하고, 밀어주어야 한다는 것을 당연한 것으로 여기는 것이다(배재창, 한규석, 2016).

이 연구는 아울러 연고집단에의 관여 행위를 조사하고 이와 관련되는 심적 변수를 분석하였다. 흥미롭게도 연고집단에의 참여도는 집단주의적 태도성향과는 무관하며, 단지 참여행동이 자신에게 가져다주는 효용가치의 기대에 의해 영향받는 것으로 나타났다. 즉, 이득이 되는 까닭에 참여한다는 것이다. 이는 우리 사회에서 조직화되어 있는 수많은 연고관련 단체가 이전의 공동체가 표방하는 대로 정의 공동체(초교환적 원리가 적용되는)로서의 기능보다는 이익 공동체(교환의 원리가 적용되는)로서의 역할을 하고 있음을 보여 주는 것이다. 류석춘 등(2008; 본서 8장 참조)도 동창회와 환경운동 시민단체의 비교연구를 통하여, 동창회가 폐쇄성과 귀속성으로 오히려 신뢰의 기반이 취약한 탓에 상부상조의 호혜성 규범을 강조하여 결속을 다짐을 보였다. 하지만 시민단체에서의 적극적 활동도 연고적 동원 방식에 많이 의존하고 있는 것으로 나타났다. 실제로 향우회 등의 전통가치를 강화하는 활동에 종사하는 사람들은 공공의 교통질서 위반 같은 행위는 꺼리지만, 사적 관계망에서 주고받는 식의 뇌물증여를 할 의향은 높은 것으로 나타나 보편적 신뢰가 약함을 볼 수 있다(김우식, 2006).

연고주의는 가족주의에 바탕을 두고 있으며, 사회적 관계망을 확대해 가는 기제로서 작용할 수 있지만 이 확대가 보편적인 사회의 신뢰를 구축하는 데는 별 도움이 되지 못한다. 현대 산업사회에 들어와서도 연고 바탕의 사적 신뢰가 공적 신뢰로 발전하지 못한 이유에 대하여 일제와 군부통치의 근현대사에서 사회의 통제와 지배 목적의 효율적 추구를 위한 정책이 주요한 요인으로 작용했을 가능성이 있다(이재혁, 1998). 시민사회의 성립을 위하여 필요한 공적 정보를 중앙정부에서 독점하고 협조하는 개인과 집단에게만 선별적으로 사회적 자원을 배분함으로써, 계층질서를 와해시키고 사회 성원들 간의 불신을 조장하게 되었다. 이런 정책에 대한 시민사회의 합리적 대응형태로 사적 신뢰의 파당화가 진행되었을 수 있다(이재혁, 1998). 21세기 정보화사회에 들어와 정보의 독점이 불가능하며, 연고를 떠난 시민들의 다양한 연대가 나타나고 있다. 전통적인 가치에 바탕한 연고단체의 활동보다는 시민단체, NGO 단체 등에 참여하는 사람들에게서 사회적 신뢰의식이 높은 것으로 나타났다(이재열, 남은영, 2008). 성인 남녀를 대상으로 한 전국조사는 젊은 세대에서 일반 신뢰가 높음을 보이고 있어(이재혁, 2006), 신뢰의 탈연고화가 진행되고 있음을 시사한다.

❖ 관계주의

지금까지 한국사회의 특징을 폭넓게 집단주의라 상정하고 그 현상을 가족주의, 연고주의 측면에서 세부적으로 분석하였다. 이 같은 분석은 한국사회의 집단주의가 집단위주보다는 관계위주로 진행되는 양상을 강하게 보여 주고 있다. 집단주의는 개인주의를 전제로 제시된 개념이다. 즉, 두 가지가 동일한 차원상의 독립적인 개념으로 취급되고 있지만, 사실은 개인주의적 서구사회의 특징을 파악하기 위한 필요에서 상정된 개념들이다. 그래서 개인주의의 제반 요소들이 매우 구체적인 데 반하여, 집단주의의 요소들은 구체적이기보다는 개인주의가 아닌 것들의 묶음으로 제시된다. 개인주의와 집단주의를 구분해 주는 가장 중요한 특징이 행위의 단위를 개인으로 보느냐 집단으로 보느냐 하는 점이다(Triandis, 1995). 그러나 여기서 집단의 실체는 정의되지 않고 있다. 개인이 속한 수많은 집단 모두가 의미 있는 집단일 수 없으며, 중요한 집단으로 국한한다고 하더라도 경우에 따라 부각되는 집단의 역동을 파악하기가 어렵고, 나아가 집단과 개인이 충돌할 때 집단을 위해 희생한다는 부분을 수용하기 어려운 생활상의 증거들을 많이 볼 수 있다. 개인과 집단을 대립 구도로 취급하는 개인/집단주의 이론은 매우 포괄적이기 때문에 그 틀에서 해석될 수 있는 많은 연구들이 나타나고 있다. 그럼에도 집단주의로 간주되는 문화에서 생활하는 성원들에게는 이해하기 힘든 많은 부분을 포함하고 있는 것이다. 이 점에서 집단주의라는 실체론적 개념보다는 관계주의라는 현상학적 개념이 오히려 더 적절하게 한국사회의 특징을 요약할 수 있다.

미국과 일본의 집단주의 양상을 비교한 한 연구(Yuki et al, 2005)는 일본사람들이 낯선 타인일지라도 관계가 맺어질 수 있는 사람(친구가 다니는 대학의 학생)에 대하여 그렇지 않은 사람(아는 사람이 없는 대학의 학생)보다 신뢰할 수 있음을 보이며, 양국 모두 내집단 성원에 대한 신뢰감에서는 차이가 없음을 보였다([그림 11-6]). 또 다른 연구(Yuki, 2003)는 미국과 일본인들이 느끼는 내집단에 대한 충성심, 정체감, 동질성의 지각에서 일본인보다 미국인들이 강한 양상을 보이고 있어 집단주의-동

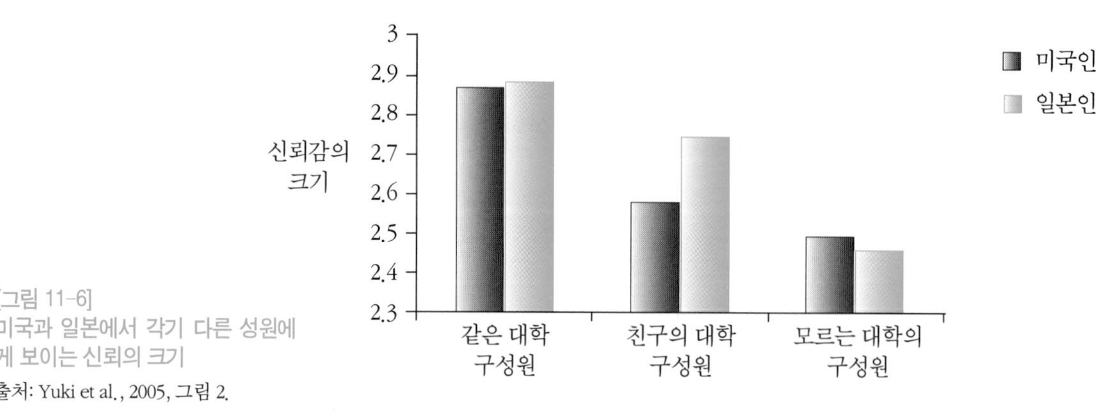

[그림 11-6]
미국과 일본에서 각기 다른 성원에게 보이는 신뢰의 크기
출처: Yuki et al., 2005, 그림 2.

양, 개인주의-구미의 접근이 지나치게 단순화시킨 틀임을 보이고 있다.

관계주의 문화에서는 사람들이 자신의 사적인 관계망을 유지하고 확대하기 위하여 노력한다. 관계가 지배하는 문화에서는 상대와의 관계가 비자발적이고 지속적인 성격을 많이 지닌다. 관계의 성립에 인연과 같은 요소가 크게 작용한다는 인식을 한다. 교류는 개인의 성향보다는 개인들의 역할에 의해서 전개되기 쉬우며, 강한 교류규범이 작용한다. 개인의 정체성은 개인의 특성 못지않게 자신이 형성하고 있는 관계망과 그 망 속의 위치에 의해서 정의되며(Ho, 1993) 판단된다. 그래서 줄을 대는 음성적 행위는 물론, 좋은 연결망(학연이 그 대표적 경우)을 확보하려는 행위의 관행이 보편화되어 있으며, 연줄이 중요한 사회적 자산으로 간주되고 있다.

사람들은 한국사회가 가장 시급하게 해결해야 할 사회문제로서 정치인의 부정부패와 부조리를 드는 것으로 나타났다(나은영, 민경환, 1998; 한덕웅, 강혜자, 2000; 한덕웅, 최훈석, 2006; 곁글 11-6). 뇌물, 청탁, 권력형 비리 등으로 얼룩진 사건들이 매년 '~피아, XX 게이트' 등의 조어들로 언론에 보도되고 있다. 학계와 언론에서는 장차관의 잦은 경질에 대하여 문제제기를 하고 있다. 한국의 역대 행정부에 종사한 장차관들의 평균 임기는 1년 남짓한 것으로 집계되고 있어(박천호, 1995), 업무가 실질적으로 일관성 있게 추진될 수 없는 상황이다. 또 드러난 조직의 책임자 뒤에는 '실세'가 있으며, 이 실세들이 핵심인물이거나 혹은 통치권자와 매우 밀접한 관계에 있는 사람들이다. 실세

2016년 10월 한국사회를 경악하게 한 박근혜-최순실 게이트
박 대통령과의 오랜 친분을 빌미로 온갖 정책과 인사에 관여하며 박근혜 정권의 실세로 드러난 최순실과 십상시(문고리 3인방을 포함한 청와대 비서관들을 일컬음) 사건이 터졌다.

에 줄을 대면 못할 일이 없기 때문에 이러한 현상이 반복되고 있는 것이다. 집단주의 개념이 이러한 현상들을 설명하기 곤란하지만, 관계주의로는 보다 나은 설명이 가능하다. 관계주의 및 관계적 정서(정, 심정 등)가 한국사회가 보이는 역동적 사회현상을 이해하는 열쇠로 적용될 수 있다.

결글 11-6 **각국의 부패도**

한국사회가 당면하고 있는 가장 큰 사회적 문제는 부정부패라고 보는 데 별 이견은 없다. 이 문제는 비단 어제오늘의 문제는 아니지만, 세계화 시대에 선진국과 개발도상국 간의 경제교류가 대폭 확대되면서 국제적인 이슈로까지 등장하게 되었다(송하율, 1999). 세계적인 금융정책기구들이 부패에 관한 국제적 관심을 촉구하고 있으며, 몇몇 기관에서는 각국의 부패도를 주기적으로 평가하여 발표하고 있다. 1999년 보고된 국가별 부패지수 조사에서 한국은 99개국 가운데 자메이카, 리투아니아와 함께 50위를 차지했다. 1998년에는 85개국 중 43위였다. 이런 순위는 아시아 국가 중 싱가포르(7위)나 홍콩(15위), 일본(25위)은 물론이고 대만(28위), 말레이시아(32위), 몽골(43위)보다도 뒤떨어지는 것이다(http://transparency.or.kr/cpibpi99.htm).

나은영(2001)은 1990년에 조사된 국가별 대인 간 신뢰자료(Inglehart, 1997), 1998년 국제투명성협회에서 내놓은 부패지각 지수, Hofstede가 1972년에 조사한 국가별 4개 문화차원 지수를 가지고 각 변인들 간의 관계를 파악하였다. 조사자료의 획득시점에 차이가 크지만, 양상을 파악하는 자료로 눈여겨볼 수 있다. [그림 11-7a]는 대인 신뢰와 투명성의 관계를 보여 주며, [그림 11-7b]는 권위성과 투명성의 관계를 보여 준다. 연구결과, 국가 투명성 정도의 66%를 4개의 문화차원이 설명하며, 개인-집단주의 차원의 설명력이 가장 컸다. 이는 부의 수준과도 물려 있어 해석에 주의해야 한다. 대인신뢰도 57%를 4개의 문화차원이 설명하며, 권위성의 설명력이 가장 컸다. 대체로 한 나라가 개인주의적일수록, 권위성 점수가 낮을수록, 여성적일수록, 불확실성의 수용점수가 높을수록 더 높은 투명성을 지니는 것으로 나타났다.

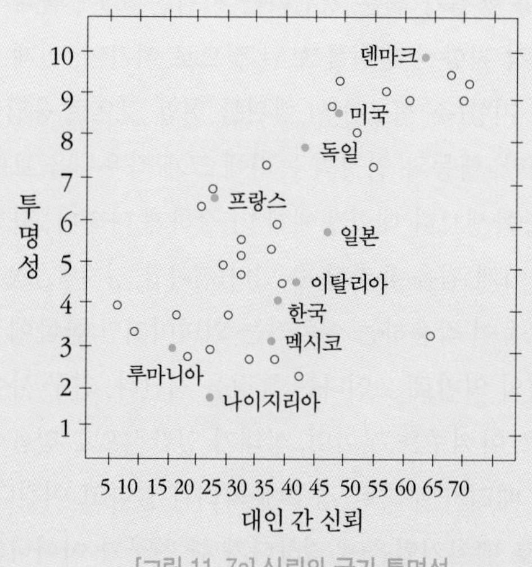

[그림 11-7a] 신뢰와 국가 투명성

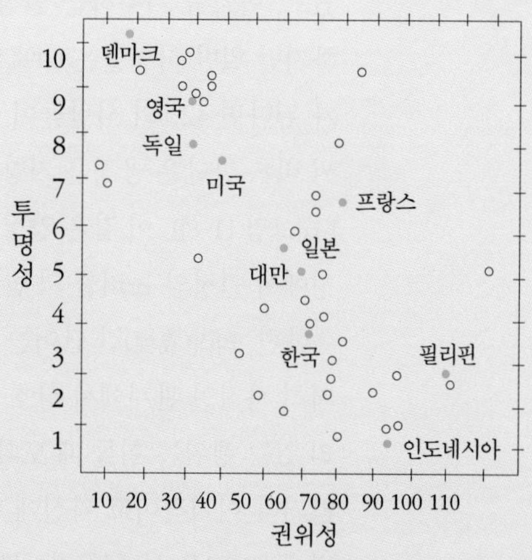

[그림 11-7b] 권위성과 국가 투명성

공과 사의 갈등 한국인들은 흔히 공사를 잘 구분하지 못한다는 소리를 한다. 이 현상에 놓여 있는 심리는 사람들이 가족관계를 이상적 관계로 상정하고, 모든 대인관계를 우리성 관계로 가져가는 정 지향성(情指向性) 심리에 있다고 본다. 우리라는 인식이 작용하는 관계에서는 개인적, 교환적 교류행위가 부적합하다고 여긴다. 이 경향은 순전히 역할관계(예: 교통경찰과 교통위반을 한 기사의 관계)에서도 적용되어, 우리 사회에 특유한 아류(亞流)적 우리성 관계 현상을 나타내고 있다(한규석, 2000). 초등학교 저학년의 도덕 교과서를 분석한 결과, 학교라는 공적 공간에서의 적용규범이 가족공간에서의 규범과 저촉되는 것이 없는 것으로 나타났다(한규석, 2000, 연구 1). 이는 가족관계를 관계의 원형으로 놓고 이를 확산시키는 교류를 권장하는 것으로 해석될 수 있다. 가족공간은 우리성 공간이며, 우리성은 정에 바탕한 교류를 권장하는 심리다. 이런 탓에 공과 사의 구분이 모호한 양상을 보이기 쉽다.

한 연구에서 사람들로 하여금 공정과 인정이 갈등을 일으킬 수 있는 상황각본을 제시하고서, 주인공이 인정 지향 행위(교통경찰이 위반자의 사정을 들어 '봐' 줌)를 한 것에 대하여 다양한 판단을 하도록 하였다(한규석, 2000, 연구 2). 사람들은 전반적으로 공정 지향 행위를 바람직하게 여기는 경향을 보였다. 특히 이 경향은 행위자들이 사적인 관계가 아닌 역할관계에서 벌어진 상황(신호위반 운전자가 봐달라지만 딱지를 끊은 상황)에서 강하게 나타났다. 그러나 공사가 얽힌 상황(자신을 여러 번 도와준 상사가 비리로 감사반의 조사를 받게 된 국면에서 조사에 협조할지 거부할지를 판단하는 상황)에서는 조사에 협조하는 공정 지향 행위를 옳은 행위로 여기는 사람들이 76%였고, 협조를 거부하는 인정 지향 행위가 옳은 행위라는 사람은 8%에 불과하였다. 하지만 일반 사람들은 64%가 인정 지향적 행위를 보일 것으로 여기며, 실제 당사자가 된다면 42%의 사람들이 인정 지향(즉, 협조거부) 행위를 취할 것으로 응답함으로써 비록 판단은 공정을 지향하지만, 행동과 인정의 논리에 크게 좌우됨을 보이고 있다([그림 11-8]). 이 같은 양상은 중학생보다 대학생에게 더 강하게 나타나, 사회화 과정에서 인정의 논리를 더 받아들이게 됨을 유추할 수 있다(김시업, 김지영, 2003).

한편, 의리(義理)란 단어는 의로움이 작용하는 이치라는 의미이지만 한국에서는 철저히 사적인 관계에서 상호 신뢰의 의미로 쓰인다는 특징을 지닌다. 친구 사이에 의리 있는 행위는 힘들 때 도와주고, 아껴주는 것이며, 상대가 인간적으로 믿음이 가지 않거나 이기적이고 자신에 대한 배려가 부족한 경우에 의리가 없다고 여긴다. 김기범 등(2002)은 두 친구가 공동으로 벤처기업을 운영하다가 한 친구가 어머니의 수술비로 급한 돈이 필요해 공금을 잠시 쓰자는 요구를 했을 때 다른 친구가 이를 수용한

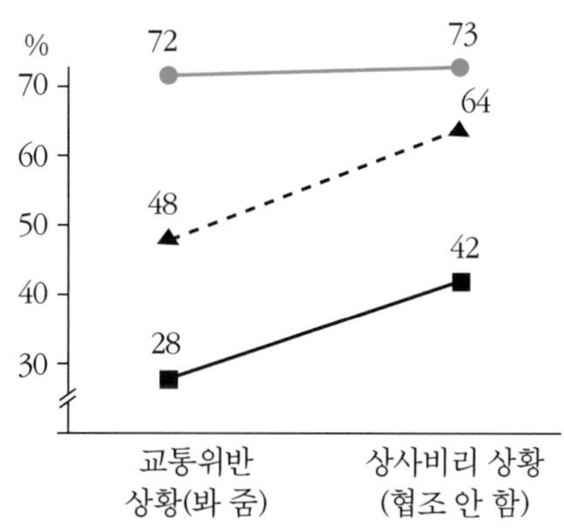

[그림 11-8] 사회적 갈등 상황에서 인정 행위를 취하는 것에 대한 응답 비율
출처: 한규석, 2000, 표 5의 일부.

경우에는 이를 거절한 경우에 비해서 훨씬 의리가 있으며, 바람직한 친구로 평가되는 것을 보임으로써 의리가 사적 관계의 이상적 규범임을 보이고 있다.

인도와 미국인을 대상으로 한 비교문화 연구(Miller & Bersoff, 1992)는 공정의 규범을 어기고 사적인 관계의 약속(인정규범)을 지키는 일이 인도인들에게 바람직한 것으로 여겨짐을 보인 바 있다. 대인관계의 밀착성을 중시하는 사회에서 사적 관계의 규범은 관계를 초월한 사회의 규범과는 상치되는 경우가 많다. 도덕성의 발달 이론을 제시한 Kohlberg(1969)가 관계초월적 공정의 규범을 인정의 규범 이후에 획득되는 것으로 제시하였지만, 이런 주장이 남성중심적이며, 서구중심적인 특성을 드러내는 것이라는 비판과 더불어, 이제는 공정과 인정의 두 가지가 모두 대등한 도덕률로 여길 수 있으며 어느 하나가 우월한 것이라고 볼 수 없다는 주장이 힘을 받고 있다(Gilligan, 1982; Haidt, 2001; Shweder et al., 1997; 본서 8장 참조). 이 두 덕목은 상호배타적인 관계라기보다는 상호보완적인 관계에 있다. 따라서 인정과 공정의 두 덕목이 조화를 이룰 때, 어느 하나의 덕목으로 획일화되는 경우보다 사회가 보다 바람직한 방향으로 존속할 것이다(이수원, 이헌남, 1993, p. 76; 곁글 11-7).

배신을 심판해 달라는 박근혜 대통령
2015년 집권당인 새누리당의 원내대표로 선출된 유승민 의원이 증세 없는 복지가 가능하다는 대통령의 주장을 허구라고 하자, 박근혜 대통령은 유권자들에게 배신을 심판해 달라는 주문을 하였다. 유 원내대표는 대표직을 5개월 만에 사임할 수밖에 없었고, 20대 총선에도 당의 공천을 받지 못하여 무소속으로 출마 당선하여 복당하였다.

곁글 11-7 전통유학에서의 공과 사

동아시아 유교문화권의 국가들이 공통적으로 부패지수가 높다. 이 높은 부패지수는 공과 사의 혼란과 밀접한 관계가 있다. 공사의 문제에 대하여 유학경전의 내용을 그대로 취하는 것은 오늘날에는 문제가 크다. 이를테면, 『논어』에는 어떤 이가 공자에게 자기 아비가 남의 양을 훔친 것을 관아에 고발한 사람을 보고 곧은 사람이라고 할 수 있는지 묻는데, 공자는 "아비는 자식을 위해 숨기고, 자식은 아비를 위해 숨기는 것이 곧은 것이다."라고 답한다(子路 편). 또한 어떤 이가 맹자에게 순임금의 아버지가 살인을 하였을 경우에 순임금은 어찌했을지를 물은 것에 대하여 맹자는 "제위를 버리고 아버지와 함께 바닷가에 가서 숨어 살았으리라."라고 함으로써(孟子, 盡心 上), 육친의 자연스러운 혈친관계와 그를 지배하는 자연스러운 성정을 저버리는 행위를 부도덕한 것으로 여겼다.

유학의 경전에 나타나는 사례들은 유학의 성립배경과 그 철학을 바탕으로 이해되어야 한다. 유학은 기본적으로 가족주의를 확대시켜 **대동**(大同)사회를 구현하려는 사상이므로, 가족에서 통용되는 관계의 규범이 일반사회인과의 관계에서도 당연히 적용되어야 한다고 보았다. 이 같은 유학사상은 '수신제가치국평천하(修身齊家治國平天下)'라는 『대학』의 핵심구절에서 볼 수 있으며, 이는 유학의 성립 당시 주나라의 봉건사회에서는 정치집단이 곧 혈연집단이었다는 특징에서 이해될 수 있다(이승환, 1998). 즉, 자신, 가정, 국가는 연속선상에서 같은 원리에 의해 다스려지는 것으로 여겼다.

서양에서 **私**(privacy)는 "다른 사람의 관찰이나 활동으로 방해받지 않는 개인의 자유로운 상태"(Webster's Dictionary, 1989)로서, 긍정적인 면이 강하다. 그러나 유교에서는 私(국어사전에 私란 "사사로운 일, 자기 한 몸이나 집안에 관한 일. 개인적인 욕심과 이익만을 꾀하는 일. 숨기어 비밀로 하는 일"로 정의됨; 이희승, 1961)를 개인과 가정사의 영역으로 두기보다는 개인의 이해와 욕망을 구현하려는 마음으로 보았고, 公은 道로서 사적인 욕망을 유보하고 절제하며 공공의 선과 보편적 가치를 구현해 가려는 마음(한형조, 2000)으로 상정하였다. 이렇게 보면, 유학사상은 공과 사를 매우 엄격히 구분하였으며, 오히려 이 구분이 지나쳐(즉, 사를 극단적으로 허용하지 않음) 사람들로 하여금 공에 충실하는 것을 어렵게 만들었다고 본다. 즉, 사람들에게 자신의 욕구를 다스려 항상 **공**을 먼저 생각하도록 하는 정신(公先私後), 몸가짐을 늘 단정히 하고, 나태하지 않도록 하는 **신독**(愼獨) 사상, 타인을 대함에 있어서의 어질게 하는 **인**(仁) 사상은 모두 끊임없는 자기수양을 요구하는 것이라는 점에서 오히려 일반인들이 지키기는 어려웠을 것이다.

요 약

1. 한국의 집단주의는 가족주의, 우리성의 특징으로 분석될 수 있다. 가족주의는 유학사상의 지원을 받으며, 남과 우리를 구분짓는 경향성으로 자리잡았다. 가족주의는 우리성 심리와 연고주의 형태로 나타난다.
2. 한국인의 우리성 심리는 남과 구분된 우리의 결속을 강화하며, 자타미분화의 심리적 연대감을 반영하는 확대된 가족의식의 심리다. 우리성은 가족처럼 가깝게 지내는 활동에 의하여 강화된다.
3. 연고주의는 남을 우리로 편입시켜, 사회적 관계망을 확대해 가는 기제다. 연(緣)이라는 운명론적인 색채가 가미되어 상대와의 교환적, 역할적 관계를 정의 관계로 전환시키는 기능을 수행하고 있으며, 신뢰라는 사회적 자본의 획득기제가 된다.
4. 인정주의는 우리성 관계에서 사람들을 대하는 양상이다. 상대방에 대한 배려심리가 깔려 있으며,

촉발되는 경우에 공적인 관계에서도 영향을 준다. 그래서 한국인은 공사갈등을 심하게 겪는다.
5. 한국사회의 집단주의적 특성의 분석은 한국사회가 관계주의 사회라는 결론을 유도한다. 관계주의 문화에서는 사람들이 자신의 사적인 관계망을 유지하고 확대하기 위하여 노력한다. 개인의 정체성은 개인의 특성 못지않게 자신이 형성하고 있는 관계망과 그 망 속의 위치에 의해서 정의된다.

한국인이 지닌 가치관

개인이 어떠한 가치관을 지녔는가 하는 것은 그가 무엇을 중시하고, 어떠한 철학을 지니고 생활하는지를 알려 주며, 다양한 상황에서 변화되는 행동에 놓여 있는 일관성을 이해하는 데 도움이 된다(곁글 5-1 참조). 태도와 마찬가지로 가치관은 그 소유자의 행동에 대한 예견력을 지니지만, 태도가 보다 구체적인 대상에 대한 것인데 반해 가치관은 그 문화권 혹은 개인이 지향하는 바를 보여 주는 추상적인 이념, 행동철학이라고 보겠다. 사회에서 수용되고 있는 가치관을 파악하는 것은 그 사회의 전통과 특성을 이해하고, 아울러 미래에의 예측을 가능케 한다는 점에서 많은 사람들의 관심사였다. 그동안 여러 연구자들이 가치관에 대한 조사와 분석을 다양한 방법으로 하였다. 그러나 대부분의 연구들이 1회의 조사에서 나타난 현상을 보고 가치관이라고 보이거나, 나타난 세대 간의 차이를 보고 가치관의 변화양상으로 취급한다. 그러나 이는 가치관의 변화양상을 파악한 것이 아니라 동일시대를 사는 세대에 따른 가치관의 차이 양상을 보여 준 측면이 많다. 예를 들어, 20대에 비해 40대가 충효사상을 더욱 옹호하는 것으로 나타난다면 이는 세대 간 차이를 보이는 것이지, 20년 동안 충효사상이 약해지는 변화가 나타난 것으로는 볼 수 없는 것이다. 이 점에서 나은영 등(나은영, 차유리, 2010; 나은영, 차재호, 1999; 차재호, 1985)은 1979년, 1998년, 2010년에 성인남녀를 대상으로 전국적인 표본조사를 하면서, 30년간의 변화 추이를 파악할 수 있도록 같은 문항을 사용하였다. 따라서 여기서는 이들의 연구결과를 중심으로 다른 분석들을 참고하여 한국사회의 가치관과 그 변화를 정리해 보도록 하겠다.

❖ 가치관의 변화 양상

개인주의의 확산과 가치 혼재 양상 한국사회는 집단주의적 특징이 강한 농

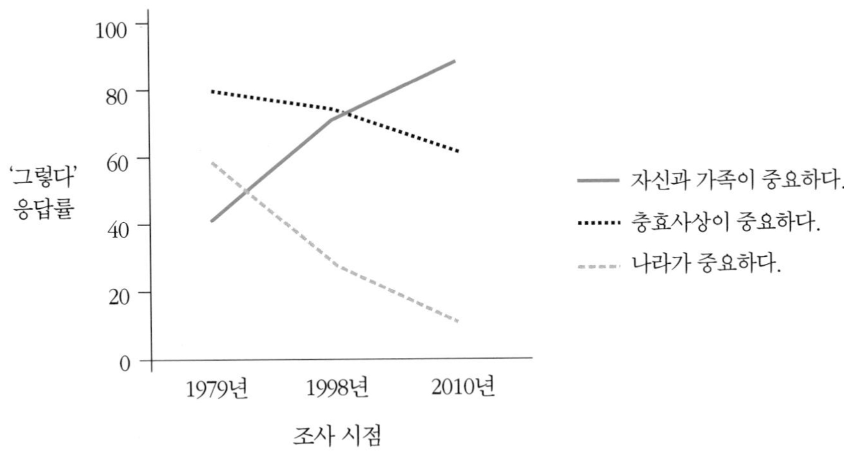

[그림 11-9] 개인주의적 가치관의 확산 추이

출처: 나은영, 차유리, 2010의 그림 1과 그림 2를 합쳐 제시함.

경문화의 특징을 지녀왔으나, 서구적 교육제도가 도입·정착되고 급속한 산업화에 의한 경제성장을 이룩하면서 개인주의적 가치관이 크게 확산되며, 전통적 가치를 대체하거나 공존하는 양상을 보이고 있다.

사람이 가장 떠받들어야 할 것으로 '나라 대 자신과 가족'을 택일하게 하였을 때, 자신과 가족을 택하는 응답이 시대별로 뚜렷이 증가하는 양상이 나타났다([그림 11-9]). 1970년대에는 41%이던 응답이 1990년대에는 71%로, 2010년에는 89%로 나타났다. 더불어 충효사상이 중요하지 않다는 응답은 20%, 25%, 38%로 늘어났다. 이 같은 경향성은 개인주의/집단주의를 재는 각본척도(Triandis, 1995; 곁글 11-8 참조)를 이용하여 행해진 직장인 표본조사에서도 확인되고 있다. 개인주의 성향자로 구분되는 사람들이 응답자의 51%에 달하는 것으로 나타나고 있으며, 특히 고등교육을 받은 사람에게서 그 분포가 다수를 점하는 것으로 나타났다(한규석, 신수진, 1999; Han & Shin, 2000). 이 밖에도 여러 연구들이 개인주의가 널리 수용되고 확산되는 양상을 보이고 있다(이종한, 2000; 정태연, 송관재, 2006).

개인주의가 확산되고 있는 것은 뚜렷하지만 그렇다고 집단주의가 퇴조한 것으로 보기도 어렵다. 즉, 한국사회에서는 이중적인 가치체계가 혼재하고 있는 양상이다(신수진, 최준식, 2002). 이런 양상은 특히 베이비붐 세대를 포함한 중년 세대에서 뚜렷이 나타난다. 2006년 연구가 수행되던 당시 40대와 50대의 서울 거주 남녀 400여 명을 대상으로 가치관을 조사한 결과가 이를 잘 보여 준다. 이들 소위 386세대에서는 [그림 11-10]에서 보듯이 전통적 가치관인 집단중심주의가 가장 높게 나왔지

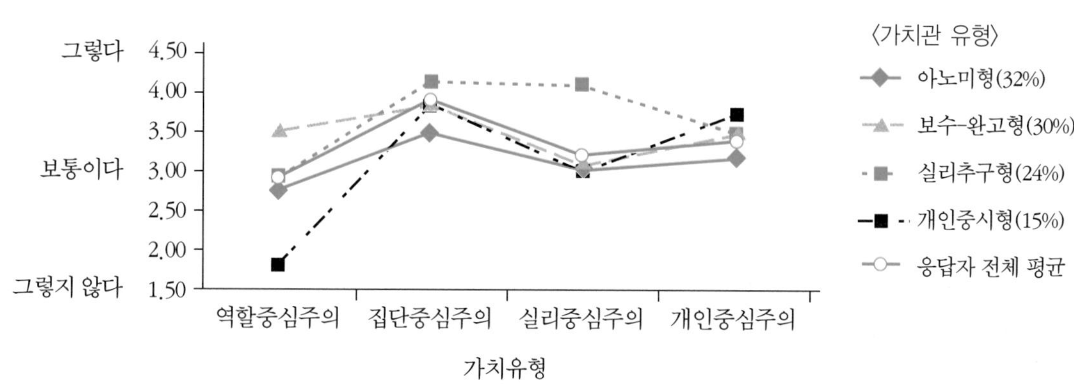

[그림 11-10] 가치관의 유형별 하부 가치의 양상
출처: 최인영, 최혜경, 2009의 표 5와 그림 1을 합침.

만, 역할중심주의("현모양처 양성이 여성교육의 목적이다." 등)는 낮으며, 현대적 가치관인 개인중심주의("부부관계가 부모-자녀관계보다 우선이다." 등)와 실리중심주의("죽은 후의 명예보다 현재가 더 중요하다." 등)가 높게 나왔다(최인영, 최혜경, 2009). 이들 네 가지 가치 유형을 가지고 군집분석을 한 결과 전통과 현대 두 가치가 모두 낮은 아노미형 집단의 사람들이 32%로 가장 많은 비율을 차지한 것으로 나타났다. 전통적인 가치가 높은 보수주의자 군집(30%)도 현대적 가치가 낮은 것이 아니라 중간 정도의 강도를 보이고 있다. 또 다른 집단인 실리추구형(24%)도 현대적 가치인 실리중심주의 점수가 가장 높았지만, 집단중심주의 가치도 높은 것으로 나타났다. 마지막 집단인 개인중시형(15%)의 사람들도 개인중심주의가 가장 높았지만, 집단중심주의도 높게 나타나고 있다. 이 연구의 참가자들이 무선적으로 표집된 것은 아니므로 유형이 나타난 비율을 일반화할 수는 없지만, 네 가지 유형이 모두 전통과 현대의 가치 중 어느 하나가 압도적이지 않다는 것이 가치의 혼재 양상을 보여 준다.

위계적 가치 ➡ 수평적 가치의 지향 집단주의 문화의 또 다른 특징은 대인관계에서 위계적 상하질서를 중시하는 것이다. 개인주의의 확산과 더불어 탈권위주의 경향이 높아지면서 대인관계에서 수직적 위계성을 중시하는 사람들의 비율보다 수평적 평등성을 중시하는 사람들의 비율이 거의 모든 연령층과 교육층에서 다수로 나타나고 있다(한규석, 신수진, 1999). 이는 한국사회에서 위계질서의 봉건적 엄격성은 이미 무너졌고, 대등한 대인관계가 의식수준에서는 사회적 규범으로 작용하고 있음을 보이는 것이다. 특히 남녀관계의 평등성 의식은 현저하게 시대차를 보이고 있다. [그림 11-11]에서 보듯이 지난 30년간 20대에서 남녀 평등의 가치는 빠르게 자리 잡았지만, 50대에서는 시간이 걸렸고, 이제 남녀 평등의 가치관에서 세대차는 많이 줄어들었음을 알 수 있다.

한편, 간단한 상황각본을 제시하고 네 가지 선택지에 대한 응답자들의 선호도를 차례대로 표기하게 한 결과를 분석한 직장인 대상의 연구(한규석, 신수진, 1999)는 수평-개인주의적 가치(곁글 11-8)가 높은 선호도(첫 선택지로 높은 순위)와 아울러 기피도(마지막 선택지로 높은 순위) 순에서도 높게 나타나고 있어, 이에 대한 양가감정적인 태도를 볼 수 있었다. 이 분석에서 가장 기피도가 낮은 것은 수평-집단주의적 가치로 나타나고 있어, '나는 나, 너는 너' 식의 분리된 생활방식보다는 우리의 관계에서 상대를 배려하는 마음을 보이는 생활방식을 사람들이 바람직하게 여기는 것을 알 수 있다. 이는 앞의 분석에서 한국사회에서의 개인주의가 이기적인 것으로 여겨지는 현상에 대하여 사람들이 우려하고 있다는 것을 반영하기도 한다.

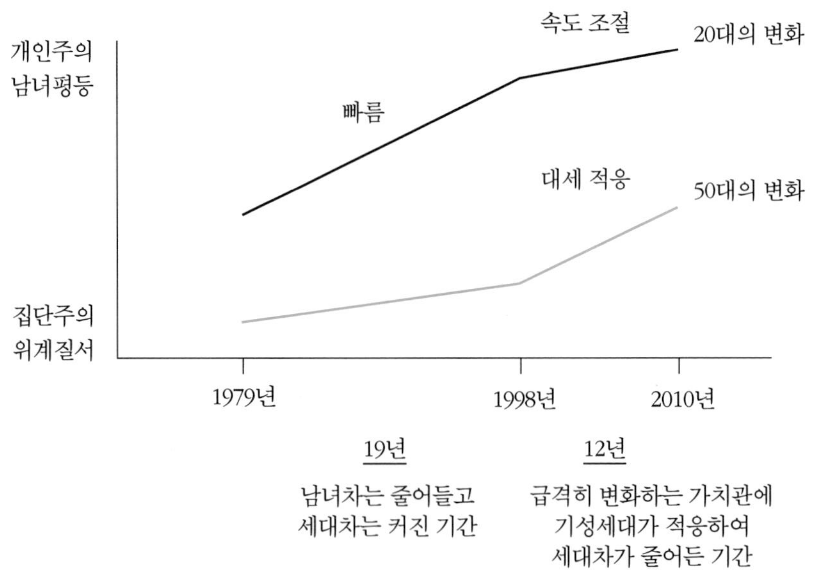

[그림 11-11] 30년간의 두 세대의 개인/평등주의 지향적 가치관 변화 양상
출처: 나은영, 차유리, 2010의 그림 10에 바탕함.

곁글 11-8 '수평-수직' 차원과 '개인주의-집단주의' 차원의 교차

비교문화심리학을 개척한 Triandi(1995)는 개인주의-집단주의 틀이 너무 포괄적이라는 인식에서 사람들의 관계 맺음에서 서열성이 강조되는지 아닌지에 따라 수직-수평 차원을 도입하는 틀을 제시하였다.

'수평적 개인주의(HI)' 성향의 사람들은 자신을 집단의 성원으로보다는 자율적인(self-reliant) 개인으로 생각하는 경향이 강하며, 다른 사람들과 대등한 관계에서, 자율적인 활동을 좋아한다. 그렇지만 자신을 남보다 탁월한 존재로 여기거나 높은 지위를 지향하는 것은 아니다. 이는 북구 문화권의 사람들이 보이는 대표적인 특징이다. '수직적 개인주의(VI)' 성향의 사람들은 자신의 독특성과 개성을 강조하는 동시에 다른 사람에 비해 우월하다는 인정을 받는 것에 관심이 크다. 이들은 사회적으로 높은 지위를 얻고 그러한 인정을 받기를 원한다. 따라서 다른 사람들과의 관계를 본질적으로 경쟁적인 것으로 여긴다. 미국 문화권의 사람들이 보이는 대표적인 특징이다. '수평적 집단주의(HC)' 성향의 사람들은 서로를 비슷하다고 여기며, 공동체적 목표를 강조하며, 대인관계를 중시한다. 그러나 이들은 사람들 간의 지위격차나 위계성, 사회적 권위의 획득이 중요하다고 보지 않는다. 이스라엘 사람들이 보이는 특징이다. 반면에 '수직적 집단주의(VC)' 성향의 사람들은 집단의 일체감을 강조하고, 집단을 위한 개인의 희생을 당연시하며, 서로 간의 위계질서가 확고하고 이를 존중하는 경향이 강하다. 동아시아 문화권의 대표적인 특징이다(한규석, 신수진, 1999; Triandis & Gelfand, 1998). 이 네 가지 유형을 측정하기 위하여 각본척도가 개발되어 사용되고 있다. 예를 들면, '당신의 마을에 큰 사고가 발생해서, 다음과 같은 사람들이 밤 동안 당신과 함께할 것을 부탁한다. 당신은 그중 한 사람의 부탁만 들어줄 수 있다면 누구의 부탁을 들어주겠는가?: 친척, 직장 상사, 재미있는 사람, 영향력 있는 사람' 이다. 첫 번째 사람을 선택한다면 HC, 두 번째 선택은 VC, 세 번째는 HI, 마지막 선택은 HV로 간주된다(한규석, 신수진, 1999; Triandis, 1995).

물질주의의 확산과 탈물질주의의 부상 한국사회는 해방 전의 공동체적 전통사회에서 벗어나 1960년대와 1970년대의 근대화 추구 시대를 거치면서 자본주의적 경제생활에 익숙해졌다. 따라서 물질적 가치의 중요성을 중시하는 방향으로 가치관의 변화가 빠르게 진행되었다. 경제개발 정책의 추진과 더불어 성장과 성공이라는 목표가 당연한 것으로 여겨지며, 출세 지상주의적 가치가 확산되어 1970년대에는 '출세가 효도'라는 응답이 47%였고, 1990년대에는 이 양상이 줄었으나, 2010년에는 더욱 높아져 64%의 응답자가 동의하는 것으로 나왔다(나은영, 차유리, 2010).

정신적인 근대화 과정에서 주된 가치는 성취와 성장이지만, 후기 산업사회에서는 이들이 지니는 절대적 중요성이 상대적으로 감소하며, 삶의 질을 강조하고 판단의 주관성을 강조하며, 언론의 자유 추구, 시민의 정치 참여 확대를 요구하는 탈물질주의적 가치들이 부상한다. 세계가치관조사(WVS)를 사용한 분석에서 탈물질주의의 성향을 보이는 개인들이 사회 · 정치제도에 대한 신뢰가 낮고, 항의형 정치 참여의

세계가치관조사(World Value Survey) 1981년 미국의 미시간 대학교의 정치학자 Inglehart 교수가 시작한 프로젝트로, 전 세계 6대륙의 100개 이상의 나라에서 각국의 대표적 표본을 대상으로 가치관을 주기적으로 조사하여 사회변화와 문화 간 차이를 분석하고 있다. 2012년에 6번째 조사가 이루어졌으며, 2017년에 7차 조사가 예정되어 있다. 이 자료는 공공데이터베이스로 공개되어 누구라도 나름의 관심을 갖고 분석하는 것을 허용하고 있어, 수많은 논문과 저술이 출판되고 있다. 조사 본부는 네덜란드에 위치해 있다. http://www.worldvaluessurvey.org/wvs.jsp

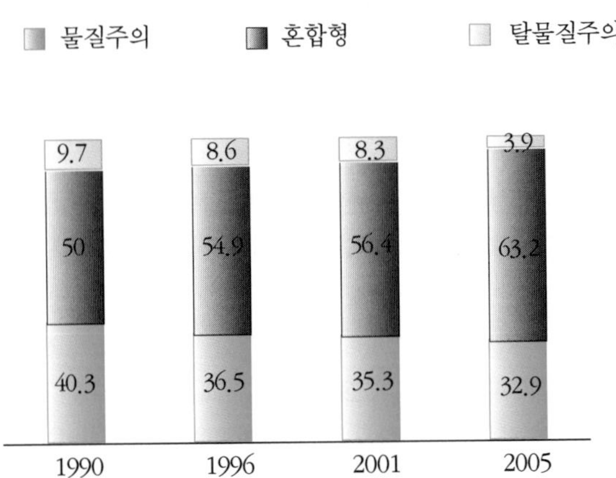

[그림 11-12]
물질주의자-혼합형-탈물질주의자 구성비 변화(12항목 지수)
출처: 박재홍, 강수택, 2012의 그림 3.

정도가 높으며, 다양한 가치와 타인에 대한 관용이 높고, 자기 자신에 대한 성찰도 높은 것으로 나타난다(어수영, 2004; 곁글 11-9). 국내에서 이 양상은 1990년대 중반 이후에 뚜렷이 부각하였지만(Inglehart, 1997), 전국적인 표본을 대상으로 한 연구는 탈물질주의자가 1990년 이후로 10% 미만대로 나오며, IMF 이후에 더 줄어든 양상을 보인다(박재홍, 강수택, 2012; [그림 11-12]).

곁글 11-9

탈물질주의적 가치관과 한국사회

정치학자 Inglehart(1977)는 각 세대가 성장하면서 겪는 경험의 특징에 따라 획득하는 가치관의 유형이 다르며, 가치관이 다른 세대가 사회의 주축을 이루게 되면 정치지형에 큰 변화가 나타나고, 이 영향은 가히 혁명적이지만 다른 정치혁명과 달리 피를 수반하는 것이 아니란 점에서 **조용한 혁명**이라고 불렀다. 산업사회를 지나 후기 산업사회에서 성장하는 사람들은 물질적 풍요를 당연한 것으로 여기고, 개인의 다양한 욕망과 바람을 추구하면서, 이전의 성장과 안정 지향적인 가치에서 벗어나 환경주의, 정치적 평등, 언론의 자유, 의사결정에의 참여, 인간적인 삶 등을 중요시하는 탈물질주의적 가치관을 수용하게 된다. 국내에서도 1960년대 이후에 태어난 세대들에서 이런 가치관을 지닌 사람들이 뚜렷이 나타나고 있다.

2008년에 태안만 유조선 사고로 엄청난 양의 기름이 유출되어 해안이 오염되었을 때 137만명의 자원봉사자들이 전국에서 모여 기름에 묻은 돌들을 닦아 내는 전무후무한 방재 작업을 펼쳐 세계를 놀라게 하였다. 이들 참여자를 대상으로 조사한 결과 200명의 응답자 중에서 40%의 사람들이 탈물질주의적 가치관을 지니고 있는 것으로 나타났다(박재묵, 이정림, 2010). 이 조사에 참여한 사람들이 환경운동단체나 인터넷 카페가 주관한 봉사활동에 참여한 사람들이란 점에서 대부분의 자원봉사자를 대표한다고 보기는 어렵지만, 뚜렷한 특성을 볼 수 있어 고무적이기도 하다. 그 이유는 이 참여자들이 단순히 동정과 연민이라는 공동체적 정서에서 움직인 것이 아니라 상당수가 자신의 탈물질주의적 가치관에 부응하는 행동을 했기 때문이다. 한편, 노무현 정부를 이어 출범한 이명박 정부는 산업사회와 신자유주의 가치에 바탕한 성장과 건설을 목표로 대운하 정책, 자유무역협정체결, 수도권 규제완화, 종합부동산세 철폐 등을 국가정책으로 추진하였다. 영호남의 대학생 545명의 물질주의 가치관을 분석한 결과 물질주의자는 25%, 탈물질주의자는 51%로 나타났는데, 이들에게 이명박 정부의 정책에 대한 선호를 파악했을 때, 소득이 높을수록, 탈물질주의 경향이 강할수록 반대하는 양상이 나타났다(이성로, 2011).

비록 탈물질주의적 가치관을 지닌 사람들이 나타나고 있지만, 한국의 경제수준에 버금가는 다른 나라와 비교를 했을 때는 5% 미만으로 매우 미미한 수준이다(김두식, 2005; 박재홍, 강수택, 2012; [그림 11-13]). 그 이유를 알아보고자 여러 국가들의 자료를 분석한 결과, 경제수준이 문제가 아니라 복지수준이 문제이며, 사회에 대하여 느끼는 불안감 정도가 탈물질주의 가치관의 수용과 확산에 영향을 미치는 것으로 나타났다(조성경, 2014). 같은 소득 수준이라도 미국은 북구의 나라들에 비해 탈물질주의자의 비율이 낮은데, 이는 복지 수준과 사회에 대한 불안감에 기인하는 것이다. 국내에도 사회보장제도가 도입되어 생계를 지원하지만, 신자유주의 사조에서 온갖 규제를 친기업적으로 풀고, 해고가 용이한 방향으로 직업이 재편되면서, 청년들의 꿈은 자기실현이나 진취적인 기회를 보기보다는 안정된 소득을 보장해 주는 공무원 시험에 몰리고 있다. 2014년 9급 공무원 시험의 경쟁률은 74.8 : 1이었다(한국경제신문, 2014. 12. 5.). 우리 사회에 팽배한 불안감을 본다면 탈물질주의자들이 왜 적은지를 이해할 수 있다.

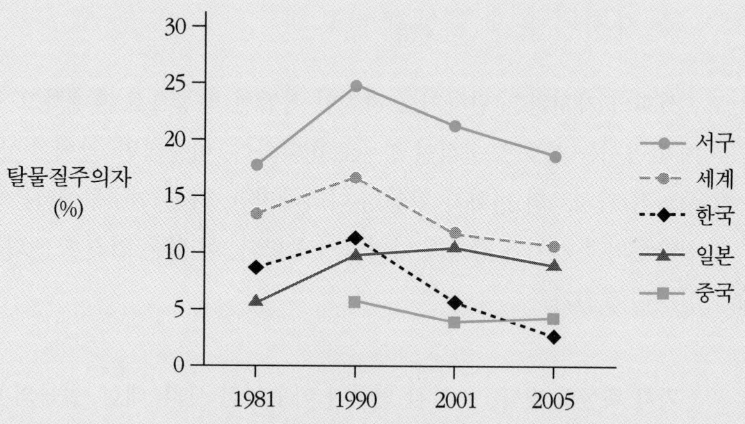

[그림 11-13] 탈물질주의자 비율의 국제 비교 (4항목 지수)

출처: 박재홍, 강수택, 2012.

이상적인 인생관의 변화 구체적으로 사람들이 선호하는 이상적 인간형에 있어서도 변화가 나타나고 있다. 바람직하다고 여겨지는 다양한 인생관을 제시하고 각 선호도를 평가하는 조사를 1970, 1980, 1993, 2002년의 30년간에 걸쳐서 전국의 대학생을 대상으로 행한 연구(한덕웅, 이경성, 1994, 2003)에 따르면 1970~1980년대까지 자신의 욕구를 다스리며 이상을 추구하는 인간상이 가장 추구되었다. 2000년대에 들어서는 그 선호도가 현저히 떨어졌고, 오히려 현실을 타개하는 적극적인 인생관이 가장 선호되고 있음을 보이고 있다. 아울러 인정 있고 우애 있는 대인관계를 추구하는 인생관도 더욱 높은 선호를 보이는 것으로 나타났다. 한편, 같은 기간 동안 가장 선호되지 않은 인간상은 자의적 만족과 관능적 쾌락을 추구하는 사람으로 나타났다. 이는 전통적 유학사상의 영향으로 한국인들이 자기수양과 끝없는 성장을 추구하는 경향을 보여 주는 것으로 해석된다(한덕웅, 1994, p. 273). 그러나 1960년대 이후부터 본격적으로 진행된 자본주의의 성장과 더불어 전통시대의 금지와 절제의 욕구 문화가 향유의 문화로 대체되어 가는 양상도 뚜렷이 나타나고 있다(주은우, 2014). 이런 양상은 앞에 제시된 가치관 변화연구(나은영, 차유리, 2010)에서 인생을 옳게 사는 것보다 풍부하게 사는 것이 잘 사는 것이라는 응답이 IMF 이후로 크게 증가한 것에서도 확인된다. 따라서 돈은 꼭 있어야 한다는 가치관도 2000년대에는 20대에서 68%, 30대 이상에서는 80%를 상회하는 것으로 나타남을 이해할 수 있다.

❖ 가치의 혼재 양상 분석

사회의 가치관은 변하기도 하지만 복잡한 양상으로 혼재하고 있으며, 연구결과에 따라서는 상호 모순적인 경우도 허다하다. 이를테면, 앞에서 살펴보았듯이 개인주의적 가치로의 변화가 확연히 나타나지만, 다른 연구들에서는 여전히 전통적인 집단주의적 가치가 강하게 나타나기도 한다. 이 같은 일견 모순되는 현상은 어떻게 설명될 것인가?

가치 측정의 방식 각 연구가 이루어진 시기, 대상, 설문의 방식에 있어서 모두 차이를 보이고 있으므로 연구결과를 직접 비교하기가 어려우며, 따라서 모순된 결과들이 과연 모순된 것이라고 볼 수 있는지를 재고해야 한다. 비슷한 응답자를 대상으로 한 연구들일지라도 어떻게 가치를 측정하였느냐에 따라서 결과는 다르게 나타날 수 있는 여러 가지 이유가 있다.

우선, 리커트 유형의 정형화된 설문과 개방형 질문에 대한 응답을 분석하는 경우를 비교할 수 있다. 리커트 방식의 설문조사는 한결같이 한국사회가 개인주의로 변화하고 있음을 보이고 있으나, 개방형 질문을 사용하여 나타난 응답을 분석한 연구들은 집단주의 경향이 강함을 보이고 있다. 리커트 방식의 질문에서는 상황맥락과는 무관하게 특성형용사(혹은 진술문)가 제시되기 때문에 당시의 시대, 세대들에게 현저하게 부각되고 논의되고 있는 추세에 의해 영향 받는 답이 나오기 쉽다. 따라서 문화의 특성을 파악하기 위한 설문조사에서는 애매하여 해석의 여지가 많은 리커트 방식의 설문을 제시하기보다는 구체적인 상황각본을 제시하는 것이 더 적합하다(Peng et al., 1997). 추상적인 진술문이나 특성형용사가 다양한 인지도식의 선택을 요구하는 것에 비해서 상황각본은 훨씬 구체적인 인지도식을 촉발하여, 문화 간 비교가 가능하기 때문이다.

아울러 폐쇄적으로 정해진 응답지를 제시하는 것에 비해서 "나는 누구인가?" 식의 질문을 하고 떠오르는 대로 개방적 응답을 하게 했을 때 한국사람들의 전통적인 가치관, 자기에 대한 문화적 특성 등이 보다 선명하게 나타나는 양상을 보인다(Rhee et al., 1995). 이러한 결과들이 시사하는 것은 외부로 나타나는 행위와 모습에 있어서 개인주의적 변화가 강하게 나타나고 있기는 하지만 한국사람들이 지니고 있는 내면의 사고방식, 관행, 정서, 편안함을 느끼는 상황은 여전히 집단주의적 특성을 강하게 내포하고 있다는 것이다. 즉, 직접적인 측정(리커트 방식의 설문조사)과 달리 간접적인 측정에서는 문화의 심층적인 특성이 잘 나타난다. 이 점에서 어느 민족의 문화적 특성을 파악하는 일은 단선적으로 이루어질 수 없다는 교훈을 얻게 된다.

가치 측정의 차원 방법론적 문제점과 관련해서, 가치의 혼재 현상을 모순된 것이라고 보기 어려운 또 다른 이유가 있다. 그 이유는 두 가지 양상이 단일 차원으로 제시될 때는 양극의 반대위치에 놓이겠지만, 생활 영역에서는 각기 다른 영역의 가치이므로 모순 없이 공존할 수 있기 때문이다(Kerlinger, 1984). 집단주의와 개인주의가 대치되는 관계가 아니라 별개의 차원이라는 주장이 그 한 예다. 심리측정학적으로 분석한 결과 독립적 자기(개인주의 성향)와 관계적 자기(집단주의 성향)의 두 가지 구성체는 개인수준에서 대립적이기보다는 공존하는 것으로 보는 것이 적합한 것으로 나타났다. 즉, 사람들은 이 두 가지 측면의 자기성을 모두 지니고 있어, 두 특성이 모두 강하거나, 모두 약하거나, 어느 한쪽만 강할 수 있다는 것이다(정태연, 전경숙, 박은미, 2008).

국내에서 한 연구(이누미야 등, 1999)는 한국사람의 비현실적 낙관론을 조사한 결과 일본인의 양상보다 높고 캐나다 백인의 자료(Heine & Lehman, 1995)와 비슷함을 발견하였다. 연구자들은 관계적 자기성과 독립적 자기성을 구분하여 측정한 결과 한국인에게서 두 가지가 모두 높게 나타남을 발견하여, 일본인의 경우에 낮게 나온 독립적 자기성이 한국과 일본의 차이를 설명해 줄 수 있음을 시사하였다.

문화 내 개인차 동일한 문화권이라고 해도 다양한 가치를 지닌 사람들이 생활하고 있다. 이들이 지닌 가치가 계층, 학력, 거주지역 등에 의해서 차이가 나고 있지만 획일적인 차이를 보이는 것은 아니다. 집단주의와 개인주의 성향에서 개인차가 있기 때문에 어떤 이는 두 가지가 다 높지만, 다 낮은 사람도 있고, 어느 한 성향만 높은 사람들이 있다. 중국 학생과 미국 학생의 비교연구에서 사람들의 문화적 행동특성을 설명하는 것은 국가의 차이가 아니라 이 성향에서의 차이인 것으로 나타났다(Brockner & Chen, 1996). 즉, 중국 학생 중에서 개인주의 성향이 강한 사람은 미국 학생 중에서 집단주의 성향이 강한 사람보다 더 개인주의적 행동양식을 보인다는 것이다. 이 성향을 재는 척도가 국내외에서 개발되어 쓰이고 있다(김동직, 한성열, 1998; Singelis et al., 1995).

조긍호 교수(1999, 2000, 2002, 2005, 2009)는 이 척도를 이용하여 한국인 중에서 집단주의 성향이 강한 사람과 개인주의 성향이 강한 사람을 비교하는 연구를 수행하여, 문화 내에서 각기 성향이 강한 사람들이 해당 문화권의 특성에 해당되는 특징을 지니고 있음을 보았다. 이를테면, 자기능력의 수월성 지각("능력 면으로 볼 때 우리 학교에서 내가 서열 몇 번째인가?")에서 개인주의자가 집단주의자보다 심하였으며(평균 35% 대 43%), 허구적 합의성("대북정책, 인간복제, 미국인에 대한 태도 등에서 몇 %의 사람들이 나와 비슷한 의견을 지니고 있는가?")에서 개인주의자보다 집단주의자들의 추정치가 높게 나타났다(평균 49% 대 56%). 의견, 기호, 취미, 가치관 등에서 유사성 판단을 시키면서 한 집단에는 "내가 친구들과 비슷한 정도"(A)를, 다른 집단에는 "친구들이 나와 비슷한 정도"(B)를 물었더니, 개인주의자는 A보다 B에 대한 응답이 높게 나오고, 집단주의자들은 거꾸로 나와, 전자가 자기를 기준으로 유사성을 판단하는데, 후자들은 친구를 기준으로 평가함을 시사하고 있다(조긍호, 2005).

일반적으로 국내 조사자료는 생활수준이 높을수록, 연령이 낮을수록 개인중심 경향이 높음을 보이고 있다. 따라서 조사 표본으로 어떠한 사람들이 주로 표집되는지에 따라 조사결과가 달리 나타날 수 있음에 유념해야 할 것이다.

요 약

1. 한국사회의 가치관의 변화 양상을 보면 집단주의 가치가 쇠퇴하며, 개인주의 가치가 증가하고 있다. 그러나 이 개인주의 가치는 이기주의와 혼동되어 나타나고 있다. 수직적 사회에서 수평적 사회로의 전환이 빨리 진행되고 있으며, 근대화와 더불어 물질주의적 가치가 증가하였으나, 1990년대 이후에는 탈근대화적 가치가 확산되고 있다.
2. 설문조사에 따르는 이 같은 가치변화에도 불구하고 이상적인 인간형의 모습은 자기수양, 절제, 인격을 갖춘, 성실함을 지닌 사람으로 나타나고 있어 전래 문화의 특성이 계승되고 있음을 볼 수 있다.
3. 가치의 혼재 양상은 가치 측정의 방식이나 가치 측정의 차원이 달라서 나타날 수 있다. 리커트 유형의 설문조사에서는 가치의 변화가 포착되지만, 문화의 특성을 파악하기에는 상황각본을 이용한 설문 혹은 간접적인 측정이 더욱 적절하다.
4. 가치 측정의 차원을 단일의 양극 차원으로 하는 경우에 가치의 변화는 쉽게 포착되지만, 다차원으로 하는 경우에 보다 생활의 다양한 면을 반영할 수 있다. 단일 차원적으로 접근할 때 한국인은 집단주의 문화로 분류되지만, 다차원적인 접근을 할 경우에 개인주의적 속성도 강하게 지닌 것으로 나타난다.
5. 문화권 내에서도 개인차가 크기 때문에 표본의 특성에 따라 포착되는 가치의 양상이 변한다는 것을 유념해야 한다.

한국사회의 세대 구분과 세대차

베이비붐 세대니, X세대니, 386세대니, N세대니, 밀레니엄 세대니 하는 말들이 종종 사회현상을 설명하는 개념들로 등장한다. 투표결과를 예측하거나 설명하는 경우에 연령은 가장 가시적인 집단이란 점에서 세대라는 용어로 군집화되어 등장한다. 통상 조부모, 부모, 자식을 구분하는 30년을 한 세대로 잡지만, 사회과학적으로는 태어나서 20세 안팎으로 성장하는 기간에 발생한 당대의 획기적인 사건이나 역사적 상황을 같이 경험한 탓에 특정의 가치관, 사고 및 행동양식을 공유하고 있는 사람들을 **세대**라고 본다. 특정 사건의 특징에 따라 4·19세대, 유신세대, 촛불세대, 밀레니엄 세대, 휴대폰 세대 등이 주목을 받다가 잊혀지곤 한다. 이런 세대의 특징에 대한 논의는 많이 있지만 이들의 특징을 실증적 자료를 갖고 비교하고 파악하려는 연구는 많이 이루어지지 못했다. 여기서는 국내의 사회과학자들이 많이 다루고 있는 세 가지 세대의 특징을 이들 논의를 중심으로 간략히 파악해 보겠다(자세한 논의는 박재홍, 2009; 임희섭, 2002; 조성남, 박숙미, 2002; 황상민, 김도환, 2004 등을 볼 것).

베이비붐 세대 한국전쟁이 끝난 시점에 태어나 1960년대 중엽에 산아제한 정책이 도입되기 전까지 태어난 세대로, 이 시기에 출산이 크게 늘었었기에 이런 이름을 붙인다. 1957년 한 해에만 91만여 명이 태어났는데 이는 1941년 신생아 수의 두 배에 달하는 숫자다(함인희, 2002). 원래 이 용어는 미국에서 제2차 세계대전 종전 후에 늘어난 출산세대를 지칭하는 용어였으나 한국사회에서도 그대로 차용되어 쓰이고 있다. 현저히 늘어난 아동들을 양육하고 교육하며 일자리를 제공하는 것이 기존의 사회시설이나 여건에 큰 부담을 안겨주게 되고, 이들을 수용하는 성장 정책들이 추진된다. 한국사회에서 베이비붐 세대는 아동기에 굶주림을 경험하였고, 1961년 박정희 군사정권이 수립되어 추진한 반공, 경제개발, 새마을운동의 '하면 된다'는 이데올로기들을 생활에서 실천한 세대다. 청년기에는 유신정권의 공포를 몸으로 겪는 세대가 되었다. 그래서 유신세대라고도 일컫는다. 민주화의 진행과 이에 대한 반인권적 탄압을 겪으면서 좌절과 실망을 느끼면서 분노한 세대이기도 하다. 1970년 전태일의 분신으로 촉발된 노동운동, 1979년 12·12사태에 이어진 1980년의 광주항쟁에 뒤이은 전두환 군부의 집권, 1984년 미국 문화원 점거, 1987년 6월 민주항쟁, 1989년 동구 공산국가의 붕괴 등등이 이들이 장년의 성인이 될 때까지 목격한 중요한 시대적 사건들이다. 이들은 군부독재에 대한 반감과 경제성장의 혜택을 보았고, 민주화에 대한 열망을 갖고 있어 1980년대 중반의 민주항쟁에서 '넥타이 부대'를 구성하였다. 이들이 일터에서 중견 간부로 역할하며 가장으로서 가정의 경제를 책임지고 있을 때 터진 1997년의 IMF 사태는 많은 이들을 일터에서 내 몰아 큰 충격을 주었다. 이들은 청년시기까지 공산주의 혐오 교육을 받아왔지만, 공산권의 몰락과 더불어 진행된 탈냉전 분위기에서 1992년 남북 기본합의서, 2000년 6·15 남북 공동선언문의 전개를 보면서 통일과 북한에 대하여 혼란스러운 가치관을 보이고 있다. 이들의 앞세대가 한국전쟁을 경험하면서 북한은 적이고 악이라는 빨갱이 콤플렉스를 지니고 있고, 이들의 뒷세대는 탈냉전의 분위기에서 민주화를 지향하며 북한에 대해서도 진보적인 수용적 입장을 지니고 있다는 점에서 이들은 낀 세대의 특징을 보이고 있다.

2000년 6월 15일 김대중 대통령은 평양을 방문하여 김정일 위원장과 연방제에 바탕한 통일을 지향하는 노력을 해 가기로 공동선언문을 발표하였다.

이들이 경험한 급격한 사회변화는 이들을 불확실성에 길들여진 세대로 만들었다. 이전 세대의 권위주의와 보수주의 성향도 아니고 뒷세대의 민주적, 진보적인 성향도 아닌 특징을 보인다(안청시 등, 1987). 이들은 '하면 된다'는 강한 성취 이데올로기를 주입 받았고, 출세를 성공으로 아는 세속적 열망을 지니고 있으며, 경쟁과 도태를 당연한 사회법칙으로 받아들이는 탓에 사회체제를 변화시키기보다는 체제를 수용하고 정당화시키는 심리가 강하다고 여겨진다. 이런 심리가 이들이 사회의 지도적 위치를 차지하게 된 1990년대 중반 이후에 경쟁에 기반한 신자유주의를 수용하는 데 큰 거부감을 보이지 않도록 하였다. 전국적인 표본의 패널 자료를 갖고 베이비붐 세대를 앞세대와 뒷세대와 비교한 연구는 이들이 다른 세대보다 삶의 만족도가 떨어지며, 가족관계가 행복감에 미치는 영향력도 낮은 것을 보이고 있다(강상경, 2012).

386세대 한국의 정치 지형에서 뚜렷한 위치를 차지하는 세대가 386세대다. 이들은 1960년대에 출생하여 1980년대 초 · 중엽에 대학생활을 경험한 사람들과 이들과 깊이 동질감을 느끼는 사람들이다(조대엽, 2002). 1980년대 진행된 컴퓨터 사용의 확산과 정보화의 물결을 타고 급변하는 현실에 가장 먼저 주도적으로 참여할 수밖에 없던 세대이기에 당시에 보급되던 컴퓨터 중심처리장치의 기종 386이 세대를 호칭하는 이름으로 붙여진 것이다. 이들은 정보산업의 성장과 더불어 많은 벤처기업에 뛰어들어 벤처의 신화를 만들어 낸 장본인이 되기도 하였다. 안철수가 그 대표적인 인물이라 하겠다. 그런데 대부분의 세대가 심각한 사회적 사건을 공유한 특정 연령대의 사람들을 통칭하는 것과 달리 386세대의 경우에는 대학생이 핵을 이루고 있다. 이들이 성장기에 겪은 대표적인 사건들은 1970년 경부고속도로의 개통, 1972년 유신체제, 중화학공업으로의 경제정책 전환, 1974년 육영수 여사 피살, 1975년 학도호국단에 의한 군사훈련, 1979년 4월 YH 여공 신민당사 농성사건, 10월 부마민주항쟁, 12월 박정희 대통령 피살, 1980년 광주민주화 운동, 1981년 전두환 정권 수립, 1987년의 민주항쟁, 1988년 서울올림픽 개최 및 컴퓨터 사용의 대중화들이다.

이들은 부모세대의 근면으로 아동기에 굶주림을 경험하지 않게 된 첫 세대인 탓에 부모의 가치관을 많이 물려받았지만, 탈물질주의적 가치관에 눈뜨고 사회제도의 모순에 비판적 눈을 갖게 된 세대다. 정부 주도의 억압적 중 · 고등교육 과정에서 민주화의 열망을 키웠으며, 대학에 진학하며 주류적 가치관을 비판하고, 미국의 제국주의적 특성에 눈을 뜬 첫 세대로서 반미 운동을 시작하였다. 이들은 발전 제일의 정책을 펴온 박정희 열망의 수혜자이자, 박정희의 억압에 대한 저항정신을 키우고 이를 발산시켜 1980년대의 민주화 운동을 주도한 박정희의 아이들이다(조대엽, 2002). 그래서 이들

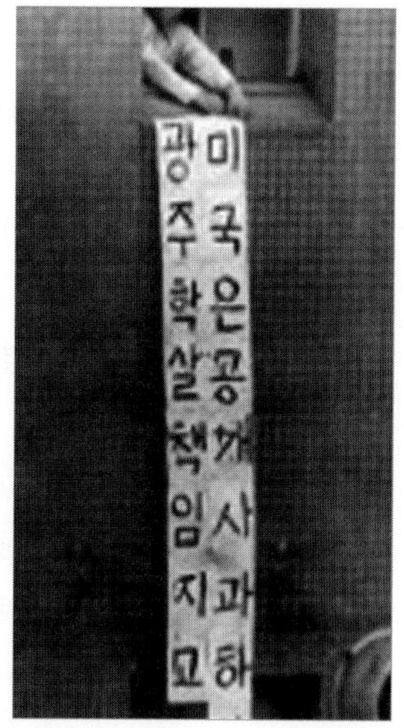

1982년 3월 일군의 대학생들이 부산에 있는 미국문화원을 점거하여, 광주학살의 배후 책임을 물으며 건물 외벽에 글을 내걸고 건물을 방화하였다.

을 민주화 세대라고도 한다.

1981년 시행한 대학졸업정원제로 대학입학 정원이 대폭 늘었다. 1975년 대학생 수 증가율이 35%였는데 1985년에는 159%로 급증하였고, 대학진학률도 동 기간에 7.7%에서 33%로 뛰었다. 양적으로 크게 증가한 대학생들은 1980년 5·18의 경험을 학습하고, "광주의 기억을 끊임없이 환기했으며 살아남은 자로서의 수치심을 집권자에 대한 증오감으로 전화시켰다"(김동춘, 1997, p. 99). 이들에게 "광주항쟁과 6월항쟁은 7년간에 걸쳐 진행된 하나의 연속된 사건이었다"(윤상철, 2000, p. 55). 서울대 출신 650명의 386세대는 자신의 생애에서 가장 깊은 영향을 준 사건 1순위로 6월항쟁, 2순위로 광주항쟁을 꼽았다. 합쳐서 70%의 사람들이다. 군사정권의 배후에 있어 왔던 미국에 대하여 비판적 의식을 갖게 되어 미국 문화원 방화사건들이 광주와 부산에서 벌어졌고, 다른 세대에 비해서 반미 감정이 강하다. 이들에게 북한과 미국이 축구시합을 하는 경우에 북한을 응원하겠다는 응답이 90%, 일본과 미국이 하는 경우에 미국 18%, 일본 16%로 나왔으나 이는 전국조사 응답에서 나온 43%의 미국 응원보다 훨씬 낮은 수치다(은기수, 2000).

이 386세대는 민중지향적, 좌편향적 이념에 동조하는 양상이 높았으나 1980년대 후반에 동구권이 몰락하자, 그 관심을 사회적 약자에게 보이며, 1990년대 활발하게 시작된 시민운동에 주도적으로 관여한다. 경실련, 참여연대, 녹색연합, 환경운동연합 등의 활동들이 그들이다. 이들은 소외된 이웃이나 집단을 돕겠다는 의향이 다른 어느 집단보다 높게 보이고 있다(윤상철, 2000). 이들은 정치판의 뿌리깊은 영호남 대립과 분열을 극복하려는 세력으로 성장하여 급기야 노무현 대통령을 당선시키는 성과를 거두고, 친서민적 정책을 수행하는 전위에 서기도 한다. 그럼에도 이 세대의 가치관에는 전근대적인 전통 가치가 상당한 정도로 수용되고 있다. 유교사상에 친화적 가치인 효사상과 가부장적 권위가 여전히 높고, 특히 남성들에게는 성차별이 별 문제의식 없이 관행적으로 받아들여지고 있다.

N(etwork)세대 N세대라는 용어는 미국의 정보사회학자인 Don Tapscott이 사용한 것으로 1960년대와 1970년대 중반까지 태어난 세대를 지칭한다. 국내에서는 베이비붐 세대의 자녀 세대로 1980년대에 태어난 사람들이다. N세대는 월드와이드 웹(WWW)이 보급되고 널리 쓰이게 된 1990년대 중후반에 학창시절을 보낸다. 이들은 정보화에 가장 익숙한 세대로, 성장기부터 디지털 환경에 노출되고 다양한 기기를 이용하여 수많은 사람과 정보에 접근할 수 있는 네트워크 속에서 삶을 살아온 세대다. 이들의 앞세대에게 정보기술은 선택이었지만, 이들에게 정보기술은 삶에서는

분리할 수 없는 환경이다. 이들이 겪은 대표적 사건들은 1990년대 인터넷 사용의 대중화, 1996년 OECD 가입, 1997년 IMF 구제금융, 1998년 김대중 정부, 2000년 6 · 15 남북공동선언, 2002년 미군 장갑차 여중생 사망(미선 · 효선 사건)과 촛불시위, 한일 월드컵 4강 진출과 서해교전, 2003년 노무현 정부 출범, 2005년 호주제 폐지, 2007년 남북정상회담과 태안반도 원유 유출사고, 2008년 이명박 정부 등이다.

앞세대가 디지털 환경을 정보를 얻기 위한 목적에서 주로 사용하는 것과는 달리, N세대는 사람들과 일상의 상호작용을 위해서 시간을 보내고, 즐거움을 얻기 위해서 사용하는 차이를 보인다(김기수 등, 2001; 성영신 등, 2001). 이들은 광우병이나 미선 · 효순 사건 등 이슈가 촉발될 때 네트워크를 이용한 자발적 참여로 촛불을 들고 광장에 모인다고 해서 광장세대 혹은 촛불세대라고도 한다(박재홍, 2009).

한국사회에서 사람들의 소비 양상이 필수적 생활품의 소비로부터 문화적 소비로 변화되는 시점이 소득 7천 달러를 넘어선 1992년 전후라고 본다(정준, 1997). N세대는 이런 변화된 소비 양상을 생활에서 드러내며 자란 첫 세대라고 할 수 있다(박길성, 2002). 개성적이고, 주체적이고, 즐거움을 추구하는 세대다. 이들은 사이버 공간을 이용한 모임에 적극적이고, 낯선 사람에 대한 반감이 적다. 연고주의나 성역할이나 남아선호 등의 성차별 같은 전근대적 사고방식에 거부감을 보인다(최준영 등, 2001). 이들은 세상에서 가장 가치있는 것에 대한 답으로 49%가 "자신을 위한 삶"이란 답을 주어 부모세대의 답 21%와 큰 차이를 보이고 있다(이정우 등, 2000). 이들은 정치에 대체로 무관심하며, 자기만의 삶을 색깔있게 만들어 가는 것에 관심을 보이고 있다. 탈권위, 개인, 자유, 소비를 미덕으로 삼는 세대다(한덕웅, 이경성, 2003).

비록 이들이 경제적 풍요, 민주화된 정치, 다원화가 진행되고 있는 사회에서 성장하고 있지만, 전지구적으로 불어닥친 신자유주의, IMF 사태의 시련과 정보혁명의 환경 속에서 안정된 직업의 상당수가 사라지고, 노동유연성(해고, 비정규직화) 등이 확산되면서 실업과 반실업이 남의 일이 아닌 상황에 처하였다. 일상화된 경쟁이 더욱 심화되면서, 기득권 층과는 먹고살기의 자리싸움을 벌이고(우석훈, 박권일, 2007), 베이비붐 세대인 부모와는 가치관의 차이로 갈등을 경험하는 세대이기도 하다(정병은, 이기홍, 2010; 정태연, 한광희, 2001). 승자독식의 사회환경에서 차별을 당하는 것에 분개하지만, 자기보다 못한 사람에 대한 차별을 당연한 것으로 여기며(오찬호, 2013), 제대로 갖추어지지 못한 한국사회의 사회안전망에서 보호받지 못하며, 만성적 취업 불안과 생활스트레스를 경험하는 세대다. 자신들의 이상과 현실의 괴리가 크지만, 공동체 연대 활동이나 의식이 취약하며, 일종의 무기력을 학습한 탓에 사회개혁을 도모하기보다는 사태를 비웃고, 냉소하며, 혐오하고, 헬조선이라는 용어에 가장 동조하는 세대가 되기도 하였다. 그러나 2016년 말 박근혜 대통령 탄핵을 성사시킨 일천만 촛불시위에 적극 참여함으로써 자신들의 목소리를 정치권에 내기 시작하였다.

세대와 가치관의 유형 앞에서 성장기에 경험한 사회의 주요 사건이 미친 영향에 따라 세대를 구분하고, 세대별 특징을 설명하였다. 세대별 특징이 있는 탓에 세대 간 갈등이나 오해가 빈번히 발생한다. 부모세대와 자식세대 간의 갈등, 젊은 세대와 중장년 및 노년 세대의 갈등들이 있게 마련이지만, 세대차이에 대한 객관적인 분석과 지식이 없으면 이런 갈등은 잘못된 인식과 오해로부터 올 가능성이 높다. 그래서 세대차에 대한 연구가 필요하다. 이 같은 세대 구분이 사회, 정치 현상을 설명하는 데 도움을 줄 수 있지만, 같은 세대라도 생활경험의 개인차는 크기 때문에 개인차는 세대차보다 더욱 크다. 2003년에 전국의 성인 남녀를 대표할 수 있는 표집 방법을 사용하여 1,500명을 대상으로 사람들의 생활양상을 파악하고, 유형을 분류하기 위하여 개인들이 지닌 가부장적 태도, 남아선호, 개방성, 사회의식, 개인주의-집단주의, 수직성-수평성 등의 가치를 측정하는 55개 문항 조사를 한 결과가 흥미롭다(황상민, 김도환, 2004). 이에 따르면 다섯 가지 유형의 사람이 구분될 수 있다. 〈표 11-5〉에 이들 각 유형의 사람들의 특징을 정리해 두었다. 가장 많은 유형은

〈표 11-5〉 2003년 조사에서 나타난 한국인의 생활양상 유형별 특징

	전통주의적 보수형	물질주의적 신봉건형	현실주의적 동조형	개인주의적 보보스형	공동체적 개방형
주요 특징	• 전통가치 • 남성우월주의 • 집단주의 • 개방성/관용 부족	• 공익에 무관심 • 학벌, 연줄, 성역할, 상하서열의 전통가치 존중 • 물질중시 • 개인/가족만의 행복추구	• 자신을 드러내지 않음 • 눈치보며 대세를 따름 • 중용을 생활미덕시함 • 개인적이지도 집단적이지도 않음	• 자기개성/발전이 중요 • 타인은 경쟁상대 • 물질적 풍요와 사회적 인정 모두 중요 • 전문성/사회적 성공 추구	• 강한 개성. 그러나 뜻만 통하면 나이, 성별, 지위를 초월하여 어울림 • 개인적 출세와 사회적 인정에 비중을 덜 둠
주장	• 나라 걱정에 잠 못 잔다. • 어릴 때 고생은 사서도 한다.	• 비싼 만큼 값을 한다. • 내용 못지않게 포장도 중요하다.	• 물에 술탄 듯, 술에 물탄 듯 • 남들 하는 대로 • 남한테 뒤처지지 않게만	• 나는 나, 너는 너 • 세상의 중심은 나 • 세상은 2등을 알아주지 않아.	• 뜻만 통하면 우리는 하나 • 다르게 태어났어도 같이 잘 살아야 한다.
출현 비율	12.6%	23.2%	33.4%	16.9%	14.0%

출처: 황상민, 김도환, 2004를 바탕으로 구성함.

현실주의적 동조형이며, 적은 유형은 전통주의적 보수형으로 나타났다. 이들 역시 전통과 근대의 가치관이 혼재되어 있는 양상을 보여 주고 있다. 유형의 출현 빈도에서 성차는 없었으며, 학력 간 비교에서는 고학력층에서 공동체적 개방형이, 저학력층에서 물질주의적 신봉건형이 많았다. 세대 간 비교에서는 20~30대에서 개인주의적 보보스형과 공동체적 개방형이 많으나, 40~50대에서 전통주의 보수형이 많았다([그림 11-14]).

보보스
부르주아와 보헤미안의 합성어로, 미국사회에서 새로이 등장한 상류 계층의 생활 모습의 특징을 지칭한다. 이들은 돈은 있지만 보수적인 생활상에서 벗어나 자유로운 자기 취향의 삶을 추구한다. 저널리스트인 David Brooks가 2000년대 출현한 새로운 상층계급의 특징을 담기 위해 합성한 용어다.

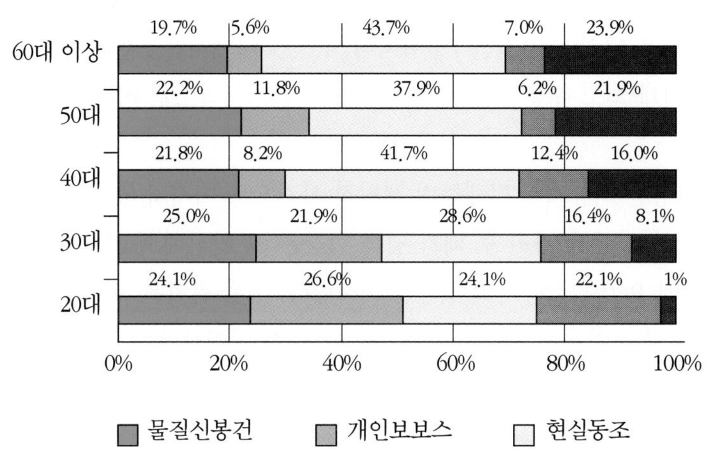

[그림 11-14]
연령별 라이프스타일 분포
출처: 황상민, 김도환, 2004.

요약

1. 베이비붐 세대는 한국전쟁 종전 이후 1960년대 중엽 산아제한 정책이 도입되기 전까지 태어난 세대다. 이들은 굶주림을 겪었고, '하면 된다'는 새마을 정신을 실천하였으며, 유신과 공산권의 몰락으로 전통적인 가치와 진보적 가치를 모두 수용하는 특징을 보인다.
2. 386세대는 1960년대 중엽 이후에 출생하여 1980년대를 학창시절로 보내며, 정보화의 혁명을 겪은 세대다. 탈물질주의적 가치관에 눈을 뜨고, 사회의 모순에 비판적인 눈을 가져, 민주화에 앞장서며, 반미, 친서민적 정서를 보인다.
3. N세대는 베이비붐 세대의 자녀세대로 인터넷의 혁명으로 다양한 디지털 환경에서 생활을 분리할 수 없는 세대다. 굶주림을 겪지 않았으며, 개인주의적이고, 개성적인 삶, 즐거운 삶을 추구하는 세대다. 정치에는 대체로 무관심하다. 신자유주의의 경제환경에서 경쟁에서 살아남고자 만성적 생활 불안을 경험하고 있다.
4. 같은 세대라 하여도 개인들이 겪는 생활경험은 다양하므로 다양한 유형의 사람들이 공존한다.

한국사회의 높은 자살률: 무한경쟁의 대가

1980년부터 1995년까지 한국 경제는 연평균 10%에 달하는 고도성장을 지속해 왔다(안성남, 1999). 꿈에 그리던 소득 1만 달러를 달성하고, 2007년에 2만 달러를 넘어, 이제는 4만 달러를 눈앞에 두고 있지만, 사람들의 정신건강은 매우 나빠졌다. [그림 11-15]에서 보듯이 1980년대 초까지 한국사회에서 자살은 OECD 평균(인구 10만 명당 11.3명)을 훨씬 밑돌았으나 1990년대 후반 이후로 급증하였고 2010년 현재 평균의 두 배를 넘는 자살률을 보이고 있다. 37분에 한 명꼴로 목숨을 끊는다고 한다. 20~30대의 사망원인 1순위이며, 40~50대에서는 2순위이다. 60대 이상의 자살은 세계 최고 수준이다. 남성의 자살률은 41.4명으로 여성 21명보다 두 배 가깝다.

자살은 다양한 이유에서 발생하며 개인적 사건으로 여겨져 왔으나, 1990년대 이후로 급증하고 다른 국가의 두 배가 넘는 현상은 그 원인에 우리만의 독특한 사회문화심리학적 요인이 작용하고 있음을 시사한다. 주된 원인은, 이전에 없었으나 현재 벌어지고 있는 것들에 있을 것이다. 그 문제점을 살펴보자.

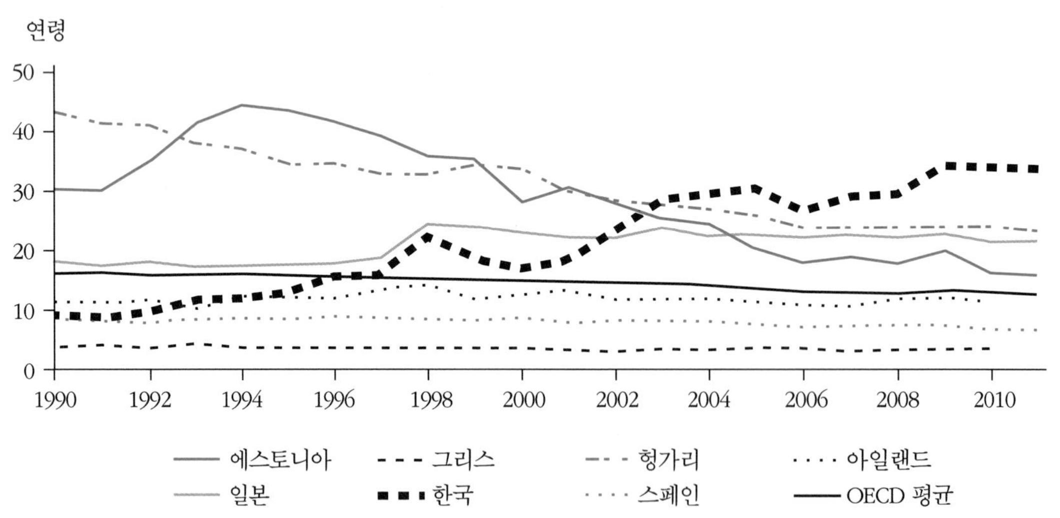

[그림 11-15] OECD 국가들의 자살률 추이

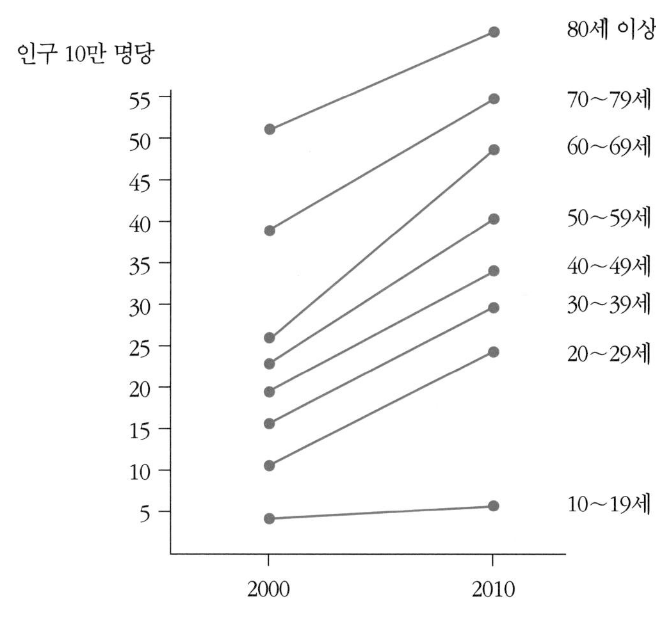

[그림 11-16]
연령대별 자살률의 증가

❖ 소득의 불평등 심화와 그 영향

경제가 발전하면 모든 국민들이 그 혜택을 나누어 가질 수 있다고 여긴다. 성장 위주의 경제정책론자들이 펴는 낙수효과의 논리다. 그러나 대부분의 나라에서 성장의 열매는 고르게 분배되지 않고 있다. 빈익빈 부익부의 현상이 매년 심화되고 있다. 1976~2010년 국내의 개인 소득세 자료를 분석한 연구(김낙년, 2012)는 상위와 하위 소득 계층의 소득격차가 더욱 벌어지는 양상을 보인다. 쉽게 요약하면 경제성장으로 한국의 총 국민소득이 만 원 상승했다고 했을 때, 소득 상위 20%가 7천 원을 가져가고, 나머지 80%가 3천 원을 나누어 갖는 식이다. 우리 국민 전체를 10명이라 여긴다면 2명은 3,500원씩을, 8명은 375원 씩을 가져간다는 것이다(서상철, 2012, p. 308). 경제학자 장하성(2015)은 국내에서 100대 기업이 전체 고용에 기여하는 비중은 4%이지만, 전체 이익의 60%를 가져가고 있는 반면에, 고용의 70%를 기여하는 중소기업은 전체 이익의 30%를 나누어 갖는다는 분석을 제시한다(장하성, 2015). 그래서 임금격차는 심해져 2014년 현재 중소기업 근로자는 300인 이상 대기업 근로자의 반을, 삼성 같은 초대기업 근로자의 1/3을 받고 있다(장하성, 2015, p. 95). 대기업 노조와 중소기업의 노조, 그리고 노조도 없는 근로자들의 계층이 나뉘

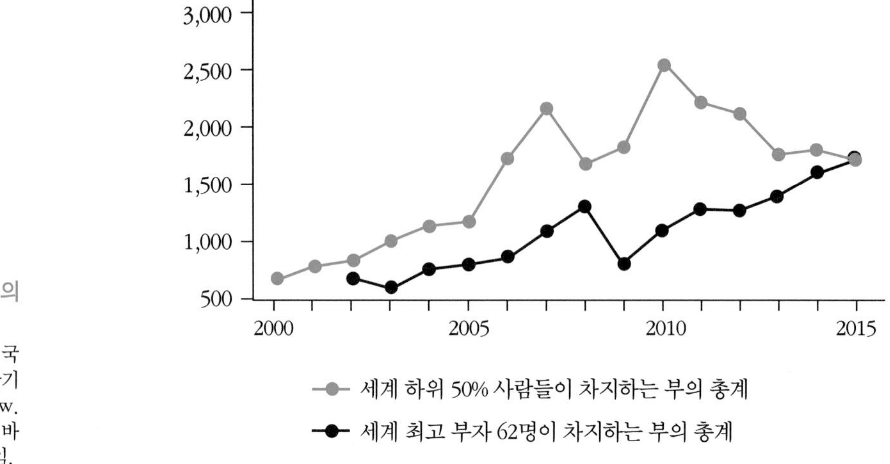

[그림 11-17] 세계적인 소득 불평등의 심화 양상

Forbes, 2016, 이 그림은 국제적인 빈곤문제해결 민간기구인 OXFAM(http://www.oxfam.or.kr)의 보고서에 바탕하여 Forbes가 그린 것임.

고, 이에 따른 기업 간 소득 불평등과 성차가 미국 등의 선진국에 비해서 현저히 크게 나타나고 있다(정이환, 2015). 소득의 편중화가 전 세계적 현상이기는 하지만([그림 11-17]), 한국은 소득 불평등이 매우 심한 나라인 미국을 빠르게 닮아가고 있다. 아울러, 세금의 납부가 불평등의 개선에 거의 기여를 못하는 것으로 나타났다. 프랑스의 경우에 세금 전 빈곤율(중위소득의 절반도 못 버는 빈곤층 인구가 총인구에서 차지하는 비율)과 세금 후 빈곤율에서 큰 차이가 난다. 이는 세금이 계층 간 불평등을 해소하는 데 쓰인다는 것이다. 그러나 한국의 경우에는 세금이 불평등 해소 용도로 거의 쓰이지 않음을 보여 준다(연합뉴스, 2014. 8. 7.).

보건사회연구원에서 전국의 성인 남녀를 대상으로 한 조사는 응답자의 86.5%가 '소득격차가 크다.'고 여기는 것으로 나타났다(김미곤 등, 2014). 이런 응답은 계층이 중간 이하라고 여기는 사람들에게 특히 높았다. 스스로를 하층이라고 여기는 사람들이 2009년 조사에서보다 10% 증가한 것으로 나타나고 있어, 소득의 양극화가 심화되는 추세가 사람들의 응답에 반영되고 있다. 많은 국가들이 신자유주의 사조에서 자유무역협정을 체결해 가면서 경쟁력 강화, 효율성 추구로 삶을 채근하고 있다. 빈익빈 부익부의 소득 불평등은 해가 갈수록 심화되면서, 우려되는 사회심리적 현상을 배태하고 있다(다양한 현상을 다룬 Wilkinson & Pickett, 2010 참고).

지니계수 (Gini's coefficient)
경제학에서 국가의 부가 국민들에게 분포되어 있는 상태를 알아보는 계수로, 전체소득비중을 사람의 전체 비율로 나눈 값이다. 모든 소득을 한 사람이 다 가지고 있다면 지니계수는 1.0이며, 모든 사람이 동일한 비율로 소득을 나누어 가진다면 계수는 0.0이 된다. 미국 CIA 보고서에 따르면 몇 나라의 '지니계수/년도'는 다음과 같다.

미국 .45/2007
일본 .38/2011
한국 .30/2014
독일 .27/2006
덴마크 .25/2011

불신의 확산으로 공동체 붕괴 소득의 불평등(흔히 '지니계수'로 측정함)이 심화되는 사회에서 사람들은 타인을 믿지 못하게 된다. 신뢰하지 못해서 불평등이 심화되는 것이 아니라 불평등이 심화되면서 신뢰 혹은 사회적 자본이 위축된다(Uslaner, 2002). 사회학자 Putnam은 미국사회에서 제2차 세계대전 후에 지속적으로 대인 신뢰가 떨어지고 있음을 보이는데, 소득의 양극화도 같이 진행되었다. 국가 간 비교자료에서 신뢰는 소득의 불평등과 반비례하는 양상을 보인다(Wilkinson & Pickett, 2009; [그림 11-18]의 I). 불평등이 심한 사회에서 하위층의 사람들은 상대적 박탈감을 심하게 느끼며, 남을 믿기보다는 남들이 자기를 이용하려 든다는 생각을

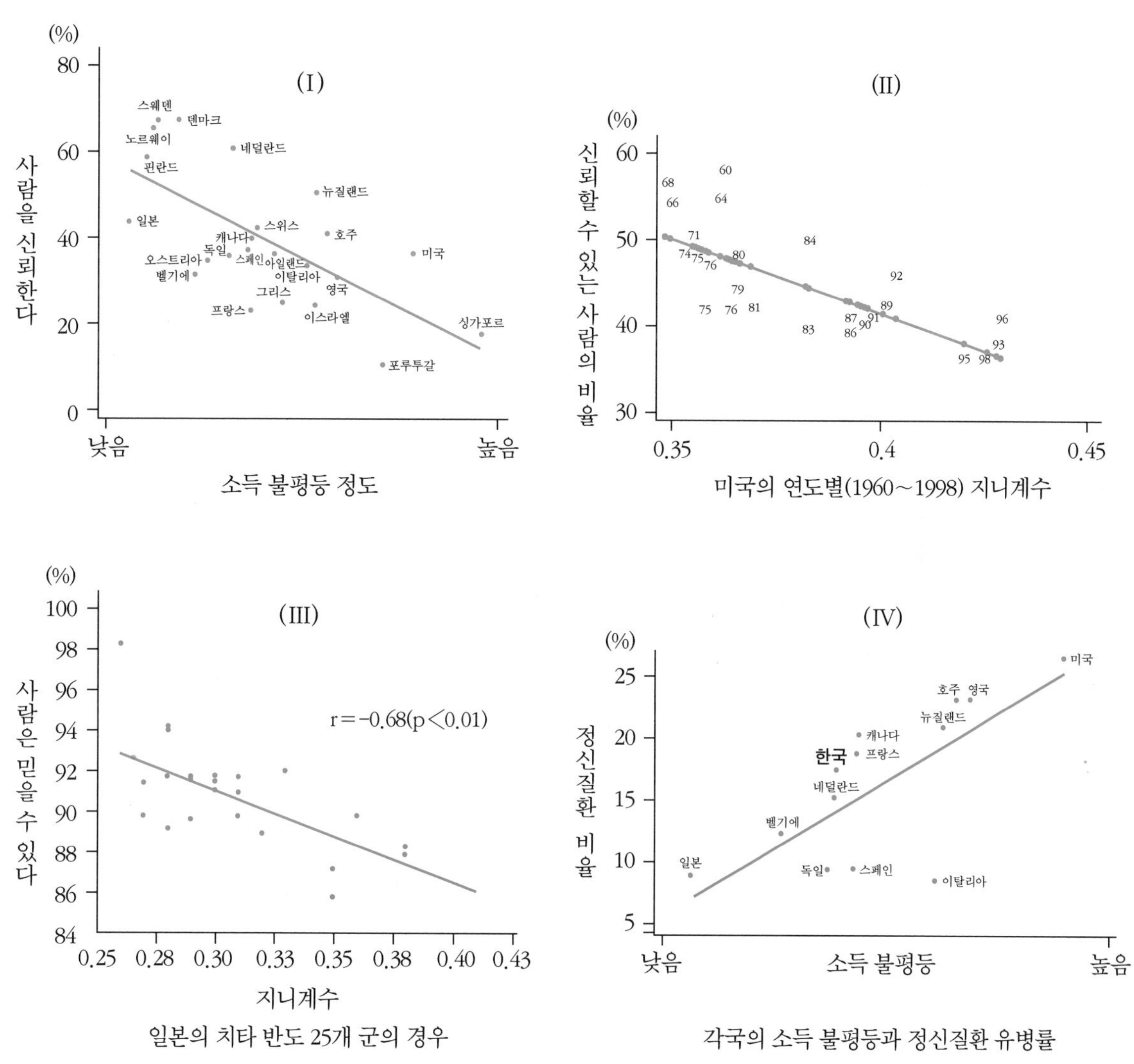

[그림 11-18] 소득 불평등의 정도와 대인신뢰 및 정신질환 유병률

하게 된다. 미국의 자료에서 불평등이 심화된 연도(1960~1998년)에 신뢰도 떨어지는 것이 나타났으며([그림 11-18]의 II), 불평등이 심한 주는 대인신뢰가 낮은 양상으로 나타났다. 2003년 일본 중부의 치타 반도에 속한 25개 군의 65세 이상 건강한 노인들 15,000여 명의 응답자료를 분석한 연구(Ichida et al., 2009)는 각 군의 불평등지수와 신뢰도(대체로 사람들은 믿을 만한가에 대한 응답)는 강한 역상관 관계에 있음을 보인다([그림 11-18]의 III).사람들이 타인을 믿기보다는 경계하기 시작하면서 미국사회에서는 투박하지만 남에게 위압감을 주는 차량(SUV 차량, 허머 등)이 많이 팔리기 시작하였다(Lauer, 2005). 미국의 자료분석에서 연도별 소득 불평등 지수의 변화와 더불어 사람들의 행복감도 등락하는 현상이 나타났다(Oishi, Kesebir, & Diener, 2011). 불평등한 사회에서 사람들은 타인을 우리로서 포용하기 보다는 그들이라고 구분짓기를 하면서, 공동체가 갈라지고, 파편화 되는 공동체의 와해 현상과 불신사회의 특징을 갖추게 된다.

정신건강의 악화 소득 불평등이 높은 국가일수록 정신질환의 발병률이 높은 것으로 나타난다([그림 11-18]의 IV). 아울러 기대수명도 낮으며, 영아사망률, 비만율도 높은 것으로 나타난다(Wilkinson & Pickett, 2010, p. 111, 122). 기대수명 및 비만율과 소득 불평등 간의 역상관 관계는 미국의 주별 비교 분석에서도 나타나고 있다(Wilkinson & Pickett, p. 112, 124). 국내에서 보건복지부가 전국 성인 남녀를 대상으로 2001년 이후 5년마다 시행하는 정신질환 실태 역학조사의 최근 자료(2011)는 정신질환 평생유병률이 27.6%, 지난 1년 유병률이 16%임을 보인다([그림 11-18]의 IV에서 한국자료는 이를 근거로 기존의 그림에 저자가 표기한 것임). 1년 유병률은 5년 전에 비해서 20% 증가한 것이다. 불안장애는 5년 전에 비해서 36%, 우울증은 20% 증가하였다. 살아오면서 자살을 심각하게 생각해 본 사람이 15.6%로 나타나며, 2011년 자살을 시도한 성인 남녀만도 10만 8천 명으로 추산된다.

공동체가 붕괴되면서 파편화된 개인들은 자기만족과 과시를 위해 물질주의적 신념을 더 강하게 지닌다. 즉, 불평등한 사회에서는 차별화된 지위재 소비를 통해 남과 다름을 과시하려 들며, 타인의 눈에 좋게 보이거나 선망 받는 일에 큰 가치를 둔다. 따라서 물질주의적 가치를 보이게 된다. 일반인의 경우에는 타인으로부터 차별을 당하지 않으려고 생활에 도움이 안 되는 사치재, 명품, 심지어 짝퉁을 구입하기도 한다. 남의 평가에 뒤처지는 불안 때문에 경쟁적으로 고가의 상품을 탐하고, 이를 구입하기 위해서 더 많은 시간을 일한다. 삶을 즐겁게 하는 가족 생활, 친구와의 만남, 여가활동, 좋아하는 활동을 희생한다. 미국의 중산층과 저소득층에서는 물질주의적 가치가 강한 사람들의 안녕감이 현저히 낮은 것으로 나타났다(Nickerson et al., 2003). 그러나 국내의 전국 규모 자료분석은 모든 소득계층에서 물질주의적 가치관이 높을수록 안녕감이 낮은 것으로 드러났다(이민아, 송리라, 2014).

학력경쟁을 통한 세습사회 출현 소득의 격차가 심해지고, 고용불안에 시달리며 많은 사람들이 일터에서 내 몰리게 되면서 개인적으로 취할 수 있는 방책은 자기를 채찍질하며 보다 잘 팔릴 수 있는 상품으로 자신을 만들기 위해 스펙쌓기에 나서는 것이다. 부모로서는 이를 도와주기 위하여 자신들의 삶을 희생한다. 기러기 아빠, 고3 부모 현상이다. 자식에게 보다 나은 여건을 만들어 주기 위한 부모의 대표적인 노력이 사교육비 지출이다. 사교육비 지출은 해마다 늘어나지만 상위소득 계층과 하위소득 계층 간의 격차는 갈수록 벌어진다([그림 11-19]). 부모의 재력이 자식의 교육 격차를 만들어 대표적 사립학교인 외국어고등학교(외고)에 아버지가 대학원 졸업인 비율은 14.5%로, 일반고 2.6%의 5배가 넘는다(오마이뉴스, 2009. 12. 10: 서상철, 2011에서 재인용). 서울 지역 대

대학 간의 서열화 의식을 보여 주는 용어들
출처: 한겨레21.

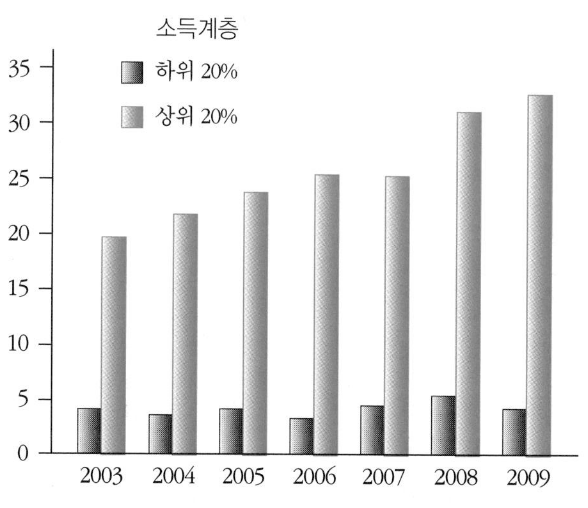

[그림 11-19]
소득별 사교육비 지출의 연도별 변화
출처: 서상철, 2012.

학교의 학자금 대출과 대출 상환을 연체하는 비율은 수능점수가 낮아질수록 뚜렷이 높아지고 있다(오찬호, 2014, p. 200). 소득의 양극화는 교육의 양극화로 연결되어 새로운 신분 사회가 나타나고 있다. '개천에서 용 난다'는 말은 이제 더 이상 듣기 힘든 말이 되었다. 최근에 한국보건사회연구원의 '사회통합 실태진단 및 대응방안 II' 연구는 직업지위와 계층이 고착화되는 현상을 보이고 있다. 2015년 전국 성인 남녀 4천 명을 대상으로 산업화 세대, 민주화 세대, 정보화 세대의 3세대로 나누어 부모의 학력과 계층이 본인의 임금과 직업에 미친 영향을 분석한 결과, 학력의 세습(부모가 고/저학력일 때 본인이 고/저학력일 가능성), 직종 및 계층세습의 양상이 정보화 세대(N세대)에서 다른 세대보다 훨씬 높은 것으로 나타나고 있어 세간에 떠도는 '흙수저, 금수저'론이 현상을 반영하고 있음을 보인다([그림 11-20]). 정보화 세대에서는 부모의 경제적 지위가 본인의 임금과 직업에 직접적인 영향을 줄 뿐만 아니라 본인의 인적 자본 축적(학업성취)에 영향을 주어 재산축적에 간접적인 영향도 미치는 것으로 나타났다. 예컨대, 보도에 따르면 서울대 입학생 중 특목고 출신의 비중이 2002년 22.8%에서 2012년 40.5%로 상승하였다고 한다(헤럴드경제, 2015. 11. 30.).

한국노동패널조사 자료를 갖고서 학력 및 출신대학의 서열에 의한 삶의 만족도를 분석한 연구(김영철, 2016)는 '행복은 성적순'이라는 현실을 보여 주고 있다. 버는 소득이 일정하더라도 여전히 4년제 대학 졸업생 > 전문대 졸업생 > 고교 졸업생의 순으로 생활만족도가 나왔다. 더욱이 상위권 대학 졸업자들의 만족도는 다른 대학 졸업자에 비해서 훨씬 높게 나오고 있다. 학력이 높으면 소득이 높고, 소득이

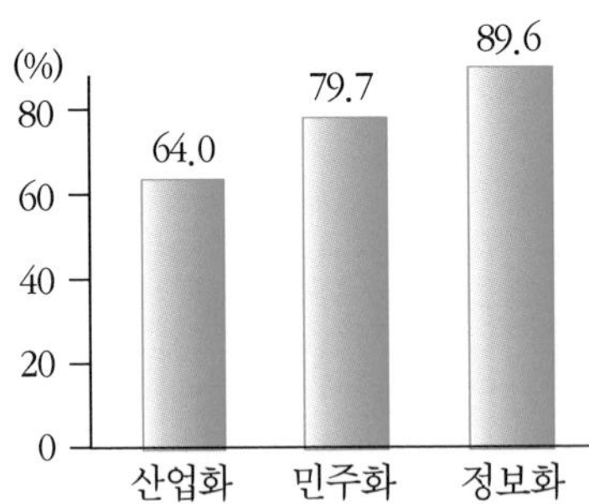

(a) 세대 간 학력 세습
아버지가 '고학력자(대학 이상)'일 경우 아들도 고학력자인 비율

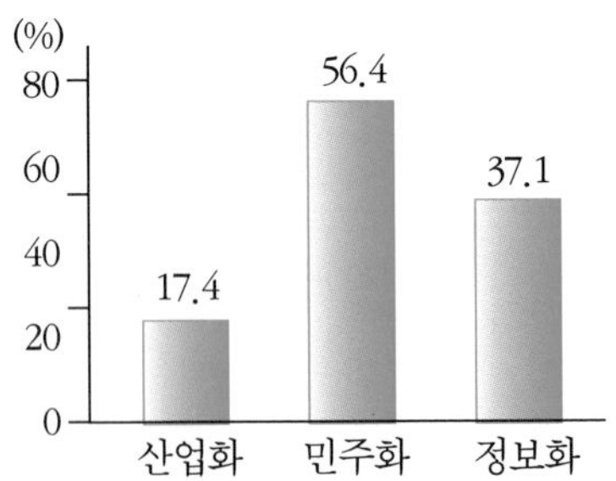

(b) 세대 간 직업 세습
아버지가 '관리적문직'일 경우 아들도 관리전문직인 비율

[그림 11-20]
세대별 직업지위 · 계층 고착화 비교
현재 직장이 있는 25~64세 남자 1,342명을 대상으로 조사함(산업화 세대[1940~1959년생, 181명] / 민주화 세대[1960~1974년생, 593명] / 정보화 세대[1975~1995년생, 568명])
자료: 한국보건사회연구원.

높으면 만족도도 높아지는 양상은 많이 확인되고 있지만, 이 연구에서는 이런 소득에 따른 효과를 통제하고 나서도 여전히 학력이 미치는 효과가 나타났다. 전문대 졸업자에 비해서 일반대학 졸업자의 만족도는 10% 높고, 특히 명문대 졸업자는 20%가 높은 것으로 나타나고 있다. 학력은 결혼생활, 친구관계, 거주환경, 자기실현 등 다양한 비경제적 요소들에 있어서 영향력을 발휘하고 있음을 보인 것이다.

대안학교형의 교육과정을 운영하는 거창고의 전성은 교장
문제가 많은 사회에 들어가 맞추며 살아야 할 아이를 교육할 것이 아니라 그 사회를 바꿀 아이를 교육해야 한다는 그의 교육철학에 사람들이 호응하기 시작했다.

한국사회에서는 학력에 따른 차별이 많이 행해지고 있다. 2011년 한국직업능력개발원에서 행한 조사에서 학력에 따른 차별이 많이 존재한다고 답한 사람이 58.6%, 약간 존재한다는 응답이 38.3%로 나타났다. 한국노동패널 7차 조사는 학력에 따른 차별의 경험이 취업 승진 및 사회생활에서 다반사로 이루어지는 것을 보여주고 있다. 학력이 낮을수록 그런 차별을 경험하는 비율이 높게 나타난다([그림 11-21]). 차별경험에 영향을 미칠 수 있는 요인들로 소득, 외모, 신장, 지역(서울 > 지방)의 영향이 나타나고 있으며 이들의 영향을 배제한 상태에서도 학력은 차별에 여전히 영향을 미치는 것으로 나타났다. 산업사회에서 한국사회는 학벌이 중시되었다. 노력해서 상위권 대학에만 진학하면 학벌이라는 집단공동체의 보호막으로 밀어 주고 끌어 주며 보다 나은 사회생활을 기대할 수 있었던 것이다. 그러나 신자유주의 경제체제에서 미래에 대한 불안정성과 예측 불능성이 만성화되면서 각자도생을 꾀할 수밖에 없게 되어, 학벌이란 공동체 성격의 현상이 학력이라는 개인적 현상으로 대체되었다. 같은 대학 안에서도 수능 성적에 따라 학과를 차별하고, 캠퍼스를 차별하며, 자신의 능력이 객관적 지표로 낮은 평가를 받게 되는 것을 극도로 경계하게 되었다(오찬호, 2015).

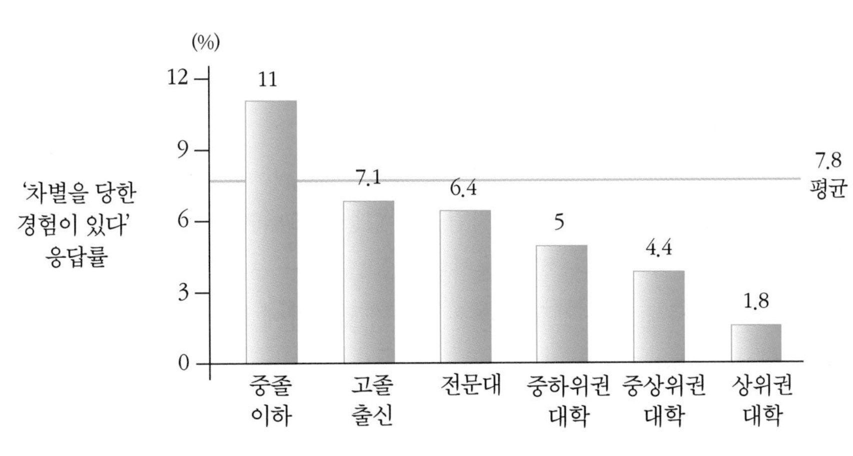

[그림 11-21]
학력에 따른 사회생활에서의 차별경험
출처: 김영철, 2016.

결글 11-10

미국 메이저리그 선수들 몸값은 팀 우승에 기여하나?

메이저리그 선수들의 연봉은 1976년 스타선수들의 연봉규제가 풀린 이후에 천정부지로 올랐다. 그런데 이들의 연봉에도 양극화가 나타난다. 2000년 연봉 총액 중 절반 이상을 상위 14% 선수가 차지한다. 2000년 LA 다저스는 투수인 케빈 브라운에게 1,570만 달러 계약을 체결했는데, 이는 같은 팀 내에 두 번째 고액연봉을 받는 세필드의 연봉보다 580만 달러가 높은 것이다. 세필드가 브라운의 팀 기여도가 그만큼 높다고 인정하지 않는다면 상당한 불평등의 불만을 느끼리라 볼 수 있다. 급여차이가 팀의 성적과 어떤 관계에 있는지를 보고자, 경영학자인 Bloom(1999)은 1985~1993년 기간의 29개 팀 야구선수 1,644명을 대상으로 각자가 받는 연봉을 갖고 각 팀별로 연봉의 차이를 보는 지수를 산출하고, 이를 각 선수의 타점, 수비득점, 방어율 등의 자료와 비교하였다. 아울러 팀의 승률과 관중 동원력, 팀의 시즌 최종순위와의 관계도 보았다. 결과는 예상 밖이었다. 팀의 연봉 격차가 클수록 선수 개개인의 성적은 나빴다. 기본 연봉, 과거 성적, 연령이 미치는 영향 이상으로 선수 개인의 성적에 부정적으로 작용하였다. 연봉 격차가 큰 팀일수록 팀 성적이 나빴으며, 관중 동원으로 올린 재정수입이 더 나쁘게 나왔다. 팀 간 연봉의 지니계수가 0.01 증가할 때(격차가 커짐) 팀 승률은 26%, 관중 동원력은 41%가 감소하였다. 다른 선수와 협동이 필요한 일들을 수행할 때 불만으로 인한 협동심 저하가 나타나기 때문이라 보인다. 제조업의 경우에도 노사 간의 임금격차가 커지면 제품의 질이 떨어진다는 것이 밝혀졌다(Cowherd & Levine, 1992: Kawachi & Kennedy, 2002, ch.5에서 재인용).

남들에 비교하여 자신의 가치를 올리기 위해 스펙경쟁에 들어가게 되고, 철저한 자기관리와 자기계발을 통해서만이 매년 사라져 가고 있는 정규직 취업, 안정된 직장을 얻을 수 있다고 여긴다. 그런 자기관리에 일찍 실패하거나 끼지 못한 저학력 취업자나 노동자들이 처우개선을 요구하는 것이 부당하다고 여긴다(오찬호, 2013). 정년이 보장되는 공무원은 신의 직장이라 여겨지고 있어 경쟁률이 매우 심해졌고, 수년씩 시험에 매달리기도 하는 '공시생'이 2016년에는 40만 명 수준이라 추정된다(한겨레, 2016. 6. 3.). 지방공무원 9급 공채 경쟁률이 19 : 1, 서울의 경우 84 : 1이다. 자기관리와 스펙쌓기에 매진해도 성공한 사람은 소수이고, 대부분의 사람들에게 그 결과는 참담하게 나타난다.

희망의 상실과 이타적 자살 사람들은 힘들다고 죽지는 않는다. 미래에 나아질 전망이 없는 것이 문제다. 한 언론사에서 2015년 19~34세의 청년 1,500명을 대상으로 온라인조사를 하여 소득 계층을 주관적 소속감에 의해 세 집단으로 구분하여 포기 현상에 대해 조사한 결과([그림 11-22])는 충격적이다. 미래에 희망이 없다는 사람이 빈곤층에서 절반이 넘는 응답이 나왔다(한겨레신문, 2015. 8. 19.). 이들은 경제적 부담 때문에 연애와 결혼을 꺼리며, 출산과 내집 마련의 꿈을 접는다. 세계 각

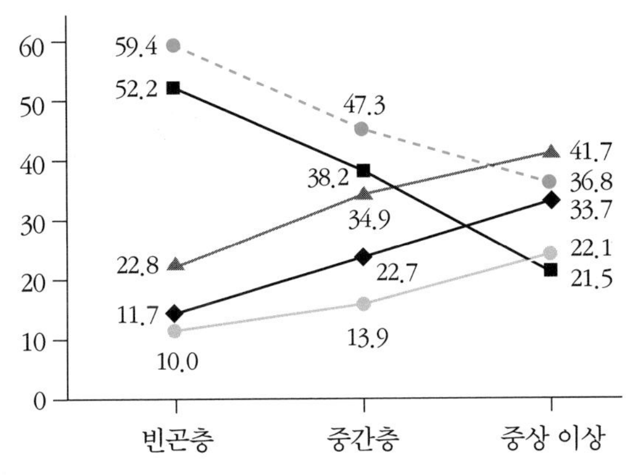

[그림 11-22]
청년의 소득계층에 따른 미래전망
출처: 한겨레 조사, 2015. 8. 19.를 바탕으로 그림.

국의 비교조사에서 유독 한국만이 미래에 대한 전망에 있어서 청년층이 장년층보다 비관적인 것으로 나타나고 있다(Pew Research Center, 2015). 청년들의 좌절은 단지 현재 형편이 좋지 않은 탓에 느끼는 것은 아니다. 그들에 대한 사회적 시선을 견디기 어려운 것이다. 성인의 86.5%가 소득격차가 너무 크다고 여기지만, 정부에 책임이 있다고 하는 사람은 60%이며, 실업자에 대한 지원에 동의하는 사람은 57.5%에 불과한 상황이다(김미곤 등, 2014). 이런 응답은 많은 국민들이 현 사회체제가 그래도 정당하다는 인식을 하고 있다는 것이며, 빈곤층, 실업자에 대한 책임을 당사자에게 묻는 시각이 상당히 존재한다는 것을 말한다. 끝없는 자기계발과 노력을 요구하는데 자신이 가진 자원은 바닥인 현실에서, 믿을 사람은 없고, 희망마저 상실했으니 많은 사람이 자살을 심각하게 고려한다.

자살률은 연령대가 높아지면서 증가하는데, 65세 이상 노인의 자살률은 69.8명, 80세 이상이 되면 104명이 넘으면서 비노인 인구의 자살률 대비 2~3배가 넘는다. 특히 남성 노인의 경우 여성 노인보다 2.5배 가량 높다(박지영, 2014: http://www.peoplepower21.org/Welfare/1181631). 복지의 안전망에서 보호를 받지 못하는 노인은 한국사회의 변화된 가치관에 대해 느끼는 부적합성, 가족해체와 불화로 느끼는 외로움, 전통적 가치의 쇠락과 자신의 위치에 대한 불안, 자식세대와의 갈등과 기대에서 오는 실망 및 그런 자식세대에게 더 이상 부담을 안기지 말자는 생각에서 이타적 자살을 고려할 가능성이 크다고 본다(이희길, 2007 참조).

자살은 개인적 행위이지만 대인관계가 큰 영향을 미친다. 이 점을 반영한 자살의 대인관계 이론(Joiner, 2005; Van Orden et al., 2010)은 외톨이가 되었다는 소속감의 좌절

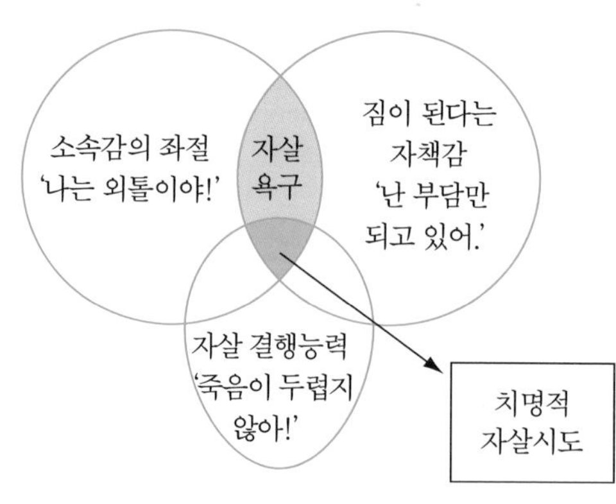

[그림 11-23]
자살의 대인관계 이론
출처: Orden et al., 2010.

과 주위 사람들에게 짐만 되고 있다는 자책감이 결합하여 자살 욕구를 느끼게 만들며, 이 욕구가 자살을 해낼 수 있다는 여건 마련 및 죽음에 대한 두려움을 극복하였을 때 치명적인 자살 행위로 옮겨질 수 있다는 설명을 제시하였다([그림 11-23]). 여성들의 삶에서 대인관계가 차지하는 비중이 남성의 경우보다 크다고 여겨진다. 따라서 여성들은 관계에서 입는 상처도 잦고, 크게 느끼므로 자살생각을 많이 하고, 자살시도를 남성보다 많이 한다. 그러나 실제 치사율은 남성이 훨씬 높게 나타나는 현상은 전 세계적으로 보편적인 현상이다(Van Orden et al., 2010). 국내에서도 남성 노인의 자살사가 여성보다 두 배 이상 높다. 이러한 성차는 죽음에 대한 공포를 남성들이 여성보다 덜 느낄 수 있기 때문이다. 이 이론은 자살 욕구와 결행 가능성을 분리하여, 어떤 대책이 필요한지를 구체적으로 시사해 주는 의미도 갖고 있다.

경쟁을 심화시키는 사회문화적 요인 신자유주의는 전 세계로 확산되고 있고, 소득의 불평등 심화는 한국만의 일은 아니다. 지위재에 대한 소비의 관심도 중진국 이상의 국가들에서 보편적으로 나타나는 현상이다. 자본주의 경제 체제가 도입되기 전까지 오랫동안 우리는 농경사회에서 통용되는 전통적 가치와 집단에 대한 신뢰를 바탕으로 생활을 꾸려 왔다. 단일민족으로의 정체성을 갖고 삼국통일 이후 유지되어 온 통일국가로서 하나의 가치체계를 지니고 생활해 왔다(민족과 문화의 다양성에서 한국은 세계에서 가장 동질적인 사회다; Fearon, 2003). 서열을 구분하는 신분제도가 있었지만 조선 말 갑오경장에 의해서 철폐되었고, 일제강점기 동안 남아있던 잔재는 전국을 초토화시킨 3년간의 한국전쟁이 가져단 준 '제 조건의 평등'

2015년 영화 〈성실한 나라의 엘리스〉

상태에서(송호근, 2006, p. 107) 시작된 국가 재건과업을 수행하면서 깨끗이 사라지게 되었다(박명림, 2002). 사람을 얽매던 과거의 신분제도에서 벗어나는 수단으로서 재력, 이 재력의 획득에 도움이 되는 능력, 인맥, 배경, 자기관리는 사람 평가의 중요한 준거로 간주되었다.

사회가 동질적이라는 것은 사람평가의 잣대나 준거도 다양하지 못하다는 것이다. 수능점수나 수입이라는 잣대 하나로 대학의 서열화를 넘어 전공을 서열화('점수가 아까워서 법대를 왔다.' 는 표현에서 볼 수 있음)하고, 직업을 서열화하는 불합리적인 사고가 문제없이 수용되고 있다. '사람 위에 사람 없고, 사람 아래 사람 없다.' 는 평등주의적 심성(송호근, 2006)에서 차별이나 무시당하는 것을 혐오하면서, 남에게 인정받고, 더 나아가 남을 차별할 수 있는 위치를 차지하려고 애쓴다. 일본이나 영국 등 선진국이라 분류되는 국가에서도 여전히 귀족계층이 있고, 신분의 세습적 질서가 유지되고 있지만 한국사회에서는 부의 세습만 남아 있을 뿐이다. 김대중, 노무현, 이명박 등 대부분의 대통령이 빈한한 출신으로 권력의 최정점에 올랐다. 누구나 능력이 있으면 용이 될 수 있다는 살아 있는 증거들이다. 인성이나 재능도 열심히 노력하면 키울 수 있다고 보는 한국인의 성장론적 인성관(본서 2장 참조)이 획일적인 가치관이 지배하는 동질적 사회에서 모든 사람을 자신의 비교 대상으로 놓고, 끊임없이 자기계발과 자기관리로 몰아가고 있다. 만인 대 만인의 경쟁 궤도에서 도태되지 않기 위해 끊임없이 추가되는 스펙경쟁에 젊은이들은 지쳐가면서 3포, 5포, 7포 세대가 되었고, 사회안전망이 취약한 상태에서 중・노년층은 일자리를 잃어가며 절망하고 있다. '아프니까 청춘' 이라는 인식으로는 달라지는 것이 없다. 미래가 보이지 않는 것이다. 지난 30년간 한국사회의 눈부신 경제적 성장을 가져온 경쟁이 초래하는 비용이 이익을 훨씬 앞지르는 사회가 되어버린 것이다(곁글 11-11). 다양한 가치 체계를 인정하고, 다양한 잣대를 수용하여 모두가 살맛나는 사회로의 변화와 교육 및 사회운동이 절실하다.

곁글 11-11

사교육의 딜레마를 통해 본 경쟁의 문제점: 경쟁은 강화해야 하는가?

평범한 능력을 지닌 자녀를 둔 학부모가 대부분이다. 좋은 대학을 보내는 것이 중요한 한국사회에서 사교육을 시켜서 자녀의 학력을 높이고자 하는 유혹은 크다. 내 자녀는 사교육을 받고(경쟁) 다른 자녀는 사교육을 받지 않는다면(비경쟁) 내 자녀에게 사교육을 시킬 것이다. 문제는 이런 유혹이 모든 학부모에 작용한다는 것이다. 따라서 모두 사교육을 시킨다면 상대적 이점은 사라진다. '죄수의 딜레마' 상황이 벌어지는 것이다(본서 8장 참조). 자본주의 시장 원리는 이기적 행위를 하는 사람들의 시장에서 '보이지 않는 손'의 작용을 이야기한다. 그러나 사교육의 딜레마에서 보듯이 개인의 이기적 행위(이성적 행위이기도 함)는 전체 사회의 불이익을 초래하는 공유 목초지의 딜레마 상황을 제시한다. 목초지에서 자기의 가축 수를 늘리는 것은 개인의 이익을 증대시키지만, 모든 사람이 가축 수를 늘리면 뜯을 풀이 없어져 모두 망하는 것이다. 목초지의 딜레마에서 확연한 것은 초지의 황폐화라는 비용의 부분이다. 모든 사회적 행위에는 이익과 비용이 같이 발생한다. 사교육의 딜레마 상황에서도 사교육을 시키지 않으면 그 비용을 생활의 다른 용처에 사용할 수 있기에 발생하는 손실은 숨어 있다. [그림 11-24]에서 보듯이 경쟁이 없는 상황에서 경쟁이 강화(글로벌 경쟁력, 입시 경쟁, 스펙 경쟁, 구직 경쟁 등)되면 그에 따른 이익이 크게 늘어난다. A점에서 이익의 극대화가 나타나지만 경쟁강화의 이점은 떨어지면서 B점을 통과하면 경쟁의 비용(사교육비을 위한 부채, 스트레스, 우울증, 출산 거부 등)이 급하게 커지게 된다(서상철, 2013, p. 305). 시장주의자들은 이익곡선만을 보며, 성장동력이 떨어지는 것을 걱정하며, 이를 올릴 방책에 관심을 보인다. 분배주의자들은 비용곡선을 보면서 비용을 줄이는 것에 관심을 보인다. 정부의 경제 정책이나 언론의 보도는 비용곡선을 숨기고 이익곡선에만 관심을 쏟게 만든다. 사회범죄의 증가, 자살률의 증가는 경제활동 지표와는 무관한 영역으로 인식되고 있으나, 이들이 경쟁강화라는 사회현상에 묻혀 있는 비용인 것이다.

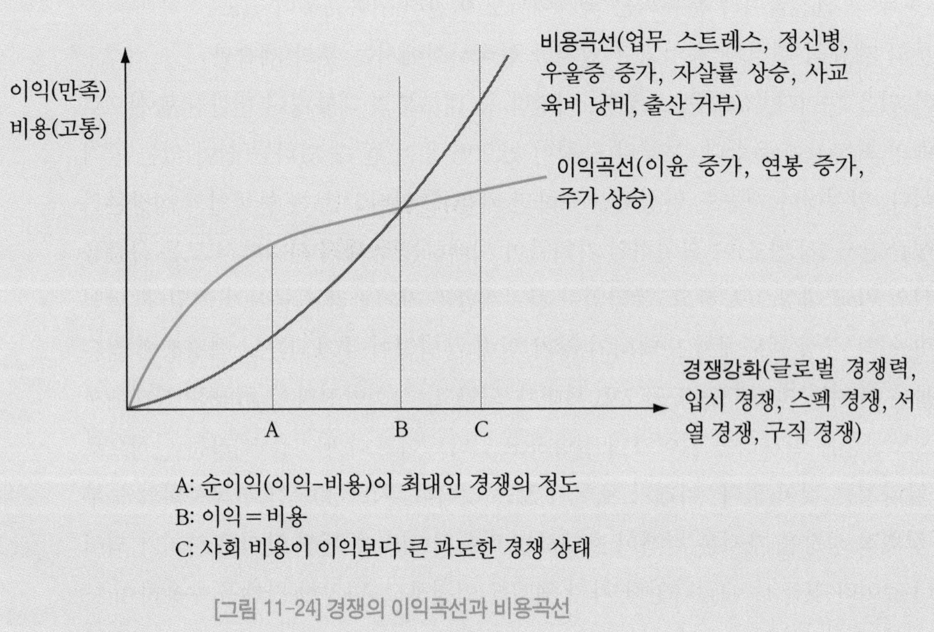

[그림 11-24] 경쟁의 이익곡선과 비용곡선

출처: 서상철, 2012, p. 305.

대책 한국사회는 과도한 경쟁으로 강박적인 사회가 되었다. 남을 딛고 서지 않으면 도태된다는 불안으로 자기계발, 역량강화, 서열화, 차별화에 강박적으로 종사하며, 24시간을 밝히고 있다. '아프니까 청춘'이라는 인식으로는 달라지는 것이 없다. 미래가 보이지 않는 것이다. 지난 30년간 한국사회의 눈부신 경제적 성장을 가져온 경쟁이 초래하는 비용이 이익을 훨씬 앞지른 사회가 되어 버린 것이다(곁글 11-11).

헬조선의 현실을 벗어나기 위해서는 교육과 연대가 필요하다. 경쟁을 당연시하고, 남들 위에 군림하는 용이 되는 성공을 지향하는 교육과정과 평가제도에서 벗어나 다양한 가치를 수용하고 권면하는 교육과정의 편성과 이를 실천하는 제도로의 변화가 필요하다. 인문학적 소양을 기르는 것에 대한 관심이 우리 사회에서 많이 벌어지고 있는 것을 볼 수 있다. 이런 소양은 개인의 삶이 공동체 및 자연과 더불어 이루어지는 것에 대한 다양한 깨침으로 드러나는 것이다. 우리를 둘러싸고 있는 사회 제도와 체제에 휩쓸려 가는 삶의 모습에 대하여 깨어 있어야 할 것이다. 그러나 이런 깨침만으로 사회가 변화되지는 않는다. 이런 깨침을 공유하고 퍼뜨리는 모임의 구성과 변화를 추구하는 연대활동이 사회를 변화시킨다(장하성, 2015; Sennett, 2007). 익숙한 '청년 유니온' '알바노조' '녹색당'을 비롯하여, '알아야겠당' '흙수저당' 등의 구성과 활동에서 변화의 씨앗을 볼 수 있다. 2016년 말 두 달간 진행된 전 국민 천만 명의 탄핵시위는 헬조선에 대한 불만이 민중의 연대와 협력 형태로 표출된 것이기도 하다.

새로운 사회의 도래 현대 사회는 인터넷의 연결에 의해 전개되는 정보화 사회다. 정보화 사회에서는 정보의 독점이 불가능하다. SNS를 이용한 정보의 공유는 개인의 신상털기라는 부정적인 면도 있지만 페이스북이나 유사한 서비스를 이용한 다양한 사업과 기회의 가능성을 보여 주고 있다. 정보화 사회에서 협업과 협동의 용이성은 산업사회에서 불가능했던 것들을 손쉽게 해결한다. 2008년 광우병 파동으로 촉발된 촛불집회(송경재, 2009)에 이어, 2016년 연말 수백만이 참여한 광화문 촛불시위의 현장에서 화장실과 편의시설의 위치를 알려주는 앱이 한 대학생에 의해 개발되어 수많은 사람이 이용할 수 있게 되었고, 한 작가의 아이디어가 '크라우드 펀딩(crowd funding)'을 통해 꽃스티커로 제작되어 경찰이 쳐놓은 차벽을 장식하게 되었으며, 수화 통역자를 포함한 수백 명의 자원봉사자들이 연결되어 100만 명이 벌이는 시위를 질서 있고 품위 있는 행사로 만들며, 모든 이들이 서로 격려하는 주인으로 행동했다. 경제학자들은 경쟁이 산업혁명에 의해 촉구된 사회추진 동력으로 작용해 왔으나 그 시효가 만료되었으며, 이제 전개되는 정보화 시대에는 협동이 새로운 동력으로 작용할 수 있음을 제시한다(Lieberman &

2016년 말 광화문 광장을 메운 국민적 탄핵운동은 한국의 미래를 밝히는 횃불이 될 것이다. 사진은 1980년 5 · 18 민주화운동이 시작된 전남대학교 정문 주위에 2016년 말 조성된 민주공원 안의 횃불 조형물이다.

Fry, 2015; 곁글 11-12). 인터넷 소통에 의해 소통 비용이 없이 모든 정보를 직접 퍼뜨리고 공유할 수 있게 됨으로써 사회는 더욱 투명해지며, 재화의 생산과 판매 단가는 낮아진다. 경쟁에서 승리한 정도에 따라 정보와 재화의 독점적 공여가 허락되는 독점과 착취의 경쟁적 경제 체제에서 벗어나 조금은 불편해질 수 있지만 공유하고 협동하는 시대를 만들어 가야 한다.

2016년 말 두 달 동안 연인원 천만 명이 벌인 탄핵시위는 참여시민들로 하여금 무엇이 문제였는지를 일깨웠고, 무엇을 할 수 있는지를 자각하게 만들었다. 한국인에게 시민사회의 역량을 보여 줌으로써 한국사회의 미래에 희망을 주는 귀중한 자산이 될 것이다(곁글 12-8 참조).

곁글 11-12

비폭력시위가 강력하다!

2016년 박근혜-최순실 국정농단 사건으로 결집된 국민행동은 그 규모와 시위행동의 성숙 면에서 세계사에서 유례를 찾아볼 수 없는 사건이며, 길이 회자될 사건이다.

이화여대에서 드러난 한 학생의 특혜입학으로 언론에 드러난 최순실의 존재와 각종 비리 의혹에도 감싸고 지키던 우병우 민정수석의 문제를 덮어 버리기 위하여 박 대통령은 그동안 반대해 오던 개헌을 하겠다고 느닷없이 국회에서 발의하였다. 그러나 당일 저녁에 뉴스에 보도된 최순실 노트북 사건으로 국정농단의 증거가 드러나면서 대통령은 다음 날 대국민 사과를 하였다. 10월 29일 시작된 촛불집회는 매주 토요일 100만 명이 넘는 군중을 광화문 일대에 모으면서도 질서 있는 평화적 시위양상을 지속시키며 결국 대통령 탄핵안을 국회에서 통과시키게 만들었다(12월 9일). 박 대통령이 3차에 걸친 사과를 하였지만 진정성이 결여된 사과는 횟수를 거듭하면서 더 많은 사람들을 시위장으로 불러들였다([그림 11-25]).

유례없는 대규모의 비폭력시위가 진행되면서 상당수의 사람들은 외치기만 하는 이런 시위가 효과가 있을까 하는 의구심을 품기도 한다. 1945년부터 2006년의 기간 동안 세계 도처에서 벌어졌던 323개의 정치적 시위를 분석한 정치학 연구는 비폭력시위가 폭력적 시위보다 성공 가능성이 훨씬 높았음을 보이며, 그 성공의 이유에 대하여 설명한다(Stephan & Chenowath, 2008, 2011; [그림 11-26]). 이들이 분석한 자료에 따르면, 우선 비폭력시위는 폭력적 시위보다 참가자가 평균 4배 이상 많은 것으로 나타났다. 이는 폭력시위의 경우 위험성 때문에 사람들이 참가하기를 꺼리는 탓이라 볼 수 있다. 다양한 집단의 사람들이 많은 숫자로 참여하는 경우에 시위의 성공 가능성이 높아진다. 2016년 말에 전개된 촛불집회는 1600여 개의 시민사회단체가 SNS 등의 온라인 매체를 이용하여 시민들의 의견을 수렴하고 결정하는 방식으로 이루어진 의사결정 과정을 통해 진행되었다. 자발적 비폭력적 문화적 결사체의 양상을 띤 전혀 새로운 형태의 시위였다(곁글 1-2 참고). 둘째, 비폭력시위는 집권세력의 대응방식에 분열을 가져온다. 비폭력시위에 대한 무력진압은 진압세력이 도덕적인 대응을 못한다는 비난을 불러온다. 셋째, 시위대가 폭력을 사용하면 진압세력의 무장이 정당화되며, 군의 개입이 초래될 가능성이 높아지면서 실패할 가능성을 높인다. 마지막으로, 이들의 분석에 따르면 국민들의 3.5% 이상이 참여하는 비폭력시위는 성공했음을 보이고 있다. 12월 3일 전국에서 232만 명의 국민이 촛불시위에 참여한 것으로 보도되었다. 이는 전 국민 5,100만의 4.5%에 해당한다.

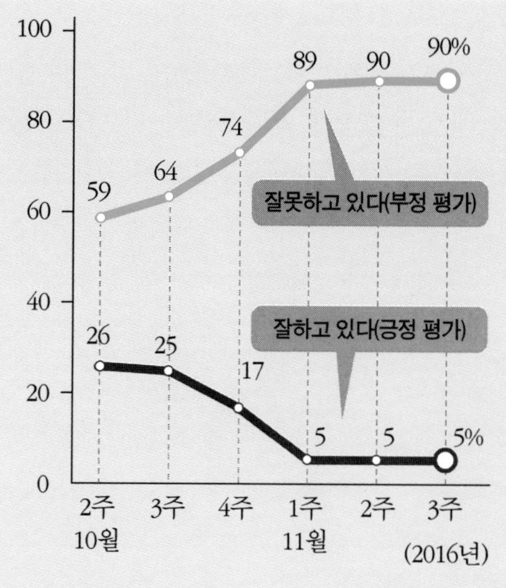

- 10월 24일, JTBC 최순실 노트북 보도
- 10월 25일, 박 대통령 1차 사과
- 11월 4일, 2차 사과와 우병우 교체 및 일방적 총리 지명
- 11월 2주차, 검찰 수사 불응

[그림 11-25] 박근혜 대통령 지지율 추이

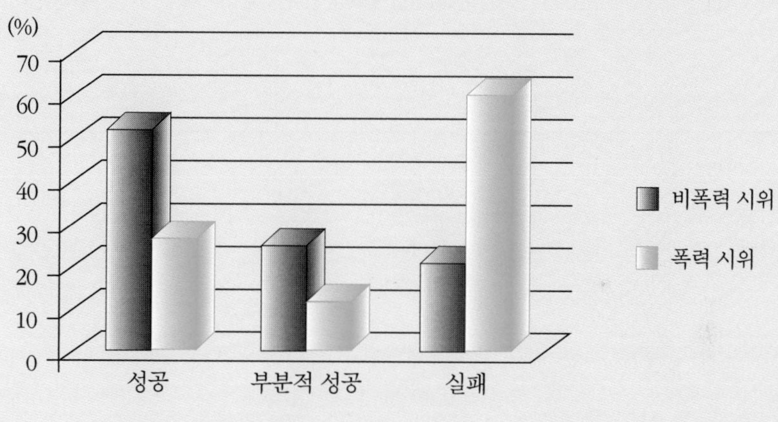

[그림 11-26] 1900~2006년 기간에 벌어진 성공 및 실패한 정치적 저항운동의 폭력성 여부

출처: http://righttoprotestt.weebly.com

요 약

1. 한국사회는 1990년 후반 이후로 자살률이 급증하여 OECD 평균의 두 배를 넘고 있다.
2. 한국사회가 보이는 높은 자살률은 소득의 불평등 심화로 야기되는 대인 불신의 확산과 공동체 붕괴, 사회적 차별과 세습사회의 출현에 대한 불안, 성장론적 인성관에 바탕한 무한경쟁의 압박에 놓인 정신건강의 악화 탓으로 요약될 수 있다.
3. 한국사회는 경쟁의 강화가 초래하는 이익보다 비용이 큰 사회가 되었다.
4. 자살의 대인관계 이론은 소속감의 결여, 남에게 주는 부담으로 자살생각을 하게 되고, 자살을 결행하는 능력이 결합하여 자살이 시도된다.
5. 헬조선에서 벗어나기 위하여 다양한 가치를 수용하고, 삶의 방식을 인정하며, 이를 퍼뜨리는 교육과 연대, 참여의 노력이 필요하다.

제 12 장 사회심리학의 응용, 전망, 교훈

사회심리학은 다른 사람들과 어울려 생활을 할 수밖에 없는 사람들에게 작용하는 심리현상을 파악하고, 정리하며, 그 인과관계를 밝히는 과정을 통해 인간에 대한 이해를 돕는 심리학과 사회학의 기초분야다. 인간의 사회성을 다루기 때문에 다양한 학문분야에 그 원리와 탐구 방법이 응용되고 있다. 예를 들면, 대인관계의 문제와 병리현상을 다루는 상담 및 임상심리학, 사회규범의 위반과 수사 및 법정에서의 판단과 행동을 다루는 법 및 범죄학, 조직과 기업의 경영, 인사, 마케팅을 다루는 경영학, 경제활동을 다루는 경제학, 건강과 행복의 문제를 다루는 긍정심리학 등에서 사회심리학은 중요한 발견들을 제공한다. 이 장에서는 최근에 사람들이 큰 관심을 보이고 있는 행복에 대한 사회심리학적 이해를 도모하고, 사회심리학의 변화와 전망, 그리고 사회심리학이 던지는 교훈을 정리하는 것으로 마무리 짓고자 한다.

행복의 심리학

하루하루의 먹거리를 걱정해야 하는 사람이라면 그 관심이 안정적인 생계를 획득하는 것에 있지만, 궁핍한 생활조건을 벗어난 사람들이라면 나름대로 행복한 삶을 사는 것에 관심을 지닌다. 어떻게 하면 행복할 수 있는가? 이 문제에 대한 답을 얻기 위해서 인류는 오랫동안 노력해 왔고, 다양한 답을 내 놓았지만, 만족스럽지 못한 상황이다. 문명의 발달과 더불어 많은 나라들에서 삶의 외적 조건은 크게 향

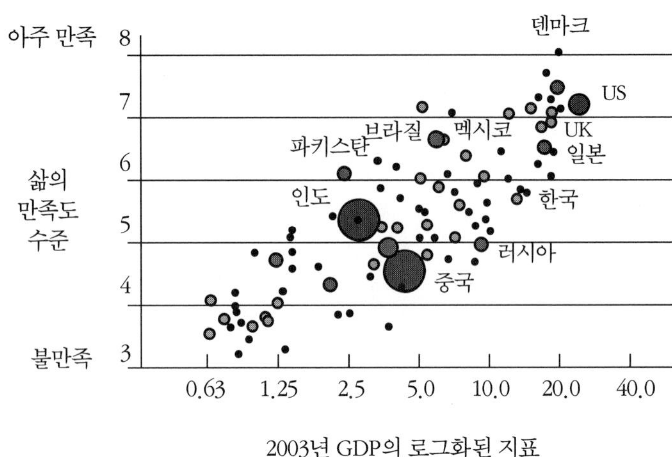

[그림 12-1]
국가의 부와 삶의 만족도 관계
각국의 원의 크기는 해당 국가의 인구의 크기를 반영한다.
출처: Deaton, 2008.

상되었지만, 자신을 불행하다고 여기는 사람들의 수는 줄거나 정체되어 있는 역설적인 양상을 보이고 있다. 이를 발견한 경제학자의 이름을 딴 'Easterlin 역설'(1974)은 국제적인 자료에서도 나타나고, 미국의 1950년대 전후 25년간의 소득과 행복도를 비교한 결과에서도 나타났다. 한 연구는 미국에서 우울증 병력을 가진 523명을 대상으로 그들과 친족관계에 있는 약 2,300명의 사람들과 면접을 한 결과 20세기를 지나면서 우울증이 10배 이상 증가했음을 보고하고 있다. 제1차 세계대전 때 태어난 여성보다 30년 후인 한국전쟁 때 태어난 여성이 우울증에 걸릴 확률이 10배나 높다는 것이다(Seligman, 1990, pp. 113-114). 한국사회의 외형적 발전이 눈부셨지만, 세계 최고로 급증한 자살률, 헬조선이란 용어가 갖는 소구력 등은 한국인의 삶이 행복과는 큰 거리가 있음을 보여 준다(11장 참조).

셀리그먼(Martin Seligman, 1942~)
펜실베이니아 대학교 심리학과 교수로 재직하고 있으며, 1975년 우울증에 대한 학습된 무기력 모형을 발견하였다. 미국심리학회 회장으로 취임하면서 긍정심리학 연구의 기치를 내걸었고, 많은 동조자를 얻어 긍정심리학의 아버지로 불리고 있다. 1990년에 『학습된 낙관주의』를 저술하는 등 심리학의 대중화를 위한 작업도 많이 하고 있다.

긍정심리학의 부상 심리학자들이 행복의 문제에 답하기 위하여 과학적 방법론을 적용하기 시작한 것은 불과 20여 년 남짓 되었을 뿐이다. 학습된 무기력 이론으로 이미 잘 알려진 펜실베이니아 대학교의 Seligman 교수가 1998년에 미국심리학회 회장으로 취임하면서 긍정심리학 운동을 선도한 이후부터다. 그는 20세기의 심리학이 의학의 질병모델을 취했기에 문제를 치료하고 예방하는 것에 관심을 가져왔지만, 행복을 어떻게 구현할 것인가에 대하여는 침묵해 왔음을 지적하였다. 마음의 병을 치유한다고 행복해지는 것은 아니므로 행복에 대한 심리학적 연구가 삶의 질을 향상하기 위하여 필요하다는 주장에 많은 사람들이 동조하면서 불과

10년 만에 긍정심리학은 21세기 심리학의 뚜렷한 영역으로 부상하였다.

행복의 기능 경악, 공포, 불안, 슬픔과 같은 부정적인 정서는 좋지 않은 상황에서 촉발되는 정서이며, 사람들에게 경각심을 주거나, 위협적인 상황에서 벗어나는 행동을 야기하는 강력한 정서들이다. 이런 탓에 생존을 위해 필수적 기능을 한다. 그러나 웃음, 즐거움, 편안함, 만족감 같은 긍정적인 정서는 어떠한 가치를 지니고 있는가? 긍정적 정서는 사람이 잘 지내고 있다는 징표 이상의 가치를 지니지 못하는가? 이 질문을 파고든 심리학자 Fredrickson(1998, 2001)은 기쁨, 만족, 흥미, 자부심, 사랑 같은 긍정적 정서가 상황에서 요구되는 사고와 행위의 유형을 확장시키면서 지속적으로 개인에게 도움이 되는 신체적 · 지적 · 사회적 · 심리적 자원을 구축하는 역할을 한다는 긍정적 정서의 확장-구축 이론을 제시하였다. 목숨이 달린 긴박한 상황에서는 긴급한 행동이 요구되고 이 경우에는 취해야 하는 행동의 목록이 매우 제한적이지만, 긍정적 정서가 나타나는 상황은 여유 있는 상황이고, 습관적인 행동과 사고의 유형에서 벗어나 창발적인 행동과 생각을 모색하게 될 가능성이 높다. 즐거운 상황에서 사람들은 규범을 벗어나 새롭고 다양한 재미를 시도하는 것을 예로 들 수 있다. 이런 모색이 주위 사람들을 끌어들이고, 즐거움을 공유하는 경험을 통해 대인관계를 발전시키며, 사회적 자원을 구축하는 기능을 하게 된다. 이렇게 확장된 자원은 삶을 풍요롭게 하며, 나아가서 생존의 가능성을 높이는 번영의 기능을 한다. 여러 연구들에서 긍정적인 정서가 유도되었을 때 연구참여자들은 부정적인 정서가 유도된 상황에 비해서, 보다 다양한 행동과 생각을 보였다. 긍정적인 정서는 부정적인 정서경험에서 곧 벗어날 수 있도록 하는 기능을 할 뿐만 아니라, 외부의 규범적 판단에서 자유롭게 하며(민지혜, 신우열, 김주환, 2010; 곁글 12-1), 주위사람들에게 인기 있는 사람으로 여겨지고(구재선, 이아롱, 서은국, 200), 소통을 도우며, 자아탄력성이라는 적응의 개인차를 유도하기도 한다(김주환 등, 2009; Fredrickson, 2001).

긍정적인 정서는 이처럼 사람들의 생활을 윤택하고 신나게 만들 수 있다. 여러 연구들이 긍정적 정서의 경험 비율이 부정적 정서의 경험과 비교해서 '2.9배' 이상이라면 생활이 선순환하면서 만족스러운 번영의 궤도를 굴러가며, 그 이하라면 불만족스럽고 쇠퇴하는 생활이라며 이 숫자를 그 발견자의 이름을 따서 로사다 경계(Losada line)라 한다(Fredrickson & Losada, 2005; 곁글 12-2). 대학 신입생을 대상으로 정서의 긍정성 비율이 2.9 이상인 사람과 그 이하인 사람들을 구분하여 첫 학기에 만난 기숙사 동료와 친구를 맺어가는 양상을 비교한 연구는 높은 사람들이 친구와

결글 12-1

행복한 정서는 판단을 자유롭게!

심리학자들은 실제 경험하는 정서가 표정의 근육에 의해 영향을 받는다는 것을 보여 주었다. 즉, 연필을 입술로 무는 경우와 이빨로 무는 경우에 상반되는 정서적 영향이 나타난다. 전자의 경우는 부정적인 정서를, 후자의 경우는 긍정적인 정서 효과가 나타난다(Laird, 1974). 사람들은 작품에 대한 평가를 할 때 긍정적인 정서상태에서는 부정적인 상태에서보다 덜 비판적이며, 더 호의적으로 평가하는 양상을 보인다. 이를 이용하여, 국내의 남녀 대학생들에게 아마추어 화가가 그린 추상화를 126장 보여 주면서 그린 사람이 해외 유명화가라고 알려주거나, 미대 재학생이라고 알려주었으며, 평가자가 때로는 연필을 입술로 물거나, 이빨로 물거나, 아예 물지 않고 그림을 평가하도록 하였다. 이빨로 물었을 경우에 누가 그린 것에 관계없이 선호도 평가가 높게 나왔다. 그러나 입술로 물었을 경우에는 외국 유명화가가 그린 그림에 대한 평가가 높았으며, 미대생이 그린 그림에 대한 평가가 낮게 나왔다(민지혜 등, 2010; [그림 12-2]). 이런 결과는 긍정적인 정서가 공신력이라는 외부 평가의 잣대로부터 해방시키는 효과를 가져오지만, 부정적인 정서에서는 공신력이 큰 영향을 미침을 보인다. 부정적인 정서는 상황의 권위적 맥락에 더 순응하게 만들지만, 긍정적 정서는 이런 권위로부터 벗어나는 효과가 있음을 보인 것이다.

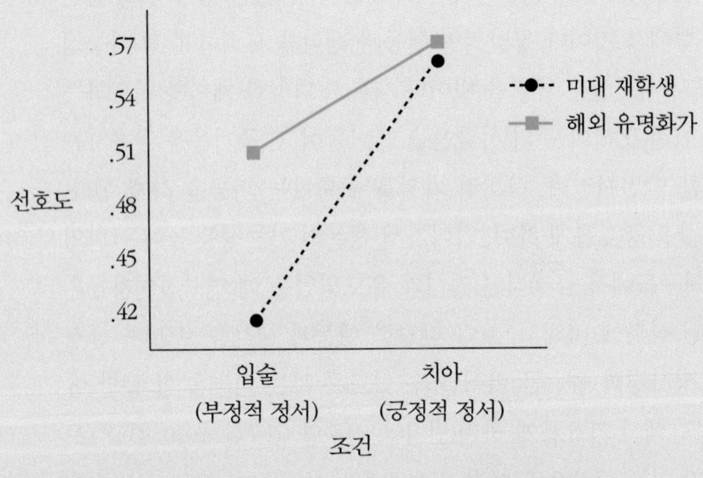

[그림 12-2] 미술작품 작가의 유형과 유도된 정서에 따른 선호도

출처: 민지혜 등, 2010.

느끼는 우리성 의식을 발전시켜 가며 상대방에 대하여 다양한 면모를 이해하게 되지만, 낮은 사람들은 그렇지 못한 것을 보이고 있다(Waugh & Fredrickson, 2006).

로사다 경계의 한국 적용성을 다룬 연구(김진주 등, 2007)는 한 대학에서 6주 동안 2주 간격으로 긍정적인 정서와 부정적인 정서를 경험하는 정도와 정신적 번영 상태를 심리적 안녕감(자기수용, 타인과 좋은 관계, 개인적 성장, 삶의 목적의식, 환경에 대한 통제력, 자율성 등: Ryff, 1989)과 사회적 안녕감(타인에 대한 신뢰, 사회적 발전에 대한 믿음, 사회공동체에 대한 기여, 공동체에서의 역할에 대한 인식 등: Keys, 1998)으로 측정하고, 아울러 연구 시작과 말미에 신체적 · 지적 · 사회적 · 심리적 영역들에서 자신이 지닌 삶의 자원이 늘어나고 있는지 혹은 말라가고 있는지를 물어보았다. 심리 및 사회적 안녕감 척도의 상위에 속한 사람들을 번영집단으로 보니 참여자의 약 1/3 정도로 나왔고, 이들을 그렇지 않은 사람들과 비교한 결과, 번영집단이 대부분의 자원 영역에서 우월한 것으로 나타났고, 연구기간 동안 신체적 통증을 경험하는 날의 수도 적은 것으로 나타났다. 번영집단의 긍정적 정서 비율(로사다 지수)이 2.45로 미국보다는 낮게 나왔는데, 이는 우리 문화에서 긍정적 정서를 경험하는 빈도가 미국보다 상대적으로 낮음을 반영한다. 흥미로운 점은 상호의존적 자기성이 높은 사람들(본서 2장 참조)은 긍정정서와 부정정서의 변화가 모두 번영에 영향을 주었으나 두 가지 중에서 부정정서의 변화가 더 큰 영향을 주었다. 즉, 긍정정서를 많이 경험하는 것보다 부정정서를 덜 경험하는 것이 중요하다는 것이다([그림 12-3]). 그러나 독립적 자기성이 우세한 사람들에게는 긍정정서만이 번영에 영향을 주는 것으로 나타났다.

한국과 미국의 남녀 대학생을 대상으로 일상에서 달성하려고 하는 목표 여덟 가지를 쓰게 해서 무언가를 성취하려는 접근목표와 무언가를 하지 않으려는 회피목표로 구분해 보니, 두 나라 모두 접근목표를 많이 썼으나, 회피목표를 쓰는 비율은 한국에서 더 높았다. 더욱이 회피목표를 많이 쓸수록 미국인의 안녕감은 나쁘게 나왔으나, 한국인에게는 그런 효과가 나타나지 않았다(Elliot et al., 2001). 이런 양상은 사회규범이 강제되기보다는 내재화되어 한국인에게서 그 규범을 범하지 않으려는 것이 보다 자연스럽게 여겨지는 까닭이라 본다.

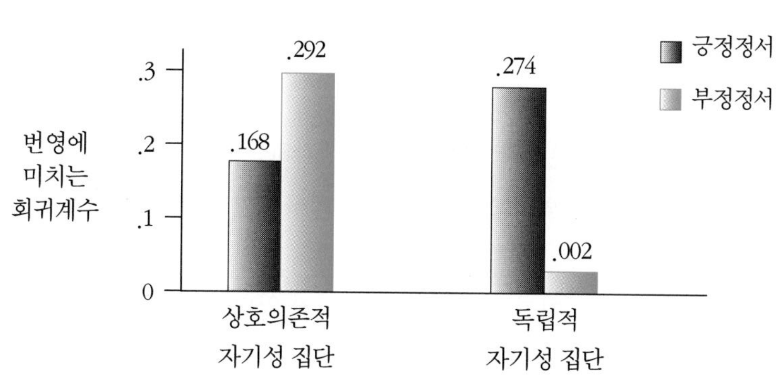

[그림 12-3]
자기의 특성에 따라 심리적 번영에 미치는 두 가지 정서의 상대적 크기

출처: 김진주 등, 2007, 표 4를 바탕으로 그림.

곁글 12-2 로사다 경계: 비선형 역동 모형의 적용결과

복잡한 자연현상, 심리현상을 과학적 모형으로 단순화시켜 파악함에 그동안 선형 모형(linear model)이 주로 쓰여 왔다. 이 선형 모형은 변인 간의 인과론적 방향성을 상정하고 그 영향관계를 선형함수로 파악한다. 그러나 최근에 컴퓨터의 발달에 힘입어 자연현상의 파악에 복잡한 비선형 모형의 원리가 적용되고 있고 **나비효과**는 아마도 가장 잘 알려진 결과물이라 볼 수 있다. 심리학에서도 비선형 관계식으로 변인 간의 상호작용 관계를 파악하는 모형들이 등장하고 있다(예: Nowak & Vallacher, 1998). 이 모형에서는 영향력이 쌍방향적이며 역동적이라서 선형 모형에 비해 복잡계의 현상이 보다 잘 반영된다고 본다. 로사다 경계지수도 이런 수학모형을 적용하여 얻은 계수다. 로사다는 산업체의 실제 경영팀 60개를 대상으로 전략수립회의를 하는 일련의 활동과정을 거울 뒤에서 관찰하여 회의에서 팀의 성원들이 주고받는 발언 한마디 한마디를 코딩하였다. 특히 의견의 교환이 동의하고 칭찬하는 형태의 긍정적인 것인지, 비난하고 비판하는 형태의 부정적인 것인지를 코딩하여 그 비율을 계산하였다. 경영성과가 우수한 15개 팀은 그 비율(긍정/부정)이 5.6으로 나타났고, [그림 12-4]에서 보듯이 잘나가는 팀은 발언의 양상도 다양하며, 경험하는 정서도 폭이 큰 것으로 나타나면서, 똑같은 궤적이 반복되는 양상이 나타나지 않았다. 반면에, 열악한 팀은 발언의 내용도 자기의견, 자기입장을 설명하는 내용으로 치중되어 있으며, 정서의 경험양상도 폭이 좁고, 교류의 궤적이 반복적인 양상을 보인다.

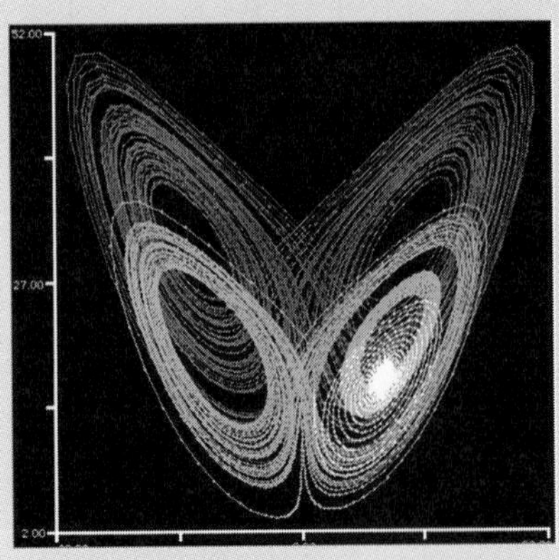

[그림 12-4] 로사다 연구에서 나타난 세 유형의 경영팀이 보이는 활동의 궤적

윗부분의 어두운 회색 나비의 궤적은 잘나가는 팀, 아랫부분의 밝은 나비 궤적은 그저 그런 팀, 아래 오른쪽의 하얀 궤적은 열악한 팀을 보여 주고 있다. X축의 왼쪽은 팀의 다른 사람에게 질문을 던지는 정도를, 오른쪽은 자기 이야기를 하는 정도를 나타내고 있으며, Y축은 경험하는 정서의 다양성을 보여 준다.

결혼문제 상담전문가인 Gottman(1994)도 결혼만족도가 높은 부부들에서 이 지수가 4~5점대를 보이지만, 갈등이 심한 불만족스러운 부부의 경우에 1점 이하로 나타남을 보고하고 있다. 한편, Schwartz 등(2002)은 우울증으로 치료를 받고 있는 사람 66명을 대상으로 이들의 정서경험 비율을 구해 보았다. 치료 시작 전에 비율은 0.5로 매우 낮았는데 치료 경과가 좋은 15명의 경우에 4.3, 경과가 그런대로 괜찮은 23명의 경우에 2.3, 호전기미가 없는 사람의 경우에 0.7로 나타났다(Fredrickson & Losada, 2005).

행복의 가치관 당신은 행복해야 한다고 생각하는가? 행복에 많은 가치를 두는가? 개인적 출세와 가족과의 어울리는 삶에서 택하라면 어느 것이 당신에게 행복을 느끼게 한다고 보는가?

행복이 매우 중요하다고 여기는 사람들은 그렇지 않다고 여기는 사람들보다 실제로는 불행하다는 연구결과가 나와 흥미롭다(Mauss et al., 2011). 사람들이 스트레스를 많이 받을 경우에는 두 유형의 사람들이 느끼는 행복감에 있어서 차이가 없지

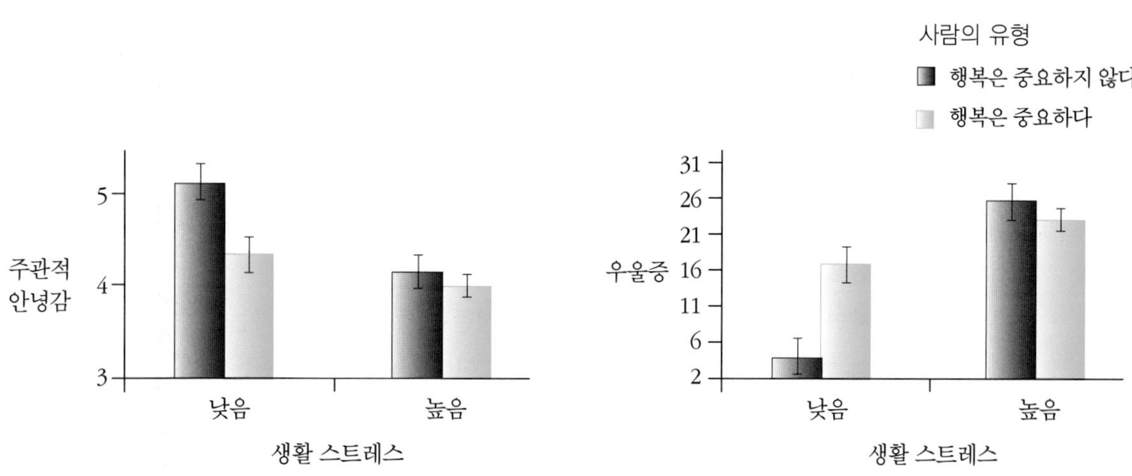

[그림 12-5] 행복가치가 높은 사람과 낮은 사람의 안녕감과 우울증 및 스트레스의 관계
출처: Mauss et al., 2011.

만, 스트레스가 높지 않은 상황이라면 행복을 중요하다고 여기는 사람들의 행복감이 오히려 낮고 우울증세도 더 높은 것으로 나타난다([그림 12-5]). 보다 최근에 이 연구를 4개국에서 문화비교적으로 수행한 연구(Ford et al., 2015)는 행복을 타인을

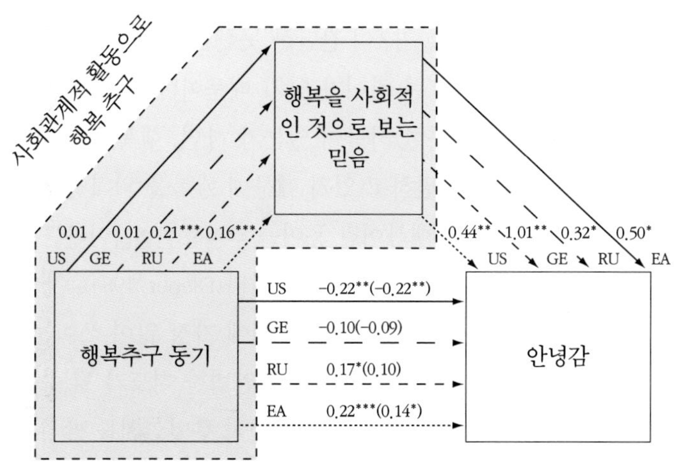

[그림 12-6]
행복추구 동기와 행복의 관계는 행복의 사회성에 대한 믿음이 매개함을 보이는 국가비교 결과
출처: Ford et al., 2015.

돕거나 친구들과 같이 시간을 보내는 활동(사회관여적 활동)을 통해서 구현할 수 있다고 여기는 문화권(러시아, 일본, 대만)의 사람들에게는 행복의 가치관이 강해도 행복감이 긍정적 영향을 받는다는 것을 보이고 있다. 반면에, 개인적 성취가 행복을 가져다준다는 개인주의 문화권(미국)의 경우에는 악영향이 확인되고 있다([그림 12-6]). 미국이나 동아시아인들이나 사회관여적 활동이 행복에 직접적인 영향을 주지만, 미국인들은 이에 대한 인식이 약하여 행복을 가져다주는 활동에 소홀할 수 있음을 보여 주는 결과라고 보겠다.

자연은 인간을 포함한 모든 것들이 생존을 위해 꼭 해야 하는 필수적인 활동은 쾌락과 연관 지어 왔다. 살기 위해서는 먹어야 한다. 영양가 있는 것을 좋아하도록 사람은 입맛을 갖게 되고, 맛길이 든다. 그래서 맛있는 것을 먹을 때 우리는 행복하다고 느낀다. 맛(행복)은 결국 생존을 위하여 필요한 기능을 하는 것이다. 자녀를 생산해야 하기에 성행위는 강한 쾌락을 수반한다. 자식을 돌보아야 하기 때문에 때로는 힘들지만 자식의 성장에서 큰 기쁨과 보람을 느낀다. 마찬가지로 사회생활에서 타인과 어울려야 하기에 어울려 노는 것은 아이들에게 가장 큰 즐거움이다. 생물체의 존재 목적은 생존에 있는 것이 자연의 법칙이다. 행복은 생존을 위해 도움이 되는 기능을 하는 것이지 생존보다 더 궁극적인 목적이 될 수는 없다. 맛있는 것만 찾아서 먹는다면 영양 결핍으로 건강을 해치듯이, 행복만 찾아다닌다면 생존할 수 없다. 종종 행복이 궁극적인 삶의 목적인 것처럼 여기고, 행복을 추구하는 것은 본말이 뒤바뀐 것이라 보겠다(서은국, 2014).

에드 디너(Ed Diener, 1946~)
워싱턴 대학교에서 심리학 박사 취득(1974년) 후에 일리노이 대학교(어바나) 교수로 재직하고 있다. '주관적 안녕감'이란 용어를 만들어 많은 연구를 수행하였고, '행복학'의 연구를 전파시켰기에 Dr. Happy라는 별명을 지니고 있다(http://www.psych.uiuc.edu/~ediener/).

행복의 측정 당신은 행복한가? 이 간단한 듯한 질문의 답이 쉽지 않다. 행복의 의미가 문화마다 또 개인마다 큰 차이가 있기 때문이다. 아무리 객관적인 조건이 좋아 보여도 전혀 행복하지 못한 사람이 있는가 하면, 행복의 조건과는 너무나 거리가 먼 사람들이 행복하다고 말하고 있기 때문에 행복을 외적인 조건과 결부시켜 말하기 어렵다. 심리학자들은 행복이란 용어를 주관적 안녕감이라는 용어로 대체하면서 이를 측정하기 위해 두 가지 차원을 제시한다(Diener, 1984). 첫째는 '인지적인 차원'으로 자신의 삶에 대한 만족도 평가다. 이에 가장 많이 쓰이는 척도가 〈나 알기 1〉에 제시되어 있다. 이 척도가 행복에 대한 완벽한 척도가 될 수는 없지만 행복의 개인차를 보이고, 행복에 영향을 주는 요인들이 무엇인지를 밝히기에는 쓸 만한 도구로 여겨지고 있다. 둘째는 '정서적인 차원'이다. 즉, 삶의 만족도가 높다고 해도 일상생활에서 긍정적인 정서를 별로 경험하지 못하거나, 부정적인 정서를 많이 경험한다고 하면 이 또한 행복한 삶이라고 하기에는 문제가 있다는 점을 반영한 것이다. 그래서 얼마나 긍정적인 정서를 많이 경험하고 부정적인 정서를 덜 경험하는지를 아울러 측정하는 정서의 안녕감 척도가 행복을 측정하는 도구로 광범위하게 사용되고 있다(Andrew & Withey, 1976; Watson, Clark, & Tellegen, 1988).

행복한 삶의 구현 어떤 삶이 행복한 것이냐 혹은 바람직한 것이냐는 질문에 대하여 인류는 오랫동안 모색해 왔다. 그 답에 따라서 다양한 철학의 학파가 생겨났고 그를 추종하는 사람들이 있어 왔다. 이들 중에서 많은 사람들이 그 견해에 동조하는 세 가지 행복한 삶의 모습을 간단히 정리해 보자. 첫째, 즐겁고 편안한 삶이다. 이는 쾌락주의에 바탕한다. 그리스의 에피쿠로스(BC 342~270)는 행복한 삶이란 우리가 즐겁다고 여기는 경험들을 많이 하고, 괴롭거나 피하고자 하는 경험을 최소화하는 삶이라는 입장을 제시하였다. 쾌락의 극대화로 오해되고 있지만 쾌락을 계속 추구하는 것은 만족하지 못한 탓이므로 행복한 삶이 될 수 없다. 자족할 줄 아는 삶이 바람직한 삶이라는 것이다. 이런 입장은 영국 경험주의 철학자인 데이비드 흄(1711~1776)과 제러미 벤담(1748~1832)으로 이어지면서 공리주의 철학의 기초가 되기도 하였다. 둘째, 의미 있는 삶이다. 이는 진정한 행복은 개인의 덕성을 확인하고, 개발 및 실현하고(Deci & Ryan, 2000), 자신을 초월하는 공동체 혹은 영성의 구현에 기여하는 삶을 사는 것이란 입장이다(Dierendonck, 2005). 아리스토텔레스(BC 384~322)가 이야기한 행복, 즉 유다모니즘(Eudamonism)에 해당한다. 영국의 존 스튜어트 밀(1806~1873), 버트런드 러셀(1872~1970)이나 심리학자인 로저스, 매슬로 같은 사람들의 주장이 이에 속한다. 사람들이 행복을 추구하는 유형은 의미추구자 혹은 쾌락추구자 등으로 구분될 수 있고, 자기의 유형에 따라 선호하는 활동이 다르게 나타난다(Choi & Kang, 2010). 국내의 대학에서 행해진 조사는 쾌락추구자들은 뉴스를 정기적으로 시청하거나, 다큐, 독립영화, 고전음악, 독서를 즐기는 양상을 보이며, 맛있는 음식, 술, 코믹 영화나 만화, 도박 등을 의미추구자에 비해서 더 즐기는 것으로 나타났다. 셋째, 재미를 추구하는 사람들이다. 사람들은 자기가 하는 활동이 재미있기를 바란다. 재미있는 활동에 빠질 때 사람들은 시간가는 줄 모르는 몰입을 경험한다(Csikszentmihalyi, 1990).

일반인들은 세 가지 모두를 경험하는 방식의 삶을 동경한다. 미국에서 845명의 응답자들에게 세 가지 행복한 삶의 정향을 추구하는 척도(Peterson et al., 2005; 나 알기 2)를 온라인으로 시행하여 분석한 결과 세 가지 정향 각기에서 높은 점수를 보인 사람들은 낮은 점수를 보인 사람들에 비해서 삶에 대한 만족도가 높은 것을 볼 수 있었다([그림 12-7]).

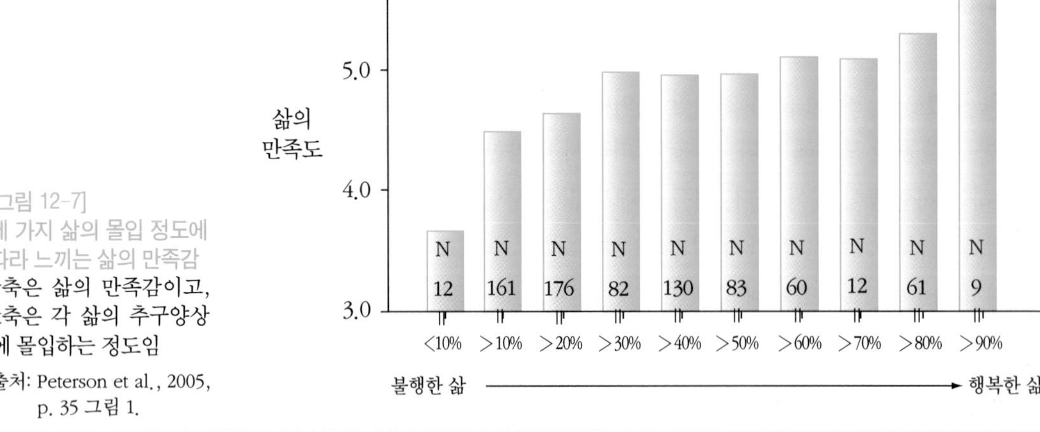

[그림 12-7]
세 가지 삶의 몰입 정도에 따라 느끼는 삶의 만족감
y축은 삶의 만족감이고, x축은 각 삶의 추구양상에 몰입하는 정도임
출처: Peterson et al., 2005, p. 35 그림 1.

나 알기 1: 주관적 안녕감 척도

〈삶의 만족도 측정〉

다음의 항목에 대하여 1(전혀 동의할 수 없음)~7(전적으로 동의함)의 점수 중 하나로 응답하시오.

_____ 거의 완벽할 정도로 내 삶은 나의 꿈과 일치한다.
_____ 내 생활의 제반 조건은 아주 좋았다.
_____ 나는 내 삶에 만족한다.
_____ 지금까지 나는 내가 삶에서 희구하던 중요한 것을 이루어냈다.
_____ 다시 삶을 사는 기회가 주어진다고 해도 나는 별로 바꿀 것이 없다.

※ 합산한 점수가 31 이상이면 매우 만족, 26~30이면 만족, 21~25면 약간 만족, 20 중간, 15~19이면 약간 불만족, 10~14이면 불만족, 9 이하이면 매우 불만족스러운 편임(Diener, Emmons, Larsen, & Griffin, 1985).

〈정서적 안녕감 측정〉

당신은 지난 한 달 동안 다음 각기의 정서를 얼마나 자주 경험하였나요?
(1: 전혀 느끼지 않았다~7: 항상 느꼈다)

기쁨 ( ) 사랑 ( ) 행복 ( ) 자랑스러움 ( ) 만족감 ( )
화 ( ) 슬픔 ( ) 수치심 ( ) 불안감 ( ) 죄책감 ( ) 두려움 ( ) 불행함 ( )

※ 정서적 안녕감은 첫 다섯 가지 긍정적 정서 경험의 평균에서 뒤 일곱 가지 부정적 정서 경험의 평균을 뺀 값임.

나 알기 2: 나의 행복 프로파일

다음의 진술문은 많은 사람들이 바람직하다고 여기는 것들이다. 각 진술문이 당신의 생활을 얼마나 잘 반영하고 있는지 정도를 다음의 요령에 따라 숫자로 표기해 보라.
(5: 정말 그렇다, 4: 대체로 그렇다, 3: 어느 정도 그렇다, 2: 조금 그렇다, 1: 전혀 그렇지 않다)

1. 내 삶은 숭고한 목적을 지향하여 가고 있다.
2. 즐거움을 미루기에 삶은 너무 짧다.
3. 나는 내 능력과 역량에 도전하는 상황들을 찾아 나선다.
4. 나는 나의 수행성적을 늘 기록한다.
5. 일을 하거나 놀거나 나는 통상 정신없이 빠져들어 나 자신을 의식하지 않는다.
6. 나는 늘 내가 하는 일에 깊게 몰두한다.
7. 주위에서 벌어지는 일 때문에 방해를 받는 일은 드물다.
8. 좀 더 나은 세상을 만들어야 한다는 책임을 느낀다.
9. 내 인생은 영속적인 의미를 지니고 있다.
10. 무슨 일을 하건, 이긴다는 것은 중요한 일이다.
11. 무슨 일을 선택할 때 나는 늘 이 일이 얼마나 즐거운 것인지를 중요하게 여긴다.
12. 내가 하는 일들은 사회에 영향을 미친다.
13. 다른 사람보다 많은 것을 성취하고자 한다.
14. '인생은 짧다. 디저트를 먼저 먹어라'라는 생각에 동의한다.
15. 나의 말초감각을 자극시키는 일을 즐긴다.
16. 경쟁이 없으면 심심하다.

* 쾌락점수는 2, 11, 14, 15　몰입점수는 3, 5, 6, 7
의미점수는 1, 8, 9, 12　승리점수는 4, 10, 13, 16 항목임

각 점수 중 어느 점수가 가장 높은가? 그것이 당신의 지배적인 삶의 정향이다. 당신의 점수가 모든 영역에서 15점을 넘는다면 성숙하고 충실한 삶을 살고 있다고 본다. 모든 영역에서 9점 미만이라면 공허하고 자신의 삶에 실망하고 있을 것이다. 한두 가지 영역에서 점수가 높다면 당신의 삶은 만족스러울 것이다(Peterson et al., 2005, pp. 100-103).

❖ 행복감에 영향을 미치는 요인들

사람들이 큰 관심을 갖는 것은 무엇이 사람들을 행복하게 만드는가 하는 점이다. 삶의 현장에서 다양한 요인들이 얽혀 있기 때문에 행복에 대한 인과관계를 밝히기는 어렵지만, 많은 연구들이 삶의 만족도 척도와 더불어 행복에 영향을 주리라 여

겨지는 변인들의 개인차를 측정하는 척도를 시행하여 그 상관관계를 분석하고 있다. 우선 외적인 요인들과 행복의 관계를 알아보자.

곁글 12-3 삶을 풍요롭게 하는 강점 덕성들

Peterson과 Seligman(2004)은 다양한 삶의 영역과 학문분야에서 거론되는 훌륭한 삶을 만드는 데 기여하는 특징들을 파악하여 이들을 24개 강점 덕성으로 정리하고 이들을 재분류하여 6개의 덕목 범주로 제시하였다. 이들 특징은 특정 문화에 국한되지 않고 보편적으로 나타나며, 개인의 삶의 만족을 높이고, 도덕적으로 가치 있으며, 다른 사람들을 깎아 내리거나 질투하게 만들지 않고, 뚜렷이 반대되는 특징이 존재하며, 중복적이지 않고, 그 특징으로 대표되는 삶을 살고 있는 개인을 볼 수 있으며, 각 특징을 가치로 표방하고 실천하는 사회단체가 존재한다. 여섯 가지 영역은 아래에 제시되어 있다. 당신은 어떤 영역의 가치에 특별히 관심을 가지고 있는지 염두에 두고 각 가치덕목들을 살펴보기 바란다. 누구라도 간단한 검사를 통해서 자신의 강점 덕성을 파악할 수 있다(http://www.viacharacter.org/Survey/Account/Register).

I. 지혜와 지식: 삶을 유익하고 풍요롭고 의미 있게 만들기 위해 새로운 것을 배우거나, 새로운 관점을 배우고, 개방적인 자세를 갖는 활동과 마음가짐들

1. 창의성: 사물을 새롭게 보게 되는가?
2. 호기심: 새로운 것, 안 해 본 것에 관심이 가고 호기심을 느끼는가?
3. 배우는 즐거움: 새로운 것을 배우고 익히는 것을 좋아하는가?
4. 개방적 마음가짐: 다양한 관점에서 사건과 사물을 바라보는 것을 즐기는가?
5. 관점 취하기: 다른 사람에게 지혜로운 조언을 잘 하는가?

II. 용기: 내외의 반대나 저항을 극복하고 바른 행동을 취할 수 있는 덕성들

6. 진실성: 꾸밈없이 진실과 내면의 믿음을 드러내는가?
7. 용감성: 위협이나 어려움에 굴하지 않고 고통스럽더라도 필요한 일은 해내는가?
8. 인내: 시작한 일은 어려움이 닥쳐도 해내는가?
9. 열정: 매사에 흥미와 열정을 갖고 적극적인 자세로 임하는가?

III. 인간사랑: 다른 사람과의 관계에서 돌봄과 인(仁)의 정신을 실현하는 덕목들

10. 친절: 사람들에게 호의를 베풀고, 돌봄을 실천하는가?
11. 사랑: 주위사람과 친밀한 관계를 맺고 있으며 관계 맺기를 즐기는가?
12. 사회적 지능: 자신 및 주위사람의 감정, 동기를 잘 파악하는가? 상황 적절한 처신을 잘하는가?

IV. 정의감: 집단/공동체의 선을 구현하는 것에 관심을 두는 덕목들

13. 공평성: 모든 사람에게 공평하게 대하려 하는가?

14. 리더십: 집단의 목적을 달성하기 위해 사람들을 격려하고 일을 주도적으로 끌어가는가?
15. 팀워크: 집단의 구성원으로서 자기 몫을 수행하고 타인과 협동을 잘하는가?

V. 절제: 증오, 자만, 순간의 쾌락 탐닉과 같은 것이 지나치지 않도록 자기를 절제하는 덕목들
16. 용서/자비: 잘못을 저지른 사람을 용서하고, 기회를 주는가?
17. 겸허: 자기자랑을 하지 않고, 자신을 특별한 사람으로 여기지 않는가?
18. 신중: 후회할 일을 하지 않으며, 매사에 신중한가?
19. 자기조절: 자신의 감정과 욕심을 잘 조절하는 것에 익숙한가?

VI. 초월: 자기와 현재를 초월한 존재와 영원한 시간에 대하여 보이는 관심 덕목들
20. 미와 수월성의 추구: 자연, 예술, 학문 분야에서 아름다움을 발견하고 이를 감상하며 추구하는가?
21. 감사: 매사에 감사하는 마음을 갖는가?
22. 희망: 미래에 대해 희망을 갖고 낙관적인가?
23. 해학: 매사에 밝은 면을 보고, 주위사람에게 즐거움을 주는 행동을 자주 보이는가?
24. 영성: 종교적인 영성, 초월자에 대한 생각을 갖고 이를 바탕으로 삶의 의미를 부여하며 관련된 활동을 보이는가?

외적 요인 가장 많이 언급되는 외적 요인은 '소득'이다. 많은 사람들이 돈이 행복을 가져온다고 여긴다. 그러나 소득수준과 행복의 관계는 직선적인 관계는 아니다. 소득이 낮은 경우에는 소득의 향상이 행복감으로 연결되지만, 소득 수준이 중산층 이상이라면 소득의 증가와 행복감은 별 관계가 없는 것으로 나타난다(Kahneman & Deaton, 2011; Myers, 2000). 국내의 연구도 이를 보여 주고 있다. 전국의 성인남녀를 대상으로 조사한 결과 소득수준이 높을수록 삶의 만족도가 높음을 보이고 있다(구재선, 서은국, 2011; 김명소 등, 2003; 한덕웅, 2006). 김명소 등(2003)의 연구에서는 경제력, 성취, 사회적 지위, 자립성, 사회봉사, 건강, 대인관계 등 16개의 생활 및 심리영역을 구분하여 행복도를 측정하였는데 소득수준이 월평균 250만 원이 넘는 사람들과 그 이하의 사람들 간의 만족도가 뚜렷이 차이났다. 그러나 소득이 450만 원 미만일 경우에는 소득이 만족도에 미치는 영향이 나타났으나, 450만 원 이상일 경우에는 나타나지 않았다(2004년 서울근로자 가구 평균소득은 319만 원: 경실련 자료). 행복은 객관적 소득보다는 주관적 소득과 더 관련성이 높게 나타났으며(구재선, 서은국, 2011), 전 장에서 다루었던 소득의 불평등 수준이 높은 지역사회일수록 사람들의 행복수준은 낮게 나왔다(Ichida et al., 2009; Oishi et al., 2011). 소득이 미치는 영향이 단선적이지 않고 크지 않음에도 불구하고, 사람들은 소득의 영향을 직선적으로 과대평가하고

있다. 그 이유는 소득에 초점이 맞추어져 돈이 더 있다면 할 수 있는 것들이 부각되는 초점편향 탓으로 여겨진다(Kahneman et al., 2006). [그림 12-8]에는 일군(약 80여 명)의 사람들에게 표적집단의 사람들이 "어제 기분 나쁘게 보낸 시간이 얼마나 되었겠는지?"를 물어본(예측) 응답을 평균하고, 표적집단에 해당하는 사람들을 60명에서 200여 명 표집하여 전날 기분 나쁘게 보낸 시간을 물어서(실제) 비교한 것이다. 소득, 반려자 혹은 의료보험에 초점이 맞추어지면 그 요인이 정서경험에 미치는 영향력을 과다하게 추정하는 오류가 나타난다. 아울러, 소득의 증가는 삶의 만족도를 향상시키는 효과가 있지만, 정서적 안녕감의 증진효과는 나타나지 않는다는 점도 흥미로운 사실이다(Diener, Ng, Harter, & Arora, 2010; Kahneman & Deaton, 2010).

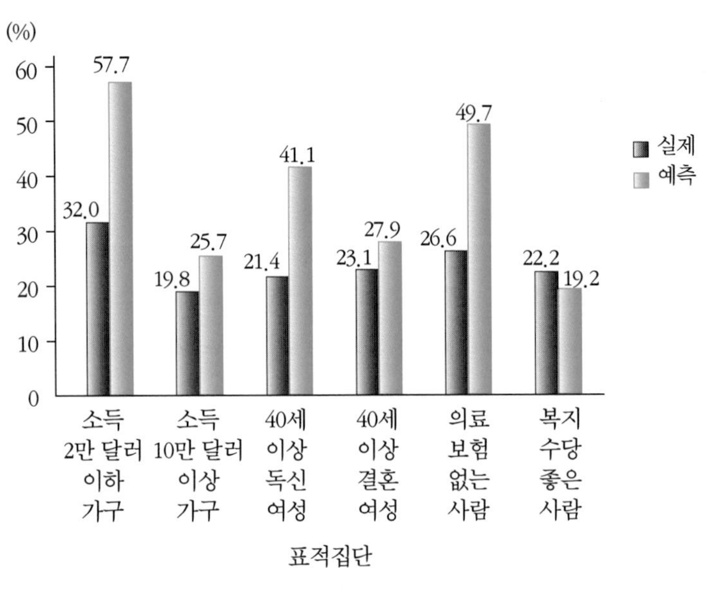

[그림 12-8]
해당 사람들이 하루 중 좋지 않은 정서상태로 보내는 시간의 실제와 예측 비율

출처: Kahneman et al., 2006 표 1을 바탕으로 그림.

연령대별로 행복에 미치는 요인들이 다르다는 것이 나타났다. 기혼여성을 대상으로 김혜원과 김명소(2000)는 주관적 안녕감이 연령증가와 더불어 떨어짐을 보고하면서, 젊은 기혼여성에게서는 자아수용성이 중요하나, 50대 이상의 집단에서는 자아수용성과 더불어 삶의 목적과 긍정적 대인관계의 유지가 중요한 것을 보이고 있다. 60세 이상의 노인 남녀를 대상으로 한 연구는 건강, 성격특성, 자아존중감 같은 변인 외에 자신이 가족 및 지역공동체에 기여하는 생성감을 얼마나 크게 지각하는지가 독립적인 영향력을 미침을 발견하였다(이은희 등, 2004). 김은미 등(2003)은 고등학생과 성인에게 개방형 질문으로 행복한 사람의 특징을 물어 분석한 결과 청소년은 현실만족, 개인성취, 대인관계의 원만 순서로 중요한 요인들이라고 여기는 한편, 성인들은 가정의 화목, 현실만족, 개인성취의 순으로 중요하다고 여김을 보인다.

남자와 여자 중에서 누가 더 행복한가? 국내에서 성인 혹은 대학생을 대상으로 한 연구들은 남성이 여성보다 높은 안녕감을 지닌 것을 보여(김명소 등, 2003; 조명한 등, 1994; 한덕웅, 2005), 남성 중심으로 움직이는 한국사회의 특징을 보여 주는 듯하지만, 남녀 차이가 없다는 연구(구재선, 서은국, 2011), 여성이 더 행복하다는 연구(서은국 등, 2010)도 있어 일관성 있는 결론을 내리기는 어렵다.

단순한 성차보다 행복감의 결정요인에 있어서 남녀 성차가 있는가 하는 점이 흥미로운 질문이다. 국내에서 성인남녀를 대상으로 한 연구는 남녀 공통으로 자기수용(자신을 긍정적으로 받아들이고 자부심을 느끼는 것)과 환경통제감(자신의 삶을 효율적으로 통제하며 살아가는 것)이 중요한 요인으로 나타난다. 여성의 경우에 자신의 성장에 대한 확신과 삶에 대한 변화의지가 있는 것(개인적 성장)이 추가적인 중요변인으로 작용함에 반해서, 남성의 경우에는 인생목표를 계획하고 이를 실천하기 위해 노력하는 정도(삶의 목적)가 중요한 추가적인 변인으로 작용하는 것을 발견했다(김명소 등, 2001). 흥미로운 것은 여성에게서는 개인적 성장을 많이 추구할수록 긍정적인 정서뿐만 아니라 부정적인 정서의 경험도 많아지는 것이다. 여성들에게서도 남성적인 가치관을 지향하는 사람들이 행복감을 느끼지만 이들이 생활에서의 좌절도 많이 느끼는 탓에 잦은 부정적 정서를 경험하는 것도 이를 반영하는 것으로 해석된다.

내적 요인 행복이란 경험이 외적인 사건과 요인들에 의해서 많은 영향을 받지만 개인차도 존재한다. 기질적으로 행복한 사람이 있고, 행복하지 않은 사람이 있다. 이런 개인차를 드러내기 위해서 여러 요인들이 다루어졌다. 우선 성격을 보자. 삶의 만족과 깊은 관계에 있는 성격특성으로는 외향성과 신경증 경향이 많이 다루어졌다. 외향적인 성격의 사람들과 신경증 경향이 적은 사람들이 행복한 삶을 경험하는 것으로 나타나고 있다(구재선, 서은국, 2011; Lucas & Fujita, 2000). 이 같은 양상이 나타나는 이유 중 하나는 선천적으로 타고나는 성격특성이 관련된 정서의 처리 양상에 영향을 미치는 탓이다. 즉, 사람들은 일반적으로 자신의 기질적 정서와 부합하는 사건과 정보들에 민감하게 반응하는 양상을 보이는데, 한 실험연구는 외향적인 사람들이 내향적인 사람에 비해서 긍정적인 정서를 유발하는 상황자극에 민감하게 반응하는 것을 발견했다(Rusting & Larsen, 1997). 반면, 내향 성격의 사람들은 부정적인 정서를 경험하고 있을 때 이를 유발하는 상황자극에 민감함을 보인다(Tamir et al., 2002).

낙관주의와 통제감 및 자존감 같은 내적 요인도 삶의 만족감에 긍정적인 영향을 주는 것으로 보인다. 낙관주의적 사람들과 삶에 대한 통제감을 갖고 있는 사람들이 삶의 만족도가 높은 것으로 나타난다(Diener et al., 1999). 소득이 낮은 사람들이라도 통제감이 높은 사람들은 삶의 만족도가 높음을 보여 주는 연구가 보고되고 있다(Lachman & Weaver, 1998). 국가 비교 연구에서도 경제발전이 주관적 안녕감의 증가를 가져오는 직접적 효과는 선택의 자유라는 매개변인을 통하면 사라진다. 즉, 선택의 자유가 늘지 않는다면 잘 산다고 행복감을 느끼는 것은 아니라는 것이다.

대조되는 성격유형을 비교하여 삶의 만족도를 비교하는 것은 흥미롭지만 중요한 면을 간과하는 결함이 있다. 각 유형의 사람들에게 작용하는 행복의 영향요인이 다를 수 있다는 점이다. 이를테면, 개인주의자들이 집단주의 경향의 사람보다 행복감의 측정치를 높게 보고한다고 해서 이들이 더 행복한 사람이라고 보는 것은 잘못일 수 있다. 중요하게 여기는 행복의 면면이 다를 수 있고, 반응편향 같은 것이 작용해서 개인주의 성향의 사람들이 행복을 더 거리낌 없이 표시하는 반면에, 집단주의 성향의 사람들은 덜 노출시킬 수 있기 때문이다. 이 점에서 더 관심을 가져야 할 부분은 각 유형의 사람들에게 작용하는 영향요인의 차이가 있는가 하는 점이다. 이 점을 잘 보여 준 한 연구(Suh et al., 2008)는 미국에서 백인남녀를 대상으로 집단주의

반응편향
설문에 대한 응답을 할 때 보이는 반응양상으로 응답치가 내적 심리를 반영하지 못할 수 있다.

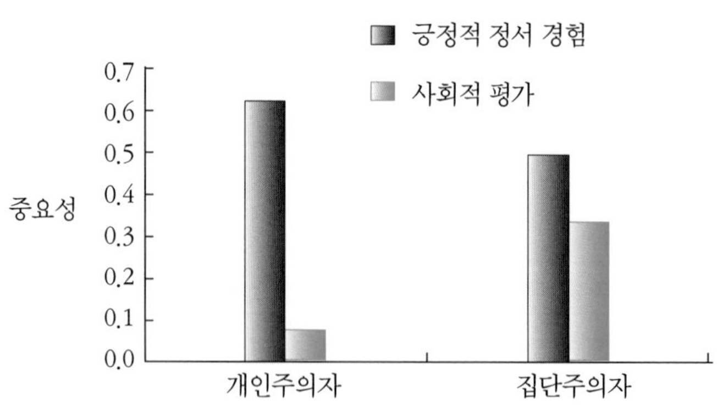

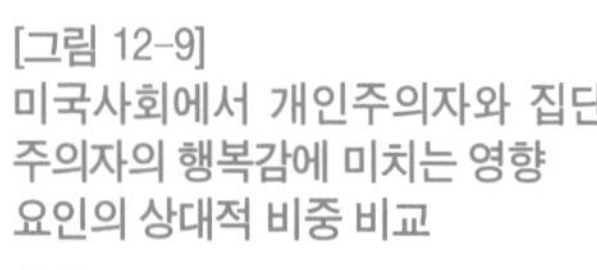
[그림 12-9]
미국사회에서 개인주의자와 집단주의자의 행복감에 미치는 영향요인의 상대적 비중 비교

출처: Suh et al., 2008.

성향이 높은 사람과 개인주의 성향이 높은 사람들을 구분하여 이들이 느끼는 삶의 만족도의 결정 요인을 비교하였다. 개인주의 성향자들은 자신들이 최근 한 달 동안에 경험하는 긍정적 정서의 빈도에 의해서 만족도가 크게 좌우되었지만, 집단주의 성향자들의 경우에는 부모에게서 자신이 얼마나 긍정적인 평가를 받는지에 대한 자신의 인식도 큰 영향을 미치는 것으로 나타났다([그림 12-9]).

제반 요인들의 정리 삶의 만족도와 관련 있는 다양한 내외적 요소들에 대한 연구에서 나타난 관련 정도를 정리한 것이 〈표 12-1〉이다(Peterson, 2006, p. 92). 이 표를 보면 첫째, 연령, 성, 교육, 소득 등의 일반적인 인구통계학적 요소들의 영향력은 비교적 적은 것으로 나타난다. 둘째로, 친구의 수, 결혼과 같은 관계적인 요소들의 영향력이 비교적 크게 나타난다는 것이다. 한 연구는 행복한 사람들 중에서 매우 행복한 사람과 보통 행복한 사람을 비교하였는데, 매우 행복한 사람들은 누구나 아주 친밀하다고 여기는 사람들을 갖고 있다는 점이 두드러진 것으로 나타났다(Diener & Seligman, 2002). 친밀한 대인관계는 동서를 막론하고 행복의 필수조건으로 나타난다(한준 등, 2014). 셋째로, 몇 가지 성격변인들은 행복감과 상당히 강한 관계를 보인다는 점이다. 이러한 관계는 이들 성격변인이 행복감과 공통적인 면을 갖고 있기 때문이기도 하며, 상호영향적인 부분이 적지 않은 탓이기도 하다(곁글 12-4).

〈표 12-1〉 행복감과 상관이 있는 것으로 나타난 요인들

낮은 상관 r =<.2	중간 크기 상관 .2 <r <.5	높은 상관 r >=.5
연령	친구의 수	감사하는 마음
성	결혼 여부	낙관주의 성향
교육	종교성	취업 여부
사회계층	여가활동	성행위 빈도
소득	신체건강	긍정적 정서의 경험
자녀 여부	양심성	행복감의 안정성
소수-다수 인종	외향성	쌍둥이 형제의 행복감
지능	신경증(부)	자긍심
외모의 매력	내통제경향	

출처: Peterson, 2006, p. 92 표 4-1.

❖ 행복의 결정 요인

행복의 어림셈 사람들은 나름대로 행복해지기 위해서 많은 노력을 기울인다. 앞에서 보았듯이 많은 요인들이 행복감에 영향을 미치지만 제반 여건을 갖춘 사람이라도 행복하지 못한 사람들이 있는가 하면, 여건상으로는 행복하기 어렵다는 사람에게서 늘 웃음과 만족의 표정을 발견할 수도 있다. 이러한 문제에 의문을 품고 행복의 제반 영향 요인들을 종합적으로 정리하면서 Lyubomirsky 등(2005)은 사람들이 느끼는 행복감의 산출공식으로 다음과 같은 세 영역으로 구성된 어림셈 공식을 제시하였다.

행복 = 유전적 설정 + 생활사건 + 의도적 활동

유전적 설정은 개인마다 선천적으로 타고나는 기질에 해당하며 거의 변하지 않는다. 기질적으로 행복한 사람들이 있고 그렇지 못한 사람들이 있다는 것이다. 미국에서의 쌍둥이 2,310명의 자료분석에 근거하여 이 요인이 행복의 50%를 결정한다고 보았다(Lykken & Tellegen, 1996).

생활사건은 생활장면에서 겪는 복권당첨, 실연, 합격, 자동차 사고 등의 생활사건은 물론, 대부분의 사회경제적(연령, 성, 인종, 혼인, 소득, 직업, 종교 등) 요소들을 포함한다. 이 영역이 다양한 요소들을 포함하지만 행복감에 대한 결정력은 10% 이하로 추산된다. 마지막 영역은 의도적 활동으로 행복감의 40%를 결정한다. 의도적 활동은 사람들이 자발적으로 선택해서 노력을 기울이는 목적지향적 행동을 의미한다. 자기실현 지향적, 목표추구적 활동은 물론 문제해결을 위한 노력, 박물관 방문, 다이어트, 여행, 체력단련, 취미생활 등의 활동들이 모두 이 영역에 들어가는 내용들이다. 자신의 의지와는 무관하게 발생할 수 있는 생활사건은 그 영향력이 작다. 중요한 것은 의지를 갖고 무엇을 지속적으로 하느냐라는 것이다.

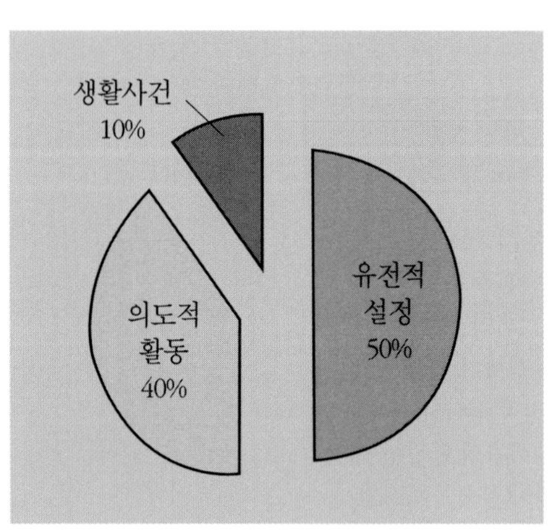

[그림 12-10] 행복의 결정요인

쾌락적응 이 행복의 어림셈 모형은 많은 사람이 생각하는 생활사건의 변화가 행복을 좌우하는 정도는 미미하며 행복의 40%는 자기하기에 달렸다고 말해 준

결글 12-4

남을 위한 소비와 행복의 흥미로운 관계!

전혀 뜻밖에 공돈이 100만 원 생겼다고 하자. 어떻게 쓸 것인지 다음 용처에 배분해 보라.

생활비로(　　　　　)원, 가족/친구/기부(　　　　　)원, 기타 용도(　　　　　)원

2006년 통계청이 시행한 1만 8천여 명의 조사자료를 가지고 월소득에 따라 9개 계층으로 나누어 계층별 생활만족도를 파악한 결과 행복은 사회봉사, 기부금과 깊은 상관이 있는 것으로 나타났다([그림 12-11]). 월소득 600만 원이 넘어가는 경우에 기부금과 자원봉사가 줄어들면서 행복도 비례하여 줄어드는 현상이 나타났다(한겨레, 2009, 5. 14.). 대한민국의 1% 부자는 어쩌면 경쟁사회의 성공자이자 희생자인 듯하다. 경쟁에 이겼지만 많은 대가를 치르고 있는 것이다. 지역별 분석에서도 행복지수가 높은 지역은 적십자회비 납부율이 높은 것으로 나타났다. 서울은 가구소득에서 3위이지만 적십자회비 납부율 15위로, 행복지수 14위로 나타났다. 인간은 우리가 여겨왔던 것보다 훨씬 이타적인 존재다. 남을 돕고 함께 어울리는 것에서 즐거움을 느끼도록 진화되어 왔는데 물질주의의 범람으로 이를 잊고 있었다.

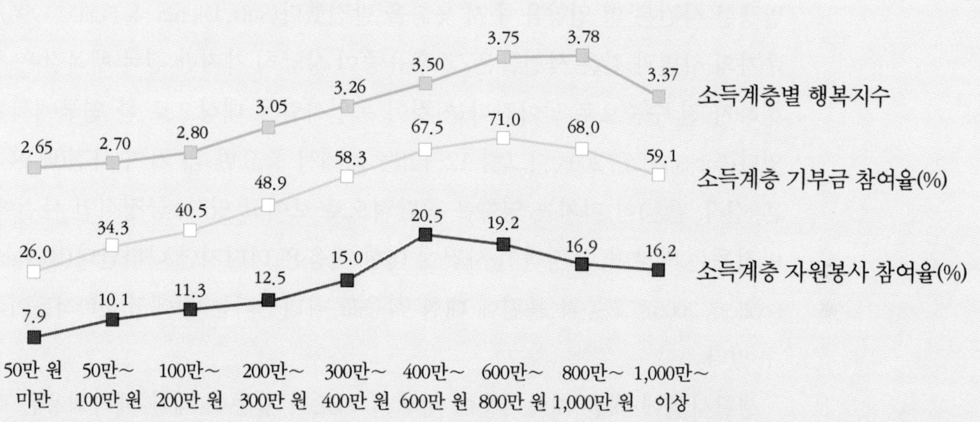

[그림 12-11] 소득계층별 행복지수, 기부금 참여율, 자원봉사 참여율

다. 왜 생활사건이 주는 영향이 작을까? 그 주된 이유는 사람들이 변화된 환경에 조만간에 적응하기 때문이다. 이를 쾌락적응 가설이라 한다(Brickman & Campbell, 1971). 월 100만 원을 버는 사람들은 월 소득이 배만 되면 행복하리라 여기지만, 소득이 200만 원인 사람은 500만 원을 벌면 행복할 것이라 여긴다. 그러나 그들이 원하는 소득을 벌게 되면 행복해질까? 그 행복감은 불행히도 오래 가지 못한다. 새로운 소득에 맞추어 씀씀이가 늘면서 적응이 되기 때문이다. 한 연구는 기쁜 일이건 슬픈 일이건 지난 2개월 이내에 발생하였을 때 행복감에 영향을 주며, 그보다 일찍

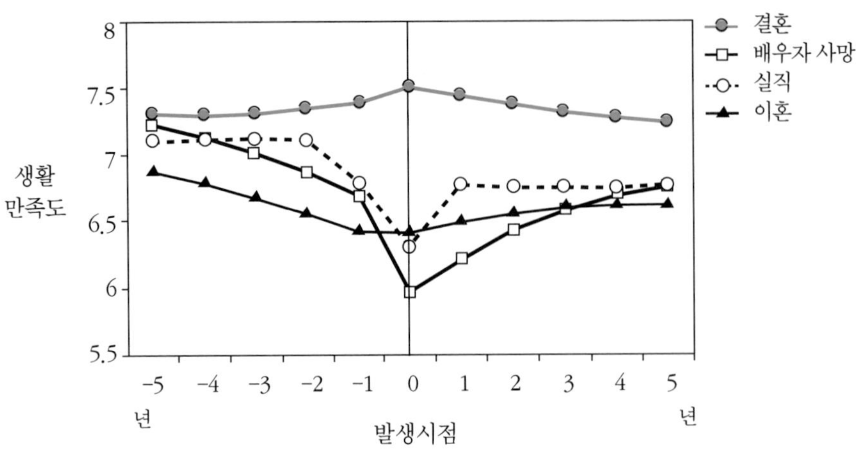

[그림 12-12]
생활사건 발생 전후의 행복감 변화
출처: Diener, Lucas, & Scollon, 2006, 그림 2, p. 310.

발생한 사건은 별 영향을 주지 못함을 발견했다(Suh, Diener, & Fujita, 1996). 물론 배우자의 사별과 같은 사건들은 그 후유증이 상당히 가지만 결국 행복감은 사건이 발생하기 전 수준으로 돌아간다는 것이 독일사람을 대상으로 한 연구에서 나타나고 있다(Lucas et al., 2003). [그림 12-12]는 삶에서 중요한 네 가지 사건(배우자 사별, 이혼, 실직, 결혼)이 미치는 영향을 종단적으로 보이고 있다. 긍정적인 사건에 대한 쾌락적응은 빠르며, 부정적인 사건에 대한 적응은 더디지만 나타난다(Diener, Lucas, & Scollon, 2006). 고통과 불편에 대한 적응도 나타난다는 점에서 고락적응이라고도 할 수 있다.

생활사건에 대한 쾌락적응에 비해서 의도적 활동에 대한 쾌락적응은 훨씬 더디게 나타난다. 이를 보여 준 한 연구(Lyubomirsky et al., 2005)에서는 연구참여자들의 주관적 안녕감을 시점 1에서 측정하고, 시점 2에서 긍정적인 생활사건과 의도적 활동에 의한 변화를 측정하였다. 시점 3과 4에서 주관적 안녕감을 두 번 더 측정하여 시점 2의 변화가 주는 영향력을 비교한 결과가 [그림 12-13]에 나와 있다. 좋은 사건의 경험효과는 시점 3의 안녕감에 영향을 미치지만 시점 4에서는 나타나지 않았다. 그러나 안녕감을 증진시키는 활동을 하는 것은 시점 3과 4에서의 안녕감에 모두 긍정적인 영향을 주는 것을 볼 수 있다.

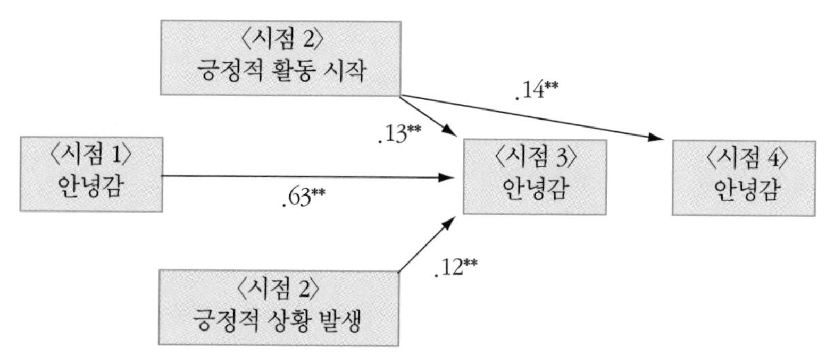

[그림 12-13]
상황적 사건과 의도적 활동이 안녕감에 미치는 영향

❖ 행복의 문화 차이

행복감을 측정하여 국가별로 서열을 매기는 것은 오해의 소지가 많아서 위험하기까지 하다. 예를 들어, 1998년에 UN이 영국의 런던정경대학에 의뢰하여 54개국에서 사람들이 느끼는 행복을 조사한 결과 한국은 23위였으며, 놀랍게도 방글라데시가 가장 행복한 것으로 나타난 것을 들 수 있다(조선일보, 2003. 1. 9.; 곁글 12-6). 이런 국가 간의 차이가 나타나는 이유는 행복에 대한 의미와 가치는 물론 반응편향 등이 나라마다 다르기 때문이다. 이런 차이가 수치 속에 매몰되어 국가 간의 서열이 마치 키나 몸무게처럼 객관적으로 동일한 행복 측정치에 대한 서열인 것처럼 오해되기 때문에 이런 식의 서열비교는 위험하다. 의미 있는 국가 간의 비교는 수치의 높낮이를 보이는 것이 아니라 행복의 의미에 어떤 차이가 있으며, 행복을 느끼는 기제 및 요인들에는 어떤 차이가 있는지를 보이는 것이다. 비서구권 14개국의 조사에서 사람들은 지나친 행복감을 느끼고 표출하는 것이 노년 혹은 다음 생에서 불행을 가져온다는 생각에서 행복을 두려워하는 마음을 어느 정도 갖고 있다는 것이 나타났다(Joshanloo et al., 2013). 이런 문화적 이유 탓에, 단순한 수치 비교는 잘못인 것이다. 어느 나라 사람들이건 행복하길 바란다는 주장은 그럴 듯하지만 똑같은 형태의 행복을 꿈꾸는 것은 아니다.

부탄인의 행복

결글 12-5

한국인의 일상에서 경험하는 행/불행 사건들과 정서: 강도와 빈도에 따른 분류

행복에 대한 많은 연구가 행복감의 정도를 측정하는 척도를 가지고 이에 영향을 미치는 요인들을 파악하는 방식으로 이루어졌다. 이런 연구들은 행복의 경험이 무엇인지를 막연히 추정하게 할 뿐인데, 한 연구는 일상생활에서 행복/불행 경험의 내용을 개방형으로 물어 이러한 궁금증을 해소해 준다. 구재선과 김의철(2006)은 대학생 남녀(20세 평균)와 중년 남녀(48세 평균) 모두 480여 명을 대상으로 자신이 살아오면서 가장 행복했던 경험과 자주 행복감을 느끼는 경험을 묻고, 아울러 가장 불행했던 경험과 자주 불행감을 느끼는 경험을 물어서 정리하였다. 〈표 12-2〉는 강한 행복 경험을 주는 것은 가족의 탄생과 사망의 관계적 내용과 성취와 실패의 개인적 내용이 주된 것임을 보이고 있다. 빈번한 경험으로는 사회적 관계 경험이 주된 것을 보인다. 관계적 경험의 주요 대상으로 대학생에게는 친구가, 중년기에는 가족이 나타났다. 강한 경험은 자주 발생하는 일이 아니며, 어느 나라에서나 비슷할 것이다. 이 연구는 자주 경험하는 행/불행의 사건은 편안함 혹은 불안의 정서를 수반함을 보인다. 이런 정서는 강한 각성의 상태는 아니며 마음의 안정을 유지하는 평상심 혹은 그것이 깨진 불안한 정서다. 한국인들은 마음의 각성이 큰 기쁨을 자주 느끼기보다는 각성이 크지 않은 편안한 마음을 자주 느끼는 것을 행복한 상태로 여긴다. 아울러 개인적 정서보다는 외로움, 섭섭함, 배신감 등의 관계적 정서를 자주 경험하고, 이런 정서들이 세분화되어 있는 것을 볼 수 있다. [그림 12-14]는 응답을 범주로 구분하고 범주별 응답률을 제시하고 있다. 대학생들의 행복은 개인적 경험과 관계적 경험이 차지하는 비중이 비슷하지만, 중년들에게서는 관계적 경험이 훨씬 큰 비중을 차지하는 것을 볼 수 있다. 한국인에게 행복의 주된 원천은 어울림의 관계에서 온다고 결론 지을 수 있다(유나영 등, 2015; 한준 등, 2014).

〈표 12-2〉 일상에서의 한국인의 행복/불행의 경험 내용과 경험 정서

	행복		불행	
	남자	여자	남자	여자
강한 경험과 정서	자녀출산/성장 개인적 성취 결혼 가정화목	자녀출산/성장 개인적성취 가정의 화목	개인적 실패 가족사망 가족간 불화 가족 고통(건강/실패 등)	가족의 고통 가족불화/갈등 개인적 실패
	기쁨, 즐거움, 성취감		절망감, 슬픔, 불안/외로움, 섭섭함, 배신감, 미안함	
빈번한 경험과 정서	가정의 화목 휴식/여가 친구관계		개인적 실패 가족불화 관계부재/갈등	
	편안함, 유쾌함/설레임, 고마움, 유대감, 든든함		불안(답답함, 초조)/외로움, 섭섭함, 불쌍함, 배신감, 우울, 짜증	

각 방안에서 응답의 빈도가 많은 순서로 제시함.

빗금(/) 앞부분은 개인적 정서이며, 사선 뒷부분은 관계적 정서로 분류할 수 있음.

출처: 구재선, 김의철, 2006.

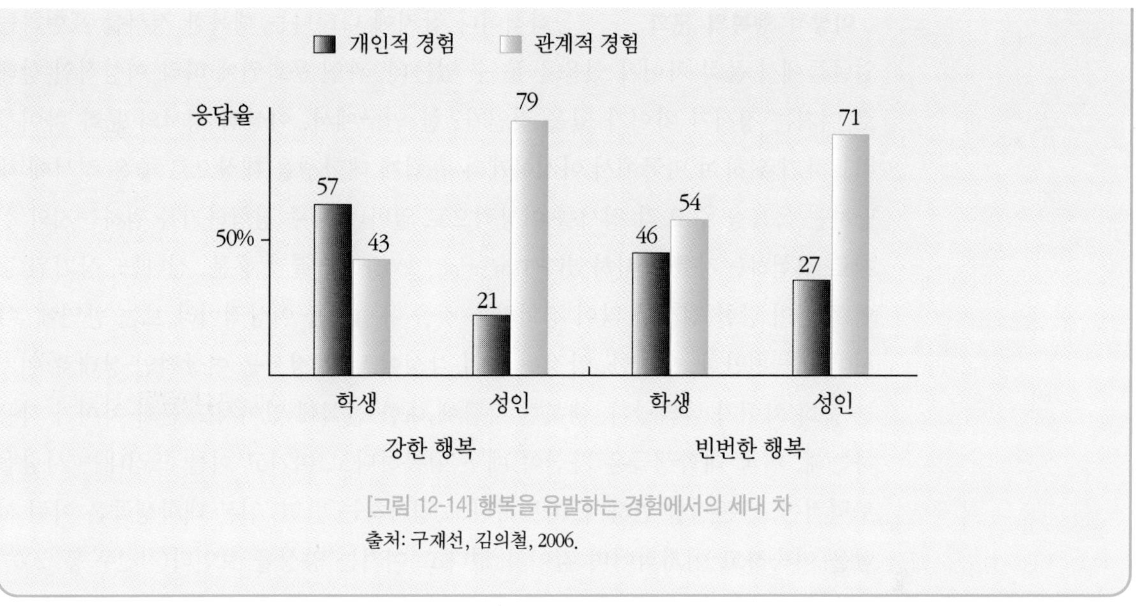

[그림 12-14] 행복을 유발하는 경험에서의 세대 차
출처: 구재선, 김의철, 2006.

결글 12-6 ● 한국인의 행복지수

2003년에 영국의 심리학자인 Rothwell과 Cohen이 행복의 공식을 발표하여 세간에 큰 화제가 된 적이 있었다. 이에 따르면 '행복 = P + (5×E) + (3×H)'로, P는 개인의 활기 및 긍정적인 인생관, E는 삶의 기본적 요소가 충족되는 정도, H는 개인의 인적 네트워크와 목표의식 같은 고차적인 욕구에 해당한다. 이를 묻는 네 가지 문항에 대한 자기평가치를 갖고 식에 대입하면 개인의 행복지수가 나온다는 것이다.

행복에 대한 결정요소가 문화마다 다르므로 이 공식을 이용하여 한국인의 행복을 재단하는 것이 잘못이라는 문제의식에서 김명소와 한영석(2006)은 한국인 7개 도시 거주 성인 남녀 1,500여 명을 대상으로 조사를 시행하여 16개의 행복요인을 끌어내었다. 이를 생존(E), 관계(R), 성장(G) 욕구의 위계로 분류하였다. **생존**은 경제적 능력, 생활환경, 외모, 건강에 대한 자신의 평가이며, **관계**는 자녀관계, 부모관계, 이성관계, 타인과 친밀관계, 사회적으로 인정받는 정도에 대한 자신의 평가이며, **성장**은 자신의 삶에 대한 성취감, 성장의지, 자립성, 여가활동, 긍정적 인생관, 사회봉사참여 정도, 종교생활에의 만족도에 대한 평가다. 이 세 요소를 갖고 도출해 낸 한국인의 행복 공식은 다음처럼 나타났다.

$$\text{한국인의 행복} = (2.5\times E) + (2.5\times R) + (5\times G)$$

흥미롭게도 관계적 요소보다 성장적 요소가 더 큰 비중을 차지하는 것으로 나타났다. 이런 결과는 한국 대학생들에게서 자기향상 동기가 주관적 안녕감에 미치는 영향이 크다는 연구결과(장은영, 2009)와 일치한다(2장 참고 바람). 이 공식에 따른 한국인의 행복점수는 평균 57.71로 나타났고, 남성이 여성보다 더 행복하며, 연령대에 따른 차이는 나타나지 않았다. 각 요소별로 보면 **생존**관련 행복지수가 세 요소 중에서 가장 열악한 편이며, **관계**와 관련된 행복지수가 가장 나은 편이다. 행복점수에 따라서 상위 1/3과 하위 1/3 집단의 차이를 분석한 결과 생존과 관계에서의 차이는 적었고, **성장**요소에서는 큰 차이가 나타났다.

이상적 행복의 문화 동화책이나 잡지에 나타나는 행복한 정서를 표현하는 얼굴들에서 문화 차이가 있음을 볼 수 있는데, 과연 문화권에 따라 이상적인 상태로 여기는 정서가 차이가 있을 것인가? 한 연구에서, 이상적 정서의 문화 차이를 비교하기 위하여 미국에서 아시아계와 유럽계 대학생을 대상으로 좋은 정서에 해당하는 목록을 주고 각 정서를 이상적으로 얼마나 자주 경험하기를 원하는지와 실제로 경험하는지를 조사하였다(Tsai et al., 2006). 그 결과 흥분, 신나는, 상기된 등의 각성이 강한 정서를 많이 경험하는 것을 유럽계는 이상적이라 보는 반면에, 아시아계는 편안한, 흐뭇한, 안정된 등의 각성이 낮은 정서를 이상적인 상태로 여기는 문화 차이가 나타났다. 행복한 사람에 대한 인식에 있어서도 문화 차이가 작용하는데, 미국 대학생들은 자신이 매우 행복하다고 여기고 이를 드러내는 사람을 도덕적이고, 존경할 만하며, 따뜻하다고 평가하는 반면, 일본 대학생들은 이런 사람을 미숙하고 이기적이며 깊이가 없다고 여기는 양상을 보인다(김진주 등, 2007; Suh & Diener, 2006).

행복한 정서 경험 행복한 정서(기쁨, 만족, 자부심, 애정)와 불행한 정서(슬픔, 분노, 죄책감, 불안)의 관계는 어떤가? 두 유형의 정서가 상반되므로 경험 빈도는 한쪽이 많을수록 다른 쪽은 적을 것인가? 이를 검토하기 위한 문화비교 연구에서는 38개국의 대학생 약 6천 명에게서 지난달에 각 정서를 경험한 빈도를 파악하여 분석하였다(Schimmack et al., 2002). 영미권과 라틴계열 문화에서는 두 유형의 정서가 지닌 역상관의 관계가 높았으나, 아시아계 문화에서는 그 역상관 관계가 낮은 것으로 나타났다(Bagozzi et al., 1999는 미국과 한국, 중국 비교에서 비슷한 결과를 보임). 이는 아시아 문화권에 널리 수용되고 있는 음양론적 철학, 즉 음과 양을 상반되는 것으로 보기보다는 음 속에 양이, 양 속에 음이 있는 것으로 여기는 믿음이 반영된 탓이라고 보인다.

동아시아 문화권은 상호의존적 자기성의 특징을 지니고 있는 탓(2장 참조)에 행복이나 만족감도 대인관계에서의 만족이 높은 비중을 차지하고 있으며, 타인관여적 정서인 친밀감이나 존경, 연민, 죄책감, 빚진 느낌, 수치와 같은 정서가 중요한 비중을 차지한다. 반면, 구미 문화권에서는 독립적 자기성의 특징을 지닌 탓에 자부심, 우월감, 좌절, 분노와 같은 개인적 정서가 행복감을 판단하는 데 중요한 역할을 한다. 이를 검증한 연구(Kitayama et al., 2006)는 일본인과 미국인을 대상으로 2주 동안 매일 밤 그날 경험했던 가장 정서적인 사건을 회상하여 쓰도록 하고, 다양한 정서 목록상에서 각 정서를 어느 정도나 경험했는지를 평가하도록 하였다. 긍정적인 사

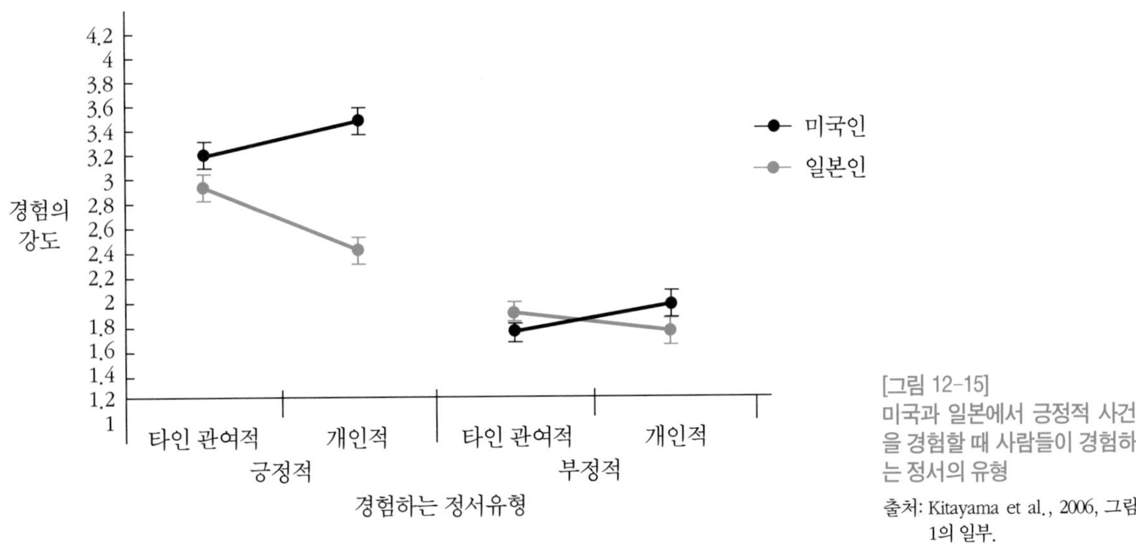

[그림 12-15]
미국과 일본에서 긍정적 사건을 경험할 때 사람들이 경험하는 정서의 유형

출처: Kitayama et al., 2006, 그림 1의 일부.

건을 경험하였을 때 일본인들은 긍정적인 타인관여 정서를, 미국인들은 긍정적인 개인적 정서를 강하게 경험하는 것으로 나타났다([그림 12-15]). 이런 결과는 행복감을 느낌에 있어서 일본인은 타인관여적 정서가 큰 역할을 차지하고, 미국인들은 개인적 정서가 높은 역할을 차지함을 의미한다. 이 같은 양상은 국내의 대학생을 대상으로 다양한 정서의 경험 빈도와 주관적 안녕감의 관계를 분석한 연구에서도 나타나, 개인적 정서보다는 타인관여 정서를 자주 경험하고, 관여정서가 개인정서보다 안녕감에 더 큰 영향을 주었다(허재홍, 2011). 정서의 경험과 회상을 분석한 다른 연구는 미국인들의 경우 회상 시 행복편향적 평가를 보인다(Oishi, 2002. 곁글 12-7). 미국인에게는 마치 삶은 행복해야 한다는 신념이 작용하는 듯하다.

행복감의 영향요인 한국과 캐나다 대학생에게 행복하게 만드는 요인이 무엇인지를 개방형으로 묻고, 느끼는 행복의 요소별 수준을 평가하여 분석한 결과(Lee et al., 1999: 김명소 등, 2003에서 재인용)는 한국 대학생에게서 대인관계, 타인으로부터의 인정, 종교 등이 캐나다 대학생에 비해서 빈번히 언급되는 것을 보였다. 서은국(Suh, 2002)은 미국과 한국의 대학생들을 비교한 연구에서, 한국 학생의 삶의 만족도에는 주위사람들로부터 받는 인정의 정도가 자기일관성보다 4배나 큰 영향력을 미치는 것을 보였다. 이와는 대조적으로, 미국 학생의 삶의 만족도는 주위의 인정보다는 자기일관성이 훨씬 큰 영향력을 지니는 것으로 나타났다(본서 2장 참

곁글 12-7

행복한 순간들의 경험과 회상의 문화 차이

한 연구(Oishi, 2002, 연구 2)는 미국에서 거주하는 백인과 아시아계 대학생에게 손바닥 컴퓨터를 나누어 주고 하루 5번 무작위로 연락을 받는 대로 당시 느끼던 정서를 다양한 정서목록상에 표시하는 일을 일주일 동안 하도록 하였다. 매일 느끼는 정서에서 긍정적인 정서의 비율을 평가하고, 마지막 날에 지난 일주일 동안 각각의 정서를 얼마나 경험했는지를 평가한 결과는 매우 흥미롭게 나왔다. 매일의 경험에서는 아시아계가 긍정적인 정서를 많이 느끼는 것으로 나타났으나 일주일의 회고 시에는 유럽계가 긍정적인 정서를 더 많이 경험한 것으로 보고하는 현상이 나타났다([그림 12-16]의 왼쪽). 그러나 부정적 정서의 경험에서는 문화 차이가 나타나지 않았다. 다음 연구에서는 미국에 거주하는 백인 학생과 일본 학생을 대상으로 지난 2주간 경험한 사건들을 기록하게 하고서 그 기간 동안의 삶의 만족도를 측정하였다(시점 1). 이들을 2주가 지난 후에 다시 불러서(시점 2), 시점 1때 회상했던 2주간의 사건을 최대로 기억하여 내도록 하고 그 당시 느꼈던 삶의 만족도를 다시 평가하도록 하였다. 시점 1에서 만족도는 일본계가 약간 높은 양상을 보였지만, 시점 2에서 회고된 만족도는 백인계가 월등히 높은 것으로 나타났다([그림 12-16]의 오른쪽).

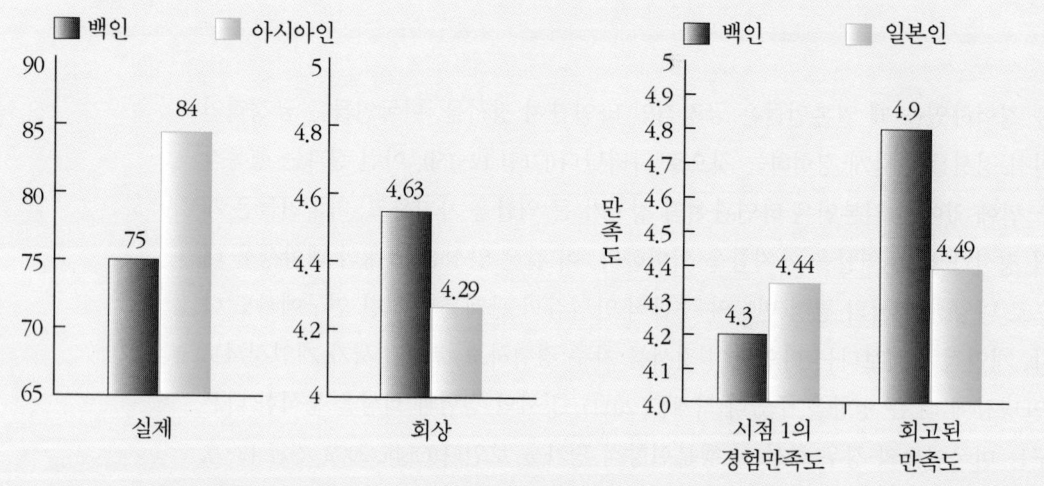

[그림 12-16] 긍정적 정서의 실제 경험 비율과 회상에서 나타나는 문화 차이

조). 삶의 만족도와 개인의 자긍심은 미국과 홍콩에서 모두 깊은 관계가 있었으나, 홍콩에서는 관계만족도가 더 중요한 요인으로 나타났다(Kwan et al., 1997). 이런 연구들에서, 한국과 같은 집단주의 문화권에서는 개인주의 문화권에 비해서 대인관계 차원이 행복에 미치는 영향이 매우 중요한 요소로 작용함을 알 수 있다. 주위사람들과의 관계를 만족스럽게 유지함에 있어서 미국인은 정서를 얼마나 잘 표현하느냐의 요소가 중요한 데 반해, 한국인과 중국인은 상대가 보이는 다양한 정서의

미묘한 차이를 얼마나 잘 인식하느냐의 요소가 중요한 것으로 나타났다(Kang et al., 2003). 이런 인식 능력은 집단주의 문화권에서 주위사람들과 어울림을 위해 중요한 기능을 담당하는 탓이다.

한편, 갤럽이 매년 행하는 128개국의 표집을 대상으로 하는 조사자료를 갖고 분석한 연구는 개인주의적 국가와 삶의 형편이 괜찮은 국가들에서는 삶의 만족도가 개인의 건강이나 직업, 삶의 수준에 의해서 많은 영향을 받지만, 집단주의 국가나 소득이 낮은 국가에서 개인이 느끼는 삶의 만족도는 사회에서 얼마나 성공했는지, 즉 타인의 평가에 의해 크게 영향 받는 것을 보이고 있다(Morrison et al., 2010).

❖ 한국인의 행복 수준이 낮게 나타나는 이유

행복감의 수준에 대한 수많은 국제비교 연구에서 한국은 항상 중하위 수준에 있는 것으로 나타난다. 한국이 지닌 경제적 여건이나 사회적 인프라에 비추어 빈곤국 수준에 있는 여러 나라들 수준으로 나타나는 것에 학자들의 관심이 쏠리면서 다양한 설명이 제시되고 있다. 이를테면, 현상을 긍정적으로 평가하는 편향이 적은 것(Diener et al., 2000), 낮은 외향적 성격(Cheng et al., 2014) 같은 성격적 요인이나 사회의 질(이재열, 2015; 곁글 12-8)이 검토될 수 있다. 11장에서 한국사회의 높은 자살률을 설명하면서 소득의 불평등 심화, 경쟁극화, 낮은 신뢰 현상을 살펴보았다. 여기서는 행복의 의미, 물질주의, 맥락적 자기의 문화에 대하여 살펴보도록 한다.

곁글 12-8 사회의 질의 구성요소와 행복

사회적 질은 사회의 구성원이 공동체 내에서 자신의 역량을 충분히 발휘하면서 생활고에서 벗어나 문화적인 삶을 누릴 수 있는 정도라고 볼 수 있다(이재열, 2015). 질 높은 사회는 성원들의 기초적 욕구들이 충족되기 위한 물질과 환경적 자원을 확보하고 있는 안전성, 성원들간의 결속과 연대를 가능하게 하는 신뢰성, 성원들이 자신의 가치나 신념 탓에 차별받지 않고, 그 사회의 제도와 기회구조에 평등하게 접근할 수 있는 관용성, 개인의 역량이나 능력을 발휘할 수 있도록 제도와 구조가 제공되고 있는 활력성을 모두 갖춘 사회이다(van der Maesen & Walker, 2005). 사회학자 이재열(2015, p. 14)은 **사회의 질**을 "한 사회가 다양한 사회적 위험을 다룰 수 있는 사회의 제도적 역량과 시민적 역량의 총합"이라고 정의하고 OECD 국가들의 제도적 역량과 시민사회의 역량을 측정하였다. **제도적 역량**은 복지제도에 의해서 필요한 사람들에게 보호를 제공하는 역량(상대적 빈곤율, 노조 조직률 등)과, 성원들의 회복탄력성을 증진시킬 수 있는 교육과 일자리 제공역량(고등교육 등록률, 고용율 등)으로 구성하였다. **시민사회의 역량**은 구성원들이 공동체에 속하여 서로 결속하는 정도를 나타내는 사회 응집성(인터넷 사용자 비율, 권리의식, 투명성, 일반 신뢰 등)과, 자신들의 문제 해결을 위한 정치적 역능성(투표율, 제도에 대한 신뢰, 결사체 참여율 등)으로 보았다.

이렇게 구성한 사회의 질은 북구 국가들이 가장 높았으며, 독일, 프랑스, 미국, 스페인 등이 중간 정도로, 한국, 멕시코, 터키가 최하위로 나타났다. 이런 지표들과 소득을 갖고서 행복과의 관계를 분석한 결과 행복은 소득과의 상관이 .75, 사회의 질과 상관은 .67로 나타나 사회의 질이 소득에 버금가는 중요성을 지닌 것으로 나타났다. 사회의 질의 하위 요소들과 행복의 관계성을 파악한 결과 공적 제도의 역량이 .50, 시민사회 역량과는 .76으로 나타나 시민사회 역량이 더 중요한 것을 알 수 있었다. 더 세부적인 분석을 하면서 소득의 효과를 통제한 (모든 나라에서 소득이 같다고 가정하는 것) 결과, 공적 제도 역량의 효과는 소득에 의해 흡수되어 나타나지 않지만, 시민사회 역량 그 중에서도 정치역능성이 행복감에 중요한 것으로 나타났다([그림 12-17]).

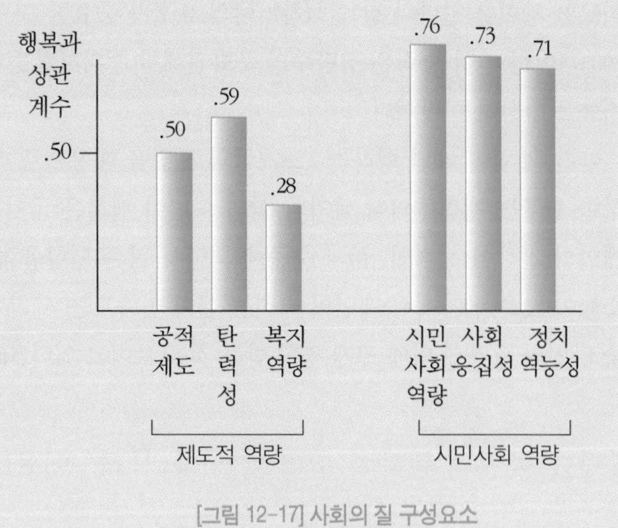

[그림 12-17] 사회의 질 구성요소
출처: 이재열, 2015의 설명을 바탕으로 그림.

이 연구는 국가를 분석단위로 삼았다는 점에서 통상 개인을 분석단위로 취하는 사회심리학의 연구와 차이를 보이지만, OECD 국가들에서도 여전히 소득은 행복의 중요한 요인으로 작용한다는 것, 경제력이 향상되면 공적제도의 역량이 높아지지만, 시민사회의 역량은 별개의 문제라는 점을 드러낸다. 사회의 투명성과 제도에 대한 신뢰를 높이는 것이 국민들이 느끼는 행복감을 높이는데 중요한 역할을 한다.

행복의 의미 한국인에게 행복이란 용어는 그다지 친근한 용어가 아니었다(한민, 한성열, 2009). 행복을 추구하여 성취하기보다는 복받은 삶을 희망하였다. 행복의 '행(幸)'은 우연을 뜻하는 의미로 우연히 떨어지는 복이라는 것이다. 이 점에서 영어의 Happiness의 접두어 'hap-'도 우연이라는 의미를 갖고 있는 것과 유사하다. 우연히 생기는 복을 추구한다는 것은 어리석은 것이다. 행복하면 좋겠지만 이를 목표로 삼는 대신에 공동체에 이바지하는 삶을 바람직한 삶, 보람 있는 삶으로 설정하고 이를 추구하였다. 따라서 개인의 행복에 높은 가치를 두지 않았다. 즐거움과 기쁨이 지나치지 않을 것을 경계하고, 조신하는 것을 좋다고 여겼다. 현대에 들어서 자본주의 체제가 도입되고, 개인주의적 가치가 널리 수용되면서, 개인의 행복한 삶을 주체적으로 살고자 하는 욕망이 높아졌다. 실제로 대학생과 중년 남녀에게 물어본 결과 행복은 적극적 추구의 의미를, 복은 소극적 수용의 의미로 달리 인식되고 있는 것으로 나타났다(이지선, 김민영, 서은국, 2004). 이렇게 행복한 삶을 추구하는 것이 당연한 것으로 여겨지고 있는 세태가 되었지만, 한국인이 보이는 물질주의와 맥락적 자기의 특징이 일상의 행복을 저해하는 요인으로 작용한다.

물질주의 "친한 친구 생일날 저녁 초대를 받았는데 뜻밖의 좋은 알바 자리가 생겼다. 3~4시간 일하면 십만 원을 벌 수 있다. 당신은 어느 쪽을 택하겠는가?"

2010년에 한국을 방문한 Diener 교수는 한국인의 낮은 행복감의 원인으로 물질주의와 낮은 대인 신뢰를 꼬집었다. 물질주의란 재화가 행복을 가져다준다는 믿음으로 재화와 돈을 소유하고, 축적하고, 과시하는 것을 생활의 중심으로 삼는 가치체계다(Richins & Dawson, 1992). 그러나 물질주의적 신념이 강한 경우에 삶의 만족감이 떨어지는 것으로 나타나고 있다(Ang et al., 2014). 미국, 독일, 덴마크, 일본, 짐바브웨와 한국을 비교하는 여러 지표에서 한국은 물질주의가 가장 높았으며, 대인신뢰가 가장 낮았다(Diener et al., 2010). 앞의 질문에서 당신이 알바를 택했다면 물질주의적 선택을 한 것이다. 물질주의 신념이 강한 사람들은 돈이 곧 행복이라고 믿지만, 이들에게도 돈은 행복을 가져다주지 못한다. 돈이 행복감의 샘인 인간 관계를 대체할 수 있다는 것은 위험한 착각일 뿐이다(곁글 12-9). 최근의 한 연구는 대학생들에게 노년기가 되었을 때 1억 원 혹은 친한 친구를 선택하는 가상적 상황을 제시하였을 때 외로운 사람들은 외롭지 않은 사람보다 1억원을 선택하는 양상이 높음을 보여 주었다(김가영, 임낭연, 서은국, 2016). 외로운 사람들은 길가다가 돈을 줍는 것이 친구를 만나는 것보다 더 즐거울 것으로 예상하지만, 실제로 그런 경험을 회상하게 했을 때 두 가지 경험에서 즐거움의 차이는 없던 것으로 나타났다(김가영 등, 2016 연구 3). 물질주의적 신념이 강하면 실제로 행복감을 가져다주는 활동(친구와 어울리는 것 등)보다는 재화획득에 우선적인 가치를 두므로 행복과 멀어지는 양상을 보인다([그림 12-18]). TV 오락 프로그램을 많이 시청하는 사람들이 물질주의 성향이 높은 것으로 나타나며(양혜승, 2006), 타인에 대한 신뢰가 약한 사람들과 고

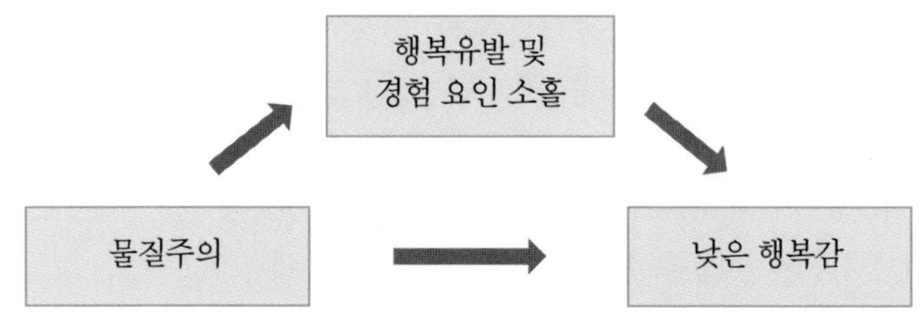

[그림 12-18]
물질주의와 행복감의 관계

독한 사람들도 물질주의 성향이 높은 양상이 나타났다(박진영, 최혜원, 서은국, 2012; Ang et al., 2014). 반대로 사회적 지원을 받는 것이 환기된 사람들은 재화의 중요성을 덜 느끼는 것으로 나타난다(Clark et al., 2011). 소득이 안정되면 탈물질주의적 가치에 대한 관심을 보이게 됨으로써 물질주의적 가치관에서 벗어날 필요가 있는 것이다.

곁글 12-9

돈이 대인교류에 미치는 영향

모든 것이 돈으로 환산되는 시대다. 재화를 사는 데 쓰이던 돈이 운동선수, 예술품의 가치를 따지는 데도 쓰인다. 매일 저녁 TV에는 돈을 대출해 쓰라는 대부업체 대출 광고가 1,300여 건이 넘게 나타난다(조선닷컴, 2015. 3. 13.). 사람들은 재화가 무엇보다 중요하다는 물질만능주의에 물들어가고 있다. 물질주의적 신념을 가진 사람의 비율은 국내외 할 것 없이 급증하였고, 소득은 늘어났지만 행복한 사람의 수는 줄어들고, 우울증 환자는 늘어나고 있다. '돈만 있으면 돼!'라는 생각이 자기충만감이라는 올가미로 사람들을 묶어 놓는 현상을 보이는 몇 가지 연구를 보자.

실험실에서 돈에 여유가 있던 상황을 회상하는 조건에서는 돈이 쪼들렸던 상황을 회상하는 조건에서보다 어려운 과제를 수행할 때 다른 사람에게 도움을 요청하는 시간이 더 지체되는 현상을 보인다(Vohs et al., 2008). 실험실에서 지시문을 읽는 배경화면에 돈 그림이 깔려 있는 경우에 돈 그림이 없는 조건에 비해서 다른 사람과 더 거리를 두려하며, 다음 과제를 수행할 때 다른 사람과 같이 하기보다는 혼자 하겠다는 선택을 하며(Vohs et al., 2008), 현 사회제도와 권력구조가 정당하다는 체제정당화의 태도를 보인다(Caruso et al., 2013). 그래서 지배계층의 사람들이 불리한 계층의 사람들을 이용하는 것(불법장기 매매 등)에 대하여 문제가 될 것이 없다는 생각을 하는 것으로 나타났다(Caruso et al., 2013). 돈을 생각하게 했던 조건의 사람들은 낯선 사람과 만나 작업할 때 거리를 더 멀리 앉고(안서원, 박수애, 김범준, 2013), 대화를 덜하며(Mogilner, 2010), 수행하는 문제가 어려워도 다른 사람의 도움을 요청하기를 꺼린다(Vohs et al., 2008). 학생들에게 포스트잇을 이마에 붙이고 숫자 3을 쓰도록 했을 때, 과거에 돈이 생겼던 경험을 회상했던 실험 조건의 사람들은 다른 사람이 읽도록 숫자를 뒤집어 쓰기보다는 자기가 보는 3을 쓰는 비율이 높은 것으로 나타났다(19명 중 11명, 통제 조건에서는 18명 중 5명만이 이런 식으로 씀; 안서원 등, 2013). 돈은 자기 위주의 관점을 취하도록 영향력을 발휘하는 것이다. 또래 친구들에게 따돌림을 당한 경험을 회상했을 때 청소년들은 자존감이 실추되면서 물질주의적 신념이 강해지는 것으로 나타났다(Jiang et al., 2015). 마치 자존감의 실추를 돈으로 보상하려는 듯하다. 돈은 자기충만감이라는 환상의 올가미로 작용하여, 주위사람들과 더 멀어지게 만든다.

또 다른 연구는 소득 상위층의 사람들이 저소득층의 사람들에 비해서 비윤리적 운전(운전신호를 무시하거나, 보행자를 무시하거나 등)을 하며, 자기에게 불리한 정보를 상대방이 알지 못하도록 숨기거나, 상품을 받기 위해 실험자를 속이는 행동을 보이는 경향이 큰 것이 현장 상황과 실험실 상황에서 나타남을 보고하고 있다. 이런 경향성은 이들이 탐욕을 정당한 것으로 여기는 탓으로 나타났다(Piff et al., 2012). 미국에서의 연구는 물질주의적 신념이 강할수록 행복감이 저하되는 양상이 저소득층에서 나타났는데(Nickerson et al., 2003), 국내에서는 전국 표본을 대상으로 행해진 연구에서 이런 양상이 모든 소득 계층에서 나타났다(이민아, 송리라, 2014).

평가에 민감한 맥락적 자기 물질주의의 확산은 세계적인 현상이지만, 한국은 유독 심하다. 그 배경에는 사회적으로 인정받는 것을 중시하는 한국인의 문화적 자기성 특징이 깔려 있는 탓이다(본서 2장 참조). 한국인의 자기는 몸 안에 갇힌 작은 자기가 아니라 사회적으로 확장된 큰 자기다. 따라서 주위사람들의 평가에 민감하고, 주위로부터 인정을 받고자 한다. 행위의 적절성에 대한 판단 준거를 종종 외부에 두기 때문에 타인과 끊임없이 비교하고, 그 준거에 맞추려는 노력을 하는 맥락적 자기성을 강하게 보인다(Suh, 2007). 이같이 처한 사회맥락에서 외적 준거에 맞추어 행동과 생각을 조절하는 것이 내면의 가치와 성향과 맞지 않을 경우에는 즐거움을 지향하는 것이 아니라 부끄러움과 비판을 피하려는 동기가 작용하므로 행복감을 느끼기는 어렵다(Higgins, 2005). 외적 준거에 부응하기 위하여 남들과 비교를 많이 하게 되고, 이런 비교는 내적 가치(대인관계, 도덕성, 건강 등)에 대한 것이기보다는 드러난 가치(학벌, 소속단체, 재산, 외모, 체면 등)를 대상으로 이루어진다. 한국과 미국의 대학 신입생 비교연구에서 내적 및 외적 가치의 중요성, 사회비교와 사회적 지원의 정도 그리고 주관적 안녕감을 비교한 결과(구재선, 서은국, 2015), 이들 변인 간의 관계양상은 양국에서 비슷하였으나, 한국 학생들은 외적 가치를 미국인보다 중요하게

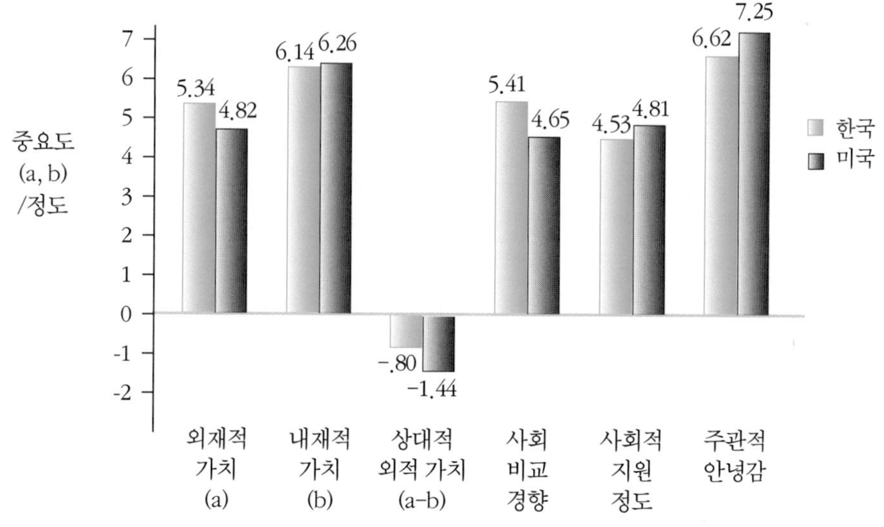

[그림 12-19] 한국과 미국 대학생의 행복감, 사회비교, 사회적 지원의 정도와 관련 가치의 중요도 평가
내재적 가치에 대한 비교를 제외한 다른 변인에서의 국가비교는 주관적인 경제 형편을 통제한 상태에서 모두 유의미한 차이를 보임.
출처: 구재선, 서은국, 2015, 표 2를 바탕으로 그림.

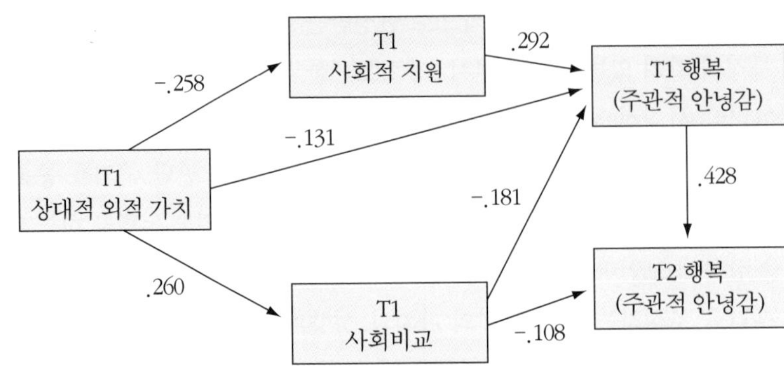

[그림 12-20]
대학2년차의 행복에 영향 미치는 변인들의 관계성
출처: 구재선, 서은국, 2015, 그림 4.

여기며, 사회비교를 많이 하지만, 사회적 지원을 주위 사람과 주고받는 수준은 낮아 주관적 안녕감도 낮은 것으로 확인되었다([그림 12-19]; 곁글 12-9).

연구에 참여한 한국 대학의 신입생들을 대상으로 1년 후에 다시 조사하여 변인들 간의 관계를 파악한 결과 초년생 때(T1) 외적 가치를 중요하게 여기는 양상이 높을수록 사회비교를 많이 하지만, 사회적 지원 활동을 하지 않고, 이런 양상이 신입생 시절 및 2학년 때(T2)의 행복감에 부정적 영향을 주는 것으로 나타났다([그림 12-20]).

곁글 12-10

지위재에 대한 관심의 증가

사람들은 먹고 살만해지면, 생활재보다는 지위재에 대한 관심이 늘게 된다. **생활재**는 생계를 위해 필요한 것들이지만 **지위재**는 사회적 위치, 신분, 성공, 능력 등을 인정받기 위한 재화들이다(Frank, 1985, 1999). 사치품, 명품, 고급 승용차, 고급 주택 등이 지위재들이다. 지위재에 대한 욕구는 물건이 주는 절대적 가치가 아니라 다른 사람들과의 상대적 비교에 의해 영향을 받는다. 연소득 3천만 원을 받는 사람의 만족도는 남들이 5천만 원을 받는 경우와 남들이 2천만 원을 받는 경우에 확연히 달라진다. 지위재는 그 재화가 놓인 맥락과 평가에 따라 가치가 결정된다. 문화마다 어떤 것이 지위재의 역할을 하는가는 달라질 수 있지만(Solnick, Hong, & Hemenway, 2007), 이 지위재에 대한 욕구는 모든 사회에서 나타난다(Frank, 2005). 사람들은 먹고 살기 위해서가 아니라 지위재를 구매하기 위하여 기꺼이 빚돈을 쓴다. 저축률은 감소하고 가계부채는 증가한다. 사람들은 더 많은 시간을 일하고 수면을 줄인다(Frank, 1999, pp. 97-103). 제2차 세계대전 후 생산성이 두 배로 증가하였지만 미국인들의 여가시간은 1973년 대비 1991년에 37%가 감소했다. 사람들은 남만큼 또 남보다 더 높은 지위를 과시하고 인정받으려는 경쟁의 덫에 갇힌다. 한 연구는 대표적인 지위재인 고급 스포츠카를 시내에서 몬 직후에 남성의 성호르몬이 상승하는 것을 보여(Saad & Vongas, 2009), 지위재가 강한 심적 보상 효과와 연결되어 있음을 시사한다. 높은 지위로 사람들의 부러움을 사는 경우에 사람들은 행복감을 느끼지만, 이 효과는 더 높은 지위의 사람과 비교되는 순간 사라진다. 따라서 지위가 주는 행복효과는 불안정하며 상대적

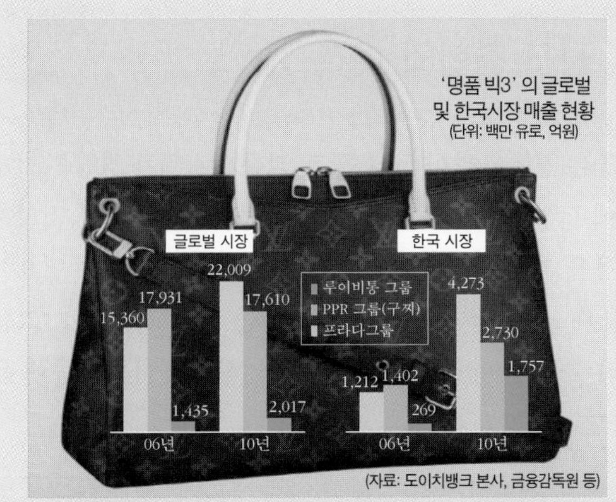

일 뿐이다.

주위사람들의 평가와 인정에 민감한 한국인은 지위재에 대한 소유 욕구가 높다. 대학원생들도 웬만하면 경차를 타지 않는 이유가 여기에 있다. 소득이 불평등할수록 생활에서 무시되지 않기 위해 지위재에 대한 욕구가 늘어나며, 지위재에 대한 광고가 늘게 된다. 국내총생산에서 광고비가 차지하는 비중은 소득이 불평등한 나라일수록 높게 나타나고 있다(Kawachi et al., 2002). 과시하려고 명품을 구입하고, 무시당하지 않으려고 짝퉁을 구입하는 양상을 우리 사회는 보여 주고 있다.

요 약

1. 긍정심리학은 삶의 행복에 영향을 주는 요인에 대한 탐구를 연구관심사로 한다.
2. 부정적인 정서가 생존에 필수적인 기능을 하는 반면에, 긍정적인 정서는 삶을 풍요롭고 충만하게 하면서 생존을 돕는 기능을 한다.
3. 삶의 행복도를 측정하기 위하여 심리학자들은 주관적 안녕감이란 개념을 제시하고, 자기 삶에 대한 주관적 평가요소와 긍정적 정서의 경험 정도를 파악한다.
4. 재미있는 삶, 의미 있는 삶, 몰입하는 삶이 행복한 삶의 유형과 철학으로 나타나며, 일반인들은 이들의 조합을 통해 행복한 삶을 추구한다.
5. 행복에 미치는 외적 요인으로서 소득, 연령, 남녀에 따른 차이가 나타난다. 단순한 수치의 집단 차이보다는 각 집단에서 행복감에 미치는 영향요인이 어떻게 다른지에 관심을 가져야 한다.
6. 행복에 미치는 내적 요인으로서 내·외향성, 낙관성, 통제감, 자존감이 작용한다.
7. 행복감의 50%는 유전적으로 설정되며, 10%는 생활사건의 영향을 받으며, 40%는 의도적 활동에 의해서 좌우된다.
8. 쾌락적응을 하는 탓에 생활사건의 변화가 행복에 미치는 영향은 오래 가지 못한다.
9. 문화에 따라 행복에 대한 정의가 다르고, 경험하는 방식도 차이가 난다. 동아시아권에서는 편안하고 낮은 각성 상태의 정서를 이상적 정서로 여기고, 구미권에서는 즐겁고 높은 각성상태의 정서를 이상적으로 여긴다. 행복의 경험에서도 동아시아권에서는 타인관여 정서가, 구미권에서는 타인비관여 정서가 큰 역할을 하며, 대인관계의 영역이 차지하는 역할이 동아시아권에서 높게 나타난다.
10. 한국인이 행복지수가 낮은 이유에는 강한 물질주의, 낮은 사회신뢰가 작용한다.
11. 한국인에게 물질주의가 유독 강한 이유는 남의 평가에 민감한 맥락적 자기의 특징이 역할을 한다. 물질주의는 행복을 가져다주는 내발적 동기에 바탕한 활동을 소홀하게 함으로써 행복의 경험과 멀어지게 한다.
11. 돈은 자기충만성의 올가미로 작용하여 대인관계에 관심을 소홀하게 만드는 작용을 한다.

정서 경험의 예측

대부분의 사람들은 기분 좋은 경험을 많이 하려 들고, 괴롭거나 힘든 경험을 적게 하려 든다. 그런 탓에 미래에 닥칠 경험이나 일들이 어떤 정서를 가져다줄 것인지를 예측하며, 보다 큰 즐거움을 가져오리라 예상되는 것에 관심을 보이고, 필요한 투자를 하는 반면에, 괴로움과 고통을 가져오리라 예상되는 것을 기피하고, 그를 경험하거나 견디느니 차라리 죽는 편이 낫겠다고 생각하며, 심지어 이를 행동에 옮기기도 한다.

사건의 고락 경험의 실상과 기억 사건을 경험하면서 우리는 순간순간 어떤 정서를 경험한다. 과연 해당 사건에 대한 경험정서는 매 순간 느끼는 정서의 합으로 볼 수 있을 것인가? 매우 흥미로운 실험에서 참여자들에게 여러 가지 재미있게(혹은 불편한) 구성된 30초에서 2분 길이의 짧은 영화들을 보여 주면서 느끼는 즐거움(혹은 불쾌감)의 강도를 손에 쥐어진 조그 다이얼을 갖고 매 순간 표기하게 하였다(Fredrickson & Kahneman, 1993). 영화는 스키 점프와 같은 재미있는 장면으로 구성되었거나, 다른 조건에서는 돼지를 때려잡는 장면같이 불편한 장면들로 구성되었다. 각 영화가 끝나면 전체적인 느낌에 대하여 평가하도록 하여 분석해 보니, 경험된 사건의 전반적 판단에 작용하는 몇 가지 원리가 나타났다. 첫째는 사건을 경험하면서 느낀 즐거움(혹은 불쾌감)의 절정 상태가 경험 전체에 대한 즐거움(혹은 불쾌감)과 깊은 관련이 있는 것으로 나타났다. 둘째는 사건의 말미에 느낀 정서가 경험 전체에 대한 평가에 큰 영향을 미쳤다. 셋째는 쾌·불쾌의 정서를 경험하는 시간의 길이는 사건에 대한 평가와 별 상관이 없었다. 즉, 사람들은 사건의 절정 상태와 마지막 상태의 순간적 경험의 질에 의해서 전체 사건을 평가하며, 그 경험이 얼마나 오래 지속되었는지는 무시한다는 것이다. 일상의 사건 예를 들자면, 소개팅에서의 만난 상대와 1시간을 같이 하건 5시간을 같이 하건 관계없이 같이 보낸 시간 동안에 제일 즐거웠던 경험의 강도와 헤어질 때 어떤 정서를 경험하였는지가 상대와의 만남에 대한 기억으로 남는다는 것이다.

이 연구는 사람들이 생각하는 정서의 경험 양상이 실제 사건이 전개되는 순간순간 느끼는 정서와는 상당히 차이가 있을 수 있음을 보여 주고 있다. 실제로 많은 연구들이 사람들이 예상하는 사건이 정서에 미치는 효과가 실제와는 많이 차이남을 보여 주고 있어, 생각과 현상과의 간극을 좁히면서 인간의 정서판단에 대한 흥미로운 원리를 제시하고 있다(이 분야의 발견들을 쉽고 흥미롭게 제시한 단행본으로 Gilbert, 2006을 보기 바람).

❖ 미래를 미리 느껴 보기

당신이 지금 사랑에 빠져 있다고 하자. 잘 지내던 상대방과 무슨 일이 생겨서 헤어지게 되었다. 헤어진 뒤 두 달 후에 당신이 느끼는 생활만족도는 어떻게 될 것인가? 이런 사건을 예측하게 했을 때 사람들이 느끼리라 예측하는 정서와 실제로 헤어진 사람들이 두 달 후에 느끼는 생활만족도를 물어서 비교해 본 결과 큰 차이가 나타났다(Gilbert et al., 1998).

왜 예측하는 것과 실제와는 이런 차이가 나타나는 것일까? Gilbert와 Wilson (2007)은 실제 느끼기와 미리 느껴 보기에서 작용하는 요소를 [그림 12-21]처럼 정리하고 있다. 두 경우 모두 행위상황에서 작용하는 맥락이 큰 영향을 미친다. 경험의 미리 느껴 보기를 할 때는 행위자가 이를 할 때 경험하고 있는 정서, 몸의 상태 등이 영향을 주며, 이는 실제로 경험을 할 때의 맥락상황과는 상당히 다를 수 있다. 또한 미리 느껴 보기를 할 때는 사건을 모사해 보는 것이므로 기억과 인지 및 기대에 의해 영향을 받지만, 실제 경험을 할 때는 벌어지는 사건에 대한 지각과 관점에 의해 영향을 받는다. 이런 차이 때문에 나타나는 예측 시의 편향 몇 가지가 발견되었다.

초점편향 1년 후에 유럽으로 파격적 염가로 배낭여행을 갈 수 있는 기회가 생겼다. 단 12시간 이내에 예약하지 않으면 기회는 날아간다. 어찌 하겠는가? 당신은 아마도 좋은 기회라 여기고 예약을 할 가능성이 높을 것이다. 사람들이 사건을 머릿속에서 모사하는 경우에 사건의 핵심만을 고려하지 사건의 경험에 수반되게 마련인 다양한 요소들을 고려하지 못한다. 따라서 즐거운 사건에 대하여는 지나친 기대에 들뜨고, 고통스러운 사건에 대하여는 지나친 염려에 몸이 단다. 이 양상은 사건이 발생할 시점이 미리 느껴 보는 시점보다 멀면 멀수록 더 심하게 나타난다. 지금은 예약 후에 들떠서 주위사람들에게 기쁜 마음으로 이야기를 하며 다니지만, 여행 출발일이 수주일 앞으로 다가오면서 준비해야 할 것들을 챙기게 되고, 비자문제로 추가 경비가 들고, 대사관을 방문해야 하는 등 일거리가 닥치면서 이럴 줄 알았으면 다음 기회를 볼 것인데 하며 후회하는 마음이 들게 된다.

초점편향은 자신의 정서를 예측하는 경우뿐만 아니라 다른 사람들이 경험하는 정서를 예측할 때도 나타난다. 국내에서 춘천시민과 서울시민을 대상으로 삶의 만족

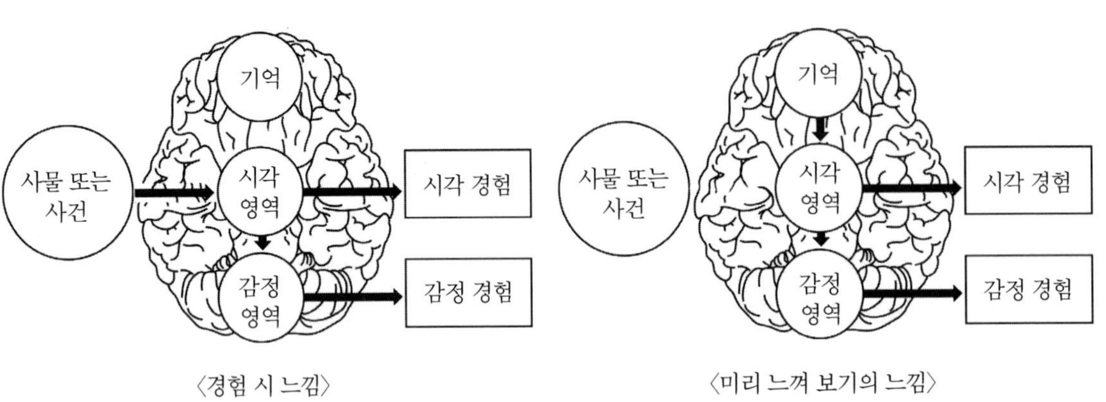

[그림 12-21] 실제 느끼기와 미리 느껴 보기의 차이
실제 느낌(좌)과 미리 느껴 보기(우)는 모두 시각 영역을 통해 정보를 얻지만 정보의 소스는 다르다.
출처: Gilbert, 2006, 그림 11.

도를 측정하고 상대지역민이 느끼는 만족도를 예측하도록 하여 비교했더니 두 지역민이 느끼는 삶의 만족도는 차이가 없었지만 상대지역민의 만족도 예측에 있어서도 초점편향이 작용하는 양상을 보였다(성민선 등, 2007). 즉, 춘천시민은 서울시민에 대하여 문화와 직업 영역에서 큰 만족을 느끼리라 과대평가하였으나, 자연환경 영역에서는 과소평가하였다. 그러나 서울시민들은 춘천시민들이 예측하는 만큼 문화와 직업 영역에서 높은 만족을 느끼거나, 환경 영역에서 불만이 많은 것은 아니었다. 마찬가지로, 서울시민들은 춘천시민에 대하여 삶의 여유 영역에서 만족도를 과대평가하였다. 이런 양상은 서울은 문화와 직업의 도시, 춘천은 환경도시라는 것에 초점이 맞추어져 해당지역 거주민의 삶의 만족도를 평가하는 초점편향 탓에 나타나는 것이다(유사한 미국의 연구는 Schkade & Kahneman, 1998).

과거 사건과의 유사성에 의한 판단 4장에서 우리는 불확실한 상황에서의 판단 시에 대표성 어림셈을 많이 사용함을 보았다. 마찬가지로 미리 느껴 보기를 할 때도 그 경험에 비견되는 유사한 과거의 경험에 비추어서 정서를 미리 경험한다. 그런데 이 과거의 경험에 대하여 사람들이 지닌 기억은 가장 절정의 정서경험과 끝날 때의 정서경험으로 구성되는 것임을 앞에서 보았다(Fredrickson & Kahneman, 1993). 또 다른 연구에서는 대학가에서 통학용 열차를 기다리고 있는 사람들에게 접근하여 과거에 열차를 놓친 경험을 회상하는 데 세 가지 방식 중 하나로 하도록 요

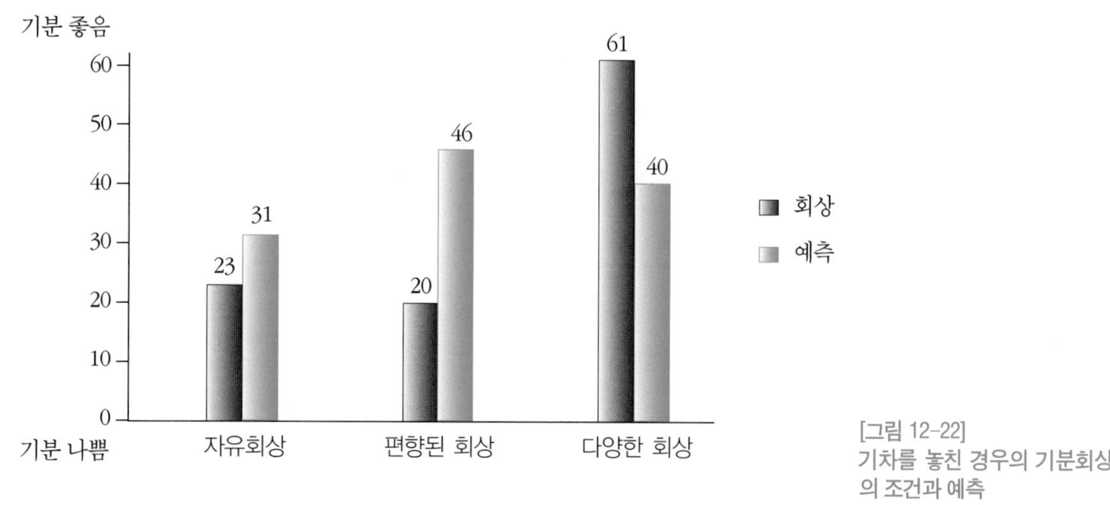

[그림 12-22]
기차를 놓친 경우의 기분회상의 조건과 예측

구하였다. 자유회상 조건에서는 열차를 놓친 경험을 회상하라고 하였고, 편향된 회상 조건에서는 기차를 놓쳐 가장 고생했던 경험을 회상하라고 하였다. 다양한 회상 조건에서는 과거에 기차를 놓친 세 번의 경우를 회상하도록 하였다. 각 회상을 하면서 당시에 기분이 어떠했는지를 평가하도록 했고, 오늘 기차를 놓친다면 어떤 기분이 들 것인지를 예측 · 평가하도록 하였더니 그 결과는 [그림 12-22]에서처럼, 자유회상은 편향된 회상과 별 차이가 없는 것으로 나타났다(Morewedge et al., 2005). 이는 열차를 놓친 경험은 많지만 뇌리에 남아 있는 것은 제일 고생했던 기억이 남아 작용함을 의미한다. 그러나 오늘 열차를 놓치는 경우 느끼는 기분을 예측하게 했을 때 자유회상 조건에서 가장 기분이 나쁘리라는 예측이 나왔다. 이는 자유회상 조건에서만 과거 회상(최악을 회상하나 이를 자각하지 못함)에 따른 영향을 받는 탓이고, 다른 조건에서는 최악이었음을 환기하게 되었거나, 다양한 경험이 가능함을 인식하게 되어 조정이 이루어진 탓이다.

현재편향 경험을 모사할 때 사람들은 자신이 현재 처한 상황이 주는 영향력을 잘 인식하지 못한다. 두 가지 양상에서 이를 볼 수 있는데, 첫째는, 과거의 회상이다. 명확하지 못한 과거의 자기 태도나 감정을 회상할 때 사람들은 그것이 현재의 태도나 감정과 유사한 것으로 여긴다. 현재 교제 중인 연인들에게 2개월 전 자신의 연인에 대하여 지녔던 감정을 회상하게 하면, 대부분 지금과 같은 감정을 가졌다고 말한다(McFarland & Ross, 1987). 마치 나비가 어렸을 때를 회상하면서 유충의 모습이 아니라 작은 나비였다고 회상하는 식으로 과거 기억의 빈 공간을 현재의 경험으로 채우는 경향성을 보인다.

둘째는, 미래의 예측이다. 벼르던 훈제연어를 뷔페에서 배부르게 먹은 사람은 다음 날 훈제연어를 거들떠보지도 않으리라 여기며, 담배를 막 피운 사람은 금연 성공 가능성을 높이 여긴다. 마찬가지로 배부른 상태에서 시장을 보면 식품을 빠뜨리기 쉽고, 배고픈 상태에서 보면 지나치게 많은 식품을 사와 나중에 버리기 쉽다.

현재편향은 미리 느껴 보기의 중요한 특징을 알려준다. 우리가 모사를 할 때는 실제로 벌어지고 있는 것을 경험하는 것이 아니라 그 경험에 대한 기억에 의지한다. 즉, 눈앞에 보이지 않는 대상을 상상할 때는 기억의 창고에서 그 대상에 대한 정보를 꺼내 시각피질로 보낸다. 이 시각피질의 모사적 가상경험은 그 경험과 관련된 감정을 촉발시키므로, 아내의 간통 장면을 상상할 때 질투와 분노가 솟구친다(Gilbert, 2006, pp. 175-177). 그래서 사람들은 사건을 모사하고, 그 모사와 더불어 느끼게 되는 감정을 미리 느껴 보기를 하며, 그에 바탕한 미래 예측을 한다. 우리가 무언가를 집중해서 모사하는 경우에는 눈을 감거나 귀를 막는다. 그 이유는 현재의 외부 대상과 모사하려는 사건 기억이 동일한 시각 및 청각 영역에서 경합을 벌여야 하기 때문이다. 우리의 뇌는 이 경우에 현재 외부에서 벌어지고 있는 것에 우선권을 주기 때문에 이 들어오는 자극들을 차단하지 않고서는 모사를 제대로 하기 어려운 까닭이다([그림 12-21] 참조).

사람들은 종종 현재의 느낌과 미리 느껴 보기의 느낌을 혼동한다. 헬스장에서 운동을 하는 사람들에게 등산하다가 길을 잃어 아무것도 마시지도 먹지도 못하고 하룻밤을 숲속에서 보내면 어떤 느낌이 들지를 상상하게 하였다. 특히 허기와 갈증 둘 가운데 어느 것이 더 고통스러울지를 물었다. 러닝머신에서 막 내려온 사람들(목마른 집단)은 92%가 배고픔보다 갈증이 더 고통스러울 것이라 답하였고, 목마르지 않은 사람들은 61%가 그러한 답을 하였다. 이 차이는 목마른 사람의 모사행위에 현재의 목마름이 반영되고 있음을 보여 준다. 마찬가지로 기분이 나쁜 상황에서 미래를 긍정적으로 상상하기는 어렵다. 중국 고사에 월왕 구천은 복수의 마음이 무뎌질 것을 두려워하여 쓸개를 늘 옆에다 놓아두고 그 쓴 맛을 보면서 오왕 부차에게 당한 수모를 늘 새롭게 하였다고 한다. 이 와신상담(臥薪嘗膽)의 고사는 현재편향에 대한 선각적 지혜를 담고 있다.

❖ 면역기제에 무심

교통사고를 당해서 평생 휠체어에서 살아야 한다면? 사랑하는 연인과 결별하게 된다면? 누구나 이런 상황에 처해서 자신이 느낄 정서를 예측하라면 끔찍할 것이다. 그런 일을 당하고 사느니 차라리 자살을 하고 말겠다는 사람도 많다. 건강한 사람들이 앓느니 차라리 죽겠다고 말하는 질환이 83가지가 있다지만, 그런 질환을 지닌 사람이 자살을 하는 경우는 매우 드물다고 한다(Gilbert, 2007). 사고로 한쪽 눈꺼풀만 움직일 수 있게 된 보비라는 언론계 인사는 "고이다 못해 흘러내리는 침을 삼킬 수만 있다면 그는 세상에서 가장 행복한 사람이다."라고 했다(Gilbert, 2007).

이상묵 교수
교통사고로 4번 척수(목 부분)가 완전히 손상되어 전신마비 상태로 평생을 살게 되었지만, 6개월 만에 강단에 복귀하였다. 그는 입김만으로 작동하는 마우스를 통해 인터넷에 접속하고, 영어 음성 인식 프로그램을 통해 논문을 쓰고 수업을 준비한다. 그는 "안 쓰는 물건을 내다 파는, 창고 세일(garage sale)을 세게 했다."고 말한다. "우선순위가 밀리는 팔다리를 정리했고, 정말 필요한 뇌와 심장만으로 충분히 연구할 수 있다."는 것이다 (중앙일보, 2009. 4. 20.).

사람들은 불행한 일을 안고 살아야 한다면 그 고통을 견딜 수 있는 것으로 만드는 심리면역기제를 지니고 있기 때문에 사고를 당해서 절망에 빠져 죽기보다는 조만간에 정상적인 생활로 돌아온다(Gilbert et al., 1998). 다만 사람들은 정서를 예측하는 상황에서는 심리면역기제의 작동을 인지하지 못하는 면역무심증을 보이는 탓에 실제 경험보다 예측 시에 훨씬 부정적인(끔찍한) 정서를 경험할 것으로 여긴다. 한 실험에서 참가자들의 정서를 측정하고서, 25달러를 얻을 수 있는 면접을 하게끔 하였고, 모두 불합격되었음을 알려 주었다(Gilbert et al., 1998, 연구 6). 합불을 결정하는 심사절차가 불공정 조건에서는 한 사람의 심사관이 업무와는 무관한 질문을 하나 던지고 대답을 듣고서는 불합격이라 결정한 상황이었고, 공정 조건에서는 세 사람의 심사관이 질문을 던지고 답을 듣고 전원일치로 불합격 판정을 한 상황이었다. 불합격 통지를 받은 직후에 정서를 측정하고 10분이 지난 후에 다시 측정한 결과를 분석하니, 불합격 상황 시 느끼는 정서를 예측한 예측치는 심사 조건에 무관하게 매우 부정적인 것으로 나타났다. 그러나 실제로 불합격 당하고서 느낀 정서는 예측 정서보다 덜 부정적이었으며, 공정 조건에서는 불공정 조건에서보다 훨씬 부정적인 것으로 나타났다([그림 12-23]). 그림에는 나와 있지 않지만 판정 후 10분 지났을 때, 불공정 조건에서 느끼는 정서가 실험 시작 전의 상태로 되돌아갔지만 공정 조건에서는 여전히 불쾌한 상황이었다. 이 연구는 불공정한 취급을 받았을 때 사람들의 면역기제는 즉시 작동이 가능하지만("형편없는 심사절차군!") 공정한 취급에 의해 상처를 받는 경험은 회복이 쉽지 않음을 보이고 있다. 하지만 사람들이 정서를 예측할 때는 이런 면역기제가 작동할 것으로 여기지 않는다. 사람들은 심사자들로부터 좋지 않은 평가를 받았을 때 심사자 집단을 싸잡아 한통속으로 간주하는 양상을 보이는데 이도 면역기제가 작동하는 탓이다(Savitsky et al., 2016).

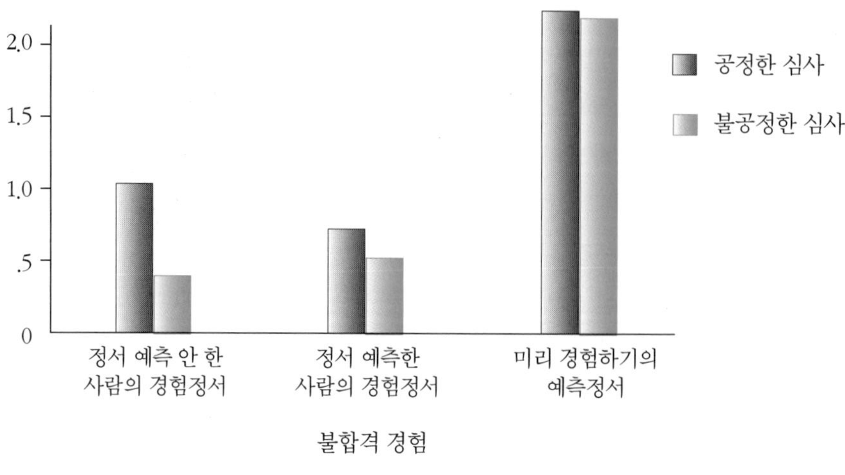

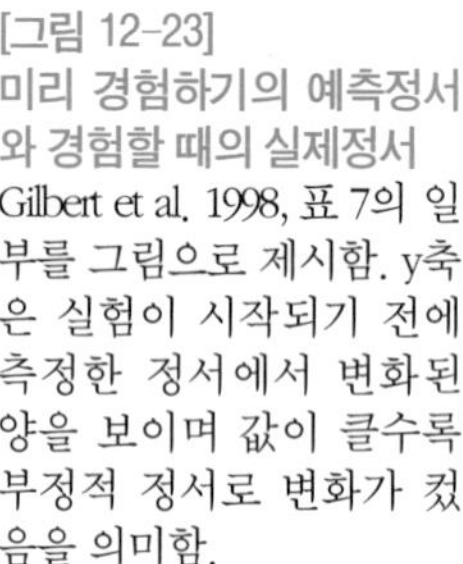
[그림 12-23]
미리 경험하기의 예측정서와 경험할 때의 실제정서
Gilbert et al. 1998, 표 7의 일부를 그림으로 제시함. y축은 실험이 시작되기 전에 측정한 정서에서 변화된 양을 보이며 값이 클수록 부정적 정서로 변화가 컸음을 의미함.

요 약

1. 사건 속에서 자신이 느끼는 정서경험과 사건에 대한 기억은 차이가 있다. 사람들은 사건에서 경험한 최고 혹은 최악의 정서, 사건 마무리 시점에 경험한 정서를 사건에 대한 기억으로 갖는다.
2. 사건을 경험하는 경우에 어떤 정서를 느낄 것인가를 미리 느껴 보기 할 때, 사람들은 몇 가지 편향을 보인다. 사건의 가장 현저하게 부각되는 내용에 주의가 쏠려 판단이 이루어지는 초점편향 탓에 좋은 사건은 좋은 것만, 나쁜 사건은 나쁜 것만 부각시켜 정서의 미리 느껴 보기가 이루어진다.
3. 현재편향은 미리 느껴 보기를 하는 현재 시점의 상태가 과거를 회상하거나 미래의 사건을 모사하는 경우에 작용한다는 것이다.
4. 사람들은 불행과 고통스러운 경험에서 회복되어 정상적인 생활로 복귀하는 심리면역기제를 갖추고 있다. 면역기제는 불공정한 취급을 받는 상황에서 쉽게 발동한다. 그러나 이 면역기제의 작동을 간과하는 면역무심증 때문에 미리 느껴 보기를 할 때 상황의 파국성을 과장되게 예측하는 양상을 보인다.

사회심리학의 변화와 전망

인간과 사회를 보는 관점의 변화, 연구방법론의 발달과 발맞추어 사회심리학 탐구 대상과 접근의 시각에 끊임없이 변화가 나타났다. 지난 30여 년간에 나타난 두드러진 변화는 문화에 대한 관심의 정착, 정서 및 동기에 대한 관심의 확대, 생물학적 관점과의 융합 세 가지를 들 수 있다. 각각에 대하여 살펴보도록 하자.

❖ 문화심리학의 정착

지구촌 시대가 전개되면서 가치와 신념, 행동 방식이 서로 다른 문화권의 사람들을 이해하기 위한 틀로서 개인주의-집단주의 차원이 제시된(Hofstede, 1980; Triandis, 1995; 이 이론의 개요를 파악하기 위해 한규석, 1991을 볼 것) 이후로, 거의 폭발적인 관심이 문화 차이를 이해하는 데 쏠렸다. 실증적 연구가 누적되면서 심리현상의 문화 차이가 드러나게 되었고, 이러한 차이를 이해하는 비교문화심리학적 이론들이 나타나게 되었다. 특히 동아시아권과 구미권을 비교하는 연구들이 많이 나타났으며, 대표적인 연구성과를 든다면 문화권에 따른 자기의 구성적 특징(Markus & Kitayama, 1991), 문화권에 따른 생각 및 지각 방식의 차이(Nisbett, 2003; Nisbett et al., 2001), 동기의 차이(Heine et al., 1999; Iyenger & Lepper, 1999), 정서의 차이(Diener & Suh, 2000; Kitayama & Markus, 1994)를 들 수 있다. 이런 비교문화적 연구와 더불어 각국의 토착적 심리현상에 대한 분석도 진행되면서, 수치 비교에 가려져 있는 심리현상의 토착적 의미를 펼쳐 보이고 있다(최상진, 2011; Kim & Berry, 1994). 국내에서도 최근에 이런 연구동향을 파악할 수 있는 대학교재가 『문화심리학』이란 제호로 고려대 한성열 교수 팀에 의해 출판되었다(한성열, 한민, 이누미야, 심경섭, 2015).

한성열(1951~)
미국 시카고 대학교에서 심리학 박사학위를 받고 현재 고려대학교에 재직 중이다. 16대 한국사회 및 성격심리학회 회장을 역임하였으며, 행복의 심리학, 통일문제, 문화심리학의 분야에 연구 관심을 보이고 있다. http://psychology.or.kr/을 운영하고 있다.

문화비교의 틀 심리학자들이 문화에 대하여 보이는 관심을 촉발시킨 연구는 1980년에 발표된 네덜란드 교수 Hofstede의 저작 『문화의 결과(Culture's Consequence)』다. 그는 다국적 거대 기업인 IBM이 사원들의 사기진작을 위한 연구 목적으로 40개국에서 고용되어 일하는 종업원들을 대상으로 1967년과 1973년에 행한 조사자료를 재분석한 결과, 여러 국가들을 네 가지 차원에서 구별할 수 있음을 발견했다. 이들은 '권위성' '불확실성의 회피' '개인/집단주의' '남성/여성성' 이다. 〈표 12-3〉은 이들 차원의 의미를 잘 담아내고 있다고 여겨지는 설문지의 문항을 보여 주고 있고 각 차원에서 높은 점수를 얻는 응답 형태를 보여 주고 있다. 지속적인 조사연구를 통해서 Hofstede 교수는 조사 대상국을 확대하며, 비교의 차원도 늘려 가고 있다. 그는 누리집(http://www.geert-hofstede.com)을 통해 세계 각국의 비교문화심리학적 프로파일을 제공하고 있다. [그림 12-24]는 그곳에서 얻은 최근의 한국과 미국의 비교 프로파일이다.

이들 차원 중에서 가장 관심이 쏠린 것은 개인/집단주의 차원이다. Hofstede(1980)는 "개인주의는 개인 간의 연대가 느슨한 사회에서 모든 사람들이 자신과 자신의 직계가족들만 돌보는 경향을 보인다. 이와 달리 집단주의는 사람들이 살아가는 동안

〈표 12-3〉 Hofstede의 문화차원 측정 문항

차원	문항	응답
권위성	부하가 상사의 견해에 반대할 때 이를 표현하는 것이 어렵다는 것을 자주 경험합니까?	매우 자주
남성성	높은 보수를 받는 직업을 갖는 것이 얼마나 중요합니까?	매우 그렇다
개인주의	자신의 개인적 자유시간을 충분히 즐길 수 있는 직업을 갖는 것이 중요하다고 봅니까?	매우 중요
불확실성의 회피	사원이 생각하기에 회사의 규칙을 위배하는 것이 회사를 위해 필요한 경우라도 규칙은 위배되어서는 안 된다.	매우 그렇다

출처: Hofstede, 1980.

변치 않는 충성의 대가로 평생 동안 그들을 보호하는 응집력이 강한 내집단의 성원으로 살아가는 사회의 특성" 으로 요약하고 있다(p. 51). 개인주의 문화의 특징은 집단보다 개인이 우선권을 지니며, 개인의 목표, 성취, 행복, 기호, 판단이 의사결정의 기준이 된다. 따라서 개인들이 모여 상호 간에 타협이나 합의에 의해서 자신들의 행위를 규제하는 규범을 만들기도 하지만 이러한 규범은 얼마든지 수정 가능하고 개인이 집단을 떠나거나 역할이 바뀌면 규제력을 상실한다. 결혼, 직업, 취미생활 등의 선택은 가족 공동체의 판단보다 개인 당사자의 책임이다. 유럽에서도 개신교의 세력이 센 북구 유럽과 북미(캐나다, 미국)권이 이 문화권의 대표적인 사회다.

집단주의 문화의 특징은 개인보다 일차 집단(가족, 친척, 공동체 등)이 우선적인 중요성을 지니고, 집단이 개인의 욕구 충족과 보상의 원천이며, 적절한 행위, 규범 등

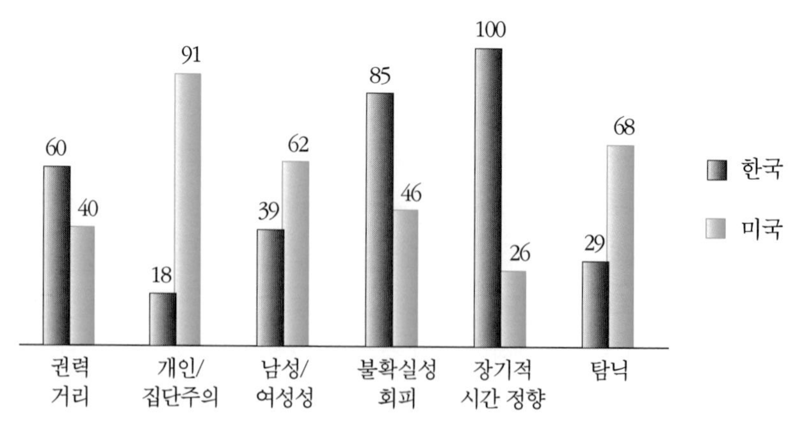

[그림 12-24] 한국과 미국의 비교문화심리학적 프로파일

출처: https://www.geert-hofstede.com/ 2016년 2월.

이 무엇인지를 제공한다. 국가로 본다면 동양권의 전통적인 농경사회 및 산업화가 진행되고 있거나 그 직전에 있는 사회, 유럽에서는 가톨릭 국가인 남부 유럽사회, 및 남미사회들이 이러한 문화적 특성을 지닌 것으로 여겨진다(곁글 11-10 참조).

Hofstede의 개인주의/집단주의 분류차원은 동일한 명칭의 이론으로 발전되었고(Triandis, 1989, 1995), 또 독립적 자기/상호의존적 자기라는 집단적 자기구성 이론으로 각색되어(Markus & Kitayama, 1991; 본서 2장 참조) 1990년대 이후 문화권이 다른 사람들이 보이는 심리현상의 차이를 이해하는 심리학의 중요한 이론으로 자리매김을 하였다(자세한 논의는 조긍호, 2006; 한규석, 1991, 1997를 참조 바람). 이 이론은 문화를 이분법적인 구도로 단순화시켰고, 문화를 특정의 민족집단과 결부시킴으로써 동일 문화권 내에서 다양한 가치관과 유형의 사람들이 공존하고 있는 양상을 설명하기 어려우며, 문화가 시대적으로 변화해 가는 양상을 설명하기에는 부적합하다는 비판을 강하게 받고 있다(Hermans & Kempen, 1993). 이러한 취약점에도 불구하고 심리학에서 문화의 중요성을 인식시키는 결정적인 역할을 하였으며, 비교문화심리학의 발전에 주춧돌적인 공헌을 하였다.

문화심리학의 의미 30여 년간에 이루어진 문화심리학의 연구들이 가져온 가장 큰 수확은 사회심리학 원리의 문화적 제한성과 보편성에 대한 관심을 진작시킨 것이다(1장 참조). 문화의 차이를 깨닫기 전까지 사회심리학은 인간사회에 적용되는 보편적 원리를 다루고 있다는 암묵적 전제를 품고 있었다. 이 같은 시각은 저명한 사회심리학자인 미시간 대학교의 Nisbett 교수가 그의 논문에서 고백하고 있다. 그가 사람들의 인지방략에 대한 연구를 정리하여 『인간의 추론』이란 제목의 저서(Nisbett & Ross, 1980)를 출판했을 때, 이를 본 저명한 인류학자가 '훌륭한 민속지적 연구'라는 반응을 보였고, Nisbett은 충격을 받고 실망하였다. 20년이 지나 많은 비교문화적 연구들이 문화마다 뚜렷한 차이를 보이는 사고양상의 증거들을 누적시키자 비로소 Nisbett 교수도 "비교문화심리학에 관심을 보이지 않는 심리학자들은 민속지적 연구자"임을 인정하였다(Nisbett et al., 2001, p. 307). 인류학자들에게 친숙한 민속지적 접근에 대하여 생소한 심리학도가 모두 비교문화적 연구에 관심을 가져야 할 필요는 없다. 다만 특정의 문화권에서 이루어진 연구의 결과를 이해하기 위해 문화적 특성을 늘 고려하여 문화적 특수성과 그 적용의 보편성에 대하여 의구심을 품는 것은 바람직한 자세일 것이다.

본서에서는 이런 비교문화심리 및 문화심리적 탐구의 결과를 다양한 주제에 걸쳐 반영하면서, 구미에서 발견된 사회심리적 원리와 현상이 문화적으로 어떻게 차이가 날 수 있을 것인지에 대한 검토를 촉구하였다. 사회심리학자들이 이 주제를 보다 집중적으로 다룬 서적들이 출간되기 시작하였다. Kitayama와 Cohen이 펴낸 편람(2007), Heine(2008)의 교재, 국내에서 한성열 등(2015)이 낸 교재 등을 대표적으로 들 수 있다. 비교문화적 관심사에서 출발한 문화심리학적 연구는 이제 심리현상의 단순비교를 넘어서 왜 그런 심리현상의 차이가 나타나게 되었는지, 어떤 사회화 과정을 통해서 문화적 심리가 형성되고, 세습되며, 환기되고, 어떻게 작용하는지에 대한 연구로 발전하고 있다(Valsiner & Rosa, 2007).

❖ 정서 및 동기에 대한 관심의 확대

1950년대부터 시작된 심리학의 인지혁명은 사회심리학에도 큰 영향을 주었다. 오직 보이는 행동만이 심리학의 탐구대상이어야 한다는 행동주의적 입장에서 벗어나, 보이지 않지만 행동을 이해하기에 필수적인 정신 현상, 특히 인지 및 사고 현상에 대한 탐구가 본격화 되면서 인지주의가 1990년대 초까지 사회심리학에서도 가장 널리 수용되어 왔다(Bruner, 1990). 이 당시 인지주의를 잘 반영하는 인간관으로 인간은 정보처리의 효율성을 지향하는 '인지적 구두쇠'라는 시각이 널리 수용되었다. 이 관점이 대표하고 있는 인간상은 합리적으로 사고하고 판단하며 사회적 행위를 하는 이성적인 모습을 그려내고 있다. 그러나 논리적으로 설명하기 힘든 사고 양상들에 대한 증거가 누적되었다. 일상의 사고와 판단에서 정서의 영향을 받는 통제하기 힘든 자동적 사고양상이 더 많이 나타나는 것을 알게 되면서 체계 I 사고(직관적)와 체계 II 사고(논리적)의 유형이 정리되며, 보다 더 균형을 이룬 접근이 취해지고 있다(본서 4장 참고).

정서에 대한 사회심리학의 관심을 촉구한 것은 미시간 대학교의 Zajonc(1980) 교수다. 그 전까지 정서에 대한 관심은 정서의 판단, 유형, 표현에 대한 것에 머물고 있었다. 정서는 야만적인 것이고, 논리적으로 설명되어야 할 대상으로 여겨져 왔지만(김정운, 2001), 그는 정서가 인지에 선행하며, 무의식적 수준에서 작용하면서 행동 및 태도에 광범위한 영향을 미친다는 주장을 하면서, 정서를 심리학의 주된 관심사로 만드는 기여를 하였다.

뜨거운 인지 생활에서 접하는 정보를 처리하고 판단하는 인지과정은 논리적이며 차가운 과정이라고 간주되어 왔다. 그러나 사람들이 지니고 있는 욕구와 동기 및 느끼는 정서에 의해서 인지과정이 영향을 받는다는 다양한 증거들이 누적되면서 뜨거운 인지라는 용어가 부각되었다(Kunda, 1999, 6장). 뜨거운 인지 분야의 연구자들은 정서와 동기에 주목하고 있다. 이 두 분야의 관심을 간략히 살펴보자.

냉철한 사고에 의한 판단이 중요하다고 여기지만 우리의 정서에 따라서 판단이 좌우되는 측면이 최근의 연구들에 의해서 부각되고 있다. 이를 보여 주는 흥미로운 연구로서 사람들이 성과 인종에 대하여 지닌 편파성을 암묵적 연합검사(본서 5장 참조)를 이용하여 측정하고, 이들에게 미국사회에서 다양한 풍자로 인기 있는 코미디언의 코미디를 보여 주면서 얼굴표정에 웃음이 나타나는 정도를 분석한 연구는 성(혹은 인종) 관련 전통적인 고정관념이 강한 사람들일수록 성차(혹은 인종차)를 다루는 코미디를 볼 때 다른 코미디를 접하는 경우에 비해서 훨씬 웃음근육들이 많이 활성화되는 것을 발견하였다(Lynch, 2010). 이런 양상은 참가자의 성이나 인종과는 무관한 것으로 보인다. 이 연구는 웃음을 일으키는 무의식적인 수준의 판단이 암묵적 태도에서 볼 수 있는 우리의 정서에 의해서 영향을 받으며, 웃음이 코미디언의 믿음과 편견을 시청자들이 공유하고 확인하는 사회적 기능을 수행함을 보여 준다.

사람들에게는 보편성을 지닌 동기가 있다. 예를 들어, 자기에 대한 긍정적인 인식을 하고자 하는 것은 보편적이라 할 수 있다. 자기가치 확인 이론(Steele, 1988)은 긍정적 자기상을 견지하고자 하는 동기가 충족되면 인지의 변화가 나타나지 않지만, 그 동기가 충족되지 못하면 인지의 변화가 나타나는 것을 보여 준 뜨거운 인지의 대표적인 연구라 볼 수 있다(본서 3장 참조).

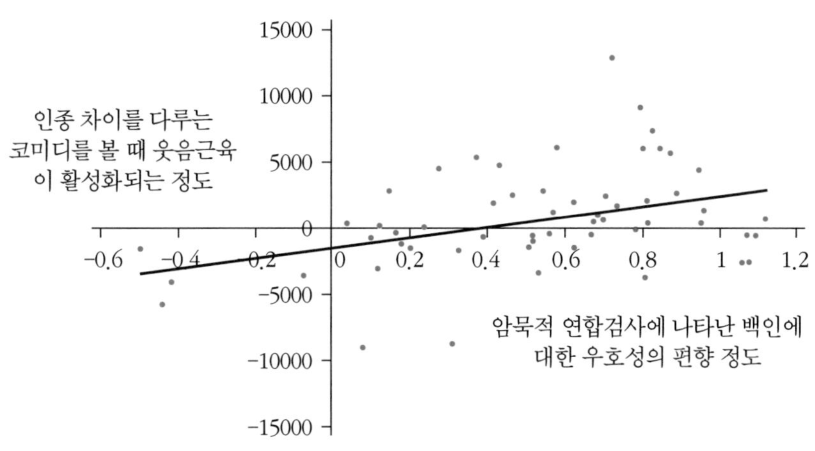

[그림 12-25]
인종에 대한 암묵적 태도와 인종 코미디 시청 시 나타나는 웃음의 강도
출처: Lynch, 2010, 그림 1.

또 한 가지 예로, Kruglanski(1988; Kruglanski et al., 2002)가 제시한 종료동기를 들 수 있다. 이 이론에 따르면 사람들은 사건을 접해서 정리된 이해를 하고자 하는 동기가 있다. 시간이 촉박하다면 이 동기가 작용하여 잘잘못을 떠나서 이해를 하는 것이 관심거리가 된다. 이 경우에 사람들은 빠른 정보처리를 거쳐서라도 거칠지만 이해를 하게 되면 더 이상의 정보처리를 하지 않는다. 그러나 상황판단의 정확성이 강하게 요구되는 상황이라면 종료욕구를 통제하고 종료를 미루게 된다. Webster(1993)는 사람들이 타인의 행동을 보고서 그에 상응하는 내적 특성을 유추하는 대응추리 경향(본서 3장 참조)이 종료동기가 강한 상황에서는 상대방을 신속히 파악하게 만들므로 더욱 잘 나타남을 보였다. 한 연구에서 연구참여자들에게 표적인물이 교환학생 프로그램을 반대하는 주장을 하는 상황을 제시하였다. 강요 조건에서는 그 주장이 표적인물이 강요당한 것이라 알려 주고, 선택 조건에서는 선택한 것이라 알려 주었다. 다음 하게 될 실험과제가 흥미로울 것으로 예상한 사람(현 상황의 종료동기가 큼)들은 다음 과제가 재미없는 수학강좌의 수강이라고 알고 있는 사람(종료동기가 약함)에 비해서 대응추리 경향이 강하게 나타났다. 선택 조건에서는 종료동기의 크기와 무관하게 대응추리(성향귀인) 양상이 나타났지만, 강요 조건에서는 종료동기가 강할 때만 대응추리가 나타났다([그림 12-26]). 이는 선택 조건에서는 대응추리가 자연스러운 현상이지만, 강요 조건에서는 대응추리가 적절한 양상이 아님에도 불구하고 종료욕구가 작용한 탓이라 보겠다. 이 같은 양상은 인간이 무의식적 정보처리에 있어서 인지적 구두쇠이자 아울러 동기화된 전략가임을 보여 주고 있어, 이 방향으로의 연구가 향후 많이 이루어질 것을 예상할 수 있다(곁글 12-11).

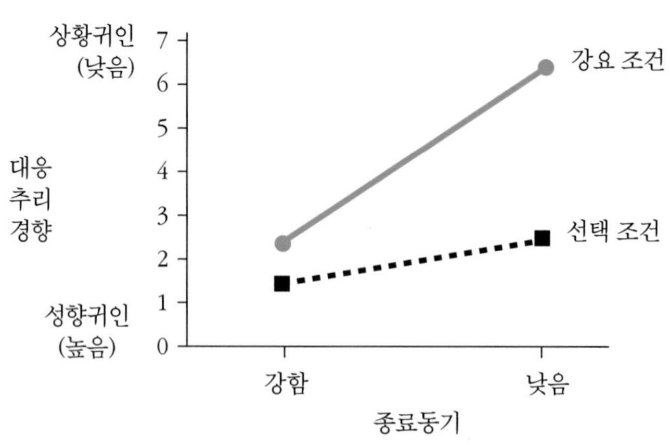

[그림 12-26]
교환학생 프로그램 반대 주장을 보고서 상대의 태도를 유추하는 귀인양상

출처: Webster, 1993, 표 2의 일부.

결글 12-11

뜨거운 인지: 선택에 미치는 무의식적 목표의 작용

붉은 악마의 응원

2002 월드컵은 한국인에게 붉은 악마라는 신화를 남겨주었다. Red Devil이라는 글씨가 선명한 빨간 티셔츠는 한국을 상징하며, 월드컵 4강 진출의 희열을 느끼게 해 주는 기호가 되었다. 빨간 티셔츠를 입으면서 희열과 자랑스러움이라는 두 가지 정서적 목표를 같이 즐길 수 있다. 일석이조의 효과를 거두는 것이다.

미국의 한 대학교에서 학생들을 두 집단으로 나누어 한 집단(진출 조건)에게는 그 학교의 농구팀이 전미대학농구대회의 4강에 진출한 경우를 회상하게 하였고, 다른 집단(탈락 조건)에게는 준결승전에서 라이벌 대학에 아쉽게 져서 탈락하면서 흥분한 학생들이 술 마시고 캠퍼스 내의 기물들을 파괴하였던 사건을 회상하도록 하였다. 두 조건에서 모교에 대하여 느끼는 자긍심을 측정하였더니 진출 조건에서는 자부심을, 탈락 조건에서는 수치심을 느끼는 것으로 나타났다. 이들에게 두 가지 색깔의 천조각을 주면서 어느 천이 더 질긴 천인지를 식별해 내도록 하였다. 하나는 붉은색이었고, 다른 하나는 보라색이었지만 같은 천으로 만들어진 것이었다. 진출 조건의 경우에 붉은색을 택한 사람의 비율이 87%로, 탈락 조건 43%의 두 배에 해당하는 것으로 나타났다. 왜 이런 차이가 나타났는가? 붉은색이 바로 그 대학의 상징색이었던 것이다(전우영, 2009, 연구 1). 진출 조건의 사람들은 붉은색을 택함으로써 질긴 천을 판단하는 의식적인 목표와 더불어 학교에 대한 자긍심을 느끼고자 하는 무의식적 목표를 동시에 달성하고자 한 것으로 해석될 수 있다.

자동처리 기제 사람들이 대상이나 사안을 접했을 때 어떤 '느낌'을 갖게 되고 말로는 설명할 수 없는 이 느낌이 생활에 미치는 영향에 대한 연구가 연구기법의 발달과 더불어 활발하게 진행되고 있다. 이 방향의 연구들은 정서의 작동뿐만 아니라 인지의 작동도 상당부분 자동적이고 의식의 바깥에서 이루어지고 있음을 보이며, 이 자동처리 기제를 의식적으로 이루어지는 통제처리 기제와 대비시키고 있다(Uleman & Bargh, 1989; Wegner & Bargh, 1998).

사람들은 자신이 갖게 된 느낌을 스스로 설명하기 위하여 내관(스스로의 생각, 감정을 들여다봄)을 하지만 이 내관은 느낌을 정당화시키기 위한 설명이지 실제 느낌의 과정은 아니다(Nisbett & Wilson, 1977). 대형 매장에서 똑같은 품질인 네 켤레의 양말을 진열하고서 사람들에게 고르게 하니, 가장 오른쪽 양말을 선택하는 경향이 높았다. 사람들에게 왜 그 양말을 선택했느냐고 물었을 때 누구도 양말의 위치를 언급한 사람은 없었다. 식역이하 강도의 점화자극을 이용한 연구들도 사람들이 점화절차에 의해서 영향 받지만 사람들은 이를 인지하지 못함을 보인다. 즉, 사람들의 행동과 판단이 이루어지는 과정이 많은 경우에 자동적이고 무의식적이어서 사람들은 왜인지를 설명하기 어렵다. 그렇지만 이 관계를 납득하기 위한 이유를 대는 것에 또한 익숙하다. 사람들은 자신 혹은 타인의 결정을 이해하기 위하여 내관을 하여 얻은 답 혹은 상대에게 물어서 들은 대답을 대체로 수용하는 것이다. 사회심리학의 연구들은 이 답이 종종 틀리다는 것을 보여 주고 있다. 사람들이 생활 속에서 보이는 무의식적이며 자동적 사고과정 및 정서적 반응에 대한 기제는 물론, 자동적 사고와 통제된 사고가 경합을 벌이는 상황(나쁜 기억을 안 하려는데 자꾸 떠올라 잠을 못 이루게 하는 상황 따위)에 대한 이해 등의 흥미로운 연구가 더욱 많이 나타날 것으로 기대할 수 있다.

❖ 생물학적 관점과의 융합

사회심리학 분야에서 최근에 벌어지고 있는 또 하나의 뚜렷한 현상은 사회심리적 현상의 분석에 생물학적 시각을 적용하는 연구들이 증가하고 있는 점이다. 이런 접근은 사회심리 현상에 대한 우리의 이해를 상당히 진전시키고 있다. 생물학적 접근은 두 가지 별개의 관심사에서 나타나고 진행되고 있다.

진화심리학적 관점의 확산 **진화심리학**은 1970년대 중반에 하버드 대학교 생물학과의 개미전공자인 Wilson 교수가 제시한 **사회생물학**의 관점을 심리학에 적용하면서부터 활발히 진척되고 있는 분야다(Buss, 1999). 뿌리를 유전자에 두고서 심리현상을 진화론적 기제의 작용으로 설명하고 있어서 본성을 강조하는 분야로 여겨질 수 있지만, 행위와 적응에 미치는 환경의 영향을 받아들이고 있으므로 사회심리학 및 심리학자들의 관점과 크게 다르지 않다. 오히려 대조적인 부분은 인간의 마음을 심리학자들은 **빈 서판**(Pinker, 2003), 즉 백지로 보고 학습에 의해서 범용의 적응적 심리기제(일반 지능 등)를 갖추어 간다고 보는 입장을 전통적으로 취했지만, 진화심리학자들은 **자연선택기제**에 의해 다양한 본성을 갖추고 태어난다고 보며, 이들이 생활 영역별로 구체적인 특성으로 기제화되어 나타난다고 보는 것이다. 진화심리학의 관점을 반영하는 좋은 예는 **언어습득기제**(Pinker, 1994)이다. Skinner와 같은 학습론자들은 언어도 범용의 학습기제에 의해서 습득되는 것으로 여겼지만, 진화심리학자들은 언어습득을 위한 기제가 일반학습기제와 달리 별도로 갖추어져 있다고 본다. 마찬가지로 언어를 학습하는 기제와 별개로 뱀에 대한 공포증을 학습하는 기제가 있다고 본다. 학습은 이런 점에서 영역마다 구분되는 단위기제(모듈)로 나타난다는 것이다. 진화심리학은 다음과 같은 다섯 가지 원리를 관점으로 취하고 있다(Cosmides & Tooby, 1997).

1. 뇌는 컴퓨터처럼 기능하는 신체기관이다. 뇌의 회로는 인간의 생활환경에 적합한 행동을 생성해 내도록 구성되어 있다.
2. 신경회로는 종의 진화기간 동안 그 선조들이 매일 당면했던 문제들을 해결하도록 자연선택 과정을 통해 갖추어진 것이다.
3. 사람의 의식은 빙산의 일각일 뿐이다. 사람의 마음과 행동을 움직이는 것은 의식으로 알 수 없지만, 이를 인식하지 못하기 때문에 뇌의 회로 구조가 단순하리라 여길 뿐이다.
4. 각기 다른 적응상의 문제를 해결하도록 신경회로는 모듈로서 특화되어 있다.
5. 현대인류가 지닌 머리는 석기시대 인류의 마음을 담고 있다. 백만 년의 인류사에서 99%는 현재의 생활환경과는 전혀 다른 유목, 채취 생활을 하였기에 우리의 마음이 작용하는 방식은 종종 현대사회의 문제에 적절한 답을 제공하기 어렵다.

사회심리학의 여러 이론들이 작은 규모의 이론들로 연구자가 관심을 지닌 사회적 행동 및 그와 관련된 사회현상을 설명할 뿐 그 적용 영역이 제한되어 있는 데 반해서, 진화심리학은 전혀 관련이 없다고 여겨지는 영역의 현상들을 구슬 꿰듯이 아우르는 큰 이론을 제공함으로써 많은 관심거리가 되고 있다. 이를테면, 친사회적 행위, 협동행위, 배우자 선택의 전략, 이성의 신체 매력, 질투의 남녀 차이, 사고과정의 어림셈, 친족살인, 자동적 사고 등의 영역에 적용되는 틀을 제공한다는 점에서 큰 매력을 지니고 있다(최재천, 2003). 더욱이 큰 이론이지만 과학적으로 규명이 가능한 가설들을 제시하고 있어 향후 더욱 많은 연구들이 사회심리학의 영역에서 이 접근을 취하여 이루어질 것으로 여겨진다(이 분야의 내용을 우리 생활과 관련하여 쉽게 풀이한 서적으로 진중환, 2016을 볼 수 있음).

사회신경과학의 대두 특정의 시자극을 접해서 눈동자의 움직임이 어떻게 이루어지는지를 보는 안구측정기, 거짓말을 할 때 땀샘에서의 땀의 분비를 측정하는 EMG, 특정의 생각, 정서와 관련되어 두뇌에서 신경회로들이 어떻게 작동하는지를 볼 수 있는 뇌영상촬영기(fMRI), 유전자의 기능을 파악하는 게놈 프로젝트의 발달이 사회심리학의 연구와 융합되고 있다. 즉, 사회심리 현상의 생물학적 기저를 파악하기 위하여 유전학과 뇌신경과학의 연구가 활발히 진행되고 있다(Cacioppo, 2002; Ochsner & Lieberman, 2001).

사회신경과학 분야의 연구들이 사회심리학에 기여하는 의미를 제대로 파악할 필요가 있다. 왜냐하면 흔히 사회심리학은 생물학적인 연구와는 차원이 다른 설명을 추구하고 있다고 여겨지면서, 생물학적인 설명을 추구하는 것은 환원론적이며 사회과학적인 설명을 대체시키는 시도라고 여겨지기 때문이다. 그러나 인간의 행동은 생물학적인 몸을 지닌 탓에 영향을 받는다는 것이지 생물학적으로 결정되는 것은 아니다. 예를 들어, 진보-보수의 이념 대립을 유전자의 기능과 관련시켜 본 연구(Settle, 2010)는 미국 청소년기 건강 추적조사(National Longitudinal Study of Adolescent Health)에 등록된 2500여 명의 유전자 정보와 정치 성향을 살핀 뒤, 특정 유전자(DRD4-7R)가 진보주의와 연관이 높다는 것을 보인다. 이 유전자는 뇌에서 도파민 계열의 신경전달물질을 만드는 기능을 하는데, 이에 포함된 7R이라는 긴 형태의 대립 형질(allele)이 새로운 것을 추구하는 기질과 연관되어 있다. 이 기질이 두드러지는 사람은 단조로운 것을 오래 견디지 못하고, 늘 새롭고 특이한 것을 추구하는 성향이 있으며, 극단적인 경우에는 충동적이고 변덕스러울 수도 있다. 정치적으로 연관시키면, 이런 유전자를 지니고 있는 사람들은 현재 상황을 지속하고 싶어 하는 보수 성향보다는 변화를 추구하는 진보 성향을 띠는 것으로 추론할 수 있다. 그러나 이 유전자를 지녔다고 진보 성향을 띠게 되는 것은 아니다. 이들 중에서 청소년기에 활발한 사회생활을 통해 친구가 많은 사람들에게만 진보 성향이 나타나기 때문이다. [그림 12-27]의 b에서 보듯이 해당 유전자가 없다면 친구의 수는 진보 성향과 무관하다. 그러나 해당 유전자가 있다고 해도((a) 그림), 친구의 수가 적다면 진보 성향은 나타나지 않는다. 이 연구는 진보-보수 정치성향이 유전자와 무관한 것은 아니지만 유전자가 결정하는 것은 아니며, 사회생활의 요인과 상호작용함을 잘 보여 주고 있다(곁글 12-12 참조).

생물학적 연구는 행동에 대한 추론을 생리적 수준에서 확인함으로써 이론적 토대를 더 강건하게 만들기도 한다. 예를 들어, 문화에 따라 사고유형이 다르다는 주장(Nisbett, 2003)은 사고유형에 따라 사물을 지각하는 양상이 다르다는 주장을 함축하고 있다. 이 경우에 실제로 사물을 지각하는 양상에서의 차이가 있는지를 생물학적 증거로 보이는 것은 이론의 타당성에 중요한 근거를 제시할 수 있다. 몇몇 연구는 동공의 초점이 어디에 맺히는지를 연속적으로 추적하는 동공추적장치를 사용하여 동양인은 눈의 초점이 대상에 맞추어지기 전에 배경장면에 산발적으로 많이

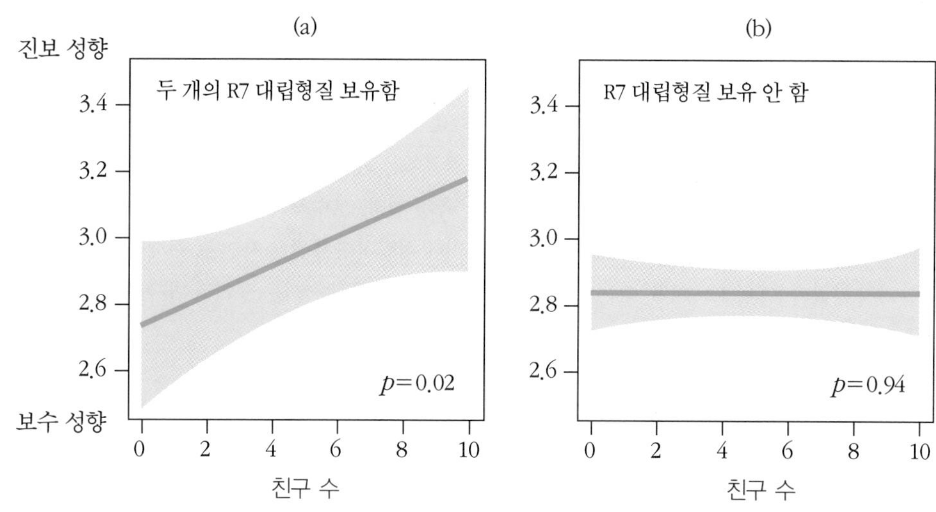

* DRD4-7R 유전자를 지닌 사람이 친구가 많을수록 더 진보 성향을 보임.

[그림 12-27]
진보성향에 영향을 주는 유전자와 환경의 상호작용
출처: Settle et al., 2010.

머무르는 양상을 확인할 수 있었다(Chua et al., 2005; Masuda et al., 2008).

생물학적인 접근이 사회심리의 이해에 기여하는 만큼, 사회심리학적인 발견이 신경과학 연구와 뇌의 기능 연구에 분석되어야 할 과제를 던져주고 있다. 두 유형의 접근은 이 점에서 상호배타적인 것이 아니라 인간의 사회적 행위에 대한 상보적인 이해를 제공하는 것이다.

결글 12-12

진보주의자와 보수주의자의 생물학적 차이

2011년 아카데미 남우주연상을 받은 영국배우 콜린 퍼스는 소수민족의 권리를 위해 노력하고, 공정무역 운동을 지지하며, 정치적으로 진보적인 활동을 활발히 벌여온 사람이다(최강, 2014에서 재인용, http://scienceon.hani.co.kr/168122). 그가 공동저자로 참여한 연구는 대학생들의 정치성향을 물어서 자신의 진보-보수의 경향성을 확실하게 답한 사람들 90명의 남녀를 대상으로 이들의 뇌영상을 비교하였다. 참가자가 자신을 진보적이라고 여길수록 전측 대상피질(anterior cingulated cortex)의 회백질 부피가 증가하는 것으로 나타났다. 반면, 보수주의 경향성은 우측 편도체(amygdale)의 회백질 부피의 증가와 관련 있었다(Kanai et al., 2011; [그림 12-28a]). 전측 대상피질의 기능 중 하나는 불확실하거나 갈등이 있는 상황일 때 예의주시하는 것이다. 즉, 이 부위가 큰 사람들은 불확실한 상황에서 입장을 바로 정리하기보다는 기다리면서 상황변화를 주시한다. 반면에, 편도체의 기능 중 하나는 공포 처리인데, 이 편도체가 클수록 공포에 민감한 것으로 알려져 있다. 따라서 보수주의자는 편도체가, 진보주의자는 대상피질의 부위가 크다는 것은 보수주의자는 변화가 초래할 수 있는 부정적인 것에 두려움을 크게 느끼고, 진보주의자는 불확실한 상황에서 새로운 것이 가져올 수 있는 변화에 관심을 주는 사회적 행위의 생물학을 보여 주는 것이다.

뇌영상뿐만 아니라 자율신경계의 활성화를 보는 피부전도 반응(공포를 느끼면 분비되는 땀의 정도를 측정)을 측정하였을 때도 보수주의자의 공포자극에 대한 민감성은 드러났다(Oxleyt al., 2008). 참가자 46명의 정치적 성향을 파악한 뒤 이들에게 위협적인 사진(예: 얼굴에 거미가 붙어 겁에 질린 사람의 표정, 얼굴에서 피를 흘리고 있는 멍한 표정의 사람, 구더기가 들끓고 있는 벌어진 상처)과 그렇지 않은 사진을 보여 주었다. 측정 결과, 보수적인 정치 성향을 지닌 사람들이 위협적인 사진을 볼 때 피부전도 반응이 증가한 것으로 나타났다. 그러나 위협적이지 않은 사진을 볼 때에는 정치 성향에 따른 차이가 관찰되지 않았다([그림 12-28b]). 이는 보수주의자들이 공포에 대해 느끼는 생리적 민감도가 높음을 의미한다.

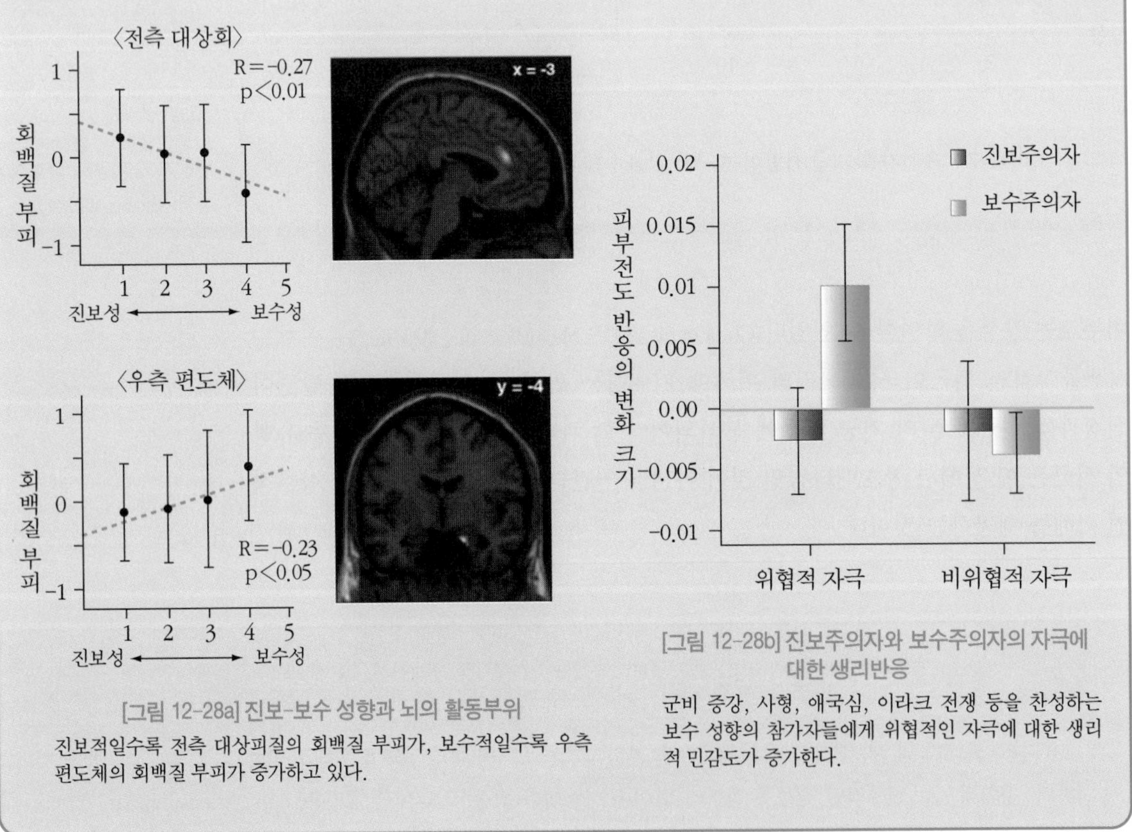

[그림 12-28a] 진보-보수 성향과 뇌의 활동부위

진보적일수록 전측 대상피질의 회백질 부피가, 보수적일수록 우측 편도체의 회백질 부피가 증가하고 있다.

[그림 12-28b] 진보주의자와 보수주의자의 자극에 대한 생리반응

군비 증강, 사형, 애국심, 이라크 전쟁 등을 찬성하는 보수 성향의 참가자들에게 위협적인 자극에 대한 생리적 민감도가 증가한다.

사회심리학의 교훈

사람의 본질은 사회성에 있다. 아무런 일을 하지 않고 쉬는 상태(default state)의 인간의 뇌는 모든 영역이 쉬는 것이 아니라 특정의 영역들이 활성화되어 있는 상태

를 보인다([그림 12-29]). 이들 영역은 흥미롭게도 사회생활을 하는 자기나 타인을 생각하거나, 상대의 마음을 읽으려는 상태에서 활성화되는 뇌의 영역과 많은 부분이 중복된다는 것이 발견되었다(Mars et al., 2012; Raichle et al., 2001). 우리는 사회생활을 하기 위해서 늘 준비된 사람임을 의미하는 것일 것이다. 개개인의 사람들이 필요에 의해서 사람을 만나고 사회를 만드는 것이 아니라 사회성은 인간의 본질이다. 사회생활이 사람을 만들어 가는 것이다.

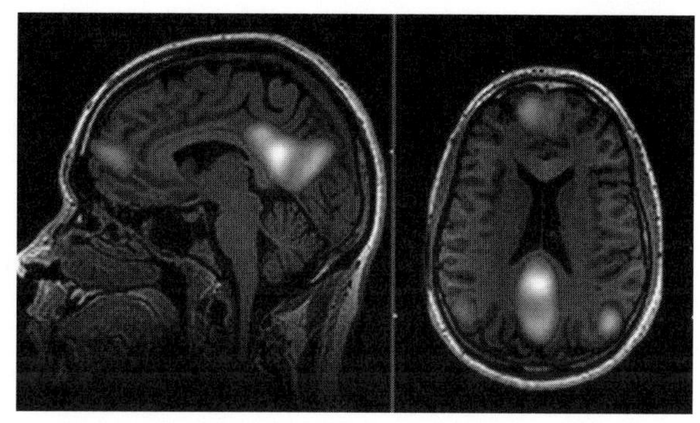

[그림 12-29] 멍한 상태의 인간의 뇌는 사회적인 뇌와 유사함

수많은 사회심리학 연구들이 사회심리에 대하여 우리에게 알려주고 있는 교훈을 Ross와 Nisbett(1991, pp. 7-17)은 세 가지로 정리해 제시하고 있다([그림 12-30]).

사회적 상황의 힘 현대 사회심리학의 연구에 큰 영향을 미친 Kult Lewin(1장 참조)은 인간의 행동을 개인과 상황의 함수라는 공식으로 제시하였다.

행동(behavior) = f(인간 × 상황)

이 공식에서 인간은 성격, 동기, 취향, 의도 등의 개인적인 요인들이고, 상황은 개인의 생활장면(life space)에 작용하고 있는 모든 외적인 요인들이다. 사회심리학에서 가장 잘 알려진 연구들인 '권위에의 복종 연구' '모의감방 연구' '선분맞히기 실험 연구'들은 인간이 자신의 개성이나 취향, 가치관과는 무관하게 얼마나 처한 상황의 힘에 취약한지를 보여 준다. 그러나 사람들은 어떤 상황에 처하더라도 개인적인 가치, 성향, 태도, 의지에서 비롯한 행동을 보일 것이라는 믿음을 지닌 성향론자들이다. 이 사회적 상황의 힘을 제대로 인식하지 못하는 것이다. 특히 개인주의 문화권의 사람들에게 성향론이 매우 강하게 나타난다는 것을 많은 연구들이 밝히고 있지만(3장 참조), 상황의 힘에 대한 취약성을 보여 주는 사회심리학의 발견들은 서구인뿐만 아니라 아시아인에게도 놀라운 것이다. 개인의 성격과 행위의 상관계수 크기는 .30 정도로 높다고 볼 수 없다. 이는 개인의 내면 특성에 바탕한 사회적 행위의 일관성은 상황의 요인들 탓에 높지 않기 때문이다. 하지만 성향론적 기대를 하고 있는 사람들은 사회적 행위가 행위자의 내면에 기인한다고 여기는 탓에 행위자에 대하여 오해를 하는 경우가 많다. 사회적 행위와 사건을 보는 일반인의 성향론에 대해서 사회심리학이 보여 주는 상황론은 현상에 대한 왜곡된 인식을 잡아 준다.

현실인식의 주관적 구성 사회적 상황은 본질적으로 애매하여 다양한 형태로 인식되고 해석될 수 있다. 마치 이렇게도 볼 수 있고 저렇게도 볼 수 있는 가역성 도형 격이다. 이 애매한 사회적 상황은 관여 당사자들의 입장, 성격, 손익 문제에 따라 전혀 달리 구성되는 주관성을 지닌다. 이 주관성이 많은 사람들에게 공유되는 경우에 관점, 틀, 도식, 표상 등으로 정리되어 인식되고 있다(3장, 4장 참조). 그러나 사람들은 자신의 상황인식이 사태에 대한 객관적이고 수동적인 인식일 뿐이라고 여긴다. 따라서 자신의 인식에 바탕하여 타인의 행위를 예측하고 상대도 자신의 관점을 잘 이해하리라고 여긴다. 주관적으로 저마다 구성한다는 것에 대하여 깊은 이해를 하지 못하고 있는 탓에, 시각 차이가 있더라도 한두마디 나누면 객관적 현실(자기가 보는 것)을 상대도 알게 되리라 여긴다(8장 참조). 상황과 관점에 따라 주관적 구성이 다르다는 인식을 하지 않는 까닭에, 사람들은 자신의 기대와는 다른 행동을 보인 상대방에 대하여 상황론적 이유를 탐색하기보다는 성향론적 수정을 쉽게 할 뿐이다. 20대 총선 때 민주당에서 탈당하여 독자적으로 '국민의당'을 구성하고 나온 안철수 의원의 행보에 대하여, 그의 대권의지가 확고해진 것을 이유로 대는 설명이 그가 속해 있던 정당에서의 입지에 대한 설명보다 쉽게 나타나는 예를 들 수 있다.

역동적 긴장체계 사회는 열린 긴장체계다. Lewin(1951)은 사회심리를 이해하기 위해서는 장(場)이론적 접근을 해야 한다고 보았다. 즉, 행동은 전체 사회체계라는 장(場, field)에서 작용하는 요인들에 의해 영향을 주고받음을 강조한 것이다. 장에서 작용하는 한 요인은 다른 요인들 모두의 영향을 받아서 나타난다는 것이다. 사회는 기계론적인 인과관계가 작용하는 닫힌 체계가 아니라, 열린 체계에서 밀고 당기는 힘들이 역동적으로 작동하는 긴장체계다. 이들 긴장체계는 두 가지 점에서 이해될 수 있다. 첫째, 제도의 변화를 도모하는 경우에 기존의 저항적인 요소의 존재는 새로이 도입된 제도의 정착과 그 효과에 큰 영향을 준다. 대표적인 사례가 기존의 급여제도에 도입되는 성과급 제도다. 제도가 도입된 지는 십여 년이 지났지만, 기존의 제도에 변화를 덜 주는 방식으로 변형되는 저항을 받았으며, 의도하지 않았던 인간관계의 변화가 나타나는 것을 예로 들 수 있다. 둘째, 위태로운 긴장의 균형을 이루고 있는 상황에서는 조그마한 변화가 균형을 허물 수 있다. 2010년 말에 튀니지에서 노점상 청년이 분신자살한 사건은 페이스북과 트위터 등을 통해 알

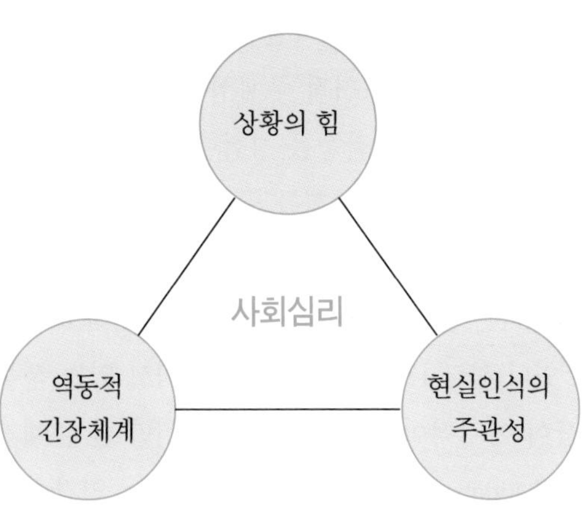

[그림 12-30]
사회심리학의 세 가지 교훈
근거: Ross & Nisbett, 1990 등.

려지면서 수십 년 동안 팽팽한 대립 상태에 있던 중동지역의 권력 구도를 뒤바꾸는 자스민 혁명으로 발전한 예를(하병주, 2014) 들 수 있다. 장에서 작용하고 있는 힘들의 관계를 무시하는 경우에 새로운 변화의 도입이 엄청난 노력에도 불구하고 효과를 거두지 못할 수 있지만, 자그마한 사건이 기폭제로 작용하여 큰 변화를 가져올 수 있는 것이다(이에 대한 흥미로운 사례들은 Gladwell, 2000을 참고).

사회라는 장에서만 긴장체계가 작동하는 것은 아니다. 개개인의 심리도 긴장체계에 있다. 태도라는 장을 구성하는 정서, 인지, 행동이 서로 긴장관계에 있어서 균형이 깨지는 변화가 나타날 때 역동적인 상호 영향과정을 거쳐 균형을 회복하는 것을 볼 수 있다(5장 참조).

❖ 마무리 제언: 새로운 사회심리학

사회심리학은 인간심리와 사회의 상호 영향과정을 밝히는 학문이다. 인간의 심리는 사회적 산물이다. 개개인이 지닌 인지, 정서, 행동 등이 모두 사회생활 속에서 다른 사람들과 소통하며, 집단의 구성원으로 활동하는 과정을 통해서 구체화되고 만들어지는 것이다. 우리는 주체성(임자성)을 가져야 한다고 늘 말하고 있지만, 사람은 개인적 주체이기 이전에 사회적 존재이며, 어울림이 없이는 존재할 수조차 없다. 숨을 쉬는 행위 자체가 주위와의 소통이며 어울림이다. 현대의 사회심리학은 서구에서 발달하였으며, 개인적 주체성을 전제로 사회적 영향력을 이해하여 가는 학문적 성격을 지니고 있다(1장 참조). 주체가 얼마나 상황의 힘에 취약한 것인지를 이해해야 주체성의 정체와 한계를 제대로 인식할 수 있을 것이다. 서구에서 사회심리학은 상황의 힘에 주체가 얼마나 취약할 수 있는가를 보여 주었다. 상황의 힘에 대한 인식이 없다면 우리는 자기도취적 주체성을 바탕으로 사건을 파악하고, 타인의 행위를 해석하며, 훨씬 더 많은 갈등을 경험할 것이다.

개인들이 자기의 삶의 필요에서 사회를 구성한다는 관점에 터하여 운영되는 인간사회는 이제 극복하기 어려운 위기를 맞고 있다. 나와 내 집단의 삶을 위해 다른 것을 사용하는 생활방식은 종의 다양성을 심각하게 위협하고 있으며, 인류의 생존에도 큰 위협이 되고 있다(곁글 12-13). 최근에 전개되고 있는 생물학, 경제학과 심리학의 연구들은 인간이 이기적이며, 개인주의적이기만 한 존재가 아니라는 것을 보이고 있다(본서 8장 및 Rifkin, 2009와 Wilson, 2013 참조). 인간이라는 존재에 대한 인식을 개인이 아니라 주위와의 어울림 속에서 파악하는 인식론적 전환이 요구되는 시점이다. 인간이 사회를 만드는 것이 아니라 사회가 사람을 만들고, 그의 삶을 가능하게 한다. 사람은 '개체로서의 자기성'과 '함께하는 우리성'을 모두 지니고 있다. 사람들이 자신을 개별적 존재로 파악하고 의식하는 경우에 사람들은 남의 것과 구분되는 자신의 삶을 영위해 가는 주체로서 자신의 고유한 몸, 독자적인 생각과 느낌으로 살고, 이에 상응하는 방식의 사고 및 정보처리 양상을 드러낸다. 반면에 다른 사람을 포함한 주위와 함께 어울려 생활을 영위하는 임자로서 자신을 파악하고 의식하는 경우에 사람들은 자신이 속한 집단 및 그 성원과의 유대감 및 결합을 추구하고 강조하는 방식의 사고와 정보처리 양상을 드러낸다(Brewer & Gardner, 1996; Markus & Kitayama, 1991; Voyer & Franks, 2014). 한국사람들이 시도 때도 없이 남발하는 듯한 우리라는 단어의 표현은 잘못된 사용이 아니라 우리성을 바탕에 깔고 사회생활을 하는 세계관을 반영하는 것이다(11장 참조). 우리성 관계에서 사람들은 친밀감, 따뜻함, 안정감과 편안한 정서를 경험한다. 최근 암묵적 수준의 측정에서 이러한 현상이 확인되고 있다(배재창, 한규석, 2015).

곁글 12-13

생태계의 위기와 관점의 전환 필요성

UN은 환경문제에 전 지구적인 대응이 필요하다는 인식에서 1992년 리우정상회의를 가졌다. 이 회의는 경제 · 사회 · 환경의 3대 축이 조화를 이루는 지속 가능 발전(미래 세대의 수요 충족에 영향을 미치지 않는 범위 내에서 현 세대의 수요를 충족시키는 발전)의 원칙을 담은 '리우 선언'과 그 실천 계획인 '의제 21'을 채택했다. 또 기후변화 협약, 생물 다양성 협약, 사막화 방지 협약 등 UN 3대 환경협약을 체결했다(이성훈, 2012). 2002년에 이어서 2012년에도 지속

가능성을 표어로 내걸고 환경문제에 대한 전 지구적인 관심을 결집하려 한다.

미국의 민간연구단체인 퓨연구소의 2015년 보고서에 따르면 지구온난화의 주범인 탄소가스 배출에 대하여 가장 관심있는 국가들은 아프리카, 남미, 아시아 지역의 사람들이며, 가장 많이 배출하고 있는 미국, 호주, 캐나다, 러시아인들의 관심은 가장 낮은 편이다([그림 12-31]). 국가마다 다양한 사정들이 있겠지만, 탄소규제에 적극 나서기에는 너무 많은 것을 희생하게 된다는 인식에서 탄소배출에 대한 관심이 낮다고 본다. 이들이 탄소배출에 대한 경각적 태도를 갖추게 된다면 탄소배출행위(차량운행, 에너지 소비, 육류 섭취 등)는 인지적 부조화를 가져올 것이다.

인간이 필요한 대로 모든 것을 활용하겠다는 사고방식으로 접근한다면 환경문제는 끝없는 욕구절제를 요구하며, 이길 수 없는 싸움이다. 우리의 존재가 생태계의 모든 것들과 어울림 없이는 존재할 수 없다는 존재론에서 다른 것들의 가치를 '알아주고 존중하는' 철학의 생활화가 자리잡아야 할 것이다(8장 참고).

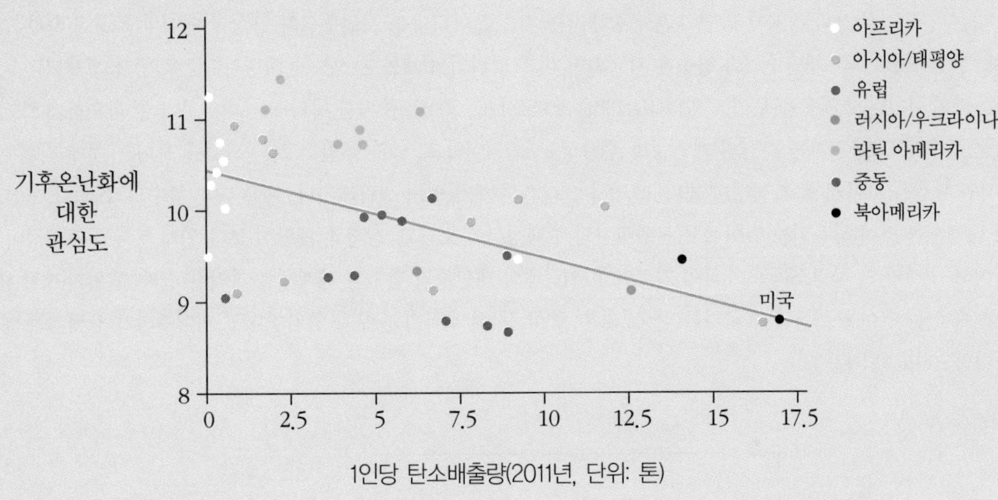

[그림 12-31] 각국의 1인당 탄소가스 배출과 기후온난화에 대한 관심

출처: http://www.pewresearch.org/fact-tank/2015/11/05/what-the-world-thinks-about-climate-change-in-7-charts/#more-274805

결글 12-14

생활언어와 심리: 문화의 영향인가, 언어의 영향인가

언어의 사용 양태와 심리의 관계성을 엮는 **언어범주 모형**(linguistic category model; Semin & Fiedler, 1988, 1991)에 따르면, 사람들이 상대방을 명사나 형용사로 기술하는 경우("너는 거짓말쟁이야!")는 상대를 동사로 기술하는 경우("너는 거짓말을 하고 있어!")에 비해서 상대의 행동 특징을 지속적이고, 안정적이고, 일반화시키는 경향이 크다고 본다.

자기성에 대한 비교문화적 연구들은, 개인주의 문화권에서 사람들은 자신의 특징을 기술함에 있어서 일반화된 특성, 추상적인 표현("나는 외향적이야!")을 많이 하지만, 집단주의 문화권에서는 맥락화된 특성, 구체적인 표현("나는 집에서는 거의 말이 없어!")을 많이 쓰는 양상을 보인다고 한다(Cousins, 1986; Markus & Kitayama, 1991; Rhee et al., 1995).

이런 자기 기술과 파악의 특징이 문화의 특징(개인주의/집단주의 등)에 따라 달라진다는 식으로 이해되었지만, 한 연구에서는 언어적 표현이 가져오는 차이에 착안하여 한국인과 호주인을 대상으로 자신, 가족에 대하여 '무엇인지?("Who am I?")' 를 묻고 기술하는 과제를 주어 기술문에 나타난 단어의 특징을 분석하였다(Kashima et al., 2006). 한국인들은 호주인에 비해서 모든 대상을 기술함에 있어서 상대를 명사로 기술하는 대상화 양상이 현저하게 낮게 나타났다. 기술문의 구체성을 분석한 결과 호주인의 기술문은 한국인의 기술보다 추상성이 높은 것으로 나타났다(Rhee et al., 1995). 즉, 한국인들은 성격을 기술할 때도 추상적인 형용사를 사용하기보다는 맥락을 제시하거나, 단서를 제시하는 양상을 보인다. 더욱 흥미로운 것은 기술문에서 현저하게 드러난 문화 차이(즉, 호주인들이 한국인보다 성격형용사를 사용하거나, 개인의 취향 및 선호를 다루거나, 평가적인 표현을 사용하는 정도가 높은 등)가 개인들의 언어에서 대상화 경향성을 통제하였을 경우(공변인 분석) 사라진 것이다. 이 결과는 집단주의-개인주의의 가치에 부합하는 문화적 차이가 사실은 언어 사용 방식에 의해서 나타난 것임을 시사하는 것이다.

또 다른 연구는 국가의 경제가 발전하면서 강해지는 것으로 나타나는 개인주의화 양상이 언어의 특성에 따라 영향받음을 발견하였다. 즉, 개인주의화 양상은 각국의 언어가 행위의 주체를 지칭하는 대명사(나, 우리)가 생략되는 국가에서는 거의 나타나지 않음을 보이고 있다(Kashima & Kashima, 2003). 주체를 나타내는 대명사가 늘 확연하게 드러나야 하는 경우에 그 행위자는 자신의 개인성과 주체성을 늘 의식하고, 남과 구별되고, 일관성을 보이는 것에 의식 · 무의식적인 관심을 보이게 될 가능성이 높다. 그러나 그러한 주체가 쉽게 생략되거나, 혹은 다른 복수의 주체(나 대신 우리)로 대체되는 것이 허용되는 언어에서는 행위자의 주체성이 축소되고, 상황적 맥락이 보다 쉽게 부각될 가능성이 높을 것이다. 1970년의 국민소득 60개국의 자료와 1990년대의 개인주의 점수의 관계성을 파악한 결과, 행위의 주체성을 생략할 수 있는 언어를 사용하는 국가들(한국, 일본, 중국 등)에서 국가의 부가 증가한다고 개인주의가 강해지는 양상은 미미하였다([그림 12-32]).

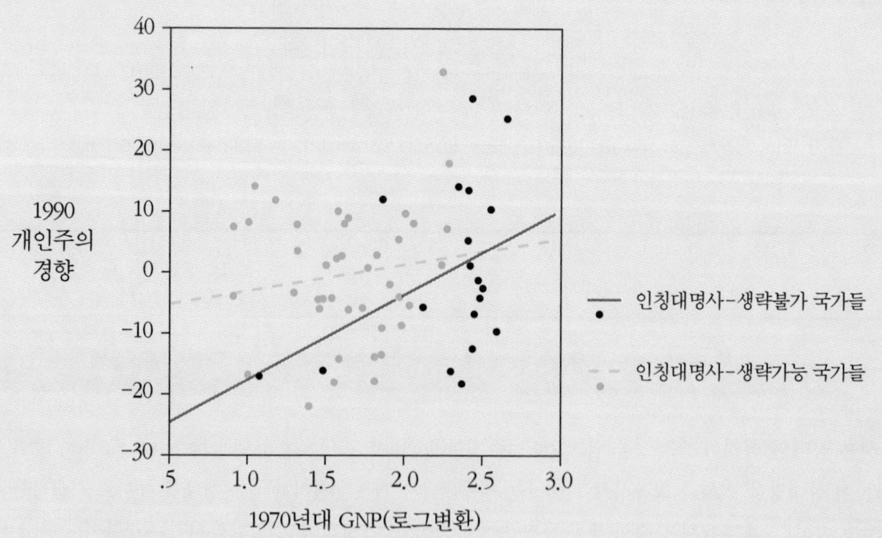

[그림 12-32] 경제발전과 개인주의화 경향성-언어의 조절효과

출처: Kashima & Kashima, 2003.

결글 12-15

생활언어와 심리: 주체성의 이해

언어의 사용 양상에 착안하여 미국과 일본 사람들을 대상으로 검증하는 실험연구는 주체성에 관한 흥미로운 발견을 제시한다. 연구자들(Fausey, Long, Inamori, & Boroditsky, 2010)은 사람들에게 의도적인 행위(필기를 하다가 연필심을 일부러 부러뜨림)와 우연적 행위(필기하는 중에 연필심이 부러짐)의 결과로 나타난 다양한 사건을 제시하고 어떤 일이 벌어졌는지를 기술하도록 하였다. 의도적인 사건을 기술함에 있어서 행위 주체자를 명시하는 양상에서는 두 나라 간 차이가 없었으나, 우연적 사건을 기술함에 있어서 미국인들은 일본인보다 의도적 사건으로 기술하는 양상이 훨씬 높게 나타났다([그림 12-33]의 a). 아울러 행위자가 어떤 색깔의 옷을 입었는지를 기억함에 있어서 의도적 사건의 경우에서는 두 나라 간의 차이가 없었으나, 우연적 사건의 행위자를 기억함에 있어서 미국인의 기억이 더 우수한 것으로 나타났다([그림 12-33]의 b). 이런 차이는 주체성을 강조하는 영어와 주체성이 종종 생략되는 일본어의 사용이 일상생활에서 벌어지는 사태의 인식에 영향을 미치는 것을 보여 주는 것이다.

언어는 모든 인간사회에서 쓰이고 있지만, 그 특징은 민족의 집단지성의 산물이고, 그 집단의 사태에 대한 인식론과 세계관을 반영한다. 영어권의 사람들이 보이는 사회적 사건과 대상에 대한 인식에서 나타나는 특징은 이렇게 언어의 영향을 받는다. 마찬가지로 한국인의 사태에 대한 인식도 우리말의 특징에 의한 영향을 받는데, 우리는 이를 무시하거나 인식하지 못했던 것이다.

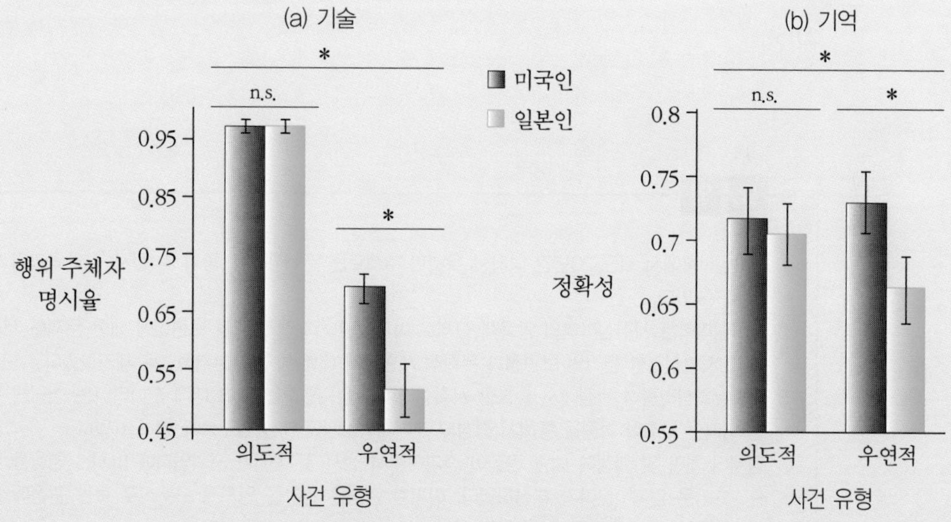

[그림 12-33] 사건 유형에 따른 기술의 양상과 기억에서의 문화 차이

출처: Fausey et al., 2010 그림 2.

요시히사 카시마 (Yoshihisa Kashima)
호주 멜번대학의 심리학 교수. 동경대학에서 법학을 전공하고 일리노이 주립대학에서 사회심리학을 Triandis 교수 문하에서 수학. 세계비교문화심리학회 회장을 역임하고, 문화에 따른 자기성의 형성에 언어가 미치는 영향에 관심을 갖고 연구하고 있음.

한국사람들이 지니고 있는 세계관과 인식론은 우리말 속에 잘 녹아 있다. 말은 단순히 소통의 도구가 아니라 사태를 파악하는 방식에 영향을 미친다. 이런 생각은 언어상대성 가설로 오래전에 제시되었지만, 최근에야 사회심리학적 의미가 인식되고 탐구되고 있다(Boroditsky, 2011; Kashima et al., 2006 등; 결글 12-14 & 15). 우리말의 어휘와 문법구조가 영어와는 많은 부분에서 대조적이지만, 그것이 담고 있는 세계관과 인식론의 차이는 말의 외형적 차이보다 훨씬 의미심장하다(최봉영, 2013, 2016). 이를테면 '우리, ~쪽, 몫, 고루, 두루, 함께, 같이, 허물, 어울림, 어른, 임자, ~덕분에, ~바람에, ~탓에, 경우(境遇), ~정(情), 한(恨), 심정(心情), 화병, 눈치, 핑계' 등의 얼핏 별 관련없어 보이기도 하는 이들 어휘는 우리의 세계관과 인식론을 반영하고 있다. 이 세계관을 요약하면 '임자이자 쪽으로서 함께 어울려 우리를 이룬 바탕(우리, ~쪽, 몫, 고루, 두루, 함께, 같이, 허물, 어울림, 어른, 임자 등)에서 모든 것들이 서로 연계되어 영향을 끼치고 받으면서(바람, 덕분, 탓) 사태가 전개되는 세상에서 자기 몫을 다하며 살아가는 것'이라고 할 수 있다. 우리말이 담고 있는 어울림의 세계관과 인식론에 대한 이해와 그에 터한 사회심리학의 연구가 우리 한국인에게만 필요한 것이 아니라 서구인, 나아가 온 생태계를 위해서 필요한 것이다(한규석, 최봉영, 2015).

요 약

1. 사회심리학에서 최근 20년간 나타난 뚜렷한 추세로는 문화심리학, 동기 및 정서, 생물학과의 융합을 들 수 있다.
2. 문화심리학은 사회심리학의 암묵적 전제로 여겨졌던 사회적 행위의 보편성에 대한 문제를 제기하였고, 사회심리학 원리의 보편성과 문화적 제한성에 대한 탐구를 본격적으로 제기하였다.
3. 비교문화심리학적 관점에서 출발한 사회심리학의 문화연구는 사회 내에서 나타나는 심리적 특성이 어떠한 사회화 과정을 통해서 형성되고 매개되는지에 대한 탐구로 진행하고 있다.
4. 정서의 처리 및 과정에 대한 관심이 증가하면서 정서 및 동기가 사회인지에 미치는 영향을 다루는 '뜨거운 인지' 분야가 부상하였다. 이러한 관심은 인간을 인지적 구두쇠로 보는 관점에 동기화된 전략가라는 관점을 추가시키고 있다.
5. 이성적인 체계 II 사고와 행위에 대한 기존의 관심사가 자동적이며 직감적인 체계 I 사고와 행위로 확대되면서, 사고의 양상에 대한 접근이 균형을 이루어가고 있다.
6. 진화심리학은 자연선택기제에 의해 다양한 본성들이 갖추어져 태어난다고 보며, 이들이 생활영역별로 구체적인 특성으로 기제화되어 나타난다고 본다. 이 접근을 포용하여 사회심리학의 여러 영역에서 제시된 현상들을 통합적으로 이해하는 접근이 많이 나타나고 있다.
7. 뇌신경과학의 발달과 더불어 사회심리생리학 분야의 연구도 활발히 이루어지고 있다. 이 접근은 사회과학적 설명을 대체시키는 것이 아니라 생물학적 근거를 제시함으로써 행동의 다층위적 결정성, 환경과 유전의 상호작용적 결정성을 보다 확연히 보여 줄 수 있으며, 관심현상에 대한 온전한

이해를 가능하게 한다. 사회심리학의 발견이 신경과학 연구와 뇌의 기능을 더욱 세분화시켜 분석하는 과제를 던져주고 있다.

8. 사회심리학은 사회심리의 작용에 대하여 상황의 힘, 주관적 구성, 역동적 긴장체계의 세 가지 요인의 영향을 교훈으로서 제시한다.
9. 추후 사회심리학은 우리의 어울림의 세계관에 바탕한 사람들의 사회심리를 분석하여 인식론적 전환을 마련할 필요성이 크다.

참고문헌

※ 많이 나오는 학술논문집의 이름은 다음과 같이 약어로 표시하였다.

AJSP: Asian Journal of Social Psychology
ARP: Annual Review of Psychology
BJSP: British Journal of Social Psychology
EJSP: European Journal of Social Psychology
JAP: Journal of Applied Psychology
JASP: Journal of Abnormal and Social Psychology
JCCP: Journal of Cross-Cultural Psychology
JEP: Journal of Experimental Psychology
JESP: Journal of Experimental Social Psychology
JSI: Journal of Social Issue
JSP: Journal of Social Psychology
JSPR: Journal of Social and Personal Relationship
JPSP: Journal of Personality and Social Psychology
OBHDP: Organizational Behavior and Human Decision Processes
PSPB: Personality and Social Psychology Bulletin
PSPR: Personality and Social Psychology Review
SPQ: Social Psychology Quarterly

가세 히데아키(1989). 한의 한국인, 황공해하는 일본인. 서울: 한국브리태니커회사.

강상경(2012). 삶의 만족도와 관련요인의 세대 간 차이에 대한 탐색적 연구: 한국복지패널 자료를 이용한 베이비 붐 세대와 이전 및 이후 세대 간 비교. 사회복지연구, 43(4), 91-119.

강수택, 박재홍(2012). 한국의 사회변동과 탈물질주의. 서울: 오름.

강수택, 박재홍(2013). 한국사회 문화격차의 변화추이와 문화취향. 현상과 인식, 37(3), 87-115.

강은영, 김희균(2015). 아동학대의 실태와 학대피해아동 보호법제에 관한 연구. 한국형사정책연구원 연구보고서.

경실련(2005). 서울, 도쿄, 뉴욕의 현재와 미래. http://www.ccej.or.kr/ISSUE/print_popup.html?Idx=4170&cate1=&cate2=

경제 · 인문사회연구회(2012). 우리 사회는 공정한가. 한국경제신문사.

고려대학교 부설 행동과학연구소(1998). 심리척도 핸드북. 서울: 학지사.

고상혁, 정범진(2006). 원자력 및 신재생에너지 발전비율에 따른 전력단가의 변화. 에너지공학, 15(1), 14-22.

고은영, 최윤영, 최민영, 박성화, 서영석(2014). 외로움, 대인 민감 및 페이스북 중독 간의 관계. 한국심리학회지: 상담및심리치료, 26(3), 713-738.

고재홍(1989). 사회적 판단에 미치는 기저율 효과: 도식의 역할. 한국심리학회지: 사회, 4(2), 199-215.

고재홍(1994). 가해자의 외모와 형량판단 간의 매개과정. 한국심리학회지: 사회, 8(1), 68-84.

고재홍, 전명진(2003). 부부의 유사성과 결혼만족도 간의 관계: 프로파일 유사성 분석. 한국심리학회지: 사회 및 성격, 17(3), 1-16.

고재홍, 지영단(2002). 청소년의 음란물 접촉과 잘못된 강간통념 수용 간의 매개변인과 조정변인의 역할. 청소년상담연구, 10(1), 87-106.

고홍화(1989). 자료로 엮은 한국인의 지역감정. 서울: 성원사.

공성숙(2008). 부부클리닉 방문부부의 심리적 요인이 결혼만족도 및 이혼가능성에 미치는 영향. 대한간호학회지, 38(4), 550-560.

공인숙, 민하영(2007). 영 · 호남지역 아동 및 청소년의 지역감정 평가. 한국가정관리학회지, 25(1), 159-167.

곽금주(2008). 한국의 왕따와 예방 프로그램. 한국심리학회지: 사회문제, 14(1), 255-272.

곽금주, 윤진(1992). 공격성의 사회인지적 매개과정에 관한 두 가지 기초연구: 공격영화장면의 효과와 개인의 공격성 수준에 따른 차이. 한국심리학회지: 사회, 6(2), 1-10.

구본용(1991). 고독한 사람들의 대인관계 특성. 한양대학교 대학원 박사학위 청구논문.

구자숙(1999). "언어와 사회심리". 고재홍 등(공저). 현대사회심리학연구, pp. 221-258. 서울: 시그마프레스.

구자숙, 김정현(1999). 경제적 위기와 정치적 전환이 통합적 복합성에 미치는 효과: 신문사설 및 당보를 중심으로. 한국심리학회지: 사회 및 성격, 13(1), 35-52.

구재선, 김의철(2006). 한국인의 행복 경험에 대한 토착문화심리학적 접근. 한국심리학회지: 사회문제, 12, 77-100.

구재선, 서은국(2011). 한국인 누가 언제 행복한가. 한국심리학회지: 사회 및 성격, 25(2), 143-166.

구재선, 서은국(2015). 왜 한국 대학생이 미국 대학생보다 불행한가: 상대적 외적 가치, 사회적 지원, 사회 비교의 영향. 한국심리학회지: 사회 및 성격, 29(4), 63-83.

구재선, 이아롱, 서은국(2009). 행복의 사회적 기능-행복한 사람이 인기가 있나? 한국심리학회지: 문화 및 사회문제, 15(1), 29-47.

권귀숙(2002). 대량학살의 사회심리: 제주4 · 3 사건의 학살 과정. 한국사회학, 36(5), 171-202.

권희경, 장재홍, 권영민(2005). 애정관계 행동척도의 개발과 타당도 연구. 한국심리학회지: 여성, 10(4), 497-524.

길강묵(2011). 이민자 사회통합 정책의 현황과 과제: 법무부의 이민 정책 현황과 과제를 중심으로. 다문화사회연구, 4(2), 139-168.

길수영, 이승희(2011). 청소년의 명품 복제품 구매태도에 미치는 영향 요인. 한국디자인문화학회지, 17(3), 82-93.

김가영, 임낭연, 서은국(2016). 외로움과 돈에 대한 왜곡된 믿음. 한국심리학회지: 사회 및 성격, 30(1), 1-21.

김경동, 이온죽(1989). 사회조사연구방법. 서울: 박영사.

김경미, 염유식, 박연민(2013). 한국 청소년의 학교폭력 경험과 심리적 안녕. 한국콘텐츠학회논문지, 13(9), 236-247.

김경의, 이금단, 조용래, 채숙희, 이우경(2008). 한국판 자기-자비 척도의 타당화 연구: 대학생을 중심으로. 한국심리학회지: 건강, 13(4), 1023-1044.

김경자, 한규석(2000). 심정대화의 특성: 심정표상과 심정대화의 경험적 분석. 한국심리학회지: 사회 및 성격, 14(1), 1-22.

김교헌(1992). 자기노출의 기능. 한국심리학회지, 11(1), 81-107.

김교헌(2008). 마음챙김과 자기조절 그리고 지혜. 한국심리학회지: 건강, 13(2), 285-306.

김귀분, 송선자, 석소현(2008). 노인의 분노, 건강상태 및 삶의 질과의 관계연구. 정신간호학회지, 17(1), 19-27.

김기범(2009). 정마음 모형 검증. 한국심리학회지: 사회 및 성격, 23(1), 147-163.

김기범, 김미희, 최상진(2002). 한국인의 대인관계에서의 기본도덕으로서의 의리분석: 한국인에게 진정한 친구는 의리 있는 친구인가. 한국심리학회지: 사회문제, 8(1), 79-101.

김기원, 김한곤(2011). 노인자살률에 영향을 미치는 요인에 대한 거시적 분석. 한국인구학, 34(3), 31-54.

김낙년(2012). 한국의 소득집중도 추이와 국제비교, 1976-2010: 소득세 자료에 의한 접근. 경제분석, 18(3), 75-114.

김도영(2002). 남한사회유입 전후 탈북자들의 명시적-암묵적 태도와 정체감의 차이. 전남대학교 초청특강 자료.

김동수, 김도환, 정태연(2011). 외국인에 대한 한국 대학생의 인식. 한국심리학회지: 사회 및 성격, 25(1), 1-23.

김동직, 한성열(1998). 개별성 관계성 척도의 제작과 타당화 연구. 한국심리학회지: 사회 및 성격, 12(1), 71-93.

김동춘(1997). 1980년대 민주변혁운동의 성장과 그 성격. 학술단체협의회 편. 6월 민주항쟁과 한국사회 10년. 서울: 당대.

김두섭, 은기수(2000). 『한국사회학』 게재물의 구성과 변화: 1964~2002. 한국사회학, 36(6), 215-236.

김두식(2005). 환경주의와 탈물질주의적 가치에 대한 태도 연구. ECO, 9, 135-180.

김만흠(1987). 한국사회 지역갈등 연구-영호남 문제를 중심으로. 현대사회연구소.

김명소, 김혜원, 차경호(2001). 심리적 안녕감의 구성개념 분석: 한국 성인 남녀를 대상으로. 한국심리학회지: 사회 및 성격, 15(2), 19-40.

김명소, 김혜원, 한영석, 임지영(2003). 한국인의 행복한 삶에 대한 인구통계학적 특성별 분석. 한국심리학회지: 일반, 22(2), 1-33.

김명소, 한영석(2006). 한국인의 행복지수 공식 개발. 조사연구, 7(2), 1-38.

김명철(2007). 중고 체조선수들의 체벌실태 및 코칭행동과 체벌인식에 관한 연구. 한국스포츠리서치, 18(5), 873-886.

김문조(2008). 한국사회의 양극화: 97년 외환위기와 사회불평등. 서울: 집문당.

김미경, 고재홍(2008). 프로파일 일치도로 본 부부간 유사성과 배우자 이해가 주관적 안녕감에 미치는 영향. 한국심리학회지: 여성, 13(2), 103-123.

김미곤, 여유진, 김태완, 정해식, 우선희, 김성아(2014). 사회통합 실태 진단 및 대응방안 연구-사회통합과 국민행복을 중심으로. 한국보건사회연구원, 연구보고서 2014-26-1.

김범준(2002). 사회적 범주화가 지역감정 형성에 미치는 영향. 한국심리학회지: 사회 및 성격, 16(1), 1-17.

김병년, 고은정, 최홍일(2013). 대학생의 스마트폰 중독에 영향을 미치는 요인에 관한 연구. 한국청소년연구, 24(3), 67-98.

김상기, 양 윤(1995). 자기감시, 사용상황 및 지각된 위험이 소비자 행동에 미치는 영향. 광고연구, 29, 103-125.

김선업(1992). 한국사회 연줄망의 구조적 특성. 한국사회학, 26, 1-33.

김성훈(2005). 사회연결망과 공식 경로를 통한 첫 취업의 개인적 결과와 사회적 결과. 한국사회학, 39(1), 53-85.

김시업, 김지영(2003). 한국인의 법의식. 한국심리학회지: 문화 및 사회문제, 9(1), 67-79.

김안나(2003). 가족과 사회연결망: 독일과 한국의 개인관계에 대한 비교연구. 한국사회학, 37(4), 67-100.

김양희, 정경아(2000). 한국형 남녀평등의식 검사. 한국심리학회지: 사회 및 성격, 14(1), 23-44.

김연신, 최한나(2009). Schwartz의 보편적 가치 이론의 적용 타당성 연구: 한국대학생을 대상으로. 한국심리학회지: 사회 및 성격, 23(1), 1-16.

김열규(1991). 맺히면 풀어라. 서울: 서당.

김영남, 고재홍(2011). 자기고양과 배우자 고양이 행복감과 부부관계의 질에 미치는 효과. 한국심리학회지: 사회 및 성격, 25(2), 167-182.

김영식(2001). 과학혁명: 전통적 관점과 새로운 관점. 서울: 아르케.

김영철(2016). 행복은 성적순이 아니잖아요?: '학력(학벌)'의 비경제 효과 추정. 경제학연구, 64(1), 107-150.

김완석(1994). 인지욕구 척도. 한국심리학회 연차학술대회 발표논문집, 409-421.

김완석(2007). 효율적인 인지욕구 측정. 한국심리학회지: 소비자 · 광고, 8(1), 127-133.

김용운(1986). 일본인과 한국인의 의식구조. 서울: 한길사.

김용학(1990). 엘리트 충원에서의 지역격차. 한국사회학회 편. 한국의 지역주의와 지역갈등, pp. 265-301. 서울: 성원사.

김용학, 김진혁(1992). 지역감정의 관계적 분석: 결혼 연결망을 중심으로. 한국사회학 24(1), 65-84.

김우식(2006). 연결망, 불평등, 위법행동: 비도덕성을 생성하는 사회적 자본. 한국사회학, 40(5), 29-61.

김윤희, 서수균(2008). 완벽주의에 대한 고찰: 평가와 치료. 한국심리학회지: 상담 및 심리치료, 20(3), 581-613.

김은경(2000). 체벌의 신화와 실제. 한국사회학, 34(1), 85-108.

김은미, 구재선, 최상진(2003). 행복에 대한 사회문화적 표상. 한국심리학회 연차학술대회 발표논문집, 373-374.
김은정, 오경자, 하은혜(1999). 기혼 여성의 우울 증상과 심리 사회적 특성: 3개월간 추적 연구. 한국심리학회지: 임상, 18, 15-26.
김의철, 박영신(1997). 스트레스 경험, 대처와 적응결과: 토착심리학적 접근. 한국심리학회지: 건강, 2(1), 96-126.
김의철, 박영신(2004). 청소년과 부모의 인간관계를 통해 본 신뢰의식: 토착심리학적 접근. 한국심리학회지: 문화 및 사회문제, 10(2), 103-137.
김의철, 박영신(2005). 북유럽과 동아시아에서의 신뢰, 관계와 시민사회: 심리, 사회, 문화적분석. 한국심리학회지: 문화 및 사회문제, 11(1s), 133-161.
김의철, 박영신(2006). 한국인의 자기인식에 나타난 토착문화 심리분석. 한국심리학회지: 문화 및 사회문제, 12(4), 1-36.
김재엽, 이순호, 최지현(2011). 성인 남성의 음란물 집착, 강간통념 수용과 성폭력 가해의 관계. 한국사회복지조사연구, 28, 65-92.
김재엽, 최지현, 이현, 김수빈(2015). 음란물 이용과 사회적 교류가 성인 남성의 강간통념에 미치는 영향. 한국사회복지조사연구, 46, 55-80.
김재현, 이준희(2000). 청소년의 레저 스포츠 용품 광고에 대한 인식의 비교연구. 한국체육학회지, 39(4), 867-876.
김재휘, 박유진(2000). 공해방지 광고의 프레이밍 효과. 광고연구, 49, 55-75.
김정운(2001). 관계적 정서와 문화적 정서: 정서의 문화심리학적 접근. 한국심리학회지: 일반, 20(2), 389-407.
김정운, 한성열(1998). 문화심리학 어떻게 할 것인가. 한국심리학회지: 일반, 17(1), 97-114.
김종태, 한기덕(2013). 한국대학생의 외국인 차별 의식의 근원. 담론 201, 16(3), 35-66.
김주환, 신우열, 함정현(2009). 행복은 우리를 통(通)하게 한다: 긍정심리학 관점에서 커뮤니케이션 이론 다시 보기. 커뮤니케이션 이론, 5(1), 86-122.
김준기(2000). 기부 및 자원봉사에 관한 실증적 연구. 한국행정학회 동계 학술대회 발표논문집(II), 433-457.
김지영, 이재일(2011). 증오범죄의 실태 및 대책에 관한 연구. 형사정책연구, 14, 1-310.
김지윤, 강충구, 이의철(2014). 닫힌 대한민국: 한국인의 다문화 인식과 정책. 아산정책연구원.
김지환(2005). 폭력적 PC게임의 경험과 공격적 성격 특성이 공격행동과 공격의도에 미치는 영향. 한국심리학회지: 문화 및 사회문제, 11(4), 45-66.
김진국(1986). 수행정보 및 귀인정보가 관찰자의 귀인자 평가에 미치는 영향. 사회심리학연구, 3(1), 217-245.
김진국(1987). 영호남 대학생의 상호 간 차이지각 연구. 사회심리학연구, 3(2), 113-148.
김진국, 김병욱(1987). 대학 신입생의 정치 사회적 태도변화에 관한 연구. 학생생활연구, 18집 별책, 1-44.
김진주, 구자영, 서은국(2006). 신체적 매력과 행복의 관계. 한국심리학회 연차학술대회 발표논문집.
김진주, 구자영, 허성용, 서은국(2007). 정서경험의 긍정성 비율과 번영. 한국심리학회지: 사회 및 성격, 21(3), 89-100.
김진하(2010). 한국 지역주의의 변화. 현대정치연구, 3(2), 89-114.
김철민(1999). 가치관 연구에 관한 비판적 고찰: 개념 정의, 가치요소의 측정방법을 중심으로. 학생생활연구, 6, 53-78.
김태완(2012). 한국 선거에서의 영호남 지역주의 투표성향에 대한 분석. 로컬리티 인문학, 57-104.
김한경, 박수진, 정찬섭(2004). 아름다운 얼굴의 감성적 특징. 감성과학, 7(1), 23-28.
김한성, 이유신(2013). 결혼 이주여성의 삶의 만족도. 한국사회학, 47(2), 177-209.
김향련, 고재홍(2007). 부부간 상호지각의 일치도와 결혼 만족 간의관계. 한국심리학회지: 사회 및 성격, 21(2), 89-105.
김혜숙(1989). 지역 간 고정관념과 편견의 실상. 한국심리학회 편. 심리학에서 본 지역감정. 서울: 성원사.
김혜숙(1993). 지역고정관념이 귀인판단과 인상형성에 미치는 영향. 한국심리학회지: 사회, 7(1), 53-70.
김혜숙(1994). 한국 집단자아존중 척도. 한국심리학회지: 사회, 8(1), 103-116.
김혜숙(1995). 귀인상황의 공개성과(집단) 자아존중이 자기고양 귀인과 집단고양 귀인에 미치는 영향. 한국심리학회지: 사회, 9(1), 45-63.
김혜숙(2007). 우리나라 사람들이 가지는 가치가 소수집단에 대한 편견적 태도에 미치는 영향. 한국심리학회지: 사회 및 성격, 21(4), 91-104.
김혜숙, 김도영, 신희천, 이주연(2011). 다문화 시대 한국인의 심리적 적응: 집단 정체성, 문화적응 이데올로기와 접촉이 이주민에 대한 편견에 미치는 영향. 한국심리학회지: 사회 및 성격, 25(2), 51-89.
김혜숙, 안상수, 안미영, 고재홍, 이선이, 최인철(2005). 적대적 성차별주의와 온정적 성차별주의가 여성 하위집단에 대한 태도에 미치는 영향. 한국심리학회지: 사회 및 성격, 19(3), 117-133.
김혜숙, 유주란(1995). 자기고양 귀인과 집단고양 귀인이 귀인자에 대한 인상에 미치는 영향. 한국심리학회지: 사회, 9(2), 51-67.
김혜원, 김명소(2000). 우리나라 기혼여성들의 심리적 안녕감의 구조분석 및 주관적 안녕감과의 관계분석. 한국심리학회지: 여성, 5, 27-41.
나간채(1990). 지역(민) 간의 사회적 거리감. 한국사회학회 편. 한국의 지역주의와 지역갈등, pp. 79-100. 서울: 성원사.
나은영(1993). 통합분석(Meta-Analysis) 방법의 소개 및 응용사례. 한국심리학회 연차학술대회 발표논문집, 303-317.
나은영(1995). 의식개혁에 장애가 되는 문화적 요인들: 체면과 동조. 한국심리학회지: 사회문제, 2(1), 33-51.
나은영(2001). 국가투명성에 영향을 미치는 문화적 요인들과 대인 간 신뢰: 61개국의 자료 2차 분석. 한국심리학회지: 사회문제, 7(2), 65-90.
나은영(2006). 광고 커뮤니케이션 수용자로서의 어린이와 청소년. 한국심리학회지: 소비자 · 광고, 17(1), 131-163.
나은영, 권준모(2002). 암묵적 연합검사에 의한 지역편견의 강도 측정 및 응용: 사투리 음성자극의 효과를 중심으로. 한국심리학회지: 사회 및 성격, 16, 51-74.
나은영, 민경환(1998). 한국문화의 이중성과 세대차의 근원에 관한 이론적 고찰 및 기존 조사자료 재해석. 한국심리학회지: 사회문제, 4(1), 75-93.
나은영, 차유리(2010). 한국인의 가치관 변화 추이. 한국심리학회지: 사회 및 성격, 24(4), 63-92.
나은영, 차재호(1999). 1970년대와 1990년대 간의 한국인의 가치관 변화와 세대차 증감. 한국심리학회지: 사회 및 성격, 13(2), 37-60.
남궁재은, 허태균(2009). 한국 대학생들은 무엇을 후회하는가: 후회와 지각된 기회 간의 관계를 중심으로. 한국심리학회지: 사회 및 성격, 23(1), 181-194.
남궁혜정, 이영호(2005). 이차원 완벽주의 척도의 개발 및 타당화. 한국

심리학회지: 임상, 24(4), 917-936.
노안영(2016). 불완전할 용기. 서울: 솔과학.
노연희, 손영우(2011). 자기고양과 적응 간의 관계. 한국심리학회지: 사회 및 성격, 25(4), 61-76.
노유진, 박정윤, 김양희(2006). 성인애착 유형과 미혼남녀의 사랑유형 및 이성교제의 관계. 대한가정학회지, 44(2), 31-42.
노익상(2002). 한국 도시 기혼남녀의 배우자 만족도 연구: 개인적, 환경적, 상호작용 요인. 고려대학교 대학원 박사학위 청구논문.
노혜경(2015). 반사된 영광누리기 효과를 통한 집단 간 협조의 증대. 다문화사회연구, 8(2), 5-38.
동아일보(1991). 한국인 진단: 자기성찰을 통해 본 우리의 자화상. 서울: 동아일보사.
류석춘, 왕혜숙, 박소연(2008). 연고집단과 잡라적 결사체의 신뢰 비교 연구-동창회와 시민단체를 중심으로-. 동양사회사상, 17, 203-269.
문광수, 이제희, 오세진(2014). 개인주의-집합주의 성향과 성과급 형태가 임금만족에 미치는 효과. 한국심리학회지: 문화 및 사회문제, 20(3), 235-262.
문유경(2009). 성평등지표 현황과 함의. 한국여성정책연구원 성평등지표개발 2차 포럼 자료 http://www.kwdi.re.kr/kw_board/skin/woseminar/view.jsp?bp_board=woseminar&bp_cateNo=3&bp_bbsNo=278
문찬기, 한규석(2013). 서열적 교류의 사회심리: 공손성과 서열관계 스트레스. 한국심리학회지: 사회 및 성격, 27(4), 1-27.
민경환(1989). 권위주의 성격과 사회적 편견-대학생집단을 중심으로-. 한국심리학회지, 사회, 4(2), 146-168.
민병모(1998). 5요인을 통해 본 한국 중간관리자들의 성격 특성. 한국산업 및 조직심리학회 추계학술대회 발표논문집, 19-28.
민영, 노성종(2013). 가치, 참여, 인터넷 이용-386세대와 정보화세대의 비교. 한국언론학보, 57(2), 5-32.
민영, 이정교, 김태용(2008). 주시청시간대 지상파 텔레비전의 폭력성 연구: 폭력의 양과 유형을 중심으로. 한국방송학보, 21(5), 84-126.
민지혜, 신우열, 김주환(2010). 정서는 우리의 판단을 자유롭게 한다: 유발된 정서가 맥락효과에 미치는 영향에 관한 연구. 한국언론학보, 54(1), 293-315.
박갑제, 임성문(2012). 자기애와 성폭력의 관계. 한국심리학회지: 문화 및 사회문제, 19(1), 45-68.
박경(2008). 과잉 남성성과 성적 공격성간의 관계: 공감 및 강간통념의 중재 및 매개효과. 한국심리학회지: 상담 및 심리치료, 20(2), 519-536.
박길성(2002). N세대의 문화와 세대경험. 임희섭 외. 한국의 문화변동과 가치관, pp. 281-306. 서울: 나남출판.
박다원, 이인혜(2015). 자기애와 성폭력 가해 행동의 관계. 한국심리학회지: 문화 및 사회문제, 21(3), 377-394.
박명림 외(2005). 해방전후사의 인식: 쟁점과 과제. 서울: 한길사.
박수진, 한재현, 정찬섭(2002). 얼굴의 물리적 특징 분석 및 얼굴 관련 감성 어휘 분석. 인지과학, 13(3), 1-10.
박수현, 최상진(1990). 우리성에 대한 사회심리학적 분석. 한국심리학회 연차학술대회 발표논문집, 69-78.
박아청(2003). 자존감과 자기보호감 및 자기고양 행동의 관계에 대한 연구분석. 교육심리연구, 17(4), 1-22.
박영숙(1993). 한국인의 자아방어기제-속담과 이화 방어기제 검사를 중심으로. 한국심리학회 추계 심포지엄 "한국인의 특성: 심리학적 탐색", 103-116.
박영신, 김의철(2001). 학교폭력과 인간관계 및 청소년의 심리 행동특성: 폭력가해, 폭력피해, 폭력무경험 집단의 비교를 중심으로. 한국심리학회지: 사회문제, 7(1), 63-89.
박영신, 김의철(2005). 한국인의 신뢰의식에 나타난 토착심리 탐구. 한국심리학회지: 문화 및 사회문제, 11(1s), 21-55.
박영신, 김의철(2013). 한국인의 성취의식: 토착심리 탐구. 경기: 교육과학사.
박영신, 김의철, 탁수연(2004). 한국 일탈 청소년의 토착심리 탐구: 보호관찰 청소년과 일반 청소년의 부모자녀 관계에 대한 비교를 중심으로. 한국심리학회지: 문화 및 사회문제, 10(1), 107-145.
박영신, 김의철, 한기혜(2003). 아동과 청소년의 부모에 대한 지각: 토착심리학적 접근. 한국심리학회지: 사회문제, 9(2), 127-164.
박영신, 박영균, 김의철, 한기혜(2011). 도시와 농촌 청소년의 학업성취와 삶의 질. 한국청소년연구, 22(3), 5-41.
박은아, 서현숙(2009). 얼굴의 아름다움 지각 요인에 관한 연구. 한국심리학회지: 여성, 14(4), 617-648.
박재묵, 이정림(2010). 자원봉사자의 환경주의와 탈물질주의. ECO, 14(2), 53-84.
박재홍(2009). 세대 계승과 갈등: 사회문화적 변동의 맥락에서. 한국사회학회 편. 대한민국 60년의 사회변동, pp. 359-394. 서울: 인간사랑.
박재홍, 강수택(2012). 한국의 세대변화와 탈물질주의. 한국사회학, 46(4), 69-95.
박정순(1989). 지역감정 문제의 본질: 실상과 허상. 경북대 사회과학연구, 5, 341-348.
박정진(1990). 한국문화 심정문화. 서울: 미래문화사.
박지선, 최인철(2002). 죽음에 대한 생각이 우리를 훌륭한 시민으로 만드는가? 한국심리학회지: 사회 및 성격, 16(1), 75-89.
박지영(2015). 고령화 사회의 노인자살: 노인자살예방을 위한 사회복지기능에의 반성과 고찰. 참여연대 복지동향(6월호). http://www.peoplepower21.org/Welfare/1181631
박진영, 최혜원, 서은국(2012). 물질주의와 인간관계 경시의 심리적 원인: 낮은 일반적 신뢰. 한국심리학회지: 사회 및 성격, 26(1), 23-36.
박천호(1995). 기존 장관 임명관행의 정책행정상 폐단과 시정방안. 한국행정학보, 29(4).
박혜경(2011a). 허위 독특성 편향의 문화차. 한국심리학회지: 사회 및 성격, 25(2), 127-142.
박혜경(2011b). 문화차는 어디에서 비롯되는가: 생태문화적 연구의 현황과 과제. 한국심리학회지: 일반, 30(1), 265-291.
박희봉(2010). 한국 대학생의 지역주의: 지역별 가치관, 정치이념, 그리고 정치참여. 한국정책연구, 10(3), 157-174.
배재창(2009). 암묵적 연합검사를 통한 지역정체감 연구. 전남대학교 일반대학원 석사학위 청구논문.
배재창, 한규석(2015). 우리성과 개별성 점화가 대인평가에 미치는 영향의 암묵적 측정. 한국심리학회지: 사회 및 성격, 29(4), 39-62.
배재창, 한규석(2016). 우리성 관계에서는 상처받기도 쉽다! 한국심리학회지: 사회 및 성격, 30(4), 51-80.
백선기(2006). 한국 언론의 '소수자 · 약자' 보도 경향과 사회문화적 함축 의미. 한국방송학회 학술대회논문집, 95-132.
보건복지부(2012). 2011년 정신질환실태 역학조사 요약보고서.
서경현, 안귀여루(2007). 데이트 폭력의 공격적 피해여성들의 특성과 연인관계에 대한 개입. 한국심리학회지: 사회문제, 13(2), 77-96.
서상철(2011). 무한경쟁이 대한민국을 잠식한다. 서울: 지호.
서수균, 권석만(2002). 자존감 및 자기애 성향과 공격성의 관계. 한국심리학회지: 임상, 21(4), 809-826.
서원진, 김미리혜, 김정호, Chad, E., 조인성(2015). 외로움과 SNS 중독 경향성의 관계. 한국심리학회지: 여성, 20(4), 497-512.
서은국(2007). 문화, 인간관과 행복. 한국심리학회 연차학술대회 기조강연. 경주.
서은국(2014). 행복의 기원. 서울: 21세기 북스.
서은국, 구재선, 이동귀, 정태연, 최인철(2010). 한국인의 행복지수와 그 의미. 한국심리학회 연차학술대회 발표논문집.
석재은(2009). 세대별 노후 부양관의 차이와 영향 요인. 보건사회연구, 29(1), 163-191.
성민선, 서은국, 전우영(2007). 타인의 행복 예측에서 나타나는 오류: 서울과 춘천의 삶의 만족도 비교. 한국심리학회지: 사회 및 성격, 21(2), 35-45.
성영신, 이영철(1992). 인지욕구와 메시지 주장의 유형에 따른 공익광고의 효과. 광고연구, 16, 55-79.
성영신, 정수정, 장세욱(2001). 네티즌은 웹사이트를 평가할 때 무엇을 중요시하는가? 한국심리학회지: 소비자 광고, 2(2), 101-123.
손영미, 최상진(1999). 한국인의 심정적 대화상황분석을 통한 심정심리분석. 한국심리학회 연차학술대회 발표논문집, 13-16.
손장권, 이성식, 전신현 편(1994). 미드의 사회심리학. 서울: 일신사.
송경재(2007). 동아시아 국가의 사회적 자본과 민주주의: 한국과 일본의 시민의식 조사를 중심으로. 사회이론, 32, 199-227.
송경재(2009). 네트워크 시대의 시민운동 연구: 2008 촛불집회를 중심으로. 현대정치연구, 2(1), 55-83.
송관재, 이훈구(1993). 지각적 특출성과 내외집단 간 편파가 개인의 착각상관에 미치는 영향. 한국심리학회지: 사회, 7(2), 90-107.
송하율(1999). 부패의 경제학. 서울: 산업연구원.
송한나, 이명진, 최샛별(2013). 한국 사회의 객관적 계급위치와 주관적 계층의식 간 격차 결정요인에 관한 연구. 한국인구학, 36(3), 97-119.
송호근(2006). 한국의 평등주의, 그 마음의 습관. 서울: 삼성경제연구소.
신수진(1999). 한국의 사회변동과 가족주의 전통. 한국가족관계학회지, 4(1), 165-192.
신수진, 최준식(2002). 현대 한국사회의 이중가치체계. 아산재단 연구총서. 서울: 집문당.
신승호, 이종택, 최인철(2001). 자기 일에 대한 선택과 타인의 일에 대한 조언의 차이: 매몰비용효과의 경우. 한국심리학회지: 사회 및 성격, 15(3), 49-64.
신현정 역(1994). 심리학의 오해. 서울: 도서출판 혜안.
신홍임(2008). 고정관념의 위협과 인지적 과제의 수행. 한국심리학회지: 사회 및 성격, 22(3), 15-32.
심미혜, Yu Mi, E. (2013). 한국인의 성역할 고정관념과 성차별 의식 및 군복무에 대한 태도. 한국심리학회지: 여성, 18(3), 365-385.
안귀여루(2006). 데이트 폭력과 관련된 심리 사회적 위험요인들에 대한 연구 개관. 한국심리학회지: 건강, 11(4), 709-726.
안동근(2005). TV 광고가 청소년의 휴대전화 구매 태도와 행동에 미치는 영향. 언론과학연구, 5(3), 337-372.
안미영, 김혜숙, 안상수(2005). 적대적/온정적 성차별주의와 전제/민주방식의 여성지도자에 대한 평가. 한국심리학회지: 사회 및 성격, 19(2), 17-38.
안상수, 김혜숙, 안미영(2005). 한국형 양가적 성차별주의 척도(K-ASI) 개발 및 타당화 연구. 한국심리학회지: 사회 및 성격, 19(2), 39-66.
안서원, 박수애, 김범준(2013). 돈과 권력이 대인간 거리에 미치는 영향. 한국심리학회지: 사회 및 성격, 27(3), 47-58.
안신호(1988). 집단고정관념 형성에 있어서의 감정과 지성의 효과. 한국심리학회 추계심포지엄. 심리학에서 본 지역감정, 3-36.
안차수(2013). 유명인의 정치참여와 대학생의 정치태도 및 투표행위에 관한 연구. 언론과학연구, 13(2), 193-226.
안철현(1998). 한국사회의 지역갈등구조-영호남 지역갈등을 중심으로-. 한국지역사회학회 정기학술대회 발표논문집.
안청시, 최일섭(1987). 전후세대의 가치관과 이념. 서울: 집문당.
야마기시 토시오(1998). 신뢰의 구조-동서양의 비교(문화심리학 총서 ④). 김의철, 박영신, 이상미 공역(2001). 경기: 교육과학사.
양계민, 정진경(1993). 자신의 신체적 매력에 대한 인식이 자아존중감에 미치는 영향: 청소년기를 중심으로. 한국심리학회 연차학술대회 발표논문집, 67-74.
양계민, 정진경(2005). 북한이탈 주민과의 접촉이 남한 사람들의 신뢰와 수용에 미치는 영향. 한국심리학회지: 사회문제, 11(특집호), 97-115.
양미라(2011). 무시행위의 의사소통적 기능 분석. 전남대학교 일반대학원 석사학위 청구논문.
양병화(2005). 모바일 광고의 태도효과 모델연구. 광고연구, 69, 139-163.
양선미, 박경(2011). 청소년의 자기애 성향이 우울과 심리적 안녕감에 미치는 영향. 청소년학연구, 18(12), 79-100.
양윤(1996). 인지욕구, 자기감시 및 사용상호아이 소비자 정보획득 과정에 미치는 영향. 한국심리학회지: 산업 및 조직, 9(2), 61-80.
양윤, 김혜영(2001). 단순노출이 소비자의 태도변화 과정에 미치는 영향. 한국심리학회지: 소비자 · 광고, 2(1), 43-68.
양정애(2010). 피설득자의 기분이 설득에 미치는 간접적 영향. 한국언론학보, 54(1), 387-410.
양준성, 김수지, 한규석(2007). 사회사건에 대한 지각양상의 문화차이: 버지니아텍 총기난사 사건에 대한 지각의 한미 차이. 한국심리학회 연차학술대회 발표논문집, 116-117.
양혜승(2006). 텔레비전 오락 프로그램 시청이 개인들의 물질주의적 가치관 및 삶과 사회에 대한 만족도에 미치는 영향. 한국방송학보, 20(4), 121-155.
어수영(2004). 가치변화와 민주주의 공고화. 한국정치학회보, 38(1), 193-214.
여성가족부(2016. 3. 15). 다문화인식, 4년 전보다 개선되고…. 여성가족부 정책뉴스. http://www.mogef.go.kr/korea/view/news/news08_01_01_view.jsp
여유진(2008). 한국에서의 교육을 통한 사회이동 경향에 대한 연구. 보건사회연구, 28(2), 53-80.
여유진, 정해식(2015). 국제사회조사 참여 및 비교연구-가족변화 · 사회변화 국제비교.
오성호(2003). 지방공무원의 성과급제 실시에 따른 문제점과 개선 방안. 한국행정연구, 12, 219-247.
오세철, 김주엽(1982). 반복연구: 한국인의 성공과 실패에 대한 귀인 과정연구. 오세철 편. 한국인의 사회심리, pp. 105-119. 서울: 박영사.
오세철, 윤덕현(1982). 휘시베인의 행동예측모형에 관한 연구. 오세철 편. 한국인의 사회심리, pp. 91-105. 서울: 박영사.
오세철, 조영기(1982). 한국인의 도움행위: 이타주의와 도움행위에 관한 연구. 오세철 편. 한국인의 사회심리, pp. 59-79. 서울: 박영사.
오찬호(2013). 우리는 차별에 찬성합니다. 서울: 개마고원.
오찬호(2015). 이런 사회에서 대학생들이 어찌 차별을 하지 않을 수 있겠는가? 교육비평, 36, 182-209.
우석훈, 박권일(2007). 88만원세대. 서울: 레디앙.
우실하(2007). 사회적 과시의 재생산 메커니즘과 광고. 담론201, 10(1), 133-175.
위광희(1998). 내집단 개별화가 집단 간 차별에 미치는 영향. 한국심리

학회지: 사회 및 성격, 12(2), 141-160.

유나영, 정여진, 김비아, 정영숙, 신현정(2015). 한국인의 행복 개념 탐색연구-한국 대학생을 대상으로. 민족문화연구, 55, 197-230.

유재두, 송병호(2009). 성범죄자와 일반인의 강간통념 비교 연구. 한국공안행정학회보, 18(3), 133-165.

육근영, 방희정, 옥정(2006). 자아일관성과 주관적 안녕감. 한국심리학회지: 발달, 19(3), 47-65.

윤민재(2011). 네티즌의 현실정치 참여에 관한 연구. 정보사회와 미디어, 20, 17-48.

윤상연, 허태균, 서신화, 김현정(2013). 인지 부조화의 발생에서 문화차이의 의미: 태도 중요도의 역할. 한국심리학회지: 문화 및 사회문제, 19(1), 69-86.

윤상철(2000). 높은 개혁 열망, 분절화된 신뢰구조. 한국정신문화연구원 공개토론호 자료집 '386세대의 가치관과 21세기 한국'.

윤인진(2008). 한국적 다문화주의의 전개와 특성. 한국사회학, 42(2), 72-103.

윤태림(1986). 한국인의 성격. 서울: 동방도서.

은기수(2000). 사회적 약자의 이해와 시민적 연대. 한국정신문화연구원 공개토론호 자료집 '386세대의 가치관과 21세기 한국'.

이건호, 강혜자(2005). 강간통념 수용도, 성역할 태도 및 음란물 접촉 간의 관계. 한국심리학회지: 사회문제, 11(3), 23-40.

이경성, 한덕웅(2003). 젊은 남성들은 어떤 얼굴모습의 여성에게 매력을 느끼는가? 한국심리학회지: 사회 및 성격, 17(2), 73-83.

이누미야 요시유키(2004). 한일 비교 성격론. 일본연구, 11, 101-124.

이누미야 요시유키(2009). 주체성-대상성 자기와 긍정적 환상의 관계에 관한 한일 비교연구. 한국심리학회지: 일반, 28(1), 115-146.

이누미야 요시유키, 최일호, 윤덕환, 서동효, 한성열(1999). 비현실적 낙관성 경향에 있어서의 비교 문화 연구: 상호독립적-상호협조적 자기관과의 관계를 중심으로. 한국심리학회지: 사회 및 성격, 13(1), 183-201.

이누미야, 김윤주(2006). 긍정적 환상의 한일비교: 주체성자기와 대상성자기에 의한 설명. 한국심리학회지사회 및 성격, 20(4), 19-34.

이누미야, 한민, 이다인, 이주희, 김소혜(2007). 주체성-대상성-자율성 자기 척도의 개발. 한국심리학회지: 사회 및 성격, 21(2), 17-34.

이두엽(1991). 사투리의 정치학-TV 매체와 지역감정. 김종철, 최장집 편. 지역감정연구, pp. 242-257. 서울: 학민사.

이두희, 박미석, 윤희숙(2001). 환경보전 캠페인의 공포 소구 효과에 관한 연구. 소비자학연구, 12(2), 23-36.

이민아(2013). 사회적 연결망의 크기와 우울. 한국사회학, 47(4), 171-200.

이민아, 송리라(2014). 소득, 물질주의와 행복의 관계. 한국인구학, 37(4), 89-114.

이병환, 손미희(2009). 초등학생의 음란물 접촉 경험이 자아존중감에 미치는 영향. 열린교육 연구, 17(2), 209-226.

이석재(1999). 강간통념척도의 개발과 타당도 검증. 한국심리학회지: 사회 및 성격, 13(2), 131-148.

이석재, 최상진(2001). 강간통념 수용도에 따른 성행동, 성폭력 및 성폭행사건 지각. 한국심리학회지: 사회 및 성격, 15(1), 97-116.

이석재, 최상진(2001). 체면지향 행동의 이원구조모델 검증. 한국심리학회지: 사회 및 성격, 15(2), 65-83.

이선경, 팔로마베나비데스, 허용회, 박선웅(2014). 한국 대학생들의 나르시시즘 증가. 한국심리학회지: 일반, 33(3), 609-628.

이성로(2011). 물질주의/후기물질주의 가치와 정책 선호. 동향과 전망 10, 277-311.

이성식(2003). 청소년 폭력의 원인으로서 대인갈등 상황에서의 권위 보존 동기. 한국사회학, 37(2), 179-201.

이성용(2003). 여론조사에서 사회조사로. 서울: 책세상.

이성훈(2012). 리우회의 20년 우리가 원하는 미래는? 에코뷰 magazine. 6월 23일.

이수원(1984). 한국인의 인간관계구조와 정. 한양대학교 교육논총, 1, 95-125.

이수원(1987). 한국인의 인간관계와 정공간. 한국심리학회 추계심포지엄 '산업사회에서의 인간요인', 131-142.

이수원(1993). 사회적 갈등의 인지적 기제: 사회적 자아중심성. 한국심리학회지: 사회, 7(2), 1-23.

이수원(1997). 중용의 심리학적 탐구. 최상진 외 편. 동양심리학. 서울: 지식산업사.

이수원, 김태준(1990). 사회적 역할이 사회적 사건 지각에 미치는 영향. 한국심리학회지: 사회 및 성격, 5(1), 10-23.

이수원, 박광엽(1989). 조망의 확대와 평가의 보존. 한국심리학회지 사회, 4(2), 33-49.

이수원, 이헌남(1993). 한국인의 인정에 관한 사회심리학적 이해. 한국심리학회 심포지엄 '한국인의 특성: 심리학적 탐색', 61-80.

이수원, 이혜경(1992). 역할과 개인의 분리: 역할수용의 한 기제. 한양대학교 학생생활연구소, 대학생활연구, 9, 81-109.

이숙희, 고재홍(2012). 부부의 긍정적 착각과 결혼만족도. 한국심리학회지: 여성, 17(2), 149-170.

이승환(1998). 유가사상의 사회철학적 재조명. 서울: 고려대학교 출판부.

이시균, 윤문희(2008). 고용차별의 변화에 관한 실증연구. 여성경제연구, 5(1), 51-74.

이영주, 이훈구, 박수애(2000). 가정폭력범죄의 실태. 이훈구 저. 사회문제와 심리학, pp. 42-54. 서울: 법문사.

이영철(2010). 패러다임에서 실재로: 구성주의 과학관에서 실재론적 과학관으로. 정부학연구, (16)1, 155-179.

이원영(2016). 4대 강과 핵발전소. 전남대 문화전문대학원 특강.

이은주(2009). 여자청소년의 섭식장애증상과 사회문화적 요인의 관계. 한국청소년연구, 20(2), 307-326.

이은희, 김금운, 한규석, 주리애(2004). 노인의 안녕감에 미치는 생성감의 역할. 한국노년학, 24(3), 131-152.

이장주, 최상진(2003). 부자유친성정척도의 제작과 타당화 연구. 한국심리학회지: 사회 및 성격, 17(3), 87-104.

이재열(2015a). 사회의 질, 경쟁, 그리고 행복. 아시아리뷰 4(2), 3-29.

이재열(2015b). 공공성과 사회발전. 한국사회및성격심리학회 추계학술대회 발표논문집, 19-59.

이재열, 남은영(2008). 한국인의 사회적 자본. 한국사회학, 42(7), 178-214.

이재혁(1998). 신뢰의 사회구조화. 한국사회학, 32(SUM), 311-335.

이재혁(2006). 신뢰와 시민사회. 한국사회학, 40(5), 61-98.

이재호, 조긍호(2014). 정치성향에 따른 도덕판단 기준의 차이. 한국심리학회지: 사회 및 성격, 28(1), 1-26.

이재호, 최상진(2003). 문화적 개념의 인지표상과 활성화 과정: 한의 담화분석과 온라인 점화효과. 한국심리학회지: 사회 및 성격, 17(1), 1-16.

이종숙(1991). 최소집단 상황에서의 집단구분과 집단 간 차별이 자아존중감에 미치는 효과. 한국심리학회지: 사회, 6(1), 47-57.

이종한(1992). 공동체의식에 관한 개인주의-집단주의 관점에서의 비교문화적 분석. 한국심리학회지: 사회, 6(2), 76-93.

이종한(2000). 한국인의 대인관계의 심리사회적 특성: 집단주의적 성향과 개인주의적 성향으로의 변화. 한국심리학회지 : 문화 및 사회문제, 6(3): 201-219.
이지선, 김민영, 서은국(2004). 한국인의 행복과 복. 한국심리학회지: 사회 및 성격, 18(3), 115-125.
이지연, 오경자(2007). 아동기 부모 간 폭력목격경험이 대학생의 데이트 폭력에 미치는 영향. 한국심리학회지: 여성, 12(4), 433-450.
이지연, 오경자(2008). 아동학대 경험이 대학생의 데이트 폭력에 미치는 영향. 한국심리학회 연차학술대회 발표논문집, 586-587.
이지은(1996). 과제 수행자의 귀인 양상에 따른 관찰자의 평가: 과제의 성격과 수행 및 귀인내용의 효과. 전남대학교 대학원 석사학위 청구논문.
이진환(1985). 고정관념적 신념의 변화: 한 인지적 분석. 사회심리학 연구, 2(2), 95-112.
이진환(1989). 부산지역인의 타 지역에 대한 인상 및 태도. 한국심리학회 편. 심리학에서 본 지역감정. 서울: 성원사.
이춘재, 곽금주(2000). 집단따돌림 경험 유형에 따른 자기개념과 사회적 지지. 한국심리학회지: 발달, 13(1), 65-80.
이해경(2000). 집단괴롭힘에서 가해자와 피해자의 애착유형과 대인관계 특성. 한양대학교 교육논총, 16, 85-109.
이해경, 이수원(1994). 사회적 범주화, 가치 선호 및 내집단 편애. 한국심리학회지: 사회, 8(2), 108-123.
이현석(2012). 핵발전, 우리가 잊고 지냈던 불편한 진실들. 기독교사상, 639, 10-21.
이혜림, 정의준(2014). 폭력성 게임의 인식과 논쟁에 관한 연구: 카타르시스이론과 인지네오연상 이론을 중심으로. 한국컴퓨터게임학회 논문지, 27(3), 181-191.
이홍균(2007). 한국인의 사회적 과시: 독일인과 일본인의 사회적 과시와 비교. 담론201, 10(4), 167-198.
이효재(2003). 조선조 사회와 가족: 신분상승과 가부장제 문화. 서울: 한울.
이희길(2007). 노인자살의 현황과 원인 분석. 통계개발원 사회통계실 정책보고서.
이희승(1961). 국어 대사전. 서울: 민중서관.
임성진(2002). 핵발전의 허구성: 새로운 에너지 체계를 향하여. 진보평론, 6, 26-48.
임수진, 한규석(2009). 중국인 유학생이 겪는 심리적 어려움에 미치는 사회-심리적 요인분석. 한국심리학회지: 학교, 6(3), 413-427.
임영식(1994). 핑계 듣는 사람의 특성과 핑계유형이 핑계 대는 사람에 대한 처벌과 호감에 미치는 효과. 중앙대학교 대학원 박사학위 청구논문.
임인숙(2002). 한국사회의 몸 프로젝트: 미용성형 산업의 팽창을 중심으로. 한국사회학, 36(3), 183-204.
임인숙(2015). 외모 차별사회의 외모 불안감과 노화 불안감. 한국사회학, 49(4), 199-233.
임지영(2011). 청소년의 자기애 및 자기개념명료성과 분노행동양상의 관계. 아시아교육연구, 12(3), 305-325.
임태섭(1995). 정, 체면, 연줄 그리고 한국인의 인간관계. 서울: 한나래.
임희섭 외(2002). 한국의 문화변동과 가치관. 서울: 나남출판.
임희섭(1987). 한국문화의 변화와 전망. 임희섭 편. 한국사회의 발전과 문화. 서울: 나남출판.
장덕진, 김기훈(2011). 한국인 트위터 네트워크의 구조와 동학. 언론정보연구, 48(1), 59-86.
장성수, 이수원, 정지원(1990). 한국인의 인간관계에서 나타난 분배 정의에 관한 연구: 공정조망과 인정조망을 중심으로. 한양대학교 교육논총, 3, 217-265.
장수지(2010). 대인 간 갈등해결전략에 대한 비교문화 연구: 한국, 일본, 미국 대학생을 대상으로. 한국심리학회지: 사회 및 성격, 24(4), 1-17.
장은영(2009). 사회비교와 주관안녕. 한국심리학회지: 사회 및 성격, 23(2), 157-169.
장하성(2015). 왜 분노해야 하는가. 서울: 헤이북스.
전겸구, 김교헌, 류준범(2000). 한국인과 미국인의 분노 경험과 분노 표현. 재활심리연구, 7, 61-75.
전겸구, 한덕웅, 이장호(1998). 한국판 상태-특성 분노 표현 척도(STAXI-K): 대학생 집단. 한국심리학회지: 건강, 3, 18-32.
전우영(2009). Consumption as a multiple-goal pursuit without awareness. 한국사회및성격심리학회 춘계학술대회 발표논문집, 61-64.
전우영(2014). 프라이밍: 나를 움직이는 무의식. 서울: 21세기북스.
정권택(2002). CEO Information. 삼성경제연구소 연구보고서, 357호.
정기선(2005). 지역감정과 지역갈등 인식의 변화: 1988년과 2003년 비교. 한국사회학, 39(2), 69-99.
정병은, 이기홍(2010). 성공적 노화에 대한 세대별 인식 조사연구: 사회관계를 중심으로. 조사연구 11(2), 45-69.
정성원(2007). 현대인들의 과시-자아정체성의(재)생산. 담론 201, 10(1), 177-205.
정소라, 현명호(2015). SNS 사용자의 상향비교 경험과 우울의 관계에서 열등감의 매개효과 및 자기개념 명확성의 중재효과. 한국심리학회지: 건강, 20(4), 703-717.
정영숙(1996). 어머니에 대한 배려가 아동의 과제수행 열심도에 미치는 효과. 한국사회심리학회지: 사회, 10(1), 159-170.
정영숙, 손자경(1995). 보상수혜자에 따른 취학 전 아동의 욕구만족 지연 효과의 차이. 한국심리학회지: 발달, 8, 136-147.
정욱, 한규석(2005). 자기고양 현상에 대한 조절변인으로서 자존감. 한국심리학회지: 사회 및 성격, 19(1), 199-216.
정은경, 손영우(2011). 진보와 보수의 도덕적 가치 판단의 차이: 간통죄를 중심으로. 한국심리학회지: 일반, 30(3), 727-741.
정은경, 정혜승, 손영우(2011). 진보와 보수의 도덕적 가치 판단의 차이. 한국심리학회지: 사회 및 성격, 25(4), 93-105.
정이환(2015). 한국 임금 불평등 구조의 특성. 한국사회학, 49(4), 65-100.
정종화(1995). 한국전통사회의 전통문화 구조양상: 속담을 통해 본 가치관의 비교문화적 접근. 서울: 고려대학교 출판부.
정진경(1989). 성역할 고정관념 및 특성이 기혼여성의 취업에 따르는 적응문제에 미치는 영향: 저소득층의 경우. 한국심리학회지: 사회, 4(2), 169-184.
정태연(2010). 한국사회의 집단주의적 성격에 대한 역사 · 문화적 분석. 한국심리학회지: 사회 및 성격, 24(3), 53-75.
정태연, 송관재(2006). 한국인의 가치구조와 행동판단에서의 이중성: 대학생, 성인 및 탈북자를 중심으로. 한국심리학회지: 문화 및 사회문제, 12(3), 49-68.
정태연, 전경숙, 박은미(2008). 한국사회와 교육적 성취: 한국사회의 맥락과 과제: 공동체 의식의 함양에서 본 한국 학교교육의 문제점. 한국심리학회지: 문화 및 사회문제, 14(1s), 469-485.
정태연, 한광희(2001). 20대가 지각한 청소년과 성인과의 세대차이. 한국노년학, 21(1), 1-14.
조경근(1987). 정치사회의 시각에서 본 영호남 간의 지역감정 실제와 약화 및 해소. 한국정치학회, 7, 107-126.
조긍호(1990). 대인평가차원의 이원모형. 한국심리학회지: 사회, 8, 87-110.

조긍호(1991). 맹자에 나타난 심리학적 함의(2): 교육론과 도덕실천론을 중심으로. 한국심리학회지: 사회, 6(1), 73-108.
조긍호(1996). 문화유형과 타인이해 양상의 타인이해 양상의 차이. 한국심리학회지: 일반, 15(1), 104-139.
조긍호(1999). 문화유형에 따른 동기의 차이. 한국심리학회지: 사회 및 성격, 13(2), 233-273.
조긍호(2000). 문화유형과 동기의 차이: 한국인의 동기 이해를 위한 시론. 한국심리학회지: 사회 및 성격, 14(2), 83-122.
조긍호(2002). 문화성향과 허구적 독특성 지각 경향. 한국심리학회지: 사회 및 성격, 16(1), 91-111.
조긍호(2005). 문화성향에 따른 유사성 판단의 비대칭성. 한국심리학회지: 사회 및 성격, 19(1), 45-63.
조긍호(2006). 이상적 인간형론의 동 · 서 비교. 서울: 지식산업사.
조긍호, 김은진(2001). 문화성향과 동조행동. 한국심리학회지: 사회 및 성격, 15(1), 139-165.
조긍호, 김지연, 최경순(2009). 문화성향과 분노통제: 분노수준과 공감의 매개효과를 중심으로. 한국심리학회지: 사회 및 성격, 23, 69-90.
조남국(1994). Schwartz와 Bilsky의 보편적 가치구조 이론에 대한 방법적 비판: SSA의 적용. 한국심리학회지: 사회 및 성격, 8(2), 55-69.
조대엽(2002). 386 세대의 문화와 세대 경험. 임희섭 외. 한국의 문화변동과 가치관, 249-280. 서울: 나남출판.
조명한, 김정오, 권석만(1994). 청소년의 삶의 질. 사회과학과 정책연구, 16(2), 61-94.
조성경(2014). 탈물질주의 가치관의 국가 간 차이. 한국사회학회 2014 후기 사회학대회 발표논문집, 12-14.
조성남, 박숙미(2002). 한국의 세대 관련 연구에 나타난 세대개념의 구분과 세대갈등을 이해하는 방법에 관한 일 고찰. 사회과학연구논총, 9, 39-68.
조은아, 김미숙(2003). 청소년의 과시 소비성향에 따른 수입명품 및 유명 브랜드 의류제품에 대한 태도 및 구매행동. 한국의류학회 춘계학술대회 발표논문집.
조정문(1995). 결혼생활의 공평성 인지와 결혼만족. 한국사회학, 29, 559-584.
조철옥(2009). 일반논문: 증오범죄의 독립범죄유형화 및 사이코패스와의 관계에 관한 연구. 경찰연구논집, 4, 9-44.
조형오(2000). 금연광고 메세지 유형의 효과분석: 메세지 프레이밍과 메세지 소구방향의 매개역할. 광고학연구, 11(1), 133-157.
주은우(2014). 금지의 명령에서 향유의 명령으로. 한국사회학, 48(5), 59-97.
주지혁, 조영기(2007). 온라인게임이 청소년의 공격성에 미치는 영향연구: 리니지 이용자를 중심으로. 사이버커뮤니케이션학보, 24, 79-115.
주현덕, 장근영(2006). 한국 대학생의 연인 평가와 연애 태도 연구. 한국심리학회지: 사회 및 성격, 20(1), 39-54.
중앙아동보호전문기관(2007). http://korea1391.org
진중환(2016). 본성이 답이다. 서울: 사이언스북스.
차경진, 이은목(2015). 사회비교이론 관점에서 살펴본 SNS 이용중단 의도. 한국전자거래학회지, 20(3), 59-77.
차재호(1985). 70년대 말에서의 가치, 태도 및 신념으로 본 한국인의 세대차(1). 한국심리학회지: 사회 및 성격, 2(2), 129-168.
차재호(1986). 가치관의 변화. 한국사회과학연구협의회 편. 한국사회의 변화와 문제, pp. 397-429. 서울: 법문사.
차재호, 나은영(1986). 귀인정보의 함축정보 연구: 합의성, 특이성 및 일관성 정보 간의 상호 함축관계. 사회심리학연구, 3(1), 17-36.
차재호, 염태호, 한규석(1996). 한국심리학회. 한국심리학회 편. 한국심리학회 50년사, pp. 3-80. 경기: 교육과학사.
최강(2014.5.30). 뇌영상으로 풀이하는 진보와 보수 성향은…. 사이언스온. http://scienceon.hani.co.kr/168122
최광선, 안상수(1991). 협동과제 수행에서 범주화와 성과정보가 내집단 편파감소에 미치는 영향. 한국심리학회지: 사회, 6(1), 122-131.
최광선, 정명선(1999). 공격특성과 성폭력 영화에의 반복 노출이 시청자의 기분변화, 폭력영화 및 피해자 평가에 미치는 영향. 한국심리학회지: 사회문제, 5(2), 123-139.
최봉영(1994). 한국인의 사회적 성격 1. 서울: 느티나무.
최봉영(2005). 한국사회의 차별과 억압: 존비어체계와 형식적 권위주의. 서울: 지식산업사.
최봉영(2012). 한국인에게 나는 누구인가. 서울: 지식산업사.
최봉영(2013). 말과 바탕공부. 서울: 고마누리.
최봉영(2016). 우리말로 학문하기 모임. 동계모임. 2월 한국항공대학교.
최봉영, 한규석, 김택신(2014). 한국인의 세계관에 바탕한 도덕성 발달 이론(A theory of moral development based on Korean Worldview). 한국심리학회 연차학술대회 발표논문집.
최상진(1985). 탈(脫) Heider적 상식심리학 모형의 탐색적 제안. 사회심리학연구, 2(2), 23-60.
최상진(1991). '한' 의 사회심리학적 개념화 시도. 한국심리학회 연차학술대회 발표논문집, 339-350.
최상진(1993). 한국인과 일본인의 '우리' 의식 비교. 한국심리학회 연차학술대회 발표논문집, 229-244.
최상진(1994). 한국인의 심정심리학. 아세아 심리학 워크숍 자료집, 39-64.
최상진(2000). 한국인 심리학. 서울: 중앙대학교 출판부.
최상진(2011). 한국인의 심리학. 서울: 학지사.
최상진, 김기범(1999). 한국인의 self의 특성: 서구의 self 개념과 대비를 중심으로. 한국심리학회지: 사회 및 성격, 13(2), 279-295.
최상진, 김기범(2000). 체면의 심리적 구조. 한국심리학회지: 사회 및 성격, 14(1), 185-202.
최상진, 김기범, 강오순, 김지영(2005). 한국문화에서 대인관계 신뢰-불신의 기반과 심리적 기능에 대한 문화심리학적 분석. 한국심리학회지: 사회문제, 11, 특집호, 1-20.
최상진, 김의철, 김기범(2003). 한국사회에서의 대인관계 속의 신뢰와 불신의 기반으로서의 마음에 대한 문화심리학적 접근. 한국심리학회지: 문화 및 사회문제, 9(2), 1-17.
최상진, 김지영, 김기범(2000). 정(미운 정 고운 정)의 심리적 구조, 행위 및 기능 간의 구조적 관계분석. 한국심리학회지: 사회 및 성격, 14(1), 203-222.
최상진, 김혜숙, 유승엽(1994). 부자유친 성정과 자녀에 대한 영향력. 한국심리학회 연차학술대회 발표논문집, 65-82.
최상진, 유승엽(1992). 한국인의 체면에 대한 사회심리학적 한 분석. 한국심리학회지: 사회, 6(2), 137-157.
최상진, 유승엽(1994). 한국인의 의례적 언행과 그 기능. 한국심리학회 연차학술대회 발표논문집, 369-385.
최상진, 이요행(1995). 한국인 화병의 심리학적 개념화 시도. 한국심리학회 연차학술대회 발표논문집, 327-338.
최상진, 이장주(1999). 정의 심리적 구조와 사회-문화적 기능분석. 한국심리학회지: 사회 및 성격, 13(1), 219-234.
최상진, 임영식, 유승엽(1991). 핑계의 귀인/인식론적 분석. 한국심리학회 연차학술대회 발표논문집, 399-410.
최상진, 조윤동, 박정열(2001). 대중가요 가사분석을 통한 한국인의 정서탐색. 한국심리학회지: 일반, 20(1), 41-66.

최상진, 진승범(1995). 한국인의 눈치의 심리적 표상체계. 한국심리학회 연차학술대회 발표논문집, 511-521.

최상진, 최수향(1990). 정의 심리적 구조. 한국심리학회 연차학술대회 발표논문집, 1-9.

최상진, 최순영(1989). 규범적 귀인에서 상식적 귀인에 이르는 통합적 귀인모형의 모색. 한국심리학회지: 사회, 4(2), 11-32.

최상진, 한규석(1998). 심리학에서의 객관성, 보편성 및 사회성의 오류: 문화심리학의 도전. 한국심리학회지: 일반, 17(1), 73-96.

최연희, 최상진(1990). 눈치기제가 유발되는 상황과 이유에 대한 연구. 한국심리학회 연차학술대회 발표논문집, 293-302.

최인영, 최혜경(2009). 한국 중년세대의 가치관 특성 및 유형에 관한 연구. 한국가족관계학회지, 14(1), 81-109.

최인재, 최상진(2002). 한국인의 문화심리적 특성이 문제대응방식, 스트레스, 생활만족도에 미치는 영향: 정, 우리성을 중심으로. 한국심리학회지: 상담 및 심리치료, 14(1), 55-71.

최인철(2000). The conflicted culture or who reads fortune-telling. 한국사회및성격심리학회 월례회 발표자료집.

최인철(2007). 프레임: 나를 바꾸는 심리학의 지혜. 서울: 21세기북스.

최인철, 김범준(2007). 원자력 발전소 안전체감의 연구. 한국심리학회지: 문화 및 사회문제, 13(3), 1-21.

최재석(1994). 한국인의 사회적 성격. 서울: 현음사.

최재천(2003). 살인의 진화심리학. 서울: 서울대학교 출판부.

최준영(1998). 여론조사에 나타난 5·18 민주화 운동과 지역감정. 지역사회연구, 6, 1-19.

최준영, 김순홍(2000). 지역 간 거리감을 통해서 본 지역주의의 실상과 문제점. 사회연구, 1, 65-95.

최항섭(2001). 사치를 통한 구별. 2001년도 한국사회학회 전기사회학대회 발표논문집.

최항섭, 김홍규, 김홍종, 박능후, 박병원, 이종관 (2011). 2020년 한국사회의 질적수준 제고를 위한 미래연구. 기획재정부, 미래전력과 보고서.

최홍국(1990). 한국인의 투표성향과 지역감정에 대한 조사연구: '87년 대통령선거 성향분석. 한국심리학회지: 산업 및 조직, 3(1), 98-121.

최훈석, 양애경, 이선주(2008). 여성결혼이민자에 대한 지역사회 수용성: 안산과 영암의 지역주민을 중심으로. 한국심리학회지: 사회문제, 14(4), 39-69.

통계청(2008). 우리나라 이혼율, 그렇게 높은가? http://www.kosis.kr/static/man/man01/1172699_1489.jsp

하병주(2014). '아랍의 봄' 발생과 기원의 정치문화적 배경과 정치변동. 지중해지역연구, 16(1), 1-19.

한겨레신문(2012. 5. 31.). 한국인 미국인 공정성 조사. http://www.hani.co. kr/arti/culture/culture_general/535603.html

한국사회학회(1990). 한국의 지역주의와 지역갈등. 서울: 성원사.

한국형사정책연구원(2009). 범죄통계정보시스템. http://221.143.48.49:8080/kicanalysis2.html

한규석(1988). 갈등상황에서의 행동유형: 일관성의 문제. 서애 송대현 교수 화갑기념논문집, 137-148.

한규석(1991). 사회심리학 이론의 문화특수성: 한국인의 사회심리학 연구를 위한 고찰. 한국심리학회지: 사회, 6(1), 132-155.

한규석(1996). 사회심리학회. 한국심리학회 편. 한국심리학회 50년사, pp. 157-190. 경기: 교육과학사.

한규석(1997). 사회심리학에서의 문화비교 연구. 한국심리학회학술위원회 편. 심리학에서의 비교문화 연구. 서울: 성원사.

한규석(2000). 인터넷 교류와 자아의 변화. 문화와 사람, 2호, 82-109. 경기: 사계절.

한규석(2002). 한국적 심리학의 전개현황과 과제. 한국심리학회지: 일반, 21(2), 67-96.

한규석(2007). 미세생성분석: 문화심리학에서의 필요성, 가치 및 이슈. 한국심리학회 연차학술대회 발표논문집, 144-145.

한규석, 신수진(1999). 한국인의 선호가치 변화-수직적 집단주의에서 수평적 개인주의로-. 한국심리학회지: 사회 및 성격, 13(2), 293-310.

한규석, 최봉영(2015). 우리성 심리학의 모색과 과제: 온전한 심리학을 지향하며. 한국정치사상학회 심포지엄 자료집 '서구중심주의에 대한 우리 학문의 이론적 대응', 103-121.

한규석, 최상진(2008). 마음의 연구와 심리학: 마음의 문화심리적 분석에 바탕한 심리의 작용 틀. 한국심리학회지: 일반, 27, 281-307.

한규석, 최송현, 심선화(2004a). 서열적 대인관계의 암묵적 교류관. 한국사회및성격심리학회 동계학술대회 발표논문집, 89-98.

한규석, 최송현, 정욱, 배재창(2004b). 한국사회에서의 사람판단의 준거: 된 사람과 난 사람의 평가를 중심으로. 한국심리학회지: 사회 및 성격, 18(1), 23-39.

한덕웅(1985). 우정의 형성과 발전에 관한 종단적 연구. 사회심리학연구, 2(2), 169-192.

한덕웅(1992). 성격특성 용어의 사용빈도. 호오도 및 사회적 바람직성. 한국심리학회지: 일반, 11(1), 147-171.

한덕웅(1993). 성격특성의 지각차원. 한국심리학회지: 사회, 7(1), 198-211.

한덕웅(1994). 퇴계심리학: 성격 및 사회심리학적 접근. 서울: 성균관대학교 출판부.

한덕웅(2003). 한국유학심리학. 서울: 시그마프레스.

한덕웅(2005). 한국문화에서 주관안녕에 관련되는 사회심리 요인들. 한국심리학회 연차학술대회 발표논문집, 138-139.

한덕웅(2006). 한국문화에서 사회규범에 따른 행동들이 주관안녕에 미치는 영향. 한국심리학회지: 건강, 11(2), 363-387.

한덕웅, 강혜자(2000). 한국 사회에서 사회문제의 지속과 변화: 1994년과 비교. 한국심리학회지: 사회문제, 6(2), 15-37.

한덕웅, 이경성(1994). 인생관으로 측정한 한국대학생의 가치관 변화. 사회과학, 33(2), 171-196. 성균관대학교 사회과학연구소.

한덕웅, 이경성(2003). 한국인의 인생관으로 본 가치관 변화: 30년간 비교. 한국심리학회지: 사회 및 성격, 17(1), 49-67.

한덕웅, 최훈석(2006). 한국 사회문제의 변화: 지난 10년간 세 시점의 비교. 한국심리학회지: 사회문제, 12, 103-128.

한민, 김용희, 이동하, 최진이(2008). 한국사람들의 인종에 대한 이중적 태도. 한국심리학회 연차학술대회 발표논문집, 172-173.

한민, 서신화, 이수현, 한성열(2013). 한국인의 자존심 개념과 특성에 대한 연구. 한국심리학회지: 문화 및 사회문제, 19(2), 203-234.

한민, 한성열(2009). 신명나는 삶. 한국심리학회지: 문화및사회문제, 15(1), 81-94.

한성열(2003). 자기고양 편파와 심리적 적응의 관계에 대한 비교문화 연구. 한국심리학회지 : 문화 및 사회문제, 9(2), 79-99.

한성열, 안창일(1990). 집단주의와 나이, 교육, 결혼 및 주거 형태와의 관계. 한국심리학회지: 사회, 5(1), 116-128.

한성열, 이홍표(1994). 개인주의-집단주의와 지각된 소외감의 관련성 연구. 한국심리학회 연차학술대회 발표논문집, 357-385.

한성열, 한민, 이누미야, 심경섭(2015). 문화심리학: 동양인, 서양인, 한국인의 마음. 서울: 학지사.

한준, 김석호, 하상응, 신인철(2014). 사회적 관계의 양면성과 삶의 만족. 한국사회학, 48(5), 1-24.

한형조(2000). 유교는 미래에 있다. 중앙일보(간), 새천년 Emerge, 5월호, 56-69.

함유근, 채승범(2012). 빅데이터, 경영을 바꾸다. 서울: 삼성경제연구소.

함인희(2002). 베이비붐 세대의 문화와 세대경험. 임희섭 외. 한국의 문화변동과 가치관, pp. 215-248. 서울: 나남출판.

함진선, 이장한(2010). 성별에 따라 성격차원과 사랑유형이 성적 부정의 질투에 미치는 영향. 한국심리학회지: 사회 및 성격, 24(3), 109-124.

허재홍(2011). 문화성향에 따른 긍정정서 경험빈도가 주관적 안녕감에 미치는 영향. 상담학연구, 12, 1, 99-113.

허진자, 고재홍(2008). 부부의 심리적 욕구차이, 배우자 욕구오해 및 부부갈등 간의 관계. 한국심리학회지: 사회 및 성격, 22(4), 27-41.

허태균, 황재원, 김재신(2005). 바늘 도둑이 소도둑 된다: 준법의식의 약화에서 인지부조화의 역할. 한국심리학지: 사회문제, 11, 25-42.

홍대식(1985). 삼자적 사회관계에서의 인지적-감정적 반응의 역학과 대인관계의 과정. 사회심리학연구, 2(2), 61-94.

홍성원, 이인혜(2015). 소수집단에 대한 편견과 편집증적 심리특성. 한국심리학회지: 문화 및 사회문제, 21(3), 339-353.

홍영오, 연성진, 주승희(2015). 여성 대상 폭력에 대한 연구: 친밀한 관계에서의 폭력을 중심으로. 한국형사정책연구원 연구총서 15-AA-13.

홍영오, 이훈구(2001). 암묵적 연합검사에 의한 지역편견의 측정. 한국심리학회지: 사회 및 성격, 15, 185-204.

홍용희(2004). 비교문화적으로 본 한국과 미국 부모들의 유아도덕 교육. 유아교육연구, 24(1), 259-292.

홍지숙(2015). 빅데이터를 활용한 항공사 이미지 변화 분석-K항공사의 램프리턴 사건을 중심으로-. 한국관광학회 국제학술대회 발표논문집, 78(2), 527-543.

황민혜, 고재홍(2010). 부부간 결혼 가치관 차이, 오해 및 부부갈등. 한국심리학회지: 여성, 15(4), 779-800.

황상민, 김도환(2004). 한국인의 라이프 스타일과 세대의 심리적 정체성. 한국심리학회지: 사회및성격, 18(2), 31-47.

Abele, A. E., Bruckmüller, S., & Wojciszke, B. (2014). You are so kind and I am kind and smart: Actor-observer differences in the interpretation of on-going behavior. *Polish Psychological Bulletin, 45*, 394-401.

Abele, A. E., & Bruckmüller, S. (2011). The bigger one of the "Big Two": Preferential processing of communal information. *JESP, 47*, 935-948.

Abele, A. E., & Wojciszke, B. (2007). Agency and communion from the perspective of self versus others. *JPSP, 93*(5), 751-763.

Abele, A. E., & Wojciszke, B. (2013). The Big Two in social judgment and behavior. *Social Psychology, 44*(2), 61-62.

Abelson, R., Aronson, E., McGuire. W., Newcomb, T., Rosenberg, M., & Tannenbaum, P. (1968). *Theories of cognitive consistency: A sourcebook*. Chicago: Rand McNally.

Abramson, L., Seligman, M., & Teasdale, J. (1978). Learned helplessness in humans: Critique and reformation. *Journal of Abnormal Psychology, 87*, 49-74.

Adair, G., Dushenko, T. W., & Lindsay, R. C. L. (1985). Ethical regulations and their impact on research practice. *American Psychologist, 40*, 59-72.

Adams, G. (2005). The cultural grounding of personal relationship: Enemyship in North American and West African worlds. *JPSP, 88*(6), 948-968.

Adams, G., & Plaut, V. C. (2003). The cultural grounding of personal relationship: Friendship in North American and West African worlds. *Personal Relationships, 10*(3), 333-347.

Adams, J. (1965). Inequity in social exchange. In L. Berkowitz (Ed.), *Advances in Experimental Social Psychology* (Vol. 2). NY: Academic Press.

Adler, N. E., Boyce, T., Chesney, M. A., Cohen, S., Folkman, S., Kahn, R. L., et al. (1994). Socioeconomic status and health: The challenge of the gradient. *American Psychologist, 49*, 15-24.

Adorno, T., Frenkel-Brunswik, E., Levinson, D., & Sanford, R. N. (1950). *The authoritarian personality*. New York: Harper.

Agnew, C., Van Lange, P., Rusbult, C., & Langston, C. (1998). Cognitive interdependence: Commitment and the mental representation of close relationships. *JPSP, 74*, 939-954.

Ajzen, I. (1991). The theory of planned behavior. *OBHDP, 50*, 179-211.

Ajzen, I., & Fishbein, M. (1977). Attitude-behavior relations: A theoretical analysis and review of empirical research. *Psychological Bulletin, 84*, 888-918.

Ajzen, I., & Fishbein, M. (1980). Understanding attitudes and predicting social behavior. Englewood Cliffs, NJ: Prentice-Hall.

Aknin, L. B., et al. (2013). Prosocial spending and well-being: Cross-cultural evidence for a psychological universal. *JPSP, 104*(4), 635-652.

Aknin, L. B., Hamlin, J., & Dunn, E. (2012). Giving leads to happiness in young children. *PLoS ONE 7*: e39211.

Aldag, R., & Fuller, S. (1993). Beyond fiasco: A reappraisal of the groupthink phenomenon and a new model of group decision processes. *Psychological Bulletin, 113*, 533-552.

Alicke, M. D., Klotz, M. L., Breitenbecher, D., & Yurak, T. (1995). Personal contact, individuation, and the better-than-average effect. *JSP, 68*, 804-825.

Allen, M., D'Alessio, D., & Brezgel, K. (1995). A meta-analysis summarizing the effects of pornography: II. Aggression after exposure. *Human Communication Research, 22*, 258-283.

Allen, M., Gupta, R., & Monnier, A. (2008). The interactive effect of cultural symbols and human values on taste evaluation. *Journal of Consumer Research, 35*(2), 294-308.

Allen, V., & LeVine, J. (1971). Social support and conformity: The role of independent assessment of reality. *JESP, 7*, 48-58.

Allison, S. T., Messick, D. M., & Goethals, G. R. (1989). On being better but not smarter than others: The Muhammad Ali effect. *Social Cognition, 7*, 275-296.

Alloy, L., & Abramson, L. (1979). Judgment of contingency in depressed and nondepressed students: Sadder but wiser. *JEP: General, 108*, 441-485.

Allport, F. (1920). The influence of the group upon association and thought. *JEP, 3*, 159-182.

Allport, F. (1924). *Social psychology*. Boston: Houghton Mifflin.

Allport, G. (1954). *The nature of prejudice*. Reading. MA: Addison-wesley.

Allport, G. W. (1968). The historical background of modern social psychology. In G. Lindzey & E. Aronson (Eds.), *Handbook of Social Psychology* (Vol. 1, 2nd ed.). Reading, Mass: Addison-Wesley.

Altman, I., & Taylor, D. (1973). *Social Penetration: The development of interpersonal relationships.* New York: Holt, Rinehart & Winston.

Ambady, N., Koo, J., Lee, F., & Rosenthal, R. (1996). More Than Words: Linguistic and Nonlinguistic Politeness in Two Cultures. *JPSP, 70*(5), 996-1011.

Anderson, C. A. (1997). Effects of violent movies and trait hostility on hostile feelings and aggressive thoughts. *Aggressive Behavior, 23*, 161-178.

Anderson, C. A., & Anderson, D. C. (1984). Ambient temperature and violent crime: Tests of the linear and curvilinear hypotheses. *JPSP, 46*, 91-97.

Anderson, C. A., & Bushman, B. J. (2001). Effects of violent video games on aggressive behavior, aggressive cognition, aggressive affect, physiological arousal, and prosocial behavior: A meta-analytic review of the scientific literature. *Psychological Science, 12*, 353-359.

Anderson, C. A., & Bushman, B. J. (2002). Human aggression. *ARP, 53*, 27-51.

Anderson, C. A., Bushman, B. J., & Groom, R. W. (1997). Hot years and serious and deadly assault: Empirical tests of the heat hypothesis. *JPSP, 73*, 1213-1223.

Anderson, C., & Dill, K. (2000). Video games and aggressive thoughts, feelings, and behavior in the laboratory and in life. *JPSP, 78*, 772-790.

Anderson, C., Keltner, D., & John, O. P. (2003). Emotional convergence between people over time. *JPSP, 84*, 1054-1068.

Anderson, C., Lepper, M., & Ross, L. (1980). Perseverance of social theories: The role of explanation in the persistence of discredited information. *JPSP, 39*, 1037-1049.

Anderson, N., & Hubert, S. (1963). Effects of concomitant verbal recall on order effects in personality impression formation. *Journal of Verbal Learning and Verbal Behavior, 2*, 379-391.

Anderson, S. L., Adams, G., & Plaut, V. C. (2008). The Cultural Grounding of Personal Relationship: The Importance of Attractiveness in Everyday Life. *JPSP, 95*(2), 352-368.

Andreeva, G. (1984). Cognitive processes in developing groups. In L. H. Strickland (Ed.), *Directions in Soviet Social Psychology* (pp. 67-82). New York: Springer.

Andrews, F. M., & Withey, S. B. (1976). *Social indicators of well-being.* New York: Plenum Press.

Ang, C-A., Mansor, A., & Tan, K-A. (2014). Pangs of loneliness breed material lifestyle but don' t power up life satisfaction of young people: The moderating effect of gender. *Social Indicators Research, 117*-2, 353-365.

Arbib, M. (2006). A sentence is to speech as what is to action? *Cortex, 42*, 507-514.

Archer, D., & Akert, R. (1977). Words and everything else: Verbal and nonverbal cues in social interpretation. *JPSP, 35*(6), 443-449.

Archer, D., & McDaniel, P. (1995). Violence and gender: Difference and similarities across societies. In R. B. Ruback & N. A. Weiner (Eds.), *Interpersonal violent behaviors: Social and cultural aspects* (pp. 63-87). New York: Springer.

Archer, J. (2000). Sex difference in aggression between heterosexual partners. *Psychological Bulletin, 126*(5), 651-680.

Arendt, H. (1965). *Eichmann in jerusalem: A report on the banality of evil.* New York: Viking Press.

Argyle, M. (1988). *Bodily communication* (2nd ed.). London: Methuen.

Argyle, M., & Dean, J. (1965). Eye-contact, distance and affiliation. *Sociometry, 28*, 289-304.

Argyle, M., Henderson, M., Bond, M. H., Lizuka, Y., & Contarello, A. (1986). Cross-cultural variations in relationship rules. *International Journal of Psychology, 21*, 287-315.

Armitage, C. J., & Conner, M. (2001). Efficacy of the theory of planned behaviour: A meta-analytic review. *BJSP, 40*, 471-475.

Aronson, E. (1988). *The social animal* (5th ed.). New York: Freeman.

Aronson, E., & Carlsmith, J. (1963). The effect of the severity of threat on the devaluation of forbidden behavior. *JASP, 66*, 584-588.

Aronson, E., & Gonzalez, A. (1988). Desegregation, Jigsaw, and the Mexican-American experience. In P. A. Katz & D. A. Taylor (Eds.), *Eliminating racism: Profiles in controversy* (pp. 301-314). New York: Plenum.

Aronson, E., & Mills, J. (1959). The effect of severity of initiation on liking for a group. *JASP, 159*, 177-181.

Aronson, E., Brewer, M., & Carlsmith, J. (1985). Experimentation in social psychology. In G. Lindzey & Aronson (Eds.), *Handbook of social psychology* (Vol. 1, 3rd ed.). NY: Random House.

Aronson, E., Fried, C. B., & Stone, J. (1991). Overcoming denial and increasing the use of condoms through the induction of hypocrisy. *American Journal of Public Health, 81*, 1636-1638.

Aronson, J., Fried, C. B., & Good, C. (2002). Reducing the effects of stereotype threat on African American college students by shaping theories of intelligence. *JESP, 38*, 113-125.

Aronson, J., Lustina, M. J., Good, C., Keough, K., Steele, C. M., & Brown, J. (1999). When white men can' t do math: Necessary and sufficient factors in stereotype threat. *JESP, 35*, 29-46.

Asch, S. E. (1946). Forming impressions of personality. *JASP, 41*, 258-290.

Asch, S. E. (1955). Opinions and social pressure. *Scientific American, 19*, 31-35.

Averill, J. R. (1983). Studies on anger and aggression: Implications for theories of emotion. *American Psychologist, 38*, 1145-1160.

Averill, J. R., & Boothroyd, P. (1977). On falling in love in conformance with the romantic ideal. *Motivation and Emotion, 1*, 235-247.

Aviezer, H., et al. (2012). Body cues, not facial expressions, discriminate between intense positive and negative emotions. *Science, 338*(6111), 1225-1229.

Axelrod, R. (1980a). Effective choice in the Prisoner' s Dilemma. *Journal of Conflict Resolution, 24*, 3-25.

Axelrod, R. (1980b). More effective choice in the Prisoner' s Dilemma. *Journal of Conflict Resolution, 24*, 379-403.

Axelrod, R. (1984). *The evolution of cooperation.* NY: Basic Books.

Babad, E., Bernieri, F., & Rosenthal, R. (1991). Students as judges of teachers' verbal and nonverbal behavior. *American*

Educational Research Journal, 28, 211-234.

Back, M. D., et al. (2010). Facebook Profiles Reflect Actual Personality, Not Self-Idealization. *Psychological Science, 21*(3), 372-374.

Bacon, M., Child, I., & Barry, H. (1963). A cross-cultural study of correlates of crime. *JASP, 66*, 291-300.

Bagozzi, R. P., Wong, N., & Yi, Y. (1999). The role of culture and gender in the relationship between positive and negative affect. *Cognition and Emotion, 13*, 641-672.

Bailey, D. S., Leonard, K. E., Cranston, J. W., & Taylor, S. P. (1983). Effects of alcohol and self-awareness on human physical aggression. *PSPB, 9*, 289-295.

Balcetis, E., & Dunning, D. (2007). Cognitive dissonance and the perception of natural environments. *Psychological Science, 18*(10), 917-921.

Banaji, M., & Prentice, D. (1994). The self in social contexts. *ARP, 45*, 297-332.

Banaji, M., & Steele, C. (1989). Alcohol and self-evaluation: Is a social cognitive approach beneficial? *Social Cognition, 7*, 139-153.

Bandura, A. (1997). *Self-efficacy: The exercise of control*. New York: Freeman.

Bandura, A. (1999). Moral disengagement in the perpetration of inhumanities. *PSPR, 3*(3), 193-209.

Bandura, A. (2004). The role of selective moral disengagement in terrorism and counterterrorism. In F. Moghaddam & A. Marsella (Eds.), *Understanding terrorism: Psychosocial roots, consequences, and interventions*. Washington D.C.: APA Press.

Bandura, A. (2008). Reconstrual of "free will" from the agentic perspective of social cognitive theory. In J. Baer, J. C. Kaufman, & R. F. Baumeister (Eds.), *Are we free? Psychology and free will*. New York: Oxford University Press.

Barelds, D., & Dijkstra, P. (2009). Positive illusions about a partner' s physical attractiveness and relationship quality, *Personal Relationship, 16*(2), 263-283.

Bargh, J. A., & Pratto, F. (1986). Individual construct accessibility and perceptual selection. *JESP, 22*, 293-311.

Bargh, J. A., et al. (1996). Automaticity of social behavior: Direct effects of trait construct and stereotype activation on action. *JPSP, 71*(2), 230-244.

Bar-Hillel, M., & Fischhoff, B. (1981). When do base rates affect predictions? *JPSP, 41*, 671-680.

Barnland, D. C. (1975). *Public and private self in Japan and United States*. Tokyo: Simul Press.

Baron, R. (1971). Exposure to an aggressive model and apparent probability of retaliation as determinants of adult aggressive behavior. *JESP, 7*, 343-355.

Baron, R. A. (1979). Aggression, empathy, and race: Effects of victim' s pain cues, victim' s race, and level of instigation on physical aggression. *Journal of Applied Social Psychology, 9*, 103-114.

Baron, R. A., & Bell, P. A. (1975). Aggression and heat: Mediating effects of prior provocation and exposure to an aggressive model. *JPSP, 31*, 825-832.

Baron, R. S. (1986). Distraction-conflict theory: Progress and problems. In L. Berkowitz (Ed.), *Advances in Experimental Social Psychology* (Vol. 19, pp. 1-40). New York: Academic Press.

Baron, R. S., Vandello, U. A., & Brunsman, B. (1996). The forgotten variable in conformity research: Impact of task importance on social influence. *JPSP, 71*, 915-927.

Baron, R., Byrne, D., & Branscombe, N. (2006). *Social psychology* (11th ed.). Boston, MA: Allyn & Bacon.

Barrick, M. R., Mount, M. K., & Li, N. (2013). The theory of purposeful work behavior: The role of personality, higher-order goals, and job characteristics. *Academy of Management Review, 38*(1), 132-153.

Barrows, S. (1981). *Distorting mirrors: Visions of the crowd in late nineteenth century*. France, New Haven: Yale University Press.

Barry, H., Josephson, L., Lauer, E., & Marshall, C. (1976). Agents and techniques for child training: Cross-cultural codes 6. *Ethnology, 16*, 191-230.

Bartels, A., & Zeki, S. (2000). The neural basis of romantic love. *Neuroreport, 11*, 3829-3834.

Bartlett, F. C. (1932). *Remembering*. Cambridge, England: Cambridge University Press.

Bassili, J. N. (2003). The minority slowness effect: Subtle inhibitions in the expression of views not shared by others. *JPSP, 84*, 261-276.

Bassili, J., & Provencal, A. (1988). Perceiving minorities: A factor-analytic approach. *PSPB, 14*, 5-15.

Batson, C. D., O' Quin, K., Fultz, J., Vanderplas, M., & Isen, A. M. (1983). Influence of self-reported distress and empathy on egoistic versus altruistic motivation to help. *JPSP, 45*, 706-718.

Baumeister, R. F. (1982). A self-presentation view of social phenomena. *Psychological Bulletin, 91*, 3-26.

Baumeister, R. F. (1998). The self. In D. Gilbert, S. Fiske, & G. Lindzey (Eds.), *The handbook of social psychology* (Vol. 1, 4th ed., pp. 680-740). Boston: McGraw-Hill Companies.

Baumeister, R. F., & Leary, M. R. (1995). The need to belong: Desire for interpersonal attachments as a fundamental human motivation. *Psychological Bulletin, 117*, 497-529.

Baumeister, R. F., Bushman, B. J., & Campbell, W. K. (2000). Self-esteem, narcissism, and aggression: Does violence result from low self-esteem or from threatened egotism? *Current Directions in Psychological Science, 9*(1), 26-29.

Baumeister, R. F., Smart, L., & Boden, J. M. (1996). Relation of threatened egotism to violence and aggression: The dark side to high self-esteem. *Psychological Review, 103*, 5-33.

Baumeister, R., & Bratslavsky, E. (1999). Passion, intimacy, and time: Passionate love as a function of change in intimacy. *PSPR, 3*(1), 49-67.

Baumgardner, A. (1991). Claiming depressive symptoms as a self-handicap: A protective self-presentation strategy. *Basic and Applied Social Psychology, 11*, 525-535.

Beaman, A. L., Klentz, B., Diener, E., & Svanum, S. (1979). Objective self-awareness and transgression in children: A field study. *JPSP, 37*, 1835-1846.

Beer, F. A. (1981). Peace against war: The ecology of international violence. San Francisco. CA: W. H. Freeman.

Beilock, S. L., Bertenthal, B. I., McCoy, A. M., & Carr, T. H. (2004).

Haste does not always make waste: Expertise, direction of attention, and speed versus accuracy in performing sensorimotor skills. *Psychonomic Bulletin and Review, 11*, 373-379.

Bem, D. (1967). Self-perception: An alternative interpretation of cognitive dissonance phenomena. *Psychological Review, 74*, 183-200.

Bem, D. J., & McConnell, H. K. (1970). Testing the self-perception explanation of dissonance phenomena: On the salience of pre-manipulation attitudes. *JPSP, 14*, 23-31.

Bendahan, S., Zehnder, C., Pralong, F., & Antonakis, J. (2015). Leader corruption depends on power and testosterone. *The Leadership Quarterly, 26*, 101-122.

Beresin, E. V. (2009). *The impact of media violence on children and adolescents: Opportunities for clinical interventions.* American Academy of Child Adolescents Psychiatry.

Berg, J., & McQuinn, R. (1986). Attraction and exchange in continuing and nocontinuing dating relationships. *JPSP, 50*, 942-952.

Berglas, S., & Jones, E. E. (1978). Drug choice as a self handicapping strategy in response to noncontingent success. *JPSP, 36*, 405-417.

Berk, M. S., & Andersen, S. M. (2000). The impact of past relationships on interpersonal behavior: Behavioral confirmation in the social-cognitive process of transference. *JPSP, 79*, 546-562.

Berkowitz, L. (1983). The experience of anger as a parallel process in the display of impulsive, 'angry' aggression. In R. G. Green & E. I. Donnerstein (Eds.), *Aggression: Theoretical and empirical reviews* (Vol. 1). New York: Academic Press.

Berkowitz, L. (1989). The frustration-aggression hypothesis: An examination and reformulation. *Psychological Bulletin, 106*, 59-73.

Berkowitz, L. (1990). On the formation and regulation of anger and aggression: A cognitive-neoassociationistic analysis. *American Psychologist, 45*, 494-503.

Berkowitz, L. (1993). *Aggression.* New York: McGraw-Hill.

Berreby, D. (2005). *Us and them: Understanding your tribal mind.* 정준형 역(2007). 우리와 그들, 무리짓기에 대한 착각. 서울: 에코리브르.

Berry, J. (2000). Cross-cultural psychology: A symbiosis of cultural and comparative approaches. *AJSP, 3*, 197-205.

Berscheid, E. (1983). Emotion. In H. Kelley et al. (Eds.), *Close relationships* (pp. 110-168). New York: W. H. Freeman.

Bhaskar, R. (1975). *A realist theory of science* (2nd ed.). Leeds: Leeds Books.

Bicchieri, C., & Xiao, E. (2009). Do the right thing: But only if others do so. *Journal of Behavioral Decision Making, 22*, 191-208.

Bierbrauer, G. (1979). Why did he do it?: Attribution of obedience and the phenomenon of dispositional bias. *EJSP, 9*, 67-84.

Billig, M. (1976). *Social psychology and intergroup relations.* London Academic Press.

Bimber, B., Flanagin, A., & Stohl, C. (2005). Reconceptualizing collective action in the contemporary media environment. *Communication Theory, 15*(4), 365-388.

Birt, C., & Dion, K. (1987). Relative deprivation theory and responses to discrimination in a gay male and lesbian sample. *BJSP, 26*, 139-145.

Bixensteine, V. E., & Wilson, K. V. (1963). Effects of level of cooperative choice by the other player's choice in a Prisoner's Dilemma game. *JASP, 67*, 139-147.

Bjoorkqvist, K., Lagerspetz, K. M., & Kaukiainen, A. (1992). Do girls manipulate and boys fight? Developmental trends in regard to direct and indirect aggression. *Aggressive Behavior, 18*, 117-127.

Blair, I. V. (2001). Implicit stereotypes and prejudice. In G. B. Moskowitz (Ed.), *Cognitive social psychology: The princeton symposium on the legacy and future of social cognition* (pp. 359-374). Mahwah, NJ: Erlbaum.

Blass, T. (1991). Understanding behavior in the Milgram obedience experiment: The role of personality, situations, and their interactions. *JPSP, 60*(3), 398-413.

Blease, C. R. (2015). Too many 'friends,' too few 'likes'? Evolutionary psychology and 'Facebook depression'. *Review of General Psychology, 19*(1), 1-13.

Blinco, P. M. A. (1993). Persistence and education: A formula for Japan's economic success. *Comparative Education, 29*(2), 171-183.

Bloom (1999). The performance effects of pay dispersion on individuals and organization. *Academy of Management Journal, 42*(1), 25-40.

Blumenstock, J., Cadamuro, G., & On, R. (2015). Predicting poverty and wealth from mobile phone metadata. *Science, 350*(6264), 1073-1076.

Bobo, L. (1988). Attitude toward the black political movement: Trends, meaning, and effects on racial policy preferences. *SPQ, 51*, 287-302.

Bodenhausen, G. V. (1988). Stereotypic biases in social decision making and memory: Testing process models of stereotype use. *JPSP, 55*, 726-737.

Bokek-Cohen, Y., Peres, Y., & Kanazawa, S. (2007). Rational choice and evolutionary psychology as explanations for mate selectivity. *Journal of Social, Evolutionary & Cultural Psychology, 2*(2), 42-55.

Boldizar, J. P., Petty, D. G., & Perry, L. (1989). Outcome values and aggression. *Child Development, 60*, 571-579.

Bond, C. F., Jr., & Brockett, D. R. (1987). A social context-personality index theory of memory for acquaintance. *JPSP, 52*, 1110-1121.

Bond, M. H., Leung, K., & Wan, K. O. (1982). The social impact of self-effacing attributions: The Chinese case. *JSP, 118*, 157-166.

Bond, R., & Smith, P. (1996). Culture and conformity: A meta-analysis of studies using Asch's (1952b, 1956) line judgement task. *Psychological Bulletin, 119*, 111-137.

Bonilla-Silva, E. (2003). Racism without racists: Color-blind racism and the persistence of racial inequality in the United States. Lanham, MD: Roman & Littlefield.

Bonta, B. (1997). Cooperation and competition in peaceful societies. *Psychological Bulletin, 121*(2), 299-320.

Borgida, E., & Campbell, B. (1982). Belief relevance and attitude-behavior consistency: The moderating role of personal experience. *JPSP, 42*, 239-247.

Borgida, E., & Nisbett, R. E. (1977). The differential impact of abstract vs. concrete information on decisions. *Journal of Applied Social Psychology, 7*, 258-271.

Bornstein, R. F. (1989). Exposure and affect: Overview and meta-analysis of research, 1968-1987. *Psychological Bulletin, 106*, 265-289.

Boroditsky, L. (2011, February). How language shapes thought: The language we speak affect our perceptions of the world. *Scientific American*, 63-65.

Borsboom, D., & Wagenmakers, E.-J. (2013, January). Derailed: The rise and fall of diederik stapel. *Observer, 26*(1).

Bothwell, R. K., Deffenbacher, K. A., & Brigham, J. C. (1987). Correlation of eyewitness accuracy and confidence: Optimality hypothesis revised. *JAP, 72*, 691-695.

Boucher, J., & Osgood, E. E. (1969). The Pollyanna hypothesis. *Journal of Verbal Learning and Verbal Behavior, 8*, 1-8.

Bowlby, J. (1969). *Attachment* (2nd ed.). New York: Basic Books.

Breckler, S., Olson, J., & Wiggins, E. C. (2006). *Social psychology alive*. Belmont, CA: Thompson Learning Ltd.

Brehm, J. W. (1956). Post-decision changes in desirability of alternatives. *JASP, 52*, 384-389.

Brenner, S. N., & Molander, E. A. (1977). Is the ethics of business changing? *Harvard Business Review, January-February*, 57-71.

Brewer, M. B. (1979). The role of ethnocentrism in intergroup conflict. In W. G. Austin & S. Worchel (Eds.), *The Social Psychology of intergroup relations*. Monterey, CA: Books/Cole.

Brewer, M. B., & Brown, R. J. (1998). Intergroup relations. In D. T. Gilbert, S. T. Fiske, & G. Lindzey (Eds.), *Handbook of social psychology* (Vol. 2, 4th ed., pp. 554-594). Boston, MA: McGraw-Hill.

Brewer, M. B., & Gardner, W. (1996). Who is this "we" Levels of collective identity and self representations. *JPSP, 71*, 83-93.

Brewer, M. B., & Miller, N. (1984). Beyond the contact hypothesis: Theoretical perspectives on desegregation. In N. Miller & M. B. Brewer (Eds.), *Group in contact: The psychology of desegregation* (pp. 281-302). New York: Academic Press.

Brewer, M. B., & Schneider, S. (1990). Social identity and social dilemmas: A double-edged sword. In D. Abrams & M. Hogg (Eds.), *Social identity theory: Constructive and critical advances*. NY: Harvester Wheatsheaf.

Brewer, M. B., Dull, V., & Lui, L. (1981). Perceptions of the elderly: Stereotypes as prototypes. *JPSP, 41*, 656-670.

Brickman, P., & Campbell, D. T. (1971). Hedonic relativism and planning the good society. In M. H. Appley (Ed.), *Adaptation level theory: A symposium* (pp. 287-302). New York: Academic Press.

Bridgman, P. (1927/1961). *The logic of modern physics*. NY: Macmillan Co.

Brockner, J., Fishman, A., Goldman, B., Spiegel, S., & Garden, C. (2007). Procedural fairness, outcome favorability, and judgments of an authority's responsibility. *JAP, 92*(6), 1657-1671.

Broemer, P. (2004). Ease of imagination moderates reactions to differently framed health messages. *EJSP, 34*, 103-119.

Brosnan, S. (2006). Nonhuman species' reactions to inequity and their implications for fairness. *Social Justice Research, 19*(2), 153-185.

Brosnan, S., & de Waal, F. B. M. (2003). Monkeys reject unequal pay. *Nature, 425*, 297-299.

Brown, J. D. (1998). *The self*. New York: McGraw-Hill.

Brown, P., & Levinson, S. (1987). *Politeness: Some universals in language usage*. Cambridge, England: Cambridge University Press.

Brown, R. (1965). *Social psychology*. New York: Free Press.

Brown, R. (1988). *Group processes: Dynamics within and between groups*. New York: Ball Blackwell.

Brown, R. J. (1978). Divided we fall: An analysis of relations between sections of a factor work-force. In H. Tajfel (Ed.), *Differentiation between social groups: Studies in the social psychology of intergroup relations*. London: Academic Press.

Brown, R. J., & Ross, G. (1982). The battle for acceptance: An exploration into the dynamics of intergroup behavior. In H. Tajfel (Ed.), *Social identity and intergroup relations*. Cambridge: Cambridge University Press.

Brown, R. J., & Turner, J. C. (1981). Interpersonal and intergroup behaviour. In J. C. Turner & H. Giles (Eds.), *Intergroup behaviour* (pp. 33-65). Oxford: Basil Blackwell.

Brown, R. P., et al. (2009). School Violence and the Culture of Honor. *Psychological Science, 20*(11), 1400-1405.

Bruner, J. S. (1986). *Actual minds, possible worlds*. Cambridge: Harvard University Press.

Bruner, J. S. (1990). *Acts of meaning*. Cambridge: Harvard University Press.

Burger, J. M. (2009). Replicating Milgram Would People Still Obey Today? *American Psychologist, 64*(1), 1-11.

Burger, J. M., & Burns, L. (1988). The illusion of unique invulnerability and the use of effective contraception. *PSPB, 14*, 264-270.

Burger, J. M., & Palmer, M. L. (1991). Changes in and generalization of unrealistic optimism following experience with stressful events: Reactions to the 1989 California earthquake. *PSPB, 18*, 39-43.

Burnstein, E., & Vinokur, A. (1977). Persuasive argumentation and social comparison as determinants of attitude polarization. *JESP, 13*, 315-332.

Bushman, B. J. (1996). Individual differences in the extent and development of aggressive cognitive-associative networks. *PSPB, 22*, 811-819.

Bushman, B. J., & Anderson, C. A. (2001). Media violence and the American public: Scientific facts versus media misinformation. *American Psychologist, 56*, 477-489.

Bushman, B. J., & Baumeister, R. F. (1998). Threatened egotism, narcissism, self-esteem, and direct and displaced aggression: Does self-love or self-hate lead to violence? *JPSP, 75*, 219-229.

Bushman, B. J., Baumeister, R. F., & Stack, A. D. (1999). Catharsis messages and anger-reducing activites. *JPSP, 76*, 367-376.

Bushman, B., Baumeister, R., & Phillips, C. (2001). Do people aggress to improve their mood? Catharsis beliefs, affect regulation opportunity, and aggressive responding. *JPSP, 81*(1), 17-32.

Buss, A. H., & Perry, M. (1992). The aggression questionnaire. *JPSP, 63*, 452-459.

Buss, D. (1994). *The evolution of desire: Strategies of human mating*. 김용석, 민현경 공역(1995). 욕망의 진화. 서울: 백년도서.

Buss, D. (1999). *Evolutionary psychology: The new science of the mind*. 김교헌 역(2005). 마음의 기원. 서울: 나노미디어.

Buunk, B. P., & Prins, K. S. (1998). Loneliness, exchange orientation, and reciprocity in friendships. *Personal Relationships, 5*, 1-14.

Buunk, B. P., Oldersma, F. L., & De Dreu, C. K. W. (2001). Enhancing satisfaction through downward comparison: The role of relational discontent and individual differences in social comparison orientation. *JESP, 37*, 452-467.

Cacioppo, J. T. (2002). Social neuroscience: Understanding the pieces fosters understanding the whole and vice versa. *American Psychologist, 57*, 819-831.

Cacioppo, J. (Ed.) (1983). *Social psychophysiology: A sourcebook*. New York: Guilford Press.

Cacioppo, J. T., & Petty, R. E. (1979). Effects of message repetition and position on cognitive response, recall, and persuasion. *JPSP, 37*, 97-109.

Cacioppo, J. T., & Petty, R. E. (1982). The need for cognition. *JPSP, 42*(1), 116-131.

Cacioppo, J. T., & Petty, R. E. (1985). Central and peripheral routes to persuasion. The role of message repetition. In L. F. Alwitt & A. A Mitchell (Eds.), *Psychological processes and advertising effects: Theory, research, and applications* (pp. 91-111). Hillsdale, NJ: Erlbaum.

Cacioppo, J. T., & Sandman, C. A. (1981). Psycho-physiological functioning, cognitive responding and attitudes. In R. E. Petty, T. M. Ostrom, & T. C. Brock (Eds.), *Cognitive responses to persuastion*. Hillsdale, NJ: Erlbaum.

Cacioppo, J. T., Petty, R. E., & Morris, K. (1983). Effects of need for cognition on message evaluation, recall, and persuasion. *JPSP, 45*, 805-818.

Caddick, B. (1982). Perceived illegitimacy and intergroup relations. In H. Tajfel (Ed.), *Social identity and intergroup relations*. Cambridge: Cambridge University Press.

Campbell, D. T., & Stanley, J. C. (1963). Experimental and quasi-Experimental designs for research on teaching. In N. L. Gage (Ed.), *Handbook of research on teaching*. Chicago: Rand McNally.

Campbell, J. D. (1990). Self-esteem and clarity of the self-concept. *JPSP, 59*, 538-549.

Campbell, J., Assanand, S., & Di Paula, A. (2000). Structural features of the self-concept and adjustment. In A. Tesser, R. Felson, & J. Suls (Eds.), *Psychological perspectives on self and identity* (pp. 67-90). Washington, DC: APA.

Capezza, N. M. (2003). The cultural-psychological foundations for violence and nonviolence: An empirical study. Forum: *Qualitative Social Research* [On-line Journal], 4(2). available at http://www.qualitative-research/net/fqs-texte/2-03/2-03capezza-e.thm

Caporeal, L. R., Lukaszewski, M. P., & Culbertson, G. H. (1983). Secondary baby talk: Judgements by institutionalized elderly and their caregivers. *JPSP, 44*, 746-754.

Caprara, G. V., Barbaranelli, C., Pastorelli, C., & Perugini, M. (1994). Individual differences in the study of human aggression. *Aggressive Behavior, 20*, 291-303.

Carlsmith, K. M., Wilson, T. D., & Gilbert, D. T. (2008). The paradoxical consequences of revenge. *JPSP, 95*(6), 1316-1324.

Carlson, K. A., & Russo, J. E. (2001). Biased interpretation of evidence by mock jurors: A meta-analysis. *JEP: Applied, 7*, 91-103.

Carnagey, N., et al. (2007). The effect of video game violence on physiological desensitization to real-life violence. *JESP, 43*, 489-496.

Carter, T., & Gilovich, T. (2012). I am what I do, not what I have: the differential centrality of experiential and material purchases to the self. *JPSP, 102*(6), 1304-1317.

Caruso, E. M., Vohs, K. D., Baxter, B., & Waytz, A. (2013). Mere exposure to money increases endorsement of free-market systems and social inequality. *JEP: General, 142*, 301-306.

Carver, C. S., Kus, L. A., & Scheier, M. F. (1994). Effects of good versus bad mood and optimistic versus pessimistic outlook on social acceptance versus rejection. *Journal of Social and Clinical Psychology, 13*, 138-151.

Caspi, A., Elder, G. H., Jr., & Bem, D. F. (1988). Moving away from the world: Life-course patterns of shy children. *Developmental Psychology, 24*, 824-831.

Cate, R. M., Llovd, S. A., & Long, E. (1988). The role of rewards and fairness in developing premarital relationships. *Journal of Marriage and the Family, 50*, 443-452.

Cervone, D., & Pevin, L. A. (2013). *Personality psychology* (12th ed.). 민경환, 김민희, 황석현, 김영철 공역(2015). 성격심리학. 서울: 시그마프레스.

Cha, J. H. (1971). Clarity of the focal stimulus cue and the mediation of two opposing social perceptual phenomena. Ph.D. dissertation, UCLA. (Diss. Abstr. Internet' I B 1971 September, Vol. 32, No. 3)

Cha, J. H., & Nam, K. D. (1985). A test of Kelley' s cube theory of attribution: A cross-cultural replication of McArthur' s study. *Korean Social Science Journal, 12*, 151-180.

Chabris, C., & Simons, D. (2010). *Invisible gorilla*. 김명철 역(2011). 보이지 않는 고릴라. 서울: 김영사.

Chaiken, A., & Derlega, V. (1974). Liking for the normbreaker in self-disclosure. *Journal of Personality, 42*, 117-129.

Chaiken, S. (1980). Heuristic versus systematic information processing and the use of source versus message cues in persuasion. *JPSP, 39*, 752-766.

Chaiken, S. (1987). The heuristic model of persuasion. In M. P. Zanna, J. M. Olson, & C. P. Herman (Eds.), *Social influence: The ontario symposium* (Vol. 5). Hillsdale, NJ: Erlbaum Associates.

Chaiken, S., & Baldwin, M. W. (1981). Affective-cognitive consistency and the effect of salient behavioral information on the self-perception of attitudes. *JPSP, 41*, 1-12.

Chaiken, S., & Eagly, A. H. (1983). Communication modality as a determinant of persuasion: The role of communicator salience. *JPSP, 45*, 241-256.

Chakraborti, N. (2015). Re-Thinking Hate Crime: Fresh Challenges for Policy and Practice. *Journal of Interpersonal Violence, 30*(10), 1738-1754.

Chang, E. C., & Asakawa, K. (2003). Cultural variations on optimistic and pessimistic bias for self versus a sibling: Is there evidence for self-enhancement in the West and for self-criticism in the East when the referent group is specified. *JPSP, 84*(3), 569-581.

Chang, M. K. (1998). Predicting unethical behavior: A comparison of the theory of reasoned action and the theory of planned behavior. *Journal of Business Ethics, 17*, 1825-1834.

Chapman, L. J., & Chapman, J. P. (1969). Genesis of popular but erroneous psychodiagnostic observations. *The Journal of Abnormal Psychology, 74*, 272-280.

Chapman, L. J., & Chapman, J. P. (1971, November). Tests results are what you think are. *Psychology Today, 18*, 106-107.

Check, J. V. P., & Guloien, T. H. (1989). Reported proclivity for coercive sex following repeated exposure to sexually violent pornography, nonviolent dehumanizing pornography, and erotica. In D. Zillmann & J. Bryant (Eds.), *Pornography: Research advances and policy considerations* (pp. 159-184). Hillsdale, NJ: Erlbaum.

Chen, K. (2013). The effect of language on economic behavior: Evidence from savings rates, health behaviors, and retirement assets *American Economic Review*, April 2013.

Chiao, J. Y., Bowman, N. E., & Gill, H. (2008). The political gender gap: Gender bias in facial inferences that predict voting behavior. *PLoS ONE, 3*(10), e3666.

Chiao, J. Y., Harada, T., Komeda, H., Li, Z., Mano, Y., Saito, D., et al. (2009). Neural basis of individualistic and collectivistic views of self. *Human Brain Mapping, 30*, 2813-2820.

Chiu, C. Y., Gelfand, M. J., Yamagishi, T., Shteynberg, G., & Wan, C. (2010). Intersubjective culture: The role of intersubjective perceptions in cross-cultural research. *Perspectives on Psychological Science, 5*, 482-493.

Chiu, C. Y., Hong, Y. Y., & Dweck, C. S. (1997). Lay dispositionism and implicit theories of personality. *JPSP, 73*, 19-30.

Cho, S. E., & Park, H. W. (2013). A qualitative analysis of cross-cultural new media research: SNS use in Asia and the West. *Qual. Quant., 47*, 2319-2330.

Choi, B., & Han, G. (2009). Psychology of selfhood in China: Where is the collective? *Culture & Psychology, 15*(1), 73-82.

Choi, B-Y., & Han, G. (2014). *A model of 4 stages development of morality: A new construction based on the Korean worldview*. Invited presentation at the International Conference on Cross-cultural perspective on Moral Psychology, Korea University, Seoul, Korea. 20-22, March.

Choi, I. C., & Kang, P. W. (2010). Lay beliefs of happiness and happiness-pursuit behavior. 한국심리학회 학술대회 자료집, 81-98.

Choi, I., & Choi, Y. (2002). Culture and self-concept flexibility. *PSPB, 28*, 1508-1517.

Choi, I., Dalal, R., Kim-Prieto, C., & Park, H. (2003). Culture and judgment of causal relevance. *JPSP, 84*(1), 46-59.

Choi, I., & Markus, H. R. (1998). Implicit theories and causal attribution East and West. Unpublished manuscript, University of Michigan.

Choi, I., & Nisbett, R. E. (1998). Situational salience and cultural differences in the correspondence bias and the actor-observer bias. *PSPB, 24*, 949-960.

Choi, I., & Nisbett, R. E. (2000). The cultural psychology of surprise: Holistic theories and recognition of contradiction. *JPSP, 79*, 890-905.

Choi, I., Dalal, R., Kim-Prieto, C., & Park, H. (2003). Culture and judgment of causal relevance. *Jpsp, 84*(1), 46-59.

Choi, I., Nisbett, R. E., & Norenzayan, A. (1999). Causal attribution across cultures: Variation and universality. *Psychological Bulletin, 125*, 47-63.

Choi, J. N., & Kim, M. U. (1999). The organizational application of groupthink and its limitations in organizations. *JAP, 84*, 297-306.

Choi, S. C., & Choi, S. H. (1990). *We-ness. The Korean discourse of collectivism*. Paper presenteed at the Int. Conference Individualism and Collectivism: Psychocultural perspectivees from East and West. July, 9-13, Seoul, Korea.

Choi, S. C., & Choi, S. H. (1992). The conceptualization of Korean tact, Noonchi. In S. Iwavaki et al. (Eds.), Innovations in Cross-cultural Psychology. Swets & Zeitlinger. Amsterdam/ Lisse.

Choi, S. C., & Han, G. (2008). Immanent trust in a close relationship: A cultural psychology of trust. In I. Markova & A. Gillespie (Eds.), *Trust and distrust: Sociocultural perspectives* (pp. 79-104). Greenwich, CT: Information Age.

Choi, S. C., & Kim, K. (2003). A conceptual exploration of the Korean self: In comparison of Western self. In K. S. Yang, K. K. Hwang, P. Pedersen, & I. Diabo (Eds.), Progress in Asian social psychology: Conceptual and empirical contributions (Vol. 3., pp. 29-42). Westport, CT: Greenwood.

Choi, S. C., Han, G., & Kim, C. W. (2007). Analysis of cultural emotion: Understanding of indigenous psychology for universal implications. In J. Valsiner & A. Rosa (Eds.), *Cambridge Handbook of sociocultural psychology* (pp. 318-342). Cambridge: Cambridge University Press.

Choi, S. C., Kim, U., & Choi, S. H. (1993). Indigenous analysis of collective representations: A Korean perspective. In U. Kim & J. Berry (Eds.), *Indigenous psychologies*. Newburry, CA: Sage.

Choi, S. M., Kim, Y., Sung, Y., & Sohn, D. (2011). Bridging or bonding? A cross-cultural study of social relationships in social networking sites. *Information, Communication, & Society, 14*(1), 107-129.

Chua, H. F., Boland, J. E., & Nisbett, R. E. (2005). Cultural variation in eye movements during scene perception. *Proceedings of the National Academy of Sciences, 102*, 12629-12633.

Cialdini, R. (1993). *Influence: The psychology of persuasion* (2nd ed.). 이현우 역(2002). 설득의 심리학. 서울: 21세기북스.

Cialdini, R. B., Baumann, D. J., & Kenrick, D. T. (1981). Insights from sadness: A three-step model of the development of altruism as hedonism. *Developmental Review, 1*, 207-223.

Cialdini, R. B., et al. (1976). Basking in reflected glory: Three (football) field studies. *JPSP, 34*, 366-375.

Cimbalo, R. S., Faling, V., & Mousaw, P. (1976). The course of love: A cross-sectional design. *Psychological Report, 38*, 1292-1294.

Cislak, A. (2013). Effects of power on social perception: All your boss can see is agency. *Social Psychology, 44*(2), 138-146.

Clark, M. S., Greenberg, A., Hill, E., Lemay, E. P., Clark-Polner, E., & Roosth, D. (2011). Heightened interpersonal security diminishes the monetary value of possessions. *JESP, 47*, 359-364.

Clark, M. S., & Mills, J. (1979). Interpersonal attraction in exchange and communal relationships. *JPSP, 37*, 12-24.

Clark, M. S., Lemay, E. P., Jr., Graham, S. M., Pataki, S. P., & Finkel, E. J. (2010). Ways of giving benefits in marriage: Norm use, relationship satisfaction, and attachment-related variability. *Psychological Science, 21*(7), 944-951.

Clark, M. S., Mills, J., & Powell, M. C. (1986). Keeping track of needs in communal and exchange relationships. *JPSP, 51*, 333-338.

Clark, R. D., & Hatfield, E. (1989). Gender differences in receptivity to sexual offers. *Journal of Psychology and Human Sexuality, 2*, 39-55.

Clore, G. I., Bray, R. M., Itkin, S. M., & Murphy, P. (1978). Interracial attitudes and behavior at a summer camp. *JPSP, 36*, 107-116.

Cohen, D., & Gunz, A. (2002). As seen by the other. *Psychological Science, 13*, 55-59.

Cohen, D., & Nisbett, R. E. (1994). Self-protection and the culture of honor: Explaining Southern violence. *PSPB, 20*, 551-567.

Cohen, D., & Nisbett, R. E. (1994). Self-protection and the culture of honor: Explaining Southern violence. *PSPB, 20*, 551-567.

Cohen, D., & Nisbett, R. E. (1997). Field experiments examining the culture of honor: The role of institutions in perpetuating norms about violence. *PSPB, 23*, 1188-1199.

Cohen, G. L., Garcia, J., Apfel, N., & Master, A. (2006). Reducing the racial achievement gap: A social-psychological intervention. *Science, 313*, 1307-1310.

Cohen, S. (2004). Social relationships and health. *American Psychologist, 59*(8), 676-684.

Cohen, S., Nisbett, R. E., Bowdle, B. F., & Schwarz, N. (1996). Insult, aggression, and the Southern culture of honor: An "experimental ethnography". *JPSP, 70*, 945-960.

Cohrs, J. C., Maes, J., Moschner, B., & Kielmann, S. (2007). Determinants of human rights attitudes and behavior: A comparison and integration of psychological perspectives. *Political Psychology, 28*, 441-469.

Cole, M. (1996). *Cultural psychology: A once and future discipline.* MA: Harvard University Press.

Collins, B. E., & Hoyt, M. G. (1972). Personal responsibility and consequences: An integration and extension of the "forced compliance" literature. *JESP, 8*, 558-593.

Conway, M., Pizzamiglio, M. T., & Mount, L. (1996). Status, communality, and agency: Implications for stereotypes of gender and other groups. *JPSP, 71*, 25-38.

Cook, K. S., & Hegtvedt, K. A. (1986). Justice and power: An exchange analysis. In H. W. Bierhoff, R. L. Cohen, & J. Greenberg (Eds.), *Justice in social relations* (pp. 19-43). New York: Plenum Press.

Cook, S. W. (1978). Interpersonal and attitudinal outcomes in cooperating interracial groups. *Journal of Research and Development in Education, 12*, 97-113.

Cook, S. W. (1988). The 1954 social science statement and school desegregation: A reply to Gerard. In P. A. Katz & D. A. Taylor (Eds.), *Eliminating racism: Profiles in controversy* (pp. 237-256). New York: Plenum.

Cooley, C. H. (1902). *Human nature and the social order.* New York: Charles Scribner's Sons.

Cooley, C. H. (1909). *Social organization.* New York: Scribner.

Cooper, C., Mullen, B., Asuncion, A. et al. (1991). Bias in the media: The subtle effects of a newscaster's smile. In B. Laczek (Ed.), *Media effects.*

Cooper, J., & Fazio, R. H. (1984). A new look at dissonance theory. In L. Berkowitz (Ed.), *Advances in experimental social psychology* (Vol. 17). New York: Academic Press.

Correll, J., Park, B., Judd, C. M., & Wittenbrink, B. (2002). The police officer's dilemma: Using ethnicity to disambiguate potentially threatening individuals. *JPSP, 83*, 1314-1329.

Corsini, R. (1994). Encyclopedia of psychology (Vol. 4). NY: Wiley.

Coser, L. (1956). *The function of social conflict.* Glencoe, Ill: Free Press.

Cosmides, L., & Tooby, J. (1996). Are humans good intuitive statisticians after all? Rethinking some conclusions from the literature on judgment under uncertainty. *Cognition, 58*, 1-73.

Cosmides, L., & Tooby, J. (1997). Evolutionary psychology: A primer. http://www.psych.ucsb.edu/research/cep/primer. html

Côté, S., Piff, P. K., & Willer, R. (2013). For whom do the ends justify the means? Social class and utilitarian moral judgment. *JPSP, 104*(3), 490-503.

Cottrell, N. B., Wack, D. L., Sekerak, G. J., & Rittle, R. M. (1968). Social facilitation of dominant responses by the presence of an audience and the mere presence of others. *JPSP, 9*, 245-250.

Cousins, S. D. (1989). Culture and self-perception in Japan and the United States. *JPSP, 56*(1), 124-131.

Crabbe, J. C., Wahlsten, D., & Dudek, B. C. (1999, June 4). Genetics of mouse behavior: Interactions with laboratory environment. *Science, 284*, 1670-1672.

Crandall, C. S. (1988). Social contagion of binge eating. *JPSP, 55*, 588-598.

Crandall, J. E. (1984). Social interest as a moderator of life stress. *JPSP, 47*(1), 164-174.

Crenshaw, M. (2000). The psychology of terrorism: An agenda for the 21st century. *Political Psychology, 21*, 405-420.

Crocker, J. (1981). Judgement of covariation by social perceivers. *Psychological Bulletin, 90*, 272-292.

Crocker, J., Boelkl, K., Testa, M., & Major, B. (1991). Social stigma: The affective consequences of attributional ambiguity. *JPSP, 60*, 218-228.

Crocker, J., Hannah, D. B., & Weber, R. (1983). Person memory and causal attributions. *JPSP, 44*, 55-66.

Crosby, F. (1976). A model of egotistical relative deprivation. *Psychological Review, 83*, 85-113.

Crosby, F. (1984). The denial of personal discrimination. *American Behavioral Scientist, 27*, 371-386.

Crosby, F. J., Pufall, A., Snyder, R. C., O'Connell, M., & Whalen, P. (1989). The denial of personal disadvantage among you, me, and all the other ostriches. In M. Crawford & M. Gentry (Eds.), *Gender and thought: Psychological perspectives* (pp. 79-99). New York: Springer-Verlag.

Csikszentmihalyi, M. (1990). *The psychology of optimal experience.* 최인수 역(2004). 플로우. 서울: 한울림.

Cullen, E. (1960). Experiments on the effects of social isolation on reproductive behavior in the three-spined stickleback. *Animal Behavior, 8*, 235.

Cunningham, M. R., Roberts, A. R., Barbee, A. P., Druen, P. B., & Wu, C. (1995). Their ideas of beauty are, on the whole, the same as ours: Consistency and variability in the cross-cultural perception of female physical attractiveness. *JPSP, 68*, 261-279.

Cushman, C., & King, S. (1985). National and organizational cultures in conflict resolution: Japan, the United States, and Yugoslavia. In

W. Gudykunst, L. Stewart, & S. Ting-Toomey (Eds.), *Communication, culture, and organizational processes* (pp. 114-133). Beverly Hills, CA: Sage.

Dabbs, J. M., Jr., & Leventhal, H. (1966). Effects of varying the recommendations in a fear-arousing communication. *JPSP, 4*, 525-531.

Damasio, A. (1994). *Decartes' error: Emotion, reason, and the human brain.* 김린 역(1999). 데카르트의 오류. 서울: 중앙문화사.

Damasio, A. R., Tranel, D., & Damasio, H. (1990). Individuals with sociopathic behavior caused by frontal damage fail to respond autonomically to social stimuli. *Behavioral Brain Research, 41*, 81-94.

Danziger, K. (1997). *Naming the mind: How psychology found its language.* London: Sage.

Darley, J. M., & Batson, C. D. (1973). From Jerusalem to Jericho: A study of situational and dispositional variables in helping behavior. *JPSP, 27*, 100-119.

Darley, J. M., & Fazio, R. H. (1980). Expectancy confirmation processes arising in the social interaction sequence. *American Psychologist, 35*, 867-881.

Darley, J. M., & Gross, P. H. (1983). A hypothesis-confirming bias in labeling effects. *JPSP, 44*, 20-33.

David, C., & Kistner, J. (2000). Do positive self-perceptions have a "dark side?" Examination of the link between perceptual bias and aggression. *Journal of Abnormal Child Psychology, 28*(4), 327-337.

Davies, M. F. (1997). Positive test strategies and confirmatory retrieval processes in the evaluation of personality feedback. *JPSP, 73*, 574-583.

Davis, D. (1981). Implications for interaction versus effectance as mediators of the similarity-attraction relationship. *JESP, 17*, 96-116.

Davis, M., & Franzoi, S. (1991). Stability and change in adolescent self-consciousnes and empath, *Journal of Research in Personality, 25*, 70-87.

Dawes, R. M. (1979). The robust beauty of Improper linear models. *American psychologist, 34*, 571-582.

Dawes, R. M., McTavish, J., & Shaklee, H. (1977). Behavior, communication and assumptions about other people's behavior in a commons dilemma situation. *JPSP, 35*, 1-11.

Dawkins, R. (1976). *The selfish gene.* New York: Oxford University Press.

Deaton, A. (2008). Income, health and wellbeing around the world: Evidence from the Gallup World Poll. *Journal of Economic Perspective, 22*(2), 53-72.

de Jong Gierveld, J., & van Tilburg, T. (1999). Living arrangements of older adults in the Netherlands and Italy: Coresidence values and behaviour and their consequences for loneliness. *Journal of Cross-Cultural Gerontology, 14*, 1-24.

de Vries, D. A., & Kühne, R. (2015). Facebook and self-perception: Individual susceptibility to negative social comparison on Facebook. *Personality and Individual Differences, 86*, 217-221.

de Vries, M., Holland, R. W., Chenier, T., Starr, M. J., & Winkielman, P. (2010). Happiness cools the warm glow of familiarity: Psychophysiological evidence that mood modulates the familiarity-affect link. *Psychological Science, 21*(3), 321-328.

de Waal, F. (2013). *The bonobo and the atheist.* 오준호 역(2014). 착한 인류: 도덕은 진화의 산물인가. 서울: 미지북스.

de Waal, F. B. M., & Van Roosmalen, A. (1979). Reconciliation and consolation among chimpanzees. *Behavioral Ecology and Sociobiology, 5*, 55-66.

Deaux, K., & Emsweiller, T. (1974). Explanations of successful performance on sex-linked tasks: What is skill for male is luck for the females. *JPSP, 29*, 80-85.

Deci, E. L., & Ryan, R. M. (1987). The support of autonomy and the control of behavior. *JPSP, 53*, 1024-1037.

Deci, E., & Ryan, R. (2000). The "what" and "why" of goal pursuits: Human needs and the self-determination of behavior. *Psychological Inquiry, 11*, 227-268.

Deluty, R. (1985). Consistency of assertive, aggressive, and submissive behavior for children. *JPSP, 49*(4), 1054-1065.

Denson, T. F., Pedersen, W. C., & Miller, N. (2006). The displaced aggression questionnaire. *JPSP, 90*(6), 1032-1051.

DePaulo, B. M., & Coleman, L. M. (1986). Talking to children, foreigners and retarded adults. *JPSP, 51*, 945-959.

Deutsch, M. (1973). *The resolution of conflict.* New Heaven: Yale University Press.

Deutsch, M. (1975). Equity, equality, and need: What determines which value will be used as a basis for distributive justice? *JSI, 31*, 137-149.

Deutsch, M. (1980). Fifty years on conflict. In L. Festinger (Ed.), *Retrospections on social psychology.* New York: Oxford University Press.

Devine, P. G. (1989). Stereotypes and prejudice: Their automatic and controlled components. *JPSP, 56*, 5-18.

Devine, P. G., & Baker, S. M. (1991). Measurement of racial stereotype subtyping. *PSPB, 17*, 44-50.

Diener, E. (1976). Effects of prior destructive behavior, anonymity, and group presence on deindividuation and aggression. *JPSP, 33*, 497-507.

Diener, E. (1980). Deindividuation: The absence of self-awareness and self-regulation in group members. In P. Paulus (Ed.), *The psychology of group influence.* Hillsdale, NJ: Erlbaum.

Diener, E. (1984). Subjective well-being. *Psychological Bulletin, 95*, 542-575.

Diener E., Ng, W., Harter J., & Arora R. (2010). Wealth and happiness across the world: material prosperity predicts life evaluation, whereas psychosocial prosperity predicts positive feeling. *JPSP, 99*(1), 52-61. doi: 10.1037/a0018066.

Diener, E., & Seligman, M. E. P. (2002). Very happy people. *Psychological Science, 13*, 80-83.

Diener, E., & Suh, E. M. (Eds.). (2000). *Culture and subjective well-being.* Cambridge, MA: MIT Press.

Diener, E., et al. (2010). Unhappiness in South Korea: Why it is high and what might be done about it. 한국심리학회 연차학술대회 특별심포지엄, 1-23.

Diener, E., Fraser, S. C., Beaman, A. L., & Kelem, R. T. (1976). Effects of deindividuation variables on stealing among Halloween trick-or-treaters. *JPSP, 33*(2), 178-183.

Diener, E., Lucas, R., & Scollon, C. N. (2006). Beyond the hedonic treadmill: Revising the adaptation theory of well-being.

American Psychologist, 61, 305-314.

Diener, E., Suh, E. M., Lucas, R. E., & Smith, H. E. (1999). Subjective well-being: Three decades of progress. *Psychological Bulletin, 125*, 276-302.

Diener, Ed., Scollon, C., Oishi, S., Dzokoto, V., & Suh, E. (2000). Positivity and the construction of life satisfaction judgments: Global happiness is not the sum of its parts. *Journal of Happiness Studies, 1*(2), 159-176.

Dierendonck, D. (2005). The construct validity of Ryff' s scales of psychological well-being and its extension with spiritual well-being. *Personality and Individual Differences, 36*, 629-643.

Dijksterhuis, A., & Van Knippenberg, A. (1996). The knife that cuts both ways: Facilitated and inhibited access to traits as a result of stereotype activation. *JESP, 32*, 271-288.

Dillehay, R. C. (1973). On the irrelevance of the classical negative evidence concerning the effect of attitudes on behavior. *American Psychologist, 28*, 887-891.

Dion, K., & Dion, K. K. (1973). Correlates of romantic love. *Journal of Consulting and Clinical Psychology, 41*, 51-56.

Dion, K., Berscheid, E., & Walster, E. (1972). What is beautiful is good. *JPSP, 24*, 285-290.

Dittmar, H. (1992). *The social psychology of material possessions: To have is to be*. New York: St. Martin' s Press.

Dodge, K. A., & Tomlin, A. M. (1987). Utilization of self-schemas as a mechanism of interpretational bias in aggressive children. *Social Cognition, 5*, 280-300.

Dodge, K., Price, J., & Christopoulos, C. (1990). On the development of aggressive dyadic relationships in boys' peer groups. *Human Development, 33*(4-5), 260-270.

Dollard, J., Doob, L., Miller, N. E., Mowrer, O. H., & Sears, R. (1939). *Frustration and aggression*. New Haven, CT: Yale University Press.

Donahue, E., Robins, R., Roberts, B., & John, O. (1993). The divided self: Concurrent and longitudinal effects of psychological adjustment and social roles on self-concept. *JPSP, 64*(5), 834-846.

Donnerstein, E. (1980). Aggressive erotica and violence against women. *JPSP, 39*, 269-277.

Dovidio, J. F., & Gaertner, S. L. (2000). Aversive racism and selection decisions: 1989 and 1999. *Psychological Science, 11*, 315-319.

Duchacek, I. W. (1971). *Nations and men: An introduction to international politics* (2nd ed.). New York: Holt, Rinehart and Winston.

Dunbar, E., et al. (2005). Assessment of hate crime offenders: The role of bias intent in examining violence risk. *Journal of Forensic Psychology Practice, 5*(1), 1-19.

Dunbar, R. (1997). *Grooming, gossip, and the evolution of language*. Faber & Faber.

Dunbar, R. I. (1993). The co-evolution of neocortical size, group size and language in humans. *Behavioral and Brain Sciences, 16*, 681-735.

Dunn, E. W., Aknin, L. B., & Norton, M. I. (2008). Spending Money on Others Promotes Happiness. *Science, 319*(5870), 1687-1688.

Dunning, D., & Perretta, S. (2002). Automaticity and eyewitness accuracy: A 10-to 12-second rule for distinguishing accurate from inaccurate positive identifications. *JAP, 87*, 951-962.

Dunning, D., Meyerowitz, J. A., & Holzberg, A. D. (1989). Ambiguity and Self-Evaluation: The Role of Idiosyncratic Trait Definitions in Self-Serving Assessments of Ability. *JPSP, 57*, 1-9.

Durante, K. M., et al. (2012). Ovulation leads women to perceive sexy cads as good dads. *JPSP, 103*(2), 292-305.

Duval, T., & Wicklund, R. (1972). *A theory of objective self-awareness*. New York: Academic Press.

Dweck, C. (2000). *Self-theories: Their role in motivation, personality, and development*. Philadelphia, PA: Psychology Press.

Dweck, C. S. (1975). The role of expectations and attributions in the alleviation of learned helplessness. *JPSP, 31*, 674-685.

Dweck, C. S., & Goetz, T. (1978). Attributions and learned helplessness. In J. Harvey, W. Ickes, & R. Kidd (Eds.), *New directions in attribution theory* (Vol. 2). Hillsdale, NJ: Erlbaum.

Dweck, C. S., Hong, Y. Y., & Chiu, C. Y. (1993). Implicit theories: Individual differences in the likelihood and meaning of dispositional inference. *PSPB, 19*, 644-656.

Eagly, A. H., & Chaiken, S. (1993). *The psychology of attitudes*. Fort Worth, TX: Harcourt Brace Jovanovich.

Eagly, A., Ashmore, R., Makhijani, M., & Longo, L. (1991). What is beautiful is good, but…: A meta-analytic review of research on the physical attractiveness stereotype. *Psychological Bulletin, 110*, 109-128.

Earley, P. C. (1989). Social loafing and collectivism: A comparison of the United States and the People' s Republic of China. *Administrative Science Quarterly, 34*, 565-581.

Earley, P. C. (1993). East meets West meets Mideast: Further explorations of collectivistic and individualistic work groups. *Academy of Management Journal, 36*, 319-348.

Eddy, D. M. (1982). Probabilistic reasoning in clinical medicine: Problems and opportunities. In D. Kahneman, P. Slovic, & A. Tversky (Eds.), *Judgment under uncertainty: Heuristics and biases* (pp. 249-267). Cambridge University Press.

Edwards, A., Elwyn, G., Covey, J., & Pill, R. (2001). Presenting risk information-A review of the effects of "framing" and other manipulations on patient outcomes. *Journal of Health Communication, 6*, 61-82.

Edwards, W. (1954). The theory of decision-making. *Psychological Bulletin, 51*, 380-417.

Egan, L., Santos, L., & Bloom, P. (2007). The origins of cognitive dissonance: Evidence from children and monkeys. *Psychological Science, 18*(11), 978-983.

Einhorn, H., & Hogarth, R. (1981). Behavioral decision theory: Processes of judgement and choice. In M. Rosenzweig & L. Porter (Eds.), *Annual review of psychology*. Palo Alto. CA: Annual Reviews.

Eisenberg, N., Fabes, R. A., Miller, P. A., Fultz, J., Shell, R., Mathy, R. M., et al. (1989). Relation of sympathy and distress to prosocial behavior: A multimethod study. *JPSP, 57*, 55-66.

Eisenberger, N. I., Lieberman, M. D., & Williams, K. D. (2003). Does Rejection Hurt? An fMRI Study of Social Exclusion. *Science, 302*(5643), 290-292.

Elliot, A. J., Chirkov, V. I., Kim, Y., & Sheldon, K. M. (2001). A Cross-cultural Analysis of Avoidance (Relative to Approach)

Personal Goals. *Psychological Science, 12*(6), 505-510.

Ellis, A., & Beattie, G. (1986). *The psychology of language and communication*. New York: Guilford Press.

Ellison, N. B., Steinfield, C., & Lampe, C. (2007). The benefits of Facebook "friends:" Social capital and college students' use of online social network sites. *Journal of Computer Mediated Communication, 12*, 1143-1168.

Ellsworth, P. C., & Scherer, K. R. (2003). Appraisal processes in emotion. In R. J. Davidson, K. R. Scherer, & H. Goldsmith (Eds.), *Handbook of affective sciences* (pp. 572-595). New York and Oxford: Oxford University Press.

Ember, C. R. (1981). A cross-cultural perspective on sex differences. In R. H. Munroe, R. L. Munroe, & B. B. Whiting (Eds.), *Handbook of cross-cultural human development* (pp. 531-580). New York: Garland.

English, T., & Chen, S. (2007). Culture and self-concept stability: Consistency across and within contexts among Asian Americans and European Americans. *JPSP, 93*(3), 478-490.

Enos, R. D. (2014). Causal effect of intergroup contact on exclusionary attitudes. *Proceedings of the National Academy of Sciences, 111*(10), 3699-3704.

Erickson, K. A., & Simon, H. A. (1980). Verbal reports as data. *Psychological Review, 87*, 215-251.

Eron, L. D., Husemann, L. R., Lefkowitz, M. M., & Walder, L. O. (1972). Does television violence cause aggression? *American Psychologist, 27*, 253-263.

Etzioni, A. (1970). The Kennedy experiment. In E. I. Megargee & J. E. Hokanson (Eds.), *The dynamics of aggression*. New York: Harper and Row.

Evans, R. (1980). *The making of social psychology*. NY: Gardner.

Farr, R. M. (1996). *The roots of modern social psychology*. Cambridge, Mass: Blackwell.

Fast, N. J., & Chen, S. (2009). When the boss feels inadequate: Power, incompetence, and aggression. *Psychological Science, 20*(11), 1406-1413. doi:10.1111/j.1467-9280.2009. 02452.x

Fast, N. J., Halevy, N., & Galinsky, A. D. (2012). The destructive nature of power without status. *JESP, 48*(1), 391-394.

Fausey, C. M., Long, B. L., Inamori, A., & Boroditsky, L. (2010). Constructing agency: The role of language. *Frontiers in Psychology, 1*, 162. doi:10.3389/fpsyg.2010.00162

Fausey, C., & Boroditsky, L. (2011). Who dunnit? Cross-linguistic differences in eye-witness memory. *Psychonomic Bulletin & Review, 18*, 150-157.

Fearon, J. (2003). Ethnic and cultural diversity by country. *Journal of Economic Growth, 8*(2), 195-222.

Fehr, E., & Schmidt, K. M. (1999). A theory of fairness, competition, and cooperation. *Quarterly Journal of Economics, 114*, 817-868.

Feierabend, I. K., & Feierabend, R. L. (1972). Systematic conditions of political aggression: An application of frustration-aggression theory. In I. K. Feierabend, R. L. Feierabend, & T. R. Gurr (Eds.), *Anger, violence, and politics* (pp. 136-183). Englewood Cliffs, NJ: Prentice-Hall.

Fein, S., & Spencer, S. J. (1997). Prejudice as self-image maintenance: Affirming the self through derogating others. *JPSP, 73*, 31-44.

Feinberg, J. (1973). *Social Psychology*. NJ: Prentice-Hall.

Feingold, A. (1992). Good-looking people are not what we think. *Psychological Bulletin, 111*, 304-341.

Feldman, N. S., & Ruble, D. N. (1981). Social comparison strategies: Dimensons offered and options taken. *PSPB, 7*, 11-16.

Feldman, R. S., & Prohaska, T. (1979). The student as Pygmalion: Effect of student expectation on the teacher. *Journal of Educational Psychology, 71*, 485-493.

Fenigstein, A. (1979). Self-consciousness, self-attention, and social interaction. *JPSP, 37*, 75-86.

Ferguson, C. J., & Dyck, D. (2012). Paradigm change in aggression research: The time has come to retire the General Aggression Model. *Aggression and Violent Behavior, 17*, 220-228.

Ferguson, C. J., & Kilburn, J. (2009). The public health risks of media violence: A meta-analytic review. *Journal of Pediatrics, 154*, 759-763.

Ferguson, C. J., Rueda, S., Cruz, A., Ferguson, D., Fritz, S., & Smith, S. (2008). Violent video games and aggression: Causal relationship or byproduct of family violence and intrinsic violence motivation? *Criminal Justice and Behavior, 35*, 311-332.

Ferguson, C., & Hartley, R. (2009). The pleasure is momentary…the expense damnable?: The influence of pornography on rape and sexual assault. *Aggression and Violent Behavior, 14*(5), 323-329.

Feshbach, S. (1984). The catharsis hypothesis, aggressive drive, and the reduction of aggression. *Aggressive Behavior, 10*, 91-101.

Festinger, L. (1954). A theory of social comparison processes. *Human Relations, 7*, 117-140.

Festinger, L. (1957). A theory of cognitive dissonance. Evanston, IL: Row & Peterson.

Festinger, L. (1980). Looking backward. In L. Festinger (Ed.), *Retrospections on social psychology*. New York: Oxford University Press.

Festinger, L., & Carlsmith, J. M. (1959). Cognitive consequences of forced compliance. *JASP, 58*, 203-210.

Festinger, L., Riecken, H. W., & Schachter, S. (1956). *When prophecy fails*. Minneapolis: University of Minnesota Press.

Festinger, L., Schachter, S., & Back, K. (1950). *Social pressures in informal groups*. Stanford: Stanford University Press.

Feynman, R. P. (1988, February). An outsider' s inside view of the Challenger inquiry. *Physics Today*, 26-37.

Fischhoff, B., & Beyth, R. (1975). "I knew it would happen": Remembered probabilities of once-future things. *OBHDP, 13*, 1-16.

Fischhoff, B., Slovic, P., & Lichtenstein, S. (1977). Knowing with certainty: The appropriateness of extreme confidence. *JEP: Human Perception and Performance, 8*, 552-564.

Fishbein, M., & Ajzen, I. (1975). *Belief, attitude, intention, and behavior: An introduction to theory and research*. Reading, MA: Addison-Wesley.

Fisher, J. D., Fisher, W. A., Misovich, S. J., Kimble, D. L., & Malloy, T. E. (1996). Changing AIDS risk behavior: Effects of an intervention emphasizing AIDS risk reduction information, motivation, and behavior skills in a college student population. *Health Psychology, 15*, 238-250.

Fisher, R., & Ury, W. (1983). *Getting to yes: Negotiating agreement without giving in*. New York: Penguin Books.

Fisher, W. A., & Barak, A. (2001). Internet pornography: A social psychological perspective on Internet sexuality. *Journal of Sex Research*, *38*, 312-323.

Fisher, W. A., & Grenier, G. (1994). Violent pornography, antiwoman thoughts, and antiwoman acts: In search of reliable effects. *Journal of Sex Research*, *31*, 23-38.

Fishman, J. A. (1972). The relationship between micro and macro-sociolinguistics in the study of who speaks what language to whom and when. In J. B. Pride & J. Holmes (Eds.), *Sociolinguistics*. Harmondsworth: Penguin.

Fiske, A. P. (1990). Relativity with Moose ("Mossi") culture: Four incommensuable models for social relationships. *Ethos*, *18*, 180-203.

Fiske, A. P. (1992). The four elementary forms of sociality: Framework for a unified theory of social relations. *Psychological Review*, *99*, 689-723.

Fiske, A. P. (1993). Social errors in four cultures: Evidence about the universal forms of social relations. *JCCP*, *24*, 463-494.

Fiske, S. T. (1980). Attention and weight in person perception: The impact of negative and extreme behavior. *JPSP*, *38*, 889-906.

Fiske, S. T., & Neuberg, S. L. (1990). A continuum of impression formation, from category-based to individuating processes: Influences of information and motivation of attention and interpretation. In M. P. Zanna (Ed.), *Advances in experimental social psychology* (Vol. 23, pp. 1-73). New York: Academic Press.

Fiske, S. T., & Tavlor, S. E. (1991). *Social cognition* (2nd ed.). New York: McGraw-Hill.

Flanagin, A., Stohl, C., & Bimber, B. (2006). Modeling the Structure of Collective Action. *Communication Monographs*, *73*(1), 29-54.

Foley, L., & Pigott, M. (2000). Belief in a just world and jury decisions in a civil rape trial. *Journal of Applied Social Psychology*, *30*(5), 935-951.

Folkes, V., & Sears, D. (1977). Does everybody like a liker? *JESP*, *13*, 505-519.

Forbes (2016. 1. 18.). The Richest 62 People Are As Wealthy As Half The World's Population Combined. http://www. forbes.com/sites/niallmccarthy/2016/01/18/the-richest-62-people-are-as-wealthy-as-half-the-worlds-population-combined-infographic/#7586162f2795

Ford, B. Q., Dmitrieva, J. O., Heller, D., Chentsova-Dutton, Y., Grossmann, I., Tamir, M., … Mauss, I. B. (2015). Culture shapes whether the pursuit of happiness predicts higher or lower well-being. *JEP: General*, *144*(6), 1053-1062.

Ford, T. E., Ferguson, M. A., Brooks, J. L., & Hagadone, K. M. (2004). Coping sense of humor reduces effects of stereotype threat on women's math performance. *PSPB*, *30*, 643-653.

Form, W. H., & Nosow, S. (1958). *Community in disaster*. New York: Harper.

Fournier, M. A., Moskowitz, D. S., & Zuroff, D. C. (2002). Social rank strategies in hierarchical relationships. *Journal of Personality Psychology*, *83*(2), 425-433.

Frager, R. (1970). Conformity and anti-conformity in Japan. *JPSP*, *15*, 203-210.

Fraley, B., & Aron, A. (2004). The effect of a shared humorous experience on closeness in initial encounters. *Personal Relationships*, *11*, 61-78.

Frank, R. (1999). *Luxury fever*. 이한 역(2011). 사치열병: 과잉시대의 돈과 행복. 서울: 미지북스.

Frank, R. H. (1985). The demand for unobservable and other nonpositional goods. *American Economic Review 75*, 101-116.

Frank, R. H. (2005). Positional Externalities Cause Large and Preventable Welfare Losses. *American Economic Review*, *95*(2), 137-141.

Frazier, S. H. (1994). Human aggression.

Fredrickson, B. L. (1998). What good are positive emotions? *Review of General Psychology*, *2*, 300-319.

Fredrickson, B. L. (2001). The role of positive emotions in positive psychology: The broaden-and-build theory of positive emotion. *American Psychologist*, *56*, 218-226.

Fredrickson, B. L., & Kahneman, D. (1993). Duration neglect in retrospective evaluations of affective episodes. *JPSP*, *65*, 45-55.

Fredrickson, B. L., & Losada, M. F. (2005). Positive affect and the complex dynamics of human flourishing. *American Psychologist*, *60*, 678-686.

Freedman, J. L. (1963). Attitudinal effects of inadequate justification. *Journal of Personality*, *31*, 371-385.

Freedman, J. L., & Fraser, S. C. (1966). Compliance without pressure: The foot-in-door technique. *JPSP*, *4*, 195-202.

French, J., & Raven, B. (1959). The bases of social power. In D. Cartwright (Ed.), *Studies of social power* (pp. 150-167). Ann Arbor, MI: Institute for Social Research.

Froming, W. J., & Carver, C. S. (1981). Divergent influence of private and public self-consciousness in a compliance paradigm. *Journal of Research in Personality*, *15*, 159-171.

Fujino, D. (1997). The rates, patterns, and reasons for forming heterosexual interracial dating relationship among Asian Americans. *JSPR*, *14*, 809-828.

Fujita, F., & Diener, E. (2005). Life satisfaction set point: Stability and change. *JPSP*, *88*, 158-164.

Fukuyama, F. (1995). *Trust*. 구승희 역(1996). 트러스트: 사회도덕과 번영의 창조. 서울: 한국경제신문사.

Fulk, J., Flanagin, A. J., Kalman, M., Monge, P. R., & Ryan, T. (1996). Connective and communal public goods in interactive communication systems. *Communication Theory*, *6*, 60-87.

Fultz, J., Batson, C. D., Fortenbach, V. A., McCarthy, P. M., & Varney, L. (1986). Social evaluation and the empathy-altruism hypothesis. *JPSP*, *50*, 761-769.

Gabrenya, W. K., & Arkin, R. M. (1980). Self-monitoring scale: Factor structure and correlates. *PSPB*, *6*, 12-22.

Gabrenya, W. K., Wang, Y. E., & Latane, B. (1985). Social loafing on an optimistic task: Cross-cultural differences among Chinese and Americans. *JCCP*, *16*, 223-242.

Galinsky, A. D., & Moskowitz, G. B. (2000). Perspective-taking: Decreasing stereotype expression, stereotype accessibility, and in-group favoritism. *JPSP*, *78*, 708-724.

Gallup, G. G., Jr. (1977). Self-recognition in primates: A comparative approach to the bidirectional properties of consciousness. *American Psychologist, 32*, 329-338.

Galperin, A., Haselton, M. G., Frederick, D. A., von Hippel, W., Poore, J. C., Buss, D. M., & Gonzaga, G. (2013). Sexual regret: Evidence for evolved sex differences. *Archives of Sexual Behavior, 42*, 1145-1161.

Gangestad, S. W., & Buss, D. M. (1993). Pathogen prevalence and human mate preferences. *Ethology and Sociobiology, 14*, 89-96.

Gawande, A. (2002). *Complications*. 김미화 역(2003). 나는 고백한다, 현대의학을. 서울: 도서출판 소스.

Geen, R. G. (1991). Social motivation. *ARP, 42*, 377-391.

Geen, R. G. (1998). Aggression and antisocial behavior. In D. Gilbert, S. Fiske, & G. Lindzey (Eds.), *The handbook of social psychology* (4th ed., vol. 2, pp. 317-356). New York: McGraw-Hill.

Geiselman, R. E., Haight, N. A., & Kimata, L. G. (1984). Context effects on the perceived physical attractiveness of faces. *JESP, 20*, 409-424.

Gelman, S. A., Coley, J. D., & Gottfried, G. M. (1994). Essentialist beliefs in children: The acquisition of concepts and theories. In L. A. Hirschfeld & S. A. Gelman (Eds.), *Mapping the mind: Domain specificity in cognition and culture* (pp. 341-365). New York: Cambridge University Press.

Gerard, H. B., & Mathewson, G. C. (1966). The effects of severity of initiation on liking for a group: A replication. *JESP, 12*, 278-287.

Gergen, K. (1973). Social psychology as history. *JPSP, 26*, 306-320.

Gergen, K. (1991). *The saturated self: Dilemmas of identity in contemporary life*. New York: Basic Books.

Gergen, K. (1994). *Reality and relationships*. Cambridge, MA: Harvard University Press.

Gergen, K., Gergen, M., & Barton, W. (1973). Deviance in the dark. *Psychology Today*, October, 129-130.

Gershoff, E. T. (2002). Corporal punishment by parents and associated child behaviors and experiences: A meta-analytic and theoretical review. *Psychological Bulletin, 128*, 539-579.

Gibbons, F. X. (1978). Sexual standards and reactions to pornography: Enhancing behavioral consistency through self-focused attention. *JPSP, 36*, 976-987.

Gigerenzer, G. (2007). *Gut feelings*. 안의정 역(2008). 생각이 직관에 묻다. 서울: 추수밭.

Gigone, D., & Hastie, R. (1993). The common knowledge effect: Information sharing and group judgment. *JPSP, 65*, 959-974.

Gilbert, D. T. (2006). *Stumbling on happiness*. 서은국, 최인철, 김미정 공역(2006). 행복에 걸려 비틀거리다. 서울: 김영사.

Gilbert, D. T., & Krull, D. S. (1988). Seeings less and knowing more: The benefits of perceptual ignorance. *JPSP, 54*, 193-202.

Gilbert, D. T., & Malone, P. S. (1995). The correspondence bias. *Psychological Bulletin, 117*, 21-38.

Gilbert, D. T., & Wilson, T. D. (2007). Prospection: Experiencing the future. *Science, 317*, 1351-1354.

Gilbert, D. T., Pelham, B., & Krull, D. S. (1988). On cognitive busyness: When person perceivers meet persons perceived. *JPSP, 54*, 733-740.

Gilbert, D. T., Pinel, E. C., Wilson, T. D., Blumberg, S. J., & Wheatley, T. (1998). Immune neglect: A source of durability bias in affective forecasting. *JPSP, 75*, 617-638.

Gilbert, D. T., Tafarodi, R. W., & Malone, P. S. (1993). You can' t not believe everything you read. *JPSP, 65*, 221-233.

Gilbert, P. (2000). Varieties of submissive behavior as forms of social defense: Their evolution and role in depression. In L. Sloman & P. Gilbert (Eds.), *Subordination and defeat: An evolutionary approach to mood disorders and their therapy* (pp. 3-45). Mahwah, NJ: Erlbaum.

Giles, H., & Johnson, P. (1981). The role of language in ethnic group relations. In J. Turner & H. Giles (Eds.), *Intergroup behavior* (pp. 199-242). Chicago, IL: University of Chicago Press.

Giles, H., & Powesland, P. F. (1975). Speech style and social evaluation. London: Academic Press.

Giles, H., & Street, R. L., Jr. (1985). Communicator characteristics and behavior. In M. L. Knapp & G. R. Miller (Eds.), *Handbook of interpersonal communication* (pp. 205-261). Newbury, CA: Sage.

Gilligan, C. (1982). *In a different voice*. 허란주 역(1997). 다른 목소리로. 서울: 동녘.

Gilovich, T. (1981). Seeing the past in the present: The effect of associations to familiar events on judgments and decisions. *JPSP, 40*, 797-808.

Gilovich, T. (1991). *How we know what isn' t so: The fallibility of human reason in everyday life*. New York: Free Press.

Gilovich, T., & Medvec, V. H. (1994). The temporal pattern to the experience of regret. *JPSP, 67*, 357-365.

Gilovich, T., Keltner, D., & Nisbett, R. (2011). *Social psychology* (2nd ed.). New York: Norton & Company.

Gilovich, T., Medvec, V. H., & Savitsky, K. (2000). The spotlight effect in social judgment: An egocentric bias in estimates of the salience of one' s own actions and appearance. *JPSP, 78*, 211-222.

Gilovich, T., Savitsky, K., & Medvec, V. H. (1998). The illusion of transparency: Biased assessments of others' ability to read one' s emotional states. *JPSP, 75*, 332-346.

Ginges, J., et al. (2009). Religion and Support for Suicide Attacks. *Psychological Science, 20*(2), 224-230.

Gladwell, M. (2000). *The tipping point*. 임옥희 역(2001). 티핑 포인트. 서울: 이끌리오.

Glass, D. C., & Singer, J. E. (1972). *Urban stress*. New York: Academic Press.

Glick, P. et al. (2000). Beyond prejudice as simple antipathy: Hostile and benevolent sexism across cultures. *JPSP, 79*, 763-775.

Glick, P., & Fiske, S. T. (1996). The ambivalent sexism inventory: Differentiating hostile and benevolent sexism. *JPSP, 70*, 491-512.

Gmelch, G. (1978, August). Baseball magic. *Human Nature, 1*(8), 32-40.

Goethals, G. R., & Zanna, M. P. (1979). The role of social comparison in choice shifts. *JPSP, 37*, 1469-1476.

Goethals, G. R., Messick, D. M., & Allison, S. T. (1991). The uniqueness bias: Studies of constructive social comparison. In J. Suls & T. A. Wills (Eds.), *Social comparison: Contemporary theory and research*. Hillsdale, NJ: Erlbaum.

Goffman, E. (1959). *The presentation of self in everyday life*. Garden

City, NY: Doubleday.

Goldberg, L. (1959). The effectiveness of clinicians' judgments: The diagnosis of organic brain damage from the Bender-Gestalt test. *Journal of Consulting Psychology, 23*, 25-33.

Gonzaga, G. G., Keltner, D., & Ward, D. A. (2003). *Power and flirtation*. Unpublished manuscript, University of California, Berkeley.

Goodman, M. (1964). *Race awareness in young children*. New York: Coolier.

Goodwin, S. A., Gubin, A., Fiske, S. T., & Yzerby, V. Y. (2000). Power can bias impression processes: Stereotyping subordinates by default and by design. *Group Processes and Intergroup Relations, 3*, 227-256.

Gorman-Smith, D., Tolan, P., Zelli, A., & Huesmann, L. (1996). The relation of family functioning to violence among inner-city minority youths. *Journal of Family Psychology, 10*(2), 115-129.

Gottman, J. M. (1994). *What predicts divorce? The relationship between marital processes and marital outcomes*. Hillsdale, NJ: Erlbaum.

Gottman, J. M., & Levenson, R. W. (1992). Marital processes predictive of later dissolution: Behavior, physiology, and health. *JPSP, 63*, 221-233.

Gottman, J. M., & Levenson, R. W., (1999). Rebound from marital conflict and divorce prediction. *Family Processes, 38*, 287-292.

Gouldner, A. W. (1960). The norm of reciprocity: a preliminary statement. *American Sociological Review, 25*, 161-178.

Graham, J., Haidt, J., & Nosek, B. (2009). Liberals and conservatives rely on different sets of moral foundations. *JPSP, 96*(5), 1029-1046.

Granovetter, M. (1974). *Getting a job: A study of contacts and careers*. Harvard University Press.

Graumann, C. F. (1988). Introduction to a history of social psychology. In M. Hewstone et al. (Eds.), *Introduction to social psychology: A European perspective*. Cambridge: Mass Basil Blackwell.

Green, D. P., Abelson, R. P., & Garnett, M. (1999). The distinctive political views of hate-crime perpetrators and White supremacists. In D. A. Prentice & D. T. Miller (Eds.), *Cultural divides: Understanding and overcoming group conflict* (pp. 429-464). New York: Russell Sage Foundation.

Green, L. A., & Mehr, D. R. (1997). What alters physician's decisions to admit to the coronary care unit? *The Journal of Family Practice, 45*, 219-226.

Green, R. G. (1991). Behavioral and physiological reaction to observed violence: Effects of prior exposure to aggressive stimuli. *JPSP, 40*, 868-875.

Greenberg, B. (1988). Some uncommon television images and the drench hypothesis. In S. Oskamp (Ed.), *Applied Social Psychology Annual: Vol. 8 Television as a social issue* (pp. 88-102). Newbury Park, CA: Sage.

Greenberg, J. (1996). *The quest for justice: Essays and experiments*. Thousand Oaks, CA: Sage Publications.

Greenberg, J., Pyszczynski, T., Solomon, S., Simon, L., & Breus, M. (1994). Role of consciousness and accessibility of death-related thoughts in mortality salience effects. *JPSP, 67*, 627-637.

Greenberg, J., Solomon, S., & Pyszczynski, T. (1997). Terror management theory of self-esteem and cultural worldviews: Empirical assessments and conceptual refinements. *Advances in Experimental Social Psychology, 29*, 61-142.

Greenberg, J., Solomon, S., Pyszezynski, T., Solomon, S., & Chatel, D. (1992). Why do people need self-esteem? Converging evidence that self-esteem serves an anxiety-buffering function. *JESP, 11*, 490-499.

Greene, J. D., Sommerville, R. B., Nystrom, L. E., Darley, J. M., & Cohen, J. D. (2001). An fMRI investigation of emotional engagement in moral judgment. *Science, 293*, 2105-2108.

Greene, J. O., O' Hair, H. D., Cody, M. J., & Yen, C. (1985). Planning and control of behavior during deception. *Human Communication Research, 11*, 335-364.

Greenwald, A. (1992). Unconscious cognition reclaimed. *American Psychologists, 47*(6), 766-779.

Greenwald, A. G. (1968). Cognitive learning, cognitive response to persuasion, and attitude change. In A. Greenwald, T. Brock, & T. Ostrom (Eds.), *Psychological foundations of attitudes* (pp. 148-170). New York: Academic Press.

Greenwald, A. G. (1980). The totalitarian ego: Fabrication and revision of personal history. *American Psychologist, 35*, 603-613.

Greenwald, A. G., & Banaji, M. R. (1995). Implicit social cognition: Attitudes, self-esteem, and stereotypes. *Psychological Review, 102*, 4-27.

Greenwald, A. G., McGhee, D. E., & Schwartz, J. L. K. (1998). Measuring individual differences in implicit cognition: The implicit association test. *JPSP, 74*, 1464-1480.

Greenwald, A. G., Spangenberg, E. R., Pratkanis, A. R., & Eskenazi, J. (1991). Double-blind tests of subliminal self-help audiotapes. *Psychological Science, 2*, 119-122.

Greenwell, J., & Dengerink, H. A. (1973). The role of perceived versus actual attack in human physical aggression. *JPSP, 26*, 66-71.

Gregory, W. L., Cialdini, R. B., & Carpenter, K. M. (1982). Self-relevant scenarios as mediators of likelihood estimates and compliance: Does imagining make it so? *JPSP, 43*, 89-99.

Grice, H. P. (1969). Utterer' s meaning and intentions. *Philosophical Review, 78*, 147-177

Griffin, D., Dunning, D., & Ross, L. (1990). The role of construal processes in overconfident predictions about the self and others. *JPSP, 59*, 1128-1139.

Grimland, M., Apter, A., & Kerkhof, A. (2006). The phenomenon of suicide bombing. *Crisis, 27*(3), 107-118.

Grossman, R. P., & Till, B. D. (1998). The Persistence of Classically Conditioned Brand Attitudes. *Journal of Advertising, 27*(1), 23-31.

Gruber-Baldini, A., Schaie, K., & Willis, S. (1995). Similarity in married couple: A longitudinal study of mental abilities and rigidity flexibility. *JPSP, 69*, 191-203.

Gruter, M., & Masters, R. D. (1986). Ostracism as a social and biological phenomenon: An introduction. *Ethology and Sociobiology, 7*, 149-158.

Guendelman, M. D., et al. (2011). Fitting In but getting fat: Identity threat and dietary choices among U.S. immigrant groups.

Psychological Science, 22(7), 959-967.

Guerin, B. (1986). Mere presence effects in humans: A review. *JESP, 22*, 38-77.

Gurin, P., Dey, E. L., Hurtado, S., & Gurin, G. (2002). Diversity and higher education: Theory and impact on educational outcomes. *Harvard Educational Review, 72*, 330-366.

Gurr, T. (1970). *Why men rebel?* Princeton, NJ: Princeton University Press.

Hafer, C. L. (2000). Do innocent victims threaten the belief in a just world? *JPSP, 79*, 165-173.

Haidt, J. (2001). The emotional dog and its rational tail: A social intuitionist approach to moral judgment. *Psychological Review, 108*, 814-834.

Haidt, J. (2003). Differentiating diversities: Moral diversity is not like other kinds. *Journal of Applied Social Psychology, 33*(1), 1-36

Haidt, J. (2007). The new synthesis in moral psychology. *Science, 316*, 998-1002.

Haidt, J., & Graham, J. (2007). When morality opposes justice: Conservatives have moral intuitions that liberals may not recognize. *Social Justice Research, 20*, 98-116.

Haidt, J., & Joseph, C. (2004). Intuitive ethics: How innately prepared intuitions generate culturally variable virtues. *Daedalus: Special Issue on Human Nature, 133*(4), 55-66.

Hall, E. T. (1976). *Beyond Culture*. New York: Doubleday.

Hamachek, D. E. (1971). *Encounters with the self*. New York: Holt, Rinehart and Winston.

Hamill, R., Wilson, T. D., & Nisbett, R. E. (1980). Insensitivity to sample bias: Generalizing from atypical cases. *JPSP, 39*, 578-589.

Hamilton, D. L., & Gifford, R. K. (1976). Illusory correlation in interpersonal perception: A cognitive basis of stereotypic judgments. *JESP*, 12, 392-407.

Hamilton, D. L., & Zanna, M. P. (1972). Differential weighting of favorable and unfavorable attributions in impressions of personality. *Journal of Experimental Research in Personality, 6*, 204-212.

Hamilton, V. L. (1978). Obedience and responsibility: A jury simulation. *JPSP, 36*, 126-146.

Han, G. (2008). Need for microgenetic analysis of semiotic field in social psychology. In E. Abbey & R. Diriwachter (Eds.), *Innovating genesis*. Greenwich, CT: Info Age Publishers.

Han, G., & Choe, S. M. (1994). Effects of family, region, school network ties on interpersonal intentions and the analysis of network activities in Korea. In U. Kim et al. (Eds.), *Individualism and collectivism: Theory, method, and applications* (pp. 77-84). Calif, Thousand Oaks: Sage.

Han, G., & Choi, S. C. (2011). Trust working in interpersonal relationships: A comparative cultural perspective with a focus on East Asian culture. *Comparative Sociology, 10*, 380-412.

Han, G., & Park, B. (1995). Children' s choice in conflict: Application of the theory of individualism collectivism. *JCCP, 26*(3), 298-313.

Han, G., & Shin, S. J. (2000). A cultural profile of Korean society: From vertical collectivism to horizontal individualism. *Korean Social Science Journal, 27*(2), 69-96.

Han, G., Moon, C-K., & Bae, J-C. (2011). *Two dimensions of relational stress for the understanding of interaction: Extrapolations from a culture of vertical collectivism in modern days*. Presented at the 9th International conference of Asian Association of Social Psychology, July 27-31, Kunming, China.

Hansen, G. L. (1985). Perceived threats and marital jealousy. *SPQ, 48*(3), 262-268.

Harford, T., & Solomon, L. (1967). 'Reformed sinner' and lapsed saint strategies in prisoner' s dilemma game. *Journal of Conflict Resolution, 11*, 104-109.

Harré, R. (1980). *Social being; A theory for social psychology*. Tetowa, NJ: Rowman and Littlefield.

Harrington, J. R., Boski, P., & Gelfand M. (2015). Culture and National Well-Being: Should Societies Emphasize Freedom or Constraint? *PLoS ONE 10*(6), e0127173. doi:10.1371/journal.pone.012717

Harris, M. J., & Rosenthal, R. (1985). Mediation of interpersonal expectancy effects: 31 meta-analyses. *Psychological Bulletin, 97*, 363-386.

Hartwell-Walker, M. (2016). Meta-communication. http://psychcentral.com/lib/meta-communication-what-i-said-isnt-what-i-meant/ 2016. 5. 20. 인출됨.

Haslam, A. S. (2001). *Psychology in organizations*. London: Sage. http://www.wikiwand.com/en/Social_identity_approach

Haslam, N., Loughnan, S., & Perry, G. (2014). Meta-Milgram: An Empirical Synthesis of the Obedience Experiments. *PLoS One, 9*(4), e93927.

Hatfield, E., Utne, M., & Traupmann, J. (1979). Equity theory and intimate relationships. In R. Burgess & T. Huston (Eds.), *Exchange theory in developing relationships* (pp. 99-133). NY: Academic Press.

Haugtvedt, C. P., & Petty, R. E. (1992). Personality and persuasion: Need for cognition moderales the persistence and resistance of attitude changes. *JPSP, 63*(2), 308-319.

Hawkins, S. A., & Hastie, R. (1990). Hindsight: Biased judgments of past events after the outcomes are known. *Psychological Bulletin, 107*, 311-327.

Hawkley, L. C., & Cacioppo, J. T. (2003). Loneliness and pathways to disease. *Brain, Behavior, and Immunity, 17*, 98-105.

Hazan, C., & Shaver, P. R. (1990). Love and work: An attachment-theoretical perspective. *JPSP, 59*, 270-280.

Hecht, M., & LaFrance, M. (1998). License or obligation to smile: The effect of power and sex on amount and type of smiling. *PSPB, 24*, 1332-1342.

Heider, F. (1946). Attitudes and cognitive organization. *Journal of Psychology, 21*, 107-112.

Heider, F. (1958). *The psychology of interpersonal relations*. New York: John Wiley.

Heilman, M., Block, C., & Martell, R. (1995). Sex stereotypes: Do they influence perceptions of managers? *Journal of Social Behavior and Personality, 10*, 237-252.

Heine, S. (2008). *Cultural psychology*. New York: Norton Co.

Heine, S. J., Foster, J. A., & Spina, R. (2009). Do birds of a feather universally flock together? Cultural variation in the similarity-attraction effect. *AJSP, 12*, 247-258.

Heine, S. J., & Lehman, D. R. (1995). Cultural variation in unrealistic optimism: Does the West feel more invulnerable than the East? *JPSP, 68*, 595-607.

Heine, S. J., & Lehman, D. R. (1996). Hindsight bias: A cross-cultural analysis. *Japanese JEP, 34*, 317-323.

Heine, S. J., & Lehman, D. R. (1997a). The cultural construction of self-enhancement: An examination of group-serving biases. *JPSP, 72*, 1268-1283.

Heine, S. J., & Lehman, D. R. (1997b). Culture, dissonance, and self-affirmation. *PSPB, 23*, 389-400.

Heine, S. J., Kitayama, S., Lehman, D. R., Takata, T., Ide, E., Leung, C., & Matsumoto, H. (2001). Divergent consequences of success and failure in Japan and North America: An investigation of self-improving motivations and malleable selves. *JPSP, 81*(4), 599-615.

Heine, S. J., Lehman, D. R., Markus, H. R., & Kitayama, S. (1999). Is there a universal need for positive self-regard. *Psychological Review, 106*, 766-794.

Heine, S. J., Takata, T., & Lehman, D. R. (2000). Beyond self-presentation: Evidence for self-criticism among Japanese. *PSPB, 26*, 71-78.

Heinlein, R. (1953). Assignment in eternity. https://en.wikiquote.org/wiki/Robert_A._Heinlein

Heinrich, L. M., & Gullone, E. (2006). The clinical significance of loneliness: A literature review. *Clinical Psychology Review, 26*, 695-718.

Helgesen, G., & Kim, U. (2002). *Good government: Nordic and East Asian perspectives*. Copenhagen: Danish Institute of International Affairs.

Hendrick, C., Hendrick, S., Foote, F. H., & Slapion-Foote, M. J. (1984). Do men and women love differently? *JSPR, 1*, 177-195.

Henggeler, S. W. (1989). *Delinquency in adolescence*. New York: Sage.

Henrich, J., Heine, S. J., & Norenzayan, A. (2010). Most people are not WEIRD. *Nature, 466*, 29.

Hermann, E., Call, J., Hernandez-Lloreda, M., Hare, B., & Tomasello, M. (2007). Humans have evolved specialized skills of social cognition: The cultural intelligence hypothesis. *Science, 317*, 1360-1366.

Hermans, H. M., & Kempen, H. G. (1993). *The dialogical self: meaning as movement*. San Diego, CA: Academic Press.

Hess, R., Chin-Mei, C., & McDevitt, T. (1987). Cultural variations in family beliefs about children's performance in mathematics: Comparison among People's Republic of China, Chinese-American, and Caucasian-American families. *Journal of Educational Psychology, 79*, 179-188.

Hewstone, M., & Antaki, C. (1988). Attribution theory and social explanations. In M. Hewstone, W. Stroebe, J. Codel, & G. Stephenson (Eds.), *Introduction to social psychology* (pp. 111-141). Oxford, UK: Basil Blackwell.

Hewstone, M., & Ward, C. (1985). Ethnocentrism and causal attribution in Southeast Asia. *JPSP, 48*, 614-623.

Hewstone, M., Bond, M. H., & Wan, K. C. (1983). Social factors and social attributions: The explanation of intergroup differences in Hong Kong. *Social Cognition, 2*, 142-157.

Hewstone, M., Stroebe, W., Codel, J., & Stephenson, G. (1988). *Introduction to social psychology*. Oxford, UK: Basil Blackwell.

Hicks, D. J. (1965). Imitation and retention of film-mediated aggressive peer and adult models. *JPSP, 2*, 97-100.

Higgins, E. (2005). Value From Regulatory Fit. *Current Directions in Psychological Science, 14*, 209-213.

Higgins, E. T. (1987). Self discrepancy: A theory relating self and affect. *Psychological Review, 94*, 319-340.

Higgins, E. T. (1997). Beyond pleasure and pain. *American Psychologist, 52*, 1280-1300.

Higgins, E. T. (1998). Promotion and prevention: Regulatory focus as a motivational principle. In M. E Zanna (Ed.), *Advances in experimental social psychology* (Vol. 30, pp. 1-46). New York: Academic Press.

Higgins, E. T., Rholes, W. S., & Jones, C. R. (1977). Category accessibility and impression formation. *JESP, 13*, 141-154.

Hill, C., Rubin, Z., & Peplau, L. (1976). Breakups before marriage: The end of 103 affairs. *JSI, 32*, 147-168.

Hilton, D. J., Smith, R. H., & Alicke, M. D. (1988). Knowledge-based information acquisition: Norms and functions of consensus information. *JSP, 55*(4), 530-540.

Hinduja, S. (2008). Deindividuation and internet software piracy. *Cyberpsychology and Behavior, 11*(4), 391-398.

Hinsz, V. B., & Davis, J. H. (1984). Persuasive arguments theory, group polarization, and choice shifts. *PSPB, 10*, 260-268.

Hiroto, D. S., & Seligman, M. E. P. (1975). Generality of learned helpless in man. *JPSP, 31*, 311-327.

Hirsch, H. (1995). *Genocide and the politics of memory: Studying death to preserve life*. Chapel Hill, University of North Carolina Press.

Ho, D. Y. F. (1993). Relational orientation in Asian Social Psychology. In U. Kim & J. W. Berry (Eds.), *Indigenous Psychologies: Research and Experience in Cultural Context* (pp. 240-256). Newbury Park, CA: Sage.

Hoch, S. J. (1985). Counterfactual reasoning and accuracy in predicting personal events. *JEP: Learning, Memory and Cognition, 11*, 719-731.

Hodges, B. H. (1974). Effect of valence on relative weighting in impression formation. *JPSP, 30*, 378-381.

Hoffman, C., Mischel, W., & Baer, J. S. (1984). Language and person cognition: Effects of communicative set on trait attribution. *JPSP, 46*, 1029-1043.

Hofling, C., Brotzman, E., Dalrymple, S., Grawes, N., & Pierce, C. (1966). An experimental study in nurse physician relationships. *Journal of Nervous and Mental Disease, 143*(2), 171-180.

Hofstede, G. (1980). *Culture's Consequences: International differences in work-related values*. Beverly Hills, CA: Sage.

Hofstede, G. (1983). Dimensions of national cultures in fifty countries and three regions. In J. Deregowski, S. Dzuirawiec, & R. Annis (Eds.), *Explications in Cross-Cultural Psychology*. Lisse: Swets and Zeitlinger.

Hofstede, G. (1991). *Cultures and organizations: Software of the mind.* 나은영, 차재호 공역(1995). 세계의 문화와 조직. 서울: 학지사.

Hogan, B. T., & Elmer, N. P. (1978). The biases of contemporary social psychology. *Social Research, 45,* 478-534.

Hogg, M. (1992). *The social psychology of group cohesiveness: From attraction to social identity.* NY: Harvester Wheatsheaf.

Hogg, M. A., & Turner, J. C. (1987). Social identity and conformity: A theory of referent information influence. In W. Doise & S. Moscovici (Eds.), *Current issues in European social psychology* (Vol. 2, pp. 139-182). New York: Cambridge University press.

Holtgraves, T., & Yang, J. (1992). Interpersonal underpinnings of request strategies: General principles and differences due to culture and gender. *JPSP, 62,* 246-256.

Holtgraves, T., & Yang, J. H. (1990). Politeness as universal: Cross-cultural perceptions of request strategies and inferences based on their use. *JPSP, 59,* 719-729.

Holtz, R., & Miller, N. (1985). Assumed similarity and opinion certainty. *JPSP, 48,* 890-898.

Homans, G. (1961). *Social behavior: It's elementary forms.* New York, NY: Harcourt, Brace & World.

Homans, G. (1965). Group factors in worker productivity. In H. Proshansky & L. Seidenberg (Eds.), *Basic studies in social psychology.* New York: Holt, Rinehart and Winston.

Hormuth, S. E. (1986). Lack of effort as a result of self focused attention: An attributional ambiguity analysis. *EJSP, 16,* 181-192.

Horwitz, S. R., Shutts, K., & Olson, K. R. (2014). Social class differences produce social group preferences. *Developmental science, 17*(6), 991-1002.

Hoshino-Browne, E., Zanna, A., Spencer, S., Zanna, M., Kitayama, S., & Lackenbauer, S. (2005). On the cultural guises of cognitive dissonance: The case of Easterners and Westerners. *JPSP, 89,* 294-310.

Hotchkiss, S. (2002). *Why is it always about you: Saving yourself from the narcissists in your life.* 이세진 역(2004). 사랑과 착취의 심리. 서울: 교양인.

Hovland, C. I., & Weiss, W. (1952). The influence of source credibility on communication effectiveness. *Public Opinion Quarterly, 15,* 635-650.

Hovland, C. I., Campbell, E., & Brock, T. C. (1957). The effects of commitment on opinion change following communication. In Hovland et al. (Eds.), *Order of presentation in persuasion.* New Haven, CT: Yale University Press.

Huesmann, L. R. (1988). An information processing model for the development of aggression. *Aggressive Behavior, 14,* 13-24.

Huesmann, L. R., & Eron, L. D. (1984). Cognitive processes and the persistence of aggressive behavior. *Aggressive Behavior, 10,* 243-251.

Huesmann, L. R., Eron, L. D., Klein, R., Brice, P., & Fischer, P. (1983). Mitigating the imitation of aggressive behaviors by changing children's attitudes about media violence. *JPSP, 44,* 899-910.

Huesmann, L. R., Moise-Titus, J., Podolski, C. L., & Eron, L. D. (2003). Longitudinal relations between children's exposure to TV violence and their aggressive and violent behavior in young adulthood: 1977-1992. *Developmental Psychology, 39,* 201-221.

Huesmann, L., Eron, L., & Yarmel, D. (1987). Intellectual Functioning and Aggression. *JPSP, 52*(1), 232-240.

Hull, J. G., & Bond, C. F., Jr. (1986). Social and behavioral consequences of alcohol consumption and expectancy: A meta-analysis. *Psychological Bulletin, 99,* 347-360.

Hull, J. G., & Young, R. D. (1983). The self-awareness reducing effect of alcohol: Evidence and implications. In J. Suls, & A Greenwald (Eds.), *Psychological perspectives on the self* (Vol. 2). Hillsdale, NJ: LEA.

Husband, C. (1975). *White media and black Britain.* London: Arrow Books.

Hutton, D., & Baumeister, R. (1992). Self-awareness and attitude change: Seeing oneself on the central route to persuasion. *PSPB, 18,* 68-75.

Hyman, I. E., Jr., Husband, T. H., & Billings, F. J. (1995). False memories of childhood experiences. *Applied Cognitive Psychology, 9,* 181-197.

Iacoboni, M, (2008). *Mirroring people: The new science of how we connect with others.* New York: Picador.

Ichida, Y., Kondo, K., Hirai, H., Hanibuchi, T., Yoshikawa, G., & Murata, C. (2009). Social capital, income inequality, and self-rated health in Chita Peninsula, Japan: A multilevel analysis of older people in 25 communities. *Social Science & Medicine, 69,* 489-499.

Ichida, Y., Kondo, K., Hirai, H., Hanibuchi, T., Yoshikawa, G., & Murata, C. (2009). Social capital, income inequality, and self-rated health in Chita Peninsula, Japan: A multilevel analysis of older people in 25 communities. *Social Science & Medicine, 69,* 489-499.

Imada, T., & Ellsworth, P. C. (2011). Proud Americans and lucky Japanese: Cultural differences in appraisal and corresponding emotion. *Emotion, 11*(2), 329-345.

iMBC(2008. 3. 29.). 이성과의 첫 만남. http://press.imnews.imbc.com/temp/newsRead.php?md=A01&tm=1&no=325253

Inglehart, R. (1997). *Modernization and postmodernization: Cultural, economic, and political change in 43 societies.* Princeton, NJ: Princeton University Press.

Intachakra, S. (2012). Politeness motivated by the 'heart' and 'binary rationality' in Thai culture. *Journal of Pragmatics, 44*(5), 619-635.

Inzlicht, M., McGregor, I., Hirsh, J., & Nash, K. (2009). Neural markers of religious conviction. *Psychological Science, 20*(3), 385-392.

Irwin, A. R., & Gross, A. M. (1995). Cognitive tempo, violent video games, and aggressive behavior in young boys. *Journal of Family Violence, 10,* 337-350.

Iwao, S. (1988). Social psychology's models of man: Isn't it time for East to meet West? Invited address to the International Congress of Scientific Psychology, Sydney, Australia. Cited by H. C. Triandis (1989). The self and social behavior in differing cultural contexts. *Psychological Review, 96,* 506-520.

Iyengar, S. S., & Lepper, M. R. (1999). Rethinking the value of choice: A cultural perspective on intrinsic motivation. *JPSP, 76*(3), 349-366.

Izard, C. E. (1977). *Human emotion.* NY: Plenum Press.

Jackman, M., & Crane, M. (1986). "Some of my best friends are black....": Interracial friendship and whites' racial attitudes. *Public Opinion Quarterly, 50*, 459-486.

Jackson, L. M., & Esses, V. M. (1997). Of scripture and ascription: The relation between religious fundamentalism and intergroup helping. *PSPB, 23*, 893-906.

Jackson, L., Sullivan, L., Harnish, R., & Hodge, C. (1996). Achieving positive social identity: Social mobility, social creativity, and permeability of group boundaries. *JPSP, 70*(2), 241-254.

Jackson, M. S. (2001, July). Can humanity constitute an ingroup? An exploratory analysis of global identification and attitudes toward social groups. Paper presented at the meeting of the International Society of Political Psychology, Cuernavaca, Mexico.

Jaffe, Y., Malamuth, N., Feingold, J., & Fesbbach, S. (1974). Sexual arousal and behavior aggression. *JPSP, 30*, 795-764.

Jahoda, G. (1982). *Psychology and anthropology: A psychological perspective.* London: Academic Press.

Jahoda, G. (2007). *A history of social psychology.* Cambridge, UK: Cambridge University Press.

James, W. (1890). *Principles of psychology.* New York: Henry Holt.

Jamieson, D. W., Lydon, J. E., Stewart, G., & Zanna, M. P. (1987). Pygmalion revisited: New evidence for student expectancy effects in the classroom. *Journal of Educational Psychology, 79*, 461-466.

Jang, H., Reeve, J., Ryan, R. M., & Kim, A. (2009). Can self-determination theory explain what underlies the productive, satisfying learning experiences of collectivistically oriented Korean students? *Journal of Educational Psychology, 101*(3), 644-661.

Janis, I. L. (1972). *Victims of groupthink.* Boston: Houghton Mifflin.

Janis, I. L. (1982). *Groupthink: Psychological studies of policy decisions and fiascoes* (2nd ed.). Boson: Houghton Mifflin.

Jenkins, J. M., & Asington, J. W. (1996). Cognitive factors and family structure associated with theory of mind in young children. *Developmental Psychology, 32*, 70-78.

Jennings, D. L., Amabile, T. M., & Ross, L. (1982). Informal covariation assessment: Data-based vs theory-based judgments. In D. Kahneman, P. Slovic, & A. Tversky (Eds.), *Judgment under uncertainty: Heuristics and biases.* New York: Cambridge University Press.

Jepson, C., & Chaiken, S. (1990). Chronic issue-specific fear inhibits systematic processing of persuasive communications. *Journal of Social Behavior and Personality, 2*, 61-84.

Jessor, T. (1988). Personal interest, group conflict, and symbolic group affect: Explanations for whites' opposition to racial equality. Unpublished doctoral dissertation. Department of Psychology. University of California, Los Angeles.

Jiang, J., Yan Zhang Yannan Ke a, Skyler T. H, Hui Qiu (2015). Can't buy me friendship? Peer rejection and adolescent materialism: Implicit self-esteem as a mediator. *JESP, 58*, 48-55.

Johnson, E., & Goldstein, D. (2003). Do defaults save lives? *Science, 302*, 1338-1339.

Johnson, J. G., et al. (2002). Television Viewing and Aggressive Behavior During Adolescence and Adulthood. *Science, 295*(5564), 2468.

Johnson, M. K., Bransford, J. D., & Solomon, S. (1973). Memory for tacit implications of sentences. *JEP, 98*, 203-205.

Johnson, R. D., & Downing, L. L. (1979). Deindividualtion and valence of cues: Effects of prosocial and antisocial behavior. *JPSP, 37*, 1532-1538.

Johnson, S. (2003, April). Laughter, *Discover*, 62-68.

Johnson, T. E., & Rule, B. G. (1986). Mitigating circumstance information, censure, and aggression. *JPSP, 50*, 537-542.

Johnson, T. J., Feigenbaum, R., & Weiby, M. (1964). Some determinants and consequences of the teacher's perception of causation. *Journal of Educational Psychology, 55*, 237-246.

Johnston, L., & Hewstone, M. (1992). Cognitive models of stereotype change: 3. Subtyping and the perceived typicality of disconfirming group members. *JESP, 28*, 360-386.

Johnston, V. S., & Franklin, M. (1993). Is beauty in the eye of the beholder? *Ethology and Sociobiology, 14*, 183-199.

Joiner, T. (2005). *Why people die by suicide.* Cambridge, MA: Harvard University Press.

Jones, E. E., & Davis, K. E. (1965). From acts to dispositions: The attribution process in person perception. In L. Berkowitz (Ed.), *Advances in Experimental Social Psychology* (Vol. 2). New York: Academic Press.

Jones, E. E., & Harris, V. A. (1967). The attribution of attitudes. *JESP, 3*, 1-24.

Jones, E. E., & Nisbett, R. (1972). The actor and the observer: Divergent perceptions of the causes of behavior. In E. Jones et al. (Eds.), *Attribution: Perceiving the causes of behavior.* Morristown, NJ: General learning Press.

Jones, E. E., & Rhodewalt, F. (1982). *Self-handicapping scale. Unpublished scale.* Depts of psychology, Princeton University & University of Utah.

Jones, E. E., Brenner, K., & Knight, J. G. (1990). When failure elevates self-esteem. *PSPB, 16*, 200-209.

Jones, E., & Gerard, H. (1976). *Foundations of Social Psychology.* NY: Wiley.

Jordan, C. H., Spencer, S. J., Zanna, M. P., Hoshino-Browne, E., & Correll, J. (2003). Secure and defensive high self-esteem. *JPSP, 85*, 969-978.

Joshanloo, M., et al.(2013). Cross-cultural validation of fear of happiness scale across 14 national groups. *JCCP, 45*(2), 246-264.

Jost, J. T., & Banaji, M. R. (1994). The role of stereotyping in system justification and the production of false consciousness. *BJSP, 33*, 1-27.

Jost, J. T., & Burgess, D. (2000). Attitudinal ambivalence and the conflict between group and system justification motives in low status groups. *PSPB, 26*, 293-305.

Jost, J. T., Banaji, M. R., & Nosek, B. A. (2004). A decade of system justification theory: Accumulated evidence of conscious and unconscious bolstering of the status quo. *Political Psychology, 25*, 881-919.

Jost, J. T., Pelham, B. W., & Carvallo, M. (2002). Non-conscious forms of system justification and behavioral preferences for higher status groups. *JESP, 38*, 586-602.

Joy, M. (2009). *Why We Love Dogs, Eat Pigs, and Wear Cows*. Mass.: Conari Press.

Joy, M. (2009). *Why we love dogs, eat pigs, and wear cows*. 우리는 왜 개는 사랑하고 돼지는 먹고 소는 신을까. 노순옥 역(2015). 서울: 모멘토.

Jussim, L., Robustelli, S. L., & Cain, T. R. (2009). Teacher expectations and self-fulfilling prophecies. In K. R. Wenzel & A. Wigfield (Eds.), *Handbook of motivation at school*. New York: Routledge/Taylor & Francis.

Kahneman, D. (2012). *Thinking fast and slow*. 이진원 역(2012). 생각에 관한 생각. 서울: 김영사.

Kahneman, D., & Angus Deaton, A. (2010). High income improves evaluation of life but not emotional well-being. *PNAS*, *107*, no. 38, 16489-16493.

Kahneman, D., & Tversky, A. (1972). Subjective probability: A judgement of representativeness. *Cognitive Psychology*, *3*, 430-454.

Kahneman, D., & Tversky, A. (1979). Prospect Theory: An Analysis of Decision Under Risk. *Econometrica*, *47*, 263-291.

Kahneman, D., Krueger, A. B., Schkade, D., Schwarz, N., & Stone, A. A. (2006). Would you be happier if you were richer? *A focusing illusion*. *Science*, *312*, 1908-1910.

Kalev, A., Dobbin, F., & Kelly, E. (2006). Best practices or best guesses? Diversity management and the remediation of inequality. *American Sociological Review*, *71*, 589-617.

Kallgren, C. A., & Wood, W. (1986). Access to attitude-relevant information in memory as a determinant of attitude-behavior consistency. *JESP*, *22*, 328-338.

Kameda, T. (2004). Are our minds fundamentally egalitarian? *Presented at The special Conference of Mind, Culture & Evolution*, 15-17, July, Vancouver, Canada.

Kameda, T., Takezawa, M., & Hastie, R. (2003). The logic of social sharing: An evolutionary game analysis of adaptive norm development. *PSPR*, *7*, 2-19.

Kanai, R., Feilden, T., Firth, C., & Rees, G. (2011). Political orientations are correlated with brain structure in young adults. *Current Biology*, *21*(8), 677-680.

Kang, S., Shaver, P. R., Min, K., & Jin, H. (2003). Culture-specific patterns in the prediction of life satisfaction: Roles of emotion, relationship quality, and self-esteem. *PSPB*, *29*, 1596-1608.

Kaplan, H., & Hill, K. (1985). Food sharing among ache foragers: Tests of explanatory hypotheses. *Current Anthropology*, *26*, 223-246.

Karau, S. J., & Williams, K. (1993). Social loafing: A meta-analytic review and theoretical integration. *JPSP*, *65*, 681-706.

Karremans, J. C., Frankenhuis, W. E., & Arons, S. (2010). Blind men prefer a low female Waist-to-Ratio. *Evolution and Human Behavior*, *31*(3), 182-186.

Kashima, E. S., & Kashima, Y. (1998). Culture and language: the case of cultural dimensions and personal pronoun use. *JCCP*, *29*, 461-486.

Kashima, Y., & Kashima, E. S. (2003). Individualism, GNP, climate, and pronoun drop: Is individualism determined by affluence and climate, or does language use play a role? *JCCP*, *34*, 125-134.

Kashima, Y., & Triandis, H. C. (1986) The self-serving bias in attribution as a coping strategy: a cross-cultural study. *JCCP*, *17*, 83-97.

Kashima, Y., Kashima, E., Kim, U., & Gelfand, M. (2006). Describing the social world: How is a person, a group, and a relationship described in the East and the West? *JESP*, *42*, 388-396.

Kassarjian, H. H., & Cohen, J. B. (1965). Cognitive dissonance and consumer behavior. *California Management Review*, *8*, 55-64.

Kasser, T., & Ryan, R. M. (1993). A dark side of the American Dream: Correlates of financial success as a central life aspiration. *JPSP*, 65, 410-422.

Kassin, S. M. (1979). Consensus information, prediction, and causal attribution: A review of the literature and issues. *JPSP*, *37*, 1966-1981.

Katz, J., & Beach, S. (2000). Looking for love? Self-verification and self-enhancement effects on initial romantic attraction. *PSPB*, *26*(12), 1526-1539.

Kawachi, I., Kennedy, B. P., Lochner, K., & Prothrow-Smith, D. (1997). Social capital, income inequality, and mortality. *American Journal of Public health*, *87*(9), 1491-1498.

Keizer, K., Lindenberg, S., & Steg, L. (2008). The Spreading of Disorder. *Science*, *322*, 1681-1685.

Kellaris, J. J., Boyle, B. A., & Dahlstrom, R. F. (1994). Framing and situational ethics. *Marketing Letters*, *5*, 69-75.

Kelley, H. H. (1973). The processes of causal attribution. *American Psychologist*, *28*, 107-128.

Kelley, H. H., & Stahelski, A. J. (1970). Social interaction basis of cooperators and competitors' beliefs about others. *JPSP*, *16*, 66-91.

Kelley, H. H., & Thibaut, J. W. (1978). *Interpersonal relations: A theory of interdependence*. New York: Wiley.

Kelling, G., & Coles, C. (1996). *Fixing broken windows*. New York: Touchstone.

Kelman, H., & Hamilton, V. (1989). *Crimes of obedience: Toward a social psychology of authority and responsibility*. NewHaven, CT: Yale University Press.

Keltner, D., & Robinson, R. J. (1996). Extremism, power, and the imagined basis of social conflict. *Current Directions in Psychological Science*, *5*, 101-105.

Keltner, D., & Robinson, R. J. (1997). Defending the status quo: Power and bias in social conflict. *PSPB*, *23*, 1066-1077.

Keltner, D., Gruenfeld, D. H., & Anderson, C. A. (2003). Power, approach, and inhibition. *Psychological Review*, *110*, 265-284.

Keren, G. (1987). Facing uncertainty in the game of bridge: A calibration study. *OBHDP*, *39*, 98-114.

Kerlinger, F. (1984). *Liberalism and conservatism.: The nature and structure of social attitudes*. Hillsdale, NJ: Lawrence Erlbaum.

Kern, M., & Chugh, D. (2009). Bounded ethicality: The perils of loss framing. *Psychological Science*, *20*, 378-384.

Kernis, M. H., & Wheeler, L. (1981). Beautiful friends and ugly strangers: Radiation and contrast effects in perception of same-sex pairs. *PSPB*, *7*, 617-620.

Kesebir, P. (2014). A Quiet Ego Quiets Death Anxiety: Humility as an Existential Anxiety Buffer. *JPSP*, *106*(4), 610-623.

Keyes, C. L. (1998). Social well-being. *SPQ*, *61*, 17-31.

Keyes, C., L. M. (2002). The Mental Health Continuum: From

Languishing to Flourishing in Life. *Journal of Health and Social Behavior, 43*(2), 207-222.

Kim, H., & Markus, H. R. (1999). Deviance or uniqueness, harmony or conformity? A cultural analysis. *JPSP, 77*(4), 785-800.

Kim, K., Kang, J., & Yun, S. (2012). Moral intuitions and political orientation: Similarities and differences between South Korea and the United States. Psychological Reports: sociocultural issues in psychology, 111(1), 173-185.

Kim, U., & Berry, J. (1994). *Indigenous psychology.* Newberry Park, CA: Sage.

Kim, Y., Sohn, D., & Choi, S. M. (2011). Cultural difference in motivations for using social network sites: A comparative study of American and Korean college students. *Computers in Human Behavior, 27*(1), 365-372.

Kim, Y., Sohn, D., & Choi, S. M. (2011). Cultural difference in motivations for using social network sites: A comparative study of American and Korean college students. *Computers in Human Behavior, 27*, 365-372.

Kim, Y.-H., Chiu, C.-Y., & Zou, Z. (2010). Know thyself: Misperceptions of actual performance undermine achievement motivation, future performance, and subjective well-being. *JPSP, 99*(3), 395-409.

Kim, Y.-H., Chiu, C.-Y., Cho, S., Au, E. W. M., & Kwak, S. N. (2014). Aligning inside and outside perspectives of the self: A cross-cultural difference in self-perception. *AJSP, 17*, 44-51.

Kinder, D., & Sears, D. (1981). Prejudice and politics: Symbolic racism versus racial threats to the good life. *JPSP, 40*, 414-431.

Kitayama, S., & Cohen, D. (2007). *Handbook of cultural psychology.* New York: Guilford Press.

Kitayama, S., & Markus, H (1994). *Emotion and Motivation.* Washington: American Psychological Association.

Kitayama, S., Mesquita, B., & Karasawa, M. (2006). Cultural affordances and emotional experience: Socially engaging and disengaging emotions in Japan and the United States. *JPSP, 91*(5), 890-903.

Klayman, J., & Ha, Y. W. (1987). Confirmation, disconfirmation, and information in hypothesis testing. *Psychological Review, 94*, 211-228.

Kleck, R. E., & Strenta, A. (1980). Perceptions of the impact of negatively valued physical characteristics on social interaction. *JPSP, 39*, 861-873.

Knee, C. R. (1998). Implicit theories of relationships: Assessment and prediction of romantic relationship inititation, coping, and longevity. *JPSP, 74*(2), 360-370.

Knee, C. R. (1998). Implicit theories of relationships: Assessment and prediction of romantic relationship inititation, coping, and longevity. *JPSP, 74*(2), 360-370.

Kohlberg, L. (1969). Stage and sequence: The cognitive-developmental approach to socialization. In D. A. Goslin (Ed.), *Handbook of socialization theory and research* (pp. 347-480). Chicago: Rand McNally.

Koo, J. (1995). *Politeness theory: Universality and specificity.* Unpublished doctoral dissertation. Harvard University.

Koriat, A., Lichtenstein, S., & Fischhoff, B. (1980). Reasons for confidence. *JESP: Human Learning and Memory, 6*, 107-118.

Kowalski, R. M., & Leary, M. R. (1990). Strategic self-presentation and the avoidance of aversive events Antecedents and consequences of aversive events: Antecedents and consequences of self-enhancement and self-depreciation. *JESP, 26*(4), 322-336.

Kraut, R., Kiesler, S., Boneva, B., Cummings, J., Helgeson, V., & Crawford, A. (2002). Internet Paradox Revisited. *JSI, 58*(1), 49.

Kraut, R., Patterson, M., Lundmark, V., Kiesler, S., Mukopadhyay, T., & Scherlis, W. (1998). Internet paradox: A social technology that reduces social involvement and psychological well-being. *American Psychologist, 53*(9), 1017-1031.

Kravitz, D. A., & Martin, B. (1986). Ringelmann rediscovered. The original article. *JPSP, 50*(5), 936-941.

Krendl, A. C., et al. (2008). The negative consequences of threat: A functional magnetic resonance imaging investigation of the neural mechanisms underlying women' s underperformance in math. *Psychological Science 19*(2), 168-175.

Krosnick, J., Betz, A., Jussim, L., & Lynn, A. (1992). Subliminal conditioning of attitudes. *PSPB, 18*(2), 152-162.

Kross, E., Verduyn, P., Demiralp, E., Park, J., Lee, D. S., Lin, N., ... Ybarra, O. (2013). Facebook Use Predicts Declines in Subjective Well-Being in Young Adults. *PLoS One, 8*(8), e69841. doi:10.1371/journal.pone.0069841

Kruglanski, A. W. (1988). *Lay epistemics and human knowledge: Cognitive and motivational biases.* New York: Plenum Press.

Kruglanski, A. W., & Freund, T. (1983). The freezing and unfreezing of lay-inferences. Effects on impressional primacy. ethnic stereotyping. and numerical anchoring. *JESP, 19*, 448-468.

Kruglanski, A., Shah, H., Fishbach, A., Friedman, R., Chun, W. Y., & Sleeth-Keppler, D. (2002). A theory of goal systems. *Advances in Experimental Social Psychology, 34*, 331-378.

Kuhlman, D. M., & Marshello, A. (1975). Individual differences in game motivation as moderators of preprogrammed strategy effects in prisoner' s dilemma. *JPSP, 32*, 922-931.

Kuiper, N. A., & Rogers, T. B. (1979). Encoding of personal information: Self-other differences. *JPSP, 37*, 499-514.

Kumagai, F., & Strauss, M. (1983) Conflict resolution tactics in Japan. India, and the USA. *Journal of Comparative Family Studies, 14*, 377-387.

Kunda, Z. (1999). *Social cognition: Making sense of people.* Cambridge, MA: MIT Press.

Kwan, V., Bond, M. H., & Singelis, T. (1997). Pancultural explanations for life satisfaction. *JPSP, 73*(5), 1038-1051.

La Piere, R. T. (1934). Attitudes versus actions. *Social Forces, 13*, 230-237.

Lachman, M. E., & Weaver, S. L. (1998). The sense of control as a moderator of social class differences in health and well-being. *JPSP, 74*, 763-773.

Lambert, W. W. (1971). Cross-cultural background to personality development and the socialization of aggression: findings from the six culture study. In W. W. Lambert & R. Weisbord (Eds.), *Comparative perspectives on social psychology.* Boston. MA: Little. Brown.

Lamm, H., Wiesmann, U., & Keller, K. (1998). Subjective determinants of attraction: Self-perceived causes of the rise and decline of liking, love, and being in love. *Personal Relationship, 5*, 91-104.

Langer, E. (2009). *Counterclockwise*. 변용환 역(2011). 마음의 시계. 서울: 사이언스북스.

Langer, E. J. (1975). The illusion of control. *JPSP, 32*, 311-328.

Langer, E. J. (1978). Rethinking the role of thought in social interaction. In J. Harvey. W. lckes, & R. Kidd (Eds.), *New directions in attrition research* (Vol. 2). Hillsdale. NJ: Erlbaum.

Langer, E. J., & Rodin, J. (1976). The effects of choice and enhanced personal responsibility for the aged: A filed experiment in an institutional setting. *JPSP, 34*, 191-198.

Langer, E. J., & Roth, J. (1975). Heads I win, tails it' s chance: The illusion of control as a function of the sequence of outcomes in a purely chance task. *JPSP, 32*, 951-955.

Langlois, J. H., & Roggman, L. A. (1990). Attractive faces are only average. *Psychological Science, 1*, 115-121.

Langlois, J. H., Kalakanis, L., Rubenstein, A. J., Larson, A., Hallam, M., & Smoot, M. (2000). Maxims or myths of beauty? A meta-analytic and theoretical review. *Psychological Bulletin, 126*(3), 390-423. doi:10.1037/0033-2909.126.3.390

Larsen, K., Coleman, D., Forbes, J., & Johnson, R. (1972). Is the subject' s personality or the experimental situation a better predictor of a subject' s willingness to administer shock to a victim? *JPSP, 22*(3), 287-295.

Larsen, R. J., Csikszentmihalyi, N., & Graef, R. (1982). Time alone in daily experience: Loneliness or renewal? In L. A. Peplau & D. Perlman (Eds.), *Loneliness: A sourcebook of current theory, research and therapy* (pp. 40-53). New York: Wiley.

Larson, J. R., Jr., Christensen, C., Franz, T. M., & Abbort, A. S. (1998). Diagnosing groups: The pooling, management, and impact of shared and unshared case information in team-based medical decision making. *JPSP, 75*, 93-108.

Larwood, L. (1978). Swine flu: A Field study of self-serving biases. *Journal of Applied Social psychology, 18*, 283-289.

Lasch, C. (1979). *The culture of narcissism: American life in an age of diminishing returns*. New York: Norton.

Latané, B. (1981). The psychology of social impact. *American Psychologist, 36*, 343-356.

Latané, B., & Darley, J. M (1968). Group inhibition of bystander intervention in emergencies. *JPSP, 10*, 215-221.

Latané, B., Williams, K., & Harkins. S. (1979). Many hands make light the work: The causes and consequences of social loafing. *JPSP, 37*, 822-832.

LaTour, M., Snipes, R., & Bliss, S. (1996). Don' t be afraid to use fear appeals: An experimental study. *Journal of Advertising Research, 36*, 59-67.

Lau, R. R. (1982). Negativity in political perception. *Politician Behavior, 4*, 353-378.

Lau, R. R., & Russell, D. (1980) Attribution in the sports pages. *JPSP, 39*, 29-38.

Lauer, J. (2005). Driven to extremes: Fear of crime and the rise of the sport utility vehicle in the United States. *Crime, Media, Culture, 1*, 149-168.

Lazer, D. M., Pentland, A., Adamic, L., Aral, S., Barabási, A.-L., Brewer, D., ... Van Alstyne, M. (2009). Computational social science. *Science, 323*(5915), 721-723.

Lea, M., & Duck, S. (1982). A model for the role of similarity of values in friendship development. *BJSP, 21*, 301-310.

Leary, M. R., et al. (2003). Teasing, Rejection, and Violence: Case Studies of the School Shootings. *Aggressive Behavior, 29*, 202-214.

Leary, M. R., Rogers, P. A., Canfield, R. W., & Coe, C. (1986). Boredom in interpersonal encounters: antecedents and social implication. *JPSP, 51*(5), 968-975.

Leary, M. R., Spinger, C., Negel, L., Ansell, E., & Evans, K. (1998). The causes, phenomenology, and consequences of hurt feelings. *JPSP, 74*, 1225-1237.

Leary, M. R., Tipsord, J., & Tate, E. B. (2008). Allo-inclusive identity: Incorporating the natural and social worlds into one' s sense of self. In H. A. Wayment & J. J. Bauer (Eds.), *Transcending self-interest: Psychological explorations of the quiet ego* (pp. 7-19). Washington, DC: American Psychological Association.

LeBon, G. (1895). *Psychologie desfoules*. Translated as *The Crowd*. London: Unwin, 1908.

Lee, C. (1988). Cross-cultural validity of the Fishbein' s behavioral intention model: Culture-bound or culture-free? Doctoral Dissertation. University of Texas, Austin.

Lee, C. (1990). Modifying an American consumer behavior model for consumers in Confucian culture: The case of Fishbein behavioral intention model. *Journal of International Consumer Morketing, 3*(1), 27-50.

Lee, Y. T., & Seligman, M. (1997). Are American more Optimistic Than the Chinese? *The Society for PSPB, 23*(1), 32-40.

Lehman, D. R., Lempert, R. O., & Nisbett, R. E. (1988). The effects of graduate training on reasoning: Formal discipline and thinking about everyday-life events. *American Psychologist, 43*, 431-442.

Lemaine, G. (1966). Inegality. comparaison et incomparability. Esqusse d' unde theorie de l' orginality sociale. *Bulletin de Psychologie, 20*, 1-9.

Lemyre, L., & Smith, P. (1985). Intergroup discrimination and self-esteem in the minimal group paradigm. *JPSP, 49*, 660-670.

Lens, I., Driesmans, K., Pandelaere, M., & Janssens, K. (2012). Would male conspicuous consumption capture the female eye? Menstrual cycle effects on women' s attention to status products. *JESP, 48*(1), 346-349.

Lepper, M., Greene, D., & Nisbett, R. (1973). Undermining children' s intrinsic interest with extrinsic reward. *JPSP, 28*, 129-137.

Lerner, M. J. (1980). *The belief in a just world: A fundamental delusion*. New York: Plenum Press.

Lerner, M. J., Somers. D. G., Reid, D., Shirihoge, D., & Tierney, M. (1991). Adult children as caregivers: E-gocentric biasses in judgments of sibling contributions. *The Gerontologist, 31*, 746-755.

Leung, K. (1987). Some determinants of reactions to procedural models for conflict resolution a cross-national study. *JPSP, 53*, 898-908.

LeVine, R. (1982). *Culture, behavior, and personality: An introduction to the comparative study of psychosocial adaptation* (2nd ed.). New York: Aldine.

Levine, T. R. (2014). Truth-default Theory (TDT): A theory of human deception and deception detection. *Journal of Language and Social Psychology, 33*(4), 378-392.

Lewicki, P. (1983). Self-images bias in person perception. *JPSP, 45*, 384-393.

Lewin, K. (1951). *Field theory in social science: Selected theoretical papers*. In D. Cartwright (Ed.). New York: Harper.

Lewinsohn, P. M., Mischel, W., Chapline, W., & Barton, R. (1980). Social competence and depression: The role of illusory self-perceptions. *Journal of Abnormal Psychology, 89*, 203-212.

Lewis, M., & Brooks, J. (1978). Self-knowledge and emotional development. In M. Lewis & L. Rosenblum (Eds.), *The development of affect*. New York: Plenum.

Lichtenstein, S., & Fischhoff, B. (1980). Training for calibration. *Organizational Behavior and Human Performance, 26*, 149-171.

Lieberman, H., & Fry, C. (2015). Understanding the Limits of Competitive Processes. LIMITS' 15, June 15-16.

Lifton, R. J. (1994, June). Schindler' s puzzle. *American Health*, 28-31.

Lindskold, S. (1981). Trust development, the GRIT proposal. and the effects of conciliatory acts on conflict and cooperation. *Psychological Bulletin, 85*, 772-793.

Linville, P. (1985). Self-complexity and affective extremity: Don' t put all of your eggs in one cognitive basket. *Social Cognition, 3*, 94-120.

Lipset, S. M. (1996). *American exceptionalism: A double-edged sword* (pp. 31-76). New York: Norton.

Liu, J. H., Castiglione, K., Mizuno, M., Hidaka, Y., Yuki, M., & Hong, Y. Y. (1997, August). Social identity and historical perceptions: East meets West. (Paper presented at the Second Conference for the Asian Association of Social Psychology, Kyoto, Japan.)

Lochman, J., & Dodge, K. (1994). Social-cognitive processes of severly violent, moderately aggressive, and nonaggressive boys. *Journal of Consulting & Clinical Psychology, 62*(2), 366-374.

Loftus, E., & Ketcham, K. (1996). *The myth of repressed memory*. 정준형 역(2008). 우리 기억은 진짜 기억일까? 서울: 도솔.

Longley, J., & Pruitt, D. (1980). Groupthink: A critique of Janis' s theory. In L. Wheeler (Ed.). *Review of personality social psychology* (Vol. 1). Beverly Hills. CA: Sage Publiacations.

Loo, C. M. (1979). A factor analytic approach to the study of spatial density effects of preschoolers. *Journal of Population, 2*, 47-68.

Lord, C. G., Ross, L., & Lepper, M. (1979). Biased assimilation and attitude polarization: The effects of prior theories on subsequently considered evidence. *JPSP, 37*, 2098-2109.

Lorenzo, G. L., Biesanz, J. C., & Human, L. J. (2010). What Is Beautiful Is Good and More Accurately Understood: Physical Attractiveness and Accuracy in First Impressions of Personality. *Psychological Science, 21*(12), 1777-1782.

Losada, M. (1999). The complex dynamics of high performance teams. *Mathematical and Computer Modeling, 30*(9-10), 179-192.

Lu, W., Waterman, D., & Yan, M. (2005). An economic study of violence in motion pictures: Genre trends and technology change. Submitted to the Mass Communication Division, International Communication Association November 1. available at http://www.allacademic.com//

Lucas, R. E., & Fujita, F. (2000). Factors influencing the relation between extraversion and pleasant affect. *JPSP, 79*, 1039-1056.

Lucas, R. E., Clark, A. E., Georgellis, Y., & Diener, E. (2003). Reexamining adaptation and the set point model of happiness: Reactions to changes in marital status. *JPSP, 84*, 527-539.

Luhtanen, R., & Crocker, J. (1992). A collective self-esteem scale: Self-evaluation of one' s social identity. *PSPB, 18*, 302-318.

Lujansky, H., & Mikula, G. (1983). Can equity theory explain the quality and stability of romanctic relationships? *BJSP, 22*, 101-112.

Luria, A. R. (1968). *The mind of a mnemonist* (L. Solotaroff, Trans.). New York: Basic Books.

Lutz-Zois, C. J., Bradley, A. C., Mihalik, J. L., & Moorman-Eavers, E. R. (2006). Perceived similarity and relationship success among dating couples: An idiographic approach. *JSPR, 23*(6), 865-880. doi:10.1177/0265407506068267

Lydon, J., Jamieson, D., & Zanna, M. (1988). Interpersonal similarity and the social and intellectual dimensions of first impressions. *Social Cognition, 6*, 269-286.

Lykes, V. A., & Kemmelmeier, M. (2013). What Predicts Loneliness? Cultural Difference Between Individualistic and Collectivistic Societies in Europe. *JCCP, 45*(3), 468-490. doi:10.1177/0022022113509881

Lykken, D., & Tellegen, A. (1996). Happiness is a stochastic phenomenon. *Psychological Science, 7*, 186-189.

Lynch, R. (2010). It' s funny because we think it' s true: Laughter is augmented by implicit preferences. *Evolution and Human Behavior, 31*, 141-148.

Lyubomirsky, S. (2013). *The myths of happiness*. 이지연 역(2015). 행복의 신화. 서울: 지식노마드.

Lyubomirsky, S., Sheldon, K. M., & Schkade, D. (2005). Pursuing happiness: The architecture of sustainable change. Review of General Psychology.

Maass, A. (1999). Linguistic intergroup bias: Stereotype perpetuation through language. In M. P. Zanna (Ed.), *Advances in experimental social psychology* (Vol. 31, pp. 79-121). San Diego, CA: Academic Press.

Maass, A., & Clark, R. D. (1984). Hidden impact of minorities. Fiften years of minority influence reseach. *Psychological Bulletin, 95*, 428-450.

Maass, A., & Stahlberg, D. (1993). The linguistic intergroup bias: The role of differential expectancies and in-group protective motivation. Paper presented at the conference of the EAESP, Lisbon, September.

Maass, A., Clark, R. K., & Haberkorn, G. (1982). The effects of differential ascribed category membership and norms on minority influences. *EJSP, 6*, 245-254.

Mackie, D. (1987). Systematic and nonsystematic processing of majority and minority persuasive communications. *JPSP, 53*, 41-52.

MaCrae, C. N., & Bodenhausen, G. V. (2000). Social cognition: Thinking categorically about others. *ARP, 51*, 93-120.

MaCrae, C. N., Milne, A. B., & Bodenhausen, G. V. (1994). Stereotypes as energy-saving devices: A peek inside the cognitive toolbox. *JPSP, 66*, 37-47.

Madsen, M. (1971). Developmental and cross-cultural differences in the cooperative and competitive behavior of young children. *JCCP, 2*, 365-371.

Makela, K. (1997). Drinking, the majority fallacy, cognitive dissonance and social pressure. *Addiction 92*(6), 729-736.

Malamuth, N. M., & Check, J. V. P. (1981). The effects of mass media exposure on acceptance of violence against women: A field experiment. *Journal of Research in Personality, 15*, 436-446.

Malamuth, N., Addison, T., & Koss, M. (2000). Pornography and sexual aggression: Are there reliable effects and can we understand them? *Annual Review of Sex Research, 11*, 26-91.

Malkiel, B. G. (1985). *A random walk down main street: The time-tested strategy for successful investing* (4th ed.). New York: Norton.

Malle, B. F. (2004). *How the mind explains behavior: Folk explanations, meaning, and social interaction*. Cambridge, MA: MIT Press.

Malle, B. F. (2008). Fritz Heider' s legacy: Celebrated insights, many of them misunderstood. *Social Psychology, 39*(3), 163-173.

Malle, B. F., Knobe, J., & Nelson, S. (2007). Actor-observer asymmetries in behavior explanations: New answers to an old question. *JPSP, 93*, 491-514.

Mann, L. (1981). The baiting crowd in episodes of threatened suicide. *JPSP, 41*, 703-709.

Manstead, A. S. R., Proffitt, C., & Smart, J. L. (1983). Predicting and understanding mothers infant-feeding intentions and behavior: Testing the theory of reasoned action. *JPSP, 44*, 657-671.

Maraus-Newhall, A., Pedersen, W., Carlson, M., & Miller, N. (2000). Displaced aggression is alive and well: A meta-analytic review. *JPSP, 78*(4), 670-689.

Markus, H. (1977). Self-schemata and the processing of information about the self. *JPSP, 35*, 63-78.

Markus, H., & Kitayama, S. (1991). Culture and the self: Implications for cognition, emotion, and motivation. *Psychological Review, 98*, 224-253.

Markus, H., & Wurf, E. (1987). The dynamic self-concept A social psychological perspective. *ARP, 38*, 299-337.

Markus, H., Smith, J., & Moreland, R. L. (1985). Role of the self-concept in the perception of others, *JPSP, 49*, 1494-1512.

Mars, R. B., Neubert, F.-X., Noonan, M. P., Sallet, J., Toni, I., & Rushworth, M. F. S. (2012). On the relationship between the "default mode network" and the "social brain". *Frontiers in Human Neuroscience, 6*, 189. http://doi.org/10.3389/fnhum.2012.00189

Marshall, W. L. (1989). Pornography and sex offenders. In D. Zillmann & J. Bryant (Eds.), *Pornography: Research advances and policy considerations*. Hillsdale, NJ: Lawrence Erlbaum.

Martin, G. G., & Clark, R. D. I. (1982). Distress crying in infants: Species and peer specificity. *Developmental Psychology, 18*, 3-9.

Marx, D. M., & Roman, J. S. (2002). Female role models: Protecting women' s math test performance. *PSPB, 28*, 1183-1193.

Maslach, C., Santee, R. T., & Wade, C. (1987). Individuation, gender role, and dissent: Personality mediators of situational forces. *JPSP, 53*, 1088-1094.

Maslach, C., Stapp, J., & Santee, R. T. (1985). Individuation: Conceptual analysis and assessment. *JPSP, 49*, 729-738.

Maslow, A. H. (1954). Motivation and Personality. New York: Harper & Row.

Masuda, T., & Nisbett, R. (2001). Attending holistically versus analytically: Comparing the context sensitivity of Japanese and Americans. *JPSP, 81*(5), 922-934.

Masuda, T., Ellsworth, P., Mesquita, B., Leu, J., Tanida, S., & Van de Veerdonk, E. (2008). Placing the face in context: Cultural differences in the perception of facial emotion. *JPSP, 94*(3), 365-381.

Mata, A., et al. (2013). The metacognitive advantage of deliberative thinkers: A dual-process perspective on overconfidence. *JPSP, 105*(3), 353-373.

Matsuda, N. (1985). Strong. quasi-and weak conformity among Japanese in the modified Asch procedure. *JCCP, 16*, 83-97.

Maurer, K., Park, B., & Rothbart, M. (1995). Subtyping versus subgrouping processes in stereotype representation. *JPSP, 69*(5), 815-824.

Mauss, I. B., Tamir, M., Anderson, C. L., & Savino, N. S. (2011). Can seeking happiness make people unhappy? Paradoxical effects of valuing happiness. *Emotion, 11*(4), 807-815. doi:10.1037/a0022010

Mazur, A. (1985). A biosocial model of status in face-to-face primate groups. *Social Forces, 64*, 377-402.

McAlister, A., Perry, C., Killen, J., Slinkard, L. A., & Maccoby, N. (1980). Pilot study of smoking, alcohol and drug abuse prevention. *American Journal of Public Health, 70*, 719-721.

McAndrew, F. T., & Jeong, H. S. (2012). Who does what on Facebook? Age, sex, and relationship status as predictors of Facebook use. *Computers in Human Behavior, 28*, 2359-2365.

McArthur, L. A. (1972). The how and what of why: Some determinants and consequences of causal attribution. *JPSP, 22*, 171-193.

McCauley, C. R., & Segal, M. E. (1987). Social psychology of terrorist groups. In C. Hendrick (Ed.), *Group processes and intergroup relations: Review of personality and social psychology* (Vol. 9, pp. 231-256). Thousand Oaks, CA: Sage.

McClelland, D. (1985). *Human motivation*. USA: Scott foresman Company.

McConnell, A., Renaud, J., Dean, K., Green, S., Lamoreaux, K., Hall, C., & Rydell, R. (2005). Whose self is it anyway? Self-aspect control moderates the relation between self-complexity and well-being. *JESP, 41*, 1-18.

McCornack, S. A., Morrison, K., Paik, J. E., Wisner, A. M., & Zhu, X. (2014). Information Manipulation Theory 2: A propositional theory of deceptive discourse production. *Journal of Language and Social Psychology, 33*(4), 348-377.

McCullough, M. E. (2000). Forgiveness as human strength: Theory, measurement, and links to well-being. *Journal of Social and Clinical Psychology, 19*, 43-55.

McDevitt, J., et al. (2002). Hate Crime Offenders: An Expanded Typology. *JSI, 58*(2), 303-317.

McDougall, W. (1908). *An introduction to social psychology.* London: Methuen.

McFarland C., & Ross, M. (1987). The relation between current impressions and memories of self and dating partners. *PSPB, 13,* 228-238.

McFarland, S. (2015). Culture, individual differences, and support for human rights: A general review. *Peace and Conflict: Journal of Peace Psychology, 21*(1), 10-27.

McFarland, S., et al. (2012). All humanity is my ingroup: A measure and studies of identification with all humanity. *JPSP, 103*(5), 830-853.

McGuire, M., Raleigh, M., & Brammer, G. (1982). Sociopharmacology. *Annual Review of Pharmacoloical Toxicology, 22,* 643-661.

McGuire, W. J. (1964). Inducing resistance to persuasion: Some contemporary approaches. In L. Berkowitz (Ed.), *Advances in Experimental Social Psychology* (Vol. 1, pp. 192-229). New York: Academic Press.

McGuire, W. J. (1968). Personality and susceptibility to social influence. In E. F. Borgatta, & W. W. Lambert (Eds.), *Handbook of personality theory and research.* Chicago: Rand McNally.

McGuire, W. J., & Papageorgis, D. (1961). The relative emcacy of various types of prior belief defense in producing immunity against persuasion. *JPSP, 62,* 327-337.

McIntyre, R. B., Paulson, R. M., & Lord, C. G. (2003). Alleviating women' s mathematics stereotype threat through salience of group achievements. *JESP, 39,* 83-90.

McKenna, K. Y. A., Green, A. S., & Gleason, M. (2002). Relationship formation on the Internet: What' s the big attraction? *JSI, 58*(1), 9-31.

McKenna, K., & Bargh, J. A. (1998). Coming out in the age of the internet: "Demarginalization" through virtual group participation. *JPSP, 75*(3), 681-694.

McKenna, K., & Bargh, J. A. (2000). Plan 9 from Cyberspace: The implications of the Internet for personality and social psychology. *PSPR, 4*(1), 57-75.

McPherson, M., Smith-Lovin, L., & Brashears, M. (2006). Social isolation in America: Changes in core discussion networks over two decades. *American Sociological Review, 71,* 353-375.

Mead, G. H. (1934). Mind, self and society from the standpoint of a social behaviorist. Chicago: University of Chicago Press.

Mead, N. L., Baumeister, R. F., Gino, F., Schweitzer, M. E., & Ariely, D. (2009). Too tired to tell the truth: Self-control resource depletion and dishonesty. *JESP, 45,* 594-597.

Mealey, L., Bridgstock, R., & Townsend, G. (1999). Symmetry and perceived facial attractiveness: A monzygotic co-twin comparison. *JPSP, 76,* 151-158.

Medvec, V. H., Madey, S. F., & Gilovich, T. (1995). When less is more: Counterfactual thinking and satisfaction among Olympic medalists. *JPSP, 69,* 603-610.

Mehrabian, A. and M. Wiener (1967). Decoding of inconsistent communications. *JPSP, 6*(1), 109-114.

Mehrabian, A., & Epstein, N. (1972). A measure of emotional empathy. *Journal of Personality, 40,* 525-543.

Mehrabian, Albert (1971). *Silent messages.* Belmont, CA: Wadsworth.

Merikle, P., & Skane, H. (1992). Subliminal self-help audiotapes: A search for placebo effects. *JAP, 77*(5), 772-776.

Messick, D. M., Bloom, S., Boldizar, J. P., & Samuelson, C. D. (1985). Why we are fairer than others. *JESP, 21,* 480-500.

Metropolitan Area Child Study Research Group (2002). A cognitive-ecological approach to preventing aggression in urban settings: Initial outcomes for high-risk children. *Journal of Consulting and Clinical Psychology, 70*(1), 179-194.

Meyers, S., & Berscheid, E. (1997). The language of love: The difference a preposition makes. *PSPB, 23,* 347-362.

Michaels, J. W., Blommel, J. M., Brocato, R. M., Linkous, R. A., & Rowe, J. S. (1982). Social facilitation and inhibition in a natural setting. *Replications in Social Psychology, 2,* 21-24.

Milgram, S. (1963). Behavioral study of obedience. *JASP, 67,* 371-378.

Milgram, S. (1965). Some conditions of obedience and disobedience to authority. *Human Relations, 18,* 57-76.

Milgram, S. (1967). The small world problem. *Psychology Today magazine, 1*(1), 60-67.

Milgram, S. (1974). *Obedience to authority.* New York: Haper & Row.

Milgram, S. (1992). Cyranoids. In *The individual in a social world.* New York: McGraw-Hill.

Milgram, S., Bickman, L., & Berkowitz, L. (1969). Note on the drawing power of crowds of different size. *JPSP, 13,* 79-82.

Miller, A. G. (1986). The obedience experiments: A case study of controversy in social science. New York: Praeger.

Miller, D. T., & McFarland, C. (1987). Pluralistic ignorance. When similarity is interpreted as dissimilarity. *JPSP, 53,* 298-305.

Miller, D. T., & Ross, M. (1975). Self-serving biases in the attribution of casuality. Fact or fiction? *Psychological Bulletin, 82,* 213-225.

Miller, D. T., Norman, S. A., & Wirght, E. (1978). Distortion in person perception as a consequence of the need for effective control. *JPSP, 36,* 598-607.

Miller, J. G. (1984). culture and the development of everyday social explanation. *JPSP, 46,* 961-978.

Miller, J. G., Bersoff, D. M., & Harwood, R. L. (1990). Perceptions of social responsibilities in India and in the United States: Moral imperatives or personal decisions? *JPSP, 58,* 33-47.

Miller, J., & Bersoff, D. (1992). Culture and moral judgement: How are conflicts between justice and interpersonal responsibilities resolved? *JPSP, 62,* 541-554.

Mizokawa, D. T., & Ryckman, D. B. (1990). Attribution of academic success and failure: a comparison of six Asian-American ethnic groups. *JCCP, 21,* 434-451.

Moghaddam, F. (2005). A staircase to terrorism: A psychological exploration. *American Psychologist, 60*(2), 161-169.

Moghaddam, F., & Taylor, D. M, & Wright, S. (1993). *Social psychology in cross-cultural perspective.* New York: Freeman Company.

Mogilner, C. (2010). The pursuit of happiness: Time, money, and social connection. *Psychological Science, 21*(9), 1348-1354. doi:10.1177/0956797610380696

Monsour, M., Betty, S., & Kurzweil, N. (1993). Levels of perspectives and the perception of intimacy in cross-sex friendship: A balance theory explanation of shared perceptual reality. *JSPR, 10*, 529-550.

Montagu A. (1968). *The new sociology*. NY: Oxford University Press.

Montoya, R. M., Horton, R. S., & Kirchner, J. (2008). Is actual similarity necessary for attraction? A meta-analysis of actual and perceived similarity. *JSPR, 25*(6), 889-922.

Moon, C. (2015, September). Cultural differences in responses to hierarchical pressures. Paper presented at the meeting of the Culture & Psychology Mini-Conference, Colchester, England.

Moon, Y. (2000). Intimate exchanges: Using computers to elicit self-disclosure from consumers. *Journal of Consumer Research, 26*(4), 323-339.

Moore, D. W. (2000, February 23). Americans say internet makes their lives better. Gallup News Service. Retrieved from http://www.gallup.com/poll/releases/pr000223.asp

Moreland, R. L., & Beach, S. R. (1992). Exposure effects in the classroom: The development of affinity among students. *JESP, 28*, 255-276.

Morell, V. (2013). *Animal wise*. 곽성혜 역(2014). 동물을 깨닫는다. 서울: 추수밭

Morewedge, C., Gilbert, D., & Wilson, T. (2005). The least likely of times: How remembering the past biases forecasts of the future. *Psychological Science, 16*(8), 626-630.

Morris, M. W., & Peng, K. (1994). Culture and cause: American and Chinese attributions for social and physical events. *JPSP, 67*, 949-971.

Morris, W. N., & Miller, R. S. (1975). The effects of consensus-breaking and consensus-preempting partners on reduction in conformity. *JESP, 11*, 215-223.

Morrison, M., Tay, L., & Diener, E. (2011). Subjective well-being and national satisfaction: Findings from a worldwide survey. *Psychological Science, 22*(2), 166-171.

Morton, J. B., & Trehub, S. E. (2001). Children's understanding of emotion in speech. *Child Development, 72*, 834-843.

Moscovici, S. (1985). Social influence and conformity. In G. Lindzey & E. Aronson (Eds.), *Handbook of social psychology* (Vol. 2, 3rd ed., pp. 347-412). New York: Random House.

Moscovici, S., & Hewstone, M. (1993). Social representations and social explanations: From the 'naive' to the 'amateur' scientist. In M. Hewstone (Ed.), *Attribution theory*. Oxford: Basil Blackwell.

Moscovici, S., & Zavalloni, M. (1969). Studies in social influence. Minority influence and conversion behavior in a perceptual task. *JESP, 16*, 270-282.

Moyer, K. (1976). *The psychology of aggression*. NY: Harper & Row.

Mueller, C., & Dweck, C. (1998). Praise for intelligence can undermine children's motivation and performance. *JPSP, 75*(1), 33-52.

Mullen, B., & Riordan, C. A. (1988). Self-serving attributions naturalistic settings: A meta-analytic review. *Journal of Applied Social Psychology, 18*, 3-22.

Mullen, B., Brown. R., & Smith, C. (1992). Ingroup bias as a function of salience, relevance and status: An integration. *EJSP, 22*, 103-122.

Mulllen, B. F. et al. (1986). Newscasters' facial expressions and voting behavior of viewers: Can a smile elect a president. *JPSP, 51*, 291-295.

Mummendey, A., & Schreiber, H. (1984), Different just means better?: Some obvious and some hidden pathways to in-group favoritism. *BJSP, 23*, 363-368.

Munroe, R. L., & Munroe, R. H. (1975). *Cross-cultural human development*. Monterey. CA: Brooks/Cole.

Munroe, R., Hulefeld, R., Rodgers, J., Tomeo, D., & Yamazaki, S. (2000). Aggression among children in four cultures. *Cross-Cultural Research, 34*(1), 3-25.

Murchison, C. (Ed.) (1935). *Handbook of social psychology*. Worcester, Mass: Clark University Press.

Myers, D., & Bishop, G. (1971). The enhancement of dominant attitude in group discussion. *JPSP, 20*, 386-391.

Murray, J. P. (2008). Media Violence: The effects are both real and strong. *American Behavioral Scientist, 51*(8), 1212-1230.

Murray, S., Holmes, J., & Griffin, D. (1996). The self-fulfilling nature of positive illusions in romantic relationships: Love is not blind, but prescient. *JPSP, 71*(6), 1155-1180.

Myers, D. (1993, 1997). *Social Psychology* (4th, 5th ed.). New York: McGraw-Hill.

Myers, D. G. (2000). *The American paradox*. New Heaven: Yale University Press.

Myers, D., & Bishop, G. (1971). The enhancement of dominant attitude in group discussion. *JPSP, 20*, 386-391.

Myung, W., Won H-H. Fava, M., Mischoulon, D., Yeung, A., Lee, D., Kim, D. K., & Jeon, H. J. (2015). Celebrity suicides and their differential influence on suicides in the general population: A national population-based study in Korea. *Psychiatry Investigation, 12*(2), 204-211.

Na, J., & Kitayama, S. (2011). Spontaneous trait inference is culture-specific: Behavioral and neural evidence. *Psychological Science, 22*(8), 1025-1032.

Na, J., Choi, I., & Sul, S. (2013). I like you because you think in the "right" way: Culture and ideal thinking. *Social Cognition, 31*(3), 390.

Na, J., Kim, S., Oh, H., Choi, I., & O' toole, A. (2015). Competence Judgments Based on Facial Appearance Are Better Predictors of American Elections Than of Korean Elections. *Psychological Science, 26*(7), 1107-1113.

Nakane, C. (1970). *Japanese Society*. Berkeley, Calif: University of California Press.

Nantais, K., & Schellenberg, E. G. (1999). The Mozart effect: An artifact of preference. *Psychological Science, 10*(4), 370-373.

Nemeth, C. (1986). Differential contributions of majority and minority influence. *Psychological Review, 93*, 23-32.

Neuberg, S. (1988). Behavioral implications of information presented outside of conscious awareness. *Social Cognition, 6*, 207-230.

Neumann, J., & Morgenstern, O. (1944). *Theory of games and economic behavior*. Princeton, NJ: Princeton University Press.

Newcomb, T. M. (1943). *Personality and social change*. New York: Dryden Press.

Newcomb, T. M. (1968). Interpersonal balance. In R. P. Abelson et al. (Eds.), *Theories of cognitive consistency: A sourcebook* (pp. 28-51). Chicago: Rand McNally and Company.

Newcomb, T. M., Koenig, K. E., Flacks, R., & Warwick, D. P. (1967). *Persistence and change: Bennington College and us students after 25 years*. New York: Wiley.

Niaura, R., Todaro, J. F., Stroud, L., Spiro, A., III, Ward, K. D., & Weiss, S. (2002). Hostility, the metabolic syndrome, and incident coronary heart disease. *Health Psychology, 21*(6), 588-593.

Nickerson, C., Schwarz, N., Diener, E. F., & Kahneman, D. (2003). Zeroing in on the Dark Side of the American Dream: A Closer Look at the Negative Consequences of the Goal for Financial Success. *Psychological Science, 14*, 531-536.

Nisbett, R. E. (2003). *The geography of thought: Why we think the way we do*. New York: Free Press.

Nisbett, R. E., & Cohen, D. (1996). *Culture of honor: The psychology of violence in the South*. Boulder, CO: Westview Press.

Nisbett, R. E., & Wilson, T. D. (1977). Telling more than we can know: Verbal reports on mental processes. *Psychological Review, 84*, 231-259.

Nisbett, R. E., Caputo, C., Legant. P., & Marecek, J. (1973). Behavior as seen by the actor and as seen by the observer. *JPSP, 27*, 154-164.

Nisbett, R. E., Peng, K., Choi, I., & Norenzayan, A. (2001). Culture and systems of thought: Holistic vs. analytic cognition. *Psychology Review, 108*, 291-310.

Nisbett, R. E., Polly, G., & Lang, S. (1995). Homicide and U. S. regional culture. In B. Ruback & N. Weiner (Eds.), *Interpersonal violent behavior: Social and cultural aspects*. New York: Springer-Verlag.

Nishett, R. E., & Ross, L. (1980). *Human inference: Strategies and shortcomings of social judgment. Englewood Cliffs*. 한규석, 박상철 공역(1990). 인간의 추론. 서울: 성원사.

Nomura, N., & Barnlund, D. (1983). Patterns of interpersonal criticism in Japan and United States. *International Journal of Intercultural Communication, 7*, 1-18.

Norenzayan, A., Choi, L., & Nisbett, R. E. (1999). Eastern and western perceptions of causality for social behavior: Lay theories about personalities and social situations. In D. Prentice & D. Miller (Eds.), *Cultural divides: Understanding and overcoming group conflict* (pp. 239-272). New York: Sage.

Nowak, A., & Vallacher, R. R. (1998). *Dynamical social psychology*. New York: Guilford Press.

O' Brien, L. T., & Crandall, C. S. (2003). Stereotype threat and arousal: Effects on women' s math performance. *PSPB, 29*, 782-789.

Oakes, P. J., & Turner, J. (1980). Social categorization and intergroup behavior: Does minimal intergroup discrimination make social identity more positive? *EJSP, 10*, 295-302.

Oakes, P., & Turner, J. (1990). Is limited information processing capacity the cause of social stereotyping? In. W. Stroebe & M. Hewstone (Eds.). *The European Review of social psychology* (Vol. 1, pp. 111-135). Chichester, England: Wiley.

Ochsner, K. N., & Lieberman, M. D. (2001). The emergence of social cognitive neuroscience. *American Psychologist, 56*, 717-734.

OECD (2011). Education at a Glance 2011: OECD indicators. OECD Publishing.

OECD (2011). Perspectives on Global Development 2012: social cohesion in a shifting world. Paris: OECD Publishing.

OECD (2014). Education at a Glance. OECD.

OECD (2015). OECD Skills Outlook 2015. OECD

Oishi, S. (2002). The experiencing and remembering of well-being: A cross-cultural analysi. *PSPB, 28*, 1398-1406.

Oishi, S., & Graham, J. (2010). Social ecology: Lost and found in psychological science. *Perspectives on Psychological Science, 5*, 356-377.

Oishi, S., Kesebir, S., & Diener, E. (2011). Income Inequality and Happiness. *Psychological Science, 22*(9), 1095-1100. doi:10.1177/0956797611417262

Oishi, S., Kesebir, S., & Snyder, B. H. (2009). Sociology: A lost connection in social psychology. *PSPR, 13*, 334-353.

Oliner, S., & Oliner, P. (1988). *The altruistic personality: Rescuers of Jews in Nazi Europe*. New York, NY: Free Press.

Olson, I., & Marshuetz, C. (2005). Facial attractiveness is appraised in a glance. *Emotion, 5*(4), 498-502.

Olson, K. R., Shutts, K., Kinzler, K. D., & Weisman, K. G. (2012). Children associate racial groups with wealth: Evidence from South Africa. *Child Development, 83*(6), 1884-1899.

Olson, J. M., & Hafer, C. L. (1996). Affect, motivation, and cognition in relative deprivation research. In R. M. Sorrentino & E. T. Higgins (Eds.), *Handbook of motivation and cognition* (Vol. 3, pp. 85-117). New York: Guilford Press.

Olson, J., & Zanna, M. (1993). Attitudes and attitude change. *ARP, 44*, 117-154.

Olwes, D. (1993). *Bullying at school: What we know and what we can do*. Oxford, England: Blackwell.

Olweus, D. (1979). Stability of aggressive reaction patterns in males: A review. *Psychological Bulletin, 86*, 852-875.

Olzak, S., & Nagel, J. (1986). *Competitive ethnic relations*. New York: Academic Press.

Omoto, A. M., & Snyder, M. (1995). Sustained helping without obligation: Motivation, Longevity of service, and perceived attitude change among AIDS volunteers. *JPSP, 68*, 671-686.

Oosterhof, N., & Todorov, A. (2008). The functional basis of face evaluation. *PNAS, 105*(32). http://www.pnas.org/content/105/32/11087.full.pdf

Osgood, C. E. (1962). *An alternative to war or surrender*. Urbana, IL: University of Illinois Press.

Osgood, C. E., Suci, G. J., & Tannenbaum, P. H. (1957). *The Measurement of meaning*. Urbana: University of Illinois Press.

Osterman, K., Bjorkqvist, K., Lagerpetz, K. M. J., Kaukiainen, A., Landua, S. F., Fraczek, A., & Caprara, G. V. (1998). Cross-cultural evidence of female indirect aggression. *Aggressive Behavior, 24*, 1-8.

Oxley, D., Smith, K., Alford, J., Hibbing, M., Miller, J., Scalora, M., Hatemi, P., & Hibbing, J. (2008). Political attitudes vary with physiological traits. *Science, 321*(5896), 1667-1670.

Paese, P. W., & Sniezek, J. A. (1991). Influences on the appropriateness of confidence in judgment: Practice, effort, information, and decision-making. *OBHDP, 48*, 100-130.

Pagel, M. D., & Davidson, A. R. (1984). A comparison of three social-psychological models of attitude and behavioral plan: Prediction of contraceptive behavior. *JPSP, 47*, 517-533.

Paolini, S., Hewstone, M., Cairns, E., & Voci, A. (2004). Effects of direct and indirect cross-group friendships on judgments of Catholics and Protestants in Northern Ireland: The mediating role of an anxiety-reduction mechanism. *PSPB, 30*, 770-786.

Park, S. W., Ferrero, J., Colvin, C. R., & Carney, D. R. (2013). Narcissism and negotiation: Economic gain and interpersonal loss. *Basic and Applied Social Psychology, 35*(6), 569-574.

Parks, C. D., Sanna, L. J., & Posey, D. C. (2003). Retrospection in social dilemmas: Thinking about the past affects future cooperation. *JPSP, 84*, 988-996.

Patterson, G. R. (1986). Performance models for antisocial boys. *American Psychologist, 41*, 432-444.

Peng, K., & Nisbett, R. E. (1999). Culture, dialectics, and reasoning about contradiction. *American Psychologist, 54*, 741-754.

Peng, K., Nisbett, R., & Wong, N. (1997). Validity problem comparing values across cultures and possible solutions. *Psychological Methods, 2*(4), 329-344.

Pepitone, A. (1981). Lessons from the history of social psychology. *American Psychologist, 36*(9), 972-985.

Perilloux, C., Easton, J. A., & Buss, D. M. (2012). The misperception of sexual interest. *Psychological Science, 23*, 146-151.

Perlman, D., & Oskamp, S. (1971). The effects of picture content and exposure frequency on evaluations of Negroes and whites. *JESP, 7*, 503-514.

Perlman, D., & Peplau, L. A. (1984). Loneliness research: A survey of empirical findings. In L. A. Peplau & S. Goldston (Eds.), *Preventing the harmful consequences of severe and persistent loneliness* (pp. 13-46). Washington, DC: U.S. Government Printing Office.

Peters, W. (1988). *A class divided: Then and now.* 김희경 역(2012). 푸른 눈, 갈색 눈: 세상을 놀라게 한 차별 수업 이야기. 서울: 한겨레출판.

Peterson, C. (2006). *A primer in positive psychology.* New York: Oxford University Press.

Peterson, C., & Seligman, M. E. P. (2004). *Character strengths and virtues: A handbook and classification.* Washington, DC: American Psychological Association.

Peterson, C., & Seligman, M., & Valliant, G. (1988). Pessimistic explanatory style is a risk factor for physical illness: A thirty-five-year longitudinal study. *JPSP, 55*, 23-27.

Peterson, C., Park, N., & Seligman, M. E. (2005b). Orientations to happiness and life satisfaction: The full life versus the empty life. *Journal of Happiness Studies, 6*, 25-41.

Peterson, L., & Brown, D. (1994). Integrating child injury and abuse-neglect research: Common histories, etiologies, and solutions. *Psychological Bulletin, 116*, 293-315.

Pettigrew, T. (1958). Personality and socio-cultural factors in intergroup attitudes: A cross-national comparison. *Journal of Conflict Resolution, 2*, 29-42.

Pettigrew, T. (1975). Preface. In T. Pettigrew (Ed.), *Racial discrimination in the United States.* New York: Harper & Row.

Pettigrew, T. (1979). The ultimate attribution error: Extending Allport' s cognitive analysis of prejudice. *PSPB, 5*, 461-476.

Pettigrew, T. (1997). Generalized intergroup contact effects on prejudice. *PSPB, 23*, 173-185.

Pettigrew, T., & Tropp, L. R. (2006). A meta-analytic test of intergroup contact theory. *JPSP, 90*(5), 751-783.

Pettijohn, T. E. F., II, & Jungeberg, B. J. (2004). Playboy playmate curves: Changes in facial and body feature preferences across social and economic conditions. *PSPB, 30*, 1186-1197.

Pettigrew, T. F., & Meerten, R. W. (1995). Subtle and Blatant Prejudice in Western Europe. *EJSP, 25*, 57-75.

Petty, R. (1997). The evolution of theory in social psychology: From single to multiple .effect and process models of persuasion. In McGarty & Haslam (Eds.), *The messages of social psychology* (pp. 268-290). Cambridge, MA: Blackwell.

Petty, R. E., & Cacioppo, J. T. (1981). *Attitudes and persuasion. Classic and contemporary approaches.* Dubuque, IA: W. C. Brown.

Petty, R. E., & Cacioppo, J. T. (1984). The effects of involvement on responses to argument quantity and quality central and peripheral routes to persuasion. *JPSP, 46*, 69-81.

Petty, R. E., & Cacioppo, J. T. (1986). *Communication and persuasion: Central and peripheral routes to attitude change.* New York: Springer-Verlag.

Petty, R. E., & Krosnick, J. A. (1995). *Attitude strength: Antecedents and consequences.* Mahwah, NJ: Erlbaum.

Petty, R. E., Cacioppo, J. T., & Goldman, R. (1981). Personal involvement as a determinant of argument-based persuasion. *JPSP, 41*, 847-855.

Pew Internet Research (2000). www.stanford.edu/group/siqss/

Pew Research Center (2015). South Korea' s Millennials downbeats about payoff of education, future.

Phillips, D. P. (1974). The influence of suggestion on suicide: Substantive and theoretical implications of the Werther effect. *American Sociological Review, 39*, 340-354.

Phillips, D. P. (1977). Motor vehicle fatalities increase just after publicized suicide stories. *Science, 196*, 1464-1465.

Phillips, D. P. (1980). The deterrent effect of capital punishment: New evidence on an old controversy. *American Journal of Sociology, 86*, 139-148.

Piff, P. K., Stancato, D. M., Côté, S., Mendoza-Denton, R., & Keltner, D. (2012). Higher social class predicts increased unethical behavior. *Proceedings of the National Academy of Sciences of the United States of America, 109*(11), 4086-4091.

Pihl, R. O., Lau, M. L., & Assad, J. M. (1997). Aggressive disposition, alcohol, and aggression. *Aggressive Behavior, 23*, 11-18.

Pihl, R. O., Zeicbner, A., Niaura, R., Nagy, K., & Zacchia, C. (1981). Attribution and alcohol-mediated aggression. *Journal of Abnormal psychology, 90*, 468-475.

Pines, A., & Maslach, C. (1993). *Experiencing social psychology.* New York: McGrow-Hill.

Pinker, S. (1994). *The language instinct.* 김한영, 문미선, 신효식 공

역(2008). 언어본능. 서울: 동녘사이언스.

Pinker, S. (2003). *The blank slate.* 김한영 역(2005). 빈 서판. 서울: 사이언스북스.

Pinker, S. (2011). *The better angels of our nature.* 김명남 역(2014). 우리 본성의 선한 천사: 인간은 폭력성과 어떻게 싸워 왔는가. 서울: 사이언스북스.

Pinkley, R. (1990). Dimensions of conflict frame: Disputant interpretations of conflict. *JAP, 75,* 117-126.

Plant, E. A., & Devine, P. G. (2003). The antecedents and implications of interracial anxiety. *PSPB, 29,* 790-801.

Plotnik, J., de Waal, F, & Reiss, D. (2006). Self-recognition in an Asian elephant. *Proceedings of the National Academy of Sciences, 103*(45), 17053-17057.

Plous, S. (1993). The psychology of judgement and decision making. New York: McGrow-Hill.

Plous, S., & Zimbardo, P. G. (1986). Attributional biases among clinicians: A comparison of psychoanalysts and behavior therapists. *Journal of Consulting and Clinical Psychology, 54,* 568-570.

Poppe, M. (1980). *Social Comparison in Two-Person Experimental Games.* Tillburg: Van Spaendonck.

Popper, K. (1959). *The logic of scientific discovery.* London: Hutchinson.

Postmes, T., & Spears, R. (1998). Deindividuation and antinormative behavior: A meta analysis. *Psychological Bulletin, 123,* 238-259.

Postmes, T., Spears, R., & Cihangir, S. (2001). Quality of decision making and group norms. *JPSP, 80*(6), 918-930.

Pratto, F., & John, O. P. (1991). Automatic vigilance: The attention-grabbing power of negative social information. *JPSP, 61,* 380-391.

Pratto, F., Sidanius, J., Stallworth, L. M., & Malle, B. F. (1994). Social dominance orientation: A personality variable predicting social and political attitudes. *JPSP, 67,* 741-.763.

Prentice, D., Miller, D. T., & Lightdale, J. (1994). Asymmetries in attachments to groups and to their members: Distinguishing between common-Identity and common-bond groups. *PSPB, 20,* 484-493.

Pressman, S., Cohen, S., Miller, G., Barkin, A., & Rabin, B. (2005). Loneliness, social network size, and immune response to influenza vaccination in college freshman. *Health Psychology, 24*(3), 297-306.

Pruitt, D. G. (1981). *Negotiation behavior.* New York: Academic Press.

Pruitt, D. G., & Gahagan, J. P. (1974). Campus crisis. In J. T. Tedeschi (Ed.), *Perspectives on social power.* Chicago: Aldine-atheron.

Putnam, R. (1993). The prosperous community: Social capital and public affairs. *The American Prospect, Spring,* 35-42.

Putnam, R. (2000). *Bowling alone.* 정승헌 역(2009). 나 홀로 볼링. 서울: 페이퍼로드.

Pyszczynski, T. A., & Greenberg, J. (1981). Role of disconfirmed expectancies in the instigation of attributional processing. *JPSP, 40,* 31-38.

Pyszczynski, T., Greenberg, J., & LaPrelle, J. (1985). Social comparison after success and failure: Biased search for information consistent with a self-serving conclusion. *JESP, 21,* 195-211.

Quattrone, G. A., & Tversky, A. (1984). Casual versus diagnostic contingencies: On self-deception and the voter' s illusion. *JPSP, 46,* 237-248.

Quinn, K. A., & Olson, J. M. (2003). Framing social judgment: Self-ingroup comparison and perceived discrimination. *PSPB, 29,* 228-236.

Quiñones-Vidal, E., Lopez-García, J. J., Peñarañda-Ortega, M., & Tortosa-Gil, F. (2004). The nature of social and personality psychology as reflected in JPSP, 1965-2000. *JPSP, 86*(3), 435-452.

Raichle, M. E., MacLeod, A. M., Snyder, A. Z., Powers, W. J., Gusnard, D. A., Shulman, G. L. (2001). Inaugural article: A default mode of brain function. *Proceedings of the National Academy of Sciences of the United State of America, 98*(2), 676-682.

Ramirez, J., Bryant, J., & Zillmann, D. (1983). Effects of erotica on retaliatory behavior as a function of level of prior provocation. *JPSP, 43,* 971-978.

Rankin, R. E., & Campbell, D. T. (1955). Galvanic skins response to Negro and white experimenters. *JASP, 51,* 30-33.

Raskin, R., & Terry, H. (1988). A principal components analysis of the Narcissistic Personality Inventory and further evidence of its construct validity. *JPSP, 54,* 890-902.

Rauscher, F., & Shaw, G., & Ky, K. (1993). Music and spatial task performance. *Nature, 365,* 611.

Rawls, J. (1971). *A theory of justice.* Cambridge, MA: Harvard University Press.

Read, S. J. (1983). Once is enough: Casual reasoning from a single instance. *JPSP, 13,* 28-45.

Reed, A., & Aquino, K. F. (2003). Moral identity and the expanding circle of moral regard toward out-groups. *JPSP, 84,* 1270-1286.

Reeve, J., & Sickenius, B. (1994). Development and validation of a brief measure of the three psychological needs underlying intrinsic motivation: The AFS scales. *Educational and Psychological Measurement, 54,* 506-515.

Reeves-Sanday, P. (1997). The socio-cultural context of rape: A cross-cultural study. In L. L. O' Toole (Ed.), *Gender violence: Interdisciplinary perspectives.* New York: New York University Press.

Regan, D. T., & Fazio, R. (1977). On the consistency between attitudes and behavior: Look to the method of attitude formation. *JESP, 13,* 28-45.

Reicher, S. (1984). St Paul' s riot: An explanation of the limits of crowd action in terms of an identity model. *EJSP, 14,* 1-21.

Reicher, S. D. (1987). Crowd behavior as social action. In J. C. Turner, M. A. Hogg, P. J. Oakes, S. D. Reicher, & M. S. Wetherell (Eds.), *Rediscovering the social group: A self-categorization theory* (pp. 171-202). Oxford: Blackwell.

Reis, H. T., & Shaver, P. (1988). Intimacy as an interpersonal process. In S. Duck (Ed.), *Handbook of personal relationships* (pp. 367-389). Chichester, England: Wiley.

Reyes, R. M., Thompson, W. C., & Bower, G. H. (1980). Judgmental biases resulting from differing availabilities of arguments. *JPSP,*

39, 2-12.

Reynolds, K., Turner, J., & Haslam, S. (2000). When are we better than them and they worse than us? A closer look at social discrimination in positive and negative domains. *JPSP, 78*(1), 64-80.

Rhee, E., Uleman, J. S., Lee, H. K., & Roman, R. J. (1995). Spontaneous self-descriptions and ethnic identities in individualistic and collectivist cultures. *JPSP, 69*, 142-152.

Rhodes, G., & Tremewan, T. (1996). Averageness, exaggeration, and facial attractiveness. *Psychological Science, 7*, 105-110.

Rhodewalt, F. (1990). Self-handicappers: Individual differences in the preference for anticipatory self protective acts. In T. Higgins, C. Snyder, & S. Berglas (Eds.), *Self-handicapping: The paradox that isn' t* (pp. 69-106). NY: Plenum.

Rhodewalt, F., Saltzman, A. T., & Wittmer, J. (1984). Self-handicapping among competitive athletes: The role of practice in self-esteem protection. *Basic and Applied Social Psychology, 5*, 197-209.

Richeson, J. A., & Nussbaum, R. J. (2004). The impact of multiculturalism versus color-blindness on racial bias. *JESP, 40*, 417-423.

Richins, M., & Dawson, S. (1992). A Consumer values orientation for materialism and its measurement: Scale development and validation. *Journal of Consumer Research, 19*, 303-316.

Rierdan, J. (1999). Internet-depression link? *American Psychologist, 54*(9), 781-782.

Rifkin, J. (2009). *The empathic civilization*. 이경남 역(2010). 공감의 시대. 서울: 민음사.

Riggio, H., & Riggio, R. (2010). Appearance-based trait inferences and voting: Evolutionary roots and implications for leadership. *Journal of Nonverbal Behavior, 34*(2), 119-125.

Ritts, V., & Patterson, M. (1996). Effects of social anxiety and action identification on impressions and thoughts in interaction. *Journal of Social and Clinical Psychology, 15*, 191-205.

Rizzolatti, G., & Craighero, L. (2004). The mirror-neuron system. *Annual Review of Neuroscience, 27*(1), 169-192.

Robinson, J., Shaver, P., & Wrightsman, L. (1991). *Measures of personality and social psychological attitudes*. San Diego. CA: Academic Press.

Robinson, L. A., Berman, J. S., & Neimeyer, R. A. (1990). Psychotherapy for the treatment of depression: A comprehensive review of controlled outcome research. *Psychological Bulletin, 108*, 30-49.

Robinson, R., Keltner, D., Ward, A., & Ross, L. (1995). Actual versus assumed differences in construal: "Naive realism" in intergroup perception and conflict. *JPSP, 68*, 404-417.

Roese, N. (2005). *If only: How to turn regret into opportunity*. 허태균 역(2008). IF의 심리학. 서울: 21세기북스.

Roese, N. J. (1994). The functional basis of counterfactual thinking. *JPSP, 66*, 805-818.

Roese, N., & Olson, J. (Eds.). (1995). *What might have been: the social psychology of counterfactual thinking*. Mahwah, NJ: Erlbaum.

Rogers, C. R. (1951). *Client-centered therapy: Its current practice, implications, and therapy*. Boston: Houghton Mifflin.

Rogers, R. W. (1983). Cognitive and physiological processes in fear appeals and attitude change: A revised theory of protection motivation. In J. T. Cacioppo & R. E. Petty (Eds.), *Social psychophysiology: A sourcebook*. New York: Guilford Press.

Rokeach, M. (1948). Generalized mental rigidity as a factor in ethnocentrism. *JASP, 43*, 259-278.

Rokeach, M. (1968). *Beliefs, attitudes, and values*. San Francisco: Jossey-Bass.

Rokeach, M., & Mezei, L. (1966). Race and shared beliefs as factors in social choice. *Science, 151*, 167-172.

Rook, K. S. (1984). The negative side of social interaction: Impact on psychological well-being. *JPSP, 46*(5), 1097-1108.

Rosenberg, M. (1965). *Society and the adolescent self-image*. Princeton, NJ: Princeton University Press.

Rosenberg, M. (1979). *Conceiving the self*. New York: Basic Books.

Rosenberg, M. J. (1960). An analysis of affective-cognitive consistency. In C. I. Hovland & M. J. Rosenberg (Eds.), *Attitude organization and change*. New Haven. CT: Yale University Press.

Rosenberg, M., & Simmons, R. (1972). *Black and white self-esteem*. Washington. DC: American Sociological Association.

Rosenhan, D. L. (1973). On being sane in insane places. *Science, 179*, 250-258.

Rosnow, R. I. (1981). *Paradigms in transition: The methodology of social inquiry*. New York: Oxford University Press.

Ross, E. A. (1908). *Social Psychology*. New York: Macmillan.

Ross, I., & Nisbett, R. (1991). *The person and the situation: perspectives of social psychology*. NY: McGraw-Hill.

Ross, L. D. (1977). The intuitive psychologist and his shortcomings: Distortions in the attribution process. In L. Berkowitz (Ed.), *Advances in experimental social psychology* (Vol. 10). New York: Academic Press.

Ross, L., Amabile, T. M., & Steinmetz, J. L. (1977). Social roles. social control, and biases in social-perception processes. *JPSP, 35*, 485-494.

Ross, L., Bierbrauer, G., & Hoffman, S. (1976). The role of attribution processes in conformity and dissent: Revisiting the Asch situation. *American Psychologist, 31*(2), 148-157.

Ross, M., & Sicoly, F. (1979). Egocentric biases in availability and attribution. *JPSP, 37*, 322-336.

Rotenberg, K. J. (1997). Loneliness and the perception of the exchange of disclosures. *Journal of Social and Clinical Psychology, 16*, 259-276.

Rotter, J. B. (1966). Generalized expectancies for internal versus external control of reinforcement. *Psychological Monographs: General & Applied, 80*(1), 1-28.

Rotton, J., & Cohn, E. G. (2000). Violence is a curvilinear function of temperature in Dallas: A replication. *JPSP, 78*, 1074-1081.

Rowatt, W. C., Cunningham, M. R., & Druen, P. B. (1998). Deception to get a data. *JPSP, 24*, 1228-1242.

Rozin, P., & Royzman, E. B. (2001). Negativity bias, negativity dominance, and contagion. *PSPR, 5*, 296-320.

Rubin, J., & Brown, B. (1975). *The social psychology of bargaining and negotiation*. Orlando, Florida: Academic Press.

Rubin, J., Priutt, D., & Kim, S. H. (1994). *Social conflict: Escalation, stalemate, and settlement* (2nd ed.). New York: McGraw-Hill.

Rubini, M., & Menegatti, M. (2014). Hindering women's careers in academia: Gender linguistic bias in personnel selection. *Journal of Language and Social Psychology, 33*(6), 632-650.

Rule, N. O., Ambady, N., Adams, R. B., Jr., & Macrae, C. N. (2008). Accuracy and awareness in the perception and categorization of male sexual orientation. *JPSP, 95*, 1019-1028.

Rule, N., MaCrae, C. N., & Ambady, N. (2009). Ambiguous group membership is extracted automatically from faces. *Psychological Science, 20*, 441-443.

Runciman, W. G. (1966). *Relative deprivation and social justice*. Berkeley: University of California Press.

Rusbult, C. E. (1980). Commitment and satisfaction in romantic associations: A test of the investment model. *JESP, 17*, 172-186.

Rusbult, C. E. (1983). A longitudinal test of the investment model: The development(and deterioration) of satisfaction and commitment in heterosexual involvements. *JPSP, 45*, 101-117.

Rusbult, C. E., & Martz, J. M. (1995). Remaining in an abusive relationship: An investment model analysis of nonvoluntary commitment. *PSPB, 21*, 558-571.

Rusbult, C., Van Lange, P., Wildschut, T., Yovetich, N., & Verette, J. (2000). Perceived superiority in close relationships: Why it exists and persists. *JPSP, 79*(4), 521-545.

Rushton, J. P. (1991). Is altruism innate? *Psychological Inquiry, 2*, 141-143.

Russell, G. W. (1991). Athletes as target aggression. In R. Baenninger (Ed.), *Targets of violence and aggression* (pp. 211-252). North Holland: Elseviers.

Russell, G. W. (1993). *The social psychology of sport*. New York: Springer.

Rusting C. L. (1998). Personality, mood, and cognitive processing of emotional information: Three conceptual frameworks. *Psychological Bulletin, 124*, 165-196.

Rusting, C. L., & Larsen, R. (1997). Extraversion, neuroticism, and susceptibility to positive and negative affect: A test of two theoretical models. *Personality and Individual Differences, 22*, 607-612.

Ryan, E. B., Bartolucci, G., Giles, H., & Henwood, K. (1986). Psycholinguistic and social psychological components of communication by and with older adults. *Language and Communication, 6*, 1-22.

Ryff, C. D. (1989). Happiness is everything, or is it? Explorations on the meaning of psychological well-being. *JPSP, 57*, 1069-1081.

Ryff, C., & Keyes, C. (1995). The structure of psychological well-being revised. *JPSP, 57*, 1069-1081.

Saad, G., & Vongas, J. G. (2009). The effect of conspicuous consumption on men's testosterone levels. *OBHDP*, 110(2), 80-92.

Sabat, S. R., Fath, H., Moghaddam, F. M., & Harré, R. (1999). The Maintenance of self-esteem: Lessons from the culture of Alzheimer's sufferers. *Culture and Psychology, 5*(1), 5-32.

Sadler, P., & Woody, E. (2003). Is who you are who you're talking to? Interpersonal style and complementarity in mixed-sex interaction. *JPSP, 84*, 80-96.

Sagiv, L., & Schwartz, S. H. (1995). Value priorities and readiness for out-group social contact. *JPSP, 69*, 437-448.

Sakai, H. (1981). Induced compliance and opinion change. *Japanese Psychological Research, 23*, 1-8.

Salovey, P., & Rodin, J. (1989). Envy and jealousy in close relationships. *Review of Personality and Social Psychology, 10*, 221-246.

Sanada, T., & Norbeck, E. (1975). Prophecy continues to fail: A Japanese sect. *JCCP, 6*, 331-345.

Savitsky, K., Cone, J., Rubel, J., & Eibach, R. P. (2016). Haters are all the same: Perceptions of group homogeneity following positive vs. negative feedback. *JESP, 64*, 50-56. doi:http://dx.doi.org/10.1016/j.jesp.2016.01.013

Schachter, S. (1951). Deviation. rejection. and communication. *JASP, 46*, 190-207.

Schachter, S. (1959). *The psychology of affiliation*. Stanford, CA: Stanford University Press.

Schachter, S. (1964). The interaction of cognitive and physiological determinants of emotional state. In L. Berkowitz (Ed.), *Advances in Experimental Social Psychology* (pp. 49-80). NY: Academic Press.

Schachter, S., & Singer, J. E. (1962). Cognitive, social, and physiological determinants of emotional state. *Psychological Review, 69*, 379-399.

Schacter, D. L. (1996). *Searching for memory: The brain, the mind, and the past*. New York: Basic Books.

Schaller, M., & Cialdini, R. B. (1988). The economics of empathic helping: Support for a mood management motive. *JESP, 24*, 163-181.

Schank, R. C., & Abelson, R. P. (1977). *Scripts, plans, goals, and understanding: An inquiry into human knowledge structures*. Hillsdale, NJ: Erlbaum.

Schaufeli, W. B. (1988). Perceiving the causes of employment: An evaluation of the casual dimensions in a real-life situation. *JPSP, 54*, 347-356.

Scheier, M. F., & Carver, C. S. (1977). Self-focused attention and the experience of emotion: Attraction, repulsion, elation, and depression. *JPSP, 35*, 625-636.

Schimmack, U., Oishi, S., & Diener, E. (2002). Cultural influences on the relation between pleasant emotions and unpleasant emotions: Asian dialectic philosophies or individualism-collectivism? *Cognition and Emotion, 16*, 705-719.

Schkade D. A., & Kahneman, D. (1998). Does living in California make people happy? A focusing illusion in judgments of life satisfaction. *Psychological Science, 9*, 340-346.

Schlenker, B. (1990). Self-consciousness and self-presentation: Being autonomous versus appearing autonomous. *JPSP, 59*(4), 820-828.

Schmader, T. (2002). Gender identification moderates stereotype threat effects on women's math performance. *JESP, 38*, 194-201.

Schmader, T., & Johns, M. (2003). Converging evidence that stereotype threat reduces working memory capacity. *JPSP, 83*, 440-452.

Schmitt, D. (2003). Universal sex differences in the desire for sexual variety: Tests from 52 nations, 6 continents, and 13 islands. *JPSP, 85*, 85-104.

Schneider, D. J. (1973). Implicit personality theory: A review. *Psychological Review, 79*(5), 294-309.

Schoen, R., & Wooldredge, J. (1989). Marriage choices in North Carolina and Virginia, 1969-1971 and 1979-1981. *Journal of Marriage and the Family, 51*, 465-481.

Schofield, J. W. (2001). The color-blind perspective in school: Causes and consequences. In J. A. Banks & C. A. McGee (Eds.), *Multi-cultural education. Issues & perspectives* (4th ed., pp. 247-267). New York: Wiley.

Schooler, J. W., Ohlsson, S., & Brooks, K. (1993). Thoughts beyond words: When language overshadows insight. *JEP: General, 122*(2), 166-183.

Schug, J., et al. (2009). Similarity attraction and actually selecting similar others: How cross-societal differences in relational mobility affect interpersonal similarity in Japan and the USA. *AJSP, 12*(2), 95-103.

Schug, J., Yuki, M., & Maddux, W. W. (2010). Relational mobility explains between-and within-culture differences in self-disclosure to close friends. *Psychological Science, 21*, 1471-1478.

Schulz, J. W., & Pruitt, D. G. (1978). The effects of mutual concern on joint welfare. *JESP, 14*, 480-492.

Schumutte, C., & Taylor, S. (1980). Physical aggression as a function of alcohol and pain feedback. *JSP, 110*, 235-244.

Schwartz, B. (2003). *The paradox of choice.* 형선호 역(2005). 선택의 심리학. 서울: 웅진지식하우스.

Schwartz, B. et al. (2002). Maximizing versus satisficing: Happiness is a matter of choice. *JPSP, 83*(5), 1178-1197.

Schwartz, B., & Ward, A. (2004). Doing better but feeling worse: The paradox of choice. In P. A. Linley, & S. Joseph (Eds.), *Positive psychology in practice* (pp. 86-104). Hoboken, NJ: John Wiley and Sons,

Schwartz, S. H. (1992). Universals in the content of structure and values: Theoretical advances and empirical tests in 20 countries. *Advances in Experimental Social Psychology, 25*, 1-65.

Schwartz, S., & Sagiv, L. (1996). Identifying culture-specifics in the content and structure of values. *JCCP, 26*(1), 92-116.

Schwartz, W. (1982). The problem of other possible persons: Dolphins, primates, and aliens. In K. Davis & T. Mitchell (Eds.), *Advances in Descriptive Psychology* (Vol. 2., pp. 31-56). Greenwich, CT: JAI Press.

Sears, D. (1986). College Sophomores in the laboratory: Influences of a narrow data base on social psychology' s view of human nature. *JPSP, 51*, 515-530.

Sears, D. O. (1988). Symbolic racism. In P. Katz & D. Taylor (Eds.), *Eliminating racism: Profiles in controversy* (pp. 53-84). New York: Plenum.

Sears, D. O., & Allen, H. (1984). The trajectory of local desegregation controversies and white' s opposition to busing. In N. Miller & M. Brewer (Eds.), *Groups in contact: The psychology of desegregation* (pp. 123-151). NY: Academic Press.

Sears, D., Peplau, L. A., & Taylor, S. E. (1991). *Social psychology.* Englewood Cliffs, NJ: Prentice Hall.

Sechrist, G. B., Swin, J. K., & Stangor, C. (2004). When do the stigmatized make attributions to discrimination occurring to the self and others? The roles of self-presentation and need for control. *JPSP, 87*, 111-122.

Sedikides, C., Gaertner, L., & Toguchi, T. (2003). Pancultural self-enhancement. *JPSP, 84*, 60-79.

Sedlmeier, P., & Gigerenzer, G. (2001). Teaching Bayesian reasoning in less than two hours. *JEP: General, 130*(3), 380-400.

Segall, M. H. (1988). Cultural roots of aggressive behavior. In M. H. Bond (Ed.), *The cross-cultural challenge to social psychology* (pp. 208-217). Newbury Park, Calif: Sage.

Segall, M. H., Dasen, P. R., Berry, J. W., & Poortinga, Y. H. (1990). *Human behavior in global perspective: An introduction to cross-cultural psychology.* New York: Pergamon.

Self, E. (1990). Situational influences on self-handicapping. In T. Higgins, C. Snyder, & S. Berglas (Eds.), *Self-handicapping: The paradox that isn' t.* NY: Plenum.

Seligman, M. (1990). *Learned optimism.* 최호영 역(2008). 학습된 낙관주의. 서울: 21세기북스.

Seligman, M. E. P. (1975). *Helplessness: On depression, development, and death.* San Francisco, CA: W. H. Freeman.

Seligman, M. E. P. (2002) *Authentic happiness: Using the new positive psychology to realize your potential for lasting fulfillment.* New York: Free Press.

Seligman, M. E. P., & Schulman, P. (1986). Explanatory style as a predictor of productivity and quitting among life insurance sales agents. *JPSP, 50*, 832-838.

Semin, G. (1997). The relevance of language for social psychology. In C. McGarty & S. Haslam (Eds.), *The messages of social psychology* (pp. 291-304). Cambridge, MA: Blackwell.

Semin, G., & Fiedler, K. (1988). The cognitive functions of linguistic categories in describing persons: Social cognition and language. *JPSP, 54*(4), 558.

Semin, G., & Fiedler, K. (1991).The linguistic category model, its bases, applications and range. *European Review of Social Psychology, 2*(1), 1-30.

Sennett, R. (2007). *The Culture of the New Capitalism.* 유병석 역(2009). 뉴캐피털리즘: 표류하는 개인과 소멸하는 열정. 서울: 위즈덤하우스.

Seto, M., Maric, A., & Barbaree, E. (2001). The role of pornography in the etiology of sexual aggression. *Aggression & Violent Behavior, 6*(1), 35-53.

Settle, J. E., Dawes, C. T., Christakis, N. A., & Fowler, J. H. (2010). Friendships moderate an association between a dopamine gene variant and political ideology. *Journal of Politics, 72*(4), 1189-1198.

Shaller, M., & Maass, A. (1989). Illusory correlation and social categorization: Toward an integration of motivational and cognitive factors in stereotype formation. *JPSP, 56*, 709-721.

Shalvi, S., Eldar, O., & Bereby-Meyer, Y. (2012). Honesty requires time (and lack of justifications). *Psychological Science, 23*, 1264-1270.

Shaw, J. I., Borough, H. W., & Fink, M. I. (1994). Perceived sexual orientation and helping behavior by males and females: The wrong number technique. *Journal of Psychology and Human*

Sexuality, 6, 73-81.

Shaw, L. H., & Gant, L. M. (2002). In defense of the Internet: The relationship between Internet communication and depression, loneliness, self-esteem, and perceived social support. *CyberPsychology & Behavior, 5*(2), 157-171.

Sheldon, K. (1999). Learning the lessons of fit-for-tat: Even competitors can get the message. *JPSP, 77*(6), 1245-1253.

Shelton, J. N., & Richeson, J. A. (2005). Intergroup contact and pluralistic ignorance. *JPSP, 88*(1), 91-107.

Shen, H., Wan, F., & Wyer, R. S., Jr. (2011). Cross-cultural differences in the refusal to accept a small gift: The differential influence of reciprocity norms on Asians and North Americans. *JPSP, 100*(2), 271-281. doi:10.1037/a0021201

Shepperd, J. A., & Arkin, R. M. (1989). Determinants of self-handicapping: Task importance and effects of pre-existing handicaps on self generated handicaps. *PSPB, 15*, 101-112.

Sherif, M. (1935). A study of some factors in perception. *Archives of Psychology, 27*, 187.

Sherif, M. (1937). An experimental approach to the study of attitudes. *Sociometry, 1*, 90-98.

Sherif, M., Harvey, O. J., White, B. J., Hood, W. R., & Sherif, C. W. (1961). *Intergroup conflict and cooperation: The robber' s cave experiment*. Norman. Okla: University of Oklahoma.

Sherman, D. A. K., Nelson, L. D., & Steele, C. M. (2000). Do messages about health risks threaten the self? Increasing the acceptance of threatening health messages via self-affirmation. *PSPB, 26*, 1046-1058.

Sherman, S. S. (1980). On the self-erasing nature of errors of prediction. *JPSP, 16*, 388-403.

Shih, M., Pittinsky, T., & Ambady, N. (1999). Stereotype susceptibility: Identity salience and shifts in quantitative performance. *Psychological Science, 10*, 80-83.

Shirakashi, S. (1984-5). Social loafing of Japanese students. *Hiroshima Forum for Psychology, 10*, 35-40.

Shotter, J. (1985) Social accountability and self-specification. In K. J. Gergen & K. E. Davis (Eds.), *The social construction of the person*. New York: Springer-Verlag.

Shutts, K., Kinzler, K. D., Katz, R. C., Tredoux, C., & Spelke, E. S. (2011). Race preferences in children: Insights from South Africa. *Developmental science, 14*(6), 1283-1291.

Shweder, R. A., & Bourne. E. J. (1982). Does the concept of the person vary cross-culturally? In A. J. Marsella & G. M. White (Eds.), Cultural conceptions of mental health and theory. Dordrecht, Holland: D. Riedel.

Shweder, R. A., Much, N. C., Mahapatra, M., & Park, L. (1997). The "big three" of morality (autonomy, community, divinity), and the "big three" explanations of suffering. In A. Brandt & P. Rozin (Eds.), *Morality and health* (pp. 119-169). New York: Routledge.

Siegel, J. (2000). Aggressive behavior among women sexually abused as children. *Violence & Victims, 15*(3), 235-255.

Sillars, A. L., Folwell, A. L., Hill, K. C., Maki, B. K., Hurst, A. P., & Casano, R. A. (1994). Marital communication and the persistence of misunderstanding. *JSPR, 11*, 611-617.

Sim, D. H., & Morris, M. W. (1998). Representativeness and counterfactual thinking: The principle that antecedents and outcome correspond in magnitude. *PSPB, 24*, 595-609.

Simon, B., & Klandermans, B. (2001). Politicized collective identity: A social psychological analysis. *American Psychologist, 56*(4), 319-331.

Simon, H. (1972). Theories of Bounded Rationality. In C. B. McGuire and R. Radner (Eds.), *Decision and Organization* (pp. 161-176). North-Holland Publishing Company.

Simon, L., Greenberg, J., & Brehm, J. (1995). Trivialization: The forgotten mode of dissonance reduction. *JPSP, 68*, 247-260.

Sims, J., & Baumann, D. (1972). The tornado Threat: Coping styles of the North and South. *Science, 17*, 1386-1392.

Sinclair, L., & Kunda, Z. (1999). Reactions to a Black professional: Motivated inhibition and activation of conflicting stereotypes. *JPSP, 77*(5), 885-904.

Sinclair, R., Hoffman, C., Mark, M., Martin, L., & Pickering, T. (1994). Construct accessibility and the misattribution of arousal: Schachter and Singer revisited. *Psychological Science, 5*(1), 15-19.

Singelis, T. M., Triandis, H. C., Bhawuk, D. P. S., & Gelfand, M. J. (1995). Horizontal and Vertical Dimensions of Individualism and Collectivism: A theoretical and measurement refinement. *Cross-cultural Research. 29*, 240-275.

Singer, P. (1975). *Animal liberations*. 김성한 역(2002). 동물해방. 서울: 인간사랑.

Singh, D. (1993). Adaptive significance of female physical attractiveness: Role of waist-to-hip ratio. *JPSP, 65*, 293-307.

Singh, D. (1995). Female judgment of male attractiveness and desirability for relationships: Role of waist-to-hip ratio and financial status. *JPSP, 69*, 1089-1101.

Sivacek, J., & Crano, W. D. (1982). Vested interest as a moderator of attitude-behavior consistency. *JPSP, 43*, 210-221.

Skinner, B. (1948). Superstition in the pigeon. *JEP, 38*(2), 168-172.

Slavin, R. (1983). When does cooperative learning increase student achievement? *Psychological Bulletin, 94*, 429-443.

Slovic, P., Fischhoff, B., & Lichtenstein, S. (1982). Facts versus fears: Understanding perceived risk. In D. Kahneman, P. Slovic, & A. Tversky (Eds.), *Judgment under uncertainty: Heuristics and biases* (pp. 463-489). New York: Cambridge University Press.

Smith, E., & Mackie, D. (1995). Social psychology. New York: Worth.

Smith, P., & Bond, M. (1998). *Social psychology across culture* (2nd ed.). Boston: Allyn & Bacon.

Sniezek, J. A., Paese, P. W., & Switzer, F. S., III. (1990). The effect of choosing on confidence and choice. *OBHDP, 46*, 264-282.

Snyder, M. (1979). Self-monitoring processes. In L. Berkowitz (Ed.), *Advances in experimental social psychology* (Vol. 12, pp. 86-128). San Diego, CA: Academic Press.

Snyder, M., & Ebbesen, E. B. (1972). Dissonance awareness: A test of dissonance theory versus self-perception theory. *JESP, 8*, 502-517.

Snyder, M., & Swann, W. B., Jr. (1976). When actions reflect attitudes: The politics of impression management. *JPSP, 34*, 1034-1042.

Snyder, M., & Swann, W. B., Jr. (1978). Hypothesis-testing processes in social interaction. *JPSP, 36*, 1202-1212.

Snyder, M., Tanke, E. D., & Berscheid, E. (1977). Social perception and interpersonal behavior: On the self-fulfilling nature of social stereotypes. *JPSP, 35*, 656-666.

Solnick, S. J., Hong, L., & Hemenway, D. (2007). Positional goods in the United States and China. *Journal of Socio-Economics, 36*(4), 537-545. doi:10.1016/j.socec.2006.12.012

Son Hing, L. S., Li, W., & Zanna, M. P. (2002). Inducing hypocrisy to reduce prejudicial responses among aversive racists. *JESP, 38*, 71-78.

Spencer, S. J., Steele, C. M., & Quinn, D. M. (1999). Stereotype threat and women' s math performance. *JESP, 35*, 4-28.

Spencer-Rodgers, J., Boucher, H. C., Mori, S., Peng, K., & Wang, L. (2009). The dialectical self-concept: Contradiction, change, and holism in East Asian cultures. *PSPB, 35*, 29-44.

Spencer-Rodgers, J., Hamilton, D. L., & Sherman, S. J. (2007). The central role of entitativity in stereotypes of social categories and task groups. *JPSP, 92*(3), 369-388.

Spencer-Rodgers, J., Peng, K., Wang, L., & Hou, Y. (2004). Dialectical self-esteem and East-West differences in psychological well-being. *PSPB, 30*, 1416-1432.

Sporer, S. L., Penrod, S. D., Read, J. D., & Cutler, B. L. (1995). Choosing, confidence, and accuracy: A meta-analysis of the confidence-accuracy relation in eyewitness identification studies. *Psychological Bulletin, 118*, 315-327.

Sprecher, S. (1986). The relationship between inequity and emotions in close relationships. *SPQ, 49*, 309-321.

Sprecher, S., & Regan, P. C. (2002). Liking some things (in some people) more than others: Partner preferences in romantic relationships and friendships. *JSPR, 19*, 463-481.

Srivastava, S., Guglielmo, S., & Beer, J. S. (2010). Perceiving others' personalities: Examining the dimensionality, assumed similarity to the self, and stability of perceiver effects. *JPSP, 98*(3), 520-534.

Stanovich, K. E. (1994). *How to think straight about psychology.* 신현정 역(2013). 심리학의 오해. 서울: 혜안.

Staub, E. (1999). The roots of evil: Social conditions, culture, personality, and basic human needs. *PSPR, 3*(3), 179-192.

Steele, C. M. (1988). The psychology of self-affirmation: Sustaining the integrity of the self. In L. Berkowitz (Ed.), *Advances in Experimental Social Psychology* (pp. 261-302). Hillsdale, NJ: Erlbaum.

Steele, C. M. (1993). Self-image resilience and dissonance: The role of affirmational resources. *JPSP, 64*, 885-896.

Steele, C. M., & Aronson, J. (1995). Contending with a stereotype: African-American intellectual test performance and stereotype threat. *JPSP, 69*, 797-811.

Steele, C. M., Southwick, L., & Critchlow, B. (1981). Dissonance and alcohol: Drinking your troubles away. *JPSP, 41*, 831-846.

Steele, C. M., Spencer, S. J., & Lynch, M. (1993). Dissonance and affirmational responses: Resilience against self-image threats. *JPSP, 64*, 885-896.

Steele, K., Bass, K., & Crook, M. (1999). The mystery of the Mozart effect: Failure to replicate. *Psychological Science, 10*(4), 366-369.

Stephan, M. J., & Chenoweth, E. (2008). Why civil resistance works: The strategic logic of nonviolent conflict. *International Security, 33*(1), 7-44.

Sternberg, R. (2003). A duplex theory of hate: Development and application to terrorism, massacres, and genocide. *Review of General Psychology, 7*(3), 299-328.

Sternberg, R. J. (1986). A triangular theory of love. *Psychological Review, 93*, 119-135.

Stevenson, H., & Stigler, J. (1992). *The learning gap: Why our schools are failing and what can we learn from Japanese and Chinese education.* New York: Summit Books.

Stigler, J., & Perry, M. (1990). Mathematics learning in Japanese, Chinese, and American classrooms. In J. Stigler, R. Shweder, & G. Herdt (Eds.), *Cultural psychology: Essays on comparative development* (pp. 328-356). New York: Cambridge University Press.

Stone, J., Aronson, E., Crain, A. L., Winslow, M. P., & Fried, C. B. (1994). Inducing hypocrisy as a means of encouraging young adults to use condoms. *PSPB, 20*, 116-128.

Stone, J., Wiegand, A. W., Cooper, J., & Aronson, E. (1997). When exemplification fails: Hypocrisy and the motives for self-integrity. *JPSP, 72*, 54-65.

Stoner, J. A. F. (1961). A comparison of individual and group decisions involving risk. Unpublished master' s thesis.

Storms, M. D. (1973). Videotape and the attribution process: Reversing actors' and observers' points of view. *JPSP, 27*, 165-175.

Stouffer, S. A., Suchman, E. A., DaVinney, L. C., Star, S. A., & Williams, R. M., Jr. (1949). *The American solder Adjustment during army life.* New York: Wiley.

Stroebe, W., & Frey, B. S. (1982). Self-interest and collective action: The economics and psychology or public goods. *BJSP, 21*, 121-137.

Strong, B., & Devault, C. (1992). *The marriage and family experience.* West Publishing Co.

Stronge, S., et al. (2015). Facebook is linked to body dissatisfaction: Comparing users and non-users. *Springer, 73*(5-6), 200-213.

Studd, M. V. (1996). Sexual harassment. In D. M. Buss & N. M. Malamuth (Eds.), *Sex, power, and conflict: Evolutionary and feminist perspectives.* New York: Oxford University Press.

Suedfeld, P., & Tetlock, P. E. (1977). Integrative complexity of communications in international crises. *Journal of Conflict Resolution, 21*, 169-184.

Suh, E. M. (2002). Culture, identity consistency, and subjective well-being. *JPSP, 83*, 1378-1391.

Suh, E. M. (2007). Downsides of an overly context-sensitive self: Implications from the culture and subjective well-being research. *Journal of Personality, 75*, 1321-1343.

Suh, E. M., & Diener, E. (2006). *Stereotypes of a "happy person": Cultural variations. Manuscript in preparation.* Yonsei University, Seoul, South Korea.

Suh, E. M., Diener, E., & Fujita, F. (1996). Events and subjective well-being: Only recent events matter. *JPSP, 70*, 1091-1110.

Suh, E. M., Diener, E., & Updegraff, J. (2008). From culture to priming conditions: Self-construal influences on life satisfaction judgments. *JCCP, 39*(3), 3-15.

Svenson, O. (1981). Are we all less risky and more skillful than our fellow drivers? *Acta Psychologica, 47*(2), 143-148.

Swan, W. B., Jr. (1984). Self-verification: Bringing social reality int harmony with the self. In J. Suls and A. G. Greenwald (Eds.), *Psychological perspectives on the self* (Vol. 2). Hillsdale, NJ: Erlbaum.

Swann, W. B., Jr., & Gill, M. J. (1997). Confidence and accuracy in person perception: Do we know what we think we know about our relationship partners? *JPSP, 73*, 747-757.

Swann, W. B., Rentfrow, P. J., & Guinn, J. (2002). Self-verification: The search for coherence. In M. Leary & J. Tagney (Eds.), *Handbook of self and identity* (pp. 367-383). New York: Guilford Press.

Swann, W. B., Stein-Seroussi, A., & Giesler, R. B. (1992). Why people self-verify. *JPSP, 62*(3), 392-401.

Swann, W., & Hill, C. (1982). When our identities are mistaken. *JPSP, 43*, 59-66.

Sweeney, P., & Moreland, R. L. (1980, August). Self-schemas of gender and the perseverance of beliefs about the self. Paper presented at the annual convention of the American Psychological Association. Montreal.

Tafarodi, R. W., & Swann, W. B. (1996). Individualism-collectivism and global Tajfel, H. (1970. November). Experiments in intergroup discrimination. *Scientific American*, 96-102.

Tajfel, H. & Turner, J. C. (1979). An Integrative Theory of Intergroup Conflict. In W. G. Austin & S. Worchel (Eds.), *The social psychology of intergroup relations*. Monterey, CA: Brooks-Cole .

Tajfel, H. (1978). *Differentiation between social groups: Studies in the social psychology of intergroup relations*. London: Academic Press.

Tajfel, H. (1982). *Social identity and intergroup relations*. Cambridge, MA: Cambridge University Press.

Tajfel, H., Flament, C., Billig, M., & Bundy, R. (1971). Social categorization and intergroup behavior. *EJSP, 1*, 149-178.

Tamir, M., Robinson, M. D., & Clore, G. L. (2002). The epistemic benefits of trait-consistent mood states: An analysis of extraversion and mood. *JPSP, 83*, 663-667.

Tangney, J. P. (2000). Humility: Theoretical perspectives, empirical findings and directions for future research. *Journal of Social and Clinical Psychology, 19*, 70-82.

Tannenbaum, P. H., & Zillmann, D. (1975). Emotional arousal in the facilitation of aggression through communication. In L. Berkowitz (Ed.), *Advances in experimental social psychology* (Vol. 8). New York: Academic Press.

Tavris, C., & Aronson, E. (2007). *Mistakes Were Made (But Not by Me)*. New York: Harcourt.

Taylor S. E., & Brown, J. D. (1988). Illusion and well-being: A social-psychological perspective on mental health. *Psychological Bulletin, 103*, 193-210.

Taylor, D. (1966). The monster. In N. E. Hoopes & R. Peck (Eds.), *Edge of awareness: Twenty-five contemporary essays*. New York: Dell.

Taylor, D., M., & Jaggi, V. (1974). Ethnocentrism and causal attribution in a South Indian context. *JCCP, 5*, 162-171.

Taylor, K. M., & Shepperd, J. A. (1998). Bracing for the worst: Severity, testing, and feedback timing as moderators of the optimistic bias. *PSPB, 24*, 915-926.

Taylor, S. E. (1983). Adjustment to threatening events: A theory of cognitive adaptation. *American Psychologist, 38*, 1161-1173.

Taylor, S. E., & Thomoson, S. C. (1982). Stalking the elusive "vividness" effect. *Psychological Review, 89*, 155-181.

Taylor, S. E., Lichtman, R. R., & Wood, J. V. (1984). Attributions, beliefs about control, and adjustment to breast cancer. *JPSP, 46*, 489-502.

Taylor, S., Peplaw, L., & Sears, D. O. (1994). *Social Psychology*. New Jersey: Prentice-Hall.

Tedeschi, J., Lindskold, S., & Rosonfeld, P. (1985). *Introduction to social psychology*. New York: West.

Tenbrunsel, A. E., & Messick, D. M. (1999). Sanctioning systems, decision frames, and cooperation. *Adm. Sci. Q., 44*, 684-707.

Tenbrunsel, A. E., & Messick, D. M. (2004). Ethical fading: The role of self-deception in unethical behavior. *Social Justice Research, 17*, 223-236.

Terrell, F., Terrell, I., & Von Drashek, S. (2000). Loneliness and fear of intimacy among adolescents who were taught not to trust strangers during childhood. *Adolescence, 35*(140), 611-617.

Tesser, A. (1988). Toward a self-evaluation maintenance model of social behavior. In L. Berkowitz (Ed.), *Advances in experimental social psychology* (Vol. 21, pp. 181-227). San Diego, CA: Academic Press.

Tesser, A., & Smith, J. (1980). Some effects of friendship and task relevance on helping: You don' t always help the one you like. *JESP, 16*, 582-590.

Tetlock, P. E., & Manstead, A. S. R. (1985). Impression management versus intrapsychic explanations in social psychology: a useful dichotomy? *Psychological Review, 92*, 59-77.

Tetlock, P. E., Peterson, R. S., McGuire, C., Changes, S., & Feld, P. (1992). Assessing political group dynamics: A test of the groupthink model. *JPSP, 63*, 403-425.

The World Today (2014, December). Global warming down on the farm. 70(6). https://www.chathamhouse.org/publication/twt/climate-change-global-warming-down-farm

Thibaut, J., & Kelley, H. (1959). *The social psychology of groups*. NY: Wiley.

Thibodeau, P. H., & Boroditsky, L. (2011). Metaphors we think with: The role of metaphor in reasoning. *PLoS ONE, 6*(2), e16782. doi:10.1371/journal.pone.0016782

Thibodeau, P. H., & Boroditsky, L. (2013). Natural Language Metaphors Covertly Influence Reasoning. *PLoS ONE, 8*(1), e52961. doi:10.1371/journal.-pone.0052961

Thomas, A. (1982). Frank Terpil: Confessions of a dangerous man [Film]. (Available from Studio Film & Tape, Inc., New York)

Thompson, L. (1991). Information exchange in negotiation. *JESP, 27*, 161-179.

Thompson, L., & Hastie, R. (1990). Social perception in negotiation. *OBHDP, 47*, 98-123.

Tice, D. M. (1991). Esteem protection or enhancement? Self-handicapping motives and attributions differ by trait self-esteem. *JPSP, 60*, 711-725.

Tice, D. M. (1992). Self-concept change and self-presentation: The looking glass self is also a magnifying glass. *JPSP, 63*(3), 435-451.

Tilker, H. A. (1970). Socially responsible behavior as a function of observer responsibility and victim feed-back. *JPSP, 14*, 95-100.

Tinbergen, N. (1955). The curious behavior of the stickle-back. In Scientific American (Ed.), *Twentieth century bestiary*. New York: Simon & Schuster.

Ting-Toomey, S. (1986). Interpersonal ties in intergroup communication. In W. B. Gudykunst (Ed.), *Intergroup communication*. London: Edward Arnold.

Ting-Toomey, S. (1988). A face-negotiation theory. In Y. Kim and W. B. Gudykunst (Eds.), *Theory in intercultural communication*. Newbury Park, CA: Sage.

Todorov, A. (2012). Reverse correlating social face perception. *Social Psychological and Personality Science, 3*(5), 562-571.

Todorov, A., Mandisodza, A. N., Goren, A., & Hall, C. C. (2005). Inferences of competence from faces predict election outcomes. *Science, 308*, 1623-1626.

Tolan, P. H., & McKay, M. (1996). Preventing serious antisocial behavior in inner-city children: An empirically based family intervention program. *Family Relations: Journal of Applied Family and Child Studies, 45*, 145-155.

Transparency International (1998). The 1998 Corruption Perceptions Index. http://www.transparency.de/documents/

Treré, E. (2012). Social movements as information ecologies: Exploring the coevolution of multiple internet technologies for activism. *International Journal of Communication, 6*, 2359-2377.

Triandis, H. C. (1989). The self and social behavior in differing cultural contexts. *Psychological Review, 96*, 506-520.

Triandis, H. C. (1990). Cross-cultural studies of individualism and collectivism. In J. J. Berman (Ed.), *Nebraska symposium on motivation, 1989* (pp. 41-133). Lincoln: University of Nebraska Press.

Triandis, H. C. (1995). *Individualism and collectivism*. Boulder, CO: Westview Press.

Triandis, H. C., & Gelfand, M. J. (1998). Converging measurement of horizontal and vertical individualism and collectivism. *JPSP, 74*(1), 118-128.

Triplett, N. D. (1897). The dynamogenic factor in pacemaking and competition. *American Journal of psychology, 9*, 507-533.

Trivers, R. L. (1972). Parental investment and sexual selection. In B. Campbell (Ed.), *Sexual Selection and the Descent of Man 1871-1971* (pp. 136-179). Chicago: Aldine.

Trope, Y. (1986). Identification and inferential processes in dispositional attribution. *Psychological Review, 93*, 239-257.

Tsai, J., Knutson, B., & Fung, H. (2006). Cultural variation in affect valuation. *JPSP, 90*, 288-307.

Tsay, C. J. (2013). Sight over sound in the judgment of music performance. *Proceedings of the National Academy of Sciences, 110*(36), 14580-14585.

Turner, J. C., Hogg, M. A., Oakes, P. J., Reicher, S. D., & Wetherell, M. S. (1987). *Rediscovering the social group: A self-categorization theory*. Oxford: Blackwell.

Turner, R. H., & Killian, L. M. (1972). *Collective Behavior*. Englewood Cliffs, NJ: Prentice-Hall.

Tversky A., & Kahneman, D. (1981). The Framing of Decisions and the Psychology of Choice. *Science, 211*, 453-458.

Tversky, A., & Kahneman, D. (1971). Belief in the law of small numbers. *Psychological Bulletin, 76*, 105-110.

Tversky, A., & Kahneman, D. (1973). Availability: A heuristic for judging frequency and probability. *Cognitive Psychology, 5*, 207-232.

Tversky, A., & Kahneman, D. (1974). Judgment under uncertainty: Heuristics and biases. *Science, 185*, 1123-1131.

Tversky, A., & Kahneman, D. (1982). Judgement of and by representativeness. In D. Kahneman, P. Slovic, & A. Tversky (Eds.), *Judgement under uncertainty: Heuristics and biases*. Cambridge: Cambridge University Press. 이영애 역(2001). 불확실한 상황에서의 판단. 서울: 아카넷.

Twenge, J. M., Campbell, W. K. (2009). *The narcissism epidemic: Living in the age of entitlement*. New York: Free Press.

Twenge, J. M., Catanese, K. R., & Baumeister, R. F. (2003). Social exclusion and the deconstructed state: Time perception, meaninglessness, lethargy, lack of emotion, and self-awareness. *JPSP, 85*, 409-423.

Twenge, J. M., Konrath, S., Foster, J. D.,Campbell, W. K., & Bushman, B. J. (2008). Egos inflating over time: A cross-temporal meta-analysis of the Narcissistic personality inventory. *Journal of Personality, 76*(4), 875-902.

Tybout, A. M., & Scott, C. A. (1983). Availability of well defined internal knowledge and the attitude formation process: Information aggregation versus self-perception. *JPSP, 44*, 474-491.

Tyler, T. R. (1997). The psychology of legitimacy: A relational perspective on voluntary deference to authorities. *PSPR, 1*, 323-345.

Uleman, J. S., & Bargh, J. A. (1989). *Unintended thought: Limits of awareness, intention, and control*. New York: Guilford Press.

UNESCO (1998). UNESCO survey highlights correlation between media violence and perception of reality. http://www.unesco.org/bpi/eng/unescopress/98-32e.htm

Uslaner, E. (2002). *The moral foundations of trust*. Cambridge: Cambridge University Press.

Vaish, A., et al. (2008). Not all emotions are created equal: The negativity bias in social-emotional development. *Psychological Bulletin, 134*(3), *383-403*.

Vallacher, R. R., & Wegner, D. M. (1987). What do people think they' re doing? Action identification and human behavior. *Psychological Review, 94*, 3-15.

Vallacher, R., & Nowak, A. (2000). Landscapes of self-reflection: Mapping the peaks and valleys of personal assessment. In A. Tessor, R. Felson, & J. Suls (Eds.), *Psychological perspectives on self and identity* (pp. 35-66). Washington DC: American Psychological Association.

Vallins, S. (1966). Cognitive effects of false heart-rate feedback. *JPSP, 4*, 400-408.

Valsiner, J. (2001). Process structure of semiotic mediation in human development. *Human Development, 44*, 84-97.

Valsiner, J., & Rosa, A. (2007). *Cambridge handbook of sociocultural psychology*. Cambridge: Cambridge University Press.

Valsiner, J., & Van der Veer, R. (2000). *The social mind: Construction of the idea*. Cambidge, UK: Cambridge University Press.

Van Boven, L., & Gilovich, T. (2003). To do or to have? That is the question. *JPSP, 85*, 1193-1202.

van de Rijt, A., Kang, S. M., Restivo, M., & Patil, A. (2014). Field experiments of success-breeds-success dynamics. *Proceedings of the National Academy of Sciences, 111*(19), 6934-6939.

van Dijk, W. W., Ouwerkerk, J. W., Goslinga, S., Nieweg, M., & Gallucci, M. (2006). When people fall from grace: Reconsidering the role of envy in schadenfreude. *Emotion, 6*(1), 156-160.

Van Knippenberg, A., & Van Oers, H. (1984). Social identity and equity concerns in intergropu perceptions. *BJSP, 23*, 351-361.

Van Lange, P. A. M., & Rusbult, C. E. (1995). My relationship is better then-and not as bad as-yours is: The perception of superiority in close relationships. *PSPB, 21*, 32-44.

Van Orden, K. A., Witte, T. K., Cukrowicz, K. C., Braithwaite, S. R., Selby, E. A., & Joiner, T. E., Jr. (2010). The interpersonal theory of suicide. *Psychological Review, 117*(2), 575-600.

Vasquez, K., Keltner, D., Ebenbach, D. H., & Banaszynski, T. L. (2001). Cultural variation and similarity in moral rhetorics: Voices from the Philippines and United States. *JCCP, 32*, 93-120.

Vazire, S. (2010). Who knows what about a person? The self-other knowledge asymmetry (SOKA) model. *JPSP, 98*(2), 281-300.

Verduyn, P., et al. (2015). Passive Facebook usage undermines affective well-being: Experimental and longitudinal evidence. *JEP: General, 144*(2), 480-488.

Verschuere, B., & Shalv, S. (2014). The Truth Comes Naturally! Does It? *Journal of Language and Social Psychology, 33*(4), 417-423.

Vescio, T. K., Snyder, M., & Butz, D. (2003). Power in stereotypically masculine domains: A social influence strategy X stereotype match model. *JPSP, 85*, 1062-1078.

Visser, P. S., & Mirabile, R. R. (2004). Attitudes in the social context: The impact of social network composition on individual-level attitude strength. *JPSP, 87*, 779-795.

Vohs, K. D. (2015). Money priming can change people's thoughts, feelings, motivations, and behaviors: An update on 10 years of experiments. *JEP: General, 144*(4), 86-93.

Vohs, K., Mead, N., & Goode, M. (2008). Merely Activating the Concept of Money Changes Personal and Interpersonal Behavior. Current Directions in Psychological Science.

Vorauer, J. D., & Claude, S. D. (1998). Perceived versus actual transparency of goals in negotiation. *PSPB, 24*, 371-385.

Voyer, B., & Franks, B. (2014). Toward a better understanding of self-construal theory: An agency view of the processes of self-construal. *Review of General Psychology, 18*(2), 101-114.

Waldzus, S., & Mummendey, A. (2004). Inclusion in a superordinate category, in-group prototypicality, and attitudes towards out-groups. *JESP, 40*, 466-477.

Walker, I., & Mann, L. (1987). Unemployment. relative deprivation. and social protest. *PSPB, 13*, 275-283.

Walster, E., & Walster, G. W. (1963). Effects of expecting to be liked on choive of associates. *JASP, 67*, 402-404.

Walster, E., Walster, G. W., & Piliavin, J., & Schmidt, L. (1973). Playing hard-to-get: Understanding an elusive phenomenon. *JPSP, 26*, 113-121.

Wan, K. C., & Bond, M. H. (1982). Chinese attributions for success and failure under public and anonymous conditions of rating. *Acta psychologica Taiwanica, 24*, 23-31.

Ward, W. C., & Jenkins, H. M. (1965). The display of information and the judgment of contingency. *Canadian Journal of Psychology, 19*, 231-241.

Wason, P. C., & Johnson-Laird, P. N. (1972). *Psychology of reasoning: Structure and content*. Cambridge, MA: Harvard University Press.

Watson, D., Clark, L., & Tellegen, A. (1988). Development and validation of brief measures of positive and negative affect: The PANAS scales. *JPSP, 54*, 1063-1070.

Watson, T. (1950). Some social and psychological situation related to change in attitude. *Human Relations, 3*, 15-56.

Watzlawick, P., Beavin, J. H., & Jackson, D. (1967). *Progmatics of Human communication: Study of interactional patterns, pathologies, and paradoxes*. New York: W. Norton & Company.

Waugh, C., & Fredrickson, B. (2006). Nice to know you: Positive emotion, self-other overlap, and complex understanding in the formation of a new relationship. *Journal of Positive Psychology, 1*(2), 93-106.

Wayment, H. A., & Bauer, J. J. (2008). *Transcending Self-Interest: Psychological Explorations of the Quiet Ego*. Washington D.C.: APA.

Wayment, H. A., et al. (2014). The Quiet Ego Scale: Measuring the Compassionate Self-Identity. *Journal of Happiness Studies: An Interdisciplinary Forum on Subjective Well-Being, 16*(4). doi:10.1007/s10902-10014-19546-z

Weary, G., & Arkin, R. M. (1981). Attributional self-presentation. In J. H. Harvey. W. J. Lckes & R. F. Kidd (Eds.), New Directions in attribution theory and research (Vol. 3). Hillsdale. NJ: Erlbaum.

Webb, E. J., Campbell, D. T., Schwartz, R. D., Sechrest, L., & Grouve, J. B. (1981). Nonreactive measures in the social sciences (2nd ed.). Boston: Houghton Mifflin.

Weber, S., & Cook, T. (1972). Subject effects in laboratory research: An examination of subject roles, demand characteristics, and valid inferences. *Psychological Bulletin, 12*, 539-546.

Wegner, D. M., & Gold, D. B. (1995). Fanning old flames: Emotional and cognitive effects of suppressing thoughts of a past relationship. *JPSP, 68*, 782-792.

Wegner, D. M., & Vallacher, R. R. (1977). *Implicit psychology: An introduction of social cognition*. New York: Oxford University Press.

Wegner, D., & Bargh, J. (1998). Control and automaticity in social life. In D. Gilbert, S. Fiske, & G. Lindzey (Eds.), *The handbook of social psychology vol. 2* (4th ed., pp. 446-496). Boston: McGraw-Hill Companies.

Weigel, R. H., & Newman, L. S. (1976). Increasing attitude-behavior correspondence by broadening the scope of the behavioral measure. *JPSP, 33*, 793-802.

Weisbuch, M., & Ambady, N. (2008). Affective divergence: Automatic responses to others' emotions depend on group membership. *JPSP, 95*(5), 1063-1079.

Weldon, E., & Gargano, G. M (1988). Cognitive loafing: The effects of accountability and shared responsibility on cognitive effort. *PSPB, 14*, 159-171.

Wells, G. L. (1993). What do we know about eyewitness identification? *American Psychologist, 48*, 553-571.

Wells, G. L., & Harvey, J. H. (1977). Do people use consensus information in making causal attributions? *JPSP, 35*, 279-293.

Wells, G. L., & Petty, R. E. (1980). The effects of overt head-movements on persuasion: Compatibility and incompatibility of responses. *Journal of Basic and Applied Social Psychology, 1*, 219-230.

Werner, C., & Parmelee, P. (1979). Similarity of activity preferences among friends: Those who play together stay together. *SPQ, 42*, 62-66.

Westen, D. (1988). Transference and information processing. *Clinical Psychology Review, 8*, 161-179.

Wheeler, L., & Kim, Y. (1997). What is beautiful is culturally good: The physical attractiveness stereotype has different content in Collectivistic cultures. *PSPB, 23*, 795-800.

White, G. L. (1981). Jealousy and partner's perceived motive for attraction to a rival. *SPQ, 44*, 24-30.

Whiting, B. B. (1963). Six cultures: Studies of child rearing. Cambridge, Harvard University Press.

Whitson, J. A., & Galinsky, A.D. (2008). Lacking control increases illusory pattern perception. *Science, 322*, 115-117.

Wicklund, R. (1975). Objective self awareness. In L. Berkowitz (Ed.), Advances in Experimental Social Psychology (Vol. 8, pp. 233-275). New York: Academic Press.

Wiemann, J. M. (1985). Interpersonal control and regulations in conversation. In R. L. Street & J. N. Cappella (Eds.), *Sequence and pattern in communicative behavior*. London: Edward Arnold.

Wilder, D. A. (1977). Perception of groups, size of opposition, and social influence. *JESP, 13*, 253-258.

Wilkinson, R., & Pickett, K. (2010). *The spirit level*. 전재웅 역(2012). 평등이 답이다. 서울: 이후.

Wilkinson, G. S. (1990, February). Food sharing in vampire bats. *Scientific American, 262*, 76-82.

Williams, D. R., & Collins, C. (1995). U.S. socioeconomic and racial differences in health: Patterns and explanations. *Annual Review of Sociology, 21*, 349-386.

Williams, K. D., Cheung, C. K. T., & Choi, W. (2000). Cyberostracism: Effects of being ignored over the internet. *JPSP, 79*, 748-762.

Williams, T. P., & Sogon, S. (1984). Group composition and conforming behavior in Japanese students' . *Japanese Psychological Research, 26*, 231-234.

Willis, J., & Todorov, A. (2006). First impressions: Making up your mind after a 100-ms exposure to a face. *Psychological Science, 17*, 592-598.

Wilson T. D., & Schooler, J. W. (1991). Thinking too much: Introspection can reduce the quality of preferences and decision. *JPSP, 60*, 181-192.

Wilson, D. W., & Schafer, R. B. (1978). Is social psychology interdisciplinary? *PSPB, 4*, 548-552.

Wilson, E. O. (1975). *Sociobiology: The new synthesis*. Harvard University Press.

Wilson, E. O. (1978). *On human nature*. 이한음 역(2000). 인간본성에 대하여. 서울: 사이언스북스.

Wilson, E. O. (2012). *The social conquest of earth*. 이한음 역(2013). 지구의 정복자. 서울: 사이언스북스.

Wilson, M., & Daly, M. (1996). Male sexual proprietariness and violence against wives. *Current Directions in Psychological Science, 5*, 2-7.

Wilson, T. D., & Linville, P. W. (1982). Improving the academic performance of college freshmen: Attribution therapy revisited. *JPSP, 42*, 367-376.

Wilson, T. D., & Linville, P. W. (1985). Improving the performance of college freshmen with attributional techniques. *JPSP, 49*, 287-293.

Wink, P. (1991). Two faces of narcissism. *JPSP, 61*, 590-597.

Winkler, J., & Taylor, S. E. (1979). Preference. expectations and attributional bias: Two field studies. *JAP, 9*, 183-197.

Winter, L., & Uleman, J. S. (1984). When are social judgments made? Evidence for the spontaneousness of trait inferences. *JPSP, 47*, 237-252.

Wison, T. D., & Gilbert, D. T. (2003). Affective forecasting. In M. Zanna (Ed.), *Advances in Experimental Social Psychology* (Vol. 35, pp. 345-411). New York: Elsevier.

Wittenberg, M. T., & Reis, H. T. (1986). Loneliness, social skills, and social perception. *PSPB, 12*, 121-130.

Witvliet, C., Ludwig, T. E., & Vander Laan, K. L. (2001). Granting forgiveness or harboring grudges: Implications for emotion, physiology, and health. *Psychological Science, 12*, 117-123.

Wojciszke, B. (1994). Multiple meanings of behavior: Construing actions in terms of competence and morality. *JPSP, 67*, 222-232.

Wojciszke, B., Bazinska, R., & Jaworski, M. (1998). On the dominance of moral categories in impression formation. *PSPB, 24*(12), 1251-1263.

Wojciszke, B., et al. (2011). Self-esteem is dominated by agentic over communal information. *EJSP, 41*(5), 617-627.

Wolsko, C., Park, B., Judd, C. M., & Wittenbrink, B. (2000). Framing interethnic ideology: Effects of multicultural and color-blind perspectives on judgments of groups and individuals. *JPSP, 78*, 635-654.

Won-Doornink. M. (1985) Self-disclosure and reciprocity in conversation: A cross-national study. *SPQ, 48*, 97-107.

Wood, R., & Bandura, A. (1989). Impact of conceptions of ability on self-regulatory mechanisms and complex decision making. *JPSP, 56*(3), 407-415.

Wood, W. (1982). Retrieval of attitude-relevant. information from memory: Effects on susceptibility to persuasion and on intrinsic motivation. *JPSP, 42*, 798-810.

Wood, W., & Kallgren, C. A. (1988). Communicator attributes and persuasion: Recipients' access to attitude-relevant information in memory. *PSPB, 14*, 172-182.

Wood, W., Kallgren, C., & Priesler, R. (1985). Access to attitude-relevant information in memory as a determinant of persuasion: The role of message attributes. *JESP, 21*, 73-85.

Wood, W., Lundgren, S., Ouellette, J., Busceme, S., & Blackstone, T. (1994). Minority influence: A meta-analytic review of social influence processes. *Psychological Bulletin, 115*(3), 323-345.

Word, C., Zanna, M., & Cooper, J. (1974). The nonverbal mediation of self-fulfilling prophecy in interracial interaction. *JESP, 10*, 109-120.

Worth, L. T., & Mackie, D. M. (1987). Cognitive mediation of positive affect in persuasion. *Social Cognition, 5*, 76-94.

Worthington, E. L. J. (1998). Empirical research in forgiveness: Looking backward, looking forward. In J. E. L. Worthingtin (Ed.), *Dimensions of forgiveness* (pp. 321-339). Philadelphia: Templeton Foundation Press.

Wright, S., Aron, A., McLaughlin-Volpe, T., & Ropp, S. (1997). The extended contact effect: Knowledge of cross-group friendships and prejudice. *JPSP, 73*(1), 73-90.

Wyer, N. A. (2004). Not all stereotypic biases are created equal: Evidence for a stereotype-disconfirming bias. *PSPB, 30*, 706-720.

Wylie, R. C. (1979). *The self-concept: Theory and research on selected topics* (Vol. 2.). Lincoln, Neb: University of Nebraska Press.

Yaffe, Y., & Yinon, Y. (1979). Retaliatory aggression in individuals and groups. *EJSP, 9*, 177-186.

Yang, C. F. (2000). A conceptualization of the Chinese interpersonal emotion, "Qing". Presented at the International Association for Cross-Cultural Psychology. July, Pultusk, Poland.

Ybarra, O., Chan, E., & Park, D. C. (2001). Young and old adults' concerns with morality and competence. *Motivation and Emotion, 25*, 85-100.

Young, S. M., & Pinsky, D. (2006). "Narcissism and celebrity". *Journal of Research in Personality, 40*(5), 463-471.

Yuki, M. (2003). Intergroup comparison versus intragroup relationships: A cross-cultural examination of social identity theory in North American and East Asian cultural contexts. *SPQ, 66*, 166-183.

Yuki, M., Maddux, W., Brewer, M. B., & Takemura, K. (2005). Cross-Cultural Differences in Relationship-and Group-Based Trust. *PSPB, 31*, 48-62.

Zadro, L., Williams, K. D., & Richardson, R. (2004). How low can you go? Ostracism by a computer is sufficient to lower self-reported levels of belonging, control, self-esteem, and meaningful existence. *JESP, 40*, 560-567.

Zajonc, R. B. (1965). Social facilitation. *Science, 149*, 269-274.

Zajonc, R. B. (1968). Attitudinal effects of mere exposure. *JPSP, 9*, 1-27.

Zajonc, R. B. (1980). Feeling and thinking: Preferences need no inferences. *American Psychologist, 35*, 151-175.

Zajonc, R., Adelmann, P., Murphy, S., & Niedenthal, P. (1987). Convergence in physical appearance of spouses. *Motivation and Emotion, 11*, 335-346.

Zanna, M. P., & Aziza, C. (1976). On the interaction of repression-sensitization and attention in resolving cognitive dissonance. *JPSP, 44*, 577-593.

Zauberman, G., Ratner, R. K., & Kim, B. K. (2009). Memories as assets. *Journal of Consumer Research, 35*, 715-728.

Zdaniuk, B., & LeVine, J. M. (1996). Anticipated interaction and thought generation: The role of faction size. *BJSP, 35*, 201-218.

Zebrowitz, L. A., & Collins, M. A. (1997). Accurate social perception at zero acquaintance: The affordances of a Gibsonian approach. *PSPR, 1*, 204-223.

Zebrowitz, L. A., & McDonald, S. (1991). The impact of litigants babyfacedness and attractiveness on adjudications in small claims courts. *Law and Human Behavior, 15*, 603-624.

Zebrowitz, L. A., & Montepare, J. (2005). Appearance DOES matter. *Science, 308*, 1565-1566.

Zhong, C.-B, & Leonardelli, G. F. (2008). Cold and lonely: Does social exclusion literally feel cold? *Psychological Science, 19*, 838-842.

Zhong, C.-B., et al. (2010). "Good lamps are the best police: Darkness increases dishonesty and self-interested behavior". *Psychological Science, 21*(3), 311-314.

Zhu, Y., Zhang, L., Fan, J., & Han, S. (2007). Neural basis of cultural influence on self-representation. *NeuroImage, 34*, 1310-1316.

Zillmann, D. (1971). Excitation transfer in communication-mediated aggressive behavior. *JESP, 7*, 419-434.

Zillmann, D. (1984). *Connections between sex and aggression*. Hillsdale, NJ: Erlbaum.

Zillmann, D. (1988). Cognition-excitation interdependencies in aggressive behavior. *Aggressive Behavior, 14*, 51-64.

Zillmann, D., & Cantor, J. (1976). Effects of timing of information about mitigating circumstances on emotional responses to provocation and retaliatory behavior. *JESP, 12*, 38-55.

Zillmann, D., Johnson. R. C., & Day, K. D. (1974). Attribution of apparent arousal and proficiency of recovery from sympathetic activation affecting excitation transfer to aggressive behavior. *JESP, 10*, 503-515.

Zimbardo, P. G. (1970). The human choice: Individuation, reason, and order versus deindividuation, impulse, and chaos. In W. J. Arnold & D. Levine (Eds.), *1969 Nebraska Symposium on Motivation* (pp. 237-307). Lincoln, NE: University of Nebraska Press.

Zimbardo, P. (2007). *The Lucifer Effect*. 이충호, 임지원 공역(2007). 루시퍼 이펙트. 서울: 웅진 지식하우스.

Zimbardo, P., Banks, W., Haney, C., & Jaffes, D. (1973, April 8). The mind is a formidable jailer: A pirandellian prison. *The New York Times Magazine*, 38-60.

Zinn, H. (1991). *Declaration of independence*. 이아정 역(2001). 오만한 제국. 서울: 당대출판사.

Zuckerman, M. (1979). Attribution of success and failure revisited: The motivational bias is alive and well in attribution theory. *Journal of Personality, 47*, 245-287.

Zuckerman, M., Kieffer, S., & Knee, C. R. (1998). Consequences of self-handicapping: Effects on coping, academic performance, and adjustment. *JPSP, 74*(6), 1619-1628.

찾아보기

〈인명〉

〈내용〉

저자 소개

한규석(Han Gyuseog / ghan@chonnam.ac.kr)

미국 오하이오 대학교(Ohio University)에서 심리학 박사학위(1986)를 취득하고, 1987년부터 전남대학교 심리학과 교수로 재직하고 있다.

한국심리학회 편집위원장(2000~2001)과 사회 및 성격심리학회 회장(19대, 2002~2004), 사단법인 한국심리학회 부회장(2006~2007)을 역임하였고 한국심리학회, 미국심리학회 및 국제비교문화심리학회, 국제 언어 및 사회심리학회의 정회원이었다.

전공분야는 사회 · 문화심리학이며, 한국인이 보이는 사회문화적 심리의 특징에 대하여 연구관심을 가지고 있다. 특히 서열적 교류의 심리와 한국인의 바탕말에 녹아 있는 우리의 세계관에 터한 도덕성의 발달론 전개에 대하여 깊은 관심을 지니고 있다. 관심을 같이 하는 심리학 및 다른 학문 분야의 연구자들과 공동연구하는 것을 환영한다.

<4판>

사회심리학의 이해

SOCIAL PSYCHOLOGY(4th ed.)

1995년 2월 25일 1판 1쇄 발행
2001년 3월 10일 1판 8쇄 발행
2002년 2월 25일 2판 1쇄 발행
2009년 8월 20일 2판 13쇄 발행
2009년 9월 15일 3판 1쇄 발행
2016년 8월 20일 3판 14쇄 발행
2017년 2월 25일 4판 1쇄 발행
2024년 9월 25일 4판 12쇄 발행

지은이 • 한 규 석
펴낸이 • 김 진 환
펴낸곳 • (주) 학지사
04031 서울특별시 마포구 양화로 15길 20 마인드월드빌딩 5층
대표전화 • 02) 330-5114 팩스 • 02) 324-2345
등록번호 • 제313-2006-000265호
홈페이지 • http://www.hakjisa.co.kr
인스타그램 • https://www.instagram.com/hakjisabook

ISBN 978-89-997-1160-2 93180

정가 27,000원